Kievel • Knösel • Marx • Sauer
Recht für soziale Berufe
Basiswissen kompakt

FACHBÜCHEREI
Praktische Sozialarbeit
Herausgegeben von
Professorin Dr. Helga Oberloskamp

Kievel • Knösel • Marx • Sauer

Recht für soziale Berufe

Basiswissen kompakt

Dr. Winfried Kievel (bis zur 7. Auflage)
Em. Professor der Katholischen Hochschule für Sozialwesen Berlin

Dr. Peter Knösel
Professor an der Fachhochschule Potsdam

Dr. Ansgar Marx
Professor an der Ostfalia Hochschule Braunschweig/Wolfenbüttel

Dr. Jürgen Sauer
Professor an der Hochschule RheinMain, University of Applied Sciences
Wiesbaden

8. Auflage

Luchterhand Verlag 2018

Zitiervorschlag: *[Kurz]Titel/Bearbeiter,* Kap. 6 Rdn. 26

Bibliografische Information der Deutschen Nationalbibliothek

Die Deutsche Nationalbibliothek verzeichnet diese Publikation in der Deutschen Nationalbibliografie; detaillierte bibliografische Daten sind im Internet über http://dnb.d-nb.de abrufbar.

ISBN 978-3-472-09505-7

www.wolterskluwer.de
www.luchterhand-fachverlag.de

Verlag und Autor übernehmen keine Haftung für inhaltliche oder drucktechnische Fehler.

Umschlagkonzeption: Martina Busch, Homburg-Kirrberg
Satz: Innodata Inc., Noida, Indien
Druck und Weiterverarbeitung: Williams Lea & Tag GmbH, München

Gedruckt auf säurefreiem, alterungsbeständigem und chlorfreiem Papier.

Vorwort zur 8. Auflage

»Recht für soziale Berufe« deckt nahezu alle für das Studium und die Praxis der sozialen Arbeit relevanten Rechtsgebiete ab. Vom Umfang und von der inhaltlichen Tiefe geht das Lehrbuch über eine reine Einführung hinaus. Auf das Wesentliche beschränkt, stellt es aus Sicht der Sozialarbeit und Sozialpädagogik die praxisrelevanten Rahmenbedingungen der Rechtsgebiete dar. Das Buch bildet damit die Basis strukturierten Lernens und einer effektiven Klausurvorbereitung. Es soll die Funktion als Lernbuch für Studierende im Bachelor- und Masterstudiengang und als Handbuch für Praktiker erfüllen.

Die 8. Auflage führt die Konzeption der Vorauflagen fort. In der Neuauflage sind gesetzliche Änderungen bis zum Rechtsstand August 2017 berücksichtigt – wie etwa das Dritte Pflegestärkungsgesetz, das Bundesteilhabegesetz oder die aktuelle Änderung des Unterhaltsvorschussgesetzes. Die Änderungen im Aufenthalts- und Asylrecht wurden eingearbeitet. Im Arbeits- und Strafrecht wurden die neuesten Gesetzesänderungen erläutert. Eine rechtspolitische Sensation ist die Einführung der »Ehe für Alle«, also auch für homosexuelle Partner, die in die Aktualisierung des Familienrechts eingeflossen ist.

Herzlicher Dank gebührt dem ausscheidenden Kollegen Prof. Winfried Kievel, der die früheren Auflagen mit großem Engagement und inhaltlicher Tiefe bereichert hat. Als neuer Mitautor konnte Jürgen Sauer gewonnen werden.

Wir als Autoren hoffen, alle Studierenden der Sozialarbeit/Sozialpädagogik zu unterstützen, mit dieser komprimierten Form die unübersichtliche Rechtsmaterie aufzuschließen und verständlich zu machen sowie Praktikern die Suche nach den wesentlichen rechtlichen Weichenstellungen zu erleichtern. Bei unseren Lesern bedanken wir uns für Feedback und Anregungen.

Im September 2017

Peter Knösel

Ansgar Marx

Jürgen Sauer

Bearbeiterverzeichnis

Prof. Dr. jur. Winfried Kievel, Jahrgang 1943, nach einer Unterrichtstätigkeit in den Fächern Verfassungsrecht, Arbeitsrecht und Familienrecht an Fachschulen in Bonn und Osnabrück war er zunächst Rechtssekretär beim Deutschen Gewerkschaftsbund in Osnabrück, sodann wissenschaftlicher Mitarbeiter in einem Forschungsprojekt an der Universität Osnabrück, bevor er ab Oktober 1993 als selbständiger Rechtsanwalt in Osnabrück mit den Arbeitsschwerpunkten: Arbeitsrecht, Familienrecht, Sozialrecht, öffentliches Dienstrecht und Prüfungsrecht tätig wurde. Seit Sommersemester 1975 Lehraufträge an der Universität Osnabrück in den Gebieten Schul- und Bildungsrecht sowie Arbeits- und Sozialrecht. Seit November 1993 Professor für das Lehrgebiet Allgemeines und besonderes Sozialverwaltungsrecht an der Katholischen Hochschule für Sozialwesen Berlin und seit März 2008 im Ruhestand.

Prof. Dr. jur. Peter Knösel wurde am 1.4.1953 in Oldenburg geboren. Nach seinem Studium der Rechtswissenschaften in Gießen und Berlin ist er seit 1981 als Rechtsanwalt in Berlin tätig. Sein Schwerpunkt ist das Ausländer- und Asylrecht, sowie das Strafrecht.

Seit 1991 ist er zudem als Professor an der FH Potsdam mit dem Schwerpunkt Migration und Kinderschutz tätig. Neun Jahre wirkte er hier als Dekan.

Prof. Dr. jur. Ansgar Marx lehrt Zivil- und Familienrecht sowie Mediation an der Ostfalia Hochschule Braunschweig/Wolfenbüttel. Am iko Institut für Konfliktlösungen (www.iko-info.de) bildet er Mediatoren aus und führt Arbeits- und Scheidungsmediationen durch. Er ist der »Vater« des Palaverzelts (www.palaverzelt.de), einem Konfliktbearbeitungsritual für Kinder in Kita und Grundschule. Seine Studierenden ermutigt er, frühzeitig konstruktive Konfliktlösungsmethoden zu erlernen sowie ein Semester im Ausland zu studieren, um persönlich und beruflich gewappnet zu sein. Er pflegt intensive Kontakte zu ausländischen Universitäten und forschte zwei Semester an der University of San Diego, USA zu Themen des Konfliktmanagements.

Prof. Dr. jur. Jürgen Sauer, Jahrgang 1957, war nach dem Studium der Rechtswissenschaft in Saarbrücken und Mainz und dem Assessorexamen von 1984 bis 1990 wissenschaftlicher Angestellter am Fachbereich Rechts- und Wirtschaftswissenschaften der Johannes Gutenberg-Universität Mainz (dort Promotion 1990). Von 1990 bis 2000 war er als wissenschaftlicher Referent beim Deutschen Verein für öffentliche und private Fürsorge zunächst auf dem Gebiet des Sozialhilferechts, später für die Themen Suchtrehabilitation und soziale Pflegeversicherung und zuletzt als Gutachtenreferent für alle sozialrechtlichen Fragestellungen tätig. Seit dem Jahr 2000 ist er Professor für Recht am Fachbereich Sozialwesen der Hochschule RheinMain (vormals FH Wiesbaden).

Inhaltsübersicht

Inhaltsübersicht

Inhaltsverzeichnis

Inhaltsverzeichnis

Inhaltsverzeichnis

Inhaltsverzeichnis

Inhaltsverzeichnis

Abkürzungsverzeichnis

BFH	Bundesfinanzhof
BG	Berufsgenossenschaft
BGB	Bürgerliches Gesetzbuch
BGBl.	Bundesgesetzblatt
BGH	Bundesgerichtshof
BGHZ	Sammlung »Bundesgerichtshof in Zivilsachen« (Band, Seite)
BGHSt	Sammlung »Bundesgerichtshof in Strafsachen« (Band, Seite)
BKGG	Bundeskindergeldgesetz
BKK	Betriebskrankenkasse
BKVO	Berufskrankheitenverordnung
BMJ	Bundesminister der Justiz
BRD	Bundesrepublik Deutschland
BR-Dr.	Bundesratsdrucksache
BSG	Bundessozialgericht
BSGE	Sammlung »Entscheidungen des Bundessozialgerichts« (Band, Seite)
BSHG	Bundessozialhilfegesetz
BT-Drucks.	Bundestagsdrucksache
BVerfG	Bundesverfassungsgericht
BVerfGE	Sammlung »Entscheidungen des Bundesverfassungsgerichts« (Band, Seite)
BVerfGG	Bundesverfassungsgerichtsgesetz
BVerwG	Bundesverwaltungsgericht
BVerwGE	Sammlung »Entscheidungen des Bundesverwaltungsgerichts« (Band, Seite)
BVFG	Bundesvertriebenengesetz
BVG	Bundesversorgungsgesetz
BZRG	Bundeszentralregister
DCV	Deutscher Caritasverband
DV	Deutscher Verein für öffentliche und private Fürsorge
DVBl.	Deutsches Verwaltungsblatt
DWEKD	Diakonisches Werk der Evangelischen Kirche Deutschlands
DVO	Durchführungsverordnung
DVP	Deutsche Verwaltungspraxis (Zeitschrift)
EAG	Europäische Atomgemeinschaft
EFA	Europäisches Fürsorgeabkommen
e.G.	Eingetragene Genossenschaft
EG	Europäische Gemeinschaft
EGBGB	Einführungsgesetz zum BGB
EGKS	Europäische Gemeinschaft für Kohle und Stahl
EGMR	Europäischer Gerichtshof für Menschenrechte
EGZPO	Einführungsgesetz zur ZPO
EGV	Vertrag zur Gründung der europäischen Gemeinschaft
EheG	Ehegesetz
EKD	Evangelische Kirche Deutschlands
EKMR	Europäische Kommission für Menschenrechte
EMRK	Europäische Menschenrechtskonvention

ENA	Europäisches Niederlassungsabkommen
ER	Europäischer Rat
EStDV	Einkommensteuerdurchführungsverordnung
EuGH	Gerichtshof der Europäischen Gemeinschaften
e.V.	eingetragener Verein
EWG	Europäische Wirtschaftsgemeinschaft
EWGV	Vertrag zur Gründung der europäischen Gemeinschaft
f., ff.	folgende Seite, folgende Seiten/Paragraphen
FamFG	Gesetz über das Verfahren in Familiensachen und in den Angelegenheiten der freiwilligen Gerichtsbarkeit
FamG	Familiengericht
FamGKG	Gesetz über Gerichtskosten in Familiensachen
FamRZ	Zeitschrift für das gesamte Familienrecht
FEVS	Fürsorgerechtliche Entscheidungen der Verwaltungs- und Sozialgerichte (Band, Seite)
FG	Finanzgericht
FGG	Gesetz über die Angelegenheiten der freiwilligen Gerichtsbarkeit
FGG-RG	Gesetz zur Reform des Verfahrens in Familiensachen und in den Angelegenheiten der freiwilligen Gerichtsbarkeit
FGO	Finanzgerichtsordnung
GbR	Gesellschaft bürgerlichen Rechts
GdB	Grad der Behinderung
GewO	Gewerbeordnung
GewSchG	Gewaltschutzgesetz
GFK	Genfer Flüchtlingskonventionen
GG	Grundgesetz
GK-SGB VIII	Gemeinschaftskommentar zum SGB VIII (siehe Literaturverzeichnis)
GmbH	Gesellschaft mit beschränkter Haftung
GSiG	Gesetz über eine bedarfsorientierte Grundsicherung und bei verminderter Erwerbsfähigkeit
GVBl.	Gesetz- und Verordnungsblatt
GVG	Gerichtsverfassungsgesetz
HAG	Heimarbeitsgesetz
HGB	Handelsgesetzbuch
HHG	Häftlingshilfegesetz
HRG	Hochschulrahmengesetz
Hrsg., hrsg.	Herausgeber, herausgegeben
HS	Halbsatz
HzE	Hilfe zur Erziehung
IKK	Innungskrankenkasse
info also	Informationen zum Arbeitslosenrecht und Sozialhilferecht
InsolvenzO	Insolvenzordnung
IntV	Integrationsverordnung
i.V.m.	in Verbindung mit

JA	Jugendamt
JArbSchG	Jugendarbeitsschutzgesetz
JGG	Jugendgerichtsgesetz
JGH	Jugendgerichtshilfe
JuS	Juristische Schulung
KG	Kommanditgesellschaft, Kammergericht
KGaA	Kommanditgesellschaft auf Aktien
KJ	Kritische Justiz (Zeitschrift)
KJHG	Kinder- und Jugendhilfegesetz
KMK	Kultusministerkonferenz
KMK-HSchR	Rechtssprechungssammlung der Kultusministerkonferenz zum Hochschulrecht
KSchG	Kündigungsschutzgesetz
KO	Konkursordnung
KostO	Kostenordnung
LAG	Landesarbeitsgericht
LG	Landgericht
LJA	Landesjugendamt
LPartG	Gesetz über die eingetragene Lebenspartnerschaft (Lebenspartnerschaftsgesetz)
LPK-BSHG	Lehr- und Praxiskommentar zum BSHG (siehe Literaturverzeichnis)
LPK-SGB I	Lehr und Praxiskommentar zum SGB I (siehe Literaturverzeichnis)
LSG	Landessozialgericht
LVA	Landesversicherungsanstalt
MdE	Minderung der Erwerbsfähigkeit
MitbestG	Mitbestimmungsgesetz
MSA	Haager Minderjährigenschutzabkommen
MuSchuG	Mutterschutzgesetz
NDV	Nachrichtendienst des Deutschen Vereins für öffentliche und private Fürsorge
NDV-RD	Rechtsprechungsdienst des Deutschen Vereins – Beilage zum NDV
NE	Niederlassungserlaubnis
NJOZ	Neue Juristische Online Zeitschrift
NJW	Neue Juristische Wochenschrift
NJW-RR	Rechtsprechungsreport der NJW
Nr.	Nummer
NVwZ	Neue Zeitschrift für Verwaltungsrecht
NZA	Neue Zeitschrift für Arbeitsrecht
NZS	Neue Zeitschrift für Sozialrecht
OEG	Opferentschädigungsgesetz
OHG	Offene Handelsgesellschaft
OLG	Oberlandesgericht
OVG	Oberverwaltungsgericht
OWiG	Gesetz über Ordnungswidrigkeiten

PKH	Prozesskostenhilfe
ProdHG	Produkthaftungsgesetz
PStG	Personenstandsgesetz
RBerG	Rechtsberatungsgesetz
RDG	Rechtsdienstleistungsgesetz
Rn./Rdn.	Randnummer
Rz.	Randziffer
RehaAnglG	Rehabilitationsangleichungsgesetz
RelKEG	Gesetz über die religiöse Kindererziehung
RGZ	Entscheidungen des Reichsgerichts in Zivilsachen (Band, Seite)
Rspr.	Rechtsprechung
s.	siehe
S.	Seite
SchwbG	Schwerbehindertengesetz
SGb	Die Sozialgerichtsbarkeit (Zeitschrift)
SGB	Sozialgesetzbuch
SGG	Sozialgerichtsgesetz
SHR	Sozialhilferichtlinien
SigG	Signaturgesetz
SovD	Sozialverband Deutschland e.V.
SozArb	Soziale Arbeit (Zeitschrift)
SozR	Sozialrecht (Entscheidungssammlung)
SozSich	Soziale Sicherheit (Zeitschrift)
SpFH	Sozialpädagogische Familienhilfe
StA	Staatsanwaltschaft
StabG	Stabilitätsgesetz
StGB	Strafgesetzbuch
StPO	Strafprozessordnung
StVG	Straßenverkehrsgesetz
StVO	Straßenverkehrsordnung
StVollzG	Strafvollzugsgesetz
TKK	Technikerkrankenkasse
TOA	Täter-Opfer-Ausgleich
TVöD	Tarifvertrag für den öffentlichen Dienst
TzBfG	Teilzeit- und Befristungsgesetz
UnterhRÄndG	Gesetz zur Änderung des Unterhaltsrechts
UVG	Unterhaltsvorschussgesetz
VA	Verwaltungsakt
VAHRG	Gesetz zur Regelung von Härten im Versorgungsausgleich
VG	Verwaltungsgericht
VGH	Verwaltungsgerichtshof
vgl.	vergleiche
VO	Verordnung
VSSR	Vierteljahresschrift für Sozialrecht

Abkürzungsverzeichnis

VwGO	Verwaltungsgerichtsordnung
VwVfG	Verwaltungsverfahrensgesetz
WEG	Wohnungseigentumsgesetz
WfBM	Werkstatt für behinderte Menschen
WHO	World Health Organization
WoGG	Wohngeldgesetz
ZAR	Zeitschrift für Ausländerrecht und Ausländerpolitik
ZBlJugR	Zentralblatt für Jugendrecht und Jugendwohlfahrt
ZfF	Zeitschrift für das Fürsorgewesen
ZfJ	Zentralblatt für Jugendrecht
ZFSH/SGB	Zeitschrift für Sozialhilfe und Sozialgesetzbuch
ZPO	Zivilprozessordnung

Literaturverzeichnis

Allen, E. A./Mohr, D. D.	Affordable Justice, Encinitas 1997
Arbeitslosenprojekt TuWas	Leitfaden für Arbeitslose. Der Rechtsratgeber zum SGB III, 32. Auflage, Frankfurt a.M. 2016
Arbeitslosenprojekt TuWas	Leitfaden zum Arbeitslosengeld II. Der Rechtsratgeber zum SGB II, 13. Auflage, Frankfurt a.M. 2017
Bals, N./Hilgartner, C./ Bannenberg B.	Täter-Opfer-Ausgleich im Erwachsenenbereich. Eine repräsentative Untersuchung für Nordrhein-Westfalen, Mönchengladbach 2005
Barabas, F. K.	Beratungsrecht, 2. Auflage, Frankfurt a.M. 2003
Baumann, P.	Das aktuelle Scheidungsrecht: Von der Antragstellung bis zum Scheidungsausspruch, 17. Auflage, Regensburg 2016
Beck, R./Schwarz, G.	Konfliktmanagement, 3. Auflage, Augsburg 2008
Becker, E./Junggeburth, P.	Das neue Unterhaltsrecht: Rangfolge, Mindestunterhalt und Anpassung bestehender Unterhaltsregelungen, Freiburg 2008
Becker, F./Hillebrecht, W. (Hrsg.)	Gemeinschaftskommentar zum Kündigungsschutzgesetz und zu sonstigen kündigungsschutzrechtlichen Vorschriften, 9. Auflage, Neuwied 2009
Becker, U./Kingreen, T.	Gesetzliche Krankenversicherung – Kommentar, 5. Auflage, München 2017
Beisel, D.	Mediation im Erbrecht, in: Haft/Schlieffen (Hrsg.), Handbuch Mediation, München 2016, S. 707-732
Bergmann, J./ Dienelt, K.	Ausländerrecht. Kommentar, 11. Auflage, München 2016
Bieritz-Harder, R./Conradis, W./Thie, S.	Sozialgesetzbuch XII, 11. Auflage, Baden-Baden 2017
Binschus, W.	Beratungshilfe in Angelegenheiten des Kindergeldes – Eine Entscheidung des BVerfG, ZfF 2009, S. 55 ff.
Borchardt, K.-D.	Die rechtlichen Grundlagen der Europäischen Union, 6. Auflage, Wien 2015
Brand, J. (Hrsg.)	Sozialgesetzbuch Arbeitsförderung SGB III, 7. Auflage, München 2015
Brandt, K.	Der Europäische Gerichtshof (EuGH) und das Europäische Gericht erster Instanz – Aufbau, Funktionen, Befugnisse, JuS 1994, S. 300 ff.
Brockhaus	Die Enzyklopädie in 24 Bänden, 20. Auflage, Leipzig/ Mannheim 1996
Brox, H./Walker, W.-D.	Allgemeiner Teil des BGB, 40. Auflage, München 2016
Brox, H./Walker, W.-D.	Allgemeines Schuldrecht, 40. Auflage, München 2016

Literaturverzeichnis

Brox, H./Walker, W.-D.	Besonderes Schuldrecht, 40. Auflage, München 2016
Brox, H./Walker, W.-D.	Erbrecht, 27. Auflage, München 2016
Bruch, C. S.	Parental Alienation Syndrome und Parental Alienation: Wie man sich in Sorgerechtsfällen irren kann, FamRZ 2002, S. 1304-1315
Brühl, A./Sauer, J.	Mein Recht auf Sozialleistungen, 20. Auflage, München 2007
Brühl, A./Deichsel, W./Nothacker, G.	Strafrecht und Soziale Praxis, Stuttgart 2005
Brühl, A./Hofmann, A. (Hrsg.)	Durchführungshinweise der Bundesagentur für Arbeit für die Anwendung des Sozialgesetzbuchs II, Erläuterungen und Informationen für Betroffene, Berater und Behörden, Frankfurt/M. in jeweils aktualisierter Fassung
Bundesamt für Statistik (Hrsg.)	Statistisches Jahrbuch für die Bundesrepublik Deutschland, Wiesbaden 2016
Bundesministerium der Justiz	Gesetz zur Vaterschaftsfeststellung, FamRZ 2008, Heft 17, S. II
Bundesministerium der Justiz	Erben und Vererben, Berlin 2016
Burhoff, D.	Vereinsrecht, ein Leitfaden für Vereine und ihre Mitglieder, 6. Auflage, Berlin 2006
Canaris, C.-W./Larenz, K.	Methodenlehre der Rechtswissenschaft, 4. Auflage, München 2014
Coing, H.	Grundzüge der Rechtsphilosophie, 5. Auflage, Berlin/New York 1993
Cornel, H./Kawamura-Reindl, G./Maelicke, B./Sonnen, B.-R. (Hrsg.)	Resozialisierung, 3. Auflage, Baden-Baden 2009
Creifelds	Rechtswörterbuch, 22. Auflage, München 2016
Curriculum Recht	Das Curriculum Recht im Studium der Sozialarbeit/Sozialpädagogik – Empfehlungen der Bundesarbeitsgemeinschaft der Hochschullehrer des Rechts an Fachhochschulen/Fachbereichen des Sozialwesens, Berlin 1997
Dalichau, G.	Bundeselterngeld- und Elternzeitgesetz (Loseblattwerk), Starnberg, Stand 2016
Dau, D./Düwell, F./Joussen, J. (Hrsg.)	Sozialgesetzbuch IX. Rehabilitation und Teilhabe behinderter Menschen, Lehr- und Praxiskommentar, 5. Auflage, Baden-Baden 2017
Dederer, H.-G./Schweitzer, M.	Staatsrecht III, 11. Auflage, Heidelberg 2016
Degener, T./Dern, S./Diehall, H./Frings, D./Oberlies, D./Zinsmeister, J.	Antidiskriminierungsrecht, Frankfurt a.M. 2008
Delerue, K. S.	Der neue Unterhalt ab 2008. Unterhaltsbefristung nach der Ehe, Abänderung bestehender Eheverträge, Rechtshilfe, Regensburg 2008

Della Noce, D.	Mediation and Society in Microcosm: Providing Family Mediation Services to Low-Income Families, in: Mediation Quarterly (15/1), 1997, S. 5 ff.
Depner, C./Cannata, K./Ricci, J.	Client Evaluation of Mediation Services, in: Family and Conciliation Courts Review (32), 1994, S. 306 ff.
Dethloff, N.	Familienrecht, 31. Auflage, München 2015
Dettenborn, H.	Kindeswohl und Kindeswille, Psychologische und rechtliche Aspekte, 5. Auflage, München 2017
Deutscher Verein für öffentliche und private Fürsorge	Fachlexikon der sozialen Arbeit, 8. Auflage, Frankfurt a.M. 2016
Diez, H./Krabbe, H./Thomsen, S.	Familien-Mediation und Kinder, 3. Auflage, Köln 2009
Dörr, G.	Bescheidkorrektur – Rückforderung – sozialrechtliche Herstellung, Arbeitshandbuch zum Sozialverwaltungsrecht, 5. Auflage, München 2013
Duchrow, J./Spieß, K.	Flüchtlings- und Asylrecht, 2. Auflage, München 2006
Dulabaum, N.	Mediation: Das ABC, Weinheim 2003
Düwell, F. J./ Lipke, G.-A. (Hrsg.)	ArbGG: Arbeitsgerichtsgesetz, Kommentar zum gesamten Arbeitsverfahrensrecht, 4. Auflage, Neuwied 2016
Edtbauer, R./Rabe, A.	Grundsicherungs- und Sozialhilferecht für soziale Berufe, Ein Studienbuch, 4. Auflage, München 2017
Ehmann, F.	Grundsicherung im Alter und bei Erwerbsminderung, 3. Auflage, Frankfurt a.M. 2014
Ehmann, F./Karmanski, C./Kuhn-Zuber, G. (Hrsg.)	Gesamtkommentar Sozialrechtsberatung, 2. Auflage, Baden-Baden 2017
Eichenhofer, E.	Sozialrecht, 9. Auflage, Tübingen 2015
Eichenhofer, E.	Öffentlich-rechtliche Erstattung bei unstatthafter Beschäftigung gegen Mehraufwendungen, SGb 2012, S. 66 ff.
Eichenhofer, E./Wenner, U. (Hrsg.)	Kommentar zum SGB V, 2. Auflage, Köln 2016
Eichenhofer, E./Wenner, U. (Hrsg.)	Kommentar zum Sozialgesetzbuch VII Gesetzliche Unfallversicherung, Köln 2010
Eicher, W./Luik, S. (Hrsg.)	SGB II • Grundsicherung für Arbeitsuchende – Kommentar, 4. Auflage, München 2017
Eisenhardt, U./Wackerbarth, U.	Gesellschaftsrecht I, Recht der Personengesellschaften, 16. Auflage, München 2015
Eisenberg, U.	Jugendgerichtsgesetz, 19. Auflage, München 2017
Etter, J.	Applying Mediation to the Field of Adoption, in: Kruk, E. (Hrsg.), Mediation and Conflict Resolution, Chicago 1998, S. 141 ff.

Literaturverzeichnis

Ewig, E.	Mediation im Gesundheitswesen, in: Haft/Schlieffen (Hrsg.), Handbuch Mediation, München 2016, S.977-1004
Faller, K.	Mediation in der pädagogischen Arbeit, 1998
Falterbaum, J.	Rechtliche Grundlagen sozialer Arbeit, 4. Auflage, Stuttgart 2012
Fasselt, U./Schellhorn, H. (Hrsg.)	Handbuch Sozialrechtsberatung, 5. Auflage, Baden-Baden 2017
Fichte, W./Plagemann, H. (Hrsg.)	Sozialverwaltungsverfahrensrecht: Handbuch, 2. Auflage, Baden-Baden, 2016
Fieseler, G./Schleicher, H./Busch, M. (Hrsg.)	Kinder- und Jugendhilferecht, Gemeinschaftskommentar zum SGB VIII, Neuwied, Stand August 2006, zitiert: GK-SGB VIII
Fieseler, G./Herborth, R.	Recht der Familie und Jugendhilfe, 7. Auflage, Neuwied 2010
Folberg, J./Taylor,A.	Mediation, A Comprehensive Guide to Resolving Conflicts Without Litigation, San Francisco 1984
Frank, R./Helms, T.	Erbrecht, 6. Auflage, München 2013
Frings, D./Knösel, P.	Das neue Ausländerrecht, Frankfurt/M. 2005
Frings, D./Tießler-Marenda, E.	Ausländerrecht für Studium und Beratung, 3. Auflage, Frankfurt, 2015
Frings,D./Domke M.	Asylarbeit, 2. Auflage, Frankfurt, 2017
Gelhausen, R./Weiner, B.	Opferentschädigungsgesetz. Gesetz über Entschädigung für Opfer von Gewalttaten- Kommentar, 6. Auflage, München 2015
Geiger, U.	Die Hartz IV-Rechtsprechung – geklärte und offene Fragen, Teil 1, info also 2008, S. 243 ff. und Teil 2, info also 2009, S. 10 ff.
Geiger, U.	Keine Prozesskostenhilfe in Bagatellverfahren?, info also 2009 S. 105 ff.
Geiger, U.	Zur Neuregelung des Leistungsausschlusses für Auszubildende, Schüler und Studenten im 9. SGB II-ÄndG, ZFSH/SGB 2017, S. 9 ff.
Geiger, U./Bender, D.	Unterkunfts- und Heizkosten nach dem SGB II. Das Handbuch, 4. Auflage, Frankfurt a.M. 2017
Gerhardt, P.	Die Bereinigung des Nettoeinkommens beim Ehegattenunterhalt nach der geänderten Rechtsprechung des BGH, FamRZ 2007, S. 945-948
Gerhardt, P./v. Heintschel-Heinegg B.	Handbuch des Fachanwalts Familienrecht, 10. Auflage, Köln 2015
Gieseking Verlag (Hrsg.)	Richtlinien zur Erstattung von Abstammungsgutachten, FamRZ 2002, S. 1159

Groß, I. M.	Beratungshilfe, Prozesskostenhilfe, Verfahrenskostenhilfe, 13. Auflage, Heidelberg 2015
Grube, C./Wahrendorf, V.	SGB XII – Sozialhilfe, 6. Auflage, München 2017
Gürbüz, S.	Verfassungs- und Verwaltungsrecht für die Soziale Arbeit, München 2016
Haft, F./v. Schlieffen, K. (Hrsg.)	Handbuch Mediation, 3. Auflage, München 2016
Hähnchen, S.	Das Gesetz zur Anpassung der Formvorschriften des Privatrechts und anderer Vorschriften an den modernen Rechtsgeschäftsverkehr, NJW 2001, S. 2831
Hänlein, A./Schuler, R. (Hrsg.)	Sozialgesetzbuch V, 5. Auflage 2016
Hanau, P./Adomeit, K.	Arbeitsrecht, 14. Auflage, Neuwied 2006
Hartz-Kommission	Bericht der Hartz-Kommission, Moderne Dienstleistungen am Arbeitsmarkt – Vorschläge der Kommission zum Abbau der Arbeitslosigkeit und zur Umstrukturierung der Bundesanstalt für Arbeit, Berlin 2002
Hauck, K./Noftz, W. (Hrsg.)	Sozialgesetzbuch SGB III – Arbeitsförderung (Loseblattwerk), Berlin, Stand 2017
Hauck, K./Noftz, W. (Hrsg.)	Sozialgesetzbuch V – Gesetzliche Krankenversicherung (Loseblattwerk), Berlin, Stand 2016
Hauck, K./Noftz, W. (Hrsg.)	Sozialgesetzbuch VI (Loseblattwerk), Berlin, Stand 2017
Hauck, K./Noftz, W. (Hrsg.)	Sozialgesetzbuch (SGB) VII: Gesetzliche Unfallversicherung (Loseblattwerk), Berlin, Stand 2017
Hauck, K./Noftz, W. (Hrsg.)	Sozialgesetzbuch (SGB) XI: Soziale Pflegeversicherung (Loseblattwerk), Neuwied, Stand 2017
Haumersen, P./Liebe, F.	Multikulti: Konflikte konstruktiv – Trainingshandbuch, Mülheim 1999
Haynes, J. M./Bastine, R./Link, G./Mecke, A.	Scheidung ohne Verlierer, München 2002
Herbe, D.	Subsidiarität in der Beratungshilfe?, info also 2008, S. 204 ff.
Herdegen, M.	Europarecht, München 1997
Heyde, W.	Justiz in Deutschland. Ein Überblick über Recht und Gerichte der BRD, Bonn 1999
Hintz, M./Lowe, S.	SGG Sozialgerichtsgesetz, München 2012
Höflich, P./Schriever W.	Grundriss Vollzugsrecht, 4. Auflage, Berlin u.a. 2013
Hölzer, D.	Darlehen und Aufrechnung im SGB II nach der Gesetzesreform 2011 (Teil 1), info also 2011, S. 159 ff.
Hölzer, D.	Darlehen und Aufrechnung im SGB II nach der Gesetzesreform 2011 (Teil 2), info also 2011, S. 195 ff.
Hösl, G.	Mediation – die erfolgreiche Konfliktlösung, München 2002

Literaturverzeichnis

Hufen, F.	Verwaltungsprozessrecht, 10. Auflage, München 2016
Ipsen, J.	Staatsrecht I – Staatsorganisationsrecht, 28. Auflage, München 2016
Ipsen, J.	Staatsrecht II – Grundrechte, 19. Auflage, München 2016
Jacob, L. C.	Postdivorce Mediation with Stepfamilies: An Overview of Issues and Process, in: Kruk, E. (Hrsg.), Mediation and Conflict Resolution, Chicago 1998, S. 81 ff.
Jäger, L./Luckey, J.	Schmerzensgeld, 8. Auflage, Köln 2015
Jäger, F./Thomé, H.	Leitfaden Alg II/Sozialhilfe von A-Z, 29. Auflage, Frankfurt 2016
Jauernig, O.	Bürgerliches Gesetzbuch: BGB, 16. Auflage, München 2015
Jefferys-Duden, K.	Das Streitschlichter-Programm, Weinheim/Basel 1999
Junker, A.	Grundkurs Arbeitsrecht, 16. Auflage, München 2017
Kaltenbronner, B.	Von der Sozialhilfe zu einer zukunftsfähigen Grundsicherung, 2. Auflage, Baden-Baden 1998
Kaplan, N. M.	Mediation in the School System; Facilitating the Development of Peer Mediation Programs, in: Kruk, E. (Hrsg.), Mediation and Conflict Resolution, Chicago 1998, S. 247 ff.
Katz, A.	Staatsrecht, 18. Auflage, Heidelberg 2010
Keller, T.	Das gemeinsame Sorgerecht nach der Kindschaftsreform, Kind-Prax, Schriftenreihe, Bundesanzeiger 1999
Kessler, R.	Anmerkungen zur Reform des sozialrechtlichen Behinderungsbegriffs, SGb 2016, S. 373 ff.
Kievel, W.	Der neue Kinderzuschlag nach § 6 a BKGG – zugleich ein Beitrag zur Berechnung von Ansprüchen auf Alg II und Sog, ZfF 2005, S. 97 ff.
Kievel, W.	Die Bedeutung des § 9 Abs. 2 Satz 3 SGB II und die Frage, ob das Berechnungsprogramm der Bundesagentur für Arbeit das Gesetz richtig umsetzt, ZfF 2005, S. 217 ff.
Klein, M./Schulte, S./Unkel, W.	Wohngeldgesetz, Kommentar, Berlin 2015
Klerks, U.	Die neuen Regelungen zur Bestimmung der Angemessenheit von Unterkunftskosten – Stein der Weisen oder Stein des Anstoßes?, info also 2011, S. 195 ff.
Klerks, U.	Zuschüsse zu Beiträgen zur Krankenversicherung und Pflegeversicherung gem. § SGB_II § 26 SGB II, info also 2017, S. 3 ff.
Klinger, R./Kunkel, P./Pattar, A.	Existenzsicherungsrecht: SGB XII mit SGB II und Asylb-LG, 4. Auflage, Baden-Baden 2017
Klunzinger, E.	Einführung in das Bürgerliche Recht, 16. Auflage, München 2013
Knickrehm, S.	Gesamtes soziales Entschädigungsrecht, Baden-Baden 2012

Knickrehm, S.	Wann sind Unterkunftskosten für SGB-II-Empfänger »angemessen«? Das schlüssige Konzept – Kontrollierte Methodenfreiheit bei Methodenvielfalt, SozSich 2015, S. 287 ff.
Knickrehm, S./Kreikebohm, R./Waltermann, R. (Hrsg.)	Kommentar zum Sozialrecht, VO (EG) 883/2004, SGB I bis SGB XII, SGG, BAföG, BEEG, Kindergeldrecht (EStG), UnterhaltsvorschussG, WoGG, 4. Auflage, München 2015
Knösel, P.	Freiheitlicher Rechtsstaat und Abschiebung, Berlin 1991
Kopp, F. O./ Schenke, W-.R.	Verwaltungsgerichtsordnung: VwGO – Kommentar, 22. Auflage, München 2016
Körner, A./Leitherer, S./Mutschler, B. (Hrsg.)	Kasseler Kommentar zum Sozialversicherungsrecht: Sozialgesetzbuch (SGB) Siebtes Buch (VII) Gesetzliche Unfallversicherung (Loseblattwerk), München, Stand 2017
Körner, A./Leitherer, S./Mutschler, B. (Hrsg.)	Kasseler Kommentar zum Sozialversicherungsrecht: Sozialgesetzbuch (SGB) Elftes Buch (XI) Soziale Pflegeversicherung (Loseblattwerk), München, Stand 2017
Kokemoor, A.	Arbeitsrecht, 12. Auflage, München 2017
Kokemoor, A.	Sozialrecht, 7. Auflage, München 2016
Krahmer, U.	Lehr- und Praxiskommentar zum Sozialgesetzbuch Allgemeiner Teil, Baden-Baden 2003, zitiert: LPK-SGB I
Krasney, E./Udsching, P.	Handbuch des sozialgerichtlichen Verfahrens, 7. Auflage, Berlin 2016
Kreikebohm, R. (Hrsg.)	SGB VI – Gesetzliche Rentenversicherung, 4. Auflage, München 2013
Krenzler, M. (Hrsg.)	Rechtsdienstleistungsgesetz – Handkommentar, 2. Auflage, Baden-Baden 2017
Kruk, E. (Hrsg.)	Mediation and Conflict Resolution in Social Work and the Human Services, Chicago 1998 (a).
Kruk, E.	Parenting Disputes in Divorce: Facilitating the Development of Parenting Plans through Parent Education and Therapeutic Family Mediation, in: Kruk, E. (Hrsg.), Mediation and Conflict Resolution, Chicago 1998 (b), S. 55 ff.
Kruk, E./Martin, F. B./O'Callaghan, J.	Caregiving Mediation in Health Care Settings, in: Kruk, E. (Hrsg.), Mediation and Conflict Resolution, Chicago 1998, S. 179 ff.
Kruse, J./Reinhard, H./Winkler, J.	SGB II. Grundsicherung für Arbeitsuchende – Kommentar, 3. Auflage, München 2017
Kühl, W.	Wenn fremdländische Kinder erwachsen werden, Osnabrück 1985
Kuhla, W./Hüttenbrink, J.	Neuregelungen in der VwGO durch das Gesetz zur Bereinigung des Rechtsmittelrechts im Verwaltungsprozess, DVBl. 2002, S. 85 ff.

Kulle, T.	Die Einsatzgemeinschaft im Rahmen des SGB II und des SGB XII – Teil 1: Einführung in die Problematik und die Einsatzgemeinschaft im Rahmen des SGB II, DVP 2014, S. 311 ff.
Kunkel, P.-C.	Jugendhilferecht, 8. Auflage, Baden-Baden 2015
Kunkel, P.-C./Kepert, J./Pattar, A. K.	Kinder- und Jugendhilfe, Lehr- und Praxiskommentar, 6. Auflage, Baden-Baden 2016, zitiert: LPK-SGB VIII
Lachwitz, K./Schellhorn, W./Welti, F.:	Handkommentar zum SGB IX – Rehabilitation und Teilhabe behinderter Menschen, 3. Auflage, Neuwied 2008
Lange, C./Didaktisches Zentrum (Hrsg.)	Schulmediation, Oldenburg 2002
Lenz, C./Hansel, R.	Bundesverfassungsgerichtsgesetz – Handkommentar, 2. Auflage, Baden-Baden 2015
Löhnig, M.	Das Gesetz zur Ergänzung des Rechts zur Anfechtung der Vaterschaft, FamRZ 2008, S. 1130
Loose, O.	Leistungen für Bildung und Teilhabe nach § SGB_II § 28 SGB II – Ein Überblick über die (Rechts-)Probleme unter Berücksichtigung der aktuelleren Rechtsprechung, info also 2016, S. 147 ff.
Lowry, L. R./Harding, J.	Mediation – The Art of Facilitating Settlement, An Interactive Training Program, Malibu 1997
Lüdtke, P.-B./Berchtold, J. (Hrsg.)	Sozialgerichtsgesetz – Handkommentar, 5. Auflage, Baden-Baden 2017
Mansel, H.-P.	Die Neuregelung des Verjährungsrechts, NJW 2002, S. 89 ff.
Marx, A.	Mediation und Sozialarbeit – Konflikte kooperativ lösen, Frankfurt/M. 1999
Marx, A.	Mediation (Konfliktvermittlung) bei Adoptionen, in: Paulitz, H. (Hrsg.), Adoption, Positionen, Impulse, Perspektiven, München 2000, S. 302 ff.
Marx, A.	Sozial-Mediation in den USA – ein Wegweiser für die soziale Arbeit in Deutschland?, in: Theorie und Praxis der Sozialen Arbeit, Heft 2/2003, S. 46-53
Marx, A.	Familienrecht für soziale Berufe, 2. Auflage, Köln 2014
Marx, A.	Mediation und Konfliktmanagement in der Sozialen Arbeit, Stuttgart 2016
Masing, J./Jouanjan, O. (Hrsg.)	Verfassungsgerichtsbarkeit, Grundlagen, innerstaatliche Stellung, überstaatliche Einbindung, Tübingen 2011
Maurer, H./Waldhoff C.	Allgemeines Verwaltungsrecht, 19. Auflage, München 2017
Medicus, D./Petersen, J.	Bürgerliches Recht, 25. Auflage, München 2015

Mehrle, G., in: Axmann/Degen (Hrsg.)	Anwaltsstrategien im Familienrecht. Konfliktmanagement und Prozessstatistik, Stuttgart 2008
Meyer-Goßner, L./Schmitt, B.	Strafprozessordnung, Kurzkommentar, 60. Auflage, München 2017
Meyer-Ladewig, J.	Sozialgerichtsgesetz: SGG – Kommentar, 12. Auflage, München 2017
Mrozynski, P.	Sozialgesetzbuch I, 5. Auflage, München 2014
Moore, C. W.	The Mediation Process, Practical Strategies for Resolving Conflict, 3nd ed., San Francisco/London 2003
von Münch, I./Kunig, Ph. (Hrsg.)	Grundgesetzkommentar, 6. Auflage, München 2012
	Münchener Kommentar zum Bürgerlichen Gesetzbuch: BGB, 7. Auflage, München 2016
Müller, C./Wersig, M.	Der Rückgriff gegen Angehörige von Sozialleistungsempfängern, 7. Auflage, Baden-Baden 2016.
Münder, J. (Hrsg.)	Sozialgesetzbuch II. Grundsicherung für Arbeitsuchende. Lehr- und Praxiskommentar, 6. Auflage, Baden-Baden 2017
Münder, J./Trenczek, T.	Kinder- und Jugendhilferecht – Eine sozialwissenschaftlich orientierte Darstellung, 8. Auflage, München 2015
Münder, J./Smessaert, A.	Frühe Hilfen und Datenschutz, Berlin, 2009
Münster, T.	Die optimale Rechtsform für Selbstständige, Unternehmer und Existenzgründer, 6. Auflage, Heidelberg 2006
Mutschler, B./Schmidt-De Caluwe, R./Coseriu, P. (Hrsg.)	Sozialgesetzbuch III – Arbeitsförderung, 6. Auflage, Baden Baden 2016.
Myers, S./Filner, B.	Mediation Across Cultures, San Diego 1993
Oberloskamp, H./Borg-Laufs, M./Röchling, W./Seidenstücker, B.	Gutachtliche Stellungnahmen in der Sozialen Arbeit, Weinheim 2017
Oberloskamp, H./Marx, A.	Kindschaftsrechtliche Fälle für Studium und Praxis, 6. überarbeitete Auflage, Neuwied 2006
Orgis, C.	Neue Richtlinien für die Erstattung von Abstammungsgutachten und die Konsequenzen für den Kindschaftsprozess, FamRZ 2002, S. 1157 f.
Ossenbühl, F.	Das elterliche Erziehungsrecht im Sinne des Grundgesetzes, Berlin 1981
Palandt, O.	Bürgerliches Gesetzbuch – BGB, 76. Auflage, München 2017
Papier, H.-J.	Ehe und Familie in der neuen Rechtsprechung des BVerfG, FamRZ 2002, S. 2119
Papenheim, H.-G./Baltes, J./Dern, S./Palsherm, I.	Verwaltungsrecht für die soziale Praxis, 25. Auflage, Frankfurt 2015

Literaturverzeichnis

Papenheim, H.-G.	Zeugnisverweigerungsrechte der Sozialarbeiter und Sozialpädagogen, in: Recht sozial – Rechtsfragen der Sozialen Arbeit, hrsg. von M. Karl-Heinz Lehmann, 2. Auflage, Hannover 2002
Parsons, R. J./Cox, E. O.	Mediation in the Aging Field, in: Kruk, E. (Hrsg.), Mediation and Conflict Resolution, Chicago 1998, S. 163 ff.
Patjens, R./Patjens, T.	Sozialverwaltungsrecht für die Soziale Arbeit, Baden-Baden 2016
Pattar, A.	Sozialhilferechtliches Dreiecksverhältnis – Rechtsbeziehungen zwischen Hilfebedürftigen, Sozialhilfeträgern und Einrichtungsträgern, Sozialrecht aktuell 2012, S. 85 ff.
Paulitz, H. (Hrsg.)	Adoption: Positionen, Impulse, Perspektiven, 2. Auflage, München 2006
Plagemann, H./Radtke-Schwenzer, K.	Aktuelle Entwicklung im Recht der Gesetzlichen Unfallversicherung, NJW 2013, S. 1924 ff, 2015, S. 1358 ff. und 2016, S. 2004 ff.
Primm, E. B.	The Neighbourhood Justice Movement, in: Kentucky Law Journal, 1992-93, S. 1067 ff.
Radbruch, G.	Vorschule der Rechtsphilosophie, 2. Auflage, Göttingen 1959
Raisch, P.	Juristische Methoden, Vom antiken Rom bis zur Gegenwart, Heidelberg 1995
Raiser, T.	Grundlagen der Rechtssoziologie – Das lebende Recht, 6. Auflage, Baden-Baden 2013
Ramsauer, U./Stallbaum, M.	Bundesausbildungsförderungsgesetz: BAföG, 6. Auflage, München 2016
Ray, L.	Community Mediation Centers: Delivering First-Class Services to Low-Income People for the Past Twenty Years, in: Mediation Quarterly (15/1), 1997, S. 71 ff.
Reinhardt, J.	Grundkurs Sozialverwaltungsrecht für die Soziale Arbeit, München/Basel 2014
Riekenbrauk, K.	Strafrecht und Soziale Arbeit, 4. Auflage, Neuwied 2011
Rolfs, C./Giesen, R./Kreikebohm, R./Udsching, P.	Beck'scher Online-Kommentar Sozialrecht: BAföG, München, Stand: 2017
Roos, E./Bieresborn, D. (Hrsg.)	Mutterschutzgesetz. Bundeselterngeld- und Elternzeitgesetz (Loseblattwerk), Neuwied, Stand 2016
Rosenow, R.	Bedürftigkeitsfiktion und Verteilung von Einkommen innerhalb der Bedarfsgemeinschaft im SGB II, SGb 2008, 282 ff.
Roßmann, F. T.	Familienrecht, 20. Auflage, Münster 2016
Roßnagel, A.	Das neue Recht elektronischer Signaturen, NJW 2001, S. 1817 ff.

Rothe, F./Blanke, A.	Bundesausbildungsförderungsgesetz, Loseblatt, Stand 41. AL, Stuttgart 2016
Ruland, F./Försterling, J. (Hrsg.)	GK-SGB VI – Gemeinschaftskommentar zum Sozialgesetzbuch – Gesetzliche Rentenversicherung (Loseblatt), Köln, Stand 2017
Saposnek, D. T.	Mediating Child Custody Disputes, San Francisco 1998
Sauer, J./Wabnitz, R./Fischer, M.	Grundkurs Existenzsicherungsrecht für die Soziale Arbeit, München 2016
Schäfer, C.	Gesellschaftsrecht, 4. Auflage, München 2015
Schäfer, C. D.	Elder Mediation, in: Mediation aktuell 2014, https://www.mediationaktuell.de/news/elder-mediation, Stand: 05.04.2017
Schaub, G.	Arbeitsrechts-Handbuch, 17. Auflage, München 2017
Schellhorn, H./Fischer, L./Mann, H./Kern,C.	SGB VIII, Kommentar zur Kinder- und Jugendhilfe, 5. Auflage, Köln 2017
Schellhorn, H./Hohm, K./Schneider, P.	SGB XII – Kommentar zum SGB XII, 19. Auflage, Neuwied 2015
Scherney, C./Kohnke, G.	Immobilien und Kosten der Unterkunft im SGB II, 2. Auflage, Berlin 2017
Schleicher, H.	Jugend- und Familienrecht, 14. Auflage, München 2014
Schlüter, W.	BGB-Familienrecht, 14. Auflage, Heidelberg 2013
Schnitzler, K. (Hrsg.)	Münchener Anwalts Handbuch. Familienrecht, 4. Auflage, München 2014
Schrader, Ch.	Das neue Rechtsdienstleistungsgesetz, in ZfSH/SGB 2008, S. 75 ff.
Schroeder, W.	Grundkurs Europarecht, 4. Auflage, München 2015
Schubert, R.	Der Europäische Gerichtshof für Menschenrechte, Hamburg 2013
Schulin, B./Igl, G.	Sozialrecht, 7. Auflage, Düsseldorf, 2005
Schulze, R/Dörner, H. u.a.	Handkommentar zum BGB, 8. Auflage, Baden-Baden 2014, zitiert: Hk-BGB
Schwab, D./Lönig, M.	Einführung in das Zivilrecht, 20. Auflage, Heidelberg 2016
Schwab, D.	Elterliche Sorge bei Trennung und Scheidung der Eltern, FamRZ 1998, S. 457
Schwab, D.	Familienrecht, 24. Auflage, München 2016
Slizyk, A.	Beck'sche Schmerzensgeldtabelle, 11. Auflage, München 2015
Soergel, H.-T.	Bürgerliches Gesetzbuch, Kommentar zum BGB – 1. Band, 13. Auflage 2000

Literaturverzeichnis

Sommer, I.	Lehrbuch Sozialverwaltungsrecht: Grundlagen der Sozialverwaltung, des Verwaltungshandelns und des Rechtsschutzsystems, 2. Auflage, Weinheim 2015
Spindler, H.	Das Existenzminimum stirbt in Prozentschritten, info also 2004, S. 184 ff.
Stadler, A.	Allgemeiner Teil des BGB, 19. Auflage, München 2017
Stascheit, U.	Hilfen bei der Anbahnung und Aufnahme einer Beschäftigung, § 45 SGB III n.F., info also 2009, S. 7 ff.
Staudinger	Großkommentar zum BGB, Berlin/New York 1997
Steinmeyer, H.	Die Neuregelungen der Förderung der Berufsausbildung, der beruflichen Weiterbildung und der Teilhabe behinderter Menschen am Arbeitsleben zum 30.12.2008/01.01.2009, info also 2009, S. 561 ff.
Stiftung Integrationshilfe für ehemals Drogenabhängige (Hrsg.)	Praxishandbuch Schuldnerberatung, Loseblattsammlung, Neuwied
Streinz, R.	Europarecht, 10. Auflage, Heidelberg 2016
Suckow, H./Wiedemann, H.	Allgemeines Verwaltungsrecht und Verwaltungsrechtsschutz, 14. Auflage, Stuttgart 2004
Thalmann, W./May, G./Benner, S. A.	Praktikum des Familienrechts. Das Verfahren in Familiensachen mit materiell-rechtlichen Grundlagen, 5. Auflage, Heidelberg 2006
Thomas, H./Putzo, H.	Zivilprozessordnung: ZPO – FamFG, Verfahren in Familiensachen, EGZPO, GVG, EGGVG, EU-Zivilverfahrensrecht Kommentar, 37. Auflage, München 2016
Trenczek, T.	Die Mitwirkung der Jugendhilfe im Strafverfahren, Weinheim 2003
Trenczek, T./Berning, D./Lenz, C. (Hrsg.)	Mediation und Konfliktmanagement, München 2013
Tschernitschek, H./Saar, S. C.	Familienrecht, Lehrbuch, 4. Auflage, Berlin 2008
Umbreit, M. S./Kruk, E.	Parent-Child Mediation, in: Kruk, E. (Hrsg.), Mediation and Conflict Resolution, Chicago 1998, S. 97 ff.
v. Malottki, C.	Empirische Aspekte bei der Bestimmung von Angemessenheitsgrenzen der Kosten der Unterkunft, info also 2012, S. 99 ff.
Wabnitz, R. J.	Grundkurs Familienrecht für die soziale Arbeit, 4. Auflage, München 2014
Wabnitz, R.-J.	Grundkurs Kinder- und Jugendhilferecht für die soziale Arbeit, 4. Auflage, München 2015
Wackerbarth, U./Eisenhardt, U.	Gesellschaftsrecht II, Recht der Kapitalgesellschaften, 7. Auflage, München 2013

Wahrendorf, V.	Die gemischte »Bedarfsgemeinschaft« im Sozialhilferecht, Sozialrecht aktuell 2012, S. 50 ff.
Wanitzek, U.	Die Rechtsprechung zum Recht der elterlichen Sorge und des Umgangs seit 2006, FamRZ 2008, S. 933 ff.
Wassermann, R. (Hrsg.)	Kommentar zum Grundgesetz für die Bundesrepublik Deutschland, Reihe Alternativkommentare, Neuwied 1989
Wersig, M.	Das Bundesteilhabegesetz – Ein Weg aus der Sozialhilfe?, KJ 49 (2016), S. 549 ff.
Wesel, U.	Juristische Weltkunde, Eine Einführung in das Recht, 10. Auflage, Frankfurt/M. 2000
Westermann, H. P./Gursky, K.-H./Eickmann D.	Sachenrecht, 8. Auflage, Heidelberg 2005
Wettlaufer, A.	Die Erbschaft – Regelmäßig Einkommen, nur ausnahmsweise Vermögen, VSSR 2013, S. 1 ff.
Wieacker, F.	Privatrechtsgeschichte der Neuzeit, Göttingen 1952
Wiemer, G.	Die aktuelle Rechtsprechung zu den Kosten der Unterkunft und Heizung nach § 22 SGB II (Teil 1), NZS 2012, S. 9 ff.
Wiesner, R. (Hrsg.)	SGB VIII – Kinder- und Jugendhilfe, Kommentar, 5. Auflage, München 2015
Winkler, G.	Zeit und Recht, Wien, New York 1995
Wörlen, R./Kokemoor, A.	Handelsrecht mit Gesellschaftsrecht, 12. Auflage, München 2015
Wolf, M./Neuner, J.	Allgemeiner Teil des BGB, 11. Auflage, München 2016
Zippelius, R.	Juristische Methodenlehre, 11. Auflage, München 2012
Zöller, R.	ZPO – Zivilprozessordnung, 31. Auflage, Köln 2015

Teil 1: Grundlagen des Rechts und des Staates

Kapitel 1 Recht, Gesellschaft und soziale Berufe

Literatur

Coing, H., Grundzüge der Rechtsphilosophie, 5. Aufl., Berlin, New York 1993; *Raiser, T.*, Das lebende Recht, Rechtssoziologie in Deutschland, 3. Aufl., Baden-Baden 1999; *Wesel, U.*, Juristische Weltkunde, 8. Aufl., Frankfurt a.M. 2000; *Zippelius, R.*, Das Wesen des Rechts, Eine Einführung in die Rechtstheorie, 6. Aufl., München 2012.

A. Akzeptanz des Rechts

»Mir wird von alle dem so dumm, als ging mir ein Mühlrad im Kopf herum« sagt der   1
Schüler in Goethes Faust I, »Schülerszene«, Vers 1946 f.

Die Frage nach der Akzeptanz des Rechts ist von wesentlicher Bedeutung für alle   2
Menschen, nicht nur die, die in sozialen Berufen tätig sind oder sich in entsprechenden Ausbildungen befinden. In unserer Gesellschaft löst das Recht prinzipiell und
tendenziell Abneigung und Abwehr aus; das Recht steht in dem Ruf »volksfern« zu
sein, damit unverständlich und undurchschaubar. Das liegt nicht zuletzt an der abge-
hobenen Sprache, der sich der Gesetzgeber vielfach bedient.

▶ **Beispiel:**

§ 815 BGB Nichteintritt des Erfolgs »*Die Rückforderung wegen Nichteintritts des mit*   3
einer Leistung bezweckten Erfolgs ist ausgeschlossen, wenn der Eintritt des Erfolgs von
Anfang an unmöglich war und der Leistende dies gewusst hat oder wenn der Leistende
den Eintritt des Erfolgs wider Treu und Glauben vereitelt hat.«

Zudem sieht man sich einer unüberschaubaren Fülle von Vorschriften gegenüber, die   4
i.Ü. immer mehr zunimmt. Recht wird als Herrschaftswissen empfunden. Derjenige,
der in eine rechtliche Auseinandersetzung verwickelt ist oder verwickelt wird, fühlt
sich ohne fachkundige Beratung und Unterstützung hilflos. Andererseits bleibt in
einer ausweglosen Situation immer noch die Hoffnung auf einen »juristischen Trick«,
der eine Wendung zum Besseren herbeiführen könnte. Diese Einstellung ist prinzipiell
auch bei jungen Menschen anzutreffen, die sich entschlossen haben, eine Ausbildung
zu betreiben, die sie für eine berufliche Tätigkeit in einem Feld der Sozialen Arbeit
qualifizieren soll.

Diese Außensicht des Rechts trifft im Wesentlichen auf zwei Hürden: die **Fachsprache**   5
und das für das Begreifen von Recht und das Lösen von rechtlichen Problemen erforderliche **Abstraktionsvermögen**:

Wie alle anderen Wissenschaften auch, hat das Recht eine Fachsprache entwickelt –   6
um Recht verstehen zu können, hilft nur eins: die Fachsprache zu verstehen lernen.
Der Gesetzgeber bedient sich einer generellen und abstrakten Ausdrucksweise – der
Vorteil dieser Gesetzessprache ist der: sie dient der Rechtsanwendung und ermöglicht
die Rechtsfindung.

7   Die Rechtswissenschaft erfordert ein sehr hohes Abstraktionsvermögen. Das heißt nicht, dass das Recht nicht konkret ist; aber die fast unübersehbare Fülle der Lebenserscheinungen und der gesellschaftlichen Vorgänge lässt sich nur dann mit rechtlichen Mitteln bewältigen, wenn die soziale Wirklichkeit geordnet und in ein System gebracht wird. Nur durch eine solche systematisierende Ordnung entsteht ein Instrumentarium, das es ermöglicht, durch Auslegung und Rechtsfortbildung auch neue Bedürfnisse, die durch die Veränderung der sozialen Wirklichkeit entstehen, zu befriedigen. Nach entsprechender intensiver Einarbeitung werden Tatbestandsgruppen und Rechtsfolgen überschaubar, die Reaktionen des Rechts auf bestimmte Lebenssachverhalte einsichtiger. Das führt zu Sicherheit im Umgang mit dem Recht.[1]

8   Es gibt wenige berufliche Tätigkeiten in Arbeitsfeldern sozialer Arbeit, in denen rechtliche Fragen und Probleme keine oder so gut wie keine Rolle spielen – in anderen Bereichen – wie bei Tätigkeiten im Jugend- oder Sozialamt – gehören sie mit zum **Kernbereich** beruflichen Könnens. Daraus ergibt sich die Notwendigkeit, Rechtskenntnisse i.R.d. Ausbildung zu vermitteln.

9   Dabei sollen die Betroffenen nicht zu professionellen Juristen gemacht werden. Erforderlich sind jedoch Aufgeschlossenheit und die Bereitschaft, auch außerhalb von Lehrveranstaltungen den Stoff nochmals zu überdenken, zumindest die Gesetzestexte nachzulesen, zu begreifen, dass zur Fachlichkeit in sozialen Berufen ausreichende rechtliche Kenntnisse gehören, und die Fähigkeit zu entwickeln, sich in bisher unbekannte Rechtsprobleme und Rechtsbereiche einzuarbeiten.

10 Macht man sich mit dem Recht vertraut, dann wird man auch die Formen, die Denkfiguren, die termini technici verstehen lernen, auf welche die Rechtswissenschaft so wenig verzichten kann wie jede andere Wissenschaft. Der Vorwurf, das deutsche Recht sei »volksfremd«, wird vor allem darauf gegründet, dass etwa das Bürgerliche Gesetzbuch zu großen Teilen römischen Ursprungs sei.[2] Die römischen Juristen hatten ein wissenschaftliches »Kunstrecht« geschaffen, das wegen seiner technischen Qualitäten alle so genannten »Volksrechte« – damit sind die Rechte der Germanen und das Recht in fränkischer Zeit gemeint – übertraf, aber für den Laien schwer verständlich war. Die etwa ab dem 12. Jahrhundert erfolgte Rezeption (Aufnahme) des römischen Rechts war ein umfassender kontinentaleuropäischer Vorgang.[3] Den Höhepunkt dieser

---

1 Als Beispiel für eine fallbezogene kasuistische Regelung ist das Preußische Allgemeine Landrecht von 1794 zu nennen, das exemplarisch Verständlichkeit vermitteln wollte, aber ca. 19.000 Paragrafen umfasste. Demgegenüber nimmt sich das BGB mit 2.385 Paragrafen vergleichsweise bescheiden aus.

2 »Es (gemeint: das BGB – d.V.) ist, vereinfacht gesprochen, eine Kodifikation des Pandektenrechts. Mit einigen wenigen Ergänzungen aus der Tradition des alten deutschen Rechts.« so *Wesel*, Juristische Weltkunde, S. 93 – mit Pandektenrecht wird das Römische Recht bezeichnet.

3 Kodifizierte Rechtssysteme fehlten im Mittelalter teilweise ganz oder waren unvollständig, so dass seit dem 14. Jahrhundert das Römische Recht immer mehr Eingang in den deutschen Rechtskreis fand. Zwar fand im 17. Jahrhundert eine Gegenbewegung statt, gleichwohl

Rezeption des römischen Rechts in Deutschland brachte die Reichskammergerichtsordnung von 1495. Bei der Übernahme des römischen Rechts trifft die BGB-Väter der berechtigte Vorwurf, dass es ihnen nicht gelungen ist, dieses Recht verständlicher zu gestalten, wie es in dem auf gleicher Grundlage beruhenden Schweizer Zivilgesetzbuch vorbildlich geschehen ist.

B. Rechtsnormen und Sozialnormen

Alle Verhaltensregeln haben Herrschaftsfunktion. Dabei unterscheiden sich die **Rechtsnormen** von den **Sozialnormen**[4] jedenfalls in zweierlei Hinsicht: 11

Rechtsnormen sind für alle in einem Staatswesen lebenden Menschen verbindlich; im 12
Rechtsstaat repräsentieren die von den dazu berufenen Verfassungsorganen – bei uns Bundestag und Bundesrat – beschlossenen Rechtsnormen eine Verhaltensordnung für die staatliche Gemeinschaft. Diese Verhaltensordnung muss daher für alle Mitglieder der staatlichen Gemeinschaft in gleicher Weise Geltung haben und verbindlich sein. Sozialnormen beanspruchen dagegen keine allgemeine Geltung; sie sind nur für die Mitglieder einer Gesellschaft verbindlich, die diese Sozialnormen für richtig halten und ihre persönliche Lebensführung danach ausrichten oder ausrichten wollen.

Nur die Rechtsnormen sind mit staatlichem Zwang durchsetzbar. Mit der Zwangsvoll- 13
streckung in Zivilsachen und der Strafvollstreckung in Strafsachen steht ein staatliches Instrumentarium zur Verfügung, das die Durchsetzung bzw. Beachtung der von der Rechtsordnung aufgestellten Regeln gewährleisten soll. Insofern haben viele Rechtssätze Unterdrückungsfunktion – z.B. gegenüber dem Rechtsbrecher, der die Strafrechtsordnung verletzt. Wenn Sozialnormen sich konträr zu Rechtsnormen verhalten, werden daraus entstehende Konflikte mit dem staatlichen Instrumentarium gelöst, z.B. die Herausnahme des Kindes aus der Familie, um eine lebensrettende Operation durchführen zu können, wenn nach der Glaubenslehre der Eltern – hier: Zeugen Jehovas – operative Eingriffe verboten sind.

Für die Einhaltung und Durchsetzung von Sozialnormen steht kein formalisiertes 14
Verfahren zur Verfügung; allerdings gibt es Mechanismen, die bei Verletzung von Sozialnormen zu weit nachhaltigeren Folgen führen können als bei Verletzung von Rechtsnormen. So hat gesellschaftliche Ausgrenzung sicherlich größere Auswirkungen als die Verurteilung durch ein Strafgericht zu einer Geldstrafe.

Auch überstimmte Minderheiten müssen das von der Mehrheit beschlossene Recht 15
gegen sich gelten lassen. Das gehört zum Wesen der Demokratie. Allerdings verhält es sich so, dass nicht alle Bevölkerungsschichten in den Parlamenten angemessen

---

sind in das BGB in nicht unerheblichem Umfang Rechtsgedanken und Rechtsinstitute des Römischen Rechts übernommen worden. Zur Rezeption S. *Wesel*, Seite 59 bis 70; *Raisch*, Juristische Methoden S. 35 ff.

4 Unter Sozialnormen sollen hier alle außerrechtlichen Normen verstanden werden, die sich auf das individuelle und zwischenmenschliche Verhalten beziehen, also religiöse/ethisch-moralische Vorstellungen bis zu gesellschaftlichen Konventionen.

repräsentiert sind. An einflussreichen Sprechern fehlt es vielfach gesellschaftlichen Randgruppen – wie z.b. den Arbeitslosengeld II-Beziehern, den Sozialhilfeempfängern, alten Menschen und Menschen mit Krankheiten und Behinderungen. In solchen Fällen muss sich eine Lobby finden oder organisiert werden, welche die Interessen solcher Gruppen adäquat vertritt. Insofern lässt sich die Behauptung aufstellen, dass das Recht das Spiegelbild der gesellschaftlichen Kräfteverhältnisse darstellt, die sich im parlamentarischen System mehrheitlich durchsetzen.

C. Die Legitimation von Recht

16 Damit ist die Frage nach der Beliebigkeit des Rechts gestellt; hier stehen sich seit eh und je die naturrechtliche und die rechtspositivistische Position gegenüber. Naturrecht i.S.d. Rechtsphilosophie stellt sich als das aus apriorischen Werteinsichten abgeleitete und damit von gesellschaftlichen oder sonstigen Entwicklungen unabhängige, also immer während gültige Recht dar.[5] Als neuzeitlicher Vertreter der Positivität des Rechts darf Niklas Luhmann gelten. »Positives Recht ist gekennzeichnet durch seine Gesetztheit.[6] Es gilt nicht deswegen, weil es im Einklang mit höheren Normen steht, sondern weil es durch Entscheidung aus anderen Möglichkeiten ausgewählt und verbindlich gemacht wurde. Inhaltlich ist es kontingent, d.h. beliebig. Seine Änderung ist jederzeit möglich und im institutionalisierten Verfahren von vornherein vorgesehen«.[7]

17 Der Vorteil des rechtspositivistischen Standpunktes ist Rechtssicherheit, denn alles Recht ist nachlesbar, aber Fragen des »richtigen Rechts«, Fragen nach der Gerechtigkeit, interessieren den Rechtspositivisten nicht – das bewegt den naturrechtlichen Standpunkt. Somit betrifft die Legitimation des Rechts deren moralische ethische »Gerechtigkeit«, während die Legalität das gesetzte bestimmte Recht darstellt. Kommt es zu unerträglichen Missverhältnissen beider Werte, könnte der Bürger zur Selbstjustiz bzw. in Resignation verfallen oder zu unangemessenen Protesthaltungen neigen.

18 In dem Spannungsverhältnis zwischen Rechtssicherheit und Gerechtigkeit greift die obergerichtliche Rechtsprechung auf die sog. **Radbruch'sche Formel**[8] zurück. »Der Konflikt zwischen der Gerechtigkeit und der Rechtssicherheit dürfte dahin zu lösen sein, dass das positive, durch Satzung und Macht gesicherte Recht auch dann Vorrang hat, wenn es inhaltlich ungerecht und unzweckmäßig ist, es sei denn, dass der Widerspruch des Gesetzes zur Gerechtigkeit ein so unerträgliches Maß erreicht hat, dass das Gesetz als ›unrichtiges Recht‹ der Gerechtigkeit weichen muss.«[9] Aktualität hat diese Formel in den Strafverfahren erhalten, in denen es um die Verurteilung wegen Todesschüssen an der Berliner Mauer ging; in diesen Verfahren hat der BGH sich auf

---

5 Siehe dazu *Coing*, Grundzüge der Rechtsphilosophie S. 198 ff.
6 Siehe dazu Kap. 2 Rdn. 45 f. *Luhmann*, 1972, Rechtsphilosophie S. 266.
7 *Raiser*, Das lebende Recht, S. 157.
8 Gustav Radbruch (1878 – 1949) war deutscher Rechtslehrer mit besonderem Einfluss auf dem Gebiet der Rechtsphilosophie.
9 *Radbruch*, Vorschule der Rechtsphilosophie, S. 32/33 und 36/37 unter Berufung auf sein Werk Rechtsphilosophie 5. Aufl. 1956, S. 168 ff.

diese Formel gestützt, um zu einer Verurteilung trotz Schießbefehls zu kommen. »Ein Rechtfertigungsgrund, der einer Durchsetzung des Verbots, die DDR zu verlassen, Vorrang vor dem Lebensrecht von Menschen gab, indem er die vorsätzliche Tötung unbewaffneter Flüchtlinge gestattete, ist wegen offensichtlichen, unerträglichen Verstoßes gegen elementare Grundsätze der Gerechtigkeit und gegen völkerrechtlich geschützte Menschenrechte unwirksam. Der Verstoß wiegt hier so schwer, dass er die allen Völkern gemeinsamen, auf Wert und Würde des Menschen bezogenen Rechtsüberzeugungen verletzt; in einem solchen Fall muss das positive Recht der Gerechtigkeit weichen«.[10]

I.Ü. sind in unserer Rechtsordnung der Beliebigkeit des Rechts als Instrumentarium 19
zur Konfliktlösung durch das Grundgesetz Grenzen gesetzt: vor allem die Grundrechte repräsentieren eine auf die Menschenwürde bezogene, sozialstaatliche Werteordnung, deren Grundentscheidungen für die gesamte Rechtsordnung maßgeblich sind und die Gerechtigkeitspostulate verwirklichen soll.[11]

D. Das Sozialstaatsprinzip und die Aufgabe sozialer Berufe

Für den Ausbau des Sozialstaates haben BVerfG[12] und BVerwG[13] zahlreiche wegwei- 20
sende Entscheidungen getroffen.

Der Gesetzgeber hat vor allem durch das Sozialgesetzbuch das Sozialstaatsprinzip konkretisiert, um soziale Gerechtigkeit und soziale Sicherheit zu gewährleisten.[14]

Wenn die Lebensverhältnisse in der Gesellschaft ständigem Wandel unterliegen, 21
ändern sich auch die gesellschaftlichen Kräfteverhältnisse und mit ihnen das Recht. Das Gesetz wird zum »Instrument zur Steuerung gesellschaftlicher Prozesse nach soziologischen Erkenntnissen und Prognosen«.[15]

So musste das BGB (Bürgerliche Gesetzbuch) von 1896[16], das einem weithin über- 22
holten liberalen Wirtschafts- und Sozialmodell[17] entsprach, geändert werden,

---

10 BGH NJW 1995 S. 2728 ff., 2730.
11 BVerfGE 3, 327 – s. dazu detaillierter in Kap. 2 Rdn. 45 ff.
12 Es hat aus dem Sozialstaatsprinzip die Verpflichtung des Staats abgeleitet, »sich (…) um die Herstellung erträglicher Lebensbedingungen für alle, die (…) in Not geraten sind, zu bemühen« BVerfGE 1, 97 – 105, »prinzipiell nach der annähernd gleichmäßigen Förderung des Wohls aller Bürger zu streben (BVerfGE 5, 87/197 f.) und für eine gerechte Sozialordnung zu sorgen« (BVerfGE 22, 204).
13 Das Bundesverwaltungsgericht hat bereits im Jahre 1954 – im ersten Jahr seines Bestehens und weit vor Erlass des Bundessozialhilfegesetzes vom 30.06.1961 – eine Rechtspflicht des Fürsorgeträgers zu materiellen Leistungen an Bedürftige und deren entsprechenden Rechtsanspruch anerkannt – BVerwGE 1 S. 159 bis 161.
14 S. dazu Kap. 2 Rdn. 40 f. Kap. 14 Rdn. 5.
15 BVerfGE 39, 1 = NJW 1975 S. 580 ff.
16 In Kraft getreten am 01.01.1900.
17 *Wieacker*, Privatrechtsgeschichte der Neuzeit, S. 289 ff.

wesentlich im Schuldrecht, Verbraucherschutzrecht, Mietrecht und Familienrecht, und neue spezielle Rechtsgebiete, wie etwa das Arbeitsrecht, und zahlreiche Sondergesetze, wie die mietrechtlichen Nebengesetze, das Wohnungseigentumsgesetz, das Unterlassungsklagengesetz und das Lebenspartnerschaftsgesetz sowie die Zusammenfügung der sozialen Leistungsgesetze im Sozialgesetzbuch (SGB) haben das Recht der großen Kodifikationen des deutschen Kaiserreichs (BGB, HGB = Handelsgesetzbuch, KO = Konkursordnung – inzwischen InsO usw.) zu einem Recht ergänzt, das dem Sozialmodell einer modernen Industriegesellschaft besser gerecht wird.

23   Dem Arbeits- und Sozialrecht wird damit der ihnen nach ihrem Gewicht für beinahe alle Bevölkerungskreise adäquate Rang beigemessen. Dabei steht im Zentrum des Arbeitsrechts die Stellung des Arbeitnehmers, der darauf angewiesen ist, durch Einsatz seiner Arbeitskraft den Lebensunterhalt für sich und ggf. seine Familie abzusichern. Das moderne Arbeitsrecht entwickelt in Rechtsprechung und Gesetzgebung Regularien zum Schutz und zur Verwirklichung der Arbeitnehmerpersönlichkeit[18] und ist damit an die Seite des Sozialrechts zu stellen, das zur Verwirklichung sozialer Sicherheit und sozialer Gerechtigkeit beitragen soll.[19]

24   Die nicht durch das Grundgesetz vorgegebene Wirtschaftsordnung, die als sog. soziale Marktwirtschaft den Grundstein für die Prosperität der nach dem 2. Weltkrieg neu entstandenen Bundesrepublik gelegt hatte, hat inzwischen negative Auswüchse entwickelt, die eine stärkere staatliche Regulierung erfordern.[20]

25   Welchen Stellenwert hat das Recht im Gesamt-Curriculum der Ausbildung für soziale Berufe? Das ist bei einem auf berufliche Praxis vorbereitenden Studiengang nicht zuletzt von den Anforderungen her zu betrachten, die vom Gesetzgeber sowie durch die Träger künftiger Arbeitsfelder gestellt werden:

26   Die öffentlich-rechtlichen Träger der Sozialen Arbeit werden ausdrücklich verpflichtet, die Aufgaben in der Jugendhilfe und Sozialhilfe durch Mitarbeiterinnen und Mitarbeiter zu erfüllen, die sich für die jeweilige Aufgabe nach ihrer Persönlichkeit eignen und in der Regel entweder eine ihren Aufgaben entsprechende Ausbildung erhalten haben oder über vergleichbare Erfahrungen verfügen (§ 6 SGB XII, § 72 SGB VIII[21]). Entsprechendes muss auch für andere als die genannten öffentlich-rechtlichen Träger Sozialer Arbeit gelten.

27   »Auch die Soziale Arbeit bei freien Trägern z.B. in der allgemeinen sozialen Beratung, in der Schuldner- und der Drogenberatung, in der Ausländer- und Flüchtlingsberatung, in der Kinder- und Jugendhilfe, der Bewährungshilfe, der Behinderten- und Altenhilfe setzt umfassende Rechtskenntnisse, Anwendungskompetenz und die Fähigkeit zum sicheren Umgang

---

18 Z.B. durch das Beschäftigtenschutzgesetz vom 24.06.1994.

19 S. § 1 SGB I – Allgemeiner Teil und das Kap. 14.

20 So z.B. durch das Gesetz zur Stärkung der Finanzmarkt- und Versicherungsaufsicht vom 29.07.2009 – BGBl. I. S. 2309, 2305 – oder das Gesetz zur Angemessenheit der Vorstandsvergütung vom 31.07.2009 – BGBl. I. S. 2509 – weitere Vorhaben sind geplant.

21 Sog. Fachkräfteprinzip.

mit Behörden auf den Gebieten des Bürgerlichen Rechts, des Vollstreckungsrechts, des Kinder- und Jugendhilferechts, des Sozialleistungsrechts, des Ausländer- und Asylrechts, des Strafrechts usw. voraus. Erhält der freie Träger öffentliche Förderung, gilt für ihn das Fachkräftegebot über § 74 Abs. 1 Ziffer 1 SGB VIII. Deshalb sind an Mitarbeiter/innen freier Träger weitgehend die gleichen Anforderungen an die Fachlichkeit hinsichtlich der Rechts- und Verwaltungskompetenz zu stellen wie an die Mitarbeiter/innen öffentlicher Träger«.[22]

Wichtig ist, sich die einschlägigen Rechtskenntnisse anzueignen, nicht nur als eigenes   **28** Handlungswissen, sondern auch als Kontaktwissen für die Zusammenarbeit in der Sozialverwaltung, im Gericht, im Strafvollzug, um die »amtlichen« Verhaltensweisen der Verwaltungskollegen und die Denkart der Richter kennen zu lernen und sich kritisch darauf einstellen zu können. Zudem hat die Gesetzgebung die rechtlichen Beratungs-, Aufklärungs- und Auskunftspflichten der Sozialleistungsträger, das heißt praktisch ihrer Mitarbeiter, ausgedehnt (vgl. §§ 13 bis 15 SGB I). Diese dienstlichen Aufgaben obliegen Verwaltungsfachleuten und Sozialarbeitern/Sozialpädagogen gleichermaßen, ohne dass aber die Einstellung dazu immer die gleiche wäre. Das ist zu beklagen, obwohl dieses Problem seit langem bekannt ist.

Um an den Anfang dieses Kapitels zurückzukehren: Hochschulen für Sozialwesen bzw.   **29** entsprechende Fachbereiche an Hochschulen bilden keine Juristen aus, sondern eben ErzieherInnen, SozialarbeiterInnen und SozialpädagogInnen und HeilpädagogInnen. Aber sie müssen so viele Rechtskenntnisse und Anwendungskompetenzen vermitteln, dass sich die in einem Feld sozialer Arbeit tätige Fachkraft binnen kurzem auch rechtlich zu dem Experten entwickeln kann, den das jeweilige Arbeitsfeld erfordert.[23]

Die Realisierung der genannten Zielvorstellungen, die an sich nichts von ihrer Aktua-   **30** lität eingebüßt haben, erweist sich jedoch im Zuge der Abschaffung der Diplomstudiengänge und der Umstellung auf das gestufte System der Bachelor- und konsekutiven Masterstudiengänge aufgrund des sog. Bolognaprozesses als problematisch und als bildungspolitische Herausforderung:

–   »Die bildungspolitischen Perspektiven und Konsequenzen, die sich aus dem Zusammenhang mit der Internationalisierung der Hochschulausbildungen im sog. Bolognaprozess ergeben, wirken sich auch auf die eben genannten Binnenreformüberlegungen in den Ausbildungen im gesamten System der Sozialen Berufe aus. Hinzu kommt, dass gesellschaftliche Umbrüche, sich verändernde Lebenslagen und Problemlagen insb. aus der Sicht der Praxis zu veränderten Anforderungsprofilen (Kompetenzprofilen) für die sozialberuflichen Fachkräfte führen, auf die in der Aus-, Fort- und Weiterbildung reagiert werden muss.
–   Die gegenwärtigen sozialpolitischen Reformvorhaben in den Bereichen der sozialstaatlichen Leistungsgesetzes (einschließlich der Föderalismusdebatte) sind auch angesichts der Diskussion um die Verteilung der knapper werdenden finanziellen

---

22   S. 8 der Empfehlungen der BAGHR (Bundesarbeitsgemeinschaft der Hochschullehrerinnen und Hochschullehrer des. Rechts an Fachhochschulen/Fachbereichen des Sozialwesens in der BRD) zum Curriculum Recht, 1997.
23   So S. 10 der vorgenannten Empfehlungen der BAGHR.

Ressourcen zwischen Bund, Ländern und Kommunen zur Gewährleistung der Qualität der sozialstaatlichen Dienstleistungen auf kommunaler Ebene mit entscheidende Einflussgrößen für die Neuorganisation der sozialen Dienste und für die Bestimmung der Qualität und Positionierung der sozialberuflichen Fachkräfte im Leistungsprofil Sozialer Dienste von allgemeinem Interesse (z.b. als Folge der Hartz IV-Reform das Profil des Fallmanagers im Jobcenter nach SGB II)...«.[24]

---

24 Aus dem »Curriculum Recht« – Seite 16 – im Studium der Sozialen Arbeit in Bachelor- und Masterstudiengängen, Positionspapier der BAGHR, Oktober 2005.

Kapitel 2 Grundgesetz und Grundrechte

Literatur

Maunz/Dürig/Herzog, Grundgesetzkommentar, Loseblattwerk, München, Rechtsstand Dezember 2016; *von Münch/Kunig*, Grundgesetz-Kommentar Band 1, 6. Aufl., München 2012; *Hömig/Wolf*, Grundgesetz für die Bundesrepublik Deutschland, 11. Aufl., Baden-Baden, 2016; *Ipsen, J.*, Staatsrecht I – Staatsorganisationsrecht, 29. Aufl., München 2017; *Ipsen, J.*, Staatsrecht II – Grundrechte, 20. Aufl., München 2017; *Jarass, H.D./Pieroth, B.*, Grundgesetz für die Bundesrepublik Deutschland, 14. Aufl., München 2016; *Katz, A.*, Staatsrecht, 18. Aufl., Heidelberg 2010; *Sodan, H.*, Grundgesetz, 3. Aufl., München 2015; *Frotscher, W./Pieroth, B.*, Verfassungsgeschichte, 16. Aufl., München 2017.

A. Einführung

Das **Grundgesetz** hält mit seinen verfassungsrechtlichen Grundentscheidungen und 1
seinem Grundrechtskatalog rechtliche Rahmenbedingungen vor, die für die Ausübung jedweder Tätigkeit in dieser Gesellschaft und für die Gestaltung der persönlichen Lebensführung in unterschiedlich starkem Maße prägend sind oder sein können. Für die Tätigkeit in Feldern sozialer Arbeit mag sich dies vergleichsweise stärker auswirken als in manch anderen Sparten beruflicher Selbstverwirklichung.

B. Das Grundgesetz und seine verfassungsrechtlichen Grundentscheidungen (Art. 20 GG)

In Art. 20 Abs. 1 GG heißt es: »Die Bundesrepublik ist ein demokratischer und sozia- 2
ler Bundesstaat«; diese Aussage wird in Art. 28 Abs. 1 Satz 1 GG mit der Formulierung aufgegriffen: »Die verfassungsmäßige Ordnung in den Ländern muss den Grundsätzen des republikanischen, demokratischen und sozialen Rechtsstaats im Sinne dieses Grundgesetzes entsprechen«. Damit und mit den weiteren sich aus Art. 20 Abs. 2 und 3 GG ergebenden Vorgaben sind die tragenden verfassungsrechtlichen Grundentscheidungen und Prinzipien angesprochen, die nach Art. 79 Abs. 3 GG einer Verfassungsänderung entzogen sind und die nachfolgend kurz skizziert werden sollen.

I. Das republikanische Prinzip

In Art. 20 Abs. 1 GG drückt sich dieses Prinzip in der Namensgebung »Bundesrepu- 3
blik« aus, während es in Art. 28 Abs. 1 GG expressis verbis als staatstragender Grundsatz formuliert ist. Mit diesem Prinzip ist gemeint, dass für den Staat, in dem wir leben, die republikanische Staatsform die maßgebliche **Staatsform** ist. Unter Republik wird die Staatsform verstanden, bei der im Gegensatz zur Monarchie das Staatsvolk als Träger der Staatsgewalt angesehen wird. »Alle Staatsgewalt geht vom Volke aus« heißt es in Art. 20 Abs. 2 Satz 1 GG. Das Volk ist also der Souverän und damit eine Rückkehr zur Monarchie – auch in den Bundesländern – von Verfassungs wegen verwehrt.

II. Das föderalistische Prinzip

4   Während sich das republikanische Prinzip auf die Staatsform bezieht, betrifft das föderalistische Prinzip den **Staatsaufbau.** Dieses Prinzip ist in Art. 20 Abs. 1 »Die Bundesrepublik ist ein... Bundesstaat« grundgelegt und findet seine Ausformungen in vielen weiteren Vorschriften des GG – s. nachstehend.

1. Der bundesstaatliche Aufbau

5   Die Bundesrepublik besteht aus dem Bund und den Ländern. »Die Besonderheit des Bundesstaats besteht darin, dass die (Glied-)Staaten sich zu einem (Zentral-)Staat verbinden, ohne ihre Staatsqualität einzubüßen. Dem Zentralstaat wächst hierbei eine eigentümliche Doppelfunktion zu: Zum einen ist er den Gliedstaaten gegenübergestellt (»Der Bund und die Länder«), zum anderen umschließt er sie (»Die Bundesrepublik Deutschland«).[1]

6   Dass den Bundesländern ihre eigene Staatlichkeit verbleibt, wird am Augenfälligsten durch den Umstand, dass jedes Bundesland seine eigene Verfassung hat – die meisten auch mit einem eigenen Grundrechtsteil. Wenn somit die Länder selbstständig neben dem Bund bestehen, ergibt sich daraus die zwingende Notwendigkeit, die einerseits dem Bund und andererseits den Bundesländern zustehenden Befugnisse voneinander abzugrenzen. Diese Zuständigkeitsabgrenzungen beziehen sich auf alle staatlichen Befugnisse und Aufgaben, also die gesetzgebende Tätigkeit, die gesetzesvollziehende Tätigkeit (Verwaltung) und die Rechtsprechung. Die dafür maßgebende Grundsatznorm findet sich insoweit in Art. 30 GG »Die Ausübung der staatlichen Befugnisse und die Erfüllung der staatlichen Aufgaben ist Sache der Länder, soweit dieses Grundgesetz keine andere Regelung trifft oder zulässt«. Dies steht allerdings unter dem Vorbehalt, ob und inwieweit inzwischen Hoheitsrechte – also staatliche Befugnisse – auf der Grundlage des Art. 23 Abs. 1 GG der Europäischen Union übertragen worden sind.[2] Die europäische Ebene muss daher inzwischen immer mitbedacht werden.

2. Verteilung der Gesetzgebungskompetenzen nach dem GG – erste Föderalismusreform

7   Die Abgrenzung der Gesetzgebungszuständigkeiten zwischen Bund und Ländern ergibt sich aus den Art. 70 bis 74 GG. Dabei greift Art. 70 Abs. 1 GG die in Art. 30 GG zugunsten der Länder formulierte Vermutung auf: »Die Länder haben das Recht zur Gesetzgebung, soweit dieses Grundgesetz nicht dem Bund Gesetzgebungsbefugnisse verleiht«. Dies darf jedoch nicht darüber hinwegtäuschen, dass auch nach der sog. **Föderalismusreform** vom Umfang und von der Gewichtigkeit her das Schwergewicht der Gesetzgebung beim Bund liegt. Diese am 01.09.2006 in Kraft getretene erste Föderalismusreform gilt als umfangreichste Änderung des Grundgesetzes in der

---

1   *Ipsen*, Staatsrecht I, Rn. 353 – auch zur Ablehnung einer daraus abgeleiteten Theorie des dreigliedrigen Bundesstaats durch das BVerfG.
2   S. hierzu in Kap. 3 Rdn. 1 ff.

Geschichte der Bundesrepublik und hat insb. die Beziehungen zwischen Bund und Ländern in Bezug auf die Gesetzgebungszuständigkeiten neu geregelt.[3] Nach dieser Reform unterscheidet das Grundgesetz bei der Abgrenzung der Gesetzgebungszuständigkeit nur noch zwischen der **ausschließlichen und der konkurrierenden Gesetzgebung des Bundes** (Art. 70 Abs. 2 GG). Was darunter jeweils zu verstehen ist, ergibt sich aus den Art. 71 und 72 GG, während die Sachgebiete, die unter die ausschließliche oder konkurrierende Zuständigkeit fallen, in Art. 73 bzw. Art. 74 GG **abschließend** aufgezählt sind. Die frühere sog. Rahmengesetzgebung des Bundes (Art. 75 GG) ist abgeschafft. Sachgebiete, die weder in Art. 73 oder Art. 74 GG aufgeführt sind, fallen unter die **ausschließliche Gesetzgebung der Länder**; diese Zuständigkeit ist nicht ausdrücklich im GG erwähnt, ergibt sich aber aus der Systematik der Art. 70 bis 74 GG.

Im Bereich der ausschließlichen Gesetzgebung hat prinzipiell nur der Bund das Gesetz-   8
gebungsrecht. Die Länder haben die Befugnis zur Gesetzgebung nur, wenn und soweit sie hierzu in einem Bundesgesetz ausdrücklich ermächtigt werden (Art. 71 GG). Zu den Sachgebieten der ausschließlichen Gesetzgebung gehören solche, die ersichtlich und vernünftigerweise nur bundeseinheitlich geregelt sein sollten, wie die auswärtigen Angelegenheiten, die Verteidigung, die Freizügigkeit, das Pass-, Melde- und Ausweiswesen, das Währungs-, Geld- und Münzwesen, Maße und Gewichte sowie die Zeitbestimmung, das Postwesen, die Telekommunikation u.v.a. (s. Art. 73 GG).

Die zum Bereich der konkurrierenden Gesetzgebung gehörenden Sachgebiete sind in   9
Art. 74 Abs. 1 GG (abschließend) aufgezählt. Bezogen auf diese Sachgebiete haben sowohl der Bund als auch die Länder die Befugnis zur Gesetzgebung und zwar wie folgt: Die Länder haben die Befugnis zur Gesetzgebung, solange und soweit der Bund von seiner Gesetzgebungszuständigkeit nicht durch Gesetz Gebrauch gemacht hat (Art. 72 Abs. 1 GG). Für diejenigen Sachbereiche aus dem Katalog des Art. 74 GG, die in Art. 72 Abs. 2 GG aufgezählt sind (wiederum abschließend), darf der Bund Gesetze jedoch nur erlassen, wenn und soweit die Herstellung gleichwertiger Lebensverhältnisse im Bundesgebiet oder die Rechts- oder Wirtschaftseinheit im gesamtstaatlichen Interesse eine bundesgesetzliche Regelung erfordert. Dies war z.B. bei dem Betreuungsgeld lt. BVerfG nicht der Fall.[4] Andererseits können die Länder, wenn der Bund von seinem konkurrierenden Gesetzgebungsrecht Gebrauch gemacht hat, in bestimmten Sachgebieten, die in Art. 72 Abs. 3 GG aufgezählt sind, vom Bundesrecht

---

3 Gesetz zur Änderung des Grundgesetzes vom 28.08.2008 – BGBl. I S. 2034 – und das Föderalismus-Begleitgesetz vom 05.09.2008 – BGBl. I, S. 2098 – Inzwischen ist seit dem 30.07.2009 auch die zweite Föderalismusreform in Kraft getreten – Gesetz zur Änderung des GG vom 29.07.2009 – BGBl. I S. 2248 – das die Bund-Länder-Finanzbeziehungen neu regelt, u.a. durch Errichtung eines Stabilitätsrates zur Vermeidung von Haushaltsnotlagen – Einfügung von Art. 109a GG – und Einführung der sog. Schuldenbremse – Neufassung von Art. 115 Abs. 2 GG – Ergänzt wird auch diese GG-Änderung durch ein Begleitgesetz S. Gesetz vom 10.08.2009 – BGBl. I S. 2702.
4 BVerfG, Urt. v. 21.07.2015 – 1 BuF 2/13.

abweichende Regelungen treffen. Einige Beispiele zu dieser auf den ersten Blick verwirrenden Regelung:

10 Kernbereiche unserer Rechtsordnung wie das Bürgerliche Recht, das Strafrecht, die Gerichtsverfassung, das gerichtliche Verfahren, das Arbeitsrecht einschließlich der Betriebsverfassung und des Arbeitsschutzes, die Sozialversicherung einschließlich der Arbeitslosenversicherung (und der Arbeitsvermittlung) und weitere mehr gehören ohne weiteres zur konkurrierenden Gesetzgebungszuständigkeit, von der der Bund Gebrauch gemacht hat.

11 Das Fürsorgewesen, unter dem u.a. die Sozialleistungsbereiche des Sozialgesetzbuchs verstanden werden (soweit sie nicht gesondert aufgeführt sind, wie das Sozialversicherungsrecht in Art. 74 Abs. 1 Nr. 11 GG), gehört zum Bereich der konkurrierenden Gesetzgebung (Art. 74 Abs. 1 Nr. 7 GG). Für die zum Fürsorgewesen gehörenden Materien hat der Bund nach Art. 72 Abs. 2 GG aber nur dann das Gesetzgebungsrecht, wenn und soweit die Herstellung gleichwertiger Lebensverhältnisse (oder die Wahrung der Rechts- oder Wirtschaftseinheit) im gesamtstaatlichen Interesse eine bundesgesetzliche Regelung erforderlich macht. Niemand wird ernsthafte Zweifel daran haben, dass diese Voraussetzung in Bezug auf das bundesgesetzlich geregelte Elterngeld nach dem BEEG vorliegt. Das hindert aber eine die bundesrechtliche Regelung ergänzende landesrechtliche Regelung nicht, wie das Landeselterngeld in den Ländern Baden-Württemberg, Bayern, Sachsen und Thüringen zeigt.

Hier gilt der Grundsatz: Über den bundesgesetzlichen Mindeststandard hinaus darf jedes Bundesland weitere Regelungen treffen.

12 **Zusammengefasst:** In bestimmten Gesetzgebungsbereichen, normiert in Art. 72 Abs. 2 GG, hat der Bund die Gesetzgebungskompetenz nur, wenn es um die Herstellung gleichwertiger Lebensverhältnisse oder um die Wahrung der Rechtseinheit geht.

13 Bei den Gesetzgebungsmaterien des Art. 72 Abs. 3 GG (z.B. Jagdwesen, Raumordnung, Wasserhaushalt, Hochschulzulassung und Hochschulabschlüsse etc.) dürfen die Länder abweichende Regelungen treffen.

14 Für die Gesetzgebung im Bereich des **Schulrechts** waren die Bundesländer immer schon ausschließlich zuständig. Dasselbe gilt nach der Föderalismusreform nunmehr auch für den **Strafvollzug**, weil dieser aus dem Katalog des Art. 74 Abs. 1 GG trotz des breiten Protestes aller maßgeblichen Organisationen gestrichen wurde.[5]

15 Auch in weiteren Bereichen haben die Länder als Gegenleistung für ihre geringere Einwirkungsmöglichkeit bei der bundesgesetzlichen Tätigkeit (Einschränkung des Umfangs der zustimmungsbedürftigen Gesetze) – s. dazu den nachfolgenden Punkt – die ausschließliche Gesetzgebung erhalten wie z.B. dem Dienst-, Besoldungs- und Versorgungsrecht der Landes- und Kommunalbeamten. Auch das Hochschulrecht

---

5 Das Strafvollzugsgesetz des Bundes gilt noch so lange weiter, bis es durch landesrechtliche Regelungen ersetzt wird.

gehört dazu; in die Bundeskompetenz fällt hier nur noch die Regelung der Hochschulzulassung und der Hochschulabschlüsse, aber mit der Möglichkeit abweichender landesrechtlicher Regelungen aufgrund Art. 72 Abs. 3 GG.

3. Verhältnis von Bundesrecht zu Landesrecht

Nach **Art. 31 GG** bricht Bundesrecht Landesrecht. Bundesrecht ist also im Verhältnis **16** zu Landesrecht vorrangig – Landesrecht, das Bundesrecht widerspricht, ist nichtig. Das betrifft im Wesentlichen die konkurrierende Gesetzgebung, die bis auf die in Art. 72 Abs. 3 Satz 1 GG aufgeführten Materien praktisch eine subsidiäre Länderzuständigkeit bedeutet. Beachte aber das Beispiel zum Elterngeld, bei dem die aufgezählten Länder von ihrer Zuständigkeit Gebrauch gemacht haben, weil der Bund insoweit von seiner Zuständigkeit keinen Gebrauch gemacht hat.

Für die in **Art. 72 Abs. 3 Satz 1 GG** aufgeführten Sachgebiete gilt Art. 31 GG nicht, **17** die hier bestehende echte Konkurrenz wird so aufgelöst, dass das jeweils spätere Gesetz vorgeht, also vorrangig ist (Art. 72 Abs. 3 Satz 3 GG). Dabei geht es nicht um einen **Geltungs-**, sondern einen **Anwendungsvorrang**, so dass ein Bundesgesetz weiterhin gilt, jedoch insoweit in Bundesländern nicht anzuwenden ist, die von der Möglichkeit abweichender Regelungen Gebrauch gemacht haben.

4. Mitwirkung der Bundesländer an der Gesetzgebung des Bundes

Die Bundesländer sind durch den Bundesrat in allen Fällen am Verfahren beim Erlass **18** von Bundesgesetzen beteiligt. Die Beteiligung ist unterschiedlich intensiv. Bei sog. **Zustimmungsgesetzen** hängt das Zustandekommen des Gesetzes davon ab, dass der Bundesrat mehrheitlich seine Zustimmung gegeben hat. Bei den **Einspruchsgesetzen** kann der Bundesrat im Rahmen seiner Mitwirkung zwar ein Gesetz ablehnen, dessen Zustandekommen aber nicht verhindern, wenn er anschließend vom Bundestag »überstimmt« wird. Die Einzelheiten zum Gesetzgebungsverfahren, insb. auch zur Rolle des Vermittlungsausschusses, ergeben sich aus Art. 76 bis 78 GG.

Eine allgemeine verbindliche Regelung, in welchen Fällen ein Bundesgesetz zustim- **19** mungspflichtig ist oder nicht, lässt sich dem GG nach wie vor nicht entnehmen. Für bestimmte Bereiche ist dies normiert worden, z.B. in Art. 73 Abs. 2 GG und Art. 74 Abs. 2 GG. Ein Anliegen der Föderalismusreform war es vor allem, den Kreis der zustimmungsbedürftigen Gesetze enger zu ziehen, um die Gesetzgebungsverfahren zu beschleunigen. Dies ist in erster Linie durch die Änderung des Art. 84 Abs. 1 GG geschehen. Nach der früheren Regelung in Abs. 1 war ein Bundesgesetz, soweit es von den Bundesländern als eigene Angelegenheit auszuführen war (s. dazu im nächsten Punkt), zustimmungspflichtig, wenn in dem Gesetz Regelungen zum Verwaltungsverfahren enthalten waren. Nach der Änderung entfällt dieses Zustimmungserfordernis. Dadurch soll die Anzahl der zustimmungspflichtigen Gesetze von ca. 60 % auf ca. 35 bis 40 % gesenkt werden. Allgemein kann man sagen, wenn Länderinteressen (Kosten und Verwaltung) berührt sind, geht es um zustimmungspflichtige Gesetze. Da in fast allen Phasen der Bundesrepublik die Mehrheitsverhältnisse im Bund und in den Ländern unterschiedlich waren, kommt der Zustimmung oder Ablehnung von Bundesgesetzen im Bundesrat eine hohe Bedeutung zu (z.b. gegenwärtig die Frage, ob Marokko, Algerien und Tunesien sichere Herkunftsstaaten sind).

5. Ausführung der Bundesgesetze durch Bundes- und Landesverwaltung

20   Von der Frage der Verteilung der Zuständigkeit zum Erlass von Gesetzen ist die Frage zu trennen, auf welcher Ebene – Bundesebene oder Landesebene – Gesetze ausgeführt werden. Dabei ist es zunächst eine Selbstverständlichkeit, dass Landesgesetze durch Behörden des Landes ausgeführt werden.

21   Bei der Ausführung von Bundesgesetzen ist das jedoch nicht so einfach. Es gibt hier zwei Möglichkeiten: Bundesgesetze werden durch die bundeseigene Verwaltung ausgeführt oder die Länder sind für die Ausführung der Bundesgesetze zuständig.

22   Bei der Ausführung von Bundesgesetzen durch die bundeseigene Verwaltung ist wie folgt zu unterscheiden:
- Ausführung der Bundesgesetze durch bundeseigene Verwaltung mit eigenem Verwaltungsunterbau,
- Ausführung der Bundesgesetze durch Bundesoberbehörden und
- Ausführung der Bundesgesetze durch bundesunmittelbare Körperschaften und Anstalten des öffentlichen Rechts.

23   Welche Sachgebiete durch die bundeseigene Verwaltung ausgeführt werden, ist gem. Art. 87 GG ausdrücklich und abschließend geregelt. S. zum Vorstehenden den Aufbau der Bundesverwaltung in siehe Kap. 17 Rdn. 1 f.

24   Da die Länder für die Ausführung von Landesgesetzen ohnehin einen Verwaltungsapparat vorhalten müssen, ist es zweckmäßig, dass sich der Bund bei der Ausführung von Bundesgesetzen der Länder bedient. Dies ist in der Mehrzahl der Fälle so. Bei der Ausführung von Bundesgesetzen durch die Länder ist wie folgt zu unterscheiden:
- Ausführung der Bundesgesetze als eigene Angelegenheit (Art. 83, 84 GG) und
- Ausführung der Bundesgesetze im Auftrag des Bundes (Art. 85 GG).

Im ersteren Fall hat der Bund geringere Kontroll- und Aufsichtsmaßnahmen als im 2. Fall, z.B. bei der Kernenergie, wo Bundesweisungen gem. Art. 85 Abs. 3 GG erlassen werden können.

Wegen weiterer Einzelheiten, insb. auch zur unterschiedlich ausgeprägten Aufsicht über die Länder, wird hier ebenfalls auf Kap. 17 Rdn. 3 verwiesen.

III. Das Rechtsstaatsprinzip

25   Das **Rechtsstaatsprinzip** ist – auch wenn es im Unterschied zu Art. 28 Abs. 1 GG in Art. 20 Abs. 1 GG nicht ausdrücklich erwähnt wird –, eines der tragenden Verfassungsprinzipien, aus dem sich verschiedene verfassungsrechtliche Grundentscheidungen ergeben. Dabei erschöpft sich das Rechtsstaatsprinzip nicht in der Garantie

rechtsstaatlicher Institutionen und Verfahren, sondern ist dem Gebot materieller Gerechtigkeit verpflichtet.

1. Funktionelle und personelle Trennung der staatlichen Gewalten

Die auf Montesquieu zurückgehende, sich im GG aus Art. 20 Abs. 2 und 3 ergebende   **26** Trennung der staatlichen Gewalten in gesetzgebende Gewalt, vollziehende Gewalt und rechtsprechende Gewalt (auch Legislative, Exekutive und Judikative genannt), stellt ein konstitutives rechtsstaatliches Element dar und gehört zum Standard moderner demokratischer Verfassungen. Die Regierung ist dabei der Exekutive zuzuordnen, die i.Ü. die Verwaltung umfasst. Zur **Gewaltenteilung** gehört auch die Zuordnung der jeweiligen Aufgaben auf gesonderte, nur zur jeweiligen Gewalt gehörende, Organe, z.B. die Wahrnehmung der gesetzgebenden Gewalt nur durch Bundestag und Bundesrat. Durch die funktionelle Trennung der Staatsgewalt in drei voneinander prinzipiell unabhängige Bereiche soll – vor allem durch wechselseitige Kontrolle – Machtmissbrauch verhindert und damit Ausgewogenheit bei der Ausübung staatlicher Machtbefugnisse erreicht werden.

Zur Erreichung dieses Zieles gehört auch die personelle Trennung, die Unvereinbar-   **27** keit (Inkompatibilität) der gleichzeitigen Mitwirkung von Personen in verschiedenen staatlichen Gewalten. Diese personelle Trennung ist nach dem GG nicht stringent verwirklicht – so ist es z.B. zulässig und fast ausnahmslos üblich, dass die Mitglieder der Bundesregierung gleichzeitig Bundestagsabgeordnete sind.

2. Rechtsgebundenheit der Staatsorgane und die Normenhierarchie

Nach Art. 20 Abs. 3 GG ist die Gesetzgebung an die verfassungsmäßige Ordnung, die   **28** vollziehende Gewalt und die Rechtsprechung sind an Gesetz und Recht gebunden.

In der Rechtsordnung sind verschiedene Arten von Rechtsnormen anzutreffen, die   **29** nach rechtsstaatlichen Grundsätzen in einem bestimmten Rangverhältnis stehen: die ranghöchste Ebene nimmt in der nationalen Rechtsordnung die Verfassung – das Grundgesetz – ein, wie Art. 20 Abs. 3 GG formuliert.

Bei den Gesetzen werden Gesetze im **formellen** Sinn und Gesetze im **materiellen**   **30** Sinn unterschieden. Mit Gesetz im formellen Sinn ist gemeint, dass für das Zustandekommen die Einhaltung des in der Verfassung dafür vorgeschriebenen Verfahrens erforderlich ist. Unter Gesetz im materiellen Sinn versteht man alle hoheitlichen Regelungen als von staatlichen Organen mit verbindlicher Wirkung für eine unbestimmte Vielzahl von Personen getroffenen Anordnungen. Fast alle Gesetze im formellen Sinn sind auch Gesetze im materiellen Sinn. Materielle Regelungen sind Rechtsverordnungen und Satzungen. Vom Bundestag und Bundesrat beschlossene Gesetze dürfen also, um verfassungsgemäß zu sein, weder in formeller Hinsicht – was das vorgeschriebene

Gesetzgebungsverfahren angeht – noch in materieller Hinsicht – was den inhaltlichen Regelungsgehalt angeht – gegen Vorschriften des Grundgesetzes verstoßen.[6]

31 Die vollziehende Gewalt und die Rechtsprechung sind an Gesetz und Recht gebunden. Mit Gesetz ist hier auch die Verfassung gemeint, ansonsten sind Gesetz und Recht nicht gleichzusetzen, sondern Recht ist im Sinne materieller Gerechtigkeit zu verstehen, so dass zwischen Gesetz (im formellen Sinn) und Recht ein Spannungsverhältnis bestehen kann.[7]

32 Bei im Rang unterhalb des Gesetzes stehenden Rechtsnormen handelt es sich um Rechtsverordnungen und sog. autonome Satzungen. Verstößt eine dieser Rechtsnormen gegen höherrangiges Recht, hat dies die Nichtigkeit der Norm zur Folge. Ausführlicher zur Normenhierarchie in siehe Kap. 3 Rdn. 79 ff.

33 Bei der Rechtsgebundenheit der Verwaltung – dem Grundsatz der Gesetzmäßigkeit der Verwaltung – ist zwischen dem sog. **Vorrang des Gesetzes** und dem sog. **Vorbehalt des Gesetzes** zu unterscheiden. Nähere Erläuterungen dazu in siehe Kap. 17 Rdn. 45 f.

3. Der Verhältnismäßigkeitsgrundsatz

34 Aus dem Rechtsstaatsprinzip wird in ständiger Rechtsprechung des BVerfG[8] als ungeschriebener Verfassungsgrundsatz der **Grundsatz der Verhältnismäßigkeit** als Leitregel allen staatlichen Handelns abgeleitet. Auf der Ebene des Grundgesetzes ist dieser Grundsatz zunächst Richtschnur für den Gesetzgeber. »Dieser Grundsatz sagt im Prinzip, dass ein die Bürger belastendes Handeln nicht nur einer gesetzlichen Grundlage bedarf, sondern außerdem auch so ausgeübt werden muss, dass dabei individuelle Rechte soweit wie möglich geschützt bleiben bzw. Eingriffe in die Rechtssphäre des Einzelnen nur zulässig sind, soweit es zum Schutz öffentlicher Interessen unerlässlich ist (…). Danach sind also Maßnahmen des Staates wegen Verstoß gegen die Verhältnismäßigkeit dann in der Regel verfassungswidrig, wenn sie dem Einzelnen einen Nachteil zufügen, der erkennbar außer Verhältnis zu dem erstrebten Gemeinwohlzweck steht. Das Verhältnismäßigkeitsprinzip, das teilweise auch als **Übermaßverbot** bezeichnet wird,[9] ist dabei folglich nicht bloß als formaler Grundsatz, sondern primär als Konkretisierung der materiellen Rechtsstaatskomponente, als Prinzip des >richtigen Maßes<, >Maßstabsgerechten< als Ausdruck der Gerechtigkeitsidee zu verstehen

---

6 Als Beispiel für ein formell verfassungswidriges Gesetz ist der erste Anlauf des zustimmungspflichtigen Zuwanderungsgesetzes zu nennen, das im abstrakten Normenkontrollverfahren vom BVerfG für verfassungswidrig erklärt wurde, weil nach dem konkreten Geschehen im Bundesrat keine Zustimmung des Landes Brandenburg vorlag und damit keine Mehrheit im Bundesrat.
7 S. dazu *Ipsen*, Staatsrecht I, Rn. 777.
8 BVerfGE 20 S. 45 ff.
9 S. in diesem Kapitel auch unter s. Rdn. 84 ff. – einleuchtender ist, das Übermaßverbot als Ausfluss des Verhältnismäßigkeitsgrundsatzes zu verstehen.

und dient der Verwirklichung und Durchsetzung der Gerechtigkeit im Einzelfall (Bestandteil des materiellen Rechtsstaatsbegriffs)«.[10]

So stellt sich z.B. die Frage, ob die Regelung des § 31 Abs. 5 SGB II, nach der in der   35 Altersgruppe der 15- bis 25-Jährigen bereits ein einmaliger Pflichtenverstoß mit dem gänzlichen Wegfall der Leistungen zur Bestreitung des Lebensunterhalts (bis auf die Unterkunftskosten) sanktioniert wird, mit dem Verhältnismäßigkeitsgrundsatz vereinbar ist.

Zum Verhältnismäßigkeitsgrundsatz i.R.d. öffentlich-rechtlichen Verwaltungshandelns s. in Kap. 17 Rdn. 46 ff.

4. Das BVerfG, die Rechtsweggarantie und Rechtsschutz durch unabhängige Gerichte – der gesetzliche Richter

Das BVerfG als Hüter des Grundgesetzes, die Rechtsweggarantie des Art. 19 Abs. 4   36 GG, der Justizgewährungsanspruch und das Justizgrundrecht des gesetzlichen Richters (Art. 101 Abs. 1 Satz 2 GG) sind im Einzelnen in Kap. 2 Rdn. 54 f. erläutert – darauf wird verwiesen.

IV. Das Demokratieprinzip

Das republikanische Prinzip bezieht sich auf die Staatsform, das Bundesstaatsprinzip   37 auf den Staatsaufbau und das Demokratieprinzip bezieht sich mit der Formulierung in Art. 20 Abs. 2 »Alle Staatsgewalt geht vom Volke aus. Sie wird vom Volke in Wahlen und Abstimmungen und durch besondere Organe der Gesetzgebung, der vollziehenden Gewalt und der Rechtsprechung ausgeübt« auf das Regierungssystem.

Die parlamentarische Demokratie: 38

»In Art. 20 Abs. 1 GG ist nicht irgendein Regierungssystem demokratischen Zuschnitts gemeint, sondern der demokratische Rechtsstaat >im Sinne dieses Grundgesetzes< (Art. 28 Abs. 1 Satz 1 GG). Art. 20 Abs. 1 GG bringt insoweit die im Grundgesetz verstreuten Bestimmungen über die Willensbildung des Volkes und das parlamentarische Regierungssystem auf eine Kurzformel, ohne selbst Detailregelungen zu enthalten. >Demokratie< i.S.d. Art. 20 Abs. 1 GG ist deshalb die durch das Grundgesetz in seinen einzelnen Vorschriften verfasste parlamentarische Demokratie«.[11]

Damit erteilt das GG der unmittelbaren Demokratie eine Absage. Plebiszitäre Elemente   39 mente finden sich im GG – bis auf Art. 29 GG – nicht.[12] Einige wenige Stichworte zum komplexen Thema der parlamentarischen Demokratie:
- Weder der Bundespräsident, noch der Bundeskanzler gehen aus direkten Wahlen hervor. Der Bundeskanzler wird vom Bundestag gewählt, der Bundespräsident

---

10 *Katz*, Rn. 205.
11 *Ipsen*, Staatsrecht I, Rn. 62.
12 Vgl. *Ipsen*, Staatsrecht I, Rn. 131 m.w.N. – das plebiszitäre Element ist in den Landesverfassungen, die durchweg Volksentscheide vorsehen, sehr viel stärker ausgeprägt.

wird von der Bundesversammlung gewählt und zwar für die Dauer von fünf Jahren bei nur einmal zulässiger Wiederwahl. Die Bundesversammlung besteht aus den Abgeordneten des Bundestages und einer gleichen Anzahl von Mitgliedern, die von den Landesparlamenten nach den Grundsätzen der Verhältniswahl gewählt werden. Die Bundesminister werden auf Vorschlag des Bundeskanzlers vom Bundespräsidenten ernannt.

– Die Abgeordneten des Bundestages werden für die Dauer von vier Jahren in allgemeiner, unmittelbarer, freier, gleicher und geheimer Wahl gewählt. Nach Art. 38 Abs. 1 Satz 2 GG sind sie Vertreter des ganzen Volkes, an Aufträge und Weisungen nicht gebunden und nur ihrem Gewissen unterworfen. Ein sog. imperatives Mandat ist damit vom GG ausgeschlossen, andererseits sieht das GG aber auch den sog. Fraktionszwang, der bis auf Ausnahmen in der Praxis die Regel ist, nicht vor.

– Das Wahlsystem für die Bundestagswahlen ist nicht im GG, sondern im Bundeswahlgesetz geregelt. Dabei ist eine Kombination von Mehrheitswahl und Verhältniswahl vorgesehen, bei der der Wähler zwei Stimmen hat. Die erste Stimme bezieht sich auf die Kandidatinnen und Kandidaten im Wahlkreis, die zweite Stimme bezieht sich auf eine Partei. Bei dieser personalisierten Verhältniswahl entscheidet aber letztlich die für eine Partei abgegebene Zweitstimme über deren Anteil an den insgesamt für den Bundestag zu vergebenden Mandaten.

– Die parlamentarische Demokratie nach Maßgabe des GG wird wesentlich durch die Parteien geprägt, die nach Art. 21 GG an der politischen Willensbildung des Volkes mitwirken. Ihre Gründung ist frei, aber ihre innere Ordnung muss demokratischen Grundsätzen entsprechen. Die Definition der Partei und weitere Einzelheiten ergeben sich aus dem Parteiengesetz. Parteien, die nach ihren Zielen oder nach dem Verhalten ihrer Anhänger darauf ausgehen, die freiheitliche demokratische Grundordnung zu beeinträchtigen oder zu beseitigen oder den Bestand der Bundesrepublik gefährden, sind nach der Formulierung in Art. 21 Abs. 2 GG verfassungswidrig. Allerdings ist es dem BVerfG vorbehalten, eine entsprechende Feststellung zu treffen.

V. Das Sozialstaatsprinzip

40 Das sich aus Art. 20 Abs. 1 GG ergebende Sozialstaatsprinzip wird als sog. Staatszielbestimmung verstanden, durch die der Gesetzgeber aufgerufen und verpflichtet wird, im Rahmen seiner legislativen Tätigkeit für die Umsetzung dieses Zieles, also die Herstellung »sozialer Verhältnisse«/einer »gerechten sozialen Ordnung« zu sorgen. Wie dies im Einzelnen zu geschehen hat, ist vom Grundgesetz nicht weiter vorgegeben und auch vom BVerfG nicht konkretisiert worden; vielmehr wird dem Gesetzgeber von der Rechtsprechung des BVerfG ein weiter Gestaltungsspielraum bei der Umsetzung des **Sozialstaatsprinzips** eingeräumt. Als die zur konkurrierenden Gesetzgebungszuständigkeit gehörenden Materien, bei deren Realisierung dem Sozialstaatsprinzip besondere Bedeutung zuzumessen ist, sind die öffentliche Fürsorge (Art. 74 Abs. 1 Nr. 7 GG), das Arbeitsrecht, die Sozialversicherung und die Arbeitslosenversicherung (Art. 74 Abs. 1 Nr. 12 GG) sowie die Regelung der Ausbildungsbeihilfen (BAföG – Art. 74 Abs. 1 Nr. 13 GG) zu nennen.

Das Sozialstaatsprinzip wird trotz seiner Unbestimmtheit und Weite vom BVerfG bei   41
der Auslegung von Gesetzen und bei der Auslegung der Grundrechte herangezogen.
Die Bandbreite wird deutlich, wenn einerseits die Fürsorge für Hilfebedürftige als
selbstverständliche Verpflichtung des Sozialstaats angesehen wird,[13] andererseits aber
ein einmal erreichtes Niveau von Sozialleistungen nicht von Verfassungs wegen als für
die Zukunft garantiert anzusehen ist.[14]

C. Die Grundrechte

I. Einführung

In der Verfassungsgeschichte der Neuzeit stellen die **amerikanische Bill of Rights von**   42
1776 und **die französische Menschen- und Bürgerrechtserklärung** von 1789 die ersten vollständigen Menschenrechtserklärungen dar. In Deutschland enthielt erstmals
die **Paulskirchenverfassung von 1849** einen umfassenden Grundrechtskatalog, gefolgt
von der Preußischen Verfassungsurkunde von 1850. Während sich in der Verfassung
des Norddeutschen Bundes und der Reichsverfassung von 1871 keine Grund- oder
Menschrechte finden, bietet die **Weimarer Reichsverfassung** von 1919 in der deutschen Verfassungsgeschichte den umfangreichsten Grundrechtskatalog.

»Die Grundrechte stellen in einem modernen, demokratischen und sozialen Rechtsstaat ei-   43
nen fundamentalen Faktor von zentraler, überragender Bedeutung dar. Der Grundrechtsteil ist deshalb als ein unabdingbares, unaufgebbares, zur Verfassungsstruktur gehörendes
Wesensmerkmal (Essentialia) einer geltenden Verfassungsordnung anzusehen. Die in den
Grundrechtsbestimmungen enthaltenen Wertentscheidungen enthalten zusammen mit den
Staatszielbestimmungen die maßgeblichen und bedeutsamsten Elemente der freiheitlich demokratischen Wertordnung und bilden die wichtigste Richtschnur für die Verwirklichung
der materiellen Gerechtigkeit, der sozialen Freiheit und Gleichheit«.[15]

»Das Grundgesetz stellt die Grundrechte im ersten Abschnitt an den Anfang des Verfas-
sungstextes. Damit betont es in bewusster Abkehr von der überwiegenden staatsrechtlichen
Tradition und als Reaktion auf die nationalsozialistische Missachtung des Einzelnen die grundlegende, staats- und verfassungsbegründende Bedeutung der Rechte des Individuums«.[16]

Nach übereinstimmender Auffassung besteht die wichtigste Aufgabe der Grundrechte   44
in der Begrenzung der Staatsgewalt und in der Absage an staatliche Willkür- und
Herrschaftsbestrebungen. Zwar ist durch Art. 79 Abs. 3 GG formal nicht der gesamte
Grundrechtskatalog einer Verfassungsänderung entzogen, sondern nur die Grundsätze
des Art. 1 GG. Im Hinblick auf die Menschenwürde als Basis aller Grundrechte, die
Bezugnahme in Art. 1 Abs. 2 auf unverletzliche und unveräußerliche Menschenrechte

---

13 BVerfGE 40, S. 121 ff.; 43 S. 13 ff. – aus jüngster Zeit Entscheidung des BVerfG vom
    09.02.2010 zur Höhe der Regelleistungen nach dem SGB II – siehe dazu in Kap. 14
    Rdn. 166.
14 Z.B. das Rentenniveau in der gesetzlichen Rentenversicherung oder die Beibehaltung der
    Mischförderung für Studierende – 50 % als Zuschuss und 50 % als Darlehen.
15 *Katz*, Staatsrecht, Rn. 545, S. 271.
16 *Robbers*, Einführung in das deutsche Recht, S. 47.

als Grundlage jeder menschlichen Gemeinschaft, des Friedens und der Gerechtigkeit in der Welt sowie die in Art. 19 Abs. 2 GG enthaltene Wesensgehaltgarantie der Grundrechte dürften die Grundrechte einer grundlegenden Verfassungsänderung (z.B. Asylrecht) gleichwohl nicht unterliegen.

II. Überblick über die Grundrechte nach dem GG

45 Der Grundrechtskatalog der Art. 1 bis 19 GG enthält keine Untergliederung. Die systematische Erfassung der Grundrechte nach ihrem Inhalt und ihrem Schutzgehalt ist schwierig und wird unterschiedlich vorgenommen. Die Grundrechte könnten nach ihrer Geltung (Menschen- oder Bürgerrechte), nach ihrem Inhalt (z.b. Freiheits- oder Gleichheitsrechte) und nach ihrer Funktion (z.b. Abwehr- o. Leistungsrecht) unterschieden werden.

46 Die nachfolgende Zusammenstellung[17] bezieht sich auf die individuell gewährleisteten Grundrechte:
- Die Menschenwürde (Art. 1 Abs. 1 GG), das Leben, die körperliche Unversehrtheit und die Freiheit der Person (Art. 2 Abs. 2 GG) bilden die Voraussetzung menschlicher Existenz und individueller Lebensgestaltungsmöglichkeiten. *»Die Würde des Menschen ist unantastbar. Sie zu achten und zu schützen ist Aufgabe aller staatlichen Gewalt«* Art. 1 Abs. 1 GG. Abs. 2 enthält das Bekenntnis zu unverletzlichen und unveräußerlichen Menschenrechten als Grundlage jeder menschlichen Gemeinschaft, des Friedens und der Gerechtigkeit in der Welt.
- Die Lebensgestaltungsmöglichkeiten bilden den quantitativ größten Bereich der Grundrechte. Dazu gehören die Glaubens- und Gewissensfreiheit und die Freiheit der ungestörten Religionsausübung (Art. 4 Abs. 1, 2 GG), das Recht, den Kriegsdienst mit der Waffe zu verweigern (Art. 4 Abs. 3 GG), die Freiheit der Meinungsäußerung (Art. 5 Abs. 1 GG), die Freiheit der künstlerischen und wissenschaftlichen Tätigkeit (Art. 5 Abs. 3 GG), die Versammlungsfreiheit (Art. 8 GG), Vereinigungs- und Koalitionsfreiheit (Art. 9 Abs. 1, 3 GG), das Recht auf Freizügigkeit im Bundesgebiet (Art. 11 GG), das Recht, Beruf, Arbeitsplatz und Ausbildungsstätte frei zu wählen (Art. 12 GG), das Petitionsrecht (Art. 17 GG). Zu diesem Bereich gehört auch die allgemeine Handlungsfreiheit, die in Art. 2 Abs. 1 GG als Recht zur freien Entfaltung der Persönlichkeit in Form eines unbenannten Handlungsrechts statuiert ist und dessen Verletzung immer dann geprüft werden muss, wenn nicht die übrigen, speziellen Handlungsfreiheitsrechte beeinträchtigt sind.[18] Aus diesem Recht hat das BVerfG i.V.m. Art. 1 Abs. 1 GG im sog. Volkszählungsurteil auch das Recht auf **informationelle Selbstbestimmung** abgeleitet.[19]
- Die Privatsphäre: Beide vorstehend aufgeführten Bereiche hängen eng mit dem Schutz der Privatsphäre zusammen. Hierunter lassen sich die Unverletzlichkeit

---

17 Die sich an *Ipsen*, Staatsorganisationsrecht II, S. 29, orientiert.
18 BVerfGE Bd. 6, 32 ff. sog. Elfes-Urteil.
19 NJW 1984, S. 419 ff.

der Wohnung (Art. 13 GG), das Brief-, Post- und Fernmeldegeheimnis (Art. 10 GG) und auch das allgemeine Persönlichkeitsrecht des Art. 2 Abs. 1 GG zusammenfassen.
Zur Privatsphäre gehören auch der Schutz von Ehe und Familie und die Erziehung von Kindern (Art. 6 Abs. 1 und 2 GG), obwohl hier auch staatliche Institutionen wie das Jugendamt, das das Wächteramt im Sinne von Art. 6 Abs. 2 Satz 2 GG ausübt, oder das Schulwesen nach Art. 7 GG eine Rolle spielen.
Nach Art. 6 Abs. 1 GG stehen Ehe und Familie unter dem besonderen Schutz der staatlichen Ordnung. Pflege und Erziehung der Kinder sind das natürliche Recht der Eltern und die ihnen zuvörderst obliegende Pflicht (Art. 6 Abs. 2 Satz 2 GG). Jede Mutter hat Anspruch auf den Schutz und die Fürsorge der Gemeinschaft – Art. 6 Abs. 4 GG. Nach Abs. 5 sind den unehelichen Kindern durch die Gesetzgebung die gleichen Bedingungen für ihre leibliche und seelische Entwicklung und ihre Stellung innerhalb der Gesellschaft zu schaffen wie den ehelichen Kindern.
– Nach Art. 7 GG steht ein gegliedertes staatliches Schulwesen zur Verfügung, dessen Bestandteil der Religionsunterricht als ordentliches Lehrfach ist. Letzteres gilt nicht in bekenntnisfreien Schulen und im Land Bremen (Art. 141 GG). I.Ü. ist streitig bzw. unentschieden, ob sich nur solche Bundesländer auf Art. 141 GG berufen können, die seit dem 01.01.1949 kontinuierlich bestanden haben.[20] Art. 7 Abs. 4 GG garantiert das Recht zur Errichtung privater Schulen. Dabei werden Ersatzschulen, die ein vergleichbares bzw. identisches Bildungsprogramm wie öffentliche Schulen anbieten, von Ergänzungsschulen unterschieden, die ein eigenständiges Bildungsprogramm verfolgen.
– Schutzgüter eines Grundrechts können auch **Rechte** sein. Das Eigentum und das Erbrecht werden nach Art. 14 Abs. 1 GG mit der sich aus Abs. 2 ergebenden Sozialbindung gewährleistet. Dabei sind unter Eigentum nicht nur körperliche Gegenstände, sondern auch Rechte zu verstehen.
– Allgemeiner Gleichheitssatz: Eine besondere Bedeutung kommt Art. 3 GG zu. Abs. 1 enthält den allgemeinen Gleichheitssatz »Alle Menschen sind vor dem Gesetz gleich«, Abs. 2 den Gleichberechtigungsgrundsatz »Männer und Frauen sind gleichberechtigt« mit dem angefügten Verfassungsauftrag zu seiner Umsetzung und in Abs. 3 das Diskriminierungsverbot einschließlich des Benachteiligungsverbots für behinderte Menschen.
Der Allgemeine Gleichheitssatz bedeutet, dass der Gesetzgeber unterschiedliche Gruppen von Normadressaten nur dann unterschiedlich behandeln darf, wenn zwischen den Gruppen von Normadressaten Unterschiede von solchem Gewicht vorhanden sind, die eine unterschiedliche Behandlung rechtfertigen – s. dazu als Beispiel das in Kap. 14 Rdn. 54 ff. dargestellte Verfahren zu den Beitragssätzen in der Pflegeversicherung.

---

20 Zum Meinungsstand vgl. *Ipsen*, Staatsrecht II Rn. 343, 343a.

Das Diskriminierungsverbot des Abs. 3 ist durch das Allgemeine Gleichbehandlungsgesetz vom 14.08.2006 konkretisiert worden.[21] Ziel dieses Gesetzes ist es,
Benachteiligungen aus Gründen der Rasse oder wegen der ethnischen Herkunft,
des Geschlechts, der Religion oder Weltanschauung, einer Behinderung, des Alters oder der sexuellen Identität zu verhindern oder beseitigen (Art. 1 § 1 des
Gesetzes).
- Rechtsweggarantie: Art. 19 Abs. 4 GG enthält die so genannte Rechtsweggarantie.
Wenn jemand der Auffassung ist, durch die öffentliche Gewalt in seinen Rechten
verletzt zu sein, steht ihm der Rechtsweg offen. Durch die Rechtsweggarantie ist
der Rechtsweg zu den Gerichten schlechthin garantiert – zu ihrem Inhalt gehört
auch der grundrechtliche Anspruch auf effektiven Rechtsschutz, was angesichts
der Dauer von Hauptsacheverfahren in der Verwaltungs- und Sozialgerichtsbarkeit
von besonderer Bedeutung ist. Wegen seiner umfassenden Bedeutung wird die
Rechtsweggarantie auch als **formelles Hauptgrundrecht** verstanden.
- Justizgrundrechte: Neben den sich aus dem Grundrechtskatalog ergebenden
Rechten bestehen noch die Rechte, die sich aus Art. 33 Abs. 2 GG »das Recht
auf Zugang zu öffentlichen Ämtern«, und die Rechte, die sich aus Art. 101 und
103 GG ergeben, die man als Justizgrundrechte bezeichnet: der Anspruch auf den
gesetzlichen **Richter**[22], das Recht auf rechtliches Gehör, das Verbot, jemand wegen
derselben Tat zwei Mal zu bestrafen und das Verbot der Rückwirkung von Strafge-
setzen. Diese Rechte werden auch als **grundrechtsgleiche Rechte** bezeichnet.
- Eine bestimmte Wirtschaftsordnung ist vom GG nicht vorgegeben; durchgesetzt
hat sich in der Realität bekanntlich die sog. soziale Marktwirtschaft, wobei Art. 15
GG aber auch die Überführung von Grund, Boden, Naturschätzen und Produk-
tionsmitteln in Gemeineigentum ermöglicht.

III. Die Funktion der Grundrechte

47 Auch bei der Frage, wie die Grundrechte nach ihrem Inhalt und ihrer Funktion einzuteilen sind, ergibt sich in der verfassungsrechtlichen Literatur kein einheitliches Bild.
Eine berühmte Unterscheidung der Grundrechte erfolgte durch *Jellinek*, der den status
negativus (Abwehrrecht), status positivus (Schutzrechte) und status activus (politische
Rechte, z.B. Wahlrecht) unterschied.

48 Nach *Katz*[23] lassen sich die in der heutigen Rechtsprechung und Literatur vertrete-
nen Dimension und Funktionen der Grundrechte im Wesentlichen in folgende sechs
Bedeutungsgehalte zusammenfassen:
- Subjektiv-öffentliche Abwehrrechte,
- Elemente objektiver Wertordnung (Wertentscheidende Grundsatznormen),

---

21 BGBl. I. S. 1897 – durch dieses Gesetz wurden europäische Richtlinien zur Verwirklichung
   des Grundsatzes der Gleichbehandlung umgesetzt.
22 Das Recht auf den gesetzlichen Richter wird in siehe Kap. 22 Rdn. 40 ff. ausführlich
   dargestellt.
23 Staatsrecht S. 283 f.

- Einrichtungsgarantien,
- Teilhaberechte,
- Organisations- und Verfahrensgarantien,
- Leistungsrechte (Anspruchsnormen).

1. Subjektiv-öffentliche Abwehrrechte

Nach ihrer Entstehungsgeschichte sind Grundrechte in erster Linie Abwehransprüche 49
gegenüber staatlichen Eingriffen – sie sollen dem Bürger ein von unberechtigter staatlicher Einflussnahme freien Bereich zur persönlichen Lebensgestaltung einschließlich
der wirtschaftlichen Betätigung garantieren. Will der Staat in diesen Bereich eingreifen, muss er dies legitimieren, wozu er letztlich wieder auf aus der Verfassung
selbst herzuleitende Begründungen zurückgreifen muss. Ein Eingriff in das Grundrecht auf körperliche Unversehrtheit bedarf einer gesetzlichen Grundlage (Art. 2
Abs. 2 Satz 2 GG), für einen Eingriff in die Unverletzlichkeit der Wohnung bedarf
es einer richterlichen Anordnung. S. zur Wohnung auch bei den Organisations- und
Verfahrensgarantien.

2. Wertentscheidende Grundsatznormen

Das Bundesverfassungsgericht hat in ständiger Rechtsprechung ausgesprochen, dass 50
die Grundrechte zugleich eine objektive Wertordnung statuieren, die als verfassungsrechtliche Grundentscheidung für alle Bereiche des Rechts gilt und Richtlinien und
Impulse für Gesetzgebung, Verwaltung und Rechtsprechung gibt (Grundrechte als Elemente objektiver Wertordnung). Dies spielt für die Frage der Geltung der Grundrechte
im Privatrechtsverkehr eine maßgebliche Rolle, s. dazu nachfolgend unter Rdn. 72.

Aus den Grundrechten als Elemente objektiver Wertordnung wird die allgemeine 51
staatliche Verpflichtung abgeleitet, dafür zu sorgen, dass die in den Grundrechten
statuierten Schutzgüter im gesellschaftlichen Zusammenleben der Menschen respektiert und beachtet werden. Dies geschieht in vielfacher Weise durch die sog. einfachen
Gesetze. Dem Schutz des Lebens und der körperlichen Unversehrtheit dienen in straf-
rechtlicher Hinsicht die §§ 211, 212 StGB (Strafbarkeit von Mord und Totschlag)
oder §§ 223 ff. StGB (Strafbarkeit der Körperverletzung), in zivilrechtlicher Hinsicht
die §§ 823 ff. BGB (Schadensersatzpflicht bei entsprechenden Rechtsgutverletzungen), um nur einige wenige Beispiele zu nennen.

3. Einrichtungsgarantien

Zu den Einrichtungsgarantien werden gezählt: Art. 6 Schutz von Ehe und Familie, 52
Art. 5 die Pressefreiheit, Art. 14 die Eigentumsgarantie, Art. 21 die Parteien, Art. 28
die Gewährleistung der kommunalen Selbstverwaltung, Art. 33 Abs. 5 das Berufsbe-
amtentum, Art. 140 die Institution der Kirchen. Diese Einrichtungsgarantien haben
nicht die Gewährleistung individueller Rechte im Auge, sondern beziehen sich auf die
Gewährleistung einer bestimmten Institution von Verfassungs wegen. Dabei wird nur
die Institution als solche und ggf. in ihren Grundzügen verfassungsrechtlich garantiert,

ihre konkrete Ausgestaltung bleibt dem Gesetzgeber überlassen, wobei dieser natürlich sonstige verfassungsrechtliche Vorgaben zu beachten hat.

4. Teilhaberechte

53 Umstritten ist die Funktion von Grundrechten als Teilhaberechte. Ausgangspunkt solcher Überlegungen ist der Umstand, dass z.b. das in Art. 12 Abs. 1 GG garantierte Recht auf freie Wahl der Ausbildungsstätte nicht zu realisieren ist und sozusagen leer läuft, wenn für Studienbewerber keine ausreichende Anzahl an Studienplätzen vorhanden ist. Da liegt der Gedanke nahe, aus Art. 12 GG ein Grundrecht auf Zurverfügungstellung ausreichender Studienplätze, also ein Grundrecht auf Teilhabe an staatlichen Leistungen, herauszulesen. Daraus hat das BVerfG in Einzelfällen, um einer Grundrechtsaushöhlung vorzubeugen, eine Pflicht des Staates zu positivem Handeln abgeleitet.[24] Dies aufgrund der Erkenntnis, dass Freiheitsrechte ohne die tatsächliche Voraussetzung, sie effektiv in Anspruch nehmen zu können, weitgehend wertlos wären. Dies führt dazu, dem Staat eine gewisse begrenzte Garantenstellung für die Umsetzung des grundrechtlichen Wertesystems in die Verfassungswirklichkeit zuzuschreiben. Diese Stellung nach Umfang und Grenzen festzulegen, erweist sich mehr als schwierig. Daher ist hier auch vieles umstritten und vom BVerfG auch offen gelassen.[25] In jedem Falle stehen **Teilhaberechte** nach dem BVerfG unter dem Vorbehalt dessen, was der Einzelne vernünftigerweise von der Gesellschaft verlangen kann und unter dem Vorbehalt des Finanzierbaren. Unübersehbar ist, dass sich Grundrechte, vor allem wie sie in Art. 12 GG ausgestaltet sind, angesichts der sozialen Wirklichkeit als Leerformeln erweisen. Andererseits ist dem die Frage entgegen zu halten, ob es Aufgabe einer Verfassung sein soll und auch kann, Verteilungsprobleme, die sich in einer Gesellschaft ergeben, zu lösen.

5. Organisations- und Verfahrensgarantien

54 Bei den Organisations- und Verfahrensgarantien geht es um die Frage der Sicherung der Grundrechtsverwirklichung durch geeignete, angemessene Organisationsformen und Verfahrensgestaltungen. Hier spielt vor allen Dingen der aus Art. 19 Abs. 4 GG abgeleitete Anspruch auf effektiven Rechtsschutz eine Rolle, wobei sich das »effektiv« hier weniger auf den zeitlichen – also verfahrensrechtlichen – Aspekt der gerichtlichen Hilfe bzw. Klärung der **Rechtslage**[26] abzielt, als vielmehr auf einen Rechtsschutz, bei dem sonstige materiell-rechtliche grundrechtliche Verbürgungen durch Verfahren gewährleistet werden. Als Beispiele aus der Rechtsprechung seien genannt:
– Aus dem Volkszählungsurteil: *»Zur Sicherung des Rechts auf informationelle Selbstbestimmung bedarf es ferner besonderer Vorkehrungen für Durchführung und Organisation der Datenerhebung und -verarbeitung, da die Information während der Phase der Erhebung – und z.T. auch während der Speicherung – noch individualisierbar sind;*

---

24 BVerfGE 33 S. 303 (350); 35 S. 79, 120.
25 *Katz*, Rn. 580, 581, S. 288.
26 S. zum einstweiligen Rechtsschutz in Kap. 22 Rdn. 90 und Rdn. 96.

zugleich sind Löschungsregelungen für solche Angaben erforderlich, die als Hilfsangaben (Identifikationsmerkmale) verlangt wurden und die eine Deanonymisierung leicht ermöglichen würden wie Name, Anschrift, Kennnummer und Zählerliste«.

– Zur Rundfunkfreiheit des Art. 5 Abs. 1 Satz 2 GG:»*... Denn bloße Staatsfreiheit bedeutet noch nicht, dass freie und umfassende Meinungsbildung durch den Rundfunk möglich wird; dieser Aufgabe lässt sich durch eine lediglich negatorische Gestaltung nicht gerecht werden. Es bedarf dazu vielmehr einer positiven Ordnung, welche sicherstellt, dass die Vielfalt der bestehenden Meinungen im Rundfunk in möglichster Breite und Vollständigkeit Ausdruck findet und dass auf diese Weise umfassende Information geboten wird. Um dies zu erreichen, sind materielle, organisatorische und Verfahrensregelungen erforderlich, die an der Aufgabe der Rundfunkfreiheit orientiert und deshalb geeignet sind zu bewirken, was Art. 5 Abs. 1 GG gewährleisten will«.*

– Zur Unverletzlichkeit der Wohnung, Art. 13 GG:»*Das Betreten einer Wohnung durch einen Sachverständigen, der vom Gericht im Rahmen eines schwebenden Zivilprozesses bestellt worden ist, darf grds. nur nach vorheriger Anhörung der Wohnungsinhaber angeordnet werden«.*

– Zum Asylverfahren:»*Deshalb genügt zur Feststellung der offensichtlichen Unbegründetheit einer Klage in Asylsachen ein lediglich formelhafter Hinweis auf dieses Ergebnis im Tenor oder in den Entscheidungsgründen Art. 16 Abs. 2 S. 2, Art. 19 Abs. 4 GG nicht. Diese Gewährleistung gebietet es vielmehr, dass sich aus den Entscheidungsgründen klar ergibt, weshalb das Gericht zu einem Urteil nach § 32 Abs. 6 S. 1 AsylVfG gekommen ist, denn durch diese Darlegungspflicht wird die Gewähr für die materielle Richtigkeit verstärkt. Warum die Klage nicht nur als (schlicht) unbegründet, sondern als offensichtlich unbegründet abgewiesen worden ist, hat sich mithin aus den die Unbegründetheit darlegenden Entscheidungsgründen des Urteils zu ergeben (vgl. BVerfGE 65, 76 [95 f.])«.*

6. Leistungsrechte (Anspruchsnormen)

Bei der Frage der Funktion der Grundrechte als Leistungsrechte besteht das Problem, ob sich aus den Grundrechten finanzielle Leistungs- und Versorgungsansprüche gegen den Staat ableiten lassen. Das wird wegen der grundsätzlichen Funktion der Grundrechte als Abwehrrechte abgelehnt, weil der Charakter als Abwehrrechte eine Umkehrung in Leistungsrechte nicht zulasse.[27] Gleichwohl hat die Rechtsprechung in bestimmten Fällen Ausnahmen zugelassen und unmittelbar aus dem Grundgesetz finanzielle Leistungsansprüche zuerkannt: **55**

Dazu gehört die für das Verhältnis des Bürgers zum Staat grundlegende Entscheidung des BVerwG in Bd. 1 S. 159 ff., in der die Grundsätze des alten Fürsorgerechts für obsolet erklärt wurden und dem Bürger als einem dem Staat gegenüber stehenden, mit eigenen Rechten ausgestatteten Rechtssubjekt ein sich aus der Verfassung ergebender Anspruch auf materielle Notunterstützung zugebilligt wird.   **56**

---

27 BVerwG NJW 1978 S. 842 f.

Auch folgende Entscheidung billigt einen unmittelbaren Anspruch zu:

57   »Der Staat muss Vorsorge dafür treffen, dass das Grundrecht des Art. 7 Abs. 4 GG wegen der darin enthaltenen Anforderungen praktisch kaum noch wahrgenommen werden kann. Insofern kann sich aus diesem Grundrecht ein Anspruch auf staatliche Förderung privater Ersatzschulen ergeben.«[28]

58   Von wesentlich größerer sozialer Bedeutung ist jedoch die Rechtsprechung des BVerfG zu Art. 1 (sozusagen anknüpfend an die eben aufgeführte Entscheidung des BVerwG und an frühere Entscheidungen des BVerfG, z.B. Urt. v. 12.05.2005 – NVwZ 2005 S. 927 ff.) zu Art. 1 Abs. 1 GG, nach der sich aus diesem Artikel ein Anspruch auf Sicherung eines menschenwürdigen Existenzminimums ergibt. Diese Rechtsprechung hat ihren vorläufigen Abschluss in der grundlegenden Entscheidung des BVerfG vom 09.02.2011 gefunden:

59   »Das Grundrecht auf Gewährleistung eines menschwürdigen Existenzminimums aus Art. 1 Abs. 1 Grundgesetz in Verbindung mit dem Sozialstaatsprinzip des Art. 20 Abs. 1 GG sichert jedem Hilfebedürftigen diejenigen materiellen Voraussetzungen zu, die für seine physische Existenz und für ein Mindestmaß an Teilhabe am gesellschaftlichen, kulturellen und politischen Leben unerlässlich sind.«[29]

60   Aus meiner Sicht wäre eine weitere Funktion der Grundrechte die Sicherstellung des politischen Prozesses, also die **Mitwirkungsrechtsfunktion**. Art. 38 GG schützt das Wahlrecht, Art. 5 Abs. 1 GG die Meinungs- und Pressefreiheit und Art. 8 GG die Versammlungsfreiheit. Diese Rechte sind für die Demokratie ein unerlässlicher Bestandteil.

61   Wichtig ist, die Mehrdimensionalität der Grundrechte zu sehen, sie müssen auf jeden Einzelfall bezogen werden und können daher in unterschiedlichen Fallgestaltungen unterschiedliche Funktionen haben.

IV. Die Grundrechte als subjektive Rechte

62   Der Charakter der Grundrechte als subjektive Rechte ist vorstehend bereits mehrfach angeklungen, gleichwohl soll dieser Aspekt noch einmal besonders herausgestellt werden.

63   Wenn und soweit Grundrechte subjektiv-öffentliche Rechte beinhalten, muss für sie dieselbe Struktur gelten, wie sie bei den subjektiven Rechten im allgemeinen maßgeblich ist – dies ist in Kap. 3 Rdn. 106 ff. eingehend behandelt. Daher sollte an dieser Stelle die unter Kap. 3 Rdn. 105 ff. für die subjektiven Rechte entworfene Skizze zur Hand genommen werden, damit ihre Struktur auf die Grundrechte übertragen werden kann, und zwar wie folgt:

_____

28 BVerfGE Bd. 90, S. 107 ff. – 1. Leitsatz – im konkreten Fall wurde der Anspruch abgelehnt.

29 Leitsatz 1 des Urteils, das zur Frage der Verfassungsmäßigkeit der Regelsätze des Sozialhilferechts und der Regelleistungen nach der Grundsicherung für Arbeitsuchende nach dem SGB II ergangen ist, z.B. NZS 2010 S. 270 ff. – siehe dazu im Einzelnen zu den Regelsätzen in Kap. 14 Rdn. 184 ff. und *Schnath* in NZS 2010 S. 297 ff.

Träger von Grundrechten: Bei diesen kann es sich handeln um   64
– alle Menschen,
– alle Deutschen,
– juristische Personen.

Die Fähigkeit, Träger von Grundrechten zu sein, sich also auf Grundrechte berufen   65
zu können – sie in Anspruch nehmen zu können – wird als **Grundrechtsfähigkeit**
bezeichnet. Diese Fähigkeit kommt zunächst den natürlichen Personen i.d.R. ab
Geburt und i.R.d. Art. 19 Abs. 3 GG den inländischen juristischen Personen zu,
soweit die Grundrechte ihrem Wesen nach auf diese Gebilde anwendbar sind. Der
Begriff der juristischen Person wird hierbei nicht formal gesehen, es fallen auch Perso-
nenvereinigungen darunter, die keine eigene Rechtsfähigkeit besitzen. So können sich
Religionsgemeinschaften auf Art. 4 GG, politische Parteien und Vereinigungen i.d.R.
auf Art. 3, 5, 8 und 38 GG berufen.[30]

Abgesehen von dem Sonderfall der Religionsgemeinschaften, die nach Art. 140 GG   66
i.V.m. den kirchenrechtlichen Artikeln der Weimarer Verfassung Körperschaften des
öffentlichen Rechts sind und für die Art. 4 GG von maßgeblicher Bedeutung ist,
kommt mit Ausnahme von Art. 19 Abs. 4 GG die Berufung auf Grundrechte für
juristische Personen des öffentlichen Rechts nicht in Betracht.

Bei den natürlichen Personen unterscheiden die Grundrechte augenfällig, ob sie für   67
alle Menschen d.h. für jedermann oder nur für deutsche Staatsbürger gelten. Bei den
natürlichen Personen stellt sich auch das Problem der sog. **Grundrechtsmündigkeit**
als der Fähigkeit, Grundrechte selbstständig, also in eigener Person, geltend machen
zu können. Ab Erreichen der Volljährigkeit mit dem 18. Lebensjahr und für ausdrücklich geregelte Sonderfälle wie bei der Religionsmündigkeit mit dem 12. bzw. dem 14.
Lebensjahr oder dem Asylrecht mit Erreichen des 18. Lebensjahres[31], ist das unproblematisch. Ansonsten wird danach differenziert, ob und inwieweit der noch nicht
18-jährige Mensch aufgrund seiner Reife, Einsichtsfähigkeit und seinem Urteilsver-
mögen in der Lage ist, für die Wahrnehmung des Grundrechts, um das es im Einzelfall
geht, die Tragweite einer Entscheidung zu erkennen.[32] Soweit es an der Grundrechtsmündigkeit fehlt, muss der gesetzliche Vertreter für den Minderjährigen handeln.

Der Adressat der Grundrechte ergibt sich aus Art. 1 Abs. 3 GG mit der Formulie-   68
rung:»Die nachfolgenden Grundrechte binden Gesetzgebung, vollziehende Gewalt
und Rechtsprechung als unmittelbar geltendes Recht«. Die Grundrechte richten sich
also gegen den Staat in all seinen Erscheinungsformen. **Damit ist klargestellt, dass es**
sich bei den Grundrechten nach dem GG um subjektiv-öffentliche Rechte handelt.

---

30 Weitere Beispiele und Nachweise bei *Katz*, Rn. 603, S. 298.
31 S. in Kap. 16 Rdn. 160.
32 Zur abgestuften Grundrechtsmündigkeit im Eltern-Kind-Verhältnis vgl. BVerfGE 59
    S. 360 (387).

69 Hierin zeigt sich der grundlegende Unterscheid zur Weimarer Verfassung. Im Unterschied zum GG waren die Grundrechte der Weimarer Verfassung keine subjektiv-öffentlichen Rechte, sondern bloße Programmsätze. Während z.Zt. der Weimarer Verfassung die Grundrechte i.R.d. Gesetze galten, gelten nach dem GG die Gesetze i.R.d. Grundrechte.[33]

70 Zusammenfassend lässt sich sagen, dass es sich bei den Grundrechten um subjektiv-öffentliche Rechte dann handelt, wenn sie den Charakter haben als:
    – Abwehrrechte gegenüber staatlichen Eingriffen,
    – Rechte auf Teilhabe an staatlichen Leistungen (in dem Umfang, wie das bisher vom Bundesverfassungsgericht zugelassen worden ist),
    – Anspruchsnormen für Fürsorge- und Versorgungsleistungen oder sonstige finanzielle Leistungen,
    – Organisations- oder Verfahrensgarantien.

71 Aus der Funktion der Grundrechte als Elemente einer objektiven Wertordnung, ergibt sich zwar die staatliche Verpflichtung, dafür Sorge zu tragen, dass die Grundrechte in der staatlichen Gemeinschaft von ihren Mitgliedern gegenseitig respektiert werden, dem entspricht aber kein individueller Anspruch gegenüber staatlichen Stellen, entsprechend der Schutzverpflichtung tätig zu werden.[34]

V. Die »Drittwirkung« von Grundrechten

72 Da sich die Grundrechte gegen den Staat richten, können sie nicht im Privatrechtsverkehr d.h. nicht im Verhältnis von Rechtssubjekten des Privatrechts zueinander gelten. Diese Auffassung zur sog. **Drittwirkung** der Grundrechte ist inzwischen h.M. in Literatur und Rechtsprechung.

73 Davon gibt es eine Ausnahme, die sich im Grundgesetz selbst, und zwar in Art. 9 Abs. 3 GG findet. Art. 9 Abs. 3 Satz 1 GG garantiert die sog. Koalitionsfreiheit; darunter ist das Recht zu verstehen, Gewerkschaften einerseits und Arbeitgeberverbände andererseits zu gründen, solchen Organisationen beizutreten oder ihnen fern zu bleiben, und das Recht der Organisationen, sich entsprechend ihrer Zielsetzung zu betätigen. Nach § 9 Abs. 3 Satz 2 GG sind zwischen Rechtssubjekten des Privatrechts getroffene Absprachen nichtig, die dieses Koalitionsrecht einschränken oder zu behindern versuchen, und darauf gerichtete Maßnahmen sind rechtswidrig.

74 Auch wenn die Grundrechte ansonsten im Verhältnis zwischen Rechtssubjekten des Privatrechts keine direkte Anwendung finden, sind sie nach der Rechtsprechung des BVerfG und des BGH für den Privatrechtsverkehr nicht ohne Bedeutung. Wenn die Grundrechte nach der Rechtsprechung des BVerfG eine objektive Wertordnung statuieren, die als verfassungsrechtliche Grundentscheidung für alle Bereiche des Rechts gilt und Richtlinien und Impulse auch für die Rechtsprechung gibt, müssen

---

33 *Katz*, Rn. 551, S. 275.
34 Vgl. dazu *Ipsen*, Staatsrecht II, Rn. 89 ff.

die Grundrechte auch für das Verhältnis von Privatpersonen zueinander, für das ja im Wesentlichen die Vorschriften des BGB maßgeblich sind, von Bedeutung sein. Nach feststehender Rechtsprechung des BVerfG und des BGH wird das dogmatisch so gelöst, dass die einfach gesetzlichen Vorschriften »im Lichte der Grundrechte«, also der Wertentscheidungen des GG auszulegen sind. Insbesondere bei der Auslegung unbestimmter Rechtsbegriffe und der so genannten Generalklauseln des BGB (§§ 138, 157, 242, 823, 826) sind diese also zu berücksichtigen. In solchen Vorschriften sind wertorientierte Begriffe wie gute Sitten und Treu und Glauben enthalten, für deren Auslegung sich grundrechtliche Wertenscheidungen eignen.

Folgende Beispiele sollen das verdeutlichen: 75
– Nach § 823 Abs. 1 BGB löst die rechtswidrige und schuldhafte Verletzung des Lebens, des Körpers, der Gesundheit, der Freiheit, des Eigentums oder eines sonstigen Rechts Ansprüche auf Schadensersatz aus. Das BVerfG hat aus Art. 1, 2 Abs. 1 GG – der Achtung der Menschenwürde und dem Recht auf freie Entfaltung der Persönlichkeit – ein allgemeines Persönlichkeitsrecht abgeleitet, das i.R.d. § 823 Abs. 1 BGB als »sonstiges Recht« den anderen in der Vorschrift genannten absoluten Rechten gleichzusetzen ist.[35]
– Ein Frauenarzt schließt mit einer ledigen medizinisch-technischen Assistentin einen Arbeitsvertrag, in dem eine Klausel enthalten ist, nach der das Arbeitsverhältnis endet, sofern die Arbeitnehmerin die Ehe eingeht. Eine solche Klausel wäre nach § 138 Abs. 1 BGB nichtig: »Ein Rechtsgeschäft, das gegen die guten Sitten verstößt, ist nichtig«. Der Verstoß gegen die guten Sitten ergibt sich hier ohne weiteres aus Art. 6 Abs. 1 GG, dem Schutz von Ehe und Familie.

VI. Die Einschränkung von Grundrechten

Die Grundrechte werden nicht uneingeschränkt gewährleistet. Dass eine uneinge-   76
schränkte Gewährleistung nicht möglich sein kann, ergibt sich aus der einfachen Überlegung, dass in einem Staatswesen eine Vielzahl von Menschen mit unterschiedlichen Interessen, Eigenschaften und interpersonalen Beziehungen zusammenleben und dass daher eine Regulierung und Ausbalancierung zwischen den Individualinteressen in ihrem Verhältnis zueinander und im Verhältnis dieser Interessen gegenüber denen der Allgemeinheit notwendig wird.

VII. Die Vorbehaltsregelungen des Grundrechtskatalogs

Die aus dem Grundrechtskatalog selbst herauslesbare Systematik lässt für die Recht-   77
fertigung von staatlichen Einwirkungen auf die Ausübung von Grundrechten folgende Möglichkeiten erkennen:
– den Eingriffsvorbehalt,
– den Schrankenvorbehalt und
– den Regelungsvorbehalt.

---

35 NJW 2003, 3262.

Zum Eingriffsvorbehalt:

Eingriffsvorbehalte finden sich in den Art. 2 Abs. 2 Satz 3, 10 Abs. 2, 13 Abs. 2, 3 und 7 GG.

78 Sprachlich lässt sich dieser Vorbehalt daran erkennen, dass nach dem Wortlaut des Grundgesetzes für einen Eingriff in oder eine Beschränkung des zuvor garantierten Rechts ein Gesetz erforderlich ist. Als vielleicht wichtigstes Beispiel lässt sich die bereits erwähnte Regelung des Art. 2 Abs. 2 Satz 3 GG anführen, nach der Eingriffe in das Recht auf Leben und körperliche Unversehrtheit sowie in das als unverletzlich qualifizierte Recht auf Freiheit nur auf Grund eines Gesetzes eingegriffen werden darf.

79 Allen ist geläufig, dass für den Strafvollzug in Form der Freiheitsentziehung gesetzliche Grundlagen existieren, und zwar das Strafgesetzbuch als materiell-rechtliche Grundlage und die Strafprozessordnung und das Strafvollzugsgesetz als formell-rechtliche Grundlagen.

Zum Schrankenvorbehalt:

Solche Vorbehalte finden sich in den Art. 2 Abs. 1, 5 Abs. 2, 8 Abs. 2 und 14 Abs. 1 Satz 2 GG.

80 Als einprägsames Beispiel wird dafür Art. 5 angeführt: Abs. 1 der Vorschrift garantiert zunächst für jedermann das Recht auf Meinungsfreiheit und gewährleistet so dann die Pressefreiheit und die Freiheit der Berichterstattung durch Rundfunk und Film, mündend in das Zensurverbot. Abs. 2 dieses Artikels fährt dann jedoch fort: »*Diese Rechte finden ihre Schranken in den Vorschriften der allgemeinen Gesetze, den gesetzlichen Bestimmungen zum Schutz der Jugend und in dem Recht der persönlichen Ehre*«.

Zum Regelungsvorbehalt:

Beispiele für Regelungsvorbehalte finden wir in den Art. 4 Abs. 3, 12 Abs. 1 Satz 2 GG.

81 Nach Art. 4 Abs. 3 Satz 1 GG darf niemand gegen sein Gewissen zum Kriegsdienst mit der Waffe gezwungen werden. Der nachfolgende Satz 2 bestimmt, dass das Nähere ein Bundesgesetz regelt. Diese nähere Regelung ist durch das Kriegsdienstverweigerungsgesetz[36] erfolgt.

82 Die Abgrenzung von Eingriffs-, Schranken- und Regelungsvorbehalt ist nicht immer trennscharf vorzunehmen.[37] Während bei den Eingriffs- und den Regelungsvorbehalten eher offen bleibt, wie die Regelung auszusehen hat oder was bei einem Eingriff an Kriterien oder Grenzen zu beachten ist, geben die Schrankenvorbehalte eher verbindlich Inhalt und Ausgestaltung der Beschränkung vor.

---

36 Aus dem Jahre 1983 – neu gefasst und deutlich vereinfacht 2003.
37 So wird z.B. bei *Ipsen*, Staatsrecht II die Vorschrift des Art. 14 Abs. 1 Satz 2 GG sowohl bei den Schrankenvorbehalten – Rn. 165 – als auch bei den Regelungsvorbehalten – Rn. 168 – aufgeführt.

VIII. Die Wesensgehaltgarantie und das Übermaßverbot

Soweit nach dem Grundgesetz ein Grundrecht durch Gesetz oder aufgrund eines   83
Gesetzes eingeschränkt werden kann, darf das Grundrecht in keinem Falle in seinem
Wesensgehalt angetastet werden (Art. 19 Abs. 2 GG).

Darüber hinaus setzt das BVerfG dem grundrechtseinschränkenden Gesetzgeber   84
Grenzen durch das sich aus dem verfassungsrechtlichen Verhältnismäßigkeitsgrundsatz ergebende »Übermaßverbot«. »Die Geltung des Übermaßverbotes auch für den
Gesetzgeber ist angesichts der zahlreichen Gesetzesvorbehalte eine wesentliche Vor-
kehrung dafür, dass die Grundrechte ihre Funktion als Freiheitsgewährleistungen
erfüllen können. Denkbar wäre nämlich, dass der Gesetzgeber die Vorbehalte als
>plein pouvoir< für sehr nachhaltige Grundrechtseingriffe und -beschränkungen ver-
stünde und diese deshalb nur noch Rechtsproklamationen darstellten. Den Schranken ziehenden Gesetzgeber seinerseits rechtlichen Bindungen unterworfen zu haben,
zählt zu den großen Leistungen des Bundesverfassungsgerichts auf dem Gebiet der
Grundrechtsdogmatik«.[38]

D. Verfassungsänderungen

Änderungen des Grundgesetzes bedürfen nach Art. 79 Abs. 2 GG einer doppelten   85
qualifizierten Mehrheit – es ist eine Mehrheit von 2/3 der Mitglieder des Bundestags
und 2/3 der Stimmen des Bundesrates erforderlich.

Einer Verfassungsänderung sind jedoch nach Art. 79 Abs. 3 GG entzogen: die Glie-   86
derung des Bundes in Länder (also das föderalistische Prinzip), die grundsätzliche
Mitwirkung der Länder bei der Gesetzgebung des Bundes und die in den Art. 1 und
20 GG niedergelegten Grundsätze. Durch diese sog. »Ewigkeitsgarantie« ist nicht der
Bestand aller derzeitigen 16 Bundesländer verfassungsrechtlich garantiert, auch nicht
die konkret nach dem GG im Gesetzgebungsverfahren den Bundesländern (über den
Bundesrat) zustehenden Mitwirkungsbefugnisse, sondern jeweils nur das dahinter stehende Prinzip, ebenso wie die sich aus Art. 1 und 20 GG ergebenden Grundsätze,
wegen derer auf die vorigen Punkte eins und zwei verwiesen wird.

Die in Art. 79 Abs. 3 GG aufgeführten grundlegenden Bestandteile der Verfassung,   87
die einer Änderung entzogen sind und für die das BVerfG den Begriff der »Verfassungsidentität« geprägt hat, stehen auch i.R.d. europäischen Integration nicht zur
Disposition.[39]

---

38 *Ipsen*, Staatsorganisationsrecht II, Rn. 169 mit zahlreichen Nachweisen aus der Rechtspre-
    chung des BVerfG.
39 Siehe dazu ausführlicher in Kap. 22 Rdn. 38 ff.

E. Grundrechte auf europäischer Ebene – die Europäische
   Grundrechtecharta (GRC)

88   Neben dem durch die EMRK und die Zusatzprotokolle[40] gewährleisteten Schutz von
     Grundrechten ist ein dem verfassungsrechtlichen Grundrechtsschutz des Grundge-
     setzes vergleichbarer umfassender supranationaler Individualrechtsschutz inzwischen
     durch die »Europäische Grundrechtecharta« gewährleistet, die gleichzeitig mit dem
     Vertrag von Lissabon am 1.12.2009 in Kraft getreten ist. Diese Charta war unter der
     Leitung des damaligen Bundespräsidenten Roman Herzog von einem Konvent ausge-
     arbeitet und am 07.12.2000 in Nizza proklamiert worden. Die GRC umfasst neben
     einer Präambel insgesamt 54 Artikel in 7 Kapiteln; sie enthält neben dem Schutz der
     Menschenrechte (Kapitel I), den Freiheits- und Gleichheitsrechten (Kapitel II und
     III), den Bürgerrechten, justiziellen Rechten und Allgemeinen Bestimmungen (Kapi-
     tel V, VI und VII) in dem mit »Solidarität« überschriebenen Kapitel IV auch soziale
     Grundrechte.

89   Die Charta hat jedoch nur subsidiären Charakter, wie sich aus ihrem Art. 51 (Anwen-
     dungsbereich) selbst ergibt:

     (1) Diese Charta gilt für die Organe und Vereinigungen der Union unter Einhaltung
     des Subsidiaritätsprinzips und für die Mitgliedstaaten ausschließlich bei der Durch-
     führung des Rechts der Union. Dem entsprechend achten sie die Rechte, halten
     sich an die Grundsätze und fördern sie deren Anwendung gemäß ihren jeweiligen
     Zuständigkeiten.

     (2) Diese Charta begründet weder neue Zuständigkeiten noch neue Aufgaben für die
     Gemeinschaft, noch ändert sie die in den Verträgen festgelegten Zuständigkeiten und
     Aufgaben.

90   Andererseits hat die Europäische Union mit der Charta der Grundrechte erstmals
     einen rechtlich verbindlichen Katalog von Bürgerfreiheiten und Grundrechten formu-
     liert. »Die Charta verleiht den Grundrechten größere Sichtbarkeit und Klarheit und
     schafft damit Rechtssicherheit innerhalb der Europäischen Union. Seit ihrem Inkraft-
     treten gehört die GRC zum integralen Bestandteil des EU-Primärrechts und stärkt
     nicht nur inhaltlich, sondern auch normhierarchisch den Charakter der Europäischen
     Union als Grundrechts- und Wertegemeinschaft«.[41]

91   Neben der Europäischen GRC haben die Europäische Menschrechtskonvention vom
     4.11.1950 (EMRK)[42] und die Europäische Sozialcharta vom 18.1.1961 (ESC)[43]
     grundrechtsrelevante Bedeutung auf der europäischen Ebene. »Die Europäische
     Sozialcharta vom 18.1.1961 wurde als Schwesterkonvention zur EMRK vom

---

40 Siehe dazu in Kap. 3 Rdn. 13 und in Kap. 22 Rdn. 102 ff. »Rechtsschutz auf der Europä-
    ischen Ebene«.
41 Aus der Internetseite des Bundesministeriums der Justiz – Europäische Grundrechtscharta.
42 Siehe dazu in Kap. 22 Rdn. 103 ff.
43 Siehe dazu in Kap. 14 Rdn. 16.

4. November 1950 geschaffen. Eine Jahrzehnte währende Spruchpraxis des EGMR enthüllte die auch für das Sozialrecht erhebliche Bedeutung der EMRK. Beide bilden das Rückgrat des Menschenrechtsschutzes des Europarats. Während die EMRK die bürgerlichen und politischen Freiheitsrechte sichert, proklamiert, definiert und gewährleistet die ESC die sozialen Grundrechte«.[44]

---

44 Vgl. *Eichenhofer*, Sozialrecht der Europäischen Union, Rn. 35.

Kapitel 3 Die Quellen des Rechts – Objektives Recht und subjektive Rechte

Literatur

Streinz, Europarecht, 10. Aufl., Heidelberg 2016; *Schweitzer* Staatsrecht III, 9. Aufl., Heidelberg 2008; *Borchardt,* Die rechtlichen Grundlagen der Europäischen Union, 6. Aufl., Wien 2015.

A. Das Europäische Recht

1 Mit Rechtsquellen sind alle Regelungen oder auch – anders ausgedrückt – alle Rechtsnormen gemeint, die in einer staatlichen Gemeinschaft für alle Mitglieder dieser Gemeinschaft verbindliche d.h. rechtsverbindliche Geltung beanspruchen.

2 Im Laufe der Zeit, die durch den europäischen Einigungsprozess geprägt ist, hat das **europäische Recht,** auch was den Bereich des Arbeits- und Sozialrechts angeht, zunehmend an Bedeutung gewonnen. Daher werden zunächst die Quellen des Europäischen Rechts dargestellt.

I. Einführung und Praxisrelevanz

1. Einführung

3 Die Rechtsquellen haben in der Bundesrepublik folgende Hierarchie:

4 1. EU-Recht, soweit gem. Art. 23 GG übertragen
5 2. Grundgesetz
6 3. Allgemeine Regeln des Völkerrechts gem. Art. 25 GG
7 4. Bundesgesetze, einschließlich Völkerrecht, z.B. Haager Minderjährigenschutzabkommen (MSA), seit dem 01.01.2011 »Haager Übereinkommen über den Schutz von Kindern« (**KSÜ**)
8 5. Bundesrechtsverordnung
9 6. öffentlich-rechtliche Satzung

10 Die **Europäische Union** prägt zusehends mehr Politikbereiche der einzelnen Mitgliedsstaaten. Ob es sich um Fragen der gemeinsamen Außenpolitik, des Flüchtlingsrechts oder des Verbraucherschutzes handelt, stets werden wir als Bürger mit Kompetenzen der **Europäischen Union** konfrontiert. In letzter Zeit vergeht kein Tag ohne Nachrichten über den ESM (Europäischen Stabilitätsmechanismus) oder weiterer Fonds zur Rettung des Euro oder anderer wirtschaftlicher Ziele. Im Moment wird angesichts des BREXIT offen über den Bestand der EU diskutiert.

11 Es scheint ein Begriffswirrwarr zu existieren: z.B. wer kennt den Unterschied zwischen Europäischer Gemeinschaft und Union.[1] Der folgende Beitrag erläutert deshalb die

---

1 Dies gilt umso mehr nach der Entscheidung des BVerfG zum Lissabon-Vertrag, vgl. in BVerfGE 123, 267.

rechtlichen **Grundzüge des EU-Rechts** und die Kompetenzen der Organe der Europäischen Union und beschreibt deren Wirkungsweise.[2] Man spricht beim EU-Recht auch vom **supranationalen** Recht, also dem nationalen Recht übergeordnet. In diesem Zusammenhang ist zu bemerken, dass EU-Recht bzw. EU-Politik begrifflich nichts mit dem oftmals erwähnten **Europarat**[3] zu tun hat. Rechtlich handelt es sich dabei um getrennte Bereiche. Die EU will dem Europarat beitreten und die EMRK ratifizieren. Dies ist politisch und rechtlich strittig.

Der **Europarat**ist eine internationale Organisation, die 1949 gegründet wurde und   **12** ihren Sitz in Straßburg hat. Die Aufgabe des Europarates ist die Schaffung einer engeren Verbindung zwischen den einzelnen ca. 50 Mitgliedsstaaten. Der Europarat hat sich durch verschiedene multilaterale Abkommen konstituiert. Das wichtigste Abkommen bildet die **Europäische Menschenrechtskonvention** (EMRK) von 1950, aber auch das **Europäische Niederlassungsabkommen** (ENA) von 1955, sowie verschiedene andere Abkommen über die friedliche Beilegung von Streitigkeiten (1947), u.a. das Europäische Abkommen zur Bekämpfung des Terrorismus von 1977 und die Europäische Sozialcharta von 1961 sind wichtig.[4]

Die **EMRK** gewährleistet elementare Menschenrechte wie z.B. Recht auf Leben, Folter-   **13** verbot, Recht der Familie gem. Art. 8, Schutz der persönlichen Freiheit, Justizgrundrechte etc. Die besondere Bedeutung der **EMRK** liegt darin, dass zum ersten Mal auf völkerrechtlicher Ebene **effektive Durchsetzungsmechanismen** für den Menschenrechtsschutz geschaffen wurden. Die Spruchpraxis der früheren Konventionsorgane (Europäische Kommission für Menschenrechte und der Europäische Gerichtshof für Menschenrechte, [EGMR]) hatte damit eine völkerrechtliche Verbindlichkeit und nachhaltigen Einfluss auf die politische Entwicklung der meisten europäischen Staaten. Seit 1998 handelt der Europarat maßgeblich durch den **Europäischen Gerichtshof in Menschenrechte** in Straßburg. Das Rechtsschutzverfahren der EMRK kann sowohl von Einzelpersonen (in Form der **Individualbeschwerde** nach Art. 29 Abs. 1 EMRK) als auch von Staaten (in Form der **Staatenbeschwerde** nach Art. 29 Abs. 2 EMRK) in Anspruch genommen werden.

Bei Individualbeschwerden erfolgt gem. Art. 28 EMRK eine Zulässigkeitsprüfung durch einen Ausschuss. Soweit dieser hier nicht zu einem einstimmigen Ergebnis gelangt, erfolgt die Zulässigkeitsprüfung, ebenso wie bei den Staatenbeschwerden, durch eine Kammer (Art. 29 Abs. 1 und 2 EMRK). Im weiteren Verlauf sind die Verfahren dann für Individual- und Staatenbeschwerden identisch:

Es steht zunächst die Möglichkeit einer gütlichen Einigung durch den Gerichtshof in einem vertraulichen Verfahren (Art. 39 Abs. 1 EMRK) offen. Soweit der Versuch einer gütlichen Einigung scheitert, wird die Beschwerde durch Urteil gem. Art. 29 Abs. 1, 2 EMRK entschieden, jedoch ist, auf Antrag einer Partei und Annahme durch einen Ausschuss, auch eine Verweisung an die Große Kammer möglich, welche dann ebenfalls ein

2 Der Lissabonvertrag ist am 01.12.2009 in Kraft getreten.
3 Vgl. *Herdegen*, Europarecht, S. 8.
4 Vgl. zur Rechtsprechung des EGMR die Ausführungen in siehe Kap. 21 Rdn. 111.

Urteil fällt (Art. 43 EMRK). Dieses ist, ebenso wie eine gütliche Einigung, hinsichtlich der Durchführung der Überwachung durch das Ministerkomitee des Europarates unterstellt.[5]

14 Rechtlich ist die EMRK Teil des Völkerrechts. Das Völkerrecht bedarf in der Regel der Umsetzung in nationales Recht. In der Bundesrepublik gilt die EMRK als Bundesgesetz. In letzter Zeit waren die Urteile des EGMR besonders wichtig im Bereich der Rechte der nichtehelichen Väter und im Rahmen der Sicherungsverwahrung.[6] Der folgende Beitrag behandelt aber das Recht der Europäischen Union.

2. Relevanz für die Sozialarbeit

15 Das EU-Recht ist aus der Praxis der Sozialen Arbeit nicht weg zu denken. Zahlreiche politische Bereiche werden durch EU-Richtlinien bzw. durch EU-Verträge geregelt. Dies betrifft u.a. die Bereiche **Gleichheit von Mann und Frau im Arbeitsleben, Diskriminierungsverbot, Flüchtlingsrechte**, Ausländerrecht, Niederlassungsfreiheit für Arbeitnehmer usw.[7] Z.B. wird in der Rom III Verordnung die Verknüpfung des bei Scheidungen anzuwendenden Rechts geregelt, indem maßgeblich auf den gewöhnlichen Aufenthalt der Ehepartner abgestellt wird und nicht auf die Staatsangehörigkeit.[8] Der **Kern** des EU-Rechts **dient der Durchsetzung der vier Grundfreiheiten der EU**, nämlich **Freiheit des Warenverkehrs, des Kapitals, der Dienstleistungen und der Arbeitnehmer.**

16 Durch die Definition der EU als Raum der Freiheit, der Sicherheit und des Rechts werden zahlreiche Politikbereiche koordiniert. Dies z.B. im Bereich des Strafrechts (Europäischer Haftbefehl) und der Terrorismusabwehr.

17 Die neuerliche Diskussion um die Erweiterung der **Antidiskriminierungsrichtlinie**, die bereits in der ursprünglichen Fassung bei der Umsetzung in nationales deutsches Recht (Allgemeines Gleichbehandlungsgesetz [AGG] von August 2006) zu heftigen Diskussionen geführt hatte, zeigt dies an einem aktuellen Beispiel.[9] Insbesondere im Beihilfe- und Wettbewerbsrecht sind bezüglich des Vergaberechts, z.B. in der Jugendhilfe, noch viele Fragen offen.[10] In vielen Bereichen haben EU-Regelungen Vorrang vor der jeweiligen nationalen Rechtsordnung. Deshalb kann eine Beratung einschließlich eines fundierten Rechtsrates nur erfolgen, wenn die entsprechenden Regelungen des EU-Rechts bekannt sind und benutzt werden. In wirtschaftlicher Hinsicht ist der **Europäische Sozialfond** (ESF) von großer Bedeutung, weil mit Mitteln aus diesem Fond viele Sozialprojekte gefördert werden. Ähnlichen Zwecken dient der Europäische Fond für regionale Entwicklung (EFRE).

---

5 Vgl. das Kap. 22 Rdn. 102 ff. zum Rechtsschutz auf der europäischen Ebene.
6 Recht des Vaters bezüglich seines nichtehelichen Kindes, EGMR, Urt.v.03.12.2009=22028/04 und zur Sicherungsverwahrung, Urt. v. 17.12.2009=19359/04.
7 Vgl. *Papenheim/Baltes/Tiemann*, Verwaltungsrecht für die soziale Praxis, S. 65 ff.
8 Vgl. Rom III Verordnung.
9 *Degener u.a.*, Antidiskriminierungsrecht, S. 92.
10 Vgl. *von Boetticher/Münder* 2009 für den Bereich der Kinder- und Jugendhilfe.

Kenntnisse über die rechtliche Struktur und die politischen Auswirkungen der EU   18
und ihrer Umsetzung in den einzelnen Mitgliedstaaten sind zudem unerlässlich, um
die Wahlen zum Europäischen Parlament informiert bestreiten zu können und i.Ü.
auch die politischen Hintergründe, Entscheidungsebenen und Kompetenzen verschiedener politischer Institutionen einordnen zu können. Angesichts der Diskussionen
über den Ausstieg Großbritanniens war von ca. 20.835 Rechtsakten der EU die Rede,
die in zwei Jahren verhandelt werden müssten. Angesichts der Weigerung Polens und
anderer Staaten, ihre Verbindlichkeiten zur Aufnahme von Flüchtlingen zu erfüllen,
wird zunehmend der Geist, die Geschichte und die Gemeinsamkeiten der europäischen Staaten diskutiert.

II. Geschichtliches

1952 wurde die **Europäische Gemeinschaft für Kohle und Stahl** (EGKS), auch **Mon-**   19
tanunion genannt, gegründet.[11] Schon in der Präambel dieses Vertragswerkes war das
Ziel vereinbart worden, die Beitrittsstaaten unter Bündelung ihrer wirtschaftlichen
Interessen zu einer handelnden Staatengemeinschaft zu prägen.

In Rom wurden 1957 die **Europäische Wirtschaftsgemeinschaft** (EWG) und die   20
Europäische Atomgemeinschaft (EAG) gegründet. Diese Verträge sind auch als
Römische Verträge bekannt geworden. Die weitere Entwicklung der verschiedenen
Institutionen der heutigen EU ist durch eine stärkere Zusammenarbeit auf vielen Poli-
tikfeldern und durch eine extensive Erweiterung der Mitgliedsstaaten gekennzeichnet.
Hatten die ersten Verträge die Beneluxstaaten, Deutschland, Frankreich und Italien
1952 abgeschlossen, so erweiterte sich die Europäische Gemeinschaft 1973 um Groß-
britannien, Dänemark und Irland. 1981 kam Griechenland hinzu, 1986 Portugal und
Spanien. 1995 sind die Staaten Österreich, Schweden und Finnland beigetreten. 2004
folgte der Beitritt von Polen, Malta, Tschechien, Slowakei, Slowenien, Ungarn, Lett-
land, Estland, Litauen und Zypern. Mit bestimmten Neubeitrittsstaaten hat die EU
Übergangsregelungen vereinbart, z.B. mit Rumänien und Bulgarien betreffend die
Arbeitnehmerfreizügigkeit. Beitrittsverhandlungen werden noch mit der Türkei, Albanien, Serbien, Mazedonien und Montenegro geführt. Mit dem Beitritt von Rumänien, Kroatien und Bulgarien sind inzwischen 28 Länder der **Europäischen Union**
beigetreten.

Das heißt, von den großen westeuropäischen Staaten fehlen lediglich Norwegen und   21
die Schweiz. Die Schweiz hat mit der Europäischen Union enge kooperative Verträge
geschlossen.

Dienten ursprünglich die Verträge dazu, eine Kooperation der EU-Mitgliedsstaaten   22
auf wirtschaftlichem Gebiet und insb. die vier Marktfreiheiten des freien Verkehrs von
– Waren,
– Personen,
– Dienstleistungen und

---

11 *Hakenberg*, Grundzüge des Europäischen Gemeinschaftsrechts, S. 10.

– Kapital

für ca. 500 Mill. Menschen zu erreichen, so ist durch den politischen Einigungsprozess, insb. durch den **Vertrag von Maastricht** 1992, das Ziel der **politischen Union** konkret angegangen worden. Es wurden der Vertrag über die Europäische Union (EUV) und der Vertrag über die Gründung der Europäischen Gemeinschaft (EGV) unterzeichnet. Damit verbunden war die Umbenennung der **Europäischen Wirtschaftsgemeinschaft** in **Europäische Gemeinschaft**. Dazu wurde der Dachverband, eben die **Europäische Union**, gebildet.[12]

23 Durch die Verträge von **Amsterdam** 1997 (u.a. Änderung der Rechte des Rates und des Europäischen Parlaments), und den Vertrag von **Nizza** 2000 (u.a. Begrenzung der Mandate im Europaparlament, Erweiterungsmöglichkeiten der EU, Stimmgewichtung im Rat), ist der Weg in die politische Union rechtlich verbindlich abgesichert worden.

24 Der vorletzte Meilenstein in diesem Prozess war die Verabschiedung der gemeinsamen Verfassung. Die Verfassung konnte erst dann in Kraft treten, wenn alle Mitgliedsstaaten diese Verfassung angenommen haben. Die Volksabstimmungen in Frankreich und den Niederlanden haben jedoch die Annahme der Verfassung verweigert. Die Verfassung sah u.a. die Einführung eines verbindlichen Grundrechtskataloges, einer Hymne, einer Flagge, eines Außenministers und eine Reihe weiterer Rechtssetzungsakte vor, z.B. die Ersetzung der bisherigen Verträge **EUV** und **EGV** durch den **Vertrag über eine Verfassung für Europa** (EVV). Nach dem Scheitern haben sich die 28 Staaten der EU auf eine Reform der bisherigen Grundlage geeinigt.

25 Durch den **Vertrag von Lissabon** (Reformvertrag)[13] wurde innerhalb der EU versucht, wesentliche Teile des gescheiterten Verfassungsvertrages unter Streichung symbolträchtiger Akte (Grundrechtsteil, Hymne, etc.) zu retten. Der Vertrag von Lissabon besteht aus zwei gleichwertigen Verträgen, nämlich dem **EU-Vertrag** (EUV) und dem **Vertrag über die Arbeitsweise der Europäischen Union** (AEUV). Die Grundrechte in der EU wurden in einer Charta der Grundrechte der EU (GRC) zusammengefasst. Die Wirkung der Charta ist begrenzt.[14]

26 Die Institutionen der EU bleiben bestehen. Die bisherige Säulenstruktur wird aufgelöst. Die EU erhält nunmehr Rechtspersönlichkeit und soll daher, nach einer Vertragsveränderung, auch die EMRK unterschreiben. Die besonders wegen der Haltung Polens umstrittene Regelung der doppelt qualifizierten Mehrheit (55% der Mitgliedstaaten und 65% der Bevölkerung der EU) trat 2014 in Kraft. Prägend für das Verhältnis Mitgliedstaat – EU wird weiterhin das Prinzip der **begrenzten Ermächtigung** sein, d.h. die EU ist nur für die in den Verträgen übertragenen Zuständigkeiten entscheidungsbefugt.[15] Gem. Art. 3 AEUV hat die EU in bestimmten Bereichen (z.B.

---

12 *Hakenberg*, Grundzüge des Europ. Gemeinschaftsrechts, S. 12 ff.
13 Vertrag von Lissabon v. 13.12.2007, ABl. Nr. C 306/1.
14 Vgl. ABl. Nr. C 303 S. 1, Charta v. 12.12.2007 i.d.F. v. 01.01.2009.
15 Vgl. *Schweitzer* 2008, 292 m.w.N.

Zoll, Währungspolitik, Handelspolitik) **ausschließliche Zuständigkeit**, gem. Art. 4 AEUV in bestimmten **Bereichen** (z.b. Binnenmarkt, Landwirtschaft, Umwelt, Verbraucherschutz, Verkehr, Energie) **geteilte Zuständigkeit** und in anderen Bereichen nach Art. 5 f. AEUV **koordinierende bzw. unterstützende Funktion.**

Besitzt die EU keinerlei Rechtsetzungskompetenz und besteht eine Einigkeit der 28   27 EU-Staaten, eine gesetzliche Regelung verabschieden zu wollen, kann dies nur durch einen völkerrechtlichen Vertrag geschehen, der dann kein EU-Recht darstellt und in der Hierarchie den Bundesgesetzen gleichsteht.

Die Zahl der Mitglieder der Kommission (2/3 der Anzahl der Mitgliedsstaaten) und   28 des Europäischen Parlaments (750 Mitglieder) werden begrenzt. Die Rechte des Europäischen Parlaments bei der EU-Gesetzgebung werden gestärkt. In der Bundesrepublik ist mit der Entscheidung des BVerfG zum Reformvertrag der Weg zur Unterzeichnung freigeworden.[16] Da auch die Iren dem Vertrag in einer Volksabstimmung zugestimmt haben und durch die Unterzeichnung durch den tschechischen Präsidenten Klaus ist der Vertrag endgültig in 27 Staaten am 01.12.2009 in Kraft getreten.[17]

III. Völkerrecht

Völkerrecht ist internationales Recht und die Beteiligten sind in der Regel Staaten.   29

Es besteht aus drei möglichen Rechtsquellen, nämlich dem **Vertragsrecht**, dem **Völ-**   30 **kergewohnheitsrecht** und den **allgemeinen Rechtsgrundsätzen des Völkerrechts.** Zumindest die ersten beiden Rechtsquellen sind zumeist kodifiziert.[18]

Durch das Völkerrecht werden die beteiligten Vertragsstaaten als sog. Völkerrechtssub-   31 jekte gebunden, d.h., der einzelne Bürger kann sich normalerweise auf dieses staatliche Abkommen nicht berufen. Er ist aber möglicherweise mittelbar Begünstigter.[19] Das Völkerrecht besteht in der Regel aus geschlossenen Verträgen.

Schließen zwei Staaten einen Vertrag, spricht man von einem **bilateralen** Vertrag, sind   32 mehr als zwei Staaten beteiligt, spricht man von einem **multilateralen** Vertrag. Die Bundesrepublik hat hunderte von völkerrechtlichen Verträgen geschlossen. Für die Soziale Arbeit sind z.B. das Haager Kinderschutzübereinkommen (KSÜ), UN-Kinderrechtskonvention (KRK), UN-Behindertenrechtskonvention (UN-BRK) oder die Genfer Konvention (GFK) von großer Bedeutung.

Das **Völkergewohnheitsrecht** bildet den Kernbestand des Völkerrechts. Bestand-   33 teil sind die **allgemeinen Regeln des Völkerrechts.** Dies sind Regeln, die sich in der allgemeinen Staatenpraxis als unverzichtbare Säulen eines friedlichen Miteinanders von Völkern herausgebildet haben.[20] Die allgemeinen Regeln des Völkerrechts haben gem. Art. 25 GG Vorrang vor den Gesetzen und stehen damit in der nationalen

---

16 BVerfG, Urt. v. 30.06.2009, 2 BvE 2/08.
17 Vgl. Ausführung zum Urteil des BVerfG zum Reformvertrag, 2 BvE 2/08.
18 Vgl. *Herdegen*, Völkerrecht, S. 107 ff.
19 *Herdegen*, Völkerrecht, S. 62.
20 Vgl. BVerfG 46, 342 ff. u. 367.

Rechtsquellenhierarchie an zweiter Stelle. Beispiele hierfür sind: Rechtsschutz für Ausländer, Immunität anderer Staaten, keine Zwangsvollstreckung in hoheitlich genutztes Vermögen anderer Staaten etc.[21]

Die allgemeinen Rechtsgrundsätze des Völkerrechts sind z.T. nicht kodifiziert und ein Stück unbestimmter als die **allgemeinen Regeln**.[22]

34 Durch das Völkerrecht wird der einzelne Staatsbürger mediatisiert, d.h., er ist selber nicht Subjekt dieser völkerrechtlichen Verträge. Gebunden ist an das Vertragsrecht nur der beteiligte Staat. Wird der Bürger übergangen, ist er rechtlich machtlos.

35 Die **völkerrechtlichen Verträge** durchlaufen, genau wie Gesetze, das Gesetzgebungsverfahren und müssen dann gem. Art. 59 GG durch die zuständigen Bundesorgane genehmigt werden. Sie werden im Bundesgesetzblatt II veröffentlicht.

36 Manche völkerrechtlichen Bestimmungen sind derart konkret in der Benennung einzelner Rechtspositionen, dass sich privat Begünstigte direkt auf diese Regelungen berufen können. Solche Bestimmungen werden als »**self executing**«, d.h. aus sich heraus eine Rechtsposition gebend, bezeichnet. Z.B. lautet dann eine Formulierung: »Jeder Staatsbürger hat ein Recht auf....« im Gegensatz zur Formulierung: »Der Staat stellt die Gesundheit von.... sicher«.

37 Z.B. ist die **Genfer Konvention** als Flüchtlingsrecht »self-executing«. Dies ist die **UN-Kinderschutzkonvention** nicht, da hier die Rechte der Kinder so allgemein beschrieben sind, dass daraus einzelne Rechtspositionen schwerlich herzuleiten sind und zudem die Bundesrepublik mehrere Vorbehalte erklärt hat. Die Bundesrepublik hat diese Vorbehalte aufgegeben[23]. Im dritten Zusatzprotokoll hat man nun eine Beschwerde im UN- Ausschuss für Kinderrechte nach Erschöpfung des nationalen Rechtsweges zugelassen. Die National Coalition in Deutschland will den Ausbau der Kinderrechte politisch durchsetzen.[24]

38 Auch das Übereinkommen der UN über die Rechte von Menschen mit Behinderung stattet die Einzelnen nicht mit einklagbaren Rechten aus. Vielmehr verpflichtet sich jeder Signatarstaat zur Vorlage eines Berichtes alle 4 Jahre an einen Ausschuss, der Empfehlungen geben kann. (Art. 39 der CRPD). Der politische Argumentationswert solcher Abkommen ist unbestritten.

39 Handelt es sich um Rechtssetzungsakte z.B. der UN-Generalversammlung oder anderer internationaler Organisationen, ist deren völkerrechtliche Einordnung z.T. umstritten. Man nennt dieses Recht auch »**soft law**«, d.h. unverbindlich.

40 Das Völkerrecht kennt keine übergeordnete Instanz, die mit Zwangsmitteln Vertragsverletzungen sanktionieren kann. Daher werden **Völkervertragsverletzungen** zwischen

---

21 Vgl. *Jarass/Pieroth*, Art. 25 Rn. 4.
22 S.a. unter Rdn. 83 ff. Gewohnheitsrecht.
23 Mit Hinterlegung der Urkunde bei der UN am 15.07.2010.
24 National Coalition, Zusammenschluss von über 100 Organisationen.

den Staaten nach jeweiligem Gutdünken und diplomatischem Geschick übersehen bzw. angeprangert.

Eine andere Qualität hat das **EU-Recht**. Das EU-Recht ist der wichtigste Teil des   **41** **Allgemeinen Europarechts** (i.w.S.). Dies betrifft z.B. die Regelungen zur Nato, zum Europarat, zur OECD oder zur WEU. Das allgemeine Europarecht ist damit Bestandteil des Völkerrechts und steht damit im Rang von Bundesgesetzen. In der Literatur wird das **EU-Recht** allgemein als **Europarecht i.e.S.** bezeichnet. Die Konstruktion des EU-Rechts ist insoweit anders als im Völkerrecht, weil gem. Art. 23 GG im EU-Recht Hoheitsrechte auf eine übergeordnete Instanz, nämlich die EU, übertragen werden. Man spricht deshalb hier vom **supranationalen Recht**.

Schaubild 1: Europarecht i.w.S.

IV. EU-Recht

1. Das Recht der Europäischen Gemeinschaft

42 Der Lissabonvertrag hat in den vergangenen Jahren die Funktionsfähigkeit der Organe der EU sichergestellt. Im Rahmen der gegenwärtigen wirtschaftlichen Diskussionen werden die EU-Verträge geändert. Das BVerfG hat diese Änderungen mit geringen Auflagen gebilligt.[25] Da der EU im Bereich der Wirtschafts- und Finanzpolitik nur begrenzte Kontroll- und Weisungskompetenzen übertragen wurden, existieren Vorschläge, die Rechte der EU in diesem Bereich auszuweiten.

43 Der völkerrechtliche Charakter der EU ist umstritten. Hat man die Auswahl zwischen Bundesstaat oder Staatenbund, kommt dies eher dem Zweiten nahe.[26] Insbesondere fehlt der EU die Allzuständigkeit eines Staates, die man auch als Kompetenz-Kompetenz bezeichnet, d.h. jederzeit seine Gesetzgebungsbefugnis ausdehnen zu können.

44 Die **Gründungsverträge** der drei Europäischen Gemeinschaften und alle weiteren Grundlagenverträge (Maastricht, Nizza, Amsterdam und Lissabon) bilden das **primäre Gemeinschaftsrecht**, welches der nationalen bundesrepublikanischen Verfassung gem. Art. 23 Abs. 1 GG vorgeht und Rechte und Pflichten unmittelbar für jeden EU-Bürger beinhaltet.

45 I.Ü. handeln die entsprechenden Organe der EU durch **sekundäres Gemeinschaftsrecht**. Dies sind **Verordnungen** und **Richtlinien**. Außerdem kann die EU (Art. 288 AEUV) durch **Beschlüsse**, Empfehlungen und Stellungnahmen reagieren. Auch das sekundäre Gemeinschaftsrecht ist supranational und geht damit dem nationalen Verfassungsrecht vor.

Eine Verordnung entspricht ihrem Regelungstypus nach eher einem innerstaatlichen Gesetz. Die **Verordnung und der Beschluss gelten unmittelbar** in allen Mitgliedsstaaten.

---

25 BVerfG, Urt. v. 12.09.2012, 2 BvR 1390/12. Hier ging es um die Vereinbarkeit des Europäischen Stabilitätsmechanismus (ESM-Vertrag) und des Vertrages über Stabilität, Koordinierung und Steuerung in der Wirtschafts- und Währungsunion(SKSV) mit dem Grundgesetz.
26 Vgl. *Herdegen*, Europarecht, S. 49 ff.

Anders dagegen die **Richtlinie**. Die Richtlinie ist eine rechtlich verbindliche Emp-   46
fehlung an die Mitgliedsstaaten, den Inhalt der Richtlinie in innerstaatliches Recht
umzusetzen. Dazu bestimmt jede Richtlinie, innerhalb welcher Zeit sie in nationales
Recht umzusetzen ist. Die Kommission wacht insoweit darüber, dass die einzelnen
Nationalstaaten diese Inhalte der Richtlinie inhaltsgleich und zeitgerecht umsetzen.
Sollte ein Nationalstaat dies nicht tun, kann er von der Kommission vor dem EuGH
verklagt werden. Dies wäre dann ein Vertragsverletzungsverfahren, wie es Deutschland
bei der Einführung der PKW-Maut erleben könnte.

Wenn eine Richtlinie trotz Fristablauf nicht in innerstaatliches Recht umgesetzt wor-   47
den ist und sie von ihrem Inhalt her hinreichend präzise formuliert wurde, kann sich
der einzelne Staatsbürger eines EU-Staates **direkt** auf die Richtlinie berufen.

Lässt die Richtlinie selbst den nationalen Regierungen Umsetzungsspielräume, ist   48
damit auch eine größere inhaltliche Rechtsetzungsbefugnis der nationalen Gesetzge-
bungsorgane gegeben. Dies ist z.B. geschehen bei der Umsetzung der Diskriminie-
rungsrichtlinie im Allgemeinen Gleichbehandlungsgesetz.[27]

Da insoweit das Ausländer- und Flüchtlingsrecht in das Recht der Europäischen   49
Gemeinschaft überführt wurde[28], werden weite Teile des Ausländer- und Flüchtlingsrechts im Moment durch Richtlinien der EU bestimmt.[29] Die BRD hat weder die
Aufnahme- noch Verfahrensrichtlinie in nationales Recht umgesetzt, obwohl die Frist
im Juli 2015 ablief.

2. Organe der Europäischen Union

Die **sieben wichtigsten Organe der Europäischen Union**[30] sind: 50
1. Europaparlament   51
2. Rat (Ministerrat)   52
3. Europäischer Rat   53
4. Kommission   54
5. Gerichtshof der Europäischen Gemeinschaft (EuGH)   55
6. Rechnungshof   56
7. Europäische Zentralbank   57

Zu 1:

Dem **Europäischen Parlament** (EP) gehören zukünftig 751 Abgeordnete an. Deutsch-   58
land stellt 96 Abgeordnete. Das EP tagt in Straßburg und hat sein Sekretariat in

---

27 *Degener u.a.*, Antidiskriminierungsrecht, S. 92, 98.
28 Im Vertrag von Maastricht sind Vertragsbestandteile betreffend das Ausländer- und Asylrecht in das Recht der Europäischen Gemeinschaft, also von der 3. in die 1. Säule überführt
worden.
29 Vgl. Ausführungen im Kap. 16 Rdn. 35 ff. Zuwanderungsrecht; hier: Richtlinienumsetzungsgesetz.
30 Beziehen sich auf die Ausführungen des EUV und des AEUV.

Luxemburg. Eine Verlegung nach Brüssel scheitert am Widerstand von Frankreich. Die verschiedenen nationalen Parteien haben sich zu Fraktionen zusammengeschlossen. Der Reformvertrag hat die Rechte des EP erweitert. Die **wesentlichen Befugnisse** des EP gem. Art. **14 EUV** und **Art. 223 ff. AEUV** sind:

- Haushaltskompetenz
- Mitwirkung bei der Gesetzgebung
- Zustimmung bei bestimmten völkerrechtlichen Abkommen
- Zustimmung zur Aufnahme neuer Mitgliedstaaten
- Kreationsfunktion
  - Zustimmung zur Benennung der Kommissionsmitglieder
- Kontrollfunktionen
  - Missbrauchsvotum gegen die Kommission
  - Untersuchungsausschüsse
- Beratungsbefugnisse

59 Nach Art. 294 AEUV wird in Zukunft das ordentliche Gesetzgebungsverfahren das Regelverfahren sein. Die Rolle des EU-Parlaments wird damit erheblich aufgewertet, weil hier feste Mitbestimmungsregelungen vereinbart wurden.

Zu 2:

60 Die **Rechte des Rats bzw. Ministerrats** sind gem. **Art. 16 EUV** und nach **Art. 237 ff. AEUV** erweitert worden, nachdem der Europäische Rat in seiner Bedeutung aufgewertet wurde und mehr Zuständigkeiten erhalten hat. Im Rat treffen sich die jeweiligen Fachminister des zu beratenden Politikbereiches (z.B. Landwirtschaft, Wirtschaft oder Gesundheit) und stimmen ihre jeweiligen Maßnahmen ab. Es wird i.d.R mit qualifizierter Mehrheit abgestimmt. Ab 2014 gilt die Regelung des Art. 16 Abs. 4 EUV, wonach bindende Beschlüsse 55% der Stimmen des Rates (mindestens 15 Mitglieder) und zugleich 65% der Bevölkerung der Union entsprechen müssen. Die genauen Modalitäten sind in Art. 238 AEUV konkretisiert worden.

Zu 3:

61 Der **Europäische Rat** (ER) bildet im institutionellen Gefüge der verschiedenen Institutionen der Europäischen Union eine wichtige Scharnierfunktion. Für ihn gelten Art. **15 f. EUV** und Art. **235 f. AEUV**. Mitglieder des ER sind die Regierungschefs der 28 EU-Staaten, der Präsident der Kommission und, neu geschaffen, der Präsident des ER. Der Präsident wird für 2 1/2 Jahre gewählt. Er leitet die Sitzungen des ER und koordiniert die Arbeit der EU. An Abstimmungen, die i.d.R. im Konsensprinzip getroffen werden, nimmt der Präsident des ER und der Kommission nicht teil. Der ER wählt auch den »Hohen Vertreter der Union für Außen- und Sicherheitspolitik«. Der ER tagt zweimal im Jahr.

62 Der ER hat im Kern **legislative Initiativ-Funktionen**. Die konkrete Gesetzesinitiative geht zurzeit oft vom Rat aus. Die Stellung des Europäischen Parlamentes ist daher (noch) nachrangig.

Die nationalen Exekutivvertreter bilden damit auf der europäischen Ebene das ent- 63
scheidende Legislativorgan.[31] Jeder Mitgliedstaat der Europäischen Union entsendet
einen Vertreter in den ER und den Rat. Die Entscheidungen bedürfen idR einer qualifizierten Mehrheit, d.h. 16 Staaten die zusammen 55% der Bevölkerung repräsentieren müssen. Die vier großen EU-Staaten verfügen je über 29 Stimmen.

Die wesentlichen Kompetenzen des Europäischen Rates sind: 64
– Rechtsetzung
   – Koordinationsbefugnisse
– Haushaltskompetenzen
– Mitgestaltung der Außenbeziehungen
   – Zustimmung zu völkerrechtlichen Verträgen
– Exekutivbefugnisse
– Kreationsfunktion
   – u.a. Ernennung des Hohen Vertreters der Union für Außen- und Sicherheits-
   politik

Zu 4:

Die **Kommission** deckt im Wesentlichen die **Exekutivfunktion** der Gemeinschaften 65
ab. Ihre Rechte und Aufgaben sind in Art. 17 EUV und Art. 244 ff. AEUV beschrieben. Die Kommission wirkt an der Rechtsetzung durch Rat und Parlament mit. Sie
hat i.Ü. keine eigenen Rechtsetzungsbefugnisse. Sie vertritt u.a. die Gemeinschaft
nach außen. Sie trifft Entscheidungen im Verwaltungsvollzug und nimmt Kontrollaufgaben wahr. In der Regel entsendet ein Mitgliedsstaat ein Kommissionsmitglied,
wobei ab 2014 die Zahl der Kommissare auf 2/3 der Anzahl der EU-Staaten begrenzt
werden sollte. Die Wahl der Kommissare erfolgt für fünf Jahre. Ein Kommissar kann
auch seines Amts enthoben werden. Der Präsident der Kommission ist gegenwärtig
Jean-Claude Juncker.

Die wichtigsten Aufgaben der Kommission sind: 66
– Mitwirkung an der Rechtsetzung durch Rat und Parlament
   – Initiative
   – weitere Beteiligung
– Ausübung eigener Rechtsetzungsbefugnisse
– Erlass von Durchführungsbestimmungen einer Ermächtigung des Rates
– u.a. Außenvertretung der Gemeinschaften
– Entscheidungen im Verwaltungsvollzug
– Kontrollaufgaben
   – Vertragsverletzungsverfahren
   – Nichtigkeits- und Untätigkeitsklage
   – Genehmigung von nationalen Abweichungen von gemeinschaftsrechtlichen
   Regeln

---

31 Deswegen bestimmt das Integrationsverantwortungsgesetz die Rechte des Bundestages und
   des Bundesrates in Europäischen Angelegenheiten.

Zu 5:

67 Der **Gerichtshof der Europäischen Gemeinschaften** (EuGH), auch Europäischer Gemeinschaftsgerichtshof oder kürzer Europäischer Gerichtshof genannt, hat seinen Sitz in Luxemburg.[32] Seine Aufgaben sind in Art. 19 EUV und Art. 251 ff. AEUV fest geschrieben. Der EuGH besteht aus dem Gerichtshof, dem Gericht und den Fachgerichten. Die Tätigkeit des EuGH betrifft insb. die Auslegung von Verträgen und sonstigem Gemeinschaftsrecht, die Fortbildung des Gemeinschaftsrechts, die Kontrolle der Rechtsakte der Gemeinschaft auf ihre Vereinbarkeit mit höherrangigem Recht und die Kontrolle des Verhaltens der Mitgliedsstaaten am Maßstab des Gemeinschaftsrechts. Jedes Mitgliedsland entsendet einen Richter an den EuGH. Die Amtszeit beträgt sechs Jahre. Wiederwahl ist möglich. Die Arbeit des EuGH wird durch Generalanwälte (neun) unterstützt. Der Rechtsprechung des EuGH kommt seit Jahren überragende Bedeutung zu. In der Regel gelten die Urteile des EuGH als europafreundlich. Zuweilen wird dem EuGH eine kühne Rechtsfortbildung vorgeworfen. Der EuGH spricht Recht als Plenum (28 RichterInnen), Große Kammer (15) oder Kammer zu fünf und drei Richtern.

68 Insbesondere bei der Auslegung des **Assoziationsvertrages** mit der Türkei ist auch in der Bundesrepublik dem EuGH große Skepsis entgegengebracht worden. Der EuGH hatte in der Assoziationsvertragsentscheidung[33] dem Assoziationsrecht quasi völkerrechtliche Verbindlichkeit zuerkannt und damit die Türkei in eine privilegierte Anwärterstellung gehoben[34] soweit es z.b. den aufenthaltsrechtlichen Status türkischer Arbeitnehmer betrifft.

69 **Aufgaben des Gerichtshofs sind:**
   – Überprüfung der Legislativakte und des Verwaltungshandelns der Organe
   – Überprüfung der Einhaltung des Gemeinschaftsrechts durch die Mitgliedstaaten
   – Interpretation und Normenkontrolle des Gemeinschaftsrechts

Zu 6:

70 Der **Rechnungshof** bildet das externe Rechnungsprüfungsorgan der Europäischen Union. Seine Rechte und Aufgaben sind in Art. 285 ff. AEUV normiert. Die Mitglieder des Rechnungshofes werden vom Rat nach Anhörung des Europäischen Parlaments ernannt und ihre Amtszeit beträgt sechs Jahre. Der Rechnungshof überprüft das Finanzgebaren der Europäischen Union.

71 **Aufgaben des Rechnungshofes sind:**
   – Kontrolle von Recht- und Ordnungsmäßigkeit der Verwendung von Haushaltsmitteln
   – Kontrolle der Wirtschaftlichkeit der Haushaltsführung

---

32 EuGH, C 192/89, Sevince-Entsch. NVwZ 91, S. 255.
33 EuGH Rs 181/73, Hagemann.
34 Vgl. die Ausführungen im Kap. 16 Rdn. 170 ff. Zuwanderungsrecht.

Zu 7:

Die **Europäische Zentralbank** (EZB) findet ihre Rechtsgrundlage in Art. 282 ff.
AEUV.

Die EZB besitzt Rechtspersönlichkeit und ist in ihren sachlichen Entscheidungen   72
autonom. Die EZB bestimmt die Geldpolitik der EU mit dem Ziel der Geldwertsta-
bilität. Ihre Hauptkompetenz entfaltet sie nur für diejenigen Länder, die den EURO
eingeführt haben. Gegenwärtig wird heftig der Ankauf von Staatsanleihen durch die
EZB diskutiert. Die Kritiker werfen der EZB vor, abgesehen von der wirtschaftlichen Betrachtungsweise, unzulässigerweise dem Staat vorbehaltene Finanzpolitik zu
betreiben.

Daneben existieren eine Reihe von sonstigen Institutionen, z.B. die **Europäische**   73
Investitionsbank (Art. 308 f. AEUV) sowie der **Ausschuss der Regionen bzw. Wirt-**
schaft- und Sozialausschuss (Art. 300 ff. AEUV) und der Ausschuss der Regionen
(Art. 305–307 AEUV).

Die Finanzierung der EU vollzieht sich durch eigene Einnahmen. In der Regel speist   74
sich der Haushalt der EU durch einen Anteil an der Mehrwertsteuer. Außerdem zahlen
die einzelnen Mitgliedsländer gemäß ihrem Bruttosozialprodukt. Deutschland zahlt
jährlich ca. 20 Mrd. € ein und bekommt ca. 10 Mrd. € wieder. Zudem stehen der EU
Zollerträge aus dem Warenverkehr mit Drittstaaten sowie Agrarabschöpfungen zu.

Da viele Regelungen des Lissabonvertrages offen formuliert wurden, bedarf er dauernder politischer Ausfüllung und juristischer Interpretation.

Die gegenwärtigen Diskussionen um die Besetzung der neuen Ämter und deren Kom-   75
petenzen lassen auf erhebliche europapolitische und -rechtliche Turbulenzen schließen. Gleiches gilt für den gesamten Wirtschafts- und Finanzbereich.

B. Das nationale, deutsche Recht

Literatur

Niederle, J., Einführung in das Bürgerliche Recht, 12. Aufl., Altenberge 2017; *Robbers, G.*, Einführung in das deutsche Recht, 6. Aufl., Baden-Baden 2016; *Simon, H.*, Einführung in das
deutsche Recht und die Rechtssprache, 5. Aufl., München 2012; *Zippelius, R.*, Einführung in
das Recht, 7. Aufl., Tübingen 2017.

I. Einführung

In unserer nationalen Rechtsordnung unterscheidet man das objektive Recht von den   76
subjektiven Rechten. Unter dem **objektiven Recht** wird die geltende Rechtsordnung
in ihrer Gesamtheit verstanden, d.h. die Summe aller geltenden Rechtsnormen, auch
als Rechtsregeln, Rechtssätze, Rechtsvorschriften bezeichnet.

77 Das **subjektive Recht** ist die sich für den Einzelnen – als Rechtssubjekt[35] – aus dem objektiven Recht ergebende individuelle Berechtigung, die im öffentlichen Recht **subjektiv-öffentliches Recht** genannt wird.

II. Objektives Recht – formale Unterteilung

78 Die Rechtsquellen lassen sich unter formalen Gesichtspunkten wie folgt aufschlüsseln:

Schaubild 2:

Rechtsquellen

Geschriebenes Recht

Ungeschriebenes Recht = Gewohnheitsrecht

Gesetzes Recht:
- Verfassungsrecht/ Grundgesetz
- Gesetz
- Rechtsverordnung/ autonome Satzung

Richterrecht:
- bestimmte Entscheidungen des BVerfG (höchstrichterliche Rechtsprechung)

1. Gesetztes Recht

79 Im Bereich des nationalen, deutschen Rechts bedeutet dies: das von den dazu befugten staatlichen Organen oder von staatlich ermächtigten Stellen und Institutionen gesetzte Recht. Dabei sind folgende Ebenen zu unterscheiden:

- die **Verfassungsebene** – also das Grundgesetz und die Verfassungen der Bundesländer.
- die sog. einfach gesetzliche Ebene – also **Bundesgesetze** und Landesgesetze.
- Gesetze müssen verfassungskonform sein – über die Vereinbarkeit von Bundes- und Landesgesetzen mit dem Grundgesetz entscheidet das Bundesverfassungsgericht[36], über die Vereinbarkeit von Landesgesetzen mit der Landesverfassung entscheidet der Verfassungsgerichtshof[37] des jeweiligen Bundeslandes. Für das Inkrafttreten von Gesetzen ist die Veröffentlichung erforderlich – diese erfolgt bei Bundesgesetzen im Bundesgesetzblatt Teil I (BGBl. I), bei Landesgesetzen im jeweiligen Gesetz- und Verordnungsblatt (GVBl.).
- die Ebene der **Rechtsverordnungen** – es gibt Rechtsverordnungen des Bundes und Rechtsverordnungen der Bundesländer. Rechtsverordnungen haben den Sinn, im Gesetz enthaltene allgemeinere ö-r. Regelungen zu konkretisieren – z.B. die Verordnung zur Berechnung von Einkommen sowie zur Nichtberücksichtigung beim Einkommen und Vermögen beim Alg II/Sozialgeld, die

---

35 Zu den Rechtssubjekten s. im Einzelnen in Kap. 4 Rdn. 26.
36 S. Art. 93 I Nr. 2 Grundgesetz.
37 Auch als Landesverfassungsgericht oder Staatsgerichtshof – so in Niedersachsen – bezeichnet.

Eingliederungshilfeverordnung zum SGB XII – Sozialhilfe – oder die Informationspflichtenverordnung[38] als Rechtsverordnungen des Bundes und die nach § 29 Abs. 2 SGB XII möglichen Rechtsverordnungen der Bundesländer zur abweichenden Festsetzung der Höhe der Regelsätze im Sozialhilferecht des SGB XII. **Rechtsverordnungen** stammen von einem Exekutivorgan und setzen voraus, dass im Gesetz eine Ermächtigung zum Erlass einer Rechtsverordnung vorhanden ist[39] (Art. 80 Abs. 1 Satz 1 GG) dabei müssen auch Inhalt, Zweck und Ausmaß der erteilten Ermächtigung im Gesetz bestimmt sein (Art. 80 Abs. 1 Satz 2 GG). Rechtsverordnungen dürfen nicht gegen gesetzliche oder verfassungsrechtliche Bestimmungen verstoßen. Weil sie materielles Recht enthalten, müssen sie, um in Kraft zu treten, veröffentlicht werden. Für Rechtsverordnungen des Bundes geschieht dies im BGBl., für Rechtsverordnungen des Landes geschieht dies im GVBl. des Landes.

– die Ebene der sog. **autonomen Satzungen**: darunter sind solche Regelungen zu verstehen, die von Körperschaften des öffentlichen Rechts i.R.d. ihnen durch den Gesetzgeber eingeräumten Selbstverwaltungsrechts erlassen werden und das Rechtsverhältnis zwischen der Körperschaft und ihren Mitgliedern betreffen (z.B. die Beitragssatzung der gesetzlichen Krankenkasse, kommunale Gebührensatzungen). Auch Satzungen müssen gesetzes- und verfassungskonform sein. Auch sie bedürfen für ihr Inkrafttreten der Veröffentlichung.

– für das Verhältnis von Bundesrecht zu Landesrecht enthält Art. 31 GG die maßgebende Bestimmung mit dem Satz »Bundesrecht bricht Landesrecht«.

Die dargestellte **Normenhierarchie** ist Ausfluss des im Grundgesetz verankerten **80** **Rechtsstaatsprinzips**, das im nächsten Kapitel zu behandeln sein wird.

– Eine Sonderstellung nehmen die als internationale Abkommen in Den Haag abgeschlossenen Abkommen und Übereinkommen sowie die Übereinkommen der UN ein.

– Bei den Haager Übereinkommen handelt es sich um multilaterale Staatsverträge, die durch Beitritt (Ratifikation) als einfaches Gesetz Bestandteil des innerstaatlichen Rechts werden. Als wichtigste Übereinkommen seien erwähnt:

– Haager Übereinkommen über das auf Unterhaltsverpflichtungen anzuwendende Recht vom 02.10.1973,

– Haager Übereinkommen über die Anerkennung und Vollstreckung von Unterhaltsentscheidungen vom 02.10.1972,

– Haager Übereinkommen über die zivilrechtlichen Aspekte internationaler Kindesentführung vom 25.10.1980,

---

38 Festlegung der Informationspflichten (und Nachweispflichten) von Unternehmern u.a bei Verbraucherverträgen, Verträgen im elektronischen Zahlungsverkehr und bei Reiseveranstaltungen.

39 In den Beispielen finden sich die Verordnungsermächtigungen in § 13 SGB II, § 60 SGB XII, § 312c Art. 245 EGBGB.

- Haager Übereinkommen über den Schutz von Kindern und die Zusammenarbeit auf dem Gebiet der internationalen Adoption (Adoptionsabkommen) vom 29.05.1993,

- Haager Übereinkommen über die Zuständigkeit, das anzuwendende Recht, die Anerkennung, Vollstreckung und Zusammenarbeit auf dem Gebiet der elterlichen Verantwortung und der Maßnahmen zum Schutz von Kindern vom 19.10.1996, (KSÜ), das das frühere Minderjährigenschutzabkommen (MSA) im Jahr 2011 abgelöst hat.

- Haager Übereinkommen über die internationale Geltendmachung der Unterhaltsansprüche von Kindern und anderen Familienangehörigen vom 27.11.2007.

81 Den aufgeführten Übereinkommen ist die Bundesrepublik Deutschland beigetreten; sie sind im Verhältnis zwischen den Beitrittsstaaten anzuwenden, es sei denn, dass speziellere Regelungen vorgehen, etwa europäisches Gemeinschaftsrecht wie die EG-Verordnung Nr. 44/2001 vom 22.12.2000 über die gerichtliche Zuständigkeit und die Anerkennung von Entscheidungen in Zivil- und Handelssachen.

- Von den Übereinkommen der Vereinten Nationen sollen zwei wichtige hier aufgeführt werden:

- Übereinkommen über die Rechte des Kindes – **UN-Kinderrechtskonvention** – Zustimmung des Bundestags und Bundesrats durch Gesetz vom 17.02.1992 – BGBl. II S. 121 ff. – für Deutschland in Kraft getreten am 05.04.1992 – Bekanntmachung vom 10.07.1992 – BGBl. II S. 990

- Übereinkommen über die Rechte von Menschen mit Behinderungen – **Behindertenrechtskonvention** – für Deutschland ebenfalls als einfaches Gesetz in Kraft seit dem 23.06.2009 – BGBl. II S. 812 ff.

82 Individuelle Ansprüche lassen sich im Zweifelsfall aus den Übereinkommen nicht ableiten; eine andere Frage ist die, ob und inwieweit der nationale Gesetzgeber Konventionsregelungen zum Anlass nimmt, nationales Recht zu ändern oder zu ergänzen.

2. Gewohnheitsrecht

83 Das Gewohnheitsrecht ist das ungeschriebene Recht, das allmählich entstanden ist; es hat sich in lang dauernder, gleichmäßiger Übung und in der Überzeugung der Gemeinschaft entwickelt, dass es sich um Recht handelt z.b. grundsätzlicher Schutz des Glockenläutens[40], die allgemeinen Verkehrssicherungspflichten in Zusammenhang mit der Deliktsregelung des § 823 BGB.[41] Gewohnheitsrecht kann es auf allen

---

40 BVerwGE 18, 342 f., 432 – ein unrühmliches Beispiel für Gewohnheitsrecht ist ein Urteil des Bundesgerichtshofs in Strafsachen aus dem Jahr 1957, in dem das Gericht ein gewohnheitsrechtliches Züchtigungsrecht von Lehrern an öffentlichen Schulen – hier im Lande Hessen – zwar maßvoll und ausschließlich zu erzieherischen Zwecken – anerkennt, trotz entgegenstehender Verwaltungsvorschriften; BGHSt 11, 241 ff.
41 S. *Brox/Walker*, Besonderes Schuldrecht, § 41 Rn. 33.

Ebenen geben, auch auf der Ebene der Verfassung – Verfassungsgewohnheitsrecht – und auch auf der Ebene des europäischen Gemeinschaftsrechts.

Nach neuerer Auffassung werden auch die jeder Rechtsordnung zugrunde liegen-   84
den allgemeinen Rechtsgrundsätze als Rechtsquellen angesehen. Dem entspricht die Rechtsprechung des BVerfG und des BGH zur Radbruch'schen Formel[42], die im Kap. 1 Rdn. 18 zur Sprache gekommen ist.

Vor allem vom EuGH werden allgemeine Rechtsgrundsätze als Rechtsquellen ange-   85
sehen, und zwar sowohl allgemeine Rechtsgrundsätze der Gemeinschaftsrechtsord-
nung selbst, als auch die den Rechtsordnungen der Mitgliedstaaten gemeinsamen Rechtsgrundsätze.

Der EuGH hat u.a. folgende Prinzipien anerkannt: Schutz von Persönlichkeit und   86
Menschenwürde, Handels- und Wettbewerbsfreiheit, Berufsfreiheit, Vereinigungs-
freiheit, Religionsfreiheit, Gleichheit, Eigentumsrecht, Wohnung, Privatsphäre und Briefverkehr, rechtliches Gehör, Aussageverweigerungsrecht bei Gefahr der Selbstbezichtigung.

Systematisch gesehen gehören diese Allgemeinen Rechtsgrundsätze zum Gewohnheitsrecht.

Die Ordnung, die den Rechtsquellen – dem gesetzten und dem Gewohnheitsrecht –   87
zu entnehmen ist, bezeichnet man auch als »**positives**« Recht und daher »geltendes« (wirksames, verbindliches) Recht. Hier sieht man die begriffliche Verbindung zu dem im Kap. 1 Rdn. 16 ff. dargestellten rechtspositivistischen Erklärungsansatz für die Legitimation von Recht.

3. Richterrecht

Wenn laut Aussage des BVerfG[43] »die Aufstellung allgemeiner Rechtsgrundsätze...   88
in der Natur der Tätigkeit höherer Gerichte« liegt, die sich an gesellschaftlichen Problemfeldern orientieren, so lässt sich daraus ableiten, dass auch das Richterrecht zu den Rechtsquellen zu zählen ist. Jedoch ist beim sog. Richterrecht wie folgt zu unterscheiden:

Die **Entscheidungen des Bundesverfassungsgerichts**, die nach § 31 BVerfGG Geset-   89
zeskraft haben, sind eindeutig den Rechtsquellen zuzuordnen. Im abstrakten und kon-
kreten Normenkontrollverfahren und bei Verfassungsbeschwerden[44] kann das BVerfG gesetzliche Vorschriften wegen Verstoßes gegen das Grundgesetz für nichtig erklären und solche Urteile mit Gesetzeskraft ausstatten. Dies bedeutet, dass sie von jedermann, auch von der öffentlichen Gewalt, zu beachten und zu respektieren sind – sie wirken also wie ein Gesetz.

---

42 S. dazu in Kap. 1 Rdn. 18 ff.
43 BVerfGE 26, 327, 337.
44 Zum BVerfG und den Verfahrensarten s. in Kap. 22 Rdn. 28 ff.

90   Die sog. **höchstrichterliche Rechtsprechung**, auf die sich das eingangs zitierte Urteil
des BVerfG bezieht, bedeutet, dass ein oberstes Bundesgericht in einer bestimmten
Rechtsfrage in einem längeren Zeitraum wiederholt in bestimmter Weise entscheidet – z.b. das Bundesarbeitsgericht zu der Frage, ob ein Arbeitgeber in einem Einstel-
lungsgespräch mit einer weiblichen Bewerberin die Frage nach der Schwangerschaft
stellen darf oder nicht und welche Rechtsfolgen die wahrheitswidrige Beantwortung
der Frage nach sich zieht.[45] Grundsätzlich muss man sehen, dass – abgesehen von den
Entscheidungen des BVerfG mit Gesetzeskraft – alle gerichtlichen Entscheidungen,
gleich auf welcher Ebene sie getroffen werden, nur Wirkung zwischen den beteiligten
Streitparteien entwickeln. Wenn eine höchstrichterliche Rechtsprechung vorliegt, hat
sie jedoch über den Einzelfall hinausgehende Bedeutung – jeder wird sich in einem
neuen, gleich oder ähnlich gelagerten Fall auf diese Rechtsprechung berufen, sofern
sie für ihn günstig ist. Die unteren Gerichte haben es leicht: sie können sich in ihrer
Entscheidungsfindung auf die Rechtsprechung des obersten Bundesgerichtes ihrer
Gerichtsbarkeit stützen. Allerdings sind sie an diese Rechtsprechung nicht gebunden,
denn Richter sind nur dem Gesetz verpflichtet, nicht der Rechtsprechung der über-
geordneten Gerichte, vgl. Art. 97 Abs. 1 GG »Die Richter sind unabhängig und nur
dem Gesetz unterworfen«.

91   Andererseits bestimmt Art. 20 Abs. 3 GG, dass die »Rechtsprechung an Gesetz und
Recht gebunden« ist. Eine Bindung an die höchstrichterliche Rechtsprechung würde
sich dann ergeben, wenn sie unter den Begriff »Recht« im Sinne dieses Verfassungs-
artikels fallen würde; das wird jedoch von der verfassungsrechtlichen Literatur zu
Recht abgelehnt.[46] Wenn Richterrecht eine Rechtsquelle wäre, würde das wegen der
Bindungswirkung jegliche Rechtsfortbildung und Rechtsentwicklung verhindern.
Man wird also zu dem Ergebnis kommen müssen, dass die höchstrichterliche Rechtsprechung zwar beachtlich ist, dass ihr aber die Qualität einer Rechtsquelle nicht
zukommt. Man spricht hier von Präzedenzfällen.

92   Der Weg zur Rechtsquelle führt jedoch über das Gewohnheitsrecht: wenn die höchstrichterliche Rechtsprechung sich durch ständige Wiederholung verallgemeinert hat
und allgemein akzeptiert wird, kann sie zum Gewohnheitsrecht werden. Das ist vom
BVerfG aber nicht einmal in Bezug auf die Rechtsprechung des BAG zum Arbeitskampfrecht, das diesen – gesetzlich überhaupt nicht geregelten – Rechtsbereich seit
den Anfängen seiner Rechtsprechung durch kontinuierliche Entscheidungsfindung
im Wege richterlicher Rechtsfortbildung ausgeformt hat[47], bejaht worden.

---

45 Vgl. *Schaub/Koch*, Arbeitsrecht von A – Z.
46 S. *Schnapp* in v. Münch/Kunig, Rn. 43 zu Art. 20; der scheinbare Widerspruch zwischen
    Art. 20 Abs. 3 GG und Art. 97 Abs. 1 GG wird dadurch aufgelöst, dass das Begriffspaar
    Gesetz und Recht als Tautologie aufgefasst werden und dem »Recht« dadurch keine eigen-
    ständige Bedeutung zukommt.
47 S. die Entscheidung des BVerfG in NJW 1989, 186 ff. zur Rechtmäßigkeit des Aussper-
    rungsverbots in Art. 29 der Hessischen Verfassung, in der das Gericht ausführt, dass die
    ständige Rechtsprechung des BAG zur Aussperrung kein Gewohnheitsrecht erzeugt hat.

Als Ergebnis lässt sich festhalten, dass die höchstrichterliche Rechtsprechung im Zwei- 93
felsfall keine Rechtsquelle darstellt, wegen ihrer Beachtlichkeit und damit einhergehenden wesentlichen Bedeutung ist sie aber in die Übersicht und Darstellung mit
aufgenommen worden.

III. Objektives Recht – rechtssystematisch gesehen

1. Öffentliches Recht und Privatrecht

In der Rechtsordnung unterscheidet man, an das römische Recht anknüpfend, öf- 94
fentliches Recht und Privatrecht. Das Privatrecht ist der Bereich des Rechts, der die
Rechtsbeziehungen der Einzelnen zueinander auf der Grundlage ihrer Selbstbestimmung (»Privatautonomie«) regelt. Das öffentliche Recht dagegen regelt das Verhältnis
des Einzelnen zum Staat und den sonstigen Trägern öffentlicher Verwaltung sowie
das Verhältnis der Träger öffentlicher Verwaltung zueinander. Im Allgemeinen ist die
Abgrenzung, zu der es verschiedene Theorien gibt[48], nicht schwierig, jedoch von großer praktischer Bedeutung, weil privatrechtliche Streitigkeiten vor die Zivilgerichte
gehören (§ 13 GVG = Gerichtsverfassungsgesetz), öffentlichrechtliche Streitigkeiten dagegen vor die allgemeinen bzw. die besonderen Verwaltungsgerichte (vgl. § 40
Abs. 1 VwGO = Verwaltungsgerichtsordnung).[49]

2. Systematischer Überblick über die Rechtsordnung

Nach dem Vorstehenden wird das Recht also zunächst eingeteilt in das: 95

---

48 Vgl. *Maurer*, Allgemeines Verwaltungsrecht § 1 Rn. 5 ff.
49 S. dazu im Einzelnen in Kap. 22 Rdn. 80 ff.

Schaubild 3:

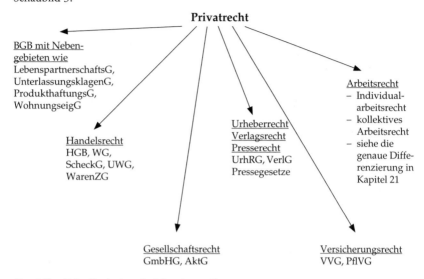

Privatrecht

BGB mit Neben-
gebieten wie
LebenspartnerschaftsG,
UnterlassungsklagenG,
ProdukthaftungsG,
WohnungseigG

Handelsrecht
HGB, WG,
ScheckG, UWG,
WarenZG

Urheberrecht
Verlagsrecht
Presserecht
UrhRG, VerlG
Pressegesetze

Arbeitsrecht
– Individual-
  arbeitsrecht
– kollektives
  Arbeitsrecht
– siehe die
  genaue Diffe-
  renzierung in
  Kapitel 21

Gesellschaftsrecht
GmbHG, AktG

Versicherungsrecht
VVG, PflVG

Das öffentliche Recht ist wie folgt einzuteilen:

Schaubild 4:

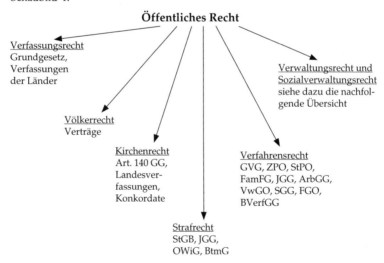

Öffentliches Recht

Verfassungsrecht
Grundgesetz,
Verfassungen
der Länder

Verwaltungsrecht und
Sozialverwaltungsrecht
siehe dazu die nachfol-
gende Übersicht

Völkerrecht
Verträge

Kirchenrecht
Art. 140 GG,
Landesver-
fassungen,
Konkordate

Verfahrensrecht
GVG, ZPO, StPO,
FamFG, JGG, ArbGG,
VwGO, SGG, FGO,
BVerfGG

Strafrecht
StGB, JGG,
OWiG, BtmG

Das allgemeine und das besondere Verwaltungsrecht und Sozialverwaltungsrecht ergeben sich aus der nachfolgenden Zusammenstellung:

Zum allgemeinen Verwaltungsrecht zählen:	Zum besonderen Verwaltungsrecht zählen z.B.:	96
– Verwaltungsverfahrensgesetz des Bundes und Verwaltungsverfahrensgesetze der Bundesländer, – Verwaltungszustellungsgesetz des Bundes und Verwaltungszustellungsgesetze der Bundesländer, – Verwaltungsvollstreckungsgesetz des Bundes und Verwaltungsvollstreckungsgesetze der Bundesländer, – Bundesdatenschutzgesetz und Datenschutzgesetze der Bundesländer. **Zum allgemeinen Sozialverwaltungsrecht gehören:** – Sozialgesetzbuch I – Allgemeiner Teil, – Sozialgesetzbuch IV – Gemeinsame Vorschriften für die Sozialversicherung, – Sozialgesetzbuch IX – Rehabilitation und Teilhabe behinderter Menschen – Teil 1: Allgemeine Regelungen, – Sozialgesetzbuch X – Sozialverwaltungsverfahren und Sozialdatenschutz.	– Kommunalrecht, – Beamtenrecht, – Polizei- und Ordnungsrecht, – Ausländerrecht, – Baurecht, – Straßenrecht, – Naturschutzrecht, – Gewerberecht, – Wehrrecht, – Steuerrecht, – Schul- und Hochschulrecht. **Zum besonderen Sozialverwaltungsrecht gehören:** – Sozialgesetzbuch II – Grundsicherung für Arbeitssuchende, – Sozialgesetzbuch III – Arbeitsförderung, – Sozialgesetzbuch V – Gesetzliche Krankenversicherung, – Sozialgesetzbuch VI – Gesetzliche Rentenversicherung, – Sozialgesetzbuch VII – Gesetzliche Unfallversicherung, – Sozialgesetzbuch VIII – Kinder- und Jugendhilferecht, – Sozialgesetzbuch IX – Rehabilitation und Teilhabe behinderter Menschen – Teil 2: Schwerbehindertenrecht, – Sozialgesetzbuch XI – Soziale Pflegeversicherung, – Sozialgesetzbuch XII – Sozialhilfe, – Besondere Teile des SGB gem. § 68 SGB I: z.B. BAföG, WoGG, BVG, BEEG (1. Abschnitt), UnterhaltsvorschussG (UVG).	

Das Sozialgesetzbuch ist noch nicht vollständig. Es gibt noch eine Reihe von sozialen 97
Gesetzen, die inhaltlich, aber noch nicht formal zum Sozialgesetzbuch gehören, weil sie noch nicht in ein Buch des SGB überführt worden sind. Solange dies noch nicht der Fall ist, gelten diese Gesetze nach Maßgabe des § 68 als besondere Teile des SGBI; einige wichtige dieser Gesetze sind oben aufgeführt.[50]

3. Weitere Begriffsbestimmungen

Die Rechtsnormen des Privatrechts und des öffentlichen Rechts, die Rechte begrün- 98
den, Berechtigungen verleihen oder die Verpflichtungen aufstellen, die also die

50 Zum Sozialrecht s. im Einzelnen in Kap. 14.

Rechtsbeziehungen inhaltlich regeln, werden als **materielles Recht, also dem** »ob« des **Leistungsanspruches,** bezeichnet.

99 Die Rechtsnormen, die der Durchsetzung von Rechten, Ansprüchen und Verpflichtungen dienen, werden als **formelles Recht, also dem** »wie« der **Durchsetzung des Leistungsanspruches,** bezeichnet. Dazu gehört insb. das Verfahrensrecht, das in den verschiedenen verfahrensrechtlichen Gesetzen wie der ZPO, der StPO, dem ArbGG und den weiteren Gesetzen enthalten ist, die in der systematischen Übersicht über die Rechtsordnung in dem Block Verfahrensrecht zu finden sind. Aus dieser Übersicht ergibt sich auch, dass das Verfahrensrecht Teil des öffentlichen Rechts ist.

100 Kann die rechtlich vorgesehene Regelung von den beteiligten Personen abgeändert werden, wie etwa weite Teile des Vertragsrechts des BGB, spricht man von **nachgiebigem oder dispositivem** (also zur Disposition der Beteiligten stehendem) Recht.

101 Ist die rechtlich vorgesehene Regelung in dem Sinne vorgeschrieben, dass sie nicht zur Disposition der Beteiligten steht, handelt es sich um **zwingendes Recht,** das man auch **ius cogens** nennt. Das ist vor allem im öffentlichen Recht der Fall – im Privatrecht regelmäßig dann, wenn es sich um Vorschriften handelt, die Schutzcharakter haben, z.B. bei den in § 573c Abs. 1 und 3 BGB geregelten Fristen für die Kündigung von Wohnraummietverhältnissen in dessen Abs. 4 »Eine zum Nachteil des Mieters von Abs. 1 oder 3 abweichende Vereinbarung ist unwirksam« oder in § 622 Abs. 4 Satz 1 BGB.

IV. Die Subjektiven Rechte

102 Unter subjektivem Recht ist die Befugnis zu verstehen, die sich für den Einzelnen aus dem objektiven Recht entweder **unmittelbar** ergibt oder die aufgrund des objektiven Rechts **erworben** wird. Im ersten Fall nennt man das Recht gesetzliches Recht, wie etwa das Eigentum, im zweiten Fall erworbenes Recht, wie z.B. das Forderungsrecht aus einem Kaufvertrag oder das Kündigungsrecht aus einem Arbeitsvertrag.

103 Bei einem subjektiven Recht kann es sich handeln um:
– Ein **Herrschaftsrecht:** Dabei ist zu unterscheiden zwischen absoluten und relativen Herrschaftsrechten:
Das Kennzeichen der **absoluten Herrschaftsrechte** liegt darin, dass es sich um gegenüber jedermann wirkende Rechte handelt: entweder solche an Personen z.B. Persönlichkeitsrechte oder elterliche Sorge oder solche an Sachen und sonstigen Rechtsgütern wie Eigentumsrecht und sonstige dingliche Rechte oder auch das Urheberrecht. Z.B. für die elterliche Sorge § 1632 Abs. 1 BGB »Die Personensorge umfasst das Recht, die Herausgabe des Kindes von jedem zu verlangen, der es den Eltern oder einem Elternteil widerrechtlich vorenthält« oder für das Eigentum § 903 BGB »Der Eigentümer kann, soweit nicht das Gesetz oder Rechte Dritter entgegenstehen, mit der Sache nach Belieben verfahren und andere von jeder Einwirkung ausschließen«.
Die **relativen Herrschaftsrechte** richten sich nur gegen bestimmte Personen. Dabei handelt es sich regelmäßig um Rechte aus Schuldverhältnissen wie: Forderungen

aus Kauf-, Miet-, Darlehns- oder Arbeitsverträgen. Z.B. § 433 Abs. 1 BGB »Durch den Kaufvertrag wird der Verkäufer einer Sache verpflichtet, dem Käufer die Sache zu übergeben und das Eigentum an der Sache zu verschaffen«. Durch den Kaufvertrag erwirbt der Käufer mithin das Recht, von dem Verkäufer die Übergabe der Sache und Verschaffung des Eigentums an derselben zu verlangen.

- Einen **Anspruch**: Das Recht, von einem anderen ein Tun oder Unterlassen verlangen zu können, ist als Anspruch definiert (§ 194 BGB). Z.B. kann der Eigentümer von dem Besitzer die Herausgabe der Sache verlangen (s. § 985 BGB); der Mieter kann vom Vermieter die Einräumung des Besitzes an der Sache verlangen (s. § 535 Abs. 1 BGB). Nach dem BGB sind schuldrechtliche, dingliche, familien- und erbrechtliche Ansprüche[51] zu unterscheiden. S. dazu die untenstehenden weiteren Beispiele. Der Anspruch ergibt sich aus einem Herrschaftsrecht, ist aber nicht identisch mit ihm, denn aus dem Herrschaftsrecht fließen regelmäßig mehrere Ansprüche, so ergibt sich aus dem Eigentumsrecht des § 903 BGB nicht nur der schon erwähnte Herausgabeanspruch des § 985 BGB, sondern auch der Anspruch aus § 1004 BGB »Wird das Eigentum in anderer Weise als durch Entziehung oder Vorenthaltung des Besitzes entzogen, so kann der Eigentümer von dem Störer die Beseitigung der Beeinträchtigung verlangen«, so hat der Käufer aus dem Kaufvertrag nicht nur den Anspruch auf Übergabe der Sache = **Besitzverschaffung**, sondern auch den Anspruch auf Verschaffung des Eigentums = **Übereignung** der Sache. I.Ü. deckt sich das relative Herrschaftsrecht mit dem Anspruch.

- Ein **Gestaltungsrecht**: Durch die Ausübung eines Gestaltungsrechts wird einseitig und unmittelbar auf ein bestehendes Rechtsverhältnis eingewirkt und dieses verändert. Aus dem Gestaltungsrecht fließen daher keine Ansprüche. Man unterscheidet zwischen selbständigen Gestaltungsrechten wie dem Eigentumserwerb durch Aneignung (§§ 958 ff. BGB) und unselbständigen Gestaltungsrechten. Bei letzteren handelt es sich um solche, die sich aus einem bereits bestehenden Rechtsverhältnis ableiten, also aus einem bereits vorher begründeten Rechtsverhältnis ergeben – als Beispiele seien die Kündigung eines Arbeitsvertrages (§ 622 BGB), die Anfechtung einer Willenserklärung z.B. nach § 123 BGB, der Rücktritt vom Vertrag (§§ 346 ff. BGB) genannt.

▶ **Weitere Beispiele für subjektive Rechte:**

- Als schuldrechtlicher Anspruch § 535 Abs. 1 BGB: »*Durch den Mietvertrag* **104**
wird der Vermieter verpflichtet, dem Mieter den Gebrauch der Sache während der Mietzeit zu überlassen«, *§ 535 Abs. 2 BGB* »*Der Mieter ist verpflichtet, dem Vermieter die vereinbarte Miete zu entrichten*«.
- Als sachenrechtlicher Anspruch § 861 BGB: »*Wird der Besitz durch verbotene Eigenmacht dem Besitzer entzogen, so kann dieser die Wiedereinräumung des Besitzes von demjenigen verlangen.*«

---

51 Zum Aufbau des BGB siehe Kap. 4 Rdn. 3 ff.

105 Wie man sehen kann, formuliert der Gesetzgeber die Rechtsfolge unterschiedlich, mal in Form der Verpflichtung, aus der sich der entsprechende Anspruch der Gegenseite ergibt, mal als Möglichkeit in Form des »*kann*«, bei dem das Gebrauchmachen von der Möglichkeit in das Handlungsermessen des Berechtigten gestellt ist.

Schematisch lassen sich die subjektiven Rechte wie folgt darstellen:

Schaubild 5:

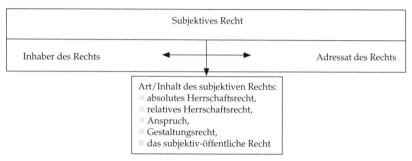

V. Das subjektiv-öffentliche Recht

106 Dem subjektiven Recht entspricht im öffentlichen Recht das so genannte **subjektiv-öffentliche Recht.** Mit diesem Begriff wird im öffentlichen Recht, namentlich im Verwaltungsrecht und Sozialverwaltungsrecht die dem einzelnen Bürger zustehende Befugnis genannt, vom Staat oder einem anderen Träger öffentlicher Verwaltung die Vornahme oder Unterlassung einer bestimmten Handlung zu verlangen. Das subjektiv-öffentliche Recht gibt dem Einzelnen also einen Rechtsanspruch auf ein behördliches Tun oder Unterlassen, der notfalls gerichtlich durchgesetzt werden kann.

107 Wenn eine öffentlich-rechtliche Rechtsnorm im überwiegenden Interesse des Einzelnen ergangen ist, ist im Zweifelsfall von einem subjektiv-öffentlichen Recht auszugehen. Ist die in der Rechtsnorm enthaltene Regelung in erster Linie dem Interesse der Allgemeinheit verpflichtet, folgt daraus im Zweifelsfall kein Rechtsanspruch des Einzelnen. In diesem Fall spricht man von einem **Rechtsreflex,** der den Bürger als Auswirkung des objektiven Rechts begünstigt, ihm aber keinen gerichtlich verfolgbaren Anspruch auf die Begünstigung verleiht.

▶ Beispiel:

108 *»Die Leistungsträger, ihre Verbände und die sonstigen in diesem Gesetzbuch genannten öffentlich-rechtlichen Vereinigungen sind verpflichtet, im Rahmen ihrer Zuständigkeit die Bevölkerung über die Rechte und Pflichten nach diesem Gesetzbuch aufzuklären«* ist in § 13 SGB I bestimmt.

109 Die Norm enthält zwar eine gesetzliche Verpflichtung für die Leistungsträger pp., bedeutet aber nur einen Rechtsreflex, denn sie ist im Interesse der Bevölkerung, also der Allgemeinheit erlassen, wobei der einzelne Bürger bei Erfüllung der gesetzlichen

Verpflichtung von entsprechenden Informationsbroschüren profitiert, aber das Erstellen und Verbreiten solcher Informationsmaterialien nicht einklagen kann.

▶ **Beispiel:**

Ganz anders § 14 SGB I: *»Jeder hat Anspruch auf Beratung über seine Rechte und* 110
Pflichten nach diesem Gesetzbuch. Zuständig für die Beratung sind die Leistungsträger,
denen gegenüber die Rechte geltend zu machen oder die Verpflichtungen zu erfüllen
sind.«

Hier ist sofort sichtbar, dass es sich um ein subjektiv-öffentliches Recht handelt, denn der unmissverständliche Wortlaut formuliert einen Anspruch für den einzelnen Bürger.

Abschließend noch einige weitere Beispiele für subjektiv-öffentliche Rechte, also 111
Rechtsnormen, in denen öffentlich-rechtliche Ansprüche geregelt sind:

▶ **Subjektiv-öffentliche Rechte:**

§ 118 SGB III: *»Anspruch auf Arbeitslosengeld bei Arbeitslosigkeit haben Arbeit-* 112
nehmer, die
1. arbeitslos sind,
2. sich beim Arbeitsamt arbeitslos gemeldet haben und,
3. die Anwartschaftszeit erfüllt haben.«
§ 17 SGB VIII: *»Mütter und Väter haben i.r.d. Jugendhilfe Anspruch auf Beratung*
in Fragen der Partnerschaft, wenn sie für ein Kind oder einen Jugendlichen zu sorgen
haben, oder tatsächlich sorgen…«

§ 36 SGB XI: *»Pflegebedürftige haben bei häuslicher Pflege Anspruch auf Grundpflege*
und hauswirtschaftliche Versorgung als Sachleistung (häusliche Pflegehilfe)….«

Bei diesen Normen ist eindeutig, dass es sich um Anspruchsnormen handelt: in den 113
drei Beispielen wird der Begriff des Anspruchs vom Gesetzgeber selbst benutzt. Die Behörde ist vom Gesetzgeber gebunden, sie hat keinen Entscheidungsspielraum. Es handelt sich um eine sog. »**Muss**«-Vorschrift, verwaltungsrechtlich von einer gebundenen Entscheidung.

Das ist anders, wenn das Gesetz die Verwaltung zu einer Ermessensentscheidung 114
ermächtigt, was durch Formulierungen wie »soll«, »kann« oder »darf« geschieht. In diesen Fällen beschränkt sich das subjektiv-öffentliche Recht darauf, dass die Verwaltung ihr **Ermessen** pflichtgemäß, das heißt, dem Zweck der gesetzlichen Ermächtigung entsprechend ausübt und dabei die Grenzen des Ermessens einhält – vgl. § 39 SGB I,[52] verwaltungsrechtlich spricht man von einer ermessensreduzierten Entscheidung bzw. Ermessensentscheidung.

---

52 S. im Einzelnen dazu in Kap. 21 Rdn. 14 ff.

Teil 2: Das Bürgerliche Recht

Kapitel 4 Das Bürgerliche Gesetzbuch – BGB

Literatur

Falterbaum, Rechtliche Grundlagen sozialer Arbeit, 4. Aufl., Stuttgart 2012; *Jauernig*, Bürgerliches Gesetzbuch, 16. Aufl., München 2015; *Medicus/Petersen*, Bürgerliches Recht, 25. Aufl., München 2015; Münchener Kommentar zum Bürgerlichen Gesetzbuch, 7. Aufl., München 2015; *Palandt*, Bürgerliches Gesetzbuch, 75. Aufl., München 2016.

A. Einführung und Praxisrelevanz

Das deutsche Privatrecht kreist um das BGB, das vor mehr als Hundert Jahren, am 01.01.1900, in Kraft getretenen ist. Es wird auch als bürgerliches Recht oder als Zivilrecht bezeichnet. Es stellt die Grundlage des gesamten Privatrechts dar. Innerhalb des Privatrechts wird zwischen dem **allgemeinen Privatrecht** und den **Sonderprivatrechten** unterschieden. Das BGB als allgemeines Privatrecht regelt die wichtigsten allgemeinen Rechtsbeziehungen zwischen Privatpersonen. Dazu gehören Nebengesetze wie das Wohnungseigentumsgesetz, das Produkthaftungsgesetz oder das Lebenspartnerschaftsgesetz. Zu den Sonderprivatrechten gehören u.a. das Handels- und Gesellschaftsrecht, das Wettbewerbsrecht, das Urheberrecht und vor allem das Arbeitsrecht. **1**

Das BGB ist im Laufe seiner Geschichte vielfach und teilweise grundlegend ergänzt und geändert worden; hervorzuheben sind die gesetzlichen Änderungen zur Umsetzung des verfassungsrechtlichen Gleichberechtigungsgebots des Art. 3 Abs. 2 GG – 1958, die Scheidungsrechtsreform 1977, die Familien- und Kindschaftsrechtsreform 2000, das am 01.01.2002 in Kraft getretene Gesetz zur Modernisierung des Schuldrechts und aus neuerer Zeit z.B. das Gesetz über den Versorgungsausgleich[1], das Gesetz zur Änderung des Zugewinnausgleichs- (und des Vormundschaftsrechts)[2] sowie das Gesetz zur Reform des Erbrechts und der Verjährung.[3] **2**

---

1 Als Art. 1 des Gesetzes zur Strukturreform des Versorgungsausgleichs vom 30.04.2009 – BGBl. I S. 700.
2 Vom 06.07.2009 – BGBl. I S. 1696.
3 Vom 24.09.2009 BGBl. I S. 3142; als neueres Gesetz, durch das der Gesetzgeber auf Fehlentwicklungen beim Anbieten von Waren und Dienstleistungen reagiert, ist auf das Gesetz zur Bekämpfung unerlaubter Telefonwerbung und zur Verbesserung des Verbraucherschutzes bei besonderen Vertriebsformen vom 29.07.2009 – BGBl. I S. 2413 – hinzuweisen.

B. Die Gliederung des BGB

3 Das BGB besteht aus fünf Büchern mit folgenden Titeln:

Schaubild 1:

Buch 1 • Allgemeiner Teil

Buch 2 • Recht der Schuldverhältnisse

Buch 3 • Sachenrecht

Buch 4 • Familienrecht

Buch 5 • Erbrecht

4 Maßgeblich für diese Einteilung war die sog. Pandektenwissenschaft des 19. Jahrhunderts, die das »Gemeine Recht«, d.h. das fortgeltende römische Recht in einem abstrakten und in sich widerspruchsfreien System zu vereinen suchte.

5 Der **Allgemeine Teil** (AT) enthält die für alle folgenden Bücher **gemeinsamen Regeln**: die Vorschriften über die natürlichen und juristischen Personen – hier vor allem Vereine –, die Vorschriften über Sachen und Tiere, über Rechtsgeschäfte mit den Regeln über die Geschäftsfähigkeit, die Willenserklärung und den Vertrag, über Fristen und Termine, über Verjährung, Rechtsausübung und Sicherheitsleistung. Diese Vorschriften sind sozusagen vor die Klammer gezogen – sie gelten für alle nachfolgenden Bücher, soweit sie nicht durch dort enthaltene, spezielle Regelungen verdrängt werden. Mit der Definition rechtlicher Grundbegriffe reicht seine Bedeutung über den Rahmen des BGB hinaus. So sind z.B. die Normen des AT über Fristen, Termine, Anfechtbarkeit von Willenserklärungen von grundlegender Bedeutung auch für andere Gebiete des Rechts.

6 Als zweites Buch folgt das **Schuldrecht** mit seinem allgemeinen und seinem besonderen Teil; der Kernbegriff dieses Buches ist das Schuldverhältnis, das immer dann vorliegt, wenn eine Person einer anderen etwas schuldet.[4] Dabei ist zwischen vertraglichen und gesetzlichen Schuldverhältnissen zu unterscheiden. In dem einen Fall ergibt

---

4 § 241 Abs. 1 BGB »Kraft des Schuldverhältnisses ist der Gläubiger berechtigt, von dem Schuldner eine Leistung zu fordern«.

sich der Inhalt der schuldrechtlichen Verpflichtung aus einer vertraglichen Abrede, in dem anderen Fall aus der gesetzlichen Regelung. Der allgemeine Teil des Schuldrechts enthält allgemeine Regelungen über Inhalt, Ausgestaltung und Rechtsfolgen von Schuldverhältnissen. Im besonderen Teil hat der Gesetzgeber wichtige und typische, vertragliche und gesetzliche Schuldverhältnisse im Einzelnen geregelt, so z.B. den Kaufvertrag, den Mietvertrag, den Dienst-(Arbeits-)vertrag, den Werkvertrag, den Reisevertrag, das Darlehn, die Bürgschaft, die ungerechtfertigte Bereicherung und die unerlaubte Handlung.[5]

Das dritte Buch, das **Sachenrecht**, knüpft an den im ersten Buch definierten Begriff   7
der Sache an (§ 90 BGB). Im Sachenrecht sind die Rechtsvorschriften zu finden, die die Beziehung einer Person zu einer Sache regeln, also das unmittelbare dingliche Recht an einer Sache. Das ist der wesentliche Unterschied zum Schuldrecht, welches das Recht auf Verschaffung einer Sache zum Inhalt hat. Das Sachenrecht unterscheidet den Besitz als die »tatsächliche Sachherrschaft« ohne Rücksicht darauf, wem die Sache gehört, vom Eigentum als dem unbeschränkt dinglichen Recht an der Sache. Es enthält die Vorschriften zur Begründung und Übertragung von Eigentum, wobei sich grundlegende Unterschiede ergeben je nachdem, ob es sich um das Eigentum an beweglichen oder unbeweglichen Sachen geht, und anderen beschränkt dinglichen Rechten wie dem Pfandrecht an beweglichen Sachen, dem Nießbrauch und den Grundpfandrechten (Hypothek und Grundschuld). Letztere spielen eine maßgebliche Rolle als Sicherung für Kredite.

Das **Familienrecht**[6] als viertes Buch beinhaltet die Rechtsnormen, die die Rechts-   8
beziehungen der Familienmitglieder zueinander oder gegenüber dritten Personen regeln – und zwar in personaler und vermögensrechtlicher Hinsicht. Es behandelt zunächst die Ehe beginnend mit dem Verlöbnis über die Schließung und die Wirkungen der Ehe und das eheliche Güterrecht bis zu ihrer Scheidung und den sich daraus ergebenden Folgen. Es folgen im zweiten Abschnitt die Verwandtschaft mit den sich daraus ergebenden Unterhaltspflichten, die Regelungen über die elterliche Sorge, die Beistandschaft und die Adoption. Der dritte Abschnitt enthält die Vorschriften zur Vormundschaft (über Minderjährige), zur rechtlichen Betreuung (über Volljährige) und zur Pflegschaft.

Einen gewaltigen rechtspolitischen Fortschritt brachte das **Lebenspartnerschaftsgesetz**   9
vom 16.02.2001 (BGBl. I S. 226). Dieses Gesetz festigt die Rechte Homosexueller, die seitdem eine eheähnliche Lebenspartnerschaft begründen können.[7] In seiner jüngeren Rechtsprechung hat das BVerfG homosexuellen Lebenspartnern die Möglichkeit

---

5 S. dazu Kap. 7 Rdn. 3 ff. »Ausgewählte Verträge«.
6 S. ausführlich Kap. 12 »Familienrecht«.
7 Eine weitere Angleichung an die Regelungen über die Ehe ist durch das Gesetz zur Überarbeitung des Lebenspartnerschaftsrechts vom 15.12.2005 (BGBl. I S. 3396) und das Gesetz zur Änderung des Ehe- und Lebenspartnerschaftsgesetzes vom 06.02.2006 (BGBl. I S. 203) erfolgt.

eröffnet, das adoptierte Kindes des Partners ebenfalls zu adoptieren – Entscheidungen vom 19.02.2013 – 1 BvL 1/11, 1 BvR 3247/09 – (sog. Sukzessivadoption).

10   Das fünfte Buch, das **Erbrecht**[8], regelt die mit dem Tod verbundenen vermögensrecht-lichen Fragen. Zur rechtlichen Stellung von Erben gehören u.a. Haftungsfragen in Bezug auf Nachlassverbindlichkeiten und das Verhältnis von mehreren Erben zueinander. Die Erbfolge, also wer was erbt, richtet sich entweder nach gesetzlichen Regeln, nach testamentarischen Verfügungen oder nach Vereinbarungen in einem Erbvertrag. Durch das Pflichtteilsrecht ist sichergestellt, dass Ehepartner und nahe Verwandte nicht vollständig leer ausgehen. Der Nachweis der Erbenstellung wird durch den vom Nachlassgericht auszustellenden Erbschein geführt.

C. Grundsätze des BGB

11   In seiner Entstehungszeit wurde das BGB als liberales Gesetzbuch gefasst, das wesent-lich vom römischen Recht geprägt war. Einfluss übten außerdem die Gesetzbücher des Aufklärungszeitalters aus. Diese Konzeption des Gesetzbuchs ist im Laufe der Zeit einem vielfachen Wandel unterworfen worden, den vor allem Änderungen der sozio-ökonomischen Verhältnisse bedingten. Zudem hat das Verfassungsrecht zunehmend an Bedeutung gewonnen, auch für das bürgerliche Recht. Wie sich die Grundrechte auf das bürgerliche Recht auswirken, ist im Kap. 2 Rdn. 72 ff. dargestellt worden.

I. Privatautonomie

12   Für das BGB ist die privatautonome Lebensgestaltung der Maßstab. Jedes Individuum erlangt mit seiner Geburt »Rechtsfähigkeit« und wird zum Träger von Rechten und Pflichten. Damit beginnt das BGB in seinem § 1. Das GG stärkt diese Position, indem es als erstes Grundrecht (Art. 1 Abs. 1 GG) die staatliche Verpflichtung zum Schutz der Menschenwürde aufruft; Art. 2 Abs. 1 GG gewährt mit dem Grundrecht auf Leben und freie Entfaltung der Persönlichkeit eine allgemeine Handlungsfreiheit, die im Bereich des Zivilrechts als Privatautonomie in Erscheinung tritt. Die Rechtsbezie-hungen der Bürger werden von diesem Grundsatz beherrscht, d.h. der idealtypisch freien Gestaltung ihrer privaten Lebensverhältnisse. Als Mittel dazu stellt die Rechts-ordnung das Rechtsgeschäft und vor allem den Vertrag zur Verfügung. Die **Vertrags-freiheit** wird vom BGB stillschweigend vorausgesetzt. Sie ist die wichtigste Grundlage des Privatrechtsverkehrs, dem Austausch von Waren, Gütern und Dienstleistungen (näher Kap. 6 Rdn. 4 ff.).

13   Durch den Abschluss von Verkehrsgeschäften (Kauf, Miete, Darlehn, Leihe usw.) stellt der Bürger nach seinem Belieben bestimmte rechtliche Beziehungen zu anderen Per-sonen her. Durch die Ehe wird nach dem freien Willen der Ehepartner eine auf Dauer angelegte Lebensgemeinschaft begründet. Durch das Testament bestimmt der Erblas-ser nach seinem freien Willen über das Schicksal seines Vermögens nach seinem Tod.

---

8   S. Kap. 11 Rdn. 1 ff. »Erbrecht«.

Der Gestaltungsfreiheit, also der Freiheit, die jeweiligen vertraglichen Bedingungen nach Belieben festzulegen, sind inzwischen erhebliche Grenzen gesetzt:

Die Idee der Privatautonomie, wie sie von den Schöpfern des BGB gedacht war, **14** entsprach in erster Linie den Bedürfnissen des wirtschaftlich verhältnismäßig unabhängigen, besitzenden Mittelstands des ausgehenden 19. Jahrhunderts. Mit dem Sozialstaatsgedanken wurden zum Schutz sozial schwächerer Schichten (Arbeiter, niedrige Angestellte, Alleinerziehende etc.) gesetzliche Vorkehrungen zum Schutz dieser Bevölkerungsgruppen getroffen, etwa durch mieterschutzrechtliche Bestimmungen. Dieser Schutzgedanke hat seine stärkste Ausprägung im Arbeitsrecht in den Arbeitnehmerschutzgesetzen, etwa dem Kündigungsschutzgesetz, Mutterschutzgesetz, Schwerbehindertenschutz (SGB IX – 2. Teil) und im Arbeitszeitgesetz gefunden.

II. Gleichheitsgrundsatz

Einen Quantensprung machte das Recht in Abkehr von dem patriarchalischen Familiensystem durch die Gleichheitsverbürgungen in Art. 3 GG, die im Verhältnis von **15** Mann und Frau (Art. 3 Abs. 2 GG) durch das »Gleichberechtigungsgesetz« von 1957 aufgegriffen wurden. 20 Jahre später wurde das Scheidungsrecht geändert und das Verschuldensprinzip durch das Zerrüttungsprinzip ersetzt sowie der Versorgungsausgleich eingeführt. 1980 folgte auf Grund einer Richtlinie der EG das Verbot geschlechtsbezogener Benachteiligung im Arbeitsrecht (§§ 611a, 611b, 612 Abs. 3 BGB). Der weitere Verfassungsauftrag des Art. 6 Abs. 5 GG – für die Schaffung gleicher Lebensbedingungen für eheliche und nicht eheliche Kinder zu sorgen – ist durch das Gesetz über die rechtliche Stellung der nicht ehelichen Kinder von 1969 sowie durch das 1998 in Kraft getretene Kindschaftsrechtsreformgesetz und das Kindesunterhaltsgesetz verwirklicht worden. Durch das Betreuungsgesetz ist seit 1992 die Rechtsstellung psychisch kranker und behinderter Menschen u.a. durch die Abschaffung der diskriminierenden Entmündigung und Ersetzung der Vormundschaft und Gebrechlichkeitspflegschaft durch die rechtliche Betreuung gestärkt worden.

III. Familienprinzip

Das Familienprinzip des Art. 6 Abs. 1 GG wird in Abkehr von dem ursprünglich **16** patriarchalisch beherrschten Eherecht heute partnerschaftlich ausgestaltet. Der Gesetzgeber überlässt es den Ehepartnern die Rollenverteilung – Haushaltsführung, Erwerbstätigkeit und Kindererziehung – in eigener Verantwortung zu bestimmen (§ 1356 BGB). Aus dem früheren Begriff »elterliche Gewalt« ist seit langem die elterliche Sorge geworden mit der gesetzlichen Verpflichtung der Eltern, die wachsende Fähigkeit und das wachsende Bedürfnis der Kinder zu selbstständigem, verantwortungsbewusstem Handeln zu berücksichtigen (§ 1626 Abs. 2 BGB). Die gemeinsame Verantwortung der Eltern für ihre Kinder bleibt regelmäßig auch bei Scheidung durch Fortbestand der gemeinsamen elterlichen Sorge erhalten. Auch nicht miteinander verheiratete Eltern können durch eine sog. Sorgeerklärung das gemeinsame Sorgerecht für ihr Kind erhalten (§ 1626a BGB). Das staatliche Wächteramt des Art. 6 Abs. 2 GG findet seinen Niederschlag in den nach den §§ 1666, 1666a BGB geregelten

Möglichkeiten der Familiengerichte. Der Forderung, den Kinderschutz zu verbessern, wird zunehmend nachgekommen.[9]

IV. Eigentumsfreiheit

17 Zu den grundlegenden Pfeilern des BGB gehört sodann die auf römisches Recht zurückgehende Eigentumsfreiheit (Art. 14 Abs. 1 GG), d.h., die rechtliche Verfügungsmacht über vermögenswerte Sachen innerhalb bestimmter Grenzen. Dies ist ein elementares Grundrecht, das nicht nur das Eigentum an Sachen (Grundstücke, Wohneigentum, wertvolle Gegenstände) schützt, sondern auch öffentlich-rechtliche, auf eigener Leistung beruhende Rechtspositionen, wie etwa Rentenansprüche und -anwartschaften[10] sowie den Anspruch auf Arbeitslosengeld. Nach liberaler Anschauung soll das Eigentum die individuelle Freiheit garantieren.

18 Gleichsam eine Verlängerung des Eigentums nach dem Tod des Eigentümers ist das Erbrecht, das in Art. 14 Abs. 1 des Grundgesetzes neben dem Eigentum mit gewährleistet ist. Während die Testierfreiheit das Bestimmungsrecht des Vermögensträgers über seinen Tod hinaus wirken lässt, stärkt der Pflichtteilsanspruch das Familienprinzip.[11]

V. Die Soziale Frage

19 Lediglich geringen Niederschlag hat im BGB von 1900 die soziale Frage gefunden. Als soziale Norm wurde § 571 BGB angesehen: Kauf bricht nicht Miete, d.h. bei Verkauf eines Grundstücks durch den Eigentümer/Vermieter bleiben die Wohnungsmietverhältnisse bestehen; §§ 616 bis 619 BGB enthielten und enthalten einige Krankheits- und Arbeitsschutzbestimmungen zugunsten von Dienstverpflichteten/ Arbeitnehmern.

20 Inzwischen ist – vor dem Hintergrund der Sozialstaatsklausel des Grundgesetzes (Art. 20 GG) und der Sozialpflichtigkeit des Eigentums (Art. 14 Abs. 2 GG) – der soziale Gedanke – Schutz des Schwächeren – in wichtigen Bereichen durch Gesetzgebung und Rechtsprechung ausgebaut worden.

21 Als Beispiele aus der Gesetzgebung seien genannt: die Einführung des sozialen Mietrechts, insb. die Verbesserung des Kündigungsschutzes, verbraucherschutzrechtliche Regelungen wie Widerrufsrecht bei Haustürgeschäften und sog. Fernabsatzverträgen (§§ 312, 312d BGB), die Regelungen über die Unwirksamkeit und die Inhaltskontrolle von Allgemeinen Geschäftsbedingungen (§§ 305 bis 310 BGB), die verbraucherschutzrechtlichen Regelungen im UWG (§§ 4, 5 UWG), das Gesetz zur Einführung einer Musterwiderspruchsinformation für Verbraucherdarlehensverträge[12] und zur

---

9 Bundeskinderschutzgesetz vom 22.12.2011 – BGBl. I. S. 2975.
10 BVerfG NJW 1980 S. 692; 1983 S. 2433.
11 Zum Erbrecht s. Kap. 11.
12 Vom 24.07.2010 – BGBl. I S. 977.

Änderung weiterer Schutzvorschriften und nicht zuletzt die Arbeitnehmerschutzvorschriften des Arbeitsrechts.[13]

Auf der Grundlage des Grundsatzes von »Treu und Glauben« (§ 242 BGB) wurden   22
die vertraglichen Leistungspflichten um Schutzpflichten erweitert und der »Vertrag
mit Schutzwirkung für Dritte« entwickelt: So sind in den Schutzbereich des Wohnungsmietvertrags grds. Familienangehörige und Hausangestellte mit einbezogen,
soweit sie den Gefahren einer Leistungsstörung (z.b. Körperverletzung infolge eines
Sturzes auf schadhafter Treppe) ebenso ausgesetzt sind wie der Mieter selbst, der »für
das Wohl und Wehe des Dritten mitverantwortlich« ist, weil er ihm »Schutz und Fürsorge« schuldet.[14]

In eine ähnliche Richtung führte die richterliche Rechtsfortbildung bei der Arzt-   23
und Produkthaftung: hat der Geschädigte nach § 823 Abs. 1 BGB normalerweise
zu beweisen, dass den Arzt bzw. den Hersteller ein Verschulden trifft, war hier von
der Rechtsprechung eine Beweislastumkehr vorgenommen worden. Inzwischen ist das
Produkthaftungsgesetz von 1998 ganz von der Verschuldenshaftung abgegangen und
begründet eine Gefährdungshaftung des Herstellers für fehlerhafte Produkte.[15]

Neu erkannte Bedarfslagen – auch durch Gefahren für den Verbraucher im Internet –   24
haben zu weiteren Schutzgesetzen geführt, von denen die wichtigsten hier aufgeführt
werden:
– Neufassung des Gesetzes gegen den unlauteren Wettbewerb vom 17.03.2010 –
   BGBl. I. S. 254 – mit einem Beseitigungs- und Unterlassungsanspruch gegen unzulässige Telefonwerbung,
– Gesetz zur Einführung einer Musterwiderrufsinformation für Verbraucherdarlehensverträge, zur Änderung der Vorschriften über das Widerrufsrecht bei Verbraucherdarlehensverträgen und zur Änderung des Darlehensvermittlungsrechts vom
   24.07.2010 – BGBl. I S. 977,
– Fernunterrichtsschutzgesetz vom 02.11.2011 – BGBl. I S. 2170,
– Bundeskinderschutzgesetz vom 22.12.2011 – BGBl. I S. 2975,
– Gesetz zur Änderung des Bürgerlichen Gesetzbuches zum besseren Schutz der
   Verbraucherinnen und Verbraucher vor Kostenfallen im elektronischen Geschäftsverkehr und zur Änderung des Wohnungseigentumsgesetzes vom 10.05.2012
   BGBl. I S. 1084.

D. Rechtsobjekte und Rechtssubjekte

In diesem Abschnitt wird an die in Kap. 3 Rdn. 76 ff. erläuterte Unterscheidung zwi-   25
schen objektivem Recht und subjektiven Rechten angeknüpft, um die Akteure der
Privatrechtsordnung und die Gegenstände ihrer Rechtsbeziehungen zu beschreiben:

---

13 Siehe dazu Kap. 20 »Arbeitsrecht«.
14 S. BGHZ 51, 91 ff.
15 S. im Einzelnen in Kap. 10 Rdn. 10. »Haftung, Deliktsrecht, Schadensersatz«.

26 Bei den sich aus dem objektiven Recht ergebenden subjektiven Rechten ist der Träger/ Inhaber des Rechts immer ein Rechtssubjekt; derjenige, gegen den sich das Recht richtet, der Adressat des Rechts, ist ebenfalls immer ein Rechtssubjekt. Damit sind die Akteure der Privatrechtsordnung abstrakt bezeichnet. Die absoluten und die relativen Herrschaftsrechte beziehen sich regelmäßig auf Rechtsobjekte; Gegenstand dieser Rechte, sowie meist auch der Ansprüche, sind Rechtsobjekte. Damit sind auch die Gegenstände der Rechtsbeziehungen zwischen den Rechtssubjekten benannt. Also ist zu unterscheiden zwischen:

Rechtsobjekten und	**Rechtssubjekten**
diese werden unterteilt in:	dabei handelt es sich um:

Rechtsobjekten	**Rechtssubjekten**
▪ <u>körperliche Gegenstände:</u> dies sind bewegliche und unbewegliche Sachen (Immobilien)	
▪ <u>nicht körperliche Gegenstände:</u>	
a) Rechte wie Eigentum, Besitz Pfandrecht, Namensrecht	**1. natürliche**
b) Forderungen wie Kaufpreisforderung, Sparguthaben, Unterhaltsforderung	**Personen** die Menschen
c) sonstige objektive Werte wie z.B. der Firmenwert	**2. juristische** **Personen** des Privatrechts

Eine Sonderstellung nehmen die teilrechtsfähigen Vereinigungen des Privatrechts ein:

▪ <u>nicht rechtsfähige Vereine,</u> § 54 BGB, z.B. Parteien (meistens), Gewerkschaften, Initiativgruppen,
▪ <u>Gesellschaft bürgerlichen Rechts,</u> (GbR), §§ 705 bis 740 BGB, z.B. Gewerbebetrieb, Anwaltssozietät, »Lottogemeinschaft«,
▪ <u>Handelsgesellschaften,</u> §§ 105 ff. HGB – die Offene Handelsgesellschaft (OHG) und die Kommanditgesellschaft (KG) (=Personengesellschaften),
▪ <u>Gemeinschaften,</u> § 741 bis 758 BGB, z.B. Erbengemeinschaft

Bei den juristischen Personen des Privatrechts (PR) handelt es sich um Folgende:

▪ <u>rechtsfähiger eingetragener Verein,</u> §§ 21 ff., 5 bis 79 BGB
▪ <u>Aktiengesellschaft,</u> AktG,
▪ <u>Gesellschaft mit beschränkter Haftung</u> (GmbH), GmbHG,
▪ <u>eingetragene Genossenschaft</u> (e.G.), GenG, z.B. Wohnungs-Baugenossenschaft,
▪ <u>Stiftung des Privatrechts,</u> §§ 80 ff. BGB, z.B. Stiftung Volkswagenwerk, Robert-Bosch-Stiftung

27 Eine Sonderstellung nehmen Tiere ein. Sie erst seit 1990 nicht mehr als Sachen; der eingefügte § 90a BGB bestimmt: »Tiere sind keine Sachen. Sie werden durch besondere Gesetze geschützt. Auf sie sind die für Sachen geltenden Vorschriften entsprechend anzuwenden, soweit nicht etwas anderes bestimmt ist.« Im Zusammenhang damit steht der neue Art. 20a GG, durch den – neben dem Schutz der natürlichen Lebensgrundlagen – auch der Tierschutz als Staatsziel eingeführt wurde.

28 Neben den juristischen Personen des Privatrechts kennt unsere Rechtsordnung die juristischen Personen des Öffentlichen Rechts, d.h. Körperschaften, Anstalten und Stiftungen des Öffentlichen Rechts – diese sind Gegenstand der Darstellung in Kap. 17 Rdn. 15 ff.

Ein zentraler Begriff des Bürgerlichen Rechts ist der bereits erwähnte Begriff der **29**
Rechtsfähigkeit – s. da. Juristische Personen erlangen Rechtsfähigkeit durch Eintragung ins Vereins-, Handels-, Genossenschaftsregister oder durch staatliche Anerkennung (Stiftungen).[16]

Während die juristischen Personen eigene Rechtsfähigkeit besitzen, d.h. im Rechts- **30**
verkehr unter ihrem Namen auftreten, Ansprüche begründen und Verbindlichkeiten eingehen, klagen und verklagt werden können, fehlt den auf der linken Seite der Abbildung aufgeführten Vereinigungen des Privatrechts die Eigenschaft als juristische Person. Nach ausdrücklicher gesetzlicher Regelung oder nach der Rechtsprechung werden einige dieser Vereinigungen aber in bestimmten Beziehungen oder sogar vollständig als rechtsfähig/parteifähig behandelt: so kann der nichtrechtsfähige Verein unter seinem Namen verklagt werden (= passiv parteifähig) (§ 50 Abs. 2 ZPO), Gewerkschaften sind vor den Arbeitsgerichten (§ 10 ArbGG) parteifähig und auch vor den ordentlichen Gerichten aktiv parteifähig[17]; eine Partei kann unter ihrem Namen klagen und verklagt werden, § 3 ParteiG; die OHG kann unter ihrer Firma Rechte erwerben und Verbindlichkeiten eingehen, Eigentum und andere dingliche Rechte an Grundstücken erwerben, vor Gericht klagen und verklagt werden (§ 124 Abs. 1 HGB und § 161 Abs. 2 HGB). Nach der neueren Rechtsprechung des BGH – Grundsatzurteil vom 29.01.2001 – ist die Rechtsfähigkeit der Gesellschaft bürgerlichen Rechts (GbR) anerkannt worden[18], ohne dass sie eine juristische Person i.S.d. Zivilrechts darstellt; sie genießt den gleichen rechtlichen Status wie OHG und KG.

---

16 Zur Rechtsfähigkeit s. detailliert in Kap. 5 Rdn. 5 ff.
17 BGHZ 50, 325.
18 BGHZ 146, 341.

Kapitel 5 Das Individuum als Maßstab

Literatur

Brox/Walker, Allgemeiner Teil des BGB, 40. Aufl., München 2016; *Jauernig*, Bürgerliches Gesetzbuch, 16. Aufl., München 2015; *Medicus/Petersen*, Bürgerliches Recht, 25. Aufl., München 2015; Münchener Kommentar zum Bürgerlichen Gesetzbuch, 7. Aufl., München 2015; *Palandt*, Bürgerliches Gesetzbuch, 75. Aufl., München 2016.

A. Einführung und Praxisrelevanz

1   Das selbstverantwortliche Individuum mit seinen Rechten und Pflichten gegenüber der Gemeinschaft steht im Mittelpunkt der Rechtsordnung und ist zugleich Wertmaßstab der demokratischen Grundordnung. Der Schutz der Menschenwürde ist das erste Grundrecht unserer Verfassung (Art. 1 Abs. 1 Satz 1 GG) und die freie Persönlichkeit nimmt den obersten Verfassungwert ein.

2   Aus Art. 1 Abs. 1 GG –»*Die Würde des Menschen ist unantastbar. Sie zu achten und zu schützen ist Verpflichtung aller staatlichen Gewalt*« i.V.m. Art. 2 Abs. 2 Satz 1 GG, dem Recht auf Leben sowie dem Sozialstaatsgrundsatz (Art. 20 Abs. 1 GG) erwächst die Pflicht des Staates, ein menschenwürdiges Existenzminimum[1] zu gewährleisten: durch Anspruch auf Sozialhilfe, Vermeidung von Obdachlosigkeit, Anspruch auf existenzsichernde Leistungen bei Arbeitslosigkeit etc.

B. Die Person – Rechts- und Parteifähigkeit

3   Jeder Mensch wird in der rechtlichen Terminologie als **natürliche Person** bezeichnet, in Abgrenzung zu den sog. juristischen Personen. Natürliche und juristische Personen gelten als Rechtssubjekte. Daraus leitet sich ihre **Rechtsfähigkeit** ab. Damit ist die autonome Fähigkeit gemeint, Subjekt von Rechtsverhältnissen, d.h. **Inhaber von Rechten und Adressat von Rechtspflichten, zu sein**. Die Staatsangehörigkeit oder die Herkunft spielen keine Rolle – jeder Mensch ist rechtsfähig.

4   **Juristische Personen** sind ein Zusammenschluss von Personen – wie der Verein – oder ein Zweckvermögen – wie die Stiftung –, denen die Rechtsordnung rechtliche Anerkennung durch Zuerkennung der Rechtsfähigkeit verleiht (und damit auch die Parteifähigkeit). Beim Verein wird die Rechtsfähigkeit durch Eintragung ins Vereinsregister (§ 21 BGB), bei der Stiftung durch behördliche Anerkennung (§ 80 Abs. 1 BGB) begründet. Juristische Personen existieren unabhängig von ihren Mitgliedern, deren Bestand und Wechsel. Sie sind damit selbständige Rechtssubjekte, die unter ihrem Namen im Rechtsverkehr agieren und als solche Ansprüche erwerben oder Verpflichtungen eingehen können.

---

1 BVerfGE NJW 1977, 526 Nr. 1.

Kievel/Marx

»Die **Rechtsfähigkeit** des Menschen beginnt mit der Vollendung der Geburt« (so   5
§ 1 BGB). Zu diesem Zeitpunkt muss das Kind leben, d.h., nach der Trennung vom
Mutterleib muss das Herz geschlagen, die Nabelschnur pulsiert oder die natürliche
Lungenatmung eingesetzt haben[2] – es muss also eine Lebensfunktion feststellbar sein.

Für die Frage der Rechtsfähigkeit spielt es keine Rolle, ob das Kind nach der Geburt   6
lebensfähig ist[3] und ob es ggf. mit Missbildungen oder körperlichen oder geistigen
Behinderungen auf die Welt gekommen ist. Daher gibt es kein »lebensunwertes«
menschliches Leben.

Aus § 1 BGB ergibt sich im Umkehrschluss, dass die Leibesfrucht (Embryo, Fötus,   7
Nasciturus = der noch geboren werden wird) vor der Geburt keine Rechtsfähigkeit
erwirbt. Wohl aber steht das vom 14. Tag nach der Empfängnis sich im Mutterleib
entwickelnde Leben als selbständiges Rechtsgut unter dem Schutz der Verfassung. Es
nimmt an dem Schutz teil, den Art. 2 Abs. 2 Satz 1, Abs. 1 GG dem Leben und der
Menschenwürde gewähren.[4]

Wenn der erzeugte, aber noch nicht geborene Mensch auf diese Weise in den Schutz   8
des objektiven Rechts einbezogen ist, kann er mangels Rechtsfähigkeit noch keine
subjektiven Berechtigungen haben. Er erlangt aber in verschiedener Hinsicht Rechtspositionen für den Fall seiner Geburt:
– Der bereits Erzeugte hat nach seiner Geburt Anspruch auf eine Schadenrente für
   entgehenden Unterhalt gegen denjenigen, der den unterhaltspflichtigen Vater
   während der Schwangerschaft der Mutter getötet hat (§ 844 Abs. 2 Satz 2 BGB).
– Wird ein Kind vor seiner Geburt durch eine unerlaubte Handlung geschädigt –
   etwa durch einen Verkehrsunfall, eine HIV-Infektion oder Strahlenschäden im
   Mutterleib – hat es einen Schadensersatzanspruch z.B. aus § 823 Abs. 1 BGB –
   wenn es lebend zur Welt kommt.[5]
– Das noch nicht geborene Kind wird in den Schutz der gesetzlichen Unfallversicherung einbezogen, wenn es im Mutterleib durch eine Berufskrankheit oder einen
   Arbeitsunfall seiner Mutter geschädigt worden ist (§ 12 SGB VII).
– Ein Embryo erhält zur Wahrung seiner künftigen Rechte, soweit dieser der Fürsorge bedarf, einen Pfleger (§ 1912 Abs. 1 BGB). Ein Fürsorgebedürfnis liegt nicht
   vor, soweit die Leibesfrucht unter elterlicher Sorge stehen würde, wenn sie bereits
   geboren wäre.
– Auf Antrag des Kindes kann der Mann, der die Vaterschaft anerkannt hat oder der
   nach § 1600d Abs. 2 BGB als Vater vermutet wird, durch einstweilige Verfügung
   verpflichtet werden, den Unterhalt für die ersten drei Monate zu zahlen; der Antrag kann bereits vor der Geburt des Kindes durch die Mutter oder einen Pfleger
   gestellt werden (§ 1615o BGB).

---

2 So die Ausführungsverordnung zum PStG.
3 LSG Nds. NJW 1987 S. 2328 – allgemeine Meinung.
4 S. dazu BVerfG NJW 1975, 573 ff.
5 BGHZ 8, 243; 58, 48.

Kievel/Marx   75

- Nach § 1777 Abs. 2 BGB kann der Vater »für ein Kind, das erst nach seinem Tode geboren wird, einen Vormund benennen, wenn er dazu berechtigt sein würde, falls das Kind vor seinem Tode geboren wäre«. Auf eine vor der Geburt des Kindes gestorbene Mutter ist die Vorschrift analog anzuwenden.[6]
- Ein Kind, das zur Zeit des Erbfalls noch nicht geboren, aber bereits gezeugt war, kann Erbe sein, wenn es nach dem Erbfall lebend geboren und dann rechtsfähig wird – in diesem Fall gilt das Kind als vor dem Erbfall geboren (§ 1923 Abs. 2 BGB).
- Ist zur Zeit des Erbfalls die Geburt eines Kindes, das als Erbe bedacht ist, zu erwarten und ist die Mutter bedürftig, dann kann sie bis zur Entbindung angemessenen Unterhalt aus dem Nachlass bzw. Erbteil des Kindes verlangen (§ 1963 BGB).

9 Aus den dargestellten Regelungen ergibt sich, dass die Rechtsordnung einem Embryo eine beschränkte Rechtsfähigkeit zuerkennt; er ist zur Geltendmachung seiner Rechte auch parteifähig (s. dazu unten) und handelt durch seine Eltern bzw. einen Pfleger nach § 1912 BGB. Voraussetzung für einen endgültigen Rechtserwerb ist immer die spätere Geburt.[7]

10 Selbst der noch nicht gezeugte Mensch, der in der Rechtssprache »nondum conceptus« genannt wird, spielt in der Rechtsordnung eine Rolle. Für ihn können Rechte begründet werden, z.b. durch Bestimmung zum Bezugsberechtigten für eine Lebensversicherung. Mit seiner Geburt kann derjenige ein Vermächtnis erlangen, der zur Zeit des Erbfalls damit bedacht, aber noch nicht gezeugt war (§ 2178 BGB). Als eingesetzter Erbe wird eine solche Person Nacherbe (§ 2101 BGB).

11 Wer rechtsfähig ist, also Rechte und Pflichten haben kann, muss auch in der Lage sein können, sie in einem streitigen Gerichtsverfahren durchzusetzen. Umgekehrt muss man ihn in Anspruch nehmen können. Diese Fähigkeit wird **Parteifähigkeit** genannt und wird in aktive und passive Parteifähigkeit eingeteilt. Mit aktiver Parteifähigkeit ist gemeint, in einem Verfahren als Kläger oder Antragsteller auftreten zu können – passive Parteifähigkeit bedeutet, die Gegenrolle des Beklagten/Antragsgegners einnehmen zu können. Die Parteifähigkeit folgt aus der Rechtsfähigkeit (§ 50 ZPO), sodass jedes Rechtssubjekt auch **aktiv und passiv parteifähig** ist. Hin und wieder gibt es Zwischenlösungen wie beim nicht eingetragenen, also nicht rechtsfähigen Verein. Wegen fehlender Rechtsfähigkeit ist er nicht aktiv parteifähig, nach ausdrücklicher Regelung in § 50 Abs. 2 ZPO kann er jedoch verklagt werden, besitzt also die passive Parteifähigkeit.

An das Alter von Personen sind unterschiedliche Rechtsfolgen geknüpft. Wir haben im Anhang dazu eine Tabelle zu den Lebensaltersstufen abgebildet.

12 Mit dem **Tod des Menschen** endet seine Rechtsfähigkeit. Die moderne Medizin ist in der Lage, die Lebensfunktionen Kreislauf und Atmung durch technische Geräte

---

6 *Palandt/Götz*, zu § 1777 BGB, Rz. 1
7 *Palandt/Ellenberger*, zu § 1 BGB, Rz. 7.

aufrechtzuerhalten. Damit sind die Grenzen zwischen Leben und Tod fließend geworden. Man ist in der medizinischen Wissenschaft dazu übergegangen, den Tod nicht mehr als punktuelles Ereignis, sondern als einen Prozess zu verstehen, an dessen Ende der Ausfall der Hirnfunktionen steht. Wenn die Gesamtfunktionen des Großhirns, des Kleinhirns und des Gehirnstamms endgültig und nicht behebbar ärztlich als ausgefallen festgestellt worden sind, ist der Tod eingetreten. Davon geht auch das 1997 in Kraft getretene **Transplantationsgesetz** aus, das eine Organentnahme nur unter den genannten Voraussetzungen für zulässig erklärt. Die Kriterien sind von der medizinischen Wissenschaft nach dem Stand der naturwissenschaftlich-medizinischen Erkenntnisse zu bestimmen. Damit definiert der Gesetzgeber zwar nicht den Tod, legt aber den Gesamtgehirntod als Voraussetzung fest.

Der genaue Todeszeitpunkt kann von entscheidender rechtlicher Bedeutung sein, z.B. für den Anfall einer Erbschaft, die Erbfolge, die Zulässigkeit einer Organentnahme etc.

C. Handlungsfähigkeit

Die Eigenschaft als »Rechtspersönlichkeit« sagt noch nichts darüber aus, ob jemand **13** auch selbstständig – durch eigene Handlungen – Rechtswirkungen herbeiführen kann. Der Säugling sowie der geistig schwer behinderte Mensch sind dazu nicht in der Lage, obwohl sie potentiell Träger von Rechten und Verpflichtungen sind. Es bedarf einer weiteren Fähigkeit, der sog. rechtlichen »**Handlungsfähigkeit**« zu verantwortlichem Handeln mit Rechtsfolgen. Die Handlungsfähigkeit bestimmt sich nach Lebensalter, Einsichtsfähigkeit und Willenssteuerungsvermögen. Handeln kann man positiv oder negativ durch Tun oder Unterlassen. Juristen unterteilen die **Handlungsfähigkeit** in die **Geschäftsfähigkeit** (§§ 104 bis 115 BGB) einerseits und die **Verschuldens- oder Deliktsfähigkeit** (§§ 827 bis 829 BGB) andererseits.

I. Geschäftsfähigkeit

Geschäftsfähigkeit ist die Fähigkeit, allgemein zulässige Rechtsgeschäfte vorzuneh- **14** men, d.h. durch Abgabe oder Entgegennahme von Willenserklärungen Rechtsfolgen für sich oder andere herbeizuführen. Voll (= unbeschränkt) geschäftsfähig ist man mit Volljährigkeit, d.h. ab Vollendung des 18. Lebensjahres (§ 2 BGB). Wer dieses Alter noch nicht erreicht hat, ist minderjährig. Bei Minderjährigkeit sind im Hinblick auf die Geschäftsfähigkeit zwei nach Alter gestaffelte Gruppen zu unterscheiden, die Geschäftsunfähigkeit sowie die beschränkte Geschäftsfähigkeit.

1. Geschäftsunfähigkeit

Wer unter 7 Jahre alt ist, gilt als geschäftsunfähig (§ 104 Nr. 1 BGB). Willenserklärun- **15** gen eines Geschäftsunfähigen sind nichtig, die Nichtigkeit kann nicht geheilt werden. Dies gilt uneingeschränkt – auch dann, wenn die Erklärungen des geschäftsunfähigen Kindes vernünftig sind oder rechtlich nur Vorteile bringen würden. Folgende Möglichkeiten, rechtswirksam zu handeln, gibt es bei Kindern in dieser Altersgruppe:

2. Die gesetzliche und außergesetzliche Vertretung des Kindes

16 Der **gesetzliche Vertreter**[8] handelt **anstelle** des minderjährigen Kindes in dessen Namen; die Wirkungen des Geschäfts treten dann unmittelbar für und gegen den vertretenen Minderjährigen ein, denn es ist sein Geschäft.

▶ Beispiel:

17   Mietvertrag eines Kindes, dem ein Haus gehört, mit einem Mieter, geschlossen durch den gesetzlichen Vertreter. Rechte und Pflichten aus dem Vertrag – z.b. der Anspruch auf die Mietpreisforderung, die Verpflichtung das Haus in einem vermietbaren Zustand zu halten – treffen allein das Kind.

– Der gesetzliche Vertreter handelt im eigenen Namen

18 Der gesetzliche **Vertreter handelt im eigenen Namen** mit Berechtigung für das geschäftsunfähige Kind – das ist beim sog. **Vertrag zugunsten eines Dritten** (§ 328 BGB) der Fall. Die Verpflichtungen aus diesem Vertrag treffen den gesetzlichen Vertreter, weil er nicht in dieser Eigenschaft handelt, sondern ein eigenes Geschäft abschließt.

▶ Beispiel:

19   Der Vater richtet bei einem Bankinstitut auf den Namen seines 4-jährigen Kindes ein Sparkonto ein mit der Maßgabe, dass das Kind über das Sparguthaben nach Erreichen der Volljährigkeit verfügen kann.

– Boteneigenschaft

20 Der gesetzliche Vertreter kann sich des minderjährigen Kindes als Boten bedienen. Das erklärt sich daraus, dass der Bote keine eigene rechtsgeschäftliche Erklärung abgibt, sondern die Erklärung eines anderen, also eine fremde Willenserklärung – hier die des Vertreters – überbringt.

– Realakte

21 Darunter sind »rein tatsächliche Vorgänge« zu verstehen, »die vom Gesetz mit einer bestimmten Rechtsfolge verknüpft werden«[9] – z.B. Besitzerwerb an einer Sache (§ 854 BGB), Eigentumserwerb durch Aneignung einer herrenlosen beweglichen Sache (§ 958 BGB). Für die Vornahme solcher Realakte genügt eine natürliche Einsichtsfähigkeit, die auch ohne Vorliegen der Geschäftsfähigkeit gegeben sein kann. So kann ein 6-jähriges Kind mit »natürlichem« Willen den Besitz an einer Sache auch ohne Zustimmung des gesetzlichen Vertreters erwerben.

▶ Beispiel:

22   Der 6-jährige J findet in einer Parkanlage in einem Gebüsch zu seiner großen Freude einen Fußball, den er mit nach Hause nimmt und seinen Eltern stolz erklärt

---

8 S. dazu Kap. 8 Rdn. 3.
9 Palandt/Ellenberger, Überbl. 9 vor § 104.

»das ist jetzt mein Ball«. Rechtlich unproblematisch ist der Besitzerwerb durch J – fraglich ist jedoch, ob J tatsächlich Eigentümer des Balles geworden ist. Aus seiner Äußerung ist zu schließen, dass er sich in den Besitz des Balles gesetzt hat, um Eigentum an dem Ball zu erwerben. Eigentumserwerb durch Aneignung ist bei einem 6-jährigen Kind möglich, der Eigentumserwerb setzt allerdings voraus, dass der Ball herrenlos war. Das war dann der Fall, wenn der alte Eigentümer das Eigentum an dem Ball aufgegeben hatte, jedoch nicht, wenn der Ball nur verloren gegangen und der alte Eigentümer sozusagen noch auf der Suche nach dem Ball war.

Geschäftsunfähig ist auch, wer zwar das 7. Lebensjahr vollendet hat, jedoch krankhaft **23** nicht nur vorübergehend so **geistesgestört** ist, dass seine freie Willensbestimmung ausgeschlossen ist (§ 104 Nr. 2 BGB). Das ist der Fall, wenn eine Person krankheitsbedingt nicht in der Lage ist, ihren Willen frei und unbeeinflusst zu bilden und nach zutreffend gewonnener Einsicht zu handeln (z.B. fortgeschrittene Demenz).[10] Der krankhafte Zustand muss dauerhaft sein. Bei nur vorübergehenden Beeinträchtigungen wie Bewusstlosigkeit oder Rauschzustand liegt keine Geschäftsunfähigkeit vor; jedoch ist eine im Zustand der Bewusstlosigkeit oder vorübergehenden geistigen Störung abgegebene Willenserklärung nach § 105 Abs. 2 BGB nichtig. Bei einer dauerhaft erkrankten und mithin geschäftsunfähigen Person können sog. **lichte Momente** vorkommen; wird in einem solchen lichten Moment eine Willenserklärung abgegeben, besteht insoweit Geschäftsfähigkeit mit der Folge, dass die Willenserklärung wirksam ist.

Die fehlende Geschäftsfähigkeit kann sich auch auf einen gegenständlich abgegrenz- **24** ten Kreis von Geschäften beziehen – dann spricht man von **partieller Geschäftsunfähigkeit**. Dies entspricht ständiger Rechtsprechung. Partielle Geschäftsunfähigkeit kann vorliegen bei Querulantenwahn für die Prozessführung[11], bei krankhafter Eifersucht in Ehefragen.[12] Abgelehnt wird eine relative Geschäftsunfähigkeit für besonders schwierige Geschäfte, weil dies zu Abgrenzungsproblemen und zu Rechtsunsicherheit führen würde.

Nach neuem Recht (§ 105a BGB[13]) ist ein volljähriger Geschäftsunfähiger in der **25** Lage, ein Geschäft des täglichen Lebens, für das geringfügige Mittel erforderlich sind, wirksam abzuschließen; wirksam wird das Geschäft erst, wenn Leistung und Gegenleistung bewirkt sind. Eine weitere Schranke liegt bei Geschäften, die mit einer erheblichen Gefahr für die Person oder das Vermögen des Geschäftsunfähigen verbunden sind. Durch die neue Regelung soll die soziale Integration erwachsener, geistig behinderter Menschen gefördert werden.[14]

---

10 Palandt/Ellenberger, § 104, Rz. 5.
11 BVerwGE 30, 25.
12 BGHZ 18, 184.
13 § 105a BGB wurde eingefügt durch das OLG-Vertretungsänderungsgesetz vom 23.07.2002.
14 Siehe dazu *Brox/Walker*, Allgemeiner Teil des BGB, Rn. 269a.

3. Beschränkte Geschäftsfähigkeit

26 In ihrer Geschäftsfähigkeit beschränkt sind Minderjährige in der Altersgruppe ab sieben Jahren bis zum Erreichen der Volljährigkeit (§ 106 BGB). Für diesen Personenkreis gelten die §§ 107 bis 113 BGB.

– Rechtsgeschäfte von beschränkt geschäftsfähigen Minderjährigen

27 Minderjährige im Alter von 7 bis 18 Jahren sind bereits in der Lage, selbständig Rechtsgeschäfte zu schließen. Soweit sie dadurch jedoch nicht nur einen **rechtlichen Vorteil** erlangen, bedürfen sie der **Zustimmung des gesetzlichen Vertreters** (§ 107 BGB), damit das Rechtsgeschäft wirksam wird. Geschäfte, durch die man nicht nur einen rechtlichen Vorteil erlangt, sind vor allem Austauschgeschäfte, also gegenseitige Verträge, bei denen eine Leistung für eine Gegenleistung gegeben wird, wie Kauf und Miete. So ist die Miete für den Mieter nicht lediglich vorteilhaft: denn er ist verpflichtet, die Miete zu zahlen. Vergleichbares gilt für den Kauf: der Käufer erhält die Ware (= rechtlicher Vorteil), aber er muss den Kaufpreis zahlen. Daher ist das Geschäft, selbst wenn der Minderjährige etwas für einen Spottpreis kauft, rechtlich nicht lediglich vorteilhaft, sodass der Vertreter einwilligen (= vorherige Zustimmung geben) oder genehmigen (= nachträgliche Zustimmung geben) muss.

28 Solange die Zustimmung des gesetzlichen Vertreters nicht vorliegt, ist das Rechtsgeschäft **schwebend unwirksam**. Gibt der gesetzliche Vertreter seine Zustimmung, wird das Geschäft wirksam, verweigert der gesetzliche Vertreter seine Zustimmung, führt das zur **Unwirksamkeit** des Geschäfts.

29 Zustimmungsfrei sind rechtlich nur vorteilhafte Willenserklärungen, das ist vor allem die Annahme einer Schenkung. Auch **neutrale Rechtsgeschäfte** sind nicht zustimmungsbedürftig. Dabei handelt es sich um solche Rechtsgeschäfte, die dem Minderjährigen weder einen rechtlichen Vorteil, noch einen rechtlichen Nachteil bringen, Rechtsfolgen demnach ggf. nur für andere Personen haben. Daher darf der beschränkt Geschäftsfähige als rechtsgeschäftlich bestellter Vertreter fungieren (s. § 165 BGB) z.B. wenn er als Verkäufer beschäftigt wird. In einem Ladengeschäft ist er sogar gesetzlich als zu Verkäufen und Empfangnahmen ermächtigt (§ 56 HGB.)

– Sog. Taschengeldparagraf

30 Ein vom Minderjährigen ohne Zustimmung des gesetzlichen Vertreters geschlossener Vertrag gilt als von Anfang an wirksam, wenn der Minderjährige die vertragsgemäße Leistung mit Mitteln bewirkt, die ihm zur freien Verfügung von dem gesetzlichen Vertreter überlassen werden (§ 110 BGB). Hauptanwendungsfälle sind das Taschengeld und das dem Minderjährigen überlassene Arbeitseinkommen oder seine Ausbildungsvergütung. In der Überlassung dieser Mittel liegt die konkludente, generelle Einwilligung des gesetzlichen Vertreters zum Abschluss von Bargeschäften.[15] Allerdings wird der zunächst schwebend unwirksame Vertrag erst durch die Erfüllung wirksam.

---

15 Vgl. Palandt/*Ellenberger*, § 110 BGB, Rz. 2.

Die Regelung des § 110 BGB ist so auszulegen, dass Minderjährigenschutz vor Ver- **31**
kehrsschutz geht. Daher ist eine Zweckbindung des Taschengeldes möglich und selbst
bei Überlassung zur freien Verfügung können Folgegeschäfte ausgeschlossen sein. Im
Einzelnen ist die Reichweite der Zustimmungserklärung umstritten:

Nimmt z.b. der Minderjährige mit Einwilligung des gesetzlichen Vertreters an dessen **32**
Wohnort oder in der näheren Umgebung eine Berufsausbildung auf (§ 113 BGB),
so ist damit grds. nicht auch die Zustimmung zur selbstständigen Anmietung einer
eigenen Wohnung verbunden. Mietet dagegen ein Minderjähriger an seinem vom
Wohnsitz der Eltern entfernten Berufsort ein Appartement, so wird die elterliche
Zustimmung auf alle dieses Mietverhältnis betreffenden rechtsgeschäftlichen Handlungen und Erklärungen bezogen.[16]

Der Arbeitsverdienst, der einem Minderjährigen von seinem gesetzlichen Vertreter **33**
nicht abverlangt wird, bleibt ihm in der Regel zur freien Verfügung.[17] Die Überlassung
zur freien Verfügung umfasst nicht jede Verwendung, sondern nur solche, die sich
noch im Bereich des »Vernünftigen« halten. Sie erstreckt sich daher nicht auf den Kauf
einer Pistole.[18] Nicht von § 110 BGB gedeckt sind auch solche Geschäfte, die der
gesetzliche Vertreter ausdrücklich ausschließt. Wenn ein Minderjähriger (i.S.d. § 106
BGB) aus seinem Taschengeld ein Lotterielos kauft, ist das von § 110 BGB gedeckt.
Der aus dem Losgewinn getätigte Kauf eines Motorrads war als Zweitgeschäft von der
Einwilligung der Eltern nicht gedeckt, entschied das RG.[19]

– Partielle Vollgeschäftsfähigkeit

Ermächtigt der gesetzliche Vertreter mit Genehmigung des Vormundschaftsgerichts **34**
den Minderjährigen zum selbständigen Betrieb eines Erwerbsgeschäftes, so ist der
Minderjährige für solche Rechtsgeschäfte unbeschränkt geschäftsfähig, welche der
Geschäftsbetrieb mit sich bringt (§ 112 BGB).

Ermächtigt der gesetzliche Vertreter den Minderjährigen, ein Arbeits- oder Dienstver- **35**
hältnis einzugehen, so ist der Minderjährige für solche Rechtsgeschäfte unbeschränkt
geschäftsfähig, welche den Abschluss oder die Beendigung des Dienst- oder Arbeitsvertrages oder die Erfüllung der sich aus einem solchen Vertrag ergebenden Verpflichtungen betreffen (§ 113 BGB).

Die Ermächtigung zur Begründung eines Arbeitsverhältnisses ermächtigt auch zur **36**
Eröffnung eines Girokontos, zum Abschluss einer Krankenversicherung oder zum
Beitritt zu einer Gewerkschaft.[20]

Von § 113 BGB wird jedoch nicht der Abschluss eines Ausbildungsvertrages erfasst.[21]

---

16 LG München NJW 1964, 456 Nr. 8.
17 OLG Celle, NJW 1970, 1850.
18 Vgl. Palandt/*Ellenberger*, § 113, Rz. 2.
19 RGZ 74, 324 ff.
20 Vgl. Palandt/*Ellenberger*, § 113, Rz. 2.
21 OVG Münster, NJW 1962, 758.

37 In den Fällen der §§ 112, 113 BGB geht es um die volle Geschäftsfähigkeit für einen abgegrenzten Kreis von Rechtsgeschäften, also die partielle Vollgeschäftsfähigkeit. Allerdings sind hier solche Verträge ausgeschlossen, zu denen der Vertreter der Genehmigung des Vormundschaftsgerichts bedarf, wie z.B. Kreditaufnahme (vgl. § 1643 Abs. 1 BGB i.V.m. § 1822 Nr. 8 BGB).

Soweit die unbeschränkte Geschäftsfähigkeit reicht, so weit reicht im Streitfall auch die Parteifähigkeit des Minderjährigen.

4. Ehefähigkeit und Testierfähigkeit

38 Bei der Ehefähigkeit und der Testierfähigkeit handelt es sich um Sonderfälle der Geschäftsfähigkeit. **Die Ehefähigkeit** bedeutet die Fähigkeit, wirksam eine Ehe eingehen zu können; dies setzt grds. Volljährigkeit voraus. **Testierfähigkeit** ist die Fähigkeit, wirksam ein Testament errichten zu können; diese Fähigkeit wird grds. mit der Vollendung des 16. Lebensjahres erworben.

II. Verantwortlichkeit für Schäden

39 Wer einem anderen einen Schaden zufügt, macht sich schadensersatzpflichtig. Dies ist ein allgemein gültiges Prinzip. Eine Schadensersatzpflicht setzt voraus, dass derjenige schuldhaft gehandelt hat, also vorsätzlich oder fahrlässig (§ 276 BGB). Der Schuldner hat, sofern nichts anderes festgelegt ist, **Vorsatz und Fahrlässigkeit** zu vertreten. **Vorsatz** ist das bewusste und gewollte Herbeiführen eines Erfolges – hier: eines Schadens. Die Fahrlässigkeit wird in § 276 Abs. 2 BGB definiert: **Fahrlässig handelt,** wer die im Verkehr erforderliche Sorgfalt außer Acht lässt – also: wer nicht ausreichend achtsam ist, obwohl er dazu verpflichtet war und deswegen einen Schaden verursacht. Dies gilt sowohl für vertragliche wie für gesetzliche Schuldverhältnisse. Bevor geprüft werden kann, ob jemand schuldhaft gehandelt hat, muss jedoch feststehen, dass ihm die schädigende Handlung zugerechnet werden kann, dass er schuld- oder deliktsfähig ist. Näheres s. in Kap. 10 Rdn. 29 ff. »Haftung, Deliktsrecht, Schadensersatz«.

III. Strafmündigkeit

40 Von der zivilrechtlichen ist die strafrechtliche Verantwortlichkeit – auch **Strafmündigkeit** genannt – zu unterscheiden. Dazu bestimmt § 19 StGB: »Schuldunfähig ist, wer bei Begehung der Tat noch nicht 14 Jahre alt ist«. Soweit die strafrechtliche Verantwortlichkeit zu bejahen ist, kann eine Bestrafung erfolgen, bei Jugendlichen nach Jugendstrafrecht, bei Heranwachsenden – 18 bis unter 21 Jahre – nach Jugendstrafrecht oder allgemeinem Strafrecht; ab Vollendung des 21. Lebensjahres ausschließlich nach allgemeinem Strafrecht. Siehe im Einzelnen dazu Kap. 15 Rdn. 135 ff. »Strafrecht«.

Kapitel 6 Rechtsgeschäfte – Entstehung, Mängel, Form

Literatur

Brox/Walker, Allgemeiner Teil des BGB, 40. Aufl., München 2016; *Brox/Walker*, Allgemeines Schuldrecht, 40. Aufl., München 2016; *Jauernig*, Bürgerliches Gesetzbuch, 16. Aufl., München 2015; *Klunzinger*, Einführung in das Bürgerliche Recht, 16. Aufl., München 2013; *Palandt*, Bürgerliches Gesetzbuch, 75. Aufl., München 2016.

A. Einführung und Praxisrelevanz

Rechtsgeschäfte haben zentrale Bedeutung in unserem Alltags-, Wirtschafts- und Arbeitsleben. Sie reichen von alltäglichen Handlungen – dem Kaufen einer Zeitschrift am Kiosk – bis hin zu komplexen Verträgen mit geradezu globaler wirtschaftlicher Bedeutung, wie die Fusion von Volkswagen und Porsche.   1

Zum Schutz des Verbrauchers wurde eine ganze Reihe von Vorschriften installiert.   2
Damit soll vermieden werden, dass der wirtschaftlich Stärkere dem wirtschaftlich Schwächeren Vertragsbedingungen aufzwingen kann, die ihn unangemessen benachteiligen. Zum **Verbraucherschutzrecht** gehört u.a. das soziale Mietrecht, das den Mieter vor ungerechtfertigten Kündigungen und überhöhten Mietzinsen schützt (§§ 535 ff. BGB). Das Mietrechtsnovellierungsgesetz von 2015 hat zugunsten des Mieters eine sog. »Mietpreisbremse« für Neuvermietungen eingeführt, die anscheinend in der Realität nicht greift. Mit dem Schuldrechtsmodernisierungsgesetz, das 2002 in Kraft trat, wurden wichtige Verbraucherschutzgesetze in das BGB integriert. So wurden das Gesetz über den Widerruf von Haustürgeschäften als §§ 312, 312a BGB, das Fernabsatzgesetz als §§ 312b bis 312 ff. BGB, das AGB-Gesetz als §§ 305 bis 310 BGB sowie das Verbraucherkreditgesetz als §§ 488 bis 507 BGB in das Bürgerliche Gesetzbuch aufgenommen.

Da Angehörige sozialer Berufe, besonders Mitarbeiter im Management, häufig Ver-   3
träge (Rechtsgeschäfte) abschließen, sollten Grundkenntnisse über das Zustandekommen von Verträgen, etwaige Mängel und ihre Konsequenzen, die Möglichkeit der Auflösung von Rechtsgeschäften sowie Formerfordernisse vorhanden sein.

B. Das Prinzip der Privatautonomie

Unsere Rechtsordnung stellt den Abschluss von Verträgen unter ein liberal geprägtes   4
Postulat, das **Prinzip der Privatautonomie** (vgl. Kap. 4 Rdn. 12 ff.). Diese Vertragsfreiheit ist verfassungsrechtlich geschützt (Art. 2 Abs. 1 GG) und Ausdruck der allgemeinen Handlungsfreiheit. Man spricht von **Abschlussfreiheit**: Jeder kann sich seinen Vertragspartner aussuchen; daneben von **Gestaltungsfreiheit**: Die Parteien sind frei in der inhaltlichen Ausgestaltung ihrer Verträge.[1]

---

1 *Brox/Walker*, Allgemeiner Teil des BGB, Rn. 74 f.

5 Aber nicht jeder beliebige Vertragsinhalt ist rechtlich akzeptabel. Grenzen werden gezogen, wenn ein Vertrag gegen ein gesetzliches Verbot (§ 134 BGB) oder gegen die sog. guten Sitten (§ 138 BGB) verstößt.

▶ Beispiele:

6 In einem deutschen Standesamt kann ein Muslim keine zweite oder dritte Frau rechtswirksam heiraten. Dies würde gegen das Verbot der Polygamie verstoßen (§ 1306 BGB).

7 Ein Kreditvertrag zwischen einem Geldverleiher und einem Privatmann über einen Jahreszinssatz von z.b. 35 % pro Jahr ist nichtig. Ein solcher gilt als wucherisches Rechtsgeschäft, das gegen die guten Sitten verstößt (§ 138 Abs. 2 BGB).

C. Einseitige und zweiseitige Rechtsgeschäfte

▶ Definition:

8 **Ein Rechtsgeschäft besteht aus mindestens einer oder mehreren Willenserklärungen. Dadurch wird eine geplante Rechtsfolge herbeigeführt.**

Man unterscheidet zwischen einseitigen und zweiseitigen Rechtsgeschäften.

9 Ein **einseitiges Rechtsgeschäft** wird durch die Willenserklärung einer Person bewirkt. Dies kann z.b. die Kündigung eines Mietverhältnisses (§ 542 BGB) oder ein handschriftliches Testament (§ 2247 BGB) sein.

10 **Zweiseitige oder mehrseitige Rechtsgeschäfte** entstehen durch übereinstimmende Willenserklärungen mehrerer Personen. Dies sind in der Regel Verträge, wie Kauf-, Miet-, Werk- oder Dienstverträge.

D. Abstraktionsprinzip

11 Die Lehre vom Rechtsgeschäft differenziert zwischen einem Verpflichtungsgeschäft (obligatorisches Geschäft) und einem Verfügungsgeschäft.

▶ Definition:

»Verpflichtungsgeschäft ist ein Rechtsgeschäft, durch das die Verpflichtung zu einer Leistung begründet wird«[2].

▶ Beispiel:

12 In einem schriftlichen Kaufvertrag über einen Gebrauchtwagen verpflichtet sich der Verkäufer zur Übergabe des PKW und des Kfz-Briefes. Der Käufer verpflichtet sich zur Zahlung des Kaufpreises.

---

2 *Klunzinger*, Einführung in das Bürgerliche Recht, S. 80.

▶ **Definition:**

»Ein Verfügungsgeschäft ist ein Rechtsgeschäft, durch das ein Recht unmittelbar übertragen, belastet, geändert oder aufgehoben wird«[3].

▶ **Beispiel:**

Bezogen auf den Gebrauchtwagenkauf ist die Übertragung des Eigentums an dem 13 PKW das Verfügungsgeschäft. Dazu müssen sich der Käufer und der Verkäufer über den Eigentumsübergang einigen und der Wagen übergeben werden (§ 929 BGB).

Aus dem Blickwinkel des Rechts wird demnach ein Lebenssachverhalt (z.b. Gebraucht- 14 wagenkauf) in mehrere Rechtsgeschäfte gesplittet. Das **Abstraktionsprinzip** besagt, dass Verpflichtung und Erfüllung voneinander unabhängig bestehen.

E. Willenserklärung

Eine Willenserklärung ist die zentrale Komponente eines jeden Rechtsgeschäfts. Ein 15 Rechtsgeschäft besteht aus mindestens einer Willenserklärung; ein Vertrag aus zwei Willenserklärungen.

▶ **Definition:**

»Eine Willenserklärung ist eine private Willensäußerung, die auf die Erzielung einer Rechtsfolge gerichtet ist«[4].

Charakteristisch für eine Willenserklärung sind drei Elemente: 16
- der Handlungswille,
- das Erklärungsbewusstsein und
- der Geschäftswille.

Hat eine Person in einer konkreten Situation kein Bewusstsein davon, zu handeln, 17 so fehlt es am **Handlungswillen**. Dies ist in der Praxis kaum relevant. Gemeint sind unbewusste Aktivitäten unter Hypnose oder im Schlaf.

Erklärungsbewusstsein: Der Erklärende muss sich darüber klar sein, eine rechtlich relevante Äußerung abgegeben zu haben.

▶ **Beispiel:**

Im klassischen Lehrbuchfall der Trierer Weinversteigerung hebt jemand seine 18 Hand, um einem Freund zuzuwinken. Als Ortsfremden ist ihm die Bedeutung nicht bekannt. Er weiß nicht, dass der Versteigerer sein Handheben als Abgabe

---

3 *Klunzinger*, S. 80.
4 *Brox/Walker*, Allgemeiner Teil des BGB, Rz. 82.

eines höheren Angebots interpretiert. Mangels Erklärungsbewusstsein ist kein wirksamer Kaufvertrag zustande gekommen.

19 Der **Geschäftswille** bezieht sich auf das konkrete Rechtsgeschäft. Beim Kauf zielt der Wille des Käufers darauf hin, einen bestimmten Gegenstand zu einem bestimmten Preis zu kaufen.

▶ **Beispiel:**

20 Ein Uhrenverkäufer sagt zu einem Kunden: »Wenn Sie sich jetzt entscheiden, mache ich Ihnen einen guten Preis für diese Rolex-Uhr«. In seinen Taschenrechner tippt er 450 € ein und zeigt die Summe dem Kunden. In Wahrheit meint er jedoch 4.500 €. Er hat sich nur vertippt. In diesem Fall fehlt es am Geschäftswillen. Eine irrtümlich mit falschem Inhalt abgegebene Erklärung ist jedoch zunächst wirksam. Sie kann jedoch angefochten werden (§ 119 Abs. 1 BGB).

21 Keine Willenserklärung sind reine **Gefälligkeitszusagen**, da der Handelnde sich rechtlich nicht binden will. Das ist etwa die Zusage, beim Nachbarn während des Urlaubs die Blumen zu gießen oder einen Freund im Auto mit zum Sportverein zu nehmen.

22 Eine Willenserklärung muss nicht unbedingt ausdrücklich, sondern kann auch **konkludent** – durch schlüssiges Verhalten – abgegeben werden. Dies geschieht etwa, wenn jemand in eine Straßenbahn einsteigt oder im Supermarkt wortlos die Waren auf das Band legt.

23 Willenserklärungen sind **objektiv auszulegen** (§§ 133, 157 BGB). Maßstab ist ein objektiver Dritter, der nach dem wirklichen Willen und nicht nach dem buchstäblichen Ausdruck forscht. Das hat unter anderem zur Folge, dass eine versehentlich falsche Bezeichnung nicht schadet (**falsa demonstratio non nocet**).

▶ **Beispiel:**

24 Den bekannten »Haakjöringsköd-Fall« entschied damals das Reichsgericht. Die Beteiligten hatten einen schriftlichen Kaufvertrag über »Haakjöringsköd« abgeschlossen. Haakjöringsköd ist die norwegische Bezeichnung für Haifischfleisch; beide Parteien meinten jedoch Walfischfleisch. Unter diesen Umständen war ein Kaufvertrag über Walfischfleisch zustande gekommen.

25 Ausnahmsweise kann auch **Schweigen als Willenserklärung** angesehen werden. Dies trifft jedoch nur zu, wenn die Parteien dies entweder vereinbart haben, oder es sich aus dem Gesetz ergibt. Der klassische Fall ist das Schweigen auf ein kaufmännisches Bestätigungsschreiben. Diese verschärften Bedingungen gelten nach Gewohnheitsrecht nur zwischen Kaufleuten.

▶ **Beispiel:**

26 Wenn ein Buchclub Privatleuten unbestellt Bildbände zuschickt mit dem Hinweis, der Bürger habe innerhalb von 14 Tagen ein Rückgaberecht, ansonsten werde ein

Kaufpreis von 49 € fällig, so entsteht kein Kaufvertrag, wenn der Empfänger des Bildbandes nicht reagiert.

F. Willensmängel

Im Normalfall kommen Rechtsgeschäfte im Alltags- und Wirtschaftsleben zwischen   27
Privat- und Geschäftsleuten ohne weitere Irritationen zustande. Was geschieht aber,
wenn sich Fehler oder Irrtümer einschleichen? Eine Option, um sich von mangelhaften Willenserklärungen zu lösen, ist deren **nachträgliche Anfechtung** (§ 142 BGB).
Das Rechtsgeschäft wird mit der wirksamen Anfechtung rückwirkend (ex tunc) beseitigt. Mögliche Anfechtungsgründe sind in den §§ 119–123 BGB aufgeführt.

Die wichtigsten **Anfechtungsgründe** sind: 28
– Inhaltsirrtum (§ 119 Abs. 1, 1. Alt. BGB)
– Erklärungsirrtum (§ 119 Abs. 2, 2. Alt. BGB)
– Irrtum über wesentliche Eigenschaften (§ 119 Abs. 2 BGB)
– arglistige Täuschung (§ 123 BGB)
– widerrechtliche Drohung (§ 123 BGB)

Inhaltsirrtum: Beim Inhaltsirrtum hat der Erklärende seiner Erklärung einen anderen
Sinn beigemessen, als es nach objektiver Auslegung den Anschein hatte.

▶ **Beispiel:**

Tante Laura bestellt beim Media Markt eine Fritz-Card für ihren Neffen zum   29
Geburtstag. Sie geht irrtümlicherweise davon aus, es handele sich um ein neues
elektronisches Kartenspiel. Eine Fritz-Card ist jedoch ein Modem, um Zugang
zum Internet zu bekommen. Tante Laura könnte ihre Kaufofferte nachträglich
wegen Inhaltsirrtums anfechten.

Erklärungsirrtum: Verschreiben, Versprechen, Vergreifen.

▶ **Beispiel:**

Herr Dyba wird an der Kasse eines Supermarkts von einem Nachbarn abgelenkt   30
und greift statt nach einer Schachtel Marlboro zu einer Schachtel Philipp Morris
und bemerkt dieses Versehen erst, als er seinen Einkaufswagen ausräumt.

Irrtum über eine wesentliche Eigenschaft: Eigenschaften einer Person oder Sache sind   31
alle tatsächlichen und rechtlichen Verhältnisse von gewisser Dauer, welche im Allgemeinen als wesentlich angesehen werden.

Dies kann z.B. der Kilometerstand und die Unfallfreiheit eines Gebrauchtwagens sein,
das Alter einer antiquarischen Vase und bei einer Person z.B. deren Kreditwürdigkeit.

Beachte: Der Wert oder Preis eines Gegenstandes wird grds. von der herrschenden   32
Rechtsprechung nicht als verkehrswesentliche Eigenschaft im Sinne von § 119 Abs. 2
BGB akzeptiert. Dies wird damit begründet, dass der Preis in einer freien Marktwirt-
schaft ständigen Schwankungen unterliegt. Wenn sich jemand über den Wert einer

Sache täuscht, wird dies von der Rechtsprechung als bedeutungsloser **Motivirrtum** behandelt, der nicht zur Anfechtung berechtigt.

▶ Beispiel:

33   Herr Albrecht kauft von einem Teppichhändler einen wertvollen Teppich aus der Provinz Isfahan zum Preis von 12.500 €. Als er den Wert von einem unabhängigen Sachverständigen im Nachhinein schätzen lässt, kommt dieser auf einen Zeitwert von 8.000 €. Indem sich Herr Albrecht im Wert des Teppichs getäuscht hat, liegt ein unbeachtlicher Motivirrtum vor. Ein Anfechtungsgrund für den Kaufvertrag lässt sich somit nicht herleiten. Etwas anderes wäre es, wenn sich Herr Albrecht über die Herkunft oder das Alter des Teppichs getäuscht hätte (Irrtum über eine wesentliche Eigenschaft).

34 **Arglistige Täuschung:** Eine Täuschung erfolgt meist durch Vorspiegelung oder Entstellung von Tatsachen oder durch deren Verschweigen. Daraufhin entsteht beim Vertragspartner eine Fehlvorstellung. Hinzukommen muss ein arglistiges Verhalten des Täuschenden. Eine arglistige Täuschung kann auch durch Verschweigen von Tatsachen entstehen, wenn eine Aufklärungspflicht bestand.

▶ Beispiel:

35   Der Gebrauchtwagenhändler Partner-Automobile verschweigt einem Kaufinteressenten, dass der günstig angebotene Mercedes E-Klasse einen erheblichen, jetzt nicht mehr erkennbaren, Unfallschaden hatte.

36 **Widerrechtliche Drohung:** Wenn jemand bedroht und unter diesem Eindruck zu einem Rechtsgeschäft bewegt wurde, und diese Drohung gegen Recht und Gesetz verstößt, kann er seine Willenserklärung anfechten.

▶ Beispiel:

37   Elfriede und Hermann Kujau leben in Trennung. Herr Kujau ist gut verdienender Geschäftsmann. Seine Frau legt ihm eine vorformulierte Unterhaltsvereinbarung vor. Aufgrund dieser Erklärung soll er sich verpflichten, ihr monatlich 2.500 € Trennungsunterhalt zu zahlen. Sie weist darauf hin, dass sie ihn beim Finanzamt wegen Steuerhinterziehung anzeigen werde, wenn er nicht unterschreibe. Sollte Herr Kujau unterschreiben, liegt ein Anfechtungsgrund vor.

G. Zustandekommen von Verträgen

38 Verträge sind rechtliche Gestaltungselemente zwischen Privatpersonen und Unternehmen. Ein einmal abgeschlossener Vertrag ist verbindlich, grds. unabhängig davon, ob er schriftlich dokumentiert wurde oder mündlich zustande gekommen ist. Die Vertragsparteien sind gehalten, den Vertrag einzuhalten und zu erfüllen (pacta sunt servanda).

39 Ein Vertrag kommt durch ein Angebot (Antrag/Offerte) und die Annahme des Angebots zustande (§ 145 BGB). Diese Willenserklärungen (**Angebot und Annahme**) müssen deckungsgleich sein.

Angebot: Das Vertragsangebot ist eine empfangsbedürftige Willenserklärung. Sie 40
muss inhaltlich so konkretisiert sein, dass der Empfänger sie mit einem »Ja« annehmen kann. Das Angebot muss außerdem erkennen lassen, dass der Erklärende daran
gebunden sein will (§ 145 BGB).

Von einem echten, verbindlichen Angebot unterscheiden Juristen die **Aufforderung,** 41
ein Vertragsangebot abzugeben (invitatio ad offerendum). Dazu zählen z.b. Versand-
kataloge, Anzeigen auf Plakaten, eine Speisekarte im Restaurant oder im Internet
angebotene Waren.[5] Auch die Auslage im Schaufenster eines Kaufhauses wird von den
Juristen nicht als echtes Verkaufsangebot angesehen. Sie sind der Auffasung, dass ein
Geschäftsinhaber an die Preisauszeichnung im Schaufenster nicht gebunden sei, da sie
sich nicht konkret an einen Kaufinteressenten richte.

▶ Beispiel:

Der Computer-Händler Kasuro lässt mit einer Postwurfsendung Prospekte verteilen, 42
auf denen ein hochwertig ausgestatteter PC zu einem Schnäppchen-Preis von 799 €
abgebildet ist. Schon der Hinweis »nur solange Vorrat reicht« weist darauf hin, dass
kein verbindliches Angebot, sondern lediglich eine invitatio ad offerendum vorliegt.
Auch wenn der Student Martin später im Geschäft ein »Angebot« schriftlich von einem
Verkäufer ausgedruckt bekommt, wird darin noch kein echtes Angebot gesehen, wenn
der Händler mit dem Zusatz »freibleibend« eine Bindung ausgeschlossen hat. Erst
wenn Martin sagt: »Ich nehme den PC für 799 €«, gibt er ein Angebot ab. Der PC-
Händler nimmt danach das Angebot an, indem er Martin eine Rechnung überreicht.

Als echtes Angebot wertet die herrschende Rechtsprechung jedoch das Aufstellen von 43
Warenautomaten oder die Freigabe einer Zapfsäule bei einer SB-Tankstelle. Hier liege
ein Angebot an einen unbestimmten Personenkreis vor (ad incertas personas).

Annahme: Die Bindung an ein Angebot ist zeitlich begrenzt. Ein Angebot unter 44
Anwesenden muss sofort angenommen werden (§ 147 Abs. 1 BGB). Ein unter Abwe-
senden gemachtes Angebot kann nur in der Frist angenommen werden, in der der
Anbieter mit einer Antwort rechnen darf (§ 147 Abs. 2 BGB). Ein Angebot erlischt,
wenn es nicht rechtzeitig angenommen wird (§ 146 BGB).

Verspätet sich die Annahme oder wird die Annahme mit Änderungen versehen, so 45
gilt sie als neuer Antrag (§ 150 BGB). Die Annahme des Antrags erfolgt durch eine
Willenserklärung, die dem Anbietenden zugehen muss.

▶ Beispiel:

Heiner sagt zu Werner: »Ich will deine Harley Davidson für 5.000 € kaufen«. 46
Werner entgegnet: »Du kannst sie für 6.000 € bekommen«. In der Erwiderung von
Werner liegt eine Ablehnung des Angebots verbunden mit einem neuen Antrag.

Einigungsmangel (Dissens) (§§ 154, 155 BGB): So lange die Willenserklärungen 47
der Parteien (Angebot und Annahme) nicht übereinstimmen, sondern voneinander

---

5 *Jauernig,* Bürgerliches Gesetzbuch, zu § 145 Rz. 3.

abweichen, spricht man von einem sog. Dissens (Einigungsmangel). Ist den Parteien die Differenz bewusst, handelt es sich um einen offenen Dissens. Wenn wesentliche Vertragsbestandteile betroffen sind, ist kein Vertrag zustande gekommen (§ 154 Abs. 1 BGB).

48   Ein versteckter Dissens hingegen liegt vor, wenn die Parteien irrtümlich davon ausgehen, sich geeinigt zu haben.[6] Sind wesentliche Vertragsbestandteile betroffen, so gilt auch hier der Vertrag als nicht zustande gekommen. Bezieht sich der Dissens jedoch auf einen Nebenpunkt, so gilt das Vereinbarte, wenn die Parteien den Vertrag auch ohne die Nebenpunkte geschlossen hätten (§ 155 BGB).

▶ Beispiel:

49   Ein deutscher Fahrradhändler bestellt bei einem australischen Produzenten 50 Mountainbikes zum Preis von jeweils 320 Dollar netto. Der australische Produzent geht davon aus, dass US-Dollar gemeint sind, da dies internationalen Handelsgepflogenheiten entspreche. Der deutsche Fahrradhändler hat in seiner Kalkulation allerdings australische Dollar zugrunde gelegt, da er annahm, einen australischen Produzenten mit dessen einheimischer Währung zu bezahlen. Diese differierenden Auffassungen der Geschäftsleute sind als versteckter Einigungsmangel über einen wesentlichen Bestandteil ihrer Willenserklärungen zu werten, sodass kein gültiger Vertrag zustande gekommen ist.

H. Unwirksamkeitsgründe für Verträge

50   Wenn die Vertragsparteien übereinstimmende Willenserklärungen abgegeben haben, wird ein Vertrag wirksam. Wurden aber zwingende Rechtsvorschriften nicht beachtet, so führt dies zur Unwirksamkeit bzw. Nichtigkeit des Vertrages.

51   **Unwirksamkeitsgründe für Verträge:**
      – Geschäftsunfähigkeit (§ 105 BGB)
      – beschränkte Geschäftsfähigkeit (§§ 106 ff. BGB)
      – Formmangel (§ 125 BGB)
      – Verstoß gegen ein gesetzliches Verbot (§ 134 BGB)
      – Sittenwidrigkeit (§ 138 BGB)
      – Anfechtung (§ 142 BGB)

52   **Geschäftsunfähigkeit:** Willenserklärungen von Geschäftsunfähigen sind nichtig (§ 105 BGB). Geschäftsunfähig ist, wer noch nicht sieben Jahre alt ist oder wessen freie Willensbestimmung krankhaft gestört ist (§ 104 BGB) (nähere Ausführungen Kap. 5 Rdn. 15 ff.).

53   **Beschränkte Geschäftsfähigkeit:** Für Minderjährige zwischen 7 und 18 Jahren gelten die Sonderregelungen der §§ 107 bis 113 BGB. Sie sind in ihrer Geschäftsfähigkeit beschränkt. Sie benötigen grds. die Zustimmung ihrer gesetzlichen Vertreter zu einem Rechtsgeschäft. Ausnahmen sind in den §§ 107 bis 113 BGB geregelt (weitere Ausführungen Kap. 5 Rdn. 16 ff.).

---

6 *Klunzinger*, S. 95.

I. Formvorschriften für Verträge

Grundsätzlich herrscht im Zivilrecht das Prinzip der Formfreiheit. Einige Rechtsge-   54
schäfte sind jedoch an eine Form geknüpft, um den Beteiligten die wirtschaftliche
Bedeutung des Rechtsgeschäfts vor Augen zu führen oder leichter Beweis führen zu
können.

I. Schriftform (§ 126 BGB)

Nach § 126 BGB müssen einige Rechtsgeschäfte in Schriftform abgeschlossen werden.   55
Diese erfordert schriftliche Niederlegung des Erklärungsinhalts mit eigenhändiger
Namensunterschrift des Ausstellers. Stempel, auch Faksimile-Stempel, genügen nicht.
Ein Vertreter kann mit seinem Namen und dem Zusatz »in Vertretung« oder »im Auf-
trag«, nach der Rechtsprechung sogar mit dem Namen des Vertretenen eigenhändig
unterzeichnen.[7] Im öffentlichen Recht spielen Zeichnungsberechtigung und Form der
Unterschriftsleistung eine erhebliche Rolle. Besonders Gemeindeordnungen enthal-
ten darüber präzise Rechtssätze (etwa §§ 70 Abs. 1, 71, 77 Abs. 1 Satz 1 Hessische
Gemeindeordnung). Werden sie nicht beachtet, liegt jedoch kein Formmangel vor,
sondern es werden die Regeln über Vertretung ohne Vertretungsmacht angewendet.[8]

Die schriftliche Verkörperung einer Willensäußerung bezeichnet man als Urkunde.
Diese Form kann auch vertraglich festgelegt werden.

Bei einem Vertrag muss die Unterzeichnung der Parteien auf derselben Urkunde erfol-   56
gen. Werden über den Vertrag mehrere gleich lautende Urkunden aufgenommen, so
genügt es, wenn jede Partei die für die andere Partei bestimmte Urkunde unterzeichnet (§ 126 Abs. 2 BGB).

Die schriftliche Form wird durch die notarielle Form ersetzt. Schriftform kann auch   57
durch die elektronische Form ersetzt werden, soweit das nicht gesetzlich ausgeschlossen ist (§ 126 Abs. 3, 4 BGB).[9]

▶ Beispiele:

§ 766 Satz 1 BGB schreibt die schriftliche Abgabe einer Bürgschaftserklärung vor,   58
um den künftigen Bürgen vor unüberlegter Verpflichtung zu schützen (vgl. § 765,
767 BGB); hier ist durch § 766 Satz 2 BGB die Erteilung der Bürgschaftserklärung
in elektronischer Form ausgeschlossen.

Die Kündigung eines Mietvertrages bedarf der Schriftform, § 568 Abs. 1 BGB. Nicht   59
an das Schriftformerfordernis des § 126 BGB gebunden ist der Abschluss von Mietverträgen, auch nicht der Abschluss von Mietverträgen über Wohnraum für einen
längeren Zeitraum als ein Jahr; allerdings regelt § 550 BGB, dass der Mietvertrag

---

7 Vgl. *Brox/Walker*, Allgemeiner Teil des BGB, Rn. 303.
8 S. BGH, NJW 1980, 115 str.
9 Zur elektronischen Form s. Rdn. 62 f.

für unbestimmte Zeit gilt, wenn er für mehr als ein Jahr nicht in schriftlicher Form geschlossen wird.

60 Mit der Entwicklung von Mustermietverträgen (Deutscher Einheitsmietvertrag, Musterverträge des Bundesministeriums der Justiz sowie der Hausbesitzerverbände) ist die Schriftform für Wohnungsmietverträge weithin üblich geworden; in diesen Fällen ist die Schriftform des § 126 BGB vereinbart[10] – dafür bietet § 127 BGB die gesetzliche Grundlage. Das Gleiche gilt für zahlreiche andere Formularverträge des Wirtschaftslebens.

▶ **Weitere Beispiele für gesetzlich vorgeschriebene Schriftform:**

61   – Nach § 1 Abs. 2 TVG (Tarifvertragsgesetz) müssen Tarifverträge zwischen Gewerkschaften und Arbeitgeber(verbände)n schriftlich geschlossen werden. Durch Tarifvertrag kann wiederum für Arbeitsverträge, die unter den Geltungsbereich des Tarifvertrages fallen, Schriftform vorgesehen sein; die durch Tarifverträge vorgesehene Schriftform des Einzelarbeitsvertrages ist jedoch regelmäßig nicht Voraussetzung für die Wirksamkeit des Vertrages, sondern hat nur klarstellende und Beweis sichernde Funktion.

      – Durch das Nachweisgesetz ist die generelle Verpflichtung von Arbeitgebern eingeführt worden, spätestens einen Monat nach dem vereinbarten Beginn des Arbeitsverhältnisses die wesentlichen Vertragsbedingungen schriftlich niederzulegen, die Niederschrift zu unterzeichnen und dem Arbeitnehmer auszuhändigen. Der Nachweis der wesentlichen Vertragsbedingungen in elektronischer Form ist ausgeschlossen.

      – Die Beendigung von Arbeitsverhältnissen durch Kündigung oder Aufhebungsvertrag bedürfen zu ihrer Wirksamkeit der Schriftform; die elektronische Form ist ausgeschlossen (§ 623 BGB).

      – Das BBiG (Berufsbildungsgesetz) bestimmt, dass der Berufsausbildungsvertrag in einer von allen Beteiligten – auch den Eltern des minderjährigen Auszubildenden – zu unterzeichnenden Niederschrift mit bestimmtem Inhalt niederzulegen ist (§ 3, 10, 13 BBiG). Auch die Kündigung des Ausbildungsverhältnisses erfordert Schriftform (§ 15 BBiG).

II. Elektronische Form (§ 126a BGB)

62 Mit der elektronischen Form – eingeführt mit Wirkung vom 01.08.2001 – reagiert der Gesetzgeber auf die rasante Zunahme der Kommunikation mittels elektronischer Medien im Geschäftsverkehr (E-Commerce). Die Regelung bedeutet Folgendes: Soll die gesetzlich vorgeschriebene schriftliche Form durch die elektronische Form ersetzt werden, muss der Aussteller der Erklärung seinen Namen hinzufügen und das elektronische Dokument mit einer qualifizierten Signatur nach dem Signaturgesetz (SigG)[11]

---

10 Das lässt sich auch daran ablesen, dass in diesen Verträgen geregelt ist, dass Änderungen oder Ergänzungen des Vertrages nur gültig sind, wenn sie schriftlich erfolgen.
11 Vom 16.05.2002 – BGBl. I S. 1876.

versehen (§ 126a Abs. 1 BGB). Bei einem Vertrag müssen die Parteien jeweils ein gleich lautendes Dokument in der in Abs. 1 bezeichneten Weise elektronisch signieren (§ 126a Abs. 2 BGB).

Mit der Regelung soll sichergestellt werden, dass die bei E-Mails oder im Internet   63 bestehenden Risiken der Änderung oder Fälschung von Daten verringert werden. Die elektronische Form kann die gesetzlich vorgeschriebene Schrift ersetzen, soweit der Gesetzgeber das nicht ausdrücklich ausgeschlossen hat.[12]

III. Textform (§ 126b BGB)

Die Textform ist 2001 neu ins Gesetz eingefügt worden. Sie fasst bislang im Privat-   64 recht verstreute Typen unterschriftsloser Erklärungen in einer einheitlichen Textform zusammen und soll die bislang geltende Schriftform ersetzen. Die Regelung bedeutet Folgendes: Ist durch Gesetz Textform vorgeschrieben, so muss die Erklärung in einer Urkunde oder auf andere zur dauerhaften Wiedergabe in Schriftzeichen geeignete Weise abgegeben, die Person des Erklärenden genannt und der Abschluss der Erklärung durch Nachbildung der Unterschrift oder anders erkennbar gemacht werden (§ 126b BGB).

Die Erklärung kann auf Papier, auch als Kopie, auf CD-Rom, per Fax oder als E-Mail   65 abgegeben werden. Bei Texten, die auf eine Homepage eingestellt werden, ist die Form nur gewahrt, wenn sie sich ausdrucken oder abspeichern lassen.[13] Die Person des Erklärenden muss erkennbar sein, damit feststeht, wer der Urheber der Erklärung ist.

▶ **Beispiele für die gesetzlich vorgeschriebene Textform:**

- – Widerruf eines Verbrauchervertrages (§ 355 BGB)   66
- – Rückgaberecht bei Verbraucherverträgen (§ 356 BGB)
- – Garantieerklärung beim Verbrauchsgüterkauf (§ 477 BGB)
- – Ankündigung einer Mieterhöhung (§ 554 Abs. 3 BGB)
- – Erhöhung einer Betriebskostenpauschale (§ 560 Abs. 1 BGB)

IV. Öffentliche Beglaubigung (§ 129 BGB)

Einige Erklärungen müssen öffentlich beglaubigt werden. Die Beglaubigung richtet   67 sich als Verfahren der freiwilligen Gerichtsbarkeit nach den Vorschriften des Beurkundungsgesetzes (§§ 39 ff. BeurkG). Die Erklärung muss in diesem Fall schriftlich abgefasst sein. Beglaubigt wird lediglich die Unterschrift des Erklärenden[14], und zwar von einem Notar. Öffentliche Beglaubigung bedeutet demnach das Zeugnis der Urkundsperson (des Notars), dass die Unterschrift von der erklärenden Person in seiner Gegenwart abgegeben worden ist und die erklärende Person mit der namentlich aufgeführten identisch ist. Die amtliche Beglaubigung von Abschriften, Kopien (z.B.

---

12 Beispiele für einen solchen Ausschluss im vorhergehenden Abschnitt Rdn. 55 ff.
13 *Palandt/Ellenberger,*BGB, § 126b Rz. 3.
14 S. BGHZ 37, 86.

Zeugnisabschriften) durch eine Behörde (vgl. § 34 Abs. 1, 2 Nr. 2, Abs. 4 VwVfG) genügt der gesetzlichen Form des § 129 BGB nicht. Eine solche amtliche Beglaubigung hat nur Beweiskraft für Verwaltungszwecke.[15]

68 Öffentlicher Beglaubigung bedürfen Anmeldungen zum Vereinsregister (§ 77 BGB) und Anträge auf Eintragung in das Güterrechtsregister (§ 1560 BGB). Die Beglaubigung kommt im Familienrecht z.b. noch bei Namensänderungen vor (§ 1355 BGB). Als Beglaubigungsstelle fungiert dann der Standesbeamte (§ 15c Abs. 1 PStG).

V. Notarielle Beurkundung (§ 128 BGB)

69 Die notarielle Beurkundung ist gegenüber Schriftform und öffentlicher Beglaubigung, die sie ersetzt (§§ 126 Abs. 4, 129 Abs. 2 BGB), ein noch stärkeres Formerfordernis. Es handelt sich um ein im Beurkundungsgesetz (§§ 6 ff. BeurkG) geregeltes Verfahren der freiwilligen Gerichtsbarkeit. Hier bezeugt der Notar, dass die in der Urkunde genannte Person vor ihm eine Erklärung mit dem beurkundeten Inhalt abgeben hat.

70 Die notarielle Beurkundung von Verträgen ist in verschiedenen gesetzlichen Vorschriften vorgesehen bzw. vorgeschrieben, z.B. für Grundstückskaufverträge (§ 311b Abs. 1 BGB), für das Schenkungsversprechen (§ 518 BGB), für Rechtsgeschäfte, die die Übertragung des Eigentums an einem Grundstück, die Belastung eines Grundstücks mit einem Recht[16] oder die Übertragung eines solchen Rechts zum Inhalt haben (§ 873 Abs. 2 BGB), für den Erbvertrag (§ 2276 BGB), sowie den Erbverzichtsvertrag (§ 2348 BGB).

71 Die notarielle Beurkundung hat bei Verträgen den Vorteil, dass Angebot und Annahme zeitlich versetzt – auch durch verschiedene Notare – erfolgen kann. Dies gilt jedoch nur insoweit, als der Gesetzgeber nicht, wie beim Erbvertrag, gleichzeitige Anwesenheit der Vertragschließenden vorschreibt (§ 2276 BGB).

VI. Rechtsfolgen bei Nichteinhaltung der vorgeschriebenen Form

72 Ist eine gesetzlich vorgeschriebene Form nicht eingehalten, so ist das Rechtsgeschäft nichtig (§ 125 Satz 1 BGB). Die angestrebten Rechtsfolgen treten nicht ein. Im Zweifel gilt das auch beim Fehlen einer vereinbarten Form (§ 125 Satz 2 BGB). Zuweilen sieht das Gesetz eine Heilung der Formnichtigkeit vor, wodurch der formbedürftige Rechtsakt wirksam wird.

▶ Beispiele:

73 § 518 Abs. 2 BGB – Heilung durch Erfüllung des Schenkungsversprechens; § 766 Satz 2 BGB – Heilung durch Zahlung des Bürgen; § 311 Abs. 1 Satz 2 BGB beim

---

15 Vgl. §§ 63, 65 BeurkG.
16 Hypothek, Grundschuld, Nießbrauch.

Grundstückskaufvertrag – Heilung durch Auflassung und Eigentumseintragung im Grundbuch.

Nichtigkeit als Rechtsfolge der Formverletzung wird in der Rechtsprechung durch den **74** Grundsatz von Treu und Glauben (§ 242 BGB) eingeschränkt. Der Vertrag wird in Fällen als formgerecht angesehen, wenn die Nichtigkeit zu »schlechthin untragbaren Ergebnissen führen würde«.[17] Das wird bei Vorliegen einer besonders schweren Treuepflichtverletzung oder Gefährdung der Existenz des Vertragspartners angenommen.[18]

---

17 BGHZ 48, 398; 85, 318 f; 138, 348; BGH NJW 98, 3060.
18 BGHZ 92, 172.

Kapitel 7 Ausgewählte Verträge

Literatur

Brox/Walker, Allgemeines Schuldrecht, 40. Aufl., München 2016; *Brox/Walker*, Besonderes Schuldrecht, 40. Aufl., München 2016; *Jauernig*, Bürgerliches Gesetzbuch, 16. Aufl., München 2015; *Klunzinger*, Einführung in das Bürgerliche Recht, 16. Aufl., München 2013; *Palandt*, Bürgerliches Gesetzbuch, 75. Aufl., München 2016.

A. Einführung und Praxisrelevanz

1 Im Geschäftsleben gehört der Abschluss von Verträgen zum Tagesgeschäft. In diesem Kapitel werden die in der Praxis am häufigsten vorkommenden Vertragstypen skizziert. Das sind Kauf-, Miet-, Leasing-, Dienst-, Werk- und Darlehensverträge. Rechtssystematisch finden sich die Regeln für diese Vertragsformen im BGB unter dem Titel »**Recht der Schuldverhältnisse**« in den §§ **433 bis 676h BGB**. Aus Platzgründen wurde darauf verzichtet, auf spezielle Verträge, wie Berufsausbildungs-, Behandlungs- oder Betreuungsverträge einzugehen.

2 Öffentliche und freie Träger sozialer Leistungen sind ebenso wie Wirtschaftsunternehmen und Privatleute in den Wirtschaftskreislauf eingebunden. Sie kaufen Waren, schließen Mietverträge als Mieter oder Vermieter, leasen Fahrzeuge oder andere hochwertige Güter, beauftragen Handwerker oder schließen Dienstverträge ab. Um liquide zu bleiben, nehmen sie Kredite auf. Zunehmend werden Waren online angeboten und gekauft (E-Commerce). Privatleute werden durch Verbraucherschutzvorschriften (§§ 312b ff. BGB) vor Missbrauch (nur unzureichend) geschützt. Für Mitarbeiter wie für Führungskräfte ist Vertragsrecht unverzichtbares Handwerkszeug, um im Tagesgeschäft zu bestehen.

B. Kauf

3 Die größte Praxisrelevanz haben wohl auch in sozialen Arbeitsfeldern Kaufverträge. Ob der Fuhrpark eines Wohlfahrtsverbandes durch den Kauf von PKWs erweitert wird, eine Kita Spielgeräte kauft, oder die Büroeinrichtung einer Behörde durch Neuanschaffungen modernisiert wird, in jedem Fall werden Kaufverträge abgeschlossen. Die häufigsten Probleme, die dabei auftreten können, sind mangelhafte Lieferungen, verspätete Vertragserfüllung oder gestörte Kommunikation zwischen Käufer und Verkäufer. Es lohnt sich zu wissen, welche Gewährleistungsansprüche bestehen oder wie Schadensersatz wegen verspäteter oder mangelhafter Lieferung realisiert werden kann.

I. Pflichten der Vertragsparteien

4 Ein Kauf wird als Austausch von Sachen oder Rechten gegen Geld definiert. Die Bestimmungen des **Kaufvertragsrechts** finden sich in den §§ **433 bis 479 BGB**.

Ein Kaufvertrag ist ein gegenseitiger Vertrag. Gegenstand eines Kaufvertrages können   5
Sachen sein (auch Grundstücke, § 90 BGB), aber auch Rechte (z.b. ein Patentrecht
oder ein Gesellschaftsanteil, § 453 BGB).

Die Pflichten des Verkäufers bestehen beim Sachkauf darin, dem Käufer Besitz und   6
Eigentum an der verkauften Sache zu verschaffen (§ 433 Abs. 1 BGB). Beim Verkauf
von Grundstücken (auch Eigentumswohnungen oder Reihenhäuser) werden Übergabe und Übereignung durch Auflassung[1] und Eintragung (§§ 873, 925 BGB) vorgenommen. Weiterhin ist der Verkäufer verpflichtet, dem Käufer den Kaufgegenstand
frei von Sach- und Rechtsmängeln zu verschaffen (§ 433 Abs. 1 Satz 2 BGB).

Pflichten des Käufers sind im Wesentlichen die Zahlung des Kaufpreises sowie die
Abnahme der verkauften Sache (§ 433 Abs. 2 BGB).

▶ **Beispiel:**

> Vergangene Woche hat Alfred in seiner Stammkneipe seinen altersschwachen   7
> und lädierten 15 Jahre alten Benz 200 D zu einem symbolischen Betrag von 1 €
> angeboten. Günter schlägt unter Zeugen ein. Als Alfred anbietet, den Benz bei
> Günter vorbei zu bringen, will dieser von dem Geschäft nichts mehr wissen. Da
> ein echter Kaufvertrag zustande gekommen ist, muss Günter auch das schrottreife
> Gefährt abnehmen (Nebenpflicht des Käufers).

Juristen legen großen Wert darauf, beim Kauf zwischen Verpflichtungs- und Verfü-   8
gungsgeschäft zu unterscheiden (**Abstraktionsprinzip**, s. Kap. 6 Rdn. 11 ff.). Mit
Abschluss des Kaufvertrages erwirbt der Käufer noch kein Eigentum. Erst mit der
Übergabe und Übereignung des Kaufgegenstandes (Verfügungsgeschäft) wird der
Kaufvertrag erfüllt.

▶ **Beispiel:**

> Bei einem ganz alltäglichen Kauf einer Zeitschrift an der Tankstelle kommen   9
> demnach drei Verträge zustande:
> – ein Kaufvertrag (§ 433 BGB);
> – die Übereignung der Zeitschrift (§ 929 BGB);
> – die Übereignung des Geldes (§ 929 BGB).

II. Mängelhaftung

Nicht selten streiten Käufer und Verkäufer darüber, ob der Kaufgegenstand mangel-   10
haft, fehlerhaft oder gebrauchstauglich ist. Ist es doch gesetzlich fixierte Pflicht des
Verkäufers, dem Käufer die gekaufte Ware **frei von Sach- und Rechtsmängeln** zu verschaffen (§ 433 Abs. 1 Satz 2 BGB). Bei Lieferung mangelhafter Waren kann der
Käufer sog. **Gewährleistungsansprüche**, z.B. Nachbesserung, Minderung oder Schadensersatz geltend machen.

---

1 Auflassung ist die notariell beurkundete Einigung über den Eigentumsübergang eines
Grundstücks.

1. Sach- und Rechtsmängel

11   Mit der Reform des Schuldrechts (2002) hat der Gesetzgeber die Begriffe **Sachmangel** (§ 434 BGB) und **Rechtsmangel** (§ 435 BGB) näher definiert.

12   Es lassen sich verschiedene Kategorien des **Sachmangels** (§ 434 BGB) ableiten:
 - Die Istbeschaffenheit weicht von der vereinbarten Sollbeschaffenheit ab;
 - die Sache eignet sich nicht zu dem vertraglich vorausgesetzten Zweck;
 - der Kaufgegenstand eignet sich nicht zur gewöhnlichen Verwendung oder weist nicht die übliche Beschaffenheit auf (Normabweichung); hierbei sind Werbeangaben ebenfalls relevant;
 - fehlerhafte Montage;
 - fehlerhafte Montageanleitung (sog. IKEA-Klausel);
 - Lieferung einer anderen Sache (sog. aliud);
 - Lieferung einer zu geringen Menge.

Paragraf 434 BGB lesen!

▶ Beispiel:

13   Frau Turek hat beim Versandhaus Quaxx eine Waschmaschine der Marke Quaxx Ecomat 1200 bestellt. Nach Lieferung und Montage durch den Kundendienst stellt sich heraus, dass die Waschmaschine beim Schleudern unrund läuft und dadurch ungewöhnlich laut ist (Normabweichung – § 434 Abs. 1 Satz 2 Nr. 2 BGB) und Wasser aus der Dichtung des Schlauchanschlusses austritt (fehlerhafte Montage – § 434 Abs. 2 Satz 1 BGB). Außerdem wird nachträglich in einem neuen Heft der Stiftung Warentest veröffentlicht, dass die im Prospekt angegebene Schleuderleistung von 1200 Umdrehungen/Minute um ca. 300 Umdrehungen/Minute unterschritten wird (Abweichung von der Sollbeschaffenheit (§ 434 Abs. 1 Satz 1 BGB). Frau Turek kann Nacherfüllung oder Minderung des Kaufpreises verlangen oder vom Vertrag zurücktreten (§ 437 BGB).

14   Den Begriff **Rechtsmangel** (§ 435 BGB) hat der Gesetzgeber positiv umschrieben. Eine Sache ist frei von Rechtsmängeln, wenn sie nicht oder nur im vertraglich vereinbarten Umfang durch Rechte Dritter belastet ist.

▶ Beispiel:

15   Ein Filmhändler verkauft die Lizenz für einen neuen Spielfilm aus Hollywood an einen Privatsender. In Wahrheit liegen die Urheberrechte jedoch noch beim Produzenten (Rechtsmangel).

2. Rechte des Käufers bei Mängeln

16   Bei einem mangelhaften Kaufgegenstand stehen dem Käufer diverse Rechtspositionen zur Verfügung, die in den §§ 437 ff. BGB aufgeführt sind. Es sind:
 - Nacherfüllung (§§ 437 Nr. 1, 439 BGB);
 - Rücktritt vom Kaufvertrag (§§ 437 Nr. 2, 440, 323, 326 Abs. 5 BGB);
 - Minderung des Kaufpreises (§§ 437 Nr. 2, 441 BGB);

– Schadensersatz (§§ 437 Nr. 3, 440, 280, 281, 283, 311a BGB) oder
– Aufwendungsersatz (§§ 437 Nr. 3, 284 BGB).

Als **Nacherfüllung** kann der Käufer wahlweise die Beseitigung des Mangels (Nachbesserung) oder Lieferung einer mangelfreien Sache (Nachlieferung) verlangen (§ 439 BGB).

Beim **Rücktritt vom Vertrag** ist grds. eine Fristsetzung erforderlich (§ 323 Abs. 1 BGB).

Auch bei der **Minderung des Kaufpreises** muss der Käufer zunächst dem Verkäufer   17
ohne Erfolg eine Frist zur Nacherfüllung gesetzt haben. Die Minderungsabsicht ist gegenüber dem Verkäufer zu erklären (§ 441 BGB). Die Höhe der Minderung ergibt sich aus dem Verhältnis des Kaufpreises, »in welchem zur Zeit des Vertragsschlusses der Wert der Sache in mangelfreiem Zustand zu dem wirklichen Wert gestanden haben würde« (§ 441 Abs. 3 BGB).

Allgemein wird der geminderte Kaufpreis nach folgender Formel ermittelt[2]:

$$\text{geminderter Preis (X)} = \frac{\text{Wert mit Mangel x vereinbarter Kaufpreis}}{\text{Wert ohne Mangel}}$$

▶ **Beispiel:**

Frau Turek hat die Waschmaschine Quaxx Ecomat 1200, deren Schleuderleistung   18
geringer als angegeben war, zu einem Sonderpreis von 400 € gekauft. Ein Gutachter stellt fest, dass der Wert der Waschmaschine mit Mangel 300 €, ihr Marktwert ohne Mangel jedoch 500 € betrage.

Der zu zahlende Betrag (geminderter Preis) aufgrund des Gutachtens errechnet sich nach der Minderungsformel folgendermaßen:

$$X = \frac{300 \times 400}{500} = 240,-€$$

Frau Turek ist nach dieser Formel besser gestellt, als wenn man von ihr den tatsäch-   19
lichen Wert der Waschmaschine mit Mangel (300 €) verlangen würde. Sie hat bei Kaufabschluss einen Preisvorteil gehabt (400 € statt 500 €). Dieser Preisvorteil wird durch die Formel relativ an den Kunden weitergegeben.

3. Verjährung

Mit Einführung der Schuldrechtsreform wurden die Verjährungsfristen deutlich ver-   20
längert. Die Gewährleistungsansprüche des Käufers (Nacherfüllung, Schadensersatz, Aufwendungsersatz) verjähren grds. in 2 Jahren (§ 438 Abs. 1 Nr. 3 BGB).

Es gibt drei Ausnahmen: 21

---

2 *Klunzinger*, S. 398; *Brox/Walker*, Besonderes Schuldrecht, § 4, Rz. 71.

- Mängel an einem Bauwerk – fünf Jahre (§ 438 Abs. 1 Nr. 2 BGB);
- Mängel an einem dinglichen Recht, das zur Herausgabe berechtigt oder an einem im Grundbuch eingetragenen Recht – 30 Jahre (§ 438 Abs. 1 Nr. 1 BGB);
- Mängel, die der Verkäufer arglistig verschwiegen hat – drei Jahre (§ 438 Abs. 3 BGB).

22   Rücktritt und Minderung sind ausgeschlossen, wenn der Anspruch auf Leistung oder Nacherfüllung verjährt ist (zwei Jahre) und der Verkäufer sich darauf beruft (§ 438 Abs. 4, 5 BGB).[3]

III. Besondere Kaufverträge

23   Das Ökonomiemodell westlicher Industrienationen ist auf kontinuierliches Wirtschaftswachstum ausgerichtet. Motor ist die stetige Steigerung des Konsums. Um Umsätze anzukurbeln, werden Verbraucher angeregt, Gebrauchs- oder Luxusgegenstände gegen Ratenzahlung zu kaufen. »Heute kaufen – morgen zahlen« lautet die Devise. Um sich gegenüber säumigen Schuldnern abzusichern, wurde das Instrument des »**Kaufs unter Eigentumsvorbehalt**« (§ 449 BGB) entwickelt.

24   Der Käufer kann die Ware benutzen (PKW, Fernseher, Küchenzeile), ohne sie gleich vollständig zahlen zu müssen. Beim Kauf unter Eigentumsvorbehalt bleibt der Verkäufer Eigentümer der Sache, bis der Kaufpreis vollständig beglichen ist (§ 449 Abs. 1 BGB). Ihm ist somit ein dingliches Recht eingeräumt, das ihm als »Kreditsicherung« dient.

25   Verbraucher, die **Haustürgeschäfte** oder **Fernabsatzverträge** abschließen, sind aus verschiedenen Gründen besonders schutzwürdig. Entsprechende Schutznormen wurden im Jahr 2002 in das BGB integriert (§§ 312 bis 312f BGB).

26   Bei sog. **Haustürgeschäften** hat der Verbraucher ein Recht zum Widerruf des Vertrages innerhalb von 14 Tagen (§§ 312, 355 BGB). Das wird z.B. relevant bei Abschluss eines Zeitschriftenabonnements während eines Vertreterbesuchs.

IV. Online-Verträge

27   Sog. **Fernabsatzverträge** oder **Verträge im elektronischen Geschäftsverkehr** kommen entweder über den Versandhandel oder über das Internet zustande. Da der Verbraucher keine Möglichkeit hat, die Waren bei Vertragsschluss zu besichtigen, werden dem Verkäufer bestimmte Informationspflichten auferlegt. Außerdem können Übertragungsfehler auftreten. Dem Verbraucher wird ein Widerrufs- und Rückgaberecht eingeräumt (§§ 312b bis 312f BGB).

28   Bei Online-Verträgen besteht die Gefahr, dass der Verbraucher impulsiv handelt, von brillanten Fotos geblendet wird oder versehentlich falsche Eingaben vornimmt. Der Unternehmer ist gehalten, dem Kunden bei Vertragsschluss gesetzlich definierte

---

3 *Brox/Walker*, Besonderes Schuldrecht, § 4, Rz. 132.

Informationen zur Verfügung zu stellen. Der Katalog der Informationspflichten ist etwas versteckt in EGBGB Art. 246, §§ 1 u. 2 aufgeführt. Dazu gehören etwa die Anschrift des Unternehmens, die Mindestlaufzeit des Vertrages, zusätzliche Versand-kosten, Zahlungs- und Liefermodalitäten oder die Widerrufsbelehrung. Den Zugang der Bestellung hat er dem Verbraucher unverzüglich online zu bestätigen. Weiterhin muss er dem Kunden die Vertragsbestimmungen sowie die Allgemeinen Geschäftsbe-dingungen zugänglich machen (§ 312g Abs. 1 Satz 1 BGB).

Das **Widerrufsrecht** will den Verbraucher vor unüberlegten und vorschnellen Ent- 29
scheidungen schützen. Die Widerrufsfrist beträgt grundsätzlich 14 Tage (§ 312d i.V.m. § 355 BGB). Diese Frist beginnt erst zu laufen, wenn dem Verbraucher eine Belehrung über das Widerrufsrecht in Textform zugegangen ist. Der Kunde widerruft den Vertrag, indem er entweder die Ware zurücksendet oder den Widerruf in Text-form erklärt (§ 355 Abs. 1 Satz 2 BGB).

C. Miete

Mietverhältnisse sind ein elementarer Bestandteil unseres Wirtschaftslebens. Der 30
überwiegende Teil der Bundesbürger wohnt zur Miete. Neben dem Arbeitsplatz ist die Wohnung Lebensmittelpunkt. Für den Mieter ist sie existenzielle Notwendigkeit, für den Vermieter Geldanlage und Einnahmequelle. Konflikte sind an der Tagesord-nung. Aber auch zahlreiche Betriebe und soziale Organisationen sind auf gemietete Geschäftsräume angewiesen.

Für alle Mietverträge gilt das im BGB geregelte **Mietrecht (§§ 535 bis 580a BGB)**.

▶ **Definition:**

Ein Mietvertrag ist ein gegenseitiger Vertrag, der auf zeitweilige Überlassung des Gebrauchs einer Sache gegen Zahlung des Mietzinses gerichtet ist.[4]

Er kann über Grundstücke, Räume sowie bewegliche Sachen abgeschlossen werden. 31
Auch Sachgesamtheiten (z.B. eine möblierte Wohnung) oder Teile einer Sache (z.B. die Reklamefläche einer Straßenbahn) können Gegenstand eines Mietverhältnisses sein.[5]

Mit der **Mietrechtsreform**, die 2001 in Kraft getreten ist, hat der Gesetzgeber das Miet- 32
recht neu gestaltet und strukturiert. Die Systematik stellt sich folgendermaßen dar:
- Allgemeine Vorschriften (§§ 535 bis 548 BGB)
  - gelten für alle Mietverhältnisse;
- Vorschriften für Wohnraummiete (§§ 549 bis 577a BGB)
  - soziales Mietrecht für Wohnräume;
- Sonderregelungen für andere Mietverhältnisse (§§ 578 bis 580a BGB)
  - gilt für Grundstücke, Geschäftsräume, Schiffe und bewegliche Sachen.

---

4 Vgl. *Brox/Walker*, Besonderes Schuldrecht, § 10, Rz. 2.
5 *Jauernig/Teichmann*, BGB Kommentar, Vor. § 535 Rz. 1.

33 Sozialarbeiter und Sozialpädagogen werden sich in der Einzelfallberatung ihrer Klienten am Häufigsten mit **Mietverhältnissen über Wohnraum** auseinandersetzen müssen. Das **soziale Mietrecht für Wohnräume** (§§ 549 bis 577a BGB) wurde der besonderen existenziellen Schutzbedürftigkeit der Mieter angepasst und ist Ausdruck der Sozialbindung des Eigentums (Art. 14 Abs. 2 GG). Eine Rolle spielte auch die bis vor wenigen Jahren vorhandene Wohnraumknappheit.

34 Ein Mietvertrag über Wohnräume, der für länger als ein Jahr abgeschlossen wird, bedarf der **Schriftform** (§ 550 BGB). In der Regel werden Formularmietverträge benutzt, die nicht gegen zwingende Vorschriften verstoßen dürfen.

35 Der Vermieter darf die Miete nur in dem gesetzlich vorgeschriebenen Rahmen erhöhen. Als Obergrenze wird die ortsübliche Vergleichsmiete herangezogen (§ 558 BGB). Bis zur **Mieterhöhung** muss die Miete mindestens 15 Monate stabil gewesen sein; außerdem darf die Mietanhebung innerhalb von drei Jahren nicht mehr als 20% betragen, in Gebieten mit Wohnraumknappheit 15% (§ 558 Abs. 3 BGB, sog. Kappungsgrenze).[6] Die Mietvertragsparteien können auch eine gestaffelte Miete (§ 557a BGB) oder eine Miete wählen, die sich an den Lebenshaltungsindex anpasst (Indexmiete – § 557b BGB).

36 Mit dem Mietrechtsnovellierungsgesetz von 2015 wurde neben der Kappungsgrenze eine sog. Mietpreisbremse für Gebiete mit angespanntem Wohnungsmarkt eingeführt. Diese liegt bei Neuabschluss eines Mietvertrages bei 10% über der ortsüblichen Vergleichsmiete (§ 556d BGB). Nach Medienberichten scheint der Versuch, den Wohnungsmarkt zu entspannen, jedoch leer zu laufen.

37 Eine weitere wichtige Mieterschutzvorschrift ist der Grundsatz »**Kauf bricht nicht Miete**« (§ 566 BGB). Beim Verkauf einer Wohnung tritt der neue Eigentümer an die Stelle des Vermieters in den bestehenden Mietvertrag mit allen Rechten und Pflichten.

38 Wesentlicher Bestandteil des sozialen Mietrechts sind ferner die **Kündigungsschutzvorschriften** (§§ 568 ff. BGB). Wegen der Komplexität des Mietrechts und der unüberschaubaren Rechtsprechung ist es in vielen Fällen angebracht, Rechtsrat beim Deutschen Mieterbund oder bei einem Rechtsanwalt einzuholen.

D. Leasing

39 Der Abschluss von Leasingverträgen kommt häufig bei Geschäftswagen oder hochwertigen Maschinen, PC-Anlagen oder Einrichtungsgegenständen zum Zuge. Leasingverträge ähneln Mietverträgen und sind gesetzlich nicht gesondert geregelt.

▶ Definition:

  Beim Leasingvertrag überlässt der Leasinggeber dem Leasingnehmer eine Sache
  gegen Zahlung von Leasingraten zum Gebrauch.

---

6 Verändert durch das Mietrechtsnovellierungsgesetz von 2015.

Meist bekommt der Leasingnehmer nach Ablauf einer bestimmten Zeit das Recht   **40**
eingeräumt, die geleaste Sache zum Restwert zu kaufen (Kaufoption). Im Unterschied
zum Mietvertrag wird die Haftung für Instandsetzung, Sachmängel, Beschädigung
oder Untergang der Sache auf den Leasingnehmer verlagert.

E. Dienst- und Arbeitsvertrag

In der modernen Dienstleistungsgesellschaft wird ein unübersehbares Spektrum   **41**
von Leistungen dienstvertraglich erfasst. In sozialen Arbeitsfeldern reicht die Palette
von der ambulanten Altenpflege über die Familienberatung durch freie Wohlfahrtsverbände bis hin zur therapeutischen Betreuung verhaltensauffälliger Kinder. Auch
Arbeitsverhältnisse in abhängiger Beschäftigung sind eine Form des Dienstverhältnis-
ses. Dienstverträge können auf einmalige Leistungen oder auf Zeit angelegt sein. In
ihnen kann auch die Verpflichtung zu wiederholten Leistungen begründet werden.

Das **Dienstvertragsrecht** ist im BGB in den **§§ 611 bis 630 BGB** geregelt.

▶ **Definition:**

**Ein Dienstvertrag ist ein gegenseitiger Austauschvertrag, der zur Leistung von
Diensten gegen Entgelt verpflichtet.**[7]

Im Dienstvertragsrecht wird die Unterscheidung getroffen, ob der Vertrag zu   **42**
– selbstständiger, unabhängiger und eigenständiger Tätigkeit verpflichtet
  – es gilt das Dienstvertragsrecht (§§ 611 bis 630 BGB) oder zu
– unselbstständiger, abhängiger und weisungsgebundener Tätigkeit verpflichtet;
  – es gilt zusätzlich das Arbeitsrecht.

Bei letzterem Vertragstyp wird ein **Arbeitsverhältnis** begründet. Kriterien für das   **43**
Bestehen eines Arbeitsverhältnisses können sein:
– Weisungsabhängigkeit hinsichtlich Zeit, Ort und Inhalt der Dienstleistung;
– hohes Maß wirtschaftlicher Abhängigkeit des Dienstverpflichteten;
– Eingliederung in den Betrieb des Vertragspartners.

▶ **Beispiel:**

Eine Psychologin führt in einer Gemeinschaftspraxis, die partnerschaftlich   **44**
organisiert ist, Psychotherapiesitzungen durch. Mit den Patienten kommen »*freie
Dienstverträge*« zustande.

Dieselbe Psychologin ist noch in einem Krankenhaus mit Halbzeitstelle zur Diag-
nose von Psychiatriepatienten angestellt. Dabei handelt es sich um ein abhängiges
Arbeitsverhältnis, auf das zusätzlich Arbeitsrecht anwendbar ist.

Unselbstständige Dienstverhältnisse unterliegen dem **Arbeitsrecht**, für das es keine   **45**
geschlossene Kodifikation, sondern Einzelgesetze gibt. Es wird aufgeteilt in:
– Kollektivarbeitsrecht

---

7 S. *Jauernig/Schlechtriem*, BGB Kommentar, Vor § 611 Rz. 1.

(Arbeitskampf-, Koalitions-, Tarifvertrags-, Betriebsverfassungs- und Mitbestimmungsrecht)
- Individualarbeitsrecht
  (die Ordnung individueller Arbeitsverhältnisse und Arbeitsschutz)

46 Zum **Arbeitnehmerschutz** zählen der Arbeitszeitschutz, Kündigungsschutzvorschriften, der Mutterschaftsschutz, Jugendschutzvorschriften und Sonderregelungen für Schwerbehinderte und Heimarbeiter (Näheres zum Arbeitsrecht siehe Kap. 20.

47 Beim **selbstständigen Dienstvertrag** wird nur die Tätigkeit als solche geschuldet. Der Vergütungsanspruch entsteht ohne Rücksicht darauf, ob ein bestimmter Erfolg eingetreten ist.

Beim **Werkvertrag** hingegen schuldet der Unternehmer das vereinbarte Ergebnis. Demzufolge wird nur der Erfolg vergütet.

▶ Beispiele:

48 Eine Krankengymnastin, ob angestellt oder in freier Praxis, erfüllt ihre Leistung gegenüber ihren Patienten, indem sie ihre Behandlungen fachgerecht durchführt. Sie ist für den Heilungserfolg als solchen nicht verantwortlich (Dienstvertrag).

Ein Arzt, der freiberuflich Gutachten zur Eingruppierung von pflegebedürftigen Menschen in Pflegestufen erstellt, schuldet seinem Auftraggeber, der Krankenkasse, ein bestimmtes Werk (Gutachten). Erst dann entsteht sein Vergütungsanspruch (Werkvertrag).

F. Werkvertrag

49 ▶ Definition:

Ein Werkvertrag ist ein gegenseitiger Vertrag, in dem sich ein Vertragspartner, genannt Unternehmer, zur Herstellung des versprochenen Werks und der andere, genannt Besteller, zur Entrichtung der vereinbarten Vergütung verpflichtet (§ 631 Abs. 1 BGB).

Ein Werkvertrag ist demzufolge, wie wir schon in Abgrenzung zum Dienstvertrag gesehen haben, auf ein bestimmtes Ergebnis, einen Erfolg gerichtet.

50 Werkverträge spielen nicht nur im Baugewerbe oder im Handwerk eine besondere Rolle, sondern auch freie Berufe können Werkverträge eingehen. Z.B. wird die Buchführung eines Unternehmens, wenn sie extern erfolgt, per Werkvertrag geregelt, eine Gebäudereinigungsfirma wird durch einen Werkvertrag beauftragt, oder es wird die Wartung der Telefon- oder Datenverarbeitungsanlage in einem Werkvertrag vereinbart.

Werkverträge sind grds. formfrei, doch können die Parteien die Einhaltung bestimmter Formen verabreden.

51 Ähnlich wie beim Kaufvertrag haftet der Unternehmer dem Besteller dafür, dass das Werk **frei von Sach- und Rechtsmängeln ist** (§ 633 Abs. 1 BGB). Bei mangelhafter

Ablieferung eines Werkes stehen dem Besteller **Gewährleistungsansprüche** zu, die im Wesentlichen darin bestehen, dass er Nacherfüllung (§§ 634 Nr. 1, 635 BGB), den Mangel selbst beseitigen und Aufwendungsersatz in Rechnung stellen kann (§§ 634 Nr. 2, 637 BGB), die Vergütung mindern (§§ 634 Nr. 3, 638 BGB), vom Vertrag zurücktreten oder Schadensersatz verlangen kann.

G. Kreditverträge

Die Überschuldung privater Haushalte in Deutschland ist ein dramatisches soziales   52 Problem. Es wird angenommen, dass mehr als drei Millionen Haushalte in Deutschland überschuldet sind.[8] Von einer **Überschuldung** spricht man, wenn nach Abzug der fixen Lebenshaltungskosten wie Miete, Strom, Versicherung etc. der verbleibende Rest des monatlichen Einkommens für die abzuzahlenden Raten nicht mehr ausreicht. Durch die Möglichkeit, sich seine Konsumwünsche ohne größeren Aufwand mithilfe der ec-Karte, der Kreditkarte oder über Ratenkredite zu erfüllen, geraten zahlreiche Verbraucher in die Abhängigkeit von Kreditinstituten. Die **Schuldnerberatung** ist zu einem wichtigen und sehr komplexen Arbeitsfeld der Sozialarbeit geworden.

Hinter einer Verschuldung verbergen sich meist unterschiedliche **Arten von**   53 **Kreditverträgen:**
- **Der Überziehungskredit**, wenn das Girokonto in einem abgesteckten Rahmen ins Minus gerät;
- **der Ratenkredit**, der in gleich bleibenden monatlichen Raten bei einem festen Zinssatz zurückgezahlt wird; der Ratenkredit wird in der Praxis auch unter der Produktbezeichnung Privatdarlehen, Anschaffungsdarlehen, Kaufkredit oder persönliches Darlehen angeboten. Er dient der Beschaffung von Konsumgütern wie PKWs, zur Finanzierung von Urlauben, der Anschaffung von Möbeln oder der Bestellung bei Versandhäusern.
- **der Kontokorrentkredit** ist dem Dispokredit ähnlich und bezieht sich nur auf Geschäftskonten;
- **der Rahmenkredit**, der variabel verzinst wird, und der mit einer Mindestrate getilgt werden muss, wobei das Kreditinstitut dem Kunden einen Höchstbetrag einräumt;
- **die Zahlung mit einer Kreditkarte**, wie Visa-, Master- oder Barclay-Card. Es entsteht automatisch ein Rahmenkredit, wenn das Kreditkartenkonto nicht innerhalb von vier Wochen ausgeglichen wird.[9]

I. Rechtsgrundlagen für Verbraucherdarlehen

Für Verbraucherdarlehen gelten bestimmte **Schutzvorschriften**, die in den §§ **491 ff.**   54 **BGB** geregelt sind. Mit der Europäischen Verbraucherkreditrichtlinie wird ein

---

8 Material des Bundesministeriums für Familie, Senioren, Frauen und Jugend; www.bmfsfj.de.
9 Vgl. Stiftung Integrationshilfe für ehemals Drogenabhängige (Hrsg.), Praxishandbuch Schuldnerberatung, Neuwied, Loseblattsammlung, Kapitel 4, S. 113.

transparenter und einheitlicher Kreditmarkt in den EU-Mitgliedstaaten angestrebt. Die Umsetzung erfolgte in Deutschland im Jahr 2010. Die Vorschriften erhöhen vor allem den Schutz des Verbrauchers (Kreditnehmers) durch vorvertragliche Informationspflichten und anzuwendende Musterverträge, die fest definierte Angaben zum Kreditvertrag enthalten (§ 491a BGB, EGBGB Art. 247).

▶ **Definition:**

Ein Verbraucherdarlehen ist ein entgeltlicher Kredit, der einem Verbraucher (§ 13 BGB) von einem Unternehmer (§ 14 BGB) gewährt wird.

55 Von den Kreditschutzvorschriften erfasst sind somit alle Raten-, Rahmen-, Überziehungs- und Dispokredite sowie Zahlungen mit der Kreditkarte. Zu den Verbrauchern zählen auch Existenzgründer (§ 507 BGB).

56 Nicht unter die Schutzvorschriften fallen:
  – Bagatelldarlehen unter 200 € (§ 491 Abs. 2 Nr. 1 BGB);
  – Arbeitgeberdarlehen, die günstiger als der Marktzins sind (§ 491 Abs. 2 Nr.4 BGB);
  – Förderdarlehensverträge der Öffentlichen Hand (§ 491 Abs. 2 Nr. 5 BGB);
  – Darlehen, die innerhalb von drei Monaten zurückzuzahlen sind (§ 491 Abs. 2 Nr. 3 BGB).

57 Kern der **Verbraucherschutzvorschriften** (§§ 492, 494 BGB) ist die Forderung, bestimmte Formvorschriften einzuhalten. Dies dient der Identifizierbarkeit und Vergleichbarkeit des Kreditvertrages. Alle Verbraucherkreditgeschäfte müssen schriftlich abgeschlossen werden (Schriftform; § 492 Abs. 1 Satz 1 BGB). Ein Verbraucherdarlehen muss unter anderem folgende Angaben enthalten (§ 492 Abs. 2BGB, EGBGB Art. 247):
  – Art des Darlehens;
  – effektiver Jahreszins;
  – Nettodarlehensbetrag;
  – Sollzinssatz;
  – Vertragslaufzeit;
  – Betrag, Anzahl und Fälligkeit der Raten;
  – sämtliche Kosten;
  – Gesamtbetrag etc.

58 Werden diese Formvorschriften nicht eingehalten, hat dies nicht etwa als Normalfall die Nichtigkeit des Vertrages zur Folge. Dies gilt vielmehr nur dann, wenn der Darlehensnehmer das Darlehen gar nicht in Anspruch genommen hat (§ 494 Abs. 1 BGB).

59 Wurde das Darlehen ausgezahlt, bevor die Formmängel festgestellt werden, hat die Nichteinhaltung der Formvorschriften zur Folge, dass sich die Zinsen auf den gesetzlichen Zinssatz von 4% (§ 246 BGB) reduzieren, wenn der Sollzinssatz, der Effektivzins und der Bruttokreditbetrag nicht angegeben sind (§ 494 Abs. 2 BGB). Nicht aufgeführte Kosten, wie Bearbeitungs- oder Vermittlergebühren werden nicht geschuldet. Ist der Effektivzins zu niedrig angegeben, muss die Höhe der fälschlich angegebenen

Effektivzinsen gezahlt werden, sofern diese niedriger als die errechneten Effektivzinsen sind (§ 494 Abs. 3 BGB).

▶ Beispiel:

Herr Kopper hat zur Finanzierung eines gebrauchten PKW bei der Alfi-Bank 60
in Bad Homburg einen Kredit über einen Nettodarlehensbetrag von 15.000 €
aufgenommen. In dem Kreditvertrag ist nur der Nominalzins mit 9% p.a.
angegeben, nicht jedoch der effektive Jahreszins. Wenn der Finanzierungsbetrag
ausgezahlt wird, hat der Verstoß gegen die Formvorschrift (§ 492 Abs. 2BGB,
EGBGB Art. 247 § 3 Abs. 1 Nr. 3) zur Folge, dass der Zinssatz nachträglich auf
den gesetzlichen Zinssatz von 4% (§ 494 Abs. 2, § 246 BGB) reduziert wird. Herr
Kopper hat einen Anspruch darauf, dass der Kredit zu den neuen Konditionen
berechnet wird und die Rückzahlungsraten somit verringert werden.

II. Wucherkredite

Das Problem weit überhöhter Kreditzinsen und belastender Konditionen hat die 61
Rechtsprechung in den 70er und 80er Jahren stark beschäftigt. Insbesondere Teil-
zahlungsbanken haben Kredite zu doppelt oder dreifach so hohen Zinsen vergeben
wie Geschäftsbanken. Neben die überhöhten Zinsen traten zusätzliche Zinskosten,
beispielsweise für Kreditvermittler oder teure Restschuldversicherungen. Verbraucher-
verbände haben sich in zahlreichen Fällen dafür stark gemacht, Darlehensverträge
gerichtlich überprüfen zu lassen, um damit günstigere Konditionen für die Kreditnehmer zu erlangen.

Der Bundesgerichtshof hat in gefestigter Rechtsprechung die Fallgruppe des sog. » 62
wucherähnlichen Rechtsgeschäfts« entwickelt. Rechtsgrundlage für die Überprüfung
des Darlehensvertrages ist § 138 BGB. Es wird ermittelt, inwieweit der Kreditvertrag
gegen die guten Sitten verstößt (**Sittenwidrigkeitsüberprüfung**).

Nach der **Rechtsprechung des BGH** ist ein **Darlehensvertrag sittenwidrig** und damit 63
nichtig, wenn folgende Voraussetzungen vorliegen:[10]

Es ist eine Gesamtwürdigung des Vertragsinhalts vorzunehmen;
- ein auffälliges Missverhältnis zwischen Leistung und Gegenleistung liegt dann vor,
  wenn der effektive Jahreszins des zu beurteilenden Kreditvertrages grds. mindestens doppelt so hoch ist wie der marktübliche Zinssatz;[11]
- grds. müssen neben das Missverhältnis zwischen Leistung und Gegenleistung
  noch weitere belastende Umstände hinzutreten, wie unzulässige Klauseln in den
  allgemeinen Geschäftsbedingungen, irreführende Kreditangaben oder eine falsche
  und den Kunden benachteiligende Beratung;[12]

---

10 BGH, NJW 1981, 1206.
11 BGH, NJW 1991, 835.
12 BGH, NJW 1987, 2220.

– der Kreditgeber muss die wirtschaftlich schwächere Lage des Kunden bewusst ausgenutzt haben (subjektives Tatbestandsmerkmal des § 138 Abs. 1 BGB). Dies wird jedoch bei objektiv sittenwidrigem Verhalten eines Kreditgebers vermutet, sodass es nunmehr an ihm liegt, den Nachweis zu führen, dass er die wirtschaftlich schwächere Lage des Kunden nicht ausgenutzt hat (Beweislastumkehr).

64 Kommt die Gesamtwürdigung des Kreditvertrages zu dem Ergebnis, dass der Vertrag gem. § 138 Abs. 1 BGB sittenwidrig und damit unwirksam ist, so ist der Kreditnehmer lediglich verpflichtet, an die Bank den Nettokredit (zuzüglich der Hälfte der Restschuldversicherung) zurückzuzahlen. Der Nettokredit ist aber nicht sofort in einer Summe, sondern nur in der vereinbarten Laufzeit mit entsprechend niedrigeren Monatsraten zurückzuzahlen.

Kapitel 8 Rechtliches Handeln mit Wirkung für andere

Literatur

Wie Kapitel 4 und 5.

A. Einführung und Praxisrelevanz

Ein reibungsloses Geschäftsleben würde nicht zustande kommen, wenn es nicht die 1
Möglichkeit gäbe, Aufgaben auf andere zu delegieren. Das gilt für Einzelpersonen
wie für Organisationen, Unternehmen und Wohlfahrtsverbände. Sie bedienen sich
eines Vertreters – nicht der Mann an der Türe, der einen Staubsauger verkaufen will –
sondern einer Person mit rechtlichen Befugnissen, wie ein Vormund, ein rechtlicher
Betreuer, ein gesetzlicher Vertreter eines Minderjährigen oder eines Prokuristen im
Wirtschaftsbereich. Es liegt auf der Hand, dass soziale Organisationen nicht ohne die
Rechtsfigur des Vertreters funktionieren würden.

B. Vertretung

Das Wesen der Vertretung[1] besteht in dem rechtsgeschäftlichen Handeln für eine 2
andere Person – dem Vertretenen – mit der Folge, dass die Rechtsfolgen unmittelbar
in der Person des Vertretenen eintreten.

In diesem Kapitel werden die gesetzliche und die Vertretung kraft gerichtlicher Bestellung gestreift, hingegen die rechtsgeschäftliche ausführlicher behandelt.

I. Gesetzlicher Vertreter

Die für den Sozialbereich wichtigste Vorschrift für gesetzliche Vertreter befindet sich 3
im Familienrecht. So sind die miteinander verheirateten Eltern im Regelfall gesetzliche
Vertreter ihrer Kinder (§ 1629 BGB) »Die elterliche Sorge umfasst die Vertretung
des Kindes«. Beide Elternteile vertreten das Kind gemeinschaftlich (Gesamtvertre-
tung). Sind die Eltern zum Zeitpunkt der Geburt nicht miteinander verheiratet, steht
ihnen die elterliche Sorge – und damit das gemeinschaftliche Vertretungsrecht – dann
gemeinsam zu, wenn sie eine Sorgeerklärung abgeben, einander heiraten oder ihnen
das Familiengericht die gemeinsame Sorge überträgt (§ 1626a Abs. 1 BGB). Trifft keine
dieser Optionen zu, hat die Mutter die alleinige elterliche Sorge und damit das Vertretungsrecht (§ 1626a Abs. 3 BGB). Näheres im Kap. 12 Rdn. 69 ff. »Familienrecht«.

II. Vertreter durch gerichtliche Bestellung

Zur Vertretung durch gerichtliche Bestellung gehören: 4

---

1 Dieser Begriff hat mit der kaufmännischen Berufsbezeichnung eines Generalvertreters oder
   eines Handelsvertreters (§§ 84 bis 92c HGB) nichts zu tun.

- Der Vormund für minderjährige Personen,
- die rechtliche Betreuung für volljährige Personen,
- die Pflegschaft, insb. auch der Verfahrenspfleger für das minderjährige Kind und
- die Beistandschaft.

Näheres im Kapitel 12 »Familienrecht«.

III. Die rechtsgeschäftliche Vertretung

1. Die Vollmacht

5 Die rechtsgeschäftliche Vertretung beruht auf einer **Vollmacht**, der »durch Rechtsgeschäft erteilten Vertretungsmacht« (§ 166 Abs. 2 Satz 1 BGB). Der Vollmachtgeber verleiht die Vertretungsbefugnis durch einseitige empfangsbedürftige Willenserklärung entweder gegenüber dem Vollmachtnehmer (interne Bevollmächtigung oder auch Innenvollmacht genannt) oder im Wege der Mitteilung an einen Dritten, dem gegenüber die Vertretung erfolgen soll (externe Bevollmächtigung oder auch Außenvollmacht genannt) (§ 167 Abs. 1 BGB). Die Erteilung der Vollmacht ist nicht an eine bestimmte Form gebunden. Meist wird im Geschäftsverkehr zum Nachweis der tatsächlich erteilten Vollmacht ihre schriftliche Fixierung verlangt.

6 Die erteilte Vertretungsmacht wird – je nach ihrem Zweck – von unterschiedlichem Umfang sein; sie kann von einem einzelnen Geschäft – dann spricht man von einer Spezialvollmacht – bis zu einer umfassenden Vollmacht, einer Generalvollmacht, reichen. Der Vertreter ist nicht nur im Außenverhältnis zum Handeln für den Vollmachtgeber berechtigt, sondern meistens auch intern aufgrund eines Geschäftsbesorgungsverhältnisses dazu verpflichtet. Der Vollmachtgeber kann Weisungen erteilen (§ 166 BGB), bleibt aber auch selbst im Außenverhältnis handlungsbefugt. Die Vollmacht als solche – also die rechtliche Vertretungsbefugnis im Außenverhältnis – ist abstrakt, d.h. von dem zugrunde liegenden Rechtsverhältnis, etwa einem Auftrag, Geschäftsbesorgungsvertrag oder einem Dienstvertrag getrennt zu sehen und von ihm unabhängig.[2]

2. Das Wesen der Vertretung (§§ 164–166 BGB)

7 Vertretung liegt vor, wenn ein Vertreter im Rahmen der ihm zustehenden Vertretungsmacht rechtsgeschäftlich oder geschäftsähnlich[3] eine Erklärung abgibt oder empfängt. Geregelt im Gesetz ist nur die »offene« Vertretung, bei der die eigene Erklärung des Vertreters oder die Umstände ergeben, dass im Namen des Vertretenen gehandelt wird.

8 Bei der ärztlichen Versorgung spielt die Vertretung des Kranken eine zentrale Rolle. Wird ein minderjähriges Kind medizinisch behandelt, wird der Behandlungsvertrag

---

2 Vgl. *Palandt/Ellenberger*, vor § 164, Rz. 3.
3 Bei geschäftsähnlichen Handlungen handelt es sich um Erklärungen – Willensäußerungen –, die sich auf einen tatsächlichen Erfolg richten und deren Rechtsfolgen kraft Gesetzes eintreten, dazu gehören Mahnungen, Fristsetzungen, Erteilung von Rechnungen.

mit den vertretungsberechtigten Eltern abgeschlossen. Für Ehepartner empfiehlt es sich, sich gegenseitig mit einer Patientenvollmacht auszustatten, damit im Zweifel der Partner den Willen des Kranken durchsetzen kann.

Alle Wirkungen des Vertreterhandelns mit Vertretungsmacht treffen unmittelbar den   9 Vertretenen; nur er wird berechtigt und verpflichtet. Darum kann ein beschränkt Geschäftsfähiger (§§ 114 bis 116 BGB) auch Vertreter sein, und zwar ohne dass sein gesetzlicher Vertreter zustimmen müsste; denn dem in der Geschäftsfähigkeit beschränkten Minderjährigen kann kein rechtlicher Nachteil erwachsen, ja, er haftet nicht einmal, wenn ihm die Vollmacht fehlt, er also als Vertreter ohne Vertretungsmacht handelt, z.b. weil er die ihm erteilte Vertretungsmacht überschritten hat (§ 179 Abs. 3 Satz 2 BGB). Ergibt sich aber aus dem Zusammenhang nicht erkennbar ein Handeln »im Namen des Vertretenen«, so muss auch der beschränkt Geschäftsfähige das geschlossene Rechtsgeschäft als sein eigenes gelten lassen (§ 164 Abs. 2 BGB) und unter Umständen daraus haften; doch weil es ihm dann »nicht lediglich einen rechtlichen Vorteil« bringt, bleibt es unwirksam, falls der gesetzliche Vertreter seine Zustimmung nicht erteilt (§§ 107 ff. BGB).

3. Selbstkontrahieren

Es kann vorkommen, dass der Vertreter im Namen des Vertretenen mit sich selbst   10 ein Rechtsgeschäft vornimmt; dann spricht man von einem **Insichgeschäft (sog. Selbstkontrahieren)**. In solchen Fällen entsteht ein Interessenkonflikt und mit ihm die Gefahr, dass der Vertreter den Konflikt zu seinen eigenen Gunsten löst. Eine vergleichbare Lage kann bei der gleichzeitigen Vertretung mehrerer Personen eintreten, wenn jemand bei einem etwa zwischen zwei Personen zu schließenden Vertrag beide Seiten vertritt. Solche Insichgeschäfte, die durch Personenidentität und Interessenkollision gekennzeichnet sind, verbietet § 181 BGB grundsätzlich, um das Vermögen des Vertretenen zu schützen. Dem Vertreter soll es nicht möglich sein, einen Interessenkonflikt zum Schaden des Vertretenen auszunutzen; ihm fehlt es insoweit an einer Vertretungsmacht. Doch kann der Vertretene einen unter Verstoß gegen § 181 BGB geschlossenen Vertrag genehmigen (§ 177 Abs. 1 BGB) und damit wirksam machen. Es ist aber auch ein Verzicht auf die Beschränkungen des § 181 BGB durch eine bei der Erteilung der Vollmacht abzugebende Erklärung des Vertretenen möglich. Dann ist das Geschäft von vornherein voll wirksam.

Andererseits ist das Insichgeschäft auch dann gültig, wenn es nur zur Erfüllung einer   11 Verbindlichkeit dient (§ 181 BGB). In einem solchen Fall liegt keine Interessenkollision vor, ebenso wenig wie dann, wenn das Vertretergeschäft dem Vertretenen nur einen rechtlichen Vorteil i.S.d. Wertung des § 107 BGB verschafft. Der Schutzgedanke des Minderjährigenrechts lässt sich negativ verallgemeinern zu dem Grundsatz, dass es des Schutzes des Vertretenen nicht bedarf, wenn er durch das Geschäft des Vertreters lediglich einen rechtlichen Vorteil erlangt.[4]

---

4 Vgl. *Brox/Walker*, Allgemeiner Teil des BGB, Rn. 272.

12 Das gilt z.B. für eine in der Familie übliche Zuwendung (Schenkung) von Eltern an ihre unter sieben Jahre alten, und damit nicht geschäftsfähigen, Kinder. Hier vertreten die Eltern zugleich das Kind bei der Annahme des Zugewendeten. Handelt es sich um die Schenkung von Spielzeug, lässt sich die Gültigkeit des Geschäfts bereits unmittelbar aus § 181 BGB ableiten; denn das Geschäft dient der Erfüllung einer Verbindlichkeit der Eltern, die sich aus ihrer Erziehungsaufgabe/Personensorge (§ 1631 BGB) ergibt. Für Geschäfte der Eltern mit ihren vertretungsbedürftigen Kindern, die außerhalb des gezeigten Rahmens liegen, muss das Familiengericht nach h.M. in aller Regel einen Pfleger nach § 1909 BGB bestellen.

13 Einen für Eltern und Vormünder möglichen Gewissenskonflikt in der Vertretung ihres Kindes oder Mündels will der Gesetzgeber über das Insichgeschäft hinaus (§§ 1629 Abs. 2, 1795 Abs. 1 BGB) auch dann ausschalten, wenn auf der Gegenseite der Ehegatte des Vertreters oder ein Verwandter in gerader Linie steht (§§ 1629 Abs. 2 Satz 1, 1795 Abs. 1 Nr. 1 BGB). Doch macht auch hier die erweiternde Auslegung des Rechtsgedankens des § 107 BGB z.B. im Fall der Schenkung des Großvaters an seinen Enkel eine Pflegerbestellung entbehrlich.[5] Ebenso kann eine Benachteiligung des vertretenen Kindes nicht eintreten, wenn ein getrennt lebender Elternteil, bei dem sich das Kind befindet, Unterhaltsansprüche nur im eigenen Namen geltend machen kann (§ 1629 Abs. 3 BGB). Das bedeutet für den Unterhaltsprozess, dass der Elternteil zur Durchsetzung der Unterhaltsansprüche des Kindes den Prozess im eigenen Namen führt – ein Fall gesetzlicher Prozessstandschaft.

▶ Beispiel:

14 Tante Agate hat in ihrem Testament ihr Mietshaus der 5-jährigen Sofia vermacht. Sie war in ihren letzten Lebensjahren ganz vernarrt in ihre süße Nichte. Der Bruder von Sofia, der 12-jährige etwas aufsässige Andreas, ging bei der Erbschaft leer aus. Die Eltern von Sofia und Andreas finden die einseitige Bevorzugung von Sofia eklatant unfair und wollen im Namen von Sofia eine Grundstückshälfte auf Andreas übertragen.

Dies ist den Eltern verwehrt, da es sich um ein nicht zulässiges Insichgeschäft handelt. Als gesetzliche Vertreter von Sofia würden sie ein Geschäft mit einem Verwandten gerader Linie (Andreas) abschließen. Bei dieser Sache sind sie von der Vertretung Sofias ausgeschlossen (§ 1629 Abs. 2 Satz 1 i.V.m. § 1795 Abs. 1 Ziff. 1 BGB).

C. Zustimmung

15 Um »Rechtliches Handeln mit Wirkung für andere« handelt es sich in einem weiteren Sinn auch bei Willenserklärungen, die erforderlich sind, um Geschäfte eines anderen wirksam werden zu lassen.

---

5 *Oberloskamp/Marx*, Kindschaftsrechtliche Fälle, S. 19.

Dazu gehört vor allem die vorweg oder nachträglich erteilte Zustimmung des gesetzli- 16
chen Vertreters eines Minderjährigen, der das 7. Lebensjahr vollendet hat, zu Geschäften, die nicht nur einen rechtlichen Vorteil bringen. Siehe dazu detailliert Kap. 5
Rdn. 16 ff. Die vorweg erteilte Zustimmung heißt **Einwilligung** (§§ 107, 183 BGB)
und die nachträglich erteilte Zustimmung nennt man **Genehmigung** (§§ 108, 184
BGB).

Hiermit schützt der Gesetzgeber Minderjährige vor unbedachten Geschäften. Die 17
Zustimmung wird durch einseitige empfangsbedürftige Willenserklärung (vgl. § 108
BGB) erteilt.[6]

Auf folgende Unterscheidung ist hinzuweisen:

§ 107 BGB macht jede Willenserklärung einwilligungspflichtig, wenn sie nicht nur 18
einen rechtlichen Vorteil bringt, d.h. ihre Wirksamkeit hängt von der Genehmigung
des gesetzlichen Vertreters ab. Anders bei Willenserklärungen, bei denen es um ein
einseitiges Rechtsgeschäft geht, wie etwa bei der Kündigung. Hier bestimmt § 111
BGB, dass das ohne die erforderliche Einwilligung des gesetzlichen Vertreters vorgenommen einseitige Rechtsgeschäft unwirksam ist; eine nachträgliche Heilung durch
Genehmigung ist hier nicht möglich.

Auch die Regelung des § 110 BGB (Taschengeldparagraf) gehört in diesen Zusammen- 19
hang. Einen Generalkonsens der Eltern – also eine von vornherein alles umfassende
Zustimmung – gibt es im Minderjährigenrecht nicht, weil sonst die Schutzfunktion
der §§ 107 bis 109 BGB nicht erreicht werden könnte. Einzelheiten zum Taschen-
geldparagrafen in Kap. 5 Rdn. 30 ff.).

Ein Sonderfall der Zustimmung ist die **Ermächtigung**. Sie bezieht sich auf einen 20
gegenständlich abgegrenzten Bereich, in dem der Minderjährige im eigenen Namen
rechtsgeschäftlich tätig werden kann – nach § 112 BGB für den selbständigen Betrieb
eines Erwerbsgeschäftes und nach § 113 BGB für den Eintritt in ein Dienst- oder
Arbeitsverhältnis. In diesen Teilbereichen besteht dann eine partielle unbeschränkte
Geschäftsfähigkeit, auch **partielle Vollgeschäftsfähigkeit** oder **Teilgeschäftsfähigkeit**
genannt. (S. weitere Einzelheiten in Kap. 5 Rdn. 34 ff.).

In bestimmten Fällen ist auch eine **behördliche oder gerichtliche Zustimmung**
einzuholen.

Bei dem gerichtlichen Zustimmungserfordernis geht es vor allem um das Familienge- 21
richt: die Zustimmung dieses Gerichts ist eine Kontrollmaßnahme gegenüber Eltern
oder Vormündern zur Wahrung der Interessen von Kindern.

Der Vormund bedarf für eine Reihe von Geschäften, vor allem auch Grundstücks- 22
und Kreditgeschäfte, der familiengerichtlichen Genehmigung (§§ 1819–1832 BGB).
Für bestimmte zustimmungsbedürftige Geschäfte kann das Gericht dem Vormund
jedoch eine allgemeine Ermächtigung erteilen (§ 1825 Abs. 1 BGB).

---

6 LG Mannheim, NJW 1969, 239.

23   § 1643 BGB enthält für eine Reihe von Rechtsgeschäften, die die Eltern für das Kind schließen wollen, einen familiengerichtlichen Genehmigungsvorbehalt, und zwar durch Verweisung auf die Fälle, in denen der Vormund nach § 1821 BGB und nach § 1822 Nr. 1, 3, 5, 8 bis 11 BGB einer Genehmigung bedarf. Die familiengerichtliche Genehmigung kann auch nachträglich erteilt werden (§ 1829 Abs. 1 BGB, § 1643 Abs. 3 BGB).

24   Beide Arten der Zustimmung – die **private** zu Rechtsgeschäften von Minderjährigen wie die **gerichtliche** zu Geschäften, die der gesetzliche Vertreter schließt – sind Wirksamkeitsvoraussetzungen des zustimmungsbedürftigen Rechtsgeschäfts. Solange sie nicht erfüllt sind, besteht daher ein Schwebezustand, die schwebende Unwirksamkeit. Der Geschäftspartner des Minderjährigen oder des gesetzlichen Vertreters wird interessiert sein, sich rasch über die Realisierungsabsichten des Geschäfts zu vergewissern. Daher kann der Geschäftspartner den Vertreter zu einer Erklärung über die Genehmigung auffordern; wird diese nicht innerhalb von zwei Wochen erklärt, gilt sie als verweigert (§ 108 Abs. 2 BGB). Wenn es um die nachträgliche Genehmigung des Familiengerichts geht, gilt eine vergleichbare Regelung für die Aufforderung an den Vormund bzw. die Eltern (§ 1829 Abs. 2 BGB, § 1643 Abs. 3 BGB).

Handelt es sich um ein schwebend unwirksames Geschäft des Minderjährigen, so besteht folgende Situation:

▶ Beispiel:

25   Der 16-jährige Ingo kauft ohne Wissen seiner Eltern von seinem 19-jährigen Freund Marko dessen fast neuwertiges Fahrrad, das 550 € gekostet hat, für nur 85 €. Geld und Fahrrad wechseln den Besitzer. Kurze Zeit später ärgert sich Marko über Ingo und das mit ihm abgeschlossene Geschäft und er verlangt Rückgabe des Fahrrads, weil der Kaufvertrag unwirksam sei. Ingo will das günstig erworbene Fahrrad behalten.

26   Wer hat nun Recht? Ingo oder Marko? Wenn Ingo den Kaufpreis aus seinem Taschengeld bezahlt hat, ist der Kaufvertrag trotz Minderjährigkeit und ohne Zustimmung der Eltern von Ingo wirksam geworden (§ 110 BGB); Marko kann dann die Rückgabe des Fahrrads nicht verlangen.

27   Wenn kein Fall des § 110 BGB vorliegt, ist der Kaufvertrag mangels Zustimmung der Eltern von Ingo nicht wirksam. Er ist schwebend unwirksam bis feststeht, ob die Eltern die Genehmigung erteilen oder verweigern; Marko ist bis dahin aber an den Vertrag gebunden und kann die Eltern von Ingo nach § 108 BGB zu einer entsprechenden Erklärung auffordern. Es kommt darauf an, ob die Eltern von Ingo das Geschäft genehmigen oder nicht; erteilen sie die Genehmigung, wird der Kaufvertrag voll wirksam. Marko kann die Rückgabe des Fahrrads nicht verlangen. Verweigern sie ihre Genehmigung, wird aus der bis dahin schwebenden Unwirksamkeit eine dauernde Unwirksamkeit. Der Kaufvertrag ist damit nicht zustande gekommen; für die Übereignung des Fahrrads und des Geldes fehlt es an einem Rechtsgrund. Marko kann das Fahrrad von Ingo wegen ungerechtfertigter Bereicherung nach § 812 BGB herausverlangen – Entsprechendes gilt für Ingo im Hinblick auf den Kaufpreis.

Kapitel 9 Die Zeit im Recht

Literatur

Brox/Walker, Allgemeiner Teil des BGB, 40. Aufl., München 2016; *Jauernig*, Bürgerliches Gesetzbuch, 16. Aufl., München 2015; *Klunzinger*, Einführung in das Bürgerliche Recht, 16. Aufl., München 2013; *Palandt*, Bürgerliches Gesetzbuch, 75. Aufl., München 2016; *Winkler*, Zeit und Recht, Wien, New York 1995.

A. Einführung und Praxisrelevanz

Unsere Rechtsordnung enthält eine Fülle von Bestimmungen mit zeitlicher Relevanz, 1
wie Termine, Fristen, Alter oder zeitliche Rahmen. Juristen nehmen Fristen sehr ernst;
da sind sie unerbittlich und lassen keine elastischen Auslegungen zu. In den Gerichten
sind sog. Fristenbriefkästen angebracht, die die vor 24 Uhr eingeworfene Post von
der nach 0 Uhr eingeworfenen Post trennen. Wichtig ist dies bei der Wahrung von
Rechtsmittelfristen. Fünf Minuten können so kriegsentscheidend sein. Maßgeblich
sind vor allem die Lebensaltersstufen[1], angefangen mit dem Zeitpunkt, in dem die
Rechtsfähigkeit des Menschen beginnt[2], Verjährungsfristen[3], Kündigungsfristen im
Wohnraummietrecht und im Arbeitsrecht[4], auch Fristen, die im Zusammenhang mit
dem Scheidungsverfahren eine Rolle spielen, etwa das Trennungsjahr (§ 1566 Abs. 1
BGB), nach dessen Ablauf das Scheitern der Ehe unwiderlegbar vermutet wird, wenn
beide Ehepartner die Scheidung beantragen.

B. Fristen und Termine

Grundlage für die Regelungen, die zeitliche Aspekte betreffen, ist das Gesetz über 2
die Einheiten im Messwesen und die Zeitbestimmung von 2008.[5] Dieses Gesetz
bestimmt in § 4 als gesetzliche Zeit die Mitteleuropäische Zeit (MEZ) mit der einen
Stunde Zeitverschiebung während der Sommerzeit.

Das BGB enthält die Vorschriften zu Fristen und Terminen in den §§ 186 bis 193 3
BGB. Sie gelten nicht nur im Bürgerlichen Recht, sondern auch im Öffentlichen
Recht.

Während der »Termin« einen bestimmten Zeitpunkt bezeichnet, meint »Frist« einen 4
bestimmten oder jedenfalls bestimmbaren Zeitraum, eine Zeitspanne.[6] Die §§ 187 bis

---

1 S. Tabelle im Teil 6.
2 S. Kap. 5 Rdn. 3 ff.
3 S. unter Kap. 9 Rdn. 8 ff.
4 S. unter Kap. 9 Rdn. 34 ff.
5 Art. 1 des Gesetzes zur Änderung des Gesetzes über Einheiten im Messwesen und des Eich-
   gesetzes, zur Aufhebung des Zeitgesetzes, zur Änderung der Einheitenverordnung und zur
   Änderung der Sommerzeitverordnung (BGBl. I, S. 1185 f.).
6 RGZ 120, S. 362.

193 BGB bieten die wesentlichen Grundlagen für die Berechnung von Fristen. Will man das Ende einer Frist bestimmen, muss man wissen, wann sie begonnen hat. Hier kennt § 187 BGB zwei Möglichkeiten: ist für den Anfang einer Frist ein Ereignis oder ein in den Lauf Zeitpunkt maßgeblich, so wird bei der Berechnung der Frist dieser Tag nicht mit gerechnet (Abs. 1).Ist der Beginn eines Tages der für den Anfang einer Frist maßgebliche Zeitpunkt, wird dieser Tag bei der Berechnung der Frist mitgerechnet; dasselbe gilt für den Tag der Geburt bei der Berechnung des Lebensalters (Abs. 2).

▶ **Beispiele:**

5   a) Dem Arbeitnehmer A wird am 15.01. – einem Mittwoch – mit der Post die Kündigung seines Arbeitgebers zugestellt. Dieser Tag zählt bei der Berechnung der dreiwöchigen Klagefrist (§ 4 KSchG) nicht mit. Fristbeginn ist Donnerstag, der 16.01. (§ 187 Abs. 1 BGB).

     b) Der Arbeitnehmer B schließt mit dem Arbeitgeber C einen am 01.02. beginnenden Arbeitsvertrag ab, in dem eine drei Monate dauernde Probezeit vereinbart wird. Bei der Berechnung der Probezeit wird der 01.02. mit gerechnet (§ 187 Abs. 2 BGB).

Das Fristende der obigen Fälle bestimmt sich nach § 188 Abs. 2 BGB:[7]

▶ **Beispiele:**

6   a) Im Beispiel a) endet die Frist drei Wochen später mit Ablauf des Tages, der seiner Benennung dem Tage entspricht, in den das Ereignis gefallen ist, das für den Fristlauf maßgebend war; das ist hier Mittwoch, der 05.02. Spätestens an diesem Tage muss die Kündigungsschutzklage beim Arbeitsgericht eingegangen sein, und zwar bis 24.00 Uhr.

     b) Im Beispiel b) endet die Probezeit drei Monate später mit Ablauf des letzten Tages des dritten Monats, also am 30.04.

7   Ist an einem bestimmten Tage oder innerhalb einer Frist eine Willenserklärung abzugeben oder eine Leistung zu bewirken und fällt der maßgebliche Tag oder der letzte Tag einer Frist auf einen Sonnabend, Sonntag oder einen staatlich anerkannten Feiertag, so tritt an die Stelle eines solchen Tages der nächste Werktag (§ 193 BGB); eine Regelung, die die Sonn- und Feiertagsruhe respektiert und die der 5-Tage-Woche gerecht wird.

C. Verjährung

8   Die Verjährungsvorschriften finden sich in den §§ 194 bis 218 BGB. Diese Regelungen haben über das BGB hinaus gehende Bedeutung.

---

7 BAG, NJW 980, S. 1015.

I. Verjährungseinrede

Nur Ansprüche unterliegen der Verjährung. Was ein Anspruch ist, definiert § 194   9
Abs. 1 BGB: »Das Recht, von einem anderen ein Tun oder Unterlassen zu verlangen
(Anspruch), unterliegt der Verjährung«; dabei kann sich der Anspruch auch auf ein
Dulden beziehen.

Die Verjährung führt nicht zum Untergang des Rechts. Sie begründet vielmehr ein   10
durch die sog. Einrede geltend zu machendes Recht zur Leistungsverweigerung:
»Nach Eintritt der Verjährung ist der Schuldner berechtigt, die Leistung zu verweigern« (§ 214 Abs. 1 BGB). Daher muss die Verjährung geltend gemacht werden.
Das bedeutet, dass sich der Verpflichtete auf sie berufen muss, damit sie bei Gericht
berücksichtigt werden kann. Das gilt gem. § 45 Abs. 2 SGB I auch für die Verjährung
von Ansprüchen auf Sozialleistungen.

Mit der Ausübung der Einrede ist der Anspruch nicht erloschen, doch in seiner   11
Durchsetzung gelähmt[8], blockiert. Auf diese Weise soll der Schuldner im Interesse des
Rechtsfriedens vor veralteten Ansprüchen geschützt werden.

II. Verjährungsfrist

Die regelmäßige Verjährungsfrist beträgt nach § 195 BGB **drei Jahre**. Die dreijäh-   12
rige Verjährungsfrist gilt für alle Ansprüche, für die keine besondere Verjährungsfrist
vorgesehen ist. Dazu gehören auch Ansprüche auf wiederkehrende Leistungen (z.B.
Renten) und Unterhaltsansprüche. Seit 2010 unterliegen der regelmäßigen Verjährung von drei Jahren auch sonstige familienrechtliche und erbrechtliche Ansprüche.

Längere Verjährungsfristen sind u.a. für folgende Ansprüche vorgesehen: 13
a) **Zehnjährige** Verjährungsfrist (§ 196 BGB)
   – Ansprüche auf Übertragung des Eigentums an einem Grundstück,
   – Ansprüche auf Begründung, Übertragung oder Aufhebung eines Rechts an
     einem Grundstück sowie
   – Ansprüche auf die Gegenleistung
b) **Dreißigjährige** Verjährungsfrist (§ 197 Abs. 1 BGB)
   – Herausgabeansprüche aus Eigentum und anderen dinglichen Rechten,
   – rechtskräftig festgestellte Ansprüche,
   – Ansprüche aus vollstreckbaren Vergleichen und vollstreckbaren Urkunden,
   – Ansprüche, die durch die im Insolvenzverfahren erfolgte Feststellung voll-
     streckbar geworden sind,
   – Ansprüche auf Erstattung der Kosten der Zwangsvollstreckung.

Darüber hinaus gelten besondere Verjährungsfristen, wie bei kaufrechtlichen Män-   14
gelansprüchen nach § 438 BGB oder reisevertraglichen Mängelansprüchen nach
§ 651g BGB (zwei Jahre) oder bei Ansprüchen auf Beseitigung und Unterlassung

---

8 *Brox/Walker*, Allgemeiner Teil des BGB, Rn. 667.

sowie Schadensersatz nach §§ 8, 9 i.V.m. § 11 Abs. 1 des Gesetzes gegen den unlauteren Wettbewerb (UWG) (sechs Monate).

Der Zugewinnausgleichsanspruch und der Pflichtteilsanspruch unterliegen der dreijährigen Verjährung.

Für den **Beginn der regelmäßigen Verjährungsfrist** von drei Jahren gilt Folgendes:

15 Die regelmäßige Verjährungsfrist beginnt, soweit nicht ein anderer Verjährungsbeginn bestimmt ist, nach § 199 Abs. 1 BGB mit dem Schluss des Jahres, in dem
    – der Anspruch entstanden ist
      und
    – der Gläubiger von den Anspruch begründenden Umständen und der Person des Schuldners Kenntnis erlangt hat oder ohne grobe Fahrlässigkeit erlangen musste.

16 Die Regelung des § 199 Abs. 1 BGB kann dazu führen, dass ein Anspruch nie verjährt, z.b. der Schadensersatzanspruch aus einem Verkehrsunfall, bei dem der Schädiger Unfallflucht begangen hat und dem Gläubiger der Schuldner nie bekannt wird.

17 Um solche Fälle von Unverjährbarkeit zu vermeiden, regeln die Abs. 2 bis 4 des § 199 BGB **Verjährungshöchstfristen**, nach deren Ablauf die Verjährung in jedem Fall eintritt. So verjähren z.b. nach § 199 Abs. 2 BGB Schadensersatzansprüche, die auf der Verletzung des Lebens, des Körpers, der Gesundheit oder der Freiheit beruhen, ohne Rücksicht auf ihre Entstehung und die Kenntnis oder grob fahrlässige Unkenntnis in 30 Jahren von der Begehung der Handlung, der Pflichtverletzung oder dem sonstigen, den Schaden auslösenden Ereignis. Nach § 199 Abs. 3a BGB verjähren Ansprüche, die auf einem Erbfall beruhen oder deren Geltendmachung die Kenntnis einer Verfügung von Todes wegen voraussetzt, ohne Kenntnis oder die fahrlässige Unkenntnis in 30 Jahren von der Entstehung des Anspruchs. Daneben sieht § 199 Abs. 3, 4 BGB auch 10-jährige Verjährungshöchstfristen vor.

18 Im Bereich des öffentlichen Rechts existieren für Teilbereiche wie das Soziale Leistungsrecht oder das Steuerrecht besondere Verjährungsvorschriften. Ansprüche auf Sozialleistungen sowie Ansprüche der Versicherungsträger auf Beitragsrückstände verjähren nach § 45 Abs. 1 SGB I bzw. § 25 Abs. 1 SGB IV in vier Jahren nach Ablauf des Jahres, in dem sie entstanden bzw. fällig geworden sind.

19 Nach der Abgabenordnung (AO) unterliegen Ansprüche aus dem Steuerschuldverhältnis einer besonderen Zahlungsverjährung mit einer Verjährungsfrist von fünf Jahren (§ 228 AO). Nach ausdrücklicher Regelung in § 232 AO hat die Verjährung hier jedoch eine andere Bedeutung als unter Rdn. 10 dargestellt – durch den Verjährungseintritt **erlöschen der Anspruch aus dem Steuerschuldverhältnis** und die davon abhängenden Zinsen.

20 Im Verwaltungsrecht bestehen keine allgemeinen Verjährungsregelungen. Wegen der besonderen Natur öffentlich-rechtlicher Pflichten und Rechte sind die Verjährungsvorschriften des BGB nur in beschränktem Umfang entsprechend anwendbar – es greift eher das Rechtsinstitut der Verwirkung (s. unter Kap. 9 Rdn. 30). Soweit keine

Sondervorschriften bestehen, werden allerdings für öffentlich-rechtliche Ansprüche vermögensrechtlicher Natur die Vorschriften des BGB über die Verjährung analog angewandt.

III. Verjährungshemmung und Neubeginn der Verjährung

Die in den §§ 203 bis 208 BGB geregelte **Verjährungshemmung** bedeutet, dass die   21
Verjährungsfrist während der Zeitspanne der Hemmung nicht weiter läuft (§ 209 BGB). Die Gründe für die Hemmung der Verjährung sind vielfältig:
– nach § 203 BGB ist die Verjährung gehemmt, solange zwischen dem Schuldner und dem Gläubiger Verhandlungen über den Anspruch stattfinden, bis der eine oder der andere Teil die Fortsetzung der Verhandlungen verweigert,
– § 204 BGB zählt 14 Fälle auf, in denen die Verjährung durch Maßnahmen der Rechtsverfolgung gehemmt wird; dazu gehören die Klageerhebung, die Zustellung des Mahnbescheids, die Zustellung eines Antrags auf Erlass einer einstweiligen Verfügung, die Anmeldung eines Anspruchs im Insolvenzverfahren, die Veranlassung der Bekanntgabe des erstmaligen Antrages auf Gewährung von Prozesskostenhilfe etc.,
– § 207 BGB befasst sich mit der Hemmung der Verjährung aus familiären und ähnlichen Gründen: die Verjährung von Ansprüchen zwischen Ehegatten ist gehemmt, solange die Ehe besteht. Entsprechendes gilt für Lebenspartner, solange die Partnerschaft besteht. Ansprüche zwischen dem Kind und seinen Eltern oder dem Ehegatten oder Lebenspartner eines Elternteils sind bis zur Vollendung des 21. Lebensjahres des Kindes gehemmt,
– nach § 208 BGB ist die Verjährung von Ansprüchen wegen Verletzung der sexuellen Selbstbestimmung bis zur Vollendung des 21. Lebensjahres des Gläubigers gehemmt.

Einen Sonderfall der Hemmung stellt die in §§ 210, 211 BGB geregelte Ablaufhem-   22
mung dar; dabei regelt § 210 BGB zum Schutz von nicht oder nicht voll geschäftsfähigen Personen, dass eine für oder gegen sie laufende Verjährung nicht eintritt, solange sie keinen gesetzlichen Vertreter haben.

Von der Hemmung ist der **Neubeginn der Verjährung** zu unterscheiden. Bei einem   23
Neubeginn ist die bis zum maßgeblichen Ereignis verstrichene Zeit unbeachtlich und es beginnt eine neue Verjährungsfrist zu laufen. Das gilt lediglich für zwei Fallgruppen (§ 212 BGB):
– wenn der Schuldner dem Gläubiger gegenüber den Anspruch durch Abschlagszahlung, Zinszahlung, Sicherheitsleistung oder in anderer Weise, z.B. durch die Bitte um Stundung anerkennt,
– wenn eine gerichtliche oder behördliche Vollstreckungshandlung vorgenommen wird.

Nur in den im Gesetz ausdrücklich geregelten Fällen tritt eine Hemmung oder ein   24
Neubeginn der Verjährung ein. Zum Beispiel hat eine Mahnung, d.h. eine Aufforderung, die Leistung zu erbringen und/oder die Androhung gerichtlicher Schritte,

auch wenn diese schriftlich und mehrfach erfolgt, keinen Einfluss auf den Ablauf der Verjährungsfrist.

25   Als bedeutsame Neuerung ist die Erweiterung der Vertragsfreiheit im Verjährungsrecht hervorzuheben, also die Möglichkeit der Vereinbarung vom Gesetz abweichender Verjährungsregelungen.»Gegenstand einer Verjährungsvereinbarung können nach neuem Recht alle Regelungsfragen der §§ 194 ff. BGB sein, also nicht nur die Länge der Verjährungsfrist, sondern auch ihr Beginn, die Hemmung, die Ablaufhemmung oder der Verjährungsverzicht etc.«[9].

26   Ob das Vorgehen gegen einen säumigen Schuldner letztendlich zur Leistung/Zahlung führt, hängt immer davon ab, ob der Schuldner Einkommen oder Vermögen hat, in das vollstreckt werden kann.

D. Ausschlussfrist

27   Bei einer Ausschlussfrist (**Präklusionsfrist**) geht – im Gegensatz zur Verjährung – das Recht mit Fristablauf unter. Es kommt nicht auf die Kenntnis der Ausschlussfrist durch die Beteiligten an. Das Gericht hat die rechtsvernichtende Präklusion daher **von Amts wegen** – also unabhängig von einem Antrag – zu beachten. An Ausschlussfristen sind vor allem Gestaltungsrechte, aber auch Ansprüche gebunden.

▶ Beispiele für Ausschlussfristen:

28   –   § 124 Abs. 1 und 3 BGB: die Anfechtung einer Willenserklärung, die durch eine arglistige Täuschung oder eine Drohung i.S.d. § 123 BGB verursacht worden ist, kann nur innerhalb einer Frist von einem Jahr ab Entdeckung der Täuschung bzw. ab Beendung der Zwangslage erfolgen. Die Anfechtung ist ausgeschlossen, wenn seit der Abgabe der Willenserklärung mehr als zehn Jahre verstrichen sind.

       –   Das Pfandrecht (des Vermieters) erlischt innerhalb eines Monats nachdem der Vermieter von der Entfernung der Sachen Kenntnis erlangt hat, wenn er diesen Anspruch nicht vorher gerichtlich geltend gemacht hat (§ 562b Abs. 2 Satz 2 BGB).

       –   Wenn eine Behörde berechtigt ist, einen begünstigenden, rechtswidrigen Verwaltungsakt für die Vergangenheit zurückzunehmen, muss sie dies innerhalb eines Jahres seit Kenntnis der Tatsachen tun, welche die Rücknahme des Verwaltungsaktes für die Vergangenheit rechtfertigen (§ 45 Abs. 4 Satz 2 SGB X).

       –   Auch bei in Prüfungsordnungen und Immatrikulationsordnungen der Hochschulen festgelegten Fristen kann es sich um Ausschlussfristen handeln. Ob das tatsächlich der Fall ist, muss bei jeder Frist geprüft werden.

       –   Besondere Bedeutung haben Ausschlussfristen im Arbeitsrecht. Tarifverträge sehen für die Geltendmachung von Ansprüchen aus dem Arbeitsverhältnis

---

9   Siehe *Mansel*, NJW 2002, S. 96.

Ausschlussfristen vor. Etwa § 37 Abs. 1 Satz 1 des Tarifvertrages für den öffentlichen Dienst (TVöD) mit folgender Formulierung:
- »Ansprüche aus dem Arbeitsverhältnis verfallen, wenn sie nicht innerhalb einer Ausschlussfrist von sechs Monaten nach Fälligkeit von der/dem Beschäftigten oder vom Arbeitgeber schriftlich geltend gemacht werden.«
- Die Vereinbarung von Ausschlussfristen ist auch einzelarbeitsvertraglich zulässig.

Die Berufung auf den Ablauf einer Ausschlussfrist und den damit verbundenen Verfall **29** des Rechts ist dann nicht zulässig, wenn dies gegen Treu und Glauben (§ 242 BGB) verstößt. Das kann der Fall sein, wenn der Verpflichtete den Anschein erweckt hat, er werde sich nicht auf den Fristablauf berufen und der Berechtigte darauf vertrauen konnte.

E. Verwirkung

Die – gesetzlich nicht ausdrücklich geregelte – Verwirkung leitet sich aus dem Grund- **30** satz von Treu und Glauben nach § 242 BGB ab. Ein Recht ist verwirkt, wenn der Berechtigte es längere Zeit hindurch nicht geltend gemacht hat, der Verpflichtete sich darauf eingerichtet hat und sich nach dem gesamten Verhalten des Berechtigten vertrauen durfte, dass dieser das Recht in Zukunft nicht geltend machen werde.[10] Die verspätete Geltendmachung muss sich danach als unzulässige und damit gegen Treu und Glauben (§ 242 BGB) verstoßende Rechtsausübung darstellen.

Der Unterschied zur Verjährung und zur Ausschlussfrist liegt darin, dass bei der Ver- **31** wirkung neben dem Zeitablauf besondere Umstände hinzukommen müssen, die eine verspätete Rechtsausübung als treuwidrig erscheinen lassen.

Das Gemeinsame von Verwirkung und Ausschlussfrist besteht darin, dass es sich in **32** beiden Fällen um eine rechtsvernichtende Einwendung handelt, die im Prozess von Amts wegen zu beachten ist. Die Verwirkung ist nicht auf das Privatrecht beschränkt. Sie ist besonders im Öffentlichen Recht relevant.

▶ **Beispiele:**

Aus dem Arbeitsrecht: **33**

Verwirkung des Anspruchs auf ein Arbeitszeugnis: nach Beendigung des Arbeitsverhältnisses hatte ein Arbeitnehmer den Arbeitgeber in kürzeren Zeitabständen drei Mal an die Ausstellung eines Arbeitszeugnisses erinnert, der Arbeitgeber stellte sodann ein Zeugnis aus. Der Arbeitnehmer war mit dem ausgestellten Zeugnis zunächst einverstanden. Er ließ 10 Monate verstreichen, überlegte es sich dann anders und forderte den Arbeitgeber auf, ein besseres Zeugnis auszustellen. (BAG, NJW 1988, S. 1616).

---

10 Palandt/*Grüneberg*, Rn. 87 zu § 242.

Aus dem Mietrecht:

Verwirkung des Rechts auf Mieterhöhung nach § 558 BGB – Mieterhöhung bis zur ortsüblichen Vergleichsmiete (AG Albstadt, NJW-RR 91, S. 1482).

Auch der Anspruch aus einem rechtskräftigen Räumungsurteil unterliegt der Verwirkung (OLG Hamm, NJW 1982, S. 341).

Aus dem Unterhaltsrecht:

Nach BGH ist die Verwirkung eines streitigen Unterhaltsanspruchs bereits nach einjähriger Untätigkeit zu bejahen (NJW 1990, S. 2630).

F. Befristete Verträge

34   Verträge die ein sog. Dauerschuldverhältnis begründen, können von vorne herein zeitlich befristet werden. Das Vertragsverhältnis endet nach Zeitablauf, ohne dass es einer Kündigung bedarf. Typische Fälle sind der befristete Mietvertrag und der befristete Arbeitsvertrag.

35   Bei Arbeitsverträgen ist die Vereinbarung einer Befristung nicht ohne Weiteres zulässig. Die Rechtsprechung des BAG hatte die Zulässigkeit der Befristung stets an das Vorliegen eines sachlichen, die Befristung als solche und ihre Dauer rechtfertigenden Grundes gebunden. Welche Befristungsgründe heute zulässig sind, regelt § 14 Abs. 1 des Teilzeit- und Befristungsgesetzes von 2000.[11] Dazu gehören u.a. die Vertretung eines anderen Arbeitnehmers oder wenn die Vergütung aus Haushaltsmitteln stammt, die haushaltsrechtlich für eine befristete Beschäftigung bestimmt sind.

36   Auch bei Mietverträgen ist der Abschluss von Zeitmietverträgen nicht uneingeschränkt zulässig, vielmehr ist er an das Vorliegen der in § 575 Abs. 1 BGB aufgeführten Gründe gebunden, z.B. wenn der Vermieter nach Ablauf der Mietzeit die Räume als Wohnung für sich, seine Familienangehörigen oder Angehörige seines Haushalts nutzen will (sog. Eigenbedarf).

G. Kündigung von Wohnraum und von Arbeitsverhältnissen

I. Kündigung

37   Kündigung ist die Ausübung eines Gestaltungsrechts zur Beendigung des Vertragsverhältnisses. Die Kündigung erfolgt durch eine einseitige empfangsbedürftige Willenserklärung. Bei der ordentlichen Kündigung sind bestimmte Fristen einzuhalten; eine außerordentliche Kündigung erfolgt fristlos. Die Kündigung eines Mietverhältnisses bedarf der schriftlichen Form (§ 568 Abs. 1 BGB). Dasselbe gilt für die Kündigung von Arbeitsverträgen (und für Auflösungsverträge) (§ 623 BGB). Die elektronische Form ist ausgeschlossen.

---

11 Spezielle Regelungen für befristete Arbeitsverträge im öffentlichen Dienst finden sich in § 30 des TVöD und im Wissenschaftszeitvertragsgesetz.

II. Kündigungsfristen bei Wohnraum

Kündigungsfristen haben den Grund, dass die Partei des Mietverhältnisses, die von   38
der Kündigung betroffen ist, Zeit hat, sich eine neue Wohnung bzw. einen neuen
Mieter zu suchen. Nach der jetzigen Regelung in § 573c BGB gilt für Kündigungsfristen Folgendes:
– die Kündigung ist spätestens am dritten Werktag eines Kalendermonats zum Ablauf des übernächsten Monats zulässig – die Kündigungsfrist beträgt somit etwa
  drei Monate. Diese Frist gilt für den Mieter unabhängig von der Dauer des Mietverhältnisses. Für den Vermieter verlängert sich die Kündigungsfrist in Abhängigkeit von der Dauer es Mietverhältnisses, und zwar nach fünf und acht Jahren
  Bestand des Mietverhältnisses um jeweils drei Monate;
– bei Wohnraum, der nur zum vorübergehenden Gebrauch vermietet wurde, kann
  eine kürzere Kündigungsfrist vereinbart werden – diese Frist gilt dann für beide
  Seiten des Mietverhältnisses;
– bei einem vom Vermieter möblierten Wohnraum, der Teil der von ihm selbst be-
  wohnten Wohnung ist – sofern der Wohnraum dem Mieter nicht zum dauernden
  Gebrauch mit seiner Familie überlassen ist -, ist die Kündigung spätestens am 15.
  eines Monats zum Ablauf dieses Monats zulässig.

Vereinbarungen, die von den vorstehenden Regelungen abweichen, sind unwirksam.

III. Fristlose Kündigung bei Wohnraummiete

Schon aus dem allgemeinen Teil des Schuldrechts (§ 314 Abs. 1 BGB) ergibt sich, dass   39
jedes Dauerschuldverhältnis von jedem Vertragsteil bei Vorliegen eines sog. wichtigen
Grundes ohne Einhaltung einer Kündigungsfrist gekündigt werden kann. Ein wichtiger Grund i.S.d. Mietrechts liegt vor, wenn dem Kündigenden unter Berücksichtigung aller Umstände des Einzelfalls, insb. des Verschuldens der Vertragsparteien, und
unter Abwägung der beiderseitigen Interessen die Fortsetzung des Mietverhältnisses
bis zum Ablauf der Kündigungsfrist oder bis zur sonstigen Beendigung des Mietverhältnisses nicht zugemutet werden kann (§ 543 Abs. 1 Satz 2 BGB).

§ 543 Abs. 2 BGB und § 569 BGB enthalten Regelungen, durch die der sog.»wichtige Grund« konkretisiert wird.

▶ Beispiele:

– wenn dem Mieter der vertragsgemäße Gebrauch der Mietsache ganz oder z.T.   40
  nicht rechtzeitig gewährt oder wieder entzogen wird (§ 543 Abs. 2 Nr. 1 BGB),
– wenn der Mieter für zwei aufeinander folgende Termine mit der Entrichtung
  der Miete in Verzug ist (§ 543 Abs. 2 Nr. 3a) BGB),
– wenn der gemietete Wohnraum so beschaffen ist, dass seine Benutzung mit
  einer erheblichen Gefährdung der Gesundheit verbunden ist (§ 569 Abs. 1
  BGB).

Eine Vereinbarung, die zum Nachteil des Mieters von den Regelungen in §§ 543, 569   41
Abs. 1 bis 3 BGB abweicht oder nach der der Vermieter berechtigt ist, aus anderen

als den im Gesetz zugelassenen Gründen fristlos zu kündigen, ist unwirksam (§ 569 Abs. 5 BGB).

IV. Kündigungsfristen im Arbeitsverhältnis

42 Eine einheitliche Regelung der Kündigungsfristen im Arbeitsverhältnis findet sich in § 622 BGB. Die Fristen haben eine ähnliche Funktion wie im Wohnraummietrecht: dem von der Kündigung betroffenen Vertragsteil soll ein Zeitrahmen zur Verfügung stehen, um ein neues Arbeitsverhältnis zu finden bzw. den vakanten Arbeitsplatz neu zu besetzen. Das Wichtigste zu den Kündigungsfristen:

- Das Arbeitsverhältnis kann mit einer Frist von vier Wochen zum Fünfzehnten oder zum Ende eines Kalendermonats gekündigt werden. Diese Grundkündigungsfrist gilt sowohl für Arbeitnehmer und als auch für Arbeitgeber.

- Für den Arbeitgeber verlängert sich die Kündigungsfrist in Abhängigkeit von der Dauer des Beschäftigungsverhältnisses nach Maßgabe des § 622 Abs. 2 BGB bis auf maximal sieben Monate zum Schluss des Kalendermonats – bei einer 20-jährigen Beschäftigungsdauer des Arbeitnehmers.

- Bei einer Probezeit, die nicht länger als sechs Monate sein darf, kann das Arbeitsverhältnis mit einer Frist von zwei Wochen gekündigt werden – dies gilt wieder für beide Seiten.

Abweichungen von den vorstehenden Regelungen sind nur durch Tarifvertrag zulässig.

V. Fristlose Kündigung eines Arbeitsverhältnisses

43 Ihre Voraussetzungen sind in § 626 BGB geregelt. Das Arbeitsverhältnis kann von jedem Vertragsteil aus einem wichtigen Grund ohne Einhaltung einer Kündigungsfrist gekündigt werden, wenn Tatsachen vorliegen, aufgrund derer dem Kündigenden unter Berücksichtigung aller Umstände des Einzelfalls und unter Abwägung der Interessen beider Vertragsteile die Fortsetzung des Arbeitsverhältnisses bis zum Ablauf der Kündigungsfrist oder bis zu der vereinbarten Beendigung des Arbeitsverhältnisses nicht zugemutet werden kann (§ 626 Abs. 1 BGB).

▶ Beispiel:

44 Bei Diebstahl kommt es dabei nach der Rechtsprechung nicht auf die Höhe des wirtschaftlichen Verlustes für den Arbeitgeber an, sondern maßgeblich ist die Zerstörung des Vertrauensverhältnisses – so reichte dem Landesarbeitsgericht Düsseldorf das Abzweigen und Verzehren eines Bienenstiches durch eine Angestellte in einer Bäckerei.[22] Schlagzeilen machte in jüngerer Zeit der Fall »Emmely«, einer Supermarktkassiererin aus Berlin, der fristlos gekündigt wurde, weil sie zwei Pfandmarken im Wert von 1,30 Euro unterschlagen haben soll. Das Landesarbeitsgericht Berlin hielt die fristlose Kündigung für rechtens und ließ die Revision nicht zu. Die dagegen eingelegte »Nichtzulassungsbeschwerde« hatte beim BAG am 28.07.2009 Erfolg (Az.: 3 AZN 224/09): die Revision wurde wegen grundsätzlicher Bedeutung der Sache zugelassen und schließlich die Kündigung vom BAG für nicht rechtens erklärt.

Nach § 626 Abs. 2 BGB gilt für die fristlose Kündigung eine Frist von zwei Wochen. **45** Es handelt sich hierbei um eine **Ausschlussfrist.** Die Kündigungserklärung muss von dem zur Kündigung Berechtigten ausgesprochen und innerhalb von zwei Wochen dem zu Kündigenden zugehen, hierbei beginnt die Frist mit sicherer Kenntnis von den für die Kündigung maßgeblichen Tatsachen.

▶ **Beispiel:**

Bei Aufkommen eines Verdachts der Unterschlagung gegen einen Bankangestellten **46** beginnt die Frist erst dann zu laufen, wenn die Umstände so weit aufgeklärt sind, dass dem Angestellten tatsächlich eine strafbare Handlung nachgewiesen werden kann.

Abschließend: Im Gegensatz zum Mietrecht konkretisiert der Gesetzgeber an keiner **47** Stelle, was er unter einem »wichtigen Grund« i.S.d. gesetzlichen Definition versteht. Es bleibt daher der Rechtsprechung (insb. Bundesarbeitsgericht) vorbehalten, diesen unbestimmten Rechtsbegriff in einer umfangreichen kasuistischen Rechtsprechung mit Inhalt zu füllen.[12]

---

12 Siehe auch Kap. 20 Rdn. 1 ff. Arbeitsrecht.

Kapitel 10 Haftung, Deliktsrecht, Schadensersatz

Literatur

Brox/Walker, Besonderes Schuldrecht, 40. Aufl., München 2016; *Jauernig*, Bürgerliches Gesetzbuch, 16. Aufl., München 2015; *Klunzinger*, Einführung in das Bürgerliche Recht, 16. Aufl., München 2013; *Palandt*, Bürgerliches Gesetzbuch, 75. Aufl., München 2016; *Schleicher*, Jugend- und Familienrecht, 14. Aufl., München 2014.

A. Einführung und Praxisrelevanz

1 Haftung heißt, die Verantwortung für einen Schaden zu übernehmen. Eltern haften für ihre Kinder, wenn sie ihre Aufsichtspflicht verletzt haben. Ein Radfahrer haftet für den Blechschaden, den er verursacht hat, weil er rechtswidrig gegen die Einbahnstraße gefahren ist. Die Autowerkstatt haftet dafür, dass eine Reparatur sachgemäß ausgeführt wurde und kein Dritter verletzt wird. Der Arbeitgeber haftet für die Einhaltung der Arbeitsschutzvorschriften. Ein Grundstückskäufer haftet dem Verkäufer mit seinem gesamten Vermögen für die Zahlung des Kaufpreises. Diese Beispiele könnten endlos fortgesetzt werden.

2 Grundsätzlich ist eine Haftung an das Verschuldensprinzip geknüpft. Man braucht nur für das einzustehen, was man verschuldet hat. Dieser Grundsatz ist jedoch häufig durchbrochen. So haftet der Verkäufer bei Übergabe des Kaufgegenstandes, dass dieser mängelfrei ist (Garantiehaftung – § 433 Abs. 1 BGB). Oder ein Hundebesitzer haftet gegenüber dem durch einen Biss Verletzten, auch wenn er sein Tier noch so gut beaufsichtigt hat (Gefährdungshaftung – § 833 BGB).

3 Mit der Verursachung von Schäden, der Entstehung von Haftung, dem Umfang von Schadensersatzansprüchen und den Verantwortlichen für den Ausgleich der Schäden befasst sich dieses Kapitel.

4 Haftungsgesichtspunkte nehmen in sozialen Berufsfeldern einen hohen Rang ein. Mit vielen Arbeitsfeldern verbindet sich ein erhebliches Risiko, andere zu schädigen. So können etwa durch Fehlberatung in einer Schuldnerberatungsstelle finanzielle Einbußen beim Klienten entstehen. Oder auf einer Jugendfreizeit verletzt sich ein Kind. Oder das Essen auf Rädern ist durch Salmonellen vergiftet. Oder durch nicht ausreichend wahrgenommene Beaufsichtigung verursacht ein Kita-Kind einen Unfall etc. Es sind unzählige Konstellationen denkbar, wonach Mitarbeiter bzw. aufsichtsbedürftige Klienten einer sozialen Einrichtung Dritte schädigen und Mitarbeiter und Träger mit Schadensersatzansprüchen konfrontiert werden.

B. Deliktsrecht

▶ Ausgangsfall: Schlag aufs Auge

5 Hans Schill, ein 18-jähriger rechtsradikal gesinnter Bauarbeiter, gerät in der Gaststätte »Zum frommen Lamm« in Streit mit dem 19-jährigen iranischen

Medizinstudenten Ahmed Rafsani. Hans holt mit seiner Rechten aus und zertrümmert ein Brillenglas von Ahmed. Dessen linkes Auge wird schwer verletzt. Er büßt 90 % der Sehkraft dieses Auges ein. Mit einer weiteren Trübung und Spätkomplikationen ist zu rechnen.

Wegen dieser Tat und einer weiteren vorsätzlichen Körperverletzung wird Hans Schill zu einer Jugendstrafe verurteilt.

Der Geschädigte Ahmed Rafsani verlangt vom Schädiger Zahlung eines angemessenen Schmerzensgeldes, die Übernahme der Heilungs- und Rehabilitationskosten sowie Verdienstausfall, sofern die Ansprüche nicht auf Versicherungsträger übergegangen sind (Lösung in den entsprechenden Abschnitten dieses Kapitels).

Wer einem anderen einen Schaden zufügt, ist diesem grundsätzlich zum Ersatz des entstandenen Schadens verpflichtet. Ein Unfall, eine strafbare Handlung, wie Körperverletzungs- oder Eigentumsdelikte, können hohe Schadensersatzforderungen zur Folge haben. Um sich vor solchen unvorhersehbaren Schäden zu schützen, haben viele Bürger Versicherungen abgeschlossen (Hausrat-, Feuer-, Kranken- oder Tagegeld-, Haftpflichtversicherung etc.). Naturgemäß ist nicht jeder Schaden gedeckt. In den Allgemeinen Versicherungsbedingungen finden sich zahlreiche Ausschlussklauseln (das Kleingedruckte sorgfältig lesen!). Wenn es um hohe Summen geht (z.B. Schmerzensgeld, Erwerbsunfähigkeitsrente) versuchen die Versicherer erfahrungsgemäß den Schadensfall auf die lange Bank zu schieben (Rechtsanwalt beauftragen!). Versicherungsgesellschaften nehmen den Schädiger, sofern möglich, zum Ausgleich in Regress. **6**

Der größte Teil des Haftungsrechts ist im BGB unter dem Titel »**Unerlaubte Handlungen**« (§§ 823 bis 853 BGB) zusammengefasst. In Lehrbüchern wird dieses Rechtsgebiet unter verschiedenen Titeln behandelt: »Recht der unerlaubten Handlungen«, »Schadensersatzrecht«, »Haftungsrecht« oder »Deliktsrecht«. Der **Begriff** »**Deliktsrecht**« leitet sich aus dem Lateinischen »**delictum-Straftat**« ab. Gemeint ist jedoch nicht das Strafrecht, sondern erfasst sind die zivilrechtlichen Konsequenzen (**Schadensersatzansprüche**) aus strafbaren Handlungen. Vom Deliktsrecht ebenfalls abzugrenzen sind Schadensersatzansprüche, die sich aus einem Vertragsverhältnis ableiten. **7**

▶ Beispiele:

1. Ein Fahrradfahrer kollidiert auf dem Bürgersteig mit einem Fußgänger. Der verletzte Fußgänger fordert Schmerzensgeld (Schadensersatzansprüche aus Deliktsrecht). **8**

2. Der Mieter einer Wohnung erleidet durch eine undichte Leitung einen Wasserschaden an seiner Einbauküche. Er verlangt von dem Vermieter die Instandsetzungskosten der beschädigten Küchenzeile (Schadensersatzansprüche aus einem Vertragsverhältnis, hier Mietvertrag).

Das Deliktsrecht basiert auf dem Grundsatz des »neminem laedere« – niemanden verletzen. Unterschieden werden zwei Arten der Haftungsbegründung: Verschuldenshaftung und Gefährdungshaftung. **9**

Eine **Verschuldenshaftung** greift ein, wenn der Schädiger die schädigende Handlung rechtswidrig und schuldhaft (vorsätzlich oder fahrlässig) herbeigeführt hat (§§ 823, 826, 831, 839 BGB).

10 Eine **Gefährdungshaftung** knüpft daran an, dass der Schädiger eine erlaubte jedoch »gefährliche Sache« in den Verkehr gebracht hat. Der Schaden braucht nicht schuldhaft verursacht worden zu sein.

11 Die Gefährdungshaftung basiert auf der rechtspolitischen Grundentscheidung, dass derjenige, der eine erlaubte gefährliche Betätigung ausübt und davon profitiert, für den Schaden einzustehen hat.

▶ Beispiele:

12
- Haftung bei Eisenbahnunfällen (§ 1 Haftpflichtgesetz);
- Haftung des Halters eines Kfz (§ 7 Straßenverkehrsgesetz);
- Haftung für Schäden aus Kernkraftwerken (§ 25 ff. Atomgesetz);
- Haftung des Herstellers fehlerhafter Produkte (Produkthaftungsgesetz);
- Haftung des Tierhalters (§ 833 BGB).

I. Systematik

13 **Systematisch** lässt sich das Deliktsrecht in **Grundtatbestände** und **Spezialtatbestände** untergliedern. Die Grundtatbestände sind generalklauselartig umschrieben.

Schaubild 1:

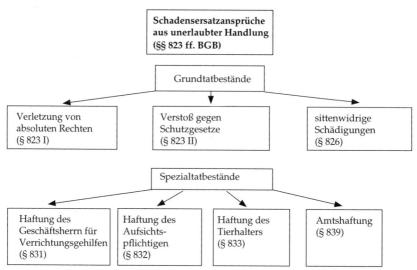

II. Die Grundtatbestände

Die rechtliche Prüfung von Schadensersatzansprüchen aus den §§ 823 ff. BGB folgt   14
einem regelmäßigen **Grundschema**. Die aufgeführten Elemente sind typisch für den
Aufbau eines Anspruchs aus deliktischer Haftung:

Prüfungsschema   15
– Der Schädiger hat eine **Verletzungshandlung** (Tun oder Unterlassen) vorgenom-
  men, durch die ein Schaden verursacht wurde.
– Es ist ein **geschütztes Rechtsgut** verletzt worden (Rechtsgutverletzung).
– Es besteht ein ursächlicher Zusammenhang zwischen Handeln und Rechtsgutver-
  letzung (**haftungsbegründende Kausalität**).
– Die Verletzungshandlung muss **rechtswidrig** sein. Sofern keine Rechtfertigungs-
  gründe vorliegen, wird die Rechtswidrigkeit angenommen (»indiziert«).
– Der Schädiger muss schuldhaft gehandelt haben. **Verschulden** setzt Deliktfähig-
  keit sowie Vorwerfbarkeit (Vorsatz oder Fahrlässigkeit) voraus.
– Zwischen Rechtsgutverletzung und Schaden muss ein ursächlicher Zusammenhang bestehen (**haftungsausfüllende Kausalität**).[1]

1. Verletzung von absoluten Rechten (§ 823 Abs. 1 BGB)

Die grundsätzliche Haftungsnorm des Deliktrechts ist § 823 Abs. 1 BGB. Zur Begrün-   16
dung eines Schadensersatzanspruchs ist jeder einzelne Begriff des Gesetzeswortlauts
von Bedeutung.

§ 823 Abs. 1 BGB: »*Wer vorsätzlich oder fahrlässig das Leben, den Körper, die Gesund-*   17
heit, die Freiheit, das Eigentum oder ein sonstiges Recht eines anderen widerrechtlich ver-
letzt, ist dem anderen zum Ersatze des daraus entstandenen Schadens verpflichtet.«

Die Verletzungshandlung: Der Eintritt des Schadens muss auf menschliches Handeln   18
zurückzuführen sein, wobei **positives Tun** oder ein **Unterlassen** in Betracht kommt.
Ein Unterlassen wird nur dann relevant, wenn eine Rechtspflicht zum Tätigwerden
besteht. Das ist vor allen Dingen bei »**Verkehrssicherungspflichten**« anerkannt.[2]

▶ Beispiele:

– Der Mitarbeiter eines Fotolabors entsorgt chemische Rückstände einer Ent-   19
  wicklerflüssigkeit auf seinem Privatgrundstück und verunreinigt so das Grund-
  wasser (positives Tun).
– Ein Bauträger hat eine Baustelle nicht ausreichend abgesichert. Infolgedessen
  stürzt ein Kind in eine Baugrube und bricht sich ein Bein (Unterlassen, einer
  Verkehrssicherungspflicht nachzukommen).

Rechtsgutverletzung: In § 823 Abs. 1 BGB werden fünf geschützte Rechtsgüter auf-   20
gezählt: Leben, Körper, Gesundheit, Freiheit und Eigentum. Sie gelten »als **absolute**«

---

1 Zum Prüfungsschema vgl.: *Brox/Walker*, Besonderes Schuldrecht, § 45, Rz. 60.
2 *Jauernig/Teichmann*, zu § 823 Rz. 35.

Rechte, wirken also gegenüber jedermann. Der Schutzbereich wird daneben auf sog. »**sonstige Rechte**« erweitert. Zu dieser Öffnung der geschützten Rechtsgüter hat sich in den vergangenen Jahrzehnten umfangreiche Rechtsprechung entwickelt.

21 Als **geschützte Rechtsgüter** sind allgemein anerkannt:
   - Dingliche Rechte (wie Hypotheken, eine Grundschuld oder das Erbbaurecht);
   - Immaterialgüterrechte (wie Patent-, Urheber- und Markenrechte);
   - der Besitz;
   - das Recht am eingerichteten und ausgeübten Gewerbebetrieb;
   - das allgemeine Persönlichkeitsrecht (dazu gehören Ehrverletzungen oder Verletzungen der Privatsphäre);
   - Familienrecht (wie das Recht der elterlichen Sorge sowie das Recht auf eheliche Lebensgemeinschaft).[3]

22 **Haftungsbegründende Kausalität:** Ein Schadensersatzanspruch entsteht nur dann, wenn der Schädiger die Rechtsgutverletzung verursacht hat. Die Rechtsgutverletzung muss dem Schädiger zuzurechnen sein. Die Rechtswissenschaft hat dafür einen Merksatz aufgestellt, die sog. **conditio sine qua non-Formel**, auch genannt **Äquivalenztheorie**. Nach dieser Formel ist folgende Frage zu stellen: »*Kann die Handlung nicht hinweggedacht werden, ohne dass der Erfolg (gemeint ist die Rechtsgutverletzung) entfiele*«.

23 Da aber auch unwahrscheinliche Kausalverläufe von der Äquivalenztheorie erfasst werden, musste ein zusätzliches Zurechenbarkeitskriterium gefunden werden. Die **Adäquanztheorie** entstand. Es kommt zusätzlich darauf an, ob die Handlung des Schadensverursachers nach dem gewöhnlichen Verlauf der Dinge zur Herbeiführung der Rechtsgutverletzung geeignet war. Atypische Kausalverläufe werden somit ausgefiltert.

▶ Beispiel:

24 Luis und Max, beides erfahrene Bergführer, brechen zu einer gemeinsamen mittelschweren Bergtour auf. Nachdem ein Unwetter ausbricht, rutscht Max eine Geröllhalde hinab und verletzt sich schwer. Luis hatte Max zu der Bergtour überredet. Nach der Äquivalenztheorie hat Luis eine Ursache für die Verletzung von Max gesetzt, nämlich das Überreden zur Bergtour. Der Sturz von Max ist ihm nach der Adäquanztheorie jedoch nicht zuzurechnen.

25 **Rechtswidrigkeit:** Der Schädiger, der ein in § 823 Abs. 1 BGB aufgeführtes Rechtsgut verletzt, handelt in der Regel rechtswidrig. D.h., er hat ein Gebot, eine Vorschrift, eine Regel übertreten. Bereits die Rechtsgutverletzung indiziert (ist ein Indiz für) die Rechtswidrigkeit der Verletzungshandlung. Lediglich Rechtfertigungsgründe können eine angenommene Rechtswidrigkeit widerlegen.

26 Anerkannte **Rechtfertigungsgründe** sind:
   - Notwehr (§ 227 BGB);
   - Notstand (§ 228, § 904 BGB);

---

3 Palandt/*Sprau*, zu § 823 Rz. 11 ff.; *Brox/Walker*, Besonderes Schuldrecht, § 45, Rz. 9 ff.

- Selbsthilfe (§ 229 BGB) und
- die Einwilligung des Verletzten.[4]

▶ **Beispiel:**

Eine von einem Arzt durchgeführte Operation ist deshalb nicht rechtswidrig, weil 27
der Patient vorher seine Einwilligung in den Eingriff erteilt hat. Das setzt aber
voraus, dass der Patient über Tragweite und Risiken aufgeklärt wurde.[4]

Verschulden: Dem Grundsatz der Verschuldenshaftung des BGB liegt die Wertent- 28
scheidung zugrunde, dass eine Person für schädigende Handlungen nur zur Verantwortung gezogen werden kann, wenn ihr die Verletzung vorzuwerfen ist. Die Begründung
eines Schadensersatzanspruches knüpft daher am Verschulden des Handelnden an.

Ein Element des Verschuldens ist die **Deliktsfähigkeit** des Handelnden. Zur Erinne- 29
rung: Deliktsunfähig sind Kinder, die jünger als sieben Jahre sind (§ 828 Abs. 1 BGB).
Bedingt deliktsfähig sind Kinder und Jugendliche unter 18 Jahren. In Ausnahmefällen
kann eine Billigkeitshaftung bei fehlender Deliktsfähigkeit eintreten (§ 829 BGB).

Nach dem Wortlaut des Gesetzes kann das Verschulden in zwei Varianten auftreten:
Vorsatz oder **Fahrlässigkeit** (§ 823 Abs. 1 BGB).

▶ **Definition:**

Vorsatz ist Wissen und Wollen des rechtswidrigen Erfolgs.

Unbedingter Vorsatz: Der Handelnde muss den Schaden vorausgesehen und gewollt
haben.

Bedingter Vorsatz: Der Handelnde hat den Schaden als möglich erkannt und billigend
in Kauf genommen.

▶ **Definition:**

Fahrlässig handelt, wer die im Verkehr erforderliche Sorgfalt außer Acht lässt
(§ 276 Abs. 1 Satz 1 BGB).

Grobe Fahrlässigkeit: Der Handelnde lässt einfachste und nahe liegendste Vorsichts-
maßnahmen außer Acht.

Mittlere Fahrlässigkeit: Der Handelnde lässt die objektiv erforderliche Sorgfalt außer
Acht.

Leichte Fahrlässigkeit: Der Handelnde wendet zwar eine gewisse Sorgfalt an, jedoch
nicht die Erforderliche.

---

4 Zur umfangreichen Rechtsprechung zur Aufklärungspflicht des Arztes: Palandt/*Sprau*, zu
§ 823 Rz. 142 ff.

▶ Beispiele:

30 In einem an einer befahrenen Straße gelegenen Kindergarten hat die verantwortliche Erzieherin vergessen, die Haustüre zu schließen. Ein Kind rennt auf die Straße und wird angefahren (grobe Fahrlässigkeit).

Ein Bankräuber sperrt seine gefesselte Geisel in den Kofferraum seines Fluchtwagens. Einige Stunden später ist die Geisel erstickt. Der Geiselnehmer hatte zwar einen Erstickungstod für möglich gehalten, aber gehofft, es werde schon gut gehen (bedingter Vorsatz).

31 **Haftungsausfüllende Kausalität:** Zwischen der Rechtsgutverletzung und dem eingetretenen Schaden muss ein ursächlicher Zusammenhang bestehen. Es gelten die gleichen Zurechnungskriterien wie bei der haftungsbegründenden Kausalität.

(Art und Umfang der Schadensersatzansprüche werden in Rdn. 58 ff. näher erläutert)

▶ Beispiel:

32 Frau Alban ist beim Aussteigen aus der Straßenbahn von einem Pkw angefahren worden. Der Pkw-Fahrer hat, da er ein Hinweisschild übersehen hatte, den Unfall verschuldet. Der Nerzmantel von Frau Alban wurde durch den Sturz beschädigt. Demzufolge sind die Reparaturkosten (Schaden) des Mantels durch den unachtsamen Pkw-Fahrer verursacht worden (haftungsausfüllende Kausalität)

Zum Ausgangsfall »Schlag aufs Auge«:

Es werden die einzelnen Voraussetzungen für einen Schadensersatzanspruch nach § 823 Abs. 1 BGB geprüft:

Hans Schill hat Ahmed Rafsani geschlagen (Verletzungshandlung) und dadurch dessen Auge (Rechtsgut Körper) verletzt, wodurch eine Sehbehinderung eintrat (Rechtsgut Gesundheit; haftungsbegründende Kausalität). Hans Schill hat nicht in Notwehr gehandelt (Rechtswidrigkeit wird indiziert). Den Schlag hat er vorsätzlich ausgeführt (Verschulden). Schmerzen, Sehbehinderung, Heilbehandlungs- und Rehabilitationskosten sowie künftiger Verdienstausfall (Schäden) sind Folge der Verletzungshandlung (haftungsausfüllende Kausalität). Ahmed Rafsanis Schadensersatzansprüche gegenüber Hans Schill sind demnach nach § 823 Abs. 1 BGB begründet.

2. Verstoß gegen Schutzgesetze (§ 823 Abs. 2 BGB)

33 Mit § 823 II BGB (Verstoß gegen Schutzgesetze) wird der Haftungsbereich des § 823 Abs. 1 BGB (Verletzung von absoluten Rechten) erweitert. Schadensersatzpflichtig ist ebenfalls, wer gegen ein Gesetz verstößt, das Individualinteressen schützen will. Im Gegensatz zu § 823 Abs. 1 BGB werden auch Vermögensschäden erfasst.

▶ **Beispiel:**

Ein Anlagebetrüger gibt gegenüber seinen Kunden eine weitaus überhöhte Rendite   34
für eine Immobilienbeteiligung an. Die Anleger erleiden dadurch erhebliche
finanzielle Verluste. Bloße finanzielle Beeinträchtigungen fallen nicht unter die
absoluten Rechtsgüter des § 823 Abs. 1 BGB. Da aber der **Straftatbestand** Betrug
(§ 263 StGB) ein Schutzgesetz ist, muss der Anlagebetrüger Schadensersatz nach
§ 823 Abs. 2 BGB leisten.

Als Schutzgesetze im Sinne von § 823 Abs. 2 BGB gelten die meisten Normen des   35
Strafrechts, wie Körperverletzung (§§ 223 ff. StGB), Vermögensdelikte (§§ 242 ff.
StGB), Betrug und Untreue (§§ 263 ff. StGB), Beleidigungsdelikte (§§ 185 ff. StGB),
daneben einige Vorschriften des Gewerbe- und Arbeitsrechts.[5]

▶ **Zum Ausgangsfall »Schlag aufs Auge«:**

Aus § 823 Abs. 2 BGB lässt sich für Ahmed Rafsani ebenfalls ein   36
Schadensersatzanspruch ableiten. Hans Schill hat nämlich durch die von ihm
begangene Körperverletzung ein Schutzgesetz verletzt (§ 226 StGB – schwere
Körperverletzung).

3. Sittenwidrige Schädigungen (§ 826 BGB)

Im Wirtschaftsleben hat eine weitere Schadensersatznorm Bedeutung: 37

§ 826 BGB: *»Wer in einer gegen die guten Sitten verstoßenden Weise einem anderen vor-*
sätzlich Schaden zufügt, ist dem anderen zum Ersatz des Schadens verpflichtet.«

Die Rechtsprechung hat aus dieser Generalklausel diverse Fallgruppen abgeleitet: 38
- Arglistiges Verhalten bei Vertragsschluss.
- Verleiten zum Vertragsbruch.
- Bewusst falsche Auskünfte.
- Ausnutzen einer formalen Rechtsstellung.
- Ausnutzen einer wirtschaftlichen Machtstellung.[6]

III. Verletzung der Aufsichtspflicht (§ 832 BGB)

▶ **Fall: Spiel mit der Pistole**

Der 14-jährige Achim wurde in seiner Familie schon früh mit Waffen vertraut.   39
Sein Vater, Herr Artus, ist passionierter Jäger, der seine Urlaube gerne in Osteuropa
mit der Großwildjagd verbringt. Achim hat seinen Vater mehrfach bei seinen
Jagdausflügen begleitet. Er hat eine Vorliebe für kleinkalibrige Pistolen, die auch im
Waffenschrank des Vaters lagern. Eines Tages nimmt Achim eine 7,65 mm Walther
mit in die Schule, um seine Mitschüler zu beeindrucken. Auf dem Pausenhof

---

5 Vgl. *Brox/Walker*, Besonderes Schuldrecht, § 46, Rz. 5.
6 S. *Brox/Walker*, Besonderes Schuldrecht, § 47, Rz. 5 ff.

löst sich bei der Demonstration versehentlich ein Schuss und durchschlägt den Unterarm von Beate, einer Mitschülerin. Bei der polizeilichen Vernehmung stellt sich heraus, dass Achim den Schlüssel zu dem Waffenschrank seines Vaters aus dessen Nachttischschublade entwendet hatte.

40 In der Praxis der Sozialarbeit und -pädagogik übernehmen Mitarbeiter häufig Verantwortung für Minderjährige oder geistig Behinderte. Die daraus resultierende Aufsichtspflicht, etwa in der Jugendpflege, in Kitas oder im Heimbereich, kann zu erheblichen Schadensersatzforderungen führen, wenn der Aufsichtsbedürftige Dritte schädigt. Der rechtliche Hintergrund sollte daher bekannt sein.

▶ Definition:

Aufsichtspflicht ist die Verpflichtung, dafür zu sorgen, dass anvertraute Minderjährige oder aufsichtsbedürftige Volljährige sich nicht selbst oder Dritte schädigen (§ 832 BGB).

Die Aufsichtspflicht kann entweder auf gesetzlicher Grundlage oder auf vertraglicher Übernahme beruhen.

1. Gesetzliche Aufsichtspflicht

41 Zu den Aufsichtspflichtigen, die per Gesetz diese Verantwortung übertragen bekommen haben, gehören vor allem
  – die sorgeberechtigten Eltern (§ 1631 Abs. 1 BGB);
  – ein Vormund (§§ 1793, 1800 i.V.m. § 1631 BGB);
  – ein Pfleger (§§ 1909, 1915 BGB);
  – ein Betreuer (§§ 1896, 1901 BGB);
  – sowie das Personal von öffentlichen Heil- und Pflegeanstalten.[7]

2. Vertragliche Aufsichtspflicht

42 Der Inhaber der Aufsichtspflicht kann die Ausübung auch auf andere übertragen (Delegation), etwa auf einen Verein, ein Jugendheim oder einen Kindergarten. Wird ein Minderjähriger in eine Einrichtung aufgenommen, schließt dies stillschweigend (konkludent) die Übernahme der Aufsichtspflicht ein.

43 Der Leiter einer Jugendgruppe oder sein Vertreter kann die Aufsichtspflicht durch formlosen Vertrag übernehmen, wenn er geschäftsfähig ist oder die Zustimmung seines gesetzlichen Vertreters zum Führen der Gruppe hat.

44 Eine vertragliche Übernahme der Aufsicht wird ebenfalls angenommen, wenn der Aufsichtsbedürftige bei Pflegeeltern oder Verwandten (z.B. Großeltern) für längere Zeit untergebracht ist. Dies setzt jedoch eine weitreichende Obhut von längerer Dauer und weitgehende Einwirkungsmöglichkeiten voraus.[8]

---

7 Vgl. Palandt/*Sprau*, § 832, Rz. 5.
8 BGH, NJW 85, 678.

Wird die Aufsicht an eine Einzelperson delegiert, soll im Regelfall eine persönliche **45** Verpflichtung begründet werden, die eine Weiterübertragung an Dritte ausschließt. Dagegen sieht man es bei Übernahme der **Aufsicht durch Träger sozialpädagogischer Einrichtungen** als selbstverständlich an, dass die Aufsicht rechtlich verbindlich an Heim- und Gruppenleiter, Erzieherinnen oder Praktikanten weitergegeben wird (**Subdelegation**). Die Rechtsprechung verlangt, dass diese Personen sorgfältig ausgewählt, unterrichtet und beaufsichtigt werden[9], besonders wenn Zivildienstleistende, ehrenamtliche Mitglieder von Organisationen und andere nicht voll ausgebildete »Berufsfremde« eingesetzt werden. Eine allgemeine Aufsichtspflicht bleibt für den Delegierenden weiterhin bestehen. So hat die Heimleitung ihre Erzieherinnen ausreichend anzuleiten, über die speziellen Anforderungen der Kinder zu informieren und zu überwachen.

3. Gefälligkeitsverhältnisse

Die Aufsichtspflicht darf nicht überstrapaziert werden. Das hat der Bundesgerichtshof **46** in seiner Rechtsprechung deutlich gemacht. Wenn etwa Eltern ihr Kind kurzzeitig bei Nachbarn abgeben, um Besorgungen zu erledigen oder Bekannte ein Kind gelegentlich im Auto zum Kindergarten mitnehmen, begründet dies in der Regel nur ein Gefälligkeitsverhältnis ohne vertragliche Verpflichtungen.[10] Wird jedoch ein Honorar vereinbart, kann dies ein Indiz für das Bestehen einer Aufsichtspflicht sein. Entscheidend aber ist, wie sich die Gefälligkeit einem objektiven Beobachter bei lebensnaher Betrachtung darstellt.

4. Anforderungen an die Aufsicht

Minderjährige sind nach herrschender Meinung immer aufsichtsbedürftig.[11] Gesetz- **47** lich nicht definiert ist jedoch, wie und in welchem Umfang die Aufsicht wahrgenommen werden muss. Anhaltspunkte liefert die Rechtsprechung des Bundesgerichtshofs: »*Bei Kindern bestimmt sich das Maß der gebotenen Aufsicht nach Alter, Eigenart und Charakter, nach der Voraussehbarkeit des schädigenden Verhaltens sowie danach, was verständige Eltern nach vernünftigen Anforderungen in der konkreten Situation an erforderlichen und zumutbaren Maßnahmen treffen müssen, um Schädigungen Dritter durch ihr Kind zu verhindern.*«[12]

Pädagogische Erkenntnisse sollen zur Auslegung dieser unbestimmten Begriffe her- **48** angezogen werden. Die Verletzung von Erziehungspflichten begründet alleine noch keine Haftung; der Verpflichtete muss konkreten Anlass haben, bestimmte Aufsichtsmaßnahmen zu treffen.

---

9   BGH NJW 96, 1146.
10   Palandt/*Sprau*, zu § 832 Rz. 6; OLG Hamm, MDR 99, 671.
11   Palandt/*Sprau*, § 832 Rz. 4; BGH NJW 76, 1145.
12   BGH, NJW 93, 1103.

49 Außer den genannten Kriterien sind der Entwicklungsstand des Kindes, Verhaltensauffälligkeiten und die von ihm ausgehenden Gefahren zu berücksichtigen.[13] Eine erhöhte Aufsichtspflicht ergibt sich bei Kindern, die in gefährlicher Umgebung spielen (Gartenteich, Baustelle) oder wenn die Vorliebe für gefährliche Aktionen bekannt ist (Vorliebe des Sohnes für Waffen).[14]

50 Konkret kann von einem Aufsichtspflichtigen verlangt werden,
   – dass er sich über die Individualität des Kindes und seine Freizeitgestaltung informiert;
   – dass er es über erkennbare Gefahren (z.b. durch gefährliches Spielzeug, Sportgeräte) belehrt;
   – dass er vor Fehlverhalten warnt (z.b. Verbot, einen zugefrorenen Teich zu betreten) und zu richtigem Handeln ermahnt;
   – dass er sich vergewissert, dass der Aufsichtsbedürftige verstanden hat, ob Weisungen (z.b. für den Straßenverkehr) befolgt werden;
   – dass er bei Kindern, die zu gefährlichen Streichen oder Straftaten neigen, erhöhte Aufsicht beachtet;
   – dass er bei Gefährdung Verbote durchsetzt (Wegschließen des Dreirades eines unvorsichtigen 4-jährigen oder von Streichhölzern; Ausschluss von einer Bergtour; Verhinderung des Ballspiels auf dem Gehweg).

5. Beweislast

51 Da der Geschädigte meist keinen Einblick in Organisation und konkrete Ausgestaltung der Aufsichtspflicht hat (z.B. in einer Kita), gelten veränderte Beweisregeln. Grundsätzlich muss der Geschädigte in Haftungsfällen immer nachweisen, dass der Schädiger den Schaden verschuldet hat. Bei der Aufsichtspflichtverletzung ist die Beweislast jedoch verändert (**Beweislastumkehr**). Der Aufsichtspflichtige muss nämlich beweisen, dass ihn kein Verschulden trifft. Wenn ein Aufsichtsbedürftiger einem Dritten widerrechtlich einen Schaden zufügt, stellt das Gesetz (§ 832 Abs. 1 BGB) eine doppelte Vermutung auf. Die Aufsichtspflicht wurde verletzt, und dadurch ist der Schaden eingetreten. Der Aufsichtspflichtige muss hingegen den Entlastungsbeweis antreten.

52 Nur wenn der Aufsichtspflichtige nachweisen kann,
   – dass er seiner Aufsichtspflicht genügt hat oder
   – der Schaden auch bei ordnungsgemäßer Aufsichtsführung eingetreten wäre

muss er keinen Schadensersatz leisten (§ 832 Abs. 1 Satz 2 BGB).

▶ **Zum Ausgangsfall »Spiel mit der Pistole«:**

53 Herr Artus, der Vater des 14-jährigen Achim, ist Inhaber einer gesetzlichen Aufsichtspflicht als sorgeberechtigter Elternteil (§ 1631 Abs. 1 BGB). Was

---

13 BGH, NJW 96, 1404.
14 OLG Frankfurt am Main, MDR 97, 1028.

den Umgang mit Pistolen angeht, kann er seine Aufsichtspflicht auch nicht stillschweigend an Mitarbeiter der Schule bzw. an den Klassenlehrer oder andere Lehrer delegieren. Nach der Rechtsprechung bestimmt sich das Maß der gebotenen Aufsicht nach dem Alter und dem Charakter des Kindes und nach der Voraussehbarkeit eines schädigenden Verhaltens. Maßstab ist, was vernünftige Eltern an erforderlichen Maßnahmen hätten treffen müssen. Herr Artus wusste, dass Achim ein Waffennarr ist. Er hatte ihn selbst an den Umgang mit Pistolen herangeführt. Er hätte ihm deutlich machen müssen, dass er nur in seiner Gegenwart mit Waffen hantieren darf. Außerdem hätte er dafür Sorge tragen müssen, dass Achim nicht relativ einfach Zugang zu dem Waffenschrank bekommt. Herr Artus hat somit seine Aufsichtspflicht gem. § 832 BGB verletzt und ist damit gegenüber der Geschädigten schadensersatzpflichtig.

IV. Amtspflichtverletzung (§ 839 BGB und Art. 34 GG)

Die Haftung wegen Amtspflichtverletzung wird für soziale Berufsgruppen relevant, **54** wenn sie hoheitliche Aufgaben ausüben. Die einschlägige Haftungsnorm für die persönliche Inanspruchnahme des Beamten ist § 839 Abs. 1 BGB (**Eigenhaftung**).

▶ Definition Amtspflichtverletzung:

Ein Beamter wird schadensersatzpflichtig, wenn er eine Amtspflicht verletzt, die er dem geschädigten Dritten gegenüber auszuüben hat (§ 839 Abs. 1 BGB).

Dabei wird ein erweiterter Beamtenbegriff zugrunde gelegt. Es kommt nicht auf **55** den formalen Beamtenstatus an, sondern vielmehr, ob jemand eine **hoheitliche (und nicht privatwirtschaftliche) Tätigkeit** ausübt.[15] Es ist allgemein anerkannt, dass auch Angestellte der Religionsgemeinschaften und deren Wohlfahrtsverbände (Diakonie, Caritas) hoheitliche Aufgaben übertragen bekommen (z.b. Adoptionsvermittlung).[16]

▶ Beispiele für die Haftung von »Beamten im erweiterten Sinne«:

- – Lehrer bei der Ausübung der Aufsichtspflicht;   **56**
- – Angestellte oder verbeamtete Sozialpädagogen im Jugendamt;
- – Angestellte oder verbeamtete Sozialarbeiter des Sozialamts;
- – Angestellte oder Beamte der Religionsgemeinschaften;
- – keine öffentliche Gewalt üben aus: Vormünder und Pfleger.

Hat der »Beamte« im Rahmen hoheitlicher Tätigkeit die Amtspflichtverletzung began- **57** gen, tritt an die Stelle der persönlichen Haftung des »Beamten« die **Staatshaftung**. Dieser Grundsatz – der Staat haftet anstelle des Beamten – ist in Art. 34 des Grundgesetzes verankert. Die Staatshaftung dient sowohl dem Interesse des Geschädigten als auch dem des Beamten.

---

15 Palandt/*Sprau*, zu § 839 Rz. 13 ff.
16 Palandt/*Sprau*, zu § 839 Rz. 125.

V. Schadensersatz

58   Zur Ermittlung von Schadensersatzansprüchen gelten diverse Vorschriften. Zum einen werden die allgemeinen Schadensersatzregelungen (§§ 249 ff. BGB) herangezogen. Zum anderen bestehen Spezialnormen für unerlaubte Handlungen (§§ 842 bis 851 BGB).

In Rechtsprechung und Lehre wird ein Schaden generell folgendermaßen definiert:

Ein Schaden ist jeder Nachteil, den jemand durch ein bestimmtes Ereignis an seinem Vermögen oder an seinen sonstigen rechtlich geschützten Gütern erleidet.[17]

59   Ein Vermögensschaden wird mittels der sog. »Differenzhypothese« festgestellt, dem Vergleich zweier Güterlagen: Erstens die Lage, die durch das schädigende Ereignis entstanden ist. Zweitens die hypothetische Lage, die entstehen würde, wenn das schädigende Ereignis nicht eingetreten wäre.[18]

▶ Beispiel:

60   Nach dem Wohnungseinbruch durch einen Drogenabhängigen entstehen Reparaturkosten an dem aufgehebelten Fenster (tatsächliche Lage). Ohne den Einbruch wären die Reparaturkosten nicht entstanden (hypothetische Lage).

Der Geschädigte kann sowohl Ersatz für **unmittelbare Schäden** (z.B. Reparaturkosten) als auch für **mittelbare Schäden** (z.B. Verdienstausfall infolge einer Verletzung) verlangen.

Eine weitere zentrale Unterscheidung ist die zwischen materiellem Schaden und immateriellem Schaden.

Ein **materieller Schaden** (Vermögensschaden) ist »jede in Geld bewertbare Einbuße, die jemand an seinem Vermögen erleidet«.[19]

61   **Immaterielle Schäden** (§ 253 Abs. 1 BGB) hingegen sind Einschränkungen an körperlichem oder seelischem Wohlbefinden durch Schmerzen, Kummer, Ängste oder Einschränkungen des Lebensgefühls.

62   In diese Kategorie fällt auch der **Schmerzensgeldanspruch** (§ 253 II BGB), der nach gefestigter Rechtsprechung einen Ausgleich für die Einbußen am Wohlbefinden erfüllen und der Genugtuung des Verletzten für das erlittene Unrecht dienen soll (Ausgleichs- und Genugtuungsfunktion).[20]

63   In der Regel richtet sich der Schadensersatzanspruch auf eine bestimmte Geldsumme (§ 249 Abs. 2 BGB), obwohl der Gesetzgeber noch etwas antiquiert den Grundsatz der »Naturalrestitution« (§ 249 Abs. 1 BGB) in den Vordergrund stellt. Danach soll der Schädiger den Zustand wieder herstellen, der ohne den Schaden bestehen würde.

---

17 Vgl. Palandt/*Grüneberg*, vor § 249 Rz. 9.
18 Palandt/*Grüneberg*, vor § 249 Rz. 10.
19 *Klunzinger*, Einführung in das Bürgerliche Recht, S. 249.
20 Seit BGHZ 18, 149.

Bei Körper- und Gesundheitsverletzungen kann der Geschädigte darüber hinaus eine angemessene Rente verlangen (§ 843 BGB).

Zu Art, Umfang und Berechnung von Schadensersatzansprüchen hat sich eine 64 unübersehbare Fülle von Rechtsprechung angesammelt, die im Einzelfall am Besten in einem BGB-Kommentar nachzulesen ist.

▶ **Zum Ausgangsfall »Schlag aufs Auge«:**

Der Geschädigte Ahmed Rafsani kann infolge seiner Augenverletzung Schmer- 65 zensgeld (§ 253 Abs. 2 BGB), Heilbehandlungs- und Rehabilitationskosten (§ 249 Abs. 2 BGB), gegebenenfalls Verdienstausfall (§§ 249, 252 BGB) sowie eine angemessene Rente (§ 843 BGB) als Schadensersatz verlangen.

C. Haftung von Vereinen, Dienstleistungsunternehmen, Gesellschaften

Soziale Dienstleistungen werden zunehmend in der Form von kleinen bis mittleren 66 Unternehmen angeboten. Häufig lagern die großen Wohlfahrtsverbände einzelne Geschäftsbereiche aus und gründen Unternehmen, die vorwiegend als GmbH (Gesellschaft mit beschränkter Haftung) oder Verein gegründet werden. Das kann z.b. der Betrieb eines Seniorenwohnheims, die Einrichtung einer Familienberatungsstelle oder die Gründung eines Betreuungsvereins sein. Wenn solche Zusammenschlüsse ein soziales und/oder wirtschaftliches Ziel verfolgen, treten immer Haftungsfragen auf, die schon im Vorfeld geklärt werden sollten. Wie gestaltet sich die Verantwortung, wenn ein Mitglied, der Vorstand, ein Mitarbeiter oder ein Helfer einen Schaden verursacht?

I. Organhaftung juristischer Personen

Was bedeutet die Organhaftung juristischer Personen? 67

▶ **Definition:**

Eine juristische Person ist die Zusammenfassung von Personen zu einer gemeinsamen 68 rechtlichen Organisation. Sie ist ein vom Gesetzgeber entwickeltes künstliches Gebilde und hat die Fähigkeit, Träger eigener Rechte und Pflichten zu sein.

Grundtyp der juristischen Person ist der Verein (§§ 21 ff. BGB). Als juristische Personen 69 gelten ferner die GmbH, die Aktiengesellschaft (AG), die Genossenschaft oder auch die Stiftung. Juristische Personen des öffentlichen Rechts sind vor allem der Staat (Bund, Länder, Kreise, Gemeinden), die Kirchen sowie Anstalten des öffentlichen Rechts.

Zentrale Haftungsnorm für juristische Personen ist § 31 BGB, die zunächst nur für 70 den Verein gilt. Danach haftet der Verein für den Schaden, *»den der Vorstand, ein Mitglied des Vorstands oder ein anderer verfassungsmäßig berufener Vertreter«* einem Dritten zufügt. Nach gefestigter Rechtsprechung gilt der Haftungsgrundsatz des § 31 BGB nicht nur für Vereine, sondern generell für alle juristischen Personen, auch für die des öffentlichen Rechts (über § 89 BGB).[21]

---

21 Palandt/*Ellenberger*, § 31, Rz. 3.

71 So haften u.a. folgende Gesellschaften für ihre Organe:
- die Gesellschaft des bürgerlichen Rechts (GBR)
- der nichtrechtfähige Verein (§ 54 BGB)
- die Stiftung
- die Offene Handelsgesellschaft (OHG)
- die Kommanditgesellschaft (KG)
- die juristischen Personen des öffentlichen Rechts (§ 89 BGB)

72 Hat die juristische Person einen wichtigen Aufgabenbereich an einen Funktionsträger oder Bediensteten übertragen, ist es ihr verwehrt, einen Entlastungsbeweis (Exkulpation) anzutreten. Diese strenge Verantwortung kann die juristische Person nicht dadurch umgehen, dass sie es unterlässt, verantwortliche Personen für bestimmte Aufgabengebiete zu benennen. Entsteht durch ein solches Versäumnis Schaden, so haftet die juristische Person wegen eines ihr anzurechnenden Organisationsfehlers.

II. Haftung für Mitarbeiter und Helfer

73 Mitarbeiter, etwa Arbeitnehmer in untergeordneten Positionen oder ehrenamtliche Helfer, können z.b. ein soziales Dienstleistungsunternehmen als **Erfüllungsgehilfe** (§ 278 BGB) oder **Verrichtungsgehilfe** (§ 831 BGB) zum Schadensersatz verpflichten. Für Verschulden des Erfüllungsgehilfen haftet das Unternehmen nach § 278 BGB ohne Entlastungsmöglichkeit. Bei einem Fehlverhalten des Verrichtungsgehilfen kommt dagegen eine Exkulpation durch Nachweis gehöriger Auswahl und Beaufsichtigung in Frage (§ 831 Abs. 1 Satz 2 BGB).

Schaubild 2:

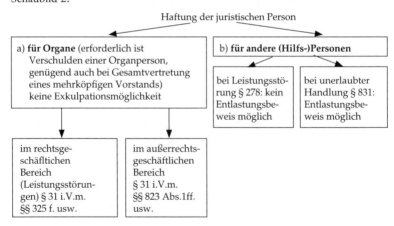

Die Mitglieder haften nicht, sondern nur die juristische Person, aus deren Vermögen (»Vereinskasse« usw.) der Geschädigte seinen Ersatz erhält.[22]

---

22 BGH, NJW 1978, 2390 Nr. 3.

▶ **Beispiel:**

So haftet der eingetragene Trägerverein eines Bundeswehrheims, weil sein   74
Vorstand die im Umgang mit Reinigungsmitteln nicht fachkundigen Mitarbeiter
ungenügend eingewiesen und beaufsichtigt hatte, sodass einem Soldaten eine
äußerlich wie Kaffee aussehende ätzende Flüssigkeit serviert wurde, wodurch er
eine schwere Verletzung der Speiseröhre erlitt.[23]

Auch beim nichteingetragenen Verein, der keine juristische Person ist, beschränkt sich   75
die Haftung faktisch auf das Vereinsvermögen; zwar haften alle Vereinsmitglieder als
Gesamtschuldner[23], doch beschränkt auf ihren Anteil am Vereinsvermögen.[24]

III. Eigenhaftung des Handelnden

Damit ist noch nicht geklärt, ob der für die Organisation Handelnde nicht auch selbst   76
haftet.

Im rechtsgeschäftlichen Bereich wird das zu verneinen sein; denn nicht die Person, die   77
für den Fehler verantwortlich ist, sondern der Verein, die Stiftung usw. sind Geschäftspartner, etwa eines Vertrages. Dagegen wird die Organ- oder die Hilfsperson häufig
gegen Entgelt bei der juristischen Person beschäftigt sein (z.b. die Kinderpflegerin
beim Träger des Heims), sodass das Fehlverhalten eine Verletzung von Pflichten aus
dem Arbeitsverhältnis darstellen wird, eine Leistungsstörung, die unter arbeitsrechtlichen Gesichtspunkten zu Ansprüchen und Sanktionen des Anstellungsträgers gegen
die für ihn handelnde Person führen kann.

Begeht der Schädiger jedoch eine unerlaubte Handlung (Delikt), so kommt eine   78
deliktische Eigenhaftung für schuldhaftes Verhalten in Betracht, vor allem aus § 823
BGB. Zwar wird dann, wenn es um Heilungsbehandlungskosten geht, gewöhnlich
die gesetzliche Krankenversicherung, bei Kindergarten- und Schulunfällen die gesetzliche Unfallversicherung (§ 2 Abs. 1 Nr. 8a, b SGB VII) leistungsverpflichtet sein,
doch gehen die Ansprüche gegen Schadenersatzpflichtige auf die Krankenkasse über
(§ 116 Abs. 1 SGB X); im Falle eines Kindergarten- oder Schulunfalles bestehen dazu
Sonderregelungen – hier ist die persönliche deliktische Haftung nach § 105 SGB VII
beschränkt. Sie greift nur bei Vorsatz oder wenn der Unfall auf einem versicherten
Weg geschehen ist. Unter welchen Voraussetzungen der Unfallversicherungsträger
Rückgriff beim Unternehmen und Vorstandsmitgliedern nehmen kann, ist in § 111
SGB VII geregelt.

Will man sich als Berufstätiger gegen Ersatzansprüche absichern, empfiehlt es sich,   79
eine private Berufshaftpflichtversicherung abzuschließen. Bei »gefahrgeneigten«
Berufen, wozu man die Arbeit mit aufsichtsbedürftigen Kindern und behinderten
Menschen rechnen kann, sollte die Fürsorgepflicht den Arbeitgeber veranlassen, eine

---

23 § 421 BGB.
24 Vgl. Palandt/*Ellenberger*, § 54 Rz. 12.

Betriebshaftpflicht- und Vermögensschadensversicherung abzuschließen, die nicht nur das eigene Risiko, sondern auch das Risiko der angestellten Mitarbeiter und Mitarbeiterinnen abdeckt.

D. Die Haftung für die Tätigkeit eines Erfüllungsgehilfen (§ 278 BGB)

▶ Definition:

80   **Erfüllungsgehilfe ist, wer mit Willen des Schuldners bei der Erfüllung von dessen Verbindlichkeit aus dem Schuldverhältnis tätig wird.**[25]

81   Das wird meistens ein Arbeitnehmer, kann aber auch etwa der Ehegatte des Schuldners sein; erforderlich ist nur, dass der Gehilfe vom Schuldner zur Erledigung der bestehenden Verpflichtung eingesetzt worden ist.[26] Der Erfüllungsgehilfe muss in Ausübung, nicht nur bei Gelegenheit, der Hilfstätigkeit schuldhaft i.S.d. § 276 BGB (also vorsätzlich oder fahrlässig) eine Anspruchsnorm verletzt haben.

▶ Bekanntes Beispiel:

82   Der Malergehilfe schlägt mit einer Leiter aus Versehen eine Fensterscheibe ein; hier hat der Geselle im Zuge der Vertragserfüllung fahrlässig einen Schaden herbeigeführt, für den der Meister nach § 278 Abs. 1 BGB wie für eigenes Verschulden haftet.

Den Meister träfe keine Haftung nach § 278 BGB, wenn der Gehilfe heimlich während der Malerarbeiten beim Kunden eine wertvolle Porzellanvase gestohlen hätte.

83   Die Regelung für den Erfüllungsgehilfen (§ 278 BGB) gilt zugleich für den gesetzlichen Vertreter. So hat das vertretene minderjährige Kind, das Eigentümer eines Miethauses ist, für das Verschulden seiner Eltern bei Erfüllung der Vermieterpflichten einzustehen, wenn jene einen Mangel der Mietwohnung nicht rechtzeitig beseitigen lassen (§§ 278, 538 BGB).

Unter diese Haftung für den gesetzlichen Vertreter fällt nicht die Organhaftung, die, wie erörtert, in § 31 BGB geregelt ist.

84   **Auch ohne eigenes Verschulden haftet der Schuldner** für seinen Erfüllungsgehilfen, dessen Tun er »vertreten« muss. Doch kann sich der Schuldner, wie sich aus § 278 Satz 2 BGB ergibt, im Voraus von der Haftung für vorsätzliches Handeln der Erfüllungsgehilfen befreien; dies wird aber durch § 309 Nr. 7b BGB wieder begrenzt.

---

25 Vgl. Palandt/*Grüneberg*, § 278, Rz. 7.
26 Vgl. dazu Palandt/*Grüneberg*, § 278, Rz. 7.

E. Die Haftung für den Verrichtungsgehilfen (§ 831 BGB)

▶ Definition:

> Grundsätzlich haftet ein Geschäftsherr auf Schadensersatz, wenn sein Verrich-   85
> tungsgehilfe einem Dritten einen Schaden in Ausführung der Verrichtung wider-
> rechtlich zufügt hat (§ 831 BGB).

Verrichtungsgehilfe ist derjenige, der vom Geschäftsherrn eine Tätigkeit übertragen bekommen hat. Außerdem muss er weisungsgebunden sein. Das ist bei Arbeitsverhältnissen regelmäßig der Fall.

▶ Beispiel:

> Der Hausmeister eines Seniorenwohnheims ist beim Schneekehren auf dem Parkplatz   86
> Verrichtungsgehilfe des Anstellungsträgers. Um keinen Verrichtungsgehilfen des
> Wohnheimbetreibers handelt es sich bei einem selbständigen Hausmeisterservice,
> der unter anderem Schneeräumungsarbeiten übernommen hat.

Um die Haftung des Geschäftsherrn zu begründen, muss ein unmittelbarer innerer   87
Zusammenhang zwischen der dem Gehilfen übertragenen Aufgabe und der schädigenden Handlung bestehen. Der Schaden darf nicht lediglich bei Gelegenheit (etwa durch Brandstiftung des Gehilfen) verursacht sein.[27] Die Schädigung muss »widerrechtlich« (rechtswidrig) sein, jedoch braucht der Verrichtungsgehilfe nicht schuldhaft gehandelt zu haben (z.B. weil er nach § 827 Satz 1 BGB oder § 828 Abs. 3 BGB nicht verantwortlich war). Gehaftet wird vom Geschäftsherrn für vermutetes eigenes Verschulden bei der Anstellung und Beaufsichtigung des Schädigers. Dieser selbst haftet aus § 823 BGB, wenn er zurechenbar vorsätzlich oder fahrlässig gehandelt hat. Dann müssen Geschäftsherr und Verrichtungsgehilfe nach § 840 BGB gesamtschuldnerisch für den Schaden einstehen.

Der Geschäftsherr kann die Vermutung seines Verschuldens widerlegen, indem er den   88
Entlastungsbeweis führt. Dieser erfordert, dass der Geschäftsherr den Gehilfen sorgfältig ausgewählt und seine fortdauernde Eignung ständig überprüft, Handwerkszeug, Dienstwagen und Vorrichtungen ordnungsgemäß beschafft und seinen Mitarbeiter sorgsam angeleitet und überwacht hat (§ 831 Abs. 1 Satz 2 BGB).

▶ Beispiel:

> Der Hausmeister des Seniorenwohnheims hat eine lose Platte auf dem Gehweg   89
> übersehen. Infolgedessen stolpert ein Angehöriger eines Pflegebedürftigen
> und bricht sich ein Bein. Wenn es Aufgabe des Hausmeisters ist, den Gehweg
> regelmäßig auf seine Sicherheit zu überprüfen, haftet in jedem Fall der
> Hausmeister. Der Geschäftsherr, Betreiber des Seniorenwohnheims, kann sich u.U.
> exkulpieren, wenn er nachweist, dass er den Hausmeister sorgfältig ausgewählt
> und überwacht hat. Hier zeigt sich wiederum, wie wichtig der Abschluss einer
> Berufshaftpflichtversicherung ist.

---

27 S. Palandt/*Sprau*, § 831, Rz. 9.

Kapitel 11 Erbrecht

Literatur

Brox/Walker, Erbrecht, 27. Aufl., München 2016; *Bundesministerium der Justiz*, Erben und Vererben, Berlin 2016; *Frank/Helms*, Erbrecht, 6. Aufl., München 2013; *Palandt*, Bürgerliches Gesetzbuch, 75. Aufl., München 2016.

A. Einführung und Praxisrelevanz

1 Durch Erbschaften werden in Deutschland jedes Jahr immense Vermögenswerte übertragen. In den Blickpunkt der Öffentlichkeit geriet in den vergangenen Jahren die Debatte um die Erbschaftssteuer für Familienunternehmen, die sogar Gegenstand eines Verfahrens beim Bundesverfassungsgericht wurde. Die Privilegierung von Unternehmen wurde für verfassungswidrig erklärt.[1] 2009 – unter Finanzminister Steinbrück (SPD) – wurde das Vererben von Unternehmen steuerlich begünstigt, nachdem die Lobbyverbände der Wirtschaft eine massive Kampagne gestartet hatten. Argumentiert wurde mit der Gefahr des »Verlusts von Arbeitsplätzen«, einem der beiden Zauberwörter, die die politisch Verantwortlichen zittern lassen. Das andere ist die Bezeichnung »systemrelevant«, das während der Bankenkrise Milliarden Euro von Steuergeldern zur Rettung maroder Banken – die sich massiv verzockt hatten – fließen ließen. In Wahrheit geht es um die Steuerbefreiung von einigen Hundert Unternehmerfamilien, der Geldelite Deutschlands. Das Deutsche Institut für Wirtschaftsforschung (DIW) hat errechnet, dass sich ca. 17% aller Vermögen auf das obere Promille der Superreichen in Deutschland konzentriert. Das reichste Prozent der Deutschen besitzt nach dem DIW ca. 30% des Gesamtvermögens.[2] 1970 noch besaßen die 10% Reichsten 40% des gesamten Vermögens. 2016 besaßen die 10% schon 70% des deutschen Gesamtvermögens. Die soziale Schere öffnet sich immer weiter, die ökonomische Ungerechtigkeit in Deutschland nimmt eklatante Ausmaße an.[3] Insofern ist die soziale Frage eng mit der Erbschaftssteuer, der Unternehmenssteuer und darüber hinaus mit der ungleichen Einkommensverteilung in Deutschland verknüpft.

2 Es ist jedem bekannt, dass das Aufteilen einer Erbschaft zu heftigen Kontroversen zwischen den Erben führen kann. Zahlreiche Erbstreitigkeiten werden vor Gericht ausgetragen. Das Erbrecht ist im **Fünften Buch des BGB (§§ 1922 bis 2385)** geregelt.

---

1 Mit Urt. v. 17.12.2014 (1 BvL 21/12) hat das Bundesverfassungsgericht die Privilegierung des Betriebsvermögens bei der Erbschaftsteuer für verfassungswidrig erklärt.
2 Pressemitteilung des DIW vom 11.02.2015;
https://www.diw.de/de/diw_01.c.496861.de/themen_nachrichten/neue_schaetzungen_des_diw_berlin_das_reichste_prozent_der_deutschen_besitzt_mehr_als_30_prozent_des_privatvermoegens.html.
3 Stern vom 08.12.2016, S. 32.

Beim Tod eines Menschen geht dessen Vermögen als Ganzes auf die Erben über 3
(§ 1922 BGB). Der Verstorbene wird im Juristendeutsch **Erblasser** genannt, die Erbschaft **Nachlass**. Zum vererbten Vermögen zählen sowohl die positiven Vermögenswerte als auch Schulden und Verbindlichkeiten.

Wer erben soll, kann der Erblasser durch **Testament** oder durch **Erbvertrag** (sog. **Ver-** 4
fügungen von Todes wegen) bestimmen. Ansonsten tritt die gesetzliche Erbfolge ein.
Nur marginal wurde das Pflichtteilsrecht mit einer Erbrechtsreform, die 2010 in Kraft
getreten ist, geändert. Damit wurde die Situation von Menschen, die nahe Angehörige
pflegen oder die eine ehrenamtliche Betreuung übernehmen, verbessert. Des Weiteren
wurden die Gründe für eine Entziehung des Pflichtteils modernisiert. Das Verfahren
in Nachlasssachen ist seit 2009 im FamFG geregelt.

Für Sozialberufe ist das Erbrecht vorwiegend in Arbeitsfeldern wie Geragogik, Alten- 5
pflege und Seniorenbetreuung sowie bei der Tätigkeit von Betreuern von Bedeutung.
Mitarbeiter/innen, Pflegedienstleitungen und Heimleitungen von Altenpflegeheimen,
vollstationären Pflegeeinrichtungen und Altenwohnanlagen sollten grundlegende
Zusammenhänge des Erbrechts kennen.

B. Gesetzliche Erbfolge

Die gesetzliche Erbfolge kommt zum Zuge, wenn der Verstorbene kein Testament 6
hinterlassen hat (§ 1937 BGB). Sie orientiert sich am Familiengedanken. Rechtsnach-
folger in den Nachlass sind in einer bestimmten Rangfolge alle lebenden **Verwandten**
(§§ 1924 bis 1930 BGB) sowie der **Ehegatte** (§§ 1931 f., 1371 BGB). Erst wenn
Blutsverwandte, ihnen durch Adoption Gleichgestellte und Ehepartner nicht vorhanden sind, wird letzter gesetzlicher Erbe der Fiskus (§§ 1936, 1964 bis 1966 BGB).
Es besteht eine lückenlose gesetzliche Erbfolge. Geerbt wird in **Parentelen** (Abstam-
mungs-»Ordnungen«), wobei die jeweils folgende Ordnung durch die vorangehende
verwandtschaftsnähere ausgeschlossen wird. Nebeneinander stehende Angehörige derselben Ordnung, die in ihr »Stämme« repräsentieren, erben zu gleichen Teilen; den
Anteil eines Vorverstorbenen erhalten seine Kinder, bei deren Ausfall ihre Kinder, also
die Enkel des ursprünglichen Erben (Eintrittsrecht der »Unterstämme«).

Erben der ersten Ordnung sind die Abkömmlinge (die Verwandten gerader absteigen-
der Linie, nämlich Kinder, Enkel, Urenkel usw. (§ 1924 BGB).

▶ Beispiel:

7   Schaubild 1:

Erblasser (ohne Witwe)

| Erbteil (1/3) | Sohn Bertram (1/3) | Tochter Christiane (1/3) |

Enkel Dieter (1/6)   Enkelin Sohn Alfred † Evelyn † (1/6)   Enkel Ingo (seine Mutter erbt)

Urenkel Fabian (1/12)   Urenkelin Gitta (1/12)

Wäre Dieter im Zeitpunkt des Erbfalls schon tot, sein Unterstamm demnach erloschen, so ginge sein Sechstel auf die Kinder seiner Schwester Evelyn über.

8   **Erben der zweiten Ordnung** kommen zum Zuge, wenn der Erblasser selbst keine Kinder, Enkel etc. hat. Dann werden seine Eltern und deren Abkömmlinge (seine Geschwister, Neffen, Nichten sowie deren Kinder usw.) berücksichtigt (§ 1925 BGB).

9   Gibt es auch keine Verwandten dieser Gruppe, so folgen die **Erben der dritten Ordnung**. Das sind die Großeltern und ihre sonstigen Nachkommen, also Tanten, Onkel, Cousins, Cousinen des Erblassers (§ 1926 BGB).

10   Zur **vierten Ordnung** gehören die Urgroßeltern und ihre Abkömmlinge (§ 1928 BGB). Unter Umständen muss auf noch **fernere Ordnungen** zurückgegriffen werden (§ 1929 BGB).

11   **Nichteheliche Kinder** werden mit dem **Erbrechtsgleichstellungsgesetz** (1998) ehelichen Kindern gleichgestellt. Nichteheliche Kinder können bei gesetzlicher Erbfolge mit den ehelichen Kindern und dem Ehegatten des Verstorbenen eine Erbengemeinschaft bilden. Sie sind nicht mehr auf einen Erbersatzanspruch verwiesen. Ihren Vater können sie freilich nur beerben, wenn die Vaterschaft rechtlich feststeht, also durch Anerkennung oder gerichtliche Feststellung der Vaterschaft.

12   Wenn kein Testament vorhanden ist, sind der Ehegatte bzw. der Lebenspartner neben Abkömmlingen zu einem Viertel und neben Verwandten der 2. Ordnung (Eltern, Geschwister etc.) zur Hälfte gesetzlich erbberechtigt. Leben die Eheleute im Güterstand der Zugewinngemeinschaft, erhöht sich ihr Erbteil noch um ein Viertel (§ 1931 BGB).

▶ **Beispiel:**

Schaubild 2:   13

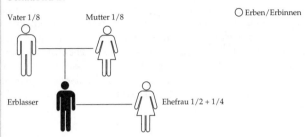

Vater 1/8   Mutter 1/8   ○ Erben/Erbinnen

Erblasser   Ehefrau 1/2 + 1/4

Der Erblasser hinterlässt seine Ehefrau, mit der er im gesetzlichen Güterstand der Zugewinngemeinschaft lebte, sowie seine Eltern.

Die Ehefrau erhält 3/4 (1/2 + 1/4) und die Eltern als Erben 2. Ordnung je 1/8 des Nachlasses. Zusätzlich erhält die Ehefrau (nebst Verwandten der 2. Ordnung oder neben Großeltern) den sogenannten »Großen Voraus«, der regelmäßig alle zum Haushalt gehörenden Gegenstände umfasst, sowie die Hochzeitsgeschenke (neben Verwandten der 1. Ordnung erhält der überlebende Ehepartner als gesetzlicher Erbe diese Gegenstände nur, soweit er sie zur Führung eines angemessenen Haushalts benötigt).

Zu geringe Bedeutung wird vielfach der Regelung beigemessen, wonach dem über-   14
lebenden Ehegatten vorweg, ohne Anrechnung auf den Erbteil, die Haushaltsgegenstände zukommen (§ 1932 BGB). In einfachen Verhältnissen sind das häufig die einzig realisierbaren Vermögensgegenstände.

C. Verfügungen von Todes wegen

Es kann genügend persönliche Gründe geben, von der gesetzlichen Erbfolge abzuwei-   15
chen. So kann es jemand für zweckmäßig halten, eine Zersplitterung seines Vermögens zu vermeiden oder die Substanz seines Unternehmens in die fähigsten Hände überzuleiten. Andere sehen es nicht ein, warum entfernte Verwandte erben sollen, während ein guter Freund nach der gesetzlichen Erbfolge leer ausgeht. Mitunter besteht das Verlangen, eine gemeinnützige Einrichtung, etwa die Kirche, zu bedenken.

Um solchen Wünschen gerecht zu werden, tritt das Familienprinzip hinter die Privat-   16
autonomie (Gestaltungsfreiheit) zurück. So bekommt jeder Erblasser die Möglichkeit eingeräumt, von der gesetzlichen Erbfolge durch **Verfügungen von Todes wegen** abzuweichen. Dazu zählen Testamente und Erbverträge. Die **gewillkürte Erbfolge** hat Vorrang vor der gesetzlichen.

I. Erbvertrag

17 Erbverträge (§§ 1941, 2274 bis 2302 BGB) sind Rechtsgeschäfte, in denen sich ein oder zwei Partner erbrechtlich binden.[4] Am häufigsten werden sie in der Praxis zwischen Eheleuten abgeschlossen und meist mit einem Ehevertrag verknüpft, in dem Gütertrennung oder Gütergemeinschaft vereinbart wird. Meist werden gleichzeitig Unterhaltsvereinbarungen getroffen. Ein Erbvertrag eignet sich ebenfalls zur Sicherung der Erbfolge des nicht verheirateten Lebensgefährten. Sie müssen notariell beurkundet werden (§ 2276 BGB). Wenn ein Erbvertrag einmal geschlossen ist, wird der Erblasser prinzipiell daran gehindert, die Verfügung von Todes wegen einseitig zu ändern oder aufzuheben.

II. Testament

18 Einfacher ist es, ein Testament (letztwillige Verfügung, §§ 1937, 2064 ff. BGB) zu errichten. Der Erblasser muss das Testament persönlich verfassen (§ 2064 BGB). Ein Testament kann jederzeit widerrufen werden, indem es durch ein neues Testament ersetzt, vernichtet, abgeändert oder aus der amtlichen Verwahrung zurückgenommen wird (§§ 2253 bis 2256 BGB). Ein Minderjähriger ist im Alter von 16 Jahren schon **testierfähig** (§ 2229 Abs. 1, 2 BGB). Nicht testierfähig ist, wer »wegen krankhafter Störung der Geistestätigkeit, wegen Geistesschwäche oder wegen Bewusstseinsstörung nicht in der Lage ist, die Bedeutung einer von ihm abgegebenen Willenserklärung einzusehen und nach dieser Einsicht zu handeln« (§ 2229 Abs. 4, vgl. §§ 104 f. BGB).[5] Ein Testament kann eigenhändig (§ 2247 Abs. 1 BGB) oder öffentlich zur Niederschrift bei einem Notar (§§ 2231 Nr. 1, 2232 BGB) errichtet werden. Ein eigenhändiges Testament muss von dem Erblasser selbst geschrieben und unterschrieben sein. Es soll Zeit und Ort der Ausfertigung angeben (§ 2247 BGB). Ratsam ist eine Verwahrung beim Amtsgericht, das zur Bestätigung einen Hinterlegungsschein ausstellt (§§ 2258 a, b BGB), der so aufbewahrt werden sollte, dass ihn die Erben finden können. Nach dem Erbfall sind noch nicht beim Nachlassgericht befindliche Testamente dort unverzüglich abzuliefern (§ 2259 BGB). Zuständig für die **Testamentseröffnung** ist das Nachlassgericht (§ 2260 BGB).

19 Ehegatten können ein **gemeinschaftliches Testament** in einer einheitlichen Urkunde errichten (§§ 2265 bis 2267 BGB). Bezieht sich jeder auf den letzten Willen des anderen, so sind die Erklärungen voneinander abhängig (wechselbezügliche Verfügungen § 2270 BGB). Änderung oder Widerruf sind eingeschränkt (§ 2271 BGB). Häufig setzen sich die Eheleute gegenseitig zu Erben ein und bestimmen, dass der beiderseitige Nachlass nach dem Tod des Überlebenden an einen Dritten (meist die gemeinsamen Kinder) fallen soll (§ 2269 Abs. 1 BGB, sog. **Berliner Testament**). Auf diese Weise kann der Verwitwete bis zu seinem Lebensende materiell abgesichert werden. Dieses Ziel kann ebenfalls erreicht werden, indem man die Kinder gleich mit dem

---

4 Vgl. Palandt/*Weidlich*, § 1941, Rz. 1.
5 Vgl. Palandt/*Weidlich*, § 2229, Rz. 1.

Tod des Erstversterbenden Erben werden lässt und dem überlebenden Ehepartner den Nießbrauch am Nachlass einräumt. Ein anderer Weg ist es, den überlebenden Ehegatten zum Vorerben und die Kinder zu Nacherben zu bestellen (vgl. §§ 2100, 2105 f., 2109 f. BGB).

Sind gesetzliche Erben enterbt worden, ist deren **Pflichtteilsanspruch** zu berücksichtigen. Dies gilt für enterbte Kinder, Enkel, Urenkel, Eltern, Ehegatten und Lebenspartner. Sie haben ein Anrecht auf einen Pflichtteil in Geld gegen den oder die Erben, der dem halben Wert des gesetzlichen Erbteils entspricht (§ 2303 BGB). Eine Ausnahme besteht lediglich bei Erbunwürdigkeit (§ 2339 BGB).   20

D. Rechtsgeschäfte unter Lebenden auf den Todesfall

Das Recht des Erblassers, nach Belieben über sein Vermögen durch Rechtsgeschäft unter Lebenden zu verfügen, ist grds. unbeschränkt (vgl. § 2286 BGB).   21

Durch Vertrag zugunsten Dritten kann der Erblasser beispielsweise die Versicherungssumme aus einem Lebensversicherungsvertrag bei seinem Tod einem Dritten direkt zuwenden. Die Versicherungssumme fällt dann nicht in den Nachlass.   22

Ein Rechtsgeschäft unter Lebenden auf den Todesfall ist auch das **Schenkungsversprechen**. Diese Art der Schenkung wird unter der Bedingung vorgenommen, dass der Beschenkte den Schenker überlebt (§ 2301 BGB). Im Prinzip können mit der Schenkung auf den Todesfall die gleichen Ziele erreicht werden wie mit einem Testament.   23

E. Erbfall und Erbenhaftung

Mit dem Erbfall geht die Erbschaft von selbst auf die Erben über (§§ 1922, 1942 BGB). Erben können natürliche und juristische Personen sein, z.B. auch eine Stiftung oder eine OHG.   24

Das Erbrecht wird mit einem **Erbschein** bewiesen, ein amtliches Zeugnis, das vor allem die Erben und die Größe des jeweiligen Erbteils aufführt. Der Erbschein wird auf Antrag vom Nachlassgericht ausgestellt (§§ 2353 bis 2370 BGB).   25

Zuweilen kann eine Erbschaft für die Erben eine Bürde sein. So wird ihnen das Recht eingeräumt, das Erbe innerhalb einer Frist von sechs Wochen durch Erklärung an das Nachlassgericht auszuschlagen (§§ 1942 ff. BGB).   26

Das gesamte Vermögen des Verstorbenen geht mit allen Aktiva und Passiva auf die Erben über (**Gesamtrechtsnachfolge**). Dies schließt ebenso die Schulden des Erblassers ein. Das kann sowohl für die Erben als auch für die Gläubiger des Erblassers weitreichende Konsequenzen haben. Hat der Erbe die Erbschaft einmal angenommen, haftet er grds. mit seinem eigenen Vermögen für die Nachlassverbindlichkeiten. Diese **Erbenhaftung** kann auf den Nachlass beschränkt werden, indem eine Nachlassverwaltung angeordnet oder das Nachlassinsolvenzverfahren eröffnet wird (§ 1975 BGB).   27

Teil 3: Ausgewählte Rechtsbereiche für soziale Berufe

Kapitel 12 Familienrecht

Literatur

Dethloff, Familienrecht, 31. Aufl., München 2015; *Gerhardt/v. Heintschel-Heinegg/Klein*, Handbuch des Fachanwalts Familienrecht, 6. Aufl., Köln 2008; *Kühl*, Wenn fremdländische Kinder erwachsen werden, Osnabrück 1985; *Marx*, Familienrecht für soziale Berufe, 2. Aufl., Köln 2014; *Oberloskamp/Marx*, Kindschaftsrechtliche Fälle für Studium und Praxis, 6. Aufl., München 2006; *Palandt*, Bürgerliches Gesetzbuch, 75. Aufl., München 2016; *Paulitz*, Adoption: Positionen, Impulse, Perspektiven, 2. Aufl., München 2006; *Schleicher*, Jugend- und Familienrecht, 14. Aufl., München 2014; *Schnitzler (Hrsg.)*, Münchener Anwalts Handbuch. Familienrecht, 2. Aufl., München 2008; *Schwab*, Familienrecht, 24. Aufl., München 2016.

A. Einführung und Praxisrelevanz

Trotz des expansiven Wandels familiären Zusammenlebens hat die Familie ihren Wert **1** im Laufe der Geschichte erhalten. Unter dem Stichwort **Pluralität der Lebensformen** sind neben die Zwei- oder Drei-Generationen-Familie nichteheliche Lebensgemeinschaften, alleinerziehende Eltern, Scheidungsfamilien, Stiefeltern- und sog. Patchworkfamilien, Adoptivfamilien oder eingetragene Lebenspartnerschaften getreten. Die Gesetzeslage hinkt der gesellschaftlichen Realität immer um Schritte hinterher. Einschneidende Modernisierungen des Gesetzgebers waren die Reform des Kindschaftsrechts (1998) sowie das Lebenspartnerschaftsgesetz (2001), das rechtliche Diskriminierungen gleichgeschlechtlicher Partner abbaut.

Jüngere Reformbestrebungen haben sich im Jahr 2008 kumuliert. In diesem Jahr trat **2** das **Gesetz zur Änderung des Unterhaltsrechts** in Kraft, das auf drei zentrale Ziele ausgerichtet ist: die Förderung des Kindeswohls, die Stärkung der nachehelichen Eigenverantwortung sowie eine Vereinfachung der Normen.

Lücken beim zügigen Eingreifen des Staates bei gefährdeten Kindern waren Anlass für **3** das **Gesetz zur Erleichterung familiengerichtlicher Maßnahmen bei Gefährdung des Kindeswohls** (in Kraft 2008), das darauf abzielt, einen besseren staatlichen Schutz für gefährdete Kinder zu schaffen.

Die vom **Europäischen Gerichtshof für Menschenrechte (EGMR)** im Jahr 2009 und **4** vom **Bundesverfassungsgericht** 2010 angemahnte Stärkung der Elternrechte unverheirateter Väter wurde im Jahr 2013 mit dem **Gesetz zur Reform der elterlichen Sorge** umgesetzt. Das neue Gesetz erleichtert unverheirateten Vätern den Zugang zum Sorgerecht. Bis dahin waren sie von der Zustimmung der Mutter zum gemeinsamen Sorgerecht abhängig. Seitdem können sie die Mitsorge auch per Gerichtsbeschluss ohne Zustimmung der Mutter erhalten.

Im Jahr 2017, gegen Ende der 18. Legislaturperiode, hat der Gesetzgeber noch einmal **4a** kräftig Gas gegeben. Eine rechtspolitische Sensation war die Einführung der »Ehe für Alle« (BGBl. I 2017, 2787), die die Eheschließung auch für gleichgeschlechtliche Partner öffnet. Mit dem »**Gesetz zur Bekämpfung von Kinderehen**« (BGBl. I 2017,

2429) wurde das Mindestalter für eine Heirat auf 18 Jahre festgelegt. Eine finanzielle Besserstellung von Alleinerziehenden und deren Kinder erfolgte durch die Ausweitung des Unterhaltsvorschusses für Kinder ohne Höchstbezugsgrenze bis zu deren Volljährigkeit. Das »**Gesetz zur Regelung des Rechts auf Kenntnis der Abstammung bei heterologer Verwendung von Samen**« (BGBl. I 2017, 2513) reagierte auf die Zunahme künstlicher Befruchtungen und stärkte die Kinderrechte durch Einführung eines bundesweiten Samenspenderregisters. Auf neue Gesetze zur missbräuchlichen Vaterfeststellung, zu freiheitsentziehenden Maßnahmen bei Kindern sowie zu ärztlichen Zwangsmaßnahmen bei Betreuten werden wir in den jeweiligen Abschnitten eingehen.

5 Das Familienrecht ist grundlegend für sämtliche Arbeitsfelder sozialer Berufe. In vielen Beratungssituationen ist nicht nur Grundlagenwissen, sondern Detailwissen gefragt. Spezielle Beratungskompetenz im Familienrecht wird von Mitarbeitern des Jugendamtes (Allgemeiner Sozialdienst, Trennungs- und Scheidungsberatung, Pflegekinderdienst und Adoptionsvermittlung) sowie von Ehe-, Familien- und Erziehungsberatungsstellen erwartet.

I. Der Begriff »Familie« im Recht

6 Der deutsche Gesetzgeber **definiert** den Begriff Familie **weder im Grundgesetz** (Art. 6 Abs. 1 GG) **noch** in sonstigen, dem GG nachgeordneten **einfachen Gesetzen**. Damit akzeptiert er die Familie als soziales Phänomen in der jeweiligen gesellschaftlichen Erscheinungsform, und er hält sich die Möglichkeit offen, den Begriff Familie in den einzelnen Gesetzen in unterschiedlicher Weise zu benutzen. Diese fehlende Festlegung bedeutet aber nicht, dass der Gesetzgeber kein Bild von der Familie gehabt hätte. Im Gegenteil: seine Vision von dem, was Familie ist oder sein soll, spiegelt sich in zahlreichen Einzelnormen, insb. des Bürgerlichen Gesetzbuches (BGB) wider.

Mit der »Ehe für Alle« – eingeführt mit dem »Gesetz zur Einführung des Rechts auf Eheschließung für Personen gleichen Geschlechts«, in Kraft getreten am 1. Oktober 2017 – setzte die Antidiskriminierungsarbeit der Schwulen- und Lesbenverbände einen vorläufigen Schlusspunkt. Die Zulassung der Eheschließung von Homosexuellen kann man als rechtspolitische Sensation bezeichnen. Bis dahin hatte das Bundesverfassungsgericht in ständiger Rechtsprechung eine Ehe als rechtlich anerkannte Lebensgemeinschaft von Mann und Frau zu dauernder Lebensgemeinschaft umschrieben und eine Ehe homosexueller Partner abgelehnt. Für Homosexuelle wurde erst 2002 das Rechtsinstitut der »Eingetragenen Lebenspartnerschaft« eingeführt. § 1353 Abs. 1 S. 1 BGB erhielt 2017 die Fassung: »Die Ehe wird von zwei Personen verschiedenen oder gleichen Geschlechts auf Lebenszeit geschlossen.« Die Fortpflanzung ist kein notwendiger Ehezweck, jedoch mit dem Wesen der Ehe aufs Engste verknüpft. Deshalb setzt eine Familie mindestens **zwei Generationen** voraus (Kernfamilie). In dieser Personengemeinschaft besteht ein Netz aus Rechten und Pflichten, z.B. die Pflicht zur ehelichen Lebensgemeinschaft; die Pflicht zur Pflege, Erziehung, Beaufsichtigung der Kinder durch die Eltern; gegenseitige Unterhaltsansprüche; gegenseitiges Erbrecht; gegenseitige Pflicht zu Beistand und Rücksichtnahme; Pflicht zur

Haushaltsführung; Recht zur Erwerbstätigkeit der Eltern; Dienstleistungspflicht der Kinder etc.

Obwohl der Gesetzgeber bei seinem Konzept von Familie in der Regel von einer Ehe   7 ausgeht, ist mittlerweile ebenso die **Teilfamilie** (Ein-Eltern-Familie) als Familie anerkannt. So fällt der geschiedene sorgeberechtigte Vater mit seinen Kindern, die ledige Mutter und ihr Kind, der verwitwete Elternteil mit seinen Kindern, der ledige Adoptivelternteil mit seinem Adoptivkind zweifelsfrei unter den Familienbegriff.

Anders war die Situation lange bei nichtehelichen Lebensgemeinschaften. Hier war   8 die Jurisprudenz lange Zeit nur bereit, in der nichtehelichen Familie zwei Teilfamilien (Mutter – Kind; Vater – Kind) zu sehen. Man wird ihr jedoch wohl kaum mehr die Qualifizierung als (Gesamt-)Familie (nicht nur zwei Teilfamilien wie bisher) verwehren können, zumindest wenn die Beziehung des Mannes zu den Kindern durch Vaterschaftsanerkennung legalisiert ist. Dies liegt nahe, weil das BVerfG mit seiner Rechtsprechung die Tendenz aufweist, in bestimmten Konstellationen auch faktischen Familien den Schutz des Grundgesetzes zuzubilligen, z.B. Pflegefamilien.

II. Die Struktur des Familienrechts

Das folgende Schaubild bietet einen Überblick über die Regelungsbereiche des Fami-   9 lienrechts. Die meisten Normen befinden sich im **Vierten Buch des BGB** (§§ 1297 bis 1921).

Schaubild 1:

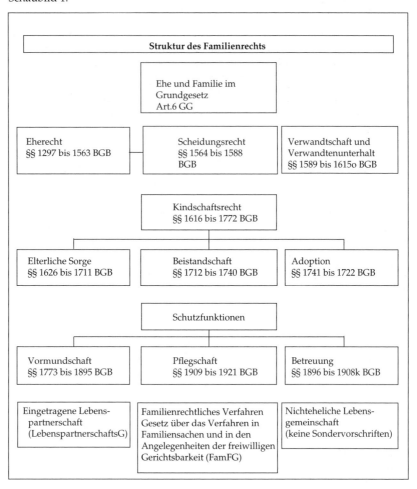

Struktur des Familienrechts

Ehe und Familie im
Grundgesetz
Art.6 GG

| Eherecht §§ 1297 bis 1563 BGB | Scheidungsrecht §§ 1564 bis 1588 BGB | Verwandtschaft und Verwandtenunterhalt §§ 1589 bis 1615o BGB |

Kindschaftsrecht
§§ 1616 bis 1772 BGB

| Elterliche Sorge §§ 1626 bis 1711 BGB | Beistandschaft §§ 1712 bis 1740 BGB | Adoption §§ 1741 bis 1722 BGB |

Schutzfunktionen

| Vormundschaft §§ 1773 bis 1895 BGB | Pflegschaft §§ 1909 bis 1921 BGB | Betreuung §§ 1896 bis 1908k BGB |

| Eingetragene Lebens-partnerschaft (LebenspartnerschaftsG) | Familienrechtliches Verfahren Gesetz über das Verfahren in Familiensachen und in den Angelegenheiten der freiwilligen Gerichtsbarkeit (FamFG) | Nichteheliche Lebens-gemeinschaft (keine Sondervorschriften) |

III. Stellung der Familie im Grundgesetz

10 »*Ehe und Familie stehen unter dem besonderen Schutz der staatlichen Ordnung*«.
So heißt es in Art. 6 Abs. 1 des Grundgesetzes. Verfassungsrechtler leiten aus diesem
Satz drei Schutzbereiche ab. Zum einen wird die Privatsphäre von Ehe und Familie
vor störenden Eingriffen des Staates geschützt (**Abwehrrecht des Einzelnen**). Zum
anderen werden Rechtsinstitute wie die bürgerliche und die (Klein-) Familie gewährleistet (**Instituts- oder Einrichtungsgarantie**). Nach der Rechtsprechung des Bundesverfassungsgerichts zählen zur Familie auch Stief-, Adoptiv- und Pflegekinder sowie

nichteheliche Kinder. Drittens folgt aus der Grundsatznorm eine Wertentscheidung, die den Staat bindet und ein **allgemeines Benachteiligungsverbot** oder positiv ausgedrückt, ein **Förderungsgebot** konstatiert.

In Art. 6 Abs. 2 und 3 GG wird der **Freiraum des elterlichen Erziehungsrechts** abgesteckt. Den Eltern wird größtmögliche Eigenverantwortung gelassen.

Die Verfassung gesteht den Eltern kein uneingeschränktes Erziehungsrecht zu. Das   11
Elternrecht wird als ein **im Interesse des Kindes pflichtgebundenes Recht** verstanden.
Der Staat übt ein »**Wächteramt**« über die elterliche Erziehung aus. Dieses Wächteramt wird dem Staat durch Art. 6 Abs. 2 GG verliehen. Das staatliche Wächteramt ist in § 1666 BGB und in § 8a SGB VIII – Schutzauftrag des Jugendamtes bei Kindeswohlgefährdung – konkretisiert. Jugendamt und Familiengericht haben die notwendigen Maßnahmen zu ergreifen, wenn das Wohl eines Kindes gefährdet wird. In den letzten Jahren sind einige dramatische Fälle bekannt geworden, in denen der **staatliche Schutzauftrag gegenüber gefährdeten Kindern** nicht ausreichend wahrgenommen wurde, und es zum Tod dieser Kinder kam. Eine Konsequenz dieser Misere ist das im Jahr 2008 in Kraft getretene **Gesetz zur Erleichterung familiengerichtlicher Maßnahmen bei Gefährdung des Kindeswohls.** Außerdem wurden zahlreiche Jugendämter mit zusätzlichen Mitarbeitern ausgestattet, um den Schutz vor Missbrauch der elterlichen Sorge effektiver ausüben zu können.

Weiterhin ist im Grundgesetz die **Gleichstellung von nichtehelichen und ehelichen Kindern** programmatisch festgeschrieben (Art. 6 Abs. 5 GG).

B. Kindschaftsrecht

I. Abstammungsrecht

1. Gesetzesänderungen

Der Gesetzgeber sah sich veranlasst, im Jahr 2008 das Abstammungsrecht in zwei   12
Teilbereichen der gesellschaftlichen Realität sowie den Vorgaben des Bundesverfassungsgerichts anzupassen. Zum einen sollen durch ein **Anfechtungsrecht von Behörden** unwahre Vaterschaftsanerkennungen vermieden werden, die dazu dienen, dem Kind bzw. der Mutter in Deutschland einen Aufenthaltsstatus zu verschaffen. Dieses **Gesetz zur Ergänzung des Rechts zur Anfechtung der Vaterschaft** ist am 01.06.2008 in Kraft getreten.

Zum anderen wurde es ermöglicht, die **genetische Abstammung eines Kindes unab-**   13
hängig von der Anfechtung der Vaterschaft feststellen zu lassen. Heimliche private Vaterschaftstests, die gegen das Recht auf informationelle Selbstbestimmung verstoßen[1], werden dadurch überflüssig. Das **Gesetz zur Klärung der Vaterschaft unabhängig vom Anfechtungsverfahren** trat am 01.04.2008 in Kraft.

---

1 BVerfG, FamRZ 2007, S. 441.

Nahezu unbemerkt hat das deutsche Recht 2013 eine fundamentale Änderung des Personenstandsrechts eingeführt. Neben den Geschlechtern »Mann« und »Frau« wird künftig akzeptiert, dass es intersexuelle Menschen mit nicht eindeutigen körperlichen Geschlechtsmerkmalen gibt. In § 22 Abs. 3 PStG heißt es seit November 2013: »Kann das Kind weder dem weiblichen noch dem männlichen Geschlecht zugeordnet werden, so ist der Personenstandsfall ohne eine solche Angabe in das Geburtenregister einzutragen«. Bezeichnet wird dieses Phänomen als »unbestimmtes Geschlecht« oder englisch »gender gap«. Eine intersexuelle Person kann sich später für ein Geschlecht entscheiden und einen entsprechenden Eintrag vornehmen lassen oder auf eine Zuordnung verzichten. Dem Gesetzgeber wird vorgeworfen, die Konsequenzen nicht vollständig durchdacht zu haben.

Das »Gesetz zur Regelung des Rechts auf Kenntnis der Abstammung bei heterologer Verwendung von Samen« v. 17.7.2017 (BGBl. 2017, 2513) tritt am 1.7.2018 in Kraft. Die Einführung eines bundesweiten Samenspenderregisters (SaRegG) erleichtert Kindern, die durch eine heterologe Insemination gezeugt wurden, ihr Recht auf Kenntnis der Abstammung durchzusetzen. Andererseits wird eine gerichtliche Feststellung der rechtlichen Vaterschaft des Samenspenders ausgeschlossen. Gleichzeitig wird der Samenspender insbesondere von Ansprüchen im Bereich des Sorge-, Unterhalts- und Erbschaftsrechts freigestellt (§ 1600d Abs. 4 BGB n.F.).

Die Daten sollen 110 Jahre gespeichert werden. Das Deutsche Institut für Medizinische Dokumentation ist für die Erteilung entsprechender Auskünfte zuständig.

Mit »Gesetz zur besseren Durchsetzung der Ausreisepflicht« – in Kraft am 29.7.2017 – wurde ein Verbot missbräuchlicher Vaterschaftsanerkennung konstatiert. § 1597a BGB wurde eingefügt, der besagt, dass eine Vaterschaft nicht anerkannt werden darf, um die Voraussetzungen für einen Aufenthalt in Deutschland zu schaffen.

2. Mutterschaft

14 Als Mutter eines Kindes wird die Frau definiert, die das Kind geboren hat (§ 1591 BGB). Diese gesetzliche Weichenstellung hat Bedeutung bei Kindern, die durch die moderne Fortpflanzungsmedizin gezeugt wurden. Nicht die genetische Mutter, also die Mutter, die das Ei oder den Embryo zur Verfügung gestellt hat, gilt als Mutter des Kindes, sondern die Mutter, die das Kind ausgetragen hat, also in einem solchen Fall der **gespaltenen Mutterschaft** die Leihmutter. Es wird an der psychosozialen Bindung des Kindes an die Frau, die das Kind ausgetragen hat, angesetzt. Mit den familienrechtlichen Konsequenzen künstlicher Befruchtung werden wir uns an späterer Stelle beschäftigen.

Nach Geburt eines Kindes sind die Geburtshilfeeinrichtung (etwa die Klinik) sowie der sorgeberechtigte Elternteil verpflichtet, die Geburt anzuzeigen, damit das Kind im Geburtenregister eingetragen wird (§§ 19, 20 PStG). Auch wenn das Kind zur Adoption freigegeben wird, ist das notwendig, denn das Kind hat mit 16 Jahren einen Anspruch auf Einsicht in das Geburtenregister, um seine biologische Herkunft zu erfahren (§ 62 Abs. 2 PStG).

Um der Aussetzung und Tötung Neugeborener entgegen zu wirken, werden in Deutschland – ohne rechtliche Grundlage – Babyklappen betrieben, in die unerwünschte Kinder gelegt werden können, die dann gleich medizinisch und pflegerisch versorgt werden. Jedoch hat eine Studie des Deutschen Jugendinstituts infrage gestellt, inwieweit Mütter, die ihr Kind aus Affekt oder Verzweiflung töten, von einer Babyklappe angesprochen werden. Dies setze ein planvolles Handeln voraus.

2014 wurde mit dem »Gesetz zum Ausbau der Hilfen für Schwangere und zur vertraulichen Geburt« die anonyme Geburt unter eingeschränkten Voraussetzungen legalisiert. Die betroffene Frau hat sich jedoch einer Beratung zu unterziehen (§ 25 Schwangerschaftskonfliktgesetz - SchKG).

3. Vaterschaft

Die gesetzliche Definition der Vaterschaft ist in § 1592 BGB aufgeführt.   **15**

Vater eines Kindes ist der Mann,   **16**
- **der bei der Geburt mit der Mutter des Kindes verheiratet ist (§ 1592 Nr. 1),**
- **der die Vaterschaft anerkannt hat (§ 1592 Nr. 2),**
- **dessen Vaterschaft gerichtlich festgestellt ist (§ 1592 Nr. 3).**

4. Anfechtung der Vaterschaft

Die Vaterschaftsanfechtung ist ein förmliches Klageverfahren beim Familiengericht **17** (§ 1600 BGB), das der Scheinvater betreiben kann, aber auch die Mutter oder das Kind. Wenn das Kind noch minderjährig ist, wird es durch seinen gesetzlichen Vertreter repräsentiert (§ 1600a Abs. 3 BGB). Die Anfechtung erfolgt durch **Klage vor dem Familiengericht** (§ 23b GVG, § 169 Nr. 4 FamFG, § 1600e Abs. 1 BGB).

Anfechtungsrecht biologischer Väter:

Seit dem Jahr 2004 hat ebenso ein **leiblicher (nicht rechtlicher) Vater ein eigenes** **18** **Anfechtungsrecht** der Vaterschaft, wenn er als Vater in Betracht kommt, zwischen dem rechtlichen Vater und dem Kind keine sozial-familiäre Beziehung besteht oder im Zeitpunkt des Todes bestanden hat. Außerdem muss der Mann an Eides statt versichern, der Mutter während der Empfängniszeit beigewohnt zu haben (§ 1600 Abs. 1 Nr. 2 BGB). Dieses Anfechtungsrecht leiblicher Väter basiert auf einer Entscheidung des Bundesverfassungsgerichts[2] und wurde durch Gesetz am 30.04.2004 umgesetzt.[3]

(unbesetzt)   **19–20**

Beweislage:

Was die **Beweislast und die Beweislage** anbetrifft, stellt der Gesetzgeber zugunsten **21** des Kindes eine sogenannte **Abstammungsvermutung** auf (§ 1600c Abs. 1 BGB).

---

2 BVerfG, FamRZ 2003, S. 816.
3 BGBl. 2004 I, S. 598.

Diese Abstammungsvermutung trifft zu, wenn die Mutter mit dem Vater des Kindes verheiratet ist, wenn eine freiwillige Anerkennung der Vaterschaft besteht oder wenn die Vaterschaft gerichtlich festgestellt wurde.

22 Bei der Klärung der Abstammungsfrage steht das Kindeswohl im Vordergrund. Eine übereinstimmende Erklärung der Mutter und des Ehemannes der Mutter reichen nicht aus, um die Abstammungsvermutung objektiv zu entkräften. Das Familiengericht muss sich davon überzeugt haben, dass die Vaterschaft des Ehemannes offenbar unmöglich ist.

Abstammungsgutachten:

23 Der negative Vaterschaftsbeweis wird in der Regel durch naturwissenschaftliche Gutachten geführt. Die **Richtlinie der Gendiagnostik-Kommission (GEKO) zur Abstammungsbegutachtung** von 2012 ist im Bundesgesundheitsblatt veröffentlicht.[4] Mittlerweile reichen geringste DNA-Mengen. Blut als Ausgangsmaterial ist nicht erforderlich. Schleimhaut, Knochen, Haare mit Wurzeln genügen zur Genanalyse. Allerdings verlangen die Richtlinien weiterhin als »Regelausgangsmaterial« Blut und erlauben nur in begründeten Ausnahmefällen einen Mundschleimhautabstrich. Ein Tropfen Blut aus dem Ohrläppchen eines Kindes ist ausreichend. Die Untersuchungsmethode kann schon beim ungeborenen Kind (z.B. bei einer Fruchtwasseranalyse) durchgeführt werden. Es muss nicht abgewartet werden, bis das Kind acht Monate alt ist.[5]

Die eingesetzten Analyseverfahren müssen eine kombinierte allgemeine Vaterschafts-Ausschluss-Chance von mindestens 99,99 % erreichen.

Anfechtungsfrist (§ 1600b BGB):

24 Die Vaterschaft kann nur innerhalb einer Frist von zwei Jahren angefochten werden. Dabei beginnt die Frist mit dem Zeitpunkt, in dem der Mann bzw. der Anfechtungsberechtigte Kenntnis von den Umständen erlangt, die gegen die Vaterschaft sprechen (§ 1600b Abs. 1 BGB). Frühester Fristbeginn ist die Geburt des Kindes (§ 1600b Abs. 2 BGB).

25 Hat der gesetzliche Vertreter des Kindes die Vaterschaft nicht rechtzeitig angefochten, kann das Kind nach dem Eintritt der Volljährigkeit selbst anfechten. Die zweijährige Frist beginnt in diesem Fall nicht vor Eintritt der Volljährigkeit und nicht vor dem Zeitpunkt, in dem das Kind von den Umständen erfährt, die gegen die Vaterschaft sprechen (§ 1600b Abs. 3 BGB).

26 Die gesetzliche Annahme, dass ein Kind vom Ehemann der Mutter abstammt, gilt bei allen Kindern, die während einer Ehe geboren werden, auch dann, wenn die Geburt während eines laufenden Scheidungsverfahrens stattfindet. In der Praxis ist jedoch nicht zu übersehen, dass gerade der Noch-Ehemann häufig nicht der wirkliche Vater ist. Diesem Faktum trägt der Gesetzgeber dadurch Rechnung, indem er dem neuen

---

4 Bundesgesundheitsblatt, 2013, S. 169 ff.
5 *Orgis*, FamRZ 2002, S. 1158.

Lebenspartner oder Freund der Mutter die Möglichkeit eröffnet, das Kind als Vater anzuerkennen, ohne vorher einen aufwendigen Vaterschaftsanfechtungsprozess zu führen. Die Vaterschaftsanerkennung des anderen Mannes bedarf jedoch der Zustimmung der Mutter sowie des Noch-Ehemannes (§ 1599 Abs. 2 i.V.m. § 1592 Nr. 1 BGB).

Bei einer Scheidung ist es schon wegen des regelmäßig vorgeschalteten Trennungs- **27** jahres unwahrscheinlich, dass ein nach der Scheidung geborenes Kind vom früheren Ehemann abstammt. Bei Geburt nach der Scheidung gilt der Ex-Ehemann der Mutter nicht mehr als der Vater des Kindes (§ 1592 Nr. 1 BGB).

5. Gerichtliche Feststellung der Vaterschaft

Ist ein Kind rechtlich vaterlos, weil weder eine Vaterschaft freiwillig anerkannt wurde **28** noch die Mutter bei Geburt des Kindes verheiratet war, wird eine Klage bei Gericht auf Feststellung der Vaterschaft unumgänglich (§ 1600d BGB).

Klagebefugt sind **29**
– die Mutter gegen den möglichen Erzeuger
– das Kind gegen den möglichen Erzeuger
– oder der mögliche Erzeuger gegen das Kind.

Zuständig für die Feststellung der Vaterschaft sind die Familiengerichte (§ 23b GVG, § 169 Nr. 1 FamFG).

Beweismittel im Abstammungsprozess: Ziel des Abstammungsprozesses ist die posi- **30** tive Feststellung der Vaterschaft. Diese definitive Zuschreibung einer nichtehelichen Vaterschaft ist schwierig, weil der Beweis der biologischen Vaterschaft zuweilen nicht mit letzter Sicherheit erbracht werden kann. Diese Beweisprobleme, den direkten Abstammungsbeweis zu führen, haben den Gesetzgeber veranlasst, eine Zeugungsvermutung aufzustellen. Dabei wird im gerichtlichen Vaterschaftsfeststellungsverfahren derjenige als Vater vermutet, der der Mutter während der Empfängniszeit beigewohnt hat (§ 1600d Abs. 2 BGB). Diese Vermutung gilt nicht, wenn schwerwiegende Zweifel an der Vaterschaft bestehen. Mittlerweile haben die medizinischen Analyseverfahren jedoch erhebliche Fortschritte gemacht, insb. die DNA-Begutachtung. Heute wird in der Regel eine Richtigkeitsgewähr einer Feststellung oder eines Ausschlusses der Vaterschaft von knapp unter 100 % erreicht.[6]

6. Klärung der biologischen Abstammung (§ 1598a BGB)

Mit dem »Gesetz zur Klärung der Vaterschaft unabhängig vom Anfechtungsverfah- **31** ren«, das 2008 in Kraft trat, ist es nunmehr möglich, die genetische Abstammung eines Kindes unabhängig von der Anfechtung der Vaterschaft feststellen zu lassen.[7]

---

6 *Schwab*, 2016, Rz. 589.
7 BGBl. 2008 I 441.

32   Bei Zweifeln, von wem ein Kind abstammt, ist die Frage der leiblichen Vaterschaft
     für Familienmitglieder von existentieller Bedeutung. Der rechtliche Vater will sicher
     sein, ob er der leibliche Vater ist. Das Kind möchte wissen, von wem es abstammt,
     und zuweilen möchte auch die Mutter Klarheit schaffen. Dieses Klärungsinteresse, so
     hat das Bundesverfassungsgericht am 13.02.2007 entschieden, ist verfassungsrechtlich
     geschützt.[8]

33   Öfters wurden heimliche Gentests mit Haaren oder dem Speichel eines Kindes in
     Laboren vorgenommen. **Die heimlichen Vaterschaftstests stellen einen schwerwie-
     genden Verstoß gegen das informationelle Selbstbestimmungsrecht dar,** wie das
     Bundesverfassungsgericht in seiner Entscheidung vom 13.02.2007 klarstellte.

34   Die Frage der Abstammung konnte auch vor 2008 durch ein privates Gutachten
     festgestellt werden, wenn sich alle Betroffenen einverstanden erklärten. Sperrte sich
     allerdings einer der Betroffenen, blieb dem rechtlichen Vater nach damaligem Recht
     nur die Möglichkeit einer Anfechtungsklage (§§ 1600 ff. BGB). Diese Rechtslage
     war unbefriedigend. Denn stellte sich heraus, dass der rechtliche nicht der biologi-
     sche Vater ist, wird damit zwangsläufig das rechtliche Band zwischen Vater und Kind
     zerrissen. Damit bestand bei fehlender Einwilligung in die Untersuchung vor 2008
     keine Möglichkeit, die Abstammung zu klären, ohne Konsequenzen für die rechtliche
     Beziehung zwischen Vater und Kind befürchten zu müssen.

     Der Gesetzgeber hat mit der Vorschrift des § 1598a BGB reagiert und ein unabhängi-
     ges Verfahren auf Klärung der Abstammung geschaffen.

35   Damit existieren **zwei Verfahren** nebeneinander:

     (1) das Verfahren auf Klärung der Abstammung (§ 1598a BGB);
     (2) das Verfahren zur Anfechtung der Vaterschaft (§§ 1600 ff. BGB).

36   **Anspruch auf Klärung der Abstammung (§ 1598a BGB):**
     – Vater, Mutter und Kind haben jeweils gegenüber den anderen beiden Familienan-
       gehörigen einen Anspruch auf Klärung der Abstammung. Das heißt, die Betrof-
       fenen müssen in die genetische Abstammungsuntersuchung einwilligen und die
       Entnahme der erforderlichen Proben dulden.
     – Der Anspruch ist an keine weiteren Voraussetzungen geknüpft. Fristen sind nicht
       vorgesehen.
     – Willigen die anderen Familienangehörigen nicht in die Abstammungsuntersu-
       chung ein, wird ihre Einwilligung grds. vom Familiengericht ersetzt.
     – Um dem Kindeswohl in außergewöhnlichen Fällen (besondere Lebenslagen und
       Entwicklungsphasen) Rechnung zu tragen, kann das Verfahren ausgesetzt werden.
       Damit wird sichergestellt, dass der Anspruch nicht ohne Rücksicht auf das min-
       derjährige Kind zu einem ungünstigen Zeitpunkt durchgesetzt werden kann.[9]

---

8 BVerfG, FamRZ 2007, S. 441.
9 Vgl. BMJ: Gesetz zur Vaterschaftsfeststellung, FamRZ 2008, II.

II. Verwandtschaft und Schwägerschaft

Verwandtschaft und Schwägerschaft umschreiben familiäre Rechtsbeziehungen zwi- 37
schen Personen, die Auswirkungen im Familienrecht und im Erbrecht haben.
–   **Verwandtschaft basiert auf leiblicher Abstammung oder Adoption**
    (§ 1589 BGB).
–   **Schwägerschaft beruht auf Abstammung und Eheschließung**
    (§ 1590 BGB).

Das Gesetz unterscheidet zwischen **Verwandtschaft** (folglich auch Schwägerschaft) in 38
gerader Linie, bei der einer vom anderen abstammt (z.b. Sohn vom Vater, Großvater und Urgroßmutter etc.), und **in der Seitenlinie**, bei der die Betroffenen einen
gemeinsamen Vorfahren haben (z.b. Vetter und Cousine haben die Großeltern als
gemeinsame Vorfahren).

Der **Grad** der Verwandtschaft (somit auch Schwägerschaft) richtet sich nach der 39
Anzahl der sie vermittelnden Geburten:
–   Großvater – Enkel: dazwischen liegen zwei Geburten, die von Vater und Enkel.
–   Vetter – Cousine: dazwischen liegen vier Geburten, nämlich die von den jeweili-
    gen zwei Elternteilen, die von den Großeltern abstammen – also Tante/Onkel bzw.
    Vater/Mutter, – und die von Vetter und Cousine.

Eselsbrücke: man zähle die beteiligten Personen und ziehe eine ab.

Oder: man zähle die Striche im Stammbaum.

Verschwägert ist man   40

(1) mit dem (jeweiligen) Ehegatten seiner Verwandten und
(2) den Verwandten seines (eigenen) Ehegatten.

Schwägerschaft besteht – spiegelbildlich zur Verwandtschaft – in der geraden und 41
in der Seitenlinie. Auch der Grad der Schwägerschaft errechnet sich nach der Zahl
der sie vermittelnden Geburten zwischen den die Schwägerschaft begründenden
Verwandten.[10]

III. Elterliche Sorge und Kindeswohl

Das Verhältnis zwischen Eltern und Kindern ist in der Zeit bis zur Volljährigkeit 42
der Kinder primär durch die Verantwortung der Eltern für das körperliche, geistige
und seelische Wohl ihrer Kinder geprägt. Die elterliche Sorge ist ein **pflichtgebundenes Recht**, wie § 1626 Abs. 1 Satz 1 BGB klarstellt. Dort ist die Rede von der
Pflicht und dem Recht der Eltern, für ihr minderjähriges Kind zu sorgen. In diesem
Zusammenhang spricht das Bundesverfassungsgericht auch von der »**Elternverantwortung**«.[11] Dieses Verständnis der elterlichen Sorge war nicht immer Prämisse des

---

10 Aus: *Oberloskamp/Marx*, 2006, S. 13.
11 BVerfG 14, 119.

Gesetzgebers. Vor 1979 stand der Begriff »Elterliche Gewalt« im Vordergrund, und das Eltern-Kind-Verhältnis wurde nicht als Sorgeverhältnis sondern als »Gewaltverhältnis« definiert.

43 Eltern haben bei der Erziehung ihrer Kinder grds. Vorrang gegenüber allen anderen Erziehungsträgern wie der öffentlichen und freien Jugendhilfe (Art. 6 Abs. 2 Satz 1 GG). Ihr natürliches Erziehungsrecht wird als »**Erziehungsprimat**« bezeichnet. Einschränkungen bestehen durch das öffentliche Recht, z.b. durch Schulpflicht oder Jugendschutzgesetze.

Angelpunkt der elterlichen Sorge ist das »**Wohl des Kindes**« (§§ 1626 Abs. 3, 1666 Abs. 1 BGB).

1. Das Kindeswohl

44 Der Begriff »Kindeswohl« ist ein zentraler Terminus sowohl im Familien- als auch im Kinder- und Jugendhilferecht. Wegen der vielschichtigen psychologischen, pädagogischen und juristischen Implikationen dieses Begriffs ist es bis heute nicht gelungen, eine eindeutige Definition zu schaffen. Vielmehr wird das Kindeswohl im jeweiligen Kontext interpretiert.

– Im **Familienrecht** ist das Wohl des Kindes Leitlinie der elterlichen Sorge (§ 1627 BGB), für gerichtliche Entscheidungen (§ 1697a BGB), für Adoptionen (§ 1641 BGB), für gerichtliche Entscheidungen über Anträge auf Alleinsorge (§ 1671 Abs. 2 Satz 2 BGB), für Umgangsregelungen (§ 1684 Abs. 4 BGB) sowie für Auskunftsansprüche eines Elternteils (§ 1686 BGB).
– Die **Gefährdung des Kindeswohls** ist Anlass für einen Eingriff in die elterliche Sorge durch das Familiengericht nach § 1666 BGB.
– Für die **öffentliche Jugendhilfe** hat das Kindeswohl ebenso eine richtungsweisende Funktion
    – für die Gewährung von Hilfen zur Erziehung (§§ 27 ff. SGB VIII),
    – für den Schutz von Kindern und Jugendlichen bei Gefahren (§ 1 Abs. 3 Ziff. 3 SGB VIII),
    – für die Inobhutnahme von Kindern und Jugendlichen (§ 42 Abs. 1 Ziff. 2 SGB VIII),
    – für den Schutzauftrag des Jugendamtes bei Kindeswohlgefährdung (§ 8a SGB VIII).

45 Eine wertende Entscheidung, inwieweit das Wohl eines Kindes betroffen ist, wird von Familiengerichten, Jugendhilfeträgern und Rechtsanwälten häufig verlangt. Programmatisch wird das Recht auf Erziehung und damit auf eine am Kindeswohl orientierte Persönlichkeitsentwicklung in § 1 Abs. 1 SGB VIII als »**Recht auf Förderung der Entwicklung und auf Erziehung zu einer eigenverantwortlichen und gemeinschaftsfähigen Persönlichkeit**« beschrieben. Als einziges Erziehungsziel hat der Gesetzgeber im Familienrecht die **Fähigkeit zum selbstständigen und verantwortungsbewussten Handeln** des Kindes aufgenommen (§ 1626 Abs. 2 BGB).

Formen des Sorgerechts:

Die elterliche Sorge kommt in drei rechtlichen Erscheinungsformen vor, der gemein- **46**
samen Sorge, der Alleinsorge und als sog. kleines Sorgerecht. Sie kann über drei Wege
erworben werden, kraft Gesetzes, durch Willenserklärung und aufgrund gerichtlicher
Anordnung.

2. Gemeinsames Sorgerecht

Die gemeinsame elterliche Sorge steht Eltern in folgenden Konstellationen zu: **47**
– Eltern, die bei Geburt des Kindes verheiratet sind (§ 1626a i.V.m. § 1592 Nr. 1
  BGB);
– wenn die Eltern nach der Geburt des Kindes heiraten und die Vaterschaft des
  Ehemannes der Mutter feststeht (§ 1626a Nr. 2 i.V.m. § 1592 Nr. 2 und 3 BGB);
– nicht miteinander verheiratete Eltern, die eine Sorgeerklärung abgeben, sofern
  die Vaterschaft des Mannes feststeht (§ 1626a Nr. 1 i.V.m. §§ 1626b bis e
  BGB); nicht miteinander verheiratete Eltern, denen das gemeinsame Sorgerecht vom Familiengericht übertragen wurde (§ 1626a Nr. 3, Abs. 2 BGB);
– getrennt lebende Eltern mit einem gemeinsamen Sorgerecht, deren Antrag auf
  Alleinsorge vom Familiengericht abgelehnt wird (§ 1671 Abs. 2 BGB).

3. Alleinsorgerecht

Ein Alleinsorgerecht hat ein Elternteil in folgenden Konstellationen: **48**
– Die Mutter, die bei Geburt des Kindes ledig ist (§ 1626a Abs. 2 BGB);
– der Vater, dessen Vaterschaft feststeht und der vom Familiengericht mit Zustim-
  mung der Mutter die Alleinsorge erhalten hat (§ 1672 Abs. 1 BGB);
– Mutter oder Vater, die nach der Trennung einen Antrag auf Alleinsorge gestellt
  haben und das Familiengericht diesem stattgegeben hat (§ 1671 BGB);
– Vater oder Mutter, die aufgrund von Störungen im Eltern-Kind-Verhältnis (Tod,
  Todeserklärung, Ruhen der elterlichen Sorge, Entzug) kraft Gesetzes oder gerichtlicher Anordnung das Alleinsorgerecht erhalten haben (§§ 1678, 1680, 1681
  BGB).

4. Das »kleine Sorgerecht«

– Der Ehegatte eines alleinsorgeberechtigten Elternteils, der nicht Elternteil des Kin- **49**
  des ist (Stiefelternteil), hat im Einvernehmen mit dem sorgeberechtigten Elternteil
  die Befugnis zur Mitentscheidung in Angelegenheiten des täglichen Lebens des
  Kindes (§ 1687b BGB).
– Dem Lebenspartner, der mit einem alleinsorgeberechtigten Elternteil eine Lebenspartnerschaft führt, steht im Einvernehmen mit dem alleinsorgeberechtigten
  Elternteil ein Mitentscheidungsrecht in Angelegenheiten des täglichen Lebens zu
  (§ 9 Lebenspartnerschaftsgesetz).[12]

---

12 *Oberloskamp/Marx*, 2006, S. 39.

IV. Personensorge und Aufsichtspflicht

50 Die Personensorge umfasst vor allem die Pflicht und das Recht der Eltern das Kind zu
pflegen, zu erziehen, zu beaufsichtigen und seinen Aufenthalt zu bestimmen (§§ 1626,
1631 Abs. 1 BGB). Die Eltern bestimmen nach **Art. 6 Abs. 2 GG** die Erziehungsziele.

1. Pflege und Erziehung

51 Den Kernbereich der Personensorge bilden **Pflege (Ernährung, Kleidung und Sorge
für die Gesundheit)** und **Erziehung (sittliche, geistige und körperliche Entwicklung)**
des Kindes. Nach § 1626 Abs. 2 BGB ist die wachsende Fähigkeit und das wachsende
Bedürfnis des Kindes zu selbstständigem und verantwortungsbewusstem Handeln zu
berücksichtigen.

52 Die mit der **(Schul-)Ausbildung und Berufswahl** zusammenhängenden Weichenstellungen für die Persönlichkeitsentwicklung sowie für das künftige Erwerbsleben
eines Kindes legen den Eltern besondere Verantwortung auf. Dabei spielen Talent und
Fähigkeiten des Kindes eine Rolle. In § 1631a BGB wird deshalb hervorgehoben, dass
Eltern die Eignung und Neigungen des Kindes zu berücksichtigen haben.

53 **Ärztliche Behandlungen,** insb. Operationen, sind nur gegen den Willen eines ein-
sichtsfähigen Minderjährigen zulässig, wenn nachhaltige gesundheitliche Schäden zu
befürchten sind. Weder Eltern noch Kinder können in eine **Sterilisation** einwilligen
(§ 1631c BGB).

54 Die **religiöse Erziehung** des Kindes wird bis zur Vollendung des 12. Lebensjahres nach
§ 1 RelKErzG von den Eltern bestimmt, danach müssen Eltern den Willen des Kindes
berücksichtigen. Nach Vollendung des 14. Lebensjahres kann das Kind sein religiöses
Bekenntnis selbst bestimmen.

55 Durch das »Gesetz zur Ächtung der Gewalt in der Erziehung« von 2000 wurde das
Recht aller Kinder auf gewaltfreie Erziehung verankert (§ 1631 Abs. 2 BGB). Körperliche Bestrafungen, seelische Verletzungen und andere entwürdigende Maßnahmen sind unzulässig (§ 1631 Abs. 2 Satz 2 BGB). Das Gewaltschutzgesetz beschränkt
sich nicht darauf, den Eltern eine gewaltfreie Erziehung zu gebieten, sondern verleiht den Kindern vielmehr einen Rechtsanspruch. Mit diesem Gewaltverbot in der
Erziehung wurde Art. 19 UN-Kinderrechtekonvention erfüllt, die alle Vertragsstaaten
verpflichtet, die »geeigneten Gesetzgebungsmaßnahmen zu treffen, um das Kind vor
jeder Form körperlicher oder geistiger Gewalt zu schützen.«

2. Aufenthaltsbestimmungsrecht

56 Das Aufenthaltsbestimmungsrecht ist wichtiger Bestandteil der Personensorge und
gibt Eltern die Befugnis, über den Wohnort sowie über den Aufenthalt des Kindes bei
Verwandten, in Pflegestellen, Kindertageseinrichtungen, Heimen etc. zu bestimmen
(§ 1631 Abs. 1 BGB). Im **Sorgerechtsstreit zwischen Eltern bei Trennung und Scheidung** spielt die Forderung nach dem alleinigen Aufenthaltsbestimmungsrecht oft eine
gravierende Rolle. Dabei steht nicht immer das Bedürfnis des Kindes im Vordergrund,

sondern häufig sind eigennützige Motive der Eltern ausschlaggebend, etwa um dem Partner auch noch das Kind wegzunehmen und ihn damit zu demütigen. Ein ungelöster Partnerkonflikt wird so auf dem Rücken des Kindes ausgetragen.

Eltern haben ferner das Recht, die **Herausgabe des Kindes** von jedem zu verlangen,   57 der es ihnen widerrechtlich vorenthält (§ **1632 Abs. 1 BGB**). Dieser Herausgabeanspruch kann auch gegenüber dem Noch-Ehepartner geltend gemacht werden, der ohne Absprache mit dem zur Mitsorge berechtigten Elternteil und gegen dessen Willen mit dem Kind umgezogen ist.

In Sorgerechtsauseinandersetzungen zwischen leiblichen **Eltern und Pflegeeltern**   58 wird von beiden Seiten primär mit dem Kindeswohl argumentiert. Hier gibt § **1632 Abs. 4 BGB** eine Richtung vor. Das Herausgaberecht der Eltern kann zeitweilig eingeschränkt sein, wenn das Kind längere Zeit in einer Pflegefamilie lebt und die Herausnahme des Kindes aus der Pflegefamilie das Wohl des Kindes gefährden würde. Das Familiengericht kann eine entsprechende Anordnung erlassen.

V. Vermögenssorge und gesetzliche Vertretung

Grundsätzlich üben die Eltern eines Minderjährigen die **Vermögenssorge gemeinsam**   59 aus (§ **1626 i.V.m.** § **1627 BGB**). Die Vermögenssorge umfasst die **Verwaltung des Vermögens** (§§ **1638 ff.** BGB) sowie die **gesetzliche Vertretung** des Kindes (§ **1629 Abs. 1 Satz 1 BGB**). Sie ermächtigt zur Inbesitznahme der Vermögensgegenstände, zur Erhaltung, zur Verfügung über diese sowie zum Erwerb von anderen Vermögensbestandteilen. Der Sorgeberechtigte ist grds. befugt, i.R.d. Vermögenssorge Verpflichtungen zu Lasten des Kindes einzugehen. Die Vermögenssorge dient der **Erhaltung und Mehrung des Vermögens**. Die Eltern können frei über das Vermögen verfügen, soweit sie nicht gesetzlich beschränkt sind.

1. Beschränkungen der Vermögenssorge

Die Vermögenssorge erstreckt sich grds. auf das gesamte Vermögen des Kindes. Ausge-   60 nommen ist jedoch das Vermögen, das ein Dritter dem Kind vererbt oder ihm schenkt und dabei angeordnet hat, dass die Eltern dieses Vermögen nicht verwalten sollen (§ 1638 Abs. 1 BGB).

Einem Erblasser bzw. Schenker ist also vom Gesetzgeber die Möglichkeit eingeräumt   61 worden, die Eltern von der Verwaltung dieses überlassenen Vermögens auszuschließen. Er braucht dies nicht zu begründen. Wenn beide Elternteile von der Vermögenssorge dieses Vermögensteils ausgeschlossen sind, muss für das verwaltungsfreie Vermögen ein Pfleger bestellt werden (§ 1909 Abs. 1 Satz 2 BGB).

Der Erblasser bzw. der Zuwender hat das Recht, einen bestimmten Pfleger zu bestimmen (§ 1917 Abs. 1 BGB).

Das Gesetz räumt dem Erblasser bzw. dem Schenkenden ebenfalls das Recht ein, nur   62 einen Elternteil von der Verwaltung des Vermögens auszuschließen (§ 1638 Abs. 3

BGB). In diesem Fall verwaltet der andere Elternteil diesen bestimmten Vermögensteil alleine. Es ist nicht notwendig, einen Ergänzungspfleger zu bestellen.

2. Ordnungsgemäße und wirtschaftliche Verwaltung des Vermögens

63 Der Gesetzgeber hat mit einigen Bestimmungen dafür Vorsorge getroffen, dass der Sorgeberechtigte das Vermögen des Kindes auch in dessen Interesse verwaltet. Dem Familiengericht werden gewisse Kontrollbefugnisse eingeräumt.

64 Nach § 1640 BGB muss der Sorgeberechtigte in bestimmten Fällen dem Familiengericht ein **Inventarverzeichnis über das Vermögen** des Kindes vorlegen. Das gilt einmal für Vermögen, das das Kind erbt oder in Folge eines Sterbefalles erwirbt, aber auch für unentgeltliche Zuwendungen oder für Abfindungen, die anstelle von Unterhalt gewährt werden (§ 1640 Abs. 1 BGB).

65 Die Inventarisierungspflicht ist den Eltern jedoch erlassen, wenn der Vermögenserwerb 15.000 € nicht übersteigt oder der Erblasser bzw. der Zuwender eine anders lautende Anordnung getroffen hat (§ 1640 Abs. 2 BGB).

66 Die Pflicht des sorgeberechtigten Elternteils, das Geld des Kindes nach den »**Grundsätzen einer wirtschaftlichen Vermögensverwaltung**« anzulegen, ergibt sich aus § 1642 BGB. Dieser Begriff ist jedoch gesetzlich nicht näher definiert.

67 Eine weitere **Kontrollinstanz bei Gefährdung des Kindesvermögens** ist durch das Familiengericht geschaffen. Nach § 1667 BGB ist das Familiengericht von Amts wegen verpflichtet, die erforderlichen Maßnahmen zu treffen, falls der Vater oder die Mutter die mit der Vermögenssorge verbundenen Pflichten verletzt oder zu verletzen droht oder in Vermögensverfall gerät. Aber auch hier gilt die Maxime: »Wo kein Kläger, da kein Richter«. Selbstverständlich wird das Familiengericht nur tätig, wenn ihm eine Gefährdung des Kindesvermögens bekannt wird.

3. Genehmigungspflichtige Geschäfte

68 Wegen ihrer wirtschaftlichen Bedeutung ist bei einigen Geschäften die Genehmigung des Familiengerichts erforderlich. Welche Geschäfte im Einzelnen genehmigungspflichtig sind, ergibt sich aus den §§ 1643, 1821, 1822 BGB. Dies sind im Wesentlichen die Ausschlagung einer Erbschaft (§ 1643 Abs. 2 BGB) sowie Grundstücksgeschäfte nach § 1821 BGB.

4. Die gesetzliche Vertretung

69 Die elterliche Sorge umfasst nach § **1629 Abs. 1 Satz 1 BGB die Vertretung des Kindes**. Die Eltern sind damit in der Lage, Wirkungen im Rechtskreis des Kindes herbeizuführen. Da die Vertretung aus der elterlichen Sorge resultiert, reicht sie nicht weiter als die Personen- und Vermögenssorge. Ist einem Elternteil oder beiden Eltern die elterliche Sorge ganz oder teilweise entzogen (§§ 1666 ff., 1671 ff. BGB), so entfällt insoweit die Berechtigung zur Vertretung.

Die Eltern vertreten das Kind gemeinschaftlich (§ 1629 Abs. 1 Satz 2 BGB), sind also Gesamtvertreter.

Zur alleinigen Vertretung ist ein Elternteil berechtigt, wenn er die elterliche Sorge **70** allein ausübt, wie etwa bei einer richterlichen Anordnung nach einer Trennung gem. § 1671 BGB, oder wenn ihm die Entscheidung der betreffenden Frage nach § 1628 Abs. 1 BGB vom Familiengericht übertragen worden ist (§ 1629 Abs. 1 Satz 3 BGB).

5. Ausschluss der gesetzlichen Vertretung

Eine Vertretung des Kindes durch seine Eltern ist nach § 1629 Abs. 2 Satz 1 BGB **71** insoweit ausgeschlossen, als auch ein Vormund nach § 1795 das Kind nicht vertreten kann. In § 1795 Abs. 1 Nr. 1 bis 3 BGB sind Fallgruppen aufgezählt, in denen der Gesetzgeber einen Interessengegensatz zwischen dem vertretenen Kind und seinem gesetzlichen Vertreter befürchtet. So kann der sorgeberechtigte und damit vertretungsberechtigte Elternteil nach § 1629 Abs. 2 Satz 1, § 1795 Abs. 1 Nr. 1 BGB namens des Kindes keine Rechtsgeschäfte mit seinem Ehegatten oder seinen Verwandten in gerader Linie abschließen, sofern sie nicht ausschließlich in der Erfüllung einer Verbindlichkeit bestehen.

Die bedeutsamste Regelung enthält jedoch § 1795 Abs. 2 BGB, der ausdrücklich **72** § 181 BGB (Verbot des Selbstkontrahierens) für anwendbar erklärt. Damit können Eltern als Vertreter keine Rechtsgeschäfte zwischen sich und dem vertretenen Kind oder zwischen mehreren von ihnen vertretenen Kinder abschließen. Für die Anwendung des § 1795 BGB ist es unerheblich, ob im konkreten Fall wirklich eine Interessenkollision besteht. § 1795 und § 181 BGB sind formale Ordnungsvorschriften. Für ihre Anwendung kommt es nur darauf an, ob die Tatbestandsmerkmale erfüllt sind.

VI. Elterliche Sorge nicht verheirateter Eltern

1. Alleinsorge der Mutter

Bei Geburt eines Kindes, dessen Eltern nicht miteinander verheiratet sind, steht die **73** **Alleinsorge für das Kind grds. der Mutter** zu (§ 1626a Abs. 2 BGB). Wenn die Kindesmutter noch minderjährig ist, tritt bei Geburt des Kindes eine Vormundschaft ein, und das Jugendamt wird zum Vormund (§ 1791c BGB). Es ist aber auch möglich, schon vor der Geburt einen Vormund zu bestellen, z.B. einen Großelternteil (§ 1791c BGB).

Das **Jugendamt ist zur Beratung für die Mutter eines nichtehelichen Kindes ver- 74 pflichtet** (§ 52a SGB VIII). Es hat seine Unterstützung für die Vaterschaftsfeststellung und die Geltendmachung von Unterhaltsansprüchen für das Kind anzubieten und auf die Möglichkeit, eine Beistandschaft zu beantragen, hinzuweisen. Das Jugendamt soll die Mutter darüber belehren, dass die Elternteile auch die gemeinsame elterliche Sorge ausüben können.

2. Gemeinsame elterliche Sorge durch Sorgeerklärung

75   Die Eltern haben die Option, mit einer **Sorgeerklärung** ein gemeinsames elterliches Sorgerecht zu begründen (§ 1626a Abs. 1 Nr. 1 BGB). Das gemeinsame Sorgerecht für nichteheliche Kinder tritt demnach nicht automatisch ein. Es gilt das **Antragsprinzip**.

76   Die Sorgeerklärungen der Eltern unterliegen bestimmten formalen Voraussetzungen. Sie dürfen nicht mit einer Bedingung oder einer Befristung versehen werden (§ 1626b Abs. 1 BGB). Sie müssen höchstpersönlich von beiden Elternteilen abgegeben werden (§ 1626c Abs. 1 BGB), und sie bedürfen öffentlicher Beurkundung (§ 1626d Abs. 1 BGB). Zuständig hierfür sind Notare (§ 20 Abs. 1 Bundesnotarordnung) sowie Jugendämter (§ 59 Abs. 1 Satz 1 Nr. 8 SGB VIII). Eine inhaltliche Prüfung, ob die gemeinsame Sorge dem Wohl des Kindes dient, findet nicht statt. Außerdem wird nicht zur Voraussetzung gemacht, dass die Eltern zusammenleben, ansonsten würde wieder eine Diskriminierung nichtehelicher gegenüber ehelichen Kindern festgeschrieben. Eine einmal begründete gemeinsame elterliche Sorge durch eine Sorgeerklärung hat weitgehende Bindungswirkungen. Den Eltern ist es grds. verwehrt, sich durch eine gemeinsame Entscheidung und durch eine gemeinsame Erklärung wieder von der gemeinsamen elterlichen Sorge zu lösen. Sie können sich nicht etwa an das Jugendamt oder einen Notar wenden und durch eine Art Aufhebungsvertrag ihre Sorgeerklärung wieder rückgängig machen. In einem Beratungsgespräch sollte ihnen daher verdeutlicht werden, dass sie mit Abgabe einer Sorgeerklärung eine langfristige Entscheidung treffen, die nicht ohne weiteres aufhebbar ist. Inwieweit an diesem Punkt der Staat zu stark in die Privatautonomie und die autonome Ausgestaltung der elterlichen Sorge eingreift, steht auf einem anderen Blatt. Meines Erachtens sollte den Eltern mehr Autonomie eingeräumt werden. In diesem Kontext gängelt der Staat die unverheirateten Eltern und stellt ihre Mündigkeit in Frage. Aus dem Kindschaftsrecht lässt sich somit der **Grundsatz ableiten, dass eine einmal durch eine Sorgeerklärung begründete gemeinsame elterliche Sorge nur durch Einschaltung des Familiengerichtes aufgelöst werden kann.**

3. Neuregelung des Sorgerechts unverheirateter Väter

77   Durch Intervention des Europäischen Gerichtshofs für Menschenrechte sowie des Bundesverfassungsgerichts war der Gesetzgeber gezwungen, mit dem **Gesetz zur Reform der elterlichen Sorge** (2013) Vätern weitergehende Rechte einzuräumen (§ 1626a Abs. 1 Nr. 3 u. Abs. 2 BGB). Das Gesetz erleichtert unverheirateten Vätern den Zugang zum Sorgerecht durch ein vereinfachtes und beschleunigtes Verfahren. Stimmt die Mutter dem gemeinsamen Sorgerecht nicht zu, kann der Vater wählen, ob er zunächst über das Jugendamt eine Einigung mit der Mutter anstrebt oder direkt beim Familiengericht einen Antrag auf Mitsorge einreicht. Die Mutter erhält danach Gelegenheit zur Stellungnahme. Lässt die Mutter die Frist verstreichen oder stehen die Gründe, die sie gegen die gemeinsame Sorge vorträgt, nicht im Zusammenhang mit dem Kindeswohl, entscheidet das Gericht zugunsten des Vaters. Das Kindeswohl darf dem nicht entgegenstehen. Dies ist auch ohne Anhörung der Eltern und des Jugendamtes möglich.

4. Aufgaben des Jugendamtes

Eine **Beistandschaft des Jugendamtes** kann auf Antrag eines Elternteils zur Feststel-   78
lung der Vaterschaft und Geltendmachung von Unterhaltsansprüchen gem. § 1712
BGB begründet werden. Die Beistandschaft wird beendet, wenn der Antragsteller dies
schriftlich verlangt (§ 1715 Abs. 1 BGB).

Daneben ist es Pflichtaufgabe des Jugendamtes, nach der Geburt eines nichtehelichen   79
Kindes **der Mutter Beratung und Unterstützung anzubieten** und auf die Möglichkeit
einer Sorgeerklärung sowie der Einrichtung einer Beistandschaft hinzuweisen (§§ 52a,
55 SGB VIII).

Weiterhin **berät das Jugendamt in Fragen der Partnerschaft sowie bei Trennung und
Scheidung** (§ 17 SGB VIII).

VII. Elterliche Sorge bei Trennung und Scheidung

1. Grundkonzeption

Die Kindschaftsrechtsreform von 1998 hat eine einschneidende Kursänderung für die   80
Regelung der elterlichen Sorge vorgenommen. Nach Einschätzung eines der führen-
den Experten des Familienrechts, Prof. Dieter Schwab, blieb »kaum ein Stein auf dem
anderen«; man könne gar von einem »abrupten Szenenwechsel sprechen«.[13]

Eine fundamentale Änderung ist die **Herausnahme der Sorgeregelung bei Scheidung**   81
aus dem sog. Zwangsverbund bei Ehescheidung. Grundsätzlich kommt es zu einer
Regelung des elterlichen Sorgerechts durch das Familiengericht nur, wenn ein Elternteil oder beide Elternteile einen Antrag auf Übertragung der Alleinsorge oder eines
Teils des alleinigen Sorgerechts stellen (§ 1671 Abs. 1 BGB). Eine Priorität zugunsten
der gemeinsamen elterlichen Sorge lasse sich aber weder dem Wortlaut des § 1671
BGB noch den Gesetzesmaterialien entnehmen, so das Bundesverfassungsgericht.[14]
Auch der BGH[15] lehnt ein Regel-Ausnahme-Verhältnis zugunsten der gemeinsamen
elterlichen Sorge ab.

Den Erfolgschancen für einen Antrag auf Alleinsorge stehen nicht geringe Hürden im   82
Wege. Ein entsprechender Antrag wird vom Familiengericht nur positiv entschieden,
wenn entweder der andere Elternteil dem zustimmt oder die Aufhebung der gemeinsamen Sorge und die Übertragung der Alleinsorge auf den Antragsteller dem Wohl des
Kindes am besten entsprechen (§ 1671 Abs. 2 BGB). Liegen diese Voraussetzungen
nicht vor, bleibt es beim gemeinsamen Sorgerecht.

Mit der Aufhebung des Zwangsverbundes für die Regelung der elterlichen Sorge   83
geht einher, dass Anknüpfungspunkt für eine Sorgerechtsregelung nicht mehr die

---

13 *Schwab*, Elterliche Sorge bei Trennung und Scheidung der Eltern, FamRZ 1998, S. 457 ff.
14 BVerfG, FamRZ 2007, S. 1876.
15 BGH, FamRZ 2008, S. 592.

Scheidung der Eltern ist, sondern eine »nicht nur vorübergehende Trennung« der Eltern (§ 1671 Abs. 1 BGB).

84 Der Gesetzgeber hat sich auch dafür entschieden, Prinzipien für die Ausgestaltung der gemeinsamen elterlichen Sorge in der Praxis aufzustellen. Die Kompetenzen der Elternteile sind durch gesetzliche Vorgaben festgelegt (§§ 1687, 1687a BGB).

2. Beratungs- und Unterstützungsangebote

85 Wenn ein Scheidungsantrag eingeht, ist das Familiengericht verpflichtet, auf **Beratungsangebote des Jugendamtes** hinzuweisen, damit Eltern nicht aus purer Ignoranz, um einen Konflikt vordergründig zu vermeiden, oder etwa um Kosten zu sparen auf eine Regelung des Sorgerechts verzichten. Folgende Maßnahmen sind vorgesehen:
  – Zum einen muss der **Scheidungsantrag Angaben zu gemeinsamen** Kindern enthalten (§ 133 Abs. 1 FamFG).
  – In jedem Eheverfahren hört das Gericht die Eltern zur elterlichen Sorge an, soweit minderjährige Kinder vorhanden sind, und weist auf bestehende Möglichkeiten der Beratung durch Beratungsstellen und Träger der Jugendhilfe hin (§ 160 FamFG).
  – Wenn gemeinsame Kinder betroffen sind, erhält das Jugendamt automatisch Mitteilung über die Anhängigkeit eines Scheidungsverfahrens, damit das Jugendamt die Eltern über das Leistungsangebot der Jugendhilfe unterrichtet (§ 17 Abs. 3 SGB VIII). Weiterhin ist die **Trennungs- und Scheidungsberatung der Jugendhilfe als Anspruchsleistung für Eltern** ausgestattet (§ 17 Abs. 2 SGB VIII). Daneben soll das Jugendamt oder der entsprechende Träger der Jugendhilfe (z.B. eine Familien- oder Erziehungsberatungsstelle) die Eltern unterstützen, ein **einvernehmliches Konzept für die Wahrnehmung der elterlichen Sorge** zu erarbeiten (§ 17 Abs. 2 SGB VIII).
  – Außerdem soll das Familiengericht bei Streit um das Sorge- oder Umgangsrecht auf ein »Einvernehmen der Beteiligten« hinwirken (§ 156 Abs. 1 FamFG).
  – Seit Inkrafttreten des Mediationsgesetzes (2012) erhält außergerichtliches Konfliktmanagement beim Sorgerechtsstreit einen höheren Stellenwert. Seitdem kann das Familiengericht anordnen, dass Eltern an einem Informationsgespräch über Mediation teilnehmen (§ 156 Abs. 1 Satz 3 FamFG). Danach können Eltern entscheiden, ob sie Mediation einem streitigen Gerichtsverfahren vorziehen.[16]

Diese Beratungsangebote können u.U. verhindern, dass Eltern ihren Partnerkonflikt auf dem Rücken ihrer Kinder austragen.

3. Gemeinsame Sorge

86 An den Fortbestand der gemeinsamen elterlichen Sorge sind zunächst grds. keine besonderen Anforderungen gestellt. Stellt kein Elternteil einen Sorgerechtsantrag

---

16 Vgl. *Marx*, Obligatorische Sorgerechtsmediation? Überlegungen nach kritischer Analyse des kalifornischen Modells, ZKJ 2010, S. 300 ff.

beim Familiengericht, besteht für das Gericht kein Anlass, eine Sorgerechtsentscheidung zu treffen, und es bleibt bei der gemeinsamen Sorge.

Lediglich, wenn ein Sorgerechtsantrag beim Familiengericht vorliegt, ergibt sich 87
die Notwendigkeit einer Sorgerechtsentscheidung (§ 1671 BGB). In dieser Konstellation fordern die Gerichte die objektive Kooperationsfähigkeit und subjektive Kooperationsbereitschaft der Eltern.[17] Aber auch, wenn ein Antrag auf Alleinsorge bei Gericht vorliegt, ist nicht gesagt, ob dieser Erfolg haben wird. Es kann »durchaus sein, dass der Antrag abgewiesen und die gemeinsame Sorge daher aufrechterhalten wird, obwohl ein Elternteil sie nicht mehr will«.[18]

4. Übertragung der Alleinsorge

Voraussetzungen (§ 1671 BGB):   88

Die Voraussetzungen, unter welchen Umständen das Familiengericht einem Eltern- 89
teil die Alleinsorge oder einen Teil der Alleinsorge übertragen kann, ergeben sich aus § 1671 BGB.
– Mindestens ein Elternteil muss einen Antrag auf (partielle) Alleinsorge gestellt haben;
– aktuell muss ein gemeinsames Sorgerecht bestehen;
– die Eltern müssen sich auf Dauer und nicht nur vorübergehend getrennt haben;
– der andere Elternteil stimmt entweder dem Antrag zu (§ 1671 Abs. 2 Nr. 1 BGB);
– oder es ist zu erwarten, dass die Aufhebung der gemeinsamen Sorge und die Übertragung auf den Antragsteller dem Kindeswohl am besten entspricht (§ 1671 Abs. 2 Nr. 2 BGB).

Das Gericht hat in zweifacher Hinsicht eine Prognose aufzustellen: 90
1. die Aufhebung der gemeinsamen elterlichen Sorge entspricht dem Kindeswohl am 91
besten und
2. die Übertragung der Alleinsorge gerade auf den Antragsteller stellt die beste Lö- 92
sung für das Kind dar.

Die Prognose für die Kindeswohlüberprüfung findet statt, indem zunächst mögliche Gründe für die Aufhebung der gemeinsamen Sorge untersucht werden.

Aus den Materialien des Gesetzgebers sowie der ständigen Rechtsprechung lassen sich 93
exemplarisch Gründe für die Aufhebung der gemeinsamen Sorge ableiten:
– Mangelnde Kooperationsbereitschaft der Eltern; ständiger Streit in Erziehungsfragen.
– Bei erkennbarem Desinteresse eines Elternteils, z.B. bei fehlenden Besuchskontakten oder bei Verletzung der Unterhaltspflicht.

---

17 BGH, FamRZ 2005, S. 1167; OLG Hamm, FamRZ 2006, S. 1697.
18 *Schwab*, 2016, Rz. 783.

– Ein Elternteil ist wegen äußerer Umstände schwer erreichbar; damit sind Fälle ge-
    meint, in denen ein Elternteil sich häufig auf Dienstreise befindet oder im Ausland
    lebt.
– Bei Gewaltanwendung[19] eines Elternteils gegen den anderen.
– Bei einem entgegenstehenden Willen des Kindes; diesem ist jedoch keine Rechts-
    position eingeräumt, seinen Willen auch durchzusetzen.

5. Ausgestaltung der gemeinsamen Sorge nach Trennung und Scheidung

94 Wie lässt sich die gemeinsame elterliche Sorge auch nach Trennung der Eltern im
Alltag umsetzen?

95 Im Gesetz ist zu dieser Frage eine Richtung vorgegeben (§§ 1687, 1687a BGB) und
eine Kompetenzverteilung vorgenommen. Am Häufigsten kommt in der Realität die
Konstellation vor, dass die Eltern getrennt leben und das Kind sich vorwiegend bei
einem Elternteil aufhält. Andere Modelle, wie eine Internatsunterbringung des Kindes
oder ein Pendeln des Kindes zwischen den nah beieinander liegenden Wohnungen der
Eltern, werden weniger oft praktiziert. Damit der Elternteil, bei dem das Kind gerade
wohnt, nicht wegen jeder kleinen Entscheidung in Erziehungsfragen den anderen
Elternteil kontaktieren muss, belässt das Gesetz dem Elternteil, bei dem sich das Kind
gewöhnlich aufhält, ein **Alleinentscheidungsrecht in »Angelegenheiten des täglichen
Lebens«** (§ 1687 Abs. 1 BGB). Davon abzugrenzen ist die **obligatorische gemeinsame
Entscheidung der Eltern in »Angelegenheiten von erheblicher Bedeutung«** (§ 1687
Abs. 1 BGB).

96 Es ist nicht zu übersehen, dass das Konzept der gemeinsamen Sorge nach Trennung
und Scheidung keine absolute gemeinsame Sorge beinhaltet, sondern eine Modifizie-
rung der gemeinsamen Sorge als Kombination von partieller Alleinsorge und echter
gemeinsamer Sorge darstellt. Dies ist sicherlich vernünftig, um den Alltag bewältigen zu können, und um keine überhöhten Anforderungen an eine ständige Kooperation der Eltern zu stellen. Trotzdem wird dieses Konzept vereinzelt kritisiert, da eine
Abgrenzung von Angelegenheiten des täglichens Lebens zu Angelegenheiten von erheblicher Bedeutung häufig auf Schwierigkeiten stoßen wird und zum anderen, weil hier
der Lebensalltag und Erziehungsalltag eines Kindes in einzelne Segmente aufgeteilt
wird. Meines Erachtens wird dem vorhandenen Konzept keine ernsthaft diskutable
Alternative gegenüber gestellt.

97 Was ist nun unter **Angelegenheiten des täglichen Lebens** zu fassen? Darunter wird man
z.B. die Behandlung leichter Krankheiten, die Teilnahme an Sportveranstaltungen, den
Besuch bei Verwandten oder die Verwaltung von Geldgeschenken verstehen können.
Hier ist der Elternteil, bei dem sich das Kind befindet, allein entscheidungsbefugt.

98 Als **Angelegenheiten von erheblicher Bedeutung**, die eine gemeinsame und einvernehmliche Entscheidung der Eltern erfordern, lassen sich z.B. klassifizieren: die Wahl

---

19 BVerfG, FamRZ 2004, S. 354.

der Schulart oder Ausbildungsstätte, Operationen (davon ausgenommen sind Eilfälle), Grundfragen religiöser Erziehung oder die Wahl einer Vermögensanlage.

6. Anhörungen

Neben der Trennungs- und Scheidungsberatung hat das **Jugendamt** im Rahmen   99
der **Familiengerichtshilfe** Aufgaben zu übernehmen (§ 50 Abs. 1 SGB VIII, § 162
FamFG). Es findet eine **obligatorischeAnhörung des Jugendamtes durch das Familiengericht** statt, wenn ein Elternteil Alleinsorge begehrt. Dabei wird das Jugendamt
aufgefordert, eine gutachterliche Stellungnahme zur Sorgerechtsregelung abzufassen.

Daneben findet eine **persönliche Anhörung der Eltern** statt (§ 160 FamFG), sowie eine   100
persönliche Anhörung des Kindes (§ 159 FamFG), wobei die Anhörung der Kinder
nach der Rechtsprechung schon ab dem 5. Lebensjahr vorgenommen werden soll.

Hinzuweisen ist noch auf die Möglichkeit, dem Kind einen »**Anwalt des Kindes**«   101
oder, anders ausgedrückt, einen **Verfahrensbeistand** beizuordnen. Dies kommt dann
in Betracht, wenn es zur Interessenwahrnehmung für das Kind erforderlich ist (§ 158
FamFG). Das wird in der Regel in hochstreitigen Sorgerechtsangelegenheiten der Fall
sein, und in anderen Fällen, die im Gesetz enumerativ aufgeführt sind (Gefährdung
des Kindeswohls; Wegnahme des Kindes von der Pflegeperson [§ 158 Abs. 2 Nr. 2,
3 FamFG]).

7. Kriterien für eine Sorgerechtsentscheidung bei Antrag auf Alleinsorge

Bei **hochstreitigen Sorgerechtsfällen** ist das Familiengericht in der undankbaren Position, aus den möglichen Alternativen eine Regelung für das Kind zu treffen, die dem   102
Kindeswohl am besten entspricht (§ 1671 Abs. 2 Nr. 2 BGB). Im Rahmen dieser
Prüfung sind die Kriterien heranzuziehen, die schon die bisherige Rechtsprechung für
streitige Sorgerechtsverfahren entwickelt hat.

Schlagwortartig sind in der Regel bei der Kindeswohlprüfung die Persönlichkeit und   103
die erzieherische Eignung der Eltern, ihre Bereitschaft, Verantwortung für die Kinder
zu tragen, und die Möglichkeiten der Unterbringung und Betreuung zu berücksichtigen. Als wesentlicher Faktor tritt die emotionale Bindung der Kinder zu den Eltern
und anderen Bezugspersonen hinzu. Von der Rechtsprechung und der Literatur sind
für die Kindeswohlprüfung verschiedene Kriterien entwickelt worden.[20]

Förderungsprinzip:

Nach dem Förderungsprinzip erhält derjenige Elternteil die elterliche Sorge, von dem   104
**das Kind für den Aufbau seiner Persönlichkeit die meiste Unterstützung erwarten
kann.** Dabei können äußere Umstände (soziale Stellung, Berufsausbildungschancen,
Unterbringung), aber noch mehr seelische und geistige Gegebenheiten entscheiden.

---

20 Weiterführend *Wanitzek*, Die Rechtsprechung zum Recht der elterlichen Sorge und des
   Umgangs seit 2006, FamRZ 2008, S. 933 ff.

Es kommt weniger auf die Ausbildung an, sondern auf die innere Bereitschaft, das Kind zu sich zu nehmen und die Verantwortung für Erziehung und Versorgung zu tragen. Grundsätzlich wird dabei nach dem Verfahren der negativen Auslese vorgegangen. Nach dem Grundsatz der am wenigsten schädlichen Alternative ist zunächst nach Gründen zu fragen, die eindeutig gegen die Zuweisung des Sorgerechts an den einen oder den anderen Elternteil sprechen: mangelnde Bereitschaft zur Wahrnehmung der Elternverantwortung, gestörtes Verhältnis zum Kind, schwere Pflichtverletzung gegenüber dem Kind, Neigung zu Gewalttätigkeit und Misshandlungen, auch gegenüber dem anderen Partner, Geschäftsunfähigkeit und andere subjektive Defizite, aber auch besonders ungünstige äußere Verhältnisse können dagegen sprechen, dem davon betroffenen Elternteil die alleinige Sorge zu übertragen.

105   Können derartige eindeutig negative Indizien weder gegen den Vater noch gegen die Mutter vorgebracht werden, so spielen die weiteren Kriterien bei der Abwägung eine zentrale Rolle.

Kontinuitätsprinzip:

106   Nach dem Kontinuitätsprinzip ist diejenige Sorgerechtsgestaltung anzustreben, die dem Kind seine bisherige Lebenswelt möglichst erhält. Das Prinzip gebietet es, die Stetigkeit der Erziehung und Betreuung des Kindes sicherzustellen. Anzustreben ist die Stabilität bezüglich der Person, die das Kind umsorgt, der Erziehungsgrundsätze und des sozialen Umfelds (Kindergarten, Schule etc.). Abrupte Wechsel in wichtigen Lebensbezügen sind möglichst zu vermeiden.

Bindungen des Kindes:

107   Ergibt sich weder nach dem Förderungsprinzip noch nach dem Kontinuitätsprinzip ein Übergewicht zugunsten eines Elternteils, so kommt den Bindungen des Kindes ausschlaggebende Bedeutung zu. Zu berücksichtigen sind dabei insb. die emotionalen Bindungen des Kindes vor allem an seine Eltern, aber auch an seine Geschwister. Hinzu kommen weitere Bindungen, die für das Kind sehr wichtig sind, nämlich zu seinem Freundeskreis und seinem ganzen sozialen Umfeld. Ein Wechsel des Lebensumfeldes von Kindern, die mehrere Jahre von einem Elternteil betreut wurden und dann bei dem anderen Elternteil leben sollen, führt fast immer zu Belastungen der Kinder.[21]

Wille und Neigungen des Kindes:

108   Ein weiterer Faktor für die Zuschreibung des elterlichen Sorgerechts ist der Wille des Kindes. Welches Gewicht ein vom Kind geäußerter Wunsch hat, hängt von seinem Alter und seinen Motiven ab. Insbesondere muss berücksichtigt werden, dass jüngere Kinder oft nicht in der Lage sind, ihre persönlichen Bindungen zu den Eltern einem Gericht gegenüber mitzuteilen. Zudem befindet sich das Kind in einem Loyalitätskonflikt, da es sich mit seiner Entscheidung für den einen Elternteil gezwungenermaßen

---

21 BVerfG, FamRZ 2007, S. 633.

gegen den anderen entscheiden muss. Dies ist etwas, was das Kind nicht leisten kann. Dem Willen eines über 14-jährigen Kindes kommt besondere Bedeutung zu. Jedoch ist zu fragen, ob das Kind von unrealistischen Vorstellungen ausgeht oder von einem Elternteil manipuliert wurde.

8. Wohnmodelle getrennter Familien

Die Trennung eines Elternpaares erfordert eine baldige Klärung der Frage, wo, mit wem und in welchen Zeitintervallen die Kinder fortan leben werden. Dabei kommen mehrere Modelle in Betracht, wobei die am häufigsten praktizierten Modelle das sog. Residenzmodell und das sog. Wechselmodell sind. **108a**

Residenzmodell

Die meisten getrennten Eltern ziehen das Residenzmodell vor. Dabei lebt das Kind hauptsächlich bei einem Elternteil. Den anderen Elternteil besucht es zu bestimmten Umgangszeiten, z. B. jedes zweite Wochenende. Hier übernimmt der Elternteil, der mit dem Kind in einer Wohnung lebt und es betreut, den weit überwiegenden Teil der Erziehungsverantwortung. **108b**

Wechselmodell

Zunehmend setzt sich mittlerweile das Wechselmodell durch. Hier teilen sich Vater und Mutter paritätisch – also zu (annähernd) gleichen Teilen – die Kinderbetreuung. Das Kind lebt also zur Hälfte der Zeit bei seiner Mutter und zur anderen Hälfte beim Vater. Eltern können ein Wechselmodell vereinbaren, das von den Familiengerichten dann fast immer bestätigt wird. **108c**

Es kommen aber auch Fälle vor, in denen ein Elternteil das paritätische Wechselmodell anstrebt, der andere es jedoch ablehnt. **108d**

In einem 2017 ergangenen Grundsatzurteil hat der Bundesgerichtshof diese juristische Streitfrage, ob ein Wechselmodell auch gegen den Willen eines Elternteils angeordnet werden kann, positiv entschieden. Der BGH (FamRZ 2017, 532) hat dazu ausgeführt:

> »Eine gerichtliche Umgangsregelung, die im Ergebnis zu einer gleichmäßigen Betreuung des Kindes durch beide Eltern im Sinne eines paritätischen Wechselmodells führt, wird vom Gesetz nicht ausgeschlossen. Auch die Ablehnung des Wechselmodells durch einen Elternteil hindert eine solche Regelung für sich genommen noch nicht. Über die Anordnung des Wechselmodells ist folglich nach der Lage des jeweiligen Einzelfalls zu entscheiden. Entscheidender Maßstab für die Regelung des Umgangs ist das Kindeswohl (Kindeswohlprinzip) unter Berücksichtigung der Grundrechtspositionen der Eltern.«

Ein Wechselmodell funktioniert nur, wenn beide Elternteile erziehungsgeeignet sind, das Kind zu beiden eine feste Bindung hat und wenn der Kindeswille ausreichend beachtet wird. Somit sind Kinder bei der Frage, ob sie zu gleichen Teilen zwischen Mutter und Vater pendeln wollen, grundsätzlich persönlich anzuhören. Ferner erfordert das Wechselmodell, dass die Eltern miteinander kommunizieren können – bei der Übergabe des Kindes muss nämlich unter anderem geklärt werden, ob und wann **108e**

Termine, etwa beim Arzt, in der Schule oder auf einer Kindergeburtstagsfeier, anstehen oder was dort geschehen soll. Sind solche Absprachen oder ein Mindestmaß an Übereinstimmung bei der Erziehung nicht möglich, ist ein Wechselmodell nicht sinnvoll.

VIII. Umgangsrecht

109 Zum psychologischen Allgemeinwissen gehört mittlerweile die Erkenntnis, dass die Aufrechterhaltung der Bindung zu beiden Elternteilen auch nach deren Trennung für die Persönlichkeitsentwicklung eines Kindes große Bedeutung hat. Damit keine Entfremdung zwischen dem Kind und dem Vater bzw. der Mutter entsteht, hat der Gesetzgeber einen Grundsatz aufgestellt: Der Umgang mit beiden Elternteilen und anderen wichtigen Bezugspersonen ist ein Kernelement des Kindeswohls (§ 1626 Abs. 3 BGB).

110 Die Aufrechterhaltung der Beziehungen zwischen Eltern und Kind soll gefördert werden bzw. umgangsunwillige Eltern sollen durch die Hervorhebung der Bedeutung des Umgangs für das Kind zur Erfüllung ihrer elterlichen Aufgaben angehalten und vom verbreiteten Umgangsboykott abgehalten werden.

111 Gekennzeichnet ist der Umgang durch zeitlich begrenzte Kontakte wie z.b. gemeinsame Wochenenden, Tages- oder Halbtagesbesuche, Telefonate, Briefe, Reisen und sonstige Unternehmungen.

Das Umgangsrecht wird in den §§ 1684 bis 1686 BGB näher geregelt.

1. Das Recht des Kindes auf Umgang mit jedem Elternteil (§ 1684 BGB)

112 Die endgültige Fassung des § 1684 BGB berücksichtigt die **UN-Kinderrechtekonvention** von 1989 und definiert das Umgangsrecht ausdrücklich als das **Recht des Kindes** und nicht wie zuvor § 1711 BGB a.F. als das Recht des nicht sorgeberechtigten Elternteils.

Korrespondierend zu diesem Recht des Kindes besteht eine **Verpflichtung der Eltern zum Umgang** mit dem Kind (§ 1684 Abs. 1 Halbs. 2 BGB).

Umgekehrt haben auch die **Eltern ihrerseits ein subjektives Recht auf Umgang** mit dem Kind (§ 1684 Abs. 1 Halbs. 2 BGB).

113 Recht und Pflicht zum Umgang bestehen unabhängig von der sorgerechtlichen Lage. Das **Bundesverfassungsgericht**[22] hat im Jahr 2007 unterstrichen, dass das Umgangsrecht eines Elternteils ebenso wie die elterliche Sorge unter dem **Schutz des Art. 6 II Satz 1 GG** steht. Der Elternteil, bei dem sich das Kind gewöhnlich aufhält, müsse grds. den persönlichen Umgang des Kindes mit dem anderen Elternteil ermöglichen. Können sich Eltern über die Ausübung des Umgangsrechts nicht einigen, so müsse das Gericht in seiner Entscheidung sowohl die beiderseitigen Grundrechtspositionen der

---

22 BVerfG, FamRZ 2007, S. 105.

Eltern als auch das Wohl des Kindes und dessen Individualität als Grundrechtsträger berücksichtigen.

Bedeutung hat das Umgangsrecht für												114
- den nicht sorgeberechtigten Elternteil, vor allem für den nichtehelichen Vater;
- den Fall gemeinsamer elterlicher Sorge, wenn das Kind überwiegend nur bei einem Elternteil lebt;
- bei Entziehung der elterlichen Sorge, wenn das Kind z.B. in einer Pflegefamilie lebt und der Umgang mit den leiblichen Eltern dem Kindeswohl entspricht.

Das Kind hat keine Pflicht zum Umgang mit dem nicht sorgeberechtigten Elternteil.

Eltern im Sinne von § 1684 sind nach einer Definition des Bundesverfassungsgerichts[23] nur die **gesetzlich legitimierten Eltern**, also auch der durch Anerkennung oder Statusurteil festgestellte Vater, **nicht** dagegen die leiblichen Eltern nach Adoption des Kindes oder bei anderweitiger rechtlicher Vaterschaft der lediglich biologische Vater.				115

Problematisch erscheint die gerichtliche Durchsetzbarkeit sowohl der Verpflichtung der Eltern zum Umgang mit dem Kind als auch die Durchsetzbarkeit der Berechtigung der Eltern zum Umgang mit dem Kind.				116

2. Verhältnis des Kindes zum Umgangsberechtigten

»Die Eltern haben alles zu unterlassen, was das Verhältnis des Kindes zum jeweils anderen Elternteil beeinträchtigt oder die Erziehung erschwert« (§ 1684 Abs. 2 Satz 1 BGB).				117

Grund für dieses gesetzliche »**Wohlverhaltensgebot**« ist die Erkenntnis, dass Streit zwischen den Eltern um den Umgang, bei dem das Kind hin- und hergerissen wird, sich schädigend auf die Entwicklung des Kindes auswirken kann.				118

Keiner der Eltern hat das Recht, den Konflikt, der zum Scheitern der Lebensgemeinschaft geführt hat, auf das Kind zu projizieren, indem er etwa das Kind gegen den anderen Elternteil aufbringt oder durch verschiedene Maßnahmen ihm zu entfremden versucht (sog. Parental Alienation Syndrom – PAS).				119

Gem. § 1684 Abs. 2 Satz 2 BGB gilt das Wohlverhaltensgebot auch für Eltern, wenn sich das Kind in der Obhut von Großeltern, Pflegern, Vormündern oder Pflegeeltern befindet, ebenso umgekehrt für die genannten Obhutspersonen in Bezug auf ihr Verhalten gegenüber den Eltern.				120

3. Umfang des Umgangsrechts

Eine gerichtlich festgelegte, starre Umgangsregelung von genau festgelegten Tagen, Zeiten oder evtl. sogar Telefonaten und Briefen entspricht oft nicht den wirklichen Bedürfnissen aller Beteiligten.				121

---

23 BVerfG, NJW 2003, S. 2151.

122 Daher ist grds. eine einvernehmliche Umgangsregelung, etwa als Vereinbarung der Eltern oder als Ergebnis einer Mediation, die genau auf die Interessen einer Familie zugeschnitten ist, einer gerichtlichen Lösung vorzuziehen.

123 Für den Fall des Scheiterns einer einvernehmlichen Lösung entscheidet das Familiengericht in der Regel auf Antrag über den Umfang des Umgangsrechts und regelt die Art und Weise seiner Ausübung auch gegenüber Dritten (§ 1684 Abs. 3 Satz 1 BGB).

Ein Antrag an das Familiengericht auf Regelung nach § 1684 Abs. 3 ist nicht immer Voraussetzung für das Eingreifen des Gerichtes.

124 Da es jedoch eine unzulässige Einmischung in das Elternrecht aus Art. 6 Abs. 2 GG wäre, wenn das Gericht ohne Anlass tätig werden würde, ist Voraussetzung für das Tätigwerden des Gerichtes entweder die Uneinigkeit der Eltern über den Umgang oder ein Desinteresse beider Eltern an der Verwirklichung des dem Kind zustehenden Umgangsrechtes.

125 **Inhaltlich** können Häufigkeit und Dauer des Besuchsrechts (z.B. auch während der Ferien und Feiertage) und feste Besuchszeiten unter Berücksichtigung der **Erziehungskontinuität** festgelegt werden.

126 Inzwischen haben sich **gerichtliche Standards** herausgebildet, die die Art und den Umfang der Kontakte betreffen. Wichtig dabei sind Alter und konkrete Lebensumstände des Kindes.

Als Alternative zu einem periodischen Umgang, z.B. bei weiter Entfernung zwischen den Eltern, kommt ein Umgang in Zeitblöcken in Betracht.

Schwierig ist die Frage der tatsächlichen **Durchsetzbarkeit** von Umgangsregelungen.

4. Durchsetzbarkeit des Rechts auf Umgang durch das Kind

127 Grundsätzlich wird man wohl davon ausgehen müssen, dass der Umgang mit einem unwilligen Elternteil eigentlich wertlos für ein Kind ist.

128 Möglicherweise kann er dem Kind sogar einen seelischen Schaden zufügen[24], da durch die Anordnung des Umgangs bei dem Kind bestimmte Erwartungen in Bezug auf den Kontakt geweckt werden können, die der unwillige Elternteil dann enttäuscht.[25]

129 Dennoch hatte nach einer früher verbreiteten Ansicht[26] das Kind einen eigenen durchsetzbaren Anspruch auf Umgang mit jedem Elternteil, der mit den Zwangsmitteln des § 35 FamFG erzwungen werden kann.[27]

---

24 BVerfG, FamRZ 2008, S. 334.
25 OLG Nürnberg, FamRZ 2007, S. 925.
26 AG Köln, FamRZ 2001, S. 1023; OLG Cochem, FamRZ 2002, S. 979; OLG Brandenburg, FamRZ 2005, S. 293.
27 Anderer Ansicht OLG Nürnberg, FamRZ 2007, S. 925.

Differenziert wird dieses Problem in einem Urteil des Bundesverfassungsgerichts vom   **130**
01.04.2008[28] dargestellt:

▶ **Fallbeispiel:**

Aus der außerehelichen Beziehung eines verheirateten Familienvaters war ein im   **131**
Februar 1999 geborenes weiteres Kind entstanden.

Unterhalt hatte der Vater gezahlt, einen Umgang mit seinem Sohn jedoch abgelehnt. Das Amtsgericht hatte die Anordnung eines Umgangskontaktes aufgrund eines Antrags der Mutter zurückgewiesen und das Oberlandesgericht darauf im Beschwerdeverfahren ein Sachverständigengutachten eingeholt. Dieses war zu dem Ergebnis gekommen, dass begleitete Umgangskontakte, jedenfalls für einen gewissen Zeitraum, dem Kind auch dann nicht schaden würden, wenn der Beschwerdeführer das Kind entsprechend seiner Ankündigung ignorieren würde.

Mit Beschl. v. 21.01.2004 hatte das Oberlandesgericht betreuten Umgang des Vaters mit dem Kind für die Dauer von 2 Stunden alle 3 Monate angeordnet und für den Fall der Weigerung ein Zwangsgeld von bis zu 25 000 € angedroht.

Auf die Verfassungsbeschwerde hat das Bundesverfassungsgericht den Beschluss aufgehoben, die Sache zur erneuten Entscheidung an das Oberlandesgericht zurück verwiesen und angeordnet, dass § 33 Abs. 1 Satz 1 und Abs. 3 FGG verfassungskonform dahingehend auszulegen sind, dass eine zwangsweise Durchsetzung der Umgangspflicht eines den Umgang mit seinem Kind verweigernden Elternteils zu unterbleiben hat, es sei denn, es gibt im konkreten Einzelfall hinreichende Anhaltspunkte, die darauf schließen lassen, dass ein erzwungener Umgang dem Kindeswohl dienen würde.

Das Bundesverfassungsgericht hat in der Androhung des Zwangsgeldes einen Verstoß gegen Art. 2 Abs. 1 i.V.m. Art. 1 GG erblickt, soweit dem Beschwerdeführer darin ein Zwangsgeld für den Fall der Verweigerung des Umgangs mit seinem Kind angedroht worden ist.

Grundsätzlich sei es einem Elternteil zumutbar, angehalten zu werden, mit seinem Kind Umgang zu pflegen. Zwar handele es sich dabei um einen Eingriff in das Grundrecht auf Schutz der Persönlichkeit eines Elternteils von nicht geringer Intensität.

Wägt man jedoch das Interesse des Kindes an einem gedeihlichen Umgang mit seinen beiden Elternteilen mit dem Interesse eines Elternteils ab, mit dem Kind nicht oder aber nicht mehr in persönlichen Kontakt treten zu wollen, dann ist dem kindlichen Anliegen gegenüber dem elterlichen Wunsch ein erheblich größeres Gewicht beizumessen.

Jedoch sei die Androhung der zwangsweisen Durchsetzung der Umgangspflicht eines Elternteils gegen dessen erklärten Willen regelmäßig nicht geeignet, den

---

28 BVerfG, FuR 2008, S. 334.

Zweck zu erreichen, der mit ihr verfolgt wird, nämlich dem Kind einen Umgang mit seinem Elternteil zu ermöglichen, der zu einer gedeihlichen Persönlichkeitsentwicklung des Kindes beiträgt.

Dieser Zwang nehme Einfluss auf das persönliche Verhältnis zum Kind und setze den umgangsverpflichteten Elternteil unter Druck, sich seinem Kind gegenüber so zu verhalten, wie er selbst nicht will.

Eine Ausnahme von der Anordnung von Zwangsmitteln macht das Bundesverfassungsgericht lediglich dann, wenn auch im Hinblick auf die psychische Stabilität des Kindes eine reelle Chance besteht, dass das Kind in der Lage ist, durch sein offenes und freundliches Verhalten den Widerstand des den Kontakt zu ihm meidenden Elternteils aufzulösen, was allerdings dann nicht gegeben ist, wenn Kinder noch nicht zu einer stabilen Persönlichkeit herangereift sind. Eine weitere Ausnahme kann dann bestehen, wenn sich bei einem Kind oder Jugendlichen das Interesse an einem Kennenlernen bislang noch nicht bekannter Elternteile stark herausgebildet hat und es ihm vor allem um ein – sei es auch nur einmaliges – Zusammentreffen mit diesem Elternteil geht, um diesen kennen zu lernen. Dann kann die Erfüllung dieses Bedürfnisses für das Kind gewichtiger sein als die möglicherweise damit verbundene Erfahrung, dass dieser Elternteil von ihm nichts wissen will. Dieses ist ggf. mit Hilfe von Sachverständigen zu klären. In einem solchen Fall kann selbst ein erzwungenes Zusammentreffen mit dem Elternteil dem Wohle des Kindes dienen.

5. Durchsetzbarkeit des Umgangsrechts der Eltern

132   Wesentlich praxisrelevanter als die oben dargestellte Durchsetzbarkeit des Kindesrechts ist die Frage, wann und wie ein umgangsberechtigter Elternteil eine gerichtliche Umgangsregelung oder eine zwischen den Eltern getroffene und vom Gericht bestätigte Umgangsregelung gegen den Willen des anderen Elternteils oder dem entgegenstehenden Willen des Kindes durchsetzen kann.

133   Grundsätzlich sind gerichtliche Umgangsregelungen mit den Zwangsmitteln des § 35 FamFG durchsetzbar, jedoch darf gegen das Kind zur Verwirklichung des Umgangsrechtes keine Gewalt angewendet werden, wenn es herausgegeben werden soll, um das Umgangsrecht auszuüben.

134   Der Wunsch des Kindes, den anderen Elternteil zu sehen, ist in der Praxis ein wichtiges Indiz dafür, dem entgegenstehenden Willen des Sorgeberechtigten einen geringeren Stellenwert beizumessen.

135   Bei einer ablehnenden Haltung jüngerer Kinder gegenüber dem Umgang ist genau zu prüfen, ob diese die wirklichen Bindungsverhältnisse des Kindes darstellt oder ob es sich unter Umständen um ein sog. **Parental Alienation Syndrom** handelt. Hierunter versteht man die einseitige Beeinflussung des Kindeswillens durch die Person, bei der das Kind überwiegend lebt.

Die Reaktion auf dieses Phänomen wird kontrovers diskutiert.[29]

6. Anordnung zur Erfüllung des Wohlverhaltensgebots

Das Familiengericht kann gem. § 1684 Abs. 3 Satz 2 Anordnungen gegen einen   136
Elternteil erlassen, die ihn zum »Wohlverhalten« i.S.d. § 1684 Abs. 2 verpflichten.
Dies eröffnet dem Gericht Handlungsspielraum, um Aktionen eines Elternteils zu
begegnen, die einen Umgang erschweren oder unmöglich machen.

Eine gerichtliche Reaktion auf einen Verstoß gegen das Wohlverhaltensgebot ist z.B.   137
die Entziehung eines Teils der elterlichen Sorge: So entzog etwa das OLG Rostock
diesen Teilbereich der elterlichen Sorge gem. § 1666 BGB und übertrug diesen auf
einen Pfleger.[30] Der sorgeberechtigte Elternteil hatte zuvor die Zustimmung zur
Begutachtung des Kindes im Umgangsverfahren ohne sachlich gerechtfertigten Grund
verweigert.

7. Einschränkung oder Ausschluss des Umgangsrechts

Das Umgangsrecht kann vom Familiengericht gem. § 1684 Abs. 4 Satz 1 BGB   138
(vorübergehend) eingeschränkt oder ausgeschlossen werden, wenn dies zum Wohl
des Kindes erforderlich ist. Ausschluss oder Einschränkung auf längere Zeit oder auf
Dauer dürfen nur ergehen, wenn andernfalls das Wohl des Kindes gefährdet wäre
(§ 1684 Abs. 4 Satz 2 BGB). Entscheidend ist allein das Kindeswohl, wobei eine
tatsächliche konkrete Gefährdung des Kindeswohls erforderlich ist (§ 1697a BGB).

8. Begleiteter Umgang

Als eine Form der Umgangsbeschränkung nennt das Gesetz den begleiteten Umgang   139
(§ 1684 Abs. 4 Satz 3 BGB). Hier darf der Umgang nur stattfinden, wenn ein mitwir-
kensbereiter Dritter anwesend ist. Voraussetzung für die Anordnung des begleiteten
Umgangs ist immer eine Gefährdung des Kindeswohls ohne Umgangsbegleitung.

Begleiteter Umgang ist anzuordnen, wenn sachliche Gründe gegen einen unbeaufsichtig-
ten persönlichen Kontakt des umgangsberechtigten Elternteils mit dem Kind bestehen.

Als Begleitpersonen kommen Verwandte, Freunde oder Nachbarn etc. in Betracht,   140
aber auch Vereine wie z.B. der Kinderschutzbund oder das Jugendamt. Die Kosten für
den begleiteten Umgang hat das Jugendamt zu tragen.

9. Umgang des Kindes mit anderen Bezugspersonen (§ 1685 BGB)

Soweit es dem Wohl des Kindes entspricht, besteht ein Umgangsrecht für dessen Be-   141
zugspersonen bzw. Menschen, die längere Zeit für das Kind Verantwortung getragen
haben oder längere Zeit mit ihm in häuslicher Gemeinschaft gelebt haben. Zu diesem

---

29 *Bruch*, FamRZ 2002, S. 1304.
30 OLG Rostock, FamRZ 2006, S. 1623.

Personenkreis gehören Großeltern, Geschwister, frühere Ehegatten oder Lebenspartner sowie Pflegeeltern, nicht jedoch Tanten und Onkel.

142 Dies kann zur Konsequenz haben, dass mehrere umgangsberechtigte Personen im sozialen Umfeld eines Kindes möglich sind, wenn z.b. ein Elternteil mit häufig wechselnden Personen zusammengelebt hat.

143 Das Umgangsrecht anderer Bezugspersonen ist daran gebunden, dass »*die Kontakte dem Kindeswohl dienen*« (§ 1685 Abs. 1 BGB). Ein positiver Indikator für das Kindeswohl ist eine enge Bindung des Kindes an diejenige Person, die Umgang begehrt.

10. Auskunft über die persönlichen Verhältnisse des Kindes (§ 1686 BGB)

144 Zur Ausübung der persönlichen Elternverantwortung gehört es auch, über die persönlichen Verhältnisse des Kindes informiert zu sein. Daher gewährt § 1686 BGB jedem Elternteil gegenüber dem anderen einen Anspruch auf Auskunft über die persönlichen Verhältnisse des Kindes.

Dieser Anspruch ist abhängig von **zwei Voraussetzungen**:

Es besteht ein berechtigtes Interesse des Auskunft begehrenden Elternteils.

145 Dies ist nur dann der Fall, wenn ein Elternteil sich nicht in anderer Weise über die Entwicklung und das Wohlergehen des Kindes informieren kann, z.b. weite Entfernung, Auslandsaufenthalt, schwere Krankheit, Einschränkungen oder Ausschluss des Umgangs durch das Familiengericht.

146 Die Auskunftserteilung muss mit dem persönlichen Wohl des Kindes vereinbar sein. Dies ist z.b. nicht der Fall, wenn durch die Auskunftserteilung die Intimsphäre des Kindes beeinträchtigt ist.

Streitigkeiten über das Auskunftsrecht entscheidet das Familiengericht.

11. Vermittlungsverfahren (§ 165 FamFG)

147 Umgangsregelungen, die das Familiengericht festgelegt hat, lassen sich grds. vollstrecken (§ 35 FamFG), um einem Elternteil keinen Anreiz zu bieten, sich den Anordnungen zu widersetzen.

Statt eines Vollstreckungsverfahrens gibt es bei Nichteinhalten der Umgangsregelungen nach § 165 FamFG auch die Möglichkeit, ein **Vermittlungsverfahren** zu beantragen.

148 Bleibt auch dieses Verfahren erfolglos, wird geprüft, ob Ordnungsmittel, Änderungen der Umgangsregelung vorgenommen oder Maßnahmen in Bezug auf die Sorge ergriffen werden (§ 165 Abs. 5 FamFG).

IX. Gefährdung des Kindeswohls

149 In den letzten Jahren sind etliche Fälle bekannt geworden, in denen Kinder von ihren Eltern vernachlässigt und misshandelt wurden und dadurch zu Tode gekommen sind. Besonders der Fall Kevin, der sich in Bremen zutrug und Defizite des staatlichen

Schutzes von Kindern deutlich machte, hat zu erheblicher Kritik der staatlichen Organe und ihres verspäteten Eingreifens geführt. Maßnahmen zum Schutz von Kindern bei Gefährdung des Kindeswohls zu ergreifen, ist eine im Grundgesetz verankerte Aufgabe des staatlichen Wächteramtes (Art. 6 Abs. 2 Satz 2 GG). Funktionsträger dieser Schutzaufgaben sind zum einen das Jugendamt über § 8a SGB VIII (Schutzauftrag bei Kindeswohlgefährdung) sowie das Familiengericht über §§ 1666, 1666a BGB (gerichtliche Maßnahmen bei Gefährdung des Kindeswohls).

Eine Expertengruppe, der Praktiker von Familiengerichten und der Kinder- und Jugend-   **150**
hilfe angehörten, stellte fest, dass die Familiengerichte bei Kindeswohlgefährdung häufig viel zu spät angerufen werden, oft so spät, dass die Gerichte den Eltern nicht selten nur noch die Sorge entziehen können. Effektiver Kindesschutz müsse früher ansetzen, um den Familien durch andere Maßnahmen zu helfen, damit die Kinder nicht von ihren Eltern getrennt werden müssen.[31] Auf der Grundlage von Expertenempfehlungen beschloss der Deutsche Bundestag das »**Gesetz zur Erleichterung familiengerichtlicher Maßnahmen bei Gefährdung des Kindeswohls**«, das 2008 in Kraft trat.

Das Gesetz hat insb. folgende **Neuerungen** eingeführt: **151**
– Es wurden **Tatbestandshürden** für die Anrufung der Familiengerichte **abgebaut** (§ 1666 Abs. 1 BGB).
– Ins Gesetz eingefügt wurde ein beispielhafter **Maßnahmenkatalog** für Handlungsmöglichkeiten des Familiengerichts (§ 1666 Abs. 3 BGB).
– Ein **Erörterungsgespräch** mit den Eltern, dem Jugendamt und ggf. dem Kind wird Bestandteil des familiengerichtlichen Kindesschutzverfahrens.
– Verfahren wegen Gefährdung des Kindeswohls unterliegen einem **Vorrang- und Beschleunigungsgebot.**
– Bei Absehen von Maßnahmen wird das Gericht verpflichtet, diese Entscheidung später noch einmal zu überprüfen.

1. Eingriffsvoraussetzungen (§ 1666 BGB)

Nach dem alten bis Juli 2008 geltenden Recht konnte das Familiengericht in die elter-   **152**
liche Sorge nur eingreifen, wenn die Eltern durch ein Fehlverhalten – nämlich durch missbräuchliche Ausübung der elterlichen Sorge, durch Vernachlässigung des Kindes oder durch unverschuldetes Versagen – das Wohl ihres Kindes gefährdeten und nicht gewillt oder in der Lage waren, die Gefahr abzuwenden. Ein solches Fehlverhalten der Eltern war jedoch in der Praxis zuweilen schwer nachzuweisen. Deswegen hat der Gesetzgeber diese Tatbestandshürden abgebaut.

Nach aktuellem Recht hat das Familiengericht unter zwei Voraussetzungen Maß-   **153**
nahmen zum Schutz des Kindes zu treffen:
– Wenn das körperliche, geistige oder seelische Wohl des Kindes gefährdet ist und
– die Eltern nicht gewillt oder in der Lage sind, die Gefahr von dem Kind abzuwenden (§ 1666 Abs. 1 BGB n.F.).

---

31 Mitteilung des Bundesjustizministeriums vom 24.04.2008.

154 Die Konkretisierung des **unbestimmten Rechtsbegriffs »Kindeswohl«** bereitet große Schwierigkeiten. Da der Staat Erziehungsziele und -maßnahmen nur in Umrissen (Förderung der Entwicklung des Kindes zu einer selbstverantwortlichen Persönlichkeit) formulieren darf, sind kontroverse Vorstellungen unvermeidlich. Das Familiengericht bzw. das Jugendamt sollen ihre schichtorientierten Wertvorstellungen zurückstellen. Der Begriff Kindeswohl ist unter Berücksichtigung des Milieus, in das das Kind hineingeboren wird, auszufüllen. Voraussetzung für das Eingreifen des Familiengerichts ist eine konkrete und aktuelle Gefährdung des Kindes.[32]

Definition des Begriffs »Gefährdung des Kindeswohls«:

155 Eine *»Gefährdung des Kindeswohls bezieht sich auf alle schwerwiegenden Beeinträchtigungen der Integritätsinteressen und Entfaltungsinteressen des jungen Menschen. Die Integritätsinteressen umfassen die Wahrung der körperlichen wie psychischen Gesundheit, die Versorgung mit Nahrung, Kleidung und Wohnung und das Mindestmaß an persönlicher Zuwendung. [...] Die Entfaltungsinteressen beziehen sich auf die Entwicklung durch Erziehung, durch geeignete soziale Kontakte, durch Schul- und Berufsausbildung, durch die Pflege geistiger und kultureller Interessen, mit zunehmendem Alter auch auf die Möglichkeit zu wachsender Selbstbestimmung«.*[33]

156 Des Weiteren ist, wie oben vermerkt, Eingriffsvoraussetzung, dass die Eltern nicht gewillt bzw. in der Lage sind, die Gefahr abzuwenden. Verschuldensgesichtspunkte spielen dabei keine Rolle.

2. Maßnahmenkatalog

157 In Verfahren wegen Gefährdung des Kindeswohls hat das Familiengericht die Maßnahmen zu treffen, die zur **Abwendung der Gefahr erforderlich** sind (§ 1666 Abs. 1 BGB): Diese Formulierung ist ein Hinweis auf das **Verhältnismäßigkeitsprinzip (Grundsatz des geringsten Eingriffs).** Es sind nur die Maßnahmen anzuordnen, die unbedingt erforderlich sind. Eine Entziehung der gesamten Personensorge ist nur zulässig, wenn andere Maßnahmen erfolglos geblieben sind oder wenn anzunehmen ist, dass sie zur Abwendung der Gefahr nicht ausreichen (§ 1666a Abs. 2 BGB).

158 Außerdem darf ein Kind nur von seiner Familie getrennt werden, wenn die Gefahr nicht anders abwendbar ist (§ 1666a Abs. 1 BGB). Maßnahmen der Jugendhilfe, etwa Erziehungsberatung, familientherapeutische Maßnahmen, Antigewalttraining etc. (§§ 27–36 SGB VIII) haben Vorrang.

159 Der neue § 1666 Abs. 3 BGB führt beispielhaft einen **Maßnahmenkatalog für Anordnungen des Familiengerichts** auf:
(1) Gebote, öffentliche Hilfe wie z.B. Leistungen der Kinder- und Jugendhilfe und der Gesundheitsfürsorge in Anspruch zu nehmen;
(2) Gebote, für die Einhaltung der Schulpflicht zu sorgen;

---

32 BVerfG, FamRZ 2008, S. 492.
33 *Schwab*, 2016, Rz. 752.

(3) Verbote, vorübergehend oder auf unbestimmte Zeit die Familienwohnung oder
eine andere Wohnung zu nutzen, sich in einem bestimmten Umkreis der Wohnung aufzuhalten oder zu bestimmende andere Orte aufzusuchen, an denen sich
das Kind regelmäßig aufhält;
(4) Verbote, Verbindungen zum Kind aufzunehmen oder ein Zusammentreffen mit
dem Kind herbeizuführen;
(5) die Ersetzung von Erklärungen des Inhabers der elterlichen Sorge;
(6) die teilweise oder vollständigeEntziehung der elterlichen Sorge.

3. Verfahren

Bei einer Gefährdung des Kindeswohls greift das Familiengericht von Amts wegen ein.   160
Relativ neu ist ein **Vorrang- und Beschleunigungsgebot**, das in § 155 FamFG installiert ist. Ziel ist eine Verkürzung der Verfahrensdauer und schnelle Hilfe für das Kind.

§ 155 FamFG sieht ausdrücklich vor: 161
–   Erörterungstermin mit allen Beteiligten,
–   Durchführung des Erörterungstermins spätestens einen Monat nach Beginn des
    Verfahrens,
–   Anhörung des Jugendamts im Termin,
–   Verlegung des Termins nur bei zwingenden Gründen.

Außerdem wurde noch eine **Erörterung einer *möglichen* Kindeswohlgefährdung**   162
eingeführt (§ 157 FamFG). In diesem Erörterungstermin soll das Gericht mit den
Eltern und ggf. mit dem Kind besprechen, wie einer möglichen Kindeswohlgefährdung begegnet werden kann und besonders auf die öffentliche Jugendhilfe hinweisen.

X. Adoption

1. Auftrag der Adoptionsvermittlung

Das moderne Adoptionsrecht basiert auf dem **Grundsatz, Eltern für ein elternloses**   163
Kind zu suchen und nicht umgekehrt, kinderlose Eltern mit einem Kind zu versorgen. Mit der Adoption wird zwischen den Adoptiveltern und dem Adoptivkind ein
Eltern-Kind-Verhältnis geschaffen und das Adoptivkind erhält die Rechtsstellung
eines leiblichen Kindes (§§ 1754, 1767 Abs. 2, 1770 BGB). Die Verwandtschaftsbe-
ziehungen zur Ursprungsfamilie erlöschen fast vollständig (§ 1755 BGB). Diese Form
der Minderjährigenadoption wird als **Volladoption** bezeichnet.

Es ist Auftrag der Adoptionsvermittlungsstellen für elternlose Kinder Adoptiveltern zu   164
suchen. Dies ergibt sich implizit aus dem **Adoptionsvermittlungsgesetz** (AdVermiG),
das in Deutschland das Procedere der Adoptionsvermittlung regelt. Staatlichen und
akkreditierten Adoptionsvermittlungsstellen wird die Aufgabe übertragen, Adoptionsbewerber unter Berücksichtigung der Persönlichkeit des Kindes und seiner besonderen
Bedürfnisse auf ihre Eignung hin zu überprüfen (§ 7 Abs. 1 AdVermiG). Das **Kindeswohl** ist somit Ausgangspunkt für eine Adoption und gleichzeitig Voraussetzung
(§ 1741 Abs. 1 BGB).

Das **materielle Adoptionsrecht** ist in den §§ 1741-1772 **BGB** geregelt.

165 Deutschland hat sich für das System der **Dekretadoption** entschieden, d.h. eine Adoption kommt nur durch **gerichtlichen Beschluss (Familiengericht)** zustande und nicht durch einen Vertrag (§ 1752 BGB).

166 Da mit dem Rückgang der Geburtenquote in westlichen Industrieländern die Zahl unerwünschter Kinder zurückgegangen ist und gleichzeitig die Anzahl kinderloser Ehepaare stark zunahm, ist das Institut der Adoption zu einem internationalen Phänomen geworden. So haben sich internationale Organisationen auf Standards grenzüberschreitender Adoptionsvermittlung verständigt, um Missbrauch und Kinderhandel zu verhindern. An internationalen Abkommen und Richtlinien sind zu nennen:
- das **Europäische Adoptionsübereinkommen**;
- die **UN-Deklaration über Jugendwohlfahrt, Pflegekindschaft und Adoption**;
- die **UN-Kinderrechtekonvention** sowie
- das **Haager Übereinkommen** über den Schutz von Kindern und die Zusammenarbeit auf dem Gebiet der internationalen Adoption vom 29.05.1993.

167 Deutschland ist seit dem 01.03.2002 neben zahlreichen anderen Ländern Vertragsstaat des **Haager Übereinkommens über den Schutz von Kindern und die Zusammenarbeit auf dem Gebiet der internationalen Adoption (HAÜ)**. Im Zusammenhang mit diesem Übereinkommen und dem dazugehörenden Ausführungsgesetz wurde das Verfahren der internationalen Adoption vereinheitlicht und sicherer gestaltet. Zielvorgaben des HAÜ sind:
- die Einführung von **Schutzmaßnahmen** für die Gewährleistung des Kindeswohls;
- die Errichtung eines **Kooperationssystems** zwischen den Vertragsstaaten und
- die Sicherung der **Anerkennung von Adoptionen** in den Vertragsstaaten (Art. 1 HAÜ).[34]

168 Daraufhin wurde § 2a in das Adoptionsvermittlungsgesetz eingeführt, in dem im Wesentlichen die Zuständigkeiten für transnationale Adoptionen festgelegt werden und darauf verwiesen wird, dass die **Koordination der internationalen Adoption** dem Bundesamt der Justiz als **Bundeszentralstelle für Auslandsadoption** unterliegt (§ 2a Abs. 3, 4 AdVermiG).

2. Globalisierung der Adoption

169 Das Phänomen der internationalen Adoption hat seit dem Zweiten Weltkrieg einen rasanten Wandel durchlaufen. Waren während der 50er, 60er und 70er Jahre primär Kriege und Bürgerkriege Auslöser für grenzüberschreitende Adoptionen, um das Elend von Kriegswaisen und Besatzungskindern abzumildern, wird seit den 70er Jahren eine Polarisierung zwischen **Entwicklungsländern als Herkunftsländer** und **Industrienationen als Aufnahmeländer** für ausländische Adoptivkinder sichtbar.

---

34 *Marx/Weitzel*, in: Paulitz, 2006, S. 275.

In der gegenwärtigen Kontroverse um den Stellenwert der internationalen Adop-   170
tion wird leicht die Tatsache verdrängt, dass Deutschland nach Ende des Zweiten
Weltkrieges bis weit in die 60er Jahre hinein in der Rolle eines Herkunftslandes für
Adoptivkinder war. Damals wurde zeitweise bis zu einem Drittel der deutschen Adoptivkinder von Adoptanten aus den Vereinigten Staaten und aus skandinavischen Ländern aufgenommen. Überwiegend humanitäre Motive standen bei den Adoptiveltern
im Vordergrund.

Einen traurigen Rekord erlebte die **Auslandsadoption als Folge des Korea-Krieges**   171
(1950-1953). Über die Hälfte der Bevölkerung der Republik Korea wurde von staatlicher Hilfe abhängig, so dass zunächst nicht daran zu denken war, die Kriegswaisen
und Mischlingskinder – das waren Kinder von amerikanischen Soldaten und koreani-
schen Müttern – im eigenen Land zur Adoption zu vermitteln. Bei der Ausarbeitung
eines Hilfekonzepts konzentrierte sich die südkoreanische Regierung vorrangig auf
die Maßnahme der internationalen Adoptionsvermittlung. So wurden zwischen 1953
und 1981 etwa 38.000 koreanische Kinder von amerikanischen Familien adoptiert.
Als die Republik Korea als Gastgeber der Olympiade 1988 in die Schlagzeilen der
Medien geriet, die den Vorwurf des Kinderexports erhoben, entschied sich die Regierung praktisch von einem Tag auf den anderen die internationalen Adoptionspro-
gramme einzustellen.

Seit den **70er Jahren** hat sich das **Phänomen der internationalen Adoption global**   172
ausgeweitet und berührt nicht mehr nur einzelne Staaten, sondern mittlerweile weite
Teile Süd- und Süd-Ost-Asiens, Lateinamerikas sowie Westeuropa, Nordamerika,
Australien und seit dem Zusammenbruch der kommunistischen Regime im Ostblock
auch osteuropäische Staaten. Jüngeren Schätzungen zufolge werden jährlich etwa
15.000 bis 20.000 Kinder aus wirtschaftlich schwächeren Staaten von Adoptiveltern
aus Industrienationen adoptiert.

Die demografischen Entwicklungstendenzen in den Industrienationen sind allgemein   173
bekannt. Hier sank die Zahl adoptierbarer Kinder erheblich, während gleichzeitig die
Quote kinderloser Ehepaare zunahm. Als Adoptionsmotiv trat die Heilung der Kin-
derlosigkeit und die Verwirklichung des Wunsches nach einem Kind vermehrt in den
Vordergrund. Kritiker der internationalen Adoption werfen Adoptanten vor, dass ein
ausländisches Kind ein Kind vierter Wahl sei. Nach dem vergeblichen Versuch, ein
leibliches Kind zu zeugen, den Fehlschlägen der Reproduktionsmedizin, den geringen
Chancen auf Adoption eines deutschen Kindes, finden sich Adoptionsbewerber mit
der Aufnahme eines Kindes aus einem anderen Kulturkreis ab. Diese Behauptung
wurde durch eine Studie von Kühl[35], einem ehemaligen Mitarbeiter von terre des
hommes, relativiert. Kühl kam zu dem Ergebnis, dass die Adoptionszufriedenheit von
ausländischen Adoptivkindern in deutschen Familien überdurchschnittlich gut ausgeprägt sei.

---

35 *Kühl*, 1985, Wenn fremdländische Kinder erwachsen werden, S. 12.

174   In den **80er Jahren** waren **asiatische Staaten**, vor allem Indien, die Philippinen, Sri
Lanka und Thailand die wichtigsten Herkunftsländer für ausländische Adoptivkinder.
Das soziale Stigma einer nichtehelichen Geburt, mangelnde Familienplanung, wirtschaftliche Not, zunehmende Urbanisierung und der allmähliche Auflösungsprozess
großfamiliärer Strukturen waren dort Ursachen für sozial und wirtschaftlich unerwünschte Schwangerschaften und eine große Zahl verlassener Kinder. Die innerstaatliche Adoption war und ist in diesen Ländern meist wegen kultureller, religiöser und
rechtlicher Barrieren unpopulär.

175   Mit dem **politischen Zusammenbruch des ehemaligen Ostblocks**, dem Fall des
Eisernen Vorhangs und dem sich anschließenden wirtschaftlichen Niedergang rück-
ten die Probleme von Entwicklungsländern quasi an die Türschwelle Deutschlands.
Es waren vor allem Bilder des Kinderelends in Rumänien, die nach dem Sturz des
Ceaucescu-Regimes Ende 1989 die Weltöffentlichkeit bewegten und auf die entsetzli-
chen Lebensbedingungen in rumänischen Kinderheimen aufmerksam machten. Eine
Art Adoptionstourismus bahnte sich den Weg nach Rumänien, getragen aus einer
Mischung aus Hilfsbereitschaft und Eigeninteresse. Die unterentwickelten Sozial-
und Jugendhilfestrukturen in Rumänien waren nicht in der Lage, den Bewerberstrom
aufzufangen und in fachliche Bahnen zu lenken. Wilde Adoptionen, korrumpierbare
Beamte und Kinderhandel bestimmten die Szene. Die rumänische Regierung sah sich
veranlasst, mit einem Adoptionsstop zu reagieren. Seit Juli 1991 ist in Rumänien ein
Adoptionsgesetz in Kraft, das Auslandsadoptionen nach Fachlichkeitsgesichtspunkten
reguliert und unter zentrale staatliche Kontrolle stellt.

176   Wegen der relativ kurzen Reisewege bewegen sich Adoptionsinteressenten heutzutage
oftmals in eigener Regie in Staaten des ehemaligen Ostblocks, um dort persönliche
Kontakte zu Kinderheimen zu knüpfen und ihre Adoptionschancen zu eruieren. In
zahlreichen Fällen kommen Adoptionen durch private Kontakte zustande, die in dem
Land selbst als rechtsgültig angesehen werden, die aber hier in den Verdacht geraten, illegal zu sein. Um die Adoptionsvermittlung in seriöse Kanäle zu lenken, die
Adoptionseignung der Bewerber sicherzustellen und um festzustellen, dass sich für die
Kinder in ihrem Herkunftsland keine geeignete Ersatzfamilie findet, war es besonders
wichtig, eine fachlich verantwortbare Kooperation zwischen deutschen und osteuro-
päischen Adoptionsvermittlungsstellen aufzubauen. Dies ist inzwischen weitgehend
durch die **Umsetzung des Haager Adoptionsübereinkommens** (HAÜ) geschehen.

3. Adoptionsvoraussetzungen

177   Voraussetzung für eine Adoption ist, dass sie dem **Kindeswohl** dient und die Entstehung eines Eltern-Kind-Verhältnisses zu erwarten ist (§ 1741 Abs. 1 BGB). Ein besonders hohes Alter der Adoptiveltern kann gegen ein Eltern-Kind-Verhältnis sprechen.[36]

178   **Ehepaare** können ein Kind nur gemeinsam adoptieren. Dies gilt auch für homosexuelle Ehepaare, die seit Oktober 2017 eine Ehe schließen können. Ebenso ist eine

---

36 LG Kassel, FamRZ 2006, S. 727.

Stiefkindadoption möglich, wenn ein Ehepartner das Kind des anderen adoptiert, das er in die Ehe mitgebracht hat. Auch alleinstehende, **nicht verheiratete Personen** können adoptieren (§ 1741 Abs. 2 BGB).

Ein Adoptant muss mindestens das 25. Lebensjahr vollendet haben. Adoptiert ein **179** Ehepaar ein Kind, muss der eine Ehepartner mindestens 25, der andere mindestens 21 Jahre alt sein (§ 1743 BGB).

Grundsätzlich ist zur Adoption eines Kindes sowohl die **Einwilligung der Mutter** als **180** auch **des (nichtehelichen) Vaters** erforderlich (§ 1747 Abs. 1 BGB). Um den Eltern bzw. der Mutter eine Überlegungsfrist zu belassen, kann die Einwilligung erst dann erteilt werden, wenn das Kind mindestens 8 Wochen alt ist (§ 1747 Abs. 2 Satz 1 BGB). Grundsätzlich kann die Einwilligung in die Adoption erst gegeben werden, wenn die Adoptanten feststehen. Die Adoptanten brauchen den biologischen Eltern jedoch nicht bekannt gegeben zu werden (sog. **Inkognito-Adoption**, § 1747 II Satz 2 BGB).

Die **Einwilligung eines Elternteils** kann nach § 1748 BGB durch das Familiengericht **181** **ersetzt** werden, wenn:
– er seine Pflichten dem Kind gegenüber dauerhaft vernachlässigt,
– er durch sein Verhalten zeigt, dass ihm das Kind gleichgültig ist,
– er eine besonders schwerwiegende Pflichtverletzung begangen hat,
– oder wenn er wegen einer besonders schwerwiegenden psychischen Krankheit oder geistigen Behinderung dauernd nicht in der Lage ist, das Kind zu pflegen und zu erziehen.

Nicht erforderlich ist die Einwilligung eines Elternteils, wenn dieser dazu dauernd außerstande ist oder sein Aufenthalt nicht bekannt ist (§ 1747 Abs. 4 BGB).

Sämtliche **Einwilligungserklärungen** müssen **notariell beurkundet** werden und sind **182** gegenüber dem Familiengericht abzugeben (§ 1750 Abs. 1 BGB). Sie dürfen nicht unter einer Bedingung oder unter einer Zeitbestimmung und nicht durch einen Bevollmächtigten abgegeben werden (§ 1750 Abs. 2, 3 BGB).

Auch die **Einwilligung des Kindes** ist erforderlich (§ 1746 Abs. 1 BGB). Ist das Kind **183** geschäftsunfähig oder noch nicht 14 Jahre alt, ist die Zustimmung seines gesetzlichen Vertreters (in der Regel beide Eltern) notwendig.

4. Adoptionsverfahren

Adoptionsvermittlung ist die **Zusammenführung eines Kindes mit adoptionswilligen** **184** **Eltern** und deren fachliche Begleitung (§ 1 AdVermiG). Ziel einer Adoptionsvermittlung ist es, eine Adoption so vorzubereiten, dass eine tragfähige Eltern-Kind-Beziehung entstehen kann.

Nach dem Adoptionsvermittlungsgesetz (§ 2 Abs. 2 AdVermiG) müssen **Adoptionsver-** **185** **mittlungsstellen** durch die zuständige zentrale Adoptionsstelle des Landesjugendamtes zertifiziert sein. Die Vor- und Nachbetreuung der Adoptionsbewerber bzw. der abgebenden Eltern muss gewährleistet werden. Es ist Aufgabe des **Landesjugendamtes als zentrale Adoptionsstelle**, Adoptionsvermittlungsstellen zuzulassen. Dies können **Jugendämter** sein aber auch **freie Wohlfahrtsverbände** wie das Diakonische Werk, der Deutsche Caritasverband, die Arbeiterwohlfahrt und sonstige Organisationen (§ 2 AdVermiG). Anderen Stellen ist die Adoptionsvermittlung nach § 5 Abs. 1 AdVermiG untersagt, wie beispielsweise Krankenhäusern, Hebammen, Ärzten oder Priestern. Bevor das Familiengericht die Adoption ausspricht, ist ein Gutachten der Adoptionsvermittlungsstelle einzuholen (§ 189 FamFG). In Fällen mit Auslandsberührung ist ebenfalls die zentrale Adoptionsstelle des Landesjugendamtes anzuhören. Außerdem ist bei **internationalen Adoptionen** die **Bundeszentralstelle für Auslandsadoptionen** als Koordinationsstelle einzuschalten (§ 2a Abs. 4 AdVermiG).

186   Grundsätzlich soll vor Adoption eines Kindes eine sog. **Adoptionspflegezeit** (ca. ein Jahr) bei seinen zukünftigen Adoptiveltern eingehalten werden. Die Adoptionspflege dient als Grundlage für die Prognose, ob eine Eltern-Kind-Beziehung entstehen wird (§ 1744 BGB). Es handelt sich hierbei nicht um eine zwingende Adoptionsvoraussetzung, allerdings kann das Familiengericht auf Einhaltung der Adoptionspflege bestehen.

187   Die **Entscheidung über die Adoption** trifft das **Familiengericht** durch Beschluss (§ 1752 Abs. 1 BGB). Die Adoption wird nur ausgesprochen, wenn die oben aufgeführten Voraussetzungen erfüllt sind, die Annahme dem Wohl des Kindes dient und zu erwarten ist, dass zwischen dem Annehmenden und dem Kind ein Eltern-Kind-Verhältnis besteht (§ 1741 Abs. 1 BGB). Der **Adoptionsbeschluss** wird mit Zustellung an die Adoptiveltern wirksam und ist **unanfechtbar** (§ 197 Abs. 3 FamFG).

188   Durch den Adoptionsbeschluss erwirbt das Kind die volle rechtliche Stellung eines leiblichen Kindes des/der Adoptanten (§ 1754 BGB). Das verwandtschaftliche Band zur Ursprungsfamilie wird aufgehoben. Ansprüche des Kindes allerdings, die vor der Adoption entstanden sind, wie z.B. Ansprüche auf Renten, Waisengeld oder andere Leistungen bleiben erhalten (§ 1755 Abs. 1 BGB).

189   Mit der Adoption erwirbt das Kind den **Familiennamen des Annehmenden** (§ 1757 Abs. 1 BGB). Auf Antrag kann mit Einwilligung des Kindes der Vorname geändert oder der ursprüngliche Familienname vorangestellt oder angefügt werden. Dies muss jedoch dem Kindeswohl entsprechen (§ 1757 Abs. 4 BGB).

Mit der Adoption durch deutsche Adoptiveltern erwirbt das Adoptivkind automatisch die **deutsche Staatsangehörigkeit** (§ 6 StAG).

5. Besondere Adoptionsformen und Aufhebung

190   **Verwandtenadoption:** Wird ein Kind von Verwandten zweiten Grades (Großeltern oder Geschwister) oder dritten Grades (Tante, Onkel) adoptiert, erlischt lediglich das Verwandtschaftsverhältnis zu den leiblichen Eltern (§ 1756 Abs. 1 BGB).

Stiefkindadoption: Nimmt ein Ehegatte das Kind seines Partners an, so erlischt nur das Verwandtschaftsverhältnis zum anderen Elternteil (§ 1756 Abs. 2 BGB).

Adoption Volljähriger: Die Adoption eines Volljährigen wird nach § 1767 Abs. 1   **191**
BGB davon abhängig gemacht, ob sie »sittlich gerechtfertigt« ist. Ein Indiz dafür
besteht, wenn zwischen den Adoptiveltern und dem Anzunehmenden bereits ein
Eltern-Kind-Verhältnis entstanden ist. Erforderlich sind Anträge des Adoptierenden
sowie des zu Adoptierenden (§ 1768 Abs. 1 BGB). Eine Volljährigenadoption entfaltet
nicht die Rechtsfolgen einer Volladoption, da sie keine Wirkung für die Verwandten
des Adoptanten hat (§ 1770 Abs. 1 Satz 1 BGB). Unter bestimmten Voraussetzungen kann das Familiengericht einer Volljährigenadoption jedoch die Wirkungen einer
Minderjährigenadoption beimessen (§ 1772 BGB).

Aufhebung einer Adoption: Eine Adoption kann nur in sehr eingegrenzten Fällen   **192**
aufgehoben werden. Dies geschieht nur durch Beschluss des Familiengerichts, wenn
eine Adoption ohne Antrag des Annehmenden oder ohne Einwilligung des Kindes
oder eines Elternteils begründet worden ist (§ 1760 BGB) oder wenn eine Aufhebung
aus schwerwiegenden Gründen zum Wohl des Kindes erforderlich ist (§ 1763 BGB).

XI. Pflegefamilie

Die Unterbringung von Kindern in einer Pflegefamilie ist eine Leistung der Kin-   **193**
der- und Jugendhilfe (§ 33 SGB VIII) und eine pädagogische Alternative zur Heimunterbringung (§ 34 SGB VIII). Zum einen können untragbare Zustände in der
Herkunftsfamilie, wie Vernachlässigung, Misshandlung oder sexueller Missbrauch
Gründe für die Inpflegegabe sein. Zum anderen können Eltern mit der Erziehung
überfordert sein, weil ihr Kind Verhaltensauffälligkeiten oder psychische Störungen
zeigt. Die Pflegefamilie soll dem Kind eine stabiles Umfeld bieten und wichtige soziale
Bindungen ermöglichen, die es in der Herkunftsfamilie sonst vermissen würde. Unterschieden wird zwischen **Kurzzeitpflege**, die zunächst auf einen Zeitraum von bis zu
drei Monaten angelegt ist und **Dauerpflege**, wobei das Kind in seiner Persönlichkeits-
reife bis zu seiner Selbstständigkeit in der Pflegefamilie gefördert werden soll. Der klassische Anlass für eine Kurzzeitpflege ist das Kind einer alleinerziehenden Mutter, die
vorübergehend schwer erkrankt ist. Die Pflegefamilie erfüllt dann die Funktion einer
»Ergänzungsfamilie.« Bei der Dauerpflege ist die Pflegefamilie eher »Ersatzfamilie.«[37]

Meist werden die Kinder durch das Jugendamt in Pflegefamilien vermittelt, wobei   **194**
ein Hilfeplan unter Beteiligung der Eltern und des Kindes ausgehandelt wird (§ 36
SGB VIII). Den Pflegeeltern steht ein Pflegegeld zu, das den Lebensunterhalt und den
Erziehungsbedarf des Kindes abdecken soll (§ 39 SGB VIII). Eine enge Kooperation
zwischen den Eltern und der Pflegefamilie ist angebracht, um die Loyalitätskonflikte
des Kindes möglichst zu minimieren. Dennoch entsteht zwischen beiden Familien
häufig ein Spannungsfeld.

Ist die Familienpflege langfristig angelegt, kann das Familiengericht Angelegenheiten   **195**
der elterlichen Sorge auf die Pflegeeltern übertragen (§ 1630 Abs. 3 BGB). In der
Regel behalten die leiblichen Eltern jedoch die elterliche Sorge. Um den Alltag mit

---

37 *Textor*, in: www.familienhandbuch.de.

dem Kind gestalten zu können, erhalten die Pflegeeltern ein sog. »kleines Sorgerecht« für »Angelegenheiten des täglichen Lebens« gem. § 1688 Abs. 1 BGB.

196 Bei einem Streit um das Aufenthaltsbestimmungsrecht zwischen der Pflege- und der Herkunftsfamilie, wenn die leiblichen Eltern das Kind wieder aufnehmen wollen, kann das Familiengericht das Verbleiben des Kindes in der Pflegefamilie anordnen (§ 1632 Abs. 4 BGB). Voraussetzung ist, dass ansonsten das Kindeswohl gefährdet wäre.[38]

XII. Vormundschaft, Pflegschaft, Beistandschaft

1. Vormundschaft (§§ 1773-1895 BGB)

197 Vormundschaften dienen vor allem Kindern, bei denen der Schutz der Familie versagt. Das können Fälle sein, in denen Eltern ihre Kinder vernachlässigen oder ihnen wegen Missbrauch des Sorgerechts die gesamte elterliche Sorge entzogen wird. Ein Vormund trifft alle wichtigen Entscheidungen für das Kind. Durch den Tod von Kevin in Bremen, der unter Amtsvormundschaft stand, wurde in der öffentlichen Debatte die Überlastung von Amtsvormündern angeprangert, die bis zu 240 Kinder gleichzeitig betreuten. Ein unhaltbarer Zustand, dem mit der Reform des Vormundschaftsrechts 2011 ein Riegel vorgeschoben wurde. Seitdem soll ein Amtsvormund maximal 50 Mündel betreuen und mindestens monatlich persönlichen Kontakt mit dem Kind aufnehmen.

198 Die Bestellung eines Vormundes wird notwendig, wenn ein Minderjähriger nicht unter elterlicher Sorge steht oder wenn die Eltern von der gesetzlichen Vertretung ausgeschlossen sind (§ 1773 Abs. 1 BGB). Vormundschaften bestehen seit 1992 nur noch für Minderjährige. Sie haben die gesamte elterliche Sorge zum Inhalt (§§ 1793, 1800 BGB).

199 Vormundschaften bedürfen grds. der **Anordnung und Bestellung** durch das **Familiengericht** (§§ 1774, 1775 BGB, § 151 Nr. 4 FamFG). Eine Ausnahme besteht bei einem nichtehelichen Kind, dessen Mutter minderjährig, unbekannten Aufenthalts, geisteskrank oder verstorben ist.[39] In diesem Fall tritt eine gesetzliche Amtsvormundschaft des Jugendamtes ein (§ 1791c BGB).

200 Da ein Vormund praktisch die Eltern eines Kindes ersetzt, ist wegen der persönlichen Betreuung eine **Einzelvormundschaft einer Amts- oder Vereinsvormundschaft vorzuziehen**. Bei der Auswahl möglicher Vormünder geht das Familiengericht in folgender Reihenfolge vor: Ehepaar, Einzelperson, Verein (Wohlfahrtsverband), Jugendamt (vgl. §§ 1779, 1887 BGB).

Das Familiengericht beaufsichtigt die Vormünder (vgl. §§ 1821, 1822, 1837 ff. BGB). Es hat den Vormündern gegenüber eine Beratungspflicht (§ 1837 BGB).

---

38 *Dethloff*, 2015, S. 461.
39 *Schleicher*, 2014, S. 374.

Fällt der Grund für die Vormundschaft fort, endet diese automatisch (§ 1882 BGB),   **201**
z.B. bei Volljährigkeit des Mündels oder dem Wiedereintritt der elterlichen Sorge.
Das Amt des Vormunds endet jedoch erst mit Entlassung durch das Familiengericht.

2. Pflegschaft (§§ 1909-1921 BGB)

Pflegschaften ersetzen die elterliche Sorge in einzelnen Bereichen, nicht total. Des-   **202**
halb wirken sie praktisch wie begrenzte Vormundschaften. Für Minderjährige sind
sie vorgesehen, wenn die Inhaber der elterlichen Sorge partiell rechtlich oder tatsächlich ausfallen (§ 1909 BGB). Sie werden als Ergänzungspflegschaft bezeichnet.
Die Notwendigkeit für die Bestellung eines Ergänzungspflegers ergibt sich u.a. dann,
wenn den Eltern wegen Gefährdung des Kindeswohls Teile der Personen- oder Vermögenssorge entzogen wurden, bei schweren Erkrankungen oder bei Abwesenheit der
Sorgeberechtigten.

Das Familiengericht hat von Amts wegen zu ermitteln, wenn es etwa vom Jugendamt,   **203**
einer Schule, dem Krankenhaus oder von Verwandten Mitteilung erhält, dass Sorge-
berechtige gehindert sind, ihren elterlichen Pflichten für ein Kind nachzukommen.

Auf Pflegschaften findet generell Vormundschaftsrecht Anwendung (§ 1915 BGB).   **204**
Der Wirkungskreis eines Pflegers ergibt sich aus seiner Bestallungsurkunde. Gleichzei-
tig werden die Eltern oder ein Vormund in ihrer (elterlichen) Verantwortung für das
Kind eingeschränkt (§§ 1630 Abs. 1, 1794 BGB).[40]

Weitere Pflegschaften, die eigentlich nicht in die Systematik des Familienrechts pas-   **205**
sen, sind dennoch in den §§ 1911 ff. BGB geregelt:
- die Abwesenheitspflegschaft für Volljährige (§ 1911 BGB),
- die Pflegschaft für unbekannte Beteiligte (insb. Nacherben) (§ 1913 BGB),
- die Pflegschaft für Sammelvermögen (§ 1914 BGB).

3. Der Verfahrensbeistand oder Anwalt des Kindes (§ 158 FamFG)

In familienrechtlichen Verfahren, in denen die Interessen des Minderjährigen zu   **206**
denen ihrer gesetzlichen Vertreter im Gegensatz stehen, kann das Familiengericht dem
Kind zur Wahrung seiner Interessen einen sog. Verfahrensbeistand oderAnwalt des
Kindes beiordnen (§ 158 FamFG).

4. Beistandschaft (§ 55 SGB VIII, §§ 1712-1717 BGB)

Zur **Unterstützung allein sorgeberechtigter Elternteile** wurde 1998 die freiwillige   **207**
Beistandschaft durch das Jugendamt eingeführt. Bis dahin standen nichteheliche
Kinder bei Geburt automatisch unter der Amtspflegschaft des Jugendamtes. Diese
Amtspflegschaft wurde von vielen Müttern als Zwangspflegschaft angesehen.

---

40 *Schleicher*, 2014, S. 385.

208 Eine Beistandschaft tritt auf **Antrag eines allein sorgeberechtigten Elternteils** ein,
wobei das Jugendamt automatisch die Funktion des Beistandes übernimmt (§§ 1712,
1714 BGB). Der Antrag kann auch schon vor Geburt des Kindes gestellt werden
(§ 1714 Satz 2 BGB). Der Aufgabenkreis des Beistandes konzentriert sich nach dem
Gesetz auf die **Feststellung der Vaterschaft** sowie die **Geltendmachung von Unterhaltsansprüchen für das Kind** (§ 1712 Abs. 1 Nr. 1, 2 BGB), wobei eine Einschränkung auf einen der beiden Teilbereiche möglich ist. Eine Delegation der Beistandschaft
vom Jugendamt auf autorisierte freie Träger ist möglich. Neben der Beratung und
Unterstützung in den gesetzlich definierten Aufgabenkreisen kommt die gesetzliche
Vertretung des Kindes in den genannten Funktionen hinzu. Die Beistandschaft endet
automatisch mit Wegfall der Voraussetzungen bzw. auf schriftliches Verlangen des
Antragstellers (§ 1715 BGB).

XIII. Rechtliche Betreuung

209 Psychisch kranke Menschen, ältere, demente Personen und geistig oder körperlich
Behinderte sind meist auf Unterstützung und Schutz des Staates angewiesen. Sind
sie nicht mehr in der Lage, ihre persönlichen Angelegenheiten so zu regeln, dass sie
am Lebensalltag teilnehmen können, sieht das Familienrecht das Institut des Betreuers vor. Heutzutage wird ein hilfebedürftiger Mensch nicht mehr entmündigt und
unter Vormundschaft gestellt, sondern eine **rechtliche Betreuung** kann auf Antrag
des Betroffenen bzw. von Amts wegen bestellt werden (§§ 1896 ff. BGB). Neben dem
Schutzgedanken ist ein Kernpunkt des Betreuungsrechts der Grundsatz der Verhältnismäßigkeit. Das bedeutet, dass Wünsche und Wille des Betroffenen beachtet werden
und einschränkende Maßnahmen auf das Notwendigste begrenzt werden.

1. Bestellung des Betreuers

210 Voraussetzung für die Bestellung eines Betreuers ist eine Krankheit bzw. körperliche,
geistige oder seelische Behinderung des Betroffenen, weshalb er seine Angelegenheiten ganz oder teilweise nicht selber besorgen kann (§ 1896 Abs. 1 BGB). In jedem
Fall reicht ein Antrag des Betroffenen aus, ansonsten kann das Betreuungsgericht von
Amts wegen einen Betreuer bestellen. Bei einer nur körperlich behinderten Person
muss jedoch ein persönlicher Antrag vorliegen (§ 1896 Abs. 1 BGB). Grundsätzlich
ist der Betroffene persönlich anzuhören, außerdem auf Antrag eine ihm nahestehende
Person (§§ 278, 279 FamFG). Ein Gutachten eines Sachverständigen ist nach § 280
FamFG einzuholen.

211 Das Betreuungsgericht muss prüfen, ob die Betreuung erforderlich ist. Die Betreuung ist subsidiär, sofern eine Vorsorgevollmacht vorhanden ist und diese ausreicht,
um die persönlichen und finanziellen Angelegenheiten des Betroffenen zu regeln
(§ 1896 II BGB). Eine Vorsorgevollmacht bevollmächtigt den Vollmachtnehmer
dazu, im Namen und mit Wirkung für den Vollmachtgeber Erklärungen abzugeben,
zu denen er selbst wegen Krankheit oder altersbedingter Gebrechlichkeit nicht mehr
in der Lage ist.

2. Umfang der Betreuung und Auswahl des Betreuers

In der Regel wird die Betreuung auf bestimmte Aufgabenbereiche eingegrenzt, z.b. auf **212**
die Verwaltung des Vermögens, die Besorgung gesundheitlicher Angelegenheiten oder
die Bestimmung des Aufenthalts. Auch hier gilt wieder der Erforderlichkeitsgrundsatz:
eine Betreuung ist nur für die Aufgabenbereiche zu bestellen, für die eine konkrete
Notwendigkeit der Hilfestellung besteht.

Grundsätzlich wird zunächst versucht, im Verwandten- oder Freundeskreis des zu **213**
Betreuenden einen ehrenamtlichen Betreuer zu rekrutieren (§ 1897 Abs. 6 BGB).
Vorschläge des Betroffenen werden besonders berücksichtigt. Sollten sich im Umkreis
des zu Betreuenden keine geeigneten Personen finden, kommt die Bestellung eines
Mitarbeiters eines anerkannten Betreuungsvereins (Vereinsbetreuer) oder ein Mitar-
beiter einer Betreuungsbehörde in Betracht (§ 1897 Abs. 2 BGB).

Zu den Pflichten des Betreuers gehören alle Tätigkeiten, die notwendig sind, um die **214**
übertragenen Aufgabenbereiche zu erfüllen (§ 1901 Abs. 1 BGB). Dabei sind die
Wünsche und Interessen des Betroffenen zu beachten, soweit sie mit seinem Wohl in
Einklang stehen. Geht ein Betreuer seiner Aufgabe nicht gewissenhaft nach, kann er
sich schadensersatzpflichtig machen, beispielsweise wenn er Sozialleistungen zu spät
oder nicht beantragt.

3. Umfang der Vertretungsbefugnis

Im Rahmen seiner Aufgaben vertritt der Betreuer den Betreuten gerichtlich und außer- **215**
gerichtlich. Er fungiert dabei als gesetzlicher Vertreter (§ 1902 BGB). Dem Betreuer
können darüber hinaus noch weitere Befugnisse eingeräumt werden, wie etwa die Entgegennahme von Telefonaten, das Öffnen und Lesen von Briefen, die Erteilung einer
Einwilligung in die ärztliche Behandlung. Beschränkungen der Vertretungsmacht des
Betreuungsgerichts gelten entsprechend (s. §§ 1795, 1803 ff. BGB).

4. Einwilligung in medizinische Behandlungen

Eine Einwilligung des Betreuers in eine medizinische Heilbehandlung oder einen ärzt- **216**
lichen Eingriff bedarf der Genehmigung des Betreuungsgerichtes, wenn aufgrund der
Maßnahme Lebensgefahr für den Betreuten eintreten kann oder die Gefahr besteht,
dass er schwere und lange anhaltende Schäden erleiden kann (§ 1904 Abs. 1 BGB).
Bei Gefahr im Verzug darf die Maßnahme auch ohne gerichtliche Genehmigung
durchgeführt werden.

Die schwierige Frage der **passiven Sterbehilfe** mit Einwilligung des Betreuers hat der **217**
BGH im Wege der Rechtsfortbildung vor einiger Zeit entschieden.[41] Es ging um den
Fall, in dem der Betreuer auf der Grundlage einer Patientenverfügung den Abbruch
einer lebensverlängernden Maßnahme durch künstliche Ernährung (Magensonde)
herbeiführen wollte. Das OLG Schleswig legte dem BGH die Frage vor, inwieweit

---

41 BGH, FamRZ 2003, S. 745 ff.

die Einwilligung des Betreuers in den Abbruch der Maßnahme verbindlich sei und ob sie gerichtlich genehmigt werden müsse. Der BGH hat entschieden, dass der Betreuer die Aufgabe habe, den Willen des Betroffenen, wie er in der Patientenverfügung dargelegt ist, gegenüber dem Arzt zur Geltung zu bringen. Der Betreuer sei an den Willen des Betroffenen gebunden. **Jedoch unterliege die Weigerung des Betreuers, in eine lebensverlängernde Behandlung einzuwilligen, der gerichtlichen Kontrolle.** Das Betreuungsgericht habe keine eigene Entscheidung zu treffen, das Verhalten des Betreuers jedoch auf seine Rechtmäßigkeit hin zu überprüfen. Das Gericht müsse der Entscheidung des Betreuers gegen eine Behandlung zustimmen, wenn feststehe, dass die Krankheit des Betreuten einen irreversiblen tödlichen Verlauf genommen hat und dass die angebotene medizinische Behandlung dem Willen des Patienten widerspricht.[42]

Auch die Kündigung eines Mietvertrages für eine Wohnung, die der Betreute angemietet hat, bedarf der gerichtlichen Genehmigung (§ 1907 BGB).

5. Beendigung der Betreuung

218 Das Betreuungsgericht muss einen Betreuer entlassen, wenn seine Eignung nicht mehr gewährleistet ist oder ein anderer wichtiger Grund vorliegt (§ 1908b Abs. 1 BGB). Auch kann der Betreuer seine Entlassung selbst verlangen, wenn die Betreuung ihm nicht mehr zugemutet werden kann oder wenn der Betreuer einen anderen bereiten und geeigneten Betreuer vorschlägt (§ 1908b Abs. 2 u. 3 BGB). Weiterhin ist eine Betreuung aufzuheben, wenn sie nicht mehr notwendig ist.

C. Ehe – Trennung – Scheidung

I. Eheschließung

219 Das Institut der Ehe ist stark von weltanschaulichen Moral-, Religions- und Gesellschaftsvorstellungen geprägt. Auf das römische Recht zurückzuführen ist das **Konsensprinzip**, das besagt, dass eine Heirat auf dem freien Entschluss der Eheschließenden beruhen muss (vgl. § 1310 Abs. 1 Satz 1 BGB). Seit der Trennung von Staat und Religion besteht unsere Rechtsordnung auf der obligatorischen Zivilehe. Eine wirksame Ehe muss vor dem Standesbeamten geschlossen werden (§ 1310 Abs. 1 BGB). Eine kirchliche Trauung hingegen entfaltet nur Wirkungen im Kirchenrecht, nicht jedoch nach bürgerlichem Recht. Mit dem »**Gesetz zur Reform des Personenstandsrechts**«, in Kraft seit 2009, wurde das Verbot der kirchlichen Voraustrauung abgeschafft. Das hat zur Folge, dass Paare kirchlich heiraten können, ohne vorher standesamtlich getraut worden zu sein. Es kann nun der Fall eintreten, dass ein Paar kirchlich getraut ist, jedoch nicht standesamtlich.[43] Mit der »Ehe für Alle« – eingeführt mit dem »Gesetz zur Einführung des Rechts auf Eheschließung für Personen

---

42 BGH, FamRZ 2003, S. 745, 752 ff.
43 *Schwab*, 2016, Rz. 56.

gleichen Geschlechts«, in Kraft am 1. 10. 2017 - wurde die Heirat auch homosexueller Paare ermöglicht.

1. Voraussetzungen der Eheschließung und Eheverbote

Zu den **Voraussetzungen für eine Eheschließung** gehören: **220**
- die **Ehefähigkeit**, wobei ein Geschäftsunfähiger keine Ehe eingehen kann (§ 1304 BGB);
- die **Ehemündigkeit**, die mit der Volljährigkeit eintritt (§ 1303 Abs. 1 BGB). Mit dem »Gesetz zur Bekämpfung von Kinderehen« vom 17.7.2017 wurde das Mindestalter für eine Heirat ohne Wenn und Aber auf 18 Jahre festgelegt.

Zu den **Eheverboten zählen:**   **221**
- eine bestehende Ehe oder eine Lebenspartnerschaft (§ 1306 BGB). Diese Bestimmung basiert auf dem in unserem Kulturkreis herrschenden Prinzip der Monogamie. Das Verbot der Doppelehe ist in zahlreichen anderen Staaten, besonders denen, die sich der islamischen Rechtsordnung (Sharia) verpflichtet fühlen, nicht selbstverständlich. Dennoch lässt sich weltweit ein Trend beobachten, die Polygamie zurückzudrängen.
- Seit Einführung der eingetragenen Lebenspartnerschaft für gleichgeschlechtliche Paare gilt eine **bestehende Lebenspartnerschaft** ebenso als Ehehindernis.
- **Verwandtschaft.** Des Weiteren darf zwischen Verwandten in gerader Linie sowie zwischen Voll- und Halbgeschwistern keine Ehe geschlossen werden (§ 1307 BGB).
- **Adoption.** Zwischen Personen, deren Verwandtschaft im Sinne von § 1307 BGB (Eltern – Kind – Enkel – Geschwister) durch Adoption begründet wurde, besteht ebenfalls ein Eheverbot.

2. Das Ehefähigkeitszeugnis für Ausländer

Wirtschaftliche Prosperität, Sicherheit und stabile gesellschaftliche Verhältnisse haben   **222** Deutschland zu einem attraktiven Einwanderungsland gemacht. Mittlerweile betrifft etwa **jede 6. bis 7. in Deutschland vorgenommene Eheschließung einen oder zwei ausländische Partner.** Dabei muss der Standesbeamte die materiellen Eheschließungsvoraussetzungen für jeden Verlobten nach dessen Heimatrecht beachten (Art. 13 Abs. 1 EGBGB). Um die Überprüfung der Eheschließungshindernisse nach dem jeweiligen ausländischen Recht zu erleichtern, wird von dem ausländischen Heiratswilligen verlangt, ein sog. **Ehefähigkeitszeugnis** vorzulegen (§ 1309 Abs. 1 BGB). In diesem Zeugnis soll eine »innere Behörde« des Heimatstaates bestätigen, dass kein Ehehindernis besteht (z.B. Doppelehe). Dieses Erfordernis betrifft Verlobte mit ausländischem Personalstatut, nicht jedoch Staatenlose, Asylberechtigte und Flüchtlinge (Art. 5 EGBGB). In einigen Fällen, besonders bei der Herkunft aus einem Land mit instabilen politischen Verhältnissen, ist es dem Ausländer nicht möglich, ein solches Dokument vorzulegen. Dann kann **beim OLG-Präsidenten** ein **Befreiungsantrag** gestellt werden (§ 1309 Abs. 2 BGB). Dieser überprüft die Ehefähigkeit nach dem Heimatrecht des Verlobten, soweit dies möglich ist.[44]

3. Trauung

223   Die zivilrechtliche Trauung wird durch den Standesbeamten bei gleichzeitiger Anwesenheit der Heiratswilligen vorgenommen (§§ 1310–1312 BGB). Dabei soll eine bestimmte Zeremonie eingehalten werden (§ 1312 BGB). Als Minimum wird erwartet, dass die Brautleute ihr Ja-Wort in Gegenwart des Standesbeamten abgeben. Es bleibt ihrer Entscheidung überlassen, ob sie Trauzeugen hinzuziehen (§ 1312 Satz 2 BGB).

224   Eine Heirat verändert nicht nur die persönliche Lebenssituation der Partner und ihrer Familien, sondern entfaltet auch umfangreiche Rechtswirkungen. Rechtsfolgen entstehen sowohl im Innenverhältnis zwischen den Ehepartnern, wie eheliche Pflichten und Rechte als auch im Außenverhältnis in Bezug auf Ehename, Staatsangehörigkeit, Schlüsselgewalt etc.

4. Eheliche Lebensgemeinschaft

225   Der Ehe als rechtlich verfasster Solidargemeinschaft hat der Gesetzgeber einige Eckpunkte zugeordnet. So wird in § 1353 Abs. 1 BGB konstatiert, dass die **Ehe auf Lebenszeit geschlossen ist, die Ehegatten sich einander zur ehelichen Lebensgemeinschaft verpflichten und füreinander Verantwortung tragen.** Zu diesem Grundkonsens gehören u.a. gegenseitige Liebe, Achtung und Rücksichtnahme, Beistand und Hilfe, die Bereitschaft sich über das gemeinsame Leben zu verständigen, die Privatsphäre, die religiösen und weltanschaulichen Überzeugungen des anderen zu respektieren, für die gemeinsamen Kinder zu sorgen und in häuslicher Gemeinschaft zu leben sowie Hausrat und Ehewohnung gemeinsam zu nutzen.[45]

226   Die **Rollenaufteilung innerhalb der Ehe** überlässt der Gesetzgeber den Ehepartnern. In § 1356 Abs. 2 Satz 1 BGB ist festgeschrieben, dass beide Ehepartner das Recht haben, einer Erwerbstätigkeit nachzugehen, wobei auf die Belange des anderen Ehepartners und der Familie Rücksicht genommen werden soll. Auch die Aufteilung der Haushaltsführung soll in gegenseitiger Absprache geregelt werden (§ 1356 Abs. 1 BGB). Der moderne Gesetzgeber hat hiermit Raum für alle denkbaren Modelle gelassen, vorausgesetzt die Rollenteilung entspricht dem gegenseitigen Einvernehmen.

II. Ehescheidung

227   Das heutige Scheidungsrecht beruht auf dem ersten Gesetz zur Reform des Ehe- und Familienrechts, das 1977 in Kraft getreten ist und dem eine lange kontroverse

---

44   Weitere Informationen zu binationalen Ehen: Verband binationaler Familien und Partnerschaften: www.verband-binationaler.de
45   Vgl. *Dethloff,* 2015, S. 56.

öffentliche Diskussion vorangegangen ist. Inhaltlich wurde die Ehescheidung als solche erleichtert.

Bis zur Ehescheidungsreform galt das **Schuldprinzip** fast uneingeschränkt. Wer schul- 228
dig geschieden war, erhielt keinen Unterhalt und konnte nicht damit rechnen, die »elterliche Gewalt«, wie es damals hieß, über die gemeinsamen Kinder zugesprochen zu bekommen. So gab es immer einen Gewinner und einen Verlierer, obwohl die Schuld am Zerbrechen einer Ehe gewiss oft nicht eindeutig bei einem Partner liegt.

In der Praxis wurde in zahlreichen Fällen vor Gericht ein Scheinprozess abgespult. 229
Wer sich scheiden lassen wollte und nicht offensichtlich schuldlos war, erkaufte sich die Scheidungsbereitschaft seines Partners mit einem mehr oder minder großzügigen Unterhaltsvertrag. Die Rollen des nichtschuldigen und des schuldigen Parts wurden verteilt. Das Verfahren wurde unter der Regie von routinierten Anwälten glatt über die Bühne gezogen.

Die Reform des Scheidungsrechts hat deshalb die Schlagworte »**Abschaffung des** 230
Schuldprinzips« und »**mehr Wahrheit im Scheidungsprozess**« geprägt. Das Schuldprinzip wurde durch das **Zerrüttungsprinzip** abgelöst. Dennoch wurde an dem Grundsatz der lebenslangen Ehe festgehalten. Für die Rechtsordnung ist die Ehescheidung die Ausnahme. Sie wird nur unter bestimmten Voraussetzungen in einem geregelten Verfahren ausgesprochen. Eine Ehe wird geschieden, wenn sie gescheitert ist. Dafür werden Vermutungen aufgestellt: ein Jahr Trennung bei gemeinsamem Antrag, drei Jahre Trennung bei einseitigem Antrag.

Grundlegend reformiert wurde auch das **gerichtliche Scheidungsverfahren**. Bis zur 231
Ehescheidungsreform waren Scheidung und Scheidungsfolgen in jeweils getrennten Prozessen von jeweils anderen Richtern zu entscheiden. Für die Scheidung selbst war das LG zuständig, über die elterliche Gewalt hatte das Vormundschaftsgericht zu entscheiden, über Unterhalt, Hausrat und Wohnung wurde je nach Höhe des Streitwertes vor dem Amtsgericht oder dem LG gestritten. Bis alles endgültig geregelt war, konnten Jahre vergehen.

Das **heutige Scheidungsrecht** hat die Ehescheidung keineswegs leicht gemacht, 232
aber erheblich erleichtert. Das Familiengericht hat mit dem Ausspruch der Scheidung lediglich automatisch über den Versorgungsausgleich zu entscheiden. Die anderen Scheidungsfolgen, wie elterliche Sorge und Umgang, Unterhalt, Zugewinnausgleich, die Aufteilung des Hausrats oder der Ehewohnung können die Scheidungswilligen einvernehmlich regeln oder auf Anträge verzichten. Mehrere Anwaltskanzleien in Deutschland bieten mittlerweile eine einfache und schnelle »**Scheidung online**« an.

Die Ehescheidung ist eine Möglichkeit, um eine Ehe aufzuheben. Sie kommt in der 233
Praxis am Häufigsten vor. Daneben sieht das Ehegesetz die Aufhebung einer Ehe (§ 29 EheG) sowie die Nichtigerklärung einer Ehe (§ 23 EheG) und daneben die Wiederverheiratung nach der Todeserklärung des Ehegatten vor (§ 38 II EheG).

1. Demographische Daten

234 Die Scheidungswahrscheinlichkeit von Ehen eines bestimmten Eheschließungsjahrganges ist in den letzten Jahrzehnten ständig gestiegen.

235 Von den 1957 geschlossenen Ehen waren in der Alt-Bundesrepublik 1980 etwa 12 % geschieden, von den 1960 geschlossenen Ehen nach 25 Ehejahren insgesamt 14,5 %. Statistische Daten deuten darauf hin, dass von den Anfang der 70er Jahre geschlossenen Ehen fast 20 % geschieden werden. Wenn die Scheidungsziffern relativ konstant bleiben, werden von den Ehen, die jetzt geschlossen werden, etwa 38–40 % durch Scheidung aufgelöst werden.

236 Demographisch betrachtet, hat sich die Anzahl der Ehescheidungen seit 1960 mehr als verdreifacht. Wurden 1960 noch 48.000 Ehescheidungen registriert, waren es 20 Jahre später 96.000 Scheidungen und 1994, die neuen Bundesländer eingeschlossen, 166.000. Im Jahr 2003 war mit 214.000 Scheidungen der vorläufige Höhepunkt erreicht. Die absolute Zahl der Ehescheidungen ist seitdem rückläufig (2015 auf 163.335). 2015 waren 131.749 Kinder durch die Ehescheidung ihrer Eltern betroffen.

2. Scheidungsverfahren

a) Anwaltszwang

237 Im Ehescheidungsprozess besteht Anwaltszwang. Das ist zwar ungewöhnlich, weil eine Ehescheidung vom Familiengericht als Abteilung des Amtsgerichts entschieden wird. Gewöhnlich besteht bei Prozessen, die am Amtsgericht anhängig sind, keine Anwaltspflicht, sondern erst bei Verfahren mit höherem Streitwert beim LG. Insofern fällt die Anwaltspflicht im Ehescheidungsverfahren aus dem Rahmen. Der Gesetzgeber hat dabei die gravierenden Folgen für die Parteien im Auge gehabt und gemeint, dass sich die Eheleute von einem Rechtsexperten vertreten lassen sollten.

238 Die **Anwaltspflicht in allen Rechtszügen** ergibt sich aus **§ 114 Abs. 1 u. 2 FamFG**. Der Anwaltszwang bezieht sich nicht nur auf das eigentliche **Scheidungsverfahren** sondern auch auf die **Folgesachen (§ 137 FamFG)**. Im Rahmen des Scheidungsverfahrens sind Folgesachen insb. die **Regelung der elterlichen Sorge, des Umgangsrechts, des Kindes- und Geschiedenenunterhalts, des Versorgungsausgleichs, der Ehewohnung und des Hausrats sowie Ansprüche aus dem ehelichen Güterrecht.**

239 Das folgende Schaubild verschafft einen Überblick:

Schaubild 2:

Wesentliche Trennungs- und Scheidungsfolgen

Elterliche Sorge (§ 1671 BGB)	Umgang (§ 1684 BGB)

Kindesunterhalt (§§ 1601ff. BGB)	Ehegattenunterhalt (§§ 1361, 1569ff. BGB)

Vermögensverteilung (Zugewinnausgleich) (§§ 1373ff. BGB)

Verteilung des Haurats (§ 1361a BGB, § 1568b BGB)	Aufteilung der Ehewohnung (§ 1361b BGB, §1568a BGB)

Versorgungsausgleich (§ 1587 BGB, Versorgungsausgleichsgesetz)

Aus Kostengründen stellen zahlreiche Scheidungspaare die Frage, ob beide Ehepartner **240** jeweils anwaltlich vertreten sein müssen, oder sich auf einen Rechtsanwalt einigen können, der sie im Verfahren vertritt, wenn sie sich in wesentlichen Fragen einig sind. Letztere Option würde gegen die wesentlichen Grundsätze der Zivilprozessordnung sowie gegen das anwaltliche Standesrecht verstoßen. Der Rechtsanwalt ist als Parteivertreter und nicht in der Funktion eines Schlichters tätig.

Jedoch ist es grds. möglich, dass sich nur der Antragsteller anwaltlich vertreten lässt und **241** über seinen Rechtsanwalt den Scheidungsantrag einreicht. Konsequenz ist allerdings, dass der anwaltlich nicht vertretene Ehegatte vor Gericht keine Anträge stellen kann. Solche Konstruktionen, um mögliche Kosten zu sparen, bieten ein hohes Risikopotential.

Wenn der Antragsgegner anwaltlich nicht vertreten ist und es dem Gericht »zum **242** Schutz des Antragsgegners unabweisbar« erscheint, kann es dem Antragsgegner einen Rechtsanwalt beiordnen (§ 138 FamFG). Dies gilt im Hinblick auf den Scheidungsantrag und die Regelung der elterlichen Sorge. In der Praxis ist diese Beiordnung allerdings extrem selten.

Einen erheblichen Kostenspareffekt können Paare jedoch erreichen, wenn sie in **243** einer Mediation die meisten Scheidungsfolgen regeln und das Gericht lediglich über die Scheidung als solche und den Versorgungsausgleich entscheiden lassen. Damit wird der Gegenstandswert der Scheidung reduziert und damit auch Gerichts- und Anwaltskosten.[46]

---

46 Zur Mediation s. Kap. 23 Rdn. 1 ff.

b) Scheidungsverbund

244 Im Scheidungsverbund wird im Zusammenhang mit der Ehescheidung auch über die Scheidungsfolgen verhandelt und entschieden. Damit wird eine zeitliche Klammer zwischen der Scheidung als solcher und den weiteren Rechtsfolgen gebildet, die im Scheidungsprozess miteinander verbunden werden.

245 Die verbundfähigen Fallbestandteile sind die Regelung der elterlichen Sorge, des Umgangsrechts, des Kindes- und Geschiedenenunterhalts, des Versorgungsausgleichs, der Ehewohnung und des Hausrats, der Ansprüche aus dem ehelichen Güterrecht (§ 137 FamFG).

246 In einem Fall hängt der Verbund nicht vom Willen der Parteien ab, sondern tritt von Amts wegen ein (**Zwangsverbund**). Dies ist die Durchführung des öffentlich-rechtlichen Versorgungsausgleichs (§ 1587b BGB, § 137 Abs. 2 FamFG).

Über die anderen Scheidungsfolgen wird nur entschieden, wenn ein Antrag eines der Ehepartner vorliegt (**Antragsverbund**).

247 **Dem Antragsverbund zugeordnet sind die hier aufgeführten Folgesachen (§ 137 FamFG):**
   – elterliche Sorge für ein gemeinsames Kind,
   – Umgang mit einem Kind,
   – Herausgabe eines Kindes,
   – Kindesunterhalt,
   – nachehelicher Unterhalt,
   – Ehewohnung und Hausrat,
   – Ansprüche aus dem ehelichen Güterrecht,
   – schuldrechtlicher Versorgungsausgleich.

Der Verbund bedeutet aber auch, dass die Scheidung grds. erst dann ausgesprochen werden darf, wenn alle Folgesachen entscheidungsreif sind.

248 Das kann zur Folge haben, dass ein Ehegatte, der beispielsweise Auskünfte über sein Einkommen verzögert oder die Auskünfte beim Rentenversicherungsträger nicht rechtzeitig einholt, das Scheidungsverfahren blockieren oder zumindest verlangsamen kann. Die Verzögerung des Verfahrens ist für einen Partner dann von Interesse, wenn er etwa aus einer Unterhaltsvereinbarung, die nur bis zum Zeitpunkt der Scheidung gilt, voraussichtlich mehr Unterhalt erhält, als ihm dies nach dem Scheidungsurteil zustünde.

249 Für den Fall überdurchschnittlich langer Verfahrensdauer hat der Gesetzgeber eine Regelung geschaffen, die den Antragsteller schützt, denn nach § 140 FamFG kann die Regelung zum Versorgungsausgleich oder zum Zugewinnausgleich abgetrennt werden. Verzögerungen können insb. bei Auskünften der Rentenversicherungsträger eintreten, die erfahrungsgemäß lange Zeit in Anspruch nehmen.

Eine Abtrennung der Regelung der elterlichen Sorge und des Unterhaltes sind ebenfalls möglich (§ 140 FamFG).

Da das Scheidungsverfahren erheblichen Zeitraum in Anspruch nehmen kann, besteht 250
oftmals Interesse, bestimmte Folgen gleich vorläufig zu regeln. Hier kann auf das Institut der einstweiligen Anordnung (§ 119 FamFG) zurückgegriffen werden.

3. Scheidungsgründe

Das heute geltende Ehescheidungsrecht basiert, wie schon erläutert, auf dem Zerrüt- 251
tungsprinzip (§ 1565 Abs. 1 BGB). Gefragt wird nicht nach der Scheidungsschuld,
sondern das Familiengericht bewertet nach objektiven Maßstäben unter Berücksichtigung der Sichtweise der Partner das Scheitern einer Ehe. Es spielt dabei grds. keine
Rolle, welcher Ehepartner das Scheitern der Ehe herbeigeführt hat. Schuldgesichts-
punkte spielen nur am Rande eine Rolle, wie z.b. bei Unterhaltsfragen, aber auch bei
der Prüfung einer unzumutbaren Härte.

Im Scheidungsprozess wird das Familiengericht daher eine **Zerrüttungsdiagnose** stel- 252
len, die sich an dem individuellen Eheverlauf orientiert. Gesetzliche Grundlage ist
§ 1565 Abs. 1 Satz 2 BGB, der bestimmt, dass eine Ehe zerrüttet ist, wenn die Lebensgemeinschaft der Eheleute nicht mehr besteht und außerdem nicht mehr erwartet
werden kann, dass die Eheleute sie wieder herstellen. Die Ehe wird daher aus der
Retrospektive (rückschauend) betrachtet, und es wird daneben eine **Prognose** (Vor-
aussage) gestellt.

Der Maßstab ergibt sich objektiv aus den Mindestanforderungen an eine auf gegen- 253
seitiger Liebe, Achtung und Treue aufgebaute Lebensgemeinschaft (vgl. § 1353 BGB).
Daneben kommt es auf die Sichtweise der Partner an, wobei ihre Vorstellungen entscheidend sind, ob die eheliche Lebensgemeinschaft als endgültig gescheitert anzusehen ist.[47] Dies ist der Fall, wenn die Ehekrise unüberwindbar erscheint und jegliche
Versöhnungsbereitschaft fehlt. Eine einseitige Zerrüttung reicht aus.

An den Nachweis des Scheiterns einer Ehe hat der Gesetzgeber gestaffelt nach der 254
Trennungszeit unterschiedlich hohe Anforderungen gestellt. An dieser Systematik
werden wir uns orientieren.

Sofortige Scheidung wegen unzumutbarer Härte (§ 1565 Abs. 2 BGB):

Für den Fall, dass sich Eheleute noch nicht getrennt haben oder weniger als ein Jahr 255
getrennt leben, gilt § 1565 Abs. 2 BGB. Diese Vorschrift besagt, dass eine Ehe nur
dann geschieden werden kann, wenn trotz der Zerrüttung die Fortsetzung der Ehe für
den scheidungswilligen Partner eine **unzumutbare Härte** darstellen würde und die
Gründe für die Unzumutbarkeit bei dem anderen Ehegatten zu suchen sind. Ansonsten ist das Trennungsjahr einzuhalten. Zweck dieser Vorschrift ist es, leichtfertige oder
voreilige Scheidungen zu verhindern und den Eheleuten noch eine Überlegungsfrist
einzuräumen, damit sie die gesamte Situation ihrer Ehe überdenken können und nach
Möglichkeiten für eine Wiederaufnahme der ehelichen Gemeinschaft suchen können.

---

47 BGH, NJW 1995, S 1082 f.; *Schwab*, 2016, Rz. 342.

Scheidung nach dem Trennungsjahr (§ 1566 Abs. 1 BGB):

256 Mit der Einführung der sog. Fristenscheidung hat der Gesetzgeber unwiderlegliche Vermutungen für das Scheitern einer Ehe aufgestellt. In § 1566 Abs. 1 BGB heißt es: »*Es wird unwiderlegbar vermutet, dass die Ehe gescheitert ist, wenn die Ehegatten seit einem Jahr getrennt leben und beide Ehegatten die Scheidung beantragen oder der Antragsgegner der Scheidung zustimmt.*«

257 § 1566 Abs. 1 BGB zielt auf die sog. **Konventionalscheidung**. Darunter ist eine einvernehmliche Scheidung zu verstehen, wenn ein gemeinsamer Scheidungsantrag vorliegt, oder der andere Ehegatte der Scheidung zustimmt.

258 Für eine **Konventionalscheidung** ist nach herrschender Meinung jedoch nicht nur ein gemeinsamer Scheidungsantrag oder die Zustimmung zu einem Scheidungsantrag ausreichend. Vielmehr muss noch eine Einigung über bestimmte Scheidungsfolgen erzielt sein (§ 133 Abs. 1 Nr. 2 FamFG). Die Eheleute müssen sich über die **elterliche Sorge, das Umgangsrecht, den Unterhalt, die Ehewohnung** und die **Aufteilung des Hausrates** geeinigt haben, damit man von einer einverständlichen Scheidung bzw. von einer Konventionalscheidung sprechen kann.

259 Bei einer **streitigen Scheidung** jedoch, die nach Ablauf des Trennungsjahres erfolgen soll, muss das Gericht wieder das Scheitern der Ehe prüfen und eine Zerrüttungsdiagnose mittels Retrospektive und Prognose stellen. Eine Unzumutbarkeit der Ehefortsetzung nach § 1565 Abs. 2 BGB muss nicht gegeben sein.

Trennungszeit von mindestens 3 Jahren (§ 1566 Abs. 2 BGB):

260 Bei einer Trennungszeit von mindestens 3 Jahren wird auch eine streitige Scheidung ausgesprochen, ohne dass zusätzlich die Zerrüttung der Ehe geprüft wird. Mit § 1566 Abs. 2 BGB wird eine unwiderlegbare Vermutung aufgestellt, wonach eine Ehe nach drei Jahren Trennungszeit gescheitert ist. Eine Ehe wird in diesem Fall gegen den Willen des anderen Ehegatten ohne besonderen Nachweis der Zerrüttung geschieden.

Härteklausel (§ 1568 BGB):

261 Diese Vorschrift sieht die Aufrechterhaltung einer Ehe trotz ihres Scheiterns in zwei Fällen vor: **im Interesse minderjähriger Kinder und wegen untragbarer Härte für den anderen Ehegatten.** Nicht die Scheidung schlechthin soll verhindert werden, sondern eine Scheidung in einer ungünstigen Situation. Es handelt sich hierbei um einen Ausnahmetatbestand, der außergewöhnliche Umstände voraussetzt. Dies kann etwa eine ernsthafte gesundheitliche Bedrohung eines Kindes sein.

262 Zweck des Scheidungsschutzes für den Scheidungsgegner ist es, dem anderen Ehegatten Zeit zu geben, sich auf die Auflösung der Ehe einzustellen. § 1568 BGB gewährt also nur einen zeitlich begrenzten Aufschub. Die Verweigerung der Scheidung muss das einzige Mittel sein, um den Ehegatten vor einer für ihn durch die Scheidung sonst entstehenden unerträglichen Lage zu bewahren. Eine besondere Härte bedarf eines dezidierten Vortrags des Scheidungsgegners.

Außergewöhnliche Umstände können sein: Schwere Krankheit, langjährige gemein- 263
same Pflege eines behinderten Kindes oder besonders aufopferungsvolle Leistungen
des scheidungsunwilligen Ehegatten.[48]

4. Ehewohnung und Hausrat

Eine konfliktbeladene Trennung ist häufig Anlass für eine Auseinandersetzung, wer 264
in der bisher gemeinsamen Ehewohnung bleibt und wer auszieht. Zuweilen wird
auch darüber gestritten, wie ein Haus aufgeteilt werden soll, wenn sich die Partner im
Haus getrennte Wohnbereiche einrichten wollen. Kann sich das Paar nicht einigen,
entscheidet auf Antrag das Familiengericht. Verfahren dieser Art um den bisherigen
Lebensmittelpunkt werden oft erbittert geführt, da ein Wohnungswechsel mit großem
Aufwand und finanziellem Einsatz verbunden ist.

Der Gesetzgeber hat unterschiedliche Regelungen für die **Zuweisung der Ehewoh-**
nung während der Trennungsphase und bei Ehescheidung getroffen.

Die Ehewohnung in der Trennungsphase:

Für die Trennungsphase wird die **Zuweisung der Ehewohnung in § 1361b BGB** gere- 265
gelt. Ein Ehegatte, der die Ehewohnung alleine für sich beansprucht, kann sich mit
einem entsprechenden Antrag an das Familiengericht wenden (§ 200 FamFG).

Mit § 1361b BGB ist die Eingriffsschwelle relativ hoch angesetzt. In dem Gesetzestext 266
heißt es: »*Leben die Ehegatten getrennt oder will einer von ihnen getrennt leben, so kann*
ein Ehegatte verlangen, dass ihm der andere die Ehewohnung oder einen Teil zur alleini-
gen Benutzung überlässt, soweit dies auch unter Berücksichtigung des anderen Ehegatten
notwendig ist, um eine unbillige Härte zu vermeiden.«

Mit Einführung des **Gewaltschutzgesetzes, in Kraft seit 2002**, wurde die Eingriffs- 267
schwelle herab gesetzt. Der frühere Rechtsbegriff »schwere Härte« wurde durch
»unbillige Härte« ersetzt. Dies soll signalisieren, dass das Problem häuslicher Gewalt
und Kinderschutz vom Gesetzgeber ernst genommen wird.

Verlangt wird »eine unbillige Härte« für den Antragsteller, wenn dieser die Ehewohnung nicht alleine zugewiesen bekommt.

Gegenüber Anträgen eines Ehepartners, ihm aus Anlass des Getrenntlebens die alleine 268
Nutzung der Ehewohnung zuzuweisen, den anderen daraus gänzlich zu entfernen,
sind die Gerichte im Allgemeinen zurückhaltend. Die Regelung wird generell folgendermaßen aufgefasst: Derjenige Ehegatte, der eine gerichtliche Wohnungszuweisung
zu seinen Gunsten erreichen will, muss darlegen und beweisen, dass so ein unerträgli-
cher Zustand für ihn und (ggf.) die Kinder vermieden werden kann.

Im Gesetz werden zwei Tatbestände erwähnt, die grds. als unbillige Härte zu bewerten 269
sind. Dies sind zum einen die **Beeinträchtigung des Kindeswohls** (§ 1361b Abs. 1

---

48 BVerfGE 55, S. 134; BGH, FamRZ 1979, S. 422 f.

Satz 1 BGB) und die **Anwendung von Gewalt** (§ 1361b Abs. 2 Satz 2 BGB). Die Anwendung des § 1361b BGB ist jedoch nicht alleine auf häusliche Gewalt und rücksichtloses Verhalten gegenüber Kindern eingeschränkt.

270 Eine **unbillige Härte** liegt besonders dann vor, »wenn ein Ehegatte dem anderen in grob rücksichtsloser Weise durch erhebliche Belästigungen (Worte, erst recht Taten) – von Augenblicksentgleisungen abgesehen – das Wohnen unter einem Dach nahezu unerträglich macht, ihn also herabsetzt, missachtet, fertig macht. Die Spannungen zwischen den Ehegatten müssen für einen Ehegatten (subjektiv) so belastend sein, dass die häusliche Lebensgrundlage durch schwerwiegendes (exzessives) Verhalten des einen Ehepartners tiefgreifend gestört ist (…). Unannehmlichkeiten, die oftmals im Zusammenhang mit einer sich in Auflösung befindlichen Ehe auftreten, stellen jedoch, auch wenn sie nicht zuträglich oder zumutbar sind, für sich allein noch keine unbillige Härte dar.«[49] »Härtefälle sind vor allem durch Gewalt indiziert.«[50]

271 Weiterhin ist zu bemerken, dass es sich bei einer Wohnungszuweisung während des Getrenntlebens nur um eine Zwischenlösung handelt. Die gerichtliche Wohnungszuweisung nach § 1361b BGB gilt nur bis zur Rechtskraft des Scheidungsurteils.

Zu beachten ist ferner, dass das Eigentum an der Wohnung oder an dem Haus mit in die Gesamtbetrachtung einzubeziehen ist (§ 1361b Abs. 1 Satz 3 BGB).

272 Wenn einem Ehegatten die Wohnung alleine zugewiesen wird, kann es billig sein, dass der begünstigte Partner an den anderen eine Nutzungsvergütung zahlt (§ 1361b Abs. 3 BGB). Das kommt vor allem dann in Frage, wenn ein Ehegatte Alleineigentümer der Wohnung ist, die dem anderen allein zugewiesen werden soll. Häufig ist der in der Wohnung verbleibende Ehegatte zugleich unterhaltsberechtigt, wobei die Nutzungsvergütung mit dem Unterhaltsanspruch verrechnet wird.

Zuweisung der Ehewohnung bei Ehescheidung § 1568a BGB:

Für die Zeit nach der Scheidung gelten, was die Aufteilung der Ehewohnung und des Hausrates anbetrifft, völlig andere Grundsätze als für die Zeit vor der Scheidung.

273 Für den Fall, dass die Geschiedenen keine Vereinbarung über die Ehewohnung treffen, kann das Familiengericht auf Antrag die Verhältnisse an der Wohnung bestimmen und gestalten. Diese Befugnis der Gerichte geht auf die sog. »**Hausratsverordnung**« von 1944 zurück, die in Notzeiten erlassen wurde. Die Verordnung war wegen der Wohnraumverknappung während und nach dem Zweiten Weltkrieg und der Schwierigkeit, Möbel und sonstigen Hausrat zu beschaffen, notwendig. Der Richter erhält die Befugnis, einschneidend in privatrechtliche Verhältnisse einzugreifen. Im Gegensatz zu der Entscheidung bei Getrenntleben schafft der Gerichtsbeschluss für die Zeit nach der Scheidung endgültige Verhältnisse: die Wohnung ist nicht »Ehewohnung«,

---

49 *Gerhardt/v. Heintschel-Heinegg/Klein*, 2015, Handbuch des Fachanwalts Familienrecht, 8. Kap., Rz. 247, 250.
50 Palandt/*Brudermüller*, 2016, § 1361b, Rz. 10.

derjenige, dem sie zugewiesen ist, kann darin schalten und walten wie er will. Dabei ist das Gericht in seiner Entscheidung vom Prinzip her an die Eigentumsverhältnisse und die bisherige mietrechtliche Lage nicht gebunden. Zu beachten ist jedoch, dass das Gericht die Eigentumslage nicht verändern kann (§ 1568a BGB).

Gleiches gilt für sonstige dingliche Rechte, wie z.b. ein dingliches, im Grundbuch eingetragenes Wohnrecht.

Aufteilung des Hausrats:

In den meisten Fällen sind selbst streitige Paare in der Lage, den Hausrat unter sich aufzuteilen. In einzelnen Fällen kommt es jedoch zu gerichtlichen Auseinandersetzungen. Die Verteilung des Hausrats richtet sich nach § 1361a BGB, 1568b BGB.   **274**

5. Güterrecht

Ist die Aufteilung des Vermögens bei Scheidung zwischen den Eheleuten streitig, nimmt das Familiengericht auf Antrag eine Aufteilung des Vermögens vor. Ansprüche aus dem ehelichen Güterrecht sind **Scheidungsfolgesache** und werden auf Antrag gleichzeitig mit der Scheidung verhandelt (**§ 137 Abs. 2 Nr. 4 FamFG**). Die Art und Weise der Auseinandersetzung des Vermögens hängt von dem Güterstand ab, in dem die Partner leben.   **275**

a) Zugewinngemeinschaft (§§ 1363 bis 1390 BGB)

Haben die Eheleute keinen Ehevertrag abgeschlossen, leben sie im **gesetzlichen Güterstand der Zugewinngemeinschaft** (**§ 1363 BGB**). Die Zugewinngemeinschaft ist der mit Abstand am weitesten verbreitete Güterstand. Der Begriff »Zugewinngemeinschaft« trügt, denn im Prinzip tritt eine Gütertrennung ein. Jeder Ehegatte behält die ihm gehörenden Gegenstände in seinem alleinigen Eigentum, gleichgültig, ob er sie in die Ehe mitgebracht oder während der Ehe erworben hat (§ 1363 Abs. 2 BGB). Erst bei Auflösung der Ehe kommt es zu einem Vermögensausgleich, und zwar wird der Zugewinn gerecht aufgeteilt. Das bedeutet, dass derjenige Ehegatte, dessen Vermögen sich besser entwickelt hat, einen Teil an den anderen Ehegatten abtreten muss. Der Ausgleich erfolgt in Geld. Sinn der Zugewinngemeinschaft ist es, beide Ehegatten an dem während der Ehe eingetretenen Vermögenszuwachs teilhaben zu lassen. Es soll dabei insb. die Hausfrau bzw. der Hausmann geschützt werden, da sie bzw. er wegen der Haushaltsführung kaum eigenes Vermögen erwerben konnte.   **276**

Im Scheidungsverfahren kommt der Durchführung eines Zugewinnausgleichs häufig existenzielle Bedeutung zu, besonders wenn es um die Aufteilung eines kreditfinanzierten Eigenheims oder um einen Gewerbebetrieb geht.   **277**

Der **Zugewinnausgleich** wird in zwei Schritten ermittelt: **278**

1. Schritt: Für jeden Partner wird einzeln der Zugewinn errechnet.

► **Definition:**

Zugewinn ist der Betrag, um den das Endvermögen (EV) (bei Scheidung, Tod) eines Partners sein Anfangsvermögen (AV) (bei Heirat) übersteigt (§ 1373 BGB).

2. **Schritt:** Der Zugewinn beider Partner wird miteinander verglichen. Der Partner mit dem höheren Zugewinn hat die Hälfte des Gewinnüberschusses an den anderen abzutreten (§ 1378 BGB).

► **Beispiel:**

279   Petra besitzt bei Heirat ein Vermögen von 40.000 €, bei Rechtshängigkeit des Scheidungsantrags sind es 140.000 €. Das Anfangsvermögen von Hans beträgt 20.000 €, sein Endvermögen 60.000 €.

1. Schritt: Berechnung des Zugewinns

	Petra	Hans
EV	140.000 €	60.000 €
– AV	– 40.000 €	– 20.000 €
= Zugewinn (Zg)	100.000 €	40.000 €

2. Schritt: Ermittlung des Zugewinnausgleichs (ZgA)

Zg Petra	100.000 €
– Zg Hans	– 40.000 €
= Gewinnüberschuss (GÜ)	60.000 €

GÜ: 2 = ZgA   60.000 € : 2 = 30.000 €

Hans hat ggü. Petra einen Anspruch auf Zugewinnausgleich i.H.v. 30.000 €.

280   Das oben demonstrierte Berechnungsschema für den Zugewinnausgleich ist natürlich stark vereinfacht. In der Praxis wird häufig um die Bewertung des Vermögens gestritten. Die Inflationsrate, Schulden und Erbschaften sind zu berücksichtigen; und nicht zuletzt sind oft einzelne Vermögensposten zwischen den Parteien streitig.

b) Gütertrennung (§ 1414 BGB)

281   Die Zugewinngemeinschaft wird den Eheleuten nicht aufgezwungen. Sie können durch **Ehevertrag** einen anderen Güterstand wählen (§ 1408 BGB). Der Ehevertrag muss beim Notar geschlossen werden (§ 1410 BGB).

282   Wenn die Eheleute Gütertrennung vereinbaren (§ 1414 BGB), bleiben die Vermögen getrennt, und es findet bei Auflösung der Ehe kein Zugewinnausgleich statt. Die Ehe ist gegenüber dem Vermögen »neutral«. Das schließt nicht aus, dass zwischen den Ehegatten Vermögensbeziehungen bestehen können wie zwischen beliebigen Personen, wenn sie z.B. Miteigentümer einer Wohnung werden oder eine GmbH gemeinsam gründen.

Um Gütertrennung zu erreichen, genügt es, wenn der gesetzliche Güterstand ausge-   283
schlossen oder aufgehoben wird oder wenn die Ehegatten den Ausgleich des Zugewinns ausschließen.

c) Gütergemeinschaft (§§ 1415 ff. BGB)

Die Partner können ferner die Gütergemeinschaft wählen. Ist dies vor der Hei-   284
rat geschehen, so wachsen mit der Eheschließung das Vermögen der Frau und das
Vermögen des Mannes zu einem gemeinschaftlichen Gut (Gesamtgut) zusammen.
Alles, was während der Ehe erworben wird, fällt in das Gesamtgut. Ausgenommen
vom gemeinschaftlichen Vermögen sind nur das Sondergut, d.h. Gegenstände, die
nicht übertragbar sind (z.b. unpfändbare Unterhaltsansprüche oder der Anteil an
einer Kommanditgesellschaft als persönlich haftender Gesellschafter) (§ 1417 BGB).
Ebenso ist aus der Gütergemeinschaft das sog. Vorbehaltsgut (§ 1418 BGB) ausgeschlossen. Dazu gehören Vermögensgegenstände, die einem Ehegatten ausschließlich
zugewendet werden (z.b. Erbteile).

Die Gütergemeinschaft trifft auf eine hohe Moral der Eheleute. Im Falle der Schei-   285
dung ergibt sich die Notwendigkeit einer komplizierten Auseinandersetzung des
Gesamtguts (§§ 1471 ff. BGB). Die Gütergemeinschaft ist in der Regel nur in ländli-
chen Regionen verbreitet.

6. Versorgungsausgleich

Durch den Versorgungsausgleich werden die während der Ehe erworbenen unter-   286
schiedlichen **Renten- oder sonstigen Versorgungsansprüche ausgeglichen**. Ähnlich
wie beim Zugewinnausgleich wird dem Ehegatten, der während der Ehe geringere
Versorgungsanwartschaften erworben hat, die Hälfte des Unterschiedsbetrags übertragen. Bei Scheidung hat das Familiengericht den **öffentlich-rechtlichen Versorgungsausgleich von Amts wegen** durchzuführen (Zwangsverbund) (§ 137 Abs. 2 FamFG).
Die **Zuständigkeit des Familiengerichts** ergibt sich aus § 23b GVG.

Die Normen zur Durchführung des Versorgungsausgleichs befinden sich in den
§ 1587 **BGB** und im **Gesetz über den Versorgungsausgleich**.

Es ist Aufgabe des Familiengerichts, den öffentlich-rechtlichen Versorgungsausgleich
in Kooperation mit den Rentenversicherungen vorzunehmen.

7. Mediation bei Trennung und Scheidung

Seit Anfang der 90er Jahre bieten Rechtsanwälte, vereinzelt Jugendämter und auch   287
Vertreter anderer beratender Berufe **Mediation für Trennungs- und Scheidungspaare**
an.[51] Mediation ist ein Verfahren der Konfliktlösung, bei dem ein neutraler Dritter
die Parteien unterstützt, eine Vereinbarung über die streitigen Punkte zu treffen und

---

51 Weitere Details zum Verfahren der Mediation im Standardwerk zur Scheidungsmediation:
   Haynes/Bastine/Link/Mecke, 2002, Scheidung ohne Verlierer.

zwar unter Berücksichtigung ihrer beiderseitiger Interessen und Bedürfnisse. Nicht eine Lösung nach Recht und Gesetz steht im Zentrum, sondern eine bedarfsgerechte Einigung, die den subjektiven Fairnesskriterien der Parteien entspricht.

288 Mediation wurde praktisch aus den USA importiert. Dort hat man schon seit den 70er Jahren überaus positive Erfahrungen gemacht, so dass mittlerweile in mehr als der Hälfte der Bundesstaaten in streitigen Sorge- und Umgangsrechtsverfahren Mediation obligatorisch vorgeschaltet wird, bevor ein Gericht den Fall annimmt.[52]

289 Neben der Trennungs- und Scheidungsmediation etabliert sich Mediation in Deutschland als kooperative Konfliktlösungsmethode in anderen Bereichen, wie etwa bei Teamkonflikten, in und zwischen Unternehmen, in der Schule oder bei Umweltstreitigkeiten. In den letzten Jahren hat sich zunehmend das Modell der **gerichtsinternen Mediation** durchgesetzt, wobei streitige Prozesse ausgesetzt werden und auf freiwilliger Basis eigens ausgebildeten Güterichtern zum Aushandeln einer Vereinbarung mit den Parteien übertragen werden.

290 Mit dem FamFG wurde 2009 für das Familiengericht die Befugnis eingeführt, anzuordnen, dass die Eheleute an einem Informationsgespräch über Mediation teilnehmen, um ihnen dieses effektive Instrument konsensualer Streitbelegung näher zu bringen (§ 135 FamFG). Am 26.07.2012 trat nach langwieriger Vorarbeit das erste Mediationsgesetz in Deutschland in Kraft.

291 **Trennungs- und Scheidungspaare können mit einer Mediation folgende Punkte regeln:**
   – Sorge- und Umgangsrecht,
   – Kindes- und Ehegattenunterhalt,
   – Aufteilung des Vermögens-/Zugewinnausgleich,
   – Ehewohnung und Hausrat.

292 Eine gütliche Einigung über die wesentlichen Scheidungsfolgen erspart nervenaufreibende Auseinandersetzungen, unter denen am meisten gemeinsame Kinder zu leiden haben. Die getroffene Einigung kann danach entweder in das gerichtliche Scheidungsverfahren als **Scheidungsfolgenvereinbarung** eingeführt oder notariell beglaubigt bzw. beurkundet werden, sofern ein Formzwang besteht.

Das Kap. 23 befasst sich speziell mit Einsatzgebieten der Mediation im Sozialbereich.

D. Andere Familienformen

I. Die eingetragene Lebenspartnerschaft

293 Nach heftigen ideologischen Kontroversen wurde im Jahr 2001 mit der **eingetragenen Lebenspartnerschaft ein der Ehe ähnliches Rechtsinstitut für gleichgeschlechtliche Partner** installiert. Schon 1993 lag dem Bundesverfassungsgericht eine

---

52 Näher *Marx*, Mediation und Konfliktmanagement in der Sozialen Arbeit, 2016, S. S. 158 ff.

Verfassungsbeschwerde vor, die monierte, dass homosexuelle Paare gegenüber hetero-
sexuellen Paaren diskriminiert würden. Schwulen- und Lesbenverbände forderten, die
Ehe mit den daraus resultierenden rechtlichen Konsequenzen ebenfalls Homosexuellen zu öffnen, wie dies einige skandinavische Länder schon praktizierten. Mit Verweis
auf die christlich-abendländische Tradition bestätigte das Bundesverfassungsgericht,
die Geschlechtsverschiedenheit sei ein Wesensmerkmal der Ehe und stehe gleichgeschlechtlichen Paaren nicht offen.[53] Seit 2017 steht auch Homosexuellen das Institut
der Ehe offen (s. Rdn. 219). Die Verfassungsrichter erkannten jedoch eine Diskriminierung Homosexueller. Mit dem **Lebenspartnerschaftsgesetz (LPartG)**, das **2001
in Kraft** trat sowie dem **Gesetz zur Bereinigung des Rechts der Lebenspartner, in
Kraft am 26.11.2015**, wurde die eingetragene Lebenspartnerschaft der Ehe fast gleich
gestellt. Mittlerweile hat das Bundesverfassungsgericht positiv festgestellt, dass das
LPartG verfassungskonform sei.[54]

1. Begründung der Lebenspartnerschaft

Wie eine Ehe ist die Lebenspartnerschaft auf Lebenszeit angelegt. Sie wird grds. vor dem   **294**
Standesbeamten geschlossen, jedoch können die Bundesländer eine andere Zuständigkeit bestimmen (§ 23 Abs. 1, 2 LPartG). Bei der Erklärung, eine Lebenspartnerschaft
eingehen zu wollen, müssen die gleichgeschlechtlichen Partner persönlich anwesend
sein (§ 1 Abs. 1 Satz 1 LPartG).

Die **Voraussetzungen** für die Eingehung einer Lebenspartnerschaft ergeben sich aus   **295**
§ 1 Abs. 3 LPartG:
– Die Partner müssen volljährig und geschäftsfähig sein.
– Es darf keine Verwandtschaft in gerader Linie bestehen.
– Sie dürfen nicht (noch) verheiratet sein oder mit einer anderen Person eine Le-
  benspartnerschaft führen.
– Es besteht ein Partnerschaftsverbot zwischen Geschwistern und Halbgeschwistern.
– Außerdem müssen sich die Lebenspartner über eine **partnerschaftliche sowie ge-
  meinsame Lebensgestaltung** einig sein (Verweis auf § 2 LPartG).

Wird eine dieser Voraussetzungen nicht erfüllt, spricht man von **Partnerschaftsver-**   **296**
bot, und es liegt trotz Registrierung durch die zuständige Behörde **keine wirksame
Lebenspartnerschaft** vor.

2. Wirkungen der Lebenspartnerschaft

Die Pflichten einer Lebenspartnerschaft ähneln denen einer ehelichen Lebensgemein-   **297**
schaft (§ 1353 BGB). Die Lebenspartner sind demnach zu **gegenseitiger Fürsorge
und Unterstützung** sowie zu einer **gemeinsamen Lebensgestaltung** verpflichtet (§ 2
LPartG). Auf Erfüllung dieser Verpflichtung kann zwar vor dem Familiengericht

---

53 BVerfG, FamRZ 1993, S. 1419.
54 BVerfGE 105, S. 313.

geklagt werden, jedoch fehlt es an einer Vollstreckbarkeit (§ 120 Abs. 3 FamFG analog).

Die Lebenspartner können einen **gemeinsamen Namen** bestimmen (§ 3 LPartG). Die Wahlmöglichkeiten entsprechen der Regelung über den Ehenamen (§ 1355 BGB).

298   In eingeschränktem Umfang **haften sich die Partner für Sorgfaltspflichtverletzungen** gegenseitig. Lebenspartner haben bei der Erfüllung der gegenseitigen Pflichten nur für diejenige Sorgfalt einzustehen, die sie in eigenen Angelegenheiten anzuwenden pflegen (§ 4 LPartG i.V.m. § 277 BGB). Diese Haftungsmilderung entspricht der Regelung zwischen Ehegatten (§ 1359 BGB).

3. Unterhalt

299   Das LPartG unterscheidet ebenso wie die Normen zum Ehegattenunterhalt, ob die Lebensgemeinschaft noch besteht, ob sie getrennt ist oder ob die Lebenspartnerschaft durch Urteil aufgehoben wurde.

300   **Bei Bestehen der partnerschaftlichen Gemeinschaft** sind sich die Lebenspartner einander zum angemessenen Lebensunterhalt verpflichtet (§ 5 LPartG). Auf Regeln für den Ehegattenunterhalt (§§ 1360 Satz 2, 1360a, b, 1609 BGB) wird verwiesen.

301   **Bei Getrenntleben der Partner** kann der bedürftige Lebenspartner von dem leistungsfähigen Partner angemessenen Unterhalt verlangen (§ 12 LPartG). Auf § 1361 (Ehegattenunterhalt bei Trennung) und § 1609 (Rangfolge) BGB wird verwiesen. Dabei sind die Erwerbs- und Vermögensverhältnisse zu berücksichtigen.

302   Für die **Unterhaltspflicht nach gerichtlicher Aufhebung der Lebenspartnerschaft** (§ 16 LPartG) steht wie beim Geschiedenenunterhalt zunächst das Prinzip der **Eigenverantwortung** im Vordergrund. Ist ein Partner jedoch nicht in der Lage, für seinen Unterhalt selbst zu sorgen, gelten die **Unterhaltstatbestände,** die Unterhaltsansprüche des geschiedenen Ehegatten begründen, entsprechend. § 16 LPartG zieht die §§ 1570 bis 1586b BGB sowie die Vorschrift zur Rangfolge der Unterhaltsberechtigten (§ 1609 BGB) heran.

303   Voraussetzungen hierfür sind die Bedürftigkeit des Unterhaltsberechtigten (z.B. Betreuung eines gemeinsamen Kindes, Krankheit, Alter, Arbeitslosigkeit, Ausbildung etc.) und die Leistungsfähigkeit des unterhaltspflichtigen Lebenspartners. Durch die eingeführte Möglichkeit der Adoption eines Kindes des Partners kann die Option des Betreuungsunterhalts neuerdings erfüllt sein.

Die Höhe des Unterhalts bestimmt sich nach den Lebensverhältnissen, in denen die Lebenspartner während ihrer Lebenspartnerschaft gelebt haben.

Unter Billigkeitsgesichtspunkten kann der Unterhaltsanspruch zeitlich begrenzt, herabgesetzt oder ganz ausgeschlossen werden (§§ 1578b, 1579 BGB).

Der Unterhaltsanspruch verfällt, wenn der Berechtigte heiratet oder eine neue Lebenspartnerschaft begründet (§ 1568 BGB).

Des Weiteren können Lebenspartner Vereinbarungen über den nachpartnerschaftlichen Unterhalt treffen (§ 1585c BGB).

Im Fall einer Klage auf nachpartnerschaftlichen Unterhalt entscheidet das Familiengericht (§ 269 Abs. 1 Nr. 9 FamFG).

4. Güterstand

Mit der Überarbeitung des Lebenspartnerschaftsgesetzes zum 01.01.2005 wurde das   **304** ursprünglich verunglückte Güterrecht für Lebenspartner dem ehelichen Güterrecht angepasst. **Gesetzlicher Güterstand ist die Zugewinngemeinschaft**, sofern die Partner keine andere vertragliche Vereinbarung getroffen haben (§ 6 LPartG, §§ 1363 Abs. 2, 1364 bis 1390 BGB).

Mit einem **Lebenspartnerschaftsvertrag** können die Partner die Zugewinnge-   **305** meinschaft ändern sowie Gütertrennung oder Gütergemeinschaft vereinbaren (§ 7 LPartG). In jedem Fall unterliegt der Vertrag notarieller Beurkundung (§ 1410 BGB).

5. Sorgerecht

Ein allein sorgeberechtigter Elternteil, der eine Lebenspartnerschaft führt, kann sei-   **306** nem Lebenspartner ein **Mitentscheidungsrecht in Angelegenheiten des täglichen Lebens** für das Kind einräumen (sog. **kleines Sorgerecht**). Der Lebenspartner ist bei Gefahr im Verzug dazu berechtigt, alle Rechtshandlungen vorzunehmen, die zum Wohl des Kindes notwendig sind, wobei der sorgeberechtigte Elternteil unverzüglich zu benachrichtigen ist (§ 9 Abs. 1, 2 LPartG).

6. Stiefkindadoption

Nach wie vor können nur Ehepartner, jedoch nicht Lebenspartner ein Kind gemein-   **307** sam adoptieren (§ 1741 Abs. 2 BGB). Nach geltendem Recht steht die Befugnis zur Adoption eines Kindes einem Lebenspartner nur alleine zu (§ 1741 Abs. 2 Satz 1 BGB). Erst kürzlich wurde mit dem LPartGÜG die **Stiefkindadoption durch Lebenspartner** ermöglicht (§ 9 Abs. 7 LPartG). Dies betrifft das leibliche, nicht das adoptierte Kind des Lebenspartners, das damit gemeinsames Kind der Lebenspartner wird. Dieses Verbot der sog. Sukzessivadoption hat das Bundesverfassungsgericht am 19.02.2013 für verfassungswidrig erklärt. Es verstoße gegen den Gleichbehandlungsgrundsatz (1 BvR 3247/09). Mit Gesetz vom 20.Juni 2014 hat der Gesetzgeber die Sukzessivadoption durch Lebenspartner erlaubt und § 9 Abs. 7 LPartG geändert. Seit dem können Homosexuelle ein Kind adoptieren, das vorher vom Lebenspartner adoptiert wurde.

7. Sonstige Wirkungen

Erbrecht (§ 10 LPartG): Bei noch bestehender Lebenspartnerschaft steht dem über-   **308** lebenden Lebenspartner ein Anrecht auf einen Teil des Erbes zu. Neben Verwandten der ersten Ordnung gebührt ihm ein Viertel, neben Verwandten zweiten Grades die Hälfte des Erbteils.

309   **Verwandtschaft und Schwägerschaft (§ 11 LPartG):** Durch Begründung einer
      Lebenspartnerschaft treten die Partner in ein Verwandtschaftsverhältnis. Konsequen-
      terweise gelten die Verwandten eines Lebenspartners als mit dem anderen Lebenspart-
      ner verschwägert.

8. Aufhebung der Lebenspartnerschaft

310   Auf Antrag eines oder beider Lebenspartner wird die Lebenspartnerschaft durch ein
      Gerichtsurteil aufgehoben. Zuständig ist, wie für andere Lebenspartnerschaftsverfah-
      ren auch, das Familiengericht (§ 269 FamFG).

311   Die »Aufhebung« der Lebenspartnerschaft entspricht in ihren Voraussetzungen und
      Folgen weitgehend der Scheidung (§§ 1564 ff. BGB), nicht aber der Aufhebung der
      Ehe (§§ 1313 ff. BGB).

312   Seit der Novellierung führt das Lebenspartnerschaftsgesetz **vier Aufhebungsgründe**
      auf (§ 15 Abs. 2 LPartG):
      –   **Einverständliche Aufhebung:** Beide Lebenspartner beantragen die Aufhebung
          oder der andere stimmt dem Antrag zu, und es besteht eine einjährige Trennungs-
          zeit (§ 15 Abs. 2 Nr. 1a LPartG).
      –   **Prüfung der Zerrüttung:** Nach einem Trennungsjahr wird die Partnerschaft auf
          Antrag aufgelöst, wenn nicht erwartet werden kann, dass das partnerschaftliche
          Leben wieder hergestellt werden kann (§ 15 Abs. 2 Nr. 1b LPartG).
      –   **Dreijährige Trennung:** Nach dreijähriger Trennung wird die Zerrüttung unwi-
          derlegbar vermutet und die Lebenspartnerschaft wird auch auf einseitigen Antrag
          aufgelöst (§ 15 Abs. 2 Nr. 2 LPartG).
      –   **Unzumutbare Härte:** Wenn die Fortsetzung der Lebenspartnerschaft für den An-
          tragsteller eine unzumutbare Härte bedeutet, wird die Partnerschaft auch ohne
          Trennungszeit aufgehoben (§ 15 Abs. 2 Nr. 3 LPartG).

      Im **Härtefall** kann ein Partner die Aufhebung der Partnerschaft ausnahmsweise auf-
      halten, wenn er außergewöhnliche Umstände anführen kann (§ 15 Abs. 3 LPartG).

9. Aufhebungsfolgen

313   Bei Aufhebung der Lebenspartnerschaft kann das Familiengericht nach »Billigkeits-
      gesichtspunkten« den **Hausrat unter den Lebenspartnern aufteilen** und einem von
      ihnen die bis dahin **gemeinsame Wohnung zuweisen** (§§ 17 bis 19 LPartG). Diese
      Befugnisse haben ihre Parallele in der Hausratsverordnung, die für das Ehescheidungs-
      recht anwendbar ist.

314   Die Modalitäten der **Aufteilung des Vermögens** hängen von dem gewählten Güter-
      stand der Partner ab. Beim gesetzlichen Güterstand der Zugewinngemeinschaft wird
      ein Zugewinnausgleich nach den BGB-Regeln durchgeführt (§ 6 Satz 2 LPartG mit
      Verweis auf die §§ 1363 ff. BGB).

      Der **nachpartnerschaftliche Unterhalt** entspricht dem Geschiedenenunterhalt (§ 16
      LPartG).

Seit Überarbeitung des Lebenspartnerschaftsgesetzes wird bei Aufhebung der Partner-   315
schaft ebenfalls ein **Versorgungsausgleich** durchgeführt (§ 20 LPartG). Die Vorschriften für den Versorgungsausgleich bei Scheidung gelten entsprechend (§ 20 Abs. 4
LPartG).

10. Umwandlung einer Lebenspartnerschaft in eine Ehe

Mit dem 2017 eingefügten § 20a LPartG können gleichgeschlechtliche Partner durch   315a
entsprechende Erklärung gegenüber dem Standesamt ihre Partnerschaft in eine Ehe
umwandeln.

II. Die nichteheliche Lebensgemeinschaft

In Deutschland haben sich mehr als zwei Millionen Paare entschlossen – mit oder   316
ohne Kinder – ohne das staatliche Siegel der Ehe partnerschaftlich zusammen zu
leben. Wurden vor wenigen Jahrzehnten nichteheliche Lebensgemeinschaften noch
moralisch verfemt, sind sie heute akzeptierter Teil einer Pluralität von Lebensformen.

▶ **Definition:**

Nach einer Formulierung des **Bundesverfassungsgerichts** aus dem Jahr 1992 gilt   317
als nichteheliche oder eheähnliche Lebensgemeinschaft eine *»Lebensgemeinschaft*
zwischen einem Mann und einer Frau, die auf Dauer angelegt ist, daneben keine weitere
Lebensgemeinschaft gleicher Art zulässt und sich durch innere Bindungen auszeichnet,
die ein gegenseitiges Einstehen der Partner füreinander begründen, also über die
Beziehungen in einer reinen Haushalts- und Wirtschaftsgemeinschaft hinausgehen«.[55]

Der Gesetzgeber überlässt die nichteheliche Lebensgemeinschaft einer rechtlichen   318
Grauzone, obwohl eine ganze Reihe von Problemen nach klaren rechtlichen Vorgaben verlangen. Da sind z.B. Informationsbedürfnisse des Partners bei Krankheit des
anderen, die Aufnahme eines Partners in einen bestehenden Mietvertrag, die Rückforderung von Geschenken, Darlehen oder in den Haushalt eingebrachten Gegenständen. Ebenso ergeben sich aus dem Zusammenleben keine steuerrechtlichen sowie
erbrechtlichen Privilegien. Die analoge Anwendung der Normen für die Ehe oder
der eingetragenen Lebenspartnerschaft verbietet sich, da sich die nichtehelichen Paare
bewusst gegen eine Ehe entschieden haben. So bleibt diese Familienform weitestgehend gesetzlich ungeregelt.

Einige wenige **Ausnahmen** bestehen lediglich in Bezug auf **Unterhaltspflichten** und   319
das **Umgangsrecht**:
– Eheliche und nicht eheliche Kinder sind gleichgestellt (Art. 6 Abs. 5 GG).
– Nichtehelichen Vätern steht ein **Umgangs- sowie ein Auskunftsrecht** zu (§§ 1684
  Abs. 1, 1686 BGB).

---

55 BVerfGE 87, S. 234, 264.

- Die **gemeinsame elterliche Sorge** für ein nichteheliches Kind verlangt nach § 1626a Abs. 1 Nr. 1 BGB die Zustimmung der Mutter zu einer Sorgeerklärung. Erfolgt diese nicht, behält sie das alleinige Sorgerecht (§ 1626a Abs. 2 BGB). Diese Vorschrift wurde durch das Bundesverfassungsgericht als verfassungswidrig eingestuft.[56]
- Nach § 1615 Abs. 1 BGB hat die Mutter eines nichtehelichen Kindes einen **Anspruch auf Betreuungsunterhalt** gegenüber dem Vater, grds. für drei Jahre mit der Möglichkeit der Verlängerung aus Billigkeitsgründen.

320 Insgesamt ist festzustellen, dass bei einer nichtehelichen Lebensgemeinschaft einige einschneidende Verpflichtungen der Lebenspartner gegenüber dem Staat bestehen, z.b. bezüglich der Erbschaftssteuer (niedriger Freibetrag) oder eingeschränkte soziale Leistungsansprüche. Andererseits haben die Partner wenig Rechte. Ihnen stehen beispielsweise kein Zeugnisverweigerungsrecht sowie kein Informationsrecht im Krankheitsfall gegenüber Ärzten zu.

321 Wegen dieser unsicheren Rechtslage ist nichtehelichen Paaren zu raten einen **Partnerschaftsvertrag** zu schließen, welcher feste Vereinbarungen für die Zeit des Zusammenlebens, vor allem aber für den Fall einer Trennung trifft. Eine notarielle Beratung und Beurkundung ist nicht zwingend jedoch empfehlenswert.

322 **Vertragliche Regelungsmöglichkeiten:**
- Die Art und Weise des Zusammenlebens der Partner einschließlich der Rechtsverhältnisse am beiderseitigen Vermögen.
- Unterhalt/Lebensversicherung für die Frau, wenn sie durch die Betreuung der Kinder gehindert ist (voll) erwerbstätig zu sein.
- Für den Fall einer Trennung:
  - Begleichung eventuell fortwirkender finanzieller Verpflichtungen,
  - Verbleib in der gemeinsamen Wohnung,
  - Aufteilung des Hausrats.
- Beim Tod eines Lebenspartners:
  - Testament zur Regelung der Erbfolge,
  - Vormundschaft des Vaters beim Tod der Mutter.

323 **Einer vertraglichen Regelung entziehen sich:**

Bestimmte Rechte sind der Ehe bzw. der eingetragenen Lebenspartnerschaft vorbehalten und können nicht in einen Partnerschaftsvertrag aufgenommen werden.
- Gemeinsamer Name;
- das Recht, Geschäfte zur Deckung des Lebensbedarfs mit Wirkung für den anderen zu schließen (Schlüsselgewalt, § 1357 BGB);
- der öffentlich-rechtliche Versorgungsausgleich;
- steuerliche Privilegien (Ehegattensplitting, Erbschaftssteuer);
- gesetzliche Krankenversicherung und Altersversorgung.

---

56 BVerfG, 21.07.2010 – BvR 420/09; vgl. die Ausführungen unter Rdn. 77.

E. Unterhaltsrecht

I. Reform des Unterhaltsrechts

Mit der **Reform des Unterhaltsrechts im Jahr 2008** hat der Gesetzgeber drei zentrale   324
Ziele verfolgt: **Förderung des Kindeswohls, Stärkung der nachehelichen Verantwortung sowie eine Vereinfachung des Unterhaltsrechts.**

Ein Kernpunkt des Unterhaltsrechts (2008) ist die **Besserstellung der zweiten/neuen**   325
Ehefrau des Unterhaltspflichtigen. Bis Ende 2007 hatte die neue Familie (Zweitehefrau und Kinder der neuen Ehe) oftmals unter der Unterhaltspflicht des geschiedenen Ehemannes zu leiden. Die Unterhaltsansprüche der Kinder aus einer früheren Ehe sowie der Ex-Ehefrau zehrten häufig das Einkommen des Unterhaltspflichtigen auf, so dass wenig Geld für die neue Familie zur Verfügung stand.

Dies hat der Gesetzgeber mit einer konsequenten **Änderung der Rangfolge der Unterhaltsberechtigten** (§ 1609 BGB) erreicht.

Jetzt stehen minderjährige Kinder oder Kinder in der Ausbildung bis zu 21 Jahren im **ersten Rang** der Unterhaltsberechtigten.

Den **zweiten Rang** bilden Kinder betreuende (auch geschiedene) Ehegatten und nicht betreuende Ehegatten nach langer Ehedauer.

Das hat zur Folge, dass im Mangelfall zunächst einmal die Kinder Unterhaltsleistun-   326
gen erhalten, und erst, wenn dann noch Einkommen zur Verfügung steht, der restliche Verteilungsbetrag an die Kinder betreuende Ex-Ehefrau bzw. an die Zweitehefrau, die Kinder betreut, verteilt wird. Hier wurde nach dem Prinzip des Kindeswohls vorgegangen, nach dem die Kinder erstrangige Unterhaltsberechtigte sind.

Ein weiteres Ziel war die **Vereinfachung des Unterhaltsrechts**, das als eines der   327
kompliziertesten Unterhaltsgesetze der Welt gilt und auch in Deutschland zu den schwierigsten Rechtsmaterien zählt. In diesem Rechtsbereich werden häufig Prozesse geführt. Es ist zu einer unübersichtlichen Rechtsprechung gekommen. Der Gesetzgeber hat jedoch sein selbst gestecktes Ziel der **Vereinfachung des Unterhaltsrechts** nicht erreicht, lediglich die Anrechnung des Kindergeldes ist vereinfacht worden. Im Gegenteil. Es sind **zahlreiche Generalklauseln** eingefügt worden wie der Begriff »Billigkeit«, der häufig vorkommt. Die Rechtsprechung ist dadurch noch kontroverser und unübersichtlicher geworden.

Ein weiteres Ziel war die **Abstimmung des Unterhaltsrechts mit dem Steuer- und**   328
Sozialrecht. Mit der Reform des Unterhaltsrechts hat der Gesetzgeber den **gesetzlichen Mindestunterhalt wieder reaktiviert** und knüpft dabei an den **steuerlichen Kinderfreibetrag gem. § 32 Abs. 4 Satz 1 Einkommensteuergesetz** an. Basis für die Berechnung des Kindesunterhalts ist der doppelte Kinderfreibetrag. Damit wird die Forderung des Bundesverfassungsgerichts nach einer Koordinierung zwischen Unterhalts-, Sozial- und Steuerrecht erfüllt.

II. Kindesunterhalt

1. Verwandtenunterhalt/Kindesunterhalt (§§ 1601 ff. BGB)

329 Nach § 1601 BGB sind sich Verwandte in gerader Linie zu Unterhaltsleistungen verpflichtet. D.h. es besteht eine Unterhaltspflicht zwischen Eltern gegenüber ihren Kindern, aber auch von Großeltern gegenüber ihren Enkeln oder von Kindern gegenüber ihren Eltern.

330 Nicht unterhaltsverpflichtet sind sich Verwandte in der Seitenlinie, d.h. Geschwister müssen sich keinen Unterhalt zahlen, ebenfalls nicht der Schwager oder die Schwägerin, oder ein Stiefvater gegenüber Stiefkindern.

2. Bedürftigkeit des Antragstellers (§ 1602 BGB)

331 Nach § 1602 Abs. 1 BGB ist nur derjenige unterhaltsberechtigt, der sich selbst nicht unterhalten kann. Bedürftigkeit setzt in der Regel Vermögenslosigkeit, Einkommenslosigkeit und Erwerbsunfähigkeit voraus.

332 Bedürftig ist nicht, wer Einkommen oder Lohn bezieht und sich aus den Einkünften aus seinem Vermögen, aus Kapitalerträgen (z.B. Aktienkapital, das Dividende abwirft) oder aus der Substanz seines Vermögens, unterhalten kann.

Grundsätzlich muss ein Anspruchsteller auch die Substanz seines Vermögens angreifen, bevor er Unterhaltsansprüche stellen kann.

333 Für **minderjährige, unverheiratete Kinder** besteht eine erhöhte Unterhaltspflicht der Eltern. Dies ist in § 1602 Abs. 2 BGB geregelt. Das minderjährige, unverheiratete Kind braucht grds. nicht den Stamm seines Vermögens anzugreifen. Es muss aber auf Einkünfte aus seinem Vermögen und sonstige Einkünfte zurückgreifen.

3. Leistungsfähigkeit des Unterhaltpflichtigen (§ 1603 BGB)

334 Zwischen Verwandten in gerader Linie ist derjenige nicht unterhaltspflichtig, der bei Berücksichtigung seiner sonstigen Verpflichtungen außerstande ist, ohne Gefährdung seines angemessenen Unterhalts den Unterhalt zu gewähren (§ 1603 Abs. 1 BGB).

335 Eine **verschärfte (gesteigerte) Unterhaltspflicht der Eltern** gegenüber ihren **minderjährigen, unverheirateten Kindern** ergibt sich aus § 1603 Abs. 2 BGB. Die Eltern müssen mit ihren minderjährigen, unverheirateten Kindern »das Letzte« teilen. Dem barunterhaltpflichtigen Elternteil wird jedoch ein Mindestbetrag für den eigenen Lebensunterhalt zugestanden (sog. **notwendiger Eigenbedarf; Selbstbehalt**). Lehre und Praxis haben dazu Maßstäbe entwickelt, nach denen ein Betrag angesetzt wird, der die Mittel zur Bestreitung des unentbehrlichen Lebensbedarfs sichert. Der notwendige Eigenbedarf liegt zurzeit bei erwerbstätigen Unterhaltspflichtigen bei 1.080 € (bei Nichterwerbstätigen 880 €). Orientierungshilfe geben die Unterhaltstabellen der Oberlandesgerichte (insb. Düsseldorfer Tabelle).

Der **angemessene Eigenbedarf** beträgt gegenüber volljährigen Kindern in der Regel mindestens monatlich 1 300 € (Düsseldorfer Tabelle 2017).

Die gesteigerte Unterhaltspflicht der Eltern tritt nicht ein, wenn ein anderer unter-   336
haltspflichtiger Verwandter vorhanden ist oder wenn das Kind seinen Unterhalt aus
dem Stamm seines Vermögens bestreiten kann (§ 1603 Abs. 2 Satz 3 BGB).

4. Rangfolge der Unterhaltspflichtigen (§§ 1606 ff. BGB)

Die Rangfolge der Unterhaltspflichtigen richtet sich nach den §§ 1606 ff. BGB. Dem-   337
nach ergibt sich folgende Reihenfolge:
a) Gem. § **1608 BGB** hat die **Haftung des Ehegatten** Vorrang.
b) In zweiter Linie kommen die **Abkömmlinge** vor den Verwandten der aufsteigen-
den Linie als Unterhaltspflichtige in Betracht (§ **1606 Abs. 1 BGB**).

Demnach müssen Kinder erst ihre bedürftigen Eltern unterstützen, bevor deren Eltern   338
herangezogen werden. Nach § 1606 Abs. 2 BGB sind bei den Verwandten aufsteigen-
der Linie zunächst die näheren vor den entfernteren Verwandten unterhaltspflichtig.
Das bedeutet, die Unterhaltspflicht der Eltern hat Vorrang vor der Unterhaltspflicht
der Großeltern.

5. Art des Unterhalts (§ 1612 BGB)

Grundsätzlich bestimmt § 1612 Abs. 1 BGB, dass der Unterhalt in Form einer **Geld-**   339
rente zu entrichten ist. Diese ist monatlich im Voraus zu zahlen (§ 1612 Abs. 3 Satz 1
BGB).

Eine Sonderregelung gilt jedoch durch § 1612 Abs. 2 BGB. Wenn Eltern ihrem unver-   340
heirateten Kind Unterhalt zu gewähren haben, können sie bestimmen, auf welche Art
Unterhalt gewährt werden soll. Dabei differenziert der Gesetzestext nicht zwischen
volljährigen und minderjährigen Kindern. D.h. dieses Bestimmungsrecht der Eltern
besteht auch gegenüber einem volljährigen unverheirateten Kind, nicht jedoch gegenüber einem volljährigen, geschiedenen Kind, da dieses nicht mehr als »unverheiratet«
gilt.

Die Eltern können demnach bestimmen, ob der Unterhalt in Natur (Naturalleistun-   341
gen), d.h. durch Gewährung von Verpflegung und Wohnung im Haushalt der Eltern
oder durch Zahlung einer Geldrente geleistet wird.

Der **Gesetzgeber des BGB** wollte mit dieser Bestimmung die Eltern wirtschaftlich   342
entlasten und sie gleichzeitig in die Lage versetzen, die Entwicklung auch unverheirateter, volljähriger Kinder nach wie vor zu beeinflussen und ihre Lebensführung zu
kontrollieren.

Rechtsprechung und **Schrifttum** entwickelten eine zunehmend ablehnende Haltung,   343
den Eltern mit dem Bestimmungsrecht des § 1612 Abs. 2 BGB gegenüber volljährigen
Kindern erzieherische Zwecke zuzugestehen. Das Erziehungsrecht der Eltern endet

mit der Volljährigkeit des Kindes. Jede Bevormundung behindert seine Entwicklung zu einer eigenverantwortlichen Persönlichkeit.

344 Der Reformgesetzgeber von 2008 hat sich dieser Auffassung angeschlossen und folgenden Passus in § 1612 Abs. 2I BGB eingeführt: »*Sofern auf die Belange des Kindes die gebotene Rücksicht genommen wird.*«

Inwieweit dies im Einzelfall geschehen ist, würde gegebenenfalls in einem Unterhaltsprozess vor dem Familiengericht zu klären sein.

6. Umfang der Unterhaltsgewährung (§ 1610 BGB)

345 Das Maß des zu gewährenden Unterhalts richtet sich nach der Lebensstellung des Bedürftigen (§ 1610 Abs. 1 BGB). Zum Unterhalt gehören die Kosten des gesamten Lebensbedarfs wie z.b. die Aufwendungen für Nahrung, Kleidung und Wohnung und für eine ärztliche Versorgung sowie die Kosten zur Förderung der geistigen, musischen und sportlichen Interessen des Bedürftigen. Bei Studierenden kommen noch die Ausbildungskosten hinzu.

346 In der Praxis haben sich **Bedarfstabellen** und **Unterhaltsrichtlinien** durchgesetzt. Da für das Unterhaltsrecht in der zweiten Instanz die Oberlandesgerichte zuständig sind, haben sich bei den meisten Oberlandesgerichten die Familiensenate auf bestimmte unterhaltsrechtliche Maxime geeinigt, die regelmäßig veröffentlicht werden.

347 Die Unterhaltstabellen enthalten gestaffelte Pauschalsätze, die das Alter des Kindes und das Einkommen des barunterhaltspflichtigen Elternteils als variable Größe berücksichtigen.

348 Die bekannteste Tabelle ist die **Düsseldorfer Tabelle**, auf die sich die anderen Tabellen zumeist mit leichten Abweichungen stützen.[57] Die Düsseldorfer Tabelle enthält Rechenbeispiele und eine ganze Reihe von Anmerkungen zur Berechnung des Kindes- sowie des Ehegattenunterhalts.

III. Ehegattenunterhalt

1. Unterhalt bei Zusammenleben (§§ 1360 bis 1360b BGB)

349 Solange die Familie zusammen lebt, wird in der Regel nicht um Unterhaltsansprüche gestritten. **Während der Ehe** sind sich die Eheleute gegenseitig verpflichtet, die Familie durch ihre Arbeit und ihr Vermögen zu unterhalten (§ 1360 Satz 1 BGB). Daneben haben die Kinder einen eigenständigen Anspruch gegen die Eltern auf Unterhaltsleistungen (§§ 1601 ff. BGB).

350 Vom Grundsatz her leistet der Ehepartner, der den Haushalt führt und die gemeinsamen Kinder betreut, seinen Anteil am Familienunterhalt durch sog. **Naturalleistungen**.

---

57 Die jeweils aktuelle Düsseldorfer Tabelle ist auf der Webseite des OLG Düsseldorfs zu finden: www.olg-duesseldorf.nrw.de.

Der andere Ehepartner, der ein Einkommen bezieht, bestreitet den **Barunterhalt** (§ 1360 Satz 2 BGB).

Der Partner, der nach der elterlichen Aufgabenteilung die Betreuung der Kinder ganz   351
oder weit überwiegend übernommen hat, braucht grds. nicht noch Kindesunterhalt
in Form von Geld zu leisten. Dies stellt das Gesetz in § 1606 Abs. 3 Satz 2 BGB klar.
Das gilt sowohl für die Mutter, die die Kinder betreut, aber auch im Wege der Gleichberechtigung für den Vater, der als Hausmann und Erzieher zuhause bleibt, obwohl
dieser vom Gesetzgeber nicht besonders erwähnt ist.

2. Unterhalt nach Trennung (§ 1361 BGB)

Leben die Eheleute getrennt, wandelt sich der Unterhaltsanspruch um. Grundsätzlich   352
kann der nicht erwerbstätige Ehegatte Unterhalt von dem Ehepartner verlangen, der
regelmäßige Einkünfte bezieht (§ 1361 Abs. 1 BGB). Die Pflicht des bedürftigen Ehepartners sich durch eine Arbeitsstelle selbst zu versorgen, ist in diesem Stadium noch
eingeschränkt (§ 1361 Abs. 2 BGB). Eine Erwerbstätigkeit wird von ihm nur erwartet,
wenn dies seine persönliche Lebenssituation, wie Alter, Gesundheit, Dauer der Ehe,
frühere Arbeitsstelle oder Kinderbetreuung zulassen. Der monatliche Unterhaltsbetrag
soll sich an dem ehelichen Lebensstandard orientieren. Jedoch ist zu beachten, dass
die finanzielle Decke für Eheleute in Trennung durch die Kosten für zwei Haushalte
erheblich kürzer wird.

3. Ehegattenunterhalt nach Scheidung (§§ 1569 bis 1586b BGB)

Mit der Scheidung gilt das **Prinzip der Selbstverantwortung für jeden Partner**. Die   353
gegenseitige eheliche Einstandspflicht endet prinzipiell mit dem Scheidungsurteil.
Vom Grundsatz her muss daher jeder Partner für seinen Unterhalt selbst sorgen. Nur
in speziell definierten Fällen schuldet ein geschiedener Ehegatte dem anderen noch
Unterhalt. Während der eheliche Unterhaltsanspruch mit der Heirat ohne weiteres
entsteht, ist ein Anspruch auf Geschiedenenunterhalt nur gegeben, wenn bestimmte
Voraussetzungen erfüllt sind. **Die wirtschaftliche Selbständigkeit der Geschiedenen
ist der Grundsatz, ein fortdauernder Unterhaltsanspruch nach der Konzeption des
Gesetzgebers die Ausnahme.** Die Realität sah jedoch bis zum Jahr 2008 anders aus.
Die eigentliche Ausnahme, Unterhaltsansprüche des geschiedenen Partners, wurde zur
Regel.

Mit dem **Gesetz zur Änderung des Unterhaltsrechts (UnterhRÄndG 2008)** wurde die   354
wirtschaftliche Eigenständigkeit der Partner nach Scheidung gestärkt. Das Gesetz
beabsichtigt, die Unterhaltspflichten der geschiedenen Ehepartner im Vergleich zu
früher einzudämmen, indem die Selbstverantwortung der Ex-Partner in den Vordergrund gerückt wird.

Mit dem **UnthRÄndG** wurde das **Prinzip der Eigenverantwortung in § 1569 BGB**   355
verankert. Dort heißt es: *»Nach der Scheidung obliegt es jedem Ehegatten, selbst für
seinen Unterhalt zu sorgen. Ist er dazu außerstande, hat er gegen den anderen Ehegatten
einen Anspruch auf Unterhalt nur nach den folgenden Vorschriften.«*

356 Ein bedürftiger Ehegatte wird somit, wie im früheren Recht auch, auf sog. »Unterhalt-statbestände« verwiesen, die in den §§ 1570 bis 1576 BGB aufgeführt sind. Das folgende Schaubild stellt die **sieben Unterhaltstatbestände** dar, die anschließend genauer behandelt werden:

Schaubild 3:

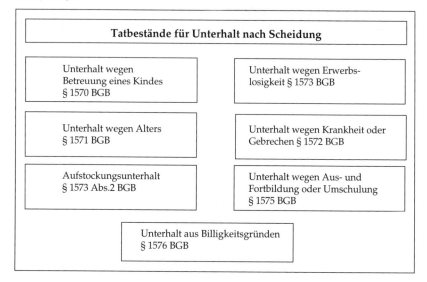

Tatbestände für Unterhalt nach Scheidung	
Unterhalt wegen Betreuung eines Kindes § 1570 BGB	Unterhalt wegen Erwerbslosigkeit § 1573 BGB
Unterhalt wegen Alters § 1571 BGB	Unterhalt wegen Krankheit oder Gebrechen § 1572 BGB
Aufstockungsunterhalt § 1573 Abs.2 BGB	Unterhalt wegen Aus- und Fortbildung oder Umschulung § 1575 BGB
Unterhalt aus Billigkeitsgründen § 1576 BGB	

a) Unterhalt wegen Betreuung eines Kindes (§ 1570 BGB)

357 In der Praxis der Rechtsberatung hat der Unterhalt wegen Betreuung eines oder mehrerer Kinder den höchsten Stellenwert. Mit der Unterhaltsreform 2008 wurde die **konkrete Einzelfallbetrachtung** in den Vordergrund gestellt und von der bisherigen Staffelung nach Alter und Zahl der Kinder, wie sie bislang die Rechtsprechung praktiziert hat, Abstand genommen. Der Unterhaltsanspruch wird in drei Kategorien eingeteilt:

358 1. Der ein gemeinsames Kind betreuende Elternteil kann Betreuungsunterhalt verlangen, bis das Kind ein Alter von drei Jahren erreicht hat (§ 1570 Abs. 1 Satz 1 BGB).

359 2. Danach verlängert sich der Unterhaltsanspruch, soweit dies der Billigkeit entspricht. Zu berücksichtigen sind die Belange des Kindes sowie konkrete Betreuungsmöglichkeiten (§ 1570 Abs. 1 Satz 2, 3 BGB).

360 3. Weiterhin verlängert sich der Unterhaltsanspruch unter folgenden Billigkeitsgesichtspunkten: Kinderbetreuung, Erwerbstätigkeit während der Ehe, Dauer der Ehe (§ 1570 Abs. 2 BGB).

361 Diese auf die Einzelfallbetrachtung fokussierte Formulierung lässt einige Schlussfolgerungen zu. Während der ersten drei Lebensjahre eines vom Partner betreuten

gemeinsamen Kindes, muss der betreuende Elternteil keine Arbeit aufnehmen. Ihm steht Betreuungsunterhalt zu. Danach werden Billigkeitserwägungen relevant. Sicher ist, dass das alte von der Rechtsprechung entwickelte Altersphasenmodell nicht mehr angewendet werden kann.[58]

Nach der neueren BGH-Rechtsprechung sind die konkreten Umstände des Einzel- 362 falls sowie die Betreuungsmöglichkeiten zu beachten.[59] Der Elternteil, der Unterhalt begehrt, muss konkret den Betreuungsbedarf belegen, wenn das Kind älter als drei Jahre ist.[60] Besondere kindbezogene Gründe für eine persönliche Betreuung durch einen Elternteil sind zu berücksichtigen, wie Schulschwierigkeiten, Entwicklungsstörungen, Krankheit oder Behinderung. Eine Verlängerung der Unterhaltspflicht ist auch aus elternbezogenen Gründen möglich, etwa durch eine vereinbarte und praktizierte Rollenverteilung.[61]

b) Unterhalt wegen Alters (§ 1571 BGB)

Auch der Ehepartner, der wegen seines hohen Alters nicht zumutbar erwerbstätig sein 363 kann, ist grds. unterhaltsberechtigt. Der Anspruch ist allerdings an bestimmte Fristen gebunden. Diese Situation muss bei Scheidung, nach der Erziehung eines gemeinsamen Kindes, nach Unterhaltsansprüchen bei Krankheit oder Arbeitslosigkeit eingetreten sein. Was die Altersgrenze anbetrifft, hat sich die herrschende Auffassung herausgebildet, dass immer dann, wenn die Altersgrenze für den Rentenbezug erreicht ist, eine Erwerbstätigkeit nicht mehr erwartet wird.[62]

c) Unterhalt wegen Krankheit (§ 1572 BGB)

Gleiches gilt für einen Geschiedenen, dem wegen Krankheit oder Gebrechen keine 364 Erwerbstätigkeit zugemutet wird. Dabei ist der Krankheitsbegriff des § 1572 BGB weit auszulegen. Als krank gelten auch Alkohol-, Drogen- und Medikamentenabhängige. Als Einsatzzeitpunkt für den Unterhaltsanspruch wegen Krankheit sind relevant: 1) die Scheidung, 2) das Ende der Erziehung eines gemeinsamen Kindes, 3) das Ende einer Ausbildung oder Umschulung und 4) der Wegfall von Unterhalt wegen Arbeitslosigkeit (§ 1572 Nr. 1 bis 4 BGB).

d) Unterhalt wegen Arbeitslosigkeit (§ 1573 Abs. 1 BGB)

Neben dem Betreuungsunterhalt hat der Unterhalt wegen Erwerbslosigkeit in einer 365 Zeit mit relativ hoher Arbeitslosenquote eine herausragende Bedeutung. Ein Ehegatte, der bei Scheidung keine angemessene Erwerbstätigkeit findet, kann den anderen in Anspruch nehmen. Betreuungsunterhalt, Unterhalt wegen Alters oder Krankheit

---

58 *Schwab*, 2016, Rz. 390.
59 BGH, FamRZ 2009, S. 770 u. 2009, S. 1124.
60 BGH, FamRZ 2010, S. 1880 u. 2011, S. 791.
61 Palandt/*Brudermüller*, 2016, § 1570, Rz. 13 ff.
62 Palandt/*Brudermüller*, 2016, § 1571, Rz. 3.

gehen jedoch vor. Zumutbar ist dem Partner nicht jegliche Arbeit. Als angemessen gilt eine Arbeit, die der Ausbildung, den Fähigkeiten, einer früheren Tätigkeit, dem Lebensalter sowie dem Gesundheitszustand des Arbeitssuchenden entspricht (§ 1574 BGB).

366 Das einmal erreichte Berufsniveau braucht nicht erheblich unterschritten werden. Eine weitere Rolle spielen die ehelichen Lebensverhältnisse und der Lebenszuschnitt während der Ehe, wobei die Dauer der Ehe zum Tragen kommt, das soziale Niveau,

in dem sich die Partner bewegten, und auch die Vereinbarung, die die Ehegatten während der Ehe getroffen haben.

367 An die Bemühungen des Ehepartners, eine angemessene Arbeitsstelle zu finden, werden strenge Anforderungen gestellt.[63] Er muss nachweisen, dass er sich kontinuierlich und nach besten Kräften um einen Arbeitsplatz bemüht. Die Rechtsprechung verlangt die ständige Meldung beim Arbeitsamt, das Lesen und Beantworten privater Stellenanzeigen und auch Bemühungen durch eigene Initiativen wie Anfragen bei möglichen Arbeitgebern, eigene Zeitungsinserate usw. Kommt er seiner Verpflichtung zu ernsthafter Suche nach einem Arbeitsplatz nicht ausreichend nach, so geht der Unterhaltsanspruch verloren.

e) Aufstockungsunterhalt (§ 1573 Abs. 2 BGB)

368 Der Ehepartner, der ein Einkommen aus eigener, angemessener Erwerbstätigkeit erzielt, kommt noch zu einem ergänzenden Unterhaltsanspruch, wenn seine Einkünfte zum vollen Unterhalt nicht ausreichen (Aufstockungsunterhalt). Die Höhe des Aufstockungsbetrages richtet sich nach der Differenz zwischen dem Einkommen des Berechtigten und dem vollen Unterhalt (§ 1578 BGB). Die Gerichte gestehen bei beiderseitigem Einkommen, welche für die Einnahmen der Eheleute prägend waren, dem weniger verdienenden Teil $^3/_7$ der Einkommensdifferenz zu. Für andere Einkünfte beträgt der Anspruch die Hälfte der Differenz.[64]

f) Unterhalt bei Ausbildung oder Umschulung (§ 1575 BGB)

369 Einen besonderen Anspruch gibt es für Ehegatten, die im Hinblick auf die Ehe eine Schul- oder Berufsausbildung unterlassen oder abgebrochen haben. Nach der Scheidung kann dieser Ehegatte eine entsprechende Ausbildung aufnehmen und für die Ausbildungsdauer vom geschiedenen Partner Unterhalt verlangen (§ 1575 Abs. 1 BGB). Gleiches gilt, wenn ein Ehegatte sich nach der Scheidung fortbilden oder umschulen lassen möchte, um ehebedingte Nachteile in der beruflichen Qualifikation auszugleichen (§ 1575 II BGB). Die Ausbildung oder Umschulung muss den Zweck haben, wieder eine angemessene Beschäftigung zu finden. Ausbildungsunterhalt wird

---

63 OLG Hamm, FamRZ 2007, S. 1327.
64 *Schwab*, 2016, Rz. 398.

nur für die Zeitdauer gewährt, in der die gewählte Ausbildung üblicherweise abgeschlossen wird.[65]

g) Unterhalt aus Billigkeitsgründen (§ 1576 BGB)

Schließlich kann ein Unterhaltsbegehren darauf gestützt werden, dass sonstige schwer-　370
wiegende Gründe eine eigene Erwerbstätigkeit als unzumutbar erscheinen lassen und
die Versagung des Unterhalts unter Berücksichtigung der Interessen beider Ehepartner
grob unbillig wäre (§ 1576 BGB). Als schwerwiegende Gründe kommen beispielsweise in Betracht:
- die Betreuung von Pflegekindern oder eines Enkelkindes,
- die Betreuung von Kindern des Unterhaltspflichtigen,
- die Pflege eines Angehörigen des Unterhaltspflichtigen,
- Behinderung oder Krankheit außerhalb der Einsatzzeitpunkte.[66]

h) Höhe des Unterhalts (§ 1578 BGB)

Die Bemessung desUnterhalts bestimmt sich nach den ehelichen Lebensverhältnissen　371
(§ 1578 Abs. 1 Satz 1 BGB).

Der unterhaltsberechtigte Partner soll von dem anderen so viel verlangen können,　372
dass er grds. auf dem während der Ehe erreichten Unterhaltsniveau weiterleben kann.
Damit bestimmt der Lebensstandard während der Ehe auch den nachehelichen Unterhaltsanspruch. Dieser Grundsatz, dass der eheliche Lebensstandard auch künftig für
den Unterhaltsberechtigten erreichbar sein soll, wird heftig kritisiert, denn im Grunde
genommen wird die Ehe, die doch geschieden ist, in die Zukunft verlängert. Dies wird
mit der kritischen Formel umschrieben: »Einmal Chefarztgattin, immer Chefarztgattin«. Diese **Garantie des Lebensstandards ist durch das UnterhRÄndG 2008 stark
relativiert worden.** Aus Billigkeitsgründen kann der monatliche Unterhaltsanspruch
abgesenkt oder zeitlich befristet werden (§ 1578b BGB).

Für die Bemessung der monatlichen Unterhaltszahlungen ist der **gesamte Lebensbe-**　373
darf des bedürftigen Partners relevant (§ 1578 Satz 2 BGB). Dazu gehören nicht nur
die Kosten der angemessenen Wohnung, Nahrung, Hygiene, Kleidung, sondern auch
der Freizeit, der Erholung und der kulturellen Entfaltung. Hinzu kommen die Kosten
einer angemessenen **Kranken- und Pflegeversicherung**, evtl. Kosten einer Schul- oder
Berufsausbildung und die Kosten einer **Rentenversicherung** (§ 1578 Abs. 2 u. 3 BGB).

Die **Berechnung der konkreten Unterhaltshöhe** nehmen die Gerichte in folgenden　374
Schritten vor:
- Zuerst wird das **Maß des Unterhalts** beziffert;
- danach wird eingesetzt, was der Unterhaltsberechtigte selbst zumutbar an Einkünften und Vermögen einsetzen kann (**Bedürftigkeit**) (§ 1577 BGB);

---

65 *Schnitzler* (Hrsg.), 2014, Münchener Anwalts-Handbuch Familienrecht, § 9 Rz. 88.
66 *Schnitzler* (Hrsg.), 2014, § 9 Rz. 94.

– schließlich fragt man, ob der nun errechnete Betrag dem Unterhaltspflichtigen auch zugemutet werden kann (**Leistungsfähigkeit**) (§ 1581 BGB).

375 In der Gerichtspraxis werden in den Fällen der unteren Einkommen bis zu einem gehobenen Einkommensniveau Tabellen zugrunde gelegt. Fast in ganz Deutschland verbreitet ist die **Düsseldorfer Tabelle**, die auf Koordinierungsgesprächen zwischen allen Oberlandesgerichten sowie dem Familiengerichtstag beruht. Die Düsseldorfer Tabelle erlaubt eine gewisse Orientierung, um ein Minimum an Einheitlichkeit des Rechts zu gewährleisten, soll aber nicht schematisch angewendet werden.

Bei der **Berechnung des Altersvorsorgeunterhalts** hat sich in der Gerichtspraxis inzwischen die **Bremer Tabelle** durchgesetzt.[67]

376 Zu Detailfragen der Unterhaltsberechnung und der verwendeten Methoden hat sich eine unüberschaubare Rechtsprechung entwickelt, deren Darstellung den Rahmen dieses Lehrbuches sprengen würde.

i) Herabsetzung oder zeitliche Begrenzung des Unterhalts (§ 1578b BGB)

377 Mit § 1578b Abs. 1 BGB hat der Gesetzgeber die Möglichkeit eingeräumt, die Unterhaltszahlung aus Billigkeitsgründen auf ein niedrigeres Niveau, nämlich auf den sog. »**angemessenen Lebensbedarf**«, abzusenken. Dies scheint insb. in den Fällen gerechtfertigt, in denen die Ehe kurz war und der Ehepartner durch die Ehe sozial stark aufgestiegen ist.[68]

378 In seinem Lehrbuch Familienrecht bietet Schwab eine übersichtliche Arbeitshilfe für die Abwägung von Gesichtspunkten, die für oder gegen eine Reduzierung des Ehegattenunterhalts sprechen:

379 **Gesichtspunkte für eine Reduzierung des Ehegattenunterhalts:**
– »Keine oder nur kurzzeitige Kinderbetreuung
– Relativ kurze Ehedauer
– Doppelverdienerehe mit gemeinschaftlicher Haushaltsführung
– Keine Einschränkung der beruflichen Tätigkeit des Unterhaltsberechtigten während der Ehe
– Weitgehende ökonomische Entflechtung der Ehegatten im Zeitpunkt der Trennung oder Scheidung«.

380 **Gesichtspunkte gegen eine Reduzierung des Ehegattenunterhalts:**
– »Kinderbetreuung über längere Zeit (jetzt oder früher)
– Längere Ehedauer
– Führung des Haushalts im Wesentlichen durch den Unterhaltsberechtigten
– Erhebliche Einschränkung der beruflichen Tätigkeit des Unterhaltsberechtigten während der Ehe im Einverständnis mit dem Partner

---

67 *Schnitzler* (Hrsg.), 2014, § 9 Rz. 106.
68 *Schwab*, 2016, Rz. 439f.

– Krankheit oder schwere Schicksalsschläge im Zeitpunkt der Ehescheidung«.[69]

Eine Befristung des nachehelichen Unterhalts ist in Form zeitlicher Begrenzung mög-   **381**
lich. Bis zur Reform des Unterhaltsrechts 2008 war eine Befristung der Unterhaltsansprüche nicht bei allen Tatbeständen möglich. Diese Einschränkung ist weggefallen.
Billigkeitsgesichtspunkte sind dabei ausschlaggebend.

Weitere Möglichkeiten zeitlicher Begrenzung, der Herabsetzung oder der Versagung
von Unterhaltsansprüchen ergeben sich aus der **Härteklausel des § 1579 BGB.**

In dieser Vorschrift sind acht Gründe beispielhaft aufgeführt, die darauf hindeuten,   **382**
dass eine Inanspruchnahme des vollen Unterhalts grob unbillig wäre:
1. kurze Ehedauer,
2. feste Lebensgemeinschaft des Berechtigten,
3. Verbrechen oder Vergehen gegen den Pflichtigen oder einen Angehörigen,
4. mutwilliges Herbeiführen der Bedürftigkeit,
5. schwerwiegende Beeinträchtigung der Vermögensinteressen des Pflichtigen,
6. Verletzung der Unterhaltspflicht,
7. schwerwiegendes Fehlverhalten,
8. andere gleichgewichtige Gründe.

Selbstverständlich bestehen die Unterhaltsansprüche generell nur solange, wie der Tat-   **383**
bestand, auf den sie sich gründen, erfüllt ist: Sind anderweitige Betreuungsmöglichkeiten für die Kinder eröffnet, so entfällt der Betreuungsunterhalt; wird der Ehegatte
wieder gesund, so fällt der Unterhalt wegen Krankheit weg. Unterschiedliche Unter-
haltsberechtigungen können sich aber aneinanderreihen.

---

69 *Schwab*, 2016, Rz. 444.

Kapitel 13 Kinder- und Jugendhilferecht

Literatur

Münder/Trenczek, Kinder- und Jugendhilferecht, 8. Aufl., Baden-Baden 2015; *Kunkel*, Jugendhilferecht, 8. Aufl., Baden-Baden 2015.

A. Einführung und Praxisrelevanz

I. Einführung

1 Das SGB VIII nimmt im Kinder- und Jugendhilfebereich die zentrale Stellung ein. Es werden zentrale rechtliche und organisatorische Festlegungen getroffen. Die Leistungen und andere Aufgaben des Jugendamtes werden beschrieben. Rechtsansprüche der Bürger werden konstituiert. Zentraler Bestandteil des bundesdeutschen Jugendrechtes ist die **Zweigleisigkeit des Jugendamtes** und die besondere Stellung der **freien Jugendhilfe.**

Die lange Geschichte der Jugendhilfe mit der Entwicklung vom Ordnungs- zum Leistungsrecht beschreibt damit auch ein Stück gesellschaftlicher paralleler Entwicklung.

Die jüngsten Diskussionen zum **Kinderschutz** zeigen aber, dass das Jugendamt nach wie vor auch Ordnungsaufgaben wahrzunehmen hat.

II. Relevanz für die Sozialarbeit

2 Kinder- und Jugendhilfe gehört zum Kernbereich sozialer Arbeit. Ca. 850.000 Personen arbeiten hier, darunter der größte Teil im Kindertagesstättenbereich.[1]

3 Nachdem über Jahre die Stellen in den Jugendämtern gewachsen sind, zeigt sich in den letzten Jahren ein umgekehrter Trend. Stellen werden gestrichen, Betreuungsdichte wird gelockert und Verlagerungen in den Bereich der freien Träger mit Verlust an Fachlichkeit ist zu beobachten.

4 Deshalb haben sich neue Aufgaben für die freie Jugendhilfe gebildet. Finanzierung, Projektentwicklung, Qualifizierung, Organisationsentwicklung, Installierung von Qualitätsmanagementsystemen, Fundraising, Social Sponsoring etc. sind nur einige dieser Bereiche.

5 Der Bereich der Kinder- und Jugendhilfe hat sich stark ausdifferenziert. Neben den klassischen Ämteraufgaben finden Projektarbeit, aufsuchende Straßensozialarbeit und eine breite Palette von unterschiedlichen Einzelfallhilfen statt.

Allen ist gemein die Anforderung an eine hohe Fachlichkeit. Diese setzt das Wissen um Kinder- und Jugendhilferecht voraus.

---

1 Nachweis bei *Münder/Trenczek*, Kinder- und Jugendhilferecht, S. 77, die heute bedeutend höher sein wird.

B. Gesetzliche Regelung und Stellung im Rechtssystem

Das Kinder- und Jugendhilferecht ist im Kinder- und Jugendhilfegesetz (KJHG) vom   6
26.06.1990 geregelt, in Kraft getreten in den neuen Bundesländern mit dem Tag des
Beitritts zur Bundesrepublik Deutschland am 03.10.1990, in den alten Bundesländern am 01.01.1991. Mit dem **KJHG** als **Rahmengesetz** wurde eine Menge anderer Gesetze geändert; Herzstück des Gesetzes ist Art. 1, mit dem das Achte Buch
des Sozialgesetzbuches (Kinder- und Jugendhilfe) eingeführt wurde. Bis heute wird
teilweise vom KJHG gesprochen, wenn das **SGB VIII** (Kinder- und Jugendhilfe)
gemeint ist. Die korrekte Bezeichnung ist also: SGB VIII. Dieses gilt in der Fassung
der Bekanntmachung vom BGBl. I 2008, S. 2403, zuvor geändert durch das Kinder-
und Jugendhilfeweiterentwicklungsgesetz (**KICK**) vom 08.09.2005, weiterhin durch
das Kinderförderungsgesetz (**KiföG**) und zuletzt durch das Bundeskinderschutzgesetz
(**BKiSchG**) v. 22.12.2011 (BGBl. I 2011, S. 2975) geändert.

I. Aktuelle Entwicklungen

1. Evaluation des Bundeskinderschutzgesetzes durch die Bundesregierung 2015

Die Evaluation des Bundeskinderschutzgesetzes ergab, dass die Kooperationen und   7
Netzwerke im Kinderschutz zwar ausgebaut und verbessert wurden, es jedoch durchaus immer noch Handlungsbedarfe diesbezüglich gibt. Die Kooperation von Kinder-
und Jugendhilfe und dem Gesundheitswesen stellt dabei einen wichtigen Teilbereich
dar. Zwar wurde die direkte Zusammenarbeit der einzelnen Akteure, wie zwischen
Ärzten und dem Jugendamt durchaus verbessert, die finanzielle Lastenverschiebung
stellt jedoch immer noch große Probleme dar. Zudem bestehen weiterhin noch Handlungsbedarfe bezüglich der Zusammenarbeit mit anderen Akteuren wie Schulen oder
der Polizei und bei der Beteiligung von Kinder und Jugendlichen.

Erkenntnisse   8
– Kooperationen und Netzwerke im Kinderschutz wurden ausgebaut und verbessert.
– Eltern, schwangere Frauen und werdende Väter werden verstärkt über Hilfs- und
  Beratungsangebote informiert.
– Die Möglichkeit zur Übermittlung von Daten an das Jugendamt ist von hoher Be-
  deutung für Ärztinnen/Ärzte und andere Berufsgeheimnisträger; sie wird genutzt
  und überwiegend positiv bewertet.
– Das Gesundheitswesen spielt eine große Rolle bei der Aufdeckung von Gefähr-
  dungslagen bei Säuglingen.
– Hausbesuche werden flächendeckend nach fachlicher Einschätzung zur Abklärung
  von Gefährdungslagen durchgeführt.
– Jugendämter informieren sich gegenseitig verstärkt über Hinweise zu Kindeswohlgefährdungen und bemühen sich stärker um Hilfekontinuität bei Zuständigkeits-
  wechseln.

9   Änderungs- und Prüfbedarfe

  – Handlungsbedarfe bei der engeren Kooperation zwischen Kinder- und Jugendhil-
    fe und Gesundheitswesen, ohne finanzielle Lastenverschiebung zwischen Hilfe-
    und Sozialsystemen,
  – Verstärkung der Zusammenarbeit mit anderen im Kinderschutzgesetz genannten
    Akteuren, wie Schule und Polizeibehörden,
  – Regelungen hinsichtlich der Befugnis zur Datenübermittlung für Berufsgeheim-
    nisträgerInnen (§ 4 Abs. 3 KKG) sollten für mehr Praxistauglichkeit klarer und
    verständlicher formuliert werden,
  – Meldende Ärzte, die nach § 4 Abs. 3 KKG Daten übermitteln, sollen zukünftig in
    die Gefährdungseinschätzung des Jugendamtes einbezogen werden (Grund: Feed-
    back für Ärzte),
  – es soll einen bedingungslosen eigenen Beratungsanspruch für Kinder und Jugend-
    liche unabhängig von ihren Eltern geben, auch ohne eine bestehende Not- oder
    Konfliktlage, um sie weiter zu stärken,
  – gesetzgeberischer Handlungs- und Prüfbedarf im Bereich der Pflegekinderhilfe,
    sowohl im SGB VIII als auch BGB,
  – Beschwerde- und Beteiligungsverfahren in Einrichtungen sind weitestgehend im-
    plementiert, es sollen externe Stellen geschaffen werden, an die sich Kinder und
    Jugendliche aus Einrichtungen wenden können,
  – Ombudsstellen sollen im SGB VIII geschaffen werden,
  – es besteht der Wunsch, die Regelung zum Ausschluss einschlägig Vorbestrafter von
    Tätigkeiten in der Kinder- und Jugendhilfe effektiver und weniger belastend zu
    gestalten (Ehrenamtliche und Freie Träger)
    – Gründe: Kritik an hohem bürokratischen Aufwand und Entblößung auch der
      Ehrenamtlichen – eventuell Einführung eines Negativ-Attests im Bundeszent-
      ralregister
    – Bundesregierung prüft ob weitere Straftaten, die bisher nicht Grund für eine
      Ausschließung sind hinzugefügt werden,
  – Handlungsbedarf im Hinblick auf verpflichtenden, direkten Einbezug der freien
    Träger in die Qualitätsentwicklungsaufgabe – als Grundlage für die Stärkung der
    Partnerschaft zwischen öffentlichen und freien Trägern.

Diese Erkenntnisse sind dann u.a. in die Reformvorschläge der Bundesregierung mit
dem Entwurf des Kinder- und Jugendstärkungsgesetz (KJSG-E) eingeflossen.

2. Kinder-und Jugendstärkungsgesetz-KJSG-E

10 Die gegenwärtige Bundesregierung wollte das SGB VIII umfassend ändern. Im April
    2017 wurde ein Referentenentwurf vorgelegtund im gleichen Monat dann vom
    Bundeskabinett ein entsprechender Gesetzentwurf gebilligt. Die Entstehung dieses
    Gesetzentwurfes ist von großer Kritik begleitet worden.[2]

---

2 Vgl. die Stellungnahme von *Wabnitz* usw.

Ziel der Änderungen des SGB VIII und der einschlägigen Begleitgesetze waren u.a. die   11
Stärkung des Kinderschutzes, die Zusammenführung der Behindertenleistungen (sog.
»große Lösung«) in der Jugendhilfe, die Verschärfung der Erteilung der Betriebserlaubnis und die Stärkung der Rechte der Pflegeeltern.

Der nunmehr vorgelegte Referentenentwurf sieht u.a. folgende Regelungen vor: 12

1. Gem. § 8 a sollen Personen, die dem JA eine mögliche Kindeswohlgefährdung   13
   (KWG) gemeldet haben, an der Gefährdungseinschätzung des JA beteiligt werden. Diese Rückkoppelung war bisher in der Praxis oft ein Streitpunkt zwischen
   Melder und JA.
2. Die Jugendämter können gem. § 9a Ombudsstellen zur Klärung von Konflikten   14
   zwischen Eltern und JA und freien Trägern einrichten. Dies nimmt häufige Kritik
   am Handeln von Jugendämtern in Bezug auf Erfüllung von Jugendhilfeleistungen
   auf.
3. Im Jugendschutz wurde gem. § 14 die Vermittlung von Medienkompetenz   15
   aufgenommen.
4. Im Kitabereich wurde der Bereich der Inklusion gem. §§ 22, 22a u. 23 u.a. durch   16
   die Kooperation der Rehabilitationsträger gestärkt.
5. Im Kitabereich wurde der Bundesregierung durch § 24a eine jährliche Berichts-   17
   pflicht auferlegt.
6. In § 35 a Abs. 3 wird auf die Änderungen des Bundesteilhabegesetzes und die   18
   Neufassung des SGB IX Bezug genommen.
7. Im Hilfeplanverfahren soll gem. § 36 a Abs. 2 verstärkt der Gesichtspunkt der   19
   vorübergehenden oder dauerhaften Hilfegewährung berücksichtigt werden. Dies
   gilt für die Fremdunterbringung gem. § 32–34.
8. Für Auslandsmaßnahmen werden besondere Bewilligungs- und Kontrollmaßnah-   20
   men gem. § 38 festgeschrieben.
9. Durch die Neufassung des § 45 und der Einfügung des § 45a werden die Ertei-   21
   lungsvoraussetzungen der Betriebserlaubnis verschärft und die Kontrollbefugnisse
   des JA erweitert. Zusätzlich sollen die Erteilungsbehörde und das belegende JA
   und das JA, in dessen Bereich der freie Träger seine Einrichtung betreibt im Falle
   von Kindeswohlgefährdung eng kooperieren.
10. Durch § 48 b werden nun Einrichtungen der offenen Jugendarbeit in den Gel-   22
    tungsbereich der §§ 47, 48, 72 a einbezogen.
11. Gem. § 50 Abs. 2 erhält nun das FamG in bestimmten Fällen den Hilfeplan des   23
    JA. Der Datenschutz gem. §§ 64 Abs. 2 und 65 bleibt dabei unberührt.
12. Die JGH erhält gem. § 52 Abs. 1 verstärkte Kooperationsbefugnisse mit anderen   24
    Stellen.
13. Die Bescheinigung gem. § 58 a über die Sorgerechtsverhältnisse sind konkretisiert   25
    worden.
14. Die Steuerungsverantwortung des JA ist nunmehr in den §§ 76, 76a geregelt   26
    worden.
15. Es folgen eine Reihe von weniger bedeutende Änderungen im Bereich der Statis-   27
    tik, der Jugendhilfeplanung und der strukturellen Zusammenarbeit usw.

28 16. Bedeutend ist die geringere Anrechnung von Einkommen bei Jugendlichen bei Inanspruchnahme von kostenbeteiligungsfähigen Jugendhilfeleistungen gem. § 93.

Mit dem KJSG sollen auch weitere Gesetze geändert werden, u.a. das KKG, das BGB,
das AsylG, das SGB V und das SGB X.

29 Im **KKG** obliegt nunmehr dem JA eine Rückmeldung an den Melder bezüglich der
KWG und des Umgangs damit im JA. Diese Mitteilungspflicht gilt auch für Berufs-
gruppen, die nicht in § 4 Abs. 1 KKG genannt, aber bei einem Träger gem. § 35
Abs. 1 SGB I beschäftigt sind.

Im SGB V wird gem. § 73c im Falle von KWG eine Verpflichtung zur besseren
Zusammenarbeit der beteiligten Stellen normiert.

30 Im § 1632 Abs. 4 **BGB** wird nunmehr dem FamG das Recht auf Anordnung des
dauerhaften Verbleibs des Kindes in der Pflegefamilie übertragen. Diese dauerhafte
Bleibeperspektive wird nun auch als berücksichtigungspflichtiger Gesichtspunkt in
§ 1697 a Abs. 2 BGB eingefügt.

Im **JGG** können Staatsanwälte, Jugendrichter und andere Institutionen gem. § 37a
zusammenarbeiten.

31 Im **AsylG** (§ 44 Abs. 2a) werden die Bundesländer verpflichtet, in Flüchtlingsunter-
künften geeignete Maßnahmen zu treffen um den Schutz besonders von Frauen und
Kindern in diesen Unterkünften (Erstaufnahmeeinrichtungen und Gemeinschaftsun-
terkünfte) sicherzustellen.

Diese Änderungen sollen zum 01.01.2018 in Kraft treten. Die SPD hat den Entwurf
im Bundesrat zurückgezogen.

II. Weitere gesetzliche Regelungen mit Bezug zum Kinder- und Jugendhilferecht

32 Im Bereich der Kindeswohlgefährdung bestehen enge sachliche Bezüge zum Familienrecht, insb. durch die Änderungen des § 1666 BGB und dem Inkrafttreten des
FamFG ab 01.09.2009, welches u.a. neue Aufgaben für das JA vorsieht (Gesetz über
das Verfahren in Familiensachen und in Angelegenheiten der freiwilligen Gerichtsbarkeit vom 17.12.2008, BGBl. I, S. 2586).[3]

33 Als Teil des umfassenderen Sozialgesetzbuches gelten für das Kinder- und Jugendhilferecht auch das SGB I (Allgemeiner Teil) und das SGB X (Sozialverwaltungsverfahren
und Sozialdatenschutz).[4] So enthält z.B. § 8 SGB I eine knappe, aber treffende Definition der Aufgaben der Kinder- und Jugendhilfe:»Junge Menschen und Personensorgeberechtigte haben im Rahmen dieses Gesetzbuches ein Recht, Leistungen der

---

3 Vgl. Ausführungen in Kap. 12 Rdn. 151 ff. Familienrecht.
4 Vgl. Kap. 17.

öffentlichen Jugendhilfe in Anspruch zu nehmen. Sie sollen die Entwicklung junger
Menschen fördern und die Erziehung in der Familie unterstützen und ergänzen«.

Während das Familienrecht, zu dem das Kinder- und Jugendhilferecht einen engen   34
Bezug hat, zum Privat-/Zivilrecht gehört, ist das gesamte Sozialrecht – also auch das
SGB VIII – Teil des öffentlichen Rechts. Die Unterscheidung zwischen Privat-/Zivil-
recht und öffentlichem Recht hat insb. Bedeutung für die Frage des **Rechtsweges und
der Beweissituation.** Während für familienrechtliche Entscheidungen nunmehr nur
das Familiengericht (Amtsgericht) zuständig ist, ist für die gerichtliche Prüfung von
Entscheidungen des Jugendamtes das Verwaltungsgericht (VG) zuständig (§ 40 Abs. 1
VwGO).

Schaubild 1:

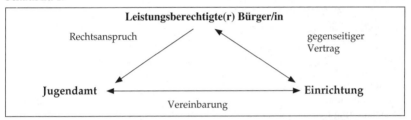

Wenn das Jugendamt (JA) z.B. eine beantragte Jugendhilfeleistung ablehnt, handelt   35
es sich um einen belastenden Verwaltungsakt i.S.d. §§ 31 ff. SGB X. Dagegen kann
nach §§ 68 ff. VwGO Widerspruch eingelegt werden und – soweit dieser erfolglos
bleibt – **Verpflichtungsklage** zum VG erhoben werden. Leistungen der Jugendhilfe
werden jedoch vielfach von **freien Trägern** – nicht vom **öffentlichen Träger,** dem JA –
erbracht. Freie Träger schließen mit dem Personensorgeberechtigten (meist: Eltern;
evtl. Vormund oder Ergänzungspfleger) bei der Inanspruchnahme von Leistungen
(z.B. Besuch eines Kindergartens) privatrechtliche Verträge ab. Leistungsverpflichtun-
gen, die durch das SGB VIII begründet werden, richten sich (nur) an die Träger der
öffentlichen Jugendhilfe (§ 3 Abs. 2 Satz 2 SGB VIII). Das JA hat mit dem freien
Träger idR. mehrere vertragliche Vereinbarungen geschlossen, jeder Träger bedarf
einer Betriebserlaubnis gem. § 45 SGB VIII, einer Entgeltvereinbarung gem. §§ 78 ff.
SGB VIII, einer Sicherstellungsvereinbarung gem. § 8a Abs. 4 SGB VIII und einer
Verpflichtung der Einhaltung des Datenschutzes im Bereich des freien Trägers gem.
§ 61 Abs. 3 SGB VIII.

C. Geschichtlicher Überblick

Während gefährdete oder gefährliche Jugendliche im Mittelalter in Zwangseinrichtun-   36
gen der Armenpflege untergebracht wurden, wurden mit Beginn der Neuzeit (auch)
sozialpädagogische Ziele verfolgt. Wichtige Stationen waren etwa die Franckeschen
Stiftungen mit Waisenhaus und Armenschule Ende des 17. Jh. in Halle/Saale, die
Einrichtung von sog. Rettungshäusern (Vorläufern der heutigen Erziehungsheime)

1823 in Weimar, 1833 in Hamburg (**Rauhe Haus**) und die Gründung des ersten allgemeinen deutschen Kindergartens durch **Fröbel 1840** in Blankenburg/Thüringen.[5]

37   Die schlechte Lage der Pflegekinder war der Kern der jugendhilferechtlichen Entwicklung. Die Eltern mussten arbeiten und gaben ihre Kinder in fremde Familien, oft zu Bauern, wo die Kinder ausgebeutet wurden. 1840 wurde in Preußen die »Königliche Zirkularverfügung zur Aufnahme von Haltekindern« erlassen. Weil es unter den Kindern viele nichteheliche Kinder gab, deren Vormund der Vater der Mutter war, der seine Rolle nicht ausfüllen konnte, entstand das Vormundschaftswesen. Ausgangspunkt der Jugendhilfe war demnach das Polizei- und Ordnungsrecht.

38   Weitere gesetzliche Regelungen über die Kinder- und Jugendfürsorge wurden zu Beginn des 20. Jh. in Preußen, Sachsen und Württemberg erlassen. Die Forderung nach einer reichseinheitlichen Regelung der öffentlichen Jugendfürsorge wurde auf dem **Deutschen Jugendfürsorgetag** 1918 laut. In der Folge begannen die Gesetzgebungsarbeiten, die in der Verabschiedung des Reichsgesetzes für Jugendwohlfahrt (RJWG) 1922 endeten (das Jugendstrafrecht wurde fast zeitgleich 1923 im Jugendgerichtsgesetz geregelt). Schwerpunkte des Gesetzes waren: detaillierte Regelungen der Jugendfürsorge, während die Jugendpflege nur allgemein angesprochen wurde; die Konzentration der öffentlichen Jugendhilfe im Jugendamt aller Stadt- und Landkreise; die Beteiligung freier Träger an der Ausführung der Aufgaben und Verankerung der Zweigleisigkeit des Jugendamtes.

39   Die **NS-Diktatur** hatte insb. Auswirkungen auf die Verfassung des Jugendamtes und die stationären Einrichtungen (»Vernichtung lebensunwerten Lebens«). Das RJWG wurde 1953 weitgehend von den NS-Änderungen befreit. 1961 wurde auf der Basis der bisherigen Regelung das Jugendwohlfahrtsgesetz (JWG) geschaffen, das unter anderem die stärkere Berücksichtigung des Erziehungsrechts der Eltern, sowie den Vorrang der freien Träger vor dem öffentlichen Träger (Subsidiaritätsprinzip) enthielt.

40   In der DDR wurde 1966 die Jugendhilfeverordnung (JHVO) erlassen, die ihre Wurzeln ebenfalls im RJWG von 1922 hatte. Generell ordnete die DDR die Jugendämter neben den Schulämtern in den Bereich Volksbildung ein. Die Aufgabe war hier die Schaffung der sozialistisch geprägten Persönlichkeit mit allen Vor- und Nachteilen.

41   Die gesetzliche Regelung im JWG in der BRD entsprach den erheblichen gesellschaftlichen Veränderungen seit Ende der 60er Jahre des 20. Jh. nicht mehr: Abnahme der Kinderzahl, Erhöhung der Scheidungsraten, Zunahme von Alleinerziehenden, unverheirateten Paaren mit Kindern und erwerbstätigen Müttern, verändertes Verständnis der Rollen von Mann und Frau sowie von Erziehung. Insbesondere die Praxis der **Fürsorgeerziehung** (bei »Verwahrlosung«) in **geschlossenen Heimen** mit ihren teilweise grausamen Erziehungsmethoden wurde – ausgehend von der Studentenbewegung – scharf kritisiert.

---

5   Vgl. zur Geschichte der Jugendfürsorge *Scherpner*, Göttingen, 1966.

Eine Initiative ehemaliger Heimkinder hat in den letzten Jahren große Publizität   42
erreicht und fordert u.a. gesellschaftliche Ächtung dieser Heime, Entschädigung der
Opfer und eine Aufarbeitung dieser Zustände. Die Darstellungen u.a. veröffentlicht durch den Runden Tisch »Heimerziehung in den 50er und 60er Jahren« stellen
erschütternde Grundlagen dar[6]. Diesem Themenbereich ist der Bereich »Sexueller
Missbrauch« eng verwandt. Auch hier hat sich ein Runder Tisch um die Aufarbeitung
gekümmert.[7] Insgesamt lassen sich die Entwicklungen mit den Eckpunkten Polizei-
und Ordnungsrecht, staatliche Fürsorgepolitik und sozialpolitische und -pädagogische
Förderung beschreiben.

D. Verfassungsrechtliche Grundlagen und über-/zwischenstaatliches Recht

Die verfassungsrechtlichen Grundlagen sind insb. in folgenden Artikeln des Grund-   43
gesetzes zu sehen:
- **Art. 6:** besonderer Schutz von Ehe und Familie durch den Staat, Vorrang elterli-
  cher Erziehung, Wächteramt des Staates, ob Eltern ihrer Erziehungspflicht genü-
  gen usw.
- **Art. 3:** Gleichberechtigung von männlichen und weiblichen Personen, Pflicht des
  Staates zur tatsächlichen Durchsetzung der Gleichberechtigung.
- **Art. 20 Abs. 1, Art. 28 Abs. 1:** das Sozialstaatsprinzip.

Angehörige von EU-Mitgliedsstaaten genießen nach dem Freizügigkeitsgesetz/EU in   44
Deutschland die gleichen Rechte wie deutsche Staatsangehörige. Die UN-Konvention
über die Rechte des Kindes(UN-KRK) ist im SGB VIII bereits berücksichtigt. Der
ursprüngliche Vorbehalt der Bundesrepublik Deutschland wurde am 15.7.2010 bei
der UN zurückgenommen. Nunmehr gilt das Abkommen als Völkerrecht fort und
ist durch Behörden und Gerichte zu beachten. Gegenwärtig will die National Coalition diese Rechte ausweiten. Es existiert nunmehr ein Individualbeschwerdeverfahren
(drittes Zusatzprotokoll). In Fällen mit »Auslandsbezug« sind von den Mitgliedsstaaten, wozu Deutschland gehört, das **Minderjährigenschutzabkommen** (MSA) jetzt:
Haager Übereinkommen über den Schutz von Kindern (KSÜ) und das **Europäische Fürsorgeabkommen** (EFA) zu beachten; dessen Bedeutung für die Praxis ist
eher gering. Im Bereich der minderjährigen Flüchtlinge erfüllt das KSÜ eine wichtige
Funktion, weil es in Eilfällen ausländische Hilfsbedürftige mit den Ansprüchen deutscher Staatsangehöriger gleichsetzt.

E. Ziele und Schwerpunkte des Gesetzes

Auf die Beschreibung der Ziele der Kinder- und Jugendhilfe im SGB I wurde bereits   45
oben (13.1) hingewiesen. **§ 1 SGB VIII** enthält im Abs. 1 das Recht des jungen

---

6 www.rundertisch-heimerziehung.de/documents/rth-abschlussbericht.pdf; Aufruf: 27.08.2012.
7 Runder Tisch »Sexueller Kindesmissbrauch in Abhängigkeits- und Machtverhältnissen in privaten und öffentlichen Einrichtungen und im familiären Bereich«, Abschlussbericht, Bd. I u.
   II, 2011 (s.www.rundertisch-kindermissbrauch.de/documents; Aufruf 18.08.2012).

Menschen auf Förderung seiner Entwicklung und auf Erziehung zu einer eigenverantwortlichen und gemeinschaftsfähigen Persönlichkeit. Diese Ziele sollen nach Abs. 3 insb. durch Förderung junger Menschen in ihrer individuellen und sozialen Entwicklung, durch Vermeidung und Abbau von Benachteiligungen, durch Beratung und Unterstützung von Eltern und anderen Erziehungsberechtigten, durch Schutz von jungen Menschen vor Gefahren für ihr Wohl, durch Beiträge der Jugendhilfe zu kinder- und familienfreundlicher Gestaltung der Umwelt erreicht werden. Aus § 1 können unmittelbar **keine Rechtsansprüche** hergeleitet werden, er hat aber grundlegende Bedeutung bei der Auffüllung unbestimmter Rechtsbegriffe wie »Wohl des Kindes« oder der Ausübung von Ermessen im Einzelfall (etwa, wenn es im Gesetz heißt, eine bestimmte Leistung »kann« gewährt werden).[8]

46   Leitlinien, Schwerpunkte des Gesetzes sind u.a.:

- Das Gesetz stellt ganz überwiegend Leistungsrecht dar, Eingriffe in die elterliche **Erziehungsverantwortung** sind nur bei dringender Gefahr für das Wohl des Kindes und – gegen den Willen der Eltern – nur mit Zustimmung des Familiengerichts möglich.[9]

- **Elternorientierung**: Adressaten der Leistungen, Anspruchsberechtigte sind meist der Personensorgeberechtigte, z.B. § 27 Abs. 1 SGB VIII: »Ein Personensorgeberechtigter hat... Anspruch auf Hilfe zur Erziehung...«.

- **Wunsch- und Wahlrecht** der Leistungsberechtigten sowie Beteiligungsrechte von Kindern und Jugendlichen.

- **Subsidiaritätsprinzip** bei den Leistungen: Vorrang freier Träger vor der öffentlichen Jugendhilfe, soweit ausreichende Angebote freier Träger in der Region vorhanden.

- Familienunterstützende Hilfen vor familientrennenden Hilfen, ambulante Hilfen vor stationären Hilfen, dies als Ausprägung des Elternrechts und des **Verhältnismäßigkeitsgrundsatzes**.

Überlagert werden diese Ziele und Schwerpunkte von Querschnittsthemen, wie z.B. der Neuen Steuerung (NST), Genderproblematik und der Sozialraumorientierung.

47   Die NST hat zu einem Paradigmenwechsel geführt, weil u.a. nunmehr auf das Wirken der Jugendhilfe abgestellt wurde und damit vor allem betriebswirtschaftliche Erwägungen wie Kosten-Nutzen Analyse, Controlling, Budgetierung, Benchmarking, Kontraktmanagement usw. angestellt wurden. Diese Pläne sind nicht ohne Kritik angenommen worden und obliegen in ihrer Einführung und Durchsetzung der Autonomie der jeweiligen Jugendamtsleitung.

48   Die **Sozialraumorientierung** ist ein uneinheitlicher verwendeter Begriff für eine lebensweltorientierte und sozialräumlich organisierte Kinder- und Jugendhilfe. Diese fasst unterschiedliche Träger von Sozialleistungen (JA, Schule, Bundesagentur etc.) in neuen organisatorischen Formen (Bürgeramt, Jugendhilfestationen, etc.) zusammen

---

8   Über einen möglichen Rechtsanspruch des § 1 besteht Streit, vgl. *Kunkel*, LPK § 1.
9   Ausnahme bei der Inobhutnahme gem. § 42 SGB VIII.

und bietet damit unter enger Beteiligung von Bürgern und Betroffenen Hilfe aus einer Hand. Lebensnahe Problemlösungen unterhalb der Ämtereinschaltung sind damit möglich, aber auch ein politisches Agieren innerhalb eines räumlichen Sozialraumes.

I. Der allgemeine Teil des SGB VIII

In §§ 1–10 SGB VIII ist ein **Allgemeiner Teil** enthalten; hier finden sich Vorschriften, die »vor die Klammer gezogen«, aber für das gesamte Gesetz gelten. Auf die in § 1 genannten Ziele wurde bereits eingegangen (vgl. Rdn. 45 ff.).   49

1. Aufgaben und Träger der Jugendhilfe

In § 2 SGB VIII werden die Aufgaben der Jugendhilfe genannt:..."»**Leistungen** **und andere Aufgaben** der Jugendhilfe.«. Die Leistungen werden sodann in Abs. 2 aufgezählt: 50
– z.B. Angebote zur Förderung der Erziehung in der Familie,
– Hilfe zur Erziehung und ergänzende Leistungen.

Die **anderen Aufgaben** werden in Abs. 3 benannt: 51
– z.B. Inobhutnahme von Kindern und Jugendlichen,
– die Erteilung, der Widerruf und die Zurücknahme der Pflegeerlaubnis.

Die wichtige **Unterscheidung** zwischen den **Leistungen** und den **anderen Aufgaben** durchzieht das ganze Gesetz, daher ist es wichtig, die grundsätzlichen Unterschiede zwischen den Leistungen und den anderen Aufgaben zu verstehen!   52

Die in §§ 11 bis 14 SGB VIII im Einzelnen geregelten Leistungen stellen **echte Sozialleistungen** dar. Sie haben Angebotscharakter, ihre Inanspruchnahme ist freiwillig, z.B. ob die Eltern ihr Kind in den Kindergarten (Leistung nach §§ 22 ff SGB VIII.) schicken. Hier ist die Mitwirkung der Betroffenen notwendig. Die Leistungsberechtigten – meist die Eltern – haben nach § 5 SGB VIII ein Wunsch- und Wahlrecht. Die Leistungen werden nach § 3 Abs. 2 SGB VIII vorrangig von freien Trägern erbracht (**Subsidiaritätsprinzip**). Soweit ausreichende Angebote von freien Trägern in der Region zur Verfügung stehen, soll die öffentliche Jugendhilfe nach § 4 Abs. 2 von eigenen Maßnahmen absehen.   53

Für die in §§ 42 bis 60 SGB VIII im Einzelnen geregelten **anderen Aufgaben** gelten ganz andere Grundsätze: Es handelt sich hierbei um **hoheitliche Tätigkeit**, die nicht zur Disposition der Betroffenen steht und häufig auch ohne Mitwirkung der Betroffenen vorgenommen wird. Z.B. muss die Jugendgerichtshilfe (JGH) nach § 52 SGB VIII auch dann Stellung nehmen, wenn der einer Straftat verdächtige Jugendliche und seine Eltern jegliche Zusammenarbeit mit der Jugendgerichtshilfe verweigern. Grundsätzlich ist für die Wahrnehmung anderer Aufgaben der öffentliche Träger zuständig; nur soweit es § 3 Abs. 3 Satz 2 i.V.m. § 76 Abs. 1 SGB VIII zulässt, ist die Beteiligung anerkannter freier Träger durch das JA möglich; so kann z.B. ein **anerkannter freier Träger** mit der anderen Aufgabe »Inobhutnahme« nach § 42 SGB VIII betraut werden, wobei die Anordnung hoheitlich durch das JA zu erfolgen hat, die   54

Befugnis zur Erteilung der Erlaubnis zur Kindertagespflege nach § 43 SGB VIII hingegen nicht: hier muss das JA selbst entscheiden.

55 § 3 SGB VIII nennt die Träger der Jugendhilfe: »**Freie und öffentliche Jugendhilfe**«, § 4 SGB VIII verpflichtet die öffentliche Jugendhilfe, mit der freien Jugendhilfe partnerschaftlich zusammenzuarbeiten und sie »nach Maßgabe dieses Buches« zu fördern.[10] Die Trägerstruktur und Aufgaben der öffentlichen Jugendhilfe werden in §§ 69 ff. SGB VIII geregelt: man unterscheidet **örtliche** und **überörtliche Träger**. Örtliche Träger sind nach § 69 Abs. 1 Satz 2 SGB VIII die **Landkreise** und die **kreisfreien Städte**. Abweichungen sind durch Landesrecht möglich. Das Bundesgesetz SGB VIII überlässt es den Ländern zu regeln, wer überörtlicher Träger ist: meist ist es das betreffende Bundesland, in einem größeren Bundesland könnten es aber z.B. die Landschaftsverbände sein. Durch zahlreiche Verweise im SGB VIII haben die Länder oft die Möglichkeiten, Inhalte und Leistungsumfänge selbst zu definieren. Daher existieren in allen 16 Bundesländern Ausführungsgesetze zum SGB VIII, oft fälschlicherweise als AG KJHG bezeichnet.

56 Durch die **Förderalismusreform** haben die Länder die Regelungsbefugnis über die Behördenorganisation und deren Zuständigkeiten erhalten. Jeder örtliche Träger muss ein JA einrichten, jeder überörtliche Träger ein Landesjugendamt (LJA). §§ 73 ff. SGB VIII enthalten Vorschriften über die freien Träger. Man unterscheidet **anerkannte freie Träger** nach § 75 SGB VIII und sonstige, wozu z.B. auch eine Elterninitiative gehören kann, die in einem Wohngebiet die Nachmittagsbetreuung der Kinder organisiert. Auch diese Elterninitiative wäre nach § 25 unter den Voraussetzungen des § 74 Abs. 1 Satz 1 SGB VIII zu fördern, für eine dauerhafte Förderung bedarf es nach § 74 Abs. 1 Satz 2 jedoch in der Regel der Anerkennung nach § 75 SGB VIII, und damit zumeist der Gründung einer juristischen Person des Privatrechts.

57 Die Einrichtung der Behörden ist nach der Föderalismusreform nunmehr in die Kompetenz der Länder verlagert werden. Der Bund ist nach wie vor zur Gesetzgebung im Bereich der Jugendhilfe gem. Art. 74 Abs. 1 Nr. 7 GG befugt, wenn gleich die Erforderlichkeitsklausel gem. Art. 72 Abs. 2 GG schärfer gefasst wurde. Länder können von Bundesregelungen abweichende Regelungen erlassen, die wiederum durch neuere Bundesregelungen abgeändert werden können. Dieses Ergebnis hat in der Fachwelt für umfangreiche Kritik gesorgt. Kostengründe waren auf Seiten der Länder und Kommunen ausschlaggebendes Argument.[11]

2. Wunsch- und Wahlrecht der Leistungsberechtigten

58 Nach § 5 SGB VIII haben die Leistungsberechtigten »das Recht, zwischen Einrichtungen und Diensten verschiedener Träger zu wählen und Wünsche hinsichtlich der

---

10 Insgesamt existieren in der BRD ca. 88.000 Jugendhilfeeinrichtungen, davon ca. 60.000 in freier Trägerschaft, Nachweis bei *Münder/Trenczek*, S. 77.
11 *Schmid/Wiesner*, Kindschaftsrecht und Jugendhilfe, Heft 9, S. 392 ff., Heft 10, S. 449 ff., 2006.

Gestaltung der Hilfe zu äußern. Sie sind auf dieses Recht hinzuweisen«. An Letzterem hapert es offenbar in der Praxis häufig! Für die Hilfe zur Erziehung und die Eingliederungshilfe für seelisch behinderte Kinder und Jugendliche enthält § 36 Abs. 1 Satz 4 SGB VIII eine speziellere Regelung zum Wunsch- und Wahlrecht. Wenn also der jugendhilferechtliche Bedarf durch verschiedene Erziehungsheime nach §§ 27, 34 SGB VIII gedeckt werden kann, dann ist dem Wunsch der Eltern, das Kind in einem bestimmten Heim unterzubringen, zu entsprechen, auch wenn der Tagessatz dort höher liegt als in dem »billigsten« Heim. Der Gesetzgeber verspricht sich davon eine intensivere Zusammenarbeit – hier zwischen den Erziehern und den Eltern. Grenzen des Wunsch- und Wahlrechts sind:
–   in der Regel müssen mit dem Träger der Einrichtung **Vereinbarungen (über Leistungen, Entgelt und Qualitätsentwicklung)** nach § 78b SGB VIII bestehen,
–   es dürfen keine unverhältnismäßigen Mehrkosten entstehen; Mehrkosten von bis zu 20%[12] werden meist noch als verhältnismäßig anzusehen sein.

▶ Beispiel:

Das JA will die Unterbringung in Heim A (Tagessatz: 100 €), die Eltern wollen die   59
Unterbringung in Heim B (Tagessatz: 115 €), weil ihnen dort das pädagogische
Konzept und die Atmosphäre am besten gefallen hat. Wenn mit beiden Heimen
Vereinbarungen nach § 78b bestehen, wird das JA die Unterbringung in Heim B
veranlassen müssen.

3. Geltungsbereich des Gesetzes

§ 6 regelt zwei Sachverhalte: 60
–   die Gewährung von Jugendhilfeleistungen an und die Wahrnehmung von anderen
    Aufgaben bei **jungen Ausländern,** die sich im Bundesgebiet aufhalten (Abs. 1 und
    2),
–   die Gewährung von Jugendhilfeleistungen an Deutsche, die ihren Aufenthalt im
    Ausland haben (Abs. 3).

Evtl. bestehende über- und zwischenstaatliche Regelungen sind für beide Gruppen   61
zu beachten (Abs. 4). Dies betrifft vor allem das **KSÜ** und die **KRK** und für junge
Flüchtlinge die Dublin III Verordnung.

Was junge Ausländer angeht, die sich im Bundesgebiet aufhalten, unterscheidet § 6
wiederum zwischen Leistungen und anderen Aufgaben.

Für die Gewährung von Leistungen ist erforderlich, dass der junge Ausländer: 62
–   seinen **tatsächlichen** Aufenthaltsort im Bundesgebiet hat, und
–   seinen **gewöhnlichen** Aufenthaltsort (§ 30 Abs. 3 Satz 2 SGB I) im Bundesge-
    biet hat (also: seinen Lebensmittelpunkt hier hat, was normalerweise eine gewisse
    Dauer bisherigen Aufenthalts – mindestens ein Jahr – und die Prognose, dass der
    Aufenthalt fortgesetzt wird, voraussetzt), sowie

---

12 Vgl. *Kunkel*, Lehr- und Praxiskommentar zu § 5.

– sich **rechtmäßig** oder aufgrund einer **ausländerrechtlichen Duldung** hier aufhält.[13]

63   Wenn also das 4-jährige Kind einer Asylbewerberfamilie z.b. einen Kindergarten besuchen soll, müssen die vorgenannten Voraussetzungen geprüft werden. Nach hier vertretener Auffassung gewährleistet das KSÜ die Inanspruchnahme eines Kitaplatzes vom ersten Tag des Aufenthaltes an.

64   Für die Wahrnehmung anderer Aufgaben kann es dagegen nur auf den tatsächlichen Aufenthalt ankommen. So wird z.b. sich ein im Inland unbegleitetes Kind – ohne Personensorge- oder Erziehungsberechtigten – nach § 42 Abs. 1 Nr. 3 SGB VIII in Obhut genommen, bei einem auf frischer Raubtat ertappten ausländischen Jugendlichen wird die Jugendgerichtshilfe (JGH) nach § 52 SGB VIII tätig, ohne dass es auf den ausländerrechtlichen Status oder den gewöhnlichen Aufenthalt ankommt.

65   Für unbegleitet einreisende minderjährige Flüchtlinge muss die Frage des gewöhnlichen Aufenthalts nach dem **Haager Kinderschutzübereinkommen (KSÜ)** großzügig ausgelegt werden. Hier kann schon mit der Einreise in die Bundesrepublik ein gewöhnlicher Aufenthalt begründet werden, mit der Folge, dass ihnen Jugendhilfeleistungen unter den gleichen Voraussetzungen wie Deutschen zu gewähren sind, z.b. Unterbringung im betreuten Wohnen nach §§ 27, 34 SGB VIII.

66   Deutschen, die sich im Ausland aufhalten, können Jugendhilfeleistungen gewährt werden, wenn sie nicht Hilfe vom Aufenthaltsland erhalten. Sie haben also nur einen Rechtsanspruch auf ermessensfehlerfreie Entscheidung durch das JA.

4. Definitionen, Beteiligung von Kindern/Jugendlichen, Grundrichtung der Erziehung, Gleichberechtigung von Jungen und Mädchen

67   § 7 enthält **Legaldefinitionen**, d.h. Definition unbestimmter Rechtsbegriffe durch ein Gesetz, z.B.:
   – wer **Kind** (wer noch nicht 14 Jahre alt ist),
   – wer **Jugendlicher** (wer 14, aber noch nicht 18 Jahre alt ist),
   – wer **junger Volljähriger** (wer 18, aber noch nicht 27 Jahre alt ist),
   – wer **junger Mensch** (wer noch nicht 27 Jahre alt ist),
   – wer **Personensorgeberechtigter** (wem allein oder gemeinsam mit einer anderen Person nach den Vorschriften des BGB die Personensorge zusteht),
   – wer **Erziehungsberechtigter** (der Personensorgeberechtigte und jede sonstige Person über 18 Jahre, soweit sie aufgrund einer Vereinbarung mit dem Personensorgeberechtigten nicht nur vorübergehend und nicht nur für einzelne Verrichtungen Aufgaben der Personensorge wahrnimmt, z.b. Pflegeeltern, Heimerzieher) ist.

68   Nach § 8 Abs. 1 sind Kinder und Jugendliche an allen sie betreffenden Entscheidungen des JA entsprechend ihrem Entwicklungsstand zu beteiligen, also der 13-Jährige stärker als der 3-Jährige. Sie sind in geeigneter Weise auf ihre Rechte im Verwaltungsverfahren (z.b. Hilfeplanverfahren nach § 36 SGB VIII) sowie im Verfahren vor

---

13 Vgl. Ausführungen zum AufenthG – Kap. 16 Rdn. 50, 53.

Familien- und Verwaltungsgericht hinzuweisen (z.B. einen Verfahrensbeistand (§ 158 FamFG) – »Anwalt des Kindes« – beigeordnet zu bekommen). Kinder und Jugendliche haben das Recht, sich in allen Angelegenheiten der Erziehung und Entwicklung an das JA zu wenden und einen Anspruch auf Beratung:

– normalerweise mit Kenntnis/Einverständnis der Eltern (Abs. 2),
– in **Not-/Konfliktlagen** auch ohne Kenntnis/Einverständnis der Eltern (Abs. 3): z.B. ein Jugendlicher will Hilfe vom JA, weil er »wegen jeder Kleinigkeit vom Vater brutal zusammengeschlagen wird«.

§ 9 verpflichtet die Jugendhilfe, bei allen Maßnahmen die **Grundrichtung der Erzie-**   69 **hung** (z.B. für ein religiös erzogenes Kind werden Pflegeeltern gesucht), die wachsende Selbstständigkeit (z.B. bei älteren Jugendlichen verstärkt auf Wünsche zu achten) und kulturelle Besonderheiten (z.B. bei Freizeitmaßnahmen, an denen muslimische Mädchen zusammen mit Jungen teilnehmen) zu berücksichtigen. Die Gleichberechtigung von Jungen und Mädchen ist zu fördern (z.B. gleiche Mitbestimmung bei der vorgenannten Freizeitmaßnahme).

5. Schutzauftrag bei Kindeswohlgefährdung

§ 8a SGB VIII, der durch das **KICK** von 2005 in das SGB VIII eingeführt wurde und   70 durch das **BKiSchG** zum 01.01.2012 geändert wurde, enthält die zentrale Regelung zur Wahrnehmung des Schutzauftrags vom JA und den freien Trägern bei Kindeswohlgefährdung. 2015 berichteten alle Jugendämter der Bundesrepublik von ca. 130.000 Kindeswohlgefährdungseinschätzungen (KWG), darunter ca. 21.000 akute KWG, ca. 24.000 latente KWG, ca. 43.000 Kinder und Jugendliche mit Hilfebedarf und 41.000 ohne Hilfebedarf. Die Familiengerichte entzogen 2015 ca. 15.000 Eltern die gesamte oder Teile der elterlichen Sorge. 14.000 Entscheidungen ergingen zu § 1666 Abs. 3 BGB als milderes Mittel.[14]

Der Einführung des § 8a SGB VIII 2005 waren Fälle von brutalen Tötungen, Miss-   71 handlungen, Vernachlässigungen von Kindern durch Eltern, den Lebensgefährten der Mutter oder Pflegeeltern vorausgegangen. Zum Teil waren auch freie Träger bzw. Mitarbeiter des zuständigen Jugendamtes mit diesen Kindern bzw. Familien befasst. Das mögliche Versagen der Träger der Jugendhilfe ist kritisiert worden und hat zu strafrechtlichen Verurteilungen von Sozialarbeiterinnen und Sozialarbeitern geführt.[15] Mit dem § 8a SGB VIII sollte eine gesicherte Rechtsgrundlage für das Handeln der Fachkräfte bei Kindeswohlgefährdung geschaffen werden. Mit der Stellung im Allgemeinen Teil will der Gesetzgeber zum Ausdruck bringen, dass die Jugendhilfe in diesen Fällen Schutzmaßnahmen für Kinder und Jugendliche durch Leistungen (§§ 11 ff. SGB VIII) und Eingriff (§§ 42 ff. SGB VIII) vorzunehmen hat.

Mit dem 01.01.2012 ist das neue **Bundeskinderschutzgesetz (BKiSchG)** als Arti-   72 kelgesetz und damit als Rahmengesetz in Kraft getreten. Dieses Verfahren hat der

---

14   Angaben Destatis, letzter Zugriff 29.04.2017, 12:04 Uhr.
15   Vgl. Kap. 15 Rdn. 203 ff., Unterlassungsdelikte in der Sozialen Arbeit.

Gesetzgeber u.a. seinerzeit beim Inkrafttreten des KJHG und auch des Zuwanderungsgesetzes angewandt.

73 Das BKiSchG besteht aus mehreren Artikeln, u.a. in **Art. 1** wurde das neue **Gesetz zur Kooperation und Information im Kinderschutz** erlassen und in Art. 2 sind umfangreiche Änderungen des SGB VIII vorgenommen worden.

Art. 1 BKiSchG: Gesetz zur Kooperation und Information im Kinderschutz (KKG)

74 1. Das Gesetz besteht aus 4 Paragraphen und regelt zum einen in § 1 neben allgemeinen Beschreibungen in Abs. 4 die Legaldefinition der **FRÜHEN HILFEN**. Danach sind die Eltern möglichst früh durch Information, Beratung und Hilfe multiprofessionell in ihrem Erziehungsauftrag zu unterstützen. Dieser Auftrag wird in § 2 KKG konkretisiert. Die Hilfegewährung wird auf die Phase der Schwangerschaft ausgedehnt.

75 2. Außerdem werden in § 2 Abs. 2 KKG die Länder befugt, ein Besuchssystem freiwilliger Art zu installieren. Die Ersatzzuständigkeit des Jugendamtes zur Schaffung des Besuchsdienstes wurde festgelegt. Die datenschutzrechtliche Ermächtigung wurde insoweit neu geschaffen.

76 3. In § 3 KKG werden verbindliche Netzwerkstrukturen im Bereich Früher Hilfen vorgeschrieben. Nach Abs. 1 sollen in den Ländern im Bereich der Frühen Hilfe verbindliche Strukturen aufgebaut und weiterentwickelt werden. Diese Strukturen sollen Angebote schaffen, darüber informieren und im Bereich des Kinderschutzes Verfahren entwickeln.

77 4. Lt. Abs. 2 unternimmt der Gesetzgeber den Versuch Beteiligte des Netzwerkes vorzuschlagen, u.a. Gesundheitsämter, Krankenhäuser, Bundesagentur, Schulen etc.

Sofern die Länder keine anderen Strukturen festlegen, sind die Jugendämter Träger dieser Netzwerke. Der Bund unterstützt das Vorhaben der Länder 2012 mit 30 Mio. €, 2013 mit 45 Mio. € und 2014/5 mit je 51 Mio. €. Diese Unterstützung ist vom Bund unbefristet zu leisten. Die Aufteilung der Fördersumme unter den Bundesländern und innerhalb des jeweiligen Bundeslandes erfolgt nach verschiedenen Kriterien. Der Bund hat den Ländern mit einer Verwaltungsvorschrift inhaltliche Vorgaben zur landesinternen Verteilung der Mittel vorgegeben. Inhaltlich existieren kaum Vorgaben zur Ausgestaltung der Netzwerke. Teile der Netzwerke sollen Familienhebammen oder Elterninitiativen sein. Die Netzwerke sollen ihre Strukturen und Inhalte festlegen und dann durch die Zusammenarbeit die Kinder- und Jugendhilfe fördern. Ausdrücklich soll es um die Verstärkung bisheriger Regelstrukturen in der Jugendhilfe gehen. Es geht nicht um die Schaffung neuer Sonderstrukturen. Viele Landkreise und Städte haben SozialarbeiterInnen als Kinderschutzkoordinatorinnen eingestellt.

78 5. In § 4 KKG werden bestimmte Geheimnisträger aus dem Normbereich des § 203 StGB ermächtigt, sofern sie in ihrem Arbeitsbereich auf Kindeswohlgefährdungen stoßen, die Gefährdungslage mit den Eltern und den Kinder zu erörtern, und auf die Hilfegewährung durch das JA hinweisen.

Gem. Abs. 2 hat deshalb dieser Personenkreis einen Beratungsanspruch gegen das JA durch eine insoweit erfahrene Fachkraft. Durch Abs. 3 KKG wird dann die gesetzliche Ermächtigung des Geheimnisträgers zur Information des JA über die mögliche Kindeswohlgefährdung normiert, wenn die Eltern keine Hilfen durch das JA annehmen wollen bzw. diese Hilfen nicht ausreichen. Die Mitteilungsermächtigung konkretisiert den § 34 »**rechtfertigender Notstand**« des StGB und stellt eine Durchbrechung der Zweckbestimmung der Datenerhebung dar. Konkurrierende Landesregelungen können gem. Art. 31 GG nicht mehr angewandt werden.

Das BKiSchG ist evaluiert worden.[16] Im Kern ergab die Evaluierung eine erfolgreiche Umsetzung des Gesetzes.

Art. 2 BKiSchG: Änderungen des SGB VIII

Durch Art. 2 des BKiSchG sind zahlreiche Regelungen des SGB VIII geändert 79 worden. Diese sind in den folgenden Erläuterungen der Regelungen des SGB VIII eingearbeitet.

Zusammenfassend hat der Gesetzgeber im Kern: 80
– den Kindern und Jugendlichen gem. § 8 SGB VIII einen Beratungsanspruch eingeräumt und die Regelungen des § 8a SGB VIII neu gefasst,
– gem. § 8b SGB VIII neue Beratungsansprüche normiert,
– die Beratungsansprüche gem. § 16 Abs. 3 SGB VIII erweitert,
– gem. § 37 Abs. 2 SGB VIII Pflegekinder bei Zuständigkeitswechsel besser geschützt,
– die Betriebserlaubnisregelungen gem. § 45 SGB VIII erweitert,
– die Vorlage eines erweiterten Führungszeugnisses gem. § 72a SGB VIII bestimmt,
– gem. § 79a SGB VIII Qualitätsentwicklung im Bereich der Verfahren bei Kindeswohlgefährdung zu fordern.

Konkrete Pflichten der Mitarbeiter des JA in Kinderschutzfällen:

Da die ca. 600 Jugendämter der Bundesrepublik nicht unter einer Fachaufsicht stehen 81 und zur mittelbaren Staatsverwaltung gehören, hat jedes Jugendamt eigene Verfahrensregelungen im Umgang mit Kindeswohlgefährdungen entwickelt. Diese sollten mit den MitarbeiterInnen und den freien Trägern dauerhaft kommuniziert werden. Dazu gibt es lokal oft Arbeitsgemeinschaften gem. § 78 SGB VIII. Auch die freien Träger haben ihrerseits Verfahrensregelungen für mögliche Kinderschutzfälle zu entwickeln.

Im Groben ist folgendes Schema zu beachten: Nach Eingang eines Hinweises (auch 82 anonym) auf eine **Kindeswohlgefährdung** haben die zuständigen Mitarbeiter/innen im JA nach § 8a Abs. 1 SGB VIII nach folgendem Fahrplan zu verfahren:[17]
– Möglichst genauer Aktenvermerk, bei mündlicher oder telefonischer Information überprüfen, ob bereits ein Vorgang existiert.

---

16 S. Ausführungen Rdn. 6 ff. Evaluierung des BKSCHG.
17 *Kunkel*, Jugendhilferecht, Rn. 45 ff.

- Besteht der Melder auf Wahrung seiner Anonymität[18]
- Hausbesuch durch i.d.R. zwei Mitarbeiter des ASD, Information der Leitung des ASD oder JA.
- Mitarbeit der Eltern prüfen, Leistungen anbieten, u.U. schon ausreichend.
- **Einholen weiterer Informationen** nach § 62 Abs. 2 SGB VIII (zunächst beim Betroffenen, also Eltern und Kind), evtl. auch nach § 62 Abs. 3 Nr. 2d SGB VIII) bei Dritten (Nachbarn, Erzieher/in im Kindergarten usw.), um eine gesicherte Tatsachenbasis (»gewichtige Anhaltspunkte«) für das weitere Vorgehen zu schaffen, wenn Eltern nicht mitarbeiten. Freie Träger sind hierzu durch die Sicherstellungsvereinbarung gem. § 8 a Abs. 4 SGB VIII verpflichtet.[19]
- **Datenübermittlung ist gem.** § 69 Abs. 1 SGB X möglich, wird aber durch die §§ 64 Abs. 2 und 65 Abs. 1 SGB VIII begrenzt, mit § 4 Abs. 3 KKG besteht eine Sonderregelung.
- § 8a Abs. 1 Satz 1 Halbs. 1 SGB VIII: **Abschätzen des Gefährdungsrisikos** durch mehrere Fachkräfte, Halbs. 2: sie müssen sich Klarheit darüber verschaffen, wie stark die Gefährdung des Kindes/Jugendlichen ist, unter Einbeziehung des Personensorgeberechtigten (PSB) und des Kindes/Jugendlichen, soweit hierdurch der wirksame Schutz nicht in Frage gestellt wird (Abs. 1 Satz 2). Wenn es fachlich erforderlich sein sollte, muss ein Hausbesuch erfolgen. Die Mitarbeiter des JA haben einen Schutzplan zu entwickeln.
- Überlegung und Dokumentation, mit welchen Hilfen im Falle einer Kindeswohlgefährdung der Schadenseintritt voraussichtlich abgewehrt werden kann; den Eltern diese Hilfen (z.B. Hilfe zur Erziehung [§§ 27 ff. SGB VIII]) anbieten (Abs. 1 Satz 3).
- Wenn das JA einschätzt, dass diese Hilfen nicht ausreichen, die Gefahr abzuwenden, oder die Eltern diese Hilfen ablehnen oder eine Gefährdungslage ohne Mitwirkung des Familiengerichts nicht geklärt werden kann: unverzügliche Anrufung des FamG erforderlich (Abs. 2 Satz 1).
- Dabei genaue Unterrichtung des FamG über die Problemlage, angebotene, erbrachte oder abgelehnte Leistungen, Vorschlag für die Entscheidung des FG (§ 50 Abs. 2 SGB VIII).
- Entscheidung des FamG i.R.d. geänderten § 1666 Abs. 3 BGB mit seinen normierten Gebots- und Verbotsmöglichkeiten. Das FamG hat im Rahmen des §§ 155, 157 FamFG zu agieren.
- Entscheidung des FamG (§§ 1666, 1666a BGB): z.B. Entzug von Teilen des Personensorgerechts (etwa Aufenthaltsbestimmungsrecht; Recht und Pflicht, Hilfe zur Erziehung (HzE) in Anspruch zu nehmen und sich am Hilfeplanverfahren zu beteiligen (§§ 27, 36 SGB VIII).[20]
- Bestellung eines Verfahrensbeistandes gem. § 158 FamFG für das Kind oder den Jugendlichen.

---

18 Vgl. Ausführungen im Kap. 19 Datenschutz.
19 Für den Bereich des Datenschutzes bei Kindeswohlgefährdungen bestehen Sonderregelungen.
20 *Münder/Smessaert*, Frühe Hilfen und Datenschutz.

- Ggf. Bestellung eines Ergänzungspflegers für die entzogenen Sorgerechtsteile (§ 1909 BGB): am besten JA als Pfleger.
- Umsetzung der notwendigen Maßnahmen.

Bei **Gefahr im Verzug** muss von dem Fahrplan abgewichen werden. Wenn eine Ent- 83
scheidung des FamG nicht abgewartet werden kann, weil sonst – mit hoher Wahrscheinlichkeit – Schaden (weitere Misshandlung, evtl. sogar Tod) droht:
- ist das JA zur Inobhutnahme des Kindes/Jugendlichen verpflichtet (§§ 8a Abs. 2 Satz 2, 42 Abs. 1 Satz 1 Nr. 2b SGB VIII),[21]
- dabei evtl. Vollzugshilfe durch Polizei, weil diese mit unmittelbarem Zwang vorgehen kann (z.B. in Wohnung eindringen) (§ 8a Abs. 3 Satz 2 SGB VIII),
- zum weiteren Verfahren bei Inobhutnahme (vgl. § 42 SGB VIII).

Gem. § 8a Abs. 5 SGB VIII werden die Jugendämter gezwungen, bei Ortswechsel 84
Kindeswohlgefährdungsfälle per persönlichem Gespräch weiterzugeben. Das Problem der Praxis sind allerdings Wohnungswechsel bei Kindeswohlgefährdungsfällen
ohne Angaben des neuen Wohnortes. In der Bundesrepublik existiert kein zentrales
Melderegister.

**Rolle und Aufgabe der freien Träger gem. § 8a Abs. 4 SGB VIII bei Kindeswohlge-
fährdungen:**

Erbringen freie Träger Jugendhilfeleistungen (z.B. Kindergarten wird von Arbeiter- 85
wohlfahrt betrieben), so sind sie nach § 8a Abs. 4 SGB VIII in den Schutzauftrag
einbezogen: das JA muss mit ihnen durch schriftliche **Sicherstellungsvereinbarungen**,
also öffentlich-rechtliche Verträge nach § 53 SGB X, Schutzpflichten in der Weise
begründen, dass die freien Träger den Schutzauftrag in gleicher Weise wie das JA wahrnehmen. Da die Fachkräfte des JA gem. § 72 SGB VIII i.d.R. Sozialarbeiter sind und
die Fachkräfte der freien Träger i.d.R. Erzieher/innen sind, **muss** der freie Träger bei
der Risikoabschätzung eine »insoweit erfahrene Fachkraft hinzuziehen«. Nach § 8a
Abs. 4 Satz 2 SGB VIII muss in den Vereinbarungen jetzt auch die Qualifikation
der »insoweit erfahrenen Fachkraft« geregelt werden. Die insoweit erfahrene Fachkraft
ist Ratgeberin und haftet selber nicht, weil die Entscheidungen von der fallzuständi-
gen Fachkraft getroffen werden. Da das JA u.U. später Jugendhilfeleistungsansprüche
erfüllen muss, sollte die insoweit erfahrene Fachkraft, oft ohne Finanzierung und aus
dem Bereich der freien Trägerschaft stammend, i.d.R. nicht vom JA eingesetzt werden.
Durch diesen gesetzlichen Auftrag erfahren die freien Träger eine Aufwertung ihrer
Arbeit, die allerdings auch mit einer Ausweitung der Haftung verbunden ist. Da die
Wahrnehmung des Schutzauftrages durch freie Träger gem. Abs. 4 mit der Pflicht des
JA gem. Abs. 1 zur Risikoabschätzung kollidieren könnte, ist entscheidend, wer die
Fallverantwortung hat und dass bei einer Übergabe keine beidseitige Nichtzustän-
digkeit oder eine Doppelzuständigkeit eintritt.[22] Mitarbeiter der freien Träger und

---

21 2015 gab es ca. 78.000 Inobhutnahmen, darunter 42.000 UMA.
22 Vgl. Ausführungen zur Rolle der »*insoweit erfahrenen Fachkraft*« bei der Fachstelle für Kin-
    derschutz, www. Fachstelle-kinderschutz.de.

des JA müssen gem. § 72a SGB VIII ihren Arbeitgebern ein erweitertes **Führungs-zeugnis** vorlegen, aus denen sich dann eventuelle Vorstrafen bestimmter sexueller Delikte betreffend, ergeben könnten. Für den Bereich des Ehrenamtes bestimmt § 72a SGB VIII ab dem 01.01.2012 neue Regelungen. Hier kommt es im Einzelnen auf den konkreten Kontakt (Art, Dauer und Intensität) der z.B. ehrenamtlich tätigen Person (z.B. Vorleserin) mit den Kindern oder Jugendlichen an.

86 Nach § 8b SGB VIII haben Personen, die beruflich in Kontakt mit Kindern und Jugendlichen stehen, ein Beratungsanspruch durch eine »insoweit erfahrene Fachkraft« gegen das JA. Einrichtungen, in denen sich Kinder länger aufhalten, haben den Beratungsanspruch gegen den überörtlichen Träger, soweit es um die Entwicklung von Handlungsleitlinien zur Sicherung des Kindeswohls bzw. in Verfahren von **Kinderbeteiligung** und **Beschwerdeverfahren** geht. Die Regelungen des § 8b SGB VIII und des § 4 Abs. 1 KKG überschneiden sich z.T. § 8b SGB VIII betrifft diejenigen, die nicht die Berufsqualifikation der in § 4 Abs. 1 KKG genannten Personen haben. ErzieherInnen sind durch § 8 a Abs. 4 SGB VIII Normadressaten. Datenschutzrechtlich ist der freie Träger durch § 61 Abs. 3 SGB VIII gebunden und wendet die Regelungen der §§ 61–68 SGB VIII analog an. Außerdem hat der Jugendliche bzw. die Personensorgeberechtigten einen Anspruch gem. § 242 BGB als Nebenpflicht des Betreuungsvertrages auf Wahrung des Datenschutzes. Die freien Träger sind selbst zur Abschätzung der möglichen Kindeswohlgefährdung gem. § 8 a Abs. 4 SGB VIII gezwungen und sollten diese Verantwortung nicht an das immer ersatzzuständige JA abwälzen. Der freie Träger hat datenschutzrechtlich kein Recht, im Falle der Meldung einer Kindeswohlgefährdung an das JA, dessen weitere Gewährung von Hilfen zur Erziehung im Detail zu erfahren. Er kann aber im Hilfeplanverfahren hinzugezogen werden.

6. Verhältnis von Jugendhilfeleistungen zu anderen Leistungen/ Verpflichtungen

87 § 10 SGB VIII regelt, wer, wenn mehrere Ansprüche bestehen und unterschiedliche Leistungserbringer denkbar sind, vorrangig leisten muss. Abs. 1 stellt klar, dass Verpflichtungen anderer, insb. der Träger anderer Sozialleistungen (etwa der Krankenkasse zu medizinischen Maßnahmen nach SGB V oder SGB IX) oder der Schulen (wenn z.B. nach dem jeweiligen Schulgesetz ein Anspruch auf Besuch des Horts an der Schule existiert) bestehen bleiben. Gleiches gilt für Unterhaltsansprüche (etwa gegen den getrennt lebenden Vater nach §§ 1601 ff. BGB). Als wichtiger Grundsatz für das SGB VIII ist ohnehin zu beachten: Wirtschaftliche Jugendhilfe (also Unterhalt und Krankenhilfe nach §§ 39, 40 SGB VIII) kommt immer nur als **Annex-Leistung** (ergänzende Leistung) zu einer Jugendhilfeleistung in Betracht, z.B. als ergänzende Leistungen zur Heimunterbringung nach §§ 27, 34 SGB VIII (vgl. §§ 39, 40 SGB VIII). Wo keine Jugendhilfeleistung (§§ 11 ff. SGB VIII) gewährt wird, gibt es also auch keine finanziellen Leistungen vom JA!

88 Abs. 2 regelt, dass unterhaltspflichtige Personen nach Maßgabe der §§ 90 bis 97b SGB VIII an den Kosten für Leistungen und vorläufige Maßnahmen beteiligt werden (z.B. der vermögende, getrennt lebende Vater an den Kosten der Heimunterbringung).

Die vorstehenden Grundsätze sind auch zu beachten, wenn es in Abs. 3 und Abs. 4 **89** heißt, dass Jugendhilfeleistungen – mit einigen Ausnahmen – Leistungen nach dem SGB II und dem SGB XII vorgehen. Also: die alleinerziehende, erwerbsfähige, aber langzeitarbeitslose Mutter muss für sich Alg II und für ihr Kind (soweit es keine Jugendhilfeleistungen erhält) Sozialgeld nach SGB II beantragen. Ansonsten hat die **Konkurrenzregel** nur dann Bedeutung, wenn in beiden Gesetzen gleiche oder annähernd gleiche Leistungen in Betracht kommen. Hier können nur die wichtigsten Grundsätze dargestellt werden: für Leistungen zur Eingliederung in Arbeit an Erwerbsfähige unter 25 Jahren ist vorrangig die Arbeitsgemeinschaft (ARGE) (aus Agentur für Arbeit und Kommune) nach SGB II zuständig, für junge Menschen hingegen, die länger als 6 Monate stationär (z.B. in einem Heim) untergebracht sind, ist das JA (etwa für sozialpädagogisch begleitete schulische und berufliche Bildungsmaßnahmen nach § 13 SGB VIII) zuständig.

Die Abgrenzung in der Praxis geschieht oft zu Ungunsten der Jugendhilfe. Des- **90** halb besteht Streit über Zuständigkeit, Fachlichkeit und Erforderlichkeit solcher Maßnahmen.[23]

Für **körperlich oder geistig** behinderte junge Menschen besteht der Vorrang der **91** §§ 53 ff. SGB XII (also in erster Linie Sozialamt zuständig), für **seelisch** behinderte junge Menschen der Vorrang der §§ 35a, 41 SGB VIII. Hilfestellung: der Begriff »Behinderung« ist in § 2 SGB IX definiert. Anhaltspunkte, wann eine körperliche, geistige oder seelische Behinderung vorliegt, liefern die §§ 1 bis 3 der Verordnung nach § 60 SGB XII – Eingliederungshilfeverordnung. Bei Mehrfachbehinderung muss geprüft werden, wo das Schwergewicht liegt; wenn:
– im körperlichen und/oder geistigen Bereich (§§ 53 ff. SGB XII)
– im seelischen Bereich (§§ 35a, 41 SGB VIII).

Wenn das nicht eindeutig zu klären ist: Vorrang Jugendhilfe, also in erster Linie JA zuständig (§ 10 Abs. 4 Satz 1 SGB VIII).

II. Leistungen der Jugendhilfe

Im 2. Kap. des Gesetzes werden die **Leistungen** geregelt (§§ 11–41 SGB VIII). Zum **92** grundsätzlichen Unterschied zwischen **Leistungen** und **anderen Aufgaben** sowie zum Charakteristischen der Leistungen vgl. die Ausführungen unter Rdn. 50 ff. Zur rechtlichen Verbindlichkeit zwischen einem SOLL-Angebot und einem Anspruch beachten Sie bitte die Ausführungen Kap. 3 Rdn. 107 ff.

Die Leistungen kann man grob unterteilen in: **93**
– Jugendarbeit, Jugendsozialarbeit, erzieherischer Kinder- und Jugendschutz (1. Abschnitt [§§ 11 bis 15 SGB VIII]),
– Familienunterstützende Hilfen (2. Abschnitt [§§ 16 bis 21 SGB VIII]),
– Familienergänzende Hilfen (3. und 4. Abschnitt bis § 32 SGB VIII),

---

23 Vgl. *Nothacker*, in: Handbuch Sozialrechtsberatung, S. 142.

- Familienersetzende Hilfen (4. Abschnitt [§§ 33 bis 35 SGB VIII]),
- Eingliederungshilfe für seelisch behinderte Kinder und Jugendliche (4. Abschnitt, 2. Unterabschnitt).

1. Jugendarbeit, Jugendsozialarbeit, erzieherischer Kinder- und Jugendschutz

94 Im 1. Abschnitt (§§ 11 bis 15 SGB VIII) ist in § 11 die **Jugendarbeit** angesprochen. Hier ist Ziel die Förderung der Entwicklung junger Menschen, anknüpfend an ihren Interessen und unter ihrer Mitbestimmung und Mitgestaltung mit den **Schwerpunkten:**
- außerschulische Jugendbildung,
- freizeitbezogene Jugendarbeit,
- arbeitswelt-, schul- und familienbezogene Jugendarbeit,
- internationale Jugendarbeit, Kinder- und Jugenderholung, Jugendberatung.

95 In den **Formen:**
- mitgliederzentrierte Angebote,
- offene Jugendarbeit und
- gemeinwesenzentrierte Angebote.

96 Durch die **Träger:**
- Verbände, Gruppen und Initiativen der Jugend,
- andere Träger der Jugendarbeit,
- Träger der öffentlichen Jugendhilfe.

97 Nach § 12 SGB VIII ist die **eigenverantwortliche Tätigkeit** der Jugendverbände und Jugendgruppen unter Wahrung ihres satzungsgemäßen Eigenlebens nach Maßgabe des § 74 SGB VIII zu fördern. Als Kennzeichen von Jugendverbänden und Jugendgruppen werden unter anderem genannt:
- Selbstorganisation,
- gemeinschaftliche Gestaltung und Mitverantwortung,
- Anlage auf Dauer.

98 In § 13 SGB VIII ist die **Jugendsozialarbeit** angesprochen. Hier steht der **kompensatorische Charakter** im Vordergrund. Zielgruppe sind junge Menschen, die zum Ausgleich sozialer Benachteiligungen (z.B. jüngst zugezogene Spätaussiedler-Kinder) oder zur Überwindung individueller Beeinträchtigungen (z.B. Schulabbrecher) in erhöhtem Maße auf Unterstützung angewiesen sind. Ihnen sollen sozialpädagogische Hilfen zur Förderung ihrer schulischen und beruflichen Ausbildung, Eingliederung in die Arbeitswelt und sozialen Integration angeboten werden. Die Jugendberufshilfe nimmt hier besonderen Stellenwert ein.[24]

---

24 Vgl. *Nothacker* in: Sozialrechtshandbuch, S. 142.

§ 13 SGB VIII ist – neben dem Schulrecht – auch die Rechtsgrundlage für Schulso-   **99**
zialarbeit.[25] Bei Teilnahme an schulischen, beruflichen Maßnahmen oder bei beruflicher Eingliederung sollen sozialpädagogisch begleiteten Wohnformen (nur dann kann
es sich überhaupt um eine Jugendhilfeleistung handeln) angeboten werden. Während
schulischer oder beruflicher Maßnahmen sind nach Abs. 3 Satz 2 – als Annexleistun-
gen – auch Unterhalt und Krankenhilfe zu leisten.

§ 14 regelt den **erzieherischen Kinder- und Jugendschutz**. Hier steht der **Präventiv-**   **100**
charakter im Vordergrund. Ziel ist der Schutz vor Gefahren der modernen (Konsum-)
Gesellschaft wie: Drogen, Alkoholismus, Spielsucht, Gewalt, Verschuldung usw. § 14
SGB VIII zielt – im Gegensatz zu dem eher repressiven Jugendschutz (Kontrollen
von Diskotheken, Beschlagnahmen) durch Polizei, Gewerbeaufsicht, Bundesprüfstelle
nach Jugendschutzgesetz, Jugendarbeitsschutzgesetz, Gesetz über die Verbreitung
jugendgefährdender Schriften und Medieninhalte – auf den pädagogisch beeinflus-
senden, präventiven Jugendschutz ab, etwa durch: Informationsveranstaltungen,
Beratungsstellen usw. Angesichts der Mittelknappheit werden diese Präventivleistun-
gen, die sozialpolitisch und pädagogisch besonders wertvoll sein können, gekürzt um
Pflichtaufgaben und Ansprüche z.B. gem. § 27 SGB VIII zu erfüllen. Dem Kinder-
und Jugendhilfeausschuss kommt hier eine wichtige Steuerungsaufgabe zu.

§ 15 überlässt den **Ländern**, durch **Landesrechtsvorbehalt** das Nähere über Inhalt und
Umfang der Leistungen dieses Abschnitts zu regeln.

2. Förderung der Erziehung in der Familie

Der 2. Abschnitt (§§ 16 bis 21 SGB VIII) befasst sich mit der **Förderung der Erzie-**   **101**
hung in der Familie.

§ 16 enthält eine allgemeine Vorschrift mit den Zielen: **102**
– bessere Wahrnehmung der Erziehungsverantwortung,
– Aufzeigen von Wegen zur Lösung gewaltfreier Konfliktsituationen in der Familie.

Dies soll geschehen durch Angebote der Familienbildung, -beratung, -freizeit und
-erholung und ist in Abs. 3 durch das BKiSchG auch für Schwangere geöffnet worden.

Die §§ 17 bis 21 SGB VIII beziehen sich auf spezielle **Erziehungs-/Lebenslagen.**

So regelt § 17 SGB VIII die **Beratung** in Fragen der **Partnerschaft, Trennung und**   **103**
Scheidung, soweit die Eltern oder ein Elternteil für ein Kind oder Jugendlichen zu
sorgen haben.

Ziele sind: **104**
– Aufbau eines partnerschaftlichen Zusammenlebens in der Familie,
– Bewältigung von Konflikten und Krisen in der Familie,
– im Fall der Trennung/Scheidung Schaffung günstiger Bedingungen für die weitere
  Wahrnehmung der elterlichen Verantwortung.

---

25 Zum Verhältnis zu Leistungen der Arbeitsagentur vgl. Rdn. 89 f.

105 Im letzteren Fall gehört dazu die Unterstützung bei der Entwicklung eines einvernehmlichen Konzepts durch die Eltern – unter angemessener Beteiligung des betroffenen Minderjährigen – für die Wahrnehmung der elterlichen Sorge. Um das JA dazu in die Lage zu versetzen, müssen die Familiengerichte das JA über Scheidungssachen informieren, soweit gemeinschaftliche minderjährige Kinder vorhanden sind.

106 § 18 SGB VIII beinhaltet die **Beratung und Unterstützung bei der Ausübung der Personensorge** und des **Umgangsrechts**. Alleinerziehende Mütter bzw. Väter haben danach einen Rechtsanspruch auf Beratung und Unterstützung in allen Fragen der Personensorge einschließlich der Geltendmachung von Unterhaltsansprüchen des Kindes/Jugendlichen, sowie eigener Unterhaltsansprüche nach § 1615 L BGB und die Abgabe einer gemeinsamen Sorgeerklärung nach § 1626a Abs. 1 Nr. 1 BGB. Umgangsberechtigte und Kinder/Jugendliche haben Anspruch auf Beratung und Unterstützung in allen Fragen des Umgangsrechts. Diese Regelung hat zunehmende Bedeutung, weil einige Mütter nach der Scheidung das Umgangsrecht des Vaters mit dem Kind »mit fast allen Mitteln« vereiteln. Vgl. die Möglichkeit der Einsetzung einer Umgangspflegschaft gem. § 1684 Abs. 3 BGB. Der 18- bis 20-Jährige hat schließlich einen Anspruch auf Beratung und Unterstützung bei der Geltendmachung von Unterhaltsansprüchen.

107 § 19 SGB VIII regelt **gemeinsame Wohnformen für Mütter/Väter und Kinder**. Alleinerziehende Mütter oder Väter mit einem Kind unter sechs Jahren sollen in einer geeigneten Wohnform (z.B. einer entsprechenden Wohngruppe) zusammen mit dem Kind (und evtl. dessen älteren Geschwistern) betreut werden, wenn dies aufgrund ihrer Persönlichkeitsentwicklung notwendig ist. Die Leistungen sind:
– Unterkunft und Betreuung der Mutter oder des Vaters und des Kindes,
– Unterstützung des Elternteils bei schulischer oder beruflicher Ausbildung bzw. Arbeitsaufnahme,
– Gewährung von Unterhalt und Krankenhilfe für die betreuten Personen.

108 § 20 sieht die Betreuung und Versorgung des Kindes in **Notsituationen** im bisherigen familiären Lebensraum vor. Solche Notsituationen sind etwa: der das Kind betreuende Elternteil fällt aus gesundheitlichen Gründen (Krankenhausaufenthalt, Kur usw.) oder anderen zwingenden Gründen (Inhaftierung usw.) aus, der andere Elternteil ist wegen berufsbedingter Abwesenheit (Lkw-Fernfahrer usw.) zur Betreuung des Kindes nicht in der Lage. Tagesbetreuungsangebote reichen nicht aus. Gleiches gilt bei Ausfall eines Alleinerziehenden. Zu beachten ist aber, dass die Hilfe nach § 20 gegenüber der Haushaltshilfe der Krankenkasse nach § 38 SGB V (bis zum 12. Lebensjahr des Kindes oder bei behindertem Kind) nachrangig ist (§ 10 Abs. 1 SGB VIII).

109 § 21 SGB VIII regelt die Unterstützung bei **notwendiger Unterbringung** des Kindes zur Erfüllung der **Schulpflicht**, wenn der Schulpflicht des Kindes schwierig nachzukommen ist, weil die Eltern berufsbedingt ständigem Ortswechsel unterliegen (Binnenschiffer, Artisten usw.). Hinsichtlich der Beratung und Unterstützung – etwa zur Internatsunterbringung – besteht ein Rechtsanspruch, hinsichtlich der Kostentragung

der Unterbringung einschließlich Unterhalt und Krankenhilfe jedoch nur ein Anspruch auf ermessensfehlerfreie Entscheidung.

3. Förderung von Kindern in Tageseinrichtungen und in Kindertagespflege

Der 3. Abschnitt (§§ 22 bis 26 SGB VIII) ist durch das **Tagesbetreuungsausbaugesetz**   **110** (TAG) **2004 und das Kinderförderungsgesetz (KiföG) 2008** völlig neu gefasst worden. Zielsetzung ist u.a., **Tageseinrichtungen** auszubauen und die **Kindertagespflege** zu einer gleichrangigen Alternative zu entwickeln. Im Kern haben nun auch Eltern von Kindern zwischen ein und drei Jahren einen Betreuungsanspruch und ab dem 01.08.2013 einen unbedingten Betreuungsanspruch für Kinder ab Vollendung des ersten Lebensjahres. Die Tagespflegepersonen benötigen idR einen Kenntnisnachweis, den die Bundesländer bestimmen. Zudem müssen die Tagespflegepersonen geeignet (Persönlichkeit, Sachkompetenz und Kooperationsbereitschaft) sein und brauchen ein erweitertes Führungszeugnis gem. 72 a SGB VIII.

Der Erlaubnisvorbehalt gem. § 43 SGB VIII ist geändert worden und die gewerbli-   **111** chen Anbieter von Betreuungsleistungen sind aufgewertet worden.[26] Die Regelungen des SGB VIII sind nur Rahmenregelungen, die durch die Länder in ihren Kitagesetzen umgesetzt werden müssen. Kostenpflichtig für diese Maßnahmen sind die Landkreise und Städte, also indirekt die Länder.

Ziele von **Tageseinrichtungen** und **Kindertagespflege** sind nach § 22 Abs. 2 SGB VIII: **112**
– die Förderung der Entwicklung des Kindes zu einer eigenverantwortlichen und gemeinschaftsfähigen Persönlichkeit,
– die Unterstützung und Ergänzung der Erziehung in der Familie und
– die Hilfe für die Eltern, Erwerbstätigkeit und Kindererziehung besser miteinander vereinbaren zu können.

Definitionen der möglichen Unterbringung sind in § 22 Abs. 1 SGB VIII enthalten: **113**
– **Tageseinrichtungen** zeichnen sich durch Förderung von Kindern in Gruppen in einer Einrichtung für einen Teil des Tages oder ganztags aus
– **Kindertagespflege** wird von einer geeigneten Tagespflegeperson (Tagesmutter) in ihrem Haushalt oder im Haushalt der Eltern erbracht.

Die Abgrenzung beider wird – insb. im Hinblick auf künftige Entwicklungen – dem Landesrecht überlassen.

Für die **Tageseinrichtungen** (§§ 22 Abs. 1 Satz 1, 22a SGB VIII) sind folgende Unter-   **114** scheidungen im Gesetz genannt oder üblich:
– **Krippe:** 0 bis drei Jahre
– **Kindergarten:** drei Jahre – Schuleintritt
– **Hort:** Schuleintritt – 10/12/14 Jahre.

Die Rechtsansprüche sind je nach Altersstufe unterschiedlich.

---

26 Vgl. *Wiesner*, Kindschaftsrecht und Jugendhilfe, S. 224 ff. Heft 6, 2009.

Ist das Kind noch nicht ein Jahr alt und besteht ein besonderer Bedarf (bei dem Kind oder bei den Eltern) ist es gem. § 24 Abs. 1 SGB VIII zu fördern.

115 Seit 2013 haben nun Kinder zusätzlich zwischen eins und drei Jahren einen subjektiven Rechtsanspruch auf (Regel-)Förderung, der früher schon für Kinder zwischen drei und sechs Jahren bestand. Hinsichtlich von **Ganztagesplätzen** oder alternativer Kindertagespflege besteht nur eine objektiv-rechtliche Hinwirkungspflicht zum Vorhalt eines bedarfsgerechten Angebotes der öffentlichen Jugendhilfe gem. § 24 Abs. 2 Satz 2 und § 24 Abs. 3 Satz 2 SGB VIII.

Landesrechtliche Regelungen können über diese bundesrechtlich fixierten Standards hinausgehen.

116 § 22a SGB VIII (Förderung in Tageseinrichtungen) schreibt für die Jugendämter die Erstellung von u.a.:
- ein pädagogisches Konzept,
- die Qualitätssicherung und -entwicklung,
- die Evaluation der Arbeit,
- Zusammenarbeitspflicht mit Eltern, Tagespflegepersonen, Schulen und anderen an der Erziehung bzw. dem Aufwachsen beteiligten Institutionen und
- Sicherstellung einer anderweitigen Betreuungsmöglichkeit während der Schließzeiten in den Ferien vor.

Außerdem muss das JA die Einhaltung dieser Grundsätze bei freien Trägern sicherstellen.

117 **Kindertagespflege** (§§ 22 Abs. 1 Satz 2, 23 SGB VIII) wird durch eine nicht zur Kleinfamilie gehörende, geeignete Person erbracht:
- im elterlichen Haushalt oder
- im Haushalt der Tagespflegeperson.

118 Die **Förderung in Kindertagespflege** »nach Maßgabe von § 24 SGB VIII« umfasst nach § 23 Abs. 1 SGB VIII die **Vermittlung** einer geeigneten Tagespflegeperson, soweit diese nicht von den Eltern selbst »beschafft« wird, die **fachliche Beratung, Begleitung und weitere Qualifizierung** sowie die Zahlung von **Pflegegeld**. Das Pflegegeld setzt sich nach § 23 Abs. 2 SGB VIII zusammen aus:
- dem **Sachaufwand** der Pflegeperson (bei Betreuung im Haushalt der Pflegeperson: z.B. Verpflegungs-, Verbrauchskosten; andernfalls: Fahrtkosten, Wegezeitentschädigung),
- Anerkennung der **Förderleistung** (nach zeitlichem Aufwand und evtl. nach Alter des Kindes),
- der Erstattung nachgewiesener **Aufwendungen** für Beiträge zu einer Unfallversicherung,
- der **hälftigen Erstattung** nachgewiesener Aufwendungen zu einer angemessenen **Alterssicherung**, Krankenvers. und Pflegevers.

119 Die Höhe des Pflegegeldes wird in der Regel vom Landesjugendamt festgesetzt, das sich dabei an Empfehlungen des Deutschen Vereins orientiert wird. Das Pflegegeld

muss vom JA aber nur gezahlt werden, wenn die Bedarfskriterien des § 24 Abs. 3 SGB VIII vorliegen (s.o.) (§ 24 Abs. 5 Satz 2 SGB VIII). Großeltern und andere Verwandte können Tagespflegeperson sein. Da Großeltern aber – nachrangig nach den Eltern und soweit sie überhaupt leistungsfähig sind – gem. §§ 1603, 1606 Abs. 2 BGB unterhaltspflichtig sind, erhalten sie Pflegegeld nur nach Ermessen.

Die Geeignetheitskriterien für die Kindertagespflege nennt § 23 Abs. 3 SGB VIII;   **120** unter anderem sollen sie über vertiefte Kenntnisse in der Kindertagespflege verfügen, die sie in qualifizierten Lehrgängen erworben oder in anderer Weise nachgewiesen haben.[27] Nähere Regelungen darüber sind bereits oder werden durch Landesrecht gem. § 26 erlassen.

Nach § 25 soll die **selbstorganisierte Förderung von Kindern** (z.B. haben Eltern in   **121** einem Wohngebiet die Nachmittagsbetreuung ihrer schulpflichtigen Kinder selbst organisiert) unterstützt werden. Das Nähere regelt § 74 Abs. 1 Satz 1.

4. Hilfe zur Erziehung, Eingliederungshilfe für seelisch behinderte Kinder und Jugendliche, Hilfe für junge Volljährige

Der 4. Abschnitt (§§ 27 bis 41 SGB VIII) ist in **vier Unterabschnitte** gegliedert. Der   **122** 1. **Unterabschnitt** befasst sich mit der Hilfe zur Erziehung (HzE). Es handelt sich dabei um eines der wichtigsten, vielleicht das wichtigste Arbeitsfeld für Sozialarbeiter/innen im Bereich der Jugendhilfe. § 27 SGB VIII nennt die Voraussetzungen für und die Grundsätze bei Gewährung von HzE. Soweit die Voraussetzungen für die Gewährung von HzE erfüllt sind, steht der Rechtsanspruch auf Gewährung dem Personensorgeberechtigten (also in der Regel den Eltern) zu. Gegen den Willen der Eltern wird keine HzE gewährt; wenn das JA HzE für erforderlich hält, die Eltern sich dagegen sträuben und ein Fall von Kindeswohlgefährdung vorliegen könnte, muss das JA gem. § 8a Abs. 2 SGB VIII das FamG anrufen (s. Rdn. 70, 82). Die Voraussetzungen für die Gewährung von HzE sind:

Eine dem **Wohl des Kindes/Jugendlichen entsprechende Erziehung ist nicht gewähr-**   **123** **leistet** und ein Erziehungsdefizit liegt bereits vor oder ist absehbar (»das Kind muss nicht bereits in den Brunnen gefallen sein«).

Um den Begriff »**Wohl des Kindes**« fassbarer zu machen, empfiehlt es sich, an den Komponenten des § 1666 BGB anzuknüpfen.

Zum Wohl eines Kindes gehören das **körperliche Wohl** (ausreichende, gesunde Ernäh-   **124** rung, Gesundheitsfürsorge, angemessene Kleidung usw.), das **geistige Wohl** (Überwachung des Schulbesuchs, Hausaufgabenbetreuung usw.) und das **seelische Wohl** (Zuneigung, Geborgenheit, Vermittlung von Werten und Normen).

Weitere Voraussetzungen von § 27 SGB VIII sind: **125**

---

27 Tagespflegepersonen müssen i.d.R. einen 6-wöchigen Kurs absolvieren.

- HzE ist zur Behebung der Mängellage generell **geeignet**. Der Erziehungsnotstand ist mit den sozialpädagogischen und therapeutischen Mitteln der Jugendhilfe voraussichtlich behebbar.
- HzE ist **notwendig**: gibt es Alternativen? (z.B. wenn andere Leistungen des Gesetzes, z.b. Kindertagespflege nach §§ 22 ff. SGB VIII, ausreichen, ist HzE nicht notwendig).
- Antrag/Einverständnis des Personensorgeberechtigten.

126 Sind diese Voraussetzungen erfüllt, muss nach Abs. 2 die Auswahl der konkreten HzE – nach pädagogischen Aspekten, zugeschnitten auf den Einzelfall (**Einzelfallorientierung**), unter Einbeziehung des sozialen Umfelds (**Lebensweltorientierung**) und nach einem Klärungs- und Entscheidungsprozess nach § 36 – aus dem nicht-abschließenden Katalog der §§ 28 bis 35 SGB VIII erfolgen. Die HzE ist im Regelfall im Inland zu erbringen. Die HzE umfasst insb. pädagogische und damit verbundene therapeutische Leistungen. Immerhin werden jährlich ca. 500.000 Leistungen im HzE-Bereich begonnen.[28] Die Kosten hierfür betragen ca. 9 Mrd. E. Es liegt auf der Hand, dass der Qualität des Aushandlungsprozesses zwischen Eltern, Kindern und Jugendlichen, dem JA und den ggf. einzuschaltenden freien Trägern hohe fachliche Bedeutung zukommt. Je passgenauer die Hilfe, desto geringer die Gefahr des Drehtüreffekts bzw. des Abbruchs bzw. Nichtgelingens der intendierten Hilfe.

127 Der Katalog der §§ 28 bis 35 SGB VIII weist nun eine gewisse Steigerung auf: nach Gewicht des Erziehungsproblems, Intensität der Hilfe und entstehenden Kosten; von den **ambulanten** über die **teilstationären** bis zu den **stationären** Hilfen oder von der **familienunterstützenden**, zur **familienergänzenden** oder zur **familienersetzenden** Hilfe. Wenn z.B. die Sozialpädagogische Familienhilfe (SpFH) nach § 31 SGB VIII ausreicht, darf nicht zur Heimunterbringung nach § 34 SGB VIII gegriffen werden!

Hier sollen zunächst die **ambulanten** Hilfen dargestellt werden.

128 Die **Erziehungsberatung** nach § 28 SGB VIII will Kinder, Jugendliche, Eltern und andere Erziehungsberechtigte bei Klärung und Bewältigung individueller und familienbezogener Probleme, der Lösung von Erziehungsfragen und bei Trennung und Scheidung unterstützen, wobei Fachkräfte verschiedener Fachrichtungen mit unterschiedlichen methodischen Ansätzen zusammenwirken sollen. Dieses Angebot ist wichtig, weil der niedrigschwellige Zugang zu den Beratungsstellen die Inanspruchnahme erleichtert und der erzieherische Bedarf erst im Beratungsprozess geführt wird.

129 § 29 SGB VIII sieht als Adressaten für **soziale Gruppenarbeit** ältere Kinder und Jugendliche (ab 12 Jahren) vor: durch soziales Lernen in der Gruppe (zeitlich begrenzte oder fortlaufende) sollen Entwicklungsschwierigkeiten und Verhaltensprobleme

---

28 Nachweis bei *Münder/Trenczek*, S. 193, 2015 wurden begonnen nach: § 28 SGB VIII ca. 300.000, § 29 SGB VIII ca. 7.000, § 30 SGB VIII ca. 27.000, § 31 SGB VIII ca. 45.000, § 32 SGB VIII ca. 7.700, § 33 SGB VIII ca. 16.000, § 34 SGB VIII ca. 50.000, § 35 SGB VIII ca. 4000 und § 35 a SGB VIII ca. 28.000 Hilfen zur Erziehung.

überwunden werden; ein sozialer Trainingskurs kommt auch für straffällige Jugendliche nach § 10 Abs. 1 Nr. 5 JGG in Betracht.

Der **Erziehungsbeistand/Betreuungshelfer** (letzteres als Weisung nach § 10 Abs. 1   **130**
Nr. 5 JGG) zielt auf Verhaltensänderung bei Kindern und Jugendlichen durch Unterstützung bei der Bewältigung von Entwicklungsproblemen (Schulische Probleme, Drogenprobleme) und Förderung der Verselbständigung ab.

Die **Sozialpädagogische Familienhilfe** (SpFH) nach § 31 SGB VIII soll durch inten-   **131**
sive Betreuung und Begleitung Familien bei Erziehungsaufgaben, der Bewältigung von Alltagsproblemen (Haushalt), der Lösung von Konflikten und Krisen, im Umgang mit Ämtern und Institutionen unterstützen und dabei Hilfe zur Selbsthilfe vermitteln; sie soll auch die drohende Fremdunterbringung der Kinder vermeiden. Die SpFH ist die am meisten in Anspruch genommene Hilfe. Leider haben sich die durchschnittliche Dauer und Intensität der Hilfe in den letzten Jahren verkürzt.

§ 32 SGB VIII sieht als **teilstationäre Hilfe** die Erziehung in der **Tagesgruppe** oder   **132**
in qualifizierter Familienpflege für Kinder und Jugendliche (sieben bis 15 Jahren) vor:
–   soziales Lernen in der Gruppe,
–   verlässliche Versorgung,
–   Begleitung der schulischen Förderung (Hausaufgabenbetreuung usw.) und
–   Elternarbeit soll die Entwicklung des Minderjährigen unterstützen und eine drohende Fremdunterbringung vermeiden.

Die **Vollzeitpflege** nach § 33 SGB VIII sieht die Herausnahme des Kindes/Jugendli-   **133**
chen aus der Herkunftsfamilie und die Unterbringung und Erziehung über Tag und Nacht in einer Pflegefamilie vor: sie ist als Kurzzeitpflege (Bereitschaftspflege) möglich (z.B. bei Inobhutnahme nach § 42) oder ist auf Dauer (Dauerpflegestelle) angelegt. Für besonders verhaltens- und entwicklungsgestörte Kinder kommen auch **heil- oder sonderpädagogische Pflegestellen** in Betracht. Soweit überhaupt möglich, sollen in der Zwischenzeit die Erziehungsbedingungen gem. § 37 Abs. 1 SGB VIII in der Herkunftsfamilie verbessert werden (Elternarbeit). Die freien Träger sind oft z.B. wegen fehlender Ortsnähe dazu nicht in der Lage und die Jugendämter sind überfordert.

§ 34 SGB VIII regelt die **Heimerziehung** und die **sonstige betreute Wohnform.**

Adressaten sind Kinder (jedoch keine Kleinkinder) und Jugendliche. Der Bezug zum Jugendstrafrecht besteht gem. § 12 JGG.

Die Ziele sind: Förderung der Entwicklung, nach Möglichkeit Verbesserung der   **134**
Erziehungsbedingungen in der Herkunftsfamilie, andernfalls Vorbereitung auf die Erziehung in einer anderen Familie oder bieten einer auf längere Zeit angelegten Lebensform.

Die Methoden sind: Verbindung von Alltagserleben mit pädagogischen und thera-   **135**
peutischen Angeboten. Die **geschlossene Unterbringung** in einem Heim wäre nach § 1631b BGB nur mit Genehmigung des FamG möglich; in vielen Bundesländern gibt es solche Einrichtungen nicht. Für Jugendliche kommt als Übergangsstufe

zwischen Heim und selbständiger Lebensführung die **sonstige betreute Wohnform** (Wohngruppe usw.) in Betracht.

136 Die **intensive sozialpädagogische Einzelbetreuung** nach § 35 SGB VIII kommt nur für Jugendliche in besonders gefährdeten Lebenssituationen, die sich Familie, Schule und Ausbildung weitgehend entzogen haben, in Betracht, z.b. aus dem Drogen-, Prostituierten-, Nichtsesshaftenmilieu. Diese Hilfe erfordert eine hohe Betreuungsintensität durch eine erfahrene Fachkraft.

137 Diese vorgenannten HzE-Maßnahmen sind Beispiele und können gem. § 27 Abs. 2 SGB VIII»insbesondere« durch Anspruchsberechtigte und JA erweitert werden. Dies geschieht in der Praxis selten und man spricht daher von der »**Versäulung der Hilfen**«.

Der 2. Unterabschnitt (§ 35a) befasst sich mit der **Eingliederungshilfe für seelisch behinderte** Kinder und Jugendliche (vgl. Ausführungen zur Abgrenzung §§ 53, 54, SGB XII in Kap. 14 Rdn. 246).

138 Zur Feststellung, ob ein Minderjähriger seelisch behindert oder von einer solchen Behinderung bedroht ist, bedarf es zunächst der Stellungnahme eines Facharztes oder Fachpsychologen. Danach muss das JA nach Abs. 2 entscheiden, in welcher Form die Eingliederungshilfe gewährt wird: ambulant, teilstationär, stationär oder in einer Pflegefamilie. Der Umfang der Hilfe bestimmt sich nach §§ 53 ff. SGB XII, Abs. 3. Wenn zu der seelischen Behinderung auch noch Erziehungsdefizite vorliegen, die HzE erfordern, sind nach Abs. 4 die Hilfen möglichst »aus einer Hand« zu leisten, so dass etwa in einer Einrichtung medizinische, betreuerische und therapeutische, schulische und berufliche Maßnahmen erbracht werden. Die UN-Behindertenkonvention verpflichtet die Bundesrepublik gem. Art. 7 zur **Inklusion** dieses Personenkreises.

Der 3. Unterabschnitt (§§ 36 bis 40 SGB VIII) enthält gemeinsame Vorschriften für die Hilfe zur Erziehung und die Eingliederungshilfe für seelisch behinderte Kinder und Jugendliche.

139 Nach § 36 sind vor jeder Entscheidung auf HzE bzw. deren Änderung Eltern und Kind/ Jugendlicher zu beraten und auf die möglichen Folgen hinzuweisen, ihr Wunsch- und Wahlrecht ist zu beachten, und bei einer langfristigen Hilfe ist – unter Beteiligung der Fachkraft einer Adoptionsvermittlungsstelle – zu prüfen, ob eine Adoption in Betracht kommt. Wenn die Hilfe für eine längere Zeit (über ein halbes Jahr hinaus) zu leisten ist, sollen mehrere Fachkräfte zusammenwirken. In jedem Fall ist zusammen mit den Eltern und dem Minderjährigen – und soweit die Hilfe durch einen freien Träger erbracht werden soll, auch einer Fachkraft dieses Trägers – ein **Hilfeplan** zu erstellen, der folgenden Mindestinhalt haben muss:

– Feststellungen über den Bedarf,
– die Hilfeart,
– notwendige Leistungen,
– zeitliche Dauer und
– Frist für die Überprüfung.

Bei seelischer Behinderung soll auch der Facharzt oder Fachpsychologe bei der Hilfe-   **140**
planerstellung mitarbeiten, bei beruflichen Maßnahmen auch ein Vertreter der Arbeitsagentur. Nach § 36a SGB VIII trägt das JA die **Steuerungsverantwortung.** Das JA
trägt die Kosten der Hilfe nur dann, wenn sie auf der Grundlage seiner Entscheidung
nach § 36 SGB VIII erbracht wird. Hat das FamG die Eltern oder das Jugendgericht
den Jugendlichen/jungen Volljährigen zur Inanspruchnahme von Hilfen verpflichtet,
gilt das Gleiche: Häufig werden aber in der Straftat eines Jugendlichen auch erzieherische Defizite deutlich, so dass die Voraussetzungen für die Kostentragung durch das
JA – etwa für Betreuungsweisung oder sozialen Trainingskurs – vorliegen.

Haben Leistungsberechtigte sich Hilfen selbst beschafft, trägt das JA die Kosten nur
unter den Voraussetzungen des § 36 a Abs. 3 SGB VIII.

§ 37 SGB VIII verpflichtet das JA, bei Hilfen außerhalb der eigenen Familie auf   **141**
Zusammenarbeit zwischen den Beteiligten (Eltern, Kind/Jugendlicher, Pflegeperson/
Heimerzieher, Jugendamt) hinzuwirken. Durch das BKiSchG wurde Abs. 2a eingefügt,
weil der § 86 Abs. 6 SGB VIII bei einem zweijährigem Aufenthalt eines Pflegekindes
bei einer Pflegeperson, die einen anderen Wohnsitz außerhalb des Geltungsbereiches
des JA der Eltern haben, einen Wechsel der Zuständigkeit des JA bedingt, entfallen sollte und nunmehr doch weiter gilt. Deshalb ist in Abs. 2a geregelt, dass durch
den Ortswechsel der ursprüngliche Hilfeplan nur unter bestimmten Voraussetzungen
geändert werden darf. Damit soll die Kontinuität des Umfangs und der Art der Pflege
sichergestellt werden.

Nach § 38 SGB VIII hat das JA bei Streit zwischen Eltern und Pflegeeltern/Heim-   **142**
leitung zu vermitteln. Die Zuständigkeitsverteilung zwischen den sorgeberechtigten
Eltern und Erziehungsperson ist in §§ 1687 Abs. 1 Satz 3, 1688 geregelt; es kommt
maßgeblich darauf an, ob es sich um eine **Angelegenheit des täglichen Lebens** oder
eine **grundlegende Entscheidung** für das weitere Leben des Minderjährigen handelt.
§§ 39, 40 SGB VIII sehen – als Annexleistung zu teilstationären oder stationären
Jugendhilfeleistungen (vgl. Rdn. 122 ff.) – wirtschaftliche Jugendhilfe (Unterhalt,
Krankenhilfe) vor. Der gesamte regelmäßig wiederkehrende Bedarf soll durch laufende Pauschalleistungen (Unterhalt, Erziehungsleistung, Taschengeld usw.), daneben kommen einmalige Beihilfen – etwa zur Erstausstattung einer Pflegestelle oder
zu Ferienreisen des Minderjährigen – in Betracht. Zum Umfang der Krankenhilfe
verweist § 40 SGB VIII auf die §§ 47 ff. SGB XII.

Der 4. Unterabschnitt (§ 41 SGB VIII) betrifft die Hilfe für **junge Volljährige** und   **143**
Nachbetreuung. Danach soll Hilfe für die Persönlichkeitsentwicklung und zu einer
eigenverantwortlichen Lebensführung gewährt werden, wenn und solange die Hilfe
aufgrund der individuellen Situation des jungen Menschen notwendig ist: erstmalige
Hilfe in der Regel nur bis zum 21. Lebensjahr, **Fortsetzung** der Hilfe in begründeten
Einzelfällen auch über das 21. Lebensjahr hinaus. Abs. 2 verweist für die Ausgestaltung der Hilfe auf § 27 Abs. 3 und 4, §§ 28 bis 30, 33 bis 36, 39, 40 SGB VIII nicht
möglich sind also: SpFH, Erziehung in Tagesgruppe. Nach Abs. 3 soll der junge Volljährige auch nach Beendigung der Hilfe nachbetreut werden. Klassischer Fall wäre –

Ein 19-Jähriger, wenig gefestigter junger Mann, wird nach Verbüßung einer mehrjährigen Jugendstrafe entlassen und soll im betreuten Wohnen untergebracht werden. § 41 SGB VIII ist i.Ü. vorrangig vor der Hilfe zur Überwindung besonderer sozialer Schwierigkeiten nach §§ 67, 68 SGB XII, § 10 Abs. 2 Satz 1 SGB VIII (vgl. Rdn. 87 ff.). Angesichts vieler Sparmaßnahmen unterliegt gerade die Anwendung des § 41 SGB VIII einem hohen Druck.

III. Andere Aufgaben der Jugendhilfe

144   Das 3. Kap. (§§ 42 bis 60 SGB VIII) regelt die **anderen Aufgaben** der Jugendhilfe. Zu den grundsätzlichen Unterschieden zwischen anderen Aufgaben und Leistungen vgl. Ausführungen unter Rdn. 50 ff.

1. Die Inobhutnahme

145   Der 1. Abschnitt »Vorläufige Maßnahmen zum Schutz von Kindern und Jugendlichen« (§ 42) befasst sich mit der **Inobhutnahme** von Kindern und Jugendlichen. Inobhutnahme ist – unter den Voraussetzungen des § 42 – die Berechtigung und Verpflichtung des JA zur vorläufigen Unterbringung eines Minderjährigen bei einer geeigneten Pflegeperson, in einer geeigneten Einrichtung oder in einer sonstigen betreuten Wohnform. Fälle der Inobhutnahme sind nach Abs. 1:
– der Minderjährige bittet um **Obhut** (**Selbstmelder**), Nr. 1: z.B. Kind erklärt im JA, wegen der Prügel durch den Vater gehe es nicht mehr nach Hause,
– von Amts wegen: wenn eine **dringende Gefahr** für das Wohl des Minderjährigen die Inobhutnahme erfordert und die Personensorgeberechtigten (PSB) nicht widersprechen oder (im Fall des Widerspruchs) die **Entscheidung des FamG nicht rechtzeitig eingeholt** werden kann, Nr. 2: z.B. 14-jährige Jugendliche wird an einem bekannten Ort für Drogenhandel/Jugendstrich angetroffen, es stellt sich heraus, dass sie von zu Hause seit Tagen ausgerissen ist und bei Freiern übernachtet; den Eltern ist egal, »was mit ihr passiert«.
– **von Amts wegen**, Nr. 3: unbegleiteter ausländischer Minderjähriger, insb. Flüchtling.

146   Im Fall von Abs. 1 S. 2 hat das JA jetzt auch die Befugnis, den Minderjährigen aus der eigenen Familie, Pflegefamilie usw. herauszunehmen (Satz 2 letzter Halbs.), notfalls mit unmittelbarem Zwang (Vollzugshilfe durch die Polizei) (Abs. 6). Zu § 8a Abs. 3 Satz 2 SGB VIII besteht ein enger Zusammenhang. Wie schon die Überschrift des 1. Abschnitts zeigt, ist § 42 SGB VIII nur Rechtsgrundlage für vorläufige (max. etwa 2 bis 6 Wochen), nicht für langfristige Maßnahmen. Die Anordnung der Inobhutnahme ist ein hoheitlicher Akt, der nicht freien Trägern überlassen werden darf, weil Jugendämter u.U. keinen Nacht- bzw. Bereitschaftsdienst haben. Pflichten des JA bzw. des freien Trägers (wenn diesem die Ausführung der Aufgabe nach § 76 SGB VIII übertragen ist) sind:
– Anordnung der Inobhutnahme, oft Transport durch die Polizei,
– Unterbringung bei einer geeigneten Pflegeperson usw.,
– Sicherstellung des notwendigen Unterhalts und der Krankenhilfe.

- dem Minderjährigen ist unverzüglich Gelegenheit zur Information einer Person seines Vertrauens zu geben,
  - unverzügliche Benachrichtigung des PSB bzw.
  Erziehungsberechtigten und bei dessen Widerspruch: entweder unverzügliche Übergabe des Minderjährigen oder – bei Gefährdung des Kindeswohls – Herbeiführen einer Eilentscheidung des FamG; letzteres auch bei Nichterreichen des PSB,
  - Kontakt zu den Eltern bestimmt das JA dann das FamG,
- Personensorge (Sorge für das Wohl des Kindes), Vornahme notwendiger Rechtshandlungen,
- Klärung der Situation, die zur Inobhutnahme geführt hat, Beratung, Perspektiven
- Entwicklung für Hilfen und Unterstützung, evtl. Einleitung eines Hilfeplanverfahrens und

bei unbegleiteten ausländischem Minderjährigen: u.a. Veranlassen der Bestellung eines Vormunds (s. Ausführungen Rdn. 177 ff. zu den UMA).

Die Inobhutnahme selbst ist keine freiheitsentziehende Maßnahme; freiheitsentziehende Maßnahmen sind gem. § 42 Abs. 4 SGB VIII nur bei Gefahr für Leib oder Leben zulässig, und – ohne richterliche Genehmigung(§ 1931 b BGB) – spätestens um 24 Uhr des nächsten Tages zu beenden.   **147**

So z.B. im obigen Fall, wenn sich herausstellt, dass bei einer 14-jährigen Drogenabhängigen heftige, mit Lebensgefahr verbundene, Entzugserscheinungen auftreten und sie – gegen ihren Willen – in die geschlossene Abteilung eines psychiatrischen Krankenhauses (Unterbringungsgesetze der Länder) gebracht werden soll.   **148**

Die Inobhutnahme endet nach Abs. 4 entweder: **149**
- mit der Übergabe des Minderjährigen an den PSB oder
- der Entscheidung über die Gewährung von Hilfen nach dem SGB (z.B. Gewährung von Vollzeitpflege, §§ 27, 33 SGB VIII).[29]

2. Schutz von Kindern und Jugendlichen in Familienpflege und in Einrichtungen

Der 2. Abschnitt (§§ 43 bis 49 SGB VIII) befasst sich mit dem Schutz von Kindern und Jugendlichen in **Familienpflege** und in **Einrichtungen**. Nach § 43 SGB VIII braucht die **Tagespflegeperson**[30] (vgl. § 23 SGB VIII), die   **150**
- Kinder außerhalb ihrer Wohnung (z.B. im Haushalt der Tagesmutter),
- mehr als 15 Stunden/Woche,
- gegen Entgelt,
- länger als 3 Monate betreuen will,

die Erlaubnis des JA. Ein erweitertes Führungszeugnis gem. § 72 a SGB VIII ist beizubringen.

---

29 Von den ca. 78.000 Inobhutnahmen 2015 dauerten ca. 38.000 länger als 15 Tage.
30 Ca. 55.000 Pflegeerlaubnisse wurden in der Bundesrepublik erteilt.

151 Die Erlaubnis darf nur bei Erfüllung der **Eignungsvoraussetzungen** erteilt werden; sie berechtigt zur Betreuung von bis zu fünf fremden Kindern (durch Landesrecht einschränkbar) und ist auf fünf Jahre befristet. Die Tagespflegeperson muss das JA über wichtige Ereignisse, die für die Betreuung bedeutsam sind, informieren.

152 § 44 SGB VIII befasst sich mit der Vollzeitpflege (§ 33 SGB VIII). Die **Pflegeperson** (beachte den Unterschied in der Terminologie!) braucht grds. eine Pflegeerlaubnis. Hiervon gibt es zahlreiche Ausnahmen: für **Kurzzeitpflege**, für nahe Verwandte oder, wenn die Eignung bereits vorher durch das JA oder andere staatliche Stellen geprüft wurde, ist keine Pflegeerlaubnis erforderlich. Kriterium für die Erteilung oder Versagung der Pflegeerlaubnis ist, ob das Wohl des Minderjährigen in der Pflegestelle gesichert ist.

153 Absätze 2 und 3 sehen eine Überprüfungspflicht durch das JA und den Widerruf (bei rechtmäßiger Erteilung) oder die Rücknahme (bei rechtswidriger Erteilung) der Pflegeerlaubnis vor.

154 Die §§ 45 bis 48a SGB VIII befassen sich mit den Voraussetzungen für den Betrieb einer Einrichtung (Heimaufsicht). Grundsätzlich bedarf es für Einrichtungen (Kita, Heim, betreutes Wohnen usw.) einer **Betriebserlaubnis** des Landesjugendamtes, welches gem. § 85 Abs. 2 Nr. 6 SGB VIII, für die Heimaufsicht zuständig ist. Vom Erfordernis der Betriebserlaubnis durch das LJA gibt es zahlreiche Ausnahmen, wenn durch eine andere Behörde (wie Schulaufsicht oder Gesundheitsbehörden) Überprüfungen stattfinden. Kritisiert wurde u.a., dass die Flüchtlingsunterkünfte, obwohl sich dort oft zahlreiche schutzbedürftige Kinder aufhalten, keiner Betriebserlaubnis bedürfen.[31] An der Überprüfung vor Ort hat das LJA auch das örtliche JA zu beteiligen (§ 46 Abs. 1 SGB VIII). Der Träger der Einrichtung hat bestimmte Meldepflichten (§ 47 SGB VIII). Das LJA kann bei fehlender Eignung dem Leiter oder einem Mitarbeiter der Einrichtung die Tätigkeit untersagen (§ 48 SGB VIII). Der § 45 SGB VIII ist durch das BKiSchG neu gefasst worden.

§ 48a SGB VIII stellt klar, dass die Vorschriften auch für betreutes Wohnen gelten, und § 49 SGB VIII überlässt den Ländern die Regelung des »Näheren«.

3. Mitwirkung in gerichtlichen Verfahren

155 Der 3. Abschnitt (§§ 50 bis 52 SGB VIII) befasst sich mit der Mitwirkung des JA bzw. von anerkannten freien Trägern (über § 76 SGB VIII) im gerichtlichen Verfahren. § 50 SGB VIII betrifft die Mitwirkung in Verfahren vor den Familiengerichten (FamG) (Familiengerichtshilfe – FamGH). Hier besteht ein enger Zusammenhang zu den § 162 FamFG. Nach diesen Vorschriften müssen FamG das JA in Kindschaftssachen, die Minderjährige betreffen, anhören, z.B. wenn es um
– den Umgang mit dem Kind nach §§ 1632 Abs. 2, 1684, 1685 BGB,
– Maßnahmen bei Gefährdung des Kindeswohls nach §§ 1666 f. BGB oder

---

31 Vgl. Stellungnahme des BUMF.

- die elterliche Sorge bei Getrenntleben/Scheidung der Eltern nach §§ 1671 f. BGB geht.

§ 50 SGB VIII verpflichtet nun das JA zur **Mitwirkung im gerichtlichen Verfahren,**   156
das JA muss dabei über angebotene und erbrachte (auch: von den Eltern abgelehnte)
Leistungen berichten, erzieherische und soziale Aspekte einbringen und dem Gericht
Vorschläge machen. Dies wird als gutachtliche Stellungnahme bezeichnet. Die Stellungnahme kann je nach JA und FamG unterschiedliche Strukturen und Inhalte aufweisen. Die Literatur zu diesem Bereich ist dünn.[32]

§ 51 SGB VIII enthält **umfangreiche Beratungs- und Belehrungspflichten** des JA   157
im Adoptionsverfahren für einen Elternteil, der nicht in die Adoption einwilligen
will, bzw. des Vaters des Kindes, der mit der Mutter nicht verheiratet und auch nicht
sorgeberechtigt ist.

§ 52 SGB VIII betrifft die **Mitwirkung in Verfahren vor dem Jugendgerichtsgesetz,**   158
also die Tätigkeit der Jugendgerichtshilfe (JGH) in Strafverfahren gegen Jugendliche
und Heranwachsende. Daneben regeln auch §§ 38, 43 Abs. 1, 50 Abs. 3 JGG die
Aufgaben der JGH, wozu unter anderem gehören:

- **Ermittlungshilfe** im Jugendstrafverfahren hinsichtlich Lebens- und Familienver-
  hältnissen, schulischer und beruflicher Ausbildung, Persönlichkeit und Reifegrad
  des Beschuldigten,
- **frühzeitiges Prüfen und Anbieten** von Jugendhilfeleistungen, evtl. Vermittlung
  an einen freien Träger zur Durchführung eines sozialen Trainingskurses oder eines
  Täter-Opfer-Ausgleichs,
- **Bericht** an Richter oder Staatsanwalt über die Teilnahme, um möglicherweise die
  Verfahrenseinstellung zu erreichen,
- pädagogisch sinnvoller **Sanktionsvorschlag,**
- **Überwachen von Auflagen und Weisungen** (soweit nicht ein Bewährungshelfer
  zuständig ist) und
- **Halten von Kontakt** während der Inhaftierung.[33]

4. Beistandschaft, Pflegschaft und Vormundschaft für Kinder und Jugendliche, Auskunft über Nichtabgabe von Sorgeerklärungen

Zum Verständnis des 4. Abschnitts (§§ 52a bis 58a SGB VIII) sind die Ausführungen   159
im Familienrecht über Beistandschaft (§§ 1712 ff. BGB), Pflegschaft (§ 1909 BGB)
und Vormundschaft (§§ 1773 ff. BGB) einschließlich der Amtsvormundschaft des
JA bei Geburt eines Kindes durch eine minderjährige ledige Mutter (§§ 1673 Abs. 2,
1773 Abs. 1, 1791c BGB) wichtig.[34]

---

32 *Oberloskamp u.a.*, Gutachtliche Stellungnahmen in der sozialen Arbeit, 2017.
33 Vgl. Ausführung in Kap. 15 Strafrecht.
34 Vgl. die Ausführungen zum Familienrecht in Kap. 12 Rdn. 47 ff.

160 § 52 a SGB VIII verpflichtet das JA zur **umfassenden Beratung und Unterstützung** der **nicht-verheirateten Mutter** bei **Vaterschaftsfeststellung** und **Geltendmachung** von **Unterhaltsansprüchen** (vgl. dazu auch § 18 Abs. 1, 2 SGB VIII, §§ 1712 ff. BGB).

Nach § 53 SGB VIII hat das JA **Pfleger** und **Vormünder** zu beraten und zu unterstützen.

§ 54 SGB VIII betrifft die Erlaubnis zur Übernahme von **Vereinsvormundschaften.**

161 Soweit das JA (selbst) **Beistand, Amtsvormund oder Amtspfleger**[35] ist,hat es die Ausübung dieser Funktionen einzelnen Beamten oder Angestellten zu übertragen (§ 55 Abs. 2), die dann eine gewisse unabhängige Stellung in ihrem Aufgabengebiet haben. Ein Vormund soll nicht mehr als 50 Fälle führen und hat persönlichen Kontakt zum Mündel einmal im Monat (§ 1793 BGB) zu halten. Das JA hat in der Regel jährlich zu prüfen, ob im Interesse des Minderjährigen seine – des JA – Entlassung als Amtspfleger/Amtsvormund und die Bestellung einer Einzelperson (z.b. der Großmutter des Kindes im Fall des § 1791c BGB) oder eines Vereins angezeigt ist (§ 56 Abs. 4 SGB VIII).

162 Die allein-sorgeberechtigte Mutter (§ 1626 a Abs. 2 BGB) kann eine schriftliche Bescheinigung darüber (Nichtabgabe der Sorgeerklärung) z.b. zur Vorlage bei Anmeldung des Kindes zur Schule, bei Einwilligung in Operation des Kindes, gem. § 58a SGB VIII verlangen.

5. Beurkundung und Beglaubigung, vollstreckbare Urkunden

163 Im 5. Abschnitt (§§ 59, 60 SGB VIII) geht es um **Beurkundung** und **Beglaubigung** sowie die Erteilung **vollstreckbarer Urkunden.**

164 Nach § 59 SGB VIII ist es möglich, beim Urkundsbeamten des JA schnell und preiswert (daneben auch beim Notar oder beim Standesamt) wichtige Erklärungen beurkunden und beglaubigen zu lassen, z.B. Vaterschaftsanerkennung, Verpflichtung zur Zahlung von Unterhalt, gemeinsame Sorgeerklärungen.

165 § 60 SGB VIII regelt, dass aus einer solchen vollstreckbaren Urkunde, soweit die Verpflichtung zur Zahlung eines bestimmten Unterhaltsbetrages anerkannt ist, die Zwangsvollstreckung betrieben werden kann.

IV. Schutz von Sozialdaten gem. SGB VIII

166 Aus dem Grundrecht auf **informationelle Selbstbestimmung** (Art. 1, 2 Abs. 1 GG) folgt, dass der Staat den Datenschutz weitgehend bereichsspezifisch regeln muss.[36] Die in der Jugendhilfe Tätigen erfahren sehr oft persönliche, intime Dinge ihrer Klienten: Einkommen, Schulden, Suchtprobleme, Partnerkonflikte, Erkrankungen usw.

---

35 Es bestehen ca. 550.000 Fälle dieser drei Rechtsinstitute in der Bundesrepublik.
36 Vgl. Ausführungen zum Sozialdatenschutz in Kap.19.

Der Gesetzgeber hat daher in §§ 61 bis 68 SGB VIII für den Bereich der Jugendhilfe   **167**
solch eine gesetzliche Regelung vorgenommen, jedoch im § 61 SGB VIII darauf hingewiesen, dass ergänzend § 35 SGB I (**Definition Sozialgeheimnis**) und §§ 67 bis
85a SGB X (wichtige Definitionen für: **Datenerhebung, Verarbeitung, Nutzung** usw.,
Übermittlungsbefugnisse: für Strafverfahren usw.) heranzuziehen sind (zur Prüfstruk-
tur des Sozialdatenschutzes in der Jugendhilfe s. Schaubild 1 64).

Daneben sind auch § 203 Abs. 1 Nr. 5 StGB (Strafbarkeit wegen **unbefugten Offen-**   **168**
barens von Privatgeheimnissen durch Sozialarbeiter usw.) und §§ 53, 54 StPO (Zeugnisverweigerungsrecht im Strafverfahren nur ausnahmsweise, Aussagegenehmigung
des Dienstvorgesetzten im öffentlichen Dienst erforderlich) zu beachten. Die schwierige Problematik kann hier nur kurz erörtert werden.[37]

Die Vorschriften gelten zunächst nur für den öffentlichen Träger (JA). Der Gesetz-   **169**
geber will aber, dass Klienten die Dienste und Kontakte bei freien Trägern in
Anspruch nehmen, datenschutzrechtlich nicht schlechter gestellt werden, als bei
einem Kontakt mit dem JA. Deshalb verpflichtet § 61 Abs. 3 SGB VIII das JA,
mit den freien Trägern **Sicherstellungsvereinbarungen** über den Datenschutz
abzuschließen.

Deshalb gelten die folgenden Ausführungen sowohl für die Arbeit des JA als auch die
Datenschutzverpflichtungen der freien Träger.

Für **die Datenerhebung** ist § 62 SGB VIII zu beachten. Danach dürfen Sozialda-   **170**
ten nur erhoben werden, wenn ihre Kenntnis zur Erfüllung der jeweiligen Aufgabe
erforderlich ist.[38] Für den Bereich der Kindeswohlgefährdung bestehen erweiterte
Erhebungsbefugnisse gem. § 62 Abs. 3 Nr. 2 d SGB VIII. Deshalb sind Datenüber-
mittlungsanfragen stets schriftlich und mit dem notwendigen Hinweis »Verdacht auf
Kindeswohlgefährdung« zu versehen. Die Antwort der ersuchten Behörde/freier Träger, so sie erfolgen muss und auf einer gesetzlichen Grundlage beruht, darf nur diejenigen Daten enthalten (Erforderlichkeitsgrundsatz), die dem Anzeigezweck direkt
entsprechen.

§ 63 regelt die **Datenspeicherung** und § 64 die **Datenübermittlung und -nutzung**.   **171**
Gem. § 63 Abs. 2 SGB VIII dürfen Daten, die zu unterschiedlichen Aufgaben der
Jugendhilfe erhoben worden waren, nur in ganz besonderen Fällen zusammen geführt
werden.

Gem. § 64 Abs. 1 SGB VIII dürfen Daten zu dem Zweck genutzt und übermittelt   **172**
werden, zu dem sie erhoben wurden. Abs. 2 enthält eine wichtige Hürde: Generell
dürfen Daten weder vom JA noch vom freien Träger übermittelt werden, wenn damit
der Erfolg der zu gewährenden (bereits geleisteten, gegenwärtig andauernden, oder
zukünftig zu gewährenden) Leistung in Frage gestellt wird. D.h., würden Beratungs-
inhalte übermittelt und besteht die Gefahr dass sich der Klient abwendet, kann die

---

37 Vgl. Ausführungen in Kap. 15 Strafrecht.
38 Vgl. hierzu Ausführungen zum Schutzauftrag bei Kindeswohlgefährdung, Rdn. 81 ff.

Übermittlung unterbleiben. Diese Abwägung ist von enormer Wichtigkeit für die Datensicherheit.

173   Für die Übermittlung von Daten in Kinderschutzfällen nach § 64 Abs. 2 a SGB VIII an »eine insoweit erfahrene Fachkraft« besteht die Pflicht zur Pseudonymisierung (vgl. Ausführungen bei Kinderschutzfällen oben Rdn. 85 ff.).

174   Besonderer **Vertrauensschutz** besteht nach § 65 SGB VIII für Sozialdaten, die in der persönlichen und erzieherischen Hilfe (z.b. Erziehungsberatung) anvertraut worden sind. Anvertraute Daten, sind vom Klienten mit der Erwartung der Geheimhaltung mitgeteilt worden. Dazu gehört auch z.b. der vertrauliche Hinweis eines Dritten über eine Kindeswohlgefährdung.[39] Anvertraute Daten dürfen nur unter ganz engen Voraussetzungen weitergegeben werden, z.b. mit Einwilligung dessen, der die Daten anvertraut hat, bei Wahrnehmung des Schutzauftrags nach § 8a SGB VIII ist die Weitergabe an das FamG, bei Zuständigkeitswechsel an das neu zuständige JA, und an die Fachkräfte, die zur Abschätzung des Gefährdungsrisikos hinzugezogen werden, zulässig. Die Daten weitergebende Stelle muss stets eine Übermittlungsbefugnis aus dem für sie zuständigen Rechtskreis herleiten. Schulen, Gesundheitsämter, Psychologen etc. benötigen eigene Befugnisnormen. Das BKiSchG hat in § 4 Abs. 3 KKG die Befugnis zur Datenübermittlung u.a. für diesen Personenkreis erteilt.

175   Für den Bereich der Beistandschaft, Amtspflegschaft und Amtsvormundschaft besteht gem. § 68 SGB VIII datenschutzrechtlich ein eigener Rahmen. Kurz gefasst: Dieser Personenkreis darf Daten nur erheben und verwenden, soweit dies zur Erledigung derer Aufgaben erforderlich ist.[40]

176   Für den Bereich des Datenschutzes bei der Jugendgerichtshilfe gem. § 52 gelten die allgemeinen Regelungen.

---

39 *Schellhorn*, §§ 61–68, Rdnr. 87.
40 *Schellhorn*, §§ 61–68, Rdnr. 106f.

Schaubild 2:

Sozialgeheimnis und Schranken in der Kinder- und Jugendhilfe

Geschützte Sozialdaten iSd. § 61 SGB VIII i.V.m. § 35 Abs. 1 SGB I i. V.m. § 67 SGB X
Sozialgeheimnis

Eingriff	Eingriffsbefugnis als Beschränkung
Definitionen:	(=Schranke) des Datenschutzes:
- erheben, verarbeiten, nutzen	§ 35 Abs. 2 SGB I (was ist zulässig)
§ 67 Abs. 5-7 SGB X,	i.V.m. §§ 67a, 67b SGB X (unter welchen
- besondere Arten von	Voraussetzungen ist es zulässig)
personenbezogenen Daten	
§ 67 Abs. 12 SGB X.	

Eingriffsbefugnis nach § 35 Abs. 2 SGB I i.V. §§ 67a, 67b SGB X **Im Einzelnen:**	Einwilligung gem. §§ 67b Abs. 2 SGB X i.V.m. 62 Abs. 2 SGB VIII
	Datenerhebung gem. § 62 SGB VIII
	Datenübermittlung gem.
	§ 67d SGB X i.V.m.	aber: Begrenzung der Befugnisse (Schranken-Schranke) nach:
	- § 68 SGB X	- § 76 SGB X (besonders
	- § 69 SGB X	schutzwürdige Daten)
	- § 71 SGB X	- § 65 SGB VIII
	- § 72 SGB X	(Vertrauensschutz)
	§ 73 SGB X	- § 64 Abs. SGB VIII bei
	- § 74 SGB X	Befugnis nach § 69 SGB
	- § 75 SGB X	X
	- § 77 SGB X	

V. Träger der Jugendhilfe, Zusammenarbeit, Gesamtverantwortung

Das 5. Kap. des SGB VIII ist untergliedert in die Abschnitte: **177**
- Träger der öffentlichen Jugendhilfe (§§ 69 bis 72a SGB VIII)
- Zusammenarbeit mit der freien Jugendhilfe, ehrenamtliche Tätigkeit (§§ 73 bis 78 SGB VIII)

- Vereinbarungen über Leistungsangebote, Entgelte und Qualitätsentwicklung (§§ 78a bis 78g SGB VIII)
- Gesamtverantwortung, Jugendhilfeplanung (§§ 79 bis 81 SGB VIII).

Zum Teil wurde bereits schon auf einzelne Bestimmungen eingegangen, so zu den örtlichen und überörtlichen öffentlichen Trägern.

178 Die Organisationsstruktur des JA bzw. des LJA weist die Besonderheit auf, dass die Behörde aus dem **Jugend- bzw. Landesjugendhilfeausschuss,** der insb. für die Jugendhilfeplanung und die Förderung freier Träger zuständig ist, und **der Verwaltung,** die für die laufenden Geschäfte zuständig ist, besteht **(Zweigleisigkeit des JA).**

Schaubild 3:

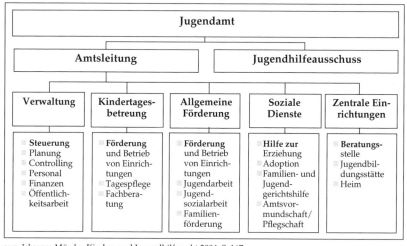

aus: *Johannes Münder*, Kinder- und Jugendhilferecht 2004, S. 167.

179 Ein Teil der Mitglieder der Ausschüsse wird von anerkannten freien Trägern gestellt. Die Zuständigkeitsverteilung zwischen JA und LJA ist nach § 85 SGB VIII so geregelt, dass für alle Aufgaben das JA zuständig ist, soweit sie nicht nach Abs. 2 ausdrücklich dem LJA zugewiesen sind, z.B. Heimaufsicht, Fortbildung von Mitarbeitern der Jugendhilfe usw. Das LJA ist also keine Kontrollinstanz für das JA, sondern erfüllt eigene Aufgaben und darf Empfehlungen erlassen.

180 Das **Fachkräfteprinzip** ist in § 72 SGB VIII enthalten. Nach § 72a SGB VIII ist durch Vorlage eines erweiterten **polizeilichen Führungszeugnisses** sicherzustellen, dass in der Jugendhilfe keine Personen beschäftigt werden, die wegen Sexual- oder Gewaltstraftaten an Minderjährigen vorbestraft sind. Durch das BKiSchG kann jetzt diese Befugnis auch auf ehrenamtlich tätige Personen die in der öffentlichen und freien Jugendhilfe tätig sind, ausgedehnt werden.

Hinsichtlich der **Förderung von freien Trägern** sind in § 74 Abs. 1 die Satz 1 und 2   **181**
SGB VIII zu unterscheiden: nach S. 1 kommt – unter den dort genannten Voraussetzungen (fachliche Voraussetzungen, angemessene Eigenleistung, gemeinnützige Ziele
usw.) – auch die Förderung von Elterninitiativen (§ 25 SGB VIII) und nicht-an-
erkannten freien Trägern in Betracht, die dauerhafte Förderung bedarf nach S. 2
jedoch in der Regel der Anerkennung. Freie Träger können unter den in § 75 Abs. 2
SGB VIII genannten Voraussetzungen **anerkannte freie Träger** werden (drei Jahre
Tätigkeit auf dem Gebiet der Jugendhilfe), wenn sie die allgemeinen Voraussetzungen
des § 75 Abs. 1 SGB VIII (Arbeit auf dem Gebiet der Jugendhilfe, gemeinnützige
Ziele verfolgen, nicht unwesentlicher Beitrag zur Erfüllung der Aufgaben der Jugendhilfe und Grundgesetztreue) erfüllen.

Bestimmte bundesweit tätige freie Träger sind kraft Gesetzes anerkannte freie Trä-   **182**
ger, z.B. **Caritas-Verband, Diakonisches Werk, Arbeiterwohlfahrt, Deutsches Rotes
Kreuz, Paritätischer Wohlfahrtsverband** und **Jüdische Wohlfahrtsstelle.** Die Anerkennung hat insb. Bedeutung:
– wenn dauerhafte Förderung angestrebt wird (vgl. oben),
– wenn Mitgliedschaft im JHA bzw. LJHA erfolgen soll (§ 71 Abs. 1 Nr. 2
  SGB VIII),
– zur Beteiligung an der Jugendhilfeplanung (§ 80 Abs. 3 SGB VIII),
– zur Übertragung bzw. Beteiligung an der Wahrnehmung anderer Aufgaben (§ 76
  Abs. 1 SGB VIII).

Zwischen JA und freien Trägern werden – insb. bei kostenintensiven Leistungen der   **183**
Jugendhilfe – nach §§ 78a ff SGB VIII. **Vereinbarungen über Leistungen, Entgelte**
und **Qualitätsentwicklung** abgeschlossen. Dies ist zur Kostenbegrenzung, Vergleichbarkeit der Leistungen und zur Qualitätssicherung und -entwicklung erforderlich. Ist
eine solche Vereinbarung geschlossen und liegen die übrigen Voraussetzungen (z.B.
Hilfeplan nach § 36 SGB VIII) vor, so hat das JA dem freien Träger die Kosten zu
erstatten (§ 78b SGB VIII). Für Streitigkeiten zwischen JA und freiem Träger gibt
es in jedem Bundesland eine Schiedsstelle (§ 78g SGB VIII). Nach § 79a SGB VIII
haben die örtlichen Träger der Jugendhilfe Grundsätze und Maßstäbe für die Bewertung der Qualität sowie geeignete Maßnahmen zur Gewährung von Verfahren u.a.
beim Prozess der Gefährdungseinschätzung gem. § 8a SGB VIII weiterzuentwickeln.
Außerdem sind Maßnahmen zu treffen, um Rechte von Kindern und Jugendlichen in
Einrichtungen zu sichern und sie vor Gewalt zu schützen.

VI. Unbegleitete minderjährige Ausländer (UMA)

Unter den geflüchteten Menschen, die 2015 und 2016 in größerer Zahl die Bun-   **184**
desrepublik erreicht haben, waren auch ca. 60.000 unbegleitete Minderjährige.[41] Lt.
Definition sind dies Personen, die sich ohne Eltern oder andere Erziehungsberechtigte
in der BRD aufhalten.

---

41 Die Statistik weist für 2015 ca. 42.000 UMA auf.

185   Gem. § 42 Abs. 1 Nr. 3 SGB VIII sind diese Personen in **Obhut** zu nehmen. Da die
      Einreise der UMA vor allem in Bayern erfolgte, kam auf deren Initiative das Zustande-
      kommen des Gesetzes zur Verbesserung der Unterbringung, Versorgung und Betreu-
      ung ausländischer Kinder und Jugendlicher vom 28.10.2015 (BGBl. I S. 1802) auf
      den Weg. Der Gesetzgeber hat durch die Einfügung der §§ 42a – f SGB VIII das
      jugendhilferechtliche Verfahren neu beschrieben. Im Kern geht es um die bundesweite
      Verteilung der UMA und um die Feststellung der Minderjährigkeit.

186   Gem. § 42a SGB VIII sind UMA nach ihrer Einreise dem örtlich zuständigen JA
      zuzuführen. Dort werden die UMF vorläufig in Obhut genommen. Dabei steht die
      Sicherung des Wohls des Kindes im Vordergrund. Es ist festzustellen, ob eine Weiter-
      verteilung möglich ist und ob sich andere Verwandte in der BRD oder Europa auf-
      halten. Der **Altersfeststellung** gem. § 42 f SGB VIII kommt hohe Bedeutung zu. Die
      Altersbestimmung soll durch Sichtung der Ausweispapiere, Befragung des Lebenslaufes
      oder qualifizierter Inaugenscheinnahme bestimmt werden. Ist dies nicht möglich, kann
      auch eine ärztliche Untersuchung gem. § 42f Abs. 2 SGB VIII veranlasst werden. Die-
      ses Verfahren ist vielfach angegriffen worden, insbesondere die Fachlichkeit der ärztli-
      chen Untersuchung mangels verlässlichem empirischen Materials wurde bestritten.[42]

187   Kommt das JA zur Feststellung der Volljährigkeit, haben Widerspruch und Klage
      keine aufschiebende Wirkung. Ist der UMA keinem Erziehungsberechtigten oder Ver-
      wandten auszuhändigen und wenn das Verteilungsverfahren nicht gem. § 42b Abs. 4
      SGB VIII aus verschiedenen Gründen (u.a. Gesundheit, Kindeswohlgefährdung, Zeit-
      überschreitung von einem Monat, Zusammenführung mit einem Verwandten) statt-
      findet, kommt das Weiterleitungsverfahren zur Anwendung.

188   Der UMA ist vom JA einer zuständigen Landesstelle binnen sieben Werktagen zu
      melden, diese wiederum hat binnen drei Tagen dem Bundesverwaltungsamt die Daten
      weiter zu melden. Alle Jugendämter der BRD (ca. 600) haben täglich ihren Bestand
      an UMA der nach jeweiligem Landesrecht zuständigen Stelle gem. § 42b Abs. 5
      SGB VIII mitzuteilen. Diese 16 Stellen teilen ihrerseits dem Bundesverwaltungsamt
      diese Zahlen mit. Das Bundesverwaltungsamt bestimmt binnen zwei Tagen (§ 42 b
      Abs. 1 SGB VIII) seinerseits nach dem Königssteiner Schlüssel ein Bundesland, wel-
      ches ein Defizit in den Aufnahmezahlen zu verzeichnen hat. Die Bundesländer haben
      durch landesrechtliche Regelungen die Landkreise und Städte zur anteiligen Auf-
      nahme von UMA verpflichtet. Die Landesstelle bestimmt binnen zwei Tagen (§ 42b
      Abs. 3 SGB VIII) das endgültige zuständige JA. Diesem JA ist der UMA gem. § 42 a
      Abs. 5 Nr.1 SGB VIII in Begleitung einer geeigneten Person zu übergeben.

      Kritisiert an diesem Verfahren wurde u.a. die mangelnde Vertretung des UMA wäh-
      rend der vorläufigen Inobhutnahme.[43]

---

42 Vgl. Stellungnahme des BUMF.
43 Vgl. BUMF.

Das JA nimmt während der Phase der Inobhutnahme die Stellung der Personen-   **189**
sorgeberechtigten ein und darf alle notwendigen Rechtshandlungen vornehmen.
Dazu gehört die jugendhilferechtlich zulässige Unterbringung zumeist in einer Cle-
aringstelle. Diese sozialarbeiterische Arbeit mit den UMA ist äußerst komplex, da sie
aufgrund von Flucht, die oft traumatische Erfahrungen beinhaltet, ihrer familiären
Situation, ihres Alters, der neuen Situation usw., höchste Anforderungen an Kompetenz in Pädagogik, Psychologie, Betreuung und Interkulturalität stellt. Der UMA
ist anzumelden und ausländerrechtlich zu erfassen. Der Vormund darf auch einen
Asylantrag stellen. Familienrechtlich ist ein Vormund zu bestellen. Lt. § 1791a und b
BGB bestellt das FamG einen ehrenamtlichen Einzelvormund, einen Vereinsvormund
oder das JA als Amtsvormund.

Die Bundesregierung hat gem. § 42e SGB VIII eine jährliche Berichtspflicht zur Situation der UMA.

VII. Sonstige Regelungen

Das SGB VIII enthält im 6. Kap. Regelungen über zentrale Aufgaben der Länder   **190**
und des Bundes, sowie das Bundesjugendkuratorium und den Jugendbericht, der in
jeder Legislaturperiode zu erstatten ist. Im 7. Kap. sind Regeln über die Zuständigkeit und die Kostenerstattung enthalten. Auf die sachliche Zuständigkeit (JA bzw.
LJA) wurde bereits eingegangen, die örtliche Zuständigkeit richtet sich hauptsächlich
nach dem gewöhnlichen Aufenthaltsort der Eltern bzw. des personensorgeberechtigten Elternteils (vgl. § 86). Lebt ein Minderjähriger längere Zeit bei Pflegeeltern, tritt
ein Zuständigkeitswechsel ein. Entstehen einem unzuständigen JA Aufwendungen, so
hat es gegen das zuständige JA Anspruch auf Kostenerstattung (§§ 89 ff. SGB VIII).

Das 8. Kap. beschäftigt sich mit der **Kostenbeteiligung** von Eltern und – soweit Vermögen vorhanden – Minderjährigen bzw. jungen Volljährigen.

§ 90 SGB VIII sieht eine **pauschalierte Kostenbeteiligung** – etwa bei Kita-Besuch –   **191**
vor. In §§ 91 ff. SGB VIII sind für **bestimmte Jugendhilfeleistungen** – stationäre,
teilstationäre und vorläufige Maßnahmen – individuelle Kostenbeiträge vorgesehen,
soweit dies den Kostenbeitragspflichtigen nach ihrem Einkommen und Vermögen
zumutbar ist. Ansonsten bleibt das JA – wie in vielen Fällen – auf den Kosten sitzen.
Für einige Jugendhilfeleistungen – z.B. der ambulanten Hilfen zur Erziehung einschließlich der kostenaufwändigen SpFH – ist kein Kostenbeitrag vorgesehen.

§ 95 SGB VIII sieht die **Überleitung von Ansprüchen** vor, wenn eine kostenbeitrags-   **192**
pflichtige Person für die Zeit, für die Jugendhilfe gewährt wird, Anspruch gegen einen
anderen hat. Durch geänderte Statistikvorschriften in § 99 werden nun auch Kindeswohlgefährdungsfälle und deren Behandlung durch das Familiengericht besser erfasst.

Neben Vorschriften über Kinder- und Jugendhilfestatistik sind noch **Straf- und Buß-
geldvorschriften** enthalten.

Kapitel 14 Sozialrecht

Literatur

Ehmann/Karmanksi/Kuhn-Zuber, Gesamtkommentar Sozialrechtsberatung, 2. Aufl., Baden-Baden 2017; *Fasselt/Schellhorn* (Hrsg.), Handbuch Sozialrechtsberatung, 5. Aufl., Baden-Baden 2017; *Knickrehm/Kreikebohm/Waltermann* (Hrsg.), Kommentar zum Sozialrecht, VO (EG) 883/2004, SGB I bis SGB XII, SGG, BAföG, BEEG, Kindergeldrecht (EStG), UnterhaltsvorschussG, WoGG, 4. Aufl., München 2015; *Kokemoor*, Sozialrecht, 7. Aufl., München 2016.

A. Einführung

1 Die Erfassung des Sozialrechts und Detailkenntnisse in wichtigen Bereichen wie dem Kinder- und Jugendhilferecht, der Grundsicherung für Arbeitsuchende, dem Sozialhilferecht oder dem Verwaltungsverfahrensrecht sind unabdingbare Voraussetzungen für die Praxis der Sozialen Arbeit.

I. Was ist Sozialrecht?

2 Was unter Sozialrecht zu verstehen ist, ist gesetzlich nicht definiert und wird unterschiedlich gedeutet. Sozialpolitisch gesehen gehört jedes Rechtsgebiet zum Sozialrecht, mit dem ein Ausgleich von Chancen und Einkommen zwischen verschiedenen Bevölkerungsgruppen oder innerhalb derselben herbeigeführt werden soll. Hierunter fielen dann allerdings auch zivil- oder arbeitsrechtliche Normen wie das Mieterschutz-, Verbraucherschutz- oder Kündigungsschutzrecht. Für den nachfolgenden Überblick wird demgegenüber ein engerer (formeller) Sozialrechtsbegriff zugrunde gelegt: Sozialrecht ist das im Sozialgesetzbuch (SGB) zusammengefasste Sozialleistungsrecht.[1] Dabei müssen Regelungen des Rechts auf europäischer Ebene ‚mitgedacht‘ werden, da dieses teilweise vorrangige, im Bundesgebiet anzuwendende Rechtssätze enthält.

II. Das nationale Sozialrecht

1. Die Grundtypen sozialer Sicherheit in Deutschland

3 Die Grundtypen der sozialen Sicherheit in Deutschland, wie wir sie heute kennen, nahmen ihren Ausgang in der 2. Hälfte des 19. Jahrhunderts. Nach der Gründung des Dt. Reiches im Jahr 1871 wurden zunächst die von Land zu Land sehr unterschiedlichen Regelungen der **Armenfürsorge** vereinheitlicht. Die Armenfürsorge sah die Unterstützung von Personen vor, die ihr materielles Überleben nicht eigenständig, insbesondere durch die Aufnahme einer Arbeit oder den Einsatz von Einkommen und Vermögen, sicherstellen konnte. Die ursprünglich an die Geburtsgemeinde gebundene gemeindliche Armenfürsorge wurde mit dem Reichsgesetz über den Unterstützungswohnsitz aus dem Jahr 1871 (mit entsprechenden Gesetzen der Länder) den

---

1 Dazu unten Rdn. 6 ff.

Wohnsitzgemeinden als »Ortsarmenverbänden« übertragen. Für die Hilfe an Menschen ohne Unterstützungswohnsitz wurden »Landesarmenverbände« gegründet. Ein konkretes materielles Existenzminimum wurde allerdings erst in der »Verordnung über die Fürsorgepflicht« (RFV) von 1914 und in den »Reichsgrundsätzen über Voraussetzung, Art und Maß der öffentlichen Fürsorge« (RGr) von 1924 bestimmt.

Als Reaktion auf das Erstarken der gewerkschaftlichen und politischen Organisatio- 4
nen der Fabrikarbeiter startete der damalige Reichskanzler Otto von Bismarck in den 1870er Jahren den Versuch der politischen ›Befriedung‹ der Industriearbeiterschaft: *»Mein Gedanke war, die arbeitenden Klassen zu gewinnen, oder soll ich sagen zu bestechen, den Staat als soziale Einrichtung anzusehen, die ihretwegen besteht und für ihr Wohl sorgen möchte«.*[2] Zu diesem Zweck wurden für Arbeiter im Jahr 1883 eine Krankenversicherung und 1884 eine Unfallversicherung eingeführt. Ab 1889 wurden Arbeiter erstmals gesetzlich gegen die Folgen von Alter und Invalidität abgesichert. Erst im Jahr 1918 wurde eine spezielle Erwerbslosenfürsorge geschaffen, die 1927 in das »Gesetz über Arbeitslosenvermittlung und Arbeitslosenversicherung« überführt wurde. Die dahinter stehende Regelungsidee war die Zusammenfassung einer bestimmten Bevölkerungsgruppe (die der abhängig Beschäftigten) mit vergleichbaren Risiken (Krankheit, Arbeitsunfall u.ä.) in der **Sozialversicherung** als einem ›Zwangsverband‹,[3] in dessen Rahmen die Betroffenen sich gegenseitig finanziell bei der Risikobewältigung beistehen. Finanziert wurden die Leistungen durch Beiträge der Arbeiter, aber auch der Arbeitgeber.

Ein weiterer Zweig der sozialen Sicherung kam in der Gründungsphase der Bundesre- 5
publik hinzu: das **Versorgungsrecht**. Mit dem ›Gesetz über die Versorgung der Opfer des Krieges‹ (Bundesversorgungsgesetz – BVG) wurden Leistungen für Kriegsopfer und Hinterbliebene eingeführt. Heutzutage wird die **Einteilung des Rechts der sozialen Sicherheit** folgendermaßen vorgenommen:

Schaubild 1:

Soziale Vorsorgesysteme	Soziale Fördersysteme	Soziale Hilfesysteme	Soziale Entschädigungssysteme
Das sind die Zweige der Sozialversicherung mit der Kranken-, Renten-, Unfall-, Pflege- und Arbeitslosenversicherung.	Hierher gehören Sozialleistungen zur Förderung von Arbeit und Ausbildung, von Kindern, Jugendlichen und Familien wie das Kindergeld oder Jugendhilfeleistungen.	Dazu zählen Sozialhilfeleistungen, aber auch Leistungen der Grundsicherung für Arbeitsuchende oder für Asylsuchende zur Gewährleistung des Existenzminimums.	Darunter fallen Gesetze zur Versorgung von Personen mit Gesundheitsschäden aufgrund Wehr- oder Freiwilligendienst, aber auch von Opfern von Straftaten oder DDR-Unrecht.

---

2 Bismarck, Otto von, Gesammelte Werke [Friedrichsruher Ausgabe] 1924/1935, Band 9, S. 195/196.
3 Das BVerfG charakterisiert die Pflichtversicherung in der Sozialversicherung als »Zwang zur Eigenvorsorge«, Beschl. v. 15.03.2000 – 1 BvL 16/96 – NJW 2000, 2730, 2731.

2. Das heutige Sozialrecht

6 Seit 1975 machte der Gesetzgeber mit einem Sozialgesetzbuch (SGB) den Versuch, das soziale Leistungsrecht unter dem ‚Dach' eines Gesetzes zu vereinen und vor allem zu harmonisieren. Die Zielstellung des Sozialgesetzbuches in § 1 Abs. 1 SGB I – (Allgemeiner Teil) – in Kraft getreten am 01.01.1976 – orientiert sich an folgenden Vorgaben:

7 »Das Recht des Sozialgesetzbuches soll zur Verwirklichung sozialer Gerechtigkeit und sozialer Sicherheit Sozialleistungen einschließlich sozialer und erzieherischer Hilfen gestalten. Es soll dazu beitragen,
- ein menschenwürdiges Dasein zu sichern,
- gleiche Voraussetzungen für die freie Entfaltung der Persönlichkeit, insb. auch für junge Menschen zu schaffen,
- die Familie zu schützen und zu fördern,
- den Erwerb des Lebensunterhalts durch eine frei gewählte Tätigkeit zu ermöglichen und
- besondere Belastungen des Lebens, auch durch Hilfe zur Selbsthilfe, abzuwenden oder auszugleichen.«

8 Der Erfüllung dieser in § 1 Abs. 1 SGB I beschriebenen Aufgaben dienen die in den §§ 3 bis 10 SGB I formulierten sozialen Rechte, die schlagwortartig wie folgt bezeichnet werden können:

▶ **Soziale Rechte:**

9

§	3	Recht auf Bildungsförderung und Arbeitsförderung einschließlich des Rechts auf wirtschaftliche Absicherung bei Arbeitslosigkeit
§	4	Recht auf Zugang zur Sozialversicherung sowie auf Inanspruchnahme der Leistungen einschließlich der wirtschaftlichen Absicherung bei Eintritt des Risikos
§	5	Recht auf soziale Entschädigung bei Gesundheitsschäden
§	6	Recht auf Minderung des Familienaufwandes
§	7	Recht auf Zuschuss für eine angemessene Wohnung
§	8	Recht auf Förderung der Entwicklung junger Menschen und Unterstützung der Erziehung in der Familie
§	9	Recht auf Sozialhilfe
§	10	Recht behinderter Menschen auf Rehabilitation und gleichberechtigte Teilhabe am Leben in der Gesellschaft

10 Zwar können aus diesen sozialen Rechten keine unmittelbaren Ansprüche hergeleitet werden (so § 2 Abs. 1 S. 2 SGB I), die sozialen Rechte sind aber über ihren deklaratorischen Gehalt hinaus durchaus rechtlich von Bedeutung, denn sie sind bei der Auslegung der Vorschriften des Sozialgesetzbuchs und bei der Ausübung von Ermessen mit dem Ziel zu beachten, dass die sozialen Rechte möglichst weitgehend verwirklicht werden (s. § 2 Abs. 2 SGB).

Das 1975 aufgenommene Vorhaben, das gesamte Sozialrecht zusammenfassend 11
in einem Gesetzbuch – dem Sozialgesetzbuch – zu kodifizieren, ist bis heute noch
nicht zum Abschluss gekommen. Dem allgemeinen Teil des Sozialgesetzbuches, dessen Regelungen sozusagen vor die Klammer gezogen sind, folgten in chronologischer
Reihenfolge:
– das Vierte Buch (SGB IV) in Kraft getreten am 01.07.1977 – es enthält allgemeine Vorschriften für die Versicherungszweige der Sozialversicherung und die
  Arbeitslosenversicherung;
– das Zehnte Buch (SGB X) in Kraft seit 01.01.1981 – enthält die Vorschriften über
  das von den Leistungsträgern durchzuführende Verwaltungsverfahren und wurde
  1982 um die Vorschriften zum Sozialdatenschutz und die Zusammenarbeit der
  Leistungsträger untereinander ergänzt;
– das Fünfte Buch (SGB V) Gesetzliche Krankenversicherung – ist durch das
  Gesundheitsreformgesetz vom 20.12.1988 eingerichtet worden und seit dem
  01.01.1989 in Kraft;
– das Achte Buch (SGB VIII) Kinder- und Jugendhilfe – ist durch das Gesetz zur
  Neuordnung des Kinder- und Jugendhilferechts vom 26.09.1990 in das Sozialgesetzbuch aufgenommen worden und seit dem 01.01.1991 in Kraft;
– das Sechste Buch (SGB VI) Gesetzliche Rentenversicherung – wurde als Art. 1 des
  Rentenreformgesetzes 1992 vom 18.12.1989 verkündet und ist im Wesentlichen
  seit dem 01.01.1992 in Kraft;
– das Elfte Buch (SGB XI) – Soziale Pflegeversicherung, der vierte Zweig der Sozialversicherung – ist auf das Pflegeversicherungsgesetz vom 26.05.1994 zurückzuführen; die Pflegeversicherung ist – beginnend mit dem 01.01.1995 – stufenweise
  in Kraft getreten;
– das Siebte Buch (SGB VII) – Gesetzliche Unfallversicherung – ist mit dem Unfall-
  versicherungs-Einordnungsgesetz vom 20.08.1996 eingerichtet worden und seit
  dem 01.01.1997 in Kraft;
– das Dritte Buch (SGB III) geht auf das Gesetz zur Reform der Arbeitsförderung
  vom 24.03.1997 zurück und ist seit dem 01.01.1998 mit dem Titel Arbeitsförderung in Kraft getreten;
– mit dem neunten Buch (SGB IX) ist das Recht der Rehabilitation und Teilhabe
  behinderter Menschen am 01.07.2001 in Kraft getreten;
– das Zweite Buch (SGB II) Grundsicherung für Arbeitssuchende – ist am
  01.01.2005 in Kraft getreten;
– mit dem ebenfalls am 01.01.2005 in Kraft getretenen Zwölften Buch (SGB XII)
  ist das Sozialhilferecht in das SGB überführt und in das neue SGB XII ist die (vormals eigenständig geregelte) Grundsicherung im Alter und bei Erwerbsminderung
  integriert worden.

Es verbleiben weitere Sozialleistungsbereiche, die noch nicht als ein Buch des SGB 12
eingeordnet sind. Solange das noch nicht geschehen ist, gelten die entsprechenden
Gesetze, in denen diese Bereiche geregelt sind, gem. § 68 SGB I als besondere Teile
des Sozialgesetzbuchs. Dazu gehören u.a. das Bundesausbildungsförderungsgesetz
(BAföG), das Opferentschädigungsgesetz (OEG), das Wohngeldgesetz (WoGG) oder

der 1. Abschnitt des Bundeselterngeld- und Elternzeitgesetzes (BEEG). Kraft Verweisung gelten für diese Bereiche die allgemeinen Regelungen des SGB I und das SGB X.

13 Die im Bereich des SGB geltenden allgemeinen Regeln sind über mehrere Bücher verstreut. Das SGB I und das SGB X enthalten Regelungen für alle weiteren Bücher des SGB, das SGB IV regelt generelle Fragen der Sozialversicherungszweige und der Arbeitslosenversicherung und die im ersten Teil des SGB IX enthaltenen Regelungen haben generelle Bedeutung für die der Rehabilitation und Teilhabe behinderter Menschen gewidmeten Kapitel in den weiteren Büchern bzw. den besonderen Teilen des SGB. Letztere werden zweckmäßigerweise im Gegensatz zu den aufgeführten allgemeinen Regelungen zusammenfassend als besondere Teile bezeichnet.

III. Sozialrecht auf europäischer Ebene

14 Neben dem nationalen Recht gibt es Recht auf europäischer Ebene, das im Inland zu beachten ist und nationalem Recht teilweise vorgeht. Dabei gilt es, zwischen Vorschriften zweierlei Art zu unterscheiden: solche, die auf den Europarat und solche, die auf die Europäische Union (EU) zurückgehen.[4]

1. Völkervertragsrecht

15 Der Europarat ist ein zwischenstaatliches Gremium, das 1949 mit dem Ziel einer Zusammenarbeit seiner Mitgliedstaaten zur Förderung des wirtschaftlichen und sozialen Fortschritts gegründet wurde.[5] Er kann keine für seine Mitgliedstaaten geltenden Regelungen beschließen. Was er tun kann ist das Erarbeiten von Vorschlägen für Abkommen, die nach der Unterzeichnung durch seine Mitgliedstaaten (oder beigetretene Nichtmitgliedstaaten) für diese verbindliches (Völkervertrags-)Recht darstellen (das bekannteste dieser Abkommen dürfte die **Europäische Menschenrechtskonvention – EMRK –** sein). Im sozialen Bereich ist das **Europäische Fürsorge-Abkommen** (EuFürsAbk) von Bedeutung. Dieses wurde am 11.12.1953 von einigen Mitgliedstaaten des Europarates[6] unterzeichnet und ist seit dem 01.07.1954 in Kraft. Nach Art. 1 des Abkommens verpflichtet sich jeder Beitrittsstaat, Staatsangehörige eines anderen beigetretenen Staates, die sich auf seinem Gebiet erlaubt aufhalten und nicht über ausreichende Mittel verfügen, in gleicher Weise wie seine eigenen Staatsangehörigen und unter den gleichen Bedingungen die Leistungen der sozialen und Gesundheitsfürsorge zu gewähren, die in seinem Gebiet vorgesehen sind. Dies bezieht sich in Deutschland vor allem auf Leistungen der Hilfe zum Lebensunterhalt nach Kapitel 3 des SGB XII sowie der Grundsicherung im Alter und bei verminderter Erwerbsfähigkeit nach dem 4. Kapitel des SGB XII. Eine Anwendung des EuFürsAbk auf Leistungen nach dem

---

4 Dazu in Kap. 3 Rdn. 1 ff.
5 Zu den mittlerweile 47 Mitgliedstaaten gehören neben allen europäischen Staaten bspw. auch die Türkei oder Russland und einige weitere Staaten der ehemaligen Sowjetunion.
6 Belgien, Dänemark, Deutschland, Estland, Frankreich, Griechenland, Irland, Island, Italien, Luxemburg, Malta, Niederlande, Norwegen, Portugal, Schweden, Spanien, Türkei, Vereinigtes Königreich.

SGB II hat die Bundesregierung mit einer am 19.12.2011 in Kraft getretenen Vorbehaltserklärung gem. Art. 16 Buchst. b) EuFürsAbk ausgeschlossen.[7]

Die vom Europarat initiierte und am 18.11.1961 von der Mehrheit seiner Mitglieder   **16**
beschlossene **Europäische Sozialcharta** (ESC) ist zwar ein völkerrechtlich verbindliches Abkommen, das der Bevölkerung innerhalb der Unterzeichnerstaaten umfassende soziale Rechte garantiert. Einzelpersonen können aber – im Unterschied zur EMRK – nicht gegen die Verletzung eines der in der Sozialcharta verankerten sozialen Rechte bei einem nationalen oder europäischen Gericht klagen. Vielmehr haben die nationalen Gerichte die Regeln der ESC zu beachten, wenn sie im Gesetzesrecht bestehende Lücken anhand von Wertentscheidungen der Verfassung ausfüllen.[8]

2. Recht der Europäischen Union[9]

Im Gegensatz zum Europarat hat die EU die Möglichkeit, verbindliches Recht für ihre   **17**
Mitgliedsstaaten zu setzen. In dem Vertrag über die Europäische Union (EUV) und in dem Vertrag über die Arbeitsweise der Europäischen Union (AEUV), die zusammen die »Verfassung« der EU darstellen, wird in Bezug auf die Systeme der sozialen Sicherung **keine Sozialrechtsharmonisierung** angestrebt. Art. 153 Abs. 4 AEUV geht vielmehr von der »anerkannten Befugnis der Mitgliedstaaten [aus], die Grundprinzipien ihres Systems der sozialen Sicherheit festzulegen«. Es gibt also weder originäre »europäische Sozialleistungen« noch »europäische Sozialleistungsträger«. Das **Sozialrecht der EU ist vielmehr koordinierendes Recht.** Das Ziel des koordinierenden EU-Rechts im Bereich der sozialen Sicherung ist die Vermeidung von Nachteilen für EU-Staatsangehörige, die von ihrem Freizügigkeitsrecht Gebrauch machen und grenzüberschreitend leben und arbeiten.[10] Im Vordergrund stehen die sozialrechtliche Gleichbehandlung von »Wanderarbeitnehmern« und Grenzgängern im Wohnortstaat und die Wahrung beitragsfinanzierter sozialversicherungsrechtlicher Besitzstände. Geregelt ist bspw. die Zusammenrechnung von Sozialversicherungszeiten, mit der bei einem Wechsel des Landes der Beschäftigung die bisher erreichte soziale Absicherung erhalten bleiben soll, sowie die Auszahlung von Sozialversicherungsleistungen (bspw. einer Rentenleistung) im Ausland (Leistungsexport). Steuerfinanzierte Fürsorgeleistungen wie die Sozialhilfe müssen nicht exportiert werden, unterfallen aber dem **Grundsatz der Gleichbehandlung von EU-Staatsangehörigen** mit den (jeweiligen) Inländern (Art. 4 **VO [EG] 883/2004**). Problematisiert wurde in diesem Zusammenhang der Ausschluss arbeitsuchender EU-Staatsangehöriger von Leistungen nach dem

---

7 Nachzulesen unter https://www.coe.int/de/web/conventions/full-list/-/conventions/treaty/014/declarations?p_auth=Aj1rYSGs (letzter Zugriff: 18.05.2017).

8 BAG, Urt. v. 20.11.2012 – 1 AZR 611/11, NZA 2013, 437, 446.

9 Vgl. Sie dazu den Überblick in Kap. 3 Rdn. 42 ff.

10 Aktuell geregelt in der Verordnung (EG) 883/2004 zur Koordinierung der Systeme der sozialen Sicherheit und der dazugehörigen Durchführungsverordnung VO 987/2009 (DVO), konsolidierte Fassung vom 28.06.2012.

SGB II (§ 7 Abs. 1 Satz 2 Nr. 2 SGB II). Der EuGH hat diesen Ausschluss allerdings als mit EU-Recht vereinbar angesehen.[11]

18 Hingewiesen sei noch auf die von den EU-Staaten durch Vertrag geschaffene **Gemeinschafts-Charta der sozialen Grundrechte der Arbeitnehmer** vom 09.12.1989[12] und die ebenso geschaffene **Europäische Grundrechtscharta**, die am 1.12.2009 in Kraft trat.[13] Die Gemeinschafts-Charta enthält keine individuell einklagbaren Rechte. Diese sollen auf der Ebene der EU-Mitgliedstaaten oder, soweit die Gemeinschaft zuständig ist, auf EU-Ebene verwirklicht werden. Die Grundrechtecharta hingegen bindet sämtliche Organe, Einrichtungen und sonstigen Stellen der EU, aber auch die EU-Mitgliedstaaten, soweit diese Unionsrecht durchführen, indem sie etwa durch ihre nationalen Verwaltungen europäisches Verordnungsrecht ausführen.[14]

B. Überblick über das SGB I – Allgemeiner Teil

19 Bevor auf die einzelnen Sicherungssysteme eingegangen wird, sollen die wichtigsten Vorschriften des Allgemeinen Teils des SGB benannt werden. Diese sind für alle besonderen Teile des SGB maßgeblich, soweit sie nicht durch dort vorhandene Spezialvorschriften verdrängt werden (was nach § 37 Satz 2 SGB I dann nicht zulässig ist, wenn es um die in §§ 1 bis 17 und 31 bis 36 SGB I enthaltenen Regelungen geht). Die **Aufgabe des Sozialgesetzbuches** (§ 1) und die in §§ 2 bis 10 definierten **sozialen Rechte** sind bereits erwähnt worden. Die **§§ 11 bis 17 SGB I enthalten allgemeine Vorschriften über Sozialleistungen und Leistungsträger**:

– § 11 SGB I teilt die Sozialleistungen in Dienst-, Sach- und Geldleistungen ein, wobei die persönliche und erzieherische Hilfe zu den Dienstleistungen zählt;

– die §§ 13 bis 15 SGB I postulieren die Pflichten zur Aufklärung, Beratung und Auskunft, wobei dem in § 14 SGB I geregelten individuellen Anspruch auf Beratung über die Rechte und Pflichten nach dem SGB gegenüber dem jeweils zuständigen Leistungsträger die größte Bedeutung zukommt;

– § 16 SGB I regelt u.a. die Verpflichtung des unzuständigen Leistungsträgers, bei ihm gestellte Anträge unverzüglich an den zuständigen Leistungsträger weiterzuleiten und den Anspruch auf rückwirkende Erbringung von Leistungen ab Antragstellung beim unzuständigen Leistungsträger;

---

11 EuGH, Urt. v. 15.09.2015 – C-67/14 (Jobcenter Berlin Neukölln/Alimanovic), NVwZ 2015, 1517 ff.

12 Siehe dazu in Kap. 20 Rdn. 3.

13 Siehe dazu in Kap. 2 Rdn. 88 ff.

14 So der EuGH, Urt. v. 07.03.2017 – C-638/16 PPU, Rn. 45, der die Anwendbarkeit der Europäischen Grundrechtecharta auf syrische Staatsangehörige, die in der belgischen Botschaft in Syrien ein Einreisevisum aus humanitären Gründen beantragt hatten, mit der Begründung verneinte, die »in Rede stehende Situation (sei) nicht vom Unionsrecht geregelt«, sondern allein vom nationalen Recht.

- § 17 SGB I enthält u.a. den Beschleunigungsgrundsatz bei der Ausführung von
  Sozialleistungen, die Barrierefreiheit beim Zugang zu Sozialleistungen und das
  Recht von Hörbehinderten auf Verwendung der Gebärdensprache;
- in den §§ 18 bis 29 SGB I werden die Leistungen des Sozialgesetzbuchs und die
  für ihre Gewährung zuständigen Leistungsträger beschrieben.

Zu den Allgemeinen Grundsätzen, die für alle Sozialleistungen des SGB gelten   20
gehören u.a.:
- Das in § 30 SGB I geregelte Territorialitätsprinzip und die Definition des Wohnsitzes und des gewöhnlichen Aufenthalts,
- der in § 31 SGB I enthaltene Vorbehalt des Gesetzes,
- das Benachteiligungsverbot des § 33c SGB I,
- die Grundlagenregelung des Sozialgeheimnisses in § 35 SGB I[15] und
- die in § 36 SGB I geregelte sozialrechtliche Handlungsfähigkeit (ab Vollendung
  des 15. Lebensjahres).[16]

Von den Grundsätzen des Leistungsrechts, die ebenfalls für alle Sozialleistungen gel-   21
ten (§§ 38 bis 59 SGB I), seien erwähnt:
- Die Regelungen der §§ 38, 39 SGB I über den **Rechtsanspruch** auf Sozialleistungen und den bei Ermessensleistungen bestehenden Anspruch auf **pflichtgemäße
  Ermessensausübung** durch die Leistungsträger;
- die Regelung zur Gewährung von **Vorschüssen** (nur bei Geldleistungen) und zur
  Gewährung **vorläufiger Sozialleistungen** (§§ 42, 43 SGB I);
- die **Verjährung** von Sozialleistungen (Ablauf der Verjährung in vier Jahren nach
  Ablauf des Kalenderjahres, in dem sie entstanden sind) und die Hemmung der
  Verjährung (§ 45 SGB I);[17]
- die Voraussetzungen des **Verzichts** auf Sozialleistungen und dessen Widerruf (§ 46
  SGB I);
- die sog. Abzweigungsregelung des § 48 SGB I, d.h. die Regelung der Auszahlung laufender Geldleistungen, die zur Sicherung des Lebensunterhalts bestimmt
  sind, an Ehegatten oder Kinder bei Verletzung der Unterhaltspflicht durch den
  Leistungsberechtigten;
- § 51 SGB I mit den Voraussetzungen der **Aufrechnung** gegen Ansprüche auf laufende Geldleistungen durch den Leistungsträger bzw. § 53 SGB I zur **Verrechnung**
  von laufenden Geldleistungen durch einen anderen Leistungsträger mit Zustimmung des für die Leistung zuständigen Trägers;
- die Unwirksamkeit bzw. die Voraussetzungen für eine **Übertragung, Verpfändung
  und Pfändung** von Sozialleistungen (§§ 53, 54 SGB I);

---

15 S. dazu Kap. 19.
16 S. dazu in der Tabelle der Lebensaltersstufen unter 15.2.
17 S. dazu in Kap. 9 Rdn. 8 ff.

– die allgemeinen **Mitwirkungspflichten** nach §§ 60 bis 67 SGB I: Die »Mitwirkungspflichten« der §§ 60 bis 64 SGB I[18] korrespondieren mit der Amtsermittlungspflicht (§ 20 SGB X) der Sozialleistungsträger und sollen diesen die Kenntniserlangung der für eine Anspruchsprüfung erforderlichen Tatsachen ermöglichen. Wichtig sind vor allem die Pflichten zur Angabe aller für eine Sozialleistung maßgeblichen Tatsachen, zur Vorlage von entsprechenden Unterlagen, zur Zustimmung zur Auskunftserteilung durch dritte Stellen und zur Mitteilung von leistungserheblichen Änderungen in den Verhältnissen, die Grenzen der Mitwirkung nach § 65 SGB I, die Möglichkeit der Leistungsverweigerung durch den Sozialleistungsträger bei fehlender Mitwirkung (§ 66 SGB I) und die Möglichkeit der nachträglichen Erbringung von Leistungen bei nachgeholter Mitwirkung (§ 67 SGB I).

C. Vorsorgesysteme

22 Die sozialen Rechte aus § 4 und § 3 Abs. 2 Nr. 4 SGB I werden durch Vorsorgesysteme sichergestellt. Der Grund für Leistungen dieser Systeme ist der Eintritt typischer sozialer Risiken wie Krankheit, Arbeitsunfall, Verlust des Arbeitsplatzes, Alter, Invalidität, Pflegebedürftigkeit. Hierher gehören die vier Zweige der Sozialversicherung: gesetzliche Kranken-, Unfall-, Rentenversicherung und die soziale Pflegeversicherung (geregelt im SGB V, VI, VII und XI) sowie die Arbeitslosenversicherung (geregelt im achten Abschnitt des SGB III – Entgeltersatzleistungen). Die Mitglieder des jeweiligen Versicherungszweiges zahlen entsprechend ihrer Leistungsfähigkeit Beiträge ein (hälftig getragen von den Arbeitgebern und den Arbeitnehmern). Durch diese Beitragseinnahmen werden die Leistungen finanziert, die aktuell für die jeweiligen Mitglieder im Versicherungsfall zu zahlen sind.[19] Diese Art der Finanzierung wird als **Umlageverfahren** bezeichnet.[20] Das Umlageverfahren ist vor allem von zwei Rahmenbedingungen abhängig: von der Zahl der Beitragszahler und derjenigen der Leistungsbezieher. Ein Blick auf die Arbeitslosenversicherung vermag dies zu verdeutlichen: wird ein versicherungspflichtig Beschäftigter arbeitslos, fällt er auf der Einnahmenseite der Arbeitslosenversicherung als Beitragszahler weg und kommt auf der Ausgabenseite als Leistungsbezieher hinzu. Arbeitslosigkeit hat damit einen ‚Hebeleffekt' für die Stabilität einer Finanzierung im Umlageverfahren. Ein zweiter ‚Hebeleffekt' geht von der demografischen Entwicklung aus. Mit der steigenden Lebenserwartung

---

18 Es handelt sich im Rechtssinne um Obliegenheiten, da die Erfüllung der »Pflichten« nicht erzwungen werden kann.

19 Exemplarisch § 153 Abs. 1 SGB VI: »In der Rentenversicherung werden die Ausgaben eines Kalenderjahres durch die Einnahmen des gleichen Kalenderjahres und, soweit erforderlich, durch Entnahmen aus der Nachhaltigkeitsrücklage gedeckt.«

20 Ein alternatives Finanzierungsverfahren ist das sog. Kapitaldeckungsverfahren, das bei privaten Versicherungen Anwendung findet. Dabei werden die Beiträge der Versicherten am Kapitalmarkt angelegt. Es wird dabei für jeden einzelnen Versicherten ein Deckungskapital gebildet, mit dem nach erfolgtem Ansparvorgang die zu zahlenden Leistungen abdeckt werden.

der Menschen beziehen Ältere einerseits längere Zeit Leistungen der Rentenversicherung, andererseits erhöhen sich wegen des im Alter steigenden Risikos von Erkrankungen und Pflegebedürftigkeit die Ausgaben von Kranken- und Pflegekassen. Die
klassischen Stabilisierungsmaßnahmen sind Beitragserhöhungen und/oder Leistungs-
absenkungen. Diskutiert werden auch eine Ausdehnung der jetzigen lohnbezogenen
Beitragserhebung auf weitere Einkünfte, z.b. aus Kapital oder aus Vermietung und
Verpachtung oder die Vergrößerung des Kreises der Beitragszahler durch Einbeziehung der Beamten in die Sozialversicherung (,Volksversicherung').

Der Sozialversicherung liegt das **Solidarprinzip** zugrunde. Das Solidarische an der   **23**
Sozialversicherung liegt darin begründet, dass Mitglieder mit höherem Einkommen
höhere Beiträge einzahlen und dadurch Mitglieder mit geringerem oder fehlendem
Einkommen ,quersubventionieren'. Beitragszahler, bei denen sich bestimmte Risiken
im Verlauf ihrer Erwerbsbiografie nicht verwirklichen (bspw. Arbeitslosigkeit, chroni-
sche Krankheit), finanzieren so die Ausgaben der Sozialversicherung für Mitglieder,
die von einer entsprechenden Risikoverwirklichung betroffen sind.

Die Leistungsgewährung in einem Versicherungssystem kann zwei Prinzipien folgen: **24**
dem **Final- und dem Kausalprinzip**. Folgt eine Versicherung dem Kausalprinzip –
das tut nur die Unfallversicherung – so wird nach dem Grund, nach der Ursache
(der »causa«) für eine eingetretene soziale Problemlage gefragt. Nur bestimmte Ursachen – in der Unfallversicherung bspw. ein Arbeitsunfall – vermögen eine Leistungsgewährung auszulösen. Gilt das Finalprinzip – wie es in den übrigen Zweigen der
Sozialversicherung der Fall ist –, so haben die Leistungen das Ziel einer möglichst
bedarfsgerechten Leistungsgewährung. Die Ursache für die Leistungsgewährung spielt
keine Rolle – so kommt es bspw. im Recht der gesetzlichen Krankenversicherung
nicht darauf an, ob eine Erkrankung (bspw. durch Ausübung einer Risikosportart)
mitverursacht ist.

Das Sozialversicherungsrecht kennt **Sach-, Dienst- und Geldleistungen**. Sach- und   **25**
Dienstleistungen sind regelmäßig am Bedarfsprinzip ausgerichtet und haben die individuelle Bedarfssituation im Auge (bspw. die notwendige ärztliche Behandlung). Das
Bedarfsdeckungsprinzip wurde im Zuge der Ausgabenkonsolidierung in den Vorsorgesystem in bestimmten Bereichen aufgegeben (im Krankenversicherungsrecht bspw.
beim Zahnersatz oder mit den Zuzahlungen zu Medikamenten, Krankenhausaufent-
halten oder zu Heilmitteln wie Krankengymnastik). Die Pflegeversicherung startete
von Beginn an mit betragsmäßig begrenzten Leistungen. Die Höhe von Geldleistungen – beispielsweise die Höhe von Renten – richtet sich nicht nach einem individuellen Bedarf. Geldleistungen folgen vielmehr dem **Äquivalenzprinzip**, ihre Höhe
richtet sich nach der Höhe der eingezahlten Beiträge, ggf. kann auch die Dauer der
Beitragszahlung maßgeblich sein.

Leistungsträger sind von Ausnahmen abgesehen Körperschaften des öffentlichen
Rechts mit dem Recht auf Selbstverwaltung.[21]

---

21 S. dazu §§ 29 bis 66 SGB IV, §§ 367 bis 393 SGB III und Kap. 17 Rdn. 17 ff.

I. Gesetzliche Rentenversicherung

Literatur

Hauck/Noftz (Hrsg.), Sozialgesetzbuch VI (Loseblattwerk), Berlin Stand 2017; *Kreikebohm* (Hrsg.), SGB VI – Gesetzliche Rentenversicherung, 4. Aufl., München 2013; *Ruland/Försterling* (Hrsg.): GK-SGB VI – Gemeinschaftskommentar zum Sozialgesetzbuch – Gesetzliche Rentenversicherung (Loseblatt), Köln Stand 2017.

1. Allgemeines

26 Die gesetzliche Rentenversicherung (grV) ist das größte Vorsorgesystem. Im Jahr 2015 wurden in der allg. Rentenversicherung rd. 24,2 Mio. Renten[22] mit einem Finanzvolumen von rd. 236 Mrd. €[23] ausgezahlt. Rechtliche Grundlage ist das SGB VI. Noch nicht in das SGB VI integriert sind die Alterssicherung der Landwirte und die der Künstler und Publizisten. Geregelt sind diese Bereiche im »Gesetz über die Alterssicherung der Landwirte« (ALG) und im »Künstlersozialversicherungsgesetz« (KSVG). Von der **Versicherungspflicht** erfasst werden vor allem gegen Arbeitsentgelt oder zu ihrer Berufsausbildung beschäftigte Personen (§ 1 SGB VI), manche Gruppen von Selbständigen wie Hebammen, Künstler und Publizisten oder Gewerbetreibende, die in die Handwerksrolle eingetragen sind (§ 2 SGB VI) sowie Bezieher anderer Sozialleistungen wie Arbeitslosen- oder Krankengeld (§ 3 SGB VI).

27 Als **Träger der grV** fungieren die Deutsche Rentenversicherung Bund und die Regionalträger der Deutschen Rentenversicherung,[24] die Deutsche Rentenversicherung Knappschaft-Bahn-See und in der Alterssicherung der Landwirte die landwirtschaftlichen Alterskassen.

2. Versicherungsfälle: Alter, Invalidität, Tod

28 Die grV schützt vor dem Risiko eines dauerhaften Ausfalls von Erwerbseinkommen wegen Alters oder verminderter Erwerbsfähigkeit und dient zudem der finanziellen Absicherung von Angehörigen verstorbener Leistungsempfänger (Witwen/Witwern und Waisen).

3. Leistungen

29 Das SGB VI sieht in seinem 2. Kapitel
- Leistungen zur Teilhabe (Rehabilitation) und ergänzende Leistungen,
- Rentenleistungen und
- Zusatzleistungen

vor. Dabei gilt der Grundsatz »Rehabilitation vor Rente« (§ 9 Abs. 1 Satz 2 SGB VI).

---

22 Statistisches Bundesamt, Statistisches Jahrbuch 2016, S. 229.

23 Deutsche Rentenversicherung (Hrsg.), Rentenversicherung in Zahlen 2016 (Stand: 25.7.2016), S. 20 f.

24 Es gibt die Regionalträger Baden-Württemberg, Bayern Süd, Berlin-Brandenburg, Braunschweig-Hannover, Hessen, Mitteldeutschland, Nord, Nordbayern, Oldenburg-Bremen, Rheinland, Rheinland-Pfalz, Saarland, Schwaben, Westfalen.

Bei den Leistungen zur Teilhabe handelt es sich um Maßnahmen zur Erhaltung oder **30** Verbesserung der Erwerbsfähigkeit in Gestalt von **Leistungen zur medizinischen Rehabilitation und zur Teilhabe am Arbeitsleben.** Dieser in den §§ 9 bis 32 SGB VI geregelte Bereich gehört systematisch zum Recht auf Rehabilitation und Teilhabe des SGB IX. Grundsätzlich werden Teilhabeleistungen erst nach einer Wartezeit von 15 Jahren erbracht.[25] Hierzu existieren allerdings zahlreiche Ausnahmeregelungen. Wer eine Rente wegen verminderter Erwerbsfähigkeit bezieht, erfüllt unabhängig von der Länge der Wartezeit die versicherungsrechtlichen Voraussetzungen für Teilhabeleistungen.[26] Für Leistungen zur medizinischen Rehabilitation erfüllen Versicherte, die in den letzten zwei Jahren vor der Antragstellung sechs Kalendermonate lang Pflichtbeiträge für eine versicherte Beschäftigung oder Tätigkeit entrichtet oder haben sie innerhalb von 2 Jahren nach dem Ende einer Ausbildung eine versicherte Beschäftigung oder eine selbständige Tätigkeit aufgenommen haben, die versicherungsrechtlichen Voraussetzungen (§ 11 Abs. 2 Nr. 1 und 2 SGB VI).

Wer Leistungen zur medizinischen Rehabilitation oder zur Teilhabe am Arbeitsleben **31** erhält, hat Anspruch auf **Übergangsgeld** (§ 20 SGB VI), das 80% des Einkommens beträgt, das den vor Beginn der Leistungen für das letzte Kalenderjahr (Bemessungszeitraum) gezahlten Beiträgen zugrunde liegt (§ 21 Abs. 2 SGB VI).

Die zweite Leistungsart sind **Renten.** Das Gesetz unterscheidet Renten wegen Alters, wegen verminderter Erwerbsfähigkeit und wegen Todes.

Ist eine Wiederherstellung der Erwerbsfähigkeit durch Leistungen zur Teilhabe nicht **32** mehr möglich, sieht das SGB VI bis zum Erreichen der Regelaltersgrenze die Zahlung von **Renten wegen voller oder teilweiser Erwerbsminderung** vor (s. § 43 SGB VI). Eine volle Erwerbsminderung liegt vor, wenn jemand infolge Krankheit oder Behinderung auf nicht absehbare Zeit außerstande ist, unter den üblichen Bedingungen des allgemeinen Arbeitsmarkts mindestens drei Stunden täglich erwerbstätig zu sein. Eine teilweise Erwerbsminderung liegt vor, wenn das Leistungsvermögen für drei Stunden und mehr täglich ausreicht, aber keine sechs Stunden mehr gearbeitet werden können (§ 43 Abs. 2 Satz 2, Abs. 1 Satz 2 SGB VI).

Für die **Altersrente** sieht das Gesetz verschiedene Varianten (§§ 35 bis 40 SGB VI) mit **33** unterschiedlichen Voraussetzungen vor. Beispielhaft seien genannt:
– Die **Regelaltersrente** – sie beginnt für Versicherte, die vor dem 01.01.1947 geboren sind, mit der Vollendung des 65. Lebensjahres. Für Versicherte, die nach dem 31.12.1946 geboren sind, verlängert sich der Renteneintritt stufenweise: zunächst um je einen Monat pro Jahrgang, für die Jahrgänge ab 1959 um jeweils zwei Monate pro Jahrgang mit der Folge, dass das Renteneintrittsalter für Versicherte, die ab 1964 geboren sind, auf 67 Jahre festgeschrieben ist (§§ 35, 235 SGB VI). Die Wartezeit für die Regelaltersgrenze beträgt fünf Jahre (§ 50 Abs. 1 Satz 1 Nr. 1 SGB VI). Eine vorzeitige Inanspruchnahme ist nicht möglich.

---

25 S. § 11 Abs. 1 Nr. 1 SGB VI.
26 S. § 11 Abs. 1 Nr. 2 SGB VI.

- Die Altersrente für **langjährig Versicherte**, wenn diese eine Wartezeit von 35 Jahren (§ 50 Abs. 4 Nr. 1 SGB VI) erfüllt haben. Sie kann von Versicherten, die vor dem 01.01.1964 geboren sind, mit der Vollendung des 65. Lebensjahres in Anspruch genommen werden. Für Versicherte, die nach dem 31.12.1948 geboren sind, erfolgt eine schrittweise Heraufsetzung des Renteneintrittsalters bis auf das 67. Lebensjahr wie bei der Regelaltersrente (§§ 36, 236 SGB VI). Diese Rente kann vorzeitig mit der Vollendung des 63. Lebensjahres in Anspruch genommen werden (§ 236 Abs. 1 Satz 2 SGB VI). Soweit eine vorzeitige Inanspruchnahme von Renten in Frage kommt, führt dies zu Rentenabschlägen i.H.v. 0,3% der Rente pro Monat der vorzeitigen Inanspruchnahme (§ 77 Abs. 2 Satz 1 Nr. 2a SGB VI).
- Die **Altersrente wegen Arbeitslosigkeit**: die Regelung dafür findet sich in § 237 SGB VI und bezieht sich auf Personen, die vor dem 01.01.1952 geboren sind, das 60. Lebensjahr vollendet haben, bei Beginn der Rente arbeitslos sind und nach Vollendung eines Lebensalters von 58 Jahren und 6 Monaten insgesamt 52 Wochen arbeitslos waren. Weitere Voraussetzungen sind die Entrichtung von 8 Jahren Pflichtbeiträgen innerhalb von 10 Jahren vor Beginn der Rente und die Erfüllung einer Wartezeit von 15 Jahren.
- Die **Altersrente für Frauen**: § 237a SVB VI enthält spezielle und detaillierte Regelungen für Frauen, die u.a. vor dem 01.01.1952 geboren sind, das 60. Lebensjahr vollendet haben, nach Vollendung des 40. Lebensjahres mehr als 10 Jahre Pflichtbeiträge für eine versicherte Tätigkeit entrichtet haben und die Wartezeit von 15 Jahren erfüllen.

34 Schließlich sieht die Rentenversicherung Leistungen zur finanziellen Absicherung von Angehörigen (Witwen/Witwern und Waisen) im Falle des Todes der versicherten Person vor. **Renten wegen Todes** werden geleistet als Witwenrente oder Witwerrente, Erziehungsrente und Waisenrenten (§§ 46 bis 48 SGB VI).

Als Zusatzleistung zu den o.g. Rentenleistungen kommt ein **Zuschuss zur Krankenversicherung** der Rentnerinnen und Rentner in Betracht (§ 106 SGB VI).

4. Ausblick

35 Der von Arbeitnehmerinnen, Arbeitnehmern und Arbeitgebern zu gleichen Teilen zu tragende Beitragssatz für die Rentenversicherung wurde für das Jahr 2017 auf 18,7% – und damit auf dieselbe Höhe wie 1985 – festgesetzt.[27] Da sich in den kommenden Jahren die Anzahl der Rentenbezieher im Verhältnis zu der Zahl der Beitragszahler weiter erhöhen wird (immer weniger Beitragszahler müssen immer mehr Rentner finanzieren), hat ein derart stabiles Beitragsniveau ein Sinken des Rentenniveaus (das ist die Relation zwischen der Höhe der Standardrente nach 45 Jahren Beitragszahlung auf Basis eines Durchschnittsverdienstes und dem Entgelt eines Durchschnittsverdieners)

---

27 Bekanntmachung der Beitragssätze in der allgemeinen Rentenversicherung und der knappschaftlichen Rentenversicherung für das Jahr 2017 vom 17.11.2016.

zur Folge. Während für das Jahr 2004 das Rentenniveau noch 53% betrug, wird es bei gleichbleibenden Bedingungen bis zum Jahre 2030 auf 44,3% sinken.[28] Ein Absinken des Rentenniveaus heißt nicht, dass die Brutto-Renten sinken. Sie werden auch künftig steigen, allerdings weniger stark als die Einkommen.

II. Gesetzliche Krankenversicherung

Literatur

Becker/Kingreen, Gesetzliche Krankenversicherung – Kommentar, 5. Aufl., München 2017; *Eichenhofer/Wenner*, (Hrsg.) Kommentar zum SGB V, 2. Aufl., Köln 2016; *Hänlein/Schuler* (Hrsg.), Sozialgesetzbuch V, 5. Aufl. 2016; *Hauck/Noftz* (Hrsg.), Sozialgesetzbuch V – Gesetzliche Krankenversicherung (Loseblattwerk), Stand 2016.

1. Allgemeines

Etwa 87 % der Bevölkerung der BRD sind in der gesetzlichen Krankenversicherung (gKV) versichert. Rechtliche Grundlage ist das SGB V. Im Jahr 2015 wurden von der gKV 202 Mrd. € für Leistungen aufgewendet.[29] Daneben gibt es die private Krankenversicherung (teilweise mit dem Sondersystem der Beihilfe zu Krankheitskosten für Beamte gekoppelt) und auch eine Absicherung gegen das Krankheitsrisiko im Rahmen von Sozialhilfeleistungen. **36**

Aufgabe der gKV ist es, die Gesundheit der Versicherten zu erhalten, wiederherzustellen oder ihren Gesundheitszustand zu bessern (§ 1 Satz 1 SGB V). An **Versicherungstatbeständen** kennt das Gesetz die Pflichtversicherung nach § 5 SGB V (insbesondere für Arbeiter, Angestellte und zu ihrer Berufsausbildung gegen Arbeitsentgelt Beschäftigte, aber bspw. auch für Bezieher von ALG II – Leistungen), die Möglichkeit der freiwilligen Versicherung nach § 9 SGB V (bspw. für ehemalige Pflichtmitglieder für einen bestimmten Zeitraum nach deren Ausscheiden) und die in § 10 SGB V geregelte (beitragsfreie) Familienversicherung für Ehe- oder Lebenspartner und Kinder von Mitgliedern.[30] **37**

Als **Träger der gKV** fungieren die Ortskrankenkassen (AOK), die Betriebskrankenkassen (BKK), die Innungskrankenkassen (IKK), die See-Krankenkasse, die landwirtschaftlichen Krankenkassen, die Bundesknappschaft und die Ersatzkassen (Barmer Ersatzkasse (BEK), Techniker Krankenkasse (TKK) und weitere) (§§ 143 bis 171 SGB V). **38**

---

28 Gemeinsame Finanzschätzung von BMAS und Deutsche Rentenversicherung Bund, Herbst 2015.

29 Das entspricht 2.857 € pro versicherter Person, Statistisches Bundesamt, Statistisches Jahrbuch 2016, S. 230.

30 Ohne Anspruch auf Krankengeld.

2. Versicherungsfall: Krankheit

39 Die Krankenversicherung sichert gegen das Risiko ‚Krankheit' ab. Unter einer Krankheit im krankenversicherungsrechtlichen Sinn wird vom BSG »ein regelwidriger, vom Leitbild des gesunden Menschen abweichender Körper- oder Geisteszustand verstanden, der ärztlicher Heilbehandlung bedarf oder – zugleich oder allein – den Betroffenen arbeitsunfähig macht«.[31] Es handelt sich hierbei um einen rechtlichen Zweckbegriff, der von seiner Funktion der Auslösung einer Sozialleistung geprägt ist. Fehlt es bspw. an der Behandlungsfähigkeit einer Krankheit und damit an der Behandlungsbedürftigkeit eines regelwidrigen körperlichen Zustands, dann wird dieser Zustand sozialrechtlich nicht mehr der Krankenbehandlung, sondern der Pflege zugewiesen.[32]

3. Leistungen

40 Nach § 11 Abs. 1 SGB V haben Versicherte Anspruch auf folgende Leistungen:
– Leistungen bei Schwangerschaft und Mutterschaft – Nr. 1,
– Leistungen zur Verhütung von Krankheiten und deren Verschlimmerung sowie zur Empfängnisverhütung, bei Sterilisation und bei Schwangerschaftsabbruch – Nr. 2,
– Leistungen zur Früherkennung von Krankheiten – Nr. 3,
– Leistungen zur Behandlung einer Krankheit – Nr. 4,
– Leistungen des Persönlichen Budgets nach § 17 Abs. 2 bis 4 des SGB IX – Nr. 5.

41 Dabei ist nach § 1 Abs. 1 Satz 3 SGB V der Rahmen für die Leistungen, was ihre Qualität und Wirksamkeit betrifft, auf solche beschränkt, die dem allgemeinen Stand der medizinischen Erkenntnisse entsprechen (s.a. die Öffnungsklausel in Abs. 1a).

42 Die **Leistungen bei Schwangerschaft und Mutterschaft** umfassen die folgenden Leistungen (§ 24c SGB V):
– ärztliche Betreuung und Hebammenhilfe,
– Versorgung mit Arznei-, Verband-, Heil- und Hilfsmitteln,
– Entbindung,
– häusliche Pflege,
– Haushaltshilfe und
– Mutterschaftsgeld.

43 Das in § 24i SGB V geregelte **Mutterschaftsgeld** ist im Zusammenhang mit den Regelungen des Mutterschutzgesetzes (MuSchG) zu sehen. Weibliche Mitglieder, die bei Arbeitsunfähigkeit Anspruch auf Krankengeld haben und die während der Schutzfristen des Mutterschutzgesetzes (6 Wochen vor der voraussichtlichen Geburt und 8 Wochen nach der Geburt – § 3 Abs. 2 und § 6 MuSchG) in einem Arbeitsverhältnis stehen, aber während dieser Zeit keinen Anspruch auf Arbeitsentgelt haben, erhalten

---

31 Zuletzt NZS 2015, 662, 663, unter Abgrenzung vom medizinischen Krankheitsbegriff und demjenigen der WHO.
32 BSGE 94, 161, 166.

von der Krankenkasse Mutterschaftsgeld in Höhe des letzten durchschnittlichen kalendertäglichen Arbeitsentgelts, höchstens jedoch 13 € pro Tag (§ 24i Abs. 1 und 2 SGB V.) Nach § 14 MuSchG erhalten Frauen, die mehr als 13 € kalendertäglich verdienen, für die Dauer der Schutzfristen von ihrem Arbeitgeber einen Zuschuss zum Mutterschaftsgeld in Höhe des Unterschiedsbetrages zwischen 13 € und dem um die gesetzlichen Abzüge geminderten durchschnittlichen kalendertäglichen Arbeitsentgelt, das aus den letzten drei abgerechneten Kalendermonaten ermittelt wird.

Bei den **Leistungen zur Früherkennung** von Krankheiten ist der Anspruch auf Unter-   44
suchung von Kindern und Jugendlichen nach § 26 SGB V hervorzuheben, bei denen bis zum 6. Lebensjahr insgesamt 9 »U-Untersuchungen« und eine weitere »J-Untersuchung« im 13. bis 14 Lebensjahr vorgesehen sind.

Die **Krankenbehandlung** umfasst (§§ 27 bis 43a SGB V):   45
– ärztliche Behandlung einschließlich Psychotherapie als ärztliche und psychothera-
  peutische Behandlung,
– zahnärztliche Behandlung einschließlich der Versorgung mit Zahnersatz,
– Versorgung mit Arznei-, Verbands-, Heil- und Hilfsmittel,[33]
– Häusliche Krankenpflege und Haushaltshilfe,
– Soziotherapie,
– Krankenhausbehandlung,
– Leistungen zur medizinischen Rehabilitation und ergänzende Leistungen,
– nicht ärztliche sozialpädiatrische Leistungen für Kinder.

Zur Krankenbehandlung gehört auch die palliative (nicht auf Heilung oder Lebensver-   46
längerung, sondern auf bestmöglichen Erhalt von Lebensqualität und die Linderung von Schmerzen und anderen Symptomen gerichtete) Versorgung der Versicherten (§ 11 Abs. 1 Satz 2 SGB V). Den Bedürfnissen psychisch kranker Menschen ist bei der Krankenbehandlung Rechnung zu tragen (§ 11 Abs. 1 Satz 3 SGB V).

Versicherte, die wegen einer Krankheit arbeitsunfähig sind oder die auf Kosten der   47
Krankenkasse stationär in einem Krankenhaus, einer Vorsorge- oder Rehabilitations-
einrichtung behandelt werden, haben Anspruch auf **Krankengeld** (§ 44 SGB V).[34] Dieses beträgt 70% des letzten regelmäßigen Arbeitsentgelts (§ 47 Abs. 1 Satz 1 SGB V).

Bei einer Reihe von Leistungen z.B. den Arznei-, Verband- und Heilmitteln und bei   48
stationären Aufenthalten müssen Versicherte, die das 18. Lebensjahr vollendet hat,
Zuzahlungen leisten, deren Höhe sich aus § 61 SGB V ergibt. Eine Befreiung von

---

33 Heil- und Hilfsmittel sind Behandlungsmethoden, mit denen eine medizinische Therapie
    unterstützt wird. Heilmittel sind nichtärztliche Behandlungsverfahren wie etwa die Logo-
    pädie oder die Krankengymnastik, Hilfsmittel sind vom Patienten selbst genutzte Gegen-
    stände wie zum Beispiel Seh- oder Hörhilfen oder Rollstühle. Das Hilfsmittelverzeichnis der
    gKV finden Sie unter https://hilfsmittel.gkv-spitzenverband.de/hmvAnzeigen_input.action
    (letzter Zugriff: 18.05.2017)
34 Für die ersten sechs Wochen einer krankheitsbedingten Arbeitsunfähigkeit besteht nach § 3
    Abs. 1 Satz 1 Entgeltfortzahlungsgesetz (EntFG) ein Anspruch auf Fortzahlung der Arbeits-
    vergütung gegenüber dem Arbeitgeber.

Zuzahlungen erfolgt, wenn die sog. Belastungsgrenze erreicht wird. Diese beträgt 2% der jährlichen Bruttoeinnahmen, bei chronisch Kranken 1% (§ 62 Abs. 1 SGB V). Die weitere Zuzahlungspflicht entfällt, wenn diese Belastungsgrenze erreicht ist. Bei den Empfängerinnen und Empfängern von Hilfe zum Lebensunterhalt oder Grundsicherung im Alter und bei Erwerbsminderung bzw. von Leistungen der Grundsicherung für Arbeitsuchende nach dem SGB II ist für die gesamte Bedarfsgemeinschaft nur der Regelsatz für die Regelbedarfsstufe 1 bzw. der Regelbedarf für Alleinstehende als (monatliches) Einkommen für die Berechnung der jährlichen Bruttoeinnahmen zugrunde zu legen (§ 62 Abs. 2 Satz 5 und 6 SGB V). Für 2017 beträgt die Belastungsgrenze für diesen Personenkreis damit 98,16 € bzw. 49,08 € bei chronischen Erkrankungen.

4. Ausblick

49 Im Bereich der gKV hat der Gesetzgeber immer wieder mit ‚Steuerungsproblemen' zu kämpfen, die in der Benennung der Änderungsgesetze deutlich werden:

- Gesetz zur nachhaltigen und sozial ausgewogenen Finanzierung der gesetzlichen Krankenversicherung (GKV-Finanzierungsgesetz) vom 22.12.2010 – BGBl. I. S. 2309,
- Gesetz zur Neuordnung des Arzneimittelmarktes in den gesetzlichen Krankenversicherung (Arzneimittelmarktneuordnungsgesetz – AMNOG) vom 22.12.2010 – BGBl. I S. 2262,
- Gesetz zur Verbesserung der Versorgungsstrukturen in der gesetzlichen Krankenversicherung (Versorgungsstrukturgesetz) vom 22.12.2011 – BGBl. I S. 2983,
- Gesetz zur Weiterentwicklung der Finanzstruktur und der Qualität in der gesetzlichen Krankenversicherung (GKV-Finanzstruktur- und Qualitäts-Weiterentwicklungsgesetz – GKV-FQWG) vom 21.07.2014 – BGBl. I S. 1133,
- Gesetz zur Stärkung der Versorgung in der gesetzlichen Krankenversicherung (GKV-Versorgungsstärkungsgesetz) vom 16.07.2015 – BGBl. I S. 1211,
- Gesetz zur Verbesserung der Hospiz- und Palliativversorgung in Deutschland (Hospiz- und Palliativgesetz – HPG) vom 01.12.2015 – BGBl. I S. 2114,
- Gesetz zur Reform der Strukturen der Krankenhausversorgung (Krankenhausstrukturgesetz – KHSG) vom 10.12.2015 – BGBl. I S. 2229,
- Gesetz zur Weiterentwicklung der Versorgung und der Vergütung für psychiatrische und psychosomatische Leistungen (PsychVVG) vom 19.12.2016 – BGBl. I S. 2986.

Daran dürfte sich auch zukünftig wenig ändern.

III. Soziale Pflegeversicherung

Literatur

Hauck/Noftz (Hrsg.), Sozialgesetzbuch (SGB) XI: Soziale Pflegeversicherung (Loseblattwerk), Neuwied, Stand 2017; *Körner/Leitherer/Mutschler* (Hrsg.), Kasseler Kommentar zum Sozialversicherungsrecht: Sozialgesetzbuch (SGB) Elftes Buch (XI) Soziale Pflegeversicherung (Loseblattwerk), München, Stand 2017.

1. Allgemeines

Die Pflegeversicherung ist im Sozialgesetzbuch Elftes Buch – Soziale Pflegeversiche- 50
rung (SGB XI) geregelt. Für die soziale Pflegeversicherung (sPV) gilt der Grundsatz
»Pflegeversicherung folgt Krankenversicherung« (dies gilt auch für die private Pflegeversicherung): alle Pflicht- und freiwilligen Mitglieder in der gesetzlichen Krankenversicherung sind in der Pflegeversicherung versicherungspflichtig (§ 20 SGB XI).
Träger der Pflegeversicherung sind die bei den Krankenkassen errichteten Pflegekassen (§ 46 SGB XI). Nach § 72 Abs. 1 Satz 1 SGB XI dürfen Pflegekassen ambulante
und stationäre Pflege nur durch Pflegeeinrichtungen gewähren, mit denen ein Versorgungsvertrag besteht (**zugelassene Pflegeeinrichtungen**). Diese müssen wirtschaftlich
selbständige Einrichtungen sein, die unter ständiger Verantwortung einer ausgebildeten Pflegefachkraft stehen (§ 71 Abs. 1 und 2 SGB XI).

Ansprüche gegen die soziale Pflegeversicherung sind an **versicherungsrechtliche** und 51
persönliche Voraussetzungen geknüpft. Ein Anspruch auf Leistungen besteht, wenn
Versicherte in den letzten zehn Jahren vor der Antragstellung **mindestens zwei Jahre** als
Mitglied **versichert** oder familienversichert waren (§ 33 Abs. 2 Satz 1 SGB XI). Daneben muss als persönliche Voraussetzung **Pflegebedürftigkeit** im Sinne von §§ 14, 15
SGB XI vorliegen (dazu unten Rdn. 52 ff.). Leistungen werden in Abhängigkeit vom
festgestellten Pflegegrad erbracht (dazu unten Rdn. 64 ff.). Leistungen der **Prävention
und Rehabilitation** haben gem. §§ 5, 31 SGB XI **Vorrang vor Pflegeleistungen**.

2. Versicherungsfall: Pflegebedürftigkeit

Mit dem 2. Gesetz zur Stärkung der pflegerischen Versorgung und zur Änderung wei- 52
terer Vorschriften (Zweites Pflegestärkungsgesetz – PSG II) vom 21.12.2015 (BGBl. I
S. S. 2424) wurde der Pflegebedürftigkeitsbegriff unter Berücksichtigung der zuvor
bei der Feststellung von Pflegebedürftigkeit vernachlässigten Einschränkungen der
Alltagskompetenz neu gefasst und es wurden 5 Pflegegrade eingeführt. **Pflegebedürftig sind** damit nach § 14 Abs. 1 SGB XI **Personen, die**
– gesundheitlich bedingte Beeinträchtigungen ihrer Selbständigkeit oder ihrer Fähigkeiten aufweisen oder
– gesundheitlich bedingte Belastungen oder Anforderungen nicht selbständig kom-
pensieren oder bewältigen können

und deshalb der Hilfe durch andere bedürfen.

Gesundheitliche Beeinträchtigungen können körperlicher, kognitiver oder psychi- 53
scher Natur sein. Ein Hilfebedarf, der andere Ursachen hat (wie etwa bei einem Kleinkind altersbedingte), vermag eine Pflegebedürftigkeit i.S.d. SGB XI nicht auszulösen.
Aber auch das Vorliegen einer bestimmten Erkrankung oder Behinderung oder die
Anerkennung als Schwerbehinderter lässt noch keine Rückschlüsse auf das Vorliegen von Pflegebedürftigkeit zu. Entscheidend ist die persönliche Situation, d.h. ein
Hilfebedarf aufgrund konkreter, gesundheitlich bedingter Beeinträchtigungen, Belastungen oder Anforderungen. **Berücksichtigt werden bei der Feststellung gesundheitlich bedingter Beeinträchtigungen der Selbständigkeit oder der Fähigkeiten**

sechs Lebensbereiche (§ 14 Abs. 2 SGB XI), und zwar die Mobilität, kognitive und kommunikative Fähigkeiten, Verhaltensweisen und psychische Problemlagen, Selbstversorgung, Bewältigung von und selbständiger Umgang mit krankheits- oder therapiebedingten Anforderungen und Belastungen und Gestaltung des Alltagslebens und sozialer Kontakte. Diesen sechs Bereichen sind 66 Kriterien zugeordnet, anhand derer das Vorliegen einer Beeinträchtigung von Selbständigkeit und Fähigkeiten festgestellt wird. So wird im Bereich der Mobilität bspw. nach der Selbständigkeit beim Treppensteigen oder beim Halten einer stabilen Sitzposition gefragt, im Bereich der kognitiven und kommunikativen Fähigkeiten bspw. nach der Fähigkeit des Erkennens von Personen aus dem näheren Umfeld und der örtlichen und zeitlichen Orientierung oder im Bereich der Selbstversorgung bspw. nach der Selbständigkeit bei der Körperpflege, der Fähigkeit zum An- und Auskleiden, zum mundgerechten Zubereiten der Nahrung und zum Eingießen von Getränken. Für einen kompletten Überblick über die Kriterien muss auf die Lektüre von § 14 Abs. 2 SGB XI verwiesen werden.

54 Die **Pflegebedürftigkeit** muss auf Dauer, voraussichtlich **für mindestens sechs Monate**, und mit einem der in § 15 SGB XI festgelegten Schweregrade bestehen (§ 14 Abs. 1 Satz 3 SGB XI). Der Pflegegrad wird mit Hilfe eines pflegefachlich begründeten Begutachtungsinstruments (vgl. § 15 Abs. 2 bis 7 SGB I) vom Medizinischen Dienst der Krankenkassen oder einem unabhängigen Gutachter ermittelt (§ 18 Abs. 1 SGB XI). Dabei wird zunächst für jeden der sechs erläuterten Bereiche der Schweregrad der Beeinträchtigung mit einer Punktebewertung anhand der Anlage 1 zu § 15 festgestellt.

▶ Beispiel: die Punktebewertung im Bereich der Mobilität

55 **Modul 1: Einzelpunkte im Bereich der Mobilität**
Das Modul umfasst fünf Kriterien, deren Ausprägungen in den folgenden Kategorien mit den nachstehenden Einzelpunkten gewertet werden:

Nr.	Kriterien	selbstän-dig	überwiegend selbständig	überwiegend unselbständig	unselbstän-dig
1.1	Positionswechsel im Bett	0	1	2	3
1.2	Halten einer stabilen Sitzposition	0	1	2	3
1.3	Umsetzen	0	1	2	3
1.4	Fortbewegen innerhalb des Wohnbereichs	0	1	2	3
1.5	Treppensteigen	0	1	2	3

Bei der Begutachtung sind nun für jedes Kriterium der für die zu begutachtende Per-   56
son zutreffende Punktewert und die Gesamtpunktzahl des Moduls zu ermitteln. Dieser
Vorgang ist bei den übrigen Modulen ebenfalls durchzuführen, wobei die Punktewer-
tung bei den anderen Modulen um einiges umfangreicher und komplizierter ist als bei
Modul 1. Hierzu sei auf die Lektüre der Anlage 1 zu § 15 SGB XI verwiesen.

Die **Zuordnung zu einem Pflegegrad** erfolgt nun nicht durch einfache Addition der in   57
jedem der sechs Module ermittelten Punktzahlen. Vielmehr gehen die in den jeweiligen Modulen ermittelten Punkte gem. § 15 Abs. 2 Satz 8 SGB XI i.V.m. der Anlage 2
zu § 15 SGB XI mit unterschiedlicher Gewichtung in die Bestimmung des Pflegegrades ein. So werden bspw. die im Modul Mobilität ermittelten Punkte mit einem
Gewicht von 10% berücksichtigt, diejenigen im Modul Selbstversorgung hingegen
mit 40%. Die gewichteten Punkte aus allen Modulen ergeben die Gesamtpunktzahl,
die zwischen 0 und 100 (gewichteten) Punkten liegen kann. Auf der Basis der erreichten Gesamtpunktzahl sind pflegebedürftige Personen nach § 15 Abs. 3 Satz 4 SGB XI
in einen der nachfolgenden Pflegegrade einzuordnen:
- ab 12,5 bis unter 27 Gesamtpunkten in den Pflegegrad 1: geringe Beeinträchti-   58
  gungen der Selbständigkeit oder der Fähigkeiten,
- ab 27 bis unter 47,5 Gesamtpunkten in den Pflegegrad 2: erhebliche Beeinträch-   59
  tigungen der Selbständigkeit oder der Fähigkeiten,
- ab 47,5 bis unter 70 Gesamtpunkten in den Pflegegrad 3: schwere Beeinträchti-   60
  gungen der Selbständigkeit oder der Fähigkeiten,
- ab 70 bis unter 90 Gesamtpunkten in den Pflegegrad 4: schwerste Beeinträchti-   61
  gungen der Selbständigkeit oder der Fähigkeiten,
- ab 90 bis 100 Gesamtpunkten in den Pflegegrad 5: schwerste Beeinträchtigungen   62
  der Selbständigkeit oder der Fähigkeiten mit besonderen Anforderungen an die
  pflegerische Versorgung.

3. Die Leistungen nach dem SGB XI

Leistungen nach dem SGB XI sind **antragsabhängig** (§ 33 Abs. 1 Satz 1 SGB XI). Das   63
SGB XI sieht zahlreiche Leistungen an Pflegebedürftige vor (§ 28 Abs. 1 SGB XI), für
deren individuelle Erschließung die Pflegekassen eine **Pflegeberatung** durchzuführen
haben. Die Pflegekasse hat einem Antragsteller unmittelbar nach Eingang eines erstmaligen Antrags auf Leistungen unter Angabe einer Kontaktperson einen konkreten
Beratungstermin auszustellen, der innerhalb von zwei Wochen nach Antragseingang
durchzuführen ist, oder einen Beratungsgutschein für eine Beratungsstelle auszustellen, bei der er zulasten der Pflegekasse innerhalb von zwei Wochen nach Antragseingang eingelöst werden kann (§ 7b SGB XI). Der Inhalt der Pflegeberatung ist in § 7
a SGB XI festgelegt.

▶ **Für Pflegebedürftige mit den Pflegegraden 2-5 sieht die Pflegeversicherung
folgende Leistungen vor (§ 28 SGB XI):**

- Pflegesachleistung (§ 36 SGB XI),   64

- Pflegegeld für selbst beschaffte Pflegehilfen (§ 37 SGB XI),
- Kombination von Geldleistung und Sachleistung (§ 38 SGB XI),
- häusliche Pflege bei Verhinderung der Pflegeperson (§ 39 SGB XI),
- Pflegehilfsmittel und wohnumfeldverbessernde Maßnahmen (§ 40 SGB XI),
- Tagespflege und Nachtpflege (§ 41 SGB XI),
- Kurzzeitpflege (§ 42 SGB XI),
- vollstationäre Pflege (§ 43 SGB XI),
- Pflege in vollstationären Einrichtungen der Hilfe für behinderte Menschen (§ 43a SGB XI),
- Zusätzliche Betreuung und Aktivierung in stationären Pflegeeinrichtungen (§ 43b SGB XI),
- Leistungen zur sozialen Sicherung der Pflegepersonen (§ 44 SGB XI),
- zusätzliche Leistungen bei Pflegezeit und kurzzeitiger Arbeitsverhinderung (§ 44a SGB XI),
- Pflegekurse für Angehörige und ehrenamtliche Pflegepersonen (§ 45 SGB XI),
- Umwandlung des ambulanten Sachleistungsbetrags (§ 45a SGB XI),
- Entlastungsbetrag (§ 45b SGB XI),
- Leistungen des Persönlichen Budgets nach § 17 Abs. 2 bis 4 des Neunten Buches,
- zusätzliche Leistungen für Pflegebedürftige in ambulant betreuten Wohngruppen (§ 38a SGB XI).

► **Bei Pflegegrad 1 werden folgende Leistungen erbracht:**

- Pflegeberatung gemäß den §§ 7a und 7b SGB XI,
- Beratung in der eigenen Häuslichkeit gem. § 37 Abs. 3 SGB XI,
- zusätzliche Leistungen für Pflegebedürftige in ambulant betreuten Wohngruppen gem. § 38a SGB XI, ohne dass § 38a Abs. 1 Satz 1 Nr. 2 erfüllt sein muss,
- Versorgung mit Pflegehilfsmitteln gem. § 40 Abs. 1 bis 3 und 5 SGB XI,
- finanzielle Zuschüsse für Maßnahmen zur Verbesserung des individuellen oder gemeinsamen Wohnumfelds gem. § 40 Abs. 4 SGB XI,
- zusätzliche Betreuung und Aktivierung in stationären Pflegeeinrichtungen gem. § 43b SGB XI,
- zusätzliche Leistungen bei Pflegezeit und kurzzeitiger Arbeitsverhinderung gem. § 44a SGB XI,
- Pflegekurse für Angehörige und ehrenamtliche Pflegepersonen gem. § 45 SGB XI.

65 Nachfolgend sollen die wichtigsten Leistungen für Pflegebedürftige näher erläutert werden.

▶ Die wichtigsten Leistungen für Pflegebedürftige:

1. **Leistungen der häuslichen Pflege und flankierende Leistungen**
Das SGB XI postuliert einen **Vorrang der häuslichen Pflege**. Leistungen der häuslichen Pflege sollen die Pflegebereitschaft der Angehörigen und Nachbarn unterstützen, damit Pflegebedürftige möglichst lange in ihrer häuslichen Umgebung bleiben können (§ 3 Satz 1 SGB IX). Dies bedeutet allerdings nicht (mehr), dass ein Anspruch auf Pflege in einer vollstationären Einrichtung nur dann bestünde, wenn häusliche oder teilstationäre Pflege nicht möglich ist oder wegen der Besonderheit des einzelnen Falles nicht in Betracht kommen. Eine entsprechende gesetzliche Einschränkung in § 43 Abs. 1 SGB XI wurde durch das 3. Pflegestärkungsgesetz gestrichen. Das SGB XI stellt allerdings zahlreiche, die häusliche Pflege flankierende Leistungen zur Verfügung, die die Entscheidung Pflegebedürftiger zugunsten einer häuslichen Durchführung der Pflege beeinflussen sollen.

a) **Häusliche Pflegehilfe** ist eine **Sachleistung** durch einen ambulanten Pflegedienst, der körperbezogene Pflegemaßnahmen und pflegerische Betreuungsmaßnahmen sowie Hilfen bei der Haushaltsführung erbringt. Der Anspruch auf häusliche Pflegehilfe umfasst je Kalendermonat
   – für Pflegebedürftige des Pflegegrades 2 Leistungen bis zu einem Gesamtwert von 689 €,
   – für Pflegebedürftige des Pflegegrades 3 Leistungen bis zu einem Gesamtwert von 1 298 €,
   – für Pflegebedürftige des Pflegegrades 4 Leistungen bis zu einem Gesamtwert von 1 612 €,
   – für Pflegebedürftige des Pflegegrades 5 Leistungen bis zu einem Gesamtwert von 1 995 €.

b) Wenn Pflegebedürftige die erforderlichen körperbezogenen Pflegemaßnahmen und pflegerischen Betreuungsmaßnahmen sowie Hilfen bei der Haushaltsführung in geeigneter Weise durch selbst beschaffte Pflegekräfte (in der Regel Familienangehörige) sicherstellen können, können sie statt der häuslichen Pflegehilfe ein **Pflegegeld** beantragen.
   Das Pflegegeld beträgt je Kalendermonat
   – 316 € für Pflegebedürftige des Pflegegrades 2,
   – 545 € für Pflegebedürftige des Pflegegrades 3,
   – 728 € für Pflegebedürftige des Pflegegrades 4,
   – 901 € für Pflegebedürftige des Pflegegrades 5.

c) Zwischen Pflegesachleistung und Pflegegeld besteht ein Wahlrecht; eine Kombinationsleistung aus Sach- und Geldleistung ist möglich (§ 38 SGB XI).

d) Ist ein häusliche Pflegeperson wegen Erholungsurlaubs, Krankheit oder aus anderen Gründen an der Pflege gehindert, so übernimmt die Pflegekasse die nachgewiesenen Kosten einer notwendigen Ersatzpflege für längstens sechs Wochen je Kalenderjahr (§ 39 SGB XI).

e) Daneben bestehen Ansprüche auf die Zurverfügungstellung von Pflegehilfsmitteln (Rollstuhl, Inkontinenzunterlagen o.ä.) und auf einen Zuschuss zu wohnumfeldverbessernden Maßnahmen (§ 40 SGB XI).

f) Pflegebedürftige in häuslicher Pflege haben Anspruch auf einen Entlastungsbetrag in Höhe von bis zu 125 € monatlich. Der Betrag ist zweckgebunden
   einzusetzen für qualitätsgesicherte Leistungen zur Entlastung pflegender Angehöriger und vergleichbar Nahestehender in ihrer Eigenschaft als Pflegende
   sowie zur Förderung der Selbständigkeit und Selbstbestimmtheit der Pflegebedürftigen bei der Gestaltung ihres Alltags (§ 45 b SGB XI).

g) Pflegebedürftige, die mit mindestens zwei und höchstens elf weiteren Personen
   in einer ambulant betreuten Wohngruppe in einer gemeinsamen Wohnung
   zum Zweck der gemeinschaftlich organisierten pflegerischen Versorgung leben,
   haben Anspruch auf einen pauschalen Wohngruppenzuschlag in Höhe von
   214 € monatlich (§ 38a SGB XI).

2. stationäre Pflege und ergänzende Leistungen

Leistungen der teilstationären Pflege und der Kurzzeitpflege gehen den Leistungen
der vollstationären Pflege vor (§ 3 Satz 2 SGB XI).

a) Kann häusliche Pflege nicht in ausreichendem Umfang erbracht oder sichergestellt werden, sehen § 41 SGB XI **teilstationäre Pflege** (Tagespflege und Nachtpflege) mit einem Leistungsumfang je Kalendermonat wie bei der häuslichen
   Pflegehilfe und § 42 SGB XI **stationäre Kurzzeitpflege** bis maximal acht Wochen pro Kalenderjahr mit einem Leistungsumfang von max. 1.612 € vor.

b) Pflegebedürftige der Pflegegrade 2 bis 5 haben statt häuslicher Pflege auch Anspruch auf **Pflege in vollstationären Einrichtungen** (§ 43 Abs. 1 SGB XI).
   Von der Pflegekasse übernommen werden die pflegebedingten Aufwendungen
   einschließlich der Aufwendungen für Betreuung und die Aufwendungen für
   Leistungen der medizinischen Behandlungspflege in Höhe der nachfolgenden
   Beträge pro Kalendermonat:
   – 770 € für Pflegebedürftige des Pflegegrades 2,
   – 1.262 € für Pflegebedürftige des Pflegegrades 3,
   – 1.775 € für Pflegebedürftige des Pflegegrades 4,
   – 2.005 € für Pflegebedürftige des Pflegegrades 5.
   Wählen Pflegebedürftige des Pflegegrades 1 vollstationäre Pflege, erhalten sie
   für die oben genannten Aufwendungen einen Zuschuss in Höhe von 125 €
   monatlich (§ 43 Abs. 3 SGB XI).
   Für die Unterkunfts- und Verpflegungskosten (sog. ‚**Hotelkosten**') müssen Pflegebedürftige grundsätzlich (eine Ausnahme ist in § 43 Abs. 2 Satz 3 SGB XI
   geregelt) selbst aufkommen, im Falle von Hilfebedürftigkeit i.S.d. SGB XII der
   Sozialhilfeträger.

c) Pflegebedürftige in stationären Pflegeeinrichtungen haben Anspruch auf **zu-
   sätzliche Betreuung und Aktivierung**, die über die nach Art und Schwere der
   Pflegebedürftigkeit notwendige Versorgung hinausgeht (§ 43 b SGB XI). Der
   Anspruch kommt vor allem demenziell erkrankten Versicherten zu gut.

3. Leistungen an Pflegepersonen

a) **Leistungen zur Verbesserung der sozialen Sicherung der Pflegepersonen**
   (§ 44 SGB XI), dazu gehören die Versicherung in der gesetzlichen Rentenversicherung (§§ 3, 166, 170 SGB VI), wenn die Pflegeperson regelmäßig nicht
   mehr als 30 Stunden wöchentlich erwerbstätig ist und die Pflegeperson eine

oder mehrere pflegebedürftige Personen wenigstens zehn Stunden wöchentlich, verteilt auf regelmäßig mindestens zwei Tage in der Woche, pflegt. Hinzu kommt die Versicherung der Pflegeperson in der gesetzlichen Unfall- und in der Arbeitslosenversicherung.

b) Beschäftigte, die nach § 3 des Pflegezeitgesetzes von der Arbeitsleistung vollständig freigestellt sind oder deren Beschäftigung durch Reduzierung der Arbeitszeit zu einer geringfügigen Beschäftigung im Sinne von § 8 Abs. 1 Nr. 1 SGB IV wird, erhalten **Zuschüsse zur Kranken- und Pflegeversicherung** (§ 44a SGB XI).

4. **Pflegeleistungen in vollstationären Einrichtungen der Hilfe für behinderte Menschen**

Die mit einer Behinderung verbundenen gesundheitlichen Beeinträchtigungen haben oft auch Pflegebedürftigkeit i.S.d. SGB XI zur Folge. Da in vollstationären Einrichtungen der Hilfe für behinderte Menschen Leistungen zur Teilhabe am Arbeitsleben und am Leben in der Gemeinschaft, zur schulischen Ausbildung oder zur Erziehung behinderter Menschen im Vordergrund des Einrichtungszwecks stehen, können diese Einrichtungen nicht als Pflegeeinrichtungen zugelassen werden. Um Menschen in vollstationären Einrichtungen der Behindertenhilfe dennoch Leistungen der Pflegeversicherung zukommen zu lassen, erhalten Pflegebedürftige der Pflegegrade 2 bis 5 zur Abgeltung der pflegebedingten Aufwendungen 10% des mit dem Sozialhilfeträger vereinbarten Heimentgelts, im Einzelfall maximal 266 € je Kalendermonat (§ 43a SGB XI).

(unbesetzt) 66

4. Ausblick

Die im Jahr 2012 mit dem »Gesetz zur Neuausrichtung der Pflegeversicherung (Pfle- 67 ge-Neuausrichtungs-Gesetz – PNG)« begonnene Neujustierung der sPV hat mit dem »Dritten Gesetz zur Stärkung der pflegerischen Versorgung und zur Änderung weiterer Vorschriften (Drittes Pflegestärkungsgesetz – PSG III)« im Jahr 2016 einen Abschluss gefunden. Nunmehr gilt es für die Pflegekassen, die zahlreichen Neuregelungen zum Wohl der Pflegebedürftigen anzuwenden.

IV. Gesetzliche Unfallversicherung

Literatur

Eichenhofer/Wenner (Hrsg.), Kommentar zum Sozialgesetzbuch VII Gesetzliche Unfallversicherung. 1. Aufl., Neuwied 2011; *Hauck/Noftz* (Hrsg.), Sozialgesetzbuch (SGB) VII: Gesetzliche Unfallversicherung (Loseblattwerk), Berlin, Stand 2017; Kasseler Kommentar zum Sozialversicherungsrecht: Sozialgesetzbuch (SGB) Siebtes Buch (VII) Gesetzliche Unfallversicherung (Loseblattwerk), München, Stand 2017.

1. Allgemeines

Geregelt ist die gesetzliche Unfallsicherung (GUV) im SGB VII. Es handelt sich um 68 einen Versicherungszweig, der – historisch gesehen – bei den gesundheitlichen Risiken seinen Ausgangspunkt genommen hat, denen ein abhängig Beschäftigter (Arbeitneh-mer) im Betrieb ausgesetzt ist. Der **Kreis der Versicherten der GUV** wurde im Lauf der Zeit allerdings weit über diesen Personenkreis hinaus ausgedehnt. Neben den abhängig Beschäftigten sind bspw. Kinder während des Besuchs von Tageseinrichtungen, Schüler während des Besuchs von allgemein- oder berufsbildenden Schulen, Studierende während der Aus- und Fortbildung an Hochschulen, Blutspender, ehrenamtlich im Gesundheitswesen oder in der Wohlfahrtspflege Tätige oder Pflegepersonen i.S.d. § 19 SGB XI bei der Pflege eines Pflegebedürftigen i.S.d. § 14 SGB XI unfallversichert (§ 2 SGB VII). Dieser Bereich der Unfallversicherung wird auch als »unechte« Unfallversicherung bezeichnet.[35] Eine weitere Eigenheit der GUV ist die Regelung der **Beitragspflicht.** Beitragspflichtig sind nämlich nur die Unternehmer, für deren Unternehmen Versicherte tätig sind oder zu denen Versicherte in einer besonderen, die Versicherung begründenden Beziehung stehen (§ 150 Abs. 1 Satz 1 SGB VII).

69 **Träger der GUV** für den gewerblichen und landwirtschaftlichen Bereich sind die gewerblichen und landwirtschaftlichen Berufsgenossenschaften (§ 114 Abs. 1 Nr. 1, 2 SGB VII); für die übrigen Arbeitgeber, insb. die des öffentlichen Dienstes, sind weitere Unfallversicherungsträger maßgeblich, etwa die Gemeindeunfallversicherungsverbände (§ 114 Abs. 1 Nr. 3 bis 9 SGB VII).

70 Neben der Leistungserbringung ist eine weitere Aufgabe der Unfallversicherungsträger, mit allen geeigneten Mitteln für die Verhütung von Arbeitsunfällen, Berufskrankheiten und arbeitsbedingten Gesundheitsgefahren zu sorgen. Dies geschieht durch den **Erlass von Unfallverhütungsvorschriften**, durch Beratung der Unternehmer, durch Erteilung von Anordnungen ihnen gegenüber und durch Überwachung, ob die Maßnahmen zur Unfallverhütung in den Unternehmen durchgeführt werden (§§ 14 ff. SGB VII).

2. Versicherungsfälle: Arbeitsunfall und Berufskrankheit

71 Versicherungsfälle sind Arbeitsunfälle und Berufskrankheiten (§ 7 Abs. 1 SGB VII). Ein **Arbeitsunfall** (vgl. § 8 SGB VII) ist zunächst der Unfall eines Versicherten infolge einer den Versicherungsschutz begründenden Tätigkeit (versicherte Tätigkeit). Zum Arbeitsunfall gehört aber auch der sog. **Wegeunfall**, d.h. der Unfall, der auf dem Weg von zu Hause zur Arbeit bzw. umgekehrt geschieht. Dabei steht grundsätzlich nur der direkte Weg unter Versicherungsschutz; § 8 Abs. 2 SGB VII sieht davon Ausnahmen vor, etwa wenn Kinder auf dem Weg zur Arbeit zum Kindergarten gebracht werden oder wenn es um Fahrgemeinschaften von Arbeitskollegen geht. Zur Frage, ob und unter welchen Voraussetzungen bei sonstigen Umwegen, Abwegen oder

---

35 Rspr. zur unechten Unfallversicherung ist nachgewiesen bei *Plagemann/Radtke-Schwenzer,* NJW 2013, S. 1924 f. und NJW 2015, S. 1348, 1349.

Unterbrechungen des Weges noch Versicherungsschutz besteht, gibt es umfangreiche Rechtsprechung des Bundessozialgerichts.[36]

Berufskrankheiten sind Krankheiten, die nach den Erkenntnissen der medizini-   72
schen Wissenschaft durch betriebliche Einflüsse verursacht sind und denen daher die entsprechenden Betriebsangehörigen in erheblich höherem Maß als die übrige Bevölkerung ausgesetzt sind. Die anerkannten Berufskrankheiten sind in der Berufs-krankheiten-Verordnung (BKVO) veröffentlicht.[37]

3. Leistungen

Tritt der Versicherungsfall ein, liegt also ein Arbeitsunfall oder eine Berufskrankheit   73
vor, ist der zuständige Unfallversicherungsträger Kostenträger für alle Leistungen, die das SGB VII vorsieht. Diese decken ein weiteres Spektrum ab als diejenigen anderer Sozialleistungsträger. Im Einzelnen geht es um:

- **Heilbehandlung** – dazu gehören: Erstversorgung, ärztliche Behandlung, zahn-ärztliche Behandlung, Versorgung mit Arznei-, Verband-, Heil- und Hilfsmitteln, häusliche Krankenpflege, Behandlung in Krankenhäusern und Rehabilitationsein-richtungen, Leistungen zur medizinischen Rehabilitation (§§ 27 ff. SGB VII),
- **Leistungen zur Teilhabe am Arbeitsleben** nach den §§ 33 bis 38 SGB IX sowie in Werkstätten für behinderte Menschen nach §§ 40, 41 SGB IX (§ 35 SGB VII),
- **Leistungen zur Teilhabe am Leben in der Gemeinschaft** – dazu gehören Kraft-fahrzeughilfe, Wohnungshilfe, Haushaltshilfe und Kinderbetreuungskosten (§§ 39 ff. SGB VII),
- **Leistungen bei Pflegebedürftigkeit** – sie bestehen in der Zahlung von Pflegegeld unter Berücksichtigung der Art oder Schwere des Gesundheitsschadens sowie des Umfangs der erforderlichen Hilfe (§ 44 SGB VII),
- **Geldleistungen** während der Heilbehandlung und der Leistungen zur Teilhabe am Arbeitsleben – hier geht es um das sog. **Verletztengeld** und das **Übergangsgeld** (§§ 45 ff. SGB VII),
- **Renten:** wegen infolge von Arbeitsunfall oder Berufskrankheit geminderter Er-werbsfähigkeit, wenn die Minderung mindestens 20% beträgt (auch als Verletz-tenrenten bezeichnet), an Hinterbliebene in Form der Witwen- bzw. Witwerrente und Halb- oder Vollwaisenrente (§§ 56 ff. SGB VII).

Entschädigungen für Sachschäden sind, abgesehen von den in § 13 SGB VII gere-gelten Sonderfällen, ebenso wenig vorgesehen wie Ersatz für immaterielle Schäden, Schmerzensgeld gibt es also nicht.

Die **Leistungen der GUV** sind im Unterschied zu fast allen übrigen Sozialleistungen   74
nicht antragsabhängig, sondern müssen vom zuständigen Unfallversicherungsträger

---

36 Rspr. zu Wegeunfällen ist nachgewiesen bei *Plagemann/Radtke-Schwenzer*, NJW 2013, S. 1924, 1926, NJW 2015, S. 1348, 1350 und NJW 2016, S. 2004, 2006 ff.
37 S. dazu die in Anlage 1 zur ‚Berufskrankheiten-Verordnung‘ vom 31.10.1997 (BGBl. I S. 2623), zuletzt geändert durch Art. 164 des Gesetzes vom 29.03.2017 (BGBl. I S. 626), aufgeführten Berufskrankheiten.

von Amts wegen erbracht werden, wenn diesem der Versicherungsfall bekannt wird und die gesetzlichen Voraussetzungen für die jeweilige Leistung vorliegen.

V. Arbeitslosenversicherung

Literatur

Arbeitslosenprojekt TuWas, Leitfaden für Arbeitslose. Der Rechtsratgeber zum SGB III. 32. Aufl., Frankfurt am Main 2016; *Brand* (Hrsg.), Sozialgesetzbuch Arbeitsförderung SGB III, 7. Aufl., München 2015; *Hauck/Noftz* (Hrsg.), Sozialgesetzbuch SGB III Arbeitsförderung (Loseblattwerk), Berlin, Stand 2017; *Mutschler/Schmidt-De Caluwe/Coseriu* (Hrsg.), Sozialgesetzbuch III – Arbeitsförderung, 6. Aufl., Baden Baden 2016.

1. Allgemeines

75 Aus der Benennung des einschlägigen SGB (Arbeitsförderung) wird der Schwerpunkt der Arbeitslosenversicherung deutlich: er liegt auf der aktiven Arbeitsförderung, die dem Entstehen von Arbeitslosigkeit entgegenwirken, die Dauer der Arbeitslosigkeit verkürzen und den Ausgleich von Angebot und Nachfrage auf dem Ausbildungs- und Arbeitsmarkt unterstützen soll (§ 1 Abs. 1 Satz 1 SGB III). Diese Leistungen haben Vorrang vor Entgeltersatzleistungen und sollen diese vermeiden (§ 5 SGB III). In der Arbeitslosenversicherung **versicherungspflichtig sind Personen, die** gegen Arbeitsentgelt oder zu ihrer Berufsausbildung beschäftigt sind (versicherungspflichtige Beschäftigung). Auszubildende, die im Rahmen eines Berufsausbildungsvertrages nach dem Berufsbildungsgesetz in einer außerbetrieblichen Einrichtung ausgebildet werden, und Teilnehmerinnen und Teilnehmer an dualen Studiengängen stehen den Beschäftigten gleich (§ 25 Abs. 1 SGB III). Daneben gibt es weitere versicherungspflichtige Personen wie bspw. Gefangene, die Arbeitsentgelt, Ausbildungsbeihilfe oder Ausfallentschädigung nach dem Strafvollzugsgesetz erhalten oder Personen in der Zeit, in der sie als Pflegeperson einen Pflegebedürftigen mit mindestens Pflegegrad 2 im Sinne des Elften Buches nicht erwerbsmäßig für mindestens 10 Stunden pro Woche pflegen (vgl. § 26 SGB III).

76 Der in einem Arbeitsverhältnis paritätisch zu tragende Beitrag zur Arbeitslosenversicherung beträgt 3% (§ 341 Abs. 1 SGB III), sodass vom Arbeitnehmer und Arbeitgeber zurzeit jeweils 1,5% zu tragen sind. Beitragspflichtige Einnahmen – also die Bemessungsgrundlage – bei solchen Beschäftigten ist das Arbeitsentgelt (§ 342 SGB III). Sonderregelungen, die die beitragspflichtigen Einnahmen und die Tragung der entsprechenden Beiträge für sonstige versicherungspflichtige Personen betreffen, ergeben sich aus den auf § 342 SGB III folgenden Vorschriften.

77 Träger der **Arbeitslosenversicherung** ist die Bundesagentur für Arbeit mit den ihr nachgeordneten Dienststellen, den Regionaldirektionen und den Agenturen für Arbeit (§ 367 SGB III).

2. Versicherungsfall: Verlust des Erwerbseinkommens

Die Arbeitslosenversicherung soll das Risiko des Ausfalls von Erwerbseinkommen **78** abdecken. Erwerbseinkommens fällt vor allem mit dem Eintritt von **Arbeitslosigkeit** weg. Arbeitslosigkeit i.S.d. SGB III liegt vor (vgl. § 138 Abs. 1 und 2 SGB III), wenn eine Arbeitnehmerin oder ein Arbeitnehmer nicht in einem Beschäftigungsverhältnis steht (Beschäftigungslosigkeit), sich bemüht, die eigene Beschäftigungslosigkeit zu beenden (Eigenbemühungen), und den Vermittlungsbemühungen der Agentur für Arbeit zur Verfügung steht (Verfügbarkeit). Eine ehrenamtliche Betätigung schließt Arbeitslosigkeit nicht aus, wenn dadurch die berufliche Eingliederung der oder des Arbeitslosen nicht beeinträchtigt wird. Auch die Ausübung einer Beschäftigung, selbständigen Tätigkeit, Tätigkeit als mithelfende Familienangehörige oder mithelfender Familienangehöriger (Erwerbstätigkeit) schließt Beschäftigungslosigkeit nicht aus, wenn die Arbeits- oder Tätigkeitszeit weniger als 15 Stunden wöchentlich umfasst. Im Falle der Zahlungsunfähigkeit eines Arbeitgebers (**Insolvenz**) kann Erwerbseinkommen auch schon vor Eintritt von Arbeitslosigkeit verloren gehen.

3. Leistungen bei Wegfall des Erwerbseinkommens

Das SGB III sieht Lohnersatzleistungen beim Wegfall des Erwerbseinkommens vor. **79** **Arbeitslosengeld** wird bei Arbeitslosigkeit gezahlt, wenn jemand die sog. Anwartschaftszeit erfüllt und sich persönlich bei der zuständigen Agentur für Arbeit arbeitslos meldet (§ 137 SGB III). Die **Anwartschaftszeit** ist nach der Regelung in § 142 Abs. 1 SGB III erfüllt, wenn Arbeitslose in dem zurückliegenden Zeitraum von zwei Jahren (Rahmenfrist) mindestens zwölf Monate in einem Versicherungspflichtverhältnis gestanden haben (§§ 142,143 SGB III), wobei sich dieser Zeitraum auch aus mehreren Arbeitsverhältnissen zusammensetzen kann. Diese Anwartschaftszeit führt zu der Mindestanspruchsdauer von sechs Monaten Arbeitslosengeld, die sich in Abhängigkeit von der Dauer vorhergehender versicherungspflichtiger Beschäftigung und vom Alter auf maximal 24 Monate erweitern kann (s. § 147 Abs. 2 SGB III).

Im Einzelnen:

Die Dauer des Anspruchs auf Arbeitslosengeld beträgt			**80**
Nach Versicherungspflichtverhältnissen mit einer Dauer von insgesamt...... Monaten	und nach Vollendung des...... Lebensjahres	...... Monate	
12		6	
16		8	
20		10	
24		12	
30	50.	15	
36	55.	18	
48	58.	24	

81   Durch § 142 Abs. 2 SGB III wurde – derzeit befristet bis zum 31.7.2018 – eine **beson-
     dere Anwartschaftszeit** eingeführt für Versicherte, die berufsbedingt oder wegen der
     Besonderheiten des Wirtschaftszweiges, in dem sie beschäftigt sind, überwiegend nur
     auf kurze Zeit befristete (und niedrig entlohnte) Beschäftigungen ausüben können
     und deshalb die Anwartschaftszeit für einen Anspruch auf Arbeitslosengeld von min-
     destens 12 Monaten innerhalb der zweijährigen Rahmenfrist nicht erfüllen können.
     Für diese Personen ergibt sich nach Abs. 3 des § 147 SGB III folgende Anspruchs-
     dauer für Arbeitslosengeld und zwar unabhängig vom Lebensalter:

82

Nach Versicherungspflichtverhältnissen mit einer Dauer von insgesamt mindestens..... Monaten	...... Monate
6	3
8	4
10	5

83   Die Höhe des Arbeitslosengeldes beträgt für Arbeitslose mit mindestens einem Kind
     i.S.d. EStG 67% (= erhöhter Leistungssatz), für die übrigen Arbeitslosen 60% des
     pauschalierten Nettoentgelts – des sog. Leistungsentgelts –, das sich aus dem Brut-
     toentgelt ergibt, das der Arbeitslose im Bemessungszeitraum erzielt hat – das sog.
     Bemessungsentgelt (§ 149 SGB III). Der Bemessungszeitraum umfasst die beim Aus-
     scheiden aus dem jeweiligen Beschäftigungsverhältnis abgerechneten Entgeltabrech-
     nungszeiträume der versicherungspflichtigen Beschäftigungen im Bemessungsrahmen,
     der ein Jahr beträgt (§ 150 SGB III). Außer Betracht bleiben dabei u.a. Zeiten, in
     denen Arbeitslose eine Pflegezeit nach § 3 PflegeZG in Anspruch genommen haben
     sowie Zeiten einer Familienpflegezeit oder Nachpflegephase nach dem FPlZG. Ist das
     Leistungsentgelt ermittelt, ergibt sich die Höhe des wöchentlichen Arbeitslosengeldes
     in Abhängigkeit von der Steuerklasse aus der jeweiligen Leistungstabelle, die von der
     Bundesanstalt für Arbeit jährlich neu erstellt wird.

84   Für Beschäftigte, die zwei versicherungspflichtige Beschäftigungen nebeneinander
     ausübt und eine davon verloren haben, gibt es für max. sechs Monate einen Anspruch
     auf **Teilarbeitslosengeld** (§ 162 SGB III).

85   Arbeitnehmer haben Anspruch auf sog. **Insolvenzgeld** von der Agentur für Arbeit,
     wenn sie bei Eröffnung des Insolvenzverfahrens über das Vermögen ihres Arbeitge-
     bers für die vorausgehenden drei Monate des Arbeitsverhältnisses noch Ansprüche
     auf Arbeitsentgelt haben, die nicht vom Arbeitgeber bedient worden sind (zu den
     Einzelheiten s. §§ 165 ff. SGB III).

4. Ausblick

86   Im Lauf der 2000er Jahre hat das Arbeitslosengeld einen deutlich wahrnehmbaren
     Bedeutungsverlust erfahren. Im Jahr 2003 lag der Anteil der Arbeitslosengeldbezie-
     her an den registrierten Arbeitslosen noch bei 37,9%, im Jahr 2016 nur noch bei
     25%. Parallel hierzu zeigte sich eine wachsende Angewiesenheit von Arbeitslosen auf

die Fürsorgeleistung Arbeitslosengeld II (dazu unten Rdn. 167 ff.). Zwei Drittel aller Arbeitslosen (67,1%) beziehen Leistungen der Grundsicherung für Arbeitsuchende. Die Verschiebung der Relationen wird deutlich, wenn man noch einmal auf das Jahr 2003 blickt: damals lagen die Anteile von Arbeitslosengeld (40,1%) und der vormaligen Arbeitslosenhilfe (41,4%) noch nah beieinander.[38]

D. Soziale Fördersysteme

Die Leistungen in diesen Systemen sollen für diejenigen, denen eine Eigenvorsorge   87
nicht möglich oder nicht zumutbar ist, soziale Chancengleichheit und Chancengerechtigkeit verwirklichen. In diesem Bereich geht es um die Realisierung der sozialen Rechte aus den § 3 Abs. 1, Abs. 2 Nr. 1 bis 3, 6 bis 8, 10 SGB I, die vorrangig der Verwirklichung sozialer Gerechtigkeit i.S.d. § 1 SGB I verpflichtet sind.

Die sozialen Fördersysteme orientieren sich am Bedarfsprinzip – dies gilt grds. für die   88
Sachleistungen (exemplarisch § 4 SGB IX), nicht jedoch für die Geldleistungen mit unterhaltssichernder Funktion; die Leistungen werden überwiegend aus Steuermitteln finanziert und sind z.T. einkommens- und vermögensabhängig. Im Einzelnen:

I. Arbeitsförderung (Afö)

Literatur
wie oben bei C. V

Bei der Arbeitsförderung geht es um den Hauptleistungsbereich des SGB III. Die Ziele   89
der Afö werden in § 1 SGB III wie folgt formuliert (Auszug): »Die Arbeitsförderung soll dem Entstehen von Arbeitslosigkeit entgegenwirken, die Dauer der Arbeitslosigkeit verkürzen und den Ausgleich von Angebot und Nachfrage auf dem Ausbildungs- und Arbeitsmarkt unterstützen. Dabei ist insbesondere durch die Verbesserung der individuellen Beschäftigungsfähigkeit, Langzeitarbeitslosigkeit zu vermeiden...«

Das **Leistungsspektrum der aktiven Arbeitsförderung** ist in Kapitel 3 des Gesetzes   90
enthalten und wie folgt strukturiert:
– **Beratung** und **Vermittlung** (§§ 29 bis 43 SGB III)
– **Aktivierung** und **berufliche Eingliederung** (§§ 44 bis 47 SGB III)
  Zur beruflichen Eingliederung gehört u.a. die Teilnahme an Maßnahmen zur Heranführung an den Ausbildungs- und Arbeitsmarkt oder zur Feststellung, Verringerung oder Beseitigung von Vermittlungshemmnissen.
– **Berufswahl** und **Berufsausbildung** (§§ 48 bis 50 SGB III)
  Hier finden sich Leistungen zur Berufsorientierung oder zum Berufseinstieg.
– **Berufsvorbereitung** (§§ 51 bis 55 SGB III)
  § 53 SGB III gibt Auszubildenden ohne Hauptschulabschluss einen Anspruch, im Rahmen einer berufsvorbereitenden Maßnahme auf den nachträglichen Erwerb

---

38 Institut Arbeit und Qualifikation der Universität Duisburg-Essen, Arbeitsblatt V50b (Stand: 2016), http://www.sozialpolitik-aktuell.de/.

des Hauptschulabschlusses oder eines gleichwertigen Abschlusses vorbereitet zu werden.

- **Berufsausbildungsbeihilfe** (§§ 56 bis 72 SGB III)
  Auszubildende, die eine erste Ausbildung in einem nach dem Berufsbildungs-gesetz, der Handwerksordnung oder dem Seearbeitsgesetz staatlich anerkannten Ausbildungsberuf absolvieren und außerhalb des elterlichen Haushaltes wohnen, haben Anspruch auf eine Berufsausbildungsbeihilfe, wenn ihnen die erforderli-chen Mittel zur Deckung des Bedarfs für den Lebensunterhalt, die Fahrkosten und die sonstigen Aufwendungen nicht zur Verfügung stehen.

- **Berufsausbildung** (§§ 73 bis 80 SGB III)
  Hierher gehören u.a. ausbildungsbegleitende Hilfen zum Abbau von Sprach- und Bildungsdefiziten, zur Förderung fachpraktischer und fachtheoretischer Fertigkei-ten, Kenntnisse und Fähigkeiten und zur sozialpädagogischen Begleitung.

- **Berufliche Weiterbildung** (§§ 81 bis 87 SGB III)
  Berufliche Weiterbildung kann durch Übernahme der Weiterbildungskosten ge-fördert werden, wenn eine Weiterbildung notwendig ist, um Arbeitnehmer bei Arbeitslosigkeit beruflich einzugliedern, eine ihnen drohende Arbeitslosigkeit ab-zuwenden oder weil bei ihnen wegen fehlenden Berufsabschlusses die Notwendig-keit der Weiterbildung anerkannt ist.

- **Aufnahme einer Erwerbstätigkeit** – sozialversicherungspflichtige Beschäftigung oder selbstständige Tätigkeit (§§ 88 bis 94 SGB III)
  Arbeitgeber können zur Eingliederung von Arbeitnehmerinnen und Arbeitneh-mern, deren Vermittlung wegen in ihrer Person liegender Gründe erschwert ist, einen Zuschuss zum Arbeitsentgelt zum Ausgleich einer Minderleistung erhalten (Eingliederungszuschuss).

- **Kurzarbeitergeld** (§§ 95 bis 111 SGB III)
  Das dem Arbeitslosengeld nachempfundene Kurzarbeitergeld stellt einen Aus-gleich von Verdienstausfall durch die Arbeitsagentur für Arbeitnehmer dar, die in einem Betrieb nach vorher erfolgter Anzeige bei der Arbeitsagentur und ent-sprechender Feststellung durch diese aus wirtschaftlichen Gründen nicht mehr voll beschäftigt werden können. Die Leistung setzt voraus, dass der Arbeitsausfall vorübergehend ist und soll so ansonsten mögliche betriebsbedingte Kündigungen von Arbeitgebern vermeiden. Die gesetzlich in § 104 SGB III festgelegte Bezugs-dauer für das Kurzarbeitergeld beträgt sechs Monate, wobei § 109 Abs. 1 Nr. 2 SGB III eine Verlängerung der Bezugsdauer zulässt, wenn außergewöhnliche Ver-hältnisse auf dem gesamten Arbeitsmarkt vorliegen. Zur Bewältigung der Folgen der Finanzkrise hat der Verordnungsgeber hiervon in den Jahren 2009 – 2016 mit unterschiedlicher Verlängerungsdauer (zwischen 12 und 24 Monaten) Gebrauch gemacht. Die Höhe des Kurzarbeitergeldes ergibt sich aus §§ 105, 106 SGB III; sie beträgt für Arbeitnehmerinnen und Arbeitnehmer, die beim Arbeitslosengeld Anspruch auf den erhöhten Leistungssatz haben 67%, für die übrigen Arbeitneh-merinnen und Arbeitnehmer 60% der Differenz zum Nettoarbeitsentgelt.

– Teilhabe behinderter Menschen am Arbeitsleben (§§ 112 ff.), die sich in allgemeine und besondere Leistungen gliedern; zu letzteren gehören u.a. das Übergangsgeld und das Ausbildungsgeld (§§ 119 bis 126 SGB III)

Die Leistungen der Afö werden durch Beiträge der Versicherungspflichtigen, der Arbeitgeber und Dritter, Umlagen und Mitteln des Bundes finanziert.

II. Bildungsförderung

Literatur

Knickrehm/Kreikebohm/Waltermann, Kommentar zum Sozialrecht, VO (EG) 883/2004, SGB I bis SGB XII, SGG, BAföG, BEEG, Kindergeldrecht (EStG), UnterhaltsvorschussG, WoGG, 4. Aufl., München 2015; *Ramsauer/Stallbaum*, Bundesausbildungsförderungsgesetz: BAföG, 6. Aufl., München 2016; *Rolfs/Giesen/Kreikebohm/Udsching*, Beck'scher Online-Kommentar Sozialrecht: BAföG, München, Stand: 2017.

Die Leistungen zur Bildungsförderung haben ihre gesetzliche Grundlagen im **Bun-**   **91**
desausbildungsförderungsgesetz – BAföG –,[39] im Stipendienprogramm-Gesetz[40] –
StipG – und im **Aufstiegsfortbildungsförderungsgesetz**[41] – AFBG – (das sog.
»Meister-BAföG«).

1. Das Bundesausbildungsförderungsgesetz

Nach dem BAföG besteht für eine der Neigung, Eignung und Leistung entsprechende   **92**
Ausbildung ein **Rechtsanspruch auf individuelle Förderung** dieser Ausbildung, wenn
Auszubildenden die für den Lebensunterhalt und die Ausbildung erforderlichen Mittel anderweitig nicht zur Verfügung stehen (§ 1 BAföG). Anspruchsberechtigt sind
Studierende mit deutscher Staatsangehörigkeit oder derjenigen eines Mitgliedsstaates
der Europäischen Union sowie Drittstaatsangehörige mit bestimmten Aufenthaltstiteln (vgl. § 8 BAföG). Die Ausbildungsförderung wird für den Lebensunterhalt und
die Ausbildung gezahlt (§ 11 Abs. 1 BAföG). Die förderungsfähigen Ausbildungen –
in § 2 Abs. 1 BAföG nach Ausbildungsstätten aufgelistet – gehen von allgemeinbildenden Schulen ab Klasse 10 über die meisten Formen der berufsbildenden Schulen
bis hin zu Hochschulen. Bei dem Besuch von Höheren Fachschulen, Akademien und
Hochschulen wird der monatliche Förderungsbetrag zur Hälfte als zinsloses Darlehen
geleistet (§ 17 Abs. 2 BAföG).

Kein Anspruch auf Förderung besteht, wenn Auszubildende bei Beginn des Ausbil-   **93**
dungsabschnitts das 30. Lebensjahr vollendet haben, bei Masterstudiengängen liegt

---

39 Zuletzt geändert durch Art. 71 G. v. 29.03.2017 BGBl. I S. 626. Die letzte maßgebliche Änderung erfolgte durch das 22. Gesetz zur Änderung des BAföG vom 23.12.2007 (BGBl. I, S. 3254).
40 Gesetz vom 21.07.2010, BGB I S. 957 – zuletzt geändert durch Gesetz vom 29.03.2017, BGBl. I S. 626.
41 Zuletzt geändert durch Art. 73 G. v. 29.03.2017 BGBl. I S. 626.

die Altersgrenze bei 35 Jahren (§ 10 Abs. 3 BAföG). Diese altersmäßige Begrenzung ist unbeachtlich, wenn im Einzelfall eine der in § 10 Abs. 3 Nrn. 1 bis 4 BAföG geregelten Ausnahmetatbestände vorliegt, beispielsweise wenn Auszubildende die Zugangsvoraussetzungen an einem Abendgymnasium oder einem Kolleg erworben haben oder aus persönlichen oder familiären Gründen gehindert waren, den Ausbildungsabschnitt rechtzeitig zu beginnen (weitere Einzelheiten zu dieser Fallgestaltung in § 10 Abs. 3 Nr. 3 BAföG).

94   Im Übrigen ist die Förderung abhängig vom Einkommen und Vermögen der Auszubildenden, vom Einkommen eines ggf. vorhandenen Ehe-oder Lebenspartners und vom Einkommen der Eltern, und zwar in dieser Reihenfolge (§ 11 Abs. 2 BAföG). Nach Maßgabe des § 11 Abs. 3 Nrn. 1 bis 4 BAföG bleibt das Einkommen der Eltern unter den dort genannten Voraussetzungen außer Betracht – sog. elternunabhängiges BAföG; dabei geht es im Wesentlichen um Fallgestaltungen, bei denen die Eltern ihre zivilrechtliche Ausbildungsunterhaltspflicht bereits erfüllt haben, etwa bei Besuch eines Abendgymnasiums oder Kollegs oder wenn bei Beginn der Ausbildung das 30. Lebensjahr bereits überschritten war.

95   Grundsätzlich wird nur eine Ausbildung bis zu deren berufsqualifizierenden Abschluss gefördert; durch § 7 Abs. 1a BAföG ist der auf einem Bachelorstudiengang aufbauende Masterstudiengang unter den dort geregelten Voraussetzungen in die Förderung einbezogen. Ausnahmen, in denen auch eine sonstige weitere Ausbildung gefördert wird, finden sich in § 7 Abs. 2 BAföG. Bei Studiengängen erfolgt die Förderung grds. nur bis zum Ende der gesetzlich in § 15a BAföG festgelegten Förderungshöchstdauer. Bis auf die Förderung beim Besuch von Höheren Fachschulen, Akademien und Hochschulen handelt es sich um Zuschussförderung. Beim Besuch von höheren Fachschulen, Akademien und Hochschulen besteht die Förderung zu 50% aus Zuschuss und zu 50% aus einem zinslosen Darlehn, für dessen Einzug nach Beendigung der Ausbildung das Bundesverwaltungsamt zuständig ist. Einen Überblick über die Leistungen gibt die nachfolgende Tabelle:

Übersicht über die Förderungshöhe (§§ 12, 13 BAföG)

96	Monatlicher Bedarf für Schüler	beim Besuch von Berufs-fachschulen und Fachschul-klassen, deren Besuch eine abgeschlossene Berufsausbil-dung nicht voraussetzt	Beim Besuch von Abend-hauptschulen, Abendrealschu-len und Fachoberschulklassen, deren Besuch eine abge-schlossene Berufsausbildung voraussetzt
	wenn Auszubildender bei seinen Eltern wohnt	231 €	418 €
	Kein zusätzlicher Betrag für die Kosten der Unterkunft.		
	wenn Auszubildender nicht bei seinen Eltern wohnt	504 €	587 €

Kein zusätzlicher Betrag für die Kosten der Unterkunft.		
Monatlicher Bedarf für Studierende	in Fachschulklassen, deren Besuch eine abgeschlossene Ausbildung voraussetzt, Abendgymnasien und Kollegs	an Höheren Fachschulen, Akademien und Hochschulen
	372 €	399 €
Wenn Auszubildender bei seinen Eltern wohnt, erhöht sich der Bedarf für Unterkunftskosten um	52 €	
Wenn Auszubildender nicht bei seinen Eltern wohnt, erhöht sich der Bedarf für Unterkunftskosten um	250 €	

Für Auszubildende mit mindestens einem eigenen Kind, das das 10. Lebensjahr noch   **97**
nicht vollendet hat und mit im Haushalt wohnt, besteht Anspruch auf einen **Kinder-betreuungszuschlag** (§ 14b BAföG). Dieser Zuschlag beträgt 130 € für jedes dieser Kinder. Dieser Zuschlag bleibt als Einkommen bei ansonsten von Einkommen abhängigen Sozialleistungen unberücksichtigt. Neben Leistungen nach dem BAföG räumt § 27 SGB II Auszubildenden, die sich in einer dem Grunde nach BAföG förderungsfähigen Ausbildung befinden, **Ansprüche auf die Deckung von Mehrbedarfen** nach § 21 Abs. 2, 3, 5 und 6 SGB II sowie **Erstausstattungsleistungen** nach § 24 Abs. 3 Nr. 2 SGB II ein.

Soweit die Förderung zur Hälfte aus einem Darlehen besteht, ergeben sich die Bedin-   **98**
gungen für das Darlehen aus § 18 BAföG und der dazu gehörenden Darlehensverordnung, wobei die Rückzahlungshöhe bei dem Besuch von Höheren Fachschulen, Akademien und Hochschulen auf 10.000 € begrenzt ist. Das Darlehen ist fünf Jahre nach Ende der Förderungshöchstdauer in monatlichen Raten von 105 € monatlich innerhalb von 20 Jahren zurückzuzahlen (§ 18 Abs. 3 Satz 3 BAföG). Die Rückzahlung (geregelt in § 18 a BAföG) ist einkommensabhängig. Soweit die Voraussetzungen für eine Freistellung von der Rückzahlung vorliegen (bei Alleinstehenden liegt die Einkommensgrenze bei monatlich 1.145 €), ist damit jedoch kein Erlass des Darlehens, sondern nur eine Stundung verbunden. Die Rückzahlungsfrist von 20 Jahren wird um die Zeiten der Freistellung, max. jedoch um 10 Jahre verlängert. Die §§ 18 Abs. 5, 18b Abs. 2 und 3 BAföG i.V.m. der dazu ergangenen Darlehensverordnung sehen verschiedene Möglichkeiten für einen Teilerlass der Darlehensschuld vor.

2. Staatliche Stipendien

Grundlage für **staatliche Stipendien** ist das Stipendienprogramm-Gesetz (StipG).   **99**
Danach werden an staatlich oder staatlich anerkannten Hochschulen zur Förderung begabter Studierender, die hervorragende Leistungen im Studium oder Beruf erwarten

lassen oder bereits erbracht haben, von den Hochschulen Stipendien vergeben (§ 1 StipG). Die Stipendien werden in einem Auswahlverfahren nach Begabung und Leistung vergeben, wobei daneben auch gesellschaftliches Engagement, die Bereitschaft, Verantwortung zu übernehmen oder besondere soziale, familiäre oder persönliche Umstände berücksichtigt werden sollen, die sich beispielsweise aus der familiären Herkunft ergeben können (§ 3 StipG).

100 Die Mittel für die Stipendien werden aus von den Hochschulen eingeworbenen privaten Mitteln und aus öffentlichen Mitteln finanziert (§ 11 Abs. 1 StipG). Haben die Hochschulen von den privaten Mittelgebern pro Stipendium einen Betrag von monatlich mindestens 150 € eingeworben, wird dieser vom Bund um einen Betrag von monatlich jeweils 150 € aufgestockt (§ 11 Abs. 2 Satz 1 StipG). Ein höheres Stipendium kann vergeben werden, wenn der Anteil an privat eingeworbenen Mitteln höher als 150 € ist (§ 5 Abs. 1 StipG). Die Vergabe des Stipendiums erfolgt für mindestens zwei Semester und soll von Amts wegen innerhalb der Förderungshöchstdauer verlängert werden (§ 6 Abs. 1 und 2 StipG).

101 Bis zur Höhe von 300 € bleibt das Stipendium bei einkommensabhängigen Sozialleistungen als Einkommen unberücksichtigt – § 5 Abs. 3 StipG –, beim Wohngeld schlägt die Hälfte des Stipendiums jedoch als Einkommen zu Buche (§ 14 Abs. 2 Nr. 27 c) WoGG).

102 Zur Ergänzung sei auf die diversen Möglichkeiten hingewiesen, bei nicht staatlichen Organisationen Stipendienförderung zu beantragen, etwa bei Parteienstiftungen wie der Friedrich Ebert – oder der Heinrich Böll – Stiftung. Die Förderungsbedingungen sehen als Vergabekriterien durchweg Begabung und Leistung vor, aber zusätzlich auch ähnliche Kriterien wie in § 3 des StipG.

3. Das Aufstiegsfortbildungsförderungsgesetz

103 Ziel des **AFBG** ist es, Teilnehmerinnen und Teilnehmer an Maßnahmen der beruflichen Aufstiegsfortbildung durch Beiträge zu den Kosten der Maßnahme und zum Lebensunterhalt finanziell zu unterstützen. Fortbildungsziel ist die Weiterbildung zum Fachwirt, Fachkaufmann, Meister, Betriebswirt oder zu einem vergleichbaren Ausbildungsabschluss (Abschluss nach § 4 BBiG oder § 25 HwO).

104 Die Förderung erfolgt für Maßnahmen in Vollzeitform und in Teilzeitform unter den Voraussetzungen des § 2 Abs. 3 AFBG. Der Förderung besteht aus einem **Maßnahmebeitrag** und bei Maßnahmen in Vollzeitform aus einem **Unterhaltsbeitrag** (§ 10 Abs. 1, 2 AFBG). Während der Maßnahmebeitrag bis zu 15.000 € betragen kann und zu 40% als Zuschuss erbracht wird, orientiert sich der Unterhaltsbeitrag der Höhe nach am Bedarfssatz nach §§ 13 Abs. 1 Nr. 1 und Abs. 2 Nr. 2, 13a BAföG und wird zu 50 % als Zuschuss gewährt (§ 12 AFBG). Auch hier sind ein Erlass (Teilerlass) und die Stundung des gewährten Darlehens vorgesehen (§ 13b AFBG).

III. Kinder- und Jugendhilfe

Das im SGB VIII geregelte Kinder- und Jugendhilferecht ist im vorhergehenden   105
Kap. 13 ausführlich dargestellt worden. Hierauf kann an dieser Stelle verwiesen
werden.

IV. Familienförderung

Literatur

Dalichau, Bundeselterngeld- und Elternzeitgesetz (Loseblattwerk), Starnberg, Stand: 2016; *Roos/
Bieresborn* (Hrsg.), Mutterschutzgesetz. Bundeselterngeld- und Elternzeitgesetz (Loseblattwerk),
Neuwied, Stand: 2016.

Die **Familienförderung** ist ein Thema von eminenter sozialpolitischer Bedeutung.   106
Wenn man sich auf die zum SGB gehörenden gesetzlichen Grundlagen beschränkt,
geht es um das **Bundeskindergeldgesetz** (BKGG) und um das **Bundeselterngeld- und
Elternzeitgesetz** (BEEG). Für das Kindergeld muss aber zwingend das **Einkommens-
steuergesetz** (EStG) einbezogen werden.

1. Kindergeld

Das Kindergeld ist im Regelfall keine Sozialleistung, sondern eine Steuervergütung,   107
mit der das Existenzminimum von Kindern steuerlich frei gestellt werden soll; nur
soweit das Kindergeld hierfür nicht benötigt wird, dient es als Sozialleistung der Förderung der Familie (§ 31 Satz 2 und 3 EStG). Das Kindergeld steht den sog. Bezugsberechtigten – das sind in der Regel die Eltern – zu und ist bei der Familienkasse (die
bei der Agentur für Arbeit besteht) geltend zu machen (§ 67 EStG). Bezugsberechtigt
sind dt. Staatsangehörige, freizügigkeitsberechtigte Staatsangehörige eines Mitgliedsstaates der EU und Drittstaatsangehörige mit einer Niederlassungserlaubnis oder
anderen, im Gesetz näher bezeichneten Aufenthaltstiteln (§ 62 EStG).

Die Bezugsberechtigung für das Kindergeld besteht zunächst uneingeschränkt bis zur   108
Vollendung des 18. Lebensjahres des Kindes. Ein volljähriges Kind, das noch nicht das
21. Lebensjahr vollendet hat, wird berücksichtigt, wenn es nicht in einem Beschäftigungsverhältnis steht und bei der Agentur für Arbeit als arbeitssuchend gemeldet ist
(§ 32 Abs. 4 Nr.1 EStG). Ein volljähriges Kind, das das 25. Lebensjahr noch nicht
vollendet hat, wird berücksichtigt, wenn es (§ 32 Abs. 4 Satz 1 Nr. 2 a – d EStG):
- für einen Beruf ausgebildet wird oder   109
- sich in einer Übergangszeit von höchstens 4 Monaten zwischen zwei Ausbildun-   110
  gen oder zwischen einem Ausbildungsabschnitt und einem gesetzlichen Wehr-
  oder Zivildienst, einem diesen ersetzenden Dienst, Dienst als Entwicklungshelfer
  oder sonstigem freiwilligen Dienst) befindet oder
- eine Berufsausbildung mangels Ausbildungsplatzes nicht beginnen oder fortsetzen   111
  kann oder
- ein freiwilliges soziales oder ökologisches Jahr (sowie einen sonstigen aus Nr. 2 d)   112
  ersichtlichen berücksichtigungsfähigen freiwilligen Dienst) oder einen Bundesfrei-
  willigendienst ableistet.

113 In bestimmten Fällen, die in § 32 Abs. 5 EStG bzw. § 2 Abs. 3 BKKG geregelt sind, wird ein Kind auch über das 21. bzw. 25. Lebensjahr hinaus berücksichtigt, etwa wenn die Überschreitung auf den gesetzlichen Grundwehr- oder Zivildienst, auf eine nicht länger als drei Jahre eingegangene freiwillige Verpflichtung zum Wehrdienst oder auf eine Tätigkeit als Entwicklungshelfer zurückzuführen ist. Bei einem Kind, das wegen körperlicher, geistiger oder seelischer Behinderung außerstande ist, sich selbst zu unterhalten, besteht ein lebenslanger Anspruch auf Kindergeld, wenn die Behinderung vor Vollendung des 25. Lebensjahres eingetreten ist (§ 32 Abs. 4 Nr. 3 EStG).

114 Seit dem 01.01.2017 beträgt das Kindergeld für das erste und zweite Kind jeweils 192 €, für das dritte Kind 198 € und jedes weitere Kind 223 €. Ab dem 01.01.2018 werden die genannten Beträge um jeweils 2 € erhöht.

115 Kindergeld nach dem Bundeskindergeldgesetz erhalten nur Personen, die in der Bundesrepublik keinen Wohnsitz oder gewöhnlichen Aufenthalt haben (§ 1 Abs. 1 BKGG i.V.m. § 1 Abs. 1 oder 2 EStG) oder im Inland lebende Vollwaisen, die nicht bei einer anderen Person als Kind zu berücksichtigen sind (§ 1 Abs. 2 Satz 1 BKGG).

2. Kinderzuschlag

116 Zusammen mit dem SGB II ist durch Einfügung eines neuen § 6 a in das BKGG ein **Kinderzuschlag** eingeführt worden, der Hilfebedürftigkeit nach dem SGB II in Fällen vermeiden soll, in denen das Elterneinkommen zur Deckung der Bedarfe der Eltern ausreicht und allein ein ungedeckter Bedarf von Kindern den SGB II – Bezug auslösen würde. Eltern haben nach der genannten Vorschrift für ihre im Haushalt lebenden unverheirateten oder nicht verpartnerten Kinder, die noch nicht das 25. Lebensjahr vollendet haben, Anspruch auf einen Kinderzuschlag von bis zu 170 € monatlich für jedes zu berücksichtigende Kind, wenn (§ 6 a Abs. 1 bis 4 BKGG)
– sie für diese Kinder Anspruch auf Kindergeld nach dem BKGG oder dem EStG haben,
– sie mit Ausnahme des Wohngeldes und des Kindergeldes über ein Einkommen i.S.d. § 11 Abs. 1 Satz 1 SGB II verfügen, das mindestens 900 € oder, wenn sie alleinerziehend sind, 600 € beträgt, aber eine näher zu bestimmende Höchsteinkommensgrenze (die bei Berechnung des Arbeitslosengeldes II oder des Sozialgeldes zu berücksichtigenden elterlichen Bedarfe) nicht übersteigt und
– durch den Kinderzuschlag Hilfebedürftigkeit nach § 9 SGB II vermieden wird.

117 Die Regelung ist unübersichtlich und die Berechnung kompliziert, da die Höhe des Kinderzuschlags von der Anrechnung von Einkommen und Vermögen des Kindes wie der Eltern abhängig ist.[42]

---

42 Berechnungsbeispiele finden Sie in der »Durchführungsanweisung zum Kinderzuschlag« (https://www3.arbeitsagentur.de/web/content/DE/Detail/index.htm?dfContentId=L6019022DSTBAI627176; letzter Zugriff: 17.05.2017) der Bundesagentur für Arbeit auf den S. 54 ff.

Eine Folge des Anspruchs auf Kindergeld in Verbindung mit dem Kinderzuschlag bzw.   **118**
Wohngeld ist die Berechtigung, **Leistungen für Bildung und Teilhabe** in Anspruch
zu nehmen – s. § 6b BKGG. Diese Leistungen entsprechen den Leistungen nach § 28
Abs. 2 bis 7 SGB II (siehe dazu in diesem Kapitel unter Rdn. 200 f.).

3. Elterngeld

Das »Bundeselterngeld- und Elternzeitgesetz« (BEEG) will durch Gewährung von   **119**
Elternzeit und Elterngeld die Versorgung, Betreuung und Erziehung von Kindern
durch Eltern oder Elternteile in den ersten Lebensjahren erleichtern.

Die Inanspruchnahme der **Elternzeit** (§§ 15 ff. BEEG) setzt ein Arbeitsverhältnis vor-   **120**
aus. Elternzeit kann von Arbeitnehmern und Arbeitnehmerinnen
– bis zur Vollendung des 3. Lebensjahres des Kindes oder
– bis zu 24 Monate zwischen dem 3. Geburtstag und der Vollendung des 8.
Lebensjahres

genommen werden, und zwar von jedem Elternteil allein, auch anteilig, oder von bei-   **121**
den Elternteilen. Dies gilt auch für an Kindes statt angenommene Kinder und Kinder
in Vollzeit- oder Adoptionspflege. Bei mehreren Kindern ist die Elternzeit auf drei
Jahre pro Kind begrenzt, auch wenn sich Elternzeitzeiträume überschneiden. Ist ein
Elternteil minderjährig oder befindet es sich in einer Ausbildung, die vor Vollendung
des 18. Lebensjahres begonnen wurde, kann die Elternzeit auch von **Großeltern** in
Anspruch genommen werden.

Zu den Anspruchsvoraussetzungen für das **Elterngeld**gehört nach § 1 Abs. 1 BEEG   **122**
u.a., dass keine oder keine volle Erwerbstätigkeit ausgeübt wird. Dabei liegt keine
volle Erwerbstätigkeit vor, wenn die wöchentliche Arbeitszeit 30 Stunden nicht übersteigt oder es sich um eine Beschäftigung zur Berufsbildung handelt (§ 1 Abs. 6
BEEG). Anspruch auf das Elterngeld besteht maximal für die ersten 14 Lebensmo-
nate eines Kindes (§ 4 Abs. 1 Satz 1 BEEG). Ein Elternteil muss die Leistung mindestens 2 Monate und kann die Leistung höchstens für 12 Monate beziehen (§ 4
Abs. 5 Satz 1 BEEG). Die anspruchsberechtigten Personen haben die Möglichkeit,
den Auszahlungszeitraum auf bis zu 28 Monate zu verlängern, allerdings bei gleichzeitiger Halbierung des monatlich zustehenden Betrages – **Elterngeld Plus** – (§ 5
Abs. 3 BEEG). Die Berechtigten – im Regelfall die Eltern – bestimmen, für welchen zeitlichen Anteil der insgesamt zustehenden Bezugsdauer sie das Elterngeld in
Anspruch nehmen wollen.

Die **Höhe des Elterngeldes** richtet sich nach dem individuell in den letzten zwölf   **123**
Monaten vor der Geburt des Kindes durchschnittlich erzielten monatlichen Einkommen. Ausgangspunkt für die Berechnung des Elterngelds ist das Bruttoeinkommen,
von dem bestimmte Abzüge vorgenommen werden, um auf das maßgebliche (Netto-)
Einkommen zu kommen (§ 2 c BEEG). Die Höhe des Elterngeldes beträgt 67% des
maßgeblichen Einkommens bis maximal 1.800 € für volle Monate, in denen kein Einkommen erzielt wird (§ 2 BEEG). Lag das Einkommen vor der Geburt unter 1.000 €,
erhöht sich der Prozentsatz von 67% um 0,1% für je 2 €, um den das Einkommen

den Betrag von 1.000 € unterschreitet, auf bis zu 100 %. In den Fällen, in denen das Einkommen vor der Geburt höher war als 1.200 €, sinkt der Prozentsatz von 67% um 0,1% für je 2 €, um die das Einkommen den Betrag von 1.200 € überschreitet, auf bis zu 65%.[43] Für die Monate nach der Geburt des Kindes, in denen die berechtigte Person ein geringeres Einkommen erzielt als sich nach § 2 Abs. 1 und 2 BEEG ergibt, enthält § 2 Abs. 3 des Gesetzes eine Ausgleichsregelung.

Elterngeld wird auch in Fällen gezahlt, in denen zuvor kein Einkommen erzielt wurde. Dieses sog. ‚**Mindestelterngeld**‘ beträgt 300 € (§ 2 Abs. 4 BEEG).

124 Das Elterngeld ist in Höhe von 300 € nicht auf andere einkommensabhängige Sozialleistungen anzurechnen (§ 10 Abs. 1 BEEG). Nach § 10 Abs. 5 BEEG gilt dies nicht für das ‚Mindestelterngeld‘ beim Bezug von Leistungen nach dem SGB II, dem SGB XII oder dem Kinderzuschlag nach § 6a BKKG.

V. Wohnungsförderung

Literatur

Klein/Schulte/Unkel, Wohngeldgesetz, Kommentar, Berlin 2015; *Knickrehm/Kreikebohm/Waltermann*, Kommentar zum Sozialrecht, VO (EG) 883/2004, SGB I bis SGB XII, SGG, BAföG, BEEG, Kindergeldrecht (EStG), UnterhaltsvorschussG, WoGG, 4. Aufl., München 2015.

1. Wohngeld nach dem WoGG

125 Wohnungsförderung erfolgt zur wirtschaftlichen Sicherung angemessenen und familiengerechten Wohnens. Gesetzliche Grundlage für das **Wohngeld** ist das Wohngeldgesetz (WoGG).[44] Der Ausführung des Wohngeldgesetzes dienen die Wohngeldverordnung[45] und die »Allgemeine Verwaltungsvorschrift zur Durchführung des Wohngeldgesetzes«.[46] Wohngeldberechtigt sind Personen (§ 3 WoGG), die
– Wohnraum gemietet haben und diesen auch selbst nutzen,
– Eigentum an selbst genutztem Wohnraum haben.

126 Die Höhe des Miet- bzw. des Lastenzuschusses ist von drei Faktoren abhängig (§ 4 WoGG), und zwar von:
127 1. der Anzahl der zu berücksichtigenden Haushaltsmitglieder (§§ 5 bis 8 WoGG),
128 2. der Miethöhe, an deren Stelle beim selbst genutzten Wohnraum die Höhe der Belastung tritt (§§ 9 bis 12 WoGG), und

---

43 Siehe § 2 Abs. 1 und Abs. 2 BEEG.
44 Vom 24.9.2008 (BGBl. I S. 1856), zuletzt geändert durch Art.22 Abs. 4 des Gesetzes vom 11.11.2016 (BGBl. I S. 2500).
45 In der Fassung der Bekanntmachung vom 19.10.2001 (BGBl. I S. 2722), zuletzt geändert durch Art. 22 Abs. 10 des Gesetzes vom 1111.2016 (BGBl. I S. 2500).
46 Allgemeine Verwaltungsvorschrift zur Neuregelung der Allgemeinen Verwaltungsvorschrift zur Durchführung des Wohngeldgesetzes (Wohngeld-Verwaltungsvorschrift 2016 – WoGVwV 2016) vom 02.03.2016.

3. dem sog. Gesamteinkommen (§§ 13 bis 18 WoGG).   **129**

Zu 1.: Wer als Haushaltsmitglied zählt, ist in § 5 Abs. 1 WoGG definiert. Neben **130** der wohngeldberechtigten Person (§ 3 WoGG) können dies sein ihr nicht dauernd getrennt lebender Ehepartner oder Lebenspartner, ehe- bzw. lebenspartnerschaftsähn- liche Partner, Verwandte in gerader Linie oder im zweiten oder dritten Grad in der Seitenlinie Verwandte oder Verschwägerte sowie Pflegekinder (ohne Rücksicht auf das Alter) und Pflegemütter und -väter eines Haushaltsmitgliedes.

Zu 2.: Zur Miete zählen neben der Kaltmiete auch die üblichen, auf den Mieter ver- **131** traglich abgewälzten Nebenkosten, nicht aber die Kosten für zentrale Heizungs- und Wasserversorgungsanlagen und weitere Kosten wie eine Stellplatz- oder Garagenmiete (s. § 9 WoGG). Die Bemessung der Belastung bei Wohneigentum richtet sich nach § 10 WoGG.

Die Miete bzw. Belastung wird nicht in beliebiger Höhe, sondern abhängig von der **132** Zahl der zu berücksichtigenden Haushaltsmitglieder und nur bis zu bestimmten Höchstgrenzen bezuschusst, die in § 12 Abs. 1 WoGG festgelegt sind. Dabei sind diese Höchstgrenzen in sechs Mietstufen eingeteilt, die aufgrund der durchschnittli- chen Mieten im jeweiligen Wohngebiet ermittelt werden, so dass für jede Gemeinde bzw. jeden Landkreis eine bestimmte Mietstufe maßgeblich ist (s. Anlage zu § 1 Abs. 3 der Wohngeldverordnung). Bei Ausschluss von Haushaltsmitgliedern vom Wohngeld (dazu unten Rdn. 136 f.) ist nur der anteilige Höchstbetrag der restlichen Haushalts- mitglieder zu berücksichtigen.

Zu 3.: Steht fest, wie viele zu berücksichtigende Haushaltsmitglieder vorhanden sind, **133** ist das Jahreseinkommen dieser Personen nach den Vorschriften §§ 14 bis 18 WoGG zu ermitteln; zusammengerechnet ergibt sich das Gesamteinkommen, das monatliche Gesamteinkommen ist ein Zwölftel dieses Gesamteinkommens. Das Gesetz bestimmt in § 14 Abs. 2 die Einkommensarten, die zum Gesamteinkommen zählen und legt in §§ 16 bis 18 WoGG Abzugsbeträge und Freibeträge fest, z.B. für Steuern und Sozialversicherungsbeiträge, für schwerbehinderte Haushaltsmitglieder, für bestimmte Kinder und im Hinblick auf Unterhaltsleistungen.

Für die Höhe des Zuschusses hält § 19 des Gesetzes eine Formel vor. Wenn die vorste- **134** henden drei Faktoren zweifelsfrei ermittelt sind, lässt sich die Höhe des zustehenden Wohngelds aus vom zuständigen Bundesministerium herausgegebenen Wohngeldta- bellen ablesen:[47]

▶ Beispiel:

Ein **Beispiel** aus Weimar (Mietenstufe III) für einen Haushalt mit vier Haushalts- **135** mitgliedern, die über ein monatliches zu berücksichtigendes Gesamteinkommen

---

47 Die ab 01.01.2016 geltenden Wohngeldtabellen finden Sie unter http://www.bmub.bund. de/themen/stadt-wohnen/wohnraumfoerderung/wohngeld/wohngeldtabellen/ (letzter Zu- griff: 17.05.2017).

von 1.213,33 € verfügen, und einer zu berücksichtigenden Miete von 530 €: die Mietobergrenze liegt hier bei 656 € – der Mietzuschuss beträgt monatlich 271 €.[48]

2. Ausschluss vom Wohngeld

136 Personen im Bezug von Sozialleistungen, zu deren Leistungsumfang die Übernahme der angemessenen Kosten der Unterkunft und Heizung in voller Höhe gehört, sind von Wohngeldleistungen ausgeschlossen. Dabei handelt es sich u.a. um **Empfänger von Leistungen** des Arbeitslosengeldes II und des Sozialgeldes **nach dem SGB II** sowie Empfänger von Hilfe zum Lebensunterhalt und Grundsicherung im Alter und bei Erwerbsminderung **nach dem SGB XII**. Diese und die weiteren vom Wohngeld ausgeschlossenen Personenkreise sind in § 7 Abs. 1 Satz 1 und Abs. 2 Satz 1 WoGG aufgeführt.

137 Der Ausschluss vom Wohngeld besteht jedoch nach § 7 Abs. 1 Satz Nr. 2 und Abs. 2 Satz 2 Nr. 2 WoGG u.a. dann nicht, wenn durch Wohngeld die Hilfebedürftigkeit i.S.d. § 9 SGB II, § 19 Abs. 1 und 2 SGB XII oder § 27a BVG vermieden oder beseitigt werden kann. Dies ist immer dann der Fall, wenn das zu erwartende Wohngeld höher ausfällt als die ergänzende Leistung zur Sicherung des Lebensunterhalts nach den soeben genannten Leistungsgesetzen. Der Wohngeldanspruch wird in diesen Fällen durch Verzicht auf Leistungen nach dem SGB II, SGB XII oder BVG realisiert (§ 8 Abs. 2 WoGG). Die Ausübung dieses Wohngeldwahlrechts kommt jedoch nur für sog. Mischhaushalte, also Haushalte, in denen sowohl wohngeldberechtigte Haushaltsmitglieder als auch vom Wohngeld ausgeschlossene Haushaltsmitglieder zusammen wohnen, in Betracht. Nach § 21 Nr. 2 WoGG besteht ein Wohngeldanspruch nämlich dann nicht, wenn alle Haushaltsmitglieder nach §§ 7, 8 Abs. 1 WoGG vom Wohngeld ausgeschlossen sind.

3. Verfahren

138 Für die Bewilligung von Wohngeld ist ein **Antrag** erforderlich (§ 22 Abs. 1 WoGG); welche Stelle für die Bearbeitung des Antrags und die Bewilligung des Wohngelds zuständig ist, richtet sich nach Landesrecht (§ 24 Abs. 1 WoGG). Die Länder haben die Wohngeldbehörden bei den Landkreisen und kreisfreien Städten, teilweise auch bei den Gemeinden, angesiedelt. Die Entscheidung über den Antrag muss schriftlich erfolgen (§ 24 Abs. 1 WoGG) und soll sich im Falle der Bewilligung auf einen Zeitraum von 12 Monaten beziehen (§ 25 Abs. 1 WoGG).

VI. Förderung der Eingliederung von Menschen mit Behinderungen

Literatur

Dau/Düwell/Joussen (Hrsg.), Sozialgesetzbuch IX. Rehabilitation und Teilhabe behinderter

---

48 Bundesministerium für Umwelt, Naturschutz, Bau und Reaktorsicherheit (BMUB): Wohngeld 2016/2017 | Ratschläge und Hinweise, Stand: Januar 2016, S. 42.

Menschen, Lehr- und Praxiskommentar, 5. Aufl., Baden-Baden 2017; *Lachwitz/Schellhorn/ Welti:* Handkommentar zum SGB IX – Rehabilitation und Teilhabe behinderter Menschen, 4. Aufl., Neuwied 2017.

Behinderte Menschen haben unabhängig von der Ursache ihrer Behinderung ein **139** Recht auf Hilfe zur Förderung ihrer Selbstbestimmung und gleichberechtigten Teilhabe (§ 10 SGB I) und Anspruch auf die in § 29 SGB I aufgeführten Leistungen zur Rehabilitation und Teilhabe. Allein sieben Bücher des Sozialgesetzbuchs (SGB II, III, V, VI, VII, VIII, XI und XII) sowie Gesetze über das soziale Entschädigungsrecht enthalten Regelungen über Leistungen zur Rehabilitation, die zudem von unterschiedlichen Sozialleistungsträgern zu erbringen sind. Die angesichts dieser Rechtslage notwendige Vereinheitlichung und Koordination von Leistungen und Leistungsträgern sollte das im Jahr 2001 erlassene **SGB IX – Rehabilitation und Teilhabe behinderter Menschen** – leisten.

Daneben ist der im Jahr 2009 erfolgte Beitritt der Bundesrepublik zum UN-Über- **140** einkommen über die Rechte von Menschen mit Behinderungen – **Behindertenrechtskonvention**[49] – BRK – von wesentlicher Bedeutung für die Entwicklung des Teilhaberechts. In den »*Abschließenden Bemerkungen über den ersten Staatenbericht Deutschlands*«[50] vom 13.05.2015 wurden der Bundesrepublik eine Vielzahl von Handlungsempfehlungen zur weiteren Umsetzung der UN-BRK gegeben, denen der Gesetzgeber mit dem »Gesetz zur Stärkung der Teilhabe und Selbstbestimmung von Menschen mit Behinderungen (**Bundesteilhabegesetz** – BTHG)« nachgekommen ist.[51] Mit Art. 1 BTHG wird das SGB IX insgesamt neu gefasst. Am 01.01.2018 treten die Teile 1 und 3 des Art. 1 BTHG in Kraft (hierzu unter Rdn. 152 ff.). Teil 3 des Art. 1 BTHG wird am 01.01.2020 in Kraft treten und das Eingliederungshilferecht des SGB XII in das SGB IX integrieren. Hierauf wird unter Rdn. 158 ff. eingegangen werden.

1. Das SGB IX – bis 31.12.2017 geltende Fassung

Das SGB IX besteht momentan aus zwei Teilen: **141**
– Der 1. Teil des SGB IX beinhaltet das allgemeine Rehabilitationsrecht (etwa die Definition von Behinderung, die Bestimmung der Rehabilitationsträger, das Wunsch- und Wahlrecht der Leistungsberechtigten, Leistungsdefinitionen oder die Instrumente zur Koordinierung der Leistungen). Das **SGB IX – 1. Teil – selbst ist kein Leistungsgesetz** und belässt es bei den unterschiedlichen Zuständigkeiten der Leistungsträger und den unterschiedlichen Zugangsvoraussetzungen für Leistungen zur Teilhabe, je nach Leistungsbereich.
– Der 2. Teil enthält das Schwerbehindertenrecht.

---

49 G. v. 26.03.2009 – BGBl. II S. 812.
50 http://www.institut-fuer-menschenrechte.de/publikationen/show/crpd-abschliessende-bemerkungen-ueber-den-ersten-staatenbericht-deutschlands/ (letzter Zugriff: 19.05.2017).
51 G. v. 23.12.2016 – BGBl I 2016 Nr. 66, S. 3234.

Die für den gesamten Bereich der Förderung der Eingliederung von Menschen mit Behinderung maßgebende Definition von Behinderungenthält § 2 SGB XI: »**Menschen sind behindert**, wenn ihre körperliche Funktion, geistige Fähigkeit oder seelische Gesundheit mit hoher Wahrscheinlichkeit länger als sechs Monate von dem für das Lebensalter typischen Zustand abweichen und daher ihre Teilhabe am Leben in der Gesellschaft beeinträchtigt ist«.

142　In § 5 SGB IX werden die vier maßgeblichen Leistungsgruppen aufgeführt, wobei die Einzelheiten in den Kapiteln 4 bis 7 des SGB XI -Teil 1 geregelt sind:

143　1.　**Leistungen zur medizinischen Rehabilitation**, das Leistungsspektrum ergibt sich im Einzelnen aus §§ 26 bis 31 SGB IX, z.b. Heilbehandlung, Früherkennung, Arznei- und Verbandmittel, Heil- und Hilfsmittel,

144　2.　**Leistungen zur Teilhabe am Arbeitsleben** mit dem sich aus §§ 33 bis 43 SGB IX ergebenden Leistungsspektrum im Einzelnen, z.b. Berufsvorbereitung, berufliche Ausbildung, berufliche Anpassung und Weiterbildung. Durch Gesetz vom 22.12.2008[52] ist mit Wirkung vom 30.12.2008 die sog. **unterstützte Beschäftigung** eingeführt worden (s. § 33 Abs. 3 Nr. 2a, § 38a, § 40 Abs. 4 SGB IX). Nach § 38a SGB IX ist Ziel der unterstützten Beschäftigung, behinderten Menschen mit besonderem Unterstützungsbedarf eine angemessene, geeignete und sozialversicherungspflichtige Beschäftigung auf dem allgemeinen Arbeitsmarkt zu ermöglichen und zu erhalten.[53]

145　3.　**Unterhaltssichernde und andere ergänzende Leistungen** mit dem sich aus §§ 44 bis 54 SGB IX ergebenden Leistungen, im Einzelnen vor allem Krankengeld und vergleichbare Leistungen anderer Träger bei Arbeitsunfähigkeit sowie Übergangsgeld bei Maßnahmen der Teilhabe am Arbeitsleben z.b. berufliche Fortbildung oder Umschulung.

146　4.　**Leistungen zur Teilhabe am Leben in der Gemeinschaft**, im Einzelnen: §§ 55 bis 58 SGB IX, z.b. heilpädagogische Leistungen, Hilfen zur Teilhabe am gemeinschaftlichen und kulturellen Leben.

147　Diese Vorschriften dienen der Vereinheitlichung der in unterschiedlichen Leistungsgesetzen vorgesehenen Leistungen. Ein Leistungsanspruch kann nicht auf die vorstehend angeführten Vorschriften des SGB IX gestützt werden kann, sondern sich immer nur aus den insoweit maßgeblichen Vorschriften des jeweiligen Leistungsgesetzes ergeben (§ 7 Satz 2 SGB IX) und sich gegen den jeweils zuständigen **Rehabilitationsträger** richten kann. Rehabilitationsträger sind nach § 6 SGB IX:

- die gesetzlichen Krankenkassen – und zwar für die Leistungen zu 1 und 3,
- die Bundesagentur für Arbeit – und zwar für die Leistungen zu 2 und 3
- die Träger der gesetzlichen Unfallversicherung – und zwar für die Leistungen zu 1 bis 4
- die Träger der gesetzlichen Rentenversicherung – und zwar für die Leistungen zu 1 bis 3

52　Gesetz zur Einführung Unterstützter Beschäftigung – BGBl. I. S. 2959.
53　Vgl. etwa http://www.einfach-teilhaben.de/DE/StdS/Ausb_Arbeit/Berufstaetigkeit/UB/ub_node.html (letzter Zugriff: 19.05.2017).

– die Träger der Kriegsopferversorgung i.R.d. Rechts der sozialen Entschädigung bei
   Gesundheitsschäden – und zwar für Leistungen nach 1 bis 4
– die Träger der öffentlichen Jugendhilfe – und zwar für Leistungen nach 1, 2 und 4,
– die Träger der Sozialhilfe – und zwar für Leistungen nach 1, 2 und 4.

Die gesetzliche Aufgabe, Selbstbestimmung und gleichberechtigte Teilhabe am Leben   148
in der Gesellschaft (§ 1 SGB IX) unter Verwirklichung der Ziele gem. § 4 des Gesetzes im Einzelfall zügig, bedarfsgerecht und umfassend zu erreichen, dienen vor allem
die Vorschriften der §§ 10 bis 14 SGB IX. Sie enthalten Koordinierungspflichten
und Pflichten zur Zusammenarbeit der Träger der Rehabilitationsleistungen sowie in
§ 14 SGB IX ein **Zuständigkeitsklärungsverfahren**, das eine schnelle Entscheidung
über Leistungen gewährleisten soll. Wird dieses Verfahren nicht innerhalb der in § 14
SGB IX enthaltenen Fristen zu Ende gebracht, räumt § 15 SGB IX ein Recht auf
Erstattung der Kosten **selbstbeschaffter Leistungen** ein.

Zur wirksamen Information und Beratung behinderter Menschen über ihre Rechte   149
sowie zur Unterstützung bei ihrer Realisierung sieht das Gesetz die Einrichtung
gemeinsamer örtlicher **Servicestellen** der Rehabilitationsträger vor (§§ 22 ff. SGB IX).

Mit dem persönlichen Budget hat das Gesetz in den § 17 Abs. 2 bis 4 SGB IX einen   150
eigenständigen trägerübergreifenden Leistungstyp geschaffen. Das **persönliche Budget** in Gestalt eines pauschalen Geldbetrages kann durch den bzw. die Reha-Träger
zur Verfügung gestellt werden. Damit können behinderte Mensch Sach- oder Dienstleistungen am ‚Pflegemarkt einkaufen‘, um in eigener Verantwortung ein möglichst
selbstbestimmtes Leben führen zu können. Das persönliche Budget soll dabei die Kosten aller bisher individuell festgestellten, ohne das Persönliche Budget zu erbringenden
Leistungen nicht überschreiten (§ 17 Abs. 3 Satz 4 SGB IX).[54]

Das **Schwerbehindertenrecht** des SGB IX – 2. Teil – ist **überwiegend nicht** dem   151
Sozialrecht, sondern dem **Arbeitsrecht** zuzuordnen. So enthält es Regelungen zu
Beschäftigungspflichten von Arbeitgebern (einschließlich der Verpflichtung zur Zahlung einer Ausgleichsabgabe für unbesetzte Pflichtarbeitsplätze), zum arbeitsrechtlichen Kündigungsschutz oder zur Einrichtung von Schwerbehindertenvertretungen.
Weitere Regelungen beschäftigen sich mit Integrationsfachdiensten, dem arbeitsrechtlichen Status der Beschäftigten im Arbeitsbereich der Werkstätten für behinderte Menschen und den Mindestanforderungen für die Ausstattung einer Werkstatt
oder der unentgeltlichen Beförderung schwerbehinderter Menschen. Auch die dem
Schwerbehindertenrecht eigene Feststellung des Grades einer Schwerbehinderung ist
nicht als Sozialleistung in der Art eines Vermögenswerts ausgeformt, sondern vielmehr als ein von konkreten finanziellen Vorteilen unabhängiger abstrakter Nachweis

---

54 Wer seinen Bedarf in Eigenregie decken möchte und mehr bezahlen muss als ein professi-
    oneller Anbieter, hat keinen Anspruch auf diese objektiv nicht erforderlichen Mehrkosten
    (Grundsatz der Budgetneutralität), BSG, Urt. v. 31.01.2012 – B 2 U 1/11 R, BSGE 110,
    83 ff.

konstruiert – und damit keine Sozialleistung.[55] Lediglich die in § 102 Abs. 1 Satz 1 Nr. 3, Abs. 3, 3a und 4 SGB IX vorgesehenen Geldleistungen der Integrationsämter an schwerbehinderte Menschen im Rahmen der begleiteten Hilfe im Arbeitsleben können als Sozialleistungen gewertet werden.

2. Das SGB IX n.F. – ab 01.01.2018 geltende Teile 1 und 3

152 Mit dem durch das BTHG reformierten Teil 1 des SGB XI n.F. wird das SGB IX nicht ‚neu erfunden‘, sondern in seiner Grundstruktur weitgehend erhalten. Allerdings zog der Gesetzgeber Konsequenzen aus den oben erwähnten »Abschließenden Bemerkungen zum ersten Staatenbericht« und aus Erfahrungen mit dem bisherigen Teilhaberecht.

153 Der **Behinderungsbegriff**[56] wurde sprachlich an die BRK angepasst: »Menschen mit Behinderungen sind Menschen, die körperliche, seelische, geistige oder Sinnesbeeinträchtigungen haben, die sie in Wechselwirkung mit einstellungs- und umweltbedingten Barrieren an der gleichberechtigten Teilhabe an der Gesellschaft mit hoher Wahrscheinlichkeit länger als sechs Monate hindern können.« (§ 2 Abs. 1 Satz 1 SGB IX n.F.) Mit dieser Neudefinition soll zum Ausdruck gebracht werden, dass eine Behinderung keine feststehende menschliche Eigenschaft ist, sondern sich erst durch eine »gestörte oder nicht entwickelte Interaktion zwischen dem Individuum und seiner materiellen und sozialen Umwelt manifestiert.« (BT-Drucks. 18/9522, S. 192).

154 In Weiterentwicklung des Zuständigkeitsklärungsverfahrens wurde ein neues Kapitel »*Koordinierung der Leistungen*« in das SGB IX n.F. aufgenommen. Soweit Leistungen verschiedener Leistungsgruppen oder mehrerer Rehabilitationsträger erforderlich sind, ist der leistende Rehabilitationsträger gem. § 19 Abs. 1 SGB IX n.F. verpflichtet, mit den beteiligten Rehabilitationsträgern im Benehmen miteinander und in Abstimmung mit den Leistungsberechtigten die nach dem individuellen Bedarf voraussichtlich erforderlichen Leistungen hinsichtlich Ziel, Art und Umfang funktionsbezogen festzustellen und schriftlich so zusammen zu stellen, dass sie nahtlos ineinandergreifen (**Teilhabeplan**). Zur Stärkung der Selbstbestimmung von Menschen mit Behinderungen und von Behinderung bedrohter Menschen hat das Bundesministerium für Arbeit und Soziales eine die Beratung durch Leistungsträger und Leistungserbringer ergänzende **unabhängige Teilhabeberatung** als niedrigschwelliges Angebot zu fördern, die bereits im Vorfeld der Beantragung konkreter Leistungen zur Verfügung steht (§ 32 Abs. 1 Satz 1 SGB IX n.F.). Mit diesem trägerübergreifenden und partizipativen Teilhabeplanverfahren sowie dem ergänzenden, von Leistungsträgern und Leistungserbringern unabhängigen Teilhabeberatungsangebot werden die bisherigen Gemeinsamen Servicestellen überflüssig und aus dem SGB IX gestrichen.

---

55 BSG v. 16.12.2014 SozR 4-1200 § 66 Nr. 7.
56 Zum Streit um den ‚richtigen‘ sozialrechtlichen Behinderungsbegriffs vgl. *Kessler*, SGb 2016, S. 373 ff.

Als neue Leistungsgruppe wurden **Leistungen zur Teilhabe an Bildung** eingeführt **155**
(vgl. §§ 5, 75 SGB IX n.F.). Mit diesen Leistungen wird die Verpflichtung durch
die BRK zur Herstellung eines inklusiven Bildungssystems sozialrechtlich flankiert.
Zur Teilhabe an Bildung werden unterstützende Leistungen erbracht, die erforderlich
sind, damit Menschen mit Behinderungen Bildungsangebote (von der Schul- über die
Berufsausbildung bis zur Hochschulbildung einschließlich der beruflichen Weiterbildung) gleichberechtigt wahrnehmen können (§ 75 SGB IX n.F.). Neben den Trägern
der Eingliederungshilfe sind auch die öffentlichen Unfallkassen, die Träger der Kriegsopferversorgung und Kriegsopferfürsorge sowie die Träger der öffentlichen Jugendhilfe für die neue Leistungsgruppe zuständig. (§ 6 Abs. 1 Nrn. 3, 5 – 7 SGB IX n.F.).

Die bisherige Leistungsgruppe »Leistungen zur Teilhabe am Leben in der Gemein- **156**
schaft« wird in **Leistungen zur Sozialen Teilhabe** umbenannt und einige bisher bereits
erbrachte, im geltenden Recht noch nicht erwähnte Leistungen in das Gesetz aufgenommen (vgl. §§ 5, 76 ff. SGB IX n.F.). So werden bspw. nunmehr die **Assistenz-
leistungen** ausdrücklich benannt (§ 78 SGB IX n.F.). Diese sind von Fachkräften zu
erbringen und umfassen die vollständige oder teilweise Übernahme von Handlungen zur Alltagsbewältigung (bspw. Hilfen zum selbstbestimmten Leben in betreuten
Wohnmöglichkeiten) sowie die Begleitung der Leistungsberechtigten, aber auch die
Befähigung der Leistungsberechtigten zu einer eigenständigen Alltagsbewältigung.
Darunter fallen auch Leistungen an Mütter und Väter mit Behinderungen bei der
Versorgung und Betreuung ihrer Kinder.

Mit der Neufassung des SGB IX wird das nach derzeitigem Recht im SGB IX, Teil 2 **157**
verortete **Schwerbehindertenrecht in einem Teil 3 neu gefasst**. Inhaltliche Veränderungen umfassen im Wesentlichen
– die Stärkung des ehrenamtlichen Engagements der Schwerbehindertenvertretungen, insbesondere mehr Freistellungen und bessere Fortbildungsmöglichkeiten,
– die Verbesserung der Mitwirkungsmöglichkeiten von Menschen mit Behinderungen in Werkstätten für behinderte Menschen, insbesondere Mitbestimmung bei
   wichtigen Angelegenheiten,
– Regelungen zur Benutzung von Behindertenparkplätzen sowie
– die Schaffung eines Merkzeichens für taubblinde Menschen im Schwerbehinder-
   tenausweis.

3. Das SGB IX n.F. – ab 01.01.2020 geltender Teil 2

Wie eingangs beschrieben, enthalten zahlreiche Gesetze Regelungen über Leistungen **158**
zur Rehabilitation. Diese Leistungen folgen der ‚Leistungslogik‘ der jeweiligen Gesetze
und lassen ‚Leistungslücken‘ für Betroffene, die dann die Sozialhilfe im Rahmen der
Eingliederungshilfe zu schließen hat. Dies soll an einem Beispiel[57] verdeutlicht werden:
In der gKV Versicherte haben Anspruch auf Hörhilfen, Körperersatzstücke, orthopädische und andere Hilfsmittel, die im Einzelfall erforderlich sind, um den Erfolg der

---

57 Nach *Wersig* in: KJ 49 (2016), S. 549, 550.

Krankenbehandlung zu sichern, einer drohenden Behinderung vorzubeugen oder eine Behinderung auszugleichen, soweit die Hilfsmittel nicht als allgemeine Gebrauchsgegenstände des täglichen Lebens anzusehen sind (§ 33 Abs. 2 Satz 1 SGB V). In diesem Zusammenhang entschied das BSG, dass eine mobile Treppensteighilfe für eine auf einen Rollstuhl angewiesene Frau keine krankenversicherungsrechtlich zu übernehmende Leistung zum Behinderungsausgleich sei. Leistungen zum mittelbaren Behinderungsausgleich seien nur für Grundbedürfnisse des Lebens (in diesem Fall Mobilität, dieses Grundbedürfnis erfüllt aber bereits der Rollstuhl), nicht aber für zusätzliche gesellschaftliche Teilhabe zu erbringen.[58] Die Betroffene kann sich zwar an den Träger der Sozialhilfe wenden. Eine Leistung erhält sie aber nur, wenn sie nicht über ausreichendes Einkommen und Vermögen verfügt, die mobile Treppensteighilfe selbst anzuschaffen. Die Vermögensfreigrenze für Eingliederungshilfeleistungen nach dem SGB XII lag bis zum Jahr 2016 bei 2.600 € (§ 1 Abs. 1 Satz 1 Nr. 1 b VO zur Durchführung des § 90 Abs. 2 Nr. 9 SGB XII). Darüber hinaus vorhandenes Vermögen musste die Betroffene zur Überwindung der umweltbedingten Teilhabebeeinträchtigung ‚Treppe‘ verwenden. Sind Menschen mit einem Handikap minderjährig, so ist sozialhilferechtlich auch das Einkommen und Vermögen der Eltern zur Bedarfsdeckung einzusetzen.[59] Behinderung kann arm machen.[60]

159 Vor diesem Hintergrund soll ein erster Schritt der »*Herausführung der Eingliederungshilfe aus dem ‚Fürsorgesystem‘*« getan werden.[61] Hierzu wird die Eingliederungshilfe aus dem Sozialhilferecht herausgelöst und mit Wirkung vom 01.01.2020 als neuer **Teil 2 »Besondere Leistungen zur selbstbestimmten Lebensführung für Menschen mit Behinderungen (Eingliederungshilferecht)«** in das SGB IX integriert. Die Vermögensfreibeträge für Eingliederungshilfeleistungen nach dem SGB XII wurden bereits ab dem Jahr 2017 auf 25.000 € erhöht (§ 60a SGB XII). Ab 2020 wird der Vermögensfreibetrag nach § 139 Satz 2 SGB IX n.F. 150% der Bezugsgröße der Sozialversicherung (§ 18 Abs. 1 SG IV) betragen, was auf Basis des Jahres 2017 einen Freibetrag von 53.550 € ausmachen würde. Auch der Einkommenseinsatz wird sich – nach der Art des Einkommens unterschiedlich gestaffelt – an der Bezugsgröße der Sozialversicherung nach § 18 Abs. 1 SGB IV orientieren (§ 136 Abs. 2 SGB IX n.F.). So wäre Einkommen aus einer sozialversicherungspflichtigen Beschäftigung oder selbständiger Tätigkeit erst ab einem Jahreseinkommen von mehr als 30.345 € (berechnet auf der Basis der Bezugsgrößen des Jahres 2017) einzusetzen. Einkommen und Vermögen von Partnerinnen und Partnern bleibt ab 2020 – im Gegensatz zur Regelung in der Sozialhilfe – gänzlich unberücksichtigt.

---

58 BSG v. 07.10.2010 – B 3 KR 13/09 R, BSGE 107, 44 ff.
59 Weitere Beispiele bei *Wersig* in: KJ 49 (2016), S. 549, 552 f.
60 Schauen Sie sich hierzu ein kurzes filmisches Statement einer Betroffenen an: https://www.aktion-mensch.de/magazin/gesellschaft/teilhabegesetz/film_nancy_poser.html (letzter Zugriff: 19.4.2017).
61 BT-Drucks. 18/9522, S. 196.

Aufgabe der neuen Eingliederungshilfe wird es sein, Leistungsberechtigten eine indi-   160
viduelle Lebensführung zu ermöglichen, die der Würde des Menschen entspricht,
und die volle, wirksame und gleichberechtigte Teilhabe am Leben in der Gesellschaft
zu fördern. Die Leistung soll sie befähigen, ihre Lebensplanung und -führung mög-
lichst selbstbestimmt und eigenverantwortlich wahrnehmen zu können (§ 90 Abs. 1
SGB IX n.F.). Folgende Fachleistungen sind vorgesehen (§ 102 Abs. 1 SGB IX n.F.):
– Leistungen zur medizinischen Rehabilitation,
– Leistungen zur Teilhabe am Arbeitsleben,
– Leistungen zur Teilhabe an Bildung und
– Leistungen zur Sozialen Teilhabe.

Eingliederungshilfe erhält allerdings nur, wer die erforderliche Leistung nicht von   161
anderen oder von Trägern anderer Sozialleistungen erhält (§ 91 Abs. 1 SGB IX n.F.).
Da die Sozialversicherungsträger i.d.R. Leistungen zur medizinischen Rehabilitation
und zur Teilhabe am Arbeitsleben sowie unterhaltssichernde und andere ergänzende
Leistungen zu erbringen haben, dürfte der Schwerpunkt der Eingliederungshilfe auf
Leistungen zur Teilhabe an Bildung und zur sozialen Teilhabe liegen. Leistungen zur
Deckung des Lebensunterhalts werden im Rahmen der künftigen Eingliederungshilfe
nicht erbracht. Hier müssen bei Einkommensarmut die Systeme der sozialen Hilfe
greifen.

Als Grundlage einer bedarfsdeckenden Leistungserbringung ist ein **Gesamtplan-**   162
verfahren vorgeschrieben, das an die Regelungen zur Teilhabeplanung in Teil 1 des
SGB IX anknüpft und die für die besonderen Leistungen zur selbstbestimmten
Lebensführung für Menschen mit Behinderungen notwendigen Spezifika normiert
(§§ 117 ff. SGB IX n.F.). Die **Länder bestimmen die** für die Durchführung des Teils
2 des SGB IX zuständigen **Träger der Eingliederungshilfe** (§ 94 Abs. 1 SGB IX n.F.).

E. Soziale Hilfesysteme

Literatur

Klinger/Kunkel/Pattar, Existenzsicherungsrecht: SGB XII mit SGB II und AsylbLG, 4. Aufl.,
Baden-Baden 2017; *Sauer/Wabnitz/Fischer,* Grundkurs Existenzsicherungsrecht für die Soziale
Arbeit, 1. Aufl., München 2016.

Soziale Hilfesysteme stellen **Leistungen zur finanziellen Absicherung des Existenz-**   163
minimums zur Verfügung. Dieser Leistungsbereich wurde zum 01.01.2005 mit dem
»4. Gesetz für moderne Dienstleistungen am Arbeitsmarkt« (umgangssprachlich auch
»*Hartz IV*«[62] genannt) neu strukturiert und ergänzt durch den neuen Kinderzuschlag
nach § 6a BKGG (dazu oben Rdn. 116 ff.). Zu diesem Leistungsbereich zählen auch das
Unterhaltsvorschussgesetz (UVG) und letztlich auch das Asylbewerberleistungsgesetz,

---

62 Für Hintergrundinformationen vgl. http://www.sozialpolitik-aktuell.de/umsetzung-auswir-
    kungen-weiterentwicklung-von-hartz-iv-sgb-ii.html#genese_sgbII. Kritisch bspw. http://
    tacheles-sozialhilfe.de/startseite/ (letzter Zugriff jeweils: 20.04.2017).

obwohl letzteres kein besonderer Teil des SGB ist, sondern formal zum Ausländerrecht gehört (dazu in Kap. 16 Rdn. 209 ff.).

I. Die Systematik der Leistungen zur Sicherung des Existenzminimums

164 Für erwerbsfähige hilfebedürftige Personen einschließlich der mit ihnen in einer Bedarfsgemeinschaft lebenden Personen ist mit dem SGB II »Grundsicherung für Arbeitssuchende« ein Leistungssystem mit dem Ziel geschaffen worden, die Hilfebedürftigkeit dieser Personen durch Eingliederung in Arbeit zu überwinden und, solange und soweit dies noch nicht gelungen ist, das Existenzminimum durch die Leistungen Arbeitslosengeld II und Sozialgeld sicherzustellen. Die existenzsichernden Leistungen der Sozialhilfe nach dem SGB XII sind für Personen vorgesehen, die nicht erwerbsfähig sind: die ‚Hilfe zum Lebensunterhalt' für vorübergehend und die ‚Grundsicherung im Alter und bei verminderter Erwerbsfähigkeit' für dauerhaft nicht erwerbsfähige Personen. Ein gleichzeitiger Bezug von Leistungen zur Existenzsicherung nach beiden Gesetzen ist ausgeschlossen (§§ 5 Abs. 2 SGB II, 21 SGB XII). Daneben gibt es im SGB XII weitere Leistungen in besonderen Lebenslagen wie Behinderung oder Pflegebedürftigkeit, deren Bezug neben dem Bezug von Arbeitslosengeld II oder Sozialgeld möglich ist.

165 Abgesehen von den besonderen Hilfen des SGB XII wurden damit für Menschen, die aus den finanziellen Mitteln und Kräften, die ihnen und ihren Angehörigen zur Verfügung stehen, den Lebensunterhalt für ein menschenwürdiges Leben nicht oder nicht ausreichend bestreiten können, **zwei parallele Systeme** geschaffen worden, die sich gegenseitig ausschließen. Die Zuordnung zum jeweiligen System wird über die Frage des Vorliegens der Erwerbsfähigkeit und der Zugehörigkeit zu einer Bedarfsgemeinschaft gesteuert (vgl. §§ 5 Abs. 2 SGB II, 21 S. 1 SGB XII). Die Leistungen zur Sicherung des Lebensunterhalts nach dem SGB II – Arbeitslosengeld II für die erwerbsfähigen Hilfebedürftigen und Sozialgeld für die mit diesen in einer Bedarfsgemeinschaft lebenden nicht erwerbsfähigen Personen – entsprechen der Höhe nach den Leistungen der Hilfe zum Lebensunterhalt bzw. der Grundsicherung nach dem SGB XII.

166 Entscheidend für die Entwicklung der existenzsichernden Leistungen nach SGB II und XII war eine grundlegende Entscheidung des BVerfG vom 09.02.2010.[63] Dieses anerkannte ein **Grundrecht auf Gewährleistung eines menschenwürdigen Existenzminimums** und forderte für die Ermittlung des existenznotwendigen Anspruchsumfangs die Schaffung eines transparenten und sachgerechten Berechnungsverfahrens, das realitätsgerecht und nachvollziehbar auf der Grundlage verlässlicher Zahlen gestaltet sein muss. Der Gesetzgeber schuf hierfür das »Gesetz zur Ermittlung der Regelbedarfe nach § 28 des Zwölften Buches Sozialgesetzbuch (**Regelbedarfs-Ermittlungsgesetz** – RBEG)«. Dessen Anwendung führte vor allem zur Berücksichtigung der spezifischen Bedarfe von Kindern in beiden Leistungsgesetzen.

---

63 NZS 2010, 270 ff.

II. Das SGB II und seine Leistungen

Literatur

Arbeitslosenprojekt TuWas (Hrsg.), Leitfaden zum Arbeitslosengeld II. Der Rechtsratgeber zum SGB II. 13. Aufl. Frankfurt am Main 2017; *Edtbauer/Rabe*, Grundsicherungs- und Sozialhilferecht für soziale Berufe, Ein Studienbuch. 4. Aufl. München 2017; *Eicher/Luik*, SGB II – Grundsicherung für Arbeitsuchende. Kommentar. 4. Aufl. München 2017; *Jäger/Thomé*, Leitfaden Alg II/Sozialhilfe von A-Z. 29. Aufl. Frankfurt 2016; *Kruse/Reinhard/Winkler*, SGB II. Grundsicherung für Arbeitsuchende. Kommentar. 3. Aufl. München 2017; *Münder* (Hrsg.), Sozialgesetzbuch II. Grundsicherung für Arbeitsuchende. Lehr- und Praxiskommentar, 6. Aufl., Baden-Baden 2017.

1. Allgemeine Grundsätze

Nach § 1 Abs. 1 des SGB II ist es Aufgabe der Grundsicherung für Arbeitssuchende, **167** die **Eigenverantwortung** von erwerbsfähigen Hilfebedürftigen und Personen, die mit ihnen in einer Bedarfsgemeinschaft leben, zu **stärken** und dazu beizutragen, dass sie ihren Lebensunterhalt unabhängig von der Grundsicherung aus eigenen Mitteln und Kräften bestreiten können. Dabei gilt der Grundsatz des Forderns (§ 2 SGB II) und derjenige des Förderns (§ 14 SGB II).

Der **Grundsatz des Forderns** besagt im Wesentlichen, dass erwerbsfähige Hilfebedürf- **168** tige und die mit ihnen in Bedarfsgemeinschaft lebenden Personen alle Möglichkeiten zur Beendigung oder Verringerung ihrer Hilfebedürftigkeit ausschöpfen müssen. Hier greifen die Zumutbarkeitsregelungen des § 10 SGB II. Der Grundsatz des Forderns beinhaltet ein Sanktionensystem, das bei den in den §§ 31 und 32 SGB II näher umschriebenen Pflichtenverstößen zu stufenweisen Absenkungen der Geldleistungen zur Sicherung des Lebensunterhalts führt – bei mehrfacher Pflichtverletzung bis zu deren gänzlichem Wegfall. Der **Grundsatz des Förderns** bedeutet, dass die im Einzelfall für die Eingliederung in Arbeit erforderlichen Leistungen erbracht werden sollen. Dies geschieht mit den Instrumenten der Arbeitsförderung des SGB III, auf die in § 16 Abs. 1 SGB II verwiesen wird.

Einige **Personengruppen** sind aus den unterschiedlichsten sozialpolitischen Erwägun- **169** gen **von Leistungen nach dem SGB II ausgeschlossen:**
– Eine besonders von Leistungsausschlüssen betroffene Gruppe sind ausländische Staatsangehörige (§ 7 Abs. 1 Satz 2 bis 6 SGB II). Ausgeschlossen sind Ausländerinnen und Ausländer sowie ihre Familienangehörigen:
    » in den ersten drei Monaten ihres Aufenthalts in der Bundesrepublik Deutschland (Ausnahmen hiervon existieren für EU-Staatsangehörige, die als Arbeitnehmerinnen, Arbeitnehmer oder Selbständige in der BRD tatsächlich erwerbstätig sind und für Inhaber bestimmter humanitärer Aufenthaltstitel),
    » die kein Aufenthaltsrecht haben,
    » deren Aufenthaltsrecht sich allein aus dem Zweck der Arbeitsuche ergibt oder
    » die Leistungsberechtigte nach § 1 AsylbLG sind.

- Leistungen erhält auch nicht, wer länger als sechs Monate stationär untergebracht ist (bspw. zur Drogenrehabilitation oder in einer Einrichtung zum Vollzug richterlich angeordneter Freiheitsentziehung; gilt nicht für Krankenhausaufenthalte) oder wer eine Rente wegen Alters bezieht (§ 7 Abs. 4 SGB II).
- Ausgeschlossen sind Leistungsberechtigte, die von der Bundesagentur für Arbeit per Briefpost (bspw. mit Vermittlungsangeboten oder einer Aufforderung zum persönlichen Erscheinen) nicht zeitnah zu erreichen sind (§ 7 Abs. 4 a SGB II).
- Auszubildende, deren Ausbildung im Rahmen des BAföG dem Grunde nach förderungsfähig ist, haben – abgesehen von der Ausnahme gem. § 7 Abs. 6 SGB II – nur Ansprüche gem. § 27 SGB II (vgl. dazu Rdn. 199 ff.).

170   Die Bundesagentur für Arbeit hat für die Arbeitsagenturen vor Ort, die zu den Leistungsträgern von SGB II – Leistungen gehören (hierzu unter Rdn. 216 f.), zu zahlreichen Vorschriften des SGB II sog. Fachliche Weisungen erarbeitet, deren Lektüre hilfreich für das Verständnis des SGB II und der Praxis der Arbeitsagenturen ist.[64]

2. Die Leistungen zur Eingliederung in Arbeit

171   **Leistungen zur Eingliederung in Arbeit** können erbracht werden, soweit sie zur Vermeidung oder Beseitigung, Verkürzung oder Verminderung der Hilfebedürftigkeit erforderlich sind, § 3 Abs. 1 S. 1 SGB II. Bei diesen Leistungen sind folgende Kriterien zu berücksichtigen:
- die Eignung der erwerbsfähigen Hilfebedürftigen,
- ihre individuelle Lebenssituation, insbesondere die familiäre Situation,
- die voraussichtliche Dauer der Hilfebedürftigkeit und
- die Dauerhaftigkeit der Eingliederung.

Die dem Grundsatz des Förderns nach geschuldeten Leistungen zur Eingliederung für erwerbsfähige Hilfebedürftige gliedern sich in:
- die Eingliederungsvereinbarung (§ 15 SGB II),
- die allgemeinen Leistungen zur Eingliederung in Arbeit nach dem SGB III (§ 16 SGB II),
- kommunale Eingliederungsleistungen wie Schuldner- oder Suchtberatung (§ 16 a SGB II),
- das Einstiegsgeld (§ 16 b SGB II),
- die Leistungen zur Eingliederung von Selbständigen (§ 16 c SGB II),
- die Arbeitsgelegenheiten (§ 16 d SGB II),

172   Bei der **Eingliederungsvereinbarung** handelt es sich um einen öffentlich-rechtlichen Vertrag, der zwischen dem erwerbsfähigen Hilfebedürftigen und der Agentur für Arbeit abgeschlossen werden soll. In dem Vertrag wird geregelt, welche Leistungen zur Eingliederung der Erwerbsfähige erhält und andererseits, welche Bemühungen er

---

64   Einzusehen unter https://www3.arbeitsagentur.de/web/content/DE/Veroeffentlichungen/ Weisungen/Arbeitnehmer/Detail/index.htm?dfContentId=L6019022DSTBAI627529 (letzter Zugriff: 17.05.2017).

selbst zu seiner Eingliederung zu unternehmen hat. Kommt eine solche Vereinbarung nicht zustande, kann der Leistungsträger entsprechende Festlegungen durch Verwaltungsakt durch Verwaltungsakt treffen.

Die **Leistungen zur Eingliederung nach** § 16 stellen das eigentliche Kernstück der **173** Maßnahmen dieses Abschnitts dar. Die Vorschrift verweist auf die maßgeblichen Vorschriften und Instrumente, die das SGB III als Maßnahmen aktiver Arbeitsförderung zur Eingliederung in das Erwerbsleben vorsieht.[65]

Mit dem **Einstiegsgeld** des § 16b SGB II bzw. den Leistungen nach § 16c SGB II soll die Aufnahme einer sozialversicherungspflichtigen oder einer selbständigen Erwerbstätigkeit gefördert werden. Von der in § 16 b Abs. 3 SGB II enthaltenen Verordnungsermächtigung ist inzwischen durch die Verordnung zur Bemessung von Einstiegsgeld Gebrauch gemacht worden.[66] Danach ist das Einstiegsgeld im Regelfall einzelfallbezogen festzulegen, wobei Bemessungsfaktoren die individuelle monatliche Regelleistung sowie die Dauer der Arbeitslosigkeit sind.

Bei den **Arbeitsgelegenheiten** nach § 16 d SGB II handelt es sich um im öffent- **174** lichen Interesse liegende, zusätzliche und wettbewerbsneutrale Arbeiten. Erwerbsfähige Hilfebedürftige können einer solchen Arbeitsgelegenheit zur Erhaltung oder Wiedererlangung ihrer Beschäftigungsfähigkeit, die für eine Eingliederung in Arbeit erforderlich ist, zugewiesen werden. Zusätzlich zum Alg II ist den Betroffenen eine Mehraufwandsentschädigung pro geleisteter Arbeitsstunde bei maximal 30 Stunden in der Woche zu zahlen (umgangssprachlich »1 € – Job« genannt, wobei momentan bis zu 1,50 € pro Stunde gezahlt werden). Soweit es an dem Merkmal der »Zusätzlichkeit« fehlt und der Leistungsbezieher damit rechtsgrundlos Arbeitsleistungen erbracht hat, steht ihm nach inzwischen gefestigter Rechtsprechung ein öffentlich-rechtlicher Erstattungsanspruch zu.[67]

Diese Eingliederungsmaßnahmen der Agentur für Arbeit werden durch die in § 16a **175** SGB II vorgesehenen kommunalen Eingliederungsleistungen ergänzt.

3. Die Leistungen zur Sicherung des Lebensunterhalts nach dem SGB II

Solange und soweit die Eingliederung in Arbeit mit der Folge des Wegfalls der Hilfe- **176** bedürftigkeit noch nicht erreicht ist und kein Leistungsausschluss vorliegt, sind Leistungen zur Sicherung des Lebensunterhalts vorgesehen.

▶ Anspruchsvoraussetzungen

Dabei stellen sich die Anspruchsvoraussetzungen wie folgt dar: **177**

---

65 Siehe dazu die einschlägigen Fachlichen Weisungen zu § 16 SGB II.
66 Einstiegsgeldverordnung vom 29.07.2009 – BGBl. I S. 2342, geändert durch Art. 8 des Gesetzes vom 24.03.2011, BGBl. I S. 453.
67 Dazu BSG, Urt. v. 27.08.2011 – B 4 AS 1/10 R, BSGE 109, S. 70 ff mit der Entscheidungsbesprechung von *Eichenhofer*, SGb 2012 S. 66 ff; zuletzt BSG Urt. v. 22.08.2013 – B 14 AS 75/12 R, NJOZ 2014, 1752 ff.

1. Leistungen erhalten Personen,
   - die das 15. Lebensjahr vollendet und die Altersgrenze nach § 7 a SGB II noch nicht erreicht haben,
   - erwerbsfähig
   - und hilfebedürftig sind und
   - ihren gewöhnlichen Aufenthalt in der Bundesrepublik Deutschland haben (erwerbsfähige Leistungsberechtigte nach § 7 Abs. 1 SGB II).
2. Leistungen erhalten auch Personen, die mit erwerbsfähigen Hilfebedürftigen in einer **Bedarfsgemeinschaft** leben (§ 7 Abs. 2 Satz 1 SGB II). Zur Bedarfsgemeinschaft gehören (§ 7 Abs. 3 SGB II):
   - die erwerbsfähigen Hilfebedürftigen,
   - die im Haushalt lebenden Eltern oder der im Haushalt lebende Elternteil eines unverheirateten erwerbsfähigen Kindes, welches das 25. Lebensjahr noch nicht vollendet hat und der im Haushalt lebende Partner dieses Elternteils,
   - als Partner/Partner des/der erwerbsfähigen Hilfebedürftigen:
     » der nicht dauernd getrennt lebende Ehegatte,
     » der nicht dauernd getrennt lebende Lebenspartner,
     » eine Person, die mit dem erwerbsfähigen Hilfebedürftigen in einem Haushalt so zusammenlebt, dass nach verständiger Würdigung der wechselseitige Wille anzunehmen ist, Verantwortung füreinander zu übernehmen und füreinander einzustehen.
3. die dem Haushalt angehörenden unverheirateten Kinder der vorgenannten Personen, wenn sie das 25. Lebensjahr noch nicht vollendet haben, soweit sie nicht aus eigenem Einkommen oder Vermögen ihren Lebensunterhalts beschaffen können.

4. Die Hilfebedürftigkeit (§ 9 SGB II)

178 **Hilfebedürftig** ist, wer seinen Lebensunterhalt und den der mit ihm in einer Bedarfsgemeinschaft lebenden Personen nicht oder nicht ausreichend aus eigenen Mitteln und Kräften, vor allem nicht aus dem zu berücksichtigenden Einkommen oder Vermögen sichern kann und die erforderliche Hilfe nicht von anderen, insb. von Angehörigen oder von Trägern anderer Sozialleistungen erhält.

179 Bei Partnern, die in einer **Bedarfsgemeinschaft** leben, sind auch Einkommen und Vermögen des Partners zu berücksichtigen (§ 9 Abs. 2 Satz 1 SGB II). Bei unverheirateten Kindern, die mit ihren Eltern oder einem Elternteil in einer Bedarfsgemeinschaft leben (also Kinder bis zur Vollendung des 25. Lebensjahres), sind auch das Einkommen und Vermögen der Eltern oder des Elternteils und dessen in Bedarfsgemeinschaft lebenden Partners zu berücksichtigen (§ 9 Abs. 2 Satz 2 SGB II); letzteres gilt nicht bei einem Kind, das schwanger ist oder sein Kind bis zur Vollendung des sechsten Lebensjahres betreut (§ 9 Abs. 3 SGB II). Ist in einer Bedarfsgemeinschaft nicht der gesamte Bedarf aus eigenen Mitteln und Kräften gedeckt, gilt jede Person der Bedarfsgemeinschaft im

Verhältnis des eigenen Bedarfs zum Gesamtbedarf als hilfebedürftig. Damit geht das SGB II von der sog. Bedarfsanteilsgemeinschaft aus.[68]

Leben Hilfebedürftige in **Haushaltsgemeinschaft** mit Verwandten oder Verschwäger-   **180** ten (vgl. §§ 1589, 1590 BGB), so wird vermutet, dass sie von diesen unterstützt werden, soweit dies nach deren Einkommen oder Vermögen erwartet werden kann (§§ 9 Abs. 5 SGB II, 1 Abs. 2 ALG II – VO). Für die Unterhaltsvermutung in § 9 Abs. 5 SGB II reicht es nicht aus, wenn Verwandte oder Verschwägerte in einem Haushalt lediglich zusammen wohnen. Vielmehr muss über eine bloße Wohngemeinschaft hinaus der Haushalt im Sinne einer Wirtschaftsgemeinschaft gemeinsam geführt werden. Dies ist nach der Rspr. dann der Fall, wenn die Verwandten oder Verschwägerten mit den im selben Haushalt lebenden Hilfebedürftigen ,aus einem Topf' wirtschaften.[69]

5. Die existenzsichernden Leistungen nach dem SGB II im Überblick

▶ **Art und Umfang der Leistungen:**

Art und Umfang der Leistungen zur Sicherung des Lebensunterhalts stellen sich   **181** wie folgt dar:
1. **für erwerbsfähige Hilfebedürftige:**
   das **Arbeitslosengeld II** als Leistung zur Sicherung des Lebensunterhalts einschließlich der angemessenen Kosten für Unterkunft und Heizung,
2. **für nicht erwerbsfähige Angehörige:**
   Soweit diese mit erwerbsfähigen Angehörigen in einer Bedarfsgemeinschaft leben das **Sozialgeld** als Leistung zur Sicherung des Lebensunterhalts einschließlich der angemessenen Kosten für Unterkunft und Heizung.

Die Leistungen zur Sicherung des Lebensunterhalts setzen sich zusammen aus: **182**
- der Regelleistung (§ 20 SGB II),
- Leistungen für Mehrbedarfe (§ 21 SGB II),
- Leistungen für Unterkunft und Heizung (§ 22 SGB II),
- Leistungen für einmalige Bedarfe (§ 24 Abs. 3 SGB II),
- Leistungen für Sonderbedarfe (§ 24 Abs. 1 SGB II),
- Leistungen für Auszubildende (§ 27 SGB II),
- Leistungen für Bildung und Teilhabe (§§ 28 ff. SGB II).

Die Gewährung der jeweiligen Leistungen ist von den Umständen des Einzelfalles abhängig.

6. Die Regelleistung (§ 20 Abs. 1 SGB II)

Die **Regelleistung** zur Sicherung des Lebensunterhalts umfasst insb. die Kosten für   **183** Ernährung, Kleidung, Körperpflege, Hausrat, Haushaltsenergie ohne die auf die Heizung entfallenden Anteile, Bedarfe des täglichen Lebens sowie in vertretbarem

---

68 Hierzu etwa *Kievel*, ZfF 2005 S. 217 ff., *Rosenow*, SGb 2008 S. 282 ff, *Kulle*, DVP 2014, S. 311 ff.
69 BSG NZS 2009, 681, 682.

Umfang auch für die Beziehungen zur Umwelt und für die Teilnahme am kulturellen Leben (§ 20 Abs. 1 Satz 1 SGB II). Abgesehen von den einmaligen Bedarfen des § 24 Abs. 3 SGB II (s.u.) sind aus der Regelleistung sämtliche laufenden oder einmaligen Bedarfe zu finanzieren.

184 Regelbedarfe werden in Höhe der jeweiligen Regelbedarfsstufe entsprechend § 28 SGB XII i.V.m. dem RBEG und den §§ 28a und 40 SGB XII i.V.m. der für das jeweilige Jahr geltenden Regelbedarfsstufen-Fortschreibungsverordnung anerkannt (§ 20 Abs. 1a SGB II). Die Höhe der Regelbedarfe im Jahr 2017 beträgt:[70]

Schaubild 2:

Regelbedarfsstufe	Leistungsberechtigter Personenkreis	Alg II SozG	*Betrag*
1.	Für eine erwerbsfähige Person, die alleinstehend oder alleinerziehend ist oder deren Partner minderjährig ist	Alg II	*409,00 €*
2.	Haben zwei Partner der Bedarfsgemeinschaft das 18. Lebensjahr vollendet haben, jeweils	Alg II	*368,00 €*
3.	Für sonstige erwerbsfähige Angehörige der Bedarfsgemeinschaft, sofern sie das 18. Lebensjahr vollendet haben und für Personen, die das 25. Lebensjahr noch nicht vollendet haben und ohne Zusicherung des zuständigen kommunalen Trägers nach § 22 Abs. 5 umziehen, bis zur Vollendung des 25. Lebensjahres	Alg II	*327,00 €*
4.	Für sonstige erwerbsfähige Angehörige der Bedarfsgemeinschaft, sofern sie das 18. Lebensjahr noch nicht vollendet haben und Jugendliche im 15. Lebensjahr	Alg II SozG	*311,00 €*
5.	für Kinder bis zur Vollendung des 14. Lebensjahres	SozG	*291,00 €*
6.	für Kinder bis zur Vollendung des 6. Lebensjahres	SozG	*237,00 €*

Zu der sog. gemischten Bedarfsgemeinschaft siehe unter Rdn. 237.

7. Leistungen für Mehrbedarfe

185 Nach den §§ 21, 23 Nr. 4 SGB II sind folgende Mehrbedarfstatbestände vorgesehen:
– für werdende Mütter ab der 12. Schwangerschaftswoche i.H.v. 17% der maßgeblichen Regelleistung, § 21 Abs. 2 SGB II;

---

70 Anlage zu § 28 SGB XII in der Fassung durch Art. 3 Nr. 8 des Gesetzes zur Ermittlung von Regelbedarfen sowie zur Änderung des Zweiten und des Zwölften Buches Sozialgesetzbuch vom 22.12.2016, BGBl. I Nr. 65, S. 3159.

- für Alleinerziehende in unterschiedlicher Höhe in Abhängigkeit von Anzahl und Alter der minderjährigen Kinder, und zwar entweder i.H.v. 36% der maßgeblichen Regelleistung bei einem Kind unter sieben Jahren oder zwei oder drei Kindern unter 16 Jahren oder i.H.v. 12% der maßgeblichen Regelleistung pro minderjährigem Kind, wobei die jeweils günstigere Regelung jedoch der Höhe nach auf 60% der maßgeblichen Regelleistung begrenzt ist, § 21 Abs. 3 SGB II;
- für behinderte Hilfebedürftige, die Leistungen zur Teilhabe am Arbeitsleben nach dem SGB IX erhalten, i.H.v. 35% des maßgeblichen Regelsatzes; das Vorliegen einer Schwerbehinderung i.S.d. SGB IX ist nicht erforderlich, § 21 Abs. 4 SGB II;
- für Hilfebedürftige, die aus medizinischen Gründen einer kostenaufwendigen Ernährung bedürfen, in angemessener Höhe § 21 Abs. 5 SGB II;[71]
- für nicht erwerbsfähige Personen, wenn sie Inhaber eines Schwerbehindertenausweises mit dem Merkzeichen G sind (G steht für erhebliche Beeinträchtigung der Bewegungsfähigkeit im Straßenverkehr), i.H.v. 17% der maßgebenden Regelleistung, § 23 Nr. 4 SGB II;
- nach der Regelung des § 21 Abs. 6 SGB II ist ein Mehrbedarf anzuerkennen, soweit im Einzelfall ein unabweisbarer laufender, nicht nur einmaliger besonderer Bedarf besteht;
- nach § 21 Abs. 7 SGB II wird bei Leistungsberechtigten ein Mehrbedarf anerkannt, soweit Warmwasser durch in der Unterkunft installierte Vorrichtungen erzeugt wird (dezentrale Warmwassererzeugung).

Mehrere Mehrbedarfe werden nebeneinander gewährt. Das gilt nicht für behinde-   **186** rungsbedingte Mehrbedarfe (§ 23 Abs. 1 Nr. 4 SGB II). I.Ü. darf die Summe der Mehrbedarfe die Höhe der für erwerbsfähige Hilfebedürftige maßgeblichen Regelleistung nicht übersteigen (§ 21 Abs. 8 SGB II).

8. Leistungen für Unterkunft und Heizung (§ 22 SGB II)

Literatur

Geiger/Bender, Unterkunfts- und Heizkosten nach dem SGB II. Das Handbuch. 4. Aufl. Frankfurt am Main 2017; *Scherney/Kohnke*, Immobilien und Kosten der Unterkunft im SGB II. 2. Aufl. Berlin 2017.

Leistungen für Unterkunft und Heizung werden in Höhe der tatsächlichen Aufwen-   **187** dungen erbracht, soweit diese angemessen sind (§ 22 Abs. 1 Satz 1 SGB II); unangemessen hohe Kosten sind in der Regel längstens für sechs Monate zu übernehmen (§ 22 Abs. 1 Satz 3 SGB II). Bei einem Wohnungswechsel innerhalb des Zuständigkeitsbereichs eines kommunalen Trägers werden die Kosten der neuen Unterkunft nur übernommen, wenn der Umzug erforderlich und die neue Miete angemessen ist, ansonsten wird nur der bisherige Bedarf anerkannt (§ 22 Abs. 1 Satz 2 SGB II). Bei

---

71 Hier werden aufgrund der Fachlichen Weisungen der Bundesagentur für Arbeit zum SGB II, was Grund und Höhe dieses Mehrbedarfs betrifft, die entsprechenden Empfehlungen des Deutschen Vereins zugrunde gelegt (S. Rn. 21.25 der Fachlichen Weisung).

einem Umzug in den Zuständigkeitsbereich eines anderen Trägers soll die leistungsberechtigte Person die Zusicherung des für die neue Unterkunft örtlich zuständigen
kommunalen Trägers zur Berücksichtigung der Aufwendungen für die neue Unterkunft einholen. Der kommunale Träger ist zur Zusicherung verpflichtet, wenn die
Aufwendungen für die neue Unterkunft angemessen sind (§ 22 Abs. 4 SGB II). Auf
die Erforderlichkeit des Umzuges kommt es hierbei nicht an. Wohnungsbeschaffungs-,
Umzugskosten und Mietkautionen können bei vorheriger Zusicherung übernommen
werden (§ 22 Abs. 6 Satz 1 SGB II).

188   Nach einem Wohnungswechsel einer noch nicht 25 Jahre alten Person muss der kom-
       munale Träger die Unterkunfts- und Heizungskosten nur übernehmen, wenn er die
       Kostenübernahme zuvor zugesichert hat. Zur Zusicherung ist er nur unter bestimm-
       ten Voraussetzungen verpflichtet. Bei einem Wohnungswechsel ohne die Zusicherung
       werden bis zum Erreichen des 25. Lebensjahres keine Unterkunfts- und Heizkosten
       übernommen (§ 22 Abs. 5 SGB II). Außerdem werden für diesen Fall nur die Leis-
       tungen in Höhe der Regelbedarfsstufe 3 erbracht (§ 20 Abs. 3 SGB II). Leistungen
       für Unterkunft und Heizung werden Personen, die das 25. Lebensjahr noch nicht
       vollendet haben, nicht erbracht, wenn diese vor der Beantragung von Leistungen in
       der Absicht umziehen, die Voraussetzungen für die Gewährung der Leistungen herbei-
       zuführen (§ 22 Abs. 5 Satz 4 SGB II).

189   Sofern Leistungen für Unterkunft und Heizung übernommen werden, können auch
       Schulden übernommen werden, soweit dies zur Sicherung der Unterkunft oder zur
       Behebung einer vergleichbaren Notlage gerechtfertigt ist. Sie sollen übernommen wer-
       den, wenn dies gerechtfertigt und notwendig ist und sonst Wohnungslosigkeit einzu-
       treten droht. Geldleistungen sollen als Darlehn erbracht werden (§ 22 Abs. 8).

190   ‚Das‘ Problem bei den Leistungen für die Unterkunft ist die Frage der »Angemessen-
       heit« der Kosten. Die Rechtsprechung des BSG hat sich dabei auf Folgendes festgelegt:

191   »Zur Festlegung der abstrakt angemessenen Leistungen für die Unterkunft ist zunächst die
          angemessene Wohnungsgröße und der maßgebliche örtliche Vergleichsraum zu ermitteln.
          Angemessen ist eine Wohnung nur dann, wenn sie nach Ausstattung, Lage und Bausubstanz
          einfachen und grundlegenden Bedürfnissen entspricht und keinen gehobenen Wohnstan-
          dard aufweist, wobei es genügt, dass das Produkt aus Wohnfläche und Standard, das sich in
          der Wohnungsmiete niederschlägt, angemessen ist.«[72]

192   Kein Problem bereitet die Bestimmung der angemessenen Wohnungsgröße, die in
       Anlehnung an den sozialen Wohnungsbau mit 45 – 50 qm für eine Einzelperson (bei
       Alleinerziehenden werden regelmäßig weitere 10 qm zugebilligt), mit 60 qm für zwei
       Personen, 75 – 80 qm für drei, 85 – 90 qm für vier und 10 – 15 qm für jede weitere
       Person, als angemessen angesehen wird. Schwieriger ist die Ermittlung der angemes-
       senen Höhe der Wohnungsmiete im maßgeblichen örtlichen Vergleichsraum. Das

---

72   BSG, Urt. v. 22.03.2012 – B 4 AS 16/11 R – NZS 2012 S. 831 ff. mit weiteren Verweisen
     auf seine auch als Produkttheorie bezeichnete Rechtsprechung; vgl. dazu *Geiger/Bender*, Un-
     terkunfts- und Heizkosten nach dem SGB II.

BSG fordert vom Grundsicherungsträger für seinen Zuständigkeitsbereich die Aufstellung eines sog. »schlüssigen Konzeptes«, aus dem sich die entsprechenden Werte ableiten lassen. »Ein <Konzept> liegt vor, wenn der Grundsicherungsträger planmäßig im Sinne eines systematischen Vorgehens generelle, wenngleich ort- und zeitbedingte Umstände des maßgeblichen Vergleichszeitraums in seine Ermittlungen einbezieht und kein punktuelles Vorgehen von Fall zu Fall vorliegt«.[73] »Schlüssig« im Sinne der Rspr. des BSG ist ein Vorgehen, das bestimmte Mindestvoraussetzungen erfüllt.[74] Das BSG erkennt ein solches schlüssiges Konzept auf der Grundlage eines qualifizierten, d.h. eines in einem wissenschaftlichen Verfahren aufgestellten örtlichen Mietspiegels an.[75] Nur dann, wenn keine anderen Erkenntnisquellen ausgeschöpft werden können, kann es zulässig sein, auf die Werte in der Wohngeldtabelle zurückzugreifen, wobei ein sog. »Sicherheitszuschlag« in Höhe von 10% zur Sicherung des Grundbedürfnisses auf angemessenen Wohnraum zu berücksichtigen ist.[76]

Mit den am 01.04.2011 in Kraft getretenen §§ 22a, 22b und 22c SGB II hat der **193** Gesetzgeber die Möglichkeit geschaffen, dass kommunale Träger nach Ermächtigung durch die Bundesländer durch Satzung bestimmen,
– in welcher Höhe Aufwendungen für Unterkunft und Heizung ortsbezogen angemessen sind,
– welche Bedarfe für Unterkunft und Heizung in ihrem Gebiet durch eine monatliche Pauschale zu berücksichtigen.[77]

9. Leistungen für einmalige Bedarfe nach § 24 Abs. 3 SGB II

Einmalige Leistungen sind für drei Fallgestaltungen vorgesehen: **194**
– Erstausstattungen für Bekleidung und Erstausstattungen bei Schwangerschaft und Geburt,
– Erstausstattungen für die Wohnung einschließlich Haushaltsgeräten[78] sowie
– Anschaffung und Reparaturen von orthopädischen Schuhen, Reparaturen von therapeutischen Geräten und Ausrüstigen sowie die Miete von therapeutischen Geräten.

Die Leistungen für Erstausstattungen können als Sachleistung oder Geldleistung, **195** letztere auch in Form von Pauschalbeträgen erbracht werden. Anspruch auf diese

---

73 Vgl. *Wiemer*, NZS 2012 S. 9, 11, mit Nachweisen aus der Rspr. des BSG; *Klerks*, info also 2011 S. 195 ff.
74 Siehe dazu ebenfalls *Wiemer*, NZS 2012 S. 9, 11.
75 Vgl. BSG, Urt. v. 13.04.2011 – B 14 AS 106/10 R – NSZ 2012 S. 73 ff und dazu *v. Malottki*, info also 2012 S. 99 ff.
76 Zur Methodenvielfalt und Methodenfreiheit bei der Bestimmung angemessener Unterkunftskosten nach dem SGB II vgl. *Knickrehm*, SozSich 2015, 287 ff.
77 Siehe dazu *Wettlaufer*, VSSR 2013, 221 ff.
78 Nach einer Entscheidung des BSG, Urt. v. 24.02.2011 – B 4 AS 75/10 R – FEVS Bd. 63 (2012) S. 145 ff. gehört ein Fernsehgerät nicht zur Wohnungserstausstattung, sondern muss aus den Regelleistungen angespart werden.

einmaligen Leistungen besteht auch dann, wenn Hilfebedürftige keine laufenden Leistungen zur Sicherung des Lebensunterhalts benötigen, zur Deckung solcher einmaligen Bedarfe aber keine ausreichenden Mittel haben. In diesem Fall kann (Ermessensentscheidung) das sozusagen »freie« Einkommen bis zur Dauer von 6 Monaten herangezogen werden.

10. Übernahme von Kranken-, Pflege- und Rentenversicherungsbeiträgen[79]

196   Bezieherinnen und Bezieher von AGL II sind gem. § 5 Abs. 1 Nr. 2a SGB V in der gKV und gem. § 20 Abs. 1 SGB XI in der sPV versicherungspflichtig. Ihre Sozialgeld beziehenden Bedarfsgemeinschaftsangehörigen sind in beiden Versicherungszweigen familienversichert (§§ 10 SGB V, 25 SGB XI). Die aufgrund der Versicherungspflicht zu zahlenden Beiträge übernimmt der Bund als ‚Annexleistung' zum SGB II (§§ 251 Abs. 4 Satz 1 SGB V, 59 Abs. 1 Satz 1 SGB XI), die familienversicherten Mitglieder sind beitragsfrei mitversichert (§§ 3 Satz 3 SGB V, 56 Abs. 1 SGB XI).

197   Nicht unter diese Versicherungspflicht fallen Bezieherinnen und Bezieher von ALG II, die zuletzt vor dem Bezug von ALG II privat krankenversichert oder weder gesetzlich noch privat krankenversichert und hauptberuflich selbständig erwerbstätig waren oder zum Personenkreis der in der gKV versicherungsfreien Personen (bspw. Beamte) gehören (§ 5 Abs. 5a Satz 1 SGB V). Für diesen Personenkreis sieht § 26 Abs. 1 Satz 1 SGB II die Leistung von Zuschüssen in Höhe des halbierten Beitrags für den Basistarif in der privaten Krankenversicherung vor. Für freiwillig in der gKV versicherte Empfängerinnen und Empfänger von Sozialgeld wird ein Zuschuss in der Höhe des jeweiligen Beitrags geleistet (§ 26 Abs. 1 Satz 2 SGB II). Dies gilt auch für Personen, allein durch die Zahlung des Beitrags hilfebedürftig würden (§ 26 Abs. 2 Satz 1 SGB II).

198   Die Rentenversicherungspflicht in der gRV für Bezieherinnen und Bezieher von ALG II ist mit dem Haushaltsbegleitgesetz 2011 (HBeglG 2011) vom 09.12.2010 (BGBl. I S 1885) zum 01.01.2011 gestrichen worden.

11. Leistungen für Auszubildende – § 27 SGB II

199   Die Vorschrift steht in Zusammenhang mit § 7 Abs. 5 SGB II, der Leistungen für Auszubildende nach dem BAföG ausschließt. § 27 SGB II klärt, auf welche Leistungen gleichwohl ein Anspruch nach dem SGB II bestehen kann. Dabei geht es im Wesentlichen um die Mehrbedarfe nach § 21 Abs. 2, 3, 5 und 6 SGB II sowie um Zuschussförderung zu den angemessenen Kosten für Unterkunft und Heizung.[80]

---

79 Dazu *Klerks*, info also 2017, S. 3 ff.
80 Vgl. dazu *Geiger*, ZFSH/SGB 2017, 9 ff.

12. Leistungen für Bildung und Teilhabe – § 28 – 30 SGB II[81]

Das in diesen Vorschriften geregelte »Bildungspaket« für Schülerinnen und Schüler ist   **200**
ein Ergebnis des erwähnten Urteils des BVerfG vom 09.02.2010, in dem das Gericht
u.a. die Berücksichtigung des kinderspezifischen Bedarfs gefordert hatte. Dies ist nicht
durch eine andere Zusammensetzung der Regelbedarfe für Kinder bzw. mit einer
Erhöhung dieser Regelbedarfe geschehen, sondern durch die Einführung von Gut-
scheinen bzw. Direktzahlungen an Anbieter, auf deren Basis die im »Bildungspaket«
vorgehaltenen Leistungen beim kommunalen Träger abgerufen und realisiert werden
können sowie auch durch Geldleistungen. Bei den **Leistungen für Bildung** geht es um
folgende Kosten bzw. Aufwendungen für Schülerinnen und Schüler (§ 28 Abs. 1 bis
6 SGB II) und teilweise (Abs. 2 und 6) auch für Kinder in Kindertageseinrichtungen
oder in Tagespflegestellen:[82]
– Aufwendungen für Schul- und Kindergartenausflüge und mehrtägige Klassenfahr-
  ten,
– Aufwendungen für Schulbedarf – 100 € jährlich,
– Erforderliche Aufwendungen für die Schülerbeförderung,
– Übernahme der Kosten eines notwendigen Nachhilfeunterrichts,
– Mehraufwendungen, die durch Teilnahme an einer gemeinschaftlich eingenom-
  menen Mittagsverpflegung in der Schule oder in der Kindertagesstätte entstehen.

Nach § 28 Abs. 7 SGB II wird bei Leistungsberechtigte bis zur Vollendung des 18.   **201**
Lebensjahres ein **Bedarf an Teilhabe** in Höhe von 10 € monatlich für Mitgliedsbeiträge
z.B. in Sportvereinen, für Musikunterricht oder die Teilnahme an Freizeiten anerkannt.
In begründeten Ausnahmefällen können weitere tatsächliche Aufwendungen berücksichtigt werden, die mit den o.g. Aktivitäten entstehen und deren Deckung aus dem
Regelbedarf nicht zugemutet werden kann. § 29 SGB II enthält die für die Umsetzung
und die Inanspruchnahme der vorstehenden Bedarfe einschlägigen Regelungen.

13. Darlehensweise Leistungserbringung

SGB II – Leistungen sind von den Leistungsberechtigten im Regelfall nicht zurückzu-   **202**
zahlen. Ausnahmsweise sieht das SGB II die darlehensweise Erbringung von Leistungen in den folgenden Fällen vor:
– nach § 22 Abs. 6 Satz 3 SGB II sollen Aufwendungen für Mietkautionen und
  Genossenschaftsanteile als Darlehen erbracht werden;
– bei der Übernahme von Mietschulden nach § 22 Abs. 8 Satz 4 SGB II sollen
  Geldleistungen als Darlehen erbracht werden;

---

81 Siehe hierzu die ‚Dritten Empfehlungen des Deutschen Vereins zur Umsetzung der Leis-
    tungen für Bildung und Teilhabe' vom 16.06.2015 (https://www.deutscher-verein.de/de/
    empfehlungen-stellungnahmen-2015-1859.html; letzter Zugriff 20.04.2017)
82 Einen Überblick über die (Rechts-)Probleme der Leistungen für Bildung und Teilhabe unter
    Berücksichtigung der aktuelleren Rechtsprechung gibt *Loose*, info also 2016, 147 ff.

- nach § 24 Abs. 1 SGB II sind Leistungen als Darlehen zu erbringen, wenn im Einzelfall ein von dem Regelbedarf zur Sicherung des Lebensunterhalts umfasster und nach den Umständen unabweisbarer Bedarf nicht gedeckt werden kann;
- nach § 24 Abs. 4 SGB II können Leistungen zur Sicherung des Lebensunterhalts als Darlehen erbracht werden, soweit in dem Monat, in dem Leistungen erbracht werden, voraussichtlich Einnahmen anfallen;
- nach § 24 Abs. 5 SGB II sind Leistungen als Darlehen zu erbringen, soweit Leistungsberechtigten der sofortige Verbrauch oder die sofortige Verwertung von zu berücksichtigendem Vermögen nicht möglich ist oder für sie eine besondere Härte bedeuten würde;
- sofern der Leistungsausschluss nach § 7 Abs. 5 SGB II für Auszubildende eine besondere Härte bedeuten würde, können Leistungen für Regelbedarfe, den Warmwassermehrbedarf, Bedarfe für Unterkunft und Heizung, Bedarfe für Bildung und Teilhabe und notwendige Beiträge zur Kranken- und Pflegeversicherung als Darlehen erbracht werden (§ 27 Abs. 3 Satz 1 SGB II).

203   § 42a SGB II betont in seinem Abs. 1 die Nachrangigkeit von Darlehensgewährungen und regelt in seinen Abs. 2 bis 6 Modalitäten der aufrechnungsweise zu tilgenden unterschiedlichen Darlehen.[83]

14. Einkommens- und Vermögensanrechnung

204   Die Leistungen Alg II oder Sozialgeld umfassen i.d.R. die Positionen Regelleistung, Kosten der Unterkunft und Heizung und ggf. Mehrbedarfe. Leistungen zur Sicherung des Lebensunterhalts werden nun in Höhe der anerkannten Bedarfe erbracht, soweit diese nicht durch das zu berücksichtigende Einkommen und Vermögen gedeckt sind (§ 19 Abs. 3 Satz 1 SGB II). Nach § 11 Abs. 1 SGB II sind als **Einkommen** zu berücksichtigen und damit auf den Bedarf anzurechnen alle Einnahmen in Geld oder Geldeswert mit Ausnahme des nicht berücksichtigungsfähigen Einkommens (vgl. § 11 a SGB II) und abzüglich der nach § 11 b SGB II abzusetzenden Beträge. Der Kinderzuschlag und das Kindergeld sind als Einkommen des jeweiligen Kindes anzurechnen – § 11 Abs. 1 Satz 3 u. 4 SGB II.

205   Als **Einkommen i.S.d. § 11 Abs. 1 SGB II** kommen laufende (wie Lohnzahlungen, Einnahmen aus Vermietung und Verpachtung, Zinszahlungen), aber auch einmalige Einnahmen (wie Lottogewinne, Steuererstattungen oder Einnahmen aus Kapitalerträgen) in Betracht. Einmalige Einnahmen sind unter Umständen rechnerisch auf mehrere Monate zu verteilen (§ 11 Abs. 3 SGB II). Bei der Berechnung des Einkommens aus nichtselbständiger Arbeit ist vom Bruttoeinkommen auszugehen (§ 2 ALG II – VO), Einkommen aus selbständiger Arbeit, Gewerbebetrieb oder aus Land- und Forstwirtschaft wird nach Maßgabe des § 3 ALG II – VO berechnet.

206   Als **nach § 11 a SGB II nicht zu berücksichtigendes Einkommen** seien hier erwähnt:

---

83   Siehe dazu *Hölzer,* info also 2011 S. 159 ff und S. 195 ff.

- Leistungen nach dem SGB II selbst (wie die Mehraufwandsentschädigung für die Übernahme von Arbeitsgelegenheiten),
- Grundrenten nach dem Bundesversorgungsgesetz (BVG) und nach Gesetzen, die eine entsprechende Anwendung des BVG vorsehen, etwa solche nach dem OEG, (vgl. dazu Rdn. 263 ff.)
- Schmerzensgeldleistungen, die in monatlichen Raten gezahlt werden,
- Leistungen aufgrund öffentlich-rechtlicher Vorschriften, die zu einem ausdrücklich genannten Zweck geleistet werden, soweit sie nicht demselben Zweck dienen wie die SGB II – Leistungen, etwa Aufwandsentschädigungen für Mitglieder kommunaler Vertretungen.

Die Regelungen des § 11 a SGB II werden ergänzt durch die in § 1 Abs. 1 ALG **207** II – VO aufgezählten nicht berücksichtigungsfähigen Einnahmen. Zudem enthalten verschiedene Leistungsgesetze Vorschriften, nach denen die Leistungen dieser Gesetze nicht bei anderen, von Einkommen abhängigen Sozialleistungen berücksichtigt werden dürfen, etwa das Elterngeld in Höhe von bis zu 300 € (§ 10 Abs. 1 BEEG mit den in Abs. 5 geregelten Ausnahmen) oder die Leistungen der Pflegeversicherung (§ 13 Abs. 5 SGB XI).

Von den nach § 11 b Abs. 1 SGB II vom Einkommen abzusetzenden Positionen sind **208** die folgenden praxisrelevant:

- auf das Einkommen entrichtete Steuern,
- Pflichtbeiträge zur Soziaalversicherung einschließlich der Beiträge zur Arbeitsförderung,
- angemessene Versicherungen wie Hausrat- und private Haftpflichtversicherung,
- steuerlich geförderte Altersvorsorgebeiträge,
- die mit der Erzielung des Einkommens verbundenen notwendigen Ausgaben,
- ein Erwerbstätigenfreibetrag.

Die Regelungen des § 11b SGB II werden ergänzt und präzisiert durch die in § 6 **209** ALG II – VO aufgezählten pauschalen Absetzbeträge. Bei erwerbstätigen Leistungsberechtigten ist für die in § 11b Abs. 1 Satz 1 Nrn. 3, 4, und 5 SGB II genannten Positionen anstelle konkreter Beträge eine Pauschale von 100 € abzusetzen (§ 11b Abs. 2 SGB II). Der Erwerbstätigenfreibetrag nach § 11 b Abs. 1 Satz 1 Nr. 6 i.V.m. Abs. 3 SGB II beträgt 20% des monatlichen Bruttoeinkommens, das 100 € übersteigt, aber nicht höher ist als 1.000 € (= maximal 180 €), und 10% des Einkommens, das 1.000 € übersteigt, aber nicht mehr als 1.200 €, wenn mindestens ein minderjähriges Kind vorhanden ist, nicht mehr als 1.500 € beträgt (= mindestens 20 € bzw. 50 €, also insgesamt maximal 200 € oder 230 €).

Aus der Regelung des § 12 SGB II ergibt sich das zu berücksichtigende **Vermögen**.[84] **210** Als Vermögen sind alle verwertbaren Vermögensgegenstände zur Bedarfsdeckung

---

84 Zur Abgrenzung von Einkommen und Vermögen s. BSG, Urt. V. 24.02.2011 – B 14/AS 45/09 R, FEVS Bd. 63 (2012) S. 17 ff und BSG, Urt. v. 19.08.2015 – B 14 AS 43/14 R, NJW 2016, 2287 ff. m.w.N.

einzusetzen[85] mit Ausnahme der nach Abs. 2 der Vorschrift abzusetzenden Positionen oder der nach Abs. 3 nicht zu berücksichtigenden Vermögensgegenstände.

211   Nach Abs. 2 S. 1 abzusetzen sind die aus Nr. 1 und Nr. 1 a ersichtlichen Freibeträge für volljährige Personen der Bedarfsgemeinschaft und deren Partner sowie für Kinder, die der Altersvorsorge nach Nr. 2 und 3 dienenden Ansprüche sowie der sich aus Nr. 4 ergebende Betrag für Anschaffungen. Dabei ist zu berücksichtigen, dass die Beträge nach den Nr. 1 und 3 gedeckelt sind (§ 11 Abs. 2 Satz 2 SGB II).

212   Von dem nach Abs. 3 der Vorschrift nicht zu berücksichtigenden Vermögensgegenständen seien hier aufgeführt: angemessener Hausrat, ein angemessenes Kraftfahrzeug für jede in der Bedarfsgemeinschaft lebende erwerbsfähige Person[86] sowie ein selbst genutztes Hausgrundstück von angemessener Größe oder eine entsprechende Eigentumswohnung.

Ergänzende Regelungen zum Vermögenseinsatz enthält § 7 ALG II – VO.

15. Der Übergang von zivilrechtlichen Ansprüchen nach § 33 SGB II[87]

213   Für den Fall, dass Leistungsbezieher Zahlungsansprüche gegen Dritte haben und SGB II – Leistungen nur deshalb zu erbringen sind, weil Leistungsbezieher diese Ansprüche nicht geltend machen oder die Dritten nicht zur Zahlung bereit sind, ordnet § 33 Abs. 1 SGB II an, dass diese Ansprüche in Höhe der erbrachten SGB II – Leistungen auf den Leistungsträger übergehen, sodass dieser die Ansprüche in eigenem Namen geltend machen kann.

214   Praxisrelevant wird dies hauptsächlich, wenn Leistungsberechtigte Unterhaltsansprüche gegen Eltern oder Ehegatten haben, die nicht »bedient« werden, so dass Leistungen nach dem SGB II erforderlich sind. Durch den Anspruchsübergang bewirkt § 33 Abs. 1 SGB II unter den dort geregelten Voraussetzungen die nachträgliche Herstellung der richtigen Rangverhältnisse und sorgt dafür, dass der Träger der Leistungen nach dem SGB II Gläubiger des Unterhaltsanspruchs und damit in die Lage versetzt wird, letzteren gegenüber dem Unterhaltsschuldner geltend zu machen, letztendlich auch gerichtlich.

215   Von dieser Regelung in § 33 Abs. 1 SGB II enthält Abs. 2 Ausnahmen. Ein Unterhaltsanspruch nach BGB geht gem. § 33 Abs. 2 Satz 1 SGB II nicht über, wenn die unterhaltsberechtigte Person:

- mit dem Verpflichteten in einer Bedarfsgemeinschaft lebt;
- mit dem Verpflichteten verwandt ist und den Unterhaltsanspruch nicht geltend macht; dies gilt nicht für Unterhaltsansprüche gegen Eltern

---

85   Das BSG NZS 2015, 72, spricht hier anschaulich von »Versilbern«.

86   Nach den Fachlichen Weisungen zu § 12 unter Nr. 12.24 ist ein Kfz oder ein Motorrad angemessen, wenn dessen Wert 7.500 € nicht übersteigt.

87   Siehe dazu *Müller/Wersig*, Der Rückgriff gegen Angehörige von Sozialleistungsempfängern. 7. Auflage. Baden-Baden 2016.

» minderjähriger Hilfebedürftiger,
» von Hilfebedürftigen, die das 25. Lebensjahr noch nicht vollendet und die Erstausbildung noch nicht abgeschlossen haben;
– in einem Kindschaftsverhältnis zu dem Verpflichteten steht und
» schwanger ist oder
» ihr leibliches Kind bis zur Vollendung des 6. Lebensjahres betreut.

Die Leistungsträger

Die Träger der Grundsicherung für Arbeitsuchende sind (§ 6 Abs. 1 SGB II):   **216**
– die kreisfreien Städte und Landkreise als kommunale Träger für die Leistungen nach §§ 16a, 22, 24 Abs. 3 Nrn. 1 und 2 SGB II,
– die Bundesagentur für Arbeit für alle anderen Leistungen.

Die Zuständigkeit zweier unterschiedlicher Träger legt die Schaffung einer einheit- **217** lichen Stelle für eine gemeinsame Aufgabenwahrnehmung nahe. Dies geschieht in Gestalt der sog. **gemeinsamen Einrichtungen** im Sinne von § 44b SGB II. Das SGB II lässt allerdings auch eine Leistungserbringung alleine durch dafür zugelassene kommunale Träger zu (§ 6a SGB II). Beide führen die einheitliche Bezeichnung »**Jobcenter**« (§ 6d SGB II).

15. Verfahrensfragen

Die Leistungen nach dem SGB II sind von einem **Antrag** abhängig (§ 37 SGB II). **218** Der Antrag kann von einem erwerbsfähigen Hilfebedürftigen für alle Mitglieder der Bedarfsgemeinschaft gestellt werden (§ 38 SGB II). Die Weiterbewilligung von Leistungen zur Sicherung des Lebensunterhalts nach dem SGB II nach Beendigung des Bewilligungszeitraums erfordert einen **Fortzahlungsantrag**.[88]

Zuständig für Streitigkeiten aus dem SGB II sind die Gerichte der **Sozialgerichts-** **219** **barkeit** (§ 51 Abs. 1 Nr. 4a SGG). Widerspruch und Anfechtungsklage gegen einen Verwaltungsakt, der sich auf die in § 39 Satz 1 Nr. 1 bis 4 SGB II aufgezählten Entscheidungen bezieht, haben keine aufschiebende Wirkung. Dazu gehören vor allem Entscheidungen über die Aufhebung, Zurücknahme und den Widerruf von Leistungen der Grundsicherung sowie über Pflichtverletzungen und die Minderung des Auszahlungsanspruchs. Der Widerspruch gegen Aufrechnungsentscheidungen wird dagegen von § 39 SGB II nicht erfasst und hat aufschiebende Wirkung.[89]

---

88 So BSG, Urt. v. 18.01.2011 – B 4 AS 99/10 R, FEVS Bd. 63 (2012) S. 193 ff. sowie BSG, Urt. v. 16.05.2012 – B 4 AS 166/11 R, NZS 2012 S. 952 ff.
89 Vgl. dazu z.B. LSG Sachsen, Beschl. v. 31.08.2016 – L 3 AS 633/16 B ER – m.w.N.

III. Sozialhilfe – Sozialgesetzbuch XII

Literatur

Schellhorn/Hohm/Scheider, SGB XII – Kommentar zum SGB XII, 19. Aufl., Neuwied 2015; *Bieritz-Harder/Conradis/Thie*, Sozialgesetzbuch XII, 11. Aufl., Baden-Baden 2017; *Grube/Wahrendorf*, SGB XII – Sozialhilfe, 6. Aufl., München 2017.

1. Überblick

220 Wie bereits dargelegt ist das SGB XII am 01.01.2005 zusammen mit dem SGB II in Kraft getreten. Nach § 8 SGB XII umfasst die Sozialhilfe folgende Leistungen:

▶ Leistungen der Sozialhilfe:

221

Kap. 3	Hilfe zum Lebensunterhalt
Kap. 4	Grundsicherung im Alter und bei Erwerbsminderung
Kap. 5	Hilfen zur Gesundheit
Kap. 6	Eingliederungshilfe für behinderte Menschen
Kap. 7	Hilfe zur Pflege
Kap. 8	Hilfe zur Überwindung besonderer sozialer Schwierigkeiten
Kap. 9	Hilfen in anderen Lebenslagen: – Hilfe zur Weiterführung des Haushalts, – Altenhilfe, – Blindenhilfe und – Hilfe in sonstigen Lebenslagen sowie die jeweils gebotene Beratung und Unterstützung.

Diese Leistungen lassen sich folgendermaßen charakterisieren:

222 Die **Hilfe zum Lebensunterhalt** hat existenzsichernde Funktion für alle, die ihren notwendigen Lebensunterhalt nicht aus eigenen Kräften und Mitteln sicherstellen können. Sie ist nicht antragsabhängig (§ 18 Abs. 1 SGB XII), d.h. der Träger muss bei Kenntnis einer Notlage von Amts wegen tätig werden und Leistungen gewähren. Zum 31.12.2014 waren vergleichsweise wenige Personen (382.000) im Leistungsbezug.[90]

223 Auch die **Grundsicherung im Alter und bei verminderter Erwerbsfähigkeit** hat eine existenzsichernde Funktion. Sie ist für Personen vorgesehen (vgl. § 41 SGB XII),
– die das 65. Lebensjahr vollendet haben oder
– die das 18. Lebensjahr vollendet haben und dauerhaft voll erwerbsgemindert i.S.d. gesetzlichen Rentenversicherung sind.

224 An der Leistungsberechtigung ändert sich nichts, wenn nach dem 4. Kapitel des SGB XII leistungsberechtigte Personen in einer Bedarfsgemeinschaft i.S.d. SGB II

---

90 Statistisches Bundesamt, Statistisches Jahrbuch 2016, S. 235.

mit erwerbsfähigen Leistungsberechtigten leben. Die Grundsicherung nach diesem Kapitel des SGB XII geht nämlich dem Sozialgeld i.S.d. SGB II vor (§ 5 Abs. 2 Satz 2 SGB II). Sozialhilfeintern geht die Grundsicherung den Leistungen der Hilfe zum Lebensunterhalt vor (§ 19 Abs. 2 Satz 2 SGB XII). Zum 31.12.2014 waren 1.038.000 Personen im Leistungsbezug.[91] Die Leistungen nach dem 4. Kap. des SGB XII sind antragsabhängig (§ 44 Abs. 1 Satz 1 SGB XII).

Die Leistungen nach den Kap. 5 bis 9 des SGB XII (**Hilfen in besonderen Lebensla-**   225 **gen**) sehen eine Unterstützung durch Dienst-, Geld- und Sachleistungen zur Deckung von Bedarfen in besonderen schwierigen Lebenssituationen vor – unabhängig von der Frage nach der Deckung des Lebensunterhalts. Das setzt voraus, dass sich personenbezogen eine der im Gesetz in den Kapiteln 5 bis 9 allgemein beschriebene, besondere Lebenslage realisiert. Zum 31.12.2014 waren 1.397.000 Personen im Bezug solcher Leistungen. Die meisten Leistungsbezieher gab es in der Eingliederungshilfe für behinderte Menschen (860.000) und in der Hilfe zur Pflege (453.000).[92] Die Leistungen dieses Leistungsbereiches sind antragsunabhängig, es gilt – wie bei der Hilfe zum Lebensunterhalt – der Kenntnisgrundsatz (§ 18 SGB Abs. 1 SGB XII).

2. Allgemeine Leistungsgrundsätze

Folgende Grundsätze der Sozialhilfe, die prinzipiell für alle Leistungsbereiche des   226 Gesetzes gelten, sind hervorzuheben:
– Aufgabe der Sozialhilfe ist es, den Leistungsberechtigten ein Leben zu ermöglichen, das der **Würde des Menschen** entspricht (§ 1 Satz 1 SGB XII).
– Das **Nachrangprinzip** der Sozialhilfe (§ 2 SGB XII): Leistungen der Sozialhilfe erhält nicht, wer sich – vor allem durch Einsatz seines Einkommens oder Vermögens – selbst helfen oder soweit die Hilfebedürftigkeit anderweitig beseitigt werden kann.
– Sozialhilfeleistungen haben sich nach der **Besonderheit des Einzelfalles** zu richten. Dabei soll Wünschen der Leistungsberechtigten, die sich auf die Gestaltung der Leistung richten, entsprochen werden, soweit sie angemessen sind (§ 9 SGB XII).
– § 10 Abs. 3 SGB XII legt ausdrücklich einen **Vorrang von Geld- gegenüber Dienst- und Sachleistungen** fest. Damit soll die Autonomie der Leistungsberechtigten – nicht zuletzt mit Blick auf deren Menschenwürde – gestärkt werden.
– Die **ambulante Leistungserbringung hat grundsätzlich Vorrang** vor der teilstationären und die teilstationäre vor der stationären (§ 13 SGB XII). Leistungen zur Prävention und Rehabilitation sind vorrangig zu erbringen (§ 14 SGB XII).
– Die Sozialhilfe soll auch **vorbeugende und nachgehende Leistungen** erbringen (§ 15 SGB XII) und **familiengerecht** sein (§ 16 SGB XII).
– In § 12 SGB XII ist eine sog. **Leistungsabsprache** vorgesehen. Vor oder spätestens bis zu vier Wochen nach Beginn fortlaufender Leistungen sollen in einer schriftlichen Leistungsabsprache die Situation der leistungsberechtigten Personen sowie

---

91 Statistisches Bundesamt, Statistisches Jahrbuch 2016, S. 235.
92 Statistisches Bundesamt, Statistisches Jahrbuch 2016, S. 235.

ggf. Wege zur Überwindung der Notlage und zu gebotenen Möglichkeiten der aktiven Teilnahme in der Gemeinschaft gemeinsam festgelegt und die Leistungsabsprache unterzeichnet werden. Im Unterschied zur Eingliederungsvereinbarung des SGB II handelt es sich dabei nicht um einen Vertrag i.S.d. § 53 SGB X; das Gesetz belegt eine Verweigerung der Mitwirkung, einschließlich der Verweigerung der Unterschriftsleistung, nicht mit Sanktionen.

– **Eingetragene Lebenspartnerschaften** nach LPartG werden in allen Leistungsbereichen des Gesetzes der Ehe gleichgestellt (§§ 19 Abs. 1, 2 und 3, 20 SGB XII).

3. Leistungsausschlüsse und Leistungseinschränkungen

227 Personenbezogene Ausschlussgründe:
– Leistungsberechtigte, die nach § 1 Asylbewerberleistungsgesetz[93] Anspruch auf Leistungen haben, erhalten keine Leistungen der Sozialhilfe (§ 23 Abs. 2 SGB XII);
– mit Sozialhilfebezugsabsicht eingereiste Ausländer haben keinen Anspruch auf Sozialhilfe (§ 23 Abs. 4);
– Deutsche, die ihren gewöhnlichen Aufenthalt im Ausland haben, erhalten keine Leistungen (§ 24 Abs. 1 Satz 1 SGB XII) – Ausnahmen davon im Einzelfall unter den in § 24 Abs. 1 Satz 2 SGB XII aufgeführten Voraussetzungen.

Leistungseinschränkungen:

228 Ausländern, die sich im Inland tatsächlich aufhalten, ist – soweit kein Leistungsausschluss greift – Hilfe zum Lebensunterhalt, Hilfe bei Krankheit, Schwangerschaft und Mutterschaft sowie Hilfe zur Pflege zu gewährleisten (§ 23 Abs. 1 Satz 1 SGB XII); diese Einschränkung entfällt unter den Voraussetzungen des Satzes 3. Von der Einschränkung nach Satz 1 sind die Leistungen nach dem 4. Kapitel – Grundsicherung im Alter und bei verminderter Erwerbsfähigkeit – nicht betroffen, wie § 23 Abs. 1 Satz 2 SGB XII klarstellt.

4. Hilfe zum Lebensunterhalt (HLU)

a) Leitungsberechtigte

229 Unter Kapitel 3 des SGB XII fallen alle Personen, die ihren Lebensunterhalt nicht oder nicht ausreichend aus eigenen Mitteln und Kräften bestreiten und keine Leistungen nach dem SGB II oder dem Kap. 4 des SGB XII beanspruchen können (§§ 5 Abs. 2 Satz 1 SGB II, 19 Abs. 2 Satz 2 SGB XII). Die Hilfe zum Lebensunterhalt ist damit die ‚nachrangigste‘ der nachrangigen Leistungen.

b) Bedarfe und Leistungen der Hilfe zum Lebensunterhalt

230 Der für die Gewährleistung des Existenzminimums notwendige Lebensunterhalt (vgl. § 28 Abs. 1 Satz 1 SGB XII, der § 20 Abs. 1 Satz 1 SGB II entspricht) ist aus den

---

93 Hierzu Kap. 16 Rdn. 209 ff.

Regelsätzen zu bestreiten (§ 27 a Abs. 3 SGB XII). Daneben werden folgende Bedarfe berücksichtigt:
- zusätzliche Bedarfe nach den §§ 30 bis 33 SGB XII – dies sind
  a) Mehrbedarfe nach § 30 SGB XII,
  b) einmalige Bedarfe nach § 31 SGB XII,
  c) Beiträge für die Kranken- und Pflegeversicherung, sowie ggf. Altersvorsorgebeiträge nach den §§ 32, 33 SGB XII,
- Leistungen für Bildung und Teilhabe nach den §§ 34 bis 34 b SGB XII,
- Kosten für Unterkunft und Heizung nach den §§ 35 bis 36 SGB XII,
- ergänzende Darlehen nach § 37 SGB XII.

Im Zuge der Hartz IV – Gesetzgebung wurden die nach dem SGB II und die nach dem **231** SGB XII anerkannten Bedarfe und damit die jeweiligen Leistungen weitgehend angeglichen. Besonders deutlich wird dies an dem Umstand, dass die nach dem SGB XII und dem RBEG festgelegten Regelbedarfsstufen und -leistungen ebenfalls für den Rechtskreis des SGB II gelten (§ 20 Abs. 1a SGB II). Die folgende Übersicht führt die Leistungen nach SGB II und SGB XII auf, die inhaltlich gleichlautend geregelt sind. Zur Erläuterung dieser im Rahmen der Hilfe zum Lebensunterhalt anerkannten Bedarfe kann deshalb auf die Ausführungen zu den entsprechenden SGB II-Bedarfen bzw. -Leistungen verwiesen werden:

▶ **anerkannte Bedarfe:**

anerkannte Bedarfe		Bedarfsdeckung durch…	SGB XII	SGB II	**232**
Regelbedarf	Ernährung, Kleidung, Körperpflege, Hausrat, Bedürfnisse des täglichen Lebens	(pauschale) monatliche Regelsatzleistung	§§ 27, 27 a, 28	§ 20	
	Aufstockung des Regelbedarfs	Darlehen in notwendiger Höhe	§ 37	§ 24 Abs. 1	
zusätzliche Bedarfe	Mehrbedarfe	prozentualer Zuschlag auf Regelbedarf oder Übernahme angemessener Aufwendungen	§ 30	§ 21	
	Einmalige Bedarfe	Übernahme der erforderlichen Aufwendungen bzw. pauschale Leistung	§ 31	§ 24 Abs. 3	
Bedarfe an Unterkunft und Heizung	laufender und einmaliger Bedarf	Übernahme der tatsächlichen angemessenen laufenden oder einmaligen Aufwendungen	§ 35 Abs. 1 und 2	§ 22 Abs. 1 bis 7	
	sonstige Hilfen zur Sicherung der Unterkunft	Übernahme von Schulden zur Sicherung der Unterkunft	§ 36	§ 22 Abs. 8	

Unterschiede zum SGB II ergeben sich bei den folgenden Bedarfen:

– **Beiträge zur Kranken- und Pflegeversicherung**

233 Bezieherinnen und Bezieher von Sozialhilfeleistungen sind nicht aufgrund des Leistungsbezuges – wie diejenigen von ALG II – Leistungen – in der gKV pflichtversichert. Die Krankenbehandlung von Empfängern laufender Leistungen nach dem 3. -9. Kap. des SGB XII wird vielmehr von den Krankenkassen gegen Kostenerstattung durch die Sozialhilfeträger übernommen (§ 264 Abs. 2 SGB V). Ist allerdings eine leistungsberechtigte Person bei Eintritt in die Leistung bereits als zuletzt gesetzlich Versicherter nach § 5 Abs. 1 Nr. 13 SGB V in der gKV pflichtversichert oder nach § 9 Abs. 1 Nr. 1 SGB V freiwillig weiterversichert, so sind nach § 32 Abs. 1 SGB XII die Krankenversicherungsbeiträge zu übernehmen. Das Gleiche gilt für freiwillig Versicherte i.S.d. § 9 Abs. 1 Nrn. 2 bis 8 SGB V (§ 32 Abs. 2 SGB XII).

Soweit nach § 32 Abs. 1 und 2 SGB XII Beiträge für die Krankenversicherung übernommen werden, werden auch die damit zusammenhängenden Beiträge zur Pflegeversicherung übernommen (§ 32 Abs. 3 SGB XII).

– **Beiträge für eine angemessene Altersvorsorge/angemessenes Sterbegeld**

234 Im Gegensatz zum SGB II wird im Rechtskreis des SGB XII eine angemessene Altersvorsorge als Bedarf anerkannt. Um die Voraussetzungen eines Anspruchs auf eine angemessene Alterssicherung zu erfüllen, können insbesondere die erforderlichen Beiträge zur gesetzlichen Rentenversicherung übernommen werden. Das Gleiche gilt für die Erfüllung der Voraussetzungen eines Anspruchs auf ein angemessenes Sterbegeld (§ 33 SGB XII).

– **Kosten für Beratung**

235 Während die Beratungsleistungen im Rahmen des § 16 a SGB II (Schuldnerberatung, psychosoziale Betreuung, Suchtberatung) vornehmlich der Unterstützung bei der Eingliederung in Arbeit dienen, zielen die im Rahmen von § 11 Abs. 1 und 2 SGB XII zu erbringenden Beratungsleistungen auf die persönliche Situation der Leistungsberechtigten (Stärkung der Selbsthilfe, Befähigung zum Erhalt sonstiger Sozialleistungen, Budgetberatung).

– **Hilfe zum Lebensunterhalt in Einrichtungen**

236 Lebt eine leistungsberechtigte Person in einer Einrichtung (vgl. § 13 Abs. 2 SGB XII), so umfasst die Hilfe zum Lebensunterhalt
– den Regelbedarf nach der für den Leistungsberechtigten maßgeblichen Regelbedarfsstufe nach der Anlage zu § 28 SGB XII, die zusätzlichen Bedarfe sowie die angemessenen tatsächlichen Aufwendungen für Unterkunft und Heizung sowie
– Leistungen für den weiteren notwendigen Lebensunterhalt (§ 27b SGB XII). Der weitere notwendige Lebensunterhalt umfasst insbesondere Kleidung und einen angemessenen Barbetrag (Taschengeld) zur persönlichen Verfügung. Der Barbetrag beträgt mindestens 27% der Regelbedarfsstufe 1 nach der Anlage zu § 28 SGB XII, für das Jahr 2017 mithin 110,43 €; für unter 18-jährige wird der

Barbetrag landesbehördlich festgesetzt. Eventuell in der Einrichtung anfallende Maßnahmekosten (Pflege- oder Eingliederungsleistungen) sind nach den Regelungen des 6. – 8. Kap. des SGB XII zu übernehmen.

c) Exkurs: die gemischte Bedarfsgemeinschaft

Eine besondere Problematik ergibt sich bei der Ermittlung des individuellen Lebens-   237
unterhaltsbedarfs, wenn in einem Haushalt Personen zusammenleben, die nach den Regelungen des SGB II eine Bedarfsgemeinschaft bilden, aber nach unterschiedlichen Leistungsgesetzen leistungsberechtigt sind (bspw. Erwerbsfähige leben mit Bezugsberechtigten nach dem 4. Kap. des SGB XII oder nach dem AsylbLG zusammen). Die Problematik ergibt sich daraus, dass das SGB II von der Bedarfsgemeinschaft i.S.d. § 7 SGB II ausgeht, während das SGB XII oder das AsylbLG diese Konstruktion nicht kennen.[94] Die Rspr. ist bemüht, zu den in der Praxis vorkommenden Fallkonstellationen adäquate Lösungen zu finden.[95]

5. Grundsicherung im Alter und bei Erwerbsminderung

Literatur
Ehmann, Grundsicherung im Alter und bei Erwerbsminderung, 3. Aufl. Frankfurt am Main 2014.

a) Die Grundsicherungsberechtigung

Um Leistungen der Grundsicherung erhalten zu können, muss ein **Antrag** gestellt   238
werden: Das setzt voraus, dass als persönliche Voraussetzung die Leistungsberechtigung vorliegt.

► **Leistungsberechtigt sind**   239

Personen, die die (vom Geburtsjahr abhängige) Altersgrenze des § 41 Abs. 2 SGB XII erreicht haben	Personen, die das 18. Lebensjahr vollendet haben und
	a) die **voll erwerbsgemindert** im Sinn von § 43 Abs. 2 SGB VI unabhängig von der jeweiligen Arbeitsmarktlage sind und
	b) bei denen unwahrscheinlich ist, dass die volle Erwerbsminderung behoben werden kann.

---

94 Dazu *Wahrendorf,* Sozialrecht aktuell 2012 S. 50 ff.
95 BSG, Urt. v. 19.05.2009 – B 8 SO 8/08 R – FEVS Bd. 61 (2010) S. 108 ff, Urt. v. 09.06.2011 – B 8 SO 20/09 R – FEVS 63 (2013), S. 433 ff, Urt. v. 06.10.2011 – B 14 AS 171/10 R – FEVS Bd. 63 (2012) S. 494 ff und Urt. v. 16.04.2013 – B 14 AS 71/12 R – FEVS 65 (2014), S. 159 ff.

240 Während das Erreichen der Altersgrenze ohne Probleme festgestellt werden kann, bedarf die volle Erwerbsminderung einer näheren Betrachtung. Voll erwerbsgemindert sind

1. Personen, die wegen Krankheit oder Behinderung auf nicht absehbare Zeit nicht in der Lage sind, unter den üblichen Bedingungen des allgemeinen Arbeitsmarktes mindestens drei Stunden täglich erwerbstätig zu sein (§ 43 Abs. 2 Satz 2 SGB VI).

2. Behinderte Menschen,
    a) die in anerkannten Werkstätten für behinderte Menschen tätig sind,
    b) die in Anstalten, Heimen oder gleichartigen Einrichtungen in gewisser Regelmäßigkeit eine Leistung erbringen, die einem Fünftel der Leistung eines voll erwerbsfähigen Beschäftigten in gleichartiger Beschäftigung entspricht,
    die wegen Art und Schwere der Behinderung nicht auf dem allgemeinen Arbeitsmarkt tätig sein können (§ 43 Abs. 2 Satz 3 i.V.m. § 1 Abs. 1 Nr. 2 SGB VI).

Leistungsberechtigt sind nur Personen, die ihren **gewöhnlichen Aufenthalt** im Inland (Bundesrepublik Deutschland) haben.

b) Der Grundsicherungsbedarf

241 Der Grundsicherungsbedarf ergibt sich aus § 42 SGB XII, der auf die Regelungen der Hilfe zum Lebensunterhalt und bei den Kosten der Unterkunft und Heizung auf § 42 a SGB XII verweist.

c) Verfahrensregelungen

Antragstellung und örtliche Zuständigkeit

242 Grundsicherungsleistungen sind im Gegensatz zur Hilfe zum Lebensunterhalt nach dem 3. Kapitel und zu den Leistungen nach den Kapiteln 5 bis 9 **von einem Antrag abgängig**. Der Antrag ist bei dem nach § 98 SGB XII örtlich zuständigen Sozialhilfeträger zu stellen. Dies ist der Sozialhilfeträger, in dessen Bereich der Antragsteller seinen gewöhnlichen Aufenthalt hat (§ 98 Abs. 1 Satz 2 SGB XII). Bei stationären Leistungen ist dies der Sozialhilfeträger, in dessen Bereich der Antragsteller seinen gewöhnlichen Aufenthalt zum Zeitpunkt der Aufnahme in die Einrichtung hat oder in den zwei Monaten vor der Aufnahme zuletzt gehabt hat.

Beginn der Leistungen und Bewilligungszeitraum

243 Die Grundsicherungsleistung wird nach § 44 Abs. 3 Satz 1 SGB XII in der Regel für zwölf Kalendermonate bewilligt. Bei einer Erstbewilligung oder einer Änderung zugunsten des Leistungsberechtigten beginnt die Leistung mit Beginn des Monats, in dem der Antrag gestellt worden oder die Änderung eingetreten ist. Führt eine Änderung nicht zu einer Begünstigung, beginnt der neue Bewilligungszeitraum am Ersten des Folgemonats.

244 **Die Feststellung der dauerhaften vollen Erwerbsminderung** im Verwaltungsverfahren erfolgt auf Ersuchen durch den zuständigen Träger der Rentenversicherung. Seine Feststellung ist für den Sozialhilfeträger bindend. Voraussetzung dafür ist ein

Ersuchen des Sozialhilfeträgers, das dieser an den Rentenversicherungsträger stellt, wenn es auf Grund der Angaben und Nachweise des Antragstellers als wahrscheinlich erscheint, dass die medizinischen Voraussetzungen erfüllt sind und das zu berücksichtigende Einkommen und Vermögen nicht ausreicht, um den Lebensunterhalt vollständig abzudecken (§ 45 Satz 1 SGB VI). Eines solchen Ersuchens bedarf es nicht (vgl. § 45 Satz 3 SGB VI), wenn

– ein Träger der Rentenversicherung bereits die dauernde volle Erwerbsminderung im Rahmen eines Antrags auf eine Rente wegen Erwerbsminderung festgestellt hat oder

– der Fachausschuss einer Werkstatt für behinderte Menschen über die Aufnahme in eine Werkstatt oder Einrichtung eine Stellungnahme nach Maßgabe der §§ 2 und 3 der Werkstättenverordnung abgegeben hat und der Leistungsberechtigte kraft Gesetzes nach § 43 Abs. 2 Satz 3 Nr. 1 SGB VI als voll erwerbsgemindert gilt.

6. Kapitel 5 bis 9 des SGB XII – Hilfen in besonderen Lebenslagen

Literatur

Vgl. die Angaben E. III

Die **Hilfe in besonderen Lebenslagen** (HbL) umfasst nach §§ 47 bis 74 folgende   **245** Hilfen:

– Hilfen zur Gesundheit (§§ 47 bis 52): Vorbeugende Gesundheitshilfe, Hilfe bei Krankheit, Hilfe zur Familienplanung, Hilfe bei Schwangerschaft und Mutterschaft sowie Hilfe bei Sterilisation;

– Eingliederungshilfe für behinderte Menschen (§§ 53 bis 60);

– Hilfe zur Pflege (§§ 61 bis 66);

– Hilfe zur Überwindung besonderer sozialen Schwierigkeiten (§§ 67 bis 69);

– Hilfe in anderen Lebenslagen (§§ 70 bis 74): Hilfe zur Weiterführung des Haushalts, Altenhilfe, Blindenhilfe, Hilfe in sonstigen Lebenslagen, Bestattungskosten.

Die in der Praxis wichtigsten Hilfearten sind die Eingliederungshilfe für behinderte   **246** Menschen und die Hilfe zur Pflege.[96]

– Die **Eingliederungshilfe für behinderte Menschen** (6. Kapitel des SGB XII) hat die Aufgabe, eine drohende Behinderung zu verhüten oder eine Behinderung oder deren Folgen zu beseitigen oder zu mildern und die behinderten Menschen in die Gesellschaft einzugliedern (§ 53 Abs. 3 Satz 1 SGB XII). Leistungsberechtigt sind Personen, die durch eine Behinderung im Sinne von § 2 Abs. 1 Satz 1 SGB IX wesentlich in ihrer Fähigkeit, an der Gesellschaft teilzuhaben, eingeschränkt oder von einer solchen wesentlichen Behinderung bedroht sind (§ 53 Abs. 1 Satz 1 SGB XII). Menschen sind behindert, wenn ihre körperliche Funktion, geistige Fähigkeit oder seelische Gesundheit mit hoher Wahrscheinlichkeit länger als sechs

---

96 Leistungen der Eingliederungshilfe bezogen im Jahr 2014 rd. 860.000, Leistungen der Hilfe zur Pflege rd. 453.000 Leistungsberechtigte (Statistisches Bundesamt, Statistisches Jahrbuch 2016, S. 235).

Monate von dem für das Lebensalter typischen Zustand abweichen und daher ihre Teilhabe am Leben in der Gesellschaft beeinträchtigt ist; sie sind von einer Behinderung bedroht, wenn die Beeinträchtigung zu erwarten ist (§ 2 SGB IX). Regelbeispiele für wesentliche Behinderungen enthalten die §§ 1 bis 3 Eingliederungshilfe-Verordnung (EinglHV).[97] Zu den Leistungen der Eingliederungshilfe für behinderte Menschen gehören zunächst Leistungen zur medizinischen Rehabilitation und zur Teilhabe am Arbeitsleben. Diese entsprechen jeweils den Rehabilitationsleistungen der gKV oder der Bundesagentur für Arbeit (§ 54 Abs. 1 Satz 2 SGB XII). Daneben werden vor allem Leistungen zur Teilhabe am Leben in der Gemeinschaft (§ 54 SGB XII i.V.m. § 55 SGB IX) erbracht. Hierzu gehören insbesondere

» Hilfen zu einer angemessenen Schulbildung, insbesondere im Rahmen der allgemeinen Schulpflicht und zum Besuch weiterführender Schulen einschließlich der Vorbereitung hierzu;

» Hilfe zur schulischen Ausbildung für einen angemessenen Beruf einschließlich des Besuchs einer Hochschule;

» Hilfe zur Ausbildung für eine sonstige angemessene Tätigkeit;

» Hilfe in Werkstätten für behinderte Menschen und in vergleichbaren sonstigen Beschäftigungsstätten;

» nachgehende Hilfe zur Sicherung der Wirksamkeit der ärztlichen und ärztlich verordneten Leistungen und zur Sicherung der Teilhabe der behinderten Menschen am Arbeitsleben.

Ab 2020 wird die Eingliederungshilfe ausschließlich auf der Grundlage von Teil 2 des SGB IX erbracht werden.[98]

247 – Die **Hilfe zur Pflege** nach §§ 61 ff SGB XII (Kap. 7 des SGB XII) sieht Leistungen für Personen vor, die gesundheitlich bedingte Beeinträchtigungen der Selbständigkeit oder der Fähigkeiten aufweisen und deshalb der Hilfe durch andere bedürfen (§ 61 a Abs. 1 Satz 1 SGB XII). Mit Art. 2 des Dritten Gesetzes zur Stärkung der pflegerischen Versorgung und zur Änderung weiterer Vorschriften (Drittes Pflegestärkungsgesetz – PSG III)[99] wurden der Pflegebedürftigkeitsbegriff und die Definition der Pflegebedürftigkeitsstufen des SGB XI[100] in die Hilfe zur Pflege nach dem SGB XII übernommen (vgl. §§ 61a – c SGB XII). Dies war nach dem einschlägigen Gesetzesentwurf »*unabdingbar*«, da die »*Höhe der Versicherungsleistungen nach dem SGB XI (…) auf gesetzlich festgesetzte Höchstbeträge begrenzt [bleibt] (Teilleistungssystem)*«, weshalb die »*begrenzten Leistungen der sozialen Pflegeversicherung (…) auch in Zukunft das ergänzende System der Hilfe zur Pflege erfordern, damit der pflegerische Bedarf von Pflegebedürftigen im Fall der finanziellen Bedürftigkeit umfassend sichergestellt ist.*«[101] Folgerichtig wurden auch

---

97 Zuletzt geändert durch Art. 26 des G. v. 23.12.2016 BGBl. I S. 3234.
98 Vgl. oben Rdn. 158 ff.
99 G. v. 23.12.2016, BGBl. I S. 3191 (Nr. 65).
100 Dazu oben Rdn. 50 ff.
101 BT-Drucks. 18/9518, S. 43.

die Leistungen der Hilfe zur Pflege denjenigen der Pflegeversicherung weitgehend angepasst.[102] Soweit pflegebedürftige Personen die versicherungsrechtlichen oder persönlichen Voraussetzungen für Leistungen nach dem SGB XI nicht erfüllen oder soweit die Leistungen der Pflegeversicherung nicht bedarfsdeckend sind, greift damit die Ergänzungsfunktion der Hilfe zur Pflege nach §§ 61 ff SGB XII ein.

7. Berücksichtigung von Einkommen und Vermögen

Sozialhilfeleistungen sind als Fürsorgeleistungen nachrangig, d.h. sie werden nur an   **248** Personen erbracht, die den jeweiligen Bedarf nicht durch Einsatz des eigenen Einkommens und Vermögens decken können (§ 2 Abs. 1 SGB XII). Dabei gibt es je nach Hilfeart Besonderheiten zu beachten:

– Hilfe zum Lebensunterhalt

Bei nicht getrennt lebenden Ehegatten oder Lebenspartnern ist das Einkommen und Vermögen beider Ehegatten oder Lebenspartner gemeinsam zu berücksichtigen. Gehören minderjährige unverheiratete Kinder dem Haushalt ihrer Eltern oder eines Elternteils an und können sie den notwendigen Lebensunterhalt aus ihrem Einkommen und Vermögen nicht bestreiten, sind vorbehaltlich des § 39 Satz 3 Nr. 1 SGB XII auch das Einkommen und das Vermögen der Eltern oder des Elternteils mit zu berücksichtigen (§ 27 Abs. 2 SGB XII).

Beim Zusammenwohnen sonstiger Personen in einer Wohnung wird – anders als bei § 9 Abs. 5 SGB II – allein aufgrund des Zusammenwohnens in einer Wohnung vermutet, dass diese Personen gemeinsam Wirtschaften und dass die nachfragende Person von den anderen Personen Leistungen zum Lebensunterhalt erhält, soweit dies nach deren Einkommen und Vermögen erwartet werden kann (§ 39 Satz 1 SGB XII).

Die Vermutung greift nicht:
– bei bedürftigen Personen, die schwanger sind oder ihr leibliches Kind bis zum sechsten Lebensjahr betreuen,
– bei behinderten oder pflegebedürftigen Menschen in Bezug auf die mit ihnen zusammen wohnenden und sie betreuenden Personen.

Im Übrigen kann die Vermutung widerlegt werden: Wenn kein gemeinsames Wirtschaften vorliegt oder die bedürftige Person von den anderen keine oder keine ausreichenden Leistungen erhält, hat sie Anspruch auf Hilfe zum Lebensunterhalt (§ 39 Satz 2 und 3 SGB XII).

– Grundsicherung im Alter und bei dauerhafter Erwerbsminderung

Nach § 43 Abs. 1 Satz 2 SGB XII sind Einkommen und Vermögen des nicht getrennt lebenden Ehegatten oder Lebenspartners sowie des Partners einer eheähnlichen oder

---

102 Vgl. § 63 SGB XII und oben Rdn. 63 ff.

lebenspartnerschaftsähnlichen Gemeinschaft, die dessen notwendigen Lebensunterhalt nach § 27a SGB XII übersteigen, zu berücksichtigen.

– Hilfen nach dem 5. – 9. Kap. SGB X II

Bei den Hilfen nach dem 3. und 4. Kap. SGB XII wird das einzusetzende Einkommen vollständig auf den Bedarf angerechnet. Demgegenüber werden Hilfen nach dem 5. – 9. Kap. SGB XII geleistet, soweit den Leistungsberechtigten, ihren nicht getrennt lebenden Ehegatten oder Lebenspartnern und, wenn sie minderjährig und unverheiratet sind, auch ihren Eltern oder einem Elternteil die Aufbringung der Mittel aus dem Einkommen und Vermögen nach den Vorschriften des 11. Kap. SGB XII nicht zuzumuten ist. Zur Zumutbarkeitsgrenze siehe sogleich.

a) Die Einkommensberücksichtigung

249 Die maßgeblichen Vorschriften finden sich in den §§ 82 bis 89 SGB XII. Ganz allgemein gilt: wenn Einkommen vorhanden ist, muss zunächst geprüft werden, ob es berücksichtigungsfähig ist, denn bestimmtes Einkommen wird nicht auf einen Sozialhilfebedarf angerechnet (z.b. das Elterngeld bis zur Höhe von 300 €, soweit es auf vorherigem Erwerbseinkommen beruht, § 10 Abs. 5 BEEG). Im zweiten Schritt muss das berücksichtigungsfähige Einkommen, soweit dazu Anlass besteht, bereinigt werden. Dafür muss auf § 82 Abs. 2 SGB XII und die dazu gehörige Rechtsverordnung zurückgegriffen werden. Mit Bereinigung ist die Reduzierung auf das anrechenbare Einkommen gemeint. Welche Bereinigungsmöglichkeiten bestehen, hängt vom Einzelfall ab.

Für das 3. und 4. Kap. gilt:

Das anrechenbare Einkommen ist in voller Höhe auf den Bedarf anzurechnen.

Für das 5. bis 9. Kap. gilt:

250 Einkommen ist nur in zumutbarer Höhe einzusetzen. Dazu ist zunächst eine Einkommensgrenze zu ermitteln, für deren Berechnung § 85 SGB XII maßgeblich ist. Übersteigt das anrechenbare Einkommen diese Grenze, ist der übersteigende Teil in zumutbarem Umfang für die Finanzierung der Sozialhilfeleistung heranzuziehen (§ 87 SGB XII). Liegt das Einkommen unter dieser Grenze, darf sein Einsatz nur unter den Voraussetzungen, die sich aus § 88 SGB XII ergeben, verlangt werden.[103]

---

103 Instruktiv hierzu die »Empfehlungen des Dt. Vereins für den Einsatz von Einkommen und Vermögen in der Sozialhilfe (SGB XII)« vom 15.12.2015, abrufbar unter https://www.deutscher-verein.de/de/empfehlungen-stellungnahmen-2015-empfehlungen-des-deutschen-vereins-fuer-den-einsatz-von-einkommen-und-vermoegen-in-der-sozialhilfe-sgb-xii—1859,737,1000.html (letzter Zugriff: 26.04.2017).

b) Die Vermögensberücksichtigung

Soweit keine Sonderregelungen bestehen, gelten bei der Vermögensberücksichtigung   250
in allen Leistungsbereichen des Gesetzes einheitliche Maßstäbe, die sich in §§ 90, 91
SGB XII finden:[104]

Einzusetzen ist zunächst das gesamte verwertbare Vermögen, es sei denn, es ist   251
geschont. Was zum Schonvermögen gehört, ergibt sich aus der Aufzählung der Ver-
mögenspositionen in § 90 Abs. 2 und 3 SGB XII. Als Beispiel sollen die sog. kleineren
Barbeträge oder sonstigen Geldwerte angeführt werden, die nach § 90 Abs. 2 Nr. 9
SGB XII i.V.m. der hierzu erlassenen Verordnung[105] geschont sind.

▶ Geschontes Vermögen:

  - 1.600 € bei der Hilfe zum Lebensunterhalt nach dem 3. Kap.   252
  - 2.600 € wenn der Anspruchsteller das 60. Lebensjahr vollendet hat oder wenn
    der Anspruchsteller voll erwerbsgemindert i.s.d. gesetzlichen Rentenversiche-
    rung ist.
  - 2.600 € bei der Hilfe in besonderen Lebenslagen (5. bis 9. Kap.).
  - Als Erhöhungsbetrag für Partner ergeben sich 614 € und als Erhöhungsbeträge
    für Kinder 256 €.

Für Menschen mit Behinderungen enthält § 92 SGB XII – soweit diese die dort   253
näher aufgeführten Leistungen erhalten – (günstigere) Sonderregelungen zum Ein-
kommens- und Vermögenseinsatz.

8. Der Übergang zivilrechtlicher Unterhaltsansprüchen (für Hilfen nach Kapitel 3 und Kapitel 5 bis 9)[106]

Hier geht es wieder um die unter Rdn. 213 ff. umschriebene Konstellation, dass   254
ein Leistungsbezieher Unterhaltsansprüche nach BGB gegenüber Personen hat, mit
denen er nicht in Haushaltsgemeinschaft lebt, diese Unterhaltsansprüche aber nicht
erfüllt werden, so dass Sozialhilfeleistungen erforderlich sind (§ 94 SGB XII). Die
Grundsatzregelung lautet, dass im Falle der Erbringung einer Sozialhilfeleistung der
bürgerlich-rechtliche Unterhaltsanspruch einschließlich des Auskunftsanspruchs kraft
Gesetzes auf den Sozialhilfeträger übergeht. Dadurch wird letzterer Gläubiger des

---

104 Hierzu ebenso die »Empfehlungen des Dt. Vereins für den Einsatz von Einkommen und
     Vermögen in der Sozialhilfe (SGB XII)« vom 15.12.2015, abrufbar unter https://www.
     deutscher-verein.de/de/empfehlungen-stellungnahmen-2015-empfehlungen-des-deut-
     schen-vereins-fuer-den-einsatz-von-einkommen-und-vermoegen-in-der-sozialhil-
     fe-sgb-xii—1859,737,1000.html (letzter Zugriff: 26.04.2017).
105 Verordnung zur Durchführung des § 90 Abs. 2 Nr. 9 des Zwölften Buches Sozialgesetz-
     buch vom 11.02.1988 (BGBl. I S. 150), zuletzt geändert durch Art. 8 des Gesetzes vom
     23.12.2016 (BGBl. I S. 3191).
106 Siehe dazu *Müller/Wersig*, Der Rückgriff gegen Angehörige von Sozialleistungsempfängern.
     7. Auflage. Baden-Baden 2016.

Unterhalts- und Auskunftsanspruchs und damit in die Lage versetzt, diesen gegenüber dem Unterhaltsschuldner geltend zu machen, letztendlich auch gerichtlich.

255 Von diesem Grundsatz ergeben sich hinsichtlich einzelner Leistungsarten Ausnahmen.
   – § 94 Abs. 1 und Abs. 3 SGB XII enthält einige generelle Ausnahmen für alle Leistungsarten, bspw. wenn die unterhaltspflichtige mit der leistungsberechtigten Person vom zweiten Grad an verwandt ist.
   – Bei Leistungen nach dem 4. Kap. SGB XII bleiben Unterhaltsansprüche der Leistungsberechtigten gegenüber ihren Kindern und Eltern unberücksichtigt, sofern deren jährliches Gesamteinkommen unter einem Betrag von 100.000 € liegt (§ 43 Abs. 5 Satz 1 SGB XII).
   – § 94 Abs. 2 SGB XII beschränkt den Übergang von Unterhaltsansprüchen volljähriger, behinderter oder pflegebedürftiger Kinder gegenüber ihren Eltern wegen Leistungen nach dem 3. Kap. auf monatlich 20 € ein, wegen Leistungen nach dem 6. und 7. Kap. auf 26 € im Monat.

IV. Unterhaltsvorschussgesetz (UVG)

Literatur

Knickrehm/Kreikebohm/Waltermann, Kommentar zum Sozialrecht, VO (EG) 883/2004, SGB I bis SGB XII, SGG, BAföG, BEEG, Kindergeldrecht (EStG), UnterhaltsvorschussG, WoGG, 4. Aufl., München 2015.

256 Das Unterhaltsvorschussgesetz hat die **Lebenslage** der **Alleinerziehung** im Auge, die häufig dadurch gekennzeichnet ist, dass für ein Kind keine ausreichenden finanziellen Mittel zur Bestreitung seines Lebensunterhalts zur Verfügung stehen. Nach dem Gesetz sind die Ursachen für die Alleinerziehung eines Kindes durch einen Elternteil unerheblich. Auch der Fall, dass ein Elternteil verstorben ist, fällt unter das Gesetz.[107]

257 **Anspruchsberechtigt** ist ein Kind bis zum Erreichen des 12. Lebensjahres, wenn der unterhaltsverpflichtete Elternteil Unterhalt nicht, nicht regelmäßig oder nicht in der vom Gesetz vorgesehenen Mindesthöhe zur Verfügung stellt oder im Falle seines Todes die Waisenrente nicht diese Mindesthöhe erreicht (§ 1 Abs. 1 UVG). Kinder im Alter von 12 Jahren bis zum vollendeten 18. Lebensjahr können Leistungen erhalten, wenn sie nicht auf Leistungen nach dem SGB II angewiesen sind oder wenn der alleinerziehende Elternteil im SGB II-Bezug mindestens 600 Euro brutto verdient (§ 1 Abs. 1a UVG).

258 Die vom Gesetz vorgesehene **Höhe** ergibt sich aus § 2 Abs. 1 UVG:

Ausgangsbetrag ist der sich aus § 1612a Abs. 1 Satz 3 Nr. 1 bzw. 2 BGB i.V.m. § 32 Abs. 6 Satz 1 EStG ergebende monatliche Mindestunterhalt, der durch das steuerfrei

---

107 Allerdings billigt der VGH Bad.-Württ., Urt. v. 03.05.2012, ZFSH/SGB 2012 S. 409 ff. keinen Anspruch auf Unterhaltsvorschussleistungen bei anonymer künstlicher Befruchtung zu.

zu stellende sächliche Existenzminimum[108] eines minderjährigen Kindes bestimmt wird. Dieses beträgt 2017 4.716 € jährlich/393 € monatlich, für 2018 4.788 € jährlich/399 € monatlich.

▶ **Unterhaltsvorschussleistungen:**

Daraus ergeben sich folgende Unterhaltsvorschussleistungen:			259
für die Zeit ... einen Anteil am sächlichen Existenzminimum von ...	2017	2018	
... bis zur Vollendung des sechsten Lebensjahrs ... 87 %	342 €	348 €	
... vom siebten bis zur Vollendung des zwölften Lebensjahrs ... 100 %	393 €	399 €	
... vom 13. Lebensjahr an ... 117 %	460 €	467 €	

Nach § 2 Abs. 2 und 3 UVG sind auf den Mindestbetrag das für ein erstes Kind zu 260
zahlende Kindergeld (2017: 192 €; 2018: 194 €) sowie tatsächliche Unterhaltszahlungen des verpflichteten Elternteils oder Waisenbezüge anzurechnen.

▶ **Unterhaltsvorschussleistungen nach Anrechnung Kindergeld:**

Nach Anrechnung des Kindergeldes betragen die Unterhaltsvorschussleistungen damit:			261
für die Zeit ...	2017	2018	
... bis zur Vollendung des sechsten Lebensjahrs	150 €	154 €	
... vom siebten bis zur Vollendung des zwölften Lebensjahrs	201 €	205 €	
... vom 13. Lebensjahr an	268 €	273 €	

§ 7 UVG sieht einen gesetzlichen Übergang des Unterhaltsanspruchs auf die 262
Unterhaltsvorschusskasse vor, der diese in die Lage versetzt, vom Unterhaltsverpflichteten Elternteil, dessen Leistungsfähigkeit vorausgesetzt, gezahlte Leistungen zurückzufordern.

F. Soziale Entschädigungssysteme

Literatur

Gelhausen/Weiner, Opferentschädigungsgesetz. Gesetz über Entschädigung für Opfer von Gewalttaten. Kommentar. 6. Aufl. München 2015; *Knickrehm,* Gesamtes soziales Entschädigungsrecht, Baden-Baden 2012.

---

108 Das ist derjenige Anteil des Einkommens, der zur Sicherstellung des Existenzminimums benötigt wird und deshalb steuerfrei zu bleiben hat. Hierzu der aktuelle »11. Bericht über die Höhe des steuerfrei zu stellenden Existenzminimums von Erwachsenen und Kindern für das Jahr 2018«, BT-Drucks. 18/10220.

I. Soziale Entschädigungssysteme

263 Der Grundgedanke der sozialen Entschädigung ist in § 5 Satz 1 SGB I zum Ausdruck gebracht: Wer einen Gesundheitsschaden erleidet, für dessen Folgen die staatliche Gemeinschaft in Abgeltung eines besonderen Opfers oder aus anderen Gründen einsteht, hat ein Recht auf die notwendigen Maßnahmen zur Erhaltung, zur Besserung und zur Wiederherstellung der Gesundheit und der Leistungsfähigkeit und auf eine angemessene wirtschaftliche Versorgung. Es handelt sich bei der sozialen Entschädigung um eine Art **Sonderopferentschädigung**, die einen Ausgleich für staatlich veranlasste oder nicht hinreichend abgewendete Gesundheitsrisiken darstellt. Während in den anderen sozialen Leistungssystemen der Grund für das Entstehen eines Leistungsanspruchs regelmäßig ohne Belang ist und mit den Leistungen ein bestimmtes Ziel (Finalprinzip) erreicht werden soll (bspw. im Krankenversicherungsrecht die Wiederherstellung der Gesundheit), gilt im Entschädigungsrecht das sog. **Kausalprinzip**. Hier muss das entschädigungsrechtlich relevante Ereignis wesentliche Bedingung für das Entstehen eines Gesundheitsschadens sein. Die Leistungen des sozialen Entschädigungsrechts sind steuerfinanziert.

264 Wichtigste gesetzliche Grundlage ist das »Gesetz über die Versorgung der Opfer des Krieges (**Bundesversorgungsgesetz** – BVG)«, das zur Regelung der staatlichen Versorgung von Kriegsopfern des Zweiten Weltkrieges am 20.12.1950 (BGBl. S. 791) erlassen wurde. Im Laufe der Zeit sind weitere Entschädigungstatbestände geschaffen worden, wobei die entsprechenden Gesetze die Rechtsfolgen, also die Ansprüche nicht selbst regeln, sondern diesbezüglich auf das BVG verweisen:

- das **Soldatenversorgungsgesetz** (SVG) und das Bundesfreiwilligendienstgesetz (BFDG) setzen voraus, dass Personen in Ausübung des jeweiligen Dienstes Gesundheitsschäden erlitten haben;
- das **Infektionsschutzgesetz** sieht als Entschädigungstatbestand die gesundheitliche Schädigung (einschließlich Tod) infolge einer von einer zuständigen Landesbehörde öffentlich empfohlen Impfung vor (§ 60 IfSG);[109]
- das **Opferentschädigungsgesetz** (OEG) enthält als Entschädigungstatbestand das Vorliegen eines tätlichen, rechtswidrigen und vorsätzlichen Angriffs und einer dadurch bedingten gesundheitlichen Schädigung im Geltungsbereich des Gesetzes oder auf einem deutschen Schiff oder Luftfahrzeug (§ 1 Abs. 1, 2 OEG). Anspruchsberechtigt sind in erster Linie deutsche Staatsangehörige. Bei ausländischen Staatsangehörigen hängt die Anspruchsberechtigung vom Aufenthaltsstatus ab (vgl. § 1 Abs. 4 und 5 OEG);
- Personen, die durch rechtsstaatswidrige Strafverfolgungsmaßnahmen oder rechtsstaatswidrige Verwaltungsentscheidungen der DDR einen Gesundheitsschaden erlitten haben, haben Anspruch auf Entschädigung – Rechtsgrundlage sind das

---

109 Die Ersatzpflicht tritt auch bei vorgeschriebenen Impfungen ein. Allerdings gibt es momentan keine gesetzlich vorgeschrieben Impfungen.

Strafrechtliche Rehabilitationsgesetz (StrafRehaG) und das **Verwaltungsrechtli-**
che Rehabilitationsgesetz (VerwRehaG).[110]

II. Die vom BVG geregelten Leistungsansprüche[111]

Hier ist zu unterscheiden, ob es um Ansprüche geht, durch die die **gesundheitlichen**   265
Folgen oder die durch die gesundheitliche Beeinträchtigung bedingten **wirtschaftli-**
chen Folgen ausgeglichen werden sollen. Zum Ausgleich der gesundheitlichen Folgen
sieht das Gesetz **Versorgungsleistungen** vor, zum Ausgleich der wirtschaftlichen Folgen **Fürsorgeleistungen.**

1. Versorgungsleistungen

Die **Versorgungsleistungen** bestehen in: 266
– Heilbehandlung und Krankenbehandlung einschließlich medizinischer Leistungen zur Rehabilitation und Anspruch auf Versorgungskrankengeld (§§ 10 bis 24a
   BVG),
– Pflegezulage (§ 35 BVG)
– Beschädigtenrenten (§§ 29 bis 34 BVG)
   a) Grundrenten in Abhängigkeit von dem Grad der Schädigungsfolgen – § 30
       BVG beginnend mit einem Grad von 30 (§ 31 BVG),
   b) bei außergewöhnlicher Betroffenheit eine Schwerstbeschädigtenzulage nach
       Maßgabe des § 31 Abs. 4 BVG,
   c) zusätzlich eine Ausgleichsrente unter bestimmten Voraussetzungen ab einem
       Grad der Schädigungsfolgen von 50,
– Bestattungsgeld (§ 36 BVG), Sterbegeld (§ 37 BVG),
– Hinterbliebenenrenten, also Witwen- und Waisenrenten einschließlich Elternren-
   te (§§ 38 bis 52 BVG).

Zuständiger Leistungsträger für die Versorgungsleistungen ist die Versorgungsverwaltung, d.h. die Versorgungsämter und die Landesversorgungsämter.

2. Fürsorgeleistungen

Bei den wirtschaftlichen Folgen ist zu prüfen, ob und inwieweit die gesundheitliche   267
Schädigung die wirtschaftliche Lage des Geschädigten/der Hinterbliebenen so beeinträchtigt hat, dass er/sie nicht mehr in der Lage ist/sind, den nach den Vorschriften

---

110 Letzte wichtige Änderung durch das Vierte Gesetz zur Verbesserung rehabilitationsrecht-
     licher Vorschriften für Opfer der politischen Verfolgung in der ehemaligen DDR vom
     02.12.2010 (BGBl. I S. 1744).
111 Zuletzt geändert durch Art. 15 des Gesetzes vom 23.12.2016 (BGBl. I S. 3234), die
     48. Verordnung über das anzurechnende Einkommen nach dem Bundesversorgungs-
     gesetz vom 20.06.2016 (BGBl. I S. 1364) und die 22. Verordnung zur Anpassung des
     Bemessungsbetrages und von Geldleistungen nach dem Bundesversorgungsgesetz vom
     20.06.2016 – BGBl. I, S. 1362 f.

der Kriegsopferfürsorge anzuerkennenden Bedarf aus den Versorgungsleistungen und dem sonstigen Einkommen und Vermögen abzusichern (§ 25c BVG). Unter dieser Voraussetzung kommen als **Fürsorgeleistungen** in Betracht (§ 25b BVG):

–   Hilfen zur Teilhabe am Arbeitsleben (berufliche Rehabilitation) und ergänzende Leistungen (§§ 26 und 26a BVG),
–   Krankenhilfe (§ 26b BVG),
–   Hilfe zur Pflege (§ 26c BVG),
–   Hilfe zur Weiterführung des Haushalts (§ 26d BVG),
–   Altenhilfe (§ 26e BVG),
–   Erziehungsbeihilfe (§ 27 BVG),
–   Erholungshilfe (§ 27b BVG),
–   Wohnungshilfe (§ 27c BVG),
–   Ergänzende Hilfe zum Lebensunterhalt (§ 27a BVG),
–   Erholungshilfe (§ 27b BVG),
–   Wohnungshilfe (§ 27c BVG),
–   Hilfen in besonderen Lebenslagen (§ 27d BVG).

268   Die für die Kriegsopferfürsorge zuständigen Leistungsträger werden durch Landesrecht bestimmt. Es handelt sich vorwiegend um die Landkreise und kreisfreien Städte. Dies erscheint sinnvoll, da die Leistungen der Kriegsopferfürsorge sachlich mit vielen Leistungen nach der Sozialhilfe i.S.d. SGB XII vergleichbar oder sogar identisch sind, das BVG, z.B. was den Einkommens- und Vermögenseinsatz angeht, auf das SGB XII verweist (§§ 25e, 25f) und der örtliche Träger der Sozialhilfe am fachkundigsten erscheint, um die vom BVG vorgesehen Leistungen zu erbringen.

Kapitel 15 Strafrecht

Literatur

Cornel/Kawamura-Reindl/Maelicke/Sonnen, Handbuch der Resozialisierung, Baden-Baden 2003; *Riekenbrauk*, Strafrecht und Soziale Arbeit, 4. Aufl. Köln 2011; *Brühl/Deichsel/Nothacker*, Strafrecht und Soziale Praxis, Stuttgart 2005; *Oberlies*, Strafrecht und Kriminologie für die Soziale Arbeit, Stuttgart 2013.

A. Einführung und Praxisrelevanz

I. Einführung

Das Strafrecht nimmt in der Gesellschaft eine wichtige Funktion wahr. Das Interesse 1
der staatlichen Gemeinschaft an der Erhaltung des **Grundfriedens** in der Gesellschaft kann nur dadurch gesichert werden, dass die Rechtsordnung bestimmte **sozialschädliche Verhaltensweisen** bei Strafe verbietet.[1] Dies zeigt die doppelte Bedeutung der Wichtigkeit des Strafrechts. Zum einen hat die Gesellschaft ein großes Interesse an der **Bewahrung des Rechtsfriedens** und zum anderen haben die Beteiligten im Strafverfahren, allen voran der Angeklagte, ein massives Interesse an der Einhaltung **rechtsstaatlicher Garantien**.

Das Strafrecht ist Teil des Öffentlichen Rechts, da es die hoheitlichen Beziehungen 2
zwischen Staat und Bürger regelt. Die hohe Bedeutung des Rechtsgebietes gegenüber anderen Rechtsgebieten, z.B. dem Baurecht liegt auf der Hand. Im Strafverfahren steht der Einzelne unter hohem psychischem und ggf. physischem Druck. Das Strafrecht betrifft die gesamte Person in ihrem Lebensbereich mit familiärem Umfeld. Der Mensch selber ist Gegenstand behördlichen Handelns. Einerseits geht es beim Thema Strafe um die Einhaltung verfassungsrechtlicher Garantien, aber auch u.U. um eine Güterabwägung mit den Grundrechten anderer Bürger, z.B. denen der Geschädigten. Diese Güterbalance unterliegt auch politischen Erwägungen und Stimmungen in der Gesellschaft.[2]

II. Relevanz für die Sozialarbeit

Strafrecht ist ein wichtiges Arbeitsfeld für Sozialarbeiter und Sozialpädagogen. Die sozi- 3
alen Dienste der Justiz, mit der **Bewährungshilfe**, der **Gerichtshilfe**, der **Führungsaufsicht**, den Sozialarbeitern in **Justizvollzugsanstalten**, bei den Gerichten und anderen öffentlichen Institutionen (behördliche Straffälligenhilfe) und freien Trägern wie Wohlfahrtsverbänden, Kirchen, gewerblichen Trägern sowie das Engagement von Ehrenamtlichen und Selbsthilfegruppen (z.B. Schuldnerberatung, Anlaufstellen oder Wohngruppen für Haftentlassene, Drogenberatung, AIDS-Hilfe) als nichtbehördliche Straffälligenhilfe

---

1 Vgl. BVerfGE 51, 324, 343.
2 Vgl. die Äußerung des früheren Bundeskanzlers Schröder, Sexualtäter gehörten weggesperrt.

erfüllen eine wichtige Funktion in der Befriedung gesellschaftlicher Bedürfnisse und in der konkreten Resozialisierung (zu den einzelnen Hilfen siehe Schaubild 1).

4 Auch die **Jugendgerichtshilfe** erfüllt mit ihren Arbeitsaufträgen im Jugendstrafverfahren eine wichtige Funktion. Aber auch die eigene Rechtsposition von Sozialarbeitern steht im Focus der folgenden Erörterungen, z.b. in den Bereichen Zeugnisverweigerungsrecht, Strafanzeigepflicht, Strafbarkeit wegen Verletzung von Privatgeheimnissen (§ 203 StGB) oder Strafbarkeit aufgrund einer Garantenstellung.

B. Grundlagen

5 Durch die Strafrechtsnormen bestimmt der Gesetzgeber, welche sozial unerwünschten Handlungen von Menschen er unter Strafe stellen will und durch die jeweils angedrohte Strafhöhe, welchen kriminalpolitischen Stellenwert er diesem Verstoß beimisst. Sicher ist unhöfliches Benehmen oder Ehebruch sozial unerwünscht, aber eben nicht strafrechtsbewehrt.

6 Ein Blick in die Geschichte zeigt, dass vor allem die Gebiete des Sexual- und des politischen Strafrechts gesellschaftlichen Veränderungen unterworfen sind. Ehebruch war bis 1969 strafbar, Homosexualität zwischen Männern ebenfalls bis 1973.[3] Die Strafbarkeit von Akteuren bei der Beschneidung von Jungen aus religiösen Gründen wurde heftig diskutiert.[4] Seit 2011 ist gem. § 237 StGB auch die Zwangsheirat ein Straftatbestand.

7 Das Gleiche gilt natürlich auch für neue Deliktstypen, wie z.B. Manipulation technischer Geräte zwecks Geldauszahlung oder der gesamte Bereich der Computerkriminalität. Auch die Nachstellung § 238 StGB (Stalking) ist erst vor kurzem als Straftatbestand geschaffen worden, die gewerbsmäßige Beihilfe zur Selbsttötung ist unter Strafe gestellt worden.

8 Die **Strafrechtsnormen** sind alle **formellen Gesetze**, also vom Gesetzgeber erlassene Gesetze. Dies folgt u.a. schon aus dem Grundsatz der Gesetzmäßigkeit der Verwaltung (**Vorrang und Vorbehalt des Gesetzes**), weil staatliche Eingriffe in Grundrechte der Bürger einer gesetzlichen Grundlage bedürfen. I.Ü. wird dies auch durch die **Justizgrundrechte** (vgl. Art. 101 ff. GG) abgesichert, weil gem. Art. 103 Abs. 2 GG »eine Tat nur bestraft werden (kann), wenn die Strafbarkeit gesetzlich bestimmt war, bevor die Tat begangen wurde«.[5] Auch die Freiheitsentziehung steht unter dem Vorbehalt der richterlichen Genehmigung gem. Art. 104 Abs. 2 GG. Ähnliches gilt für den Grundsatz des rechtlichen Gehörs gem. Art. 103 Abs. 1 GG.

---

3 *Wesel*, 1997, S. 338.
4 Vgl. Urteil des LG Köln v. 07.05.2012, Akt. Z. 151 NS 169/11.
5 Deswegen wurden die Mauerschützen an der ehemaligen innerdeutschen Grenze nicht nach bundesrepublikanischem Recht, sondern nach DDR- bzw. Völkerrecht verurteilt. Vgl. BGH, Urt. v. 03.11.1992 – 5 StR 370/92.

Die meisten Strafrechtsnormen sind im Strafgesetzbuch (StGB) enthalten, aber es   9
existieren zahlreiche Gesetze, in denen weitere Strafrechtsnormen enthalten sind, z.b.
Aufenthaltsgesetz, Betäubungsmittelgesetz, Kinder- und Jugendhilferecht (SGB VIII),
Luftverkehrsgesetz (LVG), Straßenverkehrsgesetz (StVG) etc. (das so genannte
Nebenstrafrecht).

Weil der Unwertgehalt einer Tat manchmal gering ist, hat der Gesetzgeber bestimmt,   10
dass manche Gesetzesverstöße »nur« eine Ordnungswidrigkeit darstellen, die mit Ver-
warnungsgeld (»Knöllchen«) oder Geldbuße geahndet werden. Genaueres zum Verfahren ist im **Ordnungswidrigkeitengesetz** (OwiG) geregelt.

▶ **Beispiel:**

Das Führen eines Kfz mit 0,5-Promille Alkohol oder mehr stellt nach § 24a StVG   11
eine Ordnungswidrigkeit dar, die mit einer Geldbuße geahndet wird; hat der Fahrer
aber 1,1-Promille Alkohol oder mehr im Blut, stellt das eine Straftat nach § 316
StGB dar, die mit Freiheitsstrafe bis zu einem Jahr oder mit Geldstrafe bedroht ist,
weil die Gefährdung mit dem Promillegehalt wächst. Die Ordnungswidrigkeit wird
von einer Behörde geahndet (z.B. Polizeipräsident), der Betroffene ist dann nicht
vorbestraft; die Straftat wird vom Gericht geahndet, der Verurteilte ist vorbestraft.

Das Strafrecht zählt zum Gebiet des öffentlichen Rechts, weil hier der Staat dem   12
Bürger als **Inhaber des Gewaltmonopols** in einem **Über- bzw. Unterordnungsver-
hältnis** gegenübertritt. Den Bürgern ist die Ausübung von Strafgewalt untereinander
verboten. Dies wird als Selbstjustiz bestraft. Weil der Staat aber das Strafmonopol
besitzt, müssen die Bürger eine gerechte, zeitnahe, effektive Strafgerichtsbarkeit (Teil
des Rechtsstaatsprinzips) erfahren, weil ansonsten ein Legitimitätsverlust staatlicher
Machtausübung droht und damit die Selbstjustiz zunehmen könnte bzw. ein Rückzug
bürgerschaftlichen Engagements zunähme.

Das Verhältnis Staat – Bürger wird darüber hinaus als **allgemeines Gewaltverhältnis**   13
bezeichnet. Das heißt natürlich nicht, dass der Bürger rechtlos gestellt ist, sondern
durch Art. 19 Abs. 4 GG ist garantiert, dass er sich gegenüber diesen staatlichen Maßnahmen juristisch wehren kann.

Der schon in anderen Kapiteln angesprochene Dualismus zwischen materiellen und   14
prozessualen Regelungen (formelles Recht) besteht auch im Strafrecht. Während das
StGB und andere Gesetze die Strafbarkeit eines Tuns oder Unterlassens, also das »ob«
und die Rechtsfolge (Freispruch, Einstellung, Freiheitsstrafe oder Geldstrafe)regeln,
wird in der Strafprozessordnung (StPO) normiert, »wie« ein justizförmiges Strafverfahren abzulaufen hat.

Untrennbar ist mit dem Strafrecht die Frage nach dem **Sinn und Zweck** von Strafe   15
verknüpft. Aus dem Altertum ist die Theorie der Vergeltung bekannt. Sie fußt auf
der Idee von Gerechtigkeit getreu dem Motto: »Auge um Auge, Zahn um Zahn«.
Der Schuldausgleich hat zu erfolgen, ohne dass damit z.B. eine Besserung des Täters

beabsichtigt ist. In Deutschland stehen für diese **absolute Straftheorie** u.a. die Klassiker Kant und Hegel.[6]

16   Im Unterschied dazu stellt die Theorie der **Generalprävention** die Abschreckung der Allgemeinheit durch die Androhung und Vollstreckung von Strafen in den Mittelpunkt (negative Generalprävention) und will gleichzeitig die rechtstreue Einstellung der Bevölkerung (positive Generalprävention) bestärken.[7]

17   Dagegen nimmt die Theorie der **Spezialprävention** den Täter in den Blickpunkt und will ihn mittels Strafe von der Begehung neuer Straftaten abschrecken (negative Spezialprävention) und ihm Fähigkeiten für ein straffreies Leben vermitteln (resozialisieren bzw. bei Jugendlichen erziehen = positive Spezialprävention). Dementsprechend ist die Gesellschaft vor nicht resozialisierbaren Tätern zu schützen (Sicherungszweck). In Deutschland steht Franz v. Liszt, ein berühmter Strafrechtslehrer, für diese Theorie.

18   In der Diskussion in der Bundesrepublik hat sich eine Verbindung dieser Theorien durchgesetzt, nämlich die **Vereinigungstheorie.** Sie nimmt Elemente aller anderen Strafrechtszwecke auf und ist vom Gesetzgeber u.a. in das Strafvollzugsgesetz (StVollzG) und in die §§ 46 f. StGB (Strafzumessungsregelungen) eingeflossen. Der Bundesgerichtshof (BGH) und das Bundesverfassungsgericht (BVerfG) haben wiederholt in ihren Urteilen auf die Vereinigungstheorie verwiesen.[8] Zusätzlich existiert eine Reihe anderer weiterer Meinungen zum Zweck von Strafe, wie z.B. die **Theorie der präventiven Risikobegrenzung** und **Integrationsprävention** und die **Lehre vom Rechtsgüterschutz** (Individualrechtsgüter sind z.B. die körperliche Unversehrtheit, die sexuelle Selbstbestimmung einer Person; Universalrechtsgüter sind z.B. die öffentliche Ordnung, die gesetzmäßige Verwaltung).

19   Vor allem die letzte Theorie hat sich verstärkt mit den Folgen der Strafrechtspraxis auseinander gesetzt und radikal den Sinn und Zweck vieler Straftatbestände (z.B. Eigenkonsum von Drogen, Schwangerschaftsabbruch [§ 218 StGB] etc.) in Frage gestellt.

20   Angesichts der heutigen gesellschaftlichen Realität und der hohen internationalen Mobilität von Straftätern erscheint der Verzicht auf das Strafrecht (trotz aller Mängel) undenkbar. Ohne die Androhung und Vollstreckung von Strafen wäre meines Erachtens ein gedeihliches Zusammenleben in dieser Gesellschaft nicht möglich. Dies schließt Diskurse von Veränderungen, Verbesserungen, Einbeziehung anderer Strategien zur Verbrechensbekämpfung notwendigerweise mit ein.

21   Kriminalpolitische Wirkung hat weniger die Höhe der Strafandrohung (z.B. fünf Jahre Strafandrohung statt vorher drei Jahre), sondern haben die Wahrscheinlichkeit einer Sanktion (z.B.»Starenkästen«), die Schnelligkeit der Reaktion (»Strafe muss auf dem Fuße folgen«) und das Ansetzen an den Ursachen der Straffälligkeit (z.B. Alkoholabhängigkeit).

---

6 Vgl. *Schwind*, 1995, S. 84.
7 *Riekenbrauk*, 2011, S. 25.
8 BGH, 24, S. 4 m.w.N.

Mit dem Strafrecht ist eine Reihe weiterer Fachgebiete eng verknüpft, u.a. die Kri- 22
minalistik, Kriminologie etc. In der Fachöffentlichkeit wird oft der Begriff »Delikt«
synonym für den Begriff Straftat verwandt. Mit dem Begriff der Kriminalität wird
die Gesamtheit/das Erscheinungsbild aller strafbaren Handlungen bezeichnet. Die
juristische Kriminalwissenschaft befasst sich also mit dem kriminellen Verhalten von
Menschen unter dem Aspekt des Strafrechts.

Die Kriminologie als nichtjuristische Kriminalwissenschaft befasst sich u.a. mit der 23
Ursachenforschung, den Erscheinungsformen von Straftaten, der Lehre vom Opfer-
verhalten (Viktimologie), der Wirkung von Strafe, mit der Kriminaltherapie, mit
gerichtspsychologischen und -psychiatrischen Fragen. Die Strafrechtswissenschaft ist
also eine normative Wissenschaft, während es sich bei der Kriminologie eher um eine
empirische Wissenschaft handelt.[9]

Schließlich und endlich will die Kriminalistik die Tat entdecken und den Täter fassen, 24
kurzum das Verbrechen aufklären. Dazu bedient sie sich der Kriminaltaktik, der Kri-
minaltechnik und wird bestimmt durch die Kriminalpolitik.

Die Kriminologen wollen dagegen die Ursachen der strafbaren Handlung erklären. 25
Damit sind die Bereiche der Psychologie, Soziologie und Psychiatrie eng verwoben.
Nicht nur in den letztgenannten Bereichen liegt der enge Bezug zur Sozialarbeit auf
der Hand. Die Jugendgerichtshilfe als ein wichtiger Teil des Jugendstrafverfahrens
muss sich zwangsläufig mit Fragen der Entstehung von Straftaten, der Sozialisation
von Jugendlichen, den sozialen, wirtschaftlichen und kulturellen Rahmenbedingungen vom Aufwachsen der Jugend, den Folgen von Bestrafung etc. auseinandersetzen.

Die Bezüge des Strafrechts zur Sozialarbeit sind mannigfach. Tausende von Sozialarbeitern haben ihren beruflichen Schwerpunkt im Bereich der Straffälligenhilfe für
Jugendliche und Erwachsene.

---

9 *Riekenbrauk*, 2011, S. 31 ff.

Schaubild 1:

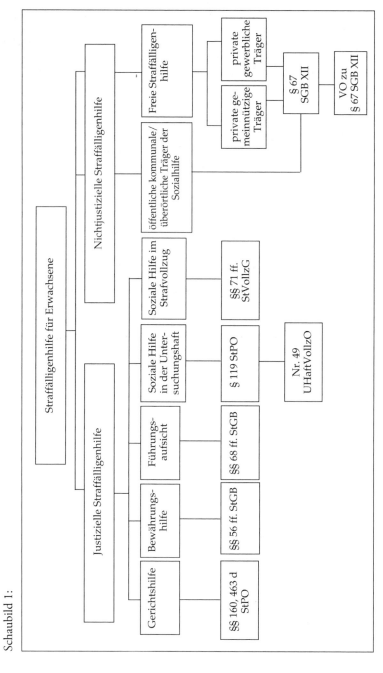

Knösel

Darauf wird in den weiteren Erörterungen jeweils abschnittsspezifisch eingegangen werden.

Fast jede Straftat löst zivilrechtliche, u.U. auch arbeitsrechtliche (Schadenersatz-, 26 Schmerzensgeld-) Ansprüche (meist nach §§ 823 ff. BGB) aus; trotzdem müssen wir Strafrecht und Zivilrecht scharf auseinander halten. Im Strafverfahren wird in der Regel (außer im sog. **Adhäsionsverfahren**) nicht über zivilrechtliche Ansprüche entschieden.

C. Geschichte des Strafrechts

Schon in frühen Gesellschaftsformationen (Mesopotamien, Ägypten etc.) existierten 27 strafrechtliche Regelungen. Diese Regelungen dienten zum einen der **zivilrechtlichen** Wiedergutmachung und zum anderen der allgemeinen Abschreckung bzw. Genugtuung. Deshalb spricht man hier vom **Privatstrafrecht**. Aus der Geschichte Griechenlands sind allgemein die **drakonischen** Strafen bekannt. Diese waren äußerst hart, z.b. existierten Todesstrafe, Verstümmelungen etc.[10]

Erst durch die Herausbildung staatsähnlicher Gemeinschaften und deren gesellschaft- 28 liche Entwicklung fand eine Ausdifferenzierung der Vorschriften statt. Zum einen ergab sich eine Trennung zwischen Zivil- und Strafrecht und zum anderen wurden genauere Straf- und Verfahrensrechtsvorschriften aufgeschrieben. Diese beiden Tendenzen lassen sich gut aus der **Geschichte des Römischen Rechts** nachzeichnen.

Auch im frühen deutschen Reich existierte bei den **Germanen** das Privatstrafrecht. 29 Diebe und Ehebrecher durften auf der Stelle getötet werden, wenn sie auf frischer Tat ertappt wurden. Das Stammesrecht der Franken (lex salica) verzeichnet noch keine weitere Entwicklung. Erst mit Beginn des Mittelalters (ca. 1.200) nahm die rechtsgeschichtliche Entwicklung (**Sachsenspiegel**) im deutschen Reich einen ähnlichen Verlauf wie z.b. in der römischen Geschichte.[11] Mit der Herausbildung staatlicher Ordnung wird das eigentliche Strafrecht differenzierter. Das Gericht selbst eröffnet nun das Strafverfahren und will die Wahrheit feststellen. Der **Inquisitionsprozess** wird eingeführt. Die Bestrafung steht im engen Zusammenhang mit den kirchlichen Einflüssen im Recht selbst und vor allem in den Rechtsinstitutionen. Mit dem Beginn des 16. Jahrhunderts werden die grausamen Behandlungs- und Bestrafungsmethoden eingeschränkt. Im 17. Jahrhundert wird das Strafrecht auch als eigene Wissenschaftsdisziplin an den Universitäten gelehrt. Durch das **Naturrecht** werden jetzt weltliche Strafrechtsziele wie Besserung und Abschreckung zum Strafzweck erhoben. In diesen Zeitabschnitt fällt auch der Beginn der Verhängung der Freiheitsstrafe. Trotz der allgemeinen milderen Strafrechtsanwendung fallen in diese Zeit zahlreiche Tötungen, verhängt in den **Hexenprozessen**, die bisher in ihrer Massenanwendung und als hysterisches Gesellschaftsphänomen nicht ausreichend untersucht sind.[12]

---

10 *Wesel*, 1997, S. 78, 119.
11 *Wesel*, 1997, S. 166 ff., 317.
12 *Wesel*, 1997, S. 391.

1794 wird in Preußen das **Allgemeine Preußische Landrecht** in Kraft gesetzt. In 1.577 Paragrafen wird das Strafrecht geregelt.

30 Im 19. Jahrhundert beginnt die geistige Blütezeit der Diskussion um Sinn und Zweck der Strafe. Anselm von Feuerbach gilt als der große Inspirator dieser Zeit. Bedingt durch die Französische Revolution werden wichtige Reformen im Strafprozess umgesetzt, u.a. das **Mündlichkeitsprinzip**, die öffentliche Verhandlung und durch die Schaffung der Staatsanwaltschaft eine **Trennung** von Ermittlungs- und Entscheidungsinstanz.

31 1851 wurde das **Preußische StGB** formuliert, welches als Vorbild für das Reichsstrafgesetzbuch von 1871 gilt. Ende des 19. Jahrhunderts konnten Freiheitsstrafen zur Bewährung ausgesetzt werden. Bei der Bestrafung eines Täters wurde bereits die Tatbestandsmäßigkeit, die Rechtswidrigkeit und die Schuld seiner Handlung – genau wie heute – geprüft. Weitere Reformen auf dem Gebiet der Strafrechtspflege sind in Deutschland eng mit dem Namen Franz von Liszt verknüpft, der soziale Ursachen für die Entstehung von Kriminalität verantwortlich machte.[13]

32 1923 trat das **Jugendgerichtsgesetz** und das Geldstrafengesetz in Kraft. Die Strafjustiz geriet besonders durch die politischen Auseinandersetzungen während der Weimarer Zeit in große Legitimationszwänge, war doch der Justizapparat überwiegend konservativ und reaktionär.

Deshalb fiel großen Teilen der Rechtswissenschaft, des Justizapparates und der Richterschaft der Übergang in den nationalsozialistischen Machtbereich nicht schwer.[14]

33 Nach der Machtübernahme 1933 wurden binnen kurzem die politischen Strukturen so verändert, dass von einer nahezu vollständigen Gleichschaltung des Justizsektors auszugehen ist. Durch neue auslegbare Gesetze und Gerichte schufen die Nazis die Voraussetzungen hierfür. 1939 wurde das Rechtsmittel des **außerordentlichen Einspruchs** und 1940 die **Nichtigkeitsbeschwerde** eingeführt. Die neu geschaffene Position des Oberreichsanwaltes hatte damit die Instrumente in der Hand, jedes Urteil aufzuheben bzw. rechtskräftig werden zu lassen.

34 1934 wurde der Volksgerichtshof gegründet, 1936 das Reichskriegsgericht.[15] Neuere Schätzungen gehen davon aus, dass ca. 50.000 Todesurteile durch diese grausamen Gerichte verhängt wurden. Zum Teil regte sich Widerstand in der Richterschaft gegen diesen Terror und es gelang sicher in Einzelfällen, Personen vor dem Schlimmsten zu bewahren. Da jedoch der Terror, auch außergesetzlich, durch die Gestapo und andere Gruppen ausgeübt wurde, war das justizförmige Verfahren oft nur ein zeitliches Zwischendrama. In dieser Zeit wurde der Mordparagraf neu gefasst. Zur beruflichen Vernichtung der Juden wurde das Rechtsberatungsgesetz geschaffen, welches eine Rechtsberatung an die Eigenschaft als Rechtsanwalt knüpft, die den Juden entzogen worden war.

---

13 *Wesel*, 1997, S. 457.
14 Vgl. *Wesel*, 1997, Rn. 326.
15 *Wesel*, 1997, S. 479.

Knösel

In der DDR wurden ebenfalls der Justizapparat und die Richterschaft nach politischen 35
Vorgaben neu geordnet. Auch hier versuchte das politische System durch gezielte Eingriffe eine Verfügbarkeit zu erreichen. Die Ziele dieser Interventionen lagen darin,
politisch Andersdenkende auszusondern. Bis 1987 gab es in der DDR die Todesstrafe,
die zuletzt äußerst selten vollstreckt wurde.[16]

In den 70er Jahren wurden neue Tatbestände geschaffen, um gesellschaftliche Verän- 36
derungen auszuschalten. Mit z.T. drakonischen Strafen wurde auf politische Oppositionelle reagiert. Warum ist die Ausreise aus einem Staat eine Straftat?

In anderen Bereichen des Strafrechts waren viele Regelungen liberaler als in der Bun- 37
desrepublik, z.B. war die Strafaussetzung einer höheren Freiheitsstrafe zur Bewährung
möglich (Bundesrepublik nur bis zu zwei Jahren). Man hatte ferner ein System **gesell-**
schaftlicher Regularien geschaffen, die dem justizförmigen Verfahren vorgeschaltet
waren.[17]

Die Bundesrepublik hatte zunächst das Problem, dass weite Teile der Richterschaft 38
und des Justizapparates mit ehemaligen Nazis besetzt waren. Eine juristische Aufarbeitung dieses Unrechts fand nicht statt. In extremen Fällen wurden Einzelne aus dem
Dienst entfernt, andere Personen hatten sich demokratisch gewandelt.[18]

Durch weitere Liberalisierungen der Strafgesetze und eine konsequent rechtsstaatlich 39
orientierte Rechtsprechung des BVerfG[19] näherte man sich den Vorstellungen des
sozialen Rechtsstaates. Die Grundstruktur und wesentliche Teileelemente hatten sich
zuvor in der langen rechtsgeschichtlichen Entwicklung herausgebildet.

D. Strafverfahren

I. Beteiligte

1. Prozessorgane

Die **Polizei,** die **Staatsanwaltschaft (StA)** und die **Gerichte** sind als staatliche Organe 40
an der Strafverfolgung beteiligt. Grundlage und Ausgangspunkt staatlichen Handels
ist der Mensch und dessen grundrechtlicher Schutz. Zwischen Ausübung staatlicher
Macht, hier dem Strafverfolgungsinteresse, und den Rechten der Beteiligten gebietet
die rechtsstaatliche Ordnung (Art. 20 Abs. 3 GG, Art. 28 Abs. 1 GG) den beteiligten
staatlichen Behörden, ein fein ausbalanciertes System vom staatlichen Eingriff einerseits und Menschenwürde, Unschuldsvermutung mit zahlreichen rechtsstaatlichen
Garantien (Richtervorbehalt, Rechtsmittel etc.) andererseits, einzuhalten.

---

16 Deshalb ist m.E. die Bezeichnung der DDR als Diktatur bzw. Unrechtsstaat zutreffend.
    Dies darf aber nicht zur Ausgrenzung und Diffamierung des einzelnen Bürgers führen.
17 *Wesel,* 1997, S. 507.
18 *Wesel,* 1997, S. 533.
19 *Wesel,* 1997, S. 525 m.w.N.

41 Dazu gehört auch die **strenge Aufgabenverteilung** und **gegenseitige Kontrolle** der staatlichen Prozessorgane. Durch die Einschaltung unabhängiger Gerichte will man die Machtbefugnisse der Exekutive (Polizei und StA) bewusst begrenzen. Dies ist u.a. eine Folge der Erfahrungen aus der Nazizeit. Die Notwendigkeit hat sich auch aus dem Umgang der Verwaltung mit Menschen in der DDR als unumgänglich erwiesen.

Abgesichert durch das **Legalitätsprinzip** (§§ 160, 163 StPO) muss die Polizei in allen Fällen ermitteln, in denen sie das Vorliegen einer Straftat vermutet. Dies wird auch als Anfangsverdacht bezeichnet.

Schaubild 2:

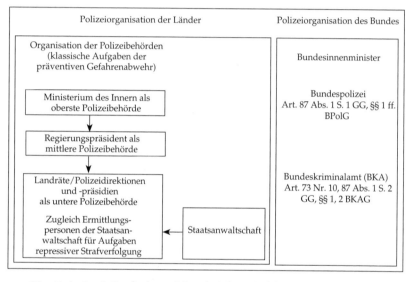

aus: *Klaus Riekenbrauk,* Strafrecht und Soziale Arbeit, S. 46.

42 Die Polizei wird als **Hilfsbeamte der Staatsanwaltschaft** tätig. Sie hat gem. § 163 StPO das Recht des »ersten Zugriffs«. An sich setzt die StPO eine enge Kooperation und jederzeitige Kontrolle zwischen Polizei und StA voraus. Aufgrund von technischen und personellen Möglichkeiten hat sich in der Praxis eine – oft beklagte – Verschiebung der Ermittlungstätigkeiten zur Polizei hin vollzogen. Die Zuständigkeit für den Bereich der Polizei liegt bei den Ländern. Die Polizeibehörden nehmen neben der Strafverfolgung weitere Aufgaben wie z.B. die der **Gefahrenabwehr** durch Schutz-, Verkehrs- und Bereitschaftspolizei, wahr.[20] S. oben Schaubild 2 zum Aufbau der Polizei, zum Aufbau der Staatsanwaltschaft s. das nachfolgende Schaubild 3.

---

20 *Ibrecht,* 1999, S. 178.

Schaubild 3:
Aufbau der Justizverwaltung des Bundes und der Länder

Bund	Land
Bundesjustizminister	Landesjustizminister
Hat jeweils Dienst- und Fachaufsicht über:	
Generalbundesanwaltschaft (Sitz am BGH): - Generalbundesanwalt	Generalstaatsanwaltschaft (Sitz am OLG): - Generalstaatsanwalt
Hat jeweils Dienst- und Fachaufsicht über:	
- Bundesanwälte	- Staatsanwälte
	Generalstaatsanwaltschaft hat Dienst- und Fachaufsicht über:
	- Staatsanwaltschaft (Sitz am LG)

Schaubild 4: Aufbau der Staatsanwaltschaft

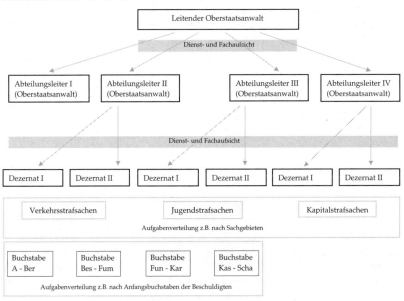

Herr des Ermittlungsverfahrens ist jedoch die Staatsanwaltschaft, die als monokrati- **43** sche Behörde gem. § 150 Gerichtsverfassungsgesetz (GVG) von den Gerichten unabhängig ist. Ihre Hauptaufgaben sind die Führung der Ermittlungen (§ 160 StPO), im Falle des hinreichenden Tatverdachtes Anklage gegen den Beschuldigten zu erheben

(§ 152 StPO) oder Antrag auf Erlass eines Strafbefehls (nur bei Vergehen und klarer Beweislage zulässig) beim Amtsgericht zu stellen (§ 407 StPO), in der Hauptverhandlung die Anklage zu vertreten und letztlich im Falle der Verurteilung die Vollstreckung durchzuführen.

44 Die StA hat die Ermittlungen objektiv durchzuführen, d.h., es gilt der **Amtsermittlungsgrundsatz**, wonach alle Aspekte der Tat, die gegen und für den Beschuldigten sprechen, ermittelt werden müssen.

45 Die Staatsanwaltschaft kann im Eilfall strafprozessuale Zwangsmittel (z.b. die Anordnung einer Blutprobe, die vorläufige Festnahme) selbstständig anordnen, muss aber im Normalfall die richterliche Genehmigung einholen.

46 Die Gerichte wiederum sind im Kern keine Behörden, weil sie gem. **Art. 97 GG** als **Justizorgane** unabhängig und nur dem Gesetz unterworfen sind.[21] Dies ist zusätzlich durch die Bestimmung der Rechtsbeugung gem. § 339 StGB abgesichert. Bis auf die obersten Bundesgerichte, also Bundessozialgericht, -arbeitsgericht, -verwaltungsgericht, -finanzhof, -gerichtshof (Zivil- und Strafrecht) und natürlich dem Bundesverfassungsgericht (BVerfG) ist die Einrichtung der Gerichte Ländersache.[22]

47 Die **Justizgrundrechte** sichern dem Beschuldigten gem. **Art. 101 GG** sein Recht auf seinen gesetzlichen Richter zu, d.h., es bestehen gerichtsinterne organisatorische Regelungen, die eine unumgängliche feste Zuordnung des Beschuldigten zu seinem Richter (z.b. durch Name, Delikt, Eingangszahlen etc.) vorsehen.

48 Im Ermittlungsverfahren wird für richterliche Handlungen (z.b. Hausdurchsuchung, Erlass eines Haftbefehls als Voraussetzung für Untersuchungshaft) der Ermittlungsrichter eingeschaltet. Mit Erhebung der Anklage ist für richterliche Anordnungen (z.b. Aussetzung der Vollstreckung des Haftbefehls gegen Kaution) das Gericht zuständig, zu dem Anklage erhoben ist. Je nach Deliktstypus, Straferwartung wird das zuständige Gericht ermittelt. Die Strafgewalt des Amtsgerichts endet bei vier Jahren, sodass Delikte wie z.b. Mord etc. gleich vor dem LG verhandelt werden.

Für Jugendliche existieren beim Amts- und Landgericht besondere Gerichtsabteilungen, eben die **Jugendgerichte**.

49 Für den behördlichen Austausch existieren die »**Mitteilungen in Strafsachen**« (MiStra), nach denen z.b. die Polizei das Jugendamt bei jugendlichen Straftätern informieren muss.

50 Die Belastung der Gerichte oder der StA erkennt man oft an den Aktenzeichen, z.B. 86 Js 12397/12 oder 215-1234/113. Die erste Zahl gibt die Abteilung der StA oder des Gerichts wieder, die nächste Zahl die Anzahl der Verfahren und am Ende steht die Jahreszahl. »Cs« steht für ein Strafbefehlsverfahren bei dem AG, »Ds« für ein Strafverfahren vor dem Einzelrichter am AG, »Gs« führen Strafsachen vor dem

---

21 Vgl. aber § 11 I Nr. 7 StGB.
22 Vgl. Kap. 21 »Rechtsnormen und ihre Anwendung«.

Ermittlungsrichter, z.B. Haftbefehle, »Js« sind Ermittlungsverfahren bei der StA, »Jug« bezeichnen Jugendgerichtsverfahren.

2. Beschuldigte

Für den Beschuldigten (B.) (wegen der Bezeichnung vgl. § 157 StPO) gilt bis zur **51** rechtskräftigen Verurteilung die Unschuldsvermutung, das bedeutet u.a., dass sich kein B. selbst belasten muss. Ihm stehen eine Reihe von prozessualen Rechten zu, u.a. sich einen Verteidiger zu nehmen, einzelne Beweisanträge zu stellen, bei der Polizei und der StA Aussagen zu machen oder zu verweigern. Der Anspruch auf **rechtliches Gehör** gem. Art. 103 Abs. 1 GG ist besonders wichtig.

Polizei und StA dürfen keine **verbotenen Vernehmungsmethoden** anwenden (§ 136a **52** StPO). Der B. ist u.a. auf seine gesetzlichen Rechte hinzuweisen und vor jedem Verhör zu belehren. Fehler im Verfahren können zu Verwertungsverboten führen. Der B. hat die Pflicht, im Falle einer Ladung **nur** bei der StA und dem Gericht zu erscheinen. Vorladungen der Polizei können deshalb ohne Nachteil ignoriert werden. Sich belasten muss ein B. oder Angeklagter nie.

3. Verteidiger

Der **Verteidiger** als Organ der Rechtspflege kann jederzeit vom Beschuldigten zur **53** Wahrnehmung seiner Rechte gewählt werden. Der Verteidiger nimmt die Verfahrensrechte des Beschuldigten einseitig zu dessen Gunsten wahr. Er verteidigt nicht dessen Taten oder dessen Persönlichkeit, sondern achtet auf die Einhaltung der Verfahrensvorschriften. Nur der Verteidiger hat **Akteneinsichtsrecht** (§ 147 StPO) und kann so maßgeblich zur Verteidigung des B. beitragen. Der B. hat den Verteidiger zu bezahlen, es sei denn, dieser wird vom Gericht als **Pflichtverteidiger** (§ 140 StPO) bestellt, wenn ein Fall der notwendigen Verteidigung (z.B. Hauptverhandlung findet vor dem LG statt, der Beschuldigte ist wegen eines Verbrechens, z.B. Raub, vor dem Schöffengericht beim Amtsgericht angeklagt oder er ist der deutschen Sprache nur unzureichend mächtig und erwartet eine ca. 1-jährige Freiheitsstrafe) vorliegt.

Prozesskosten- und Beratungshilfe (Ausnahme: Beratung) gibt es also für den Angeklagten im Strafprozess nicht.

Insbesondere beim Vollzug der U-Haft kommt dem Verteidiger eine – auch mensch- **54** lich – wichtige Rolle zu, denn der Umgang des B. – mit möglichen Besuchern (nicht Verteidiger) – ist i.d.R. auf 30 Minuten vierzehntägig beschränkt.

Wenn der B. also kein Geld hat und kein Fall der notwendigen Verteidigung vorliegt, muss und sollte er sich vor den Gerichten selbst verteidigen.

I.Ü. wird der B. zum **Angeklagten** (A.), wenn das Hauptverfahren durch das zuständige Gericht eröffnet wird.

4. Zeugen

55 Da es im Strafprozess um die Rekonstruktion von vergangenen Geschehnissen geht, sind die Beteiligten u.a. auf **Zeugen** angewiesen. Weitere Beweismittel können **gerichtlicher Augenschein (z.B. des Tatortes), Urkunden** und **Sachverständige** sein. Zeugen sollen eigene Wahrnehmungen bekunden, haben sie diese von Dritten erfahren, sind sie nur Zeuge vom Hörensagen. Der Zeuge muss im Falle der Ladung nur bei der STA und dem Gericht erscheinen. Deshalb muss der angerufene oder vorgeladene Zeuge bei der Polizei nie erscheinen bzw. aussagen. Er hat aber ansonsten eine uneingeschränkte Wahrheitspflicht, es sei denn, ihm steht ein **Zeugnis- bzw. Auskunftsverweigerungsrecht** zu.

56 Diese **Zeugnisverweigerungsrechte** (auf die verzichtet werden kann) können sich gem. §§ 52 f. StPO aufgrund verwandtschaftlicher bzw. beruflicher Stellung ergeben. U.a. haben eben die Verlobte, der Ehegatte, der eingetragene Lebenspartner bzw. alle in gerader Linie Verwandte ein Zeugnisverweigerungsrecht. Dies wird mit dem Loyalitätskonflikt dieses Personenkreises begründet.

Geistliche, Rechtsanwälte, Steuerberater, Ärzte, Psychologen etc. haben aus verständlichen Gründen ein beruflich begründetes Zeugnisverweigerungsrecht (§ 53 StPO).

57 Wie noch ausführlich unter Rdn. 190 ff. dargestellt wird, hat der Sozialarbeiter bzw. Sozialpädagoge nur dann bezüglich seines Klienten ein **Zeugnisverweigerungsrecht**, wenn er Mitglied oder Beauftragter einer anerkannten Schwangerschaftskonflikt- bzw. Drogenberatungsstelle ist. Diese Regelung ist vom BVerfG[23] bestätigt worden und wird in der Wissenschaft und Praxis heftig kritisiert.[24]

58 Die Zeugen sind über ihre Rechte zu belehren. Sie haben notfalls die Pflicht, ihre Aussagen beeiden zu müssen. Falsche uneidliche und eidliche Aussagen (§§ 153, 154 StPO) werden bestraft.

Wer sich bei einer Zeugenaussage der Gefahr einer eigenen strafrechtlichen Verfolgung aussetzt, hat gem. § 55 StPO ein **Auskunftsverweigerungsrecht**.[25]

5. Opferrechte und Nebenklage

59 Ein oft erhobener Vorwurf im geltenden Strafrecht gilt der Vernachlässigung der Opfer. Diese sind i.d.R. Zeugen im Strafverfahren und müssen ansonsten mit den materiellen und ideellen Folgen der Tat klarkommen. Auf die Möglichkeit des TOA wird noch hingewiesen.

60 Außerdem besteht die Möglichkeit, durch das Adhäsionsverfahren (vgl. § 403 StPO) eine mögliche Verfahrensart im Strafverfahren, den Täter durch das Strafgericht zu zivilrechtlichen Schadensersatzleistungen verurteilen zu lassen. Natürlich kann der

---

23 BVerfG 33, S. 367 ff.
24 *Papenheim* u.a., 2011, S. 235.
25 *Riekenbrauk*, 2011, S. 89.

Geschädigte den Täter auch zivilrechtlich auf Schadensersatz verklagen. Dies scheitert oft am Aufwand und an der Mittellosigkeit des Schuldigen.

Daneben kann sich auch ein Geschädigter im Strafprozess als **Nebenkläger** der von 61 der StA verfassten Anklage anschließen. Dies setzt allerdings die Anklage wegen bestimmter Delikte (vgl. § 395 StPO) voraus. Wird der Nebenkläger vom Gericht zugelassen, hat er umfangreiche Rechte, u.a. Akteneinsichts-, Frage-, Beweisantrags-, Erklärungs-, Rechtsmitteleinlegungsrechte etc. Natürlich kann sich der Geschädigte auch der Dienste eines Rechtsanwaltes versichern, dessen Kosten sogar der Verurteilte tragen muss.

II. Ablauf des Strafverfahrens

1. Verfahrensabschnitte

Das Strafverfahren untergliedert sich in drei Verfahrensabschnitte, auch **Erkenntnis-** 62 **verfahren** genannt:
– **Ermittlungs- oder Vorverfahren**
– **Gerichtliches Zwischenverfahren**
– **Hauptverhandlung inkl. Rechtsmittelverfahren**

(S. hierzu nachfolgendes Schaubild 5).

Die drei Verfahrensabschnitte müssen nicht zwingend durchlaufen werden; z.B. 63 kann das Ermittlungsverfahren bei geringer Schuld gegen Zahlung einer Geldauflage (§ 153a StPO) eingestellt werden. Soweit der B. rechtskräftig zu einer Geld- oder Freiheitsstrafe (die nicht zur Bewährung ausgesetzt wird) verurteilt wird, tritt nach dem **Erkenntnisverfahren** noch das **Vollstreckungsverfahren** hinzu.

Schaubild 5: Das Strafverfahren von der Anzeige bis zum Urteil

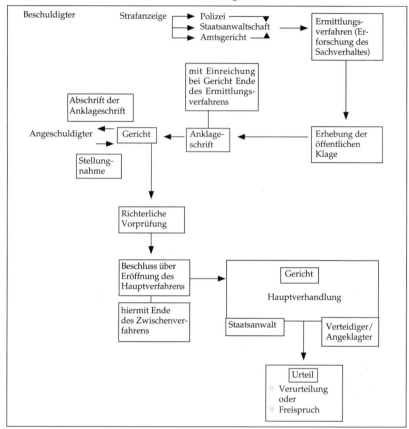

aus: *Klaus Riekenbrauk*, Strafrecht und Soziale Arbeit, S. 65.

2. Grundsätze und Prinzipien

64 In allen drei Verfahrensabschnitten sind die Grundrechte des Beschuldigten zu beachten, u.a. auch die Unschuldsvermutung bis zu einer möglichen rechtskräftigen Verurteilung (Art. 6 Abs. 2 Europäische Menschenrechtskonvention [EMRK]).

65 Ihm stehen ferner die schon erwähnten Justizgrundrechte, wie z.B. der Anspruch auf **rechtliches Gehör, Recht auf den gesetzlichen Richter, Grundrechte vor Gericht gem. Art. 103 GG** etc. zur Seite.

66 Der aus dem Verfassungsrecht stammende **Grundsatz der Verhältnismäßigkeit** entfaltet auch im Strafrecht seine Bedeutung. Danach dürfen staatliche Zwangsmittel nicht

außer Verhältnis zum angestrebten Zweck stehen und müssen zudem geeignet und notwendig sein.

Weitere Grundsätze und Prinzipien sind das **Offizialprinzip**. Danach steht der Straf- 67
anspruch nur dem Staat (Strafmonopol) zu. Durch das **Akkusationsprinzip** wird die Trennung von Anklagebehörde und Gericht festgelegt. Dies war z.Zt. der Inquisitionsprozesse anders, wo Ermittler, Staatsanwalt und Richter oft eine Person waren. Mit der Französischen Revolution ist dieses Verfahren aufgegeben worden. Durch die französische Revolution hat sich ebenfalls das Beweisrecht (der Staat hat dem Beschuldigten die Tat nachzuweisen; der Beschuldigte ist nicht verpflichtet, seine Unschuld zu beweisen; im Zweifel für den Angeklagten!) geändert und der **Öffentlichkeitsgrundsatz** ist zum tragenden Eckpfeiler einer transparenten Strafjustiz geworden.

Durch das **Legalitätsprinzip** sind vor allem StA und Polizei gezwungen, jedem Ver- 68
dacht auf Vorliegen einer Straftat nachzugehen. Ansonsten macht sich der Beamte u.U. wegen einer Strafvereitelung im Amt strafbar. Das Legalitätsprinzip wird durch das **Opportunitätsprinzip** begrenzt, d.h. der staatliche Strafanspruch tritt zurück und das Verfahren (Delikt muss Vergehen sein) kann bei geringer Schuld (§§ 153, 153a StPO) eingestellt werden. Damit will man Kleinstkriminalität ohne justizförmiges Verfahren erledigen.

Das gleiche Ziel wird mit der Durchführung des **Täter-Opfer-Ausgleichs** (TOA) 69
angestrebt. Dem Strafrecht, als Teil des Öffentlichen Rechts, ist an sich die Einfügung zivilrechtlicher Elemente wesensfremd. Jedoch hat das Strafrecht auch eine den Rechtsfrieden herstellende Funktion. Dies kann durch materielle und ideelle Schadenswiedergutmachung erreicht werden. Dazu wurde u.a. der TOA eingeführt. Er sieht eine Aussöhnung zwischen Täter und Opfer vor. Verkürzt dargestellt, finden unter Leitung eines Vermittlers Gespräche zwischen den Beteiligten statt. Der Vermittler berichtet dem Gericht und der StA von dem Ergebnis des TOA und prüft selbst die Einhaltung der ggf. vereinbarten Leistungen des Täters. Die StA und das Gericht sind beide verpflichtet, in jedem Stadium des Verfahrens (auch im Jugendstrafverfahren) die Möglichkeit der **Einstellung** wegen Durchführung des TOA zu prüfen (vgl. §§ 153b, 155a, 155b StPO, § 46a StGB, §§ 45, 47 JGG). Der TOA wird in Trägerschaft der JGH im Jugendstrafverfahren sowie durch die sozialen Dienste der Justiz und damit von der Gerichts- bzw. Bewährungshilfe oder auch von freien Trägern durchgeführt.

Schließlich besagt der Grundsatz der **materiellen Wahrheit**, dass die strafrechtliche 70
Entscheidung nur auf Tatsachen gestützt werden darf, die nach Ansicht des Gerichts als wahrheitsgemäß feststehen (§ 244 Abs. 2 StPO).

Eine Straftat kann verjährt sein. Man unterscheidet die **Verfolgungs-** von der **Vollstre-** 71
ckungsverjährung. Die Verfolgungsverjährung gem. § 78 StPO hindert den Staat an der Verfolgung einer Straftat, wenn nach Begehung einer Tat eine bestimmte Frist, je nach Schwere der Tat, desto länger die Frist, verstrichen ist. Nur Mord und Völkermord verjährt nie. Deshalb werden auch heute noch Naziverbrechen verfolgt – oft mit zweifelhaften Ergebnissen. Bei der Berechnung der Fristen muss das **Ruhen** (§ 78b

StGB) einer Frist bzw. die **Unterbrechung** (§ 78c StGB) einer Frist durch bestimmte Fahndungsmaßnahmen berücksichtigt werden.

72 Die Vollstreckungsverjährung gem. § 79 StPO setzt ein, wenn ein rechtskräftiges Urteil gefällt wurde. Auch hier wird die Verjährungsfrist je nach Schwere der Verurteilung bestimmt, eine Freiheitsstrafverurteilung von mehr als 10 Jahren verjährt nach 25 Jahren, Verurteilung zu einer Geldstrafe von nicht mehr als 30 Tagessätzen nach drei Jahren.

3. Ermittlungs- oder Vorverfahren

73 Das Ermittlungsverfahren beginnt i.d.R. mit einer **Strafanzeige**. Die Strafanzeige, die jedermann – ohne dass er selbst direkt beteiligt sein braucht – erstatten kann, wenn er glaubt, dass eine Straftat vorliegt, ist von dem **Strafantrag** zu unterscheiden.

74 Wer bewusst in einer Strafanzeige Falsches behauptet bzw. unterstellt, jemand habe eine Straftat begangen, der macht sich u.U. gem. §§ 145d, 164 StGB (Vortäuschen einer Straftat, bzw. der falschen Verdächtigung) selbst strafbar. Weil aber die StA und die Polizei zur Verfolgung der Straftat verpflichtet sind, kann eine angezeigte Strafanzeige nicht zurückgenommen werden. Der Volksglaube hält unverbesserlich an dieser Irrmeinung fest.

75 Es gibt allerdings bestimmte Delikte (absolute Antragsdelikte), die nur aufgrund eines **Strafantrages des Verletzten bzw. seiner Angehörigen** verfolgt werden, z.B. Hausfriedensbruch (§ 123 StGB), Beleidigung (§ 185 StGB), Verletzung von Privatgeheimnissen (§ 203 StGB) etc. Die relativen Antragsdelikte können auch ohne Strafantrag verfolgt werden, wenn das besondere öffentliche Interesse an der Strafverfolgung bejaht wird (z.B. Diebstahl geringwertiger Sache gem. § 248a StGB oder Sachbeschädigung gem. § 303 StGB).

Der **Strafantrag** ist innerhalb von drei Monaten nach Kenntnis der Tat (§ 77 StGB) zu stellen.

76 Die meisten Antragsdelikte sind neben einer kleinen Anzahl weiterer Delikte auch **Privatklagedelikte** (vgl. § 374 StPO). Wie der Name schon sagt, soll hier der Geschädigte an Stelle der StA nach Erfüllung einiger Voraussetzungen (z.B. Schiedsverfahren gem. § 380 StPO etc.) selbst das Strafverfahren gegen den Täter bei dem Amtsgericht betreiben.

77 Die Polizei ermittelt (§ 163 StPO) in Kooperation bzw. unter der Kontrolle der Staatsanwaltschaft. Zeugen werden u.U. gehört, Beweismittel gesichert und bei bestimmten Ermittlungstätigkeiten (z.B. Durchsuchung von Person und Wohnung, Beschlagnahme, Beantragung von Haftbefehlen) bedarf es i.d.R. der Anordnung durch das Ermittlungsgericht, d.h. durch den Ermittlungsrichter.

78 Schließlich wird dem Beschuldigten **rechtliches Gehör** gewährt. Während des Ermittlungsverfahrens befindet sich der Beschuldigte regelmäßig in Freiheit, und wartet das

Ergebnis der Ermittlungen, die jahrelang andauern können, ab. Die Ermittlungen können mit der Einstellung des Verfahrens bzw. mit der Anklageerhebung enden. Eine Ausnahme bildet die Verhängung von **Untersuchungshaft** (§§ 112 ff. StPO).

Diese wird vom Gericht verhängt, wenn ein   **79**
 – dringender Tatverdacht,
 – ein Haftgrund vorliegt und
 – der Grundsatz der Verhältnismäßigkeit beachtet werden sollte.

Der Haftgrund könnte bei einer möglichen Fluchtgefahr des Beschuldigten bestehen   **80** (häufigster Grund für Haftbefehle = 90 %) bzw. in der Gefahr einer Beeinflussung von Zeugen (Verdunklungsgefahr) liegen.[26] Bei der richterlichen Haftentscheidung muss auch der **Verhältnismäßigkeitsgrundsatz** angewendet werden. Oft lässt sich trefflich über das Vorliegen von Haftgründen streiten, denn die Rechtsprechung (Rspr.) neigt bei gewisser zu erwartender Strafhöhe automatisch zur Annahme von Fluchtgefahr.[27] Dies hat oft zur Folge, dass Beschuldigte monatelang auf ihre Hauptverhandlung in der Untersuchungshaftanstalt warten müssen. Da die Beschuldigten sich selber nicht belasten müssen, kann Untersuchungshaft eine »Nötigung« zur Aussage bedingen. Dies geschieht auch des Öfteren bei Vorwurf eines Gruppendeliktes, wobei alle Beschuldigten in Haft genommen werden und dem ersten U-Häftling, der aussagt, die Haftentlassung angeboten wird. Ein Haftbefehl kann auch außer Vollzug gesetzt werden, dies geschieht häufig, wenn feste soziale Bindungen bzw. ein fester Wohnsitz vorliegen und damit die Fluchtgefahr durch Meldeauflagen, Kaution bzw. Passeinzug gemildert werden kann. Ein klassisches Arbeitsfeld für Sozialarbeiter stellt hier die **Haftentscheidungshilfe** dar, die i.d.R. von der Gerichtshilfe bzw. Jugendgerichtshilfe geleistet wird und die erreichen könnte, Untersuchungshaft zu vermeiden bzw. zu verkürzen.[28]

Es braucht nicht besonders hervorgehoben zu werden, dass der Vollzug von U-Haft   **81** einschneidende Folgen für den Beschuldigten hat. Beziehungs- und Arbeitsplatzverlust, Kündigung der Wohnung etc. sind nur einige der gravierenden möglichen Folgen der Verhängung von U-Haft. Der Sozialarbeit kommt hier auch in der U-Haft besondere stützende Funktion zu.

Das Ermittlungsverfahren endet mit einer **Verfahrenseinstellung** gem. § 170 Abs. 2 StPO (mangels Tatverdacht etc.) oder der **Anklageerhebung** (§ 170 Abs. 1 StPO).

Es gibt weitere Sondervorschriften (§ 154 StPO) nach denen auch eine Einstellung   **82** möglich ist. Auch die StA kann mit Zustimmung des für den Beschuldigten zuständigen Gerichts das Verfahren gem. §§ 153, 153a StPO einstellen. U.U. kommt hier die Einstellung nach Auflagenerfüllung (z.B. Bußgeldzahlung) in Betracht.

---

26 *Cornel u.a.*, 2003, S. 231 ff.
27 *Cornel u.a.*, 2003, S. 232.
28 *Cornel u.a.*, 2003, S. 264 ff.

83   Ein Sonderfall ist die Erledigung des Verfahrens durch die Beantragung des Erlasses eines **Strafbefehls** (§ 407 StPO). Der Strafbefehl steht einem Urteil gleich und ist nur bei einfach gelagerten Fällen möglich. Die Strafsanktionen sind auf die Verhängung von Geldstrafe, Nebensanktionen (Fahrverbot etc.) und auf die Verhängung einer einjährigen Freiheitsstrafe, deren Vollstreckung zur Bewährung ausgesetzt wird, beschränkt. Insoweit spart sich das Gericht die Hauptverhandlung. Ist der B. mit dem Strafbefehl nicht einverstanden, kann er binnen zwei Wochen Einspruch dagegen einlegen und muss dann Gerechtigkeit in der Hauptverhandlung suchen. Das **Verschlechterungsverbot** (§ 331 StPO) gilt dann allerdings nicht. Verschlechterungsverbot bedeutet, dass bei Einlegung eines Rechtsmittels **nur** durch den Angeklagten die höhere Gerichtsinstanz kein schärferes Urteil gegen den Angeklagten verhängen darf.

4. Gerichtliches Zwischenverfahren

84   Im gerichtlichen **Zwischenverfahren** überprüft das Gericht, ob es überhaupt zuständig ist und ob die Ergebnisse der Ermittlungen den hinreichenden Tatverdacht gegen den Beschuldigten rechtfertigen. Das Gericht kann die Eröffnung des Hauptverfahrens ablehnen oder Nachermittlungen verlangen. Gem. § 202 a StPO können auch Erörterungen aller Beteiligten zur geplanten Eröffnung der HV stattfinden. Dies ist sehr selten und meistens wird die Eröffnung des Hauptverfahrens dem Angeklagten, nach Gewährung rechtlichen Gehörs und nach Zustellung der Anklageschrift mit der Ladung zur Hauptverhandlung (HV) zugestellt. Die HV muss durch den Richter nicht nur inhaltlich gut vorbereitet werden, sondern es sind auch umfangreiche organisatorische Dinge zu erledigen. Angefangen von der Saalbestellung, über die Ladung (§ 214 StPO) aller Verfahrensbeteiligten, (Zeugen, Rechtsanwalt,Sachverständige, Beschuldigter, der jetzt Angeklagter gem. § 157 StPO genannt wird) sind eine Menge Dinge zu erledigen. Insbesondere abwesende Zeugen (Urlaub, Krankheit etc.) und Terminkollisionen bei Verteidigern sind die Hauptverlegungsgründe bei Gericht.

5. Hauptverhandlung

85   Der **Gang der Hauptverhandlung** ist gem. § 243 ff. StPO dezidiert geregelt und hat folgenden Ablauf:

86   1. Aufruf der Strafsache

87   2. Feststellung der Erschienenen

88   3. Vernehmung des Angeklagten zur Person

89   4. Verlesung der Anklage durch StA

90   5. Belehrung des Angeklagten und Vernehmung zur Sache

91   6. Beweisaufnahme mit Zeugen und Sachverständigen

92   7. Schlussvorträge der StA und Verteidigers bzw. Angeklagten,

93   8. Letztes Wort des Angeklagten

94   9. Urteilsverkündung mit Rechtsmittelbelehrung

95   Wie bereits dargelegt, besteht im Strafprozess das **Mündlichkeits- und Unmittelbarkeitsprinzip**. Dies bedeutet, der Angeklagte (Anwesenheitspflicht), alle Zeugen, Sachverständige etc. müssen selbst im Prozess anwesend sein und dort gehört werden.

Verweise auf Aussagen, Dokumente etc. sind nur in Ausnahmefällen möglich. Dies ist eine hohe rechtsstaatliche Hürde und oft nur mit intensivem organisatorischem Aufwand zu erreichen. Hauptverhandlungen können unterbrochen und fortgesetzt werden. Die Unterbrechung darf nach § 229 StPO längstens drei Wochen betragen.

Die Verfahren finden auch – bis auf wenige Ausnahmen – öffentlich statt, d.h. jeder **96** kann zuhören. Film, Fernseh- und Rundfunkaufnahmen im Gerichtssaal sind während der Verhandlung unzulässig und auch während der Gerichtspausen, wenn der/ die Angeklagte(n) oder andere Beteiligte gezeigt werden.

Über die Rechte des Angeklagten wurde bereits unter Rdn. 51 f. referiert. Zusammen- **97** gefasst hat der Angeklagte folgende Rechte:
- – Schweigerecht,
- – Recht auf Anwesenheit,
- – Recht auf Verteidiger,
- – Recht auf Dolmetscher,
- – Zeugen und Sachverständigenbefragungsrecht,
- – Beweisantragsrecht,
- – Anhörungsrechte, vor allem zu prozessualen Fragen,
- – Erklärungsrechte einschließlich Schlussvortrag und »letztem Wort«.

Der Angeklagte kann selbst schweigen oder sich zur Sache einlassen. Er darf auch **98** lügen, allerdings Dritte nicht zu Unrecht belasten, da ansonsten mögliche Straftaten drohen. Das Gericht darf das **Schweigen des Angeklagten** nicht zu seinen Ungunsten bewerten. Das Gericht spricht das Urteil aufgrund der in der Hauptverhandlung vorgebrachten Beweismittel nach seiner freien Überzeugung (§ 261 StPO). Sind mehrere Richter/Schöffen im Spruchkörper vorhanden, bedarf es im Falle der Verurteilung einer 2/3 Mehrheit der Stimmen, die alle gleichberechtigt sind. Wenn sich das Gericht, die STA und der Angeklagte nebst Verteidiger über die Rechtsfolgen einig sind, kann gem. § 257 c StPO eine Verständigung stattfinden. Diese Verständigung, auch »DEAL« genannt, stellt ein günstiges Strafmaß im Falle eines Geständnisses des Angeklagten oder die Beschränkung auf bestimmte Anklagevorwürfe in Aussicht.

Mit dem Urteil kann das Gericht den Angeklagten freisprechen, ihn verwarnen oder verurteilen.

Im Falle eines **Freispruchs** entstehen dem Angeklagten keine Kosten, d.h., die Staats- **99** kasse übernimmt Gerichtskosten und notwendige Auslagen (Verteidiger) des Freigesprochenen. War dieser in Haft oder hat aufgrund der Strafverfolgungsmaßnahmen einen Schaden erlitten, ist dieser gem. dem Gesetz über die Entschädigung für Strafverfolgungsmaßnahmen (StrEG) ebenfalls entsprechend zu entschädigen.

Mit der Verurteilung trifft das Gericht zugleich eine Entscheidung über die Kosten **100** des Verfahrens und ggf. auch über weitere Nebenstrafen bzw. Nebenfolgen (U-Haft, Fahrverbot, Einziehung von Gegenständen) etc. War der Angeklagte während des Ermittlungsverfahrens in Haft, muss in der Hauptverhandlung zwingend über die Aufhebung bzw. Fortdauer der Haft entschieden werden. Manchmal kann auch der

Verurteilte erstmals in der Hauptverhandlung verhaftet werden, wenn Gründe vorliegen, z.B. wenn die konkrete Gefahr besteht, dass er wegen der Verurteilung fliehen wird.

101 Mit der **Rechtsbehelfsbelehrung** (Rechtsmittelfrist eine Woche bei Urteilen des AG/LG) endet die mündliche Verhandlung. Der Angeklagte und die StA können auf die Einlegung von Rechtsmitteln verzichten.

102 Das Sanktionssystem im Strafrecht ist in der Bundesrepublik zweigleisig aufgebaut. Während einerseits die bekannten Strafen (**Geld- bzw. Freiheitsstrafe**) verhängt werden können, existieren andererseits die **Maßregeln der Besserung und Sicherung**. Sie reagieren nicht wie die Strafen, auf die Schuld des Täters, sondern auf dessen Sozialgefährlichkeit (zum Sanktionensystem s.a. nachfolgendes Schaubild 6).

103 Gem. § 61 StGB existiere sechs unterschiedliche Maßregeln der Besserung und Sicherung:
    – die Unterbringung in einem psychiatrischen Krankenhaus,
    – die Unterbringung in einer Entziehungsanstalt,
    – die Unterbringung in der Sicherungsverwahrung,
    – die Führungsaufsicht,
    – die Entziehung der Fahrerlaubnis,
    – das Berufsverbot.

104 Die ersten drei Sanktionen sind mit einer Freiheitsentziehung verbunden. Ihre Vollstreckung kann auch neben einer Freiheitsstrafe erfolgen. Da alle Maßnahmen aufgrund schwieriger Persönlichkeitsfeststellungen getroffen werden, kommt den Gutachtern und ihren Gutachten eine hohe Wichtigkeit zu.

Schaubild 6:

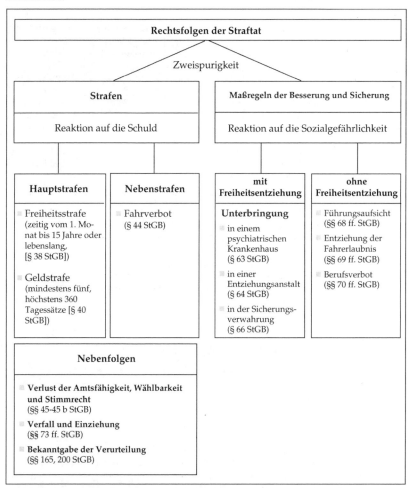

Rechtsfolgen der Straftat

Zweispurigkeit

Strafen	Maßregeln der Besserung und Sicherung
Reaktion auf die Schuld	Reaktion auf die Sozialgefährlichkeit

Hauptstrafen	Nebenstrafen	mit Freiheitsentziehung	ohne Freiheitsentziehung
Freiheitsstrafe (zeitig vom 1. Monat bis 15 Jahre oder lebenslang, [§ 38 StGB]) Geldstrafe (mindestens fünf, höchstens 360 Tagessätze [§ 40 StGB])	Fahrverbot (§ 44 StGB)	Unterbringung in einem psychiatrischen Krankenhaus (§ 63 StGB) in einer Entziehungsanstalt (§ 64 StGB) in der Sicherungsverwahrung (§ 66 StGB)	Führungsaufsicht (§§ 68 ff. StGB) Entziehung der Fahrerlaubnis (§§ 69 ff. StGB) Berufsverbot (§§ 70 ff. StGB)

Nebenfolgen

- Verlust der Amtsfähigkeit, Wählbarkeit und Stimmrecht (§§ 45-45 b StGB)
- Verfall und Einziehung (§§ 73 ff. StGB)
- Bekanntgabe der Verurteilung (§§ 165, 200 StGB)

aus: *Klaus Riekenbrauk*, Strafrecht und Soziale Arbeit, S. 96.

Schaubild 7: Instanzenzug

Bundesgerichtshof			BGH - Strafsenat (fünf Berufsrichter) Revision: nur rechtliche Überprüfung	BGH - Strafsenat (fünf Berufsrichter) Revision: nur rechtliche Überprüfung
Oberlandesgericht	OLG - Strafsenat (drei Berufsrichter) Revision: nur rechtliche Überprüfung	OLG - Strafsenat (drei Berufsrichter) Revision: nur rechtliche Überprüfung		OLG - Strafsenat (fünf Berufsrichter) als erstinstanzliches Gericht nach § 120 GVG
Landgericht	LG - kleine Strafkammer (ein Berufs-, zwei Laienrichter) Berufung: sachliche und rechtliche Überprüfung	LG - große Strafkammer (zwei Berufs-, zwei Laienrichter) Berufung: sachliche und rechtliche Überprüfung	LG - große Strafkammer, Schwurgericht als erstinstanzliches Gericht nach §§ 74, 74a GVG	
Amtsgericht	AG - Einzelrichter als erstinstanzliches Gericht §§ 24, 25 GVG	AG - Schöffengericht (ein Berufs-, zwei Laienrichter) als erstinstanzliches Gericht § 26 GVG		

105 Je nach **Deliktsverstoß** kann der Angeklagte im Falle der Strafverurteilung zu einer Geld- bzw. Freiheitsstrafe verurteilt werden. Die Freiheitsstrafe kann bei einer Dauer bis zu höchstens zwei Jahren gem. § 56 StGB zur Bewährung ausgesetzt werden. Die Bewährungszeit besteht zwischen zwei und fünf Jahren. Im Falle der Bewährungsverurteilung können Bewährungsauflagen (Bewährungshelfer etc.) verhängt werden.

Sozialarbeiter können in diesem Berufsfeld als Bewährungshelfer tätig sein.

106 Gegen Urteile des Amtsgerichts ist als Rechtsmittel die **Berufung** zulässig. Diese wird vor dem LG verhandelt. Dagegen ist die **Revision** vor dem Oberlandesgericht zulässig. Findet die erstinstanzliche Hauptverhandlung direkt vor dem LG statt, ist das zulässige Rechtsmittel die Revision, die von dem BGH entschieden wird. Das oft für den Laien unverständliche Ergebnis der Rechtsmittelinstanzen bedeutet, dass die erstinstanzlichen Urteile des LG (Strafgewalt bis zu lebenslänglich) nicht mit der Berufung,

sondern nur mit der Revision angegriffen werden können (zum Instanzenweg sowie zur Besetzung s. Schaubild 7).

In der **Berufungsinstanz** wird die komplette Hauptverhandlung nochmals durchge- 107 führt. Auch neue Beweismittel sind zulässig. Die **Revisionsinstanz** prüft das Urteil nur auf Rechtsfehler, z.B. Verletzung bestimmter Vorschriften.

Andere Entscheidungen des Gerichts, z.b. Beschlüsse, können mit dem Rechtsmittel 108 der (sofortigen) Beschwerde angegriffen werden. Nach einer rechtskräftigen Entscheidung kann auch eine – in der Praxis äußerst seltene – **Wiederaufnahme des Verfahrens** durchgeführt werden.

Die strafrechtlichen Verurteilungen werden in das **Bundeszentralregister**(BZRG) ein- 109 getragen. Die Eintragung der Straftat in das BZR ist innerhalb der Sozialarbeit von großer Wichtigkeit. Einerseits will man die breite Masse der Bevölkerung nicht kriminalisieren,deshalb werden Verurteilungen gem. § 32 BZRG, nämlich eine Geldstrafe bis zu 90 Tagessätzen und eine Verurteilung bis zu einer dreimonatigen Freiheitsstrafe in der beschränkten Auskunft gem. § 30 BZRG nicht mitgeteilt. Ein derart Verurteilter darf sich also im Normal- und Arbeitsleben als nicht vorbestraft bezeichnen. Gerichten, obersten Landesbehörden u.a. Institutionen wird gem. § 41 BZRG dagegen unbeschränkte Auskunft erteilt. Diese unbeschränkte Auskunft ist auch gem. § 72 a SGB VIII nötig, um eine Stelle im Jugendhilfebereich anzutreten. Dort geht es um die Verurteilung wegen Sexualdelikten. Mögliche Vorstrafen werden je nach Schwere der Verurteilung nach einer bestimmten Zeit getilgt.

Für die registerrechtliche Behandlung von Jugendlichen im Strafrechts- und Famili- 110 enrechtsbereich gilt analog dem BZRG das Erziehungsregister gem. §§ 59 ff. BZRG. Auch hier werden Eintragungen registriert und ggf. nach bestimmten Fristen gelöscht.

III. Vollstreckung

An das **Erkenntnisverfahren** schließt sich das **Vollstreckungsverfahren**an. 111

Die StA ist Vollstreckungsbehörde(§§ 451 ff. StPO) und prüft im Falle der rechtskräf- 112 tigen Verurteilung u.a. die Einhaltung der Urteilsfolgen durch den Angeklagten (bei Bewährungsauflagen etc. das erkennende Gericht selbst) bzw. ist auch für Zwangsmaßnahmen (z.B. Vollstreckungshaftbefehl, Strafhaft) zuständig.

Bei der Verhängung von Geldstrafe ist dies natürlich die Überwachung der Bezahlung 113 und ggf. Einziehung des Geldbetrages einschließlich der Gerichtskosten. Ein wichtiger Unterschied besteht im Strafrecht, im Gegensatz zum Zivilrecht, bezüglich der Beitreibung der Geldstrafen durch die StA.

Erfüllt ein Schuldner zivilrechtliche Forderungen nicht, kann der Gläubiger nach 114 erfolgloser Pfändung allenfalls die Abgabe der **Eidesstattlichen Versicherung** (Vollstreckungstitel) verlangen und geht im Falle der Mittellosigkeit des Schuldners ggf. leer aus.

115 Anders im Strafrecht. Hier gilt der Grundsatz: Für Strafen hat der Bürger Geld zu
    haben. Hat er keines, muss er die entsprechenden Tagessätze in Haft verbringen oder
    die Geldstrafe durch Ersatzleistungen (**gemeinnützige Arbeit**) tilgen. Die Organisa-
    tion und Durchführung der gemeinnützigen Arbeit zur Vermeidung der Vollstreckung
    der Ersatzfreiheitsstrafe stellt ebenfalls ein wichtiges Arbeitsfeld für Sozialarbeiter dar.
    Bei Geldstrafen ist eine Tilgung der Strafe in Raten auf Antrag i.d.R. möglich.[29]

116 Im Falle der Verurteilung zu einer Freiheitsstrafe, deren Vollstreckung zur Bewährung
    ausgesetzt wurde, prüft die StA bzw. der Bewährungshelfer im Einvernehmen mit dem
    Gericht[30] die Einhaltung und den Ablauf der Bewährungszeit. Ggf. wird auch die Ein-
    haltung der Auflagen und Nebenstrafen gem. § 56 d Abs. 3 StGB geprüft und muss
    ggf. dem Gericht mitgeteilt werden. Bei Nichteinhaltung der **Bewährungsauflagen**
    kann das Gericht nach Information durch die StA mit der Androhung des Widerrufs
    der Bewährung die Einhaltung der Auflagen erzwingen.

117 Im Falle der Verhängung von Freiheitsstrafe ohne Bewährung wird der Angeklagte,
    so er nicht in der U-Haft ist, zum **Strafantritt** geladen. Dies könnte sowohl in dem
    offenen als auch in dem **geschlossenen** Strafvollzug geschehen. Einzelheiten richten
    sich nach dem Vollstreckungsplan des betreffenden Bundeslandes.

118 Mit der Frage der Vollstreckung sind weitere – oft komplizierte – Rechtsfragen, wie
    z.B. **nachträgliche Gesamtstrafenbildung, Strafaufschub** bzw. **Unterbrechung** etc.
    verknüpft. Technische Fragen entscheiden Rechtspfleger in der StA, inhaltliche Fragen
    werden von Gerichten bzw. Staatsanwälten entschieden.

    Entzieht sich ein Angeklagter nach der Verurteilung der Vollstreckung, wird er per **Haft-
    befehl** gesucht. Hier könnte die **Vollstreckungsverjährung** gem. § 79 StGB eintreten.

119 Auch ausländische Verurteilte müssen i.d.R. ihre Strafe in der Bundesrepublik verbü-
    ßen. Eine frühzeitige Entlassung aus deutscher Strafhaft und eine ggf. folgende Verbü-
    ßung im Heimatstaat kommt nur unter den engen Voraussetzungen des § 456a StPO
    in Betracht.

120 Außerhalb des Sanktionssystems steht das **Gnadenrecht**. Im Wege des Gnadengesuchs
    kann der Verurteilte um teilweisen oder völligen Verzicht, aber auch auf Stundung
    einer Geldstrafe bzw. Aussetzung einer Freiheitsstrafe zur Bewährung nachsuchen. Das
    Gnadenrecht wird durch den Bundespräsidenten für den Bund bzw. die Ministerprä-
    sidenten für die Länder ausgeübt.

121 Eine **Amnestie** ist dagegen der gesetzliche Verzicht auf Strafvollstreckung für eine
    bestimmte Gruppe von Tätern, sei es aus inhaltlichen oder terminlichen Gründen
    (Weihnachtszeit).

---

29 Vgl. *Cornel u.a.*, 2003, S. 291 ff.
30 Vgl. §§ 56d III 2 StGB, 24 III 2 JGG.

E. Straftat

Im Mittelpunkt des Strafprozesses steht die Frage, ob der Angeklagte eine Straftat   122
begangen hat. Bei den möglichen Straftaten könnte es sich gem. § 12 StGB um ein
Vergehen bzw. **Verbrechen** handeln. Verbrechen (z.B. Raub gem. § 249 StGB) sind
Delikte, deren Strafandrohung bei einem Jahr Freiheitsstrafe – und darüber – liegt.
Vergehen sind mit Geldstrafe oder einem geringeren Mindestmaß von Freiheitsstrafe
(als ein Jahr) bedroht und können höchstens bei einer Qualifizierung höher bestraft
werden.

Qualifizierung beschreibt eine bestimmte Begehungsform, z.b. »gemeinschaftlich«
oder unter »Mitführung von Waffen«.

Weitere Fragen sind, ob der Täter die Tat allein begangen hat, ob die Tat vollendet   123
oder im Versuchsstadium stecken geblieben ist und ob der Täter die Tat bewusst (vorsätzlich) oder aus Unachtsamkeit (Fahrlässigkeit) begangen hat.

Diese Prüfung vollziehen die Juristen anhand der drei Voraussetzungen einer Tat: 124
– Tatbestandsmäßigkeit,
– Rechtswidrigkeit und
– Schuld.

Alle drei Merkmale müssen erfüllt sein, ehe eine Straftat vorliegt.[31]

I. Tatbestandsmäßigkeit

In den einzelnen Tatbeständen der Strafnormen werden die vom Gesetzgeber nor-   125
mierten Tatbestandsmerkmale aufgeführt, z.b. das Delikt des Diebstahls gem. § 242
StGB:

> »Wer eine fremde bewegliche Sache einem anderen in der Absicht wegnimmt, die Sache sich   126
> oder einem Dritten rechtswidrig zuzueignen, wird mit Freiheitsstrafe bis zu fünf Jahren oder
> mit Geldstrafe bestraft«.

▶ **Beispiel:**

Eine wegen Ladendiebstahls, z.b. eines Eises, angeklagte Person, die das Eis im   127
Laden bereits verzehrt hat und dies nicht an der Kasse angegeben und bezahlt hat,
müsste nun alle Tatbestandsmerkmale des § 242 StGB erfüllt haben. Da ein Eis
eine **geringwertige Sache** darstellt, müssen zudem die Voraussetzungen des § 248a
StGB erfüllt sein.

Das Eis war fremd, beweglich und unstreitig eine Sache. Der Täter müsste sich die   128
Sache rechtswidrig zugeeignet haben. Nach den allgemeinen Interpretationen der
Diebstahlsmerkmale bedeutet dies, den Bruch fremden Gewahrsams und die Begründung eigenen Gewahrsams mit der Eingliederung der Sache in die eigenen Wirkungskreis. Dies ist durch das Verzehren des Eises unstreitig erfolgt.

---

31 *Riekenbrauk*, 2011, S. 92 ff.

129   Meist steht im Mittelpunkt der Straftat ein positives Tun, Schlagen, Unterschlagen, Rauben etc. Aber man kann auch durch Unterlassen (§ 13 StGB) eine Straftat begehen, z.b. wenn jemand durch seine Dogge ein Kind verletzen lässt. Das Tun steht dem Unterlassen gleich, wenn jemand die Pflicht hat, wie z.b. der Hundebesitzer, den Erfolg zu verhindern.

130   Diese Pflicht wird auch als **Garantenstellung** bezeichnet. Unstreitig ist z.b. die Garantenstellung des Mitarbeiters des Jugendamtes für die ihm anvertrauten Kinder und Jugendlichen. Diese Form der Tatbegehung und die damit verwirklichten Delikte werden als **unechte Unterlassungsdelikte** bezeichnet.

131   So kann sich ein Sozialarbeiter wegen fahrlässiger Tötung, begangen durch Unterlassen, strafbar machen, wenn er auf die Mitteilung, dass ein Kleinkind seit Tagen allein in der Wohnung ist, nicht reagiert.

132   **Echte Unterlassungsdelikte** sind dagegen z.b. Nichtanzeige bestimmter geplanter Verbrechen (§ 138 StGB), unterlassene Hilfeleistung (§ 323c StGB), weil hier der Gesetzgeber ein positives Tun von jedem Bürger fordert (vgl. zur Anzeigepflicht des Sozialarbeiters Rdn. 191 ff.).

II. Rechtswidrigkeit

133   Das menschliche Tun ist nur rechtswidrig, wenn es die Rechtsordnung verbietet und damit der Handelnde nicht durch Rechtfertigungsgründe gerechtfertigt ist. Die bekanntesten Rechtfertigungsgründe sind die **Notwehr** (§ 32 StGB) und der **Notstand** (§ 34 StGB). Außerdem existiert noch als Rechtfertigungsgrund die **Einwilligung oder gesetzliche Erlaubnisse.**

Im eben genannten Eisfall liegen keine Rechtfertigungsgründe vor.

▶ **Beispiel für Notstand:**

134   Sozialarbeiter verletzt ein ihm anvertrautes Privatgeheimnis (z.B. den sexuellen Missbrauch eines Kindes durch den Lebensgefährten der Mutter), um das Kind vor weiterem Missbrauch und lebenslangen psychischen Schäden zu schützen oder Kinderarzt informiert das Jugendamt über untypische Verletzungen des Kindes, die den Verdacht der Kindeswohlgefährdung nahe legen.

III. Schuld

135   In der Schuld wird die Tat in Beziehung zum Täter gesetzt, d.h. dem Täter muss das Tun vorwerfbar sein. Er hat sich nicht rechtmäßig verhalten, obwohl ihm dies möglich gewesen wäre. Damit berührt die Feststellung der Schuld weitere Bereiche menschlicher Existenz, wie die Moral, die Ethik, die Philosophie oder gar die Psychologie. Wenn dem Einzelnen etwas vorzuwerfen ist, muss er auch die Möglichkeit gehabt haben, sich anders zu verhalten.

Die wichtigsten **Schuldausschließungsgründe** sind: 136
- Strafunmündigkeit des Kindes bis 14 Jahren gem. § 19 StGB,
- Verbotsirrtum gem. § 17 StGB,
- Entschuldigender Notstand gem. § 35 StGB,
- Schuldunfähigkeit wegen seelischer Störungen, wie absolute Volltrunkenheit, Schizophrenie usw. gem. § 20 StGB,
- verminderte Schuldfähigkeit gem. § 21 StGB (nur Schuldmilderungsgrund).

Bezogen auf den Eisfall könnte der Täter behaupten, er müsse zwanghaft immer steh- 137
len. Dann lägen vielleicht Anhaltspunkte für §§ 20, 21 StGB vor. Dies hätte dann
die Einschaltung eines Sachverständigen zur Folge. Beruft sich der Täter auf einfaches
Vergessen, dann wird das Gericht dies als Ausrede bzw. ebenso vorwerfbar behandeln.

Da im Zentrum der Frage der Schuldfeststellung die Beziehung des Täters zur Tat 138
steht, ist sein Verhalten, d.h. die Art der Verwirklichung der Tatbestände, von entscheidender Bedeutung.

Es wird hier zwischen **Vorsatz und Fahrlässigkeit** unterschieden. Vorsatz bedeutet, der 139
Täter kannte die Tatbestandsmerkmale und hat sie mit Wissen und Wollen begangen.
Es gibt unterschiedliche Vorsatzformen, was hier nicht ausgeführt werden braucht. Der
Bankräuber handelt immer vorsätzlich. Der Regelfall der Tatbegehung ist der Vorsatz.

Fahrlässiges Tun bezeichnet man gem. § 276 Abs. 2 BGB als Außerachtlassung der im 140
Verkehr erforderlichen Sorgfaltspflichten. Der fahrlässig handelnde Täter verwirklicht
den Tatbestand rechtswidrig und schuldhaft, ohne dies zu erkennen oder zu wollen.

Fahrlässiges Handeln wird gem. § 15 StGB nur bestraft, wenn dies ausdrücklich im 141
Delikt selbst unter Strafe gestellt ist. So sind Tötungs- und Körperverletzungsdelikte
sowohl als Vorsatz- wie auch als Fahrlässigkeitstat unter Strafe gestellt, Eigentums- und
Vermögensdelikte dagegen nur als Vorsatztat.

Wer ein Delikt (nur wenn der **Versuch** strafbar ist, bei Verbrechenstatbeständen 142
immer, Vergehen nur wenn gesetzlich bestimmt) begeht, ohne dies zu vollenden, kann
entweder wegen Rücktritt vom Versuch gem. § 24 StGB straffrei ausgehen, oder dessen Strafe wird gem. § 49 StGB gemildert.

Bei der **Strafzumessung** spielt ebenfalls die Begehungsform des Täters eine Rolle. Er 143
könnte die Tat als **Alleintäter, Mittäter,** in **mittelbarer Täterschaft** oder in **Form der
Anstiftung** bzw. **Beihilfe** begehen.

Die Begehungsform des **Alleintäters** bzw. **Mittäters** ist in § 25 StGB definiert. Wäh- 144
rend der Alleintäter eben allein handelt, liegt im Falle der Mittäterschaft eine gemeinschaftliche Tatbegehung vor. Dies setzt nicht zwangsläufig voraus, dass alle Mittäter
die Durchführung der Straftat gemeinsam erledigen. Oft werden einzelne Tatbeiträge
anderen Mittätern zugerechnet, z.B. zwei Täter verabreden sich zum Banküberfall.
Einer fährt das Auto, der andere geht in die Bank.

Der **Anstifter,** dessen Tun in § 26 StGB normiert ist, bestimmt einen Anderen zur 145
Tatbegehung, ohne selbst an der direkten Tatausführung beteiligt zu sein. A weist B

darauf hin, dass bei Schlecker nur eine Kassiererin während der Mittagszeit arbeitet und sich ein Überfall bestimmt lohnt.

146 Der **Gehilfe** leistet gem. § 27 StGB **Beihilfe** zu einer anderen vorsätzlichen rechtswidrigen Tat, d.h. er leistet Hilfe, ohne aber mangels Tatherrschaft Mittäter zu sein. A stellt dem Bankräuber B sein Fahrrad zur Flucht zur Verfügung. Die Strafe des Gehilfen kann gem. § 27 Abs. 2 StGB gemildert werden, weil sein Gesamttatbeitrag i.d.R. geringer ausfällt.

In der Praxis treten in der Frage der Täterschaft oft komplizierte Abgrenzungsfragen auf.

F. Jugendstrafrecht

147 Die rechtlichen Grundlagen des Jugendstrafrechts sind im **Jugendgerichtsgesetz** (JGG) normiert. Dies betrifft sowohl die Frage des Verfahrens als auch die Frage der Bestrafung.

Das Gesetz trägt der Lebensphase »Jugend« durch diese besonderen Regelungen Rechnung.

148 Die **Strafmündigkeit** beginnt mit dem 14. Geburtstag. Zwischen 14 und 18 ist der Täter zur Tatzeit Jugendlicher, zwischen 18 und 21 **Heranwachsender.** Allerdings reicht die Altersfeststellung des Jugendlichen zur Tatzeit für eine mögliche Ahndung der Tat nicht aus, vielmehr muss das Gericht gem. § 3 JGG positiv feststellen, dass der Jugendliche zur Tatzeit die sittliche und geistige Reife besaß und somit das Unrecht seiner Tat einsehen konnte und nach dieser Erkenntnis hätte handeln können. Anders ausgedrückt, auch Jugendliche könnten trotz Strafmündigkeit im Einzelfall wegen § 3 JGG nicht bestraft werden.

149 Kern des Jugendstrafrechts ist der **Erziehungsgedanke**, die **Spezialprävention**, mit deren Hilfe das Jugendstrafrecht auf eine Erziehung der Persönlichkeit setzt. (S. hierzu nachfolgendes Schaubild 8)

I. Besonderheiten im Verfahren

150 Da der Jugendliche noch unter der elterlichen Sorge gem. § 1626 BGB steht, wird er auch bis zum 18. Geburtstag durch seine Eltern gem. § 1629 BGB vertreten. Sämtliche Ladungen, Anhörungen etc. sind daher immer an die Eltern zuzustellen. Die Eltern und Erziehungsberechtigten sind gem. § 67 JGG **Verfahrensbeteiligte,** die an der Hauptverhandlung teilnehmen.

151 Für Jugendliche existieren eigene Abteilungen der Staatsanwaltschaft (§ 37 JGG) und der Jugendgerichte (§ 33 JGG). Die Jugendschöffen werden vom Jugendhilfeausschuss vorgeschlagen und sind daher i.d.R. besonders engagiert.

152 Gem. § 68 JGG hat das Gericht eine erweiterte Kompetenz, dem Jugendlichen einen **Pflichtverteidiger** beizuordnen. Die Möglichkeit der freien Beauftragung eines Wahlverteidigers durch den Jugendlichen scheitert genauso an der beschränkten

Geschäftsfähigkeit, wie an den oft fehlenden Mitteln zur Bezahlung (Ausnahme § 110 BGB).

U-Haft sollte bei Jugendlichen selten verhängt werden, weil hier gem. § 72 JGG ein **153** milderes Mittel Vorrang hat. Als milderes Mittel kommt insb. die Unterbringung im Heim bzw. die Anwendung anderer Jugendhilfemaßnahmen in Betracht. Der Sozialarbeit kommt hier im Arbeitsfeld der **Haftentscheidungshilfe** (JGH) große Bedeutung zu.

Schaubild 8:

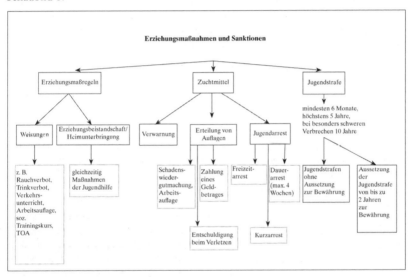

aus: *Klaus Riekenbrauk,* Strafrecht und Soziale Arbeit S. 179.

Gem. § 71 JGG hat der Jugendrichter die Möglichkeit, vorläufige Anordnungen über **154** die Erziehung anzuordnen. Dies sind dann oft Weisungen gem. § 10 JGG und pädagogische Hilfen nach dem SGB VIII.

Die Hauptverhandlung gegen Jugendliche ist gem. § 48 JGG nicht öffentlich. Gem. § 80 JGG sind weder Privat- noch Nebenklage zulässig.

Gem. § 55 Abs. 2 JGG hat jeder Anfechtungsberechtigte (auch Eltern) nur ein Rechtsmittel, also entweder Berufung oder Revision, einzulegen.

War der Täter zur Tatzeit **Heranwachsender**, findet die öffentliche Hauptverhandlung **155** auch vor dem Jugendgericht statt. Unter Beteiligung der JGH entscheidet das Gericht (§ 105 JGG), ob der Täter eher einem Jugendlichen (dann Jugendstrafrecht) oder eher einem Erwachsenen (dann Erwachsenenstrafrecht durch das Jugendgericht) gleichsteht. Dies ist dann der Fall, wenn gem. § 105 Abs. 1 Nr. 1 die Gesamtwürdigung der Persönlichkeit des Täters ergibt, dass er zur Tatzeit sittlich und geistig eher einem Jugendlichen gleichstand, oder gem. § 105 Abs. 1 Nr. 2 JGG es sich bei der Tat eher um eine Jugendverfehlung handelt.[32] Durch die hohe **sozialpädagogische Kompetenz** kommt dem Bericht und der Empfehlung der JGH große Bedeutung zu.

II. Jugendgerichtshilfe (JGH)

156 Die JGH ist das zentrale Tätigkeitsfeld für Sozialarbeiter und Pädagogen im Bereich der Jugendkriminalität. Die Stellung der JGH im Verfahren ist gem. § 52 SGB VIII i.V.m. §§ 38, 50 Abs. 3 JGG wichtig. Ihr kommt eine bedeutende Rolle zu. Die JGH **ist ein Fachdienst des JA** und hinsichtlich ihrer Organisation und inhaltlichen Entscheidungen von Gericht und StA unabhängig und autonom. Die Aufgaben der JGH können auch durch anerkannte freie Träger der Jugendhilfe erledigt werden.

157 Die Aufgaben der JGH lassen sich in vier Bereiche gliedern:
(1) Ermittlungshilfe und Haftentscheidungshilfe
(2) Überwachungstätigkeit
(3) Jugendhilfeleistungen erbringen
(4) Betreuungstätigkeit während des Verfahrens

158 Gem. § 38 Abs. 2 JGG unterstützt die JGH das Jugendgericht durch die »Erforschung der Persönlichkeit, der Entwicklung und der Umwelt des Beschuldigten«. Dieser **Unterstützungsauftrag** beinhaltet keine Tataufklärung. Dem Jugendlichen steht es frei, das Angebot der JGH anzunehmen. Die JGH nimmt an jeder Hauptverhandlung teil, berichtet über die o.g. Punkte und fertigt insb. einen Bericht über mögliche **Sanktionsvorschläge.**[33] Diese gutachterliche Stellungnahme erfordert hohen sozialarbeiterischen Sachverstand. Wie bei vielen gutachterlichen Stellungnahmen geht es hierbei um die Trennung von Fakten und Wertungen. Der eigene Wirkungskreis und die eigenen Kompetenzen sind zu beachten. Welche berufliche Aufgabe habe ich in diesem Kontext? Für die Fakten müssen deren Quellen benannt werden. Der Datenschutz muss beachtet werden. Inhaltlich geht es um die familiären Verhältnisse, Beschreibung der Person des Betroffenen, seine beruflichen oder schulischen Beziehungen, Freizeitverhalten, familiäre Einbettung, Einstellung zur Tat und die abschließende Stellungnahme.

159 Außerdem hat die JGH die Aufgabe, die Einhaltung von Weisungen und Auflagen zu überprüfen, soweit kein Bewährungshelfer zuständig ist. Daneben hat die JGH in U-Haftfällen die Aufgabe, zur Haftvermeidung andere pädagogische Maßnahmen vorzuschlagen und anzubieten. Dies könnten verschiedene Leistungen der Jugendhilfe wie Einzelbetreuung, soziale Gruppenarbeit, betreutes Wohnen oder Heimunterbringung sein.

---

32 Vgl. zur Auslegung der Begriffe *Nothacker* in Brühl/Deichsel/Nothacker, Strafrecht und Soziale Praxis, Rn. 508 ff.

33 *Oberloskamp*, Gutachtliche Stellungnahmen, 2017.

Ein weiteres wichtiges Arbeitsfeld ist die Betreuung des Jugendlichen während des gesamten Verfahrens.

III. Rechtsfolgen des JGG

Der größte Unterschied zwischen dem Erwachsenen- und Jugendstrafrecht besteht in   160
der Andersartigkeit und Differenzierung der Sanktionen. Gem. § 5 JGG gibt es drei
Arten von Sanktionen (s. hierzu Schaubild 8):
(1) Erziehungsmaßregeln (§§ 9 ff. JGG)
(2) Zuchtmittel (§§ 13 ff. JGG)
(3) Jugendstrafe (§§ 17 ff. JGG)

Erziehungsmaßregeln gem. § 10 JGG beinhalten das Recht, dem Jugendlichen   161
Weisungen zu erteilen, Anordnungen zu treffen oder z.b. Hilfe zur Erziehung in
Anspruch zu nehmen. Als **Weisungen** kommen alle Arten von Geboten und Verbo-
ten in Betracht, z.b. besetzte Häuser zu meiden, bestimmte Orte nicht aufzusuchen,
für das Opfer sechs Wochen lang einzukaufen etc. Die Weisungen müssen natürlich
verhältnismäßig sein, dürfen einen bestimmten Zeitrahmen nicht überschreiten und
sollten möglichst passgenau auf die Täterpersönlichkeit zugeschnitten werden. Der
Zuarbeit der Jugendgerichtshilfe für das Jugendgericht kommt große Bedeutung zu.
Zur Einhaltung von Weisungen (TOA, Teilnahme an sozialer Gruppenarbeit wie
Anti-Agressions-Training, soziales Kompetenztraining etc.) kann der Täter durch
Arrestverhängung gem. § 11 Abs. 3 JGG gezwungen werden.[34] (S. nachfolgendes
Schaubild 9)

Die **Zuchtmittel** stellen die zweite Sanktionsstufe dar. Sie beinhalten die Verwarnung,   162
die Erteilung von Auflagen oder beinhalten die Verhängung von Jugendarrest. Die
Verwarnung ist eine förmliche Zurechtweisung.

Die **Auflagen** sollen einen Bezug zwischen Täter, Tat und Opfer herstellen. Sie sind   163
anders als bei den Weisungen abschließend im Gesetz (§ 15 JGG) aufgeführt. Als Auflage käme in Betracht:
– Schadenswiedergutmachung,
– persönliche Entschuldigung beim Verletzten,
– Erbringung von Arbeitsleistungen,
– Zahlung eines Geldbetrages zugunsten einer gemeinnützigen Einrichtung.

Jederzeit kann das Gericht – genau wie im Falle der Weisung – die Auflagen ändern
und den Jugendlichen davon teilweise bzw. ganz befreien.

Der **Jugendarrest** (§ 16 JGG) stellt eine freiheitsentziehende Maßnahme dar. Es wird   164
zwischen **Freizeit-, Kurz- und Dauerarrest** unterschieden. Der **Freizeitarrest** beträgt
höchstens zwei Freizeiten und diese wiederum höchstens 48 Stunden pro Freizeite-
inheit (eine Woche). Der **Kurzarrest** beträgt höchstens 2 bis 4 Tage, wobei alle Tage
zusammenhängend vollstreckt werden.

---

34 Vgl. dazu *Schleicher*, 2003, S. 314.

Schaubild 9:

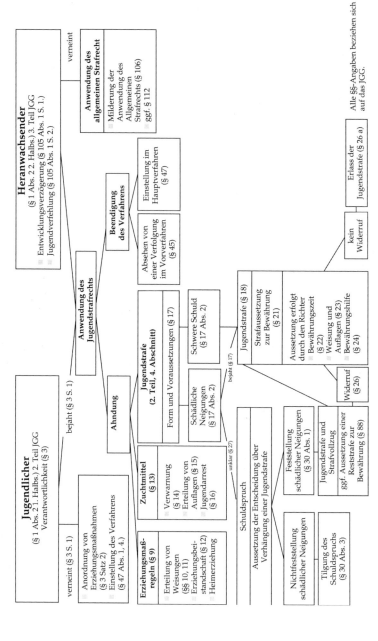

aus: *Klaus Riekenbrauk, Strafrecht und Soziale Arbeit*, S. 196.

Der **Dauerarrest** beträgt mindestens eine Woche und höchstens vier Wochen.

Der Arrest wird in geschlossenen Einrichtungen vollzogen. Angesichts der geringen 165
pädagogischen Intervention während des Arrestes ist dieses Sanktionsmittel in der Praxis umstritten und wird deshalb zusehend geringer verhängt. Gem. § 16 a JGG kann
auch Jugendarrest neben der Jugendstrafe verhängt werden, wenn diese zur Bewährung ausgesetzt wurde. Damit soll eben eine Sanktion ermöglicht werden.

Die **Jugendstrafe** (§ 17 JGG) ist die härteste Sanktion im Jugendstrafrecht.

Ihre Verhängungsvoraussetzungen sind entweder das »**Vorliegen schädlicher Neigun-** 166
gen« beim Täter oder die »**Schwere der Schuld**«. Schädliche Neigungen sind Verfes-
tigungen krimineller Gefährdungsmomente. Nach BGH zeigt ein Täter schädliche
Neigungen, wenn: »bei ihm erhebliche Anlage- oder Erziehungsmängel die Gefahr
begründen, dass er ohne längere Gesamterziehung ... durch weitere Straftaten die
Gemeinschaftsordnung stören wird«[35] Dies erfordert i.d.R. Deliktsverstöße von grö-
ßerem Gewicht.

Die genaue Feststellung dieser Tatbestandsmerkmale ist ebenfalls in der Praxis umstrit- 167
ten. Die **Rückfallquote** der zu einer Jugendstrafe Verurteilten ist hoch. Die Dauer
der Jugendstrafe beträgt zwischen sechs Monate und zehn Jahre. Auch hier kann die
Jugendstrafe bis zu einer Höhe **von zwei Jahren zur Bewährung** ausgesetzt werden.
Neben der Jugendstrafe dürfen auch Weisungen und Auflagen verhängt werden.

Der kurze Überblick über das Sanktionssystem des JGG hat gezeigt, dass sowohl das 168
Ziel der Verhängung, als auch die Bandbreite möglicher Sanktionen im Verhältnis
zum Erwachsenenstrafrecht sehr viel differenzierter ist.

Darüber hinaus muss ein weiterer wichtiger Aspekt berücksichtigt werden. Im Ver- 169
hältnis zum Erwachsenenstrafrecht werden viele Jugendstrafverfahren bereits nach
Abschluss des Ermittlungsverfahrens durch die Jugendstaatsanwaltschaft eingestellt.
Dieser Vorgang wird als **Diversion**, d.h. Ablenkung/Umleitung bezeichnet. Man sieht
Jugendkriminalität als normale Begleiterscheinung des Erwachsenwerdens und will
deshalb jugendliche Rechtsverstöße nicht kriminalisieren, indem alle Verfahren mit
einer Gerichtsverhandlung enden. Deshalb kann die Staatsanwaltschaft jedes Ermittlungsverfahren, in dem es sich um ein Vergehen handelt, die Schuld des Täters gering
ist und kein öffentliches Interesse an der Strafverfolgung besteht, gem. §§ 45, 47
JGG einstellen. Die Einstellung des Verfahrens ist auch nach Erfüllung einer Auflage
möglich.

Diese Einstellungsmöglichkeiten bestehen in der Hauptverhandlung auch für das Jugendgericht, das dann allerdings die Zustimmung der Jugendstaatsanwaltschaft benötigt.

Das Strafverhalten der Jugendgerichte bestätigt das Ergebnis dieses Abschnitts, erste 170
Strafverfahren von Jugendlichen, soweit es sich um geringfügige Delikte handelt,

---

35 BGHSt 11, 169 f., vgl. zur Auslegung des Begriffes *Nothacker* in Brühl/Deichsel/Nothacker,
    Strafrecht und Soziale Praxis, Rn. 560.

werden i.d.R. immer eingestellt. Setzt sich trotz diverser Sanktionsbreite die strafrechtliche »Karriere« des Jugendlichen fort, enden weitere Taten und Strafverfahren, je
nach Schwere des Delikts, bei dem dritten oder vierten Verstoß, mit der Verhängung
von Jugendstrafe.

171   Generell wird bei Jugendlichen und Heranwachsenden gem. § 31 JGG nur auf eine
      einheitliche Strafe erkannt. Allerdings können gem. § 8 JGG verschiedene Maßnah-
      men nebeneinander angeordnet werden.

172   Das Strafmaß der Jugendstrafe bei Mord ist gem. § 105 Abs. 3 JGG bei Heranwach-
      senden auf 15 Jahre erhöht und ein sog. Warnschussarrest gem. § 16 a JGG eingeführt
      worden: er soll die zu einer Jugendstrafe auf Bewährung verurteilten Täter, die dies
      oftmals als Freispruch missverstehen, von der Begehung von Straftaten während der
      Bewährungszeit abschrecken, indem ihnen die Wirkung von Freiheitsentziehung »vor
      Augen geführt wird«.[36]

G. Strafvollzug

173   1977 ist – bedingt durch ein Urteil des BVerfG[37] – in der Bundesrepublik das **Straf-
      vollzugsgesetz** (StVollzG) in Kraft getreten. Als Vollzugsziel benennt das Gesetz gem.
      § 2 Satz 1 die Resozialisierung des verurteilten Straftäters, indem er im Vollzug befä-
      higt wird, nach der Entlassung ein straffreies Leben zu führen. Daneben dient der
      Strafvollzug auch dem Schutz der Allgemeinheit vor weiteren Straftaten (§ 2 Satz 2).

174   Sühne und Abschreckung sind keine Vollzugsziele. Die Freiheitsstrafe wird in Justiz-
      vollzugsanstalten vollzogen, wobei zwischen **geschlossenem** und **offenem** Vollzug zu
      unterscheiden ist.

      Gerade im Strafvollzug ist ein erheblicher Unterschied zwischen rechtlicher Sollvor-
      stellung und tatsächlichen Verhältnissen zu verzeichnen.

175   Zahlreiche Darstellungen in Medien machen deutlich, dass die Einhaltung der Voll-
      zugsziele ungeheure Anstrengungen verschiedenster Beteiligter erfordert. Dazu sind
      manche nicht bereit.

176   Da der Strafvollzug gewaltige Kosten aufwirft (ca. 150 € pro Tag pro Gefangenem),
      hängt die Realisierung von **Vollzugszielen** auch an der personellen Ausstattung mit
      Vollzugs- und Sozialdienstpersonal und an der Ausstattung mit Sachmitteln. Wo
      gespart wird, gibt es zwangsläufig Defizite.

177   Für Ersttäter und solche, die aus der Freiheit heraus selbst den Strafantritt vorneh-
      men, wird der offene Vollzug (§ 10 StVollzG) praktiziert. Voraussetzungen hierfür
      sind die Zustimmung des Gefangenen, seine persönliche Eignung (z.B. gewisse

---

36 Gesetz zur Erweiterung der jugendgerichtlichen Handlungsmöglichkeiten vom 06.07.2012
    (BR-Drs. 350/12).
37 BVerfGE, 33, 1.

Selbstständigkeit, Verantwortungsgefühl), sowie kein Vorliegen von Entweichungs-
bzw. Missbrauchsgefahr.

Der **offene Vollzug** lässt verschiedene Vollzugslockerungen zu, u.a. die Arbeit außer-   178
halb der Anstalt unter Aufsicht eines Vollzugsbediensteten (Außenbeschäftigung) oder
ohne Aufsicht (Freigang). Nach einem abgestuften System können dann Straftäter
Freigang, Urlaub etc. erhalten. Bewährt sich der Strafgefangene wird mit zunehmender Dauer des Vollzuges die Freiheit des Strafgefangenen größer. Justizvollzug ist Ländersache. Je nach Bundesland und den dort praktizierten Regelungen ist der Anteil des
offenen Vollzuges am Gesamtvollzug sehr unterschiedlich.[38]

Im **geschlossenen Vollzug** sind nach einem abgestuften System auch Vollzugslocke-   179
rungen vorgesehen, die jedoch nicht den Freiheitsgrad, wie im offenen Vollzug, vorsehen. Strafvollzug ist teuer und hat erhebliche Auswirkungen auf die Verurteilten,
sodass gesellschaftlich und justizpolitisch nach Alternativen gesucht wird (z.B. Entziehung der Fahrerlaubnis auch bei Nicht-Verkehrsdelikten, Ausweitung der gemeinnützigen Arbeit »Schwitzen statt Sitzen«).

Das StVollzG sieht bereits seit 1977 die Einführung eines **Vollzugsplanes** vor, der   180
zwischen Anstalt und Gefangenen durch Festlegung von kurz-, mittel- und langfristigen Behandlungsmaßnahmen klare Rechtsgrundlagen schaffen wollte und so zur
Erreichung der Resozialisierungsziele beitragen wollte.

Diese erste im Gesetz festgelegte **Aushandlungsvariante** als Strukturprinzip ist inzwi-   181
schen in weitere Gesetze (z.B. SGB VIII) übernommen worden. Angesichts der erheblichen Eingriffe, die der Strafgefangene durch den Vollzug der Freiheitsstrafe in der
Justizvollzugsanstalt hinzunehmen hat, sind durch das StVollzG unzählige Abwägun-
gen zwischen **staatlichem Vollzugsinteresse** und den **Grundrechten der Gefangenen**
vorzunehmen.

Ob es um die Bereiche und Aspekte wie z.B. Hafträume, Kleidung, Arbeit, Ver-   182
pflegung, Schriftwechsel, Arztwahl, Besuchsrecht, Ferngespräche, Urlaub, wichtige
Ausgangsinteressen, Verhängung von Disziplinarmaßnahmen, Religionsausübung,
Arbeitspflicht etc. geht, immer ist eine Entscheidung zu treffen, die eben diesen Kom-
promisscharakter in sich trägt.

Der Strafgefangene kann Rechtsmittel gem. § 109 StVollzG (Gerichtliche Entscheidung) gegen ihn belastende Strafvollzugsmaßnahmen einlegen.

Die gesamte Organisation eines Ersatzlebensraumes für derart viele Menschen erfor-   183
dert einen erheblichen Einsatz von Sach- und Personalmitteln. Angesichts der Bandbreite der Täterpersönlichkeiten und der Verschiedenheit ihrer Delikte geht es im
Strafvollzug auch um eine Diversifizierung. Dies umfasst u.a. unterschiedliche Unter-
bringungs- und Behandlungskonzepte. Man denke z.B. an inhaftierte Sexualtäter bzw.

---

38 *Riekenbrauk*, 2011, S. 184.

Drogentäter. U.a. sollen Sexualstraftäter und Gewaltstraftäter in sozialtherapeutischen Anstalten behandelt werden.

184 Für die Organisation der sozialen Hilfe im Strafvollzug ist der **Sozialdienst** zuständig. Ein Mitarbeiter kommt auf ca. 100 Gefangene.[39] Jeder Gefangene hat gem. § 71 StVollzG einen Anspruch auf soziale Hilfe. Für den Gefangenen geht es in erster Linie um die Aufrechterhaltung seiner sozialen Beziehungen, die Erledigung notwendiger organisatorischer Dinge und um die Stärkung sozialer Handlungskompetenz.

185 Zu den wichtigen Schwerpunkten der sozialen Arbeit gehört die Beratung zu verschieden Aspekten wie z.b. dem Strafverfahren, dem Strafvollzug, der Schuldnerberatung, Miet- und Arbeitsrechtsproblemen, Drogentherapie und ausländerrechtliche Fragen.

Schließlich muss auch die **Entlassung** (§ 74 StVollzG) vorbereitet werden.

186 Generell ist hier anzumerken, dass gegen jeden Gefangenen im Strafvollzug durch sein Strafurteil die Freiheitsstrafe in einer bestimmten Höhe verhängt wurde. Diese Strafhöhe wird selten komplett verbüßt, weil jeder Gefangene gem. § 57 StGB das Recht hat, nach **Halb- bzw. Zweidrittelstrafverbüßung** die Aussetzung des Restes zur Bewährung zu beantragen. Der Tat und dem Verhalten des Täters (nebst seinen familiären und beruflichen Verhältnissen) in der Strafanstalt kommt damit eine hohe Bedeutung zu, da die Anstalt und die Staatsanwaltschaft der Strafvollstreckungskammer jeweils eine Stellungnahme zuleitet.

Vor der Entlassung hat der Sozialdienst mit der Bewährungshilfe und den Einrichtungen der Straffälligenhilfe zu kooperieren.

187 Neuere kriminologische Untersuchungen haben die Wirksamkeit einer intensiven Entlassungsvorbereitung belegt. Wenn z.b. der Sexualstraftäter, der bereits im Vollzug an einer entsprechenden Therapie teilgenommen hat, diese nach der Entlassung ambulant weiterführt; wenn es gelingt, dem Entlassenen einen Arbeitsplatz zu vermitteln, der möglichst seinem im Vollzug erworbenen Berufsabschluss entspricht, bestehen gute Resozialisierungschancen.

188 Nachdem i.R.d. **Föderalismusreform 2006** die Gesetzgebungszuständigkeit für den Justizvollzug auf die Bundesländer übertragen worden ist, haben einzelne Länder bereits eigene Strafvollzugsgesetze verabschiedet, die im Wesentlichen an dem Standard des StVollzG festhalten. Der von vielen befürchtete »Wettbewerb der Schäbigkeit« um den billigsten und härtesten Vollzug ist jedenfalls bislang nicht eingetreten. In den anderen Ländern gilt das StVollzG nach Art. 125a GG weiter.

189 Nachdem das BVerfG am 31.05.2006 die bisherige Rechtsgrundlage für den Vollzug der Jugendstrafe – im Wesentlichen eine bundeseinheitliche Verwaltungsvorschrift – für verfassungswidrig erklärt hat[40] und eine gesetzliche Regelung bis zum 31.12.2007 angeordnet hat, haben inzwischen alle 16 Bundesländer ein eigenes

---

39 *Riekenbrauk*, 2011, S. 185.
40 BVerfG NJW 2006, S. 2093 ff.

Jugendstrafvollzugsgesetz verabschiedet. Auch wenn sich die Gesetze im Einzelnen unterscheiden, so tragen sie doch den strengen Vorgaben des BVerfG Rechnung, indem z.b. Stärkung der Elternrechte – etwa durch Beteiligung im Förder- und Vollzugsplanverfahren –, regelmäßige Unterbringung in Wohngruppen zum Einüben sozialen Verhaltens, Einzelunterbringung während der Ruhezeit, Ausbau der schulischen und beruflichen Förderung sowie der therapeutischen Maßnahmen, Mindestbesuchszeit von vier Stunden pro Monat, ständige Überprüfung der Wirksamkeit des Vollzugskonzepts durch kriminologische Forschung usw. vorgesehen ist.

H. Soziale Arbeit und Strafrecht

Beschäftigte in der Sozialen Arbeit haben häufig Bezüge zu strafrechtlichen Fragen.   **190**
Dies betrifft u.a. die drei Bereiche, die hier exemplarisch vertieft werden.

I. Anzeigepflicht von Sozialarbeitern

Wie bereits oben dargelegt, kann jeder, der den Verdacht hat, eine Straftat liegt vor,   **191**
Strafanzeige bei der Staatsanwaltschaft bzw. Polizei stellen. In Geltung des **Legalitätsprinzips** haben diese Stellen der Anzeige nachzugehen (**Anfangsverdacht**) und bei **hinreichendem Tatverdacht** Anklage zu erheben. Die Fragen aus der Praxis kreisen um das Problem, ob denn der Sozialarbeiter, der von einer Straftat erfahren hat, Strafanzeige erstatten muss.[41]

Folgendes ist zu unterscheiden: **192**
(1) Wer als Sozialarbeiter von einer **geplanten Straftat** erfährt, muss diese gem. § 138 StGB[42] nur anzeigen, wenn bestimmte Delikte wie Mord, Geldfälschung, Hochverrat, Raub etc. im Raum stehen. Dies wird in den seltensten Fällen akut sein. Erstaunlicherweise fällt z.B. eine geplante Vergewaltigung nicht in diese Deliktsgruppe.
(2) Wer dagegen von einer bereits **geschehenen Straftat (z.B. Mord)** erfährt, braucht diese nicht anzuzeigen.

Er macht sich deswegen auch nicht gem. §§ 257 (Begünstigung), 258 StGB (Straf-   **193**
vereitelung) strafbar. Wegen **Begünstigung** wird nur derjenige bestraft, der dem Täter aktiv Hilfe leistet, um ihm die Vorteile der Tat zu sichern. Eine Nichtanzeige erfüllt dieses Tatbestandsmerkmal nicht.[43]

Wegen **Strafvereitelung** wird verurteilt, wer aktiv verhindert, dass ein Täter bestraft   **194**
wird. Dies gilt sowohl bei der Verfolgungs- als auch bei der Vollstreckungsvereitelung. Eine Nichtanzeige erfüllt diesen Tatbestand nicht. Zwar können beide Delikte durch

---

41 *Papenheim u.a.*, 2011, S. 195 ff.
42 Bitte lesen!
43 Für Bewährungshelfer und Sozialarbeiter im Strafvollzug können Ausnahmen bestehen, §§ 25 4 JGG, 56d III 4 StGB, 182 II 2 StVollzG.

Unterlassen (§ 13 StGB) verwirklicht werden, jedoch hat der Sozialarbeiter keine Garantenpflicht zur Anzeigenerstattung.

195   Als Hindernis zur Strafanzeigenerstattung könnte sich § 203 StGB erweisen, der die Verletzung von Privatgeheimnissen unter Strafe stellt. Dies gilt dann, wenn ein fremdes Geheimnis dem Sozialarbeiter anvertraut bzw. sonst bekannt geworden ist und er dies unbefugt offenbart.

196   Jedoch kollidiert hier u.a. die **Wahrung des Privatgeheimnisses** einerseits mit dem **Strafverfolgungsinteresse** andererseits. Allerdings geht es nicht nur um die Wahrung von Privatgeheimnissen, sondern auch um die Funktionsfähigkeit des **Beratungswesens** in Ausprägung des Sozialstaatsgebotes. Denn wer lässt sich noch auf eine Beratung ein, wenn er befürchten muss, dass seine vertraulichen Angaben zur Anzeigenerstattung benutzt werden.

Allerdings tritt § 203 StGB im Falle der **Anzeigenpflicht** gem. § 138 StGB zurück.

197   Liegen die Voraussetzungen des § 138 StGB nicht vor, kann der Geheimnisverpflichtete nur dann eine Strafanzeige erstatten, wenn dies durch den § 34 StGB (rechtfertigender Notstand) gebilligt würde.[44] Dies erfordert besondere Gründe zur Wahrung anderer Rechtsgüter, die im Normalfall nicht vorliegen. Deshalb ist insoweit das Recht zur Anzeigenerstattung eingeschränkt. Im Falle von Kindeswohlgefährdung liegt gem. § 4 Abs. 3 KKG die Befugnis vor, dem JA Mitteilung zu geben. Dies ist zwar keine Strafanzeige, unterliegt aber den gleichen rechtlichen Rahmenbedingungen.

Zusammengefasst: Im Falle des § 138 StGB muss der Sozialarbeiter eine Anzeige erstatten, i.Ü. kann er nach gründlicher Abwägung eine Anzeige erstatten, wenn die Voraussetzungen des § 34 StGB vorliegen.

II. Zeugnisverweigerungsrecht von Sozialarbeitern

198   Eine andere in diesem Zusammenhang oft aufgeworfene Frage ist die der **Zeugnisverweigerung** durch den Sozialarbeiter. Dürfte der Sozialarbeiter als Zeuge vor Gericht ein ihm anvertrautes privates Geheimnis offenbaren?

199   Festzuhalten ist zum einen, dass Sozialarbeiter im öffentlichen Dienst von ihrem **Dienstherrn** eine Aussagegenehmigung benötigen. Zum anderen hängt dies von dem jeweiligen Gericht, also der **Gerichtsbarkeit** ab. Wie bereits dargelegt, haben wir in der Bundesrepublik fünf Gerichtszweige, nämlich die Sozial-, die Verwaltungs-, die Finanz-, die Arbeits- und die ordentliche (Zivil- und Straf-) Gerichtsbarkeit. Nach der Zivilprozessordnung (ZPO) gem. § 383 Abs. 1 Nr. 6 ZPO – dem Gesetz über das Verfahren in Familiensachen (FamFG) gem. § 29 Abs. 2 FamFG, dem Arbeitsgerichtsgesetz (ArbGG) gem. § 46 Abs. 2 ArbGG, der Verwaltungsgerichtsordnung (VwGO) gem. § 98 VwGO und dem Sozialgerichtsgesetz (SGG) gem. § 118 SGG haben alle Sozialarbeiter/

---

44   Für Mitteilungen an das JA gilt § 4 Abs. 3 BKiSCHG.

Sozialpädagogen, unabhängig ob öffentlicher Dienst oder freier Träger, ein Zeugnis-verweigerungsrecht über anvertraute Tatsachen.

Die einzige Ausnahme bildet die Strafgerichtsbarkeit.

Gem. § 53 StPO steht dem Sozialarbeiter **kein Zeugnisverweigerungsrecht** zu. Aus-   200
nahmen bestehen für Sozialarbeiter in einer anerkannten Schwangerenkonfliktbe-ratungsstelle oder anerkannten Drogenberatungsstelle gem. § 53 Abs. 1 Nr. 3a, 3b StPO. Das BVerfG hat diese gesetzgeberische Ungleichbehandlung gebilligt.[45]

Der Ungleichbehandlung der Sozialarbeiter gegenüber Ärzten, psychologischen The-   201
rapeuten und anderen Berufsgruppen begegnen durchweg erhebliche verfassungs-rechtliche Bedenken allein aus dem Gesichtspunkt der Gleichbehandlung. Zudem wird auch aus datenschutzrechtlichen Gründen mit guten Argumenten ein Zeugnis-verweigerungsrecht gefordert.[46]

Deshalb muss der Sozialarbeiter meistens vor den Strafgerichten aussagen und die   202
oftmals zwangsläufig damit verbundene Offenbarung von Privatgeheimnissen des Kli-enten ist wegen der Zeugenaussagepflicht gerechtfertigt.

Die Konsequenz ist, dass der Beratende den Ratsuchenden auf diese rechtliche Folge hinweisen muss.

Im öffentlichen Dienst bedarf der Sozialarbeiter der Aussagegenehmigung seiner Dienstherrn gem. § 54 StPO.

III. Garantenstellung von Sozialarbeitern

Ein in jüngerer Zeit oft diskutiertes Thema ist die **strafrechtliche Verantwortung** von   203
Sozialarbeitern für ihr berufliches Handeln. Dabei ist nicht die vorsätzliche Straftat gemeint, die so gut wie nie aus der sozialarbeiterischen Praxis bekannt wird. Es geht um die strafrechtlich zu bewertende Frage, ob denn der Sozialarbeiter bei der von ihm betreuten Klientel für eingetretene Rechtsgutverletzungen strafrechtlich zur Verant-wortung zu ziehen ist.

▶ **Dazu ein kleiner Beispielfall:**

Eine Familienhelferin betreut eine Familie. Die beiden Kleinstkinder werden von   204
dem allein erziehenden Vater nicht ausreichend versorgt. An der Verbesserung der Versorgung arbeitet die Familienhelferin. Trotz ihres Einsatzes verdurstet ein Kind. Hat sich S. strafbar gemacht?

Wie bereits oben dargelegt, kann eine Straftat durch aktives Tun oder durch Unter-   205
lassen (§ 13 StGB) begangen werden. Wird ein Delikt durch Unterlassen begangen,

---

45 BVerfG 33, S. 367 ff.
46 Vgl. *Papenheim*, 2012, S. 235.

muss der Täter eine Verpflichtung zum Verhindern des Erfolges haben, nämlich eine **Garantenstellung**, aus der seine **Garantenpflicht** resultiert.

206 Herkömmlich ergibt sich die Garantenpflicht aus **Gesetz** (Arzt, Polizist), **Vertrag** (Kitamitarbeiterin, Babysitterin), **Ingerenz, vorangegangenem gefährdetem Tun**, z.B. Verkehrsunfall oder Zechkumpane oder aus **enger Lebensgemeinschaft** (Ehegatte, Verlobter). Die Rechtsprechung und die Literatur vertreten z.T. unterschiedliche Auffassungen zum Entstehen und zum Umfang der Garantenpflicht.[47] Nach der Rspr. des BGH wird hier zwischen Beschützer- bzw. Überwachergaranten differenziert.[48]

207 In diesem Zusammenhang ist festzuhalten, dass sich jeder Bürger wegen **unterlassener Hilfeleistung** gem. § 323c StGB zu verantworten hat, wenn er bei Unglücksfällen, gemeiner Gefahr oder Not nicht die erforderliche und zumutbare Hilfe leistet. Diese Fälle sind gemeinhin von der bereits genannten Fallkonstellation zu unterscheiden, weil es sich meistens um unterschiedliche Lebenssachverhalte handelt. Vor allem ist die Strafandrohung eine unterschiedliche, bei § 323 c StGB liegt die Höchststrafe bei einem Jahr.

208 Auf den genannten Fall bezogen bedeutet dies, die Sozialarbeiterin hat den Tod des Kindes nicht durch aktives Tun verschuldet, sondern allenfalls durch Unterlassen. Das Jugendamt in Gestalt des Mitarbeiters hat unstreitig sowohl in Ausübung des **Wächteramtes** gem. Art. 6 Abs. 2 Satz 2 GG, sowie durch diverse Regelungen des SGB VIII, insb. §§ 8a, 42, als auch durch die mögliche vertragliche Regelung mit dem Klienten eine Garantenpflicht.[49] Auch Freie Träger und ihre Mitarbeiter haben durch Verträge (Sicherstellungsvereinbarungen nach § 8a Abs. 4 SGB VIII und Arbeitsvertrag) etc. die gleiche Verantwortung für das Wohl ihrer Klienten.

209 Nunmehr kommt es für die Frage der Strafbarkeit des Einzelnen entscheidend darauf an, ob den handelnden Sozialarbeiter im konkreten Einzelfall eine **Pflichtverletzung** trifft. Handelt er dagegen sachgerecht, fachlich korrekt und sozialarbeiterisch vertretbar, liegt keine strafrechtlich vorwerfbare Pflichtverletzung vor. Es geht also in den Strafprozessen meistens darum festzustellen, ob die konkreten Handlungen bzw. dem Unterlassen des Sozialarbeiters zum Zeitpunkt der Tat den im Einzelfall gebotenen fachlichen Anforderungen genügt haben. Dies wird meist durch langwierige und schwierige jugendrechtliche, pädagogische oder psychologische Gutachten, die einen in der Vergangenheit liegenden Fall betreffen, festgestellt.

210 Wie oft kommen in der sozialen, pädagogischen Arbeit mit Menschen u.U. mehrere gleichwertig anzuwendende Methoden und Maßnahmen zur Lösung von Problemlagen in Betracht.

211 Wichtig ist als Ergebnis die Feststellung, dass sich die gebotenen sozialarbeiterischen Handlungspflichten und die strafrechtliche Verletzung der Garantenpflicht

---

47 *Papenheim*, 2012, S. 19 f.
48 BGH 48, S. 77, 82 ff.
49 *Papenheim*, 2012, S. 20 f.

ausschließen. Anders ausgedrückt, handelt ein Sozialarbeiter **fachgerecht**, begeht er keine Straftat. Auf keinen Fall haftet der Sozialarbeiter für nicht vorhersehbare Geschehnisse.

Dies müsste im genannten Fall anhand der einzelnen getroffenen Maßnahmen festge-   212
stellt werden. Als Delikt käme fahrlässige Tötung gem. § 222 StGB begangen durch Unterlassen gem. § 13 StGB in Betracht. Höchststrafe im Falle einer Verurteilung wäre eine 5 jährige Freiheitsstrafe.

In diesem Zusammenhang kommt damit der **Dokumentation** fachlicher Sozialarbeit und der Kooperation verschiedener Fachdienste und Kollegen erhöhte Bedeutung zu.[50]

Außerdem ist zu diskutieren, ob sich nicht auch andere Personen (Jugendamtslei-   213
ter, Jugendhilfeausschussmitglieder) etc. strafrechtlich zu verantworten haben, wenn infolge von Mittelkürzungen und Personalknappheit eine fachliche soziale Arbeit nicht zu leisten ist. Dies scheitert in der Praxis oft am mangelndem Vorsatz und an der nicht direkten Arbeit mit dem Klienten.

I. Materielles Strafrecht

Wie bereits dargelegt, normiert das StGB die meisten Strafnormen. Aber auch in ande-   214
ren Gesetzen, z.B. dem Betäubungsmittelgesetz (BtmG), werden Strafdelikte normiert.

Im StGB sind in verschiedenen Abschnitten Deliktstypen zusammengefasst, die   215
den Schutz bestimmter Rechtsgüter beinhalten. So werden z.b. mit den Delikten in den §§ 84 ff. StGB der Schutz des demokratischen Rechtsstaates bezweckt, mit den §§ 174 ff. StGB der Schutz der sexuellen Selbstbestimmung, mit den Normen gem. §§ 211 ff. StGB der Schutz des Lebens und mit den §§ 242 ff. StGB der Schutz des Eigentums und anderer Werte.

Außerdem sind die Delikte nach ihrem geschützten Rechtsgut und dem Verhalten des   216
Täters zu differenzieren, z.b. Tätigkeits-, Erfolgs-, erfolgsqualifizierte Delikte, Gefähr-
dungsdelikte und eigenhändige Delikte.

In den letzten Jahren sind viele Straftatbestände, z.T. unter reger Beteiligung der   217
Öffentlichkeit, neu gefasst worden. 2013 ist die Verjährung von Sexualstraftaten gem. § 78 b StGB bis zur Vollendung des 30. Lebensjahres erweitert worden (BGBl. I S. 1805), 2015 wurde bedingt durch europarechtliche Initiativen u.a. das gesamte Sexualstrafrecht neu gefasst (BGBl. I S. 10). Dies beinhaltete auch die Verschärfung der Regelungen zur Volksverhetzung. In den Sexualdelikten wurden insbesondere die pornografische Darstellung und Verbreitung verbotener Inhalte neu gefasst und unter höherer Strafandrohung gestellt. 2015 wurden auch die Korruptionsbestimmungen (BGBl. I S. 2025) verschärft. 2016 wurden die Bestimmungen zur Bekämpfung des Menschenhandels gem. § 232 StGB ebenfalls erweitert (BGBl. I S. 2226). Ca. ein Monat später hat der Gesetzgeber die Sexualdelikte erneut neu gefasst (BGBl. I

---

50 Vgl. *Papenheim*, 2012, S. 173.

S. 2460), u.a. mit der Neufassung des Vergewaltigungsparagrafen (§ 177 StGB). Zum Tatbestand der Vergewaltigung gehörte in der Vergangenheit das Anwenden von Zwang und Gewalt, um das Opfer gefügig zu machen. In einigen umstrittenen Urteilen, die mit Freispruch endeten, hatten Täter die Zwangslage des Opfers ausgenutzt, ohne dass eine offenkundige Gegenwehr erfolgte. Die n.F. des § 177 StGB stellt nun entscheidend auf die Gesamtsituation ab. Danach muss sich der Täter, wenn psychische oder physische Gründe gegen eine Willensbekundung des Opfers sprechen, der ausdrücklichen Zustimmung zur sexuellen Handlung versichern.

218 Mit dem Gesetz zur Verbesserung des Schutzes der sexuellen Selbstbestimmung wurden auch die §§ 184i, 184j StGB neu gefasst. Gem. § 184i StGB macht sich eine Person strafbar, die in sexuell bestimmter Weise eine Person berührt und dadurch belästigt. Gem. § 184j StGB stellt auch die Teilnahme an einer Gruppe, aus der heraus derartige Delikte begangen werden, unter Strafe.

219 Gegenwärtig wird die Reform des Mordparagrafen (§ 211 StGB) diskutiert. Der aufgrund des grausamen Richters Freisler 1941 eingeführte § 211 StGB definiert, wer Mörder ist und nicht, welche Merkmale einen Mord definieren und wie Mord vom Totschlag abzugrenzen ist. Eine Sachverständigenkommission hat hierzu Vorschläge gemacht, die noch nicht umgesetzt wurden.

220 Umstritten ist gegenwärtig in der Rechtslage und der Rspr. auch die Abgrenzung der Selbsttötung, die straffrei ist, von Unterstützungshandlungen Dritter. Bisher wurde hier die aktive von der passiven Sterbehilfe unterschieden. Urteile verwischen jetzt diese Grenzen. Dieses ethisch und moralisch rechtspolitisch umstrittene Feld soll gegenwärtig reformiert werden.

221 Die Sozialarbeit ist häufig mit Suchtproblematiken der Klienten befasst. Ein großer Bereich sind Drogendelikte, die nach dem BtmG geahndet werden. Der Tatbestand der Drogendelikte ist durch zahlreiche einzeln aufgeführte Tatbestandsmerkmale gem. § 29 Abs. 1 BtmG gekennzeichnet, wie z.B. die Merkmale «unerlaubt anbaut, herstellt, mit ihnen Handel treibt, sie ohne Handel zu treiben, einführt, veräußert, abgibt, in sonstiger Weise in den Verkehr bringt, erwirbt oder sich in sonstiger Weise verschafft«. Diese Besonderheiten werden im Drogenbereich durch weitere Regelungen ergänzt, dem **Kronzeugenprinzip** gem. § 31 BtmG, wonach eine Strafmilderung möglich ist, wenn der Täter die Verfolgung weiterer Drogendelikte ermöglicht.

222 Außerdem ist gem. § 35 BtmG die Strafvollstreckung zu Gunsten einer Drogentherapie nach dem Grundsatz »**Therapie statt Strafe**« zurückzustellen. Außerdem werden im Drogenbereich Verfahren mit »leichten« Drogen wie Haschisch und Marihuana, die den Eigenverbrauch in geringer Menge zum Gegenstand haben, oft und entsprechend den Richtlinien der jeweiligen Generalstaatsanwaltschaft gem. § 153 StPO eingestellt.

223 Tatmotive wie Sucht bei Straftätern und deren Ahndung bzw. Aufarbeitung verlangen stetige Bemühungen aller Beteiligten, da hier eine hohe Rückfallwahrscheinlichkeit besteht und oft ohne Therapie keine Heilung eintritt.

Kapitel 16 Zuwanderungsrecht

Literatur

Frings, Sozialrecht für die Soziale Arbeit, Stuttgart 2011; *Frings/Tießler-Marenda*, Ausländerrecht für Studium und Beratung, Frankfurt am Main 2015; *Frings/Domke*, Asylarbeit, Frankfurt am Main 2017.

A. Einführung und Praxisrelevanz

I. Einführung

Im folgenden Kapitel werden die Grundzüge des **Zuwanderungsrechts** dargestellt. **1** Das Recht der Zuwanderung ist äußerst zersplittert, weil das wesentliche Merkmal des Status eines Ausländers durch den Zweck seines Aufenthalts und sekundär durch seine Staatsangehörigkeit bestimmt wird. Als Beispiel sei hier der rechtliche Status eines EG-Staatsangehörigen genannt, der sich visafrei in der Bundesrepublik u.a. zwecks Arbeitssuche aufhalten darf. Demgegenüber ist der Status eines Asylbewerbers völlig anders, weil er den Restriktionen des **Asylgesetzes** (AsylG) mit einem temporär begrenzten Status unterworfen ist und insoweit auch über einen sozialrechtlich und arbeitserlaubnisrechtlich schlechteren Aufenthaltsstatus verfügt.

Das **Zuwanderungsrecht** zersplittert damit in eine Vielzahl von unterschiedlichen **2** Gesetzen und Rechtsnormen und wurde auch im Kern als ein Gesetzesänderungs- paket, ähnlich dem Kinder- und Jugendhilferecht, erlassen. Das Kerngesetz[1] ist das seit dem 01.01.2005 in Kraft getretene **Aufenthaltsgesetz** (AufenthG), welches das Ausländergesetz von 1990 (AuslG 90) abgelöst hat. Es gelten u.a. ergänzend die **Aufenthaltsverordnung** (AufenthV), **Beschäftigungsverordnung** (BeschV), die **Integrationskursverordnung** (IntV). Zur Notwendigkeit der einheitlichen Anwendung ausländer- und asylrechtlicher Regelungen hat das Bundesministerium des Inneren **Anwendungshinweise** zu verschiedenen Gesetzen erlassen.

Da die EU für den Bereich des Ausländer- und Asylrechts die Rechtssetzungskom- **3** petenz besitzt, werden weite Teile der Rechtsmaterie durch die Verordnungen und Richtlinien der EU gesteuert.[2] Der Rspr. des EuGH kommt besondere Bedeutung zu.

Mit dem Zuwanderungsgesetz, welches ein Rahmengesetz ist und zahlreiche andere **4** ausländerrechtlich relevante Gesetze geändert hat, ist außerdem das **Freizügigkeitsgesetz/EU** (FreizügG/EU) in Kraft getreten. Dieses Gesetz regelt den rechtlichen Aufenthalt von EG-Staatsangehörigen. Ferner beinhaltet das Zuwanderungsgesetz auch Änderungen im **AsylG**, welches die Grundzüge des Asylverfahrens regelt.

---

1 BGBl. I, S. 1950.
2 Vgl. die Ausführungen im Kap. 3 Rdn. 42 ff.

Darüber hinaus ist im Zuwanderungsrecht auch das **Staatsangehörigkeitsgesetz** (StAG) und das **Bundesvertriebenengesetz** (BVFG) sowie das SGB III geändert worden.

5 Für die ca. 8.2 Mio. Ausländer, die in der Bundesrepublik leben, ist außerdem das Sozialrecht von besonderer Bedeutung, weil zahlreiche Sozialleistungen bei Migranten ein Daueraufenthaltsrecht voraussetzen. Für bestimmte Gruppen von Ausländern, zumeist bei unsicherem bzw. zeitlich befristetem Aufenthalt, bestimmt das Asylbewerberleistungsgesetz (AsylbLG) deren Sozialleistungsberechtigung.

Gleiches gilt für das **Arbeitserlaubnisrecht**. Hier regelt die BeschV die Zulassung zum Arbeitsmarkt.

6 Im Folgenden werden also die wichtigsten Gruppen von Migranten nach ihrem rechtlichen Status gesondert diskutiert und dargestellt. Das Schema folgt insoweit den Hauptgliederungspunkten **Einreise, Aufenthalt, Aufenthaltsbeendigung** und **Sonstiges**.

Weitere kurze Erläuterungen zum Sozialleistungsrecht, zum Status von EU-Angehörigen, zum Asylverfahren und zum materiellen Asylrecht, sowie zum StAG schließen sich an.

Das Kapitel endet mit einer kurzen Erwähnung des gegenwärtig so intensiv diskutierten Begriffs der Interkulturalität.

II. Relevanz für die Sozialarbeit

7 Das Migrationsrecht und die besondere Lebenssituation von MigrantInnen haben für Studentinnen und Studenten der sozialen Arbeit besondere Bedeutung. In den letzten Jahren sind ca. 1 Mio. Flüchtlinge in die Bundesrepublik gekommen. Die Frage der Integration dieser Personengruppe hat politische Erdbeben ausgelöst. In rechtlicher Hinsicht hat der Gesetzgeber in den letzten Jahren eine Fülle von Gesetzen erlassen, um diese Situation bewältigen zu können. Die Gesetzesänderungen sind vielfach kritisiert worden. Ferner leben ca. 8.3 Mio. MigrantInnen in der Bundesrepublik. Ca. 16 Mio. Menschen haben einen Migrationshintergrund.

8 Zum einen steht der rechtliche Status der Ausländer und die damit verknüpften Rechtsfragen im Mittelpunkt vieler Beratungen. Zum anderen sind Ausländer überproportional von Arbeitslosigkeit bedroht, üben oft gering qualifizierte Tätigkeiten aus, sind in der Betriebshierarchie oft untergeordnet, sind überproportional krank und überproportional auf Sozialleistungen angewiesen.[3] D.h., Ausländer füllen einen wesentlichen Anteil von Anspruchstellern innerhalb der Arbeitsfelder der sozialen Arbeit. Deshalb müssen sich Sozialarbeiterinnen und Sozialarbeiter mit dieser spezifischen Beratungsnachfrage auseinander setzen.

---

3 Vgl. *Karsten*, Sozialarbeit mit Ausländern, S. 27, Bericht der Beauftragten für Migration, Flüchtlinge und Integration, 2005, S. 102 ff.

Mit der Einreise eines Migranten unterliegt dieser der **Gebietshoheit** des Aufenthaltsstaates und der **Personalhoheit** des Heimatstaates, was i.d.R. durch den Pass dokumentiert wird.

Aufgrund verschiedener Faktoren stehen Ausländer oft im Mittelpunkt politischer   9 Diskussion. Ausländerpolitik ist innenpolitisch ein wichtiges, kontrovers diskutiertes Thema. Dies zeigt sich gegenwärtig z.b. an der Diskussion um Integration mit Stichworten wie »Fördern und Fordern«, Parallelgesellschaften, Integrationsunwilligkeit, Mindestalter für heiratswillige Ausländer etc. Sie zeigt sich auch z.b. im Bereich der Terrorismusabwehr u.a. an den Diskussionen über Straffälligkeit, besonders der ausländischen Jugendlichen in den Großstädten.

Es geht bei den politischen Bezügen der sozialen Arbeit auch immer darum, die **Par-**   10 **tizipation** von Ausländern zu ermöglichen und auf die ausländerpolitischen Bezüge dieser sozialen Arbeit hinzuweisen. Letztlich spielt in diesem Zusammenhang auch die Frage der Ausländerfeindlichkeit und des Rassismus gegenüber Ausländern eine große Rolle. Sozialarbeit ist aufgefordert, Menschenrechte für und mit MigrantInnen durchzusetzen und auf die Einhaltung der Rechtsordnung durch und gegenüber MigrantInnen zu pochen. Die Bekämpfung der Ursachen von Ausländerfeindlichkeit und Rassismus ist zu einem wesentlichen Bestandteil der Ausländerarbeit geworden.

B. Geschichte der Migration und rechtliche Grundlagen

Migration in und aus der Bundesrepublik Deutschland besteht seit vielen Jahrhunder-   11 ten. Erst durch die Bildung der Nationalstaaten bekommt dieses Thema ein höheres Gewicht. Bereits im 19. Jahrhundert werden die ersten Regelungen über die Zulassung von Ortsfremden wichtig.[4]

Gesetzlich wird dies in besonderer Weise aber erst durch die allgemeine **Preußische**   12 **Polizeiverordnung** von 1932 geregelt, die dann 1938 durch die **Allgemeine Polizeiordnung** unter dem Naziregime geändert wurde.[5] Die Situation der Fremdarbeiter/ Kriegsgefangenen unter dem Naziregime ist u.a. durch ausdrücklich gewollt Vernichtungspraxis bei Zwangsarbeit geprägt.[6]

Millionen von Fremdarbeitern, Kriegsgefangenen und Inhaftierten haben im Nazireich unter z.T. verheerenden Bedingungen arbeiten müssen.

In der weiteren Migrationsgeschichte der Bundesrepublik fand in den folgenden Jah-   13 ren eine starke Ausdifferenzierung der verschiedenen Ausländergruppen statt. Stand zuerst die Arbeitsmigration im Mittelpunkt, folgten später vor allem Asylbewerber, Bürgerkriegsflüchtlinge und andere Flüchtlingsgruppen.

Daneben ist die Entwicklung der EWG von einer Wirtschaftsgemeinschaft zur politischen Union ebenfalls von zentraler Bedeutung.

---

4 Vgl. die vorzügliche Gesamtdarstellung von *Bade*, Migration in Geschichte und Gegenwart.
5 *Renner*, Ausländerrecht in Deutschland, S. 17 ff.
6 Vgl. *Herbert*, Geschichte der Ausländerbeschäftigung in Deutschland 1880 bis 1980.

14 Mit Gründung der Bundesrepublik Deutschland galt die Allgemeine Polizeiverord-
    nung unter Löschung des nationalsozialistischen Gedankengutes bis 1965 weiter.
    1952 wurde bereits das **Bundesamt für die Anerkennung ausländischer Flüchtlinge**
    (BA) gegründet. Sitz war Zirndorf in Bayern.

15 Der rechtliche Status von Flüchtlingen war maßgeblich durch die Unterzeichnung der
    Genfer Flüchtlingskonvention (GFK) geprägt. Das Grundgesetz der Bundesrepublik
    Deutschland enthielt außerdem in Art. 16 Abs. 2 Satz 2 GG a.f. die Garantie:»Poli-
    tisch Verfolgte genießen Asylrecht«.

16 Als 1955 die Migration in die BRD mit der Anwerbung ausländischer Arbeitneh-
    mer begann, stellte sich rasch die Notwendigkeit zur Schaffung einer fundierten,
    demokratisch legitimierten, gesetzlichen Grundlage für die vermehrt erfolgende
    Arbeitsmigration.

17 1965 wurde das **Ausländergesetz 65** (AuslG 65) erlassen. Dieses Gesetz regelte sehr
    lückenhaft den Aufenthalt von ausländischen Arbeitskräften in der Bundesrepublik.
    So war seinerzeit in § 7 AuslG 65 die lakonische Formulierung enthalten:»Eine befris-
    tete Aufenthaltserlaubnis kann verlängert werden«. Wesentliche Bereiche wie Fami-
    liennachzug, Ausländerstatistik, differenzierte Ausweisungsregelungen etc. waren in
    diesem Gesetz nicht enthalten. Außerdem konnten die Bundesländer mit ihren Lan-
    desregelungen Lücken des AuslG ausfüllen und trugen damit zur Zersplitterung der
    Rechtsanwendung bei.

18 Nachdem 1973 ca. vier Mio. Ausländer in der Bundesrepublik lebten, zumeist Sozi-
    alversicherungspflichtige, waren weitere differenziertere Regelungen vonnöten. Diese
    wurden z.T. durch Verwaltungsvorschriften und Vereinbarungen zwischen den Bun-
    desländern geschlossen.

    Zur Durchsetzung fundamentaler Migrantenrechte spielte in dieser Phase die **Recht-
    sprechung des Bundesverfassungsgerichts** eine wichtige Rolle.[7]

19 Erst mit dem **AuslG 90** begann die komplette Erfassung vieler ausländerrechtlicher
    Regelungen und Fallgestaltungen. Das Gesetz regelte durch ca. 120 Paragrafen die
    kompletten Bereiche Einreise, Aufenthalt, Aufenthaltsverfestigung, Aufenthaltsbeen-
    digung, Ausländerstatistik, Strafvorschriften etc. für diverse Gruppen von Ausländern.

    Allerdings hatten sich andere Spezialmaterien bereits herausgebildet. 1982 war für den
    Bereich der Asylverfahren das **AsylVfG** erlassen worden. Für den Bereich der Aussied-
    ler galt und gilt das **BVFG**.

    Das Recht der Asylberechtigten war im GG und in der GFK verankert. Neue völker-
    rechtliche Verträge traten hinzu.

20 Nachdem in den ersten 20 Jahren des Bestehens der Bundesrepublik die Anzahl der
    Asylbewerber von geringer Bedeutung war, nahm in den 70er und insb. in den 80er

---

7 BVerfGE 49, S. 168 ff. (Inder-Entscheidung), 35, S. 382 ff. (Palästinenser-Entscheidung).

Jahren die Zahl der Asylbewerber kontinuierlich zu.[8] Deshalb wurden anderweitige Regelungen und ab 1982 auch das AsylVfG wiederholt geändert. Mit dem Anstieg der Asylbewerber 1992 auf über 450.000, wurde das Asylgrundrecht durch die kontrovers diskutierten Regelungen des Art. 16a GG 1993 einschränkend neu gefasst und vom BVerfG verfassungsrechtlich gebilligt.[9]

Das Jahr 1973 bildete für den Bereich der Migrationspolitik einen besonderen Schnitt- 21
punkt, weil seit dem ein bis heute bestehender Anwerbestopp verkündet wurde, der allerdings in bestimmten Berufsbereichen nach wie vor eine gezielte Anwerbung und Zuwanderung zulässt. In der Migrationsforschung nennt man die Phase von 1955 bis 1973 die **Anwerbephase**, an die sich bis 1982 die **Integrationsphase** anschließt.

Das AuslG 90 differenzierte die bestehenden **Aufenthaltstitel**, indem nunmehr neben 22
der unbefristeten bzw. befristeten **Aufenthaltserlaubnis**, der **Aufenthaltsberechtigung** auch die **Aufenthaltsbefugnis** bzw. -bewilligung geschaffen wurde. Die politische Begründung dieser unterschiedlichen Aufenthaltstitel erfolgte mit Hinweis auf die ausdifferenzierte Rechtssituation bestimmter Ausländergruppen.

Das AuslG 90 löst auch die ausländerrechtlichen Regelungen der DDR ab.[10] Durch 23
den Zusammenschluss der beiden deutschen Staaten wurden die ca. 250.000 Ausländer, die in der DDR lebten, in das Aufenthaltssystem der Bundesrepublik überführt, mit z.T. unbefriedigenden Lösungen. In der DDR lebten nur ca. 50.000 Ausländer mit einem verfestigten Status. Der Rest bestand aus Werkvertragsarbeitnehmern, die insb. aus den Staaten Kuba, Mosambik, Angola und Vietnam stammten. Viele dieser Personen mussten in der Wendezeit die DDR verlassen. Andere Gebliebene hatten hier eine unsichere Zukunft und deren rechtliche Behandlung löste großen sozialen und politischen Schaden aus.

Die mit dem AuslG 90 eingeführten verschiedenen Aufenthaltstitel sind mit Geltung 24
des AufenthG 2005 erneut geändert worden. Nunmehr lautete die Begründung, in der Praxis hätten sich derart viele Aufenthaltstitel nicht bewährt.

Im AufenthG 05 existierten nur drei Aufenthaltstitel, nämlich 25
– die **Aufenthaltserlaubnis** (AE),
– das **Visum** und
– die **Niederlassungserlaubnis** (NE).

Durch die Umsetzung einer EU-Richtlinie wurde später gem. § 9a die **Erlaubnis zum Daueraufenthalt-EG** geschaffen.

Durch die immer voranschreitende Integration der europäischen Staaten hatte sich die 26
rechtliche Situation der EG-Staatsangehörigen in den 60er und 70er Jahren permanent

---

8 Vgl. *Bade*, Politisch Verfolgte genießen… Asyl bei den Deutschen – Idee und Wirklichkeit in Migration in Geschichte und Gegenwart, S. 411 ff.
9 S. BVerfGE 94, S. 49 ff.
10 Vgl. zur Geschichte der Ausländer in der DDR, *Renner*, Ausländerrecht in Deutschland, S. 26.

verbessert. Das frühere Aufenthaltsgesetz/EWG sah für hier arbeitende EG-Staatsangehörige eine Aufenthaltserlaubnis/EG vor. Das Gleiche erhielten Anbieter und Nachfrager von Dienstleistungen. Nunmehr sind sogar **Drittstaatsangehörige**, die in einem EU-Staat über ein Daueraufenthaltsrecht verfügen, in allen EU-Staaten aufenthaltsberechtigt (vgl. § 9a).

27 Die EG hatte mit der Türkei Beitrittsverhandlungen geführt und einen **Assoziationsratsbeschluss** Nr. 3/80 geschlossen. Dieser sah u.a. die Erteilung einer AE vor, wenn sich türkische Staatsangehörige ein Jahr rechtmäßig im regulären Arbeitsverhältnis befunden haben. Die EG sah diesen Vertrag als unverbindlich an. Der **Europäische Gemeinschaftsgerichtshof** (EuGH) hat diesem Vertragswerk verbindlichen Charakter zugebilligt, so dass türkische Staatsangehörige, die sich bereits in EU-Staaten aufhalten, aus diesem Abkommen besondere Rechte herleiten können.[11]

Allerdings war und ist für neu eingereiste EG-Bürger der Bezug von Sozialleistungen ausgeschlossen. Vgl. zu den Einzelheiten der Inhalte des neuen FreizügG/EU s. Rdn. 162 ff.

Zu der Neuregelung des Zuwanderungsgesetzes haben **vier** Hauptfaktoren geführt.

28 Zum einen trat in der Bundesrepublik Deutschland seit Ende der 90er Jahre, bedingt auch durch den Wechsel in der Regierungskoalition, ein **Paradigmenwechsel** ein. Die Rot-Grüne-Koalition hatte mehrere Male das AuslG 90 geändert und u.a. die Ehebestandszeit für nachgezogene Eheleute von vier auf zwei Jahre verkürzt. In das AuslG 90 waren seinerzeit bereits erleichterte Einbürgerungstatbestände eingeführt worden. Außerdem zeigte sich trotz der hohen Arbeitslosigkeit in der Bundesrepublik, dass weiterhin ein großer Arbeitskräftemangel existierte, der durch Fort- und Weiterbildung von Arbeitslosen nicht zu schließen war.[12] Deshalb schuf die Rot-Grüne-Regierung Regelungen, die erleichterte Einwanderung von Spezialarbeitskräften wie z.B. Arbeitnehmer aus dem IT-Bereich, erlaubten. Bekannt wurde deren Aufenthaltsstatus als »green card«.[13]

29 Zum anderen machte auch eine Verlagerung der **Gesetzgebungszuständigkeit** vom Nationalstaat zur EU (vgl. Art. 23 GG) die Gesetzesänderung nötig. Während früher die EU lediglich eine koordinierende Aufgabe in den Bereichen Migration und Asylangelegenheiten hatte, war durch den **Maastrichter Vertrag** diese Koordinierungszuständigkeit in die erste Säule übertragen worden, d.h. die EU ist nunmehr für Ausländerpolitik und Ausländerrecht originär zuständig.[14] Dies führt dazu, dass die Anzahl der Richtlinien der EU permanent zunehmen und bereits das erst kurz bestehende Aufenthaltsgesetz erneut geändert werden musste.[15]

---

11 Vgl. Bericht der Beauftragten für Migration, Flüchtlinge und Integration 2005, S. 461 ff.
12 Vgl. Bericht der Süssmuth-Kommission »Zuwanderung gestalten – Integration fördern«, Juli 2001.
13 Vgl. *Kolb*, ZAR 2003, S. 231.
14 Vgl. Darstellung des EU-Rechts in Kap. 3.
15 Erstes Änderungsgesetz, BGBl. 2005 I S. 721.

Zudem mussten bereits Änderungen des AuslG 90 durch den **11.09.2001** erfolgen. 30
Für die Einreise und den Aufenthalt von Ausländern sind deshalb zahlreiche Klauseln
eingeführt worden, die u.a. der Abwehr des Zuzugs und der Einreise von möglichen
terroristischen Gewalttätern dienen. Mit der Schaffung der Abschiebungsanordnung
gem. § 58a ist auch eine erleichterte Aufenthaltsbeendigung im AufenthG normiert
worden.

Letztlich ist die Rot-Grüne-Koalition unter der Federführung des früheren Innen- 31
ministers Schily angetreten, mit dem AufenthG eine **überschaubarere und lesbarere**
Version eines Ausländerrechts zu schaffen. Auch die Reduzierung der Aufenthaltstitel
soll diesem Ziel dienen. Ein Blick in die einschlägigen Gesetze mag genügen, um zu
zeigen, dass es dem Gesetzgeber nicht gelungen ist, seinem gesetzten Ziel näher zu
kommen.

Da die EU die Zuständigkeit für den Bereich Migration/Asyl besitzt, bestimmt Art. 78
AEUV die Pflicht zur Schaffung eines eu-weiten gemeinsamen **Asylsystems (GEAS)**.

Völkerrechtlich existieren mit der **Genfer Konvention (GFK)** und der **Europäischen** 32
Menschenrechtskonvention (EMRK) verbindliche Regelungen im Bereich der Menschenrechte, die auch einklagbar sind.

Wichtige Änderungen des Zuwanderungsrechtes waren 2007 durch das **Richtlini-** 33
enumsetzungsrecht (BGBl. I S. 1970) erfolgt. U.a. wurde die Erteilung von Auf-
enthaltserlaubnissen aus humanitären Gründen neu geregelt. Außerdem wurde die
Opferschutzrichtlinie (RL 2004/81/EG) durch § 25 Abs. 4a AufenthG umgesetzt.

2008 wurde mit dem **Arbeitsmigrationssteuerungsgesetz** (BGBl. I S. 2846) durch die 34
Schaffung des § 18a AufenthG eine Arbeitsmöglichkeit in bestimmten Konstellationen für langfristig Geduldete geschaffen.

Mit dem **Richtlinienumsetzungsgesetz 2011** wurde das **Schwarzarbeitsbekämpfungs-**
gesetz durch die Einfügung des § 25 Abs. 4b AufenthG im Ausländerrecht konkretisiert.

2011 wurde auch das Gesetz zur **Bekämpfung von Zwangsehen** erlassen. Danach 35
musste die Ehe im Falle des Familiennachzuges drei Jahre bestehen, ehe der Nachgezogene ein eigenes Aufenthaltsrecht bekommt. Außerdem wurde für Jugendliche,
welche die Bundesrepublik als Minderjährige verlassen mussten, ein Rückkehrrecht
gem. § 38 Abs. 2 a AufenthG geschaffen.

Auf der EU-Ebene existieren zahlreiche Richtlinien und Verordnungen, die teilweise in
das Recht der Bundesrepublik umgesetzt wurden bzw. noch nicht umgesetzt wurden.

Die **Antirassismusrichtlinie (2000/43/EG)** verbietet die Diskriminierung wegen der
Rasse oder der ethnischen Herkunft.

Die **Aufnahmerichtlinie (2013/33/EU)** ist noch nicht umgesetzt und regelt die Auf-
nahmebedingungen im Asylverfahren.

Die **Daueraufenthaltsrichtlinie (2003/109/EG)** regelt den Aufenthalt von Drittstaatsangehörigen in allen EU-Staaten. Sie wurde in § 9a AufenthG umgesetzt.

Die **Familiennachzugsrichtlinie (2003/86/EG)** regelt den Familiennachzug. Die Richtlinie wurde in den Regelungen der §§ 27 ff. AufenthG umgesetzt.

36   Die **Hochqualifiziertenrichtlinie (2009/50/EG)** regelt die Einreise und den Aufenthalt von hochqualifizierten Personen. Die Richtlinie wurde durch § 19 u. § 19a (Blue Card) umgesetzt. Außerdem sieht § 18b AufenthG die frühe Erteilung einer Niederlassungserlaubnis (NE) an Absolventen einer deutschen Hochschule vor. Gem. § 18c AufenthG darf eine Aufenthaltserlaubnis (AE) zur Arbeitsplatzsuche in der Bundesrepublik für Akademiker (deutscher oder vergleichbarer internationaler Abschluss) erteilt werden.

37   Die **Qualifikationsrichtlinie (2011/95/EU)** regelt umfassend die rechtlichen Voraussetzungen der Asylzuerkennung. Die QRL bindet die GFK ein und schuf den subsidiären Schutz gem. § 4 AsylG. Die Umsetzung geschah 2013 durch das Richtlinienumsetzungsgesetz 2013.

38   Die **Rückführungsrichtlinie (2008/115/EG)** regelt den Bereich Abschiebung und Abschiebungshaft für illegal aufhältliche Drittstaatsangehörige im EU-Bereich. Sie wurde u.a. durch die Regelung des § 62 AufenthG umgesetzt.

39   Die **Verfahrensrichtlinie (2013/32/EU)** sollte bis Juli 2015 umgesetzt werden. Die Richtlinie normiert rechtliche Voraussetzungen für das Asylverfahren, die über geltende Rechte im bisherigen Verfahren, z.B. rechtliche Beratung, hinausgehen. Die Umsetzung ist, möglicherweise aus diesen Gründen, nicht geschehen. Da viele Regelungen klare Rechtspositionen enthalten, ist die Richtlinie geltendes Recht und muss vollzogen werden. Die Kommission könnte ein Verfahren gegen die Bundesrepublik einleiten.

40   Die **Dublin III-Verordnung Nr. 604/2013** gilt als unmittelbares Recht und regelt die Verteilung von Asylsuchenden innerhalb der EU. Die Anwendung ist aus mehreren Gründen umstritten. Den Erstaufnahmeländern wird die einseitige Last der Aufnahme von Asylsuchenden aufgebürdet. U.a. deswegen verlassen viele Flüchtlinge diese Länder (Griechenland, Italien, Ungarn, Bulgarien, Rumänien) und suchen Aufnahme in anderen Staaten. Diese Rückübernahme verunsichert die Geflüchteten und darf nur erfolgen, wenn im Erstaufnahmestaat eine menschenwürdige Existenz gelebt werden kann. Die Rspr. ist vielschichtig.

2013 wurde das **Ausländerbeschäftigungsrecht** (BGBl. I 2013, S. 1499 ff.) vereinfacht.

2014 wurde **das Gesetz zur Verbesserung der Rechtsstellung von asylsuchenden und geduldeten Ausländern** (BGBl. I 2014 S. 2439) erlassen. Es sah u.a. Verbesserungen im sozialen Bereich vor.

41   2014 wurde durch ein Gesetz (BGBl. I S. 1649) Bosnien, Serbien und Mazedonien zu **sicheren Herkunftsstaaten** erklärt. Auch Albanien, Kosovo und Montenegro sind als sichere Herkunftsstaaten definiert worden. Zuvor waren dies nur Ghana und der Senegal. Im Bundesrat liegt der Vorschlag der Bundesregierung vor, auch Marokko, Algerien und Tunesien als sicheren Herkunftsstaat einzustufen.

2015 wurde mit dem **Gesetz zur Neubestimmung des Bleiberechts und der Auf- 42 enthaltsbeendigung** (BGBl. I 2015, S. 1386) u.a. das Ausweisungsrecht komplett geändert. Ferner wurden die Regelungen der §§ 25a und 60 a Abs. 2 AufenthG als stichtagsunabhängige Bleiberechtsregelung eingeführt.

2015 (im Oktober) wurde das **Asylverfahrensbeschleunigungsgesetz** (BGBl. I 2015, 43 S. 1722), auch als **Asylpaket I** bekannt, erlassen. Es beinhaltet u.a. Verschlechterungen der Situation von Asylsuchenden aus sicheren Herkunftsstaaten.

2016 wurde das **Datenaustauschverbesserungsgesetz** (BGBL. I S. 130) erlassen. Es 44 sieht umfangreiche Datenerhebungs- und Speicherungsbefugnisse vor. Insbesondere die Übermittlung von Daten zwischen Ausländerbehörden, Polizeibehörden und dem BAMF wurde verbessert.

2016 wurde das **Gesetz zur Einführung beschleunigter Asylverfahren** (BGBl. I 2016, 45 S. 390), auch bekannt als **Asylpaket II**, erlassen. Es schuf u.a. besondere Aufnahmeeinrichtungen, Restriktionen im Asylverfahren und die Abschaffung des Familiennachzuges für zwei Jahre bei subsidiär Schutzberechtigten.

Auch 2016 wurde das **Integrationsgesetz** (BGBl. I 2016, S. 1939) erlassen. Dazu 46 gibt es auch eine Verordnung (BGBl. I S. 1950). Die Regelungen beinhalten u.a. die Wohnsitzverpflichtung für Asylberechtigte und international Schutzberechtigte gem. § 12a AufenthG. Die Niederlassungserlaubniserteilungsvoraussetzungen wurde für diesen Personenkreis verschärft.

Mit dem Gesetz zur **besseren Durchsetzung der Ausreisepflicht** wurden u.a. der Aus- 47 reisegewahrsam auf 10 Tage verlängert, die Fußfessel für Ausreisepflichtige eingeführt und die Auswertung von Handydaten ermöglicht.

Auf die einzelnen Regelungen wird jeweils in der Bearbeitung eingegangen. Außerdem 48 bedarf jede Gesetzesänderung der Übereinstimmung mit EU-Recht. Ob dies angesichts der bundesrepublikanischen Gesetzeshektik immer rechtstreu erfüllt wurde, mag die Rspr. der bundesdeutschen Verwaltungsgerichts- und Verfassungsgerichtsbarkeit und des EuGH in Zukunft zeigen.

Wegen der Fülle der einzelnen Fallkonstellationen erfordert die seriöse Beratung 49 von MigrantInnen das Nachschlagen in einem ausführlichen Fachbuch, Kommentar oder sonstiger Wissensquelle.

C. Das Aufenthaltsgesetz (AufenthG)

I. Allgemeines

Das **AufenthG** regelt die **Einreise und den Aufenthalt von Ausländern** in die Bundes- 50 republik. Nicht in diesen Bereich fallen die **Aussiedler**, für die das **BVFG** gilt.

Für **EU-Staater** gilt das **FreizügG/EU**. Daher spricht man, wenn es sich nicht um Deutsche und EU-Staater handelt, auch von Drittstaatsangehörigen, also z.B. Bürger aus Indien oder Restjugoslawien.

Nicht unter das AufenthG fallen die **Asylbewerber**, denn für sie gilt das in **Art. 16a GG** garantierte Asylrecht, die **GFK** und insb. für das Asylanerkennungsverfahren, das AsylG.

Das AufenthG hat die generelle Beschränkung der Zuwanderung in die BRD aufrechterhalten. Es besteht nach wie vor ein **generelles Einreiseverbot mit Erlaubnisvorbehalt**. D.h., das AufenthG benennt die erlaubten Einreisezwecke und die jeweils besonderen Umstände der Erteilung der Erlaubnis.

51 Insbesondere sind dies:
   – Ausbildung,
   – Erwerbstätigkeit,
   – völkerrechtliche, humanitäre und politische Gründe,
   – familiäre Gründe,
   – besondere Aufenthaltszwecke.[16]

52 Die **wesentlichen Bestimmungen** des AufenthG:
   – nur noch fünf Aufenthaltstitel: Visum, Aufenthaltserlaubnis, Niederlassungserlaubnis, Blaue Karte EU und Erlaubnis zum Daueraufenthalt-EU
   – einheitliche Entscheidung über Aufenthalt (Einreise) und Arbeitserlaubnis der Ausländerbehörde
   – Einreise zur Erwerbstätigkeit in bestimmten Fällen
   – Einreise aus humanitären, politischen und rechtlichen Gründen
   – Schaffung von Integrationskursen
   – Aufenthaltsbeendigung durch Abschiebungsanordnung
   – Ausweitung der Ausweisungsregelungen
   – Erweiterung der Abschiebungshindernisregelungen
   – Erweiterung der Straftatbestände
   – Aufenthaltsgewährung in Härtefällen gem. § 23a und § 60a AufenthG.

II. Einreise und Aufenthalt

53 § 2 AufenthG enthält Legaldefinitionen u.a. der Begriffe **Erwerbstätigkeit** und **Sicherung des Lebensunterhaltes**, Kategorien des Sprachniveaus, Konkretisierung von Abschiebungshaftgründen, Definitionen der Begriffe **ausreichender Wohnraum** und **Schengenvisum**, sowie den Hinweis auf eine europäische Flüchtlingsrichtlinie (01/55/EG).

§ 3 AufenthG normiert für einreisewillige Ausländer die **Passpflicht**.

§ 4 AufenthG schreibt für die Einreise und den Aufenthalt in der Bundesrepublik den Besitz eines **gültigen Aufenthaltstitels** vor, es sei denn, es liegt ein Befreiungstatbestand vor.

---

16 Vgl. *Frings/Knösel*, Das neue Ausländerrecht, S. 24 ff.

§ 5 AufenthG normiert allgemeine Erteilungsvoraussetzungen für Aufenthaltstitel, u.a. Sicherung des Lebensunterhalts, Identitätsklärung und das Nichtvorliegen eines Ausweisungsgrundes.

Der Aufenthalt kann als zeitlich befristeter oder Daueraufenthalt vorgesehen sein.

Im Folgenden nun werden einzelne Einreisegruppen kurz skizziert. Neben der Auf- 54
enthaltsmöglichkeit der jeweiligen Gruppe wäre auch deren Arbeitserlaubnis- bzw.
Sozialleistungsrecht zu behandeln, was wegen der Vielschichtigkeit der Thematik nur
bedingt erfolgt.

1. Touristen

Touristen streben einen zeitlich befristeten Aufenthalt an. Das AufenthG differenziert 55
zwischen einem **nationalen Visum**, welches länger als drei Monate gilt und dem **EU-
Schengenvisum**, welches nur für einen touristischen Aufenthalt bis zu drei Monaten
gilt. Dieses Einreisevisum wird gem. Schengenabkommen Typ C genannt, im Gegensatz zum Typ A für den Flughafentransit und Typ B für die Durchreise. Das Visum soll
fälschungssicher sein und wird als EU-Visummarke in den jeweiligen Pass eingeklebt.
Entsprechend der Regelung der Positivliste der DV-AuslG 90 unterscheidet die **EU
Visumverordnung** in Ausprägung des Schengener Durchführungsübereinkommens
zwischen Negativ- und Positivstaaten, d.h. **Negativ-Staaten** bedürfen zur Einreise ein
Visum, **Positiv-Staaten** nicht.

Im **Anhang 1** der Verordnung sind die ca. **130 Negativstaaten** aufgeführt, u.a. die 56
Staaten Türkei, Mazedonien, Russland, Ukraine, Kolumbien sowie die Mehrzahl der
asiatischen und afrikanischen Staaten.

Im **Anhang 2** finden sich ca. **45 Positivstaaten**, deren Staatsangehörige sich bis zu 57
drei Monaten visumfrei im Schengengebiet aufhalten können. Dies betrifft u.a. die
Staatsangehörigen von Israel, Japan, den USA, sowie die Mehrzahl der lateinamerika-
nischen Staaten.

Ein türkischer Staatsangehöriger, der in die Bundesrepublik Deutschland als Tourist 58
einreisen will, benötigt ein EU-Visum, welches er bei der Deutschen Botschaft in
Ankara bzw. in einem deutschen Generalkonsulat oder in einer anderen diplomatischen Vertretung eines EU-Staates beantragen muss. Mit diesem Schengenvisum,
welches in der Regel einen Monat innerhalb von drei Monaten gültig ist, kann er dann
in die entsprechenden EU-Länder einreisen. Da das Visum stets für alle EU-Staaten
gilt, könnte auch die litauische Botschaft ein Schengenvisum erteilen und der Betreffende dann nach Spanien reisen und sich innerhalb der Visagültigkeit in anderen
EU-Ländern aufhalten. Das transnationale Visum der EU-Staaten kann auch bis zu
einer Gesamtdauer von drei Monaten gem. § 6 Abs. 3 AufenthG verlängert werden.
Arbeitsaufnahme ist generell mit dem EU-Schengenvisum bis auf wenige Ausnahmen
nicht erlaubt (vgl. § 16 BeschV).

Generell wird vor der Erteilung eines Visums ein automatischer Registerabgleich beim 59
Ausländerzentralregister gemacht, um festzustellen, ob eine nationale Einreisesperre

gegen den Ausländer vorliegt. Ebenso erfolgt eine Abfrage der Daten des **Schenge-ninformationssystems (SIS)**. Damit führen auch sämtliche Ausweisungen, Abschiebungen bzw. Aufenthaltsverbote anderer Schengenstaaten zu einem Einreiseverbot des entsprechenden um Visum nachsuchenden Antragstellers. Der Einreisewillige bedarf zur Einreise ausreichender eigener Mittel oder er braucht bei Besuchszwecken eine Einladung des hier Lebenden, der zugleich gegenüber der Auslandsvertretung eine Lebensunterhaltsversicherung nebst ausreichendem Krankenversicherungsschutz gem. § 68 AufenthG abgibt. Auch Sicherheitsleistungen können vom AST verlangt werden. Klagemöglichkeiten gegen ablehnende Bescheide bestehen gem. § 84 und sind beschränkt anfechtbar.

2. Arbeitskräfte

60 Das AufenthG hat die Einreise von Arbeitskräften neu geordnet. Die ursprünglich vorgesehene Punkteregelung für erstmalig in die Bundesrepublik einreisende Migranten ist in der zweiten Version des AufenthG nicht enthalten.

61 Das Recht zur Arbeitsaufnahmein der Bundesrepublik ist in drei Stufen unterteilt:
62 1. Die **Erwerbserlaubnis**, die erlaubt die abhängige und selbstständige Tätigkeit.
63 2. Die **Beschäftigungserlaubnis**, die erlaubt gem. BeschV nur unselbstständige Tätigkeiten.
64 3. Die **Beschäftigungserlaubnis** für einen bestimmten Arbeitsplatz.

65 § 18 AufenthG sieht die erstmalige Beschäftigung von **nicht selbstständigen Arbeitskräften** vor. § 19 AufenthG regelt die Erteilung von Niederlassungserlaubnissen für **Höchstqualifizierte**, § 19a AufenthG (Blaue Karte EU) regelt die Voraussetzungen der Erteilung einer AE für hochqualifizierte Beschäftigte, nach § 20 AufenthG können **ausländische Forscher** unter bestimmten Voraussetzungen eine AE erhalten. § 21 AufenthG regelt die Aufnahme und die Einreise von **selbstständigen Erwerbstätigen**.

Für alle Zuzugsberechtigten gilt, dass in Zukunft der Aufenthaltstitel bereits erkennen lassen muss, ob der Einreisende auch eine Erwerbstätigkeit ausüben darf.

66 **Arbeitsuchende** kann gem. § 18 AufenthG eine AE erteilt werden, wenn der deutsche Arbeitsmarkt dies erfordert. Das Gesetz unterscheidet zwischen Antragstellern mit oder ohne qualifizierte Berufsausbildung.

67 Gegenüber dem einreisewilligen Ausländer ergeht eine einheitliche Entscheidung, die sowohl die Erlaubnis zur Einreise als auch die Möglichkeit der Erwerbstätigkeit umfasst. Die Bundesagentur für Arbeit wird somit im **internen Verwaltungsverfahren** beteiligt.

Entweder hat die Bundesagentur für Arbeit eine Generalermächtigung zur Arbeitsaufnahme erteilt oder die Bundesagentur muss im Einzelfall bei einem Einreiseantrag beteiligt werden.

Die Voraussetzungen der **Generalermächtigung** sind in § 39 Abs. 1 AufenthG i.V.m. der **BeschV** geregelt.

Durch Regelungen der Beschäftigungsverordnung kann die Bundesagentur ihre gene-   68
relle Zustimmung zur Arbeitsaufnahme bei entsprechenden Antragstellern erklären
oder beharrt auf ihre Zustimmung im Einzelfall. Dies betrifft u.a. Aus- und Weiterbildung, die Beschäftigung von Hochqualifizierten, die Beschäftigung von Führungskräf-
ten, die Beschäftigung von Personen in Wissenschaft, Forschung und Entwicklung,
für Personen mit kaufmännischen Tätigkeiten, für besondere Berufsgruppen wie
Festspielpersonal, Tagesdarbietungen, Fotomodelle, Journalisten, für Ferienbeschäfti-
gung, Sportveranstaltungen, für Saisonbeschäftigungen, für Schaustellergehilfen, für
Aupairmädchen, für Haushaltshilfen und für Haushaltsangestellte.

Die gesetzlichen Erteilungsvoraussetzungen im **Einzelfall** ergeben sich aus § 39   69
Abs. 2 AufenthG. Danach darf insb. die Erteilung einer Arbeitserlaubnis durch die
Bundesagentur für Arbeit keine nachteiligen Auswirkungen auf den Arbeitsmarkt
haben. Wichtig ist in diesem Zusammenhang der bevorrechtigte Vermittlungsbe-
schäftigungsanspruch eines deutschen Arbeitnehmers und des ihm gleichgestellten
EU-Arbeitnehmers.

Vor der Erteilung einer Arbeitserlaubnis findet in der Regel eine Prüfung der **Lage und**   70
Entwicklung am Arbeitsmarkt statt. Es werden offene Stellen gegen Bewerberzah-
len gewichtet. Wenn die Bewerberzahlen die offenen Arbeitsplätze übertreffen, ist die
Erteilung einer Arbeitserlaubnis an ausländische Erstbewerber nahezu ausgeschlossen.
Für ausländische Arbeitnehmer gilt das Verbot der Beschäftigung zu ungünstigeren
Arbeitsbedingungen, d.h. Höhe des Lohnes, Arbeitszeit etc. müssen den deutschen
Arbeitsrechtsbestimmungen entsprechen.

▶ Beispiel:

Eine albanische Krankenschwester beabsichtigt in der BRD zu arbeiten. Albanien   71
gehört nicht zur EU, daher sind andere vorrangig anzuwendende Rechtsvorschriften
(Freie Einreise zwecks Arbeitssuche nach § 2 Abs. 2 Satz 1 FreizügG/EU) nicht
einschlägig. Außerdem bestehen zwischen der BRD und der EU und Albanien in
diesem Punkt keine zwischenstaatlichen Abkommen, die zu berücksichtigen wären.
Die albanische Krankenschwester hat bei der deutschen Botschaft in Tirana um ein
Visum zwecks Beschäftigung in der BRD nachzusuchen. Die Voraussetzungen sind
im § 18 AufenthG geregelt. Die Botschaft würde den Antrag an die entsprechende
Ausländerbehörde weiter reichen. Die Ausländerbehörde hat die Bundesagentur
für Arbeit zu beteiligen. Diese nimmt die Prüfung nach § 39 Abs. 2 AufenthG
vor. Sind mehr offene Stellen als derzeitige Bewerber (auch Geförderte) vorhanden
und sind die zukünftigen Arbeitsbedingungen gleich, kommt die Erteilung in
Betracht.

Hochqualifizierte, die nach § 19 AufenthG einreisen dürfen, erhalten in der Regel   72
einen besseren Aufenthaltstitel, nämlich die Niederlassungserlaubnis, und bedürfen
idR keiner Zustimmung der Bundesagentur für Arbeit zur Beschäftigung.

Forscher haben gem. § 20 AufenthG einen Anspruch auf Erteilung einer AE, wenn   73
sie u.a. mit besonderen Forschungseinrichtungen zusammenarbeiten, besondere

Vertragsbeziehungen bestehen oder das BA für Migration und Flüchtlinge diese Einrichtung zugelassen hat.

74   Einem **Selbstständigen** darf auch eine Aufenthaltserlaubnis zur Selbstständigkeit erteilt werden, wenn gem. § 21 Abs. 1 AufenthG ein übergeordnetes wirtschaftliches Interesse oder ein besonderes regionales Bedürfnis dafür besteht, oder die Tätigkeit positive Auswirkungen auf die Wirtschaft erwarten lässt, oder die Finanzierung der Umsetzung durch Eigenkapital oder durch eine Kreditzusage gesichert ist. In der Regel wird vom Selbstständigen eine Investition von mindestens 250.000 € und die Schaffung von 5 Arbeitsplätzen verlangt.

75   Zum 01.01.2009 wurde durch das **Arbeitsmigrationssteuerungsgesetz** auch die Erteilung einer AE zum Zwecke der Arbeitsaufnahme für **Geduldete** nach § 18a AufenthG erlaubt, wenn sie u.a. hier eine Berufsausbildung abgeschlossen haben oder über einen Arbeitsplatz verfügen.

3. Studenten

76   Einen temporären Aufenthalt streben ebenfalls Studenten an. Deren Einreise ist gem. § 16 AufenthG geregelt. Studenten müssen vor Studienbeginn eine Sprachprüfung absolvieren und reisen deshalb zuerst zu einem Sprachunterricht ein. Zum Studium bedürfen sie der allgemeinen Hochschulreife, der Sicherung ihres Lebensunterhaltes sowie ausreichendem Krankenversicherungsschutz.[17]

77   Der Studienplatz kann nach der Einreise gesucht werden. Außerdem ist eine besondere arbeitserlaubnisfreie Beschäftigung für Studierende während der Semesterferien i.H.v. 120 Tagen bzw. 240 halbe Tage vorgesehen.

Nunmehr haben ausländische Studierende nach erfolgreichem Abschluss des Studiums bis zu 18 Monaten Zeit, einen angemessenen Arbeitsplatz zu finden. Eine Promotion gilt als Teil des Studiums.

§ 16 sieht auch den Aufenthalt zur Absolvierung eines Sprachkurses, einer Schul- und einer betrieblichen Ausbildung vor.

78   Studenten, die über einen Aufenthaltstitel eines anderen EU-Staates verfügen, dürfen nach § 16 Abs. 6 AufenthG unter bestimmten Bedingungen einen Teil ihres Studiums in der Bundesrepublik absolvieren. Die Anwendung der einzelnen Regelungen sind durch eine Vielzahl von Ausnahmen, im Einzelfall anzuwendenden Rechtsvorschriften und schwer nachzuvollziehenden Querverweisungen gekennzeichnet, was im Übrigen für das gesamte Ausländerrecht gilt, und damit für die Beratung einen hohen Kenntnisstand erfordert. Zudem werden die Regelungen fortwährend geändert und sind zudem oft durch die Rspr. konkretisiert worden.

---

17 Vgl. zur Sicherung des Lebensunterhaltes § 2 Abs. 3 AufenthG. Es wird der Satz des ALG II plus Wohnkosten gefordert.

Gem. § 17a AufenthG kann Migranten, deren ausländischer Bildungsabschluss durch   **79** bundesdeutsche Nachqualifizierung einem deutschen Abschluss gleichgestellt werden kann, eine 18-monatige Aufenthaltserlaubnis erteilt werden, die anschließend in ein Daueraufenthaltsrecht münden kann.

4. Familiennachzug

Familiennachzug stellt das Hauptkontingent (früher ca. 200.000 bis 300.000) der   **80** jährlichen Zuzugsfälle.[18] Der Familiennachzug kann zu einem hier lebenden Ehegatten, zu hier lebenden Eltern oder einem Kind bzw. zu sonstigen Familienangehörigen erfolgen. Dem Ehegattennachzug ist die eingetragene Lebenspartnerschaft gleichgestellt. Durch das **Richtlinienumsetzungsgesetz** 2007 sind hier umfangreiche Verschärfungen eingefügt worden.

Der **Nachzug zu Deutschen** ist privilegierter geregelt als zu hier lebenden Ausländern.

Bei **Ausländern wird der Nachzug** von einem bestimmten Aufenthaltsstatus des hier   **81** lebenden Ausländers und der Sicherung des Lebensunterhaltes abhängig gemacht. Der Zuzug ausländischer Ehegatten zu Deutschen kann aus verfassungsrechtlichen Gründen gem. Art. 6 GG nicht von der Sicherung des Lebensunterhalts abhängig gemacht werden. Die allgemeinen Nachzugsvoraussetzungen nach §§ 3 bis 5, 11 AufenthG müssen immer vorliegen, u.a. Erfüllung der Passpflicht, kein Einreiseverbot, Sicherung des Lebensunterhalts und ausreichender Wohnraum. Die Ausländerbehörden legen hierzu die Grundlagen des ALG II nebst den Wohnungskosten zugrunde.

Abweichungen ergeben sich dann aus den Regelungen der §§ 27 bis 36 AufenthG.

§ 27 AufenthG regelt die generellen Voraussetzungen des **Familiennachzuges**, egal   **82** ob Deutsch oder Ausländisch, § 28 den Familiennachzug zu **Deutschen**, § 29 die generellen Voraussetzungen des Familiennachzuges zu **Ausländern**, § 30 den **Ehegattennachzug** zu Ausländern, § 32 den Zuzug ausländischer Kinder, § 36 den Zuzug sonstiger Familienangehöriger, § 31 normiert die Voraussetzungen des **eigenständigen Aufenthaltsrechts** des Ehegatten. Gem. § 27 Abs. 1a sind nun »Scheinehen«[19] und »genötigte« Ehegatten nicht nachzugsberechtigt. Da die Ausländerbehörden beweispflichtig sind, bleibt die Umsetzung der Regelung in der Praxis abzuwarten. Für **Lebenspartnerschaften** gelten die gleichen Regelungen.

---

18   Vgl. Bericht der Beauftragten für Migration, Flüchtlinge und Integration 2002, S. 271.
19   BVerfGE 76, S. 1, 61.

Schaubild 1:

**Aufenthaltserlaubnis für Familienangehörige
§§ 27, 28, 29, 30, 32, 36 AufenthG**

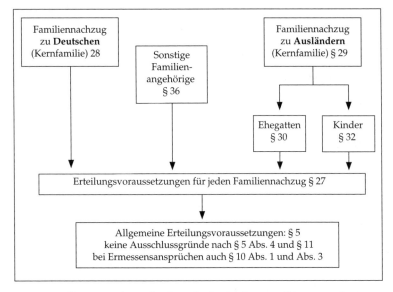

aus: *Frings/Tießler-Marenda*, Ausländerrecht für Studium und Beratung, S. 88.

a) Familiennachzug zu Deutschen

83   Gem. § 28 AufenthG ist dem Ehegatten, dem ledigen Kind oder dem ausländischen sorgeberechtigten Elternteil eines minderjährigen ledigen Deutschen eine Aufenthaltserlaubnis (AE) zu erteilen. Dem nicht sorgeberechtigten Elternteil kann eine AE erteilt werden, wenn die familiäre Lebensgemeinschaft mit dem Kind gelebt wird.[20] Diese restriktive Regelung reicht meines Erachtens nicht aus. Das BVerfG hat im Falle von Umgangsrechten (§ 1684 BGB) von Ausländern mit ihren deutschen Kindern klare Eckpunkte aufgestellt.[21] Die AE berechtigt zur uneingeschränkten Erwerbstätigkeit.

84   Mit den Änderungen des **Richtlinienumsetzungsgesetzes** müssen nun auch ausländische Ehegatten von Deutschen ein Mindestalter von 18 Jahren erreicht haben und

---

20 Die ursprüngliche Regelung des Anfechtungsrechtes einer Behörde gem. § 1600 Abs. 1 Nr. 5 BGB im Verdachtsfall einer falschen Vaterschaftsanerkennung hat das BVerfG als verfassungswidrig verworfen. BVerfG, Urt. v. 17.12.2013 – 1 BvL 6/10.
21 ANA-ZAR 04, S. 14.

über Grundkenntnisse der deutschen Sprache verfügen. Diese Regelungen könnten gegen Art. 6 Abs. 1 GG oder gegen die EU-Familiennachzugsrichtlinie verstoßen.[22]

Nach Ablauf von drei Jahren besteht dann für den ausländischen Elternteil ein Regelanspruch auf Erteilung einer Niederlassungserlaubnis (NE) gem. § 28 Abs. 2 AufenthG.

Hinsichtlich des Anspruches auf Sozialleistungen sind die nachgezogenen Ausländer den Deutschen gleichgestellt.

Im Wege des Familiennachzugs zu Deutschen kommen im Jahr ca. 100.000 Auslän-   **85** der in die Bundesrepublik Deutschland. Die letzten veröffentlichten Zahlen aus dem Jahre 2015 weisen nach, dass ca. 85.000 Ausländer im Wege des Familiennachzugs zu Deutschen in die Bundesrepublik gekommen sind.[23]

---

22 Richtlinie 2003/86/EG v. 22.09.2003, vgl. *Marx*, 2007, § 5 Rn. 154 ff.
23 Vgl. Migrationsbericht, 2015, S. 109.

Schaubild 2:

Nachzug zum Zweck der Herstellung der familiären Lebensgemeinschaft, §§ 28, 27 AufenthG

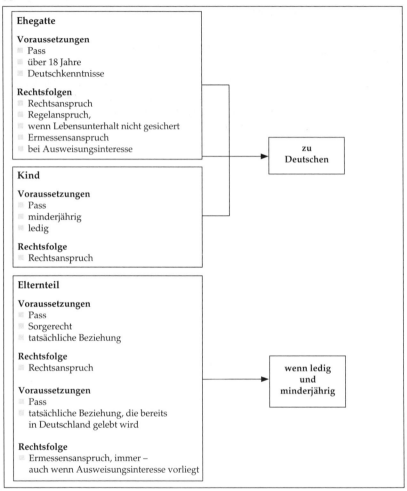

Ehegatte

Voraussetzungen
- Pass
- über 18 Jahre
- Deutschkenntnisse

Rechtsfolgen
- Rechtsanspruch
- Regelanspruch,
- wenn Lebensunterhalt nicht gesichert
- Ermessensanspruch
- bei Ausweisungsinteresse

→ **zu Deutschen**

Kind

Voraussetzungen
- Pass
- minderjährig
- ledig

Rechtsfolge
- Rechtsanspruch

Elternteil

Voraussetzungen
- Pass
- Sorgerecht
- tatsächliche Beziehung

Rechtsfolge
- Rechtsanspruch

Voraussetzungen
- Pass
- tatsächliche Beziehung, die bereits in Deutschland gelebt wird

→ **wenn ledig und minderjährig**

Rechtsfolge
- Ermessensanspruch, immer – auch wenn Ausweisungsinteresse vorliegt

aus: *Frings/Tießler-Marenda*, Ausländerrecht für Studium und Beratung, S. 98.

b) Ehegattennachzug zu Ausländern

Das AufenthG bestimmt in § 30 sechs Fälle des Rechtsanspruchs auf Ehegattennach- **86**
zug. Beide Ehegatten müssen 18 Jahre alt sein und der Nachziehende soll sich auf
einfache Art in deutscher Sprache verständigen können, wovon es wiederum in § 30
Abs. 1 S. 3 zahlreiche Ausnahmen gibt.

Das Gesetz spricht in der Terminologie vom Ausländer (Stammberechtigter), der hier
lebt und vom Ehegatten, der nachziehen will.

In folgenden Fällen besteht ein Zuzugsanspruch:
1. der Nachzug zum Ausländer, der im Besitz einer Niederlassungserlaubnis gem. **87**
   § 30 Abs. 1 AufenthG ist,
2. Nachzug zum Ausländer, der die Erlaubnis zum Daueraufenthalt-EU besitzt, **88**
3. Nachzug zum Forschungsaufenthaltserlaubnisinhaber und Asylberechtigten bzw. **89**
   anerkannten GFK-Flüchtling nebst subsidiären Schutz
4. Nachzug zum Ausländer, der seit zwei Jahren im Besitz einer Aufenthaltserlaubnis **90**
   ist,
5. Nachzug zum Ausländer, deren Ehe bereits zum Zeitpunkt der Einreise bestanden **91**
   hat und
6. Nachzug zu Ausländern, die gem. § 38a in einem anderen EU-Staat langfristig **92**
   Aufenthaltsberechtigte sind,
7. eine Blaue Karte besitzen. **93**

Daneben existieren einige Ermessensvorschriften, u.a. der Nachzug bei humanitärem **94**
Aufenthalt gem. § 29 Abs. 3 AufenthG. Von der Erfüllung bestimmter Voraussetzun-
gen darf wiederum abgewichen werden, z.B. Erfordernis der Deutschkenntnisse beim
Zuzug zum Asylberechtigten.

Im Erteilungsverfahren muss der nachzugswillige Ehegatte bei der jeweiligen deut- **95**
schen Auslandsvertretung unter Vorlage der entsprechenden Urkunden, insb. der Hei-
ratsurkunde, vorsprechen und die durch das Auswärtige Amt eingeschaltete örtliche
Ausländerbehörde prüft dann die vorher genannten gesetzlichen Voraussetzungen. Die
Ausländerbehörde stimmt dann der Erteilung des Visums gem. § 6 AufenthG zum
Zwecke des Ehegattennachzugs zu bzw. nicht zu. Im Falle eines negativen Bescheides
steht dem Ausländer natürlich die Klagemöglichkeit in der Bundesrepublik (VG Berlin) offen.

Schaubild 3:

**Nachzug zum Zweck der Herstellung der familiären Lebensgemeinschaft,
§§ 30, 29, 27, 5 AufenthG**

Ehegatte/Partner
1. mindestens 18 Jahre
2. deutsche Sprachkenntnisse[1]
3. ausreichend Wohnraum
4. Lebensunterhalt gesichert
5. kein Ausweisungsinteresse
6. kein Nachzug als 2. Ehegatte bei Mehrehe
7. kein Aufenthaltsverbot
8. Pass

→ **zu Stammberechtigten**
■ **nach dem Aufenthaltstitel**
- Niederlassungserlaubnis
- Daueraufenthalt-EG
- Forscheraufenthalt
- Blaue Karte EU
- Asylberechtigung
- Konventionsflüchtling
- subsidiär Schutzberechtigte[2]

⇒ **Rechtsanspruch**

■ **nach der Aufenthaltsdauer**
- nach zwei Jahren mit einer Aufenthaltserlaubnis, die einen Daueraufenthalt ermöglicht

⇒ **Rechtsanspruch**
- vor Ablauf von zwei Jahren

⇒ **Ermessensanspruch**

■ **zur Fortsetzung einer bestehenden Ehe**
- voraussichtlicher Aufenthalt mehr als ein Jahr
- mit Daueraufenthaltsrecht aus anderem EU-Staat zugezogen

⇒ **Rechtsanspruch**

Ausnahmen:

■ Kein Nachzug bei Aufenthaltserlaubnis nach §§ 25 Abs. 4b u. 5 25a Abs. 2, 25b Abs. 4, AufenthG

■ Nachzug nur aus humanitären Gründen bei Aufenthaltserlaubnis nach §§ 22, 23 Abs. 1 oder Abs. 2, 25 Abs. 3 oder Abs. 4a, 25a Abs. 1, 25b Abs. 1 AufenthG

---

1 § 2 Abs. 9 AufenthG.
2 Für zwei Jahre ausgesetzt.

aus: *Frings/Tießler-Marenda*, Ausländerrecht für Studium und Beratung, S. 108.

c) Kindernachzug

Der **Kindernachzug** ist im § 32 AufenthG geregelt, danach können Kinder zu den hier   96
lebenden Eltern nachziehen. Das Gesetz differenziert z.T. je nach Alter des Kindes.

Auch erfolgt der Kindernachzug zu einem Elternteil, der als Resettlement-Flüchtling
(§ 23 Abs. 4) Asylberechtigter oder Flüchtling nach der GFK anerkannt wurde (§§ 25
Abs. 1, 2, 26 Abs. 3 AufenthG).

▶ **Wichtig:**

Wird der Antrag bei diesem Personenkreis innerhalb von drei Monaten nach der   97
Anerkennung gestellt, wird auf die Wohnraumversorgung und die Sicherung des
Lebensunterhaltes verzichtet.

Im Zuge der Restriktionen wurde der Familiennachzug zu subsidiär Schutzberechtigten für zwei Jahre ausgesetzt.

Die zweite Möglichkeit ist, dass der Zuzug als minderjähriges, lediges Kind gemein-   98
sam mit den Eltern, die im Besitz einer Aufenthaltserlaubnis, Blauen Karte, Niederlassungserlaubnis oder Daueraufenthaltserlaubnis-EU sind, erfolgt.

Bis zum Alter von 16 Jahren kann das Kind nachziehen, wenn beide oder der sorge-   99
berechtigte Elternteil im Besitz einer AE oder NE ist. Ein Jugendlicher, der bereits
16 Jahre alt ist, kann nur bei positiver Integrationsprognose einreisen oder wenn die
Voraussetzungen des § 32 Abs. 2 Nr. 1 u. 2 vorliegen.

Ermessensansprüche auf Nachzug bestehen gem. § 32 Abs. 4 AufenthG nur zur Vermeidung einer **besonderen Härte**.

Schaubild 4:

**Nachzug zum Zweck der Herstellung der familiären Lebensgemeinschaft,
§§ 30, 29, 27, 5 Aufenthg**

Kind
- minderjährig
- ledig
- Pass
- kein Ausweisungsinteresse oder Erteilungshindernis

→ **zu Sorgeberechtigten oder beiden Eltern**
- Asylberechtigte
- Konventionsflüchtling
- subsidiar Schutzberechtigten
- Resettlement-Flüchtlingen
  innerhalb von drei Monaten nach Anerkennung
⇒ **Rechtsanspruch**
⇒ sonst **Ermessensanspruch**

zusätzliche Voraussetzungen:
- Lebensunterhalt gesichert
- ausreichend Wohnraum

→ **zu Sorgeberechtigten oder beiden Eltern**
- mit Blauer Karte EU
- Niederlassungserlaubnis als Hochqualifizierte
⇒ **Rechtsanspruch**

**Zur Vermeidung eines Härtefalls:
Ermessensanspruch**

zusätzliche Voraussetzung: - vor 16. Geburtstag ⇒ **Rechtsanspruch** **oder zusätzliche Voraussetzungen** (ab 16. Geburtstag): - deutschsprachig sozialisiert - positive Integrationsprognose ⇒ **Rechtsanspruch**	**Ausnahmen:** ■ Kein Nachzug bei Aufent- haltserlaubnis nach §§ 25 Abs. 4, Abs. 4b, Abs. 5, 25a Abs. 2, 25b Abs. 2 AufenthG ⇨ ■ Nachzug nur aus humanitä- ren Gründen bei Aufenthalts- erlaubnis nach §§ 22, 23 Abs. 1, Abs. 2, 25 Abs. 3, Abs. 4a, 25a Abs. 1, 25b Abs. 2 AufenthG

aus: *Frings/Tießler-Marenda*, Ausländerrecht für Studium und Beratung, S. 121.

d) Sonstige Familienangehörige

Sonstige Familienangehörige können gem. § 36 AufenthG dann nachziehen, wenn   100
es zur Vermeidung einer **außergewöhnlichen Härte** erforderlich ist. Dies wird immer
dann der Fall sein, wenn Eltern, volljährige Kinder bzw. Großeltern im Heimatstaat
über keinerlei weitere Aufenthaltsmöglichkeit verfügen. In all diesen Fällen muss
natürlich der Lebensunterhalt, ausreichender Wohnraum und Krankenversicherung
für den nachziehenden Familienangehörigen gesichert sein.

In § 33 AufenthG ist die Erteilung von Aufenthaltstiteln für in Deutschland gebore-   101
ne ausländische Kinder neu geregelt worden.[24] Die bisherige Koppelung des Aufenthaltsrechts des Kindes an den Status der Mutter ist nunmehr geändert worden.

Besitzt ein minderjähriger Asylberechtigter oder GFK-Flüchtling oder Resettle-   102
ment-Flüchtling eine AE kann er seine Eltern nachziehen lassen. Dann wird auf das
Erfordernis des ausreichenden Wohnraumes und der Sicherung des Lebensunterhalts
verzichtet. Allerdings müssen die Eltern bis zum Erreichen des 18. Geburtstages ihres
Kindes eingereist sein. Deren weiterer Aufenthalt bei Erreichen der Altersgrenze des
Kindes ist nicht geregelt. Für subsidiär Schutzberechtigte ist der Elternnachzug für
zwei Jahre ausgesetzt worden.[25]

5. Zuzug aus humanitären, politischen und völkerrechtlichen Gründen

Das Aufenthaltsgesetz hat die Einreise aus diesen genannten Gründen in §§ 22 ff.   103
AufenthG geregelt.

Gem. § 22 AufenthG kann einem Ausländer aus **völkerrechtlichen** oder **dringenden**   104
humanitären Gründen eine Aufnahme aus dem Ausland durch die deutschen Ausländerbehörden bzw. durch das Bundesministerium des Innern garantiert werden.

Wenn eine oberste Landesbehörde die Aufnahme aufgrund einer **politischen Ent-**
scheidung gem. § 23 AufenthG anordnet, kann ebenfalls eine Aufenthaltserlaubnis
erteilt werden.

Oft wird die Erteilung von der Übernahme der Kosten des Lebensunterhaltes durch   105
Dritte (§ 68 AufenthG) abhängig gemacht. Zudem muss die Aufnahmeentscheidung
im Einvernehmen mit dem Bundesinnenminister erfolgen.

Nach § 23 Abs. 2 AufenthG kann eine Niederlassungserlaubnis an **bestimmte Flücht-**
lingsgruppen vergeben werden. Diese Regelung ersetzt das bisherige Kontingent-
flüchtlingsgesetz.

Danach waren in den 80er Jahren »boat-people« in die Bundesrepublik gekommen.   106
Jüdische Zuwanderer sind bisher analog dieser Regelungen in der Bundesrepublik
nach Beschluss der Innenminister aufgenommen worden.

---

24 BVerfG, Urt. v. 25.10.2005 – 2 BvR 524/01.
25 Vgl. die umfangreichen Stellungnahmen des BUMF.

107   Gem. § 23 Abs. 4 sind bisher von der Bundesrepublik 30.000 Resettlementflüchtlinge
übernommen worden. Die Voraussetzungen der Aufnahme und des Verfahrens wird
durch das BMI und dem BAMF getroffen.

Gem. § 23a AufenthG kann eine **Aufenthaltserlaubnis in Härtefällen** erteilt werden.
Dies setzt die Bildung einer Härtefallkommission voraus. Dazu besteht keinerlei Verpflichtung für die Länder.

Bundesländer wie Berlin, Brandenburg, Rheinland-Pfalz und Nordrhein-Westfalen
haben gute Erfahrungen mit diesen Kommissionen gemacht.[26]

108   Gem. § 24 AufenthG ist einem Ausländer das Aufenthaltsrecht aufgrund der EU-Re-
gelung **Richtlinie 01/55/EG** zu gewähren. Die der sonstigen deutschen Ausländer-
rechtsystematik nicht folgende Regelung steht damit allein im Gewährungsrecht der
EU. Dies setzt den Gesichtspunkt des »burden sharing« um, wonach EG-Länder die
Kosten bei Aufnahme von Bürgerkriegsflüchtlingen gegenseitig in Anrechnung bringen und somit ein Ausgleich erfolgt.

§ 25 AufenthG regelt die Erteilung der AE, wenn die asylrechtlichen Voraussetzungen gem. AsylG vorliegen. Deshalb werden die asylrechtlichen Voraussetzungen im
Bereich Asyl behandelt.

109   § 25 AufenthG regelt die Erteilung einer Aufenthaltserlaubnis unter verschiedenen
Voraussetzungen u.a. gem. § 25 Abs. 1 AufenthG an **Asylberechtigte** i.S.d. Art. 16a
Abs. 1 GG.

110   Gem. § 25 Abs. 2 AufenthG trifft dies auch auf international Schutzberechtigte nach
der **Genfer Flüchtlingskonvention (GFK)** und Inhaber des subsidiären Schutzes gem.
§ 60 Abs. 1 u. 2 AufenthG zu (§§ 3, 4 AsylG).

Außerdem soll aus humanitären Gründen gem. § 25 Abs. 3 AufenthG eine Aufenthaltserlaubnis erteilt werden, wenn Abschiebehindernissegem. § 60 Abs. 5 u. 7 AufenthG vorliegen.

Dies betrifft u.a. das Verbot der Abschiebung bei **Foltergefahr**, bei Gefahr auf Verhängung einer **Todesstrafe** und bei unzulässiger Abschiebung wegen **Verstoßes** gegen die
EMRK.[27]

111   Gem. § 25 Abs. 4 AufenthG kann auch ein **vorübergehender humanitärer Aufenthalt**
durch die Erteilung einer AE genehmigt werden. Gründe könnten die Beendigung
einer Heilbehandlung, eine unmittelbar bevorstehende Eheschließung oder das Bleiben von Zeuginnen in Opferverfahren wegen Menschenhandels sein.

Nach § 25 Abs. 4 Satz 2 AufenthG kann aus **humanitären Gründen** eine AE verlängert werden, wenn das Verlassen der BRD für den Betroffenen eine **außergewöhnliche
Härte** darstellt.

---

26 Vgl. Bericht der Beauftragten für Migration, Flüchtlinge und Integration 2005, S. 408 ff.
27 Vgl. Ausführungen im Kap. 3 zum Völkerrecht.

Durch die Einfügung des § 25 Abs. 4a AufenthG setzt die Bundesrepublik die Opfer-   112
schutzrichtlinie der EU[28] um. Dies soll die Aussagebereitschaft von Opfern bestimmter Delikte (§§ 232, 233, 233a StGB) in Strafverfahren ermöglichen. Ähnliches gilt
gem. § 25 Abs. 4b AufenthG für Opfer von Schwarzarbeit (Schwarzarbeitsbekämp-
fungsgesetz u. Arbeitnehmerüberlassungsgesetz).

Gem. § 25 Abs. 5 AufenthG kann eine AE im Falle **rechtlicher** oder **tatsächlicher**   113
Abschiebehindernisse erteilt werden. Eine Ermessensreduzierung liegt vor, wenn die
Abschiebung seit 18 Monaten ausgesetzt ist.

Gem. § **25a AufenthG** soll eine AE sinngemäß erteilt werden, wenn sich gut integ-   114
rierte Ausländer seit vier Jahren erlaubt, geduldet oder mit einer Asylgestattung in der
Bundesrepublik aufhalten, hier seit vier Jahren eine Schule (Berufsabschluss) besucht
haben, konkrete Integrationsleistungen erbracht wurden und der Antrag vor dem 21.
Geburtstag gestellt wurde. Diese Regelung kann für die ca. 60.000 in der Bundesrepublik aufhältlichen unbegleiteten minderjährigen Ausländer (UMA) der konkrete
Grund einer Aufenthaltsverfestigung sein. Vorstrafen und falsche Angaben können
diese Rechte vereiteln.

Im Bereich der **Duldung** hat der Gesetzgeber eine ähnliche Regelung gem. § 60a
Abs. 2 AufenhG erlassen.

Für Erwachsene regelt § **25b** AufenthG Ähnliches. Hier beträgt die Aufenthaltsdauer   115
acht bzw. sechs Jahre, wenn Kinder vorhanden sind, der Lebensunterhalt gesichert ist,
Deutschkenntnisse mit Niveau A 2 vorhanden sind und die Kinder ihrer Schulpflicht
nachkommen. Dies wird als dauerhafte »**Altfallregelung**« bezeichnet.

Gem. § 26 AufenthG kann, sofern die Gründe für die Erteilung der Aufenthaltser-   116
laubnis nicht weggefallen sind, diese verlängert werden und ggf. über Abs. 4 zu einem
Daueraufenthaltsrecht führen.

6. Sonstiger Nachzug

Das AufenthG räumt Jugendlichen, die als Minderjährige die Bundesrepublik (z.T.   117
unfreiwillig wegen Elternentschluss) verlassen mussten, ein **Rückkehrrecht** gem. § 37
AufenthG ein. Dazu muss sich der Jugendliche u.a. vor der Ausreise
– acht Jahre lang in der Bundesrepublik rechtmäßig aufgehalten haben,
– sein Lebensunterhalt gesichert sein und
– der Antrag zwischen dem 15. und dem 21. Geburtstag gestellt werden.

Im Falle der Zwangsverheiratung gewährt § 37 Abs. 2a AufenthG diesen Opfern groß-
zügigere Regelungen, u.a. dem Abweichen vom Alterserfordernis.

Ähnliches gilt für **ausländische Rentner**, wenn sie in der Bundesrepublik eine Rente
beziehen.

---

28 Opferschutzrichtlinie der EU 2004/81/EG v. 29.04.2004.

7. Erteilung einer NE an ehemalige Deutsche

118 § 38 AufenthG sieht die erleichterte Erteilung einer NE oder AE an ehemalige Deutsche vor. Dies betrifft vor allem die Gruppe der Eingebürgerten, die aufgrund einer verbotenen Doppelstaatsangehörigkeit die deutsche Staatsangehörigkeit verloren haben.

8. AE für langfristig Aufenthaltsberechtigte

119 Durch die generelle Besserstellung von Drittstaatsangehörigen u.a. durch die Erteilung einer Daueraufenthaltserlaubnis-EG wird der Zuzug von langfristig Aufenthaltsberechtigten gem. § 38a AufenthG und die Erteilung einer AE in das Bundesgebiet erlaubt. Weitere Voraussetzungen sind u.a. die Aufnahme einer Erwerbstätigkeit.

III. Aufenthaltsverfestigung

1. Aufenthaltstitel

120 Das Visum und die AE sind als Aufenthaltstitel zeitlich befristet. Der Ausländer benötigt zur Einreise in der Regel ein **Visum** gem. § 6 AufenthG. Dieses Visum wird dann nach der Einreise zu einer, entsprechend dem Zweck des Aufenthalts, in eine zeitlich befristete Aufenthaltserlaubnis umgewandelt. Der Ausländer darf sich ausschließlich mit dem Aufenthaltstitel verfestigen, den er bei Einreise oder Erteilung des Titels angegeben hat. Ein »Umschwenken« vom Visum zur AE ist nur unter Erfüllung besonderer Voraussetzungen gem. § 39 AufenthV erlaubt.

Im Falle eines temporär begrenzten Aufenthalts (z.B. Au-Pair-Tätigkeit für sechs Monate) ist die Verlängerung ausgeschlossen.

Ansonsten kann eine **Aufenthaltserlaubnis** entsprechend dem jeweiligen Erteilungszweck verlängert werden, z.B. bei Studenten oder Familiennachzug.

121 Gem. § 31 AufenthG erhält der nachgezogene Ehegatte ein **eigenständiges Aufenthaltsrecht**, wenn die Ehe drei Jahre lang rechtmäßig bestanden hat und der Ehegatte im Besitz einer Aufenthaltserlaubnis war. Da die Trennungszeit im Falle einer Scheidung gem. § 1566 Abs. 1 BGB ein Jahr beträgt, müssen die Eheleute i.d.R. vier Jahre zusammenleben, ehe der nachgezogene Ehegatte ein eigenes unabhängiges Aufenthaltsrecht erwirbt. Gem. § 31 Abs. 2 kann hiervon abgewichen werden, z.B. im Falle einer besonderen Härte.

122 Die jeweilige zeitliche Dauer der zu erteilenden befristeten Aufenthaltserlaubnis, z.B. beim Familiennachzug, ergibt sich nicht aus dem Gesetz. Bisher erfolgte eine Erteilung nach dem Muster ein Jahr, zwei Jahre, zwei Jahre und bei Deutschverheiratung zunächst drei Jahre und dann kommt die Erteilung einer NE in Frage.

123 Im Falle des **Kindernachzuges** verfestigt sich deren Aufenthalt gem. § 34 und wird mit Erreichen der Volljährigkeit zu einem eigenständigen Aufenthaltsrecht. Im Falle von erfolgreicher Integration kann Kindern schon gem. § 35 AufenthG mit 16 Jahren ein

Daueraufenthaltsrecht erteilt werden. Gleiches gilt gem. § 33 AufenthG, wenn sich bei Geburt eines Kindes in der Bundesrepublik dessen Eltern mit einem Aufenthaltstitel aufhalten.

Unterschiedlich ist für alle zum Zuzug berechtigten Gruppen die jeweilige sozialrechtliche Situation und die Berechtigung zur **Erwerbstätigkeit.**

Im Falle des Familiennachzuges sind Deutschverheiratete unbeschränkt sozialleis- **124** tungsbezugsberechtigt. Dies trifft auch auf Asylberechtigte gem. Art. 16a Abs. 1 GG und anerkannte Flüchtlinge nach der GFK zu. Wurde die AE z.b. aber aus humanitären Gründen gem. § 25 Abs. 3 bis 5 AufenthG erteilt, wird möglicherweise der Bezug **bestimmter Sozialleistungen** (Kindergeld, Wohngeld etc.) ausgeschlossen.

Ähnlich verhält es sich mit der Möglichkeit der Erwerbstätigkeit. Deutschverheiratete **125** dürfen jede Erwerbstätigkeit ausüben, Asylberechtigte i.Ü. auch, Ehegatten im Falle des Familiennachzuges gem. § 27 Abs. 5 AufenthG auch.

Diese dezidierten zersplitterten Regelungen sind also entsprechend dem jeweiligen Aufenthaltszweck nachzuvollziehen.

Das AufenthG hat die unbefristete Aufenthaltserlaubnis abgeschafft. Für den Daueraufenthalt wurde der Titel der **Niederlassungserlaubnis** (NE) gem. § 9 AufenthG geschaffen.

Diese ist unbefristet, zeitlich und räumlich unbeschränkt und darf nicht mit einer Nebenbestimmung versehen werden.

Sie wird erteilt, wenn der Ausländer **126**
- seit fünf Jahren eine AE besitzt,
- sein Lebensunterhalt gesichert ist,
- er mindestens 60 Monate Pflichtbeiträge in die Rentenversicherung gezahlt hat,
- keine Gründe der öffentlichen Sicherheit und Ordnung (z.B. Straftat) entgegenstehen,
- er im Besitz einer Gewerbeerlaubnis ist,
- ausreichende Kenntnisse der deutschen Sprache hat,
- Grundkenntnisse der Rechts- und Gesellschaftsordnung der Bundesrepublik hat und
- über ausreichenden Wohnraum für sich und die Familie verfügt.

Liegen die Erteilungsgründe vor, erhält der Ausländer im Falle des Daueraufenthaltsrechts diese NE.

2. Förderung der Integration

Eine der wichtigsten Änderungen des AufenthG betreffen die Förderung der Integra- **127** tion. Dazu werden gem. § 43 AufenthG **Integrationskurse** angeboten, deren Inhalt dem Erwerb der deutschen Sprache und der Vermittlung von Grundkenntnissen der Rechtsordnung, der Kultur, der Geschichte und der Lebensverhältnisse in Deutschland dienen.

Dazu existieren vier Gruppen von Anspruchsberechtigten nach § 44 AufenthG und der IntV. Es sind die Personen, deren Aufenthalt auf mehr als ein Jahr ausgelegt ist.

128 Diese bestehen u.a. aus
   – den **unselbstständigen Beschäftigen** und den **Selbstständigen,**
   – den Berechtigten nach dem **Familiennachzug,**
   – den anerkannten **Flüchtlingen** nach Art. 16a GG und der GFK und **Personen mit humanitärem Aufenthalt,** z.b. Erteilung einer **NE** bei Einreise an jüdische Bürger aus der Sowjetunion und
      – **Aufenthaltsberechtigte** gem. § 38a AufenthG
      – **AE-Erteilung** gem. § 23 Abs. 2 o. 4 AufenthG

   Ebenso haben **Spätaussiedler** nach dem BVFG einen Anspruch.

129 Andere Personen können durch die Ausländerbehörden zur Teilnahme an einem Integrationskurs verpflichtet werden. Die Nichtteilnahme kann zu Leistungskürzungen beim Alg II führen (§ 44a Abs. 3 AufenthG) und bei der Entscheidung über die Verlängerung der AE gem. § 8 Abs. 3 AufenthG berücksichtigt werden.

   Insgesamt umfassen die **drei Kurse 630 Stunden,** nämlich 300 Stunden **Basissprachkurs,** 300 Stunden **Aufbausprach-** und 30 Stunden **Orientierungskurs.**

   Die Kurse schließen mit einer Prüfung. Nach erfolgreicher Prüfung wird der Kurs bei der Erteilung einer NE gem. § 9 Abs. 2 AufenthG angerechnet.

   Zudem kann ein erfolgreicher Kursteilnehmer bereits nach sieben Jahren gem. § 10 Abs. 3 StAG eingebürgert werden.

   Nach § 45 AufenthG entwickelt der Bund ein Integrationsprogramm, was weitere Angebote von Bund, Ländern und Gemeinden beinhalten soll.

   Gem. § 45a AufenthG sollen berufsbezogene Sprachförderungsprogramme vom BAMF installiert werden. Der Besuch kann bei Leistungsbezug nach SGB II verpflichtend sein.

IV. Aufenthaltsbeendigung

1. Arten der Aufenthaltsbeendigung

130 Ein Ausländer ist gem. § 50 AufenthG verpflichtet, die Bundesrepublik Deutschland zu verlassen, wenn er über **keinen Aufenthaltstitel** verfügt oder wenn er nicht mehr über einen Aufenthaltstitel verfügt.

131 Gem. § 51 AufenthG kann ein Ausländer aus mehreren Gründen seinen **rechtmäßigen Status** verlieren, z.B. weil sein Aufenthaltstitel zeitlich abgelaufen ist und nicht mehr verlängert wird bzw. der Aufenthaltstitel nur unter einer auflösenden Bedingung erteilt wurde, im Falle des Erlasses einer Abschiebungsanordnung gem. § 58a, oder der Aufenthaltstitel durch die Ausländerbehörde zurückgenommen wurde, weil möglicherweise der Ausländer bei der Erteilung falsche Angaben gemacht hat oder wenn der Ausländer das Bundesgebiet länger als sechs Monate unerlaubt verlassen hat.

I.Ü. kann ein Aufenthaltstitel gem. § 52 AufenthG u.a. **widerrufen** werden, wenn der   132
Ausländer
- keinen gültigen Pass mehr besitzt,
- seine Staatsangehörigkeit verliert oder wechselt,
- er noch nicht eingereist ist,
- er seine Stellung als Asylberechtigter verliert oder
- die erteilte Aufenthaltserlaubnis widerrufen wird.

Die wichtigste Form der **Aufenthaltsbeendigung** ist die **Ausweisung.**

Ist eine Ausweisung/Abschiebung erfolgt, besteht gem. § 11 Abs. 1 AufenthG ein
Einreise- und Aufenthaltsverbot für die gesamte EU.

Das AufenthG hat die frühere starre Regelung der Muss-, Kann- und Sollausweisung   133
nunmehr in ein flexibleres Ausweisungssystem gem. §§ 53 ff AufenthG gefasst. Danach
wird das Ausweisungsinteresse mit dem Bleibeinteresse des Ausländers abgewogen. Es
gibt in der jeweiligen Kategorie besonders schwerwiegende Gründe, z.B. weil ein Ausländer wegen schwerer Straftaten verurteilt wurde oder zu seinen Gunsten, weil der
Ausländer mit einer deutschen Staatsangehörigen verheiratet ist oder eine NE besitzt.

Ausweisungsinteresse besteht u.a.:   134
- wegen falscher Angaben im Verfahren zur Erlangung eines Passes, Aufenthaltstitels, Duldung in einem Schengenstaat,
- bei einem Verstoß gegen Rechtsvorschriften der Bundesrepublik Deutschland,
- bei einer Verurteilung wegen Verbrauchs von Heroin, Kokain oder vergleichbarer
  Betäubungsmittel,
- bei Gefährdung der öffentlichen Sicherheit und Ordnung,
- bei Sozialhilfebezug für sich, seine Familienangehörigen oder sonstige Haushalts-
  angehörige,
- bei Nötigung zur Eingehung einer Ehe,
- bei Einwirkungen auf Kinder oder Jugendliche und Anstachelung zum Rassenhass
  und Religionsverfolgung,
- bei Inanspruchnahme von Hilfe zur Erziehung außerhalb der eigenen Familie unter bestimmten Bedingungen oder
- wenn Billigung von Terrorismus in der Öffentlichkeit oder Anstachelung zum
  Rassenhass vorliegt.

Weitere Gründe wären die Verurteilung zu einer Freiheitsstrafe und deren Nichtaus-
setzung zur Bewährung.

Gleiches gilt, wenn Betäubungsmittel angebaut, hergestellt, eingeführt etc. wurden,   135
Einschleusungsdelikte nach §§ 96, 97 AufenthG erfüllt wurden, Terrorismusunter-
stützung vorliegt oder der Ausländer die freiheitliche demokratische Grundordnung
der Bundesrepublik gefährdet hat.

Durch die Verwirklichung der Tatbestände erfolgt i.d.R. die Ausweisung, es sei denn,
der Ausländer legt besondere Bleibegründe gem. § 55 AufenthG dar, die ein Absehen
ermöglichen.

136 Gem. § 55 AufenthG wären weitere Gründe z.B. mit einem deutschen Staatsangehörigen verheiratet zu sein bzw. eine Niederlassungserlaubnis zu besitzen oder als
Asylberechtigte/Flüchtling anerkannt worden zu sein, oder im Besitz einer Daueraufent-
enthaltserlaubnis-EU zu sein.

137 Die Abwägung der für und gegen den Ausländer sprechenden Gründe erfolgt gem.
§ 53 AufenthG in einem komplexen Abwägungsprozess, der die Ausweisungsgründe
im Kern mit den Bleibegründen und Lebensumständen des Ausländers abgleicht.

2. Verfahren der Aufenthaltsbeendigung

138 Reist ein Ausländer illegal ein und verfügt er nicht über einen Aufenthaltstitel oder hat
er früher einen Aufenthaltstitel besessen, der erloschen ist, unterliegt der Ausländer
der **Ausreisepflicht** gem. § 50 AufenthG.

In den anderen Fällen (z.B. Ausweisung, Nichterteilung bzw. -verlängerung einer AE,
Abschiebungsanordnung) erfolgt die Aufenthaltsbeendigung per Verwaltungsakt.

139 Die Aufenthaltsbeendigung setzt in der Regel eine Anhörung voraus. Per Grundverwaltungsakt ist der Beendigungsgrund mitzuteilen. Ferner ist eine Ausreisefrist gem.
§ 50 Abs. 2 AufenthG einzuräumen. Nach den Regeln der Verwaltungsvollstreckung
**(Grundverwaltungsakt, Androhung von Zwangsmitteln, Festsetzung und Vollzie-
hung)** wird mit dem Grund-VA auch die Abschiebungsandrohung gem. § 59 AufenthG verknüpft.

140 In der Regel kann der Ausländer gegen diese Verwaltungsakte binnen eines Monats
Widerspruch einlegen. Der Widerspruch hat in der Regel **aufschiebende Wirkung,**
es sei denn, das Gesetz schließt diese Wirkung aus bzw. die Ausländerbehörde ordnet die sofortige Vollziehung gem. § 80 Abs. 2 VwGO an. Gegen diese Entscheidung der Ausländerbehörde sind Rechtsmittel bei der Ausländerbehörde nach § 80
Abs. 4 VwGO oder beim zuständigen VG möglich. In der Regel ist dies entweder
die Anfechtungsklage bzw. ein Antrag gem. § 80 Abs. 5 bzw. § 123 (Einstweilige
Anordnung) VwGO.

Wegen terroristischer Taten ausgewiesene Personen unterliegen gem. § 56 AufenthG
besonderer Überwachungsmaßnahmen zur Durchsetzung der Ausweisung.

Im Verfahren einer Aufenthaltsbeendigung sind Abschiebehindernisse gem. § 60 AufenthG zu berücksichtigen.

141 Diese liegen u.a. insb. dann vor, wenn einem Ausländer in seinem Heimatstaat eine
politische Verfolgung droht. Sie könnte ferner vorliegen, wenn der Ausländer in seinem Heimatstaat der **konkreten Gefahr** einer **Folter** unterworfen wird. Außerdem
darf ein Ausländer nicht abgeschoben werden, wenn in seinem Heimatstaat die Gefahr
der Verhängung einer **Todesstrafe** besteht. Außerdem soll von einer Abschiebung eines
Ausländers abgesehen werden, wenn für ihn im Heimatstaat eine **erhebliche konkrete
Gefahr für Leib, Leben und Freiheit** besteht.

Liegen Abschiebungshindernisse vor, kommt es u.U. nicht zur Abschiebung. Liegen **142** sie nicht vor oder ist die Aufenthaltsbeendigung gerichtlich gebilligt, muss der Ausländer innerhalb der eingeräumten **Ausreisefrist freiwillig ausreisen.**[29]

Generell ist es möglich, verschiedene **Aufenthaltsanträge nacheinander** zu stellen, **143** z.B. nach einem studentischen Aufenthalt einen Asylantrag zu stellen. Allerdings verbietet § 11 AufenthG die Erteilung einer Aufenthaltserlaubnis, solange ein Asylverfahren nicht bestandskräftig abgeschlossen ist, es sei denn, der Ausländer hat einen gesetzlichen Anspruch auf Erteilung einer AE. Z.T. waren in der Vergangenheit Ausreisepflichten kaum durchzusetzen, weil Betroffene umfangreichen Rechtsschutz in Anspruch genommen haben. Deswegen wurde gem. § 58a AufenthG die **Abschiebungsanordnung** eingeführt, die im Falle einer Terrorismusverdächtigung ein verkürztes Rechtsmittelverfahren vorsieht.

Reist der Ausländer nicht freiwillig aus, weil er krank ist oder weil der Heimatstaat **144** ihn nicht aufnimmt oder kein Pass vorliegt, könnten **Duldungsgründe** gem. § 60a AufenhtG vorliegen. Duldung bedeutet somit die Aussetzung der Abschiebung. In der Bundesrepublik werden ca. 150.000 Ausländer z.t. über mehrere Jahre geduldet.[30] Die Duldungserteilungen sollten reduziert werden. Zugunsten der Geduldeten bestehen die Regelungen des §§ 25a, 25 b und § 60a AufenthG im Fall einer Ausbildung. Auf Seiten der Ausländerbehörden bestehen inhaltliche und organisatorische Mängel, welche Abschiebungen verzögern oder verunmöglichen. Im Falle von Krankheitsgründen muss der Ausländer besondere Atteste gem. § 60a Abs. 2c/d AufenthG vorlegen. Erwerbstätigkeit ist u.U. (Verhinderung der Abschiebung, gewollter Leistungsbezug gem. AsylbLG und Staatsangehörigkeit eines sicheren Herkunftsstaates und Ablehnung des Asylantrags der nach dem 31.08.2015 gestellt wurde) nicht erlaubt.

Gem. § 60a Abs. 1 AufenthG können die Länderinnenminister auch **bestimmte Aus-** **145** **ländergruppen** bzw. Staatsangehörige bestimmter Länder dulden, z.B. gegenwärtig libanesische Staatsangehörige, Palästinenser, Kongolesen etc. Die Duldung ist ein begünstigender VA und muss ggf. per **Einstweiliger Anordnung** gem. § 123 VwGO vor dem VG erstritten werden.

Bei Ausländern, die die Bundesrepublik Deutschland verlassen müssen, aber innerhalb **146** der Ausreisefrist dem Gebot nicht nachkommen, besteht die Möglichkeit der **Direktabschiebung** oder der **Verhängung von Abschiebungshaft** gem. § 62 AufenthG. Der Aufenthalt des Abzuschiebenden kann gem. § 61 AufenthG räumlich beschränkt werden.

Neben der **Abschiebungshaft** existieren die **Überstellungshaft** (§ 2 Abs. 15 AufenthG) **147** im Rahmen der Rücküberstellung bei Anwendung der Dublin III-Verordnung und der **Ausreisegewahrsam** gem. § 62b AufenthG. Der Ausreisegewahrsam, der bis zu zehn Tagen dauern kann, soll eine durchführbare Abschiebung sichern.

---

29 Vgl. *Frings/Knösel*, Das neue Ausländerrecht, S. 84 ff.
30 Vgl. Migrationsbericht, 2015, S. 41

148 Die **Abschiebung** ist die zwangsweise Beendigung eines unrechtmäßigen Status in der Bundesrepublik Deutschland. Der Abschiebung unterliegen damit diejenigen Ausländer, die über kein Aufenthaltsrecht in der Bundesrepublik Deutschland verfügen, aber die Bundesrepublik Deutschland nicht freiwillig verlassen.

149 Nach Art. 104 Abs. 2 GG ist die Bundesrepublik gezwungen, in Freiheitsrechte nur verhältnismäßig einzugreifen. Deswegen sind Ausländer, deren Aufenthaltsort bekannt ist, direkt nach richterlicher Genehmigung, meist auf dem Flugweg, abzuschieben. Ein Abschiebungstermin (§ 60 Abs. 5 AufenthG) ist nicht anzukündigen, es sei denn, die Abschiebung wurde mehr als ein Jahr ausgesetzt.

150 **Wichtig:** Für die Beratung in diesen Fragen ist Rechtskenntnis extrem wichtig. Der Migrant muss auf allen Ebenen (menschlich, sozial, rechtlich) umfassend unterstützt werden. Bei der Abschiebung wird der gesamte bisherige Lebensraum zwangsweise verändert.

In anderen Fällen, wo dies aufgrund tatsächlicher oder rechtlicher Hindernisse nicht möglich ist, (fehlende Papiere, fehlende Genehmigung des Heimatstaates etc.), wird **Abschiebungshaft** verhängt.

151 Die Abschiebehaft dient dann entweder der **Vorbereitung der Abschiebung** (§ 62 Abs. 2 AufenthG) bzw. der **Sicherung der Abschiebung** (§ 62 Abs. 3 AufenthG) durch die Festnahme des Ausländers. Das Verfahren bei Freiheitsentziehung richtet sich nach dem Gesetz über gerichtliche Verfahren bei **Freiheitsentziehungen** (FEVG) und unterliegt dem Richtervorbehalt. Die Ausländerbehörde darf gem. § 62 Abs. 5 AufenthG vorläufig in Eilfällen einen Ausländer festnehmen.

152 Die Abschiebungshaft (Sicherungshaft) darf höchstens 18 Monate betragen. Sie wird in der Regel zeitlich befristet und jeweils nach Vorliegen der Haftgründe verlängert. Das Verfahren der Abschiebehaft ist wiederholt starker Kritik ausgesetzt worden, weil sowohl das Verfahren als auch die Feststellung der verschiedenen Haftgründe in der Praxis nicht dem hohen Gut der Grundrechte der Betroffenen gerecht wurden.[31]

153 Ist ein Ausländer abgeschoben, ausgewiesen oder zurückgeschoben worden, unterliegt er einem **Einreiseverbot** gem. § 11 AufenthG, welches durch die Schengenbestimmungen in der ganzen EU gilt. Mit der Abschiebung ist die Dauer der Einreisebeschränkung gem. § 11 Abs. 2 AufenthG anzugeben.

154 Auf Antrag kann die zuständige Ausländerbehörde dieses Einreiseverbot **nachträglich** zeitlich **befristen**. Maßgeblich ist der Grund der Aufenthaltsbeendigung bzw. der Grund der Befristung (z.B. Heirat).

155 Im Falle einer freiwilligen Ausreise existiert in der Bundesrepublik ein Programm zur Förderung der freiwilligen Ausreise (**REAG/GARP**). Dies wird durch die Internationale Organisation für Migration (IOM) umgesetzt. Es werden u.U. Reisekosten, Reisebeihilfen und Starthilfen für den Neuanfang im Heimatstaat gewährt.

---

31 Vgl. *Knösel*, Freiheitlicher Rechtsstaat und Abschiebung, S. 82 ff.

Kommt es auf die Einhaltung von Fristen an oder soll der Erfolg eines Rechtsmittels   **156**
abgewartet werden, nehmen Abzuschiebende **Kirchenasyl** in Anspruch. In Wahrung
alter Tradition respektiert die staatliche Gewalt die Souveränität der Kirche. Angesichts vieler fragwürdiger Einzelfallentscheidungen und politischer Verfahrensweise
(Abschiebung nach Afghanistan) wird der Druck auf diese Institution Kirchenasyl
stärker. Beteiligte Personen werden mit Strafverfahren diszipliniert.

V. Weitere Regelungen des AufenthG

Das AufenthG enthält ferner eine Reihe weiterer wichtiger Regelungen, z.B. für die   **157**
Kostenschuldner und **Sicherheitsleistungen** Dritter(§ 68 AufenthG), um den Aufenthalt von Ausländern in der BRD finanziell abzusichern.

Ferner sind die Zuständigkeiten der Ausländerbehörden sowie die Beteiligung des   **158**
Bundes geregelt. In § 75 AufenthG werden die Aufgaben des **Bundesamtes für Migration und Flüchtlinge** definiert.

Das Verwaltungsverfahren ist gem. §§ 77 ff. AufenthG aufgeführt, ebenso Daten-   **159**
schutzregeln. Das Dickicht der Datenschutzregelungen wird ständig erweitert um
u.a. den europäischen Datenaustausch zu gewährleisten und umfangreiche Übermittlungsbefugnisse, auch zwischen deutschen Behörden zu ermöglichen. Mit 18 Jahren
ist ein Ausländer gem. § 80 Abs. 1 AufenthG, § 12 Abs. 1 AsylG handlungsfähig.

Die Stellung der **Beauftragten für Migration, Flüchtlinge und Integration** und deren
dienstliche Aufgaben ergeben sich aus den §§ 92 ff. AufenthG.

Die schon bisher vorhandenen **Strafvorschriften** des AuslG 90 sind nunmehr gem.   **160**
§§ 95 AufenthG erweitert und ergänzt worden. Insbesondere das **Einschleusen** von
Ausländern gem. §§ 96, 97 AufenthG wird mit hoher Strafe bedroht.

Das AufenthG endet mit umfangreichen **Übergangsregelungen**. Gem. § 104 Abs. 13   **161**
AufenthG wurde der Familiennachzug bei subsidiär Schutzberechtigten bis zum
16.03.2018 ausgesetzt. Diese Regelungen sind heftig kritisiert worden.[32]

VI. Freizügigkeitsgesetz/EU (FreizügG/EU)

Die Regeln für die Einreise und den Aufenthalt von EU-Staatsangehörigen sind im   **162**
neuen **FreizügG/EU** enthalten.

Dieses kurze Spezialgesetz regelt somit maßgeblich den Aufenthalt von über 2 Mio. in   **163**
der Bundesrepublik Deutschland befindlichen EU-Staatsangehörigen. Die Staatsangehörigen von Island, Lichtenstein, Norwegen und der Schweiz sind partiell in dieses
Regelwerk eingebunden.

Über § 11 FreizügG finden die Regelungen des AufenthG ergänzende Anwendung.

---

32 Vgl. *Frings*, Ausländerrecht, S. 174.

164 Der Grundsatz des ausländerrechtlichen Grundprinzips bei Einreisen, nämlich der **Verbotsnorm mit Erlaubnisvorbehalt** kehrt sich im EU-Recht zur **Erlaubnisnorm mit Verbotsvorbehalt** um. Dies folgt aus dem Verbot der Diskriminierung aufgrund von Staatsangehörigkeit gem. Art. 18 AEUV.

165 Unionsbürger haben sowohl als **Arbeitnehmer** als auch als **Dienstleistungsempfänger** und -**erbringer** Recht auf Einreise und Aufenthalt in den einzelnen EU-Staaten. Umstritten ist in letzter Zeit die Berechtigung Sozialleistungen bei Arbeitssuchenden (§ 7 SGB II u. § 23 Abs. 4 SGB XII) in Anspruch zu nehmen.[33] Gleiches soll bei nicht arbeitssuchenden EU-Staatern gelten.[34]

166 EU-Staater dürfen ihre Familienangehörigen mit einreisen lassen. Der Familienbegriff des EU-Rechts ist weiter als jener des AufenthG, weil Kinder bis zum 21. Geburtstag und alle Verwandten der auf- und absteigenden Linie, denen Unterhalt gewährt wird, darunter fallen. EU-Bürger dürfen sich auch in anderen EU-Staaten dauerhaft aufhalten, wenn sie nicht dort arbeiten, aber über die nötigen Existenzmittel verfügen und einen ausreichenden Krankenversicherungsschutz besitzen. Erfolgt die Einreise aus den o.g. Gründen, erwachsen dem EU-Staater nach 5-jährigem Aufenthalt in der Bundesrepublik ein Daueraufenthaltsrecht.

167 Die EU-Bürger sind nicht aufenthaltserlaubnispflichtig. Vielmehr folgt ihr Aufenthaltsrecht direkt aus dem Gemeinschaftsrecht (Richtlinie 2004/38/EG), welches gem. Art. 23 GG über dem deutschen Verfassungsrecht steht. Die EU-Ausländer erhalten eine Bescheinigung über ihr gemeinschaftsrechtliches Aufenthaltsrecht (gem. § 4 AufenthG bzw. Familienangehörige gem. § 5 FreizügG/EU), was somit einen rein deklaratorischen Charakter hat. Der Unionsbürger ist zur Vorlage bestimmter Dokumente gem. § 5a FreizügG/EU gezwungen.

168 EU-Staatsangehörige können nur aus **besonderen spezialpräventiven Gründen ausgewiesen** werden. Dabei müssten Verletzungen der Rechtsordnung erfüllt sein, die eine gegenwärtige Gefährdung der öffentlichen Ordnung darstellen. Es muss gem. § 6 Abs. 2 FreizügG/EU eine tatsächlich hinreichende **schwere Gefährdung** vorliegen, die ein Grundinteresse der Gesellschaft berührt. Somit werden in der Praxis EU-Staatsbürger entsprechend wenig ausgewiesen.

169 Innerhalb der EU war eine wichtige Diskussion über die Rechte von **Drittstaatsangehörigen** entbrannt. Drittstaatsangehörige sind diejenigen Ausländer, die nicht Staatsangehörige der EU-Staaten sind, aber über ein Aufenthaltsrecht in einem EU-Staat verfügen, also z.B. der Nigerianer, der sich als Arbeitskraft erlaubt in den Niederlanden aufhält. Nach Erlass der **Daueraufenthaltsrichtlinie** 2003/109/EG v. 25.11.2003 wurde durch das Richtliniengesetz gem. § 9a AufenthG die Erteilung der Daueraufenthaltserlaubnis-EU von in Deutschland lebenden Drittstaatsangehörigen eingeführt und gem. § 38a AufenthG der Zuzug solcher Personen aus der EU erlaubt.

---

33 EuGH v. 15.09.2015 – C-67/14 Alimanovic.
34 EuGH v. 11.11.2014 – C-333/13 Dano.

Türkische Staatsangehörige

Die türkischen Staatsangehörigen stellen die größte Gruppe der Migranten in der 170
Bundesrepublik. Aufgrund des **Assoziierungsabkommen** der EU (Assoziationsratsbeschluss ARB 1/80 u. ARB 3/80) mit der Türkei genießt dieser Personenkreis eine
Sonderstellung, die dem der EU-Staater in etwa entspricht, wenn folgende Voraussetzungen erfüllt werden:
- der türkische Staatsangehörige ist Arbeitnehmer,
- arbeitet der AN länger als ein Jahr bei dem gleichen AG, erwächst daraus ein Ver-
  längerungs- und Aufenthaltsrecht,
- nach drei Jahren besteht ein Recht auf Arbeitserlaubnis bei Arbeitgeberwechsel,
- nach vier Jahren ordnungsgemäßer Beschäftigung besteht freier Zugang zum
  Arbeitsmarkt

Aus dem Abkommen erwachsen keine **Einreiserechte.** Das Recht der Familienzusam-
menführung richtet sich nach den Regelungen des AufenthG, aber bei dauerhaftem
Aufenthalt werden besondere Arbeitszugangsrechte aktiviert. Teil des Abkommens
ist eine Klausel, wonach sich diese Regelungen nicht zu Ungunsten von türkischen
Staatsangehörigen verändern dürfen, sog. »stand-still-Klausel«. Dies betrifft die Pflicht
für nachziehende Ehegatten, gem. § 30 Abs. 1 Nr. 2 AufenthG Deutschkenntnisse zu
haben.[35] Trotz gegenteiliger Rspr. des EuGH hält die Bundesrepublik an den Deutsch-
kenntnissen fest, fügte aber Ausnahmen gem. § 30 Abs. 1 Satz 3 AufenthG hinzu.

Auf Grund des Assoziationsrechtes brauchen türkische Staatsangehörige nicht an Inte- 171
grationskursen teilzunehmen. Auch im Ausweisungsrecht ist das Sonderrecht gem. 53
Abs. 3 AufenthG zu berücksichtigen. Beim Bezug von Sozialleistungen erfolgt eine
nahezu gleichwertige Behandlung zu deutschen Staatsangehörigen. Die Türkei und
ihre Staatsangehörigen sind des Öfteren in der Vergangenheit zu Unrecht zu Sünden-
böcken politischer Auseinandersetzungen gemacht worden. Angesichts des Ergebnis-
ses der Abstimmung über die Einführung eines Präsidialsystems in der Türkei und
Untersuchungen über die Integration von Türken in der Bundesrepublik bleibt sicher
eine Menge zu tun auf beiden Seiten und allen Ebenen.

VII. Asylverfahren (AsylG)

1. Verfahren

Flüchtlinge, die einen Antrag auf **Anerkennung als politisch Verfolgte** gem. Art. 16a 172
GG/GFK stellen oder Schutz vor Abschiebung begehren, müssen ein Asylverfahren
in der Bundesrepublik Deutschland durchlaufen. Die Einzelheiten des Asylverfahrens
sind im AsylG geregelt. Maßgebliche Impulse werden jetzt durch EU-Regelungen gegeben, z.B. **Qualifikationsrichtlinie 2004/83/EG** v. 29.04.2004, **Aufnahmerichtlinie
2003/9/EG** v. 27.01.2003 oder der **Verfahrensrichtlinie 2005/85/EG** v. 01.05.2005.
Verschiedene Richtlinien sind durch die Richtlinienumsetzungsgesetze 2009, 2011 u.

---

35 EuGH v. 10.07.2014 – C-153/14.

2013 komplett umgesetzt worden. Bei den beiden letztgenannten Richtlinien fehlt die Umsetzung noch.

Schaubild 5:

Status	Voraussetzung	Ausschlussgrund	Aufenthaltstitel
1. Asylberechtigung nach Art. 16a GG	Staatliche Verfolgung; keine Einreise über einen »sicheren Drittstaat«	Ausweisung aus schwerwiegenden Gründen der öffentlichen Sicherheit und Ordnung; Verurteilung zu einer Haftstrafe von mind. drei Jahren; nach Ermessen bei Verurteilung von mind. einem Jahr bei Gewalttaten (auch Bewährung)	Aufenthaltserlaubnis nach § 25 Abs. 1 AufenthG; Flüchtlingspass
2. Flüchtling nach der Genfer Flüchtlingskonvention (Konventionsflüchtling)	Staatliche und nichtstaatliche Verfolgung; fehlender Schutz	Wie vor	Aufenthaltserlaubnis nach § 25 Abs. 2 1. Alt. AufenthG; Flüchtlingspass
3. Subsidiär schutzberechtigt	Erheblicher Schaden im Kontext von Krieg oder Menschenrechtsverstößen	Wie vor	Aufenthaltserlaubnis nach § 25 Abs. 2. 1. Alt. AufenthG; kein Flüchtlingspass
Variante zu 1. bis 3.: Familienschutz	Ehegatte und minderjährige Kinder bzw. Eltern und Geschwister von minderjährigen Kindern	Entsprechend dem jeweiligen Schutzstatus	Aufenthaltserlaubnis nach § 25 Abs. 1 oder 2 AufenthG, entsprechend wie bei Schutzberechtigten; Flüchtlingspass bei Anerkennung nach 1. oder 2.
4. Abschiebehindernis (zielstaatsbezogen)	Unmittelbar akute Gefahr für Leib und Leben, schwere Menschenrechtsverletzungen	Nur Duldung: erhebliche Straftaten, Terrorismus, Gefahr für die Sicherheit oder die Allgemeinheit	Aufenthaltserlaubnis nach § 25 Abs. 3 AufenthG; kein Flüchtlingspass

aus: *Frings/Domke*, Asylarbeit, S. 51/2.

173 Mit der Stellung eines **Asylantrags** werden i.d.R. **vier Feststellungen** beantragt:
   – Asylberechtigung gem. Art. 16a Abs. 1 GG,
   – Flüchtlingseigenschaft gem. § 3 AsylG (GFK und Qualifikationsrichtlinie)
   – subsidiärer Schutz gem. § 4 AsylG
   – Abschiebehindernisse gem. § 60 Abs. 5 u. 7 AufenthG

Angesichts der Zunahme von Flüchtlingen in der Bundesrepublik 2015 u. 2016   **174**
erfolgte eine Reihe weiterer Gesetzesänderungen, die hier benannt und dann in den
einzelnen Ausführungen erläutert werden.

Zuständig für die Anerkennung ist das **Bundesamt für Migration und Flüchtlinge**   **175**
(BAMF). Das Bundesamt hat Zweigstellen in allen Bundesländern. Jedes Bundesland hat eine **zentrale Aufnahmeeinrichtung**, in der jeder Flüchtling persönlich seinen
Asylantrag stellen muss. Die zahlenmäßige Verteilung der Flüchtlinge unter den Ländern erfolgt aufgrund von prozentual festgelegten **Aufnahmequoten** gem. § 45 AsylG,
dem Königsteiner Schlüssel.

Aufgrund des grundrechtlichen Schutzes der Flüchtlinge hat jeder Flüchtling wäh-   **176**
rend des Asylverfahrens das Recht auf menschenwürdige Unterbringung, Versorgung
und gem. Art. 19 Abs. 4 GG darauf, dass sein Asylbegehren durch eine zuständige
Behörde bearbeitet wird und im Falle einer Negativbescheidung durch ein unabhängiges Gericht überprüft wird.[36]

Sobald ein Flüchtling einen Asylantrag stellt, muss er seinen Wohnsitz in der **Auf-**   **177**
nahmeeinrichtung nehmen. Hat der Flüchtling Kinder, bezieht sich die Asylantragstellung gem. § 14a AsylG auch auf minderjährige Kinder. Jugendliche sind i.Ü. im
Asylverfahren mit 18 Jahren nach § 12 AsylG handlungsfähig. Unbegleitete minderjährige Flüchtlinge (UMA) genießen vordringlich jugendhilferechtlichen Schutz.[37]
Soweit sie Asyl durch einen Vormund beantragen, erfolgt eine besondere Schutzbe-
handlung, auf die ich später eingehen werde.

Gem. § 15 AsylG hat der Flüchtling in der Aufnahmeeinrichtung, die der Landes-   **178**
behörde untersteht, **umfangreiche Mitwirkungspflichten**. U.a. hat der Flüchtling
seinen Pass und sonstige Urkunden auszuhändigen, sämtliche Flugscheine, sonstige
Beweismittel für seine Fluchtroute vorzulegen und in einem Interview umfangreich
darzustellen, weshalb er sich durch seinen Heimatstaat politisch verfolgt fühlt.

---

36 Vgl. zu den Rechten des Flüchtlings im Asylverfahren, BVerfGE 54, S. 341, 357.
37 Vgl. Ausführungen im Kap. 13 Rdn. 145 ff.

Schaubild 6:

Aufgaben der Behörden nach dem AsylG

Grenzbehörde

Pflicht zur Verweigerung der Einreise (§ 18 Abs. 2 AsylG):
- § 18 Abs. 2 Nr. 1 AsylG: bei Einreise aus sicherem Drittstaat (§ 26a AsylG)
- § 18 Abs. 2 Nr. 2 AsylG: bei offensichtlicher anderweitiger Verfolgungssicherheit (§ 27 Abs. 1, 2 AsylG)
- § 18 Abs. 2 Nr. 3 AsylG: bei Gefahr für die Allgemeinheit

Pflicht zur Zurückschiebung (§ 18 Abs. 3 AsylG)
- im grenznahen Raum und
- in unmittelbarem zeitlichen Zusammenhang
- mit der unerlaubten Einreise

ansonsten: **Pflicht** zur Weiterleitung (§ 18 Abs. 1 AsylG)

Ausländerbehörde

Zurückschiebung nach **Ermessen** (§ 19 Abs. 3 AsylG):
- bei Einreise aus sicherem Drittstaat (§ 26a AsylG)

ansonsten: **Pflicht** zur Weiterleitungan Aufnahmeeinrichtung (§ 19 Abs. 1 AsylG)

Polizeidienststelle

Pflicht zur Weiterleitung an Aufnahmeeinrichtung (§ 19 Abs. 1 AsylG)

Aufnahmeeinrichtung

Pflicht zur Aufnahme bzw. Weiterleitung (§ 22 Abs. 1 Satz 2 AsylG)

Bundesamt für Migration und Flüchtlinge

Entscheidung über Asylbegehren (§ 31 AsylG):

Asylantrag	Flüchtlingseigenschaft	Subsidiärer Schutz	Abschiebehindernisse

2. Erreichen der Bundesrepublik

179 Problematisch ist das Erreichen des Gebietes der Bundesrepublik Deutschland durch Flüchtlinge. Solange Flüchtlinge nicht das Gebiet der Bundesrepublik Deutschland erreicht haben, unterliegen sie den allgemeinen Bestimmungen des Ausländerrechts, insb. des AufenthG. Gem. § 4 AufenthG benötigen Ausländer in der Regel zur Einreise in die Bundesrepublik eine Aufenthaltserlaubnis. Diese Aufenthaltserlaubnis ist bei der deutschen Botschaft bzw. diplomatischen Vertretung im jeweiligen Heimatstaat zu beantragen. Da die offizielle Politik der Bundesrepublik Deutschland die **Abwehr von Flüchtlingen** beinhaltet, wird an Flüchtlinge in der Regel keine Aufenthaltserlaubnisse bzw. kein Visum erteilt.

180 Reisen Flüchtlinge auf dem Luftweg ein, brauchen sie idR. auch ein Visum. Die Fluggesellschaften haben gem. §§ 63 ff. AufenthG strenge Kontroll- und ggf. Rückbeförderungspflichten. Für Einreisen auf dem Luftweg besteht gem. § 18a AsylG ein eigenes **Flughafenverfahren** mit zahlreichen restriktiven Sonderbestimmungen. Diese sehen u.a. den Aufenthalt der Ausländer als noch nicht »eingereist« an und verwahren den Personenkreis im Flughafen. Es geht um passlose Menschen bzw. Personen aus sicheren Herkunftsstaaten. Diese würden zurückgewiesen werden, wenn sie keinen Aufenthaltstitel haben. Deshalb stellen diese Menschen einen Asylantrag. Wird der Asylantrag als offensichtlich unbegründet abgelehnt, findet keine Einreise statt und Anhörung und Entscheidung des BAMF sollen unverzüglich erfolgen. Gegen eine negative Entscheidung muss gerichtlicher Rechtsschutz binnen drei (!!) Tagen gestellt werden. Die gerichtliche Entscheidung soll binnen 14 Tagen erfolgen. Der Ausländer hat das Recht auf Rechtsschutz durch einen Rechtsanwalt.

Der Flüchtling ist deshalb auf illegale Erreichung der Bundesrepublik bzw. der Ziel- 181 staaten auf dem Landweg angewiesen. Die Flüchtlingsdramen u.a. im Mittelmeer zeigen die erschreckenden Auswirkungen dieser Politik. Doch selbst mit Erreichung der **Aufnahmeländer** ist nicht automatisch ein sicherer Rechtsstatus verbunden.

Da die Binnengrenzen innerhalb der EU abgeschafft wurden, brauchte die EU ein 182 Regulierungssystem u.a. für Flüchtlinge, damit diese nicht in verschiedenen Ländern nacheinander Asylverfahren betreiben könnten. Durch die **Dublin III Verordnung** haben sich die EU-Staaten auf folgende Regelungen geeinigt:
– die EU sichert umfassend ihre Außengrenzen (Frontex),
– asylsuchende Drittstaatsangehörige müssen nach einem bestimmten System im Erststaat um Asyl nachsuchen, u.a. weil sie sonst kein Aufenthaltsrecht haben,
– der Erstaufnahmestaat muss die Asylsuchenden versorgen und ihnen eine menschengerechte Existenz sichern und ein faires Asylverfahren durchführen.

Die EU-Staaten haben den **Erstaufnahmeländern** bei Beschlussfassung über die Dublin III Verordn. versprochen, ihnen im Falle verstärkter Einreise Beistand zu leisten. Diese Verpflichtung haben die EU-Staaten verletzt und Griechenland und Italien waren nicht in der Lage, die Asylsuchenden adäquat zu versorgen. Dementsprechend wurden z.T. Flüchtlinge in andere EU-Staaten weitergeleitet, ohne diese zu kontrollieren oder ihnen ein Asylverfahren zu garantieren. Die Dublin-Regelung beinhaltet nun die Möglichkeit der **Zweitaufnahmeländer**, per Fingerabdruck (Eurodac-Verfahren) festzustellen, ob sich der Migrant schon in einem anderen EU-Staat aufgehalten hat und diesen dann nach festgelegten Verfahrensvorschriften ggf. in das Erstaufnahmeland zurück zu führen. Die Rückführung bedarf Nachweise wegen des Aufenthaltes im Erststaat.

Die **Kriterien und Verfahrensweisen der Dublin III Verordnung** sind: 183
– Eurodac – Verfahren, Fingerabdruck und Meldung
– Anknüpfungsmerkmal für staatliche Zuständigkeit sind
  – Minderjährige
  – internationaler Schutz eines Familienangehörigen
  – Familienangehörige
  – Familienverfahren
  – Aufenthaltstitel/Visum
  – Einreise/Aufenthalt
  – visafreie Einreise

- Transitbereich
- Rückübernahme
- Eintrittsrecht
- Schlichtung

Schaubild 7: Dublin-Verfahren

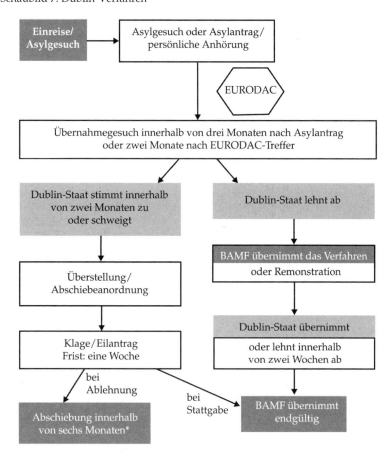

* Berechnet ab dem Eingang der Zustimmung bzw. dem Ablauf der Frist von zwei Monaten,
   zuzüglich der Zeit eines Eilverfahrens (umstritten); verlängert auf 12 Monate bei Haft
   und auf 18 Monate bei Untertauchen.

aus: *Frings/Domke*, Asylarbeit, S. 33.

184 Erreicht der Flüchtling die Bundesrepublik, und wird ihm nachgewiesen, dass er
     einen **sicheren Drittstaat** passiert hat, schiebt ihn die Bundesrepublik Deutschland
     in diesen sicheren Drittstaat gem. § 26a AsylG zurück. Sichere Drittstaaten sind alle

Mitgliedsstaaten der europäischen Gemeinschaft sowie Norwegen und die Schweiz.[38] Dies kann aber nur erfolgen, wenn der Übertritt überwacht wird und die Grenzen auch ausreichend gesichert sind, weil der Grenzübertritt beweisbar sein muss. Von dieser Regelung darf gem. § 18 Abs. 4 AsylG abgewichen werden. Ob die Bundesrepublik ihre Grenzsicherungspflicht im Herbst 2015 verletzt hat und ob eine Grenzsicherung überhaupt möglich war, darüber wird heftigst gestritten und diese Frage ist zum wichtigsten politischen Streitpunkt der Nachkriegszeit geworden. Dabei ist nach der Abschaffung der Binnengrenzen der Schengener Grenzkodex (VO Nr. 562/2006) zu beachten. Außerdem sind die Regelungen von Dublin III gem. Art. 20 zu beachten.

Kommt der Flüchtling aus einem **sicheren Herkunftsstaat (Senegal, Ghana, Alba-**   185
nien, Kosovo, Serbien, Mazedonien, Bosnien und Montenegro), besteht gem. Art. 16a Abs. 3 GG die Vermutung der Nichtverfolgung, und der Asylsuchende muss gem. § 29a AsylG sein Asylverfahren besonders gründlich betreiben und seine Asylgründe besonders intensiv darlegen.

War der Flüchtling auf seiner Reise bereits in einem Drittstaat **sicher vor Verfolgung** (§ 27 AsylG) und hat damit seine Flucht unterbrochen, kommt eine Anerkennung als Asylberechtigter nicht infrage.

Im Klartext bedeutet dies, dass Flüchtlinge, die sich aufgrund verschiedener Umstände   186
für den Aufnahmestaat Bundesrepublik Deutschland entschieden haben, **illegal ein-reisen** und dann ihren Fluchtweg verschleiern müssen, damit sie in den Genuss des Asylverfahrens bzw. der Anerkennung kommen. In der Regel überschreiten Flüchtlinge mangels Alternative »illegal« die Außengrenzen oder benutzen für die Einreise falsche Papiere. Dies kann insgesamt eine Straftat darstellen. Für den Bereich des illegalen Zutritts ist gem. Art. 31 GFK Straffreiheit garantiert. Allerdings ist eine **legale Einreise** für Flüchtlinge in die Bundesrepublik Deutschland im Regelfall überhaupt nicht möglich.

3. Weiteres Verfahren

Mit Erreichen der Bundesrepublik beginnt für den Flüchtlinge in genau festgelegtes   187
Asylverfahren, welches 2015 und 2016 durch die hohe Zahl der Flüchtlinge z.T. nicht oder unvollständig durchgeführt wurde.

Es wird hier zunächst das allgemeine Verfahren beschrieben und dann auf Abweichungen verwiesen.

Die Asylantragstellung hat bei einer Außenstelle des BAMF zu erfolgen (§ 14 AsylG).   188
Das BAMF hatte 2015 ca. 2.500 MitarbeiterInnen davon ca. 300 EntscheiderInnen. Nunmehr beträgt die Zahl der Beschäftigten ca. 7000.

---

38 Griechenland gewährleistet keinen umfangreichen Rechtsschutz für Flüchtlinge, deshalb haben Gerichte Abschiebungen nach Griechenland untersagt.

189 Der Flüchtling wird in der Aufnahmeeinrichtung (Landesbehörde plus BAMF) registriert und gesundheitlich (§ 62 AsylG) untersucht. Ihm werden Fingerabdrücke (§ 16 AsylG) genommen, er hat umfangreiche Mitwirkungsverpflichtungen (§ 15 AsylG). Da die Aufnahmeeinrichtungen bundesweit unterschiedlich in Anspruch genommen werden, besteht ein Verteilungssystem (EASY – Erstverteilung von Asylsuchenden). Danach wird jeweils festgestellt, welches Bundesland zahlenmäßig bei der Aufnahme im Defizit ist und wo ggf. EntscheiderInnen des BAMF für die Nationalität des Flüchtlings zuständig sind. Der Flüchtling muss dann ggf. die neue Aufnahmeeinrichtung (§ 22 AsylG) aufsuchen.

190 Nach der Registrierung erhält der Flüchtling eine Bescheinigung über die Meldung als Asylsuchender (Ankunftsnachweis), früher **BüMA**. Das Dokument enthält umfangreiche Angaben zur Person. Dieser (jetzt) **Ankunftsnachweis** berechtigt zum Empfang von Sozialleistungen und ist besonders wichtig bei der Berechnung von Fristen (Arbeitsmarktzugang, Kita- und Schulbesuch). Nach der Asylantragstellung erhält der Flüchtling eine **Asylgestattung** gem. § 63 AsylG.

191 Die Landesbehörde (z.B. Zentrale Anlaufstelle) teilt dem BAMF die Ankunft des Asylsuchenden mit. Das BAMF soll zeitnah eine Anhörung gem. § 25 AsylG durchführen. Dabei werden die Verfahren zur Feststellung der Dublin III Voraussetzungen durchgeführt. Es werden Fingerabdrücke genommen und es erfolgt eine Belehrung über das Dublinverfahren. Nach der Asylantragstellung erfolgt nun zeitnah die **Anhörung** gem. § 25 AsylG. Die Anhörung ist von enormer Wichtigkeit, weil diese Anhörung die Grundlage der Asylentscheidung des BAMF ist. Die Angaben des Asylbewerbers werden von Sprachmittlern übersetzt und am Ende der Befragung rückübersetzt. IdR erfolgt in der Aufnahmeeinrichtung kaum eine sozialarbeiterische Betreuung. Auch eine Flüchtlingsberatung findet idR nicht statt. Angesichts traumatischer Fluchterfahrungen, anderweitiger Erlebnisse mit dem Verfolgerstaat und ggf. intimer Details der Verfolgung, schlechter Dolmetscherleistungen und schlechtem Ausbildungszustand der BAMF-Entscheider haben die Anhörungen oft erhebliche Qualitätsmängel.[39]

192 Die Bundesrepublik hat die EU-Aufnahme- und EU-Verfahrensrichtlinie nicht umgesetzt. Trotzdem müssen besonders Schutzbedürftige gesondert behandelt werden. Dies sind u.a. Minderjährige, unbegleitete Minderjährige, Behinderte, ältere Menschen, Schwangere, Alleinerziehende mit minderjährigen Kindern, Personen die erheblich psychisch, körperlich oder seelisch verletzt wurden, Opfer von Menschenhandel und Opfer von Genitalverstümmelungen. Deswegen hat das BAMF besonders geschulte AnhörerInnen, die u.a. bei jugendlichen Asylbewerbern eine sensible Anhörung durchführen sollen. Der Vormund kann anwesend sein. Außerdem kann gem. § 25 Abs. 5 AsylG von einer Anhörung abgesehen werden.

Der Asylsuchende wartet in der Aufnahmeeinrichtung bzw. nach einer möglichen landesweiten Verteilung in seiner Gemeinschaftsunterkunft auf die Entscheidung des BAMF.

---

39 Memorandum für faire und sorgfältige Asylverfahren in Deutschland, www.pro asyl.de.

Konnte der Flüchtling in Folge der Überlastung der Behörden nicht registriert wer- **193** den oder einen Asylantrag stellen, wurden dieses Verfahren zeitlich extrem gedehnt und alle Beteiligte einer enormen Herausforderung unterworfen. Das BAMF hat seine Mitarbeiterzahl verdreifacht. Landesbehörden wurden aufgestockt, Unterkünfte gesucht, Sozialarbeiter eingestellt und Ärzte, Behörden und andere Institutionen waren extrem gefordert. In dieser Phase kam der Bevölkerung und damit dem **Ehrenamt** eine wesentliche Bedeutung zu. Der Gesetzgeber hat auf diese Extremsituation mehrfach reagiert. Die Aufnahmeeinrichtungen wurden erweitert, die Pflichten der Asylsuchenden ausgedehnt und die Rahmenbedingungen der Asylverfahrens wurden verschärft, indem Arbeitsverbote, sozialrechtliche Verschlechterungen und erleichterte rechtliche Anforderungen für Asylablehnungen (z.B. Nichtbetreiben des Verfahrens gem. § 33 AsylG) geschaffen wurden.

Gem. § 30a AsylG konnten beschleunigte Asylverfahren in besonderen Aufnahme- **194** einrichtungen gem. § 5 Abs. 5 AsylG durchgeführt werden. IdR hat das BAMF die aussichtslosen (sichere Herkunftsstaaten) und die besonderen aussichtsreichen (Syrien, Irak, Iran, Eritrea, Somalia, Jemen) Fälle von Asylanträgen sofort entschieden und schwierigere Feststellungen z.b. bei afghanischen Flüchtlingen hinten angestellt. Zeitweise schob das BAMF einen Berg von ca. 500.000 nicht entschiedenen Asylbegehren vor sich her.

In der Phase des Wartens kam dann oft der Bescheid des BAMF über die Rücküber- **195** stellung in den Erstaufnahmestaat gem. Dublin-Verordnung. 2014 hatte das BAMF in ca. 33.000 Fällen einen Rückübernahmeantrag an ein anderes EU-Land gestellt. In ca. 27.000 Fällen wäre dies möglich gewesen. In ca. 4.700 Fällen erfolgte die Rücküberstellung.

Hat der Flüchtling bei der Außenstelle in der **zentralen Aufnahmeeinrichtung** das **196** **Interview** mit dem BAMF geführt, so muss er in der **Aufnahmeeinrichtung** wohnen bleiben, wenn dort Platz ist. Während dieser Zeit wird er umfassend versorgt, auch medizinisch. Arbeiten darf er gem. § 61 AsylG nicht. Angestrebt ist, dass das BAMF zeitnah über den Asylantrag entscheidet. Dauert das Asylverfahren länger, werden die Flüchtlinge in dem jeweiligen Bundesland nach § 50 AsylG auf die anderen Landkreise und kreisfreien Städte verteilt. Deshalb hat in der Regel jede kreisfreie Stadt und jeder Landkreis **Asylbewergemeinschaftsunterkünfte (§ 53 AsylG)**. Jedes Bundesland hat deshalb auch ein Asylbewerberverteilungs- bzw. -aufnahmegesetz.

Während des Asylverfahrens hat der Asylbewerber gem. § 10 AsylG jede Adressen- **197** änderung dem BAMF mitzuteilen. Unterbleibt dies, stellt das BAMF an die letzte bekannte Adresse mit der Gefahr der Rechtskraft einer möglichen negativen Entscheidung zu.

Gem. § 26 AsylG besteht die Möglichkeit des **Familienasyls**. Danach werden Famili- **198** enangehörige unter bestimmten Voraussetzungen in den Flüchtlingsschutzbereich der §§ 3u. 4 AsylG des stammberechtigten Anerkannten einbezogen. Im Gegensatz zur eigenen Flüchtlingseigenschaft ist beim Familienasyl der Aufenthalt des abgeleiteten

Familienmitgliedes vom Stammberechtigten abhängig und der Flüchtlingsschutz kann dann nicht über den abgeleiteten Status weiter gegeben werden.

199 Neben dem Asylerstantrag existieren der Asylfolge- und der Zweitantrag. Der **Asylfolgeantrag** gem. § 71 AsylG setzt einen erfolglosen Erstantrag voraus und zudem neue Tatsachen und Beweise, die nicht älter als drei Monate sind. Im Falle der erfolglosen Antragstellung kann hier erleichtert abgeschoben werden und durch das BAMF gem. § 11 Abs. 7 AufenthG ein **Einreiseverbot** verhängt werden, was auch bei einer Ablehnung des Asylantrags als »offensichtlich unbegründet« gilt. Dieses Einreiseverbot soll im ersten Anwendungsfall nicht länger als ein Jahr betragen. Durch dieses Instrument wurden tausende von Asylanträgen von Asylbewerbern, die aus sicheren Herkunftsstaaten stammen, vor einer Entscheidung des BAMF zurückgenommen, weil man die Ablehnung als »offensichtlich unbegründet« fürchtete.

Im Falle des **Zweitantrages** gem. § 71a AsylG handelt es sich um einen zweiten Antrag, weil der Betroffene bereits in einem anderen Drittstaat (zumeistEU) schon Flüchtlingsschutz erlangt hat.

Das BAMF entscheidet durch einen rechtsmittelfähigen Bescheid gem. § 31 AsylG über das Asylbegehren des Flüchtlings. Möglich sind folgende Konstellationen:

a. Positive Entscheidungen

aa. Zuerkennung der Asylberechtigung gem. Art. 16a Abs. 1 GG (selten)

bb. Flüchtlingseigenschaft gem. § 3 AsylG (GFK und Qualifikationsrichtlinie)

cc. subsidiärer Schutz gem. § 4 AsylG

dd. Abschiebungshindernisse gem. § 60 Abs. 5 u. 7 AsylG

Analog der Zuerkennung einer Flüchtlingseigenschaft bestimmt § 25 AufenhG die Erteilung der korrespondierenden Aufenthaltserlaubnisse.

200 Im Falle der Zuerkennung der Flüchtlingseigenschaft zu aa. und bb. erhält der Flüchtling eine dreijährige Aufenthaltserlaubnis, einen Flüchtlingspass, Familiennachzugsmöglichkeit, darf arbeiten und jetzt Leistungen nach SGB II beziehen. Auf sämtliche Sozialleistungen wie Kindergeld, Unterhaltsvorschuss, Elterngeld, Kinderzuschlag, Wohngeld, BAföG und Berufsausbildungsbeihilfe besteht ein Anspruch. Besonders zu beachten sind die zahlreichen Arbeitsmarktintegrationsleistungen der Bundesagentur, auf die Anspruch besteht. Der anerkannte Flüchtling darf aus seiner Gemeinschaftsunterkunft in eine Wohnung ausziehen. Nimmt er SGB II Leistungen in Anspruch braucht er einen Wohnberechtigungsschein und die Kosten der Wohnung müssen angemessen sein. Angesichts der enormen Wohnungsknappheit ist ein Umzug oft nicht möglich und der Neid der einheimischen Bevölkerung, die z.T. auch jahrelang auf eine Wohnung wartet, verständlich. Nach dem **Integrationsgesetz** wird der Aufenthalt auf das Bundesland beschränkt, welches für das Asylverfahren zuständig war. Das Land kann nach einer zu erlassenden Rechtsverordnung die anerkannten Flüchtlinge innerhalb des Landes verteilen. Wechsel innerhalb des Bundeslandes und in andere Bundesländer sind beim Studium, Ausbildung und Arbeitsplatzzusagen möglich. Nach drei Jahren der Anerkennung wird die Berechtigung der Flüchtlingseigenschaft nach §§ 72, 73 AsylG überprüft und ggf. entzogen. Geschieht dies nicht, kann der anerkannte Flüchtling gem. § 9 AufenhG nach drei bzw. fünf Jahren eine Niederlassungserlaubnis erlangen.

Im Falle der Zuerkennung vom subsidiären Schutz oder bei Abschiebehindernissen **201** erhält der Betroffene eine einjährige Aufenthaltserlaubnis, deren Erteilungsvoraussetzungen jeweils vor der Verlängerung überprüft werden. Der Familiennachzug ist bis zum 16.03.2018 ausgesetzt. Der Bezug von Sozialleistungen gem. SGB II (s.o.) ist möglich. Arbeitsmarktintegrationsmöglichkeiten dürfen in Anspruch genommen werden.

Der Status bei Abschiebehindernisberechtigten ist schlechter. Hier soll idR eine AE **202** gem. § 25 Abs. 3 AufenthG erteilt werden. Zahlreiche Ausnahmen sind möglich. Insbesondere besteht ein enges Wechselspiel zwischen den Kompetenzen des BAMF und der örtlich zuständigen Ausländerbehörde.

Die Entscheidung zu aa. o. bb. schließt dann jeweils die anderen möglichen Asyl **203** gründe ein. Wird lediglich nach cc. subsidiärer Schutz gewährt kann der Asylbewerber gegen die Nichtanerkennung nach aa. o. bb. klagen. Z.Z. sind ca. 30.000 Klagen wegen dieser Konstellation vor dem Verwaltungsgericht anhängig.

b. negative Entscheidungen

aa. Ablehnung aller Asylgründe, Klagefrist zwei Wochen, Klage hat aufschiebende Wirkung

bb. offensichtlich unbegründete Ablehnung (§§ 29a u. 30 AsylG), Klagefrist eine Woche, die Klage hat keine aufschiebende Wirkung, daher Antrag gem. § 80 Abs. 5 VwGO binnen einer Woche und Begründung.

cc. unzulässiger Asylantrag (Dublin-Fälle und Fälle des § 29 (unbeachtlich)), Klagefristen und fehlende aufschiebende Wirkung wie bei bb.

Schaubild 8:

Frist für	Entscheidung des Bundesamts		
	Unzulässig	Offensichtlich unbegründet	Unbegründet
Antrag gem. § 80 Abs. 5 VwGO	Innerhalb **einer Woche** nach Bekanntgabe	Innerhalb **einer Woche** nach Bekanntgabe	Nicht erforderlich
Klageantrag	Innerhalb **einer Woche** nach Bekanntgabe	Innerhalb **einer Woche** nach Bekanntgabe	Innerhalb von **zwei Wochen** nach Bekanntgabe
Klagebegründung	Innerhalb **eines Monats** nach Bekanntgabe	Innerhalb **eines Monats** nach Bekanntgabe	Innerhalb **eines Monats** nach Bekanntgabe

204 Bei »**unzulässiger**« bzw. »**offensichtlich unbegründeter**« Ablehnung des Antrages beträgt die Klage- und Antragsfrist **eine Woche**. In diesen Fällen entscheidet das VG in einem schriftlichen einstweiligen Rechtschutzverfahren.

205 Für die Klageverfahren gilt die Beantragung von Prozesskostenhilfe. Außerdem können Klagen bei der Rechtsantragsstelle des jeweiligen Verwaltungsgerichts gestellt werden. In der Praxis besteht die Schwierigkeit, dass die Gerichte die PKH oft erst bei oder kurz vor der mündlichen Verhandlung bewilligen. Die Rechtsanwälte verlangen zur Vorbereitung der Hauptverhandlung einen Vorschuss, der nicht von der Beratungshilfe abgedeckt wird und deshalb vom Flüchtling aus seinen Leistungen nach dem AsylblG nicht bestritten werden können.

206 In den anderen Fällen der normalen Ablehnung entscheidet das Gericht aufgrund **mündlicher Hauptverhandlung**. Die Gerichtsverfahren dauern zwischen ein und drei Jahren, so dass in dieser Zeit der Flüchtling in einer schwierigen körperlichen und psychischen Situation ist. Durch die zahlreichen Änderungen der Asylgesetze sind die Asylverfahren noch restriktiver ausgestaltet worden.

Berufung ist gegen eine »offensichtlich unbegründete« oder »unzulässige« Entscheidung nicht möglich, ansonsten nur, wenn das OVG die Berufung zulässt.(§ 78 AsylG).

207 Während der Dauer des Asylverfahrens bekommt der Flüchtling gem. § 55 AsylG einen eigenen Aufenthaltstitel, die **Aufenthaltsgestattung**. Mit dieser Aufenthaltsgestattung darf sich der Flüchtling nur im **räumlichen Bezirk (Residenzpflicht)** seiner Ausländerbehörde aufhalten. In der Regel ist das Verlassen dieses Aufenthaltsbezirkes nur in Ausnahmefällen möglich, u.a. zum Besuch eines Rechtsanwalts. Zudem können dem Flüchtling gem. § 60 AsylG **Auflagen** erteilt werden. Nach dem Verlassen der Aufnahmeeinrichtung darf der Asylbewerber gem. § 61 Abs. 2 AsylG arbeiten. Die Bundesagentur muss zustimmen. Es gibt zahlreiche Ausnahmen und Sonderregelungen. Für Personen aus sicheren Herkunftsstaaten, die ihren Asylantrag nach dem 31.08.2015 gestellt haben, besteht eine Verpflichtung, weiterhin in der Aufnahmeeinrichtung zu wohnen mit der Folge des Arbeitsverbotes. Aufgrund der massiven Fluchterfahrung, Änderung der Lebensverhältnisse (Sprache, neue Gesellschaft, Unterbringung, Klima, Kultur) und strukturellen Veränderung der Familiensituation des Flüchtlings ist in der Regel das mehrjährige Asylverfahren **psychisch außerordentlich belastend**. Während dieser Zeit ist der Flüchtling oft zum Nichtstun gezwungen. Die Bundesrepublik hat u.a. für Flüchtlinge mit »sicherer Bleibeperspektive« (Syrien, Iran, Irak, Eritrea) den Besuch eines Sprachkurses schon während des Asylverfahrens erlaubt. Weitere Maßnahmen bestehen auf Bundes- Länder- und Kommunalebene. Örtlich können Kommunen, die Bundesagentur, andere Institutionen weitere Sonderprogramme der Integration (Sprache, Beruf, Studium, Ausbildung etc.) auflegen.

Gute Sozialarbeit hat einen kompletten Überblick über dieses Feld.

208 Die Kinder haben ein Recht auf Schul-, Kitabesuch ggf. Schutzmaßnahmen gem. Regelungen des **Haager Kinderschutzübereinkommen** (KSÜ). Im Bereich Schule herrscht Schulpflicht.

4. Asylbewerberleistungsgesetz (AsylbLG)

Sozialleistungen erhält u.a. der Flüchtling gem. den Regelungen des **Asylbewerber-** 209
leistungsgesetzes (AsylbLG). Die Leistungen des AsylbLG sind gegenüber den normalen Sozialhilfeleistungen(SGB XII) um ca. 20% herabgesetzt. Der herabgesetzte
Betrag soll höchstens 15 Monate gezahlt werden. Der Flüchtling ist gem. § 47 Abs. 4
AsylbLG auf die Leistungen des AsylbLG hinzuweisen.

Generell erhält der Flüchtling Grundleistungen, die idR durch Sachleistungen gem. 210
§ 3 AsylbLG abgedeckt werden. Dazu gehört die Unterkunft, Heizung, Kleidung,
Ernährung, Gesundheitspflege, Gebrauchs- und Verbrauchsgüter und der notwendige
persönliche Bedarf. Kinder und Jugendliche erhalten gem. § 3 Abs. 3 AsylbLG auch
Leistungen zur Bildung und Teilhabe. Dazu zählen Barbeträge zur Deckung des allgemeinen Schulbedarfs, Klassenreisekosten, Schulausflugkosten, Schulessenkosten und
ggf. Nachhilfe. Nicht schulbezogene Leistungen sind Mitgliedsbeiträge für Sport-,
Kultur und andere Vereine und ggf. Kitakosten. Gem. § 4 AsylbLG erhält der Flücht-
ling Leistungen bei akuter Krankheit und Schmerzzuständen, Schwangerschaft und
Geburt. Sonstige Einzelfallleistungen werden auf Antrag gem. § 6 AsylbLG gewährt.
Umstritten und oft doch so wichtig ist die Versorgung der Flüchtlinge mit Thera-
piemaßnahmen. Neben dem Problem des hohen Bedarfes besteht auch ein hoher
Bedarf an Sprachmittlern. Die Bezahlung durch die Krankenkasse ist innerhalb der
Rspr. strittig.[40] Das Einkommen und Vermögen des Flüchtlings ist gem. § 7 AsylbLG
anzurechnen. Haben Dritte Garantieerklärungen gem. § 68 AufenthG abgegeben,
können die Sozialämter diese Dritten für die Kosten des Flüchtlings in Anspruch nehmen. Gem. § 5 sind dem Flüchtling Arbeitsgelegenheiten (**gemeinnützige zusätzliche
Arbeit, GZA**) zu ermöglichen. Er erhält dazu einen Stundenlohn von 80 Cent und
kann diesen Betrag zusätzlich zu seinen Leistungen behalten. Gem. § 5a AsylbLG hat
die Bundesregierung **zusätzliche Integrationsmaßnahmen** geschaffen (**FIM**), um für
Flüchtlinge Sonderarbeitsgelegenheit zu schaffen. Gem. § 5b AsylbLG können Leistungsberechtigte zum Besuch eines Integrationskurses verpflichtet werden.

Neben Flüchtlingen erhalten auch Geduldete, Personen im Flughafenverfahren, Fol-
geantragsteller etc. Leistungen nach dem AsylbLG.

Je nach aufenthaltsrechtlicher Situation und tatsächlichem Aufenthalt werden 211
bestimmte Leistungen gekürzt und der Bezug eingeschränkt. Dies gilt u.a. für Ausreisepflichtige und Geduldete, die ihre Aufenthalts- bzw. Mitwirkungspflicht schuldhaft
und vorwerfbar nicht erfüllen.

Ungekürzt erhalten Flüchtlinge ca. 219 € für den notwendigen Bedarf ohne Unter- 212
kunft und ca. 135 € für den notwendigen persönlichen Bedarf. Dieser Betrag wird
dann, wenn mehrere Personen zusammenleben, entsprechend gekürzt. Kinder erhalten entsprechend auch reduzierte Beträge.

---

40 Vgl. Ausführungen bei *Frings*, Asylarbeit, S. 251.

213 Zu prüfen ist jeweils im Einzelfall, ob die Gewährung der Leistung als unbare Leistung erfolgt bzw. ob die Kürzung im Einzelfall gerechtfertigt ist und der Rspr. des BVerfG zur Sicherung des Existenzminimums genügt.[41]

VIII. Asylrecht – nach dem Grundgesetz nach Art. 16a Abs. 1 und der Genfer Konvention (GFK)/Qualifikationsrichtlinie

214 Mit Inkrafttreten des GG der Bundesrepublik Deutschland 1949 ist das Recht für politisch Verfolgte auf **Asylanerkennung** im GG verankert worden. Früher war dies die Regelung des Art. 16 Abs. 2 Nr. 2 GG a.f. Seit 1993 ist nunmehr das Asylrecht durch die Neufassung gem. Art. 16a Abs. 1 bis 5 GG geregelt worden.[42] Die Einschränkungen beziehen sich vor allem auf die Definition **sicherer Drittstaaten**, der **Einschränkung der Rechtsweggarantie** und weiterer Rechte bei Flüchtlingen aus **sicheren Herkunftsstaaten** und der **möglichen EU-Zuständigkeit** für Anerkennungsverfahren. Dies bedeutet, dass Flüchtlinge, die über andere Staaten der Europäischen Gemeinschaft einreisen bzw. die durch sichere Drittstaaten reisen, ihres Asylrechts gem. Art. 16a Abs. 2 GG **präkludiert** sind. Deshalb ist die Zahl der Asylanerkennungen gem. Art. 16 a Abs. 1 GG sehr gering.

215 Daneben können die Flüchtlinge ihr Recht auf **Asyl nach der GFK** geltend machen. Die GFK enthält in Art. 1 Abschnitt A Nr. 2 eine eigene Definition des Flüchtlingsbegriffs. In Art. 33 Nr. 1 GFK wird Abschiebeschutz zugesichert. Danach darf von einem Staat: »*... ein Ausländer nicht in einen Staat abgeschoben werden, in dem sein Leben oder seine Freiheit wegen seiner Rasse, Religion, Staatsangehörigkeit, seiner Zugehörigkeit zu einer bestimmten sozialen Gruppe oder wegen seiner politischen Überzeugung bedroht ist*«.

216 Die deutschen Gesetze enthalten keine Feststellung der Flüchtlingseigenschaften nach Art. 1 Abschnitt A Nr. 2 GFK, sondern nur nach Art. 33 GFK, der i.Ü. mit § 60 Abs. 1 AufenthG übereinstimmt. Mit der **Qualifikationsrichtlinie (QRL)** hat die EU die Kriterien der Verfolgung (Art. 9) lt. GFK übernommen, um eine einheitliche Rechtsanwendung in allen 28 EU-Staaten zu gewährleisten. Dies ist nur bedingt gelungen. In den §§ 3, 4 AsylG sind die genauen Voraussetzungen der Asylgewährung beschrieben. Durch die Qualifikationsrichtlinie ist dem Schutz nach der GFK auch der subsidiäre Schutz gem. § 4 AsylG hinzugefügt worden. Lt. § 1 Abs. 1 Nr. 2 AsylG sind beide Schutzwirkungen im Begriff »**internationaler Schutz**« zusammengefasst worden.

217 Im Kern sind die Voraussetzungen des Flüchtlingsbegriffs und der Feststellung der politischen Verfolgung zwischen Art. 16a Abs. 1 GG und Art. 33 Abs. 1 GFK gleich. Das BVerfG hat dazu entschieden, dass einem Flüchtling eine Rückkehr in

---

41 BVerfG, Urt. v. 18.07.2012, 1 BvL 10/10.

42 Vgl. BVerfGE 94, S. 49, 103: Das Gericht hat die Grundrechtsänderung für verfassungsmäßig erklärt.

seinen Heimatstaat nicht zuzumuten ist, wenn er sich dort in »aussichtsloser Lage« befindet.[43]

Die **Feststellung der Flüchtlingseigenschaft** erfolgt zuerst durch das **Bundesamt für**   218 **Migration und Flüchtlinge (BAMF)** bzw. dann bei Rechtsmitteleinlegung durch die **Verwaltungsgerichte, Oberverwaltungsgerichte und das Bundesverwaltungsgericht**, sowie in letzter Instanz durch das **Bundesverfassungsgericht**. Auf EU-Ebene kommt der Rspr. des EuGH große Bedeutung zu. Ebenfalls ist die Rspr. des EGMR heranzuziehen.

Die Fallkonstellationen zur Feststellung der Flüchtlingseigenschaft sind sehr vielfäl-   219 tig und die Rechtsprechung ist immens umfangreich. Zudem muss der Vortrag des Flüchtlings glaubhaft und damit stimmig, schlüssig, substantiiert und in sich widerspruchsfrei sein.

Im Groben lässt sich die Feststellung der Flüchtlingseigenschaft am einfachsten durch   220 die Anwendung folgender **sieben Punkte** klären:
1. **Wer** ist der Verfolger?   221
2. **Wen** verfolgt der Verfolger?   222
3. **Was** stellt die Verfolgung dar?   223
4. **Wie** intensiv erfolgt die Verfolgung? (Schweregrad)   224
5. **Wann** hat die Verfolgung stattgefunden? (Wahrscheinlichkeit, Vor- und   225
   Nachfluchtgründe)
6. **Wo** hat die politische Verfolgung stattgefunden?   226
7. **Warum** verfolgt der Verfolger die Person, d.h. erfolgt dies aus politischen Motiven? 227

Außerdem darf kein Ausschlussgrund vorliegen.

Zu 1) In der Regel findet die **Verfolgung** durch den **Staat** statt. Dies kann auch durch   228 staatliche Behörden, Geheimdienst, Armee etc. erfolgen. Die Verfolgung von Flüchtlingen durch private Organisationen ist in der Regel nur dann asylrelevant, wenn sie dem Staat in irgendeiner Weise zurechenbar ist. Hierzu trifft § 3c AsylG genauere Festlegungen.[44]

Zu 2) Die Verfolgten können als **Einzelperson** verfolgt werden bzw. als **Gruppe** (vgl.   229 § 3b AsylG). Dies wird besonders deutlich bei Religionsgemeinschaften wie Yeziden in der Türkei oder Tamilen in Sri Lanka.[45]

Zu 3) Wenn es um die Frage geht, »**was**« hat der Verfolgte erlitten, muss ein **Ein-**   230 **griff** in die **Rechtsgüter des Verfolgten** gem. § 3a AsylG erfolgen. Insbesondere sind Leben, Leib und persönliche Freiheit geschützt. Aber auch die ungehinderte Religionsausübung gem. § 3b Abs. 1 Nr. 2 AsylG, sowie die berufliche und wirtschaftliche Betätigung werden gesichert. Zu den Verfolgungsgründen zählen auch die sexuelle

---

43 BVerfGE 83, S. 216, 230.
44 BVerfG, 2 BuR 260/98.
45 BVerwGE 96, S. 200, 206, 210.

Orientierung und das Geschlecht. Die Genitalverstümmelungen stellen hier den Hauptgrund der Zuerkennung von Verfolgung. Gem. § 3b Abs. 2 AsylG kommt es nicht darauf an, ob der Verfolgte tatsächlich die Verfolgungsmerkmale hat.

231 Zu 4) Bei der Auslegung des Begriffes »wie« hat die Verfolgung stattgefunden, wird insb. der **Schweregrad der Verfolgung** gem. § 3a Abs. 1 Nr. 1 AsylG, »schwerwiegende Verletzung der grundlegenden Menschenrechte« festgestellt. Nach der Rechtsprechung des BVerfG müssen die **Eingriffe ihrer Intensität und Schwere** nach die **Menschenwürde** des Flüchtlings verletzen, und sie müssen zudem über das hinausgehen, was die Bewohner des Verfolgerstaates aufgrund des dort **herrschenden Systems allgemein hinzunehmen** haben.[46] Dies bedeutet im Klartext, dass, wenn alle Bewohner eines Staates mit Verfolgung, d.h. z.B. Folter etc. zu rechnen haben, die Anerkennungschancen für Flüchtlinge besonders herabgesetzt werden.[47]

Zu 5) Bei der Prüfung des Merkmales »wann« geht es um die Feststellung des **Zeitpunktes** der **Verfolgung** bzw. deren Wahrscheinlichkeit, wenn keine Vorverfolgung stattgefunden hat.

232 Ist insoweit der Flüchtling bereits im Heimatstaat verfolgt (**Vorverfolgung**), muss mit an **Sicherheit grenzender Wahrscheinlichkeit** gem. Art. 4 Abs. 4 QRL ausgeschlossen sein, dass er erneut verfolgt wird.[48]

233 Ist der Flüchtling nicht verfolgt worden, muss zum Zeitpunkt der Entscheidung über den Asylantrag eine in die Zukunft gerichtete **Verfolgungsprognose** getroffen werden, d.h., die Verfolgung muss mit beachtlicher, d.h., **überwiegender Wahrscheinlichkeit** drohen.[49]

Zwischen **Flucht** und **Verfolgung** muss ein **kausaler Zusammenhang** bestehen.

234 Hat sich der Flüchtling vor seiner Flucht aus seinem Heimatstaat nicht politisch betätigt, sondern erst im Aufnahmestaat seiner exilpolitischen Betätigung Ausdruck gegeben, dann verlangt die Rechtsprechung des BVerwG für diese nunmehr bekundete politische Meinung eine hinreichende **plausible Begründung**,[50] ansonsten ist diese nach § 28 Abs. 1 AsylG in der Regel unbeachtlich. Man spricht hier von **gewillkürten Nachfluchttatbeständen.**

235 Zu 6) Zur Erläuterung des Begriffes »wo« spielt der **Ort der Verfolgung** die zentrale Rolle. Verfolgt der Staat unmittelbar direkt durch seine Organe, kommt es auf den Ort der Verfolgung nicht an, denn es wird davon ausgegangen, dass ein Staat in seinem gesamten Staatsgebiet den Flüchtling verfolgen wird. Allerdings wird bei jeder Verfolgung, sei sie staatlich oder privater Natur geprüft, ob für den jeweiligen Flüchtigen eine **inländische Fluchtalternative** gem. § 3e Abs. 1 AsylG existiert. Danach

---

46 BVerwGE 54, S. 341, 357.
47 BVerfGE 80, S. 315, 335.
48 BVerfGE 84, S. 565.
49 BVerwG DVBl. 86, S. 102 f.
50 BVerwG, NVwZ 94, S. 789 f.

liegt dann keine politische Verfolgung vor, wenn z.b. ein Kurde in der Osttürkei verfolgt wird, aber nicht an einem anderen Ort in der Türkei, z.B. in Izmir. Allerdings muss sich der Flüchtling diese inländische Fluchtalternative nur entgegenhalten lassen, wenn er auch in diesem anderen Landesteil über eine **Lebensgrundlage** verfügt.[51] Diese Frage wird im Moment besonders heftig für die Lage in Afghanistan diskutiert. Während die Bundesländer Abschiebungen nach Afghanistan durchführen, halten Flüchtlingsorganisationen dies für unverantwortlich.

Zu 7) Bei der Feststellung einer Flüchtlingseigenschaft wird geprüft,»warum« der   236
Verfolgerstaat in die Rechte des Verfolgten eingreift. Es muss also immer eine Verknüpfung der Verfolgungsgründe, Verfolgungshandlungen, Akteursfeststellung des Verfolgers, fehlende Schutzgewährung und fehlende Möglichkeit sich der Verfolgung zu entziehen, bestehen. Man prüft also die **möglichen Motive** des Verfolgers. Die Verfolgung eines Flüchtlings seitens des Staates oder privater Dritter ist nur dann **politisch**, wenn sie aufgrund der Merkmale **Rasse, Religion, Volkszugehörigkeit, Zugehörigkeit zu einer bestimmten gesellschaftlichen Gruppe oder politischer Überzeugung** erfolgt. D.h., die deutschen Gerichte haben die schwierige Aufgabe, aufgrund äußerer Verfolgungstatsachen auf innere Motive des Verfolgerstaates zu schließen. Anders ausgedrückt: Werden in einer Diktatur viele Staatsbürger aufgrund staatlicher Maßnahmen gefoltert oder repressiv behandelt, und trifft dies nun auch politische Oppositionelle, müssen diese darlegen, dass ihre Verfolgung aus politischen Motiven erfolgt. Dies kann im Einzelfall durchaus zu schwierigen Feststellungsmöglichkeiten führen.[52]

Diese Lücke schließt ggf. die Zuerkennung des **subsidiären Schutzes** gem. § 4 AsylG.   237
Dort wird Schutzgewährung zuerkannt, wenn der Flüchtling der Gefahr der Verhängung der Todesstrafe, einer unmenschlichen Behandlung oder Bestrafung oder einer ernsthaften Bedrohung infolge willkürlicher Gewalt im Rahmen eines internationalen bzw. innerstaatlichen bewaffneten Konflikts im Heimatstaat ausgesetzt ist. Der Unterschied zur GFK liegt in der fehlenden Verfolgung wegen eines asylrelevanten Merkmals. Gerade das Merkmal des bewaffneten Konflikts im Heimatstaat ist umstritten, weil es hier um die potentielle Möglichkeit der Tötungswahrscheinlichkeit geht (Verhältnis 1 zu 800).[53]

Der **Vortrag zu diesen Verfolgungstatbeständen** muss vom Flüchtling eben stimmig,   238
schlüssig, substantiert und widerspruchsfrei, also insgesamt glaubwürdig vorgetragen werden. Die Anhörung stellt die Schlüsselsituation in dem Anerkennungsverfahren dar.

Die Gesamtsituation (Flucht, Dolmetscher, Fehler des BAMF, etc.) verlangt von allen   239
Seiten hohe Fachlichkeit und Souveränität. Auch die potentielle Quelle von Missbrauch des Rechtes muss Berücksichtigung finden.

---

51 BVerwG 94, 1123/4.
52 BVerfGE 80, S. 315, 334 f.
53 BVerwG v. 17.11.2011 – 10 C 13.10.

240 Alle Flüchtlingsgründe gem. §§ 3, 4 AsylG stehen unter Vorbehalt, u.a.:
   – Zuständigkeit der UNWRA gem. § Abs. 3 AsylG,
   – Völkerrechtsverbrechen gem. § 3 Abs. 2 Nr. 1 AsylG,
   – schwere nichtpolitische Straftat gem. § 3 Abs. 2 Nr. 2 AsylG,
   – Handlungen im Widerspruch zu den Zielen und Grundsätzen der UN gem. § 3 Abs. 2 Nr. 3 AsylG,
   – Versagung des Flüchtlingsstatus wegen Bestrafung gem. § 3 Abs. 4 AsylG,
   – ähnliche Gründe sind gem. § 4 Abs. 2 AsylG im Falle der subsidiären Schutzgewährung ausschließend.

241 Der vierte Aspekt von Schutzgewährung im Falle von Verfolgung stellt die Feststellung von **Abschiebehindernissen** gem. § 60 Abs. 5 u. 7 AufenthG dar. In den Verfolgerstaat darf nicht abgeschoben werden, wenn Gründe gem. EMRK vorliegen oder wenn im Heimatstaat eine erhebliche konkrete Gefahr für Leib, Leben oder Freiheit besteht, die über die allgemeine Gefährdungssituation der Bevölkerung hinausgeht. Die Gründe des Abs. 5 greifen ein, wenn subsidiärer Schutz gem. § 4 Abs. 1 AsylG ausgeschlossen ist. Die Hauptgründe des Abs. 7 sind lebensbedrohliche Krankheiten, die im Heimatstaat nicht adäquat behandelt werden können. Die Gesetzesänderung aus dem März 2016 hat die Anwendung restriktiver gestaltet. Insbesondere an die Ausstellung von Attesten gem. § 60a Abs. 2c Satz 2 AufenthG werden besondere Anforderungen gestellt.

IX. Leistungsansprüche aus dem Ausländer- und Asylbereich

Schaubild 9:

242 Tabellarische Übersicht über Leistungsansprüche

Aufenthaltsstatus	Grundsicherung Folgen bei Leistungsbezug	Ausbildungsbeihilfen BAföG/BAB/ MeisterBAföG	Familienleistungen
Anlaufbescheinigung	»Überlebens«- Sachleistungen	Nein	Nein
Ankunftsnachweis/ BüMA	AsylbLG	Nein	Nein*
Aufenthaltsgestattung	AsylbLG Analogleistungen ab dem 16. Monat nach Asylgesuch	Nein	Nein*
Duldung	AsylbLG Analogleistungen ab dem 16. Monat nach der ersten Aufenthaltsregistrierung – kein Übergang in Missbrauchsfällen!	Ab dem 16. Monat nach der ersten Aufenthaltsregistrierung	Nein*
Humanitäre Aufenthaltserlaubnis			

Aufenthaltsstatus	Grundsicherung Folgen bei Leistungsbezug	Ausbildungsbeihilfen BAföG/BAB/ MeisterBAföG	Familienleistungen
§ 22 AufenthG Aufnahme durch Einzelfallentscheidung	SGB II Unschädlich	Ja	Ja
§ 23 Abs. 1 AufenthG Altfallregelung	SGB II Kann Verlängerung beeinflussen	Ja	Ja
§ 23 Abs. 2 AufenthG Aufnahme durch Gruppenentscheidungen (Jüdinnen aus Ex-Sowjetunion, Iraker)	SGB II Unschädlich	Ja	Ja
§ 23 Abs. 4 AufenthG Resettlement-Flüchtlinge	SGB II Unschädlich, eventuell Wohnsitzauflage	Ja	Ja
§ 23a AufenthG Entscheidung der Härtefallkommission	SGB II Kann Verlängerung beeinflussen	Ja	Nach drei Jahren Aufenthalt. Die Beschränkung auf Erwerbstätige verstößt gegen die Verfassung und ist nichtig
§ 25 Abs. 1 oder Abs. 2 AufenthG Anerkannte Flüchtlinge	SGB II Unschädlich, eventuell Wohnsitzauflage	Ja	Ja
§ 25 Abs. 3 AufenthG Zielstaatsbezogene Abschiebehindernisse	SGB II Unschädlich, Wohnsitzauflage	Ab dem 16. Monat nach der ersten Aufenthaltsregistrierung – unvereinbar mit Art. 27, 23 QRL	Nach drei Jahren Aufenthalt. Möglicherweise Verstoß gegen Art. 29 Abs. 2 QRL. Die Beschränkung auf Erwerbstätige verstößt gegen die Verfassung und ist nichtig

Aufenthaltsstatus	Grundsicherung Folgen bei Leistungsbezug	Ausbildungsbeihilfen BAföG/BAB/ MeisterBAföG	Familienleistungen
§ 25 Abs. 4 Satz 1 AufenthG Vorübergehender Aufenthalt	AsylbLG Wohnsitzauflage	Fünf Jahre eigene Erwerbstätigkeit oder drei Jahre Erwerbstätigkeit eines Elternteils innerhalb der letzten sechs Jahre	Nach drei Jahren Aufenthalt. Die Beschränkung auf Erwerbstätige verstößt gegen die Verfassung und ist nichtig
§ 25 Abs. 4 Satz 2 AufenthG Aufenthaltsverlängerung in Härtefällen	SGB II Kann in bestimmten Fällen die Verlängerung beeinflussen Wohnsitzauflage	Ab dem 16. Monat nach der ersten Aufenthaltsregistrierung	Nach drei Jahren Aufenthalt. Die Beschränkung auf Erwerbstätige verstößt gegen die Verfassung und ist nichtig
§ 25 Abs. 4a AufenthG Opferzeugin in einem Strafverfahren wegen Menschenhandels	SGB II Kann in bestimmten Fällen die Verlängerung beeinflussen, Wohnsitzauflage	Fünf Jahre eigene Erwerbstätigkeit oder drei Jahre Erwerbstätigkeit eines Elternteils innerhalb der letzten sechs Jahre	Nach drei Jahren Aufenthalt. Die Beschränkung auf Erwerbstätige verstößt gegen die Verfassung und ist nichtig
§ 25 Abs. 4b AufenthG Straf- und Zivilverfahren wegen Arbeitsausbeutung	SGB II Wohnsitzauflage	Fünf Jahre eigene Erwerbstätigkeit oder drei Jahre Erwerbstätigkeit eines Elternteils innerhalb der letzten sechs Jahre	Nach drei Jahren Aufenthalt. Die Beschränkung auf Erwerbstätige verstößt gegen die Verfassung und ist nichtig
§ 25 Abs. 5 AufenthG Inlandsbezogenes Abschiebehindernis	AsylbLG Analogleistungen ab dem 16. Monat nach der ersten Aufenthaltsregistrierung. SGB II ab dem 19. Monat. Wohnsitzauflage	Ab dem 16. Monat nach der ersten Aufenthaltsregistrierung	Nach drei Jahren Aufenthalt. Die Beschränkung auf Erwerbstätige verstößt gegen die Verfassung und ist nichtig
§ 25a AufenthG Aufenthaltserlaubnis für integrierte Jugendliche	SGB II Unschädlich, solange in Ausbildung	Ja	Ja
§ 25b AufenthG Stichtagsunabhängiges Bleiberecht	SGB II In der Regel schädlich, wenn nicht mind. 50 % des Bedarfs durch Erwerbstätigkeit gesichert sind	Ja	Ja

Aufenthaltsstatus	Grundsicherung Folgen bei Leistungsbezug	Ausbildungsbeihilfen BAföG/BAB/ MeisterBAföG	Familienleistungen
Aufenthaltserlaubnis zum Familiennachzug			
§ 28 AufenthG Zu Deutschen	SGB II Unschädlich, steht aber der Erteilung einer Niederlassungserlaubnis entgegen	Ja	Ja
§§ 30, 32 AufenthG Zu Ausländern mit Niederlassungserlaubnis	SGB II Entscheidung über Verlängerung nach Ermessen	Ja	
§§ 30, 32 AufenthG Zu Ausländern mit Studentenaufenthalt, Arbeitsaufenthalt, Forschungsaufenthalt	SGB II Führt zu Verlust des Aufenthaltsrechts	Ab dem 16. Monat nach der ersten Aufenthaltsregistrierung	Ja
§§ 30, 32 AufenthG Zu Ausländern mit humanitärem Aufenthalt nach § 25 Abs. 1 oder Abs. 2 AufenthG	SGB II Steht einer Verlängerung nicht entgegen	Laut Wortlaut ab dem 16. Monat – unvereinbar mit Art. 27, 23 QRL	Ja
§ 30, 32 AufenthG Zu Ausländern mit humanitärem Aufenthalt nach §§ 22, 23 Abs. 1 oder 25 Abs. 3 AufenthG	SGB II In den meisten Fällen ist eine Aufenthaltsbeendigung aus humanitären Gründen ausgeschlossen	Ab dem 16. Monat nach der ersten Aufenthaltsregistrierung	Ja
§ 30, 32 AufenthG Zu Ausländern mit Aufenthaltserlaubnis zum Zweck des Familiennachzugs	SGB II Entscheidung über Verlängerung nach Ermessen	Ab dem 16. Monat nach der ersten Aufenthaltsregistrierung	Ja
Aufenthaltserlaubnis zur Ausbildung/ Arbeit			
§§ 16,17 AufenthG Studenten und Auszubildende	Nein, bei Schwangerschaft und Geburt eventuell, nur in Absprache mit der Ausländerbehörde	Nein	Nein*

Aufenthaltsstatus	Grundsicherung Folgen bei Leistungsbezug	Ausbildungsbeihilfen BAföG/BAB/ MeisterBAföG	Familienleistungen
§§ 18,18a, 19a AufenthG Arbeitsaufenthalt für Beschäftigte	SGB II Führt zur Aufenthaltsbeendigung	Fünf Jahre eigene Erwerbstätigkeit oder drei Jahre Erwerbstätigkeit eines Elternteils innerhalb der letzten sechs Jahre	Ja
§ 21 AufenthG Arbeitsaufenthalt für Selbständige	SGB II Führt zu Aufenthaltsbeendigung	Fünf Jahre eigene Erwerbstätigkeit oder drei Jahre Erwerbstätigkeit eines Elternteils innerhalb der letzten sechs Jahre	Ja
Ausnahme: § 18 AufenthG, wenn von Beginn an feststeht, dass die Beschäftigung zeitlich befristet ist (Saisonarbeiter, Entsandte etc.)	SGB II Führt zur Aufenthaltsbeendigung	Nein	Nein*
§ 20 AufenthG Forschungsaufenthalt	Nein, Verweis auf die Garantieerklärung der Forschungsorganisation	Nein	Ja
Daueraufenthalt			
§§ 9, 9a AufenthG Niederlassungserlaubnis/ Daueraufenthalt-EG	SGB II Unschädlich	Ja	Ja

aus: *Frings/Domke*, Asylarbeit, S. 505 ff.

D. Staatsbürgerschaft

243 In der Bundesrepublik leben ca. 8,3 Mio. Ausländer. Nach der Definition sind gem. Art. 116 GG diejenigen Ausländer, die nicht die deutsche Staatsangehörigkeit besitzen oder auch nicht als Flüchtling oder Vertriebener deutscher Volkszugehörigkeit Aufnahme gefunden haben.

Ein Ausländer kann demnach die deutsche Staatsbürgerschaft aufgrund zweier Tatbestände erwerben: Er kann sich zum einen nach dem StAG **einbürgern** lassen oder per Geburt erwerben.

Hierfür normiert das Gesetz in § 8 StAG besondere Umstände, z.B. die Dauer des Aufenthalts, i.d.R. acht Jahre, berufliche, persönliche und wirtschaftliche Integration.

Umstritten sind im Moment die Sprachkenntnisse des jeweilig Einzubürgernden **244**
und das Maß der geforderten Integrationsbemühungen bzw. die Möglichkeiten, dies
gerichtsfest festzustellen. Aus dem AufenthG sind die Einbürgerungsvorschriften, die
früher im AuslG 90 enthalten waren, entfernt und in das StAG überführt worden.

Das Prinzip, dass deutsche Eltern deutsche Kinder gebären und türkische Eltern unab- **245**
hängig vom Aufenthaltsstaat türkische Kinder, folgt dem **Abstammungsprinzip** »**ius
sanguinis**«. Das Prinzip »**ius soli**«, wonach die **Territorialität**, also der Ort der Geburt,
entscheidend ist, gab es bisher in Deutschland nicht.

Die Rot-Grüne Regierung hat Elemente des »ius soli« eingeführt. Nunmehr ist gem. **246**
§ 4 StAG auch ein zusätzlicher Erwerb der deutschen Staatsbürgerschaft **durch Geburt**
in Deutschland bei Ausländern möglich. Dies setzt voraus, dass ein Elternteil **seinen
gewöhnlichen Aufenthalt** in der Bundesrepublik Deutschland hat und sich **hier** in der
Regel **acht Jahre lang integriert** aufhält.[54] Ursprünglich sollte sich der Eingebürgerte
dann mit 23 Jahren entscheiden, welche Staatsbürgerschaft er behalten will. Entscheidet er sich nicht, wird ggf. die deutsche Staatsbürgerschaft gem. § 29 StAG entzogen.
Es besteht die Möglichkeit einer »Beibehaltungsgenehmigung«.

Ein **Vergleich des Ausländeranteils** zwischen verschiedenen Staaten muss diese beiden **247**
Prinzipien stets berücksichtigen. Wird in den USA ein Kind geboren, hat es automa-
tisch eine amerikanische Staatsangehörigkeit. Diesem »ius soli-Prinzip« folgt u.a. auch
Großbritannien.

In der Bundesrepublik haben türkische Eltern, die seit mehr als 30 Jahren in der **248**
Bundesrepublik Deutschland leben, bisher immer noch ein Ausländerkind geboren.
Insoweit hat die **Ausländeranteilstatistik** die mögliche soziale, wirtschaftliche und
kulturelle Integration nicht widergespiegelt. Durch die Einführung des »ius soli-Prin-
zips« hat die Bundesrepublik Deutschland diesem Nachteil Rechnung getragen.

Haben Eltern unterschiedliche Staatsangehörigkeit, erhält das Kind i.d.R. eine doppelte Staatsangehörigkeit.

Nicht eingebürgert werden Personen, die wegen gravierender Straftaten verurteilt **249**
wurden bzw. die man terroristischer Umtriebe verdächtigt (vgl. § 10 StAG). Will
ein Ausländer die deutsche Staatsangehörigkeit annehmen, muss er seine ausländische Staatsbürgerschaft aufgeben. Dies hat in der Vergangenheit z.B. zu Irritationen
zwischen der Bundesrepublik und der Türkei geführt, da einige türkische Staatsangehörige, die sich in der Bundesrepublik Deutschland haben einbürgern lassen,
dennoch ihre türkische Staatsangehörigkeit erneut angenommen haben (vgl. § 38
AufenthG).

---

54 Vgl. *Thränhardt*, Integration und Staatsangehörigkeitsrecht in Bade/Münz, Migrationsre-
    port 2000, S. 141 ff.

E. Interkulturelle Kompetenz, interkulturelles Lernen bzw. interkulturelle Kommunikation

250 Diese Begriffe bzw. Konzepte unterscheiden sich hinsichtlich ihrer Entstehungs- und Anwendungskontexte und werden seit mehreren Jahren in der Wissenschaft und Politik betreffend Ausländer und ihrem Aufenthalt in der Bundesrepublik Deutschland problematisiert und diskutiert. Ursprünglich ging es darum, Beratungsstellen und Beratungsinstitutionen, deren Mitarbeiter ausschließlich Deutsche waren, **für ausländische Berater** zu öffnen. Man ging davon aus, dass ausländische Flüchtlings- und MigrationsberaterInnen aufgrund ihrer Sprache, ihres Wissens, ihrer Empathie und der gleichen Sitten, Gebräuche und Religionszugehörigkeit den Beratungsprozess effektiver gestalten könnten. Hierbei spielt auch eine Rolle, dass es zwischen Ratsuchenden und deutschen Beratern möglicherweise Hemmschwellen gegeben hat.

251 Im Zuge der **Integrationsdiskussion** ist dieser ursprüngliche restriktive Ansatz fallengelassen und um das Konzept der interkulturellen Öffnung erweitert worden. Es ging nun nicht mehr darum,»Ausländer/innen« bei ihren als spezifisch erachteten Problemlagen punktuell und auf einer individuellen Ebene Hilfestellungen zu geben, sondern die gesellschaftlichen Instanzen in ihrer Struktur an die Herausforderungen, die eine zunehmend pluralisierte und globalisierte Gesellschaft an ihre Institutionen stellt, anzupassen. Hinter dieser Entwicklung steht eine Abkehr vom defizitorientierten Ansatz der 70er Jahre, in denen die große Aufgabe darin gesehen wurde, die mit der Einwanderung zusammenhängenden Probleme zu beseitigen, hin zu der wachsenden Überzeugung, dass Pluralität und Vielfalt eine gesamtgesellschaftliche Aufgabe darstellen: Ein Staat und seine Institutionen wie die gesellschaftlichen Gruppen haben sich gegenüber Menschen mit verschiedenen Staatsangehörigkeiten, die sich aus verschiedensten Gründen in der Bundesrepublik aufhalten, tolerant und offen zu zeigen, damit ein friedliches Zusammenleben möglich sei und die verschiedenen Gruppen optimal zusammen wirken könnten. Dies ist ein Gebot der Menschenrechte, der Menschlichkeit aber auch der Wirtschaftlichkeit.

252 **Interkulturelles Lernen** wird sehr unterschiedlich definiert und unterliegt begriffshistorisch einem ähnlichen Wandel. Eine grundlegende Definition ist die von Breitenbach: »*Interkulturelles Lernen ist eine Form des sozialen Lernens, das durch die Erfahrungen kultureller Unterschiede und in Form kultureller Vergleiche sowohl zu einer genauen Analyse und Relativierung der eigenen kulturellen Normen und Sozialsysteme als auch zum Abbau kultureller (nationaler) Vorurteile führt, wenn es zu Metakommunikation über kulturelle Normen und Unterschiede kommt*« (1979, 40).[55] Hinter dieser Prämisse der»kulturellen Unterschiede« steht das sich in den 80er Jahren durchsetzende Konzept des Multikulturalismus. Kulturelle Vielfalt wurde fortan als positiv bewertet und Einwanderung als Bereicherung gesehen. In dem wohlmeinenden Sinne, ethnische Gruppen und ihre Kulturen anzuerkennen, wurden Menschen mit

---

55 *Diether Breitenbach* (Hrsg): Kommunikationsbarrieren in der Internationalen Jugendarbeit. Ergebnisse und Empfehlungen. Bd. 5, Saarbrücken, 1979.

Migrationshintergrund damit jedoch auf ihre Herkunft und Kultur reduziert und damit in den Worten des Migrationsforschers *Mark Terkessidis »überhaupt erst zu Fremden gemacht« (Terkessidis* 2010: 88). Einer der wichtigsten Vertreter aktueller Entwicklungen der interkulturellen Pädagogik bringt diese Kritik auf den Punkt: *»Die Fixierung auf Interkulturalität in Konzepten der Pädagogik und Sozialarbeit birgt die Gefahr mit sich, dass die strukturelle Dimension aus dem Blick gerät und eine soziale Benachteiligung in Termini der Kulturdifferenz interpretiert wird«* (Hamburger 2001: 1221). Der Bildungsforscher plädiert dafür, diese oftmals in Settings interkulturellen Lernens inhärente Praxis der *»identifizierenden Entindividualisierung«* abzulegen und folgenden profan anmutenden Grundsatz umzusetzen: *»Auch das Kind mit Migrationshintergrund ist nichts anderes, als ein Individuum. Über seine Zugehörigkeiten, die ihm auferlegt sind, entscheidet es selbst, insbesondere darüber, was sie ihm bedeuten. Solange dies nicht respektiert wird, ist keine Interaktion unter gleichberechtigten Personen, erst recht kein pädagogisches Verhältnis möglich«* (Hamburger 2009: 177).

Interkulturelles Lernen in seiner ursprünglichen Denkweise baut auf **interkultureller** 253 **Kommunikation** auf. Damit ist jede Kommunikation von Personen aus unterschiedlichen Kulturen gemeint. Das Konzept der interkulturellen Kommunikation findet seinen Ursprung in der zunehmenden globalen Vernetzung großer Unternehmen und damit im internationalen Management.[56]

Die Grundannahme dieses Konzepts ist, dass das Wissen über landestypische Gepflo- 254 genheiten und Sensibilitäten *»interkulturelle Konfliktsituationen«*, die aus Missverständnissen zwischen Personen aus unterschiedlichen Kulturen resultieren würden, verhindern könne und damit auch die damit verbundenen negativen Auswirkungen auf Geschäftsabschlüsse etc. Interkulturelle Kommunikation wird demnach als Kompetenz gefördert, mit dem Ziel, firmeninterne und -externe Prozesse effektiver zu gestalten.

Hinter dieser Managementstrategie steht die Erkenntnis, dass interkulturelle Kommu- 255 nikation dann problematisch ist, wenn der eine Kommunikationspartner durch seine Zugehörigkeit zu einer Mehrheitsgruppe diese Kommunikation bestimmt, nach seinen kulturellen Codes interpretiert und damit die **Deutungshoheit** besitzt und auch durchsetzt. Dadurch entsteht eine asymmetrische Gesprächssituation, in der viele Informationen und Botschaften verloren gehen. Dieser Verlust wird damit erklärt, dass Kommunikationspartner unterschiedliche Wertvorstellungen und unterschiedliches Hintergrundwissen, andere Formen von Sprache und nonverbaler Kommunikation haben, die sozialen Regeln der Kommunikation unterschiedlich sind. Wird

---

56 Als Pioniere der interkulturellen Kommunikationsforschung gelten *Geert Hofstede* and *Edward T. Hall,* die mit ihren Veröffentlichungen »Beyond Culture« (Hall 1969) und »Culture's consequences« (Hofstede 1980) den Grundstein zur Beschreibung kultureller Besonderheiten legten. Beide ermitteln mit ihren »Kulturdimensionen« Kategorien, mit Hilfe derer kulturelle Kontexte auf einer zwischen den Polen »high-context-culture« und »low-context-culture« bzw. »monochronistisch« und »polychronistisch« aufgespannten Skala einsortieren lassen.

keine Verständigung über diese unterschiedlichen Regeln der Kommunikation hergestellt, kann das zu Missverständnissen führen, die dann wiederum Konflikte nach sich ziehen können. »*Probleme der interkulturellen Verständigung entstehen demnach nicht allein durch die Konfrontation mit Unbekanntem, sondern durch die Einordnung, Interpretation und Bewertung des Fremden nach den eigenkulturellen Erwartungsstrukturen*«.[57] Es überrascht nicht, dass das auch hier vorherrschende Paradigma des »Fremden« aus Sicht der aktuellen Migrationsforschung hinterfragt wird. So stellt *Erol Yildiz* (Universität Klagenfurt) einerseits ein »*Sortierungsbedürfnis*« fest und andererseits die »*hohe [ ] Plausibilität und Erklärungskraft*« dessen, was er als »*ethnisch codierte[s] Rezeptwissen*« (*Yildiz* 2010: 12) polemisiert.

256   **Interkulturelle Öffnung** von Institutionen bedeutet, die Grundsätze der interkulturellen Kommunikation auch auf Institutionen anzuwenden. Interkulturelle Öffnung zielt laut *Hinz-Rommel* vor allem auf die Herstellung bzw. Gewährleistung von Rechtssicherheit, sozialer Gerechtigkeit und sozialem Ausgleich für die gesamte Bevölkerung – unabhängig von ihrer kulturellen Herkunft und Prägung.[58] Dafür muss die Institution nicht nur ein interkulturelles Leitbild erstellen und verfolgen, sondern selbst **interkulturelle Kompetenz** erwerben insofern, als dass nicht nur die Mitarbeiter in interkultureller Kompetenz geschult werden, sondern auch institutionelle Prozesse nach den Grundsätzen kultureller Gleichheit gestaltet werden. In diesem Sinne ist auch das Programm »Interkultur« des bereits zitierten Migrationsforschers *Mark Terkessidis* zu verstehen: Der Autor plädiert dafür, dass Institutionen und Politiken sich hinsichtlich der in der Gesellschaft vorherrschenden Heterogenität (*diversity*) umgestalten und zwar in dem Sinne, dass »alle BürgerInnen [die Möglichkeit haben], Institutionen zu nutzen, weiter zu entwickeln und Gesellschaft mit zu gestalten«. Es geht hier also um Partizipation, Chancengleichheit und die »*prinzipielle Wertschätzung von Unterschiedlichkeit*« (*Terkessidis* 2010: 139).

257   Die aktuelle Migrationsforschung zeichnet sich besonders, wie deutlich wurde, durch ihre Kritik an tradierten Annahmen aus. Viel zitierte Namen sind hier im Bereich Pädagogik u.a. *Paul Mecheril* und *Franz Hamburger*. Als Vertreter für das Prinzip der »*radikalen interkulturellen Öffnung*« gilt u.a. der bereits zitierte Migrationsforscher *Mark Terkessidis*. Zu erwähnen sei an dieser Stelle noch das erst im Entstehen befindliche Forschungs- und Praxisfeld »*Transkultur*«, das wiederum als Weiterentwicklung des interkulturellen Paradigmas gilt. Dieses Konzept geht auf *Wolfgang Welsch* zurück und verdankt seine Umsetzung für die Soziale Arbeit z.B. der Professorin *Lilo Schmitz*, die darin eine »*neue Betrachtungsweise von Mensch und Kultur*«, nämliche jenseits der Einteilung in »Fremde« und »Einheimische«, sieht.

---

57   Bundeszentrale für Politische Bildung, Interkulturelles Lernen, Bonn 2000, S. 32.
58   *Hinz-Rommel*, interkulturelle Kompetenz: ein neues Anforderungsprofil für die Soziale Arbeit, 1994, S. 113.

Teil 4: Soziale Leistungen: Träger und Erbringer

Kapitel 17 Träger öffentlicher Verwaltung und öffentlich-rechtliche Verwaltungstätigkeit sowie das sozialrechtliche Dreiecksverhältnis

Literatur

Papenheim/Baltes/Dern/Palsherm, Verwaltungsrecht für die soziale Praxis, 25. Aufl., Frankfurt 2015; *Patjens/Patjens*, Sozialverwaltungsrecht für die Soziale Arbeit, 1. Aufl., Baden-Baden 2016; *Reinhardt*, Grundkurs Sozialverwaltungsrecht für die Soziale Arbeit, München, Basel, 2014; *Sommer*, Lehrbuch Sozialverwaltungsrecht: Grundlagen der Sozialverwaltung, des Verwaltungshandelns und des Rechtsschutzsystems, 2. Aufl., Weinheim 2015.

A. Einführung

Sozialleistungen dürfen nur auf gesetzlicher Grundlage erbracht werden (§ 31 SGB I). **1** Die Erbringung von Sozialleistungen stellt damit immer auch den Vollzug von Sozialgesetzen dar. Der Gesetzesvollzug, mit anderen Worten die Verwaltung gehört zu den staatlichen Funktionen nach dem Grundgesetz (Art. 20 Abs. 3 GG). Deshalb ist es für die in der sozialen Arbeit Tätigen notwendig, Akteure und Regeln beim Vollzug von Gesetzen zu kennen. Darüber hinaus gilt es, die Rolle nicht-staatlicher Akteure (der Krankenkassen, Pflegeheime, Sozialstationen, Kindergärten, Drogenberatungsstellen usw. usf.) zu verstehen und rechtlich einordnen zu können.

B. Der Verwaltungsaufbau in der Bundesrepublik[1]

Nach Art. 20 GG ist die Bundesrepublik ein Bundesstaat. Das bedeutet einerseits, **2** dass die (Bundes)Länder zusammen einen Bundesstaat, nämlich die Bundesrepublik Deutschland bilden, dass sie andererseits aber auch selbst Staatsqualität haben. Die Bundesländer führen nach Art. 83 GG die Bundesgesetze als eigene Angelegenheiten aus, soweit das Grundgesetz nicht ausdrücklich etwas anderes bestimmt oder zulässt. Die meisten Bundesgesetze werden deshalb von den Ländern als eigene Angelegenheiten ausgeführt. Die Kommunen (Landkreise und kreisfreie Städte) haben keine Staatsqualität, sondern sind Teile der Bundesländer. Sie und andere Träger werden allerdings oft in den Vollzug von Gesetzen mit einbezogen. Die nachfolgende Darstellung unterscheidet zwischen unmittelbarer und mittelbarer Staatsverwaltung. Diese Unterscheidung ist nicht von Gesetzes wegen vorgegeben, hat sich aber in der verwaltungsrechtlichen Literatur als Ordnungsgesichtspunkt etabliert.

I. Die unmittelbare Staatsverwaltung

Bei der unmittelbaren Staatsverwaltung wird die Verwaltungstätigkeit von eigenen **3** Bundes- oder Landesbehörden, also eigenen Organen des Staates wahrgenommen.

---

1 Vgl. hierzu *Patjens/Patjens*, Sozialverwaltungsrecht, S. 29 ff; *Papenheim/Baltes/Dern/Palsherm*, Verwaltungsrecht, S. 37 ff.

Bundes- und Landesverwaltung sind aufgrund gesetzlicher Vorgaben oder aus Zweck-mäßigkeitsgesichtspunkten vertikal (von oben nach unten) gegliedert. Dabei kommen ein dreistufiger – Zentralbehörde, Mittelbehörde und Unterbehörde – oder ein zweistu-figer Aufbau – Zentralbehörde und Unterbehörde – vor. Der jeweils höheren Behörde kommt die **Dienstaufsicht** zu. Diese beinhaltet die **Aufsichts- und Weisungsbefugnis** gegenüber der nachgeordneten Behörde und erstreckt sich sowohl auf die fachliche Seite wie auf die Art und Weise der Erledigung der Dienstgeschäfte. Diese Dienstauf-sicht kommt auch dem Vorgesetzten gegenüber den ihm unterstellten Beamten und sonstigen Mitarbeitern des öffentlichen Dienstes innerhalb eines Behördenbereiches zu.

4 Unter den **obersten Bundesbehörden** sind die Bundesministerien zu verstehen. Sie sind räumlich für das gesamte Gebiet der Bundesrepublik und sachlich für ein bestimmtes Ressort – z.b. Arbeit und Soziales – zuständig. Ihnen nachgeordnet, also der obersten Bundesbehörde – mit Dienst- und Fachaufsicht – unterstehend sind die oberen Bundesbehörden, die räumlich auch für die ganze Bundesrepublik zuständig sind und einen bestimmten Aufgabenbereich haben. Als Beispiele aus einer Fülle sol-cher Behörden seien genannt: das Bundeskriminalamt, das Bundesamt für Statistik und das Bundesverwaltungsamt. Letzteres ist u.a. zuständig für den Darlehenseinzug nach dem BAföG (§ 39 Abs. 2 BAföG). Die oberen Bundesbehörden sind nicht weiter unter-gliedert, haben also keinen Verwaltungsunterbau. Anders verhält es sich bei den Bundesmittelbehörden wie den Oberfinanzdirektionen, den Wehrbereichsverwaltun-gen oder den Wasser- und Schifffahrtsdirektionen. Diesen nachgeordnet sind etwa die Hauptzollämter, die Kreiswehrersatzämter oder die Wasser- und Schifffahrtsämter als untere Bundesbehörden.

Schaubild 1:

Aufbau der Bundesverwaltung

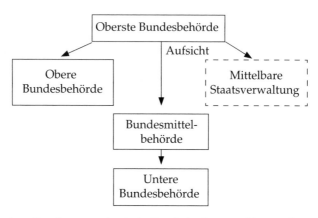

5 Da die meisten Bundesgesetze durch die Bundesländer ausgeführt werden – entweder als eigene Angelegenheit oder im Auftrag des Bundes – muss auch ein Blick auf die

Landesverwaltung geworfen werden. Da – soweit keine bundesrechtlichen Vorgaben existieren – der Aufbau der Landesverwaltung Sache der Länder und deshalb unterschiedlich ist, kann das nur schematisch und vereinfachend in Anlehnung an den Aufbau der Bundesverwaltung geschehen:

Schaubild 2:

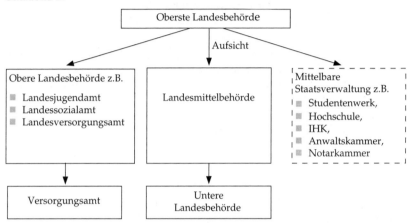

Unter den obersten Landesbehörden versteht man die Landesregierungen bzw. die **6** Ministerien der Bundesländer. Ihnen nachgeordnet sind die oberen Landesbehörden, von denen die für den sozialen Bereich wichtigen in die Übersicht aufgenommen wurden. Hier besteht die Tendenz, diese Behörden unter einem Dach zusammenzufassen etwa als »*Landesamt für zentrale soziale Aufgaben*«. Wie auf der Bundesebene sind die oberen Landesbehörden nicht weiter untergliedert bis auf eine Ausnahme: die Versorgungsverwaltung. Hier existieren als untere Landesbehörden die Versorgungsämter.

Ob die unmittelbare Landesverwaltung i.Ü. einen dreistufigen oder einen zweistu- **7** figen Aufbau aufweist, hängt vom jeweiligen Bundesland ab. Bei einem dreistufigen Aufbau ist das Land in Regierungsbezirke unterteilt, für die als allgemeine Mittelbehörde der Regierungspräsident fungiert. Von den vormaligen neuen Bundesländern haben nur Sachsen und Sachsen-Anhalt den dreistufigen Aufbau übernommen, im alten Bundesgebiet waren alle Länder bis auf das Saarland und Schleswig-Holstein dreistufig organisiert, während Niedersachsen vor einiger Zeit die Regierungsbezirke abgeschafft hat und zum zweistufigen Aufbau übergegangen ist. Beispiele für Landesmittelbehörden sind bspw. die Regierungspräsidien oder die Generalstaatsanwaltschaften. Untere Landesbehörden sind bspw. Schulämter oder die Staatsanwaltschaften bei den Landgerichten.

II. Die mittelbare Staatsverwaltung

Bestimmte öffentliche Aufgaben sind aus dem Bereich der unmittelbaren Staatsver- **8** waltung, d.h. aus des dem Gesetzesvollzug durch Bund oder Länder ausgegliedert und auf gesetzlicher Grundlage eigenen, rechtlich selbständigen Verwaltungsträgern – den Anstalten, Stiftungen oder Körperschaften des öffentlichen Rechts – übertragen. Dieser Bereich wird als **mittelbare Staatsverwaltung** bezeichnet.

▶ Beispiel:

9   Träger der gesetzlichen Krankenversicherung sind die in der Rechtsform der Körperschaft des öffentlichen Rechts organisierten Krankenkassen.[2]

10   Die Verwaltungsträger, die i.R.d. mittelbaren Staatsverwaltung öffentliche Aufgaben wahrnehmen, stehen (einschließlich der kommunalen Gebietskörperschaften) unter der Aufsicht des Staates. Diese Aufsicht erstreckt sich, soweit den juristischen Personen das Recht der Selbstverwaltung zusteht, auf die **Rechtsaufsicht** und bezieht sich damit nur auf die Überprüfung der Rechtmäßigkeit des Handelns. Soweit von ihnen Auftragsangelegenheiten wahrgenommen werden, beinhaltet die Aufsicht auch die **Fachaufsicht** und erstreckt sich damit auch auf die Art und Weise der Aufgabenwahrnehmung (z.B. auch die Ermessensausübung) einschließlich des Rechts, im Einzelfall Weisungen zu erteilen.

III. Städte und Landkreise

11   Eine besondere Stellung nehmen die **kommunalen Gebietskörperschaften**, namentlich die Städte und Landkreise ein, weshalb ihre Zuordnung zur unmittelbaren bzw. mittelbaren Staatsverwaltung streitig ist. Ihnen wird durch Art. 28 Abs. 2 GG das Recht gewährleistet, alle Angelegenheiten der örtlichen Gemeinschaft i.R.d. Gesetze in eigener Verantwortung zu regeln. In diesem Bereich der **Selbstverwaltungsangelegenheiten** handeln die Gemeinden selbständig neben dem Staat. Zu diesen Selbstverwaltungsangelegenheiten zählen auch die vom Bundesgesetzgeber übertragenen, aber als eigene Aufgaben wahrzunehmenden Angelegenheiten der Kinder- und Jugendhilfe sowie der Sozialhilfe. Örtliche Träger der öffentlichen Jugendhilfe sind die Landkreise und kreisfreien Städte (§ 69 Abs. 1 SGB VIII), örtliche Träger der Sozialhilfe sind die kreisfreien Städte und Landkreise, soweit nicht durch Landesrecht etwas anderes bestimmt wird (§ 3 Abs. 2 SGB XII). So erklärt es sich, dass zur Verwaltung eines Landkreises oder einer kreisfreien Stadt das Jugendamt und das Sozialamt gehören. Auch hier beschränkt sich die Aufsicht auf die Rechtsaufsicht.

12   Daneben nehmen die Kommunen **Auftragsangelegenheiten** (in manchen Bundesländern ‚Pflichtaufgaben zur Erfüllung nach Weisung' genannt) wahr. Diese sind eigentlich staatliche Aufgaben, deren Wahrnehmung den Kommunen aber durch Bundes- oder Landesgesetz vorgeschrieben ist. Die Städte oder Landkreise unterstehen dabei zwar dem Direktionsrecht des ‚beauftragenden' Verwaltungsträgers, nehmen die ihnen zugewiesenen Aufgaben aber als eigene Aufgaben im eigenen Namen wahr. Die Entscheidungen des beauftragten Verwaltungsträgers werden daher im

---

2   Nach § 29 SGB IV sind die Träger der Sozialversicherung rechtsfähige Körperschaften des öffentlichen Rechts mit Selbstverwaltung.

Außenverhältnis zum Bürger nicht dem »Auftraggeber«, sondern dem »Beauftragten« zugerechnet. Klagen in Auftragsangelegenheiten oder Amtshaftungsansprüche haben sich deshalb gegen den Auftragnehmer und nicht den Auftraggeber zu richten. Zu den **Länderauftragsangelegenheiten** zählen z.b. solche aus dem Sicherheits- und Ordnungsrecht, zu den **Bundesauftragsangelegenheiten** zählen u.a. das Zuwanderungsrecht, die Ausbildungsförderung nach dem BAföG und das Wohngeld, um einige wenige Beispiele zu nennen. Teilweise bestimmt das Bundesrecht, welcher Verwaltungsträger zuständig ist, teilweise richtet sich dies nach Landesrecht. Dabei werden durchgängig die Landkreise und kreisfreien Städte als zuständige Stellen bestimmt, z.T. auch kreisangehörige Gemeinden, zuweilen ab einer bestimmten Größe. So finden sich regelmäßig in der Verwaltung einer kreisfreien Stadt bzw. eines Landkreises ein Ausbildungsförderungsamt und ein Wohngeldamt. In den Auftragsangelegenheiten umfasst die staatliche Aufsicht auch die Fachaufsicht einschließlich des Rechts, im Einzelfall Weisungen zu erteilen.

C. Die ‚Verwaltungsträger'[3]

Der Gesetzesvollzug setzt zunächst ein Rechtssubjekt voraus, das durch die Regelungen des öffentlichen Rechts zur Durchführung dieser Tätigkeiten berechtigt, aber auch verpflichtet ist, kurz: einen ‚**Verwaltungsträger**'. Die Entscheidung, durch welche organisatorischen Einheiten eine bestimmte öffentliche Aufgabe erfüllt werden soll, obliegt dem Gesetzgeber. Dieser hat die Wahl zwischen verschiedenen Rechtssubjekten. Hauptsächlich sind **juristische Personen des öffentlichen Rechts** die Verwaltungsträger (dazu unter Rdn. 14 ff.). Aber auch einem Privatrechtssubjekt kann durch Gesetz oder auf Grund von Gesetzen die Wahrnehmung von bestimmten Verwaltungsaufgaben zur selbständigen hoheitlichen Wahrnehmung übertragen werden (dazu unter Rdn. 28). Werden freie Träger der Wohlfahrtspflege durch öffentliche Verwaltungsträger lediglich in die Erbringung von Sozialleistungen mit einbezogen, so werden diese nicht zu Verwaltungsträgern. Sie sind dann Leistungserbringer (hierzu unten Rdn. 64 ff.). **13**

I. Öffentliche Verwaltungsträger

In den allermeisten Fällen werden juristische Personen des öffentlichen Rechts mit Verwaltungstätigkeiten betraut, weshalb sie **öffentliche Verwaltungsträger** genannt werden. Juristische Personen des öffentlichen Rechts werden durch Gesetz oder aufgrund eines Gesetzes errichtet, verändert oder aufgelöst. Sie haben Rechtsfähigkeit (= können Träger von Rechten und Pflichten sein) und Prozessfähigkeit (= können klagen und verklagt werden). **14**

---

3 Vgl. hierzu *Reinhardt*, Grundkurs Sozialverwaltungsrecht, S. 23 ff; *Patjens/Patjens*, Sozialverwaltungsrecht, S. 29 ff.

II. Körperschaften – Anstalten – Stiftungen

15 Die juristischen Personen des öffentlichen Rechts als Verwaltungsträger lassen sich wie folgt unterteilen:

Schaubild 3:

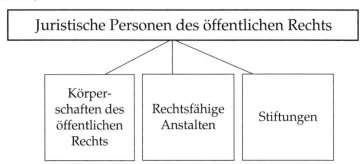

16 Im »*Allgemeinen Verwaltungsgesetz für das Land Schleswig-Holstein*« (Landesverwaltungsgesetz – LVwG) werden juristischen Personen des öffentlichen Rechts beispielgebend definiert. Auf diese Definitionen wird nachfolgend zurückgegriffen.

1. Körperschaften

17 Körperschaften des öffentlichen Rechts sind »rechtsfähige, mitgliedschaftlich organisierte Verwaltungseinheiten, die Aufgaben der öffentlichen Verwaltung erfüllen.« (§ 37 LVwG) Die Körperschaften des öffentlichen Rechts lassen sich weiter unterteilen in Gebietskörperschaften und Personenkörperschaften.

18 Die Mitgliedschaft in einer Gebietskörperschaft wird durch Wohnsitznahme bzw. Anwesenheit, die in einer Personenkörperschaft durch eine berufliche Tätigkeit oder eine sonstige persönliche Eigenschaft hergestellt. Art und Umfang der öffentlich-rechtlichen Befugnisse von Körperschaften ergeben sich aus den gesetzlichen Grundlagen, die für die jeweilige Körperschaft maßgeblich ist. Körperschaften haben regelmäßig das Recht zur Verwaltung der eigenen Angelegenheit (Selbstverwaltungsrecht). Das bedeutet, dass die Mitglieder der Körperschaft durch Wahlen Einfluss auf die Zusammensetzung der Organe haben, die das Selbstverwaltungsrecht gestaltend ausüben.

19 An Gebietskörperschaften kennt das Recht:
 – die Bundesrepublik,
 – die Bundesländer,
 – die Landkreise,
 – die Gemeinden (kreisangehörige Gemeinden und Städte sowie die kreisfreien Städte).

20 Zu den Personenkörperschaften gehören z.B.:
 – die staatlichen Hochschulen (soweit das Hochschulrecht des Landes nicht auch Stiftungen zulässt),

- die Studierendenschaft (als Teilkörperschaft der Hochschule),
- die gesetzlichen Krankenkassen und die Pflegekassen,
- die Träger der gesetzlichen Rentenversicherung,
- die gewerblichen und landwirtschaftlichen Berufsgenossenschaften,
- Anwaltskammer, Notarkammer, Architektenkammer, Ärztekammer, Tierärzte-
  kammer,
- Industrie- und Handelskammer, Handwerkskammer, Landwirtschaftskammer,
  Handwerksinnung, Kreishandwerkerschaft.

2. Anstalten

Anstalten des öffentlichen Rechts »sind von einem oder mehreren Trägern öffentlicher   21
Verwaltung errichtete Verwaltungseinheiten mit eigener Rechtspersönlichkeit, die mit
einem Bestand an sachlichen Mitteln und Dienstkräften Aufgaben der öffentlichen
Verwaltung erfüllen.« (§ 41 Abs. 1 LVwG). Die rechtsfähige Anstalt des öffentlichen
Rechts unterscheidet sich von der Körperschaft dadurch, dass sie keine Mitglieder,
sondern Nutzer hat. Beispiele für rechtsfähige Anstalten des öffentlichen Rechts sind
die Rundfunk- und Fernsehanstalten, die Studentenwerke oder die Zentralstelle für
die Vergabe von Studienplätzen. Jedenfalls bei den Rundfunk- und Fernsehanstalten
sowie bei den Studentenwerken ist der Benutzungszweck augenscheinlich. Neben den
rechtsfähigen Anstalten des öffentlichen Rechts existieren eine Vielzahl von rechtlich
unselbstständigen Anstalten des öffentlichen Rechts. Diese befinden sich – wie eine
Badeanstalt oder eine Krankenanstalt – in der Trägerschaft meist einer kommunalen
Gebietskörperschaft.

3. Stiftungen

Stiftungen des öffentlichen Rechts »sind auf einen Stiftungsakt gegründete, aufgrund   22
öffentlichen Rechts errichtete oder anerkannte Verwaltungseinheiten mit eigener
Rechtspersönlichkeit, die mit einem Kapital- oder Sachbestand Aufgaben der öffentlichen Verwaltung erfüllen.« (§ 46 Abs. 1 LVwG) Beispiele für den sozialen Bereich:
Stiftung »*Mutter und Kind – Schutz des ungeborenen Lebens*«[4], »*Conterganstiftung für
behinderte Menschen*«.[5]

4. Sonderformen

Neben diesen drei Arten der juristischen Personen des öffentlichen Rechts können   23
auch Sonderformen vorkommen wie z.B. die ‚gemeinsamen Einrichtungen', die nach
§ 44b SGB II als Zusammenschlüsse der Bundesagenturen für Arbeit und den kommunalen Trägern (Städten und Landkreisen) zur einheitlichen Wahrnehmung der
Aufgaben der Grundsicherung für Arbeitsuchende geschaffen wurden.

---

4 Gesetz zur Errichtung der Stiftung BGBl. I 1993, S. 406.
5 Gesetz zur Errichtung der Stiftung BGBl. I 2005, S. 2967 – hat die frühere Stiftung »*Hilfs-
   werk für behinderte Kinder*« abgelöst.

III. Organe – Behörden – Ämter

24 Öffentliche Verwaltungsträger sind als juristische Personen des öffentlichen Rechts rechtsfähig, aber nicht handlungsfähig. Wollen und Handeln können nur Menschen. Es muss daher rechtstechnisch sichergestellt werden, dass das Handeln real existierender Menschen einem Verwaltungsträger zugerechnet werden kann. Nachfolgend sollen die in diesem Zusammenhang relevanten Rechtsbegriffe erläutert werden.

1. Organe

25 Verwaltungsträger handeln mit Hilfe von ‚Organen‘. Organe sind rechtlich unselbständige Untereinheiten eines Verwaltungsträgers und nehmen für diesen funktionell bestimmte Zuständigkeiten wahr. Die Menschen, die diese ‚Organfunktionen‘ letztlich ausüben, nennt man ‚Organwalter‘. Ein Beispiel aus dem Kommunalrecht: *»Organe der Gemeinde sind der Gemeinderat und der Bürgermeister. Sie verwalten die Gemeinde nach den Bestimmungen dieses Gesetzes.«* (§ 28 Abs. 1 GemO Rhld-Pf) ‚Organwalter‘ sind die zum Bürgermeister oder zur Bürgermeisterin gewählten natürlichen Personen, der Gemeinderat besteht ebenfalls aus den auf Zeit gewählten Gemeinderatsmitgliedern.

2. Behörden

26 Umgangssprachlich spricht man im Zusammenhang mit Verwaltung vornehmlich von Behörden (Ausländerbehörde, Steuerbehörden o.ä.) oder Ämtern (Sozialamt, Jugendamt, BAföG-Amt usw.). Behörden sind allerdings keine Verwaltungsträger, sondern **dasjenige Organ, das für einen Verwaltungsträger mit rechtlicher Außenwirkung handelt.** Verwaltungsträger sind also keine Behörden, sondern verfügen über solche. *»Behörden sind (…) ohne Rücksicht auf ihre konkrete Bezeichnung als Behörde, Dienststelle, Amt oder Ähnliches alle vom Wechsel der in ihnen tätigen Personen unabhängige (…) und mit hinreichender organisatorischer Selbstständigkeit ausgestattete Einrichtungen, denen Aufgaben der öffentlichen Verwaltung und entsprechende Zuständigkeiten zur eigenverantwortlichen Wahrnehmung zugewiesen sind, also aufgrund von Vorschriften des öffentlichen Rechts mit der Befugnis zu öffentlich-rechtlichem Handeln mit Außenwirkung ausgestattet sind.«*[6] In unserem Beispiel: »Der Bürgermeister leitet die Gemeindeverwaltung und vertritt die Gemeinde nach außen.« (§ 47 Abs. 1 Satz 1 GemO Rhld-Pf). Er oder sie ist die ‚Behörde‘ der Gemeinde.

3. Ämter

27 Nun haben Verwaltungsträger und damit deren ‚Behörde‘ in der Regel eine Vielzahl an Verwaltungsaufgaben zu erledigen, sodass ein Bedürfnis an einer internen Differenzierung besteht. So kann eine Behörde im Rahmen ihrer Organisationsgewalt die Aufgabenerledigung auf Dezernate, Referate, Abteilungen, Fachbereiche, Sachgebiete o.ä. aufteilen. Die Bezeichnungen variieren in der Praxis und sind gesetzlich i.d.R. nicht vorgegeben.

---

6 BSG NJOZ 2011, 1659, 1660.

Organisationsrechtlich bildet das ‚Amt' die kleinste Organisationseinheit. Ein ‚Amt' ist der konkrete Aufgabenbereich, der von einer natürlichen Person (Amtsträger, Amtsinhaber) wahrgenommen wird (siehe auch Amtspflichtverletzung, Kap. 10 Rdn. 54 ff.). Nur ausnahmsweise ist die Bezeichnung eines Verwaltungsträgers oder einer Behörde als ‚Amt' gesetzlich festgelegt. Beispiele: »*Die Länder errichten für jeden Kreis und jede kreisfreie Stadt ein Amt für Ausbildungsförderung.*« (§ 40 Abs. 1 Satz 1 BAföG) »*Die nach Landesrecht für das Personenstandswesen zuständigen Behörden (Standesämter) beurkunden den Personenstand nach Maßgabe dieses Gesetzes*« (§ 1 Abs. 2 PersonenstandsG).

IV. Private Verwaltungsträger

Auch einem Privatrechtssubjekt kann durch Gesetz oder auf Grund von Gesetzen die   28
Wahrnehmung von bestimmten Verwaltungsaufgaben zur selbständigen hoheitlichen Wahrnehmung übertragen werden. Man nennt dies »Beleihung«. Das bekannteste Beispiel hierfür dürften die Technischen Überwachungsvereine (TÜV) sein, die als eingetragene Vereine mit der Durchführung einer öffentlichen Aufgabe – der Überprüfung technischer Anlagen auf Verkehrs- und Betriebssicherheit – beliehen sind. Ein weiteres Beispiel sind die – nach der Privatisierung der Post – mit Briefzustelldienstleistungen beliehenen Lizenznehmer (§ 33 Abs. 1 Satz 2 PostG). In ihrer gesetzlich umschriebenen Funktion sind diese Privatrechtssubjekte Teil der öffentlichen Verwaltung (im materiellen Sinn).[7]

Im Bereich der Kinder- und Jugendhilfe eröffnet § 3 Abs. 3 Satz 2 SGB VIII den   29
öffentlichen Jugendhilfeträgern die Möglichkeit, Träger der freien Jugendhilfe – und damit Privatrechtssubjekte – mit der Wahrnehmung von Aufgaben der öffentlichen Jugendhilfe zu betrauen, soweit dies ausdrücklich bestimmt ist. So kann beispielsweise ein Träger der freien Jugendhilfe gem. § 76 Abs. 1 i.V.m. § 42 SGB VIII mit Inobhutnahmen nach § 42 SGB VIII betraut werden. § 2 Abs. 2 AdVermiG erlaubt den örtlichen und zentralen Stellen des Diakonischen Werks, des Deutschen Caritasverbandes, der Arbeiterwohlfahrt und der diesen Verbänden angeschlossenen Fachverbände sowie sonstiger Organisationen mit Sitz im Inland die Adoptionsvermittlung, wenn diese Stellen von der zentralen Adoptionsstelle des Landesjugendamtes als Adoptionsvermittlungsstellen anerkannt worden sind.

D. Öffentlich-rechtliches Verwaltungshandeln

In diesem Abschnitt geht es um die Frage, wie die Verwaltungsträger handeln, um ihre   30
Aufgaben zu erfüllen und welche rechtlichen Regelungen dabei von ihnen zu beachten sind. Dabei ist das öffentlich-rechtliche Verwaltungshandeln von dem privatrechtlichen Verwaltungshandeln abzugrenzen.

I. Das Verwaltungshandeln

Handelt die Verwaltung in den Formen des öffentlichen Rechts, verfolgt sie damit immer   31
staatliche Aufgaben und ist dabei an die Regelungen des Verwaltungsverfahrensrechts

---

7 BVerfG NJW 1987, 2501, 2502.

gebunden (dazu unter Rdn. 54 ff.). Daneben können und müssen die Verwaltungsträger sich auch des Privatrechts bedienen, um ihre öffentlichen Aufgaben wahrnehmen zu können. So ist die Verwaltung auf Sachmittel angewiesen, also auf Räume,
Einrichtungsgegenstände, technische Ausstattung, Verbrauchsmaterial u.ä. Für die
Beschaffung dieser Mittel stehen nur die Formen des Privatrechts zur Verfügung wie
Kaufvertrag, Mietvertrag, Pachtvertrag. Entsprechendes gilt für die Dienstkräfte,
soweit sie nicht im Beamtenverhältnis stehen. Mit ihnen müssen Arbeitsverträge abgeschlossen werden wie in der Privatwirtschaft. Die entsprechenden Rechtsgeschäfte
werden als **fiskalische Hilfsgeschäfte** bezeichnet.

32   Von **Verwaltungsprivatrecht** spricht man, wenn die Verwaltung sich privatrechtlicher
Handlungsformen bedient, dabei aber öffentliche Aufgaben unmittelbar gegenüber
dem Bürger erfüllt. Darunter fällt die sog. Daseinsvorsorge.

▶ Beispiel:

33   Die Stadtwerke der kreisfreien Stadt S werden in der Form einer Aktiengesellschaft,
      deren einziger Aktionär die Stadt S ist, betrieben. Die Stadtwerke beliefern die
      Bürger mit Wasser, Strom bzw. Erdgas.

34   Die Bereitstellung von Wasser und Energie ist eine öffentliche Aufgabe der Kommune, für die im Beispiel eine juristische Person des Privatrechts verantwortlich ist.
Der Träger öffentlicher Verwaltung – die Stadt S –, die Eigentümerin der Stadtwerke
ist, genießt bei der Belieferung der Bürger keine Vertragsfreiheit wie sonst im Privatrechtsverkehr, sondern unterliegt öffentlich-rechtlichen Bindungen. Sie muss insb. die
Grundrechte – hier vor allem Art. 3 GG – beachten. Darin liegt die Besonderheit des
Verwaltungsprivatrechts.

II. Das öffentlich-rechtliche Verwaltungshandeln

Schaubild 4:

Beim **öffentlich-rechtlichen Verwaltungshandeln** ist wie folgt zu unterscheiden:

Hoheitliches Verwaltungshandeln:	Schlichtes Verwaltungshandeln:
Die Verwaltung wird in der Form des Verwaltungsaktes – (VA) tätig – sie regelt einen Fall damit einseitig und verbindlich, entweder im Wege des Eingriffs – z.B. Entziehung einer Betriebserlaubnis im Sinne von § 45 SGB VIII – oder im Wege der Leistungsgewährung – z.B. Bewilligung von Eingliederungshilfe nach § 53 SGB XII.	Der Träger öffentlicher Verwaltung bedient sich nicht der Form des VA, sondern nimmt seine Aufgaben mit anderen Mitteln wahr, z.B. durch Beratung und Unterstützung (§ 11 SGB XII), durch Erteilung einer Auskunft, Belehrung, Bereitstellung öffentlicher Einrichtungen.

Nachfolgend soll das hoheitliche Handeln näher betrachtet werden, denn in dieser   35
Form wird regelmäßig über die Bewilligung oder Ablehnung von Sozialleistungen
entschieden.

III. Der Verwaltungsakt

Das nach außen gerichtete hoheitliche Handeln vollzieht sich überwiegend in der   36
Form des Verwaltungsakts:

Die Definition des VA findet sich für das SGB in § 31 SGB X, für den übrigen Bereich   37
öffentlicher Verwaltung in § 35 VwVfG:

> »Verwaltungsakt ist jede Verfügung, Entscheidung oder andere hoheitliche Maßnahme, die   38
> eine Behörde zur Regelung eines Einzelfalls auf dem Gebiet des öffentlichen Rechts trifft und
> die auf unmittelbare Rechtswirkung nach außen gerichtet«.

Danach müssen fünf Merkmale erfüllt sein, damit ein VA vorliegt: 39
- **Verfügung, Entscheidung oder andere hoheitliche Maßnahme einer Behörde:**
  damit erfolgt eine Abgrenzung zu gerichtlichen oder legislativen Maßnahmen sowie Handlungen von Privatpersonen. Behörde ist dabei gem. § 1 Abs. 2 SGB X
  jede Stelle, die Aufgaben der öffentlichen Verwaltung wahrnimmt;
- **auf dem Gebiet des öffentlichen Rechts:** bei privatrechtlichen Verwaltungshandeln kann kein VA vorliegen;
- **Regelung:** dadurch wird die einseitige Bestimmung von Inhalt und Umfang eines
  Rechtsverhältnisses durch den Verwaltungsträger angesprochen und vom schlichten Verwaltungshandeln (kein Regelungscharakter) und dem öffentlich-rechtlichen Vertrag (gemeinsame Gestaltung des Rechtsverhätlnisses) abgegrenzt;
- **Einzelfall:** ist von generellen Regelungen abzugrenzen und zu unterscheiden;
- **auf unmittelbare Rechtswirkung nach außen gerichtet:** die Maßnahme darf
  nicht nur verwaltungsinterne Wirkung haben, sondern muss auf Veränderung der
  Rechtsposition des der Verwaltung gegenüberstehenden Adressaten des VA gerichtet sein.

Verwaltungsakte kann man nach unterschiedlichen Gesichtspunkten kategorisieren.
Dies ist bedeutsam für die Frage der nachträglichen Änderung und des Rechtsschutzes.

Unterscheidung nach dem **Inhalt der im VA** enthaltenen Regelung: 40
- **berechtigender VA:** durch ihn wird ein Recht eingeräumt oder ein Anspruch begründet, z.B. Erteilung einer Pflegeerlaubnis nach § 44 SGB VIII, Bewilligung
  einer Verletztenrente nach dem SGB VII – der berechtigende VA deckt sich mit
  dem begünstigenden VA – s. weiter unten;
- **verpflichtender VA:** durch ihn entsteht eine Verpflichtung des Bürgers, z.B. Bescheid zur Rückerstattung überzahlter Leistungen; Gebot, ein baurechtswidrig errichtetes Gebäude zu beseitigen,
- **feststellender VA:** durch ihn wird eine rechtlich erhebliche Eigenschaft einer Person oder Sache festgestellt, z.B. der Bescheid des Versorgungsamts, durch den ein
  Behinderungsgrad von 50 und damit die Schwerbehinderteneigenschaft eines Antragstellers festgestellt wird;

- **gestaltender VA:** durch einen solchen VA wird ein Rechtsverhältnis begründet, inhaltlich geändert oder aufgehoben, z.b. die Beamtenernennung, die Erteilung der Fahrerlaubnis.

41 Nach der **Wirkung für den Adressaten** des VA ist zu unterscheiden:
- **begünstigender VA:** dieser VA verbessert die Rechtsposition, z.b.: eine Baugenehmigung wird erteilt, eine Sozialleistung wird bewilligt;
- **nicht begünstigender VA:** ein solcher VA bedeutet vielfach eine Verschlechterung der Rechtsposition, weil in Rechte eingegriffen oder diese entzogen werden, z.b.: Absenkung des Arbeitslosengeldes II – Regelleistung wegen eines Pflichtenverstoßes. In diesen Fällen spricht man auch von einem belastenden VA. Nicht begünstigend ist aber auch die Ablehnung einer beantragten Sozialleistung;
- **VA mit Doppelwirkung:** hierbei liegt für den Adressaten des VA sowohl eine Begünstigung als auch eine Belastung vor – z.b.: das Versorgungsamt stellt im Bescheid einen Behinderungsgrad von 40 fest – dies stellt eine Begünstigung dar, da der Behinderungsgrad aber nicht 50 beträgt und damit die Schwerbehinderteneigenschaft nicht vorliegt, hat der VA insoweit für den Adressaten auch eine nicht-begünstigende Wirkung;
- **VA mit Drittwirkung:** dieser VA wirkt für den Betroffenen begünstigend, für einen oder mehrere Dritte belastend; so stellt die Ernennung eines Beamten (bspw. zum Professor) für diesen eine Begünstigung, für die unterlegenen Mitbewerber (Konkurrenten) eine Belastung dar.

42 Sodann ist in **zeitlicher Hinsicht** zu unterscheiden:
- **Einmaliger VA:** darunter ist ein VA zu verstehen, der sich in einer einmaligen Regelung oder Anordnung erschöpft, z.b. der Bewilligung einer einmaligen Leistung für einen Schulausflug oder für eine mehrtägige Klassenfahrt nach § 28 Abs. 2 SGX II/§ 34 Abs. 2 SGB XII.
- **VA mit Dauerwirkung:** liegt vor, wenn sich ein Verwaltungsakt nicht in einem einmaligen Ge- oder Verbot oder in einer einmaligen Gestaltung der Rechtslage erschöpft, sondern ein auf Dauer angelegtes oder in seinem Bestand vom Verwaltungsakt abhängiges Rechtsverhältnis begründet oder inhaltlich verändert. Dies ist bspw. bei einer Leistungsbewilligung »bis auf weiteres« anzunehmen.[8]

43 Ein Verwaltungsakt wird auch als **Bescheid** bezeichnet und häufig mit einem Zusatz versehen, um den Regelungsgehalt erkennbar zu machen, wie z.b. Bewilligungsbescheid, Ablehnungsbescheid, Aufhebungs- und Erstattungsbescheid.

IV. Grundsätze des Verwaltungshandelns

44 Von den Grundsätzen, die für das gesamte öffentlich-rechtliche Handeln der Verwaltung maßgeblich sind, gleichgültig, in welchen Formen es sich vollzieht, werden die wichtigsten kurz vorgestellt:

---

8 LSG Berlin-Brandenburg FEVS Bd. 57 (2006) S. 447.

1. Grundsatz der Gesetzmäßigkeit der Verwaltung

Der Grundsatz der Gesetzmäßigkeit der Verwaltung ist Ausfluss des verfassungsrecht- **45** lichen Prinzips der Bindung der Verwaltung an Gesetz und Recht i.S.d. Art. 20 Abs. 3 GG (s. dazu auch in Kap. 2 Rdn. 28 ff.). Beim Grundsatz der Gesetzmäßigkeit der Verwaltung wird traditionell zwischen dem sog. Vorrang des Gesetzes und dem sog. Vorbehalt des Gesetzes unterschieden:

- **Vorrang des Gesetzes:** damit ist gemeint, dass die Verwaltung verpflichtet ist, bei ihrer Tätigkeit die bestehenden gesetzlichen Vorschriften – damit sind nicht nur Gesetze im formellen Sinn, sondern auch Rechtsverordnungen und autonome Satzungen gemeint – zu beachten.
- **Vorbehalt des Gesetzes:** mit diesem Begriff ist die Notwendigkeit einer Rechts-grundlage für das Handeln der Verwaltung angesprochen, bspw. bei Eingriffen in Freiheit und Eigentum. Lediglich für die Gewährung von Subventionen durch die Verwaltung soll ein Haushaltstitel im entsprechenden Haushaltsgesetz ausrei-chen. Diese Frage muss aber nicht weiter vertieft werden, weil der Vorbehalt des Gesetzes für das soziale Leistungsrecht des SGB mit der Festlegung in § 31 SGB (»Rechte und Pflichten in den Sozialleistungsbereichen dieses Gesetzbuchs dürfen nur begründet, festgestellt, geändert oder aufgehoben werden, soweit ein Gesetz es vorschreibt oder zulässt«) uneingeschränkte Geltung hat.

2. Grundsatz der Verhältnismäßigkeit des Verwaltungshandelns

Der aus dem Rechtsstaatprinzip des GG abgeleitete Verhältnismäßigkeitsgrundsatz **46** bindet nicht nur den Gesetzgeber, sondern ist auch Richtschnur für das Verwaltungs-handeln.

Nach einer mittlerweile allg. anerkannten Formulierung ist eine Maßnahme nur dann **47** mit dem Grundsatz der Verhältnismäßigkeit vereinbar und damit unter diesem Aspekt rechtmäßig, wenn sie zum Erreichen des angestrebten Zwecks geeignet ist, wenn sie erforderlich ist – das ist die am wenigsten belastende Maßnahme aus dem Kreis von mehreren geeigneten Maßnahmen – und wenn sie verhältnismäßig im eigentlichen Sinne ist, d.h., die für den Betroffenen zu erwartenden Nachteile dürfen nicht außer Verhältnis zu dem beabsichtigten Erfolg stehen.

Die in einer Eingliederungsvereinbarung nach § 15 SGB II einem Bezieher von **48** Arbeitslosengeld II auferlegten Pflichten können gegen diesen Grundsatz verstoßen, z.B. was die Anzahl der monatlich nachzuweisenden Bewerbungen und die Art des Nachweises solcher Bewerbungen angeht oder wenn es um unsinnige Maßnahmen geht wie die Teilnahme an einem Bewerbungstraining, obwohl der Betroffene schon mehrere solcher Bewerbungstrainings hinter sich hat, oder um die Teilnahme an einer Maßnahme, durch die im konkreten Fall das Eingliederungsziel nicht erreicht werden kann.

Es kommt auch vor, dass der Gesetzgeber den Grundsatz der Verhältnismäßigkeit im **49** Gesetz selbst berücksichtigt (bspw. mit der Festlegung von Grenzen der Mitwirkung beim Bezug von Sozialleistungen, § 65 SGB I).

E. Grundzüge des Verwaltungsverfahrens nach dem SGB X, der Erlass eines VA und seine Aufhebung

I. Grundzüge des Verwaltungsverfahrens[9]

50 Der Verwaltungsakt ist das Ergebnis eines Verwaltungsverfahrens. Nach der Definition des § 8 SGB X[10] ist das Verwaltungsverfahren »die nach außen wirkende Tätigkeit der Behörden, die auf die Prüfung der Voraussetzungen, die Vorbereitung und den Erlass eines Verwaltungsaktes oder auf den Abschluss eines öffentlich-rechtlichen Vertrages gerichtet ist; es schließt den Erlass des Verwaltungsakts oder den Abschluss des öffentlich-rechtlichen Vertrages ein«. Dabei gilt der funktionale Behördenbegriff des § 1 Abs. 2 SGB X: »Behörde im Sinne dieses Gesetzbuchs ist jede Stelle, die Aufgaben der öffentlichen Verwaltung wahrnimmt«.

Der öffentlich-rechtliche Vertrag (geregelt in §§ 53 bis 61 SGB X) kommt vor allem bei der Leistungsbringung vor (s. unten Rdn. 64 ff. zum sozialrechtlichen Dreiecksverhältnis).

51 Für den Beginn eines Verwaltungsverfahrens ist entweder ein Antrag erforderlich oder das Verfahren wird von Amts wegen eingeleitet. Für die Bewilligung von Sozialleistungen ist regelmäßig ein Antrag erforderlich. Ausnahmen bilden die Hilfe zum Lebensunterhalt nach Kap. 3 des SGB XII und die Hilfen in besonderen Lebenslagen nach den Kap. 5 bis 9 des SGB XII. Hier ist für die Einleitung eines Verwaltungsverfahrens die Kenntnis des Sozialhilfeträgers von den anspruchsbegründenden Umständen maßgeblich (§ 18 SGB XII); Entsprechendes gilt für die Leistungen der gesetzlichen Unfallversicherung (§ 19 Satz 2 SGB IV).

52 Andere Amtsverfahren sind regelmäßig solche, bei denen es um eine Belastung oder einen Eingriff geht z.B. Verfahren, die eine Leistungsversagung oder -einschränkung wegen Nichterfüllung von Mitwirkungspflichten oder wegen Verletzung sonstiger Obliegenheiten zum Ziel haben.

53 Die wichtigsten für das Verwaltungsverfahren maßgeblichen **Grundsätze** und **Regelungen** sind:
– **Grundsätze der Nichtförmlichkeit und der Verfahrensbeschleunigung**
  Das Verwaltungsverfahren ist an bestimmte Formen nicht gebunden, soweit keine besonderen Rechtsvorschriften für die Form bestehen. Es ist einfach, zweckmäßig und zügig durchzuführen (§ 9 SGB X).
– **Beteiligtenfähigkeit**
  Fähig, am Verfahren beteiligt zu sein, sind natürliche und juristische Personen, Behörden sowie Vereinigungen, soweit ihnen ein Recht zustehen kann (§ 10 SGB X).
– **Bevollmächtigte und Beistände**
  Am Verwaltungsverfahren Beteiligte können sich durch einen Bevollmächtigten vertreten lassen (§ 13 Abs. 1 SGB X). Das kann eine Anwältin oder ein Anwalt

---

9 Hierzu *Reinhardt*, Grundkurs Sozialverwaltungsrecht, S. 79 ff.
10 Entsprechend § 9 VwVfG.

sein, muss es aber nicht. Ist ein Bevollmächtigter bestellt, muss die Behörde das Verfahren prinzipiell über diesen abwickeln (§ 13 Abs. 3 SGB X). Zu Verhandlungen und Besprechungen in der Behörde kann ein Beistand mitgenommen werden (§ 13 Abs. 4 SGB X). Der Beistand leistet psychische oder auch verbale Unterstützung und steht im Streitfall als Zeuge zur Verfügung.

– **Besorgnis der Befangenheit**
Liegt ein Grund vor, der geeignet ist, Misstrauen gegen eine unparteiische Amtsausübung zu rechtfertigen, oder wird von einem Beteiligten das Vorliegen eines solchen Grundes behauptet, so hat der/die für das Verfahren zuständige Sachbearbeiter/Sachbearbeiterin den Behördenleiter zu informieren und sich nach dessen Weisung der Mitwirkung zu enthalten (§ 17 Abs. 1 Satz 1 SGB X).

– **Untersuchungsgrundsatz**
Die Behörde ermittelt den Sachverhalt von Amts wegen. Sie bestimmt Art und Umfang der Ermittlungen; an das Vorbringen und die Beweisanträge der Beteiligten ist sie nicht gebunden (§ 20 Abs. 1 SGB X). § 21 SGB X führt die Beweismittel auf, derer sich die Behörde nach pflichtgemäßem Ermessen bedienen kann und bestimmt, dass die Beteiligten bei der Ermittlung des Sachverhalts mitwirken sollen. Die Mitwirkungspflichten im Verfahren sind verbindlich in den Vorschriften der §§ 60 bis 65 SGB I geregelt: Dabei räumt § 66 SGB I dem Leistungsträger die Möglichkeit ein, im Falle fehlender Mitwirkung die Leistung bis zur Nachholung der Mitwirkung ganz oder teilweise zu versagen oder zu entziehen.

– **Anhörung**
Bevor ein VA erlassen wird, der in die Rechte eines Beteiligten eingreift, ist diesem Gelegenheit zu geben, sich zu den für die Entscheidung erheblichen Tatsachen zu äußern (§ 24 Abs. 1 SGB X), Ausnahmen davon in Abs. 2. Die Norm, die den Grundsatz des rechtlichen Gehörs (Art. 103 GG) für das Sozialverwaltungsverfahren konkretisiert, hat Hinweis- und Rechtsschutzfunktion. Im Rahmen der Anhörung vorgetragene Umstände können dazu führen, dass die Behörde von dem vorgesehenen Eingriff absieht. Eine vorgeschriebene, aber unterbliebene Anhörung führt zur Rechtswidrigkeit des VA; dieser Fehler kann jedoch von der Behörde durch Nachholung bis zur letzten Tatsacheninstanz[11] eines sozial- oder verwaltungsgerichtlichen Verfahrens geheilt werden (§ 41 Abs. 2 SGB X).

– **Akteneinsicht**
Die Behörde hat den Beteiligten Einsicht in die das Verfahren betreffenden Akten zu gestatten, soweit deren Kenntnis zur Geltendmachung oder Verteidigung ihrer rechtlichen Interessen erforderlich ist (§ 25 Abs. 1 Satz 1 SGB X). Die Akteneinsicht ist bei der Behörde durchzuführen. Mit ihr verbunden ist das Recht, Kopien anfertigen zu lassen, ggf. gegen Bezahlung (§ 25 Abs. 5 SGB X).

– **Fristen und Termine**
Nach § 26 Abs. 1 SGB X gelten für Fristen und Termine die §§ 187 bis 193 BGB.[12] § 26 Abs. 2 bis 6 enthält einige Sonderbestimmungen. Nach Abs. 7

---

11 Gemeint ist im Regelfall die zweite Instanz, also Landessozialgericht/OVG – s. dazu Kap. 22 Rdn. 80 ff. und 92 ff.
12 S. dazu in Kap. 9 Rdn. 2 ff.

können behördliche Fristen verlängert werden. Dies gilt auch für bereits abgelaufene Fristen, insb. dann, wenn es unbillig wäre, die durch den Fristablauf eingetretenen Rechtsfolgen bestehen zu lassen.

II. Der Erlass des VA, seine Wirksamkeit und Dauer sowie seine Korrektur

54   Soweit ein Sachverhalt abschließend ermittelt worden ist und Beweis- und ggf. Rechtsfragen geklärt sind, ist die Behörde in der Lage, den das Verfahren abschließenden Verwaltungsakt zu erlassen.

Dabei ist Folgendes zu beachten:

55   Die in dem **VA** enthaltene Regelung muss **hinreichend bestimmt** sein (§ 33 Abs. 1 SGB X). Nach § 33 Abs. 2 SGB X kann der VA schriftlich, elektronisch, mündlich oder in anderer Weise erfolgen, er ist also nicht an eine bestimmte Form gebunden, es sei denn, die Form ist an anderer Stelle gesetzlich vorgeschrieben (wie z.b. in § 50 SGB X oder § 50 Abs. 1 Satz 1 BAföG). Ein schriftlicher, schriftlich bestätigender (§ 33 Abs. 2 Satz 2 SGB X) oder elektronischer VA ist mit einer Begründung zu versehen, wobei die wesentlichen tatsächlichen und rechtlichen Gründe mitzuteilen sind. **Ermessensentscheidungen**[13] müssen die Gesichtspunkte erkennen lassen, von denen die Behörde bei der Ausübung des Ermessens ausgegangen ist (§ 35 Abs. 1 SGB X). Eine fehlende Begründung führt zur Rechtswidrigkeit des VA – auch dieser Fehler kann durch Nachholung bis zur letzten Tatsacheninstanz geheilt werden (§ 41 Abs. 2 SGB X).

56   Ein schriftlicher oder schriftlich bestätigender VA ist nach § 36 SGB X mit einer schriftlichen **Rechtsbehelfsbelehrung** zu versehen. Diese Belehrung muss die Art des Rechtsbehelfs (Widerspruch/Klage), die Behörde oder das Gericht (Verwaltungsgericht/Sozialgericht), bei dem der Rechtsbehelf anzubringen ist, deren Sitz, die einzuhaltende Frist (ein Monat und nicht vier Wochen) und die zu beachtende Form (schriftlich oder zur Niederschrift bei der Behörde bzw. beim Urkundsbeamten der Geschäftsstelle des Gerichts) enthalten. Diese Vorgaben ergeben sich für das Verwaltungsverfahren aus § 36 SGB X i.V.m. § 84 Abs. 1 SGG bzw. § 70 Abs. 1 VwGO, und für das Widerspruchsverfahren aus §§ 66, 87 SGG bzw. §§ 58, 74 VwGO. Die ordnungsgemäße Rechtsbehelfsbelehrung im Verwaltungsverfahren könnte folgenden Wortlaut haben:

57   »Gegen diesen Bescheid ist der Widerspruch zulässig. Der Widerspruch ist innerhalb einer Frist von einem Monat ab Bekanntgabe des Bescheids bei...... (genaue Bezeichnung der Stelle, von der der Bescheid stammt) schriftlich oder zur Niederschrift der Geschäftsstelle einzulegen.«

58   Ist die Rechtsbehelfsbelehrung unterblieben oder nicht korrekt, löst sie nicht den Lauf der Monatsfrist aus. In einem solchen Fall können Widerspruch bzw. Klage innerhalb eines Jahres eingelegt werden (§§ 66 Abs. 2 Satz 1 SGG, 58 Abs. 2 Satz 1 VwGO).

---

13   S. dazu in Kap. 21 Rdn. 17 ff.

Wer sich durch einen VA in seinen Rechten beschwert fühlt,[14] kann nicht sogleich   59
Klage beim Sozial- oder Verwaltungsgericht erheben, sondern muss seine Rechte
zunächst im **Widerspruchsverfahren** verfolgen. Erst nach erfolglosem Widerspruchsverfahren ist der Weg zu den Gerichten frei, §§ 68 VwGO, 78 SGG. Eine Ausnahme
davon gibt es, wenn die Behörde auf einen Antrag oder einen Widerspruch hin nicht
in angemessener Zeit entscheidet – für diese Fälle steht die sog. **Untätigkeitsklage** zur
Verfügung (§§ 75 VwGO, 88 SGG).[15]

Zum Erlass und der Bekanntgabe des VA, seiner materiellen und formellen Bestands-   60
kraft sowie seiner Wirksamkeit und deren Dauer:

– **Erlass des Verwaltungsakts**
   Der VA ist erlassen, wenn er auf den Weg zum Adressaten gebracht worden ist,
   also den Behördenbereich verlassen hat; bei mündlichen VA und schriftlichen VA,
   die im Amt mitgeteilt bzw. dort ausgehändigt werden, fallen Erlass und Bekanntgabe zeitlich zusammen.
   Mit dem Erlass tritt die sog. **materielle Bestandskraft** des VA ein; dies bedeutet,
   dass die Behörde an die von ihr im VA getroffene Regelung (öffentlich-rechtliche
   Willenserklärung) gebunden ist und nur aufgrund ausdrücklicher gesetzlicher Regelung berechtigt ist, die einmal getroffene Regelung wieder abzuändern.

– **Bekanntgabe des Verwaltungsakts**
   Ein VA ist demjenigen bekannt zu geben, für den er bestimmt ist oder der von
   ihm betroffen wird. Bei einem schriftlichen VA, der auf dem Postwege übermittelt
   wird, ist die ‚Bekanntgabefiktion‘ des § 37 Abs. 2 SGB X zu beachten.
   Mit der Bekanntgabe tritt die **Wirksamkeit des VA** ein, d.h. die durch den VA getroffene Regelung ist damit auch für den oder die Adressaten bindend, auch wenn
   die getroffene Regelung inhaltlich mit dem geltenden Recht nicht übereinstimmt.
   Die Bindungswirkung steht unter dem Vorbehalt erfolgreicher Anfechtung des VA
   durch den Adressaten im Widerspruchs-/Klageverfahren.

– **Ablauf der Rechtsbehelfsfrist**
   Bei ordnungsgemäßer Rechtsbehelfsbelehrung beträgt die Frist für die Einlegung
   des Rechtsbehelfs einen Monat ab Bekanntgabe des VA; bei fehlender oder nicht
   korrekter Belehrung beträgt die Frist ein Jahr (§§ 58 Abs. 2 VwGO, § 66 Abs. 2
   SGG).
   Der Ablauf der Rechtsbehelfsfrist bedeutet den Eintritt der **formellen Bestandskraft**, d.h. der VA kann vom Adressaten mit Rechtsbehelfen (Widerspruch oder
   Klage) mehr angegriffen werden; der Adressat hat keine Möglichkeit mehr, von
   sich aus für die Beseitigung einer ihn belastenden Regelung zu sorgen (Ausnahme:

---

14 Zur Lehre von der Fehlerhaftigkeit von Verwaltungsakten sei auf *Papenheim/Baltes/Dern/
    Palsherm*, Verwaltungsrecht, S. 378 ff verwiesen.
15 Einen Überblick über gerichtliche Rechtsbehelfe finden Sie bei *Gürbüz*, Verfassungs- und
    Verwaltungsrecht für die Soziale Arbeit, 2016, S. 135 ff, und bei *Patjens/Patjens*, Sozialver-
    waltungsrecht, S. 156 ff.

Antrag an die Behörde, nach § 44 Abs. 1 oder 2 SGB X zu verfahren – s. dazu Schaubild 5 zur Durchbrechung der Bestandskraft von VA unten bei Rdn. 63).

61 Einen Überblick über die Dauer der Wirksamkeit eines VA gibt die nachstehende Übersicht.

▶ **Ein Verwaltungsakt bleibt wirksam (§ 39 SGB X), solange und soweit er nicht:**

1. von der Behörde zurückgenommen wurde:

Die Möglichkeiten der Rücknahme und ihre Voraussetzungen sind geregelt in:
- § 44 SGB X
- § 45 SGB X

2. von der Behörde widerrufen wurde:

Die Möglichkeiten des Widerrufs und seine Voraussetzungen sind geregelt in:
- § 46 SGB X
- § 47 SGB X

3. anderweitig aufgehoben wurde:

- von der Behörde auf der Grundlage des § 48 SGB X
- bei rechtzeitig eingelegten Rechtsbehelfen:
  a) von der Behörde im Widerspruchsverfahren
  b) vom Gericht im Klageverfahren

4. durch Zeitablauf erledigt ist:

Insbesondere bei VA, die nach ihrem Inhalt zeitlich begrenzte Wirkung haben, z.B. Bescheid über die Bewilligung von Alg.

Bescheid über die Bewilligung einer Erwerbsminderungsrente für die Dauer von zwei Jahren

5. auf andere Weise erledigt ist:

z.B. weil die von der Behörde verlangte Maßnahme vorgenommen worden ist – überzahlte Leistungen werden vom Bezieher erstattet, weil dieser vor Erschöpfung des Anspruchs auf Alg eine neue Beschäftigung findet, dies aber nicht rechtzeitig angibt.

III. Insbesondere: Rücknahme und Widerruf von Verwaltungsakten[16]

Zum Abschluss dieses Kapitels soll ein Blick auf die Möglichkeiten der Durchbre-　62
chung der Bestandskraft von Verwaltungsakten geworfen werden. Während rechts-
kräftige Urteile von Gerichten nur unter ganz engen Voraussetzungen im Wege einer
Restitutionsklage oder einer Nichtigkeitsklage im Nachhinein geändert werden können, schützt das Verfahrensrecht des SGB X (und auch das des Verwaltungsverfah-
rensgesetzes) den Bestand von VA weniger stark. Im SGB X sind die Vorschriften der
§§ 44 bis 48 die maßgebliche Rechtsgrundlage für die Aufhebung von VA auch für
den Fall, dass der VA infolge Ablaufs der Widerspruchsfrist formell bestandskräftig
(**unanfechtbar**) geworden ist. Dabei benutzt das Gesetz als **Oberbegriff die Aufhebung** mit den Unterfällen der Rücknahme und des Widerrufs:

Die **Rücknahme** bedeutet die Aufhebung rechtswidriger VAe, der **Widerruf** bedeu-　63
tet die Aufhebung rechtmäßiger VAe. Die Aufhebung (Rücknahme oder Widerruf)
erfolgt ihrerseits durch VA. Die Vorschriften der §§ 44 ff. SGB X beinhalten Regelungen, bei denen der Gesetzgeber Abgrenzungen trifft, ob und unter welchen Voraussetzungen dem Grundsatz der Gesetzmäßigkeit der Verwaltung oder dem Grundsatz des
Vertrauensschutzes der Vorrang einzuräumen ist.

16　Vgl. hierzu *Dörr*, Bescheidkorrektur – Rückforderung – sozialrechtliche Herstellung, Ar-
　　beitshandbuch zum Sozialverwaltungsrecht, 5. Aufl., München 2013; S. 73 ff, 95 ff, 129 ff;
　　Siewert in: *Fichte/Plagemann (Hrsg.)*, Sozialverwaltungsverfahrensrecht: Handbuch, Ba-
　　den-Baden, 2. Aufl. 2016, § 4, Rn. 124 ff.

Schaubild 5:

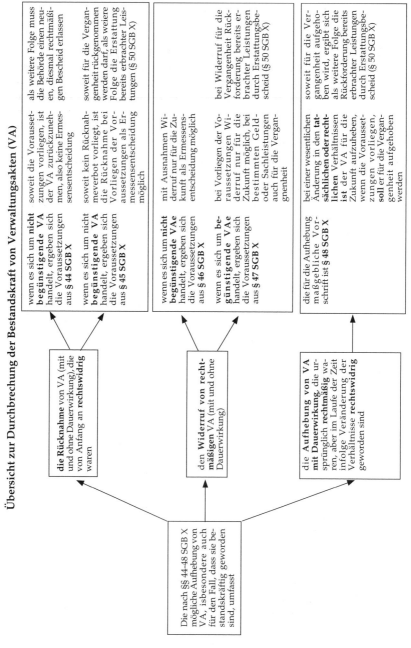

Übersicht zur Durchbrechung der Bestandskraft von Verwaltungsakten (VA)

Die nach §§ 44-48 SGB X mögliche Aufhebung von VA, isbesondere auch für den Fall, dass sie bestandskräftig geworden sind, umfasst

---

die Rücknahme von VA (mit und ohne Dauerwirkung), die von Anfang an **rechtswidrig** waren

- wenn es sich um **nicht begünstigende VA** handelt, ergeben sich die Voraussetzungen aus **§ 44 SGB X** → soweit die Voraussetzungen vorliegen, ist der VA zurückzunehmen, also keine Ermessensentscheidung → als weitere Folge muss die Behörde einen neuen, diesmal rechtmäßigen Bescheid erlassen

- wenn es sich um nicht **begünstigende VA** handelt, ergeben sich die Voraussetzungen aus **§ 45 SGB X** → soweit kein Rücknahmeverbot vorliegt, ist die Rücknahme bei Vorliegen der Voraussetzungen als Ermessensentscheidung möglich → soweit für die Vergangenheit rückgenommen werden darf, als weitere Folge die Erstattung bereits erbrachter Leistungen (§ 50 SGB X)

---

den Widerruf von rechtmäßigen VA (mit und ohne Dauerwirkung)

- wenn es sich um **nicht begünstigende VAe** handelt, ergeben sich die Voraussetzungen aus **§ 46 SGB X** → mit Ausnahmen Widerruf nur für die Zukunft als Ermessensentscheidung möglich

- wenn es sich um **begünstigende VAe** handelt, ergeben sich die Voraussetzungen aus **§ 47 SGB X** → bei Vorliegen der Voraussetzungen Widerruf nur für die Zukunft möglich, bei bestimmten Geld- oder Sachleistungen auch für die Vergangenheit → bei Widerruf für die Vergangenheit Rückforderung bereits erbrachter Leistungen durch Erstattungsbescheid (§ 50 SGB X)

---

die **Aufhebung von VA mit Dauerwirkung,** die ursprünglich **rechtmäßig** waren, aber im Laufe der Zeit infolge Veränderung der Verhältnisse **rechtswidrig** geworden sind

- die für die Aufhebung maßgebliche Vorschrift ist **§ 48 SGB X** → bei einer wesentlichen Änderung in den **tatsächlichen oder rechtlichen** Verhältnissen **ist** der VA für die Zukunft aufzuheben, wenn die Voraussetzungen vorliegen, **soll** er für die Vergangenheit aufgehoben werden → soweit für die Vergangenheit aufgehoben wird, ergibt sich als weitere Folge die Rückforderung bereits erbrachter Leistungen durch Erstattungsbescheid (§ 50 SGB X)

F. Exkurs: Das sozialrechtliche Dreiecksverhältnis

Literatur

Pattar, Sozialhilferechtliches Dreiecksverhältnis – Rechtsbeziehungen zwischen Hilfebedürftigen, Sozialhilfeträgern und Einrichtungsträgern, Sozialrecht aktuell 2012 S. 85 ff.

Der Anspruch auf eine Sozialleistung steht dem **Leistungsberechtigten** zu, der Ver-   64
waltungs- bzw. **Leistungsträger** ist zur Gewährung der Leistung verpflichtet. Während Geldleistungen ausschließlich durch den öffentlich-rechtlichen Leistungsträger erbracht werden, bedienen sich Leistungsträger zur Erbringung von Dienst- und Sachleistungen (Gegenstände wie ein Pflegebett oder menschliche Handlungen wie Krankengymnastik) vielfach und regelmäßig Dritter, der so genannten **Leistungserbringer.**

▶ **Beispiele:**

Der Landkreis X lässt die sozialpädagogische Familienhilfe nach § 31 SGB VIII   65
vom Sozialdienst katholischer Frauen (SKF) – einer Untergliederung des Caritas-Verbandes – durchführen. Eingliederungshilfe für behinderte Menschen – bspw. betreutes Wohnen für geistig behinderte Menschen (§ 54 Abs. 1 SGB XII i.V.m. § 55 SGB IX) wird von einem Kreisverband der Arbeiterwohlfahrt (AWO) e.V. erbracht.

I. Die Leistungserbringer

Leistungserbringer sind in der Regel juristische Personen des Privatrechts. Es lassen   66
sich die einem Wohlfahrtsverband zugeordneten (auch freigemeinnützig genannten) und die privat-gewerblichen Leistungserbringer unterscheiden. Die Ersteren führen ihrem (bspw. kirchlichen) Selbstverständnis entsprechend Maßnahmen durch (wie Ferienspiele), unterhalten Einrichtungen (wie Altenbegegnungsstätten) oder machen Angebote (bspw. Erziehungsberatung). Wichtigstes Strukturmerkmal dieser Träger ist die Ausrichtung der Aktivitäten auf die Erreichung gemeinwohlorientierter Ziele im Sektor sozialer Dienstleistungen. Es handelt sich bei den frei-gemeinnützigen Leistungserbringern damit um Non-Profit-Organisationen. Im Gegensatz hierzu stehen die privatgewerblichen Leistungserbringer, die soziale Dienstleistungen zum Zweck der Gewinnerzielung anbieten.

1. Verbände und Einrichtungen der freien Wohlfahrtspflege[17]

Die Verbände der freien Wohlfahrtspflege haben in Deutschland eine lange, teilweise   67
bis in das 19. Jahrhundert zurückreichende Tradition der Fürsorge für die bedürftigen Teile der Bevölkerung. Den Kirchen zugeordnet sind der Deutsche Caritasverband einerseits und das Diakonische Werk andererseits – jeweils mit ihren Untergliederungen. Zusammen mit der Arbeiterwohlfahrt (AWO), dem Deutschen Roten Kreuz (DRK), dem Deutschen Paritätischen Wohlfahrtsverband (DPWV) und der

---

17 Ausführlich hierzu *Papenheim/Baltes/Dern/Palsherm,* Verwaltungsrecht, S. 154 ff.

Zentralwohlfahrtsstelle der Juden in Deutschland (ZWST) sind sie als die sechs Spitzenverbände der freien Wohlfahrtspflege in der Bundesarbeitsgemeinschaft der freien Wohlfahrtspflege e.V. zusammengeschlossen.

68 Als Formen, in denen die Wohlfahrtspflege als Leistungserbringer organisiert ist, kommen insb. in Betracht der eingetragene Verein und die Gesellschaft mit beschränkter Haftung (GmbH). Ein **Verein** ist eine auf die Dauer berechnete Verbindung einer größeren Anzahl von Personen zur Erreichung eines gemeinsamen Zweckes, die nach ihrer Satzung körperschaftlich organisiert ist, einen Gesamtnamen führt und auf einen wechselnden Mitgliederbestand angelegt ist – wobei körperschaftlich verfasst heißt, mit Organen (Vorstand, Mitgliederversammlung) ausgestattet. Der rechtsfähige Verein (§§ 21 bis 79 BGB) ist der Haupttypus der rechtsfähigen Personenvereinigung. Im vorliegenden Zusammenhang interessant ist der sog. **Ideal-** oder nichtwirtschaftliche **Verein.** Dessen Zweck ist nicht auf einen wirtschaftlichen Geschäftsbetrieb gerichtet ist. Er verfolgt meist politische, religiöse, wohltätige, künstlerische, wissenschaftliche Zwecke; oft ist Geselligkeit sein Anliegen. Der Idealverein wird rechtsfähig mit der Eintragung in die beim Amtsgericht geführten Vereinsregister. »Mit der Eintragung erhält der Name des Vereins den Zusatz eingetragener Verein« (»e.V.«) (§ 65 BGB).

69 Die **GmbH** ist demgegenüber eine Vereinigung des Handelsrechts. Für GmbH gilt das GmbH-Gesetz (Gesetz betreffend die Gesellschaften mit beschränkter Haftung). Die Eintragung der GmbH erfolgt im Handelsregister, wenn die vom Gesetzgeber verlangten Voraussetzungen vorliegen; in der Bundesrepublik existieren etwa 4.000 gemeinnützige GmbHs. Beispiele für GmbHs, in denen sich ein sozialer Aspekt verwirklicht:

▶ Beispiele:

70 Gemeinnützige GmbH für hörgeschädigte Menschen in Osnabrück, Orthopädische Klinik Kassel gGmbH, Lungen-Heil- und Forschungsstätte GmbH in Schwalbach; Katholische Fachhochschule – gemeinnützige GmbH, als Trägerin der Katholischen Fachhochschule Nordrhein-Westfalen, AWO München – Gemeinnützige Betriebs-GmbH.

71 Die für Vereinigungen der freien Wohlfahrtspflege prägende **Gemeinnützigkeit** ist ein Begriff aus dem Steuerrecht. Eine Körperschaft verfolgt gemeinnützige Zwecke, wenn ihre Tätigkeit darauf gerichtet ist, die Allgemeinheit auf materiellem, geistigem oder sittlichem Gebiet selbstlos zu fördern (§ 52 Abs. 1 AO). Zur Förderung der Allgemeinheit gehören u.a. die Förderung von Wissenschaft und Forschung, von Kunst und Kultur, des Sports und »*des Wohlfahrtswesens, insbesondere der Zwecke der amtlich anerkannten Verbände der freien Wohlfahrtspflege (…), ihrer Unterverbände und ihrer angeschlossenen Einrichtungen und Anstalten*« (§ 52 Abs. 2 S. 1 Nr. 9 AO).[18] Die fördernde Tätigkeit ist allerdings nur dann selbstlos i.S.d. Abgabenrechts, wenn dadurch nicht

---

18 S. zu allem III. Abschnitt AO (Abgabenordnung) und Anlage 1 zu § 48 der Einkommensteuer-Durchführungsverordnung (EStDV) »Verzeichnis der Zwecke, die allgemein als besonders förderungswürdig i.S.d. § 10b EStG anerkannt sind«.

in erster Linie eigenwirtschaftliche Zwecke – zum Beispiel gewerbliche Zwecke oder sonstige Erwerbszwecke – verfolgt werden (§ 55 Abs. 1 AO). Die Einrichtung eines wirtschaftlichen Geschäftsbetriebs ist nur dann gemeinnützigkeitsrechtlich zulässig, wenn sie um des steuerbegünstigten Zwecks willen erfolgt, um z.b. der gemeinnützigen Sache Mittel zu beschaffen. Eingenommene Mittel müssen grundsätzlich zeitnah für die steuerbegünstigten satzungsmäßigen Zwecke verwendet werden (§ 55 Abs. 1 Nr. 5 AO). Eine Rücklagen- und Vermögensbildung ist abgabenrechtlich möglich, aber stark reglementiert (§ 62 AO).

Als gemeinnützig anerkannte Körperschaften sind von der Körperschaftssteuer, der   72 Erbschafts- und der Grundsteuer befreit und müssen nur den ermäßigten Umsatzsteuersatz von 7% erheben. Eine indirekte steuerliche Begünstigung stellt die steuerliche Abzugsfähigkeit von Spenden an gemeinnütziger Körperschaften dar.

2. Privatgewerbliche Leistungserbringer

Neben der freien Wohlfahrtspflege treten zunehmend Unternehmen als Leistungser-   73 bringer auf, die sich gewinnorientiert auf dem Markt platziert haben, insb. im Bereich ambulanter Pflegedienste, der Pflegeheime und Rehabilitationseinrichtungen. Diese vermögen sich trotz fehlender Gemeinnützigkeit und der damit einhergehenden größeren steuerlichen Belastung am ‚Sozialleistungsmarkt' zu behaupten. So waren in den Jahren 2011/2012 40% der Pflegeheime und 63% der Pflegedienste in privat-gewerblicher Trägerschaft.[19]

II. Das sozialrechtliche Dreiecksverhältnis

In der Figur des **sozialrechtliches Dreiecksverhältnisses** lassen sich nun die Rechts-   74 beziehungen zwischen Leistungsberechtigten, Leistungsträgern und Leistungserbringern nachvollziehen machen. Dies soll am Beispiel der Pflegeversicherung nach dem SGB XI veranschaulicht werden.

Das Rechtsverhältnis zwischen Pflegekassen, Pflegebedürftigen und Pflegeeinrichtungen:

Schaubild 6:

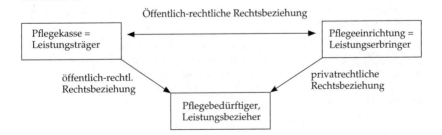

Öffentlich-rechtliche Rechtsbeziehung

Pflegekasse = Leistungsträger ←————————————→ Pflegeeinrichtung = Leistungserbringer

öffentlich-rechtl. Rechtsbeziehung   privatrechtliche Rechtsbeziehung

Pflegebedürftiger, Leistungsbezieher

---

19 Einrichtungen und Dienste der Freien Wohlfahrtspflege, Gesamtstatistik 2012, Stand: 01.01.2012, S. 12.

75 Als Leistungsträger ist die Pflegekasse Kostenträger der Pflegemaßnahmen. Der Pflegebedürftige, der die Leistungen bezieht, ist Mitglied der Pflegekasse. Das Rechtsverhältnis zwischen der Pflegekasse und dem Pflegebedürftigen ist ein öffentlich-rechtliches – es beinhaltet den Anspruch auf die Versicherungsleistungen nach §§ 36 bis 43 SGB XI, die dem Pflegebedürftigen durch Verwaltungsakt bewilligt werden.

76 Die Pflegeeinrichtung bzw. der Träger der Pflegeeinrichtung ist Leistungserbringer für Leistungen nach dem SGB XI. Die Zulassung einer Pflegeeinrichtung zur Leistungserbringung erfolgt nicht von Einzelfall zu Einzelfall und im Ermessen des Leistungsträgers, sondern durch einen sog. **Versorgungsvertrag**. Dieser regelt Art, Inhalt und Umfang der allgemeinen Pflegeleistungen (§ 72 Abs. 2 SGB XI). Der Versorgungsvertrag wird zwischen dem Träger der Pflegeeinrichtung und den Landesverbänden der Pflegekassen (im Einvernehmen mit dem überörtlichen Träger der Sozialhilfe, der u.U. als Leistungsträger der ‚Hotelkosten' hinzukommt, s. dazu unten) abgeschlossen. Neben den Versorgungsvertrag (die Zulassung) treten weitere Vereinbarungen zur Höhe der Vergütung für erbrachte Leistungen:

- bei **ambulanter Pflege** auf der Grundlage einer **Vergütungsvereinbarung** (Vertrag) zwischen dem Träger des Pflegedienstes und der Pflegekasse (§ 89 SGB XI) oder auf der Grundlage einer **Gebührenordnung**, für die § 90 SGB XI die Ermächtigungsgrundlage enthält,[20]
- bei **stationärer Pflege** auf der Grundlage einer **Pflegesatzvereinbarung** (Vertrag) zwischen dem Träger des Pflegeheimes und der Pflegekasse (§§ 84 bis 86 SGB XI).

Auch bei diesem Rechtsverhältnis handelt es sich um ein öffentlich-rechtliches.

77 Bei der Rechtsbeziehung zwischen dem Träger der Pflegeeinrichtung und dem Pflegebedürftigen handelt es sich dagegen um eine privatrechtliche Rechtsbeziehung. Bei ambulanter Pflege besteht ein **Pflegevertrag**, bei stationärer Pflege ein **Heimvertrag** auf der Grundlage des »Gesetzes zur Regelung von Verträgen über Wohnraum mit Pflege- oder Betreuungsleistungen« (Wohn- und Betreuungsvertragsgesetz – WBVG). Mit der Leistungsbewilligung tritt der Leistungsträger der Zahlungsverpflichtung des Leistungsberechtigten mit der Folge bei, dass die Einrichtung einen unmittelbaren Zahlungsanspruch gegen den Leistungsträger und der Leistungsberechtigte gegen den Leistungsträger auf Zahlung an die Einrichtung.[21]

78 Der Vollständigkeit halber sei darauf hingewiesen, dass die Kosten für Unterkunft und Verpflegung zwar bei den Pflegesatzvereinbarungen mit ausgehandelt werden, sie jedoch nicht zum Leistungskatalog der Pflegekassen gehören. Diese sog. Hotelkosten sind vom Pflegebedürftigen selbst zu übernehmen bzw. bei Bedürftigkeit vom Sozialhilfeträger. Damit tritt u.U. ein weiterer Leistungsträger hinzu.

---

20 Bislang war eine solche Gebührenordnung nicht erforderlich.
21 BSG, Urt. v. 28.10.2008 – B 8 SO 22/07 R, BSGE Bd. 102, 1 ff (zum Rechtskreis des SGB XII).

Kapitel 18 Unternehmensformen im sozialen Sektor

Literatur

Eisenhardt/Wackerbarth, Gesellschaftsrecht I, Recht der Personengesellschaften 16. Aufl., München 2015; *Münster*, Die optimale Rechtsform für Selbständige, Unternehmer und Existenzgründer, 6. Aufl., Heidelberg 2006; *Palandt*, Bürgerliches Gesetzbuch, 75. Aufl., München 2016; *Schäfer*, Gesellschaftsrecht, 4. Aufl., München 2015; *Wackerbarth/Eisenhardt*, Gesellschaftsrecht II, Recht der Kapitalgesellschaften, 7. Aufl., München 2013; *Wörlen/Kokemoor*, Handelsrecht mit Gesellschaftsrecht, 12. Aufl., München 2015.

A. Einführung und Praxisrelevanz

Unter dem Stichwort »**Ökonomisierung des sozialen Sektors**« werden soziale Dienstleistungen zunehmend unter betriebswirtschaftlichen Gesichtspunkten betrachtet. Der vormalige Klient wird zum Kunden, Leistungen werden öffentlich ausgeschrieben und Qualitätsstandards werden überprüft. Kosten- und Wirtschaftlichkeitsdruck sind im sozialen Dienstleistungsbereich enorm angezogen. Das hat Vor- wie Nachteile. Der Kunde rückt in das Zentrum, kostengünstige Anbieter werden ausgewählt, gleichzeitig wächst jedoch der Stress für die Mitarbeiter, deren Arbeit unter Effektivitäts- und Effizienzgesichtspunkten komprimiert wird. **1**

Im Rahmen des Subsidiaritätsprinzips werden soziale Aufgaben primär auf die Träger der freien Wohlfahrtspflege verlagert, die bei der Durchführung von Beratung und Hilfe sowie bei der Vergabe von Sachleistungen vorrangig zu berücksichtigen sind. Die Spitzenverbände der freien Wohlfahrtspflege sind überwiegend in der Rechtsform des eingetragenen Vereins organisiert, als da sind: **2**
- Arbeiterwohlfahrt (AWO)
- Deutscher Caritasverband
- Deutscher Paritätischer Wohlfahrtsverband
- Deutsches Rotes Kreuz
- Diakonisches Werk der EKD
- Zentralwohlfahrtsstelle der Juden in Deutschland

Neben den **freigemeinnützigen Trägern** haben sich **private Träger** sozialer Dienstleistungen als Unternehmen etabliert, die vornehmlich auf dem Gebiet der Altenpflege (SGB XI) und der Kinder- und Jugendhilfe (SGB VIII) tätig sind. Mittlerweile sind jedes dritte Pflegeheim und jeder zweite Pflegedienst privatwirtschaftlich organisiert. **3**

Gleichzeitig lagern die großen Wohlfahrtsverbände einzelne Tätigkeitsbereiche in Form von Tochterunternehmen aus, um betriebswirtschaftlich effektiver arbeiten zu können. Das können etwa Krankenhäuser, Betriebe für Behinderte oder geragogische Leistungen sein. **4**

Daneben macht sich ein noch vorsichtiger Trend in sozialen Berufen bemerkbar, sich freiberuflich selbstständig zu machen, z.B. in der Kinder- und Jugendhilfe, der Berufsbetreuung oder in therapeutischen und beratenden Feldern. Das Schlagwort lautet **5**

»Social Entrepreneurship«, wobei sich die Erkenntnis durchsetzt, dass sich auch im sozialen Sektor Geld verdienen lässt.

6   In diesem Kontext sind Basiskenntnisse des Unternehmensrechts von elementarem Vorteil, die auf den folgenden Seiten vermittelt werden. Die Darstellung beschränkt sich auf die im sozialen Sektor vorkommenden Rechtsformen. OHG, KG und AG bleiben unberücksichtigt.

B. Wahl der Rechtsform

I. Auswahlkriterien

7   Bei der Gründung eines Unternehmenshat die Wahl der Rechtsform des künftigen Betriebs Konsequenzen in mancherlei Hinsicht. Zu berücksichtigen sind **Gesichtspunkte der Haftung**, die **steuerliche Belastung**, aber auch die **innerbetrieblichen Entscheidungsstrukturen**. Die Rechtsform muss zu dem Anspruch des Unternehmers passen und vom Umfang her dem Betrieb angemessen sein. Will ein Firmengründer **selbst bestimmen** und sich nicht demokratischen Entscheidungsprozessen unterwerfen, wird er wahrscheinlich eher ein Einzelunternehmen bevorzugen oder eine GmbH, in der er als Geschäftsführer auftritt, und weniger eine Gesellschaft des bürgerlichen Rechts oder eine Partnerschaftsgesellschaft wählen. Will jemand den **Gründungsaufwand gering** halten und ohne vorgeschriebenes Eigenkapital mit der unternehmerischen Tätigkeit beginnen, wird er versuchen, den formalen Aufwand in Grenzen zu halten und etwa mit der neuen Unternehmergesellschaft (UG) anfangen. Benötigt er hingegen **Fremdkapital**, das er sich über **Teilhaber** besorgen möchte, und wenn er nicht nur auf Bankkredite angewiesen sein will, dann wird er möglicherweise eine Kommanditgesellschaft vorziehen. Will er die **persönliche Haftung möglichst gering** halten, etwa weil er in risikobelasteten Geschäftsbereichen tätig ist, wird er möglicherweise eine GmbH vorziehen. Aber auch die **formalen juristischen Rahmenbedingungen erlauben nicht für jegliche unternehmerische Tätigkeit das ganze Spektrum der Rechtsformen.** Hier muss man sich am **Handelsrecht** und am **Gesellschaftsrecht** orientieren.

Diese unterschiedlichen Gesichtspunkte haben zur Folge, dass die Wahl der richtigen Rechtsform am ehesten von einer **persönlichen Prioritätenliste** abhängt.

II. Numerus clausus der Rechtsformen

8   Nicht alle Rechtsformen stehen allen Berufen offen. Eine OHG kann nur für ein Handelsgewerbe begründet werden, ein Kaufmann andererseits kann sein Unternehmen nicht als Gesellschaft des bürgerlichen Rechts führen, und die Partnerschaft ist den freien Berufen reserviert. Es ist deshalb wichtig zu erfahren, welche Tätigkeiten diesen Gruppen zugerechnet werden und welche Rechtsformen für sie reserviert sind.

III. Freiberufler

9   Freiberuflersind grundsätzlich keine Kaufleute, und für sie gelten nicht die verschärften Bestimmungen des Handelsgesetzbuches. Sie können als **Freiberufler im Rahmen**

eines »Einzelunternehmens« tätig sein, sich über einen **Partnerschaftsvertrag** zusammenschließen und eine Gemeinschaftspraxis eröffnen oder gemeinsam eine **Gesellschaft des bürgerlichen Rechts** eingehen. Eine **Liste von freien Berufen** ist in § 1 Partnerschaftsgesellschaftsgesetz aufgeführt.

▶ Freiberufler:

Das sind Angehörige folgender Berufe – vorausgesetzt sie sind selbstständig tätig: 10
Ärzte, Zahnärzte, Tierärzte, Heilpraktiker, Krankengymnasten, Hebammen, Heilmasseure, Diplom-Psychologen, Mitglieder der Rechtsanwaltskammern, Patentanwälte, Wirtschaftsprüfer, Steuerberater, beratende Volks- und Betriebswirte, vereidigte Buchprüfer, Steuerbevollmächtigte, Ingenieure, Architekten, Handelschemiker, Lotsen, hauptberufliche Sachverständige und Journalisten, Bildberichterstatter, Dolmetscher, Übersetzer und ähnliche Berufe, Wissenschaftler, Künstler, Schriftsteller, Lehrer und Erzieher.

Diese **Liste ist nicht abschließend.** Auch andere vergleichbare Tätigkeiten können im 11
Rahmen eines freien Berufes ausgeübt werden, z.B. der Beruf des Testamentsvollstreckers, des Vermögensverwalters oder des Auktionators. **Im sozialen Sektor** können **Sozialarbeiter und Sozialpädagogen**, wenn sie eine eigene Praxis eröffnen, als Freiberufler gelten. Das kommt z.B. in Frage, wenn ein Sozialarbeiter sich als **Verfahrensbeistand** (Anwalt des Kindes) selbstständig macht oder als **Berufsbetreuer** nach dem Betreuungsgesetz tätig wird. Dazu gehören auch Supervisoren, Mediatoren, Familientherapeuten, Berater sozialer Unternehmen, Seminarleiter, Coaches oder Freizeitpädagogen etc.

Freiberufler betreiben **kein Gewerbe**, d.h. sie unterliegen **nicht der Gewerbesteuer-** 12
pflicht, und sie können die Rechtsformen OHG und KG nicht wählen, da letztere nur den Gewerbetreibenden vorbehalten sind.

IV. Gewerbebetrieb

In diesem Zusammenhang sind **zwei Rechtsbegriffe zu definieren**, an die erhebliche 13
Rechtsfolgen geknüpft sind. Das sind einmal der **Begriff des Gewerbes** und zum anderen der **Begriff des Kaufmanns.**

▶ Definition Gewerbe:

Als Gewerbe gilt jede nach außen gerichtete, auf Gewinn gerichtete und auf gewisse 14
Dauer angelegte, selbstständige Tätigkeit, ausgenommen die freien Berufe.[1]

Die Rechtsformen **OHG und KG** können nur Gewerbetreibende wählen, und nur 15
sie haben die Möglichkeit oder die Pflicht, sich als Kaufmann beim Handelsregister
registrieren zu lassen. Dies gilt z.B. für Handwerksbetriebe, Betreiber von Gaststätten,
Lebensmittelhändler, Druckereien, Taxiunternehmen etc. **Im sozialen Bereich** fällt

---

1 Vgl. § 15 Abs. 2 EStG; *Wörlen/Kokemoor*, Handelsrecht mit Gesellschaftsrecht, 2015, S. 6.

darunter der **Betrieb eines Seniorenwohnheims**, die Organisation eines **ambulanten Pflegedienstes oder die Errichtung einer Cafeteria für sozial Benachteiligte** usw.

V. Kaufmannseigenschaft

16 Es hat weitreichende Konsequenzen, wenn das Unternehmen als **Kaufmann** gilt und damit unter das **Handelsrecht** fällt. Eine Eintragung im **Handelsregister** wird obligatorisch. Auf allen Geschäftsbriefen muss das Unternehmen neben der Firma, also dem offiziellen Namen, die Rechtsform, den Sitz und die Registernummer angeben. Die **Buchführung ist nach den HGB-Regeln** zu führen. **Es genügt die schlichte Gewinn- und Verlust-Rechnung nicht mehr.** Die Verletzung dieser Pflicht ist sogar strafbar, wenn es zum Konkurs kommt.

17 Für **Kaufleute** gelten oft **Sonderbestimmungen.** Von ihnen wird mehr wirtschaftliche Selbstverantwortung verlangt als von sonstigen Bürgern. Viele **Verbraucherschutzbestimmungen** wie etwa die Regeln über **Haustürgeschäfte oder Verbraucherkredite** greifen bei ihnen nicht. Die Verzugszinsen sind höher als bei Privatleuten und Verjährungsfristen sind kürzer. **Selbst Bürgschaften können mündlich wirksam werden.**[2]

18 **Für die Beantwortung der Frage, wer Kaufmann ist, gelten folgende Regeln.** Bei **Einzelunternehmen** betrifft das **nur Gewerbetreibende.** Sie sind **grundsätzlich Kaufleute, es sei denn,** ihr Unternehmen erfordert **nicht »nach Art und Umfang einen in kaufmännischer Weise eingerichteten Geschäftsbetrieb«** (§ 1 Abs. 1 u. 2 HGB).

19 Das bedeutet: Wer einfach strukturierte und überschaubare Geschäftsbeziehungen hat, ist auch bei hohem Umsatz kein Kaufmann. Schon ein Betreiber einer Cafeteria ist wegen der großen Zahl von Waren und Lieferanten meist Kaufmann. Diese Unternehmer sind Kaufleute, egal ob sie im Handelsregister stehen oder nicht. Sie sind allerdings verpflichtet, sich dort eintragen zu lassen.

20 **Für Kleingewerbetreibende (nicht jedoch Freiberufler) besteht folgende Option:** Sie können sich als Kaufmann im Handelsregister eintragen lassen (**Kannkaufmann**, § 2 HGB). Überlegen sie es sich jedoch anders, können sie die Eintragung auch wieder streichen lassen. Solange sie allerdings im Register stehen, sind sie Kaufleute mit allen Rechten und Pflichten. Wichtig ist noch, dass eine **GmbH** und eine **Aktiengesellschaft per se** als **Kaufleute** gelten, gleich womit sie sich befassen. Dies gilt auch für Freiberufler-GmbHs.

VI. Haftung

21 Ein wichtiges Kriterium für die Wahl einer Rechtsform sind Risiken und Haftungsumfang. Jede Unternehmensart hat ihre spezifische Risikovariante.

22 Jeder Unternehmer hat dafür einzustehen, dass er seine Verträge ordnungsgemäß erfüllt (**Vertragshaftung**). Ist die Solaranlage, die er gebaut hat, nicht funktionsfähig,

---

2 Die optimale Rechtsform, Heidelberg 2006, S. 22.

sind die Bremsscheiben, die er im Auto installiert hat, defekt, so haftet er. Das kann –
etwa bei Baumängeln oder bei falscher steuerlicher Beratung eines großen Unternehmens – ruinös sein. Das Risiko ist je nach Tätigkeit sehr unterschiedlich. Bei hohem
Haftungsrisiko kann sich der Konkurs schnell realisieren. Während man bei wirtschaftlichen Schwierigkeiten noch versuchen kann, die Geschäftstätigkeit zu beenden, bevor die Schulden zu hoch sind, hilft bei hohen Haftungsrisiken oft vorsichtige
Geschäftspolitik nicht mehr. Die Milderung der Gefahr durch Verträge oder Versiche-
rungsabschlüsse ist in gewissem Maße möglich.[3] Die Wahl der Rechtsform kann die
persönliche Haftung des Unternehmers jedoch ausschließen (Beispiel GmbH).

Das **wirtschaftliche Risiko** ist grundsätzlich vom Unternehmer zu tragen. Ob eine   23
konjunkturelle Delle den Absatz bremst, schwankende Wechselkurse die Preise
hochtreiben, Kredite nicht mehr bedient werden können oder der Geschäftsbetrieb
abbrennt, ist dem wirtschaftlichen Risiko zuzurechnen. Vor dem Risiko, bei wirtschaftlichem Ruin bis an das Lebensende mit Schulden belastet zu sein, schützt
lediglich eine Rechtsform mit Haftungsbeschränkung, wie die GmbH oder die Aktiengesellschaft, wobei letztere im sozialen Sektor eine geringe Rolle spielt, aber nur
soweit der Unternehmer nicht aus anderen Gründen haftet.

Gegen **strafrechtliche Verurteilung** schützt keine Rechtsform. Strafrechtlich belangt   24
werden kann, wer die persönliche Verantwortung für eine Straftat trägt. Ein Unternehmer muss u. U. für Delikte seiner Untergebenen einstehen, sofern er davon
gewusst hat oder die strafbaren Handlungen kennen musste. Je nach Straftatbestand
kann Ignoranz als Fahrlässigkeit gelten (z.B. die Entsorgung von giftigem Abwasser in
die Kanalisation).

VII. Funktionalität

Je weniger Aufmerksamkeit und Energie eine Rechtsform verlangt, desto einfacher   25
handhabbar ist sie. So gesehen ist das **Einzelunternehmen** das Optimum. Der Unternehmer kann seine wirtschaftlichen Funktionen wahrnehmen, ohne von Gesell-
schafterversammlungen und Abstimmungsprozessen aufgehalten zu werden. Den
Gegenpol bilden die **Kapitalgesellschaften.**[4]

Publizitätspflichtige Unternehmen müssen die Bilanz veröffentlichen. D. h. diese   26
Informationen sind für jeden Interessenten zugänglich. Alle **großen gewerblichen
Unternehmen** (in der Regel mit mehr als 5.000 Arbeitnehmern) müssen unabhängig
von der Rechtsform die **Bücher prüfen lassen und die Bilanzen offenlegen.** Ansonsten trifft die unbeliebte Publizitätspflicht nur die Kapitalgesellschaften. D. h. für eine
GmbH besteht Publizitätspflicht, die allerdings in der Praxis nur spärlich beachtet
wird, obwohl das Gesetz etwas anderes verlangt. Gegenwärtig wird das noch toleriert.

---

3 Vgl. *Münster*, 2006, S. 23.
4 Siehe *Münster*, 2006, S. 26.

27   Eine Rolle spielt auch der Aufwand für die **Organisation von Willensbildung** und Entscheidungsprozessen im Unternehmen. Bei einer GmbH und einer Aktiengesellschaft sind hier erhebliche Rahmenbedingungen zu beachten.

Neben den eigenen Prioritäten spielen auch **gesetzliche Regelungen** bei der Rollenverteilung mit. So müssen **Handwerksbetriebe von einem Meister** geleitet werden.

Diese Qualifikation muss beim Einzelunternehmen der Unternehmer selbst haben, bei der GmbH der Geschäftsführer, aber nicht unbedingt die Gesellschafter.

28   Auch in Bezug auf den **Gründungsaufwand** existieren Unterschiede zwischen den Unternehmensformen. Ein Einzelunternehmen erfordert grundsätzlich kaum Gründungsaufwand, die Gründung einer OHG, KG oder einer GmbH ist jedoch mit erheblichen Formalitäten und Investitionen verbunden.

VIII. Steuern

29   Die komplexe Steuerfrage können wir hier nur streifen. Die Gewichtung fiskalischer Vor- und Nachteile bei der Besteuerung von Unternehmen ist recht kompliziert, da durch die Steuerprogression unterschiedliche Steuersätze zum Tragen kommen. Man unterscheidet zwischen **Einkommensteuer, Körperschaftssteuer, Umsatzsteuer** und der **Gewerbesteuer,** und es fallen u. U. Kirchensteuer und Solidaritätszuschlag an. An dieser Stelle soll nur so viel festgehalten werden: Sämtliche Einkünfte aus unternehmerischer Tätigkeit unterliegen der Einkommensteuer. Dabei gibt es Unterschiede, je nachdem welcher Einkunftsart der jeweilige Gewinn zugerechnet wird, ob er also zu den Einkünften aus Gewerbebetrieb, aus selbstständiger Arbeit, aus Kapitalvermögen oder aus nichtselbständiger Arbeit zählt.

30   Die **Körperschaftssteuer** fällt nur bei den Unternehmensformen **GmbH** und **AG** an. Versteuert werden die Gewinne. Beim Steuersatz gibt es jedoch keine einkommensabhängige Progression. Der Steuersatz beträgt unabhängig von der Höhe der Gewinne 25% für nicht ausgeschüttete Gewinne, 25% für ausgeschüttete Gewinne. Diese 25% kann der Gesellschafter aber von seiner Einkommensteuer abziehen. Die ausgeschütteten Gewinne muss er dann mit seinem normalen Steuersatz versteuern, also bis zu 42 % (Spitzensteuersatz). Dieses Anrechnungsverfahren verhindert eine Doppelbesteuerung der Gewinne durch Körperschaftssteuer und Einkommensteuer. Liegt der persönliche Steuersatz des Gesellschafters über 25%, bringt der Körperschaftssteuersatz einen Steuervorteil gegenüber Einzelunternehmen und Personengesellschaften. Bei denen fallen die Unternehmensgewinne immer unter die Einkommensteuer, auch wenn sie nicht ausgeschüttet werden.

31   Hinsichtlich der Gewerbesteuer machen Unternehmensform und konkrete Unternehmensgestaltung erhebliche Unterschiede aus. Die Gewerbesteuer kann als Betriebsausgabe vom Gewinn abgezogen werden, mindert also Körperschaftssteuer und Einkommensteuer. Gewerbesteuer nehmen die Gemeinden von allen Handelsgesellschaften, also von der OHG, der Kommanditgesellschaft, aber vor allem auch von der GmbH ein, und zwar unabhängig davon, welche Geschäftsbereiche sie abdecken

d.h. auch von Freiberuflern, wenn sie sich in einer GmbH zusammenschließen. Die Höhe der Gewerbesteuer legen die Gemeinden durch sog. Hebesätze fest, die sich voneinander unterscheiden.

C. Einzelunternehmen

Als Einzelunternehmerim Sozialbereich aufzutreten, erfordert Mut und Risikobe-   32
reitschaft, entschädigt aber gleichzeitig durch die Möglichkeit, Arbeitsinhalte und Arbeitszeiten weitgehend selbst zu bestimmen. Sozialarbeiter und Pädagogen entscheiden sich meist in der Mitte ihres Erwerbslebens, dem Angestelltendasein den Rücken zu kehren und die erworbenen Qualifikationen als Selbständige einzusetzen. Das betrifft vorwiegend den Bereich Kinder- und Jugendhilfe sowie das Pflege- und Gesundheitswesen, wo Dienstleister durch öffentliche Mittel finanziert werden.

▶ **Bespiele sind etwa**

- Verfahrensbeistand oder »Anwalt des Kindes« (§ 158 FamFG)   33
- Berufsbetreuer (§§ 1896 ff. BGB)
- Erziehungsberater oder Kinder- und Jugend-Psychotherapeut (§ 28 SGB VIII)
- Ambulanter Pflegedienst
- Kindertagespflege (§§ 22, 43 SGB VIII)

Die Kehrseite der Selbständigkeit ist, dass der Einzelunternehmer die unbeschränkte persönliche Haftung trägt und eigenständig für Krankheit, Verdienstausfall und Rente vorsorgen muss.

Einzelunternehmen   34

Rechtsgrundlage	– Für Kaufleute: Handelsgesetzbuch (HGB).
Status	– Natürliche Person.
Adressaten	– Alle Freiberufler (s. § 18 I Nr. 1 EStG), – alle Gewerbetreibenden (Kaufleute § 1 HGB).
Firma, Bezeichnung	– Geregelte Freie Berufe: z.B. Ärzte, Rechtsanwälte, Steuerberater → Zulassung erforderlich. – Ungeregelte Freie Berufe: z.B. Coaches, Schriftsteller, Seminarleiter → keine Zulassung erforderlich. – Kaufleute: Personen-, Sach-, Phantasiename mit Zusatz e.K., e.Kfm, e.Kfr.
Mindestkapital	– Nicht vorgeschrieben; rein wirtschaftliche Erwägungen.
Vermögen	– Im Besitz des Inhabers.
Haftung	– Unbeschränkt mit dem betrieblichen und persönlichen Vermögen.
Entscheidungsstruktur	– Selbstbestimmung; Alleinverantwortung.
Geschäftsführung & Vertretung	Allein, ggf. Vertretung durch Prokuristen bei Kaufleuten möglich.

| Gründung | – Freiberufler: Anmeldung beim Finanzamt (§ 18 EStG),
– Gewerbetreibende: Gewerbeanmeldung (§ 14 GewO),
– Kaufleute: Eintragung im Handelsregister (§ 2 HGB),
– Kleingewerbetreibende: optionale Eintragung im Handelsregister (§ 2 HGB). |

D. Gesellschaft des Bürgerlichen Rechts (GbR)

35 Eine BGB-Gesellschaftoder Gesellschaft des Bürgerlichen Rechts ist schnell gegründet. Der Gesellschaftsvertrag unterliegt keiner Form (§ 705 BGB). Ein Gesellschaftsvertrag kann sogar durch konkludentes (einverständliches) Handeln zustande kommen (**sog. GbR-Falle**).

▶ Beispiel:

36 Zwölf Mitglieder einer Lotto Tippgemeinschaft entrichten monatlich ihre Beiträge und sind sich darüber einig, wie sie eventuelle Gewinne aufteilen. Ohne dass ihnen das juristisch bewusst ist, haben sie eine GbR gegründet.

37 Als es die Partnerschaftsgesellschaft noch nicht gab, haben sich Angehörige freier Berufe, besonders Anwälte und Ärzte, als GbR zusammengeschlossen. Die Gefahr dabei ist das hohe Haftungsrisiko der Teilhaber. Denn neben dem Gesellschaftsvermögen haften die einzelnen Gesellschafter gesamtschuldnerisch (§ 421 BGB) unmittelbar mit ihrem Privatvermögen. Das ist mittlerweile herrschende Meinung und ständige Rechtsprechung des Bundesgerichtshofs.[5]

Diese Gesellschaftsform verlangt absolutes Vertrauen in die Integrität, Leistungsfähigkeit und Zuverlässigkeit der Mitgesellschafter.

38 Gesellschaft des Bürgerlichen Rechts (GbR)

Rechtsgrundlage	– Bürgerliches Gesetzbuch (§§ 705 ff. BGB).
Status	– Personengesellschaft
Adressaten	– Zusammenschluss von Angehörigen Freier Berufe; – kleinere Betriebe mit wenig Umsatz und Kapital.
Firma, Bezeichnung	– Vor- und Zuname von mind. 2 Gesellschaftern; – Zusatz mit Angabe der Tätigkeit bzw. der Branche.
Mindestkapital	– Nicht vorgeschrieben; rein wirtschaftliche Erwägungen.
Vermögen	– Besteht aus Geld- oder Sacheinlagen der Gesellschafter und dem, was die Gesellschaft erwirbt. – Jeder Gesellschafter hat einen ideellen Anteil am Gesamthandvermögen.

---

5 Vgl. *Eisenhardt/Wackerbarth*, 2015, S. 53; BGHZ 142, 315 ff.

Haftung	– Jeder Gesellschafter haftet gesamtschuldnerisch mit Geschäfts- und Privatvermögen (§ 421 BGB). – Haftungsbeschränkung kann in bestimmten Fällen vereinbart, muss aber jedem Geschäftspartner bekannt gemacht werden!
Entscheidungsstruktur	– Alle entscheiden gleichberechtigt; andere Regelungen möglich (§ 709 BGB).
Geschäftsführung & Vertretung	– Alle Beteiligten sind gemeinschaftlich geschäftsführungsbefugt; andere Regelungen möglich (§ 710 BGB). Vertretung (§§ 714, 715 BGB)
Gründung	– Gesellschaftsvertrag; kein Formzwang. – Freiberufler: Anmeldung beim Finanzamt (§ 18 EStG). – Gewerbetreibende zusätzlich: Gewerbeanmeldung aller Beteiligten (§ 14 GewO).

E. Partnerschaftsgesellschaft

Die Partnerschaftsgesellschaft ist eine relativ junge Gesellschaftsform, die erst im Jahr 1994 ins Gesetz eingefügt wurde. Sie ist dem Zusammenschluss von Angehörigen freier Berufe vorbehalten (§ 1 Abs. 1 PartGG). Attraktiv ist die PartG – im Gegensatz zur GbR – vor allem durch die Haftungsbeschränkung der Partner auf eigene berufliche Fehler (§ 8 Abs. PartGG).   **39**

Im sozialen Sektor eignet sich die Partnerschaftsgesellschaft besonders für die fachliche Kooperation von Therapeuten, Coaches, Kursleitern, Mediatoren, Rechtlichen Betreuern, Rechtsanwälten etc.

Partnerschaftsgesellschaft   40

Rechtsgrundlage	– Partnerschaftsgesellschaftsgesetz (PartGG).
Status	– Personengesellschaft.
Adressaten	– Zusammenschluss von Freiberuflern.
Firma, Bezeichnung	– (Vor- und) Zuname von mind. 1 Gesellschafter und Zusatz »Partner« oder »Partnerschaft« – sowie die Bezeichnung aller in der Partnerschaft vertretenen Berufe.
Mindestkapital	– Nicht gesetzlich vorgeschrieben, allein wirtschaftliche Gründe bestimmen die Höhe.
Vermögen	– Besteht aus den Geld- oder Sacheinlagen der Gesellschafter und dem, was die Gesellschaft erwirbt. – Jeder hat einen ideellen Anteil an dem Gesamthandvermögen, welches gemeinschaftlich verwaltet wird.

Haftung	– Grundsätzlich haften Gesellschafter für Verbindlichkeiten gesamtschuldnerisch mit ihrem persönlichen Vermögen (§ 8 Abs. 1 PartGG). – Für fachliche Fehler haftet nur der ausführende Partner privat neben der Partnerschaft (§ 8 Abs. 2 PartGG).
Entscheidungsstruktur	– Alle entscheiden gleichberechtigt; andere Regelungen möglich.
Geschäftsführung & Vertretung	– Alle Gesellschafter sind allein geschäftsführungs- und vertretungsbefugt; andere Regelungen möglich.
Gründung	– Schriftlicher Partnerschaftsvertrag (§ 3 PartGG). – Notarielle Beurkundung nicht notwendig. – Anmeldung beim Partnerschaftsregister (§ 4 PartGG). – Anmeldung beim Finanzamt.

F. Gesellschaft mit beschränkter Haftung (GmbH)

41 Im Zuge der Ökonomisierung sozialer Arbeit haben Wohlfahrtsverbände zunehmend Tochterunternehmen in Form einer GmbH ausgegründet, um die Wirtschaftlichkeit einzelner Tätigkeitsfelder besser steuern zu können. Durch die Verknüpfung von sozialem Engagement mit Wirtschaftsunternehmen rückt die betriebswirtschaftliche Rentabilität mehr in den Vordergrund. Dies sind zwei Ansätze, die sich nicht ausschließen müssen. Die GmbH bietet sich im Gegensatz zum Verein als moderne Organisationsform an. Häufig werden die Betriebe auch als gemeinnützige GmbH geführt (zur Gemeinnützigkeit s. Rdn. 56 ff.).

▶ Beispiele sind:

42   – Lebenshilfe Braunschweig gemeinnützige GmbH, die für ca. 1.400 Behinderte Arbeitsplätze schafft und selbst etwa 500 Mitarbeiter als mittelständiges Unternehmen beschäftigt.
– AWO Ida-Wolff-Krankenhaus Neukölln gGmbH als Geriatriezentrum im AWO-Pflegenetz.
– Internationaler Bund Soziale Dienste GmbH, Köln beschäftigt ca. 400 Mitarbeiter im Bereich der sozialen Arbeit für Kinder, Jugendliche und Erwachsene.

43 Gesellschaft mit beschränkter Haftung (GmbH)

Rechtsgrundlage	– GmbH-Gesetz.(GmbHG)
Status	– Juristische Person; Kapitalgesellschaft.
Adressaten	– Wirtschaftsbetriebe.
Firma/Bezeichnung	– Namensgebung frei. Die Wahl muss jedoch dem Grundsatz der Firmenwahrheit entsprechen. – Entweder Name eines oder mehrerer Gesellschafter, – die Angabe des Tätigkeitsbereiches, – eine Buchstabenkombination oder – eine Phantasiebezeichnung – mit dem Zusatz GmbH.

Mindestkapital	– Gesetzlich vorgeschrieben 25.000 €; davon 12.500 € als Geldeinlage (§§ 5,7 GmbHG). – Mindesteinlage pro Gesellschafter: 1 €.
Vermögen	– Das Gesellschaftsvermögen gehört der GmbH. – Gesellschafter erhalten Geschäftsanteile entsprechend der von ihnen übernommenen Einlage.
Haftung	– Beschränkt auf das Gesellschaftsvermögen (§ 13 GmbHG). – Gesellschafter haften nicht mit ihrem Vermögen. – Geschäftsführer haften nur, wenn sie ihre gesetzlichen Pflichten nicht erfüllen (§ 43 GmbHG).
Entscheidungsstruktur	– Auf der Gesellschaftsversammlung wird abgestimmt nach Kapitalanteilen; andere Regelungen möglich.
Geschäftsführung & Vertretung	– Mindestens einer oder mehrere Geschäftsführer, die keine Geschäftsanteile besitzen müssen. – Alleinige oder gemeinschaftliche Geschäftsführungs- und Vertretungsbefugnis ist möglich und dem Handelsregister anzuzeigen.
Gründung	– Gesellschaftsvertrag mit notarieller Beglaubigung, – für unkomplizierte Standardgründungen hat das GmbHG zwei beurkundungspflichtige Musterprotokolle eingestellt, – Wahl der Geschäftsführung, – Einzahlung der Mindesteinlagen, mit Sachgründungsbericht, – Erstellung einer Liste aller Gesellschafter, sowie – Eintragung ins Handelsregister, – Gewerbeanmeldung.

G. Unternehmergesellschaft haftungsbeschränkt (UG hb)

Um den Einstieg für Existenzgründer zu erleichtern und nicht an dem relativ hohen   **44**
Startkapital der GmbH (25.000 €) scheitern zu lassen, wurde im Jahr 2008 die Unternehmergesellschaft gesetzlich eingeführt (§ 5a GmbHG). Die UG hb (Unternehmergesellschaft haftungsbeschränkt) ist eine Unterform der GmbH, wobei die Gründer kein oder nur wenig Anfangskapital benötigen. Ein Euro reicht aus.[6] Deutsche Existenzgründer brauchen daher nicht mehr auf die schwierig zu führende englische Limited (Ltd.) auszuweichen.

Wenn im Laufe der Jahre Umsatz und Gewinne steigen und das Mindestkapital einer GmbH erreicht wird, geht die UG automatisch in eine GmbH über.

---

6 Wackerbarth/*Eisenhardt*, 2013, Rz. 169.

▶ Beispiele im Sozialbereich:

45 – Palaverzelt UG hb (www.palaverzelt.de) hat ein spielerisches Konfliktlösungsritual für Kita, Grundschule und Familie entwickelt, das bundesweit vertrieben wird.
– PflegePiloten UG hb vermittelt Pflegekräfte und Haushaltshilfen.

46 **Unternehmergesellschaft haftungsbeschränkt (UG hb)**

Rechtsgrundlage	– GmbH-Gesetz; die UG wurde durch das MoMiG von 2008 (Gesetz zur Modernisierung des GmbH-Rechts) eingeführt; § 5a GmbHG.
Status	– Juristische Person; Kapitalgesellschaft.
Adressaten	– Einstiegsvariante der GmbH für Existenzgründer mit wenig Startkapital (»Mini-GmbH«); attraktiv für den Dienstleistungssektor. Sie tritt damit in Konkurrenz zur englischen Ltd., die bis dahin häufig beim Start in die Selbstständigkeit bevorzugt wurde.
Firma/Bezeichnung	– »Unternehmensgesellschaft (haftungsbeschränkt)« – »UG (haftungsbeschränkt)«
Mindestkapital	– Kein Mindeststartkapital, um insb. jungen Unternehmensgründern den Start in die Selbstständigkeit zu erleichtern.
Besonderheiten der U	– Die UG ist keine eigenständige Gesellschaftsform, sondern eine Unterform der GmbH. – Die Anmeldung darf erst erfolgen, wenn das Stammkapital in voller Höhe eingezahlt ist (§ 5a Abs. 2 GmbHG). – Die UG muss in ihrer Bilanz eine Rücklage bilden, in die ein Viertel des Jahresüberschusses eingestellt wird (§ 5a Abs. 3 GmbHG); damit wird im Laufe der Jahre ein höheres Eigenkapital erreicht. – Bei drohender Zahlungsunfähigkeit muss eine Gesellschafterversammlung einberufen werden (§ 5a GmbHG). – Erhöht die UG ihr Stammkapital auf das Mindeststammkapital einer GmbH, werden die Sonderregelungen des § 5a GmbHG nicht mehr angewendet.

H. Verein (e.V.)

47 Das gesellschaftliche Leben in Deutschland, ob in den Bereichen Sport, Kultur, Politik, Kunst, Bürgerinitiativen oder Umwelt, ist von Vereinen geprägt. Bürgerschaftliches Engagement, das vorwiegend ehrenamtlich geschieht, ist ein wesentlicher Faktor gesellschaftlicher Solidarität und Zufriedenheit. In den meisten Vereinen finden sich Interessengruppen zusammen, ob im örtlichen Fußballverein, den Oldtimerliebhabern, der Elterninitiative »Kleine Strolche«, dem Förderverein der Grundschule oder den Braunwassertauchern.

Der überwiegende Teil sozialer Institutionen ist als Verein organisiert und unterliegt 48
dem Vereinsrecht, das im Bürgerlichen Gesetzbuch einen der vordersten Ränge einnimmt, nämlich die Paragrafen 21 – 79 BGB. Alle Spitzenverbände der Wohlfahrtspflege werden in der Rechtsform des eingetragenen Vereins geführt. Ob dies noch
zeitgemäß ist, ist eine andere Frage. Denn einerseits verlangt die Professionalisierung
sozialer Arbeit überschaubare Strukturen und professionelles Management, andererseits unterliegt der Willensbildungsprozess in Vereinen demokratischen Prozessen, die
langwierige Aushandlungsdebatten zur Folge haben. Da freie Wohlfahrtsverbände
oft hunderte oder gar Tausende von Mitarbeitern beschäftigen und Budgets in der
Größenordnung mittlerer Wirtschaftsunternehmen haben, entsteht häufig ein Spannungsfeld zwischen hauptamtlicher Geschäftsführung und ehrenamtlichem Vorstand.
Letzterer ist oft weit von der praktischen Arbeit entfernt.

▶ Beispiele:

- Der Caritasverband Frankfurt e.V. beschäftigt etwa 1.300 Mitarbeiter.   49
- Der DRK-Region Hannover e.V. hat ca. 40.000 Mitglieder und 1.200
  hauptamtliche Mitarbeiter.

Das BGB unterscheidet zwischen dem »wirtschaftlichen« (§ 22) und dem »nicht wirt- 50
schaftlichen« Verein (sog. Idealverein, § 21). Statusunterschiede bestehen zwischen
dem nicht eingetragenen und dem eingetragenen Verein. Nur Letzterer tritt als juristische Person auf, und auf diesen werden wir uns in dieser Darstellung konzentrieren.

Eingetragener Verein   51

Rechtsgrundlage	– §§ 21 bis 79 BGB
Status	– **Idealverein:** juristische Person mit Eintragung im Vereinsregis-ter durch das Registergericht. – **Wirtschaftlicher Verein:** Rechtsfähigkeit durch staatliche Verleihung. (Konzessionszwang) – § 22 BGB
Adressaten	– **Idealverein (§ 21 BGB):** Interessengruppen, die meist politi-sche, religiöse, wohltätige, künstlerische oder wissenschaftliche Zwecke verfolgen.
	– **Wirtschaftlicher Verein (§ 22 BGB):** dauerhaftes Auftreten am Markt in unternehmerischer Funktion mit der Absicht, Gewin-ne zu erzielen.
Name	– XXX eingetragener Verein (e.V.) – § 65 BGB
Mindestkapital	– Gesetzlich nicht vorgeschrieben.
Vermögen	– Das Vermögen des Vereins besteht aus seinen Geld- oder Sach-einlagen, den Mitgliedsbeiträgen und sonst. Einnahmen. – Bei Liquidation des Vereins werden zuerst alle Schulden begli-chen, der Rest fällt an die in der Satzung bestellten Personen (§§ 47 ff. BGB). – Bei Insolvenz wird der Verein aufgelöst (§§ 42 bis 46 BGB).

Haftung	– Der Verein haftet für Schäden, die seine Organe, z.B. Vorstand, im Rahmen seiner Funktion Dritten zugefügt hat (§ 31 BGB). – Haftung des Vorstands selbst nur bei Vorsatz und grober Fahrlässigkeit, wenn er bis zu 500,– € Entgelt jährlich erhält (§ 31a BGB). – Mitglieder haften nicht für die Verbindlichkeiten des Vereins (sog. Haftungsprivileg).
Geschäftsführung & Vertretung	– Mitgliederversammlung als oberstes Entscheidungsorgan (§ 32 BGB). – Vorstand als Geschäftsführungs- und Vertretungsorgan (§§ 26 bis 30 BGB).
Gründung	– Mindestzahl von sieben Mitgliedern, die die Satzung unterschrieben haben (§§ 56, 59 Abs. 3 BGB). – Gründungsvertrag über den Zusammenschluss zu einer Organisation mit einer bestimmen Zweckbestimmung. – Satzung: als Teil der Vereinsverfassung. – Anmeldung beim Registergericht (§§ 59, 77 BGB): mit Abschrift der Satzung und Bestellungsurkunde des Vorstandes (§ 59 BGB). – Rechtsfähigkeit: wird durch Eintrag im Vereinsregister erlangt.

I. Stiftung

52 Stiftungen sind ein unverzichtbares Element unserer Bürgergesellschaft. Sie verfolgen soziale und gemeinnützige Ziele, fördern Bildung und Erziehung, Kunst und Kultur sowie Wissenschaft und Forschung oder den Umweltschutz. Die Zahlen sind beeindruckend und belegen eine lange deutsche Stifterkultur, die im Mittelalter ihren Anfang mit Hospitälern und Waisenhäusern nahm. Heute fördern ca. 19.000 rechtsfähige und ca. 50.000 nicht rechtsfähige Stiftungen gemeinnützige Zwecke. Neben allgemein bekannten Einrichtungen, wie der Stiftung Warentest, der Volkswagenstiftung oder der Robert Bosch Stiftung agieren etwa ein Drittel der Stiftungen im Sozialbereich. Das bedeutet, dass zahlreiche Sozialarbeiter und -pädagogen bürgerlich-rechtliche oder öffentlich-rechtliche Stiftungen als Anstellungsträger haben.

► Beispiele für Stiftungen im sozialen Sektor:

53 – Evangelische Stiftung Neuerkerode von 1868 leistet mit ca. 1.500 Mitarbeitern Unterstützung in den Feldern Inklusion, Prävention und Gesundheit.

– Mansfeld-Löbbecke Stiftung von 1833 mit dem Schwerpunkt auf sozial-therapeutischer Betreuung.

54 Eine Stiftung gründet sich auf dem Vermögen eines oder mehrerer Stifter. Die Aufgaben der Stiftung basieren auf dem Zweck, den der oder die Stifter vorgegeben haben. Die Einrichtung als solche kann unterschiedliche Rechtsformen annehmen, wie etwa die einer GmbH oder die eines Vereins. Wir beschränken uns hier jedoch auf den Prototyp, die rechtsfähige Stiftung bürgerlichen Rechts, die in den §§ 80 ff. BGB ihren Platz findet.

Stiftung   55

Rechtsgrundlage	– §§ 80 bis 88 BGB und Landesstiftungsgesetze.
Status	– Juristische Person des Privatrechts.
Adressaten	– Personen oder Unternehmen, die mit einem Vermögen einen bestimmten Zweck erfüllen wollen.
Firma, Bezeichnung	– XXX Stiftung (meist Name des Stifters).
Vermögen	– Besteht aus dem Stiftungskapital und dem Vermögen, das die Stiftung ggf. erwirtschaftet oder gespendet bekommt.
Haftung	– Gem. § 86 BGB gilt das Vereinsrecht entsprechend ⊠ §§ 31u. 31 a BGB (s. dort).
Besondere Kennzeichen	– Eine Stiftung hat keine Mitglieder, Eigentümer oder Gesellschafter; – Eine gemeinnützige Stiftung ist nach §§ 51 bis 68 AO steuerlich begünstigt.
Geschäftsführung & Vertretung	– Geschäftsführungs- und Vertretungsbefugnis des Vorstandes gem. § 86 i.V.m. § 26 Abs. 2 Satz 1, § 27 Abs. 3 u. § 28 BGB.
Gründung	– Durch das Stiftungsgeschäft, d.h. die Erklärung des Stifters über Vermögen und Zweck der Stiftung (§§ 80,81 BGB) und – die staatliche Anerkennung durch die Stiftungsbehörde des Landes (§ 81 BGB). – Eine Stiftung kann auch nach dem Tod des Stifters aus einem Testament oder einem Erbvertrag gegründet werden (§ 83 BGB).

J. Gemeinnützigkeit

Im sozialen Sektor werden oft sozialstaatliche Aufgaben übernommen, die in der Form   56
gemeinnütziger GmbHs und Vereine durchgeführt werden.

▶ Definition:

Eine Organisation verfolgt **gemeinnützige Zwecke**, wenn aus ihren Statuten   57
hervorgeht, dass ihre Tätigkeit darauf gerichtet ist, ausschließlich und unmittelbar
die *»Allgemeinheit auf materiellem, geistigem oder sittlichem Gebiet selbstlos zu
fördern«*. Mildtätige und kirchliche Zwecke sind gleichgestellt.

Im Gesetz wird als Förderung der Allgemeinheit erwähnt: ein Tätigwerden für Wis-   58
senschaft und Forschung, Bildung und Erziehung, Kunst, Kultur, Heimat und Sport;
nicht»Skat-«, nicht»Denk-«, nicht»Hundesport«, wohl aber Schachspiel, Umwelt-,
Landschafts- und Denkmalschutz, Jugend- und Altenhilfe, öffentliches Gesundheitswesen, Wohlfahrtswesen.[7]

---

7 Siehe III. Abschnitt AO (Abgabenordnung) und Anlage 1 zu § 48 der Einkommensteuer-Durchführungsverordnung (EStDV) »Verzeichnis der Zwecke, die allgemein als besonders
   förderungswürdig i.S.d. § 10b EStG anerkannt sind«.

59 Eine gemeinnützige Organisation kann staatliche Zuschüsse erhalten. Sie ist befreit von der Körperschafts-, Gewerbe-, Vermögens-, Erbschafts-, sowie Grund- und Grunderwerbsteuer. Mitgliedsbeiträge, öffentliche Zuschüsse und Spenden bleiben für die gemeinnützige Körperschaft steuerfrei. Der Spender kann seine Zuwendung als Sonderausgabe von seinem steuerpflichtigen Einkommen abziehen.[8]

Die Gemeinnützigkeit wird mit einem Steuerfreistellungsbescheid durch das Finanzamt anerkannt.

60 Gemeinnützige Aufgaben können mit gewissen steuerlich unschädlichen wirtschaftlichen Geschäftstätigkeiten verbunden sein (»**Nebenzweckprivileg**«).[9] Man spricht dann von einem »Doppelleben« der Körperschaft. Das Nebenzweckprivileg setzt aber voraus, dass der wirtschaftliche Geschäftsbetrieb den nichtwirtschaftlichen Zwecken und Tätigkeiten untergeordnet ist, dass also der ideelle Zweck überwiegt.

61 Einnahmen aus laufenden Geschäften, die die Organisation selbst betreibt, wie die Unterhaltung einer Gaststätte oder die Vermietung von Sportplatzflächen zur Werbung, unterliegen Körperschaftssteuer und Gewerbesteuer – dies aber erst dann, wenn die Einnahmen den Betrag von 35.000 € jährlich übersteigen.[10]

---

8 § 10b EStG, § 48 EStDV.
9 BGH, NJW 1983, 571.
10 S. § 64 Abs. 3 AO.

Kapitel 19 Der Sozialdatenschutz

Literatur

Diering/Timme/Waschull, Sozialgesetzbuch X, Sozialverwaltungsverfahren und Sozialdaten-schutz, Lehr- und Praxiskommentar, 4. Aufl., Baden-Baden 2016; *Krahmer, U.,* Sozialdaten-schutz nach SGB I und SGB X, Kommentar, 3. Aufl. Köln 2011; *Ch. Bake/B. Blobel/P. Münsch* (Hrsg.), Handbuch Datenschutz und Datensicherheit im Gesundheits- und Sozialwesen, 4. Aufl., Frechen 2015; *Mrozynski, P.,* SGB Allgemeiner Teil, 5. Aufl. 2015 zu § 35 SGB I; *von Wulffen* (Hrsg.), SGB X – Sozialverwaltungsverfahren und Sozialdatenschutz, 8. Aufl. 2014, insb. zu §§ 67 ff. SGB X; Basiswissen Datenschutz, EREV, 3/2011; *Fasselt/Schellhorn,* Handbuch Sozialrechtsberatung 5. Aufl. 2017, dort insbes. *Sauer,* Kapitel Beratung, S. 703 ff.; *Schellhorn/ Fischer/Mann/Kern,* SGB VIII Kommentar, 5. Aufl. Köln 2017, dort insbes. *Mann* §§ 61–68 SGB VIII.

A. Einführung

Der Sozialdatenschutz ist in § 35 SGB I und den §§ 67 bis 78 SGB X geregelt. **1**
Er ist in allen Feldern sozialer Arbeit von herausgehobener Bedeutung, weil einer-seits die Aufgaben des Sozialstaates ohne Kenntnis von Daten des Bürgers nicht erle-digt werden können und andererseits der Bürger die Leistungen des Staates nicht in Anspruch nimmt, wenn er nicht über die Verwendung seiner Daten aufgeklärt und belehrt wurde. Deshalb ist der Begriff Datenschutz irreführend, weil es um den Schutz der Menschen und ihrer Rechte geht. Für einzelne Sozialleistungsbereiche gel-ten spezielle Regelungen, die die allgemeinen Regelungen des SGB I und X ergänzen bzw. ihnen vorgehen. Solche bereichsspezifischen Regelungen finden sich vor allem im Kinder- und Jugendhilferecht (§§ 61 bis 68 SGB VIII).[1] Der Sozialdatenschutz ist Ausfluss des durch das Grundgesetz gewährleisteten Rechts auf informationelle Selbstbestimmung.[2]

Das BVerfG hat in seinem **Volkszählungsurteil** die wichtigsten Grundsätze des Daten- **2**
schutzes normiert. Das Grundrecht des informationellen Selbstbestimmungsrechtes ist in Art. 1 und Art. 2 Abs. 1 GG normiert. Jeder Mensch hat das Recht auf Wah-rung seiner Intimsphäre die vor staatlich bedingten datenschutzrechtlichen Eingriffen geschützt ist. Im Übrigen bedarf es bei dem Umgang mit Daten immer eines Gesetzes, da jede Datenverwendung auch zugleich ein Grundrechtseingriff ist.

Dies ergibt zugleich den **ersten Grundsatz:** Datenschutzrechtlich ist alles verboten, **3**
was nicht gesetzlich normiert ist. Deshalb sollte jede Person, die mit Daten hantiert, sich dieser enormen Verantwortung bewusst sein und im Zweifel die Rechtsgrundlage seines/ihres Tuns klären.

---

1 Zum bereichsspezifischen Datenschutz im SGB VIII S. in Kap. 13 Rdn. 166 ff.
2 Dazu in Kap. 2 Rdn. 42 ff. und Rdn. 88 ff.; s.a. den Aufsatz von *Zilkens,* ZfF 2008 S. 25 ff. Vgl. BVerfGE 65, 1 ff.

4 **Weitere Eckpunkte des BVerfG im Umgang mit Daten sind:**
   – der **Zweck** der behördlichen Handlung (z.b. Beantragung von Hilfe zur Erziehung gem. § 27 SGB VIII),
   – die **Erforderlichkeit** der Daten zur Erledigung dieses Zweckes (z.b. beim Kitabesuch),
   – **Transparenz** des datenschutzrechtlichen Tuns der Behörde (z.b.: weshalb benötigt die Behörde die Angaben, wem werden diese Daten ggf. weitergegeben und wann werden sie gelöscht),
   – alles staatliche Handeln wird durch den **Verhältnismäßigkeitsgrundsatz** beschränkt.

5 **Zweiter Grundsatz:** Zur Bearbeitung von Daten bedarf es zweier Rechtsnormen, nämlich die Aufgabenzuschreibung einer Behörde und die datenschutzrechtliche Ermächtigung, die zur Aufgabenerledigung erforderlichen Daten zu erheben, zu verarbeiten und zu nutzen.[3]

6 **Dritter Grundsatz:** Eine Behörde (z.b. das Jugendamt) erledigt eine Vielzahl unterschiedlicher Aufgaben (Leistung, Beratung, JGH, Kontrollaufgaben etc.). Jede dieser einzelnen Handlungen unterliegt jeweils dem separaten Datenschutz. Man spricht von dem **funktionalen Behördenbegriff**. Deshalb ist der freie Austausch von Daten im JA nur im gesetzlichen Rahmen erlaubt und ein Datenaustausch zwischen dem ASD und der JGH stellt eine Datenübermittlung dar.

Vierter Grundsatz: Es gibt oft eine fragende und eine gefragte Behörde/Institution. Beide brauchen eine Ermächtigung.

B. Der Anspruch auf Wahrung des Sozialgeheimnisses als subjektiv-öffentliches Recht

7 *»Jeder hat Anspruch darauf, dass die ihn betreffenden Sozialdaten (§ 67 Abs. 1 Zehntes Buch) von den Leistungsträgern nicht unbefugt erhoben, verarbeitet oder genutzt werden (Sozialgeheimnis).«*

Der Anspruch steht jedem Menschen zu, aber nicht juristischen Personen, und bezieht sich auf Sozialdaten.

8 Dies sind nach der Definition in § 67 Abs. 1 Satz 1 SGB X »Einzelangaben über persönliche und sachliche Verhältnisse einer bestimmten oder bestimmbaren natürlichen Person (Betroffener), die von einer in § 35 des Ersten Buches genannten Stelle im Hinblick auf ihre Aufgaben nach diesem Gesetzbuch erhoben, verarbeitet oder genutzt werden«.

9 **Zu den Sozialdaten gehören:**
   – Zunächst alle fest stehenden Eigenschaften und Merkmale von Betroffenen wie Geburtsdatum, Name, Geschlecht, Anschrift, Familienstand, Arbeitgeber, Einkommen und dergleichen,

---

3 Vgl. zum Meinungsstand, Schellhorn ua. (Hrsg.), SGB VIII Kommentar, *Mann* §§ 61–68 SGB VIII Rn. 27 f.

– Sodann alle in der Lebenssphäre von Betroffenen vorkommenden oder anzutreffenden Angaben über ihre Person, ihre Eigenschaften und Lebensverhältnisse, sei es, dass diese Angaben von den Betroffenen selbst oder von dritten Personen stammen wie z.b. ärztliche oder psychologische Gutachten.

Betriebs- oder Geschäftsgeheimnisse wie Umsatz/Gewinn stehen den Sozialdaten gleich (§ 35 Abs. 4 SGB I).

Nicht dem Sozialgeheimnis unterliegen Daten, die öffentlich bekannt sind, was im Zeitalter der Digitalisierung immer häufiger vorkommt.

Adressaten des Anspruchs sind die Sozialleistungsträger, die sich in §§ 18 bis 29   **10** SGB I – jeweils im zweiten Absatz – finden. Diese haben das Sozialgeheimnis zu wahren. Dies umfasst nach § 35 Abs. 1 Satz 2 SGB I die Verpflichtung, auch innerhalb des Leistungsträgers sicherzustellen, dass die Sozialdaten nur Befugten zugänglich sind oder nur an diese weitergegeben werden. Dies bedeutet u.a., dass in einem Landkreis Sozialdaten vom Jugendamt an das Sozialamt bzw. umgekehrt nur dann weitergegeben werden dürfen, soweit §§ 67 ff. SGB X die Weitergabe erlauben.

Den Leistungsträgern sind nach § 35 Abs. 1 Satz 4 SGB I die dort aufgezählten Stellen gleichgestellt, d.h. auch diese sind zur Wahrung des Sozialgeheimnisses verpflichtet.

Freie Träger[4] sind keine Leistungsträger i.S.d. SGB. Sie sind also nicht an § 35 SGB I   **11** und die §§ 67 ff. SGB X gebunden.[5] Werden ihnen Daten von Leistungsträgern übermitteln, können ihnen bei gesetzlicher Ermächtigung (§ 61 Abs. 3 SGB VIII) datenschutzrechtliche Bestimmungen übertragen werden. Im Übrigen besteht die Zweckbindung und Geheimhaltungspflicht gem. § 78 SGB X fort. Freie Träger sind insoweit abgeleitete Normadressaten des Sozialdatenschutzrechtes.

C. Der Gegenstand des Anspruchs

Unzulässig ist die unbefugte   **12**
– **Erhebung,**
– **Verarbeitung** und
– **Nutzung**
von Sozialdaten. Die Erhebung, Verarbeitung und Nutzung ist nur unter den in §§ 67 bis 78 SGB X geregelten Voraussetzungen zulässig (§ 35 Abs. 2 SGB I). Für die einzelnen Phasen des Datenflusses normiert der Gesetzgeber durch §§ 67 ff. SGB X in Form der Legaldefinitionen Begriffsbestimmungen.

---

4 S. in Kap. 17 Rdn. 66 ff.
5 Es sei denn, sie haben sich als Leistungserbringer gegenüber dem öffentlichen Leistungsträger vertraglich verpflichtet, den Sozialdatenschutz des SGB in gleicher Weise zu beachten, wie es dem Leistungsträger gesetzlich obliegt. Zum Datenschutz durch freie Träger einschließlich kirchlicher Regelungen s. bei *Papenheim/Baltes*, S. 230 ff.

▶ Umgang mit Daten:

13   Erheben ist das Beschaffen von Daten über den Betroffenen (§ 67 Abs. 5 SGB X).

Verarbeiten ist das Speichern, Verändern, Übermitteln, Sperren und Löschen von
Sozialdaten (§ 67 Abs. 6 Satz 1 SGB X).

Nutzen ist jede Verwendung von Sozialdaten, soweit es sich nicht um Verarbeitung
handelt, auch die Weitergabe innerhalb der verantwortlichen Stelle (§ 67 Abs. 7
SGB X).

I. Grundsätze für das Erheben von Sozialdaten

14   Für das **Erheben von Sozialdaten** gelten folgende Grundsätze:
   –   Das Erheben von Sozialdaten durch die in § 35 SGB I genannten Stellen ist zuläs-
       sig, wenn ihre Kenntnis zur Erfüllung einer Aufgabe der erhebenden Stelle nach
       dem Sozialgesetzbuch erforderlich ist. Das Wohngeldamt muss u.a. Kenntnis von
       der Miethöhe und der Höhe des Einkommens der zum Haushalt rechnenden
       Familienmitglieder haben, sonst kann es über einen Wohngeldantrag nicht ent-
       scheiden. Das Studentenwerk muss Kenntnis über den bisherigen schulischen und
       beruflichen Werdegang haben, sonst kann es nicht entscheiden, ob Anspruch auf
       elternunabhängige Förderung (§ 11 Abs. 3 BAföG) besteht. Sozialdaten, die für
       die Durchführung eines Verwaltungsverfahrens oder die Erfüllung einer sonsti-
       gen öffentlich-rechtlichen Aufgabe nicht erforderlich sind, dürfen danach nicht
       erhoben werden. Für sensible Daten gelten gem. § 67 Abs. 12 SGB X besondere
       Regelungen.
   –   Sozialdaten sind **beim Betroffenen** zu erheben; dies geschieht z.b. durch Führen
       eines Gesprächs, Befragung, Ausfüllen-Lassen von Vordrucken. Die Erhebung von
       Sozialdaten ohne die Mitwirkung des Betroffenen ist eine Ausnahme. Ohne seine
       Mitwirkung dürfen Sozialdaten bei dritten Personen oder Stellen nur unter den in
       § 67a Abs. 2 SGB X aufgeführten Voraussetzungen erhoben werden.
   –   Der Prüfdienst des Grundsicherungsamtes eines kommunal optierten Landkreises
       darf sich nicht in der Nachbarschaft erkundigen, ob Frau A häufig Männerbesuch
       hat, um herauszufinden, ob eine Partnerschaft im Sinne von § 7 Abs. 3 Nr. 3c
       SGB II vorliegt.
   –   Werden Sozialdaten beim Betroffenen erhoben, ist dieser einerseits über die
       Zweckbestimmung der Erhebung, Verarbeitung oder Nutzung zu informieren
       (es sei denn, dass er bereits auf andere Weise davon Kenntnis erhalten hat) und
       andererseits über die Rechtsgrundlage zur Auskunftserteilung und die Folgen bei
       Weigerung bzw. bei fehlender Rechtsgrundlage auf die Freiwilligkeit von Angaben
       hinzuweisen.
   –   Wer Wohngeld beantragt hat, aber nur über geringes Einkommen verfügt, das un-
       terhalb des Sozialhilfeniveaus liegt, muss von der Wohngeldstelle auf § 20 SGB X
       und §§ 60 und 66 SGB I hingewiesen werden, wenn das Wohngeldamt vermutet,
       dass weiteres Einkommen vorhanden ist, und es den Antragsteller auffordert, ent-
       sprechende Angaben zu machen und Unterlagen vorzulegen.

– Werden Sozialdaten statt beim Betroffenen bei einer nicht-öffentlichen Stelle erhoben, so ist die Stelle auf die **Rechtsvorschrift**, die zur Auskunft verpflichtet, sonst auf die Freiwilligkeit ihrer Angaben hinzuweisen.

II. Verarbeitung und Nutzung von Sozialdaten

Für das **Verarbeiten von Sozialdaten und deren Nutzung** gelten folgende Grundsätze: **15**
– Das Verarbeiten und die Nutzung von Sozialdaten sind nur zulässig
    – soweit eine Rechtsvorschrift des Sozialgesetzbuchs das erlaubt oder anordnet,
    – soweit der Betroffene eingewilligt hat (§ 67b Abs. 1 Satz 1 SGB X).
– Einwilligung ist die vorherige Einverständniserklärung (§ 183 Abs. 1 Satz 1 BGB); damit ist klargestellt, dass die nachträgliche Zustimmung – die Genehmigung (§ 184 BGB) – nicht ausreichend ist. Die Einwilligung beruht auf der freien Entscheidung des Betroffenen – sie ist nur wirksam, wenn sie freiwillig erfolgt. Geschäftsfähigkeit i.S.d. BGB ist angesichts der Regelung in § 36 SGB I dafür nicht erforderlich. Es dürfte die sozialrechtliche Handlungsfähigkeit, die mit der Vollendung des 15. Lebensjahres eintritt, ausreichen.[6]
– Wird die Einwilligung beim Betroffenen eingeholt, ist er hinzuweisen
    – auf den Zweck der vorgesehenen Verarbeitung oder Nutzung und
    – auf die Folgen bei Verweigerung der Einwilligung (§ 67b Abs. 2 Satz 1 SGB X).
Die Einwilligung und der entsprechende Hinweis bedürfen der Schriftform (§ 67b Abs. 2 Satz 3 SGB X), z.B. das Einverständnis zur Beiziehung behördlicher Akten im Rahmen eines Verfahrens auf Anerkennung der Schwerbehinderteneigenschaft und die Schweigepflichtentbindungserklärung.

D. Zulässigkeit der Übermittlung von Sozialdaten

Aus dem Bereich der Verarbeitung und Nutzung wird die Übermittlung von Sozi-   **16**
aldaten als wichtigste der vorgesehenen Möglichkeiten herausgegriffen. Damit wird die Zweckbestimmung der Datenerhebung und Speicherung erweitert und bedarf besonderer Aufmerksamkeit und rechtlicher Prüfung (Zweckentfremdung). Dabei ist von dem Grundsatz des § 67d Abs. 1 SGB X auszugehen:»Eine Übermittlung von Sozialdaten ist nur zulässig, soweit eine gesetzliche Übermittlungsbefugnis nach den §§ 68 bis 77 oder nach einer anderen Rechtsvorschrift in diesem Gesetzbuch vorliegt«.

Bei den wichtigsten Übermittlungsbefugnissen handelt es sich um Folgende: **17**
– **Übermittlung für Aufgaben der Polizeibehörden, der Staatsanwaltschaften und Gerichte, der Behörden der Gefahrenabwehr oder zur Durchsetzung öffentlich-rechtlicher Ansprüche (§ 68 SGB X)**
Es handelt sich um eine Übermittlungsbefugnis i.R.d. Amtshilfe, die ansonsten in §§ 3 bis 7 SGB X, §§ 4 bis 8 VwVfG so geregelt ist, dass jede Behörde einer anderen Behörde Amtshilfe leistet, und bedeutet insoweit eine Beschränkung auf bestimmte Behörden und bestimmte Daten.

---

6 S. zum Meinungsstand *Bieresbom*, in: von Wulffen, Rn. 6 zu § 67b SGB X.

Zur Erfüllung von Aufgaben der Polizeibehörden, der Staatsanwaltschaften und Gerichte, der Behörden der Gefahrenabwehr, der Justizvollzugsanstalten oder zur Durchsetzung von öffentlich-rechtlichen Ansprüchen i.h.v. mindestens 600 € ist es zulässig, im Einzelfall auf Ersuchen bestimmte Sozialdaten an die entsprechenden Stelle zu übermitteln.

Die Übermittlungsbefugnis ist beschränkt auf die Angabe von: Name, Vorname, Geburtsdatum, Geburtsort, derzeitige Anschrift des Betroffenen, seinen derzeitigen oder zukünftigen Aufenthaltsort, Namen und Anschriften seiner derzeitigen Arbeitgeber. Eine analoge Anwendung auf andere Daten ist nicht zulässig.

Die Übermittlungsbefugnis steht unter dem Vorbehalt, dass kein Grund zu der Annahme besteht, dass durch sie schutzwürdige Interessen des Betroffenen beeinträchtigt werden und das Ersuchen nicht älter als sechs Monate ist.

– **Übermittlung für die Erfüllung sozialer Aufgaben (§ 69 SGB X)**
Nach dieser Vorschrift ist eine Übermittlung von Sozialdaten zunächst zulässig
– für die Erfüllung eigener gesetzlicher Aufgaben oder
– für die Erfüllung einer gesetzlichen Aufgabe eines anderen Leistungsträgers (§ 69 Abs. 1 Nr. 1 SGB X).

Damit ist klargestellt, dass die Zweckbindung der Daten nicht durch die Nutzung und Übermittlung verletzt wird, wenn z.b. Mitarbeiter im Rahmen ihres Teams den Fall beraten.[7]

Eine gesetzliche Aufgabe des Jugendamtes ist die Familiengerichtshilfe nach § 50 SGB VIII – daher ist das Jugendamt berechtigt, i.R.d. zur Erstellung von Gutachten Sozialdaten an das Familien- oder Vormundschaftsgericht weiterzuleiten.

Der Rentenversicherungsträger teilt dem Studentenwerk auf dessen Ersuchen mit, ob ein Student, der einen BAföG-Antrag gestellt hat, eine Halbwaisenrente und in welcher Höhe bezieht – die Waisenrente ist nach Maßgabe von § 23 Abs. 4 Nr. 1 BAföG auf den Förderungsanspruch anzurechnen.

Weiterhin ist die Übermittlung von Sozialdaten zulässig für die Durchführung eines gerichtlichen Verfahrens einschließlich Strafverfahrens, das mit der Erfüllung einer gesetzlichen Aufgabe nach dem SGB zusammenhängt (§ 69 Abs. 1 Nr. 2 SGB X). Das bedeutet, dass ein Leistungsträger, der in einem gerichtlichen Verfahren als Kläger oder Beklagter beteiligt ist, dem Gericht die für die Durchführung des Verfahrens erforderlichen Sozialdaten mitteilen darf, z.B. dem Sozialgericht, wenn es in dem Verfahren um die Überprüfung der Rechtmäßigkeit eines Aufhebungs- und Erstattungsbescheids des Sozialhilfeträgers geht.

Schließlich ist auch für die Richtigstellung unwahrer Tatsachenbehauptungen eines Betroffenen im Zusammenhang mit einem Verfahren zur Erbringung von Sozialleistungen die Übermittlung von Sozialdaten zulässig, soweit das für die Richtigstellung erforderlich ist (§ 69 Abs. 1 Nr. 3 SGB X).

---

7 S. Handbuch Sozialrechtsberatung, *Sauer*, S. 722 f.; BSG NZs 2009, 99, 104.

- **Übermittlung für die Erfüllung besonderer gesetzlicher Pflichten und Mitteilungsbefugnisse (§ 71 SGB X)**
  Nach dieser Vorschrift ist die Übermittlung von Sozialdaten zulässig, soweit sie für die Erfüllung bestimmter gesetzlicher Mitteilungspflichten und Befugnisse erforderlich ist: z.b. für die Erfüllung der Mitteilungspflichten
  - zur Abwehr geplanter Straftaten nach § 138 StGB,
  - zum Schutz der öffentlichen Gesundheit nach § 8 Infektionsschutzgesetz,
  - zur Wehrüberwachung nach § 224 Abs. 8 des Wehrpflichtgesetzes.

  Die Übermittlungsbefugnisse sind auf die in der Vorschrift aufgeführten Fälle beschränkt und nicht auf andere Fälle erweiterbar.
- **Übermittlung für die Durchführung eines Strafverfahrens (§ 73 SGB X)**
  Eine Übermittlung von Sozialdaten ist zulässig, soweit sie zur Durchführung eines Strafverfahrens wegen eines Verbrechens oder wegen einer anderen Straftat von erheblicher Bedeutung erforderlich ist.
  Verbrechen sind Straftaten, die im Mindestmaß mit Freiheitsstrafe von einem Jahr oder mehr bedroht sind (§ 12 StGB). I.Ü. muss es sich um eine Straftat von erheblichem Gewicht handeln. In erster Linie ist auf die Tat selbst und die Auswirkungen (Schaden, Opfer) abzustellen. Häufig werden sie bei Wirtschaftsdelikten und bei Straftaten gegen die sexuelle Selbstbestimmung vorliegen.[8]
  Soweit es sich um ein Strafverfahren handelt, in dem es weder um ein Verbrechen, noch um eine Straftat von erheblicher Bedeutung handelt, ist die Übermittlung von Sozialdaten beschränkt auf:
  Name und Vorname sowie früher geführte Namen, Geburtsdatum, Geburtsort, derzeitige und frühere Anschriften sowie Namen und Anschriften der derzeitigen und früheren Arbeitgeber des Betroffenen und schließlich Angaben über erbrachte oder demnächst zu erbringende Geldleistungen (§ 73 Abs. 2 SGB X i.V.m. § 72 Abs. 1 Satz 2 SGB X).
  In allen Fällen ist nur der Richter zuständig für die Anordnung der Datenübermittlung (§ 73 Abs. 3 SGB X). Kriminalpolizei und Staatsanwaltschaft haben keinen Auskunftsanspruch.
- **Übermittlung bei Verletzung der Unterhaltspflicht und beim Versorgungsausgleich (§ 74 SGB X)**
  Nach dieser Vorschrift ist die Übermittlung von Sozialdaten zulässig soweit sie erforderlich ist für die Durchführung
  - eines gerichtlichen Verfahrens oder Vollstreckungsverfahrens wegen eines gesetzlichen oder vertraglichen Unterhaltsanspruchs oder
  - eines Verfahrens über den Versorgungsausgleich
    für die Geltendmachung von gesetzlichen oder vertraglichen Unterhaltsansprüchen oder Versorgungsausgleichsansprüchen außerhalb von Gerichtsverfahren an die zur Auskunft berechtigten Personen.
- **Einschränkung der Übermittlungsbefugnis bei besonders schutzwürdigen Daten (§ 78 SGB X)**

---

8 Vgl. *Bieresborn*, in: von Wulffen, Rn. 3 zu § 73 SGB X.

Die Übermittlung von Sozialdaten, die einer in § 35 SGB I genannten Stelle von einem Arzt oder einer anderen in § 203 Abs. 1 und 3 StGB genannten Person zugänglich gemacht worden sind, ist nur unter den Voraussetzungen zulässig, unter denen diese Person selbst übermittlungsbefugt wäre.[9]

▶ **Folgen fehlender Übermittlungsbefugnis:**

18   Soweit eine Übermittlung nicht zulässig ist, besteht keine Auskunftspflicht, keine Zeugnispflicht und keine Pflicht zur Vorlegung oder Auslieferung von Schriftstücken, nicht automatisierten Dateien und automatisiert erhobenen, verarbeiteten oder genutzten Sozialdaten (§ 35 Abs. 3 SGB).

Ist eine Übermittlung nicht zulässig, darf **keine Aussagegenehmigung** erteilt werden.»Die Erteilung einer Auskunft oder einer Aussagegenehmigung bzw. die Herausgabe einer Akte ist demnach nur zulässig, wenn eine entsprechende Übermittlungsbefugnis besteht. Darüber entscheidet die in der Organisation des zuständigen Leistungsträgers bestimmte Stelle bzw. Person wie z.B. der Sozialdezernent oder der Fachbereichsleiter für Jugend und Familie, nicht etwa der Strafrichter, Verwaltungsrichter oder Familienrichter, der eine Übermittlung von Sozialdaten verlangt.«[10]

E. Rechtsfolgen bei Verletzung des Sozialgeheimnisses

I. Die Rechte Betroffener (§§ 84 ff. SGB X)

19   – Ist jemand der Ansicht, bei der Erhebung, Verarbeitung oder Nutzung seiner personenbezogenen Sozialdaten in seinen Rechten verletzt worden zu sein, kann er sich an den Bundesbeauftragten oder den Landesbeauftragten für den Datenschutz wenden.

– Fügt eine in § 35 SGB I genannte Stelle dem Betroffenen durch eine nach dem SGB oder nach anderen Vorschriften über den Datenschutz unzulässige oder unrichtige Erhebung, Verarbeitung oder Nutzung seiner personenbezogenen Sozialdaten einen Schaden zu, ist ihr **Träger** dem Betroffenen zum Schadensersatz verpflichtet (§ 82 Satz 1 SGB X i.V.m. § 7 BDSG). Die Ersatzpflicht entfällt, soweit die verantwortliche Stelle die nach den Umständen des Falles gebotene Sorgfalt beachtet hat.

– Bei einer Verletzung durch automatisierte Erhebung, Verarbeitung oder Nutzung der Daten tritt die Schadensersatzpflicht ohne Verschulden, also ohne die Möglichkeit der Entlastung ein (§ 82 Satz 2 SGB X i.V.m. § 8 Abs. 1 BDSG). Bei schweren Verletzungen des Persönlichkeitsrechts erstreckt sich die Schadensersatzpflicht auch auf den immateriellen Schaden – es ergibt sich in solchen Fällen also

---

9 *Papenheim/Baltes*, S. 213.
10 LG Frankfurt, DAVorm 1993 Spalte 210.

eine Verpflichtung zu Schmerzensgeldzahlungen (§ 8 Abs. 2 BDSG). Allerdings sind die Ansprüche nach § 82 Abs. 1 und 2 BDSG insgesamt auf einen Betrag von 130.000 € beschränkt.

– Dem Betroffenen ist auf Antrag Auskunft zu erteilen über
    – die zu seiner Person gespeicherten Sozialdaten, auch soweit sie sich auf die Herkunft dieser Daten beziehen,
    – die Empfänger oder Kategorien von Empfängern, an die Daten weitergegeben werden, und
    – den Zweck der Speicherung (§ 83 Abs. 1 Satz 1 SGB XII).
– Sozialdaten sind zu berichtigen, wenn sie unrichtig sind (§ 84 Abs. 1 Satz 1 SGB X). Sozialdaten sind zu löschen, wenn ihre Speicherung unzulässig ist. Sie sind auch zu löschen, wenn ihre Kenntnis für die verantwortliche Stelle nicht mehr erforderlich ist und kein Grund zu der Annahme besteht, dass durch die Löschung schutzwürdige Interessen von Betroffenen verletzt werden.

II. Bußgeld- und Strafvorschriften

Während sich der Anspruch auf Schadensersatz gegen eine in § 35 SGB I genannte **20** Stelle oder eine andere Stelle, richtet, die ebenfalls zur Wahrung des Sozialgeheimnisses und zur Beachtung der §§ 67 ff. SGB X verpflichtet ist, richten sich die Bußgeld- und Strafvorschriften gegen die Person, der die bußgeld- oder strafbewehrte Handlung zur Last zu legen ist. Die Bußgeld- und Strafvorschriften sind in §§ 85 und 85a SGB X enthalten:

Bußgeld: Nach § 85 Abs. 1 und 2 SGB X sind bestimmte vorsätzliche oder fahrläs- **21** sige Verstöße gegen den Sozialdatenschutz, die in einer unzulässigen oder unrichtigen Erhebung, Verarbeitung oder Nutzung liegen, bußgeldbewehrt. Bei Ordnungswidrigkeiten nach § 85 Abs. 1 SGB X liegt die Obergrenze für das Bußgeld bei 50.000 €, bei Verstößen i.S.d. § 85 Abs. 2 SGB X bei 300.000 €.

Strafbarkeit: Wer eine in § 85 Abs. 2 SGB X bezeichnete vorsätzliche Handlung gegen **22** Entgelt oder in der Absicht, sich oder einen anderen zu bereichern oder einen anderen zu schädigen begeht, wird mit Freiheitsstrafe bis zu zwei Jahren oder Geldstrafe bestraft (§ 85a Abs. 1 SGB X). Die Straftaten sind Antragsdelikte.[11] Eine vergleichbare Strafvorschrift findet sich in § 155 SGB IX für den Fall eines Verstoßes durch eine Vertrauensperson schwerbehinderter Menschen.

III. Weitere Rechtsfolgen für Beschäftigte im öffentlichen Dienst

Wer als Beschäftigter im öffentlichen Dienst eine bußgeld- oder strafbewehrte Hand- **23** lung i.S.d. § 85 Abs. 1 oder Abs. 2 SGB X begangen hat, muss – wenn er sich im Beamtenverhältnis befindet – mit einem Disziplinarverfahren rechnen – wenn er sich im Angestelltenverhältnis befindet – mit arbeitsrechtlichen Konsequenzen. Die

---

11 Vgl. Ausführungen im Kap. 15 Rdn. 75 ff.

beamtenrechtliche bzw. arbeitsrechtliche Sanktion hängt von Art und Schwere des Verstoßes ab: im Disziplinarverfahren kommt als stärkste Sanktion die Entlassung aus dem öffentlichen Dienst, arbeitsrechtlich die fristlose Kündigung in Betracht. Arbeitsrechtliche Konsequenzen treffen auch Angestellte bei freien Trägern, wenn diese Träger zur Wahrung des Sozialgeheimnisses i.S.d. SGB I/SGB X verpflichtet sind und ihre Mitarbeiterinnen und Mitarbeiter entsprechend aufgeklärt und informiert haben – aber auch unabhängig von einer Bindung des Trägers an das Sozialgeheimnis, weil die Mitarbeiterinnen und Mitarbeiter arbeitsvertraglich zur Verschwiegenheit gegenüber ihrem Arbeitgeber verpflichtet sind.

Strafbarkeit gem. § 203 StGB

24   Der Gesetzgeber hat die Einhaltung rechtsstaatlicher Grundsätze im Bereich des Datenschutzesdurch § 203 StGB besonders hervorgehoben. Bestimmte Berufsgruppen und ihre Gehilfen (§ 203 Abs. 1 StGB) sowie Amtsträger und Verpflichtete für den öffentlichen Dienst (§ 203 Abs. 2 StGB) werden zu besonderer Geheimhaltung der ihnen **anvertrauten Daten** verpflichtet. Dazu gehören Psychologen, Ärzte, SozialarbeiterInnen und SozialpädagogenInnen. Geheimnisse sind Tatsachen aus dem persönlichen Lebensbereich, die nur einem bestimmten Personenkreis bekannt sind. Dies können z.B. Angaben zur Person, Adressen, Verhaltensweisen, Krankheitsinformationen, Gutachten etc. sein. Anvertraut sind Daten im Rahmen der Berufsausübung des Geheimnisträgers, die der Klient in Erwartung der Wahrung seiner Geheimnisse mitteilt. Dieses mitgeteilte Geheimnis darf nicht unbefugt offenbart werden. Der Geheimnisträger braucht also eine Ermächtigung zum »offenbaren«.

25   Die häufigste Ermächtigung ist die **Einwilligung**. Der Bürger wird beraten und erklärt sein Einverständnis, dass der Geheimnisträger die Geheimnisse Dritten weitergibt.

26   Diese Einwilligung sollte wegen ihrer Beweiskraft idR schriftlich erfolgen. Sie ist nur im Vorhinein zulässig und gilt für einen bestimmten Anlass zeitlich begrenzt (sechs bis zwölf Monate).

Schaubild 1: Einwilligung/Schweigepflichtsentbindung

(Name)   27

(Vorname)

(Straße/Hausnummer)

(PLZ/Ort)

(Datum)

Entbindung von der Schweigepflicht gem. § 203 StGB

Hiermit entbinde(n) ich/wir _____
(Name(n))

Herrn/Frau _____
(Name Mitarbeiter/in)

von/aus: _____
(Name Institution/Stempel)

vertreten durch _____
(Name vertretungsberechtigte(r) Mitarbeiter/in)

gegenüber dem
   1. Jugendamt ☐
   2. Sozialamt   ☐
   3. Gericht   ☐
   4. Schulamt   ☐
(zutreffendes ankreuzen)

von der Schweigepflicht.

Diese Erklärung gilt bis zum _____

(Datum) _____

und dient folgendem Zweck _____

Sie bezieht sich im Einzelnen auf folgende Unterlagen bzw. personenbezogene Daten:

_____

_____

Die/der oben bestimmte(n) Mitarbeiter/in ist nicht zur Verwendung der erhaltenen Informationen gegenüber Dritten berechtigt.

Mir/Uns ist bekannt, dass ich/wir diese Erklärung zur Entbindung von der Schweigepflicht jederzeit mit Wirkung für die Zukunft widerrufen kann/können.

Unterschrift Personensorgeberechtigte/r – Junge/r Volljährige/r

je eine Ausfertigung an:
– Adressat/in, Aktenzeichen
– Personensorgeberechtigte/r – junge/r Volljährige/r

---

aus: Fachstelle-kinderschutz.de.

28   Wichtig ist hier die Einhaltung der Systematik. Die **fragende** Behörde, die über den eigentlichen verwaltungsrechtlich definierten Zweck mit anderen Behörden Daten austauschen will, braucht die Einwilligung des Bürgers. Die **gefragte** Behörde braucht ihrerseits eine Genehmigung, auf die Fragen bzw. Mitteilungen zu antworten. Der Klient könnte also gleich zwei Entbindungserklärungen unterschreiben. Die gefragte Behörde muss die Richtigkeit der Anfrage nicht überprüfen, muss sich aber von der sachlichen und örtlichen Zuständigkeit der fragenden/mitteilenden Behörde überzeugen. Der unbestimmte Begriff der Kooperation (vgl. § 3 Abs. 1 KKG) ist für den Datenschutz gänzlich unbedeutend. Will eine Behörde im Einzelfall Daten austauschen, bedarf es einer Ermächtigung.

29   Neben der **ausdrücklichen Einwilligung** kennt die Rspr. die **konkludente und mutmaßliche Einwilligung.** Konkludent soll dann eine Einwilligung sein, wenn sich aus dem Gesamtgeschehen eine zwangsläufige Einwilligung des Bürgers ergibt, z.b. Überweisung an einen Facharzt, Benennung als Zeuge etc.[12]

Mutmaßlich soll die Einwilligung erteilt worden sein, wenn der Bürger nicht erreichbar ist oder wegen krankheitsbedingter Unfähigkeit dazu nicht in der Lage ist.

Beiden nicht ausdrücklich erklärten Einwilligungsformen haftet die Gefahr des Missbrauches und der Beliebigkeit an. Deshalb sollte hiervon nur in begründeten Ausnahmen Gebrauch gemacht werden.

30   Weitere **Offenbarungsbefugnisse** ergeben sich aus gesetzlichen Mitteilungspflichten (§ 138 StGB, Infektionsschutzgesetz), Zeugnispflicht, gerichtliche Anordnungen, verfassungsrechtlich begründete Offenbarungsbefugnisse (z.b. Elternrecht), Durchsetzung eigener berechtigter Interessen (z.b. falsche Beschuldigungen), Garantenpflicht für das betroffene Rechtsgut und die daran anknüpfende Geheimhaltungspflicht, für Bedienstete im Justizvollzug, für den Bereich der Drogentherapie und in der Bewährungshilfe.

31   Eine weitere Offenbarungsbefugnis leitet sich aus § 34 StGB, dem rechtfertigenden Notstand her. Dies ist immer dann der Fall, wenn die Schweigepflicht wegen der Wahrung eines höheren Rechtsgutes (z.b. Kindeswohlgefährdung) zurück treten muss. Der Täter handelt nicht rechtswidrig, wenn bei Abwägung der widerstreitenden Interessen, namentlich der betroffenen Rechtsgüter und des Grades der ihnen drohenden Gefahren, das geschützte Rechtsgut das beeinträchtigte (Geheimnisoffenbarung) wesentlich überwiegt. Die Tat muss ein angemessenes Mittel sein, die Gefahr abzuwenden.

Für den Bereich der Jugendhilfe ist dies durch § 4 Abs. 3 KKG und § 8 a i.V.m. § 62 Abs. 3 Nr. 2 d ausdrücklich normiert worden.[13]

---

12 Vgl. *Fischer,* § 203 StGB, Rdnr. 33.
13 Vgl. Ausführungen siehe Kap. 13 Rdn. 166 ff.

Kapitel 20 Arbeitsrecht

Literatur

Münchener Anwaltshandbuch Arbeitsrecht, 4. Aufl., München 2017 (angekündigt); *Schaub, G.*, Arbeitsrechtshandbuch, 17. Aufl., München, 2017; *Hanau/Adomeit*, Arbeitsrecht, 14. Aufl., Baden-Baden, 2006; *Junker, A.*, Grundkurs Arbeitsrecht, 16. Aufl., München 2017; *Etzel/Bader/Fischemeier u.a.*, Gemeinschaftskommentar zum Kündigungsschutzgesetz und sonstigen kündigungsrechtlichen Vorschriften, 11. Aufl., Neuwied 2016, *Wörlen/Kokemoor*, Arbeitsrecht,12. Aufl., München 2017.

A. Relevanz für die Soziale Arbeit

Das Arbeitsrecht hat in verschiedener Hinsicht und in unterschiedlicher Intensität **1** Relevanz im Bereich der sozialen Arbeit:

– Zunächst verhält es sich so, dass die Mitarbeiterinnen und Mitarbeiter, die soziale Arbeit leisten, wenn sie nicht als selbstständige Unternehmer tätig sind oder bei einem Leistungsträger ins Beamtenverhältnis übernommen worden sind, sich bei einem Leistungserbringer oder einem Leistungsträger in einem **abhängigen Arbeitsverhältnis** befinden.

– Befinden sie sich bei einem Leistungsträger oder Leistungserbringer, kann es sein, dass sie in eine **Führungsposition** übernommen worden sind, in der sie selbst Vorgesetztenfunktion ausüben; in einem solchen Fall stellen sich die arbeitsrechtlichen Anforderungen anders dar, als im vorgenannten Fall.

– Schließlich befinden sich eine Vielzahl von Klientinnen und Klienten in **Arbeitsverhältnissen**, in denen sie bzw. ihre Angehörigen möglicherweise auf Rat und ggf. Tat der sie betreuenden Fachkräfte angewiesen sind.

– In der Bundesrepublik sind ca. 43 Mio. Menschen abhängig beschäftigt. Leider müssen viele Arbeitnehmer schlecht bezahlte, zeitlich befristete und fragile Arbeitsverhältnisse annehmen und werden damit z.T. zwangsläufig zu Klienten Sozialer Arbeit.

B. Überblick über die Rechtsgrundlagen

Die europäische Ebene:

Im primären EU-Recht sind u.a. die Freizügigkeit der Arbeitnehmer in Art. 45 AEUV **2** und das gleiche Entgeltgebot für Mann und Frau gem. Art. 157 AEUV zu nennen.

Ferner ist auf die am 09.12.1989 in Straßburg beschlossene »Gemeinschaftscharta **3** der sozialen Grundrechte der Arbeitnehmer« zu verweisen, die gem. Art. 151 AEUV zusammen mit der Europäischen Sozialcharta Grundlage für die europäische Sozial- und Arbeitsrechtspolitik ist. Die Gemeinschaftscharta der sozialen Grundrechte der Arbeitnehmer enthält die Hauptgrundsätze, auf denen das europäische Arbeitsrechtsmodell beruht. Sie beinhaltet alle maßgeblichen Bereiche des sozialen Arbeitsschutzes, beginnend mit der Freizügigkeit der Arbeitnehmer, über die Gleichbehandlung von

Männern und Frauen bis zum Schutz von Kindern, Jugendlichen, älteren und behinderten Menschen. Ihre Grundsätze wurden in die Charta der EU übernommen – s. Kapitel IV der Charta. In diesem Rahmen trifft der EuGH relevante Entscheidungen.[1]

Die nationale Ebene:

4   Ein Gesetzbuch der Arbeit, wie es in der früheren DDR vorhanden war und im Einigungsvertrag vorgesehen war, existiert in der Bundesrepublik Deutschland nicht. Das Arbeitsrecht ist vielmehr in einer fast nicht zu übersehenden Vielfalt von verschiedenen Gesetzen geregelt, was den Überblick und das Auffinden der jeweils einschlägigen Norm erschwert. Hinzu kommt, dass der Gesetzgeber bestimmte Materien gesetzlich überhaupt nicht geregelt hat, sondern ihre Entwicklung der Rechtsprechung überlassen hat – hier wäre an erster Stelle das **Arbeitskampfrecht** (Streik und Aussperrung) zu erwähnen. Deshalb kommt der Rechtsprechung der Arbeitsgerichtsbarkeit eine hohe Bedeutung zu. Zur Abgrenzung des **Arbeitsvertrages** vom **Dienstvertrag** und den Kriterien für das Vorliegen eines Arbeitsverhältnisses wird auf Kap. 7 Rdn. 41 ff. verwiesen. Daneben existiert noch die im Wesentlichen von der Rechtsprechung entwickelte Rechtsfigur der **arbeitnehmerähnlichen Person**. Dabei handelt es sich um Personen, die ohne Arbeitnehmer zu sein, für einen Unternehmer arbeiten und die infolge ihrer wirtschaftlichen Abhängigkeit Arbeitnehmern ähnlich sind, wie z.b. der Handelsvertreter als Einfirmenvertreter oder nach der gesetzlichen Definition die im Arbeitsbereich der Werkstatt für behinderte tätige Personen. Arbeitnehmerähnliche Personen werden im Arbeitsrecht nur an zwei Stellen erwähnt: auf sie ist das Bundesurlaubsgesetz anzuwenden und bei Streitigkeiten ist das Arbeitsgericht zuständig.

5   Eine Systematisierung der maßgeblichen arbeitsrechtlichen Gesetze ergibt ein differenziertes Bild. Beim Arbeitsrecht ist zunächst zwischen **Individualarbeitsrecht** und dem **kollektiven Arbeitsrecht** zu unterscheiden. Die weitere Differenzierung zeigt nachfolgende Übersicht:[2]

---

1   EuGH, NJW 2009, 495; EuGH, NJW 2011, 3209.
2   Eine Zusammenstellung der arbeitsrechtlichen Gesetze finden Sie bei Beck-Texten im dtv, die umfassende Sammlung ist der sog. *Hueck-Nipperdey* – eine Loseblattsammlung aus dem Verlag C.H. Beck.

6

Individualarbeitsrecht	*Kollektives Arbeitsrecht*

Berufsbildungsgesetz
Handelsgesetzbuch
Allgemeines Vertragsrecht: §§ 611 ff. BGB
Gewerbeordnung
Bundesurlaubsgesetz
Entgeltfortzahlungsgesetz
	Betriebliche Ebene:
	– Betriebsverfassungsrecht –
	   Betriebsrat nach dem Betriebsverfassungsgesetz (BetrVG)
	– Personalvertretungsrecht – Personalrat
	   nach einem Personalvertretungsgesetz

Arbeitnehmerschutzrecht: – Kündigungsschutzgesetz – Mutterschutzgesetz – Jugendarbeitsschutzgesetz-Arbeitsplatzschutzgesetz – Allgemeines Gleichbehandlungsgesetz – Arbeitszeitgesetz – SGB IX – 2. Teil – Schwerbehindertenschutz *Verfahrensrecht:* – Arbeitsgerichtsgesetz – Zivilprozessordnung	*Tarifliche Ebene:* – Tarifverträge – Tarifvertragsgesetz (TVG) *Mitbestimmungsebene im Unternehmen:* – Arbeitnehmervertreter im Aufsichtsrat – Mitbestimmungsgesetze

Es leuchtet ein, dass angesichts der Kompliziertheit der Materie im vorliegenden Rahmen nur einige für die Praxis wichtigen Aspekte aufgegriffen werden können.

Der Gesetzgeber hat im arbeitsrechtlichen Bereich umfangreiche Tätigkeiten entfaltet, 7 u.a. sind in letzter Zeit folgende Gesetze geändert bzw. erlassen worden:
– Gesetz zur Bekämpfung von Zahlungsverzug im Geschäftsverkehr und zur Änderung des Erneuerbare-Energien-Gesetzes v. 22.07.2014 (BGBl. I S. 1218),
– Mindestlohngesetz (Art. 1 des Gesetzes zur Stärkung der Tarifautonomie v. 11.08.2014, BGBl. I S. 1348),
– Gesetz zur Einführung des Elterngeldes Plus mit Partnerschaftsbonus und einer flexibleren Elternzeit im Bundeselterngeld- und Elternzeitgesetz v. 18.12.2014 (BGBl. I S. 2325),
– Gesetz zur besseren Vereinbarkeit von Familie, Pflege und Beruf v. 23.12.2014 (BGBl. I S. 2462),
– Tarifeinheitsgesetz v. 03.07.2015 (BGBl. I S. 1130),
– Gesetz zur Verbesserung der zivilrechtlichen Durchsetzung von verbraucherschützenden Vorschriften des Datenschutzrechtes v. 17.02.2016 (BGBl. I S. 233),
– Arbeitnehmerüberlassungsgesetz v. 21.02.2017 (BGBl. I S. 258),
– Gesetz zur Stärkung der Teilhabe und Selbstbestimmung von Menschen mit Behinderung (Bundesteilhabegesetz v. 23.12.2016, (BGBl. I S. 3234),
– Gesetz zur Änderung bewachungsrechtlicher Vorschriften v. 09.12.2016 (BGBl. I S. 2456).

8 Bevor auf die Anbahnung des Arbeitsverhältnis, sein Zustandekommen pp. – siehe
nachfolgend – eingegangen wird, sollen zum besseren Verständnis einige Erklärungen
zur betrieblichen und tariflichen Ebene des **kollektiven Arbeitsrechts** erfolgen:

I. Zur »betrieblichen« Ebene

9 – Das Betriebsverfassungsrecht gilt für alle Betriebe der Privatwirtschaft; der Betriebsrat ist das von der Belegschaft gewählte Organ zur Wahrnehmung der
Interessen der Angestellten und Arbeiter über die im **BetrVG** festgelegten Mitwir-
kungs- und Mitbestimmungspflichten. Der **Betriebsrat** ist kein gesetzlich vorgeschriebenes betriebliches Organ, sondern ein freiwilliges, wobei das BetrVG aber
Möglichkeiten vorsieht, einen Betriebsrat auch gegen den Willen des Arbeitgebers
zu installieren Allerdings muss folgendes berücksichtigt werden: die meisten Betriebe und Unternehmungen, die im sozialen Bereich agieren, verfolgen – wenn
sie nicht rein wirtschaftlich ausgerichtet sind – konfessionelle (zu den Kirchen
siehe weiter unten), caritative oder erzieherische Zwecke. Solche Betriebe und Unternehmungen nennt man – zusammen mit weiteren, die sich aus § 118 Abs. 1
BetrVG ergeben, **Tendenzbetriebe.** Auf solche Tendenzbetriebe ist das BetrVG
nach Maßgabe des § 118 Abs. 1 BetrVG nur eingeschränkt anwendbar, jedenfalls
soweit es um sog. Tendenzträger geht (also nicht auf die Reinigungskraft).

   – Im Bereich des öffentliches Dienstes tritt an die Stelle des Betriebsrats der **Personalrat**, der das – in diesem Fall vorgeschriebene – von den Bediensteten der
jeweiligen Dienststelle gewählte Organ zur Vertretung der Interessen der Beamten, Angestellten und Arbeiter nach Maßgabe des **Personalvertretungsgesetzes**
(PersVG) darstellt. Aufgrund des Föderalismus existieren insgesamt 17 Personalvertretungsgesetze (Bundespersonalvertretungsgesetz und jeweils ein entsprechendes Gesetz für jedes Bundesland). Die Rechte, die nach diesen Gesetzen den
jeweiligen Personalräten zukommen, sind nicht einheitlich, sondern unterschiedlich ausgestaltet.

   – Im Bereich der Kirchen und den diesen zugeordneten Organisationen – also Caritas bei der kath. Kirche einerseits und Diakonie bei der evangelischen Kirchen
andererseits einschließlich ihrer jeweiligen Untergliederungen – gilt weder das BetrVG (§ 118 Abs. 2 BetrVG) noch die jeweiligen Personalvertretungsgesetze (siehe
die entsprechenden Vorschriften der Personalvertretungsgesetze).

   – Anstelle der im Übrigen existierenden Arbeitnehmervertretungen haben die Kirchen gewählte sog. **Mitarbeitervertretungen** (MAV) auf der Grundlage einer Mit-
arbeitervertretungsordnung bzw. eines Mitarbeitervertretungsgesetzes geschaffen,
wobei aber zu sehen ist, dass diesen Organen im Vergleich etwa zum BetrVG
erheblich weniger Mitwirkungs- und Mitbestimmungsrechte eingeräumt werden.

II. Zur tariflichen Ebene

10 – Tarifverträge sind Ausfluss der sog. **Koalitionsfreiheit**, die ihre verfassungsrechtliche Grundlage in Art. 9 Abs. 3 GG hat. Vertragsschließende Parteien von Tarifverträgen sind auf der einen Seite **Gewerkschaften** und auf der anderen Seite
Arbeitgeberverbände (oder einzelne, meist größere Arbeitgeber). Tarifverträge
regeln in ihrem zweiten, sog. normativen Teil Arbeitsbedingungen, die für die

tarifgebundenen Personen – Arbeitgeber einerseits und Mitglieder der entsprechenden Gewerkschaft andererseits automatische Geltung im jeweiligen konkreten Arbeitsverhältnis beanspruchen. Allerdings kommt es vor, dass Arbeitgeber die Vorgaben des einschlägigen Tarifvertrages aus Gründen der Gleichbehandlung auf alle Arbeitnehmer des Betriebes oder Unternehmens unabhängig von der Gewerkschaftszugehörigkeit anwenden, so vor allem beim **Tarifvertrag für den öffentlichen Dienst (TVöD)**.

– Das **Tarifvertragsgesetz (TVG)** sieht unabhängig davon auch die sog. »**Allgemeinverbindlichkeit**« von Tarifverträgen vor; unter den Voraussetzungen des § 5 TVG kann die zuständige Behörde einen Tarifvertrag für allgemein-verbindlich erklären. In diesem Fall gilt er unabhängig von der Zugehörigkeit des Arbeitgebers zum Arbeitgeberverband und der des Arbeitnehmers zur entsprechenden Gewerkschaft in der gesamten Branche – ist also wie ein Gesetz zu beachten. Bei den Tarifverträgen wird üblicherweise zwischen sog. Manteltarifverträgen, in denen Arbeitsbedingungen geregelt werden, die voraussichtlich keiner kurzfristigen Änderung bedürfen – wie z.B. Urlaubsregelungen – und die deswegen eine längere Laufzeit haben, und Lohn- oder Gehaltstarifverträgen mit kürzerer Laufzeit unterschieden.

– Für die **Kirchen** und die ihnen zuzuordnenden Organisationen (siehe oben) gilt das vorgenannte Tarifrecht nicht. Die Kirchen haben sich trotz vielfältiger Kritik seit eh und je geweigert, sich am Tarifsystem zu beteiligen, was von der obergerichtlichen Rechtsprechung auch gebilligt worden ist. Anstelle eines Tarifvertrages hat die katholische Kirche beispielsweise eine Dienstvertragsordnung geschaffen, die Grundlage für die einzelnen Arbeitsverträge ist. An dem Gremium, das für diese Dienstvertragsordnung zuständig ist, sind zwar auch Arbeitnehmer beteiligt. Das Verfahren ist jedoch in keiner Weise mit dem der Aushandlung von Arbeitsbedingungen durch Tarifvertragsparteien vergleichbar. Entsprechendes gilt für die evangelische Kirche. Die Kirchen haben sich somit einen eigenen Rechtsbereich, das »kirchliche Arbeitsrecht« geschaffen, der von der Rspr. mit der Begründung des verfassungsrechtlich garantierten **Selbstbestimmungsrechts der Kirchen** (Art. 140 GG i.V.m. den Kirchenrechtsartikeln der Weimarer Verfassung) bestätigt worden ist, das – auch in anderen Bereichen Bedeutung erlangt z.B. bei der Rechtmäßigkeit einer Kündigung wegen Kirchenaustritts. Allerdings hat das Bundesarbeitsgericht in zwei Entscheidungen vom 20.11.2012 den bei den Kirchen und den diesen zugehörigen Organisationen – Deutscher Caritasverband und Diakonisches Werk – beschäftigen Arbeitnehmerinnen und Arbeitnehmer das Streikrecht zugebilligt.[3]

---

3 1 AZR 179/11 und 1 AZR 611/11 – Damit wollen sich die Kirchen aber nicht zufrieden geben, sie haben angekündigt, das BVerfG und ggf. den Europäischen Gerichtshof für Menschenrechte anrufen zu wollen.

C. Die Anbahnung des Arbeitsverhältnisses – das Fragerecht des Arbeitgebers

11 **Arbeitsverhältnisse** sind typischerweise auf Stellenangebote in einschlägigen Zeitungen/Internetportalen zurückzuführen. Hat eine Bewerbung insofern Erfolg, dass man zu einem Gespräch eingeladen wird, sollte man sich darauf sorgfältig vorbereiten, insbesondere was die angebotene Position betrifft, soweit sie aus der Stellenausschreibung ersichtlich ist. An dieser Stelle soll nur der Bereich angesprochen werden, der das Fragerecht des zukünftigen Arbeitgebers betrifft. Der Arbeitgeber darf dem Arbeitnehmer nur Fragen stellen, an den er im Hinblick auf den zu besetzenden Arbeitsplatz ein berechtigtes Interesse hat. Generell zulässige Fragen sind z.b. solche nach der fachlichen Qualifikation, dem beruflichen Werdegang und der zuletzt ausgeübten Tätigkeit (obwohl sich dazu im Bewerbungsschreiben bereits Angaben finden).

12 Im Übrigen gilt Folgendes:
   - die Frage nach der **Schwangerschaft** ist nicht zulässig – ihre falsche Beantwortung führt zu keinerlei arbeitsrechtlichen Konsequenzen,
   - die Frage nach der **Gewerkschaftszugehörigkeit** ist nicht zulässig, es sei denn, es handelt sich um eine Position innerhalb einer Gewerkschaftsverwaltung,
   - **Schwerbehinderteneigenschaft**: besteht eine Schwerbehinderteneigenschaft, muss diese nicht von sich aus offenbart werden, es sei denn, dass die Art der Behinderung die Ausübung der in Rede stehenden Arbeit nicht zulässt. Die Frage nach dem Bestehen einer Schwerbehinderteneigenschaft muss wahrheitsgemäß beantwortet werden, ohne dass die Art der Schwerbehinderung offen gelegt werden muss. Zeigt sich zu einem späteren Zeitpunkt, dass eine Schwerbehinderteneigenschaft bestand, aber anlässlich der Einstellung verneint wurde, berechtigt dies den Arbeitgeber zur Anfechtung wegen arglistiger Täuschung (§ 123 BGB) oder zur fristlosen Kündigung.
   - Die Frage nach einer **Krankheit**, insbesondere nach einer positiven HIV Eigenschaft muss nicht wahrheitsgemäß beantwortet werden,
   - Die Frage nach der **Religionszugehörigkeit** ist nur in kirchlichen Einrichtungen zulässig,
       - Die Frage nach **Vorstrafen**: sie müssen nur beantwortet werden, wenn die Strafe noch nicht im Bundeszentralregister getilgt ist (nicht mehr ins Führungszeugnis aufzunehmen ist) und die Tat für die angestrebte Tätigkeit Bedeutung hat, z.B. bei einer Bewerbung als Kraftfahrer die Frage nach Verkehrsdelikten.
       - Fragen, die die **Intimsphäre** des AN berühren, sind unzulässig (BVerfGE 27, 6 u. 34, 245),
       - Fragebögen, die allgemeine Fragen des Arbeitsverhältnisses berühren, sind zulässig. Gleiches gilt für Assessmentauswahlverfahren.

Bei der Frage der Zulässigkeit geht es um Grundrechtsgarantien des Bewerbers und auch um datenschutzrechtliche Aspekte.

13 Die falsche Beantwortung zulässiger Fragen berechtigt den Arbeitgeber, den Arbeitsvertrag wegen **arglistiger Täuschung** nach § 123 BGB anzufechten, was zu seiner

rückwirkenden Aufhebung führt (§ 142 BGB) – die falsche Beantwortung unzulässiger Fragen hat keine negativen Rechtsfolgen.

Eine wichtige Rolle bei der Zulässigkeit von Fragen und der möglichen Auswahl von   **14** Arbeitnehmern spielt das Allgemeine Gleichbehandlungsgesetz (AGG). Danach dürfen keine Fragen gestellt werden, welche die Rasse, das Geschlecht, die Religion, die Behinderung, das Alter oder die sexuelle Identität in diskriminierender Weise berühren und nicht im Bezug zum erstrebten Arbeitsplatz stehen (§§ 8 ff. AGG). Gleiches gilt dann für die mögliche Ablehnung von BewerberInnen.

Mit der Bewerbung löst der potentielle AN schon Verpflichtungen des AG aus, z.b. die Kostentragungspflicht der Reise zur Vorstellung oder datenschutzrechtliche Sorgfaltspflichten.

Schaubild 1:

Vorvertragliche Pflichten bei der Entstehung des Arbeitsverhältnisses

Die Entstehung des Arbeitsverhältnisses stützt sich auf:
- **Vorvertragliche Verhandlungen (§ 311 Abs. 2 BGB) und**
- **Pflichten zu gegenseitiger Rücksichtnahme (§ 241 Abs. 2 BGB).**

Aufklärungs-, Obhuts- und Sorgfaltspflichten des Arbeitgebers:
- sorgfältiger Umgang mit Bewerbungsunterlagen
- Ersatz von Aufwendungen (z.b. Anreisekosten) für Vorstellungsgespräche (§ 670 BGB analog).

Beantwortung von Fragen im Vorstellungsgespräch:
- **Zulässige Fragen** ⟶ muss der Arbeitnehmer wahrheitsgemäß beantworten.

Definition ⟶ **Zulässige Fragen sind solche, die mit dem Arbeitsplatz in engem Zusammenhang stehen.**

Beispiele ⟶ Fragen nach Vorstrafen, die mit der aufzunehmenden Tätigkeit inhaltlich in Zusammenhang stehen;
Fragen nach der fachlichen Qualifikation;
Fragen nach der zuletzt ausgeübten Tätigkeit;
Fragen nach dem Gesundheitszustand;
Fragen nach dem bisherigen Gehalt.

Konsequenzen ⟶ bei falscher Beantwortung zulässiger Fragen:
- **Fristlose Kündigung** durch Arbeitgeber aus wichtigem Grund gem. § 626 Abs. 1 BGB, wenn die Einhaltung der Kündigungsfrist unzumutbar ist. Jedoch ist das Kündigungsverbot nach § 9 Abs. 1 und 3 MuSchG zu beachten.
- **Anfechtung** nach § 123 BGB wegen arglistiger Täuschung möglich, Folge: Rückwirkende Aufhebung.

- **Unzulässige Fragen** ⟶ des Arbeitsgebers haben für den Arbeitnehmer das „Recht auf Lüge" zur Folge.

Definition ⟶ **Unzulässige Fragen sind solche, die keinen konkreten Bezug zur aufzunehmenden Tätigkeit haben, den Menschen in seiner ganzen Persönlichkeit erfassen wollen oder in seine Intimsphäre eindringen.**

Beispiele ⟶ Fragen nach Parteizugehörigkeit;
Fragen nach Gewerkschaftszugehörigkeit;
Fragen nach Religionszugehörigkeit (Ausnahme: kirchliche Einrichtungen);
Fragen nach Vorstrafen (wenn ohne Zusammenhang mit der aufzunehmenden Tätigkeit und im Bundeszentralregister getilgt);
Fragen nach Schwerbehinderteneigenschaft (vgl. §§ 1, 7 Abs. 1, 6 Abs. 1 S. 2 AGG);
Fragen nach Krankheiten;
Fragen nach Schwangerschaft.

D. Der Arbeitsvertrag

I. Allgemeines

Kommt die Bewerbung zum Zuge, wird üblicherweise ein schriftlicher Arbeitsver- 15
trag geschlossen; sollte dies nicht der Fall sein, trifft den Arbeitgeber nach dem sog.
Nachweisgesetz (§ 2) die Verpflichtung, spätestens einen Monat nach dem vereinbarten Beginn des Arbeitsverhältnisses die wesentlichen Vertragsbedingungen schriftlich niederzulegen, die Niederschrift zu unterzeichnen und sie dem Arbeitnehmer auszuhändigen; welche Angaben mindestens aufzunehmen sind, ergibt sich aus § 2 Abs. 1 Satz 2 des Nachweisgesetzes.

Schaubild 2: Musterarbeitsvertrag

Arbeitsvertrag

Zwischen der Firma ....,
vertreten durch

....
als Arbeitgeber, im folgenden Firma genannt,

und Herr/Frau...,

wohnhaft: ....
als Arbeitnehmer/in

wird folgender Vertrag geschlossen:

§ 1 Tätigkeit

(1) Herr/Frau .... wird angestellt als ....
Zu seinem/ihrem Aufgabengebiet gehören auch nachfolgende Tätigkeiten:
....
(Optional: Arbeitsort ist ....)

(2) Die Firma behält sich vor, Herrn/Frau ....bei betrieblicher Notwendigkeit eine andere zumutbare Tätigkeit zu übertragen, die seinen/ihren Vorkenntnissen entspricht. Macht sie hiervon Gebrauch, so ist die bisherige Vergütung weiter zu zahlen.

§ 2 Vergütung

Herr/Frau .... erhält für seine/ihre Tätigkeit ein monatliches Bruttogehalt von
.... EUR (in Worten:..).
Die Vergütung ist jeweils am Ende des Monats fällig.
Auf Tariflohnerhöhungen werden anrechenbare Zulagen gezahlt. Die Vergütung wird bargeldlos gezahlt. Herr/Frau.................................... teilt hierzu spätestens zu Beginn des Arbeitsverhältnisses der Firma ihre Kontoverbindung mit.

---

§ 3 Beginn/Probezeit/Beendigung

(1) Dieser Vertrag tritt ab dem ....in Kraft. Die ersten sechs Monate dienen als Probezeit. Während dieser Zeit kann der Vertrag von beiden Vertragspartnern mit einer Frist von zwei Wochen gekündigt werden.

(2) Vor Beginn des Arbeitsverhältnisses ist die ordentliche Kündigung ausgeschlossen.

(3) Nach Ende der Probezeit kann das Arbeitsverhältnis mit einer Frist von sechs Wochen zum Quartalsende gekündigt werden.

(4) Das Arbeitsverhältnis endet spätestens mit dem Erreichen der gesetzlichen Altersgrenze der Rentenversicherung.

§ 4 Arbeitszeit/Urlaub

(1) Die wöchentliche Arbeitszeit beträgt .... Stunden.

(2) Im Übrigen gelten die Bestimmungen der betrieblichen Arbeitszeitordnung in der jeweils gültigen Fassung.

(3) (optional) Regelung zu Überstunden

(4) Herr/Frau .... erhält kalenderjährlich einen Erholungsurlaub von .... Kalender/Arbeitstagen. Er/Sie stimmt den Urlaubsantritt mit seinem/ihrem Vorgesetzten ab.

Im Übrigen gelten die gesetzlichen Bestimmungen/Bestimmungen des Tarifvertrages................... Bei Urlaubsantritt erhält Herr/Frau ... ein zusätzliches Urlaubsgeld in Höhe von ....% seiner/ihrer kalenderjahresdurchschnittlichen Bruttovergütung. Das Urlaubsgeld wird jährlich im Kalendermonat Juli ausgezahlt.

§ 5 Nebenabreden

(Optional)

§ 6 Schlussbestimmungen

(1) (Optional): Abänderungen oder Ergänzungen dieses Vertrages bedürfen der Schriftform.

(2) (Optional): Die Rechtsunwirksamkeit einzelner Vertragsbestimmungen berührt nicht die Gültigkeit des sonstigen Vertragsinhalts.

........., den ...., den ....

....

(Unterschrift)   (Unterschrift)

Arbeitgeber   Arbeitnehmer

---

16 Beim Arbeitsvertrag handelt es sich um einen privatrechtlichen und damit schuldrechtlichen gegenseitigen Vertrag (§§ 611 ff. BGB), durch den sich der Arbeitnehmer verpflichtet, entgeltliche Arbeit zu leisten, der darüber hinaus aber auch ein personenrechtliches Gemeinschaftsverhältnis begründet, durch das besondere Pflichten – siehe weiter unten – entstehen. Nachfolgend soll – was den Abschluss des Arbeitsvertrages betrifft, zwischen formalen Gesichtspunkten und inhaltlichen – soweit sie nicht unter den folgenden Abschnitt fallen – unterschieden werden.

II. Formale Gesichtspunkte

Möglichkeiten, die für die Gestaltung des Arbeitsvertragsverhältnisses zur Verfügung   17
stehen:
- **der von vorneherein befristete Arbeitsvertrag** – die Zulässigkeit der Befristung
  ergibt sich aus § 14 des **Teilzeit- und Befristungsgesetzes** – eine ordentliche (fristgemäße) Kündigung ist während der Laufzeit des Vertrages ausgeschlossen, es sei
  denn, dass diese Möglichkeit vertraglich vereinbart wurde,
- **der unbefristete Arbeitsvertrag mit anfänglicher Probezeit.** Die Probezeit darf
  maximal 6 Monate betragen. Innerhalb der Probezeit kann mit abgekürzten Fristen gekündigt werden (§ 622 Abs. 3 BGB); wird nicht innerhalb der Probezeit
  gekündigt, entsteht ein Arbeitsverhältnis auf unbestimmte Zeit, das nur unter den
  Voraussetzungen wie nachfolgend dargestellt beendet werden kann,
- **Das vorgeschaltete befristete Probearbeitsverhältnis** mit anschließendem Arbeitsvertrag auf unbestimmte Zeit: hier wird zunächst ein eigenständiges, auf maximal
  6 Monate Zeitdauer befristetes Probearbeitsverhältnis geschlossen. Für ein sich
  daran anschließendes Arbeitsverhältnis auf unbestimmte Zeit ist ein neuer eigenständiger Arbeitsvertrag erforderlich.
- **Das Leiharbeitsverhältnis:** es handelt sich hierbei um Arbeitgeber, die als Ver-
  leiher Dritten (Entleihern) Arbeitnehmer (Leiharbeitnehmer) gewerbsmäßig zur
  Arbeitsleistung überlassen wollen. Diese erlaubnispflichtige Tätigkeit ist im Einzelnen im **Arbeitnehmerüberlassungsgesetz** (AÜG) geregelt. Ein Arbeitsverhältnis besteht hier nur zwischen dem Arbeitnehmer und der Verleihfirma, nicht aber
  zwischen dem Arbeitnehmer und der Firma, der er im konkreten Fall zur Arbeitsleistung überlassen wurde. Während der Zeit der Überlassung gelten für den
  Leiharbeitnehmer die gleichen Arbeitsbedingungen einschließlich des Entgeltes
  (sog. Equal Pay Grundsatz gem. § 8 Abs. 1 AÜG). Nach neuer Gesetzeslage darf
  hiervon nur während der ersten 9 Monate der Überlassung abgewichen werden.
  Die Entleiher benötigen eine Genehmigung der Bundesagentur.
- **Speziell: die geringfügige Beschäftigung:**
  Eine geringfügig entlohnte Beschäftigung liegt nach § 8 Abs. 1 SGB IV vor, wenn
  - das Arbeitsentgelt aus dieser Beschäftigung regelmäßig im Monat 450 € nicht
    überschreitet (die bisherige Begrenzung auf bis zu 400 € im Monat ist durch
    Gesetz zu Änderungen im Bereich der geringfügigen Beschäftigung vom
    05.12.2012 – BGBl. I. S. 2474 – Wirkung vom ab 01.01.2013 auf 450 €
    monatlich angehoben worden),
  - die Beschäftigung innerhalb eines Kalenderjahres auf längstens 2 Monate oder
    50 Arbeitstage begrenzt ist (mit weiteren Details in § 8 Abs. 1 Nr. 2 SGB IV).

Mehrere geringfügig entlohnte Beschäftigungen, bei denen das zusammen gerechnete   18
Arbeitsentgelt 450 € mtl. überschreitet, werden wie ein normales steuer- und sozial-
versicherungspflichtiges Arbeitsverhältnis behandelt.

Die geringfügige Beschäftigung ist für den Arbeitnehmer steuer- und sozialversiche-   19
rungsfrei. Der Arbeitgeber führt regelmäßig eine Steuerpauschale von 2 % des Entgelts
ab sowie Beiträge in Höhe von 13 % an die gesetzliche Krankenversicherung (§ 259b

SGB V) und 15 % an die gesetzliche Rentenversicherung (§ 172 SGB VI). Hinzu kommen Umlagen für die Entgeltfortzahlung im Krankheitsfall, bei Mutterschaft und den Beschäftigungsverboten nach dem Mutterschutzgesetz (MuSchG) sowie die Insolvenzgeldumlage. Bei Privathaushalten, die eine Haushaltshilfe geringfügig entlohnt beschäftigen, gelten im Prinzip niedrigere Sätze. Die geringfügig entlohnte Beschäftigung ist vom Arbeitgeber bei der Minijob-Zentrale[4] anzumelden und die Beiträge nach dort abzuführen.

20 Für den Arbeitnehmer handelt es sich um ein normales Arbeitsverhältnis mit Anspruch auf Entgeltfortzahlung im Krankheitsfall, Anspruch auf Urlaub, Kündigungsschutz bei Mutterschaft und allgemeiner Kündigungsschutz (siehe weiter unten) etc. Allerdings kann der Arbeitnehmer durch schriftliche Erklärung gegenüber dem Arbeitgeber auf die Versicherungsfreiheit in der gesetzlichen Rentenversicherung verzichten (§ 5 Abs. 2 Satz 2 SGB VI).

21 Die **geringfügige Beschäftigung** ist zu einem aus Sicht der Bundesanstalt für Arbeit und der Regierung wichtigen Instrument der Arbeitsmarktpolitik geworden. 2017 befanden sich ca. 8 Mio. Menschen in solchen Mini-Jobs – die Mehrzahl davon sind Frauen. Von den ca. 8 Mio. Minijobbern hatten ca. 2,5 Mio. ein Vollzeitarbeitsverhältnis, der Rest musste von dem Minijobberentgelt leben.[5] Da der maximale Verdienst unterhalb des Existenzminimums liegt, ist der entsprechende Personenkreis regelmäßig auf ergänzende Leistungen nach dem SGB II angewiesen (sog. Aufstocker[6]), fällt aber aus der Arbeitslosenstatistik heraus.

III. Inhaltliche Gesichtspunkte

22 Was die inhaltliche Seite angeht, ergibt sich prinzipiell ein weites Feld für die Gestaltung des Arbeitsvertrages.

23 Soweit ein **Tarifvertrag** Anwendung findet, beschränken sich die Angaben im Arbeitsvertrag üblicherweise auf den Beginn des Arbeitsverhältnisses, die Art der Tätigkeit und die Vergütung/Vergütungsgruppe und es wird im Übrigen auf den Tarifvertrag verwiesen. So beispielsweise im Bereich des öffentlichen Dienstes, in dem aus Gleichbehandlungsgründen der TVöD generell angewendet wird. Die AWO hat ihren eigenen Tarifvertrag. Soweit sonstige Träger sozialer Arbeit in ihren Arbeitsverträgen auf den TVöD verweisen, muss auf die genaue Formulierung geachtet werden, ob damit der gesamte TVöD gemeint ist oder etwa nur die Vergütungsgruppe. Ansonsten kann es ausführliche Arbeitsverträge geben, in denen alle gegenseitigen Rechte und Pflichten ausführlich niedergelegt sind.

---

4 Einer Abteilung der Deutschen Rentenversicherung Knappschaft-Bahn-See in 45115 Essen.
5 Blog.minijob.zentrale.de, (letzter Zugriff am 07.05.2017, 11.23 Uhr).
6 Bundesagentur für Arbeit, Statistik, 1,4 Mio. Menschen im Jahr 2009.

E. Arbeitsrechtliche Pflichten und Leistungsstörungen

Bei den arbeitsrechtlichen Pflichten ist zwischen Haupt- und Nebenpflichten zu   24
unterscheiden.

I. Hauptpflichten

Die Hauptpflichten bestehen darin, dass der Arbeitnehmer zur Arbeitsleistung ver-   25
pflichtet ist und der Arbeitgeber zur Entlohnung der geleisteten Arbeit, wobei sich
die Höchstdauer der Arbeitszeit aus dem **Arbeitszeitgesetz** ergibt. Wollen der AN
Elternzeit oder Pflegezeit in Anspruch nehmen, löst dies keine Lohnfortzahlung des
AG aus. Dem gegenüber gibt es unter dem Stichwort »Lohn ohne Arbeit« (Ausschluss
der Leistungspflicht, Verhinderung des AN, Annahmeverzug des AG, Mutterschutz,
Betriebsstörung, Arbeitskampf, Bildungsurlaub, Betriebsratstätigkeit[7] usw.) u.a. zwei
hier zu behandelnde wesentliche Ausnahmen:

– für die Zeit des **Erholungsurlaubs** besteht Anspruch auf die Arbeitsvergütung. Die
  Länge des Urlaubs ergibt sich aus einem Tarifvertrag oder dem Einzelarbeitsver-
  trag oder dem Gesetz. Der gesetzliche Mindesturlaub beträgt im Kalenderjahr 24
  Werktage = 4 Wochen – § 3 Abs. 1 **Bundesurlaubsgesetz**

– Bei **krankheitsbedingter Arbeitsverhinderung** besteht Anspruch auf Weiterzah-
  lung der Arbeitsvergütung für die Dauer von maximal 6 Wochen – § 3 Abs. 1
  Entgeltfortzahlungsgesetz. Wird ein Arbeitnehmer krank, treffen ihn zwei Pflichten: er muss zunächst seinen Arbeitgeber umgehend seine krankheitsbedingte Arbeitsunfähigkeit und deren voraussichtliche Dauer mitteilen (**Anzeigepflicht** – § 5
  Abs. 1 Satz 1 Entgeltfortzahlungsgesetz) – sodann trifft den Arbeitnehmer die
  Nachweispflicht: dauert die Arbeitsunfähigkeit länger als drei Tage, hat der Arbeitnehmer spätestens am darauf folgenden Tag eine ärztliche Bescheinigung über
  das Bestehen der Arbeitsunfähigkeit und deren voraussichtliche Dauer vorzulegen (§ 5 Abs. 1 Satz 2 Entgeltfortzahlungsgesetz). Der Arbeitgeber ist aber auch
  berechtigt, ohne dies begründen zu müssen, vom Arbeitnehmer die Vorlage der
  Arbeitsunfähigkeitsbescheinigung bereits am ersten Tag der Krankheit zu fordern,
  so die Rechtsprechung des Bundesarbeitsgerichts.[8]

---

7 Nachweis bei *Kokemoor*, S. 75.
8 BAG, Urt. v. 14.11.2012 – 5 AZR 886/11.

Schaubild 3: Arbeitnehmerpflichten

Pflichten des Arbeitsnehmers teilen sich in:

Hauptplicht: Arbeitspflicht (§ 611a I 1 BGB)	Nebenpflichten (§ 241 II BGB)

1. *Art der Arbeit*: Arbeitsvertrag sowie Direktions- bzw. Weisungsrecht des Arbeitsgebers
2. *Ort der Arbeit*: Arbeitsvertrag idR. Betrieb des Arbeitgebers
3. *Arbeitszeit*: Arbeitsvertrag iVm. ArbZG (z.B. § 3 ArbZG: Grundsätzlich 8-Stunden-Tag)
 	
Arbeit ist vom Arbeitsnehmer höchstpersönlich zu leisten = keine Vertretung möglich (vgl. § 613 BGB)
	1. *Allgemeine Treuepflicht*: §§ 241 II, 242 BGB = Pflicht zur Rücksichtnahme auf Belange des Arbeitgebers
	2. *Mitteilungspflichten* – Beispiele:
	  • Betriebsstörungen
	  • Rechtwidriges Verhalten von Kollegen
	  • Krankheit
	3. *Verschwiegenheitspflicht*:
	  • Geschäfts- und Betriebsgeheimnisse (§ 17 UWG)
	4. *Wettbewerbsverbot*: §§ 60 und 61 HGB
	5. *Keine Schmiergeldannahme*

Pflichtverletzungen des Arbeitnehmers und ihre Rechtsfolgen:

1. *Verschuldete Nichtleistung der Arbeit*:
  • ggf. Klage des Arbeitsgebers auf Erfüllung (§ 2 I Nr. 3a ArbGG)
  • Zurückbehaltung des Lohns (§ 320 I 1 BGB)
  • Schadensersatz gem. §§ 280 I und III, 283 BGB
2. *Schlechtleistung*: Anspruch des Arbeitgebers gem. §§ 280 I, 241 II BGB
  • Ggf. Haftungsbeschränkung für Arbeitnehmer (mildere Haftung nach dem sonstigen Inhalt des Schuldverhältnisses iSv. § 276 I 1 BGB)
3. *Schädigung Dritter durch Arbeitnehmer*; idR. § 823 BGB – ggf. Regress bei Arbeitgeber, wenn Haftungsbeschränkung eingreift (Quotenhaftung)
4. *Mankohaftung*
5. *Abmahnung und Betriebsbuße*
6. *Fristlose oder fristgerechte Kündigung nach Abmahnung*
	Bei Verletzung von Nebenpflichten, fristlose oder fristgerechte Kündigung (nach Abmahnung) oder Schadensersatz gem. § 280 I iVm. § 241 II und/oder § 823 I BGB (ggf. Haftungsbeschränkung)

aus: *Wörlen/Kokemoor*, Arbeitsrecht, 12. Auflage 2017 S. 92.[9]

---

9 *Wörlen/Kokemoor*, Arbeitsrecht, 12. Auflage 2017, S. 92, Abdruck der Übersicht erfolgt mit freundlicher Genehmigung der Verlag Franz Vahlen GmbH.

II. Nebenpflichten

Die Nebenpflichten im Arbeitsverhältnis werden traditionell als »Treuepflicht« des   **26** Arbeitnehmers und »Fürsorgepflicht« des Arbeitgebers bezeichnet. Zur Treuepflicht des AN gehört beispielsweise das Verbot, dem AG Konkurrenz zu machen oder die Pflicht zur Verschwiegenheit über Betriebs- und Geschäftsgeheimnisse. Die Fürsorgepflicht des AG bezieht sich vor allem auf Schutzpflichten, die Leben und Gesundheit der AN betreffen. Der AG hat Fabrikgebäude, sonstige Räume und Maschinen unfallsicher einzurichten und zu unterhalten und menschenwürdige Waschräume und Toiletten bereitzustellen.

Schaubild 4: Arbeitgeberpflichten

Pflichten des Arbeitgebers

Hauptpflicht: Entgeltzahlungspflicht (§ 611a II BGB)	Nebenpflichten (§ 241 II BGB)

Inhalt der Entgeltzahlungspflicht
1. *Grundsatz*: Geldlohn (vgl. § 107 I GewO, möglich auch Naturallohn, aber selten)
2. *Arten*: Zeitentgelt (z.B. Monatsgehalt, Stundenlohn) oder Akkordlohn (Bezahlung des Arbeitsergebnisses als „Zeitakkord" und „Geldakkord"
3. *Sonderzuwendungen/Entgeltzuschläge*: „Gratifikationen" : Zusätzliche Leistungen an den Arbeitnehmer, auf die ein Rechtsanspruch bestehen kann.
	1. **Allgemeine Fürsorgepflicht**
	▪ „Pendant" zur Treuepflicht des Arbeitnehmers – vgl. §§ 241 II, 242 BGB
	▪ Besondere gesetzliche Regelungen: §§ 617-619 BGB; § 62 HGB; ArbZG; JArbSchG; MuSchG; § 32 BDSG; vor allem:
	  a. Schutz von Leben und Gesundheit des Arbeitnehmers
	  b. Schutz persönlicher Belange des Arbeitnehmers, z.B. Datenschutz, Einsicht in Personalakte
	  c. Sorge für eingebrachte Sachen des Arbeitnehmers

Ort und Zeit der Entgeltzahlung 1. *Ort*: Grundsatz: § 269 BGB Regelfall: Betrieb des Arbeitgebers 2. *Zeit*: Grundsatz: § 614 BGB dispositiv: die Zahlung nach Leistung (oft vorab zum 1. des Monats oder zum 15. o. 30.)	2. **Beschäftigungspflicht** Arbeitnehmer ohne Beschäftigung ist grundsätzlich in seinem allgemeinen Persönlichkeitsrecht (Art. 1 I iVm. Art. 2 I GG) beeinträchtigt
Entgeltschutz Zur Sicherung der Existenzgrundlage des Arbeitnehmers, z.B.: ▪ Pfändungsgrenzen: §§ 850 ff. ZPO ▪ Abtretungsverbot: § 400 BGB ▪ Aufrechnungsverbot: § 394 BGB	3. **Pflicht auf Urlaubsgewährung** Anspruch des Arbeitnehmers § 1 BUrlG 4. **Pflicht zur Altersvorsorge** 5. **Pflicht zur Zeugniserteilung** §§ 109 GewO, 630 S. 4 BGB 6. **Gleichbehandlungspflicht** vgl. §§ 1, 7 I AGG, 4 TzBfG; arbeitsrechtlicher Gleichbehandlungsgrundsatz

„Lohn ohne Arbeit" z.B.
- vom Arbeitgeber verschuldete Unmöglichkeit der Arbeit: § 326 II BGB
- Annahmeverzug des Arbeitgebers: § 615 S. 1 BGB
- Betriebsstörungen in Risikosphäre des Arbeitgebers: § 615 S. 3 BGB
- Krankheit des Arbeitnehmers: § 3 EFZG
 	
Befreiung von der Entgeltzahlungspflicht z.B.
- von Arbeitgeber und Arbeitnehmer nicht zu vertretende Unmöglichkeit: § 326 I BGB
- rechtmäßiger Arbeitskampf
	Pflichtverletzung des Arbeitgebers
	1. Entgeltzahlungspflicht: Nachzahlung und Verzögerungsschaden über §§ 280 I und II, 286 BGB
	2. Nebenpflichten:
	  a. Allgemein Ansprüche des Arbeitnehmers aus §§ 280 I, 241 II und/oder §§ 823 ff. BGB
	  b. Beschäftigungspflicht; Anspruch aus § 611a II iVm. § 615 S. 1 BGB
	3. Haftungsausschluss bei Arbeitsunfall: §§ 104 ff. SGB VII

aus: *Wörlen/Kokemoor*, Arbeitsrecht, 12. Auflage 2017 S. 123.[10]

---

10 *Wörlen/Kokemoor*, Arbeitsrecht, 12. Auflage 2017, S. 123, Abdruck der Übersicht erfolgt mit freundlicher Genehmigung der Verlag Franz Vahlen GmbH.

III. Leistungsstörungen

Von den denkbaren Leistungsstörungen sollen nur zwei Bereiche behandelt werden: 27
a) **Die Abmahnung**: sie ist das arbeitsrechtliche Instrument des AG, auf die Verletzung von arbeitsvertraglichen Pflichten des AN zu reagieren. Gesetzlich ist sie nicht geregelt. Aus Beweissicherungsgründen sollte sie schriftlich erfolgen. Die Abmahnung hat Hinweis- und Warnfunktion: die **Hinweisfunktion** bedeutet, dass der AG dem AN mitteilt, welches konkrete arbeitsvertragliche Fehlverhalten vorliegt und dass dies nicht gebilligt werden kann. Die **Warnfunktion** besteht darin, dass dem AN mitgeteilt wird, dass ein Wiederholungsfall arbeitsrechtliche Konsequenzen bis hin zur Kündigung nach sich ziehen kann. Die Abmahnung wird Bestandteil der Personalakte des AN – sie kann, wenn sie vom AN als nicht berechtigt empfunden wird, vor dem Arbeitsgericht angegriffen werden mit dem Ziel, dass sie aus der Personalakte entfernt wird.
b) Die **Haftung des Arbeitnehmers** gegenüber dem Arbeitgeber
Entsteht durch eine Handlung (oder auch ein Unterlassen) des AN dem AG ein Schaden (§ 280 Abs. 1 BGB), stellt sich die Frage, ob und in welchem Umfang der AN dafür aufkommen, also Schadensersatz leisten muss. Das **BAG**[11] hat zu dieser Frage in Abhängigkeit vom Verschuldensgrad des AN eine differenzierte Rechtsprechung entwickelt:
– ist dem AN nur **leichteste** Fahrlässigkeit(§ 276 BGB) vorzuwerfen, muss der AG den Schaden allein tragen, der AN muss sich daran nicht beteiligen,
– geht es um **mittlere** (**einfache, normale**) Fahrlässigkeit, wird der Schaden quotenmäßig auf AN und AG verteilt. Im Verhältnis der Quote muss sich jede Partei des Arbeitsvertragsverhältnisses an der Schadensbegleichung beteiligen,
– Ist dem AN **grobe** Fahrlässigkeit oder gar **Vorsatz** vorzuwerfen, ist er allein für den Schaden verantwortlich.
Im Rahmen der Haftung des AN sind zwei wichtige Aspekte zu erwähnen. Zum einen geht es um die **REMONSTRATION** eines AN, der Weisungen des AG nicht ausführen will. Weist ihn der AG dennoch an und stellt sich diese Weisung als unrechtmäßig dar, stellt der AG den AN im Innenverhältnis gegenüber Forderungen Dritter frei. (Die Erzieherin soll auf 30 Kinder aufpassen, remonstriert und es geschieht trotz aller Sorgfalt eine Aufsichtspflichtverletzung. Der AG haftet gegenüber dem Dritten im Innenverhältnis).
Wichtig kann in diesem Zusammenhang auch eine **Überlastungsanzeige** der AN sein. Die AN signalisieren dem AG ihre Überlastung und lösen damit arbeitsrechtliche Verpflichtungen des AG aus. Führt die Überlastung zur Verletzung arbeitsrechtlicher Pflichten des AN, kann der AG keine rechtlichen Konsequenzen zu Ungunsten des AN ergreifen und muss zugleich mögliche zivilrechtliche Forderungen Dritter begleichen. Strafrechtlich bleibt es bei der Verantwortlichkeit des AN. Oft hat der AN eine Garantenstellung bezüglich der Betreuung seiner Klienten.[12]

---

11 BAGE 78, 56.
12 Vgl. Ausführungen im Kap. 15 Rdn. 203 ff. und *Papenheim*, 25. Aufl., S. 33.

F. Der Kündigungsschutz und die Beendigung des Arbeitsverhältnisses[13]

I. Für die Beendigung eines Arbeitsverhältnisses kommen verschiedene Sachverhalte in Frage:

28   – Das Arbeitsverhältnis endet ohne weiteres Zutun durch **Zeitablauf**, weil es von vorneherein befristet war,

– Das Arbeitsverhältnis wird von den Arbeitsvertragsparteien einvernehmlich durch einen **Aufhebungsvertrag** beendet; hier sollte der Aufhebungsvertrages so gestaltet sein, dass, sofern sich Arbeitslosigkeit anschließt, die Arbeitsagentur keine Veranlassung hat, eine Sperrzeit nach dem SGB III festzusetzen.

– Das Arbeitsverhältnis endet infolge einer **Kündigung**; dabei ist die **ordentliche** (fristgemäße) Kündigung von der **außerordentlichen** (fristlosen) Kündigung zu unterscheiden. Schließlich muss auch ein Blick auf die sog. **Änderungskündigung** geworfen werden.

II. Der Kündigungsschutz

1. Der besondere Kündigungsschutz

29   Bestimmte Arbeitnehmer und Arbeitnehmerinnen sind aufgrund ihrer besonderen Position nicht kündbar oder es muss eine dritte Stelle zustimmen; unter diesen besonderen Kündigungsschutz fallen:

– **Schwerbehinderte** nach § 2 Abs. 2, §§ 68 ff. SGB IX. Hier darf der Arbeitgeber nur kündigen, wenn das Integrationsamt zuvor auf Antrag des Arbeitgebers seine Zustimmung zur beabsichtigten Kündigung erteilt hat – § 85 SGB IX. Dies bezieht sich auf alle Arten von Kündigungen.[14]

– Die Kündigung gegenüber einer Frau während der **Schwangerschaft** und bis zum Ablauf von 4 Monaten nach der Entbindung ist unzulässig, wenn dem Arbeitgeber zur Zeit der Kündigung die Schwangerschaft oder Entbindung bekannt war oder innerhalb von zwei Wochen nach Zugang der Kündigung mitgeteilt wird – § 9 Abs. 1 Satz 1 MuSchuG. – bezieht sich auf die ordentliche wie auf die außerordentliche Kündigung – Erlaubnis ist möglich, aber selten, § 9 Abs. 3 MuSchuG.

– Arbeitnehmer in der **Elternzeit** – § 18 Abs. 1 Satz 1 BEEG; bezieht sich auf die ordentliche und die außerordentliche Kündigung – Erlaubnis möglich aber selten – § 18 Abs. 1 Satz 2 – 4 BEEG.

– **Arbeitnehmervertreter** nach § 15 Abs. 1 bis 3 KSchG (Betriebsräte, Mitglieder von Personalvertretungen und weitere); die ordentliche Kündigung ist gänzlich verboten. Die außerordentliche Kündigung kommt in Frage, ist aber teilweise zustimmungsbedürftig, so ist bei Betriebsräten die Zustimmung des Betriebsrats erforderlich, § 103 Abs. 1 BetrVG.

---

13 Siehe dazu *Dörner, K.*, Kündigungsschutz im betrieblichen Alltag, Köln/Neuwied 2012.
14 Siehe dazu *Reiß, F.*, Der Kündigungsschutz schwerbehinderter Arbeitnehmer.

– Bei **Auszubildenden** ist die ordentliche Kündigung nach Ablauf der Probezeit nicht zulässig, § 22 Abs. 2 BBiG; die außerordentliche Kündigung ist nicht verboten.
– **Wehrdienstleistende** nach § 2 des Arbeitsplatzschutzgesetzes; nach Aussetzen der Wehrpflicht kann sich dies jetzt nur noch auf Wehrübungen beziehen. Der Kündigungsschutz gilt im Übrigen nur für die ordentliche Kündigung, nicht für die außerordentliche.
– Arbeitnehmer des **öffentlichen Dienstes** (Angestellte und Arbeitnehmer), die das 40. Lebensjahr beendet haben und für die Regelungen des Tarifs West Anwendung finden, können nach einer Beschäftigungszeit von mehr als 15 Jahren durch den Arbeitgeber nur aus wichtigem Grund gekündigt werden – § 34 TöVD – AT § 35 Abs. 2.

2. Die Kündigungsfristen und das Kündigungsschutzgesetz

Die Kündigungsfristen für eine ordentliche (fristgemäße) Kündigung finden sich in §622 BGB. Sie sind im Wesentlichen bereits in Kapitel 9 Rdn. 42 ff. dargestellt worden, sodass darauf verwiesen werden darf.   30

Im Übrigen muss zunächst geprüft werden, ob das Kündigungsschutzrecht auf den jeweiligen konkreten Fall anwendbar ist, damit der mit dem Gesetz beabsichtigte Schutz auch greift. Das KSchG gilt für Betriebe und Verwaltungen des privaten und öffentlichen Rechts. Seine Anwendung setzt zweierlei voraus: 31
– es darf sich nicht um einen sog. »Kleinbetrieb« handeln – § 23 KSchG. Der **Kleinbetrieb** hat eine wechselhafte Geschichte. Die jetzige Regelung kann man – vereinfacht – wie folgt zusammenfassen: für Arbeitsverhältnisse, die bereits vor dem 31.12.2003 begonnen haben gilt das KSchG nicht, wenn in der Regel **fünf** oder weniger Arbeitnehmer beschäftigt sind. Für Arbeitsverhältnisse, die nach dem 31.12.2003 begonnen haben, gilt das Gesetz nicht, wenn in der Regel **zehn** oder weniger Arbeitnehmer beschäftigt sind. Auszubildende zählen nicht und teilzeitbeschäftigte werden in Abhängigkeit vom Umfang der Teilzeit mit 0,5 bzw. 0,75 berücksichtigt.
– Das Arbeitsverhältnis in dem Betrieb muss ohne Unterbrechung länger als sechs Monate bestanden haben – § 1 Abs. 1 KSchG – es gibt also für den Kündigungsschutz eine Wartezeit.

Die Kündigung durch einen Arbeitgeber ist **rechtsunwirksam**, wenn sie **sozial** nicht gerechtfertigt ist. Sie ist sozial ungerechtfertigt, wenn sie nicht durch **Gründe in der Person** oder in dem **Verhalten** des Arbeitnehmers liegen, oder durch **dringende betriebliche Erfordernisse**, die einer Weiterbeschäftigung des Arbeitnehmers in diesem Betrieb entgegenstehen, bedingt ist – § 1 Abs. 2 KSchG.
– Die **verhaltensbedingte Kündigung**: hier tut sich ein weites Feld auf, weil hierunter jede Art von Verstoß gegen vertragliche Verpflichtungen fallen kann. Zu beachten ist aber, dass hier regelmäßig eine Abmahnung vorangehen muss und erst bei einem Wiederholungsfall gekündigt werden darf.

– Die **personenbedingte Kündigung**: hier geht es nicht um Verhalten des Arbeitnehmers, das dieser beeinflussen kann (zu spät zur Arbeit kommen), sondern um
Gründe, die in der Person des Arbeitnehmers liegen. Der typische Fall ist hier
die krankheitsbedingte Kündigung. Beim Krankheitsbild wird unterschieden zwischen häufigen Kurzerkrankungen, die ein bestimmtes Maß erreichen oder überschreiten und lang andauernden Krankheiten, beim denen möglicherweise nicht
abzusehen ist, wann wieder mit Arbeitsfähigkeit zu rechnen ist. Dazu hat sich eine
vielfältige Rechtsprechung entwickelt, die hier nicht im Einzelnen dargestellt werden kann. Ausschlaggebend ist letztlich aber immer, ob sich die Krankheit(en) so
störend auf den Betriebsablauf auswirken, dass es dem AG nicht mehr zuzumuten,
den jeweiligen Stand weiter hinzunehmen. Eine vorherige Abmahnung ist hier
regelmäßig nicht erforderlich.

– Die **betriebsbedingte Kündigung**: dringende betriebliche Erfordernisse können
alle möglichen – von außen gesetzte oder innerbetrieblich gewollte sein (Auftrags-
mangel, personelle Umstrukturierung, Modernisierung, Privatisierung bestimmter Bereiche). Die unternehmerische Entscheidung ist vom Arbeitsgericht nicht
daraufhin überprüfbar, ab sie sinnvoll ist. Soweit Arbeitsplätze wegfallen, ist der
Arbeitgeber zur sog. **Sozialauswahl** verpflichtet – § 1 Abs. 3 KSchG. Dabei sind
die Dauer der Betriebszugehörigkeit, das Lebensalter, die Unterhaltspflichten und
ggf. eine Schwerbehinderung zu berücksichtigen. Auch hierzu hat sich eine umfangreiche Rechtsprechung entwickelt, die hier nicht dargestellt werden kann.

3. Die außerordentliche Kündigung

32   Die außerordentliche, fristlose Kündigung ist in § 626 BGB geregelt und auch bereits
in Kapitel 9 Rdn. 43 behandelt. Das Arbeitsverhältnis kann von jedem Vertragtteil aus
wichtigem Grund ohne Einhaltung einer Kündigungsfrist gekündigt werden, wenn
Tatsachen vorliegen, aufgrund derer dem Kündigenden unter Berücksichtigung aller
Umstände des Einzelfalles und unter Abwägung der Interessen beider Vertragsteile
die Fortsetzung des Arbeitsverhältnisses bis zum Ablauf der Kündigungsfrist oder
bis zu der vereinbarten Beendigung des Arbeitsverhältnisses nicht zugemutet werden
kann – § 626 Abs. 1 BGB. Bei dem »**wichtigen**« Grund handelt es sich um einen
unbestimmten Rechtsbegriff, der im Einzelfall der Auslegung bedarf. In der jüngeren
Vergangenheit sind hier mehrere spektakuläre Fälle durch die Presse gegangen (z.B.
das Ansichnehmen von drei Getränkebons), bei denen damit argumentiert wird, dass
nicht der wirtschaftliche Wert entscheidend sei, sondern der wichtige Grund sich in
dem Verlust des Vertrauensverhältnisses darstelle.

33   Für den Ausspruch der fristlosen Kündigung durch den Arbeitgeber gilt nach § 626
Abs. 2 BGB eine Frist von zwei Wochen, die in dem Zeitpunkt beginnt, in der Kündi-
gungsberechtigte von den für die Kündigung maßgebenden Tatsachen Kenntnis erlangt.

4. Die Änderungskündigung

34   Bei der Änderungskündigung handelt es sich um eine **Beendigungskündigung** verbunden mit dem Angebot, das Arbeitsverhältnis zu geänderten (meist schlechteren)

Arbeitsbedingungen fortzusetzen. Auch hier ist eine Klage vor dem Arbeitsgericht zulässig mit dem Antrag feststellen zu lassen, dass die geänderten Arbeitsbedingungen sozial nicht gerechtfertigt sind. Allerdings ist in einem solchen Fall dringend anzuraten, eine Vorbehaltserklärung i.S.d. § 2 KSchG abzugeben, dass das Angebot unter dem Vorbehalt angenommen wird, dass die Änderung der Arbeitsbedingungen nicht sozial ungerechtfertigt ist. Ohne diese Erklärung geht der Arbeitsplatz verloren, wenn man seine Kündigungsschutzklage verliert.

5. Die Form der Kündigung und die Kündigungsschutzklage

Für die Form der Kündigung, gleich um welche Art von Kündigung es sich handelt, ist **35** zwingend Schriftform vorgeschrieben – § 623 BGB. Die elektronische Form ist nicht zugelassen.[15] Bei Nichtbeachtung der vorgeschriebenen Schriftform ist die Kündigung rechtsunwirksam.

Die Schriftform gilt auch für die Kündigungsschutzklage – jedoch ist hier auch noch die Aufnahme der Klage durch den Rechtspfleger bei der Rechtsantragsstelle des Arbeitsgerichts vorgesehen.

Allerdings gilt für alle Arten von Kündigungen eine **Dreiwochenfrist**, innerhalb derer **36** die Klage beim Arbeitsgericht eingegangen sein muss. Die Frist beginnt am Tage nach dem Zugang des Kündigungsschreibens und endet an dem Tage – drei Wochen später gerechnet –, der seiner Bezeichnung dem Tage des Zugangs des Kündigungsschreibens entspricht um 24 Uhr (zur Fristberechnung siehe Kap. 9 Rdn. 5). Die Dreiwochenfrist ist auch zu beachten, wenn mit einer Klage die Wirksamkeit einer Befristung des Arbeitsverhältnisses angegriffen werden soll – hier gerechnet ab Ende der vorgesehenen Befristung.

III. Nachvertragliche Pflichten

Von den nachvertraglichen Pflichten soll hier nur die Verpflichtung des Arbeitge- **37** bers, ein **Zeugnis** auszustellen, erwähnt werden. Man unterscheidet hier die einfache Arbeitsbescheinigung, aus der sich nur Dauer und Art der Beschäftigung ergeben müssen (§ 109 GewO) und das sog. qualifizierte Zeugnis, in das auch Angaben zu Leistungen und der Führung im Dienst aufzunehmen sind.

Bei der Abfassung der Zeugnisse und der gewählten Formulierung hat sich eine **38** umfangreiche Rspr. entwickelt. Kern davon ist die Vermutung, der AG bediene sich eines sprachliches Codes, um die Leistung des AN indirekt zu beschreiben. Dabei werden oft folgende Abstufungen benutzt:
- sehr gut= stets zur vollsten Zufriedenheit
- gut= stets zur vollen Zufriedenheit
- befriedigend= stets zu unserer Zufriedenheit
- ausreichend= zu unserer Zufriedenheit

---

15 Zu den Formvorschriften des BGB s. in Kap. 6 Rdn. 55 ff.

- mangelhaft= insgesamt zu unserer Zufriedenheit
- ungenügend= war bemüht, die ihm/ihr übertragenen Aufgaben mit Fleiß und Interesse durchzuführen[16].

G. Kollektives Arbeitsrecht

39 Im Kern des kollektiven Arbeitsrechtes steht die Koalition der Arbeitnehmer und der Arbeitgeber. Dieses Recht ist durch Art. 9 Abs. 3 GG verfassungsrechtlich verankert.

40 Gewerkschaften und Arbeitgeberverbände handeln die Bedingungen der Arbeitsverhältnisse in Tarifverträgen aus. Daneben spielt das **Arbeitskampfrecht** (Streikrecht) eine wichtige Rolle. Außerdem ist ein weiterer wichtiger Baustein das **Betriebsverfassungsrecht**. Die wirtschaftliche und politische Macht dieser Verbände ist von großer Bedeutung. Für die Gewerkschaften gilt das Prinzip der **Einheitsgewerkschaft**, d.h. eine Gewerkschaft vertritt in einem Betrieb alle Arbeitnehmer, egal ob Stahlarbeiter, Küchenkraft oder Büromitarbeiterin. Dieses Prinzip ist durch einige kleine Spartengewerkschaften in letzter Zeit durchbrochen worden. Insbesondere eine Piloten- und eine Lokführervereinigung haben für großes Unverständnis in weiten Teilen der Bevölkerung gesorgt.

41 Die Zulässigkeit des **Tarifvertrages** ergibt sich aus dem Tarifvertragsgesetz (TVG). Die Einzelheiten spielen bei der unmittelbaren Beratung in der Sozialen Arbeit eine geringere Rolle. Wichtig ist in diesem Zusammenhang die Kenntnis der AN über die ihnen zustehenden Rechte. Sind die AN nicht selber Mitglied einer Gewerkschaft, kann ein Tarifvertrag gem. § 5 Abs. 4 TVG durch das Arbeits- und Sozialministerium nach einem festgelegten Verfahren für allgemein verbindlich erklärt werden.

Das **Arbeitskampfrecht** ist gesetzlich nicht kodifiziert und ist durch die Rspr. des BAG und des BVerfG rechtlich gerahmt worden. Auf die Einzelheiten der Darstellung soll hier verzichtet werden.

Das **Betriebsverfassungsgesetz** regelt die innerbetriebliche Zusammenarbeit zwischen AG und AN.

42 Im Kern gelten hier die Bestimmungen des Betriebsverfassungsgesetzes (BetrVG), wobei es um die betriebliche Mitbestimmung geht, und des Mitbestimmungsgesetzes (MitbestG), wo es um die Unternehmensmitbestimmung geht.

43 Wichtig für AN sind die Kompetenzen des **Betriebsrates**, der zum einen Rechtsrat erteilt und zum anderen wichtige Mitbestimmungsfunktionen (§§ 80 ff. BetrVG) ausfüllt, u.a. bei Kündigungen (§ 102 BetrVG) beteiligt ist oder bei wirtschaftlichen Angelegenheit (§§ 106–113 BetrVG) sein Mitbestimmungsrecht ausübt. Zudem schließt der Betriebsrat auch Betriebsvereinbarungen gem. § 77 BetrVG, die in der Normenhierarchie dem Arbeitsvertrag übergeordnet sind.

Die **Arbeitsgerichtsbarkeit** ist dreistufig aufgebaut.[17]

---

16 Vgl. *Kokemoor*, Rdnr. 223.
17 Vgl. Kap. 22 Rdn. 72 ff.

Teil 5: Anwendung und Durchsetzung von Recht

Kapitel 21 Rechtsnormen und ihre Anwendung

Literatur

Canaris/Larenz, Methodenlehre der Rechtswissenschaft, 4. Aufl., München 2014; *Raisch*, Juristische Methoden, Vom antiken Rom bis zur Gegenwart, Heidelberg 1995; *Slizyk*, Beck'sche Schmerzensgeldtabelle, 11. Aufl., München 2015; *Zippelius*, Juristische Methodenlehre, 11. Aufl., München 2012.

A. Struktur von Rechtsnormen

Wie sind Rechtsnormen aufgebaut und wie werden sie in der Lebenswirklichkeit 1 umgesetzt? *»Rechtsnormen sehen gewöhnlich vor, dass bestimmte Pflichten (»als Rechtsfolge«) unter bestimmten Voraussetzungen (bei Vorliegen eines bestimmten »Tatbestandes«) entstehen, entfallen oder geändert werden.«*[1] Eine Rechtsnorm hat daher meist eine **konditionale Struktur**. Um eine unbestimmte Zahl von Fällen zu regeln, enthält die Norm eine bedingte, nach Artmerkmalen typisierte **Wenn-Dann-Programmierung**:

Wenn (= vorausgesetzt, dass) der **Tatbestand** (T) vorliegt, ergibt sich die **Rechtsfolge** 2 **(R)**. Der Tatbestand ist die abstrakte Umschreibung von Geschehensmerkmalen, Eigenschaften, Situations- und Handlungstypen im Gesetz. Regelmäßig besteht der Tatbestand einer Norm aus mehreren **Tatbestandsmerkmalen oder Tatbestandselementen.**

▶ Beispiel:

§ 823 Abs. 1 BGB »Wer vorsätzlich oder fahrlässig das Leben, den Körper, die 3 Gesundheit, die Freiheit, das Eigentum oder ein sonstiges Recht eines anderen widerrechtlich verletzt (T), ist dem anderen zum Ersatze des daraus entstehenden Schadens verpflichtet (R)«.

Die Rechtsfolge ist hier eine Schadenersatzverpflichtung des Schädigers, dem ein ent- 4 sprechender Anspruch des Geschädigten entspricht. Der Tatbestand besteht aus drei Merkmalen, die gleichzeitig (kumulativ) vorliegen müssen: eine Rechtsgutverletzung (Verletzung des Lebens, des Körpers usw.), diese muss widerrechtlich sein und sie muss schließlich schuldhaft (in der Form des Vorsatzes oder der Fahrlässigkeit) erfolgt sein.

▶ Beispiel:

§ 1601 BGB »Verwandte in gerader Linie (T) sind verpflichtet, einander Unterhalt 5 zu gewähren (R)«.

Was unter Verwandtschaft in gerader Linie zu verstehen ist, erklärt der Gesetzgeber in 6 § 1589 »Personen, deren eine von der anderen abstammt, sind in gerader Linie verwandt« – eine Vorschrift, die in Bezug auf § 1601 BGB Hilfsfunktion hat.

---

1 *Zippelius*, Juristische Methodenlehre, S. 25.

7 Natürlich reicht § 1601 BGB allein nicht aus, um einen Unterhaltsanspruch geltend zu machen – es müssen weitere Voraussetzungen vorliegen, die den nachfolgenden Vorschriften des Unterhaltsrechts zu entnehmen sind.

Nicht selten ist die Rechtsfolge dem Tatbestand vorangestellt:

▶ **Beispiele:**

8   – § 121 Abs. 2 BGB: »Die Anfechtung ist ausgeschlossen« (**R**), »wenn seit der Abgabe der Willenserklärung zehn Jahre verstrichen sind« (**T**).
    – § 118 Abs. 1 SGB III: »Anspruch auf Arbeitslosengeld bei Arbeitslosigkeit haben (**R**) Arbeitnehmer, die
    1. arbeitslos sind,
    2. sich beim Arbeitsamt arbeitslos gemeldet haben,
    3. die Anwartschaftszeit erfüllt haben (**T**)«.

9 Der Tatbestand der letzten Norm besteht aus drei kumulativen Elementen. Während es sich bei Nr. 2 – der persönlichen Meldung – um ein rein tatsächliches Element handelt, verbergen sich hinter Nr. 1 »arbeitslos« und Nr. 3 »Anwartschaftszeit« weitere Normen, die tatbestandlich erfüllt sein müssen:
    – Arbeitslos ist der, der beschäftigungslos und beschäftigungssuchend ist, wobei die Beschäftigungslosigkeit durch eine Beschäftigung unter 15 Stunden in der Woche nicht ausgeschlossen ist und sich die Beschäftigungssuche auf eine mindestens 15 Stunden wöchentlich umfassende Beschäftigung beziehen muss (§ 118 SGB III).
    – Die Anwartschaftszeit hat erfüllt, wer in den letzten zwei Jahren (Rahmenfrist) vor Arbeitslosmeldung mindestens zwölf Monate in einem Versicherungspflicht-verhältnis – Beschäftigung im Umfang von mindestens 15 Stunden wöchentlich – gestanden hat (§§ 123, 124 SGB III).

▶ **Ein weiteres Beispiel:**

10   – § 1666 Abs. 1 Satz 1 BGB: »Wird das körperliche, geistige oder seelische Wohl des Kindes gefährdet und sind die Eltern nicht gewillt oder nicht in der Lage, die Gefahr abzuwenden« (**T**), »so hat das Familiengericht die Maßnahmen zu treffen, die zur Anwendung der Gefahr erforderlich sind« (**R**).

11 Man sieht, dass das Recht sowohl aus Regeln für menschliches Verhalten als auch aus Regeln besteht, nach der Gerichte Rechtsstreitigkeiten entscheiden bzw. Behörden vorgehen. Insoweit spricht man von Entscheidungsnormen. Welche Rechtsfolge angeordnet wird, ist unterschiedlich: es kann sich um die Begründung allgemeiner oder individueller Pflichten handeln, den Wegfall oder die Änderung von Pflichten, den Ausschluss rechtlicher Einwirkungsmöglichkeiten oder auch das Einräumen von Erlaubnissen.

Welche Qualität die vorgesehene Rechtsfolge hat, ergibt sich aus der unterschiedlichen Formulierung im Gesetz.[2]

---

2 Auch wenn im Gesetz keine Verweisung auf andere Vorschriften zu finden ist, ist es ratsam, die vorhergehenden und die nachfolgenden Paragrafen mitzulesen, um den Zusammenhang, Erweiterungen oder Einschränkungen zu verstehen.

▶ Beispiele:

- § 253 Abs. 2 BGB: Ist wegen der Verletzung des Körpers, der Gesundheit, der **12**
  Freiheit oder der sexuellen Selbstbestimmung Schadensersatz zu leisten (**T**),
  kann auch wegen des Schadens, der nicht Vermögensschaden ist, eine billige
  Entschädigung verlangt werden (**R**)« (Schmerzensgeld).
- § 1569 BGB: »Nach der Scheidung obliegt es jedem Ehegatten, selbst für seinen Unterhalt sorgen. Ist er dazu außerstande (**T**), hat er gegen den anderen
  Ehegatten einen Anspruch auf Unterhalt nur nach den folgenden Vorschriften
  (**R**)« – im Gesetz folgen danach die konkreten Anspruchsnormen (Paragrafen),
  auf die verwiesen wird.[3]
- § 985 BGB: »Der Eigentümer (**T**) kann (**R**) von dem Besitzer (**T**) die Herausgabe der Sache verlangen (**R**)«.

Wie ersichtlich, geht es bei den vorstehenden Beispielen um Normen, die dem Berech- **13**
tigten die Grundlage für einen Anspruch bieten, den er geltend machen kann. Es ist
in sein Handlungsermessen gestellt, ob er von den Möglichkeiten, die ihm der Gesetzgeber bietet, Gebrauch macht.

Muss-Vorschriften: Wenn der Berechtigte einen Anspruch geltend macht, besteht **14**
hinsichtlich der Rechtsfolge, wenn der Tatbestand der Norm erfüllt ist, kein Spiel-
raum. Bei § 1569 BGB ergibt sich das sprachlich eindeutig durch die Formulierung
»hat einen Anspruch auf Unterhalt«. Nichts anderes gilt bei den anderen Anspruchsnormen § 253 Abs. 2 BGB und § 985 BGB.

Dass hinsichtlich der Rechtsfolge kein Entscheidungsspielraum besteht, zeigen auch **15**
die Normen, die sich an Gerichte oder Behörden wenden, etwa: »**hat** das Familiengericht (…)« in § 1666 BGB; »Anspruch auf Arbeitslosengeld **haben** Arbeitnehmer,
die (…)« in § 117 SGB III. Bei Vorliegen der tatbestandlichen Voraussetzungen muss
die zuständige Stelle so handeln, wie der Gesetzgeber das anordnet. Daher nennt man
solche Vorschriften auch »**Muss-Vorschriften**«.

Bei Normen, die Grundlage für behördliche Entscheidungen sind, ist das aber nicht **16**
immer so, wie die nachfolgen Vorschriften beispielhaft zeigen:
- § 16 Abs. 1 Satz 1 SGB VIII: »Müttern, Vätern, anderen Erziehungsberechtigten
  und jungen Menschen **sollen** Leistungen der allgemeinen Förderung der Erziehung in der Familie angeboten werden«.
- § 34 Abs. 1 Satz 1 SGB XII: »Schulden **können** nur übernommen werden, wenn
  dies zur Sicherung der Unterkunft oder zur Behebung einer vergleichbaren Notlage gerechtfertigt ist. Sie **sollen** übernommen werden, wenn dies gerechtfertigt und
  notwendig ist und sonst Wohnungslosigkeit einzutreten droht. Geldleistungen
  können als Beihilfe oder als Darlehen erbracht werden«.
- § 38 Abs. 1 Satz 1 SGB XII: »Sind Leistungen nach den §§ 28 bis 30, 32, 33 und
  der Barbetrag nach § 35 Abs. 2 voraussichtlich nur für kurze Dauer zu gewähren,
  können Geldleistungen als Darlehen gewährt werden.

Auch diese Normen bestehen aus Tatbestand und Rechtsfolge, aber die Rechtsfolge **17**
wird nicht unbedingt angeordnet, sondern durch das Wort »**soll**« oder »**kann**« räumt

der Gesetzgeber der Behörde einen Entscheidungsspielraum ein: die Behörde hat eine **Ermessensentscheidung** zu treffen. Bei Vorliegen der tatbestandlichen Voraussetzungen, besteht nicht, wie bei »Muss«-Vorschriften, ein Anspruch auf die Leistung, sondern der Anspruch reduziert sich darauf, dass **die Behörde ihr Ermessen pflichtgemäß auszuüben hat**, den Entscheidungsspielraum also »richtig« ausnutzt. Dabei muss die Behörde ihr Ermessen entsprechend dem Zweck der gesetzlichen Ermächtigung ausüben und darf die gesetzlichen Grenzen des Ermessens nicht überschreiten. Für das Sozialleistungsrecht ist das ausdrücklich in § 39 SGB I – Allgemeiner Teil – geregelt.

18 Bei »**Soll**«-**Entscheidungen** ist die Ausübung des pflichtgemäßen Ermessens relativ einfach, denn der Terminus »**Soll**« bedeutet eine stärkere Bindung als ein »**Kann**«. Wenn der Gesetzgeber eine »**Soll**«-Entscheidung vorsieht, führt das in der Regel dazu, dass seitens der Behörde die Leistung, die die Norm vorsieht, zu gewähren ist. Die Behörde muss hier nur prüfen, ob sog. **atypische Umstände** vorliegen; das sind solche Umstände, die von der Vorstellung, die den Gesetzgeber zur Aufstellung der Norm veranlasst hat, so abweichen, dass ein Abweichen der Behörde vom »**Soll**« als Regelfall gerechtfertigt ist.

▶ **Beispiel:**

19 »Personen mit eigenem Haushalt sollen Leistungen zur Weiterführung des Haushalts erhalten, wenn keiner der Haushaltsangehörigen den Haushalt führen kann und die Weiterführung des Haushalts geboten ist« (so § 70 Abs. 1 Satz 1 SGB XII).

20 Wenn die allein erziehende Mutter M mit zwei minderjährigen Kindern im Alter von 8 und 10 Jahren diese Hilfe in Anspruch nehmen will, um mit ihrem neuen Partner ungestört einen 14-tägigen Urlaub verbringen zu können, handelt es sich um einen atypischen Fall, den der Gesetzgeber bei der Regelung nicht im Auge gehabt hat. Wenn die vorübergehende Abwesenheit der Mutter zur Hospizpflege ihres todkranken Vaters erforderlich wäre und niemand anderes dafür in Frage käme, handelte es sich um einen Regelfall i.S.d. Gesetzes mit der Folge der Hilfegewährung.

21 Bei »**Kann**«-**Entscheidungen** gestaltet sich die Ausübung des pflichtgemäßen Ermessens schwieriger: »Entsprechend dem Zweck der Ermächtigung ist das Ermessen gebraucht, wenn die Behörde gemäß dem jeweiligen Sinn der Regelung nach hinreichender Aufklärung des Sachverhalts im Bewusstsein ihres Entscheidungsspielraums sachgerecht entschieden hat. Knappe Haushaltmittel dürfen zwar in die Entscheidung einbezogen werden, dürfen aber nicht den alleinigen Ausschlag geben (vgl. BVerwGE 40, 187, 190). Unsachliche Motive (z.B. Ausländerhass) oder die Verfolgung sachfremder Ziele machen die Entscheidung rechtswidrig (sog. Ermessensfehlgebrauch)«.

▶ **Beispiel:**

22 »Wohnungsbeschaffungskosten und Umzugskosten **können** bei vorheriger Zusicherung durch den bis zum Umzug örtlich zuständigen kommunalen Träger übernommen werden; eine Mietkaution **kann** bei vorheriger Zusicherung durch den am Ort der neuen Unterkunft zuständigen kommunalen Träger übernommen werden« (§ 22 Abs. 3 Satz 1 SGB II).

Die Übernahme von Wohnungsbeschaffungskosten, Umzugskosten und Mietkautio-   23
nen steht damit im **Ermessen** des zuständigen Trägers und setzt **tatbestandlich** seine
vorherige Zusicherung der Übernahme dieser Kosten voraus. Unter welchen Voraussetzungen diese Zusicherung erteilt werden soll, ergibt sich aus § 22 Abs. 3 Satz 2
SGB II z.b. dann, wenn der Umzug durch den kommunalen Träger veranlasst wird
oder wegen auswärtiger Arbeitsaufnahme notwendig wird. In diesen Fällen ist das
Zusicherungserteilungsermessen eingeschränkt, d.h. die Zusicherung ist zu erteilen.
Bei erteilter Zusicherung kann sich das auf die Kostenübernahme beziehende Ermessen des Satzes 1 nicht mehr auf den Grund des Anspruchs, sondern nur noch auf
dessen Höhe, d.h. die Angemessenheit der Kosten, beziehen. Bei einem nicht notwendigen aber gleichwohl sinnvollen Umzug ist unter Berücksichtigung aller Umstände
des Einzelfalles und des Gewichtes des Umzugswunsches zu entscheiden.

▶ **Zusammenfassend kann man also feststellen:**

Wenn der Gesetzgeber die Behörde zu einer Ermessensentscheidung ermächtigt,   24
soll das zu einer »richtigen« an den Umständen des Einzelfalles ausgerichteten behördlichen Entscheidung führen.

Dagegen enthalten die nachfolgenden Vorschriften zwar auch Pflichten für die jewei-   25
ligen Adressaten der Norm, jedoch werden diese Pflichten allgemein aufgestellt ohne
Bindung an bestimmte tatbestandliche Voraussetzungen:
- § 13 SGB I – Allgemeiner Teil: »*Die Leistungsträger, ihre Verbände und die sonstigen,
  in diesem Gesetzbuch genannten öffentlich-rechtlichen Vereinigungen sind verpflichtet,
  im Rahmen ihrer Zuständigkeit die Bevölkerung über die Rechte und Pflichten nach
  diesem Gesetzbuch aufzuklären.*«
- § 9 AdVermiG (Adoptionsvermittlungsgesetz): »*Im Zusammenhang mit der Vermittlung und der Annahme hat die Adoptionsvermittlungsstelle jeweils mit Einverständnis die Annehmenden, das Kind und seine Eltern eingehend zu beraten und zu
  unterstützen (…)*«.
- § 11 Abs. 1 SGB XII: »*Zur Erfüllung der Aufgaben dieses Buches werden die Leistungsberechtigten beraten und, soweit erforderlich, unterstützt*«.
- § 59 Satz 1 SGB XII: »*Das Gesundheitsamt oder die durch Landesrecht bestimmte
  Stelle hat die Aufgabe, behinderte Menschen oder Personensorgeberechtigte über die
  nach Art und Schwere der Behinderung geeigneten ärztlichen und sonstigen Eingliederungsmaßnahmen im Benehmen mit dem behandelnden Arzt auch während und
  nach der Durchführung von Heilmaßnahmen und Leistungen der Eingliederungshilfe
  zu beraten; (…)*«.

Bei § 13 SGB I besteht zudem die Besonderheit, dass der Gesetzgeber zwar die jewei-   26
ligen öffentlich-rechtlichen Stellen zu einem bestimmten Tun – der Aufklärung – verpflichtet, sich daraus jedoch für den Einzelnen kein individueller Aufklärungsanspruch
ergibt – es handelt sich um einen so genannten Rechtsreflex.[3]

---

3 Siehe Kap. 3 Rdn. 106 ff.

Eine programmatische Zwecksetzung kommt in § 1 Abs. 1 und 3 SGB VIII zum Ausdruck:

27 *(1) Jeder junge Mensch hat ein Recht auf Förderung seiner Entwicklung und auf Erziehung zu einer eigenverantwortlichen und gemeinschaftsfähigen Persönlichkeit.*

(2) Jugendhilfe soll zur Verwirklichung des Rechts nach Abs. 1 insb.

1. junge Menschen in ihrer individuellen und sozialen Entwicklung fördern und dazu beitragen, Benachteiligungen zu vermeiden oder abzubauen,
2. Eltern und andere Erziehungsberechtigte bei der Erziehung beraten und unterstützen,
3. Kinder und Jugendliche vor Gefahren für ihr Wohl schützen,
4. dazu beitragen, positive Lebensbedingungen für junge Menschen und ihre Familien sowie eine kinder- und familienfreundliche Umwelt zu erhalten oder zu schaffen.[4]

Ein Fall für eine programmatische Zielsetzung ist § 1 Abs. 2 SGB I. Vgl. näher Kap. 14 Rdn. 19 ff.

28 Diese Rechtsnorm führt zu den sog. **Zweckprogrammen**, mit denen die Kategorien von Rechtsnormen hier abgeschlossenen werden. Zweckprogramme ordnen bei Vorliegen bestimmter Voraussetzungen keine Rechtsfolge an, sondern geben lediglich ein Ziel verbindlich vor und sind nach dem Zweck-Mittel-Schema aufgebaut.

▶ **Beispiele:**

29 § 1 StabG (Stabilitätsgesetz): *»Bund und Länder haben bei ihren wirtschafts- und finanzpolitischen Maßnahmen die Erfordernisse des gesamtwirtschaftlichen Gleichgewichts zu beachten. Die Maßnahmen sind so zu treffen, dass sie i.R.d. marktwirtschaftlichen Ordnung gleichzeitig zur Stabilität des Preisniveaus, zu einem hohen Beschäftigungsstand und außenwirtschaftlichem Gleichgewicht bei stetigem und angemessenem Wirtschaftswachstum beitragen«.*

30 Ein Finalprogramm enthalten ebenso Planungsgesetze, indem sie das Ziel eines Planungsprozesses nennen, z.B. § 11 Abs. 1 und 4 BauGB (Baugesetzbuch): *»Aufgabe der Bauleitplanung ist es, die bauliche und sonstige Nutzung der Grundstücke in der Gemeinde nach Maßgabe dieses Gesetzbuchs vorzubereiten und zu leiten«.*

31 *»Die Bauleitpläne sind den Zielen der Raumordnung und Landesplanung anzupassen«.*

▶ **Ein weiteres Beispiel:**

32 § 1 des Gesetzes zur Änderung des Rechts der Verbraucherinformation vom 15.03.2012: *»Durch dieses Gesetz erhalten Verbraucherinnen und Verbraucher freien Zugang zu den bei den informationspflichtigen Stellen vorliegenden Informationen über*

1. Erzeugnisse im Sinne des Lebensmittel- und Futtermittelgesetzbuches (Erzeugnisse) sowie

---

4 Vgl. auch § 1 SGB I – Allgemeiner Teil – s. dazu Kap. 14 Sozialrecht.

2. *Verbraucherprodukte, die dem § 2 Nummer 26 des Verbraucherproduktsicherheitsgesetzes unterfallen (Verbraucherprodukte),*

damit der Markt transparenter gestaltet und hierdurch der Schutz der Verbraucherinnen und Verbraucher vor gesundheitsschädlichen oder sonst unsicheren Erzeugnissen und Verbraucherprodukten sowie vor Täuschung beim Verkehr mit Erzeugnissen und Verbraucherprodukten verbessert wird.«[5]

B. Rechtsanwendung

I. Sachverhalt

Das Recht wird immer auf einen Lebenssachverhalt angewandt. Eine sorgfältige **34** Rechtsfindung kann nur stattfinden, wenn der korrekte Sachverhalt genau feststeht. Zur Veranschaulichung soll folgender Sachverhalt dienen:

▶ **Fall Vorderräder:**

A benötigt für den ihm gehörenden Pkw zwei neue Vorderreifen, weil die alten **35** abgefahren sind. Er setzt sich telefonisch mit der Fa. Reifen-Schnelldienst GmbH in Verbindung und vereinbart einen Termin, zu dem er sein Fahrzeug zur Firma bringen kann. A kann den Wagen zwei Stunden später wieder abholen, bezahlt die von der Fa. ausgestellte Rechnung und begibt sich mit dem Fahrzeug in den Straßenverkehr, um einen Freund zu besuchen. Als er auf einer Landstraße unterwegs ist, löst sich das rechte Vorderrad – A kommt mit dem Fahrzeug von der Fahrbahn ab und prallt gegen einen Baum. An dem Fahrzeug entsteht Totalschaden, A wird schwer verletzt – der Heilungsprozess gestaltet sich langwierig. Eine verkehrstechnische Untersuchung ergibt, dass beim Montieren des rechten Vorderrades die Radmuttern nur lose aufgeschraubt worden waren, sodass sie sich während der Fahrt lösen und das Vorderrad sich selbständig machen konnte.

Wenn A krankenversichert ist, muss er sich wegen der Kosten seiner ärztlichen Versorgung und Behandlung keine Sorgen machen. A will aber verständlicherweise Schadensersatz für das zerstörte Fahrzeug und natürlich ein angemessenes Schmerzensgeld. Es stellt sich die Frage, ob A entsprechende Ansprüche zustehen und gegen wen. Damit ist – bezogen auf den vorliegenden Sachverhalt – die **Fallfrage geklärt.**

II. Suche nach der »einschlägigen« Rechtsnorm

---

5 BGBl. I. S. 476.

37 Um zu überprüfen, ob dem A, entsprechende Ansprüche zustehen, muss die »einschlägige« Rechtsnorm gefunden werden. Im Fall »Vorderräder« sind das Normen, die als Rechtsfolge die Zahlung von Schadensersatz bzw. die Leistung von Schmerzensgeld vorsehen. Die entsprechende Vorschrift wird dahingehend geprüft, ob der konkrete Sachverhalt die abstrakten Tatbestandsmerkmale der Norm erfüllt. Eine Besonderheit des Falls besteht darin, dass A mit der unmittelbar handelnden Person, dem Monteur M »nichts zu tun hat«, M aber in einem vertraglichen Verhältnis, und zwar einem arbeitsvertraglichen Verhältnis zur Fa. Reifen-Schnelldienst GmbH steht, mit der A seinerseits eine vertragliche Beziehung eingegangen ist.

38 Das Auffinden der einschlägigen Rechtsnorm ist ein Vorgang, der Überblick und Übung erfordert.[6] Wer aber in einem bestimmten Rechtsbereich eingearbeitet ist, dem werden jedenfalls die gängigen Anspruchsnormen geläufig sein. Bevor wir uns dem Fall wieder zuwenden, zunächst noch einige Grundsätze der Rechtsanwendungstechnik.

III. Subsumtion

39 3. Schritt: Subsumtion – Übereinstimmung von Sachverhalt und Norm

40 Ist die einschlägige Norm gefunden, so folgt der dritte Schritt der Rechtsanwendung, die sog. Subsumtion. Dies ist die Frage danach, ob der Sachverhalt und die Norm zusammen passen. Subsumtion oder in der Verbform subsumieren, ist die Anwendung einer Rechtsnorm auf einen Sachverhalt, d.h. der Sachverhalt wird unter die Voraussetzungen der Norm eingeordnet. Dies geschieht in der Struktur des Syllogismus, ein deduktives verfahren, das auf der Logik des Aristoteles basiert.

IV. Syllogismus

41 In einer einfachen Form besteht der Syllogismus aus drei Gliedern, dem Obersatz, dem Untersatz und der Schlussfolgerung (Schlusssatz, Konklusion).
   – Der **Obersatz** ist der abstrakte Tatbestand der Anspruchsgrundlage (Norm).
   – Der **Untersatz** ist der Vergleich des Sacherhalts mit dem Tatbestandsmerkmal.
   – Die **Schlussfolgerung** sagt aus, ob die Rechtsfolge besteht oder nicht.

▶ Beispiele:

42 a) **Obersatz:** »*Die Volljährigkeit tritt ein*« (= R) »*mit der Vollendung des achtzehnten Lebensjahres*« (= T) (§ 2 BGB).
       Untersatz: Hans Müller ist 18 Jahre alt geworden (= S), also erfüllt sein »Fall« den T der Rechtsnorm.
       Schlussfolgerung: Bei S gilt R = Volljährigkeit von Hans Müller.
    b) **Obersatz:** »*Wer dem Besitzer ohne dessen Willen den Besitz entzieht oder ihn im Besitz stört,*« (= T) »*handelt,*« (= R) »*sofern nicht das Gesetz die Entziehung oder die Störung gestattet* (= T), *widerrechtlich (verbotene Eigenmacht)*« (= R) (§ 858 Abs. 1 BGB).

---

6 Vgl. *Zippelius*, Juristische Methodenlehre, § 14 Satz 80 ff.

Untersatz: Der Rechtsstudent A besucht seinen Kommilitonen K; während dieser in der Küche Tee zubereitet, entdeckt A im Arbeitszimmer des K eine diesem gehörende bibliophile Ausgabe des BGB, die A – unbemerkt von K – in seiner Aktentasche verschwinden lässt. A hat sich durch Einstecken des Buches in seine Aktentasche die tatsächliche Sachherrschaft über das Buch verschafft (§ 854 BGB) und dadurch dem S den Besitz entzogen.

Schlussfolgerung: Bei S gilt R = A handelt widerrechtlich – es liegt verbotene Eigenmacht vor.

c) **Obersatz:** »*Der Eigentümer* (= T) *kann* (= R) *von dem Besitzer* (= T) *die Herausgabe der Sache verlangen* (= R)« (§ 985 BGB).

Untersatz: Fortsetzung von b): K ist Eigentümer der BGB-Ausgabe – A ist Besitzer dieser Ausgabe.

Schlussfolgerung: Bei S gilt R = K hat gegen A einen Anspruch auf Herausgabe der BGB-Ausgabe.

d) **Obersatz:** »*Das Recht, von einem anderen ein Tun oder Unterlassen zu fordern (Anspruch)* (= T), *unterliegt der Verjährung* (= R)« (§ 194 Abs. 1 BGB).

Untersatz: Fortsetzung von c): K hat gegen A einen Anspruch auf Herausgabe.

Schlussfolgerung: Bei S gilt R = der Herausgabeanspruch des K unterliegt der Verjährung. Viele Rechtssätze enthalten für den Eintritt der Rechtsfolge mehrere Voraussetzungen oder Einschränkungen, z.B.[7]

e) **Obersatz:** »*Verwandte in gerader Linie sind verpflichtet* (= R) *auf Verlangen* (= T) *über ihre Einkünfte und ihr Vermögen Auskunft zu erteilen* (= R), *soweit dies zur Feststellung eines Unterhaltsanspruchs oder einer Unterhaltsverpflichtung erforderlich ist* (= T)« (§ 1605 Abs. 1 Satz 1 BGB).

Untersatz: Das Kind K – acht Jahre alt – lebt mit seiner Mutter in der bisherigen ehelichen Wohnung; der Vater V ist kürzlich ausgezogen – die Eltern haben sich nicht mehr verstanden – und wohnt jetzt bei seiner neuen Freundin. Er zahlt für K keinen Unterhalt mehr. Die Mutter M stellt für K ein Auskunftsverlangen an V. V und K sind in gerader Linie verwandt, denn K stammt direkt von V ab (§ 1589 BGB). Verwandte in gerader Linie sind einander zum Unterhalt verpflichtet, also ist V dem K gegenüber zum Unterhalt verpflichtet (§ 1601 BGB). K ist unterhaltsberechtigt, weil es außerstande ist, sich selbst zu unterhalten (§ 1602 Abs. 1 BGB). V ist im Verhältnis zu K verpflichtet, alle verfügbaren Mittel zu seinem und dem Unterhalt von K gleichmäßig zu verwenden (§ 1603 Abs. 1 Satz 1 BGB). Die Auskunftserteilung dient der Feststellung der Leistungsfähigkeit des V i.S.d. vorstehenden Vorschrift, sie ist daher für die Feststellung des Unterhaltsanspruchs des K erforderlich.

Schlussfolgerung: Bei S gilt R = V ist verpflichtet, dem K Auskunft über sein Einkommen und Vermögen zu erteilen.

Wie wir sehen, muss der Sachverhalt – im Wege des Syllogismus – wie ein Mosaik zusammengesetzt werden, um zur abschließenden Schlussfolgerung zu kommen.

---

[7] Zu den Verjährungsfristen s. Kap. 9.

▶ **Nun zurück zum Ausgangsbeispiel »Vorderräder«:**

43   Zunächst suchen wir nach der »einschlägigen Rechtsnorm«. Es bietet sich § 241 Abs. 1 Satz 1 BGB an: »*Kraft des Schuldverhältnisses ist der Gläubiger berechtigt, von dem Schuldner eine Leistung zu fordern*«

Gläubiger ist A – als Schuldner kommen die Fa., die in der Rechtsform der GmbH betrieben wird und der Monteur M (sein Name stand auf der Rechnung in der Zeile: es bediente Sie Herr M) in Betracht. Die beanspruchte Leistung besteht in **Schadensersatz und Schmerzensgeld.**

Bei Schuldverhältnissen ist zwischen **rechtsgeschäftlichen** und **gesetzlichen** zu unterscheiden. Zur rechtsgeschäftlichen Begründung eines Schuldverhältnisses ist regelmäßig ein Vertrag erforderlich, daher spricht man auch von vertraglichen Schuldverhältnissen. Daraus ergibt sich:

Im Verhältnis zu M muss sich die einschlägige Rechtsnorm im Bereich der gesetzlichen Schuldverhältnisse finden, im Verhältnis zur GmbH kommt es voraussichtlich auf ein vertragliches Schuldverhältnis an. Weil M die unmittelbar handelnde Person ist, soll zunächst die Rechtsbeziehung des A zu M untersucht werden, also die Frage: Hat A gegen M einen Anspruch auf Schadensersatz für das beschädigte Fahrzeug und einen Anspruch auf Schmerzensgeld?

Das gesetzliche Schuldverhältnis, um das es vorliegend geht, ist das **Recht der unerlaubten Handlung**, hier § 823 Abs. 1 BGB:[8]

»Wer vorsätzlich oder fahrlässig das Leben, den Körper, die Gesundheit, die Freiheit, das Eigentum oder ein sonstiges Recht eines anderen widerrechtlich verletzt, ist dem anderen zum Ersatz des daraus entstehenden Schadens verpflichtet.«

Es handelt sich hier um die einschlägige Norm, da die darin angeordnete Rechtsfolge der Fallfrage: »Hat A gegen M einen Anspruch auf Schadensersatz wegen des beschädigten Fahrzeugs« entspricht.

Tatbestandlich muss zunächst eine Verletzung eines der aufgezählten **Rechtsgüter** Leben, Körper pp. vorliegen. Das ist hier einfach zu bejahen, da das Kfz dem A »gehört« und A Eigentümer des Autos ist. Also liegt eine Eigentumsverletzung vor.

Diese Eigentumsverletzung muss einer Handlung des M **objektiv zurechenbar** sein – die Handlung des M besteht hier in einer Unterlassung: er hat die Radmuttern nicht fest angezogen. Zurechenbarkeit liegt vor, wenn die Handlung ursächlich für den Verletzungserfolg ist.[9] Maßgeblich ist hier die sog. **Adäquanztheorie.**

---

8   Zum Schadensersatzrecht vgl. Kap. 10.

9   Man spricht insoweit von haftungsbegründender Kausalität im Gegensatz zur haftungsausfüllenden Kausalität; letztere betrifft die Verbindung zwischen Verletzungserfolg und Schaden, z.B. zwischen einer Körperverletzung und den Kosten, die für die Behandlung und Heilung aufgewendet werden müssen. Vgl. Kap. 10 Rdn. 16 ff.

»Hiernach werden diejenigen Schäden als nicht zurechenbar ausgeschieden, die –
vom Standpunkt eines optimalen Beobachters – soweit außer aller Wahrschein-
lichkeit liegen, dass mit ihrem Eintritt vernünftigerweise nicht zu rechnen war«.[10]
Wenn Radmuttern nur lose aufgeschraubt werden, liegt es nicht außerhalb aller
Wahrscheinlichkeit, dass sich diese beim Fahren ganz lösen, sich das entsprechende
Rad selbständig macht, der Fahrer die Kontrolle über das Fahrzeug verliert und das
Fahrzeug verunglückt und beschädigt wird. Der eingetretene Schaden ist dem M
also objektiv zurechenbar.

Die Rechtsgutverletzung muss **widerrechtlich** sein. Die Widerrechtlichkeit entfällt
nur dann, wenn sich die handelnde Person auf einen **Rechtfertigungsgrund** wie
Einwilligung, Notwehr, Notstand, Selbsthilfe[11] berufen kann. Wenn das – wie
hier – nicht der Fall ist, ist die Rechtsgutverletzung rechtswidrig.

Die Haftung nach § 823 Abs. 1 BGB setzt weiter voraus, dass die Verletzung
des Rechtsguts schuldhaft geschehen ist – der handelnden Person also **subjektiv
zurechenbar** ist. Das setzt **Verschuldensfähigkeit**[12] – an der bei M kein Zweifel
besteht – und vorsätzliches oder fahrlässiges Handeln (Schuldformen) voraus. Was
unter **Fahrlässigkeit** zu verstehen ist, besagt § 276 Abs. 1 Satz 2 BGB: »Fahrlässig
handelt, wer die im Verkehr erforderliche Sorgfalt außer Acht lässt«. Hier kommt
nur fahrlässiges Handeln des M in Betracht, der sich darauf beruft, dass es an dem
Tag heiß gewesen sei und er schlecht geschlafen habe – außerdem habe er seine
Arbeit unterbrechen müssen, weil ihn der Meister wegen eines anderen Auftrags
zu sich gerufen habe, dadurch sei er so unkonzentriert gewesen. Er habe nach der
Unterbrechung vergessen, die Radmuttern fest anzuziehen. Nach dem Wortlaut
des § 276 Abs. 1 Satz 2 BGB kommt es darauf an, welche Sorgfalt objektiv erforderlich war. Die objektiv erforderliche Sorgfalt hat M nicht aufgewendet, sodass
ihm Fahrlässigkeit zur Last fällt.

Schlussfolgerung: Im Sachverhalt sind alle gesetzlichen Tatbestandsmerkmale
des § 823 Abs. 1 BGB verwirklicht, sodass die Rechtsfolge eintritt: M ist dem A
zum Schadensersatz verpflichtet. A hat gegen M einen Anspruch auf Leistung von
Schadensersatz.

Nun geht es um die Frage des **Schmerzensgeldanspruchs**. Das BGB geht bei seinem Schadensbegriff und der Frage des Schadensersatzes vom materiellen Schaden,
einem Vermögensschaden, aus. Ersatz für immaterielle Schäden – Schmerzensgeld – ist die Ausnahme. Dazu § 253 BGB mit der Überschrift *»Immaterieller
Schaden«*:

»(1) Wegen eines Schadens, der nicht Vermögensschaden ist, kann Entschädigung nur in
den vom Gesetz ausdrücklich bestimmten Fällen gefordert werden.

---

10 Vgl. Kap. 10 Rdn. 16 ff.
11 Siehe dazu §§ 227 ff. BGB.
12 Siehe Kap. 10.

(2) Ist wegen einer Verletzung des Körpers, der Gesundheit, der Freiheit oder der sexuellen Selbstbestimmung Schadensersatz zu leisten, kann auch wegen des Schadens, der nicht Vermögensschaden ist, eine billige Entschädigung in Geld gefordert werden.«

Dies bedeutet: Steht dem Verletzten aus Delikt, Gefährdungshaftung oder Vertragsverletzung ein Schadensersatzanspruch wegen Verletzung der in § 253 Abs. 2 BGB genannten Rechtsgüter zu, hat der Verletzte nicht nur Anspruch auf Ersatz der materiellen Schäden, sondern zusätzlich Anspruch auf Schmerzensgeld, eine Entschädigung für erlittene physische und psychische Schmerzen.

Für den Fall heißt das: Rückkehr zu § 823 Abs. 1 BGB. A hat neben dem Sachschaden (Eigentumsverletzung) auch einen Körperschaden und ggf. Gesundheitsschaden (traumatische Belastung) erlitten. Der übrige Tatbestand ist oben bereits abgeprüft mit dem Ergebnis, dass seine Merkmale vorliegen. Also hat A auch einen Schadensersatzanspruch gegen M wegen Körper- und Gesundheitsverletzung.[13]

Schlussfolgerung: Damit ist der Tatbestand des § 253 Abs. 2 BGB erfüllt: A hat gegen M einen Anspruch auf ein angemessenes Schmerzensgeld.

Nun zur Rechtsbeziehung des A zur Fa. Reifen-Schnelldienst: Es geht hier um ein vertragliches Schuldverhältnis. A hat mit der Fa. einen Vertrag abgeschlossen. Gegenstand des Vertrages war das Montieren neuer Vorderreifen, die von der Fa. geliefert wurden – es handelte sich daher um einen Werklieferungsvertrag im Sinne von § 651 BGB. Zur ordnungsgemäßen Erfüllung dieses Vertrages gehört auch das betriebssichere Montieren der Vorderräder. Das ist hier nicht geschehen. Dadurch sind A und sein Fahrzeug zu Schaden gekommen.

Wir benötigen also eine Norm, die bei vertraglichen Schuldverhältnissen als Rechtsfolge Schadensersatz vorsieht. Diese Norm finden wir in § 280 Abs. 1 BGB:

»Verletzt der Schuldner eine Pflicht aus dem Schuldverhältnis, kann der Gläubiger Ersatz des hierdurch entstehenden Schadens verlangen. Das gilt nicht, wenn der Schuldner die Pflichtverletzung nicht zu vertreten hat«.

Bei § 280 BGB handelt es sich um die zentrale Haftungsnorm, die durch das Schuldrechtsmodernisierungsgesetz eingeführt worden ist; sie gilt nicht nur bei vertraglichen, sondern auch bei gesetzlichen Schuldverhältnissen und löst bei vertraglichen Schuldverhältnissen die Verpflichtung zum Schadensersatz unabhängig davon aus, ob eine vertragliche Haupt- oder Nebenpflicht verletzt worden ist.

Die Pflicht zum betriebssicheren Montieren der Vorderräder steht in einem engen Zusammenhang mit den Hauptpflichten: Bereitstellen neuer Reifen und Aufziehen derselben auf die Felgen. Durch die Pflichtverletzung sind Körper/Gesundheit des A und sein Eigentum (Fahrzeug) geschädigt worden – zur adäquaten Kausalität

---

13 Ausgehend davon, dass A krankenversichert ist, ist dieser Anspruch auf die Krankenkasse übergegangen (§ 116 SGB X), sodass A den Anspruch nicht selbst gelten machen muss bzw. dies wegen des Anspruchsübergangs auch gar nicht kann.

Pflichtverletzung und Schaden s. oben. Damit ist der Tatbestand des § 280 Abs. 1 Satz 1 BGB erfüllt.

Es muss noch geprüft werden, ob die Fa. die Pflichtverletzung zu vertreten hat. Maßgebliche Norm dafür ist § 278 Satz 1 BGB:

»Der Schuldner hat ein Verschulden seines gesetzlichen Vertreters sowie der Personen, deren er sich zur Erfüllung seiner Verbindlichkeit bedient, in gleichem Umfang zu vertreten wie eigenes Verschulden«.

Die Fa. hat sich zur Erfüllung des mit A abgeschlossenen Vertrages des Monteurs M als **Erfüllungsgehilfen** bedient; das fahrlässige Verhalten des M – s.o. – muss sie sich daher zurechnen lassen.

Schlussfolgerung: Der Tatbestand des § 280 Abs. 1 BGB ist erfüllt – die Fa. Reifen-Schnelldienst ist dem A gegenüber zum Schadensersatz für das geschädigte Fahrzeug verpflichtet.

Es käme auch eine deliktische Haftung der Fa. auf der Grundlage von § 280 BGB in Betracht, da die vertragliche Pflichtverletzung ja – wie oben ausgeführt – gleichzeitig den Tatbestand des § 823 Abs. 1 BGB erfüllt. Dazu § 831 Abs. 1 Satz 1 BGB:

»Wer einen anderen zu einer Verrichtung bestellt, ist zum Ersatz des Schadens verpflichtet, den der andere in Ausführung der Verrichtung einem Dritten widerrechtlich zufügt«.

Während der Monteur M i.R.d. vertraglichen Schuldverhältnisses die Rolle des Erfüllungsgehilfen spielt, hat er im Rahmen des gesetzlichen Schuldverhältnisses die Rolle als sog. **Verrichtungsgehilfe**. Hier ist die Frage, ob sich die Fa. das fahrlässige Handeln des M zurechnen lassen muss, anders zu beantworten als beim Erfüllungsgehilfen, denn § 831 Abs. 1 Satz 2 BGB bestimmt:

»Die Ersatzpflicht tritt nicht ein, wenn der Geschäftsherr bei der Auswahl der bestellten Person und, wenn er Vorrichtungen oder Gerätschaften zu beschaffen oder die Ausführung der Verrichtung zu leiten hat, bei der Beschaffung oder Leitung die im Verkehr erforderliche Sorgfalt beobachtet hat oder wenn der Schaden auch bei Anwendung dieser Sorgfalt entstanden sein würde.«

Die Fa. wird sich hier ohne weiteres durch die Behauptung entlasten, bei der Einstellung des M, bei seiner Aufgabenzuweisung und seiner Kontrolle sei ihr selbst kein Verschulden anzulasten – eine Behauptung, die von A nicht widerlegt werden kann.

Schlussfolgerung: Der Tatbestand des § 831 Abs. 1 Satz 2 BGB ist nicht erfüllt. Fa. haftet nicht für den M aus unerlaubter Handlung.

Zum Anspruch auf Schmerzensgeld gegen die Fa. ist auch hier auf § 253 Abs. 2 BGB zurückzugreifen – s.o. Die hier befindliche Regelung bedeutet, dass – im Unterschied zur früheren Rechtslage – nun auch bei vertraglichen Schuldverhältnissen durch einen Pflichtenverstoß, durch den die in § 253 Abs. 2 BGB aufgeführten

Rechtsgüter verletzt werden, die Verpflichtung zur Leistung von Schmerzensgeld ausgelöst wird.[14]

Im Rahmen des vertraglichen Schuldverhältnisses ist dem A durch eine der Fa. zuzurechnende Handlung des M ein körperlicher und gesundheitlicher Schaden zugefügt worden.

Schlussfolgerung: Die Fa. Reifen-Schnelldienst GmbH ist verpflichtet, dem A ein angemessenes Schmerzensgeld zu zahlen.

A ist also in der glücklichen Lage, zwei Schuldner zu haben: den M und die GmbH; beide sind für den Schaden nebeneinander verantwortlich, M aus unerlaubter Handlung und die GmbH aus Vertrag. Zum Verhältnis von M zur GmbH ergibt sich Folgendes: Obwohl die GmbH im Zweifelsfall nur aus Vertrag haftet, wendet die Rechtsprechung wegen des inneren Zusammenhanges der Verpflichtungen beider Beteiligten in solchen Fällen § 840 BGB an[15]; dies bedeutet, dass M und die GmbH **gesamtschuldnerisch** haften (§ 421 BGB), A sich also aussuchen kann, wen von beiden er in Anspruch nehmen will. Für den Ausgleich im Innenverhältnis sind die von der Rechtsprechung des BAG entwickelten Maßstäbe für die Beschränkung der Haftung im Arbeitnehmerverhältnis maßgeblich, die hier nicht dargestellt werden können.

Noch ein abschließender Blick auf die **Rechtsfolgen:**

Schadensersatz wegen Beschädigung des Fahrzeugs

§ 249 BGB enthält den Grundsatz der **Naturalrestitution**, also des Anspruchs auf Herstellung des ursprünglichen Zustandes, wobei nach Abs. 2 der Vorschrift bei Personen und Sachschäden auch der zur Herstellung erforderliche Geldbetrag verlangt werden kann – was die Regel ist. Das bedeutet hier: die Reparatur des Fahrzeugs, um den früheren Zustand wiederherzustellen, bzw. Bezahlung der dafür aufzuwendenden Kosten. Der Sachverhalt spricht von einem »Totalschaden« – damit wird ausgedrückt, dass die Herstellung technisch nicht möglich oder wirtschaftlich nicht sinnvoll – weil sie im Vergleich zum Wert des Fahrzeugs zu teuer ist. Diese Fälle erfasst § 251 BGB in seinen beiden Absätzen. Der Schadensersatz, den A verlangen kann, besteht somit in der Zahlung eines Geldbetrages, der dem Wert des Fahrzeugs vor dem Unfall entspricht.

Schmerzensgeld

Die Höhe des Schmerzensgeldes kann der Gesetzgeber nur in allgemeiner und unbestimmter Fassung bestimmen. Für die Höhe des angemessenen Schmerzensgeldes sind Faktoren maßgeblich wie:

---

14 Nach altem Recht war Schmerzensgeld auf den Bereich der deliktischen Haftung nach § 823 ff. BGB beschränkt – s. den alten § 847 BGB, der jetzt aufgehoben ist.
15 S. Palandt/*Sprau*, § 840, Rz. 3.

Schwere der Verletzungen, Schwere und Dauer der vergangenen und künftig zu erwartenden körperlichen und seelischen Schmerzen, Dauer der Arbeitsunfähigkeit, Dauer und Schwierigkeit des Heilungsprozesses. Es ist Aufgabe der Rechtsprechung, dies in Einzelentscheidungen umzusetzen.[16]

V. Auslegung

Nicht immer »passt« das Gesetz eindeutig auf den Fall. Mitunter ist es mehrdeutig;   44
Rechtsbegriffe können unbestimmt sein oder der Sachverhalt scheint nicht zu gesetzlich geregelten Tatbeständen zu passen. Trotzdem muss eine Entscheidung getroffen werden. Dann bedarf es rechtswissenschaftlicher Auslegung, einer Erforschung des Sinns der Vorschrift, die herangezogen werden soll. Nicht selten muss der Inhalt einer Willenserklärung interpretiert werden, wenn der zu prüfende Sachverhalt eine solche enthält. Unter Umständen ist eine »Gesetzeslücke« rechtsschöpferisch auszufüllen.

Um solche Probleme der Auslegung lösen zu können, haben Lehre und Rechtsprechung Auslegungsgrundsätze entwickelt.

VI. Auslegungsmethoden

Die Interpretation von Rechtsvorschriften, Verträgen oder Willenserklärung ist ein   45
essentieller Gegenstand der Rechtstheorie, genannt auch juristische Hermeneutik. Im Laufe der Historie haben sich vier Auslegungsmethoden etabliert, die nebeneinander oder in Kombination anwendbar sind: die **philologische** oder **grammatische**, die **systematische**, die **historische** und die **teleologische Auslegung**.

1. Philologische Auslegung

– Wortlaut   46

Die philologische Auslegung orientiert sich an Wortlaut und Sprachsinn des Textes. Vielfach treffen wir ausgesprochen rechtstechnische Fachausdrücke – Termini technici – an. Wir müssen uns dabei vergegenwärtigen, dass sie, wenn sie auch zum Wortschatz der Umgangssprache gehören, z.T. eine von dieser abweichende Bedeutung haben, so etwa »Besitz« (als Gegensatz zu »Eigentum«).

– Begriff

Ein Wort wird zum »Begriff«, wenn sich mit ihm ein bestimmtes, allgemein verbreitetes und anerkanntes Verständnis verbindet. Feststehende Begriffe entstehen, wenn der Bedeutungsgehalt durch eine geschlossene Zahl von Merkmalen festgelegt ist, wobei eine Begriffsverallgemeinerung durch Abstrahieren (Beiseitelassen) unwesentlicher Kennzeichen stattfindet. Jeder weiß, dass ein Stuhl ein Möbelstück ist, das zum Sitzen für eine Person vorgesehen ist. Ob ein Stuhl drei oder vier Beine hat und aus welchem Material er besteht, ist für den Begriff unerheblich.

---

16 Vgl. *Slizyk*, Beck'sche Schmerzensgeldtabelle, 11. Aufl., München 2015.

– Definition

Über den Begriff gelangt man zur Definition, der Begriffsbestimmung, die das Wesen einer Sache oder eines Vorgangs beschreibt.

47   Aber auch hier können Abgrenzungsprobleme bestehen: das Wort »Kind« wird normalerweise als Rechtsbegriff im üblichen »engeren« Sinn biologisch, auf das leibliche Kind bezogen, verstanden. Um diesen »**Begriffskern**« schließt sich ein »**Begriffshof**« von Randbereichen an, die den Begriff des Kindes erweitern. Das Erbrecht und auch das Familienrecht des BGB beziehen das angenommene Kind ein, das nicht mehr »an Kindes statt«, also stellvertretend, sondern »als« Kind angenommen wird (s. § 1741 BGB). Noch weiter geht der Kindesbegriff in § 56 Abs. 2 SGB I: »*Als Kinder (...) gelten auch 1. Stiefkinder und Enkel, die in den Haushalt des Berechtigten aufgenommen sind, 2. Pflegekinder (Personen, die mit dem Berechtigten durch ein auf längere Dauer angelegtes Pflegeverhältnis mit häuslicher Gemeinschaft wie Kinder mit Eltern verbunden sind) und 3. Geschwister des Berechtigten, die in seinen Haushalt aufgenommen worden sind*«. Im Klammerzusatz der Nr. 2 befindet sich eine **Legaldefinition** (gesetzliche Begriffsbestimmung) der Pflegekinder i.S.d. Sozialrechts. Nach § 2 Abs. 1 des BKGG werden als Kinder auch berücksichtigt: 1. vom Kindergeldberechtigten in seinen Haushalt aufgenommene Kinder seines Ehegatten, 2. Pflegekinder (mit einer von § 56 Abs. 2 Nr. 2 SGB I abweichenden Definition) und 3. vom Berechtigten in seinen Haushalt aufgenommene Enkel.

▶ **Weitere Beispiele für Legaldefinitionen:**

48   *»Unverzüglich«* bedeutet *»ohne schuldhaftes Zögern«* (§ 121 Abs. 1 BGB) *»Arbeitszeit«* ist die Zeit vom Beginn bis zum Ende der Arbeit ohne die Ruhepausen! (§ 2 Abs. 1 AZG); anderseits bedeutet »sofort«, verwendet z.B. in § 859 Abs. 3 BGB, nach einer von der Lehre entwickelten Begriffsbestimmung »so schnell, wie den Umständen nach objektiv möglich«.

49   *»Menschen sind behindert, wenn ihre körperliche Funktion, geistige Fähigkeit oder seelische Gesundheit länger als sechs Monate von dem für das Lebensalter typischen Zustand abweichen und daher ihre Teilhabe am Leben in der Gemeinschaft beeinträchtigt ist«.*

50   *»Menschen sind i.S.d. 2. Teils schwerbehindert, wenn bei ihnen ein Grad der Behinderung von wenigstens 50 % vorliegt und sie ihren Wohnsitz, ihren gewöhnlichen Aufenthalt oder ihre Beschäftigung auf einem Arbeitsplatz i.S.d. § 73 rechtmäßig im Geltungsbereich dieses Gesetzbuches haben«.* So die Definitionen der Behinderung und der Schwerbehinderung in § 2 Abs. 1 Satz 1 und Abs. 2 des SGB IX.

51   Um der Klarheit willen sind »Mehrfachdefinitionen« verboten. Wo unterschiedliche Begriffsbestimmungen gegeben werden, beziehen sie sich, wie die Beispiele zu »Kind« zeigen, auf den Geltungsbereich jeweils eines bestimmten Gesetzes.[17]

---

17 Vgl. Palandt/*Bassenge*, § 859 BGB, Rz. 6.

– **Unbestimmte Gesetzesbegriffe**

Von erheblicher Bedeutung sind sog. »unbestimmte Rechtsbegriffe« Es handelt sich 52
um solche vom Gesetzgeber benutzte Begriffe, die häufig auch in der Umgangssprache
vorkommen, deren rechtlicher Bedeutungsgehalt aber nicht von vorne herein feststeht
und auch nicht durch Hilfsnormen des Gesetzgebers beschrieben oder erläutert wird.
So z.b. auch der Begriff der Arbeitslosigkeit in § 118 SGB III, der in diesem Fall
allerdings durch § 119 SGB II erklärt wird. Solche unbestimmten Gesetzesbegriffe
sind, wie die sog. Generalklauseln, in denen regelmäßig solche Begriffe vorkommen,
erforderlich, weil sich die Vielfalt der Lebenssachverhalte nicht flächendeckend auf der
abstrakten und generalisierten Gesetzesebene in Begriffen und Formeln abbilden lässt,
die von vornherein eindeutig sind, ohne dass dies zu einer unübersehbaren Kasuistik
führen würde.

Unbestimmte Gesetzesbegriffe kommen entweder im Bereich des Tatsächlichen vor – 53
etwa bei den Begriffen »Dunkelheit«, »Kurze Dauer« – oder im Bereich des Rechtlichen – etwa bei den Begriffen »Zumutbarkeit, berechtigtes Interesse, Gemeinwohl,
gute Sitten, Treu und Glauben, Sicherheit und Ordnung«. Es leuchtet unmittelbar
ein, dass bei der Ausfüllung und Anwendung dieser Begriffe Wertvorstellungen, die
naturgemäß unterschiedlich sein können, zum Tragen kommen. Im Verwaltungs-
rechtsstreit unterliegen solche unbestimmten Gesetzesbegriffe – im Unterschied zu
Ermessensentscheidungen und dem Beurteilungsspielraum – der vollen gerichtlichen
Nachprüfung: Entweder ist für einen Bezieher von Arbeitslosengeld II eine Arbeit
zumutbar oder nicht.[18] Eine Zwischenlösung gibt es hier nicht.

Auch bei den zentralen Begriffen des Jugendhilferechts und des Sozialhilferechts 54
»**Wohl des Kindes**« und »**notwendiger Lebensunterhalt**« handelt es sich um solche
unbestimmten Gesetzesbegriffe. Bei der interpretatorischen Wertausfüllung dieser
(und anderer) Begriffe kommen außerrechtliche Maßstäbe zur Anwendung, die auch
der Sozialarbeiter/Sozialpädagoge einbringen kann und muss, wie etwa sein pädagogisches, psychologisches und sozialarbeiterisches Fachurteil darüber, was das »Kindeswohl« jeweils erfordert, oder was zur Erreichung der Aufgabe der Sozialhilfe, dem
Empfänger ein der Würde des Menschen entsprechendes Leben zu ermöglichen, notwendig ist.

Man muss allerdings zur Kenntnis nehmen, dass gerade wegen der dahinter stecken- 55
den wertenden Entscheidungen bei Rechtsstreitigkeiten, in denen es um die Auslegung unbestimmter Gesetzesbegriffe geht, die Rechtsprechung zu unterschiedlichen
Ergebnissen kommen kann.[19]

---

18 Hier sind immerhin die Zumutbarkeitsgrenzen und Kriterien in § 10 SGB II näher
  bestimmt.
19 Z.B. ob bei einer alleinerziehenden Studentin mit einem Kleinkind eine »besondere Härte«
  i.S.d. früheren § 26 Abs. 1 Satz 2 BSHG (jetzt § 22 Abs. 1 Satz 2 SGB XII) vorliegt, die die
  Sperre des Satzes 1 aufhebt, also den Zugang zu den Leistungen zur Sicherung des Lebensunterhalts eröffnet. S. einerseits BVerwG in FEVS 44, 269 (verneinend), OVG Saarlouis
  in FEVS 53, 326 und OVG Lüneburg in FEVS 46, 422 und 54, 389 (jeweils bejahend).

56   Ein Sonderfall liegt beim **Beurteilungsspielraum** vor. Hier geht es zunächst auch um einen unbestimmten Gesetzesbegriff, wie häufig um den der »Eignung«. Die Besonderheit liegt aber darin: ein Beurteilungsspielraum ist dadurch gekennzeichnet, dass ein nicht wiederholbarer und/oder meist komplexer Sachverhalt zu werten ist – wie Schul- und Prüfungsleistungen, die Eignung eines Bediensteten oder eines Vormunds –, aber auch dann, wenn eine Prognose erforderlich ist, für die es keine objektiven Maßstäbe gibt, die aber fachliche Erfahrungen oder unmittelbare Eindrücke von Geschehenem voraussetzen. Es handelt sich hier vielfach um ein der wiederholten Überprüfung nicht zugängliches Ereignis – wie bei einer mündlichen Prüfung – und eine sog. unvertretbare – nicht durch jemand anderen ersetzbare – Beurteilung.

57   In diesen Fällen entzieht sich der Kern der pädagogisch-wissenschaftlichen Beurteilung der verwaltungsgerichtlichen Kontrolle; diese Kontrolle beschränkt sich darauf, ob die Verfahrensvorschriften beachtet wurden, von einem richtigen Sachverhalt ausgegangen wurde, keine sachfremden Erwägungen die Beurteilung beeinflusst haben und allgemein gültige Bewertungsmaßstäbe beachtet wurden.

2. Systematische Auslegung

58   Untersucht wird die Stellung einer Norm im Aufbau des Gesetzes. Hier spielen seine Einteilung und Überschriften eine Rolle. Besondere Bedeutung haben die Beziehungen zwischen Schuld- und Sachenrecht, Schuldrecht und AT, wie sie sich nicht zuletzt aus den Problemen ergeben, die durch teilweise mehrfache Verweisungen entstehen. Aber auch den soeben als Beispiel logischer Interpretation erwähnten Fragenkreis um den Schmerzensgeld-Paragraphen kann man unter einem systematischem Gesichtspunkt betrachten. Die Vorschrift des § 242 BGB »*Der Schuldner ist verpflichtet, die Leistung so zu erbringen, wie Treu und Glauben mit Rücksicht auf die Verkehrssitte es erfordern*« wird heute als allgemeiner Rechtsgrundsatz weit über den Bereich des Schuldrechts hinaus angewandt. Rechtsprechung und Lehre haben aus der Vorschrift einen das gesamte Rechtsleben beherrschenden Grundsatz entwickelt.[20]

59   Ein besonders wichtiger Fall der systematischen Auslegung ist heute die »**verfassungskonforme**« **Auslegung,** die den anzuwendenden Rechtssatz im Einklang mit dem Grundgesetz interpretiert. Vor allem sind die prinzipiellen Wertentscheidungen des Grundrechtsteils der Verfassung zu beachten. Der wichtigste wertausfüllende Auslegungsgrundsatz ist der **Schutz der Menschenwürde** (Art. 1 Abs. 1 Satz 1 GG).

60   Daneben gebietet der **Gleichheitssatz,** gleiche Sachverhalte nicht unterschiedlich zu behandeln, es sei denn, dass Unterschiede von solchem Gewicht vorliegen, dass sie eine ungleiche Behandlung rechtfertigen. Daher dürfen Behörden keine sachlich ungerechtfertigte Differenzierung vornehmen, das wäre ermessensfehlerhaft. Hat jedoch die Behörde eine solche rechtswidrige Entscheidung getroffen und vielleicht gar wiederholt, dann ist sie nicht an diese unrechtmäßige Praxis gebunden; denn es gibt keine Gleichheit im Unrecht.

---

20   Vgl. Palandt/*Grüneberg*, § 242, Rz. 1.

▶ Beispiel:

So musste etwa ein widerrechtlich und daher nicht genehmigungsfähig errichtetes   **61**
Wochenendhaus im Naturschutzgebiet abgerissen werden, obwohl zuvor andere
Bauten dieser Art rechtswidrig gestattet worden waren.

Im Privatrechtsverkehr entfalten die grundlegenden Rechtswerte der Verfassung vor   **62**
allem über den Weg unbestimmte Rechtsbegriffe und Generalklauseln Wirkung. Die
sog. einfachen Gesetze sind »im Lichte der Grundrechte« auszulegen und entfalten so
»mittelbare Drittwirkung«.[21]

Der BGH hat bereits sehr früh im Zusammenhang mit der Interpretation des § 823   **63**
Abs. 1 BGB im Geist der Verfassung ausgeführt:[22]

> »Nachdem nunmehr das Grundgesetz das Recht des Menschen auf Achtung seiner Würde   **64**
> (Art. 1 GG) und das Recht auf freie Entfaltung seiner Persönlichkeit auch als privates, von
> jedermann zu achtendes Recht anerkennt, soweit dieses Recht nicht die Rechte anderer ver-
> letzt oder gegen die verfassungsmäßige Ordnung oder das Sittengesetz verstößt (Art. 2 GG),
> muss das allgemeine Persönlichkeitsrecht als ein verfassungsmäßig gewährleistetes Grund-
> recht angesehen werden.«

Das allgemeine Persönlichkeitsrecht ist daher ein »absolutes« Recht und genießt scha-
densrechtlichen Schutz als »sonstiges« Recht i.S.d. § 823 Abs. 1 BGB.

3. Historische Auslegung

Sie bezieht sich auf den geschichtlichen Zusammenhang einer Regelung, insb. ihre   **65**
Entstehungsgeschichte, weswegen man auch von genetischer Interpretation spricht.
Ausgangspunkt ist der Wille des konkreten »subjektiven« Gesetzgebers, wie er in den
grundlegenden rechtspolitischen Entscheidungen der Parlamentsabgeordneten, den
Normvorstellungen der Gesetzesverfasser in den Ministerien und der Fachausschuss-
mitglieder als der an der Vorbereitung der Regelung beteiligten Personen zum Ausdruck kommt.[23] Entwürfe und andere Materialien des Gesetzgebers geben darüber
Auskunft. Bei der historischen Auslegung können jedoch die Änderung der Verhältnisse und der Auffassungen seit dem Inkrafttreten des Gesetzes nicht unberücksichtigt bleiben. Daher kommt der historischen Auslegung regelmäßig nur eine geringe
Bedeutung zu.

---

21 Zu den Grundrechten als wertentscheidende Grundsatznormen und der sog. Drittwirkung
   der Grundrechte s. in Kap. 2 Rdn. 50 und 72 ff.
22 BGH, NJW 1954 S. 1405 ff.
23 Dokumentiert in den Bundestags- und den Bundesratsdrucksachen.

4. Teleologische Auslegung

66 Die teleologische (zweckgerichtete) Auslegung knüpft an den Sinn des Gesetzes, die sog. ratio legis an; sie versucht, den Regelungszweck, wie er in der fraglichen Norm heute objektiv ausgedrückt ist und ihren Inhalt bestimmt, herauszufinden. Nach dieser Methode tritt das historisch/subjektive Auslegungselement zurück. Erkenntnisziel ist nicht der Wille des Gesetzgebers, sondern das einen eigenen Regelungswillen entfaltende Gesetz. Schon das RG formulierte, dass das Gesetz, einmal erlassen, ein Eigenleben führe, vermöge dessen es sich den wechselnden Bedürfnissen der Zeit anpassen kann.[24] Handle es sich insb. um ein Gesetz, das nicht bloß ein Augenblicksbedürfnis befriedigen wolle, sondern Geltung für lange Zeit beanspruche, so könne es nicht ohne Rücksicht auf die wechselnden Anschauungen der Zeit auf geistigem, wirtschaftlichem, gesellschaftlichem Gebiet richtig verstanden und ausgelegt werden. In solchen Fällen wolle der Gesetzgeber selbst auch künftige Entwicklungen berücksichtigt wissen.

67 *»Das BVerfG lehnt in ständiger Rechtsprechung ab, auf die Motive oder Vorstellungen der an einem Abstimmungsverfahren über ein Gesetz teilnehmenden Abgeordneten abzuheben; es hält beispielsweise allein die Frage für maßgebend, ob Gesetze objektiv gegen Art. 3 GG verstoßen, nicht aber, ob den Abgeordneten subjektiv Willkür vorzuwerfen ist«.*[25] Damit folgt das Gericht der sog. objektiven Theorie.

---

24 RGZ 145, 366.
25 BVerfG, NJW 1982 S. 592.

Kapitel 22 Der Weg zu den Gerichten

Literatur

Düwell/Lipke (Hrsg.), Arbeitsgerichtsgesetz, Kommentar zum gesamten Arbeitsverfahrensrecht, 4. Aufl., Neuwied 2016; *Groß*, Beratungshilfe, Prozesskostenhilfe, Verfahrenskostenhilfe, 13. Aufl., Heidelberg 2015; *Heyde*, Justiz in Deutschland. Ein Überblick über Recht und Gerichte der BRD, Bonn 1999; *Hintz/Lowe*, Sozialgerichtsgesetz, München 2012; *Hufen*, Verwaltungsprozessrecht, 10. Aufl., München 2016; *Kopp/Schenke*, Verwaltungsgerichtsordnung, 22. Aufl., München 2016; *Krasney/Udsching*, Handbuch des sozialgerichtlichen Verfahrens, 7. Aufl., Berlin, 2016; *Krenzler (Hrsg.)*, Rechtsdienstleistungsgesetz, 2. Aufl., Baden-Baden 2017; *Lenz/Hansel*, Bundesverfassungsgerichtsgesetz, 2. Aufl., Baden-Baden 2015; *Lüdtke/Berchtold*, Sozialgerichtsgesetz, 5. Aufl., Baden-Baden 2017; *Masing/Jouanjan*, Verfassungsgerichtsbarkeit, Grundlagen, innerstaatliche Stellung, überstaatliche Einbindung, Tübingen 2011; *Meyer-Ladewig*, Sozialgerichtsgesetz, 12. Aufl., München 2017; *Schubert*, Der Europäische Gerichtshof für Menschenrechte, Hamburg 2013; *Streinz*, Europarecht, 10. Aufl., Heidelberg 2016; *Thomas/Putzo*, Zivilprozessordnung, 37. Aufl., München 2016; *Zöller*, Zivilprozessordnung, 31. Aufl., Köln 2015.

A. Rechtsdienstleistung, Beratungs- und Prozesskostenhilfe

Unkenntnis, Hemmungen und geringes Einkommen stellen bei vielen Bürgern 1
Zugangssperren für die Inanspruchnahme gerichtlicher Hilfe dar. Die erste Hürde ist die Frage, wo kann ich qualifizierte Beratung bekommen? Eine Aufklärung über die Rechtslage soll Klarheit darüber verschaffen, ob eine beabsichtigte Rechtsverfolgung Aussicht auf Erfolg hat. Eine weitere Hürde stellt das Kostenrisiko dar. Um einer Klassenjustiz entgegen zu wirken, haben wir in Deutschland ein weltweit nahezu einmaliges System der Beratungs- und Prozesskostenhilfe das Einkommensschwachen die Durchsetzung ihrer Rechte erleichtern soll. Ein Rechtsstreit, etwa gegen eine Versicherung um Schadensersatz und Schmerzensgeld, würde sonst den Normalbürger – wenn er verliert – in den wirtschaftlichen Ruin treiben.

I. Rechtsdienstleistungsgesetz

Rechtsberatung ist primär Aufgabe von dazu qualifiziert ausgebildeten und zugelassenen 2
Rechtsanwälten, Notaren und Rechtsbeiständen. Das Rechtsdienstleistungsgesetz (RDG) von 2008, Nachfolgerin des früheren Rechtsberatungsgesetzes, schreibt quasi das Rechtsanwaltsmonopol fest. Rechtsberatung und Rechtsdurchsetzung wird in die Hände der Anwaltschaft gelegt. Die Rechtsanwälte verstehen keinen Spaß, wenn ein »selbst ernannter Rechtsberater« dieses Monopol zu brechen versucht. Dennoch enthält das RDG eine ganze Reihe von Ausnahmeregelungen, die besonders für den Sozialbereich relevant sind, z.B. in der Schuldnerberatung, der Familienberatung, der Mieterberatung etc. Das Gesetz ist wie ein löchriger Emmentaler Käse.

3 Die Frage, wer unter welchen Voraussetzungen Rechtsberatung und Rechtsbesorgung durchführen darf, ist im Rechtsdienstleistungsgesetz **(RDG)** geregelt.[1] Er zentrale Begriff ist die Rechtsdienstleistung (§ 2 Abs. 1 RDG).

▶ **Definition:**

4 Rechtsdienstleistung ist jede Tätigkeit in konkreten fremden Angelegenheiten, sobald sie eine rechtliche Prüfung des Einzelfalles erfordert. Dies gilt auch für sog. Inkassodienstleistungen, das ist die Einziehung fremder Forderungen. (§ 2 Abs. 1 u. 2 RDG)

5 Folgende Ausnahmeregelungen sind für die soziale Arbeit relevant:
- Erlaubt sind **unentgeltliche Rechtsdienstleistungen** im familiären, nachbarschaftlichen oder im engen persönlichen Rahmen (§ 6 Abs. 1 RDG).
- Wer unentgeltliche Rechtsdienstleistungen außerhalb familiärer, nachbarschaftlicher oder enger persönlicher Beziehungen erbringt, muss sicherstellen, dass die Rechtsdienstleistung durch eine Person, der die entgeltliche Erbringung dieser Rechtsdienstleistung erlaubt ist, durch eine Person mit Befähigung zum Richteramt oder unter **Anleitung** einer solchen Person erfolgt (§ 6 Abs. 2 RDG).
- Behörden und juristische Personen des öffentlichen Rechts dürfen im Rahmen ihrer Zuständigkeit rechtsberatende Tätigkeiten gegenüber dem Bürger erbringen (§ 8 Abs. 1 Nr. 2 RDG).[2]
- Nach der aktuellen Regelung im RDG (§ 8 Abs. 1 Nr. 5 RDG) ist das frühere Rechtsberatungsprivileg, das – bezogen auf Träger sozialer Arbeit – nur das Diakonische Werk und der Caritasverband in Anspruch nehmen konnten, ausgeweitet worden. Nach dieser Vorschrift dürfen alle Verbände der freien Wohlfahrtspflege i.S.d. § 5 SGB XII[3], die anerkannten Träger der freien Jugendhilfe i.S.d. § 75 SGB VIII sowie die anerkannten Verbände zur Förderung behinderter Menschen i.S.d. § 13 Abs. 3 Behindertengleichstellungsgesetz im Rahmen ihres Aufgaben- und Zuständigkeitsbereichs Rechtsdienstleistungen erbringen.[4]

II. Beratungshilfe nach dem BerHG

6 Nach dem Beratungshilfegesetz können Bürger mit geringem Einkommen, Beratungshilfe bekommen. Der Rechtssuchende stellt dafür einen Antrag beim zuständigen Amtsgericht und erhält bei positiver Entscheidung einen sog. Berechtigungsschein. Damit kann er einen Rechtsanwalt besuchen und erhält Rechtsrat. Der Anwalt kann eine Gebühr von 10 € erheben, für den Rest kommt die Staatskasse auf.

---

1 Als Art. 1 des Gesetzes zur Neuordnung des Rechtsberatungsgesetzes vom 12.12.2007 (BGBl. I S. 2840).
2 Aus dem früheren RBerG übernommen.
3 Zuvor waren nur Caritas und Diakonie vom Rechtsberatungsprivileg des § 3 Abs. 1 Nr. 1 RBerG begünstigt.
4 Kritisch zum neuen Rechtsdienstleistungsgesetz s. den Aufsatz von *Schrader, Ch.*, ZfSH/ SGB 2008 S. 75 ff.

Die Voraussetzungen für die Bewilligung von Beratungshilfe stellt § 1 BerHG auf: 7
1. der Rechtsuchende kann die erforderlichen Mittel nach seinen persönlichen und wirtschaftlichen Verhältnissen nicht aufbringen,
2. dem Rechtssuchenden stehen keine anderen Möglichkeiten für eine Hilfe zur Verfügung, deren Inanspruchnahme dem Rechtsuchenden zuzumuten ist,
3. die Inanspruchnahme der Beratungshilfe erscheint nicht mutwillig.

(unbesetzt)   8-10

Die Beratungshilfe besteht in der **Beratung** sowie erforderlichenfalls in der **außerge-** 11 **richtlichen Vertretung** auf den Gebieten des Verfassungs- und Verwaltungsrechts, des Sozialrechts und des Zivilrechts einschließlich der Arbeitsgerichtsbarkeit. In Angelegenheiten des Strafrechts und des Ordnungswidrigkeitenrechts wird nur Beratung gewährt (§ 2 BerHG). Nicht zu den im BerHG aufgezählten Angelegenheiten gehören solche, die den Finanzgerichten zugewiesen sind, also auch das Kindergeld nach dem EStG. Diese Ungleichbehandlung des Steuerrechts hat das BVerfG in einer Entscheidung vom 16.10.2008 als mit Art. 3 Abs. 1 GG nicht vereinbar erklärt[5], sodass bis zu einer gesetzlichen Neuregelung Beratungshilfe auch für solche Angelegenheiten zu gewähren ist.[6]

Für die Inanspruchnahme von Beratungshilfe sind die **Einkommensgrenzen** maßge- 12 bend, die für Gewährung von Prozesskostenhilfe ohne Ratenzahlung maßgeblich sind (§ 1 Abs. 2 BerHG).

Wegen der geringen Gebühren ist die Beratungshilfe ein ungeliebtes Kind der Anwaltschaft.

III. Prozesskostenhilfe (PKH)

Prozesskostenhilfe wird nach einer seit 1981 geltenden Novellierung der Zivilprozes- 13 sordnung **auf Antrag** geleistet, um die »Rechtswegsperre« zu beseitigen, die durch die Gefahr hoher Gerichts- und Anwaltskosten – vor allem im Zivilprozess – für wirtschaftlich und sozial schwache Personen besteht. Prozesskostenhilfe ist an die Stelle des früheren »Armenrechts« getreten, das schon wegen der als diskriminierend empfundenen Bezeichnung von »verschämten Armen« häufig nicht in Anspruch genommen wurde. Prozesskostenhilfe kommt nicht in Betracht, soweit anderweitiger Rechtsschutz – s. dazu nachfolgend unter Rdn. 19ff. – besteht.

Die Prozesskostenhilfe, in §§ 114 bis 127a ZPO für zivilgerichtliche Verfahren – 14 geregelt, kommt auch für arbeitsrechtliche Streitfälle (§ 11a Abs. 3 ArbGG), für das Verfahren bei den Sozialgerichten (§ 73a SGG), für das Verwaltungsgerichtsverfahren (§ 166 VwGO) und für das Verfahren vor den Finanzgerichten (§ 142 FGO) in Betracht – jeweils durch Verweis auf die Vorschriften der ZPO. Nach dem seit 2009 in Kraft getretenen FamFG ist sie als Verfahrenskostenhilfe für Verfahren in

---

5 1 BvR 2310/06 (NJW 2009 S. 2009) S. dazu den Aufsatz von *Binschus*, ZfF 2009 S. 55 f.
6 Aufschlussreich der Aufsatz von *Herbe*, info also 2008 S. 204 ff.

Familiensachen und in Angelegenheiten der freiwilligen Gerichtsbarkeit maßgeblich. Nach § 76 Abs. 1 FamFG finden die Vorschriften der ZPO über die PKH entsprechende Anwendung.

15 Die PKH wird bei dem Gericht beantragt, bei dem auch das eigentliche Verfahren stattfinden soll; dem Antrag muss eine Erklärung über die persönlichen und wirtschaftlichen Verhältnisse und entsprechende Belege beigefügt werden (§ 117 ZPO). Die beabsichtigte gerichtliche Rechtsverfolgung oder Rechtsverteidigung muss hinreichende Aussicht auf Erfolg bieten und darf nicht mutwillig erscheinen (§ 114 Satz 1 ZPO). Im Rahmen des Verfahrens auf Bewilligung der PKH erfolgt also eine Vorprüfung der Erfolgsaussichten durch das Gericht. Die Bewilligung der Hilfe durch das Gericht befreit entweder ganz von Gerichtskosten, Kosten eines beigeordneten Anwalts oder Zwangsvollstreckungskosten oder sie führt hinsichtlich dieser Kosten zur Ratenzahlung.[7] Ob die PKH mit oder ohne Ratenzahlung bewilligt wird, hängt von der Höhe des zu berücksichtigenden Einkommens ab. Die Anrechnung des Einkommens ist in § 115 ZPO geregelt. Die vom Einkommen absetzbaren Beträge werden jährlich aktualisiert.

16 In welcher Höhe ggf. Raten bei welchem Einkommen zu zahlen sind, ergibt sich aus der Tabelle zu § 115 ZPO. Die Vermögensberücksichtigung erfolgt in entsprechender Anwendung von § 90 SGB XII.

17 Wenn sich die bei Bewilligung der PKH vom Gericht angenommene hinreichende Erfolgsaussicht im Verlauf des Verfahrens nicht bestätigen sollte und der Empfänger der PKH unterliegt, muss er die Kosten der gegnerischen Partei tragen (§ 123 ZPO).

18 In Unterhaltssachen kann das Familiengericht gem. § 246 Abs. 1 FamFG auf Antrag durch einstweilige Anordnung die Verpflichtung zur Zahlung eines Kostenvorschusses für ein gerichtliches Verfahren regeln.

IV. Sonstiger Beratungs- und Rechtsschutz

1. Verbandsmitgliedschaft

19 Die Mitgliedschaft in einigen Verbänden beinhaltet kostenlose Beratung und Vertretung vor Gericht durch Verbandsvertreter bzw. Anwältinnen/Anwälte – jeweils beschränkt auf sachlich eingegrenzte Rechtsbereiche. Als wichtige Beispiele seien genannt:
  – Das **Mitglied einer Gewerkschaft** hat Anspruch auf kostenlose Rechtsberatung und Vertretung in gerichtlichen Verfahren, soweit es um arbeitsrechtliche oder sozialrechtliche Fragen oder Streitigkeiten geht. Bei arbeitsrechtlichen Angelegenheiten ist eine Zugehörigkeit zu der Gewerkschaft, die im Betrieb vertreten ist, erforderlich. Die Beratung bzw. Vertretung wird durch Rechtssekretäre der

---

7 An die Staatskasse; dies kann zwar eine Zahlungserleichterung sein, eine Ersparnis von Kosten ist damit jedoch nicht verbunden.

Gewerkschaft oder des Deutschen Gewerkschaftsbundes durchgeführt. Die Vertretung erstreckt sich auch auf die zweite Instanz in der Arbeits- und Verwaltungsgerichtsbarkeit, bei der ansonsten Anwaltszwang besteht (§ 11 Abs. 2 ArbGG, § 67 Abs. 1 Satz 4 VwGO).

– Der **Sozialverband Deutschland e.V.** (SoVD), der sich für kranke, chronisch kranke, behinderte und ältere Menschen einsetzt, gewährt seinen Mitgliedern Beratung und Rechtsschutz bei der Durchsetzung sozialer Leistungsansprüche vor den Sozial- und Verwaltungsgerichten; auch hier erstreckt sich die Vertretung auf die zweite Instanz in der Verwaltungsgerichtsbarkeit (in der Sozialgerichtsbarkeit besteht in der zweiten Instanz noch kein Anwaltszwang).

– Mitglieder von **Mietervereinen** haben fast immer nach der Satzung des Vereins und unter den dort näher bezeichneten Voraussetzungen Anspruch auf gerichtliche Wahrnehmung der rechtlichen Interessen aus Miet- und Pachtverhältnissen durch anwaltliche Vertretung.

2. Rechtsschutzversicherungen

Rechtsschutzversicherungen bieten Unterstützung für Beratung und anwaltliche   20 Vertretung vor Gericht. Sie können für bestimmte Risiken bzw. Sachbereiche abgeschlossen werden, z.B. nur als Verkehrsrechtsschutz oder umfassender: Privat- und Berufsrechtsschutz für Nichtselbständige. Welche Risiken versicherbar bzw. ausgenommen sind, ergibt sich aus den Allgemeinen Rechtsschutz-Versicherungsbedingungen (ARB). Nicht versichert sind Versicherungsfälle, die vor Abschluss des Versicherungsvertrages oder innerhalb einer Wartezeit von drei Monaten ab Abschluss des Versicherungsvertrages eingetreten sind.

▶ Beispiel:

Wegen Schimmelbildung im Schlafzimmer mindert der Mieter M die Miete nach   21 vorheriger Abmahnung und schriftlicher Ankündigung. Gleichzeitig schließt er eine Rechtsschutzversicherung ab. Nach neun Monaten kündigt der Vermieter V das Mietverhältnis wegen des aus seiner Sicht eingetretenen Mietrückstands. Da der Versicherungsfall in dem Zeitpunkt als eingetreten gilt, in dem der Gegner begonnen hat oder begonnen haben soll, gegen Rechtsvorschriften zu verstoßen, besteht kein Versicherungsschutz, da der Verstoß des V – Nichtbeseitigung des Mangels – vor Beginn des Versicherungsvertrages lag.

Rechtsschutzversicherungen sind nicht unbedingt günstig, aber sie empfehlen sich zur   22 Entlastung derjenigen, die zwar wegen ihres Einkommens nicht Prozesskostenhilfe erhalten können, gleichwohl aber nicht so hohe Einkünfte haben, um einen längeren Rechtsstreit als Prozesspartei ohne Not durchzustehen. Insbesondere kann es sich für Arbeitsrechtsstreitigkeiten empfehlen, rechtsschutzversichert zu sein, weil wegen der besonderen Regelung gem. § 12a ArbGG für die erste Instanz auch der Arbeitnehmer, der sein Verfahren gewinnt, seine eigenen Kosten, zu denen auch die Anwaltskosten gehören, zu tragen hat.

B. Justizgewährungsanspruch

23 Die rechtsprechende Gewalt (Judikative) geht von den Gerichten aus (Art. 92 GG). Dies ist die dritte Säule der Gewaltenteilung, neben der Legislative (Gesetzgebung durch Parlamente) und der Exekutive (vollziehende Behörden). Eine Aufgabe der Gerichte ist es, die öffentliche Gewalt in Hinblick auf Rechtsverletzungen zu kontrollieren und für die Einhaltung rechtsstaatlicher Grundsätze zu sorgen. Weit häufiger werden Gerichte zur Durchsetzung privater Ansprüche bemüht, z.b. bei Streitigkeiten aus Arbeitsverhältnissen, aus Mietverträgen, um Reparaturrechnungen, wegen Schadenersatzforderungen oder bei Ehescheidung. Was die Rechtsordnung an materiellen Rechten gewährt, muss der Bürger in einem formellen Rechtsverfahren mithilfe staatlicher Stellen durchsetzen können. Soweit es sich um hoheitliche Maßnahmen handelt, beruht der Anspruch auf gerichtlichen Rechtsschutz auf Art. 19 Abs. 4 GG; i.Ü. lässt sich der Anspruch auf Gewährleistung eines effektiven Rechtsschutzes und damit der Anspruch des Bürgers auf Zugang zu den Gerichten aus dem Rechtsstaatsgebot und aus Art. 103 Abs. 1 GG ableiten.[8]

24 Unabhängige Richter haben die Aufgabe, die Rechte des Bürgers gegenüber seinen Mitbürgern und staatlichen Einrichtungen zu sichern.[9] Für diese Aufgabe steht ein ausgebautes System von Gerichten zur Verfügung. Es kennt verschiedene Gerichtsbarkeiten (Rechtswege), die sich über mehrere Instanzen erstrecken können.

25 Es wird bemängelt, dass viele Gerichte und Staatsanwaltschaften nicht in der Lage sind, ihre Verfahren in angemessener Zeit zu erledigen, sodass die überlange Verfahrensdauer einer Rechtsverweigerung gleichkommt. Dies widerspricht dem verfassungsrechtlichen Gebot effektiven Rechtsschutzes (Art. 6 Abs. EMRK, Art. 19 Abs. 4 GG). Um dem entgegenzuwirken, hat der Gesetzgeber 2011 ein »Gesetz über den Rechtsschutz bei überlangen Gerichtsverfahren und strafrechtlichen Ermittlungsverfahren«, geschaffen, das Instrumente vorsieht, um die Gerichte und Staatsanwaltschaften zur zügigen Behandlung der Verfahren anzuhalten, u.a. angemessene Entschädigungen.[10]

26 Bei der Durchsetzung von Rechten unterscheidet man zwei Stadien: das **Erkenntnisverfahren** und das **Vollstreckungsverfahren**. Bei dem Erkenntnisverfahren handelt es sich um den eigentlichen Gerichtsprozess, der durch Urteil, Beschluss oder Vergleich abgeschlossen wird. Das Vollstreckungsverfahren dient der zwangsweisen Durchsetzung von Urteil, Beschluss oder Vergleich, etwa durch Lohnpfändung oder Zwangsversteigerung einer Immobilie.

---

8 Vgl. dazu *Wassermann*, in: Kommentar zum Grundgesetz für die Bundesrepublik Deutschland, Rn. 12 zu Art. 103 GG mit ausführlicher Darstellung der dazu ergangenen Rechtsprechung des BVerfG.

9 BVerfG, NJW 1983, 1307.

10 Gesetz vom 24.11.2011 – BGBl. I S. 2302 ff.

C. Aufbau der deutschen Gerichtsbarkeit

Im Folgenden soll ein Überblick über Struktur und Aufbau der deutschen Gerichts-   27
barkeit gegeben werden.[11]

I. Verfassungsgerichtsbarkeit des Bundes

1. Aufgaben des BVerfG's und Verfahrensarten

Das oberste Gericht des Bundes und Hüter der freiheitlich demokratischen Grundord-   28
nung ist das Bundesverfassungsgericht (BVerfG).[12] Es entscheidet mit Gesetzeskraft
über die Vereinbarkeit von Gesetzen mit dem Grundgesetz (Art. 31 Abs. 2 BVerfGG)
und legt Streitigkeiten zwischen Verfassungsorganen bei. Von großer Bedeutung für
den Bürger ist die Möglichkeit, das BVerfG mit einer Verfassungsbeschwerde anzuru-
fen, wenn er der Auffassung ist, durch die öffentliche Gewalt in einem seiner Grundrechte oder in einem seiner in Art. 20 Abs. 4, 33, 38, 101, 104 GG enthaltenen
Rechte – den sog. grundrechtsähnlichen Rechten – verletzt zu sein. Allerdings ist dieses Verfahren regelmäßig erst dann zulässig, wenn der zuvor der gesamte Instanzenzug
einer der fünf Gerichtszweige (s.u.) ausgeschöpft ist. Aber auch dann ist noch nicht
sicher, dass die Verfassungsbeschwerde von einem der beiden mit je acht Richtern
besetzten Senate verhandelt wird, weil wegen der Fallzahl zunächst ein Dreierausschuss
darüber entscheidet, ob die Verfassungsbeschwerde überhaupt angenommen wird. Bei
Unzulässigkeit der Verfassungsbeschwerde oder bei fehlender hinreichender Erfolgsaussicht kann ihre Annahme abgelehnt werden (§§ 90, 93a Abs. 1 bis 3 BVerfGG).

Allerdings ist das BVerfG kein »Superrevisionsgericht« – es entscheidet in ganz   29
bestimmten Verfahrensarten; die nachstehende Tabelle gibt einen Überblick über die
Wichtigsten davon.

30

Verfahrensart	Antragsberechtigung	Gegenstand des Verfahrens	Entscheidung/ Wirkung
1. Abstrakte Normenkontrolle – Art. 93 Abs. 1 Nr. 2 GG	Bundesregierung, Landesregierung, 1/4 der Mitglieder des Bundestages	Vereinbarkeit von Bundesrecht und Landesrecht mit dem GG	Feststellung der Vereinbarkeit oder Nichtigkeit = Entscheidung hat Gesetzeskraft
2. Konkrete Normenkontrolle – Art. 100 Abs. 1 GG	Jedes Gericht durch einen sog. Aussetzungs- und Vorlagebeschluss	Vereinbarkeit förm- licher Gesetze mit dem GG	wie bei 1. – Ent- scheidung hat Gesetzeskraft

---

11 Zu den Europäischen Gerichten s.o. unter Kap. 22 Rdn. 102 ff. und Kap. 22 Rdn. 116 ff.
12 S. Art. 93 GG – Zuständigkeit des BVerfG – und das BVerfGG.

Verfahrensart	Antragsberechtigung	Gegenstand des Verfahrens	Entscheidung/ Wirkung
3. Organstreitig- keit – Art. 93 Abs. 1 Nr. 1 GG	Bundespräsident, Bundestag, Bundes- rat, Bundesregierung, Teile dieser Organe	Kompetenzverlet- zungen der antrags- berechtigten Organe	Feststellung, ob Kompetenzver- letzung vorliegt, Bindungswirkung
4. Bund- Länder- Streitigkeit – Art. 93 Abs. 1 Nr. 3 GG	Bundesregierung, Landesregierung	Kompetenzverlet- zungen im Verhältnis zwischen Bund und Ländern	wie bei 3.
5. Verfassungs-be- schwerde – Art. 93 Abs. 1 Nr. 4 a GG	Jeder Bürger »*Jedermann*«	Verletzung von Grundrechten und grundrechtsähnli- chen Rechten durch die öffentliche Gewalt	Feststellung, ob Verletzung vorliegt, Aufhebung zugrunde liegender Gerichts- entscheidungen, Nichtigerklärung des entsprechenden Ge- setzes, Entscheidung hat Gesetzeskraft

▶ **Beispiele erfolgreicher Verfassungsbeschwerden:**

31   Durch Entscheidung vom 13.04.1983 setzte das BVerfG die Durchführung die auf den 27.04.1983 festgesetzte Volks-, Berufs-, Wohnungs- und Arbeitsstättenzählung (Volkszählungsgesetz) bis zur Entscheidung über die Verfassungsbeschwerden aus, weil das Gesetz möglicherweise die Grundrechte aller auskunftspflichtigen Bürger verletze.

In seiner Entscheidung vom 15.12.1983 über die Verfassungsbeschwerden schaffte das Gericht das aus Art. 2 Abs. 1 GG abgeleitete Recht auf »informationelle Selbst- bestimmung« und erklärte die Weitergabe von Personendaten an die Meldeämter der Gemeinden für verfassungswidrig, weil Weiterleitung in den Persönlichkeits- schutz eingreife.

Im Jahre 2001 entschied das BVerfG, dass der generelle Beitragssatz in der sozi- alen Pflegeversicherung i.H.v. 1,7% der beitragspflichtigen Einnahmen (s. § 55 SGB XI) gegen den Gleichheitssatz des Art. 3 Abs. 1 GG i.V.m. Art. 6 Abs. 1 verstoße: »Es ist mit Art. 3 Abs. 1 i.V.m. Art. 6 Abs. 1 GG nicht zu vereinbaren, dass Mitglieder der sozialen Pflegeversicherung, die Kinder betreuen und erziehen und damit neben dem Geldbetrag einen generativen Beitrag zur Funktionsfähig- keit eines umlagefinanzierten Sozialversicherungssystems leisten, mit einem gleich hohen Pflegeversicherungsbeitrag wie Mitglieder ohne Kinder belastet werden«. Das Gericht setzte dem Gesetzgeber eine Frist zur verfassungskonformen Anpas- sung des Gesetzes, die inzwischen erfolgt ist.[13]

---

13 Siehe dazu im Einzelnen in Kap. 14 Rdn. 50 ff.

Als wichtige Beispiele für konkrete Normenkontrollverfahren aus der jüngsten Zeit ist auf die Entscheidung des BVerfG vom 09.02.2010 zur Verfassungswidrigkeit der Regelleistungen/Regelsätze nach dem SGB II/SGB XII sowie auf die Entscheidung vom 18.07.2012 zur Verfassungswidrigkeit der Grundleistungen nach dem AsylbLG zu verweisen.[14]

2. Das Entscheidungsmonopol des BVerfG

Jedes Gericht der Bundesrepublik muss bei seiner Entscheidungsfindung Rechtsnor-   32
men anwenden. Bei der Rechtsanwendung kann es vorkommen, dass das Gericht
Zweifel daran hat, ob die Rechtsnorm, auf die es bei der Entscheidung ankommt, mit
Vorschriften des GG vereinbar, also verfassungsgemäß ist. Wenn das Gericht sich in
der Lage sieht, die Zweifel dadurch aus dem Weg zu räumen, dass es einen Weg findet, die in Rede stehende Rechtsnorm »verfassungskonform« auszulegen (s. Kap. 21
Rdn. 59), ist es dazu befugt und kann den Rechtsstreit unter Zugrundelegung der
verfassungskonformen Gesetzesauslegung selbst entscheiden.[15]

Wenn das Gericht jedoch zu dem Ergebnis kommt, dass die für die Entscheidungs-   33
findung maßgebliche Rechtsnorm einer verfassungskonformen Auslegung nicht
zugänglich, sondern verfassungswidrig ist, darf das Gericht das nicht selbst entscheiden, sondern ist von Verfassungs wegen (Art. 100 GG) verpflichtet, den Rechtsstreit
auszusetzen und die Frage der Verfassungsverletzung dem BVerfG zur Entscheidung
vorzulegen. Diese Verpflichtung trifft jedes Gericht, sowohl den Amtsrichter als Einzelrichter beim AmtsG als auch ein oberstes Bundesgericht.

3. Das Verhältnis des BVerfG zum Gemeinschaftsrecht

Was das Verhältnis des Gemeinschaftsrechts zum nationalen Recht betrifft, geht das   34
BVerfG von einem Vorrang des Gemeinschaftsrechts kraft verfassungsrechtlicher
Ermächtigung aus[16] und befindet sich damit im Ergebnis in Übereinstimmung mit
der ständigen Rechtsprechung des EuGH, der aber den Vorrang mit der Eigenständigkeit des Gemeinschaftsrechts begründet.[17]

Das heißt aber nicht, dass es dem BVerfG verwehrt ist, über »Gemeinschaftsrechts-   35
fälle« d.h. Fälle mit gemeinschaftsrechtlichen Berührungspunkten zu entscheiden.

»Prüfungsgegenstand können aber nur Maßnahmen der deutschen öffentlichen   36
Gewalt sein. Solche liegen noch nicht vor, wenn ein deutsches Organ an einem Akt
der Gemeinschaftsorgane (z.B. Verordnungen oder Richtlinien des Rates) mitwirkt.
Daher ist z.B. die Verfassungsbeschwerde gegen eine Verordnung des Rates unzulässig.

Angegriffen werden können allein die Begründungs- oder Vollzugsakte eines deutschen
Organs, also das Zustimmungsgesetz (= Vertragsgesetz) zu einem Gründungs- oder

---

14 Siehe dazu in Kap. 14 Rdn. 164 ff., 181 f.
15 So der Leitsatz des Urteils vom 03.04.2001 (BVerfGE, Bd. 103 [2001] S. 242 ff.).
16 *Streinz*, Rn. 225 bis 227.
17 *Streinz*, Rn. 218 ff. – s. dazu auch in Kap. 2 Rdn. 2 ff.

Änderungsvertrag des primären Gemeinschaftsrechts, Beschlüsse über das deutsche Abstimmungsverhalten im Rat oder der Vollzug von Gemeinschafsrecht (Verordnungen) oder deutschem Durchführungsrecht (Gesetze zur Umsetzung von Richtlinien) durch deutsche Behörden oder Gerichte.«[18]

37 Im Hinblick darauf kann das BVerfG mit»Gemeinschaftsrechtssachen« in Verfahren der abstrakten und konkreten Normenkontrolle, mit Organ- und Bund-Länder-Streiten sowie mit Verfassungsbeschwerden befasst werden.[19]

38 Trotz Einräumung des Vorrangs des Gemeinschaftsrechts nimmt das BVerfG die Normenkontrolle über die Zustimmungsgesetze zu den EG-Gründungsverträgen und damit unmittelbar über das Primärrecht nach wie vor in Anspruch.[20] Im sog. Maastricht-Urteil hat es sich die Prüfung vorbehalten, ob Rechtsakte der Europäischen Einrichtungen und Organe sich in den Grenzen der ihnen eingeräumten Hoheitsrechte halten oder sie überschreiten.[21] Eine neuere Entscheidung ist das Urteil des BVerfG vom 30.06.2009 zum Vertrag von Lissabon.[22] Das BVerfG hat in diesem Urteil entschieden, dass zwar das Zustimmungsgesetz zum Vertrag von Lissabon mit dem GG vereinbar ist, dass aber das Begleitgesetz insoweit verfassungswidrig ist, als den Gesetzgebungsorganen keine hinreichenden Beteiligungsrechte eingeräumt wurden. Darin hat das BVerfG den neuen Begriff der **Verfassungsidentität** geprägt und ausgeführt: »*Das Grundgesetz erlaubt es den besonderen Organen der Gesetzgebung, der vollziehenden Gewalt und der Rechtsprechung nicht, über die grundlegenden Bestandteile der Verfassung, also über die Verfassungsidentität zu verfügen (Art. 23 Abs. 1 Satz 3, Art. 79 Abs. 3 GG). Die Verfassungsidentität ist unveräußerlicher Bestandteil der demokratischen Selbstbestimmung eines Volkes. Zur Wahrung der Wirksamkeit des Wahlrechts und zur Erhaltung der demokratischen Selbstbestimmung ist es nötig, dass das Bundesverfassungsgericht darüber wacht, dass die Gemeinschafts- oder Unionsgewalt nicht mit ihren Hoheitsakten die Verfassungsidentität verletzt und nicht ersichtlich die eingeräumten Kompetenzen überschreitet...*«.[23]

II. Verfassungsgerichtsbarkeit der Bundesländer

39 Auch die Bundesländer verfügen über eine eigene Verfassungsgerichtsbarkeit, denn die oberste landesrechtliche Rechtsquelle ist die Landesverfassung. In den Bundesländern wachen daher Staatsgerichtshöfe bzw. Verfassungsgerichtshöfe über die Einhaltung der Länderverfassungen, die durchweg ebenso einen Grundrechtsteil enthalten. Auch hier ist Art. 100 GG maßgeblich, d.h. Aussetzung des Rechtsstreits und Vorlage an das Landesverfassungsgericht, wenn es um die Nichtvereinbarkeit einer Rechtsnorm mit Landesverfassungsrecht geht.

---

18 *Streinz*, Rn. 242, 243 mit Nachweisen aus der Rechtsprechung des BVerfG.
19 *Streinz*, Rn. 241.
20 *Streinz*, Rn. 225 mit Verweisen auf die entsprechenden Entscheidungen des BVerfG.
21 BVerfGE Bd. 89, 155 ff.
22 2 BvE 2/08, 2BvE 5/08, 2 BvR 1010/08, 2 BvR 1022/08, 2 BvR 1259/08 und 2 BvR 182/09.
23 Aus der Mitteilung der Pressestelle des BVerfG zum Urteil.

III. Der gesetzliche Richter

Der sog. gesetzliche Richter hat seine Rechtsgrundlage in Art. 101 Abs. 1 Satz 2 GG   **40**
und gehört zu den Justizgrundrechten:

Unterhalb der Verfassungsgerichtsbarkeit existieren (durch Art. 95 Abs.   **41**
1 GG vor-
gegeben) **fünf selbständige Gerichtszweige: ordentliche Gerichtsbarkeit, Arbeits-,
Verwaltungs-, Sozial- und Finanzgerichtsbarkeit.** Grundsätzlich sind drei Instanzen[24]
vorgesehen, deren oberste jeweils ein Gericht des Bundes ist, während Aufgaben der
mittleren und unteren Instanz von Gerichten der Länder wahrgenommen werden.

Die **obersten Bundesgerichte** sind: **42**
– der Bundesgerichtshof (BGH) mit Sitz in Karlsruhe,
– das Bundesverwaltungsgericht (BVerwG) mit Sitz in Leipzig,
– das Bundesarbeitsgericht (BAG) mit Sitz in Erfurt,
– das Bundessozialgericht (BSG) mit Sitz in Kassel,
– der Bundesfinanzhof (BFH) mit Sitz in München.

Zur Wahrung der Einheitlichkeit der Rechtsprechung ist gemäß dem Auftrag in Art. 95
Abs. 3 GG ein Gemeinsamer Senat dieser fünf obersten Bundesgerichte gebildet.

Einen Überblick über die Gerichtsbarkeiten einschließlich der Verfassungsgerichtsbarkeit gibt die nachfolgende Übersicht.

Schaubild 1:

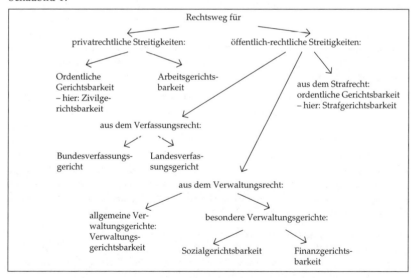

---

24 Ausnahmen davon, also nur zwei Instanzen, z.B.: in der Finanzgerichtsbarkeit (s. Kap. 22
Rdn. 99 ff.), oder wenn in der Strafgerichtsbarkeit in 1. Instanz das Landgericht entscheidet
(s. Kap. 15).

43   Die Regeln für das Verfahren in den einzelnen Gerichtsbarkeiten sind in den verschiedenen **Verfahrensgesetzen** enthalten. Dazu gehören auch Bestimmungen über den Aufbau der Gerichtsbarkeit, über die Frage, für welche Art von Streitigkeiten die Gerichte dieser Gerichtsbarkeit zuständig sind – **sachliche Zuständigkeit** – und über **die funktionelle Zuständigkeit.** Diese bezieht sich darauf, welches Rechtspflegeorgan in ein- und demselben Rechtsstreit tätig zu werden hat, etwa die Frage, welche Instanz der Gerichtsbarkeit für welche Art von Entscheidungen zuständig ist oder in welchen Fällen der Richter und in welchen Fällen der Rechtspfleger zuständig ist.

▶ Beispiele:

44   Aus § 40 der VwGO ergibt sich, dass der Verwaltungsrechtsweg in allen öffentlich-rechtlichen Streitigkeiten nicht verfassungsrechtlicher Art gegeben ist, soweit die Streitigkeiten nicht durch Bundesgesetz einem anderen Gericht ausdrücklich zugewiesen sind (sachliche Zuständigkeit). Aus § 23 Nr. 1 GVG i.V.m. § 71 Abs. 1 GVG ergibt sich, dass die LG in Zivilsachen in vermögensrechtlichen Streitigkeiten erstinstanzlich zuständig sind, wenn der Streitwert 5.000 € übersteigt (funktionelle Zuständigkeit).

45   Außer der funktionellen und sachlichen Kompetenz der Gerichte kommt es im Einzelfall noch auf die **örtliche Zuständigkeit** an, den sog. **Gerichtsstand.** Der **allgemeine Gerichtsstand** einer natürlichen Person für alle gegen sie zu erhebenden Klagen ist in der Zivilgerichtsbarkeit grds. das **Gericht ihres Wohnsitzes** (§§ 12 f. ZPO). Das gilt auch für die Arbeitsgerichtsbarkeit – hier ist aber der in § 21 ZPO geregelte besondere Gerichtsstand der Niederlassung von größerer Bedeutung. Danach muss der Angestellte, der in einer Geschäftsstelle der Deutschen Bank in Berlin beschäftigt ist, seine Kündigungsschutzklage nicht beim Arbeitsgericht Frankfurt, dem für den Sitz seines Arbeitgebers zuständigen Arbeitsgerichts, anhängig machen, sondern kann das beim Arbeitsgericht Berlin als dem für seine Geschäftsstelle zuständigen Arbeitsgericht tun.

46   Daneben gibt es sog. **ausschließliche Gerichtsstände**, die dem allgemeinen Gerichtsstand vorgehen, z.B. ein ausschließlicher Gerichtsstand bei Miet- oder Pachträumen: für Streitigkeiten über Ansprüche aus **Miet- oder Pachtverhältnissen über Räume** oder über das Bestehen solcher Verhältnisse ist das Gericht ausschließlich zuständig, in dessen Bezirk sich die Räume befinden (§ 29a ZPO); für Klagen aus **Haustürgeschäften** (§ 312 BGB) ist das Gericht zuständig, in dessen Bezirk der **Verbraucher** zur Zeit der Klageerhebung seinen Wohnsitz, in Ermangelung eines solchen seinen gewöhnlichen Aufenthalt hat. Für Klagen gegen den Verbraucher ist dieses Gericht ausschließlich zuständig (§ 29c ZPO).

47   Für die **Verwaltungsgerichtsbarkeit** ist die örtliche Zuständigkeit in § 52 der VwGO differenziert geregelt. Für die **Sozialgerichtsbarkeit** ergibt sich aus § 57 SGG, dass örtlich zuständig das Sozialgericht ist, in dessen Bezirk der Kläger zur Zeit der Klageerhebung seinen Wohnsitz oder seinen Aufenthalt hat.

48   Schließlich gehören zur Vervollständigung dieses Systems noch die **Geschäftsverteilungspläne** der Gerichte; diese werden vom Präsidium des jeweiligen Gerichts für

jeweils ein Jahr erlassen und regeln genau, welche Einzelrichter oder Richterkollegen (Kammern oder Senate) für welche Rechtsgebiete und Arten von Verfahren mit welchen Richtern (oder Vertretern) zuständig sind.

Die auf diese Weise im Voraus bestimmten Einzelrichter, Schöffengerichte, Kammern 49 und Senate bezeichnet man als den sog. »gesetzlichen Richter«, dem niemand entzogen werden darf (Art. 101 Abs. 1 Satz 2 GG). Jedermann kann die Geschäftsverteilungspläne in einer Geschäftsstelle des Gerichts bzw. per Internet auf der Homepage des Gerichts einsehen.[25] Der gesetzliche Richter ist Garantie des verfassungsrechtlichen Rechtsstaatsgebots (Art. 20 Abs. 1 GG), denn durch die sachliche Zuweisung eines Rechtsstreits zur maßgeblichen Gerichtsbarkeit, durch die gesetzlich geregelte funktionelle und örtliche Zuständigkeit des Gerichts der maßgeblichen Gerichtsbarkeit und schließlich durch den Geschäftsverteilungsplan wird sichergestellt, dass keine Manipulationen möglich sind. Das ist eine hoch einzuschätzende rechtsstaatliche Errungenschaft.

IV. Die ordentliche Gerichtsbarkeit

Die ordentliche Gerichtsbarkeit umfasst die **Zivilgerichtsbarkeit** und die **Strafge-** 50 **richtsbarkeit** (§§ 12 f. GVG). Zu den Zivilsachen gehören bürgerliche Rechtsstreitigkeiten, Familiensachen und Angelegenheiten der freiwilligen Gerichtsbarkeit (§ 13 GVG).

Bei den bürgerlichen Rechtsstreitigkeiten handelt es sich um privatrechtliche Ansprü- 51 che, in erster Linie aus dem BGB, aber auch aus den dazu gehörenden Nebengesetzen und nicht zuletzt aus dem StVG (Straßenverkehrsgesetz), wenn es um Ansprüche auf Schadensersatz aus Verkehrsunfällen geht. Aufgrund von Sonderregelungen, die historische Wurzeln haben, sind auch einige Ansprüche, die dem öffentlichen Recht angehören, der Zivilgerichtsbarkeit zugewiesen, so Ansprüche aus Amtspflichtverletzung gegen den Staat (§ 839 BGB i.V.m. Art. 34 GG), aus Aufopferung für das gemeine Wohl sowie wegen Enteignungsentschädigung.

Für Entscheidungen der ordentlichen Gerichtsbarkeit stehen der Bundesgerichtshof 52 (BGH) in Karlsruhe als höchste Instanz, die Oberlandesgerichte (OLG), die Landgerichte (LG) und die Amtsgerichte (AmtsG) zur Verfügung. Maßgebliche Rechtsgrundlagen für zivilgerichtliche Verfahren sind die Zivilprozessordnung (ZPO) und das Gesetz über das Verfahren in Familiensachen und in den Angelegenheiten der freiwilligen Gerichtsbarkeit (FamFG). Zum Aufbau der Strafgerichtsbarkeit vgl. Kap. 15.

Beim Landgericht, Oberlandesgericht und beim Bundesgerichtshof entscheiden kol- 53 legial besetzte Gerichte. Diese haben beim BGH und den Oberlandesgerichten die Bezeichnung **Senate**, bei den Landgerichten die Bezeichnung **Kammer** (teils auch durch Einzelrichter). Die Rechtsprechung des Amtsgerichts wird von Einzelrichtern

---

25 Vgl. § 21e Abs. 9 GVG.

durchgeführt. Beim Landgericht, beim Oberlandesgericht und beim Bundesgerichtshof besteht **Anwaltszwang**, d.h. die Parteien eines Rechtsstreits müssen sich zur Prozessführung durch einen Rechtsanwalt vertreten lassen.

54 Die Verfahren bei den Zivilgerichten enden in der Regel mit einem **Urteil**. Eilverfahren, in denen es um eine vorläufige Sicherung von Ansprüchen oder um vorläufige Regelungen von Rechtsverhältnissen geht – Arrestverfahren und einstweilige Verfügungsverfahren –, enden durch **Beschluss**. Durch **Beschluss als Entscheidung in der Sache**, enden nach dem neuen FamFG auch Verfahren in Familiensachen (und – wie schon zuvor – solche in Angelegenheiten der freiwilligen Gerichtsbarkeit). Durch dieses neue Gesetz sind in weiterem Umfang als bisher vorläufige Maßnahmen im Wege der einstweiligen Anordnung vorgesehen.[26]

55 Der Instanzenzug in der Zivilgerichtsbarkeit lässt sich – stark vereinfacht– wie folgt darstellen:

Schaubild 2:

Revision zum BGH	Revision zum BGH	Rechtsbeschwerde zum BGH	Rechtsbeschwerde zum BGH
↑	↑	↑	↑
Berufung zum OLG			Beschwerde zum OLG
↑			↑
LG als erstinstanzliches Gericht	Berufung zum LG	Beschwerde zum LG	
	↑	↑	
	AmtsG – allgemeine Zivilabteilung – als erstinstanzliches Gericht	AmtsG als erstinstanzliches Gericht als Betreuungsgericht	AmtsG als erstinstanzliches Gericht als Familiengericht

56 Die Amtsgerichte sind in Abteilungen untergliedert; hier die für die soziale Arbeit wichtigsten:
  - die **allgemeine Zivilabteilung,**
  - die Abteilung für **Familiensachen (Familiengericht)**,
  - die Abteilung **für Betreuungssachen, Unterbringungssachen und betreuungsgerichtliche Zuweisungssachen (Betreuungsgericht)**.

57 Beim AmtsG entscheidet erstinstanzlich ein Einzelrichter. Allerdings werden viele Aufgaben, die in die Zuständigkeit der Amtsgerichte fallen, von Rechtspflegern erfüllt, Beamten des gehobenen Justizdienstes.

58 Die allgemeine Zivilabteilung ist sachlich zuständig für Streitigkeiten über vermögensrechtliche Ansprüche – etwa auf Lieferung, Kaufpreis, Mietzahlung, Darlehen,

---

26 S. §§ 38 ff. Entscheidung durch Beschluss – §§ 49 ff. Einstweilige Anordnung.

Schadensersatz – bis zu einem Gegenstandswert von 5.000 €, ohne Rücksicht auf die Höhe des Streitwerts bei Streitigkeiten über Ansprüche aus einem Mietverhältnis über Wohnraum oder über den Bestand eines solchen Mietverhältnisses (**ausschließliche Zuständigkeit**) (vgl. § 23 Abs. 1 Nr. 1 und 2 GVG).

Für die einfache Durchsetzung von Ansprüchen steht beim Amtsgericht das **Mahn-** **59** **verfahren**zur Verfügung (§§ 688 ff. ZPO). In diesem Verfahren ergeht ein Mahnbescheid und danach ein Vollstreckungsbescheid, es sei denn, der Antragsgegner legt gegen den Mahnbescheid Widerspruch bzw. gegen den Vollstreckungsbescheid Einspruch ein. Beide Rechtsbehelfe überführen das Verfahren in das normale streitige Gerichtsverfahren.

Gegen Urteile des Amtsgerichts als allgemeine Zivilabteilung ist als Rechtsmittel die **60** **Berufung**an das LG als Berufungsgericht (2. Instanz) zulässig, wenn die Beschwerdesumme 600 € übersteigt, also eine Partei des Rechtsstreits i.H.v. wenigstens 600,01 € unterlegen ist.

Welche Angelegenheiten zu den **Familiensachen** gehören, ist nur noch pauschal in **61** § 23a Abs. 1 Nr. 1 GVG geregelt, detailliert in § 111 FamFG. Für Entscheidungen in **Familiensachen** wurden eigens Familiengerichte gebildet (§ 23b Abs. 1 GVG). Zur Zuständigkeit der Familiengerichte gehören Ehesachen (insb. Scheidungsverfahren), Kindschafts-, Abstammungs- und Adoptionssachen (einschließlich Vormundschaft), Wohnungszuweisungs- und Hausratssachen, Gewaltschutzsachen, Versorgungsausgleichssachen, Unterhaltssachen, Güterrechtssachen, Lebenspartnerschaftssachen und sonstige Familiensachen. Im 2. Buch des FamFG sind den einzelnen aufgezählten Bereichen in den Abschnitten 2 bis 12 eigene Verfahrensvorschriften gewidmet.

In § 23a Abs. 2 Nr. 1 bis 11 GVG sind die zur **freiwilligen Gerichtsbarkeit** gehö- **62** renden Angelegenheiten aufgezählt, etwa Nachlasssachen, Betreuungssachen, Grundbuchangelegenheiten, Registersachen etc. Für Betreuungssachen ist die neue Abteilung **Betreuungsgericht** gebildet worden (§ 23c GVG).

In Familiensachen und in Angelegenheiten der freiwilligen Gerichtsbarkeit ist als **63** Rechtsmittel die **Beschwerde an das Oberlandesgericht** (OLG) vorgesehen (§ 119 Abs. 1 Nr. 1a und b GVG) (ausgenommen davon sind die von den Betreuungsgerichten entschiedenen Sachen und die Freiheitsentziehungssachen – hier ist das LG das Beschwerdegericht). Auch für die Zulässigkeit der Beschwerde ist Voraussetzung, dass der Wert des Beschwerdegegenstandes 600 € übersteigt (§ 61 Abs. 1 FamFG).

▶ Beispiel:

Es soll um ein Verfahren wegen Kindesunterhalts während der Zeit des **64** Getrenntlebens gehen. Die Mutter stellt für das Kind den Antrag (§ 1629 Abs. 3 BGB), den Vater des Kindes zur Zahlung einer monatlichen Unterhaltrente i.H.v. 300 € zu verurteilen. Das Familiengericht verurteilt den Vater des Kindes zur Zahlung von 245 € monatlich und weist i.Ü. den Antrag ab. Ist für das Kind die Beschwerdesumme erreicht? Die Lösung ergibt sich aus § 51 Abs. 1 des Gesetzes über Gerichtskosten in Familiensachen (FamGKG); danach ist als Wert für das

Verfahren (auch Streitwert oder Gegenstandswert genannt) bei Ansprüchen auf Erfüllung der gesetzlichen Unterhaltspflicht der für die ersten zwölf Monate nach Erhebung der Klage geforderte Betrag maßgeblich. Das sind hier 12 x 300 € = 3.600 €. Zugesprochen wurden nur 245 €. Dies mit 12 multipliziert, ergibt den Betrag von 2.940 €. In Höhe von 660 € liegt also eine Beschwer durch den Beschluss des Familiengerichts vor. Die Beschwerdesumme ist erreicht – das Urteil des Familiengerichts ist beschwerdefähig.

65 Auch in der zweiten Instanz können von den Parteien des Rechtsstreits – allerdings teilweise mit Einschränkungen – noch neue Tatsachen vorgetragen werden; erste Instanz und Berufungsinstanz sind damit **Tatsacheninstanzen**. Das gilt i.Ü. auch für die Arbeits-, Verwaltungs- und Sozialgerichtsbarkeit. Im Revisionsverfahren kann nur noch über Rechtsfragen verhandelt werden, neue Tatsachen können nicht mehr eingebracht werden.

66 In erster Instanz ist das Landgericht für alle bürgerlichen Rechtsstreitigkeiten zuständig, die nicht den Amtsgerichten zugewiesen sind. Dazu gehören alle vermögensrechtlichen Streitigkeiten mit einem Streitwert über 5.000 € und ohne Rücksicht auf den Wert des Streitgegenstandes Verfahren, in denen es um Ansprüche gegen Richter und Beamte wegen Amtspflichtverletzung geht (§ 71 GVG). Die Berufung an das OLG ist zulässig, wenn der Wert des Beschwerdegegenstandes mehr als 600 € beträgt.

▶ Beispiel:

67 Beim LG waren 5.100 € eingeklagt; es erging ein zusprechendes Urteil über 4.450 €; wegen der restlichen 650 € wäre für den in dieser Höhe unterlegenen Kläger die Berufung an das OLG möglich – für den Beklagten ist sie bei diesem Beispiel ohnehin möglich, da er durch das Urteil i.H.v. 4.450 € beschwert ist.

68 Die **Revision** an den BGH findet nur statt, wenn das Berufungsgericht sie in dem Urteil zugelassen oder das Revisionsgericht sie auf Beschwerde gegen die Nichtzulassung erlaubt hat. Revisionen an den BGH sind inzwischen durch das Zivilprozessreformgesetz[27] generell zulassungsbeschränkt, d.h. das Berufungsgericht muss in seinem Berufungsurteil über die Zulassung der Revision entscheiden. § 556 ZPO sieht die Einlegung der Revision unter Überspringen der Berufungsinstanz (Sprungrevision) vor, wenn der Gegner damit einverstanden ist und das Revisionsgericht die Sprungrevision zulässt.

69 Die Revision ist zuzulassen, wenn die **Rechtssache grundsätzliche Bedeutung** hat oder der **Fortbildung des Rechts** oder der **Vereinheitlichung der Rechtsprechung** dient (§ 543 ZPO). Gegen die Nichtzulassung der Revision durch das OLG kann innerhalb eines Monats Beschwerde zum BGH eingelegt werden (§ 544 ZPO).

---

27 Vom 27.07.2001 (BGBl. I S. 1887).

In der Revisionsinstanz findet nur noch eine Überprüfung auf Rechtsfehler statt, 70
und zwar in verfahrensrechtlicher und materiell-rechtlicher Hinsicht. Neben absoluten Revisionsgründen, die in § 547 ZPO aufgezählt werden und bei denen es sich
um schwerwiegende Verstöße gegen verfahrensrechtliche Vorschriften handelt, ist
die Revision nur begründet, wenn die angegriffene Entscheidung Bundesrecht oder
eine Rechtsvorschrift verletzt, die über den Bezirk eines OLG hinaus Geltung hat
(§ 547 ZPO).

In Familiensachen und in Angelegenheiten der freiwilligen Gerichtsbarkeit heißt 71
das beim BGH einzulegende, der Revision entsprechende Rechtsmittel, **Rechtsbeschwerde**. Dieses Rechtsmittel ist in §§ 70 bis 75 FamFG geregelt. Für die Zulässigkeit dieses Rechtsmittels gelten danach entsprechende Vorschriften wie nach der ZPO
für die Revision, auch was den Maßstab der rechtlichen Überprüfung in dieser Instanz
betrifft.

V. Die Arbeitsgerichtsbarkeit

Die Arbeitsgerichtsbarkeit gilt als besondere Zivilgerichtsbarkeit, erhielt aber wegen 72
seiner sozialen Bedeutung eine eigene Gerichtsbarkeit.

Arbeitsgerichte entscheiden in zwei unterschiedlichen Verfahrensarten:

Sie sind zunächst zuständig für die Entscheidung von **bürgerlich-rechtlichen Strei-** 73
tigkeiten zwischen Arbeitgebern und Arbeitnehmern, also Streitigkeiten aus dem
Individualarbeitsrecht, zu denen in konjunkturschwachen Zeiten typischerweise eine
zunehmende Zahl von Kündigungsschutzverfahren gehört (§ 2 ArbGG). Diese Entscheidungen ergehen, wie im Zivilprozess, im sog. Urteilsverfahren; für Eilverfahren
gilt dasselbe wie in der Zivilgerichtsbarkeit.

Weiterhin entscheiden Arbeitsgerichte über Streitigkeiten aus dem sog. **kollektiven** 74
Arbeitsrecht, dazu zählt das Betriebsverfassungsrecht, das Tarifvertragsrecht und das
Recht der Mitbestimmung im Unternehmen (§ 2a ArbGG). Das Verfahren in die-
sen Streitigkeiten heißt Beschlussverfahren, mit den Rechtsbehelfen Beschwerde zum
LAG und Rechtsbeschwerde zum Bundesarbeitsgericht.

Das Arbeitsgericht besteht bereits in der ersten Instanz aus einer bzw. mehre- 75
ren Kammern, d.h. einem Kollegium, das sich aus einem Berufsrichter und zwei
ehrenamtlichen Richtern zusammensetzt (§ 35 ArbGG). Die Besetzung der Kammern beim LAG ist identisch, während in den Senaten beim Bundesarbeitsgericht
drei Berufsrichter und zwei ehrenamtliche Richter vertreten sind. Die ehrenamtlichen Richter stammen jeweils von der Arbeitnehmerseite und von der Arbeitge-
berseite, sodass damit sozusagen Kapital und Arbeit gleichermaßen am Verfahren
beteiligt sind.

Einen Überblick gibt die nachstehende Übersicht, die sich auf Streitigkeiten bezieht, 76
über die im Urteilsverfahren oder in Verfahren des einstweiligen Rechtsschutzes entschieden werden:

Schaubild 3:

Arbeitsgerichtsbarkeit	
Bundesarbeitsgericht (BAG) die Entscheidung erfolgt durch Senate Besetzung:	entscheidet als Revisionsgericht über Urteile des Landesarbeitsgerichts; die Revision muss im Urteil des Landesarbeitsgerichts zugelassen worden sein – die Revision ist zuzulassen bei entscheidungserheblichen Rechtsfragen von grundsätzlicher Bedeutung oder wenn das Urteil von einer Entscheidung des BVerfG, einer Entscheidung des Gemeinsamen Senats der obersten Gerichtshöfe des Bundes oder einer Entscheidung des BAG abweicht.
Landesarbeitsgericht (LAG) die Entscheidung erfolgt durch Kammern; Besetzung:	entscheidet als Berufungsgericht bzw. Beschwerdegericht über Urteile und Beschlüsse des Arbeitsgerichts; nur in Bagatellfällen – wenn der Wert des Beschwerdegegenstandes 600,-- € nicht übersteigt – muss die Berufung durch das Arbeitsgericht zugelassen worden sein.
Arbeitsgericht (ArbG) die Entscheidung erfolgt durch Kammern; Besetzung:	entscheidet als erstinstanzliches Gericht durch Urteil oder Beschluss in einstweiligen Rechtsschutzverfahren.
= Berufsrichter = Ehrenamtlicher Richter	

77 Die Vertretungsbefugnis ist in § 11 ArbGG geregelt. Nur in der 1. Instanz beim Arbeitsgericht können die Beteiligten den Rechtsstreit selbst führen. I.Ü. kann sich jede Prozesspartei durch einen Rechtsanwalt als Bevollmächtigten vertreten lassen; als Bevollmächtigte vor dem Arbeitsgericht sind auch die in § 11 Abs. 2 Satz 2 Nr. 1 bis 5 ArbGG aufgezählten Personen bzw. Vereinigungen zugelassen. Dazu zählen vor allem Vertreter von Gewerkschaften und Arbeitgeberverbänden und Vertreter von selbständigen Vereinigungen von Arbeitnehmern mit sozial- oder berufspolitischer Zwecksetzung für ihre Mitglieder. Beim BAG und beim LAG ist eine Vertretung durch Rechtsanwälte zwingend erforderlich (§ 11 Abs. 4 Satz 1 bis 3 ArbGG). Beim LAG sind jedoch auch die in § 11 Abs. 2 Satz 2 Nr. 4, 5 ArbGG aufgezählten Vereinigungen vertretungsberechtigt (§ 11 Abs. 4 Satz 4 ArbGG); dazu gehören neben den in Nr. 5 aufgeführten juristischen Personen die Gewerkschaften und Arbeitgeberverbände.

Das Urteilsverfahren beginnt beim Arbeitsgericht mit einer **Güteverhandlung** vor   78
dem Vorsitzenden, in der eine Einigung der Streitparteien versucht werden soll.
Da in diesem Termin der mündlichen Verhandlung häufig Vergleiche geschlossen
werden, kommt besonders der Arbeitsgerichtsbarkeit eine soziale Schlichtungs-
funktion zu.

Wegen der hohen Belastung der Arbeitsgerichte dauern erstinstanzliche Prozesse   79
durchschnittlich sieben Monate, mehrinstanzliche Verfahren meist mehrere Jahre.
Das bedeutet in vielen Fällen verbotene »Rechtsverweigerung«, zumal in Kündigungsschutzverfahren ein obsiegendes Urteil dem Arbeitnehmer kaum mehr nützt, wenn
der Arbeitgeber durch die Kündigung Tatsachen geschaffen hat und die Rückkehr in
den Betrieb aufgrund der zwischenzeitlich eingetretenen Entwicklung für den Arbeitnehmer nicht mehr sinnvoll ist.

VI. Die Verwaltungsgerichtsbarkeit

Die Verwaltungsgerichtsbarkeit eröffnet mit Verwaltungsgerichten (VG) als erstins-   80
tanzlichen Gerichten, Oberverwaltungsgerichten (OVG) oder Verwaltungsgerichts-
höfen (VGH) als Berufungsgerichten und dem Bundesverwaltungsgericht (BVerwG)
als Revisionsinstanz den Rechtsweg für öffentlich-rechtliche Streitigkeiten nicht verfassungsrechtlicher Art[28], soweit die Streitigkeiten nicht durch Bundesgesetz einem
anderen Gericht ausdrücklich zugewiesen sind (§ 40 Abs. 1 VwGO). Diese Zuweisung ist vor allem durch das Sozialgerichtsgesetz (SGG) und die Finanzgerichtsordnung (FGO) geschehen, die in entsprechenden Verfahren die Streitigkeiten, die in ihre
Zuständigkeit fallen, regeln.

Auch die Verwaltungsgerichtsbarkeit will durch die Beteiligung ehrenamtlicher Rich-   81
ter, die keine Juristen sind, Bürgernähe erreichen. Die Kammern beim VG und die
Senate beim OVG/VGH sind üblicherweise mit jeweils drei Berufsrichtern und zwei
ehrenamtlichen Richtern besetzt[29], die Senate beim BVerwG bestehen aus fünf Berufsrichtern. Einen Überblick gibt die nachstehende vereinfachende Übersicht:

---

28 Für solche Streitigkeiten sind die Verfassungsgerichte zuständig.
29 Nach der Regelung in § 9 Abs. 3 VwGO bestehen die Senate bei OVG/VGH aus drei
    Berufsrichtern; die Vorschrift überlässt es jedoch dem Landesrecht zu bestimmen, dass die
    Senate aus fünf Richtern bestehen, von denen auch zwei ehrenamtliche Richter sein können.

Schaubild 4:

Verwaltungsgerichtsbarkeit	
Bundesverwaltungsgericht (BVerwG) die Entscheidung erfolgt durch Senate Besetzung:	entscheidet als Revisionsgericht über Urteile des Berufungsgerichts; die Revision muss im Urteil des Berufungsgerichts zugelassen worden sein – die Revision ist zuzulassen bei Rechtsfragen von grundsätzlicher Bedeutung, wenn das Urteil von einer Entscheidung des BVerwG, des Gemeinsamen Senats der obersten Gerichtshöfe des Bundes oder des Bundesverfassungsgerichts abweicht oder ein Verfahrensmangel vorliegt, auf dem die Entscheidung beruht.
Oberverwaltungsgericht (OVG) oder **Verwaltungsgerichtshof (VGH)** die Entscheidung erfolgt durch Senate Besetzung:	entscheidet als Berufungsgericht bzw. Beschwerdegericht über Urteile und Beschlüsse des Verwaltungsgerichts; in dieser Gerichtsbarkeit muss jede Berufung vom VG bzw. OVG/VGH zugelassen werden, siehe unten.
Verwaltungsgericht (VG) die Entscheidung erfolgt durch Kammern; Besetzung: oder durch den Einzelrichter (§ 6 VwGO)	entscheidet als erstinstanzliches Gericht durch Urteil oder Beschluss in einstweiligen Rechtsschutzverfahren.
= Berufsrichter = Ehrenamtlicher Richter	

82 Die Vertretungsbefugnis ist in § 67 VwGO geregelt. Nur in der 1. Instanz beim VG können die Beteiligten den Rechtsstreit selbst führen. I.Ü. kann sich jede Prozesspartei von einem Rechtsanwalt oder einem Professor mit der Befähigung zum Richteramt vertreten lassen; als Bevollmächtigte vor dem VG sind jedoch auch die in § 67 Abs. 2 Satz 2 Nr. 1 bis 7 VwGO aufgezählten Personen bzw. Vereinigungen zugelassen. Dazu zählen vor allem Steuerberater, Gewerkschaften und Arbeitgeberverbände und Vertreter von Sozialverbänden in Angelegenheiten der Kriegsopferfürsorge und des Schwerbehindertenrechts. Beim BVerwG und beim OVG/VGH ist eine Vertretung durch Rechtsanwälte bzw. Hochschullehrer zwingend erforderlich (§ 67 Abs. 4 Satz 1 bis 3 VwGO). Beim OVG/VGH sind auch die in § 67 Abs. 2 Satz 2 Nr. 3 bis 7 VwGO aufgezählten Personen vertretungsberechtigt (§ 67 Abs. 4 Satz 4 VwGO).

83 Die Berufung gegen erstinstanzliche Urteile des VG ist zulässig, wenn sie vom VG von Amts wegen (§ 124a Abs. 1 VwGO) oder aufgrund eines gesonderten Antrags vom OVG (§ 124a Abs. 4 VwGO) zugelassen wird.

In der Verwaltungsgerichtsbarkeit werden prinzipiell zwei Fallgruppen verhandelt.

a.) **Streitigkeiten zwischen gleichberechtigten Verwaltungsträgern**, z.B. zwischen   84
zwei Sozialhilfeträgern über die Kostenerstattung von Sozialhilfeleistungen nach
§ 106 SGB XII bei Aufenthalt in einer Einrichtung.

b.) Meist aber wird um die **Rechtmäßigkeit von Verwaltungsakten** gestritten.

▶ **Definition:**

Verwaltungsakt (VA) ist jede Verfügung, Entscheidung oder andere hoheitliche   85
Maßnahme, die eine Behörde zur Regelung eines Einzelfalles auf dem Gebiet des
öffentlichen Rechts trifft und die auf unmittelbare Rechtswirkung nach außen
gerichtet ist (§ 35 Satz 1 VwVfG, § 31 SGB X – s. Kap. 17 Rdn. 30 ff.).

Denn die Kernaufgabe der Verwaltungsgerichtsbarkeit ist Rechtmäßigkeitskontrolle   86
behördlichen Handelns.[30] Nach der Rechtswegzuweisung ergibt sich eine Zuständigkeit der Verwaltungsgerichte für Streitigkeiten aus dem Zuwanderungsrecht, dem
Polizeirecht, dem Beamtenrecht, dem Baurecht, dem Ordnungsrecht, dem Wehrrecht,
um einige Beispiele zu nennen.

Im Sozialleistungsbereich ergibt sich die Zuständigkeit der Verwaltungsgerichte für   87
Streitigkeiten u.a. aus dem Wohngeldgesetz, dem BAföG, dem Kinder- und Jugendhilferecht, dem Unterhaltsvorschussgesetz, dem SGB IX 2. Teil (Integrationsämter).

Vor Erhebung der Klage müssen Rechtmäßigkeit und Zweckmäßigkeit der behörd-   88
lichen Entscheidung – des Verwaltungsakts – in einem Widerspruchsverfahren überprüft werden (§ 68 VwGO).

▶ **Beispiele:**

Das Studentenwerk A richtet an den Studenten S einen Aufhebungs- und   89
Erstattungsbescheid, weil dieser bei der Beantragung der Ausbildungsförderung
ihm gehörendes Vermögen verschwiegen hat, das wegen seiner Höhe (s. dazu § 29
BAföG), wenn es dem Studentenwerk bekannt gewesen wäre, zur Ablehnung
des Förderungsantrags hätte führen müssen. Das Studentenwerk rechnet mit
der Erstattungsforderung gegen weitere laufende Leistungen auf, versäumt
es aber, den S vorher nach § 24 SGB X anzuhören. S legt gegen den Bescheid
Widerspruch ein. Erst wenn seitens des Studentenwerks über den Widerspruch
durch Widerspruchsbescheid abschlägig entschieden ist, kann S den Klageweg zum
VG beschreiten.
Der Arbeitgeber A beabsichtigt, den schwerbehinderten Arbeitnehmer B zu
kündigen, weil dieser erhebliche krankheitsbedingte Fehlzeiten aufweist, die auf seine
Behinderung zurückzuführen sind. A beantragt beim zuständigen Integrationsamt
die Zustimmung zur beabsichtigten Kündigung. Das Integrationsamt stimmt unter
Beachtung der verfahrensrechtlichen Bestimmungen des Schwerbehindertenrechts

---

30 Das gilt auch für die Sozialgerichtsbarkeit.

(SGB IX 2. Teil) der beabsichtigten Kündigung zu. Diese Entscheidung, die ein Verwaltungsakt ist, muss B zunächst mit dem Widerspruch angreifen und den Widerspruchsbescheid abwarten, bevor er Klage beim VG erheben kann.

90   Neben dem **normalen Klageverfahren**, das man auch Hauptsacheverfahren nennt und das sich durch seine **lange Verfahrensdauer** auszeichnet, kennt die VwGO zwei unterschiedliche Eilverfahren, die auf die Gewährung vorläufigen Rechtsschutzes gerichtet sind:
   – das in § 123 VwGO geregelte **einstweilige Anordnungsverfahren**, das auf eine Sicherungsanordnung oder auf eine Regelungsanordnung gerichtet sein kann. Dabei geht es meist darum, dass eine Behörde vom Gericht zur Vermeidung wesentlicher Nachteile für den Antragsteller verpflichtet werden soll, vorläufig Leistungen zu erbringen – z.B. das Studentenwerk zur vorläufigen Leistung von Ausbildungsförderung, wenn ohne diese Leistung die Ausbildung und der Lebensunterhalt gefährdet sind.
   – das in § 80 Abs. 5 VwGO geregelte **Verfahren auf Anordnung oder Wiederherstellung der aufschiebenden Wirkung.** Nach § 80 Abs. 1 VwGO haben Widerspruch und Anfechtungsklage gegen einen Verwaltungsakt aufschiebende Wirkung. Dies bedeutet, dass der Verwaltungsakt so lange nicht vollzogen werden darf, bis abschließend über die Sache entschieden worden ist, z.b. in dem obigen Fall des Aufhebungs- und Erstattungsbescheids. § 80 Abs. 2 VwGO regelt die Fälle, in denen die aufschiebende Wirkung entfällt, z.b. bei der Anforderung von öffentlichen Abgaben und Kosten oder wenn die Behörde die sofortige Vollziehung des Verwaltungsakts gesondert angeordnet hat. In diesen Fällen kann beim VG beantragt werden, die aufschiebende Wirkung anzuordnen bzw. wiederherzustellen.
   – In beiden Verfahrensarten erfolgt die gerichtliche Entscheidung nicht durch Urteil, sondern durch Beschluss, der mit dem Rechtsmittel der Beschwerde angegriffen werden kann. Über die Beschwerde entscheidet das OVG/der VGH und zwar wiederum durch Beschluss, gegen den kein weiteres Rechtsmittel zulässig ist.

91   In Verfahren der Verwaltungsgerichtsbarkeit, in denen es um Streitigkeiten aus der Jugendhilfe, der Kriegsopferfürsorge, der Schwerbehindertenfürsorge oder der Ausbildungsförderung geht, werden Gerichtskosten (Gebühren und Auslagen) nicht erhoben (§ 188 Satz 2 VwGO).

VII. Die Sozialgerichtsbarkeit

92   Die Sozialgerichtsbarkeit ist neben der Verwaltungsgerichtsbarkeit der für die Praxis der Sozialen Arbeit wichtigste Zweig der Justiz. Die Sozialgerichte sind besondere Verwaltungsgerichte. Ihre Richterkollegien haben in allen drei Instanzen ehrenamtliche Richter als Beisitzer. In der ersten Instanz besteht die Kammer des Sozialgerichts aus einem Berufsrichter und zwei ehrenamtlichen Richtern. Beim Landessozialgericht und beim Bundessozialgericht entscheiden Senate. Diese setzen sich aus jeweils drei Berufsrichtern und zwei ehrenamtlichen Richtern zusammen. Einen Überblick gibt die nachstehende Übersicht:

Schaubild 5:

Sozialgerichtsbarkeit	
Bundessozialgericht (BSG) die Entscheidung erfolgt durch Senate Besetzung: ▪▲▲▮▮	entscheidet als Revisionsgericht über Urteile des Landessozialgerichts; die Revision muss im Urteil des Landessozialgerichts zugelassen worden sein. Die Revision ist nur zuzulassen bei Rechtsfragen von grundsätzlicher Bedeutung, wenn das Urteil von einer Entscheidung des BVerwG, des Gemeinsamen Senats der obersten Gerichtshöfe des Bundes oder des Bundesverfassungsgerichts abweicht oder ein Verfahrensmangel vorliegt, auf dem die Entscheidung beruhen kann.
Landessozialgericht (LSG) die Entscheidung erfolgt durch Senate Besetzung: ▪▲▲▮▮	entscheidet als Berufungsgericht bzw. Beschwerdegericht über Urteile und Beschlüsse des Sozialgerichts; in bestimmten wenigen Fällen, die in § 144 SGG geregelt sind, muss die Berufung durch das Sozialgericht zugelassen werden.
Sozialgericht (SG) die Entscheidung erfolgt durch Kammern Besetzung: ▪▲▲	entscheidet als erstinstanzliches Gericht durch Urteil (oder Beschluss in einstweiligen Rechtsschutzverfahren).
▮ = Berufsrichter ▲ = Ehrenamtlicher Richter	

Die Gerichte der Sozialgerichtsbarkeit entscheiden gem. § 51 Abs. 1 SGG im Wesent-   **93**
lichen über:
- öffentlich-rechtliche Streitigkeiten in Angelegenheiten der Renten-, Kranken- und Unfallversicherung, der Sozialversicherung, der Arbeitsförderung, der Grundsicherung für Arbeitsuchende, der Sozialhilfe und des Asylbewerberleistungsgesetzes,
- Streitigkeiten aus dem Schwerbehindertenrecht (SGB IX), die die Feststellung von Behinderungen und ihren Grad sowie weitere gesundheitliche Merkmale betreffen,
- öffentlich-rechtliche Streitigkeiten, für die durch Gesetz der Rechtsweg vor den Sozialgerichten eröffnet wird – das ist z.B. der Fall für Streitigkeiten aus dem Bundeselterngeld- und Elternzeitgesetz, soweit es um das Elterngeld geht (§ 13 BEEG), für Streitigkeiten aus dem Opferentschädigungsgesetz (§ 7 OEG) und für Streitigkeiten aus dem Bundeskindergeldgesetz (§ 15 BKGG).

94 Das Tätigwerden der Sozialgerichte setzt – wie im verwaltungsgerichtlichen Verfahren – gewöhnlich ein Vorverfahren voraus, das mit der Erhebung des Widerspruchs
beginnt (§§ 78, 83 bis 86 SGG). Einer Prozessvertretung bedarf es nur beim BSG,
und zwar durch Rechtsanwälte oder Verbandsvertreter.

95 Mit § 55a SGG ist die Möglichkeit eines abstrakten Normenkontrollverfahrens
geschaffen worden. Auf Antrag entscheidet das Landessozialgericht über die Gültigkeit von Satzungen oder anderen im Rang unter einem Landesgesetz stehenden
Rechtsvorschriften, die nach § 22a Abs. 1 SGB II und dem dazu ergangenen Landesgesetz erlassen worden ist.[31] Den Antrag kann jede natürliche Person stellen, die
geltend macht, durch die Rechtsvorschrift in ihren Rechten verletzt zu sein oder in
absehbarer Zeit verletzt zu werden.

96 Die **Gewährung vorläufigen Rechtsschutzes** ist im SGG inzwischen vergleichbar
ausgestaltet wie in der Verwaltungsgerichtsbarkeit (s. § 86b Abs. 1 und 2 SGG), in
denen das einstweilige Anordnungsverfahren und das Verfahren auf Anordnung oder
Wiederherstellung der aufschiebenden Wirkung eines Widerspruchs gegen einen Verwaltungsakt geregelt sind. Dabei ist das Verfahren auf Anordnung der aufschiebenden
Wirkung von besonderer Bedeutung für die Grundsicherung für Arbeitssuchende
nach dem SGB II, denn nach § 39 SGB II haben Widerspruch und Anfechtungsklage
gegen einen Verwaltungsakt, der über Leistungen der Grundsicherung entscheidet,
keine aufschiebende Wirkung.

97 In der Sozialgerichtsbarkeit ist die Vertretungsbefugnis in § 73 SGG geregelt. Grundsätzlich können die Beteiligten den Rechtsstreit beim Sozialgericht und beim Landessozialgericht selbst führen. I.Ü. kann sich jede Prozesspartei von einem Rechtsanwalt
oder einem Hochschullehrer mit der Befähigung zum Richteramt vertreten lassen;
als Bevollmächtigte vor dem Sozialgericht und dem Landessozialgericht sind jedoch
auch die in § 73 Abs. 2 Satz 2 Nr. 1 bis 9 SGG aufgezählten Personen bzw. Vereinigungen zugelassen. Dazu zählen vor allem Rentenberater, Steuerberater, selbstständige
Vereinigungen von Arbeitnehmern mit sozial- oder berufspolitischer Zielsetzung für
Ihre Mitglieder, Gewerkschaften und Arbeitgeberverbände und Vertreter von Sozialverbänden, deren Aufgabe in Beratung und Vertretung im sozialen Entschädigungsrecht und im Recht der behinderten Menschen umfasst. Beim BSG ist eine Vertretung
durch Rechtsanwälte bzw. Hochschullehrer zwingend erforderlich (§ 73 Abs. 4 Satz 1
SGG). Beim BSG sind aber auch die in § 73 Abs. 2 Satz 2 Nr. 5 bis 9 SGG aufgezählten Vereinigungen vertretungsberechtigt (§ 73 Abs. 4 Satz 2 SGG); dazu gehören die
eben aufgeführten Personenkreise (außer Renten- und Steuerberater).

98 Nach der Bestimmung des § 183 Satz 1 SGG ist das Verfahren vor den Gerichten der
Sozialgerichtsbarkeit für Versicherte, Leistungsempfänger, Hinterbliebenenleistungs-
empfänger und behinderte Menschen (noch) kostenfrei.

---

31 Dies betrifft Satzungen, die die Höhe der Aufwendungen für Unterkunft und Heizung nach
dem SGB II festlegen – s. dazu Kap. 14 Rdn. 176 f.

VIII. Die Finanzgerichtsbarkeit

Die Finanzgerichte als obere Landesgerichte und der Bundesfinanzhof in München   99
repräsentieren in ihrem nur zweistufigen Aufbau ebenfalls einen besonderen Zweig
der Verwaltungsgerichtsbarkeit (§§ 1 f. FGO) Bei den Finanzgerichten entscheiden
Senate, die mit drei Berufsrichtern und zwei ehrenamtlichen Richtern besetzt sind
(§ 5 Abs. 3 FGO); die Senate beim Bundesfinanzhof sind mit fünf Berufsrichtern
besetzt (§ 6 Abs. 3 FGO). Neben dem Bundesfinanzhof gibt es auf der Landesebene
18 Finanzgerichte.

Der Finanzrechtsweg ist für alle der Bundesfinanz- oder Landesfinanzverwaltung   100
unterliegenden Abgabenangelegenheiten – also vor allem Steuern und Zölle – sowie
für berufsrechtliche Streitigkeiten nach dem Steuerberatungsgesetz gegeben (Einzelheiten in § 33 FGO). Nicht der Finanzgerichtsbarkeit zugewiesen sind daher unter
anderem Gewerbe- und Grundsteuersachen, weil es sich bei diesen Steuern um
Gemeindesteuern handelt; für diese Angelegenheiten sind daher die allgemeinen Verwaltungsgerichte zuständig. Grundsätzlich ist auch in der Finanzgerichtsbarkeit ein
Vorverfahren erforderlich, das durch die Einlegung eines Einspruchs nach den Vorschriften des 7. Teils der AO in Gang gesetzt wird. Eine »Sprungklage« – das ist eine
Klage ohne Vorverfahren – ist zulässig, wenn die Behörde zustimmt, die den Verwaltungsakt erlassen hat (§ 45 FGO).

Da das **Kindergeld** – bis auf wenige Ausnahmen nach dem BKGG – eine steuerliche   101
Leistung nach Maßgabe der Vorschriften des Einkommensteuergesetzes ist, gehören
Streitigkeiten über Kindergeld vor die Finanzgerichte.[32]

D. Rechtsschutz auf der europäischen Ebene

Auf der europäischen Ebene existieren zwei Gerichtshöfe, die voneinander unabhän-   102
gig sind: der Europäische Gerichtshof für Menschenrechte (EGMR) in Straßburg und
der Europäische Gerichtshof (EuGH) in Luxemburg.

I. Der Europäische Gerichtshof für Menschenrechte (EGMR)

Der Europäische Gerichtshof für Menschenrechte ist auf den Europarat, der.1949   103
mit Sitz in Straßburg gegründet wurde, zurückzuführen. Die wichtigste Tätigkeit
des Europarats ist die Ausarbeitung völkerrechtlicher Verträge. Hierbei ist an erster
Stelle die Konvention zum Schutz der Menschenrechte und Grundfreiheiten von
1950 (**EMRK**) zu nennen. Weitere wichtige Verträge sind z.B. das Europäische Fürsorgeabkommen von 1953, die Europäische Sozialcharta von 1961, das Europäische
Niederlassungsabkommen von 1955, das Rahmenübereinkommen zum Schutz nationaler Minderheiten von 1995 und weitere Menschenrechtsverträge.[33] Grundlage der

---

32 Zur Beratungshilfe in steuerlichen Angelegenheiten s. in diesem Kap. Rdn. 6 ff. und Fn. 10.
33 Nachzulesen im Sartorius II.

Rechtsprechung des EGMR ist die **Konvention zum Schutz der Menschenrechte und Grundfreiheiten** von 1950 (EMRK).

104   Die Europäische Menschenrechtskonvention (EMRK) ist ein völkerrechtliches Instrument für ein gerichtliches Verfahren zur Durchsetzung von Menschenrechten. Die Art. 2 bis 14 der EMRK, das Zusatzprotokoll von 1952 und das Protokoll Nr. 4 von 1963 gewährleisten die Mehrheit der Grundrechte im klassischen Sinn, wie sie sich auch im Katalog des GG befinden, das Protokoll Nr. 7 enthält Justizgrundrechte wie das Verbot der Doppelbestrafung, verfahrensrechtliche Gewährleistungen wie eine 2. Instanz in Strafsachen sowie den Gleichberechtigungsgrundsatz von Ehepartnern, das Protokoll Nr. 6 verbietet die Todesstrafe.

105   Diese Konvention ist für die Bundesrepublik im Jahr 1953 in Kraft getreten. Ihr sind eine Fülle europäischer Länder beigetreten, die über die Mitgliedsländer der Europäischen Union – auch in ihrer erweiterten Form – erheblich hinausgeht.[34] Die EMRK hat für die Bundesrepublik Deutschland nicht den Rang von Verfassungsrecht, wie in einzelnen anderen Mitgliedsländern, sondern nur den Rang eines einfachen Gesetzes.[35]

106   In seiner heutigen Form als ständig tagendes Gericht besteht der Gerichtshof seit 1998 und löste damit die 1954 eingerichtete Europäische Menschenrechtskommission (EMRK) als Vorgängerinstrument zur Durchsetzung der Menschenrechtskonvention ab.

107   Jeder Vertragsstaat entsendet in den EGMR einen Richter (Art. 20 der Konvention). Die Richter werden von der Parlamentarischen Versammlung des Europarats gewählt, wobei das Land, dessen Posten im Gerichtshof neu besetzt werden muss, zu diesem Zweck drei Vorschläge einreicht. Die Amtszeit der Richter beträgt sechs Jahre und eine Wiederwahl ist zulässig. Alle drei Jahre wird die Hälfte der Richter neu gewählt (Art. 22, 23 der Konvention).

Der Gerichtshof besteht aus 5 Sektionen, für deren Bildung geografische Gesichtspunkte und eine gleichmäßige Verteilung der Geschlechter maßgeblich sind, wobei die Dauer 3 Jahre beträgt.

108   Die Zuständigkeit des Gerichtshofs umfasst alle die Auslegung und Anwendung der Menschenrechtskonvention und der dazu gehörenden Protokolle betreffende Angelegenheiten (Art. 32 der Konvention). Hinsichtlich der Verfahrensarten wird zwischen der **Staatenbeschwerde** und der **Individualbeschwerde** unterschieden:
   –   Der Gerichtshof kann von jeder natürlichen Person, nichtstaatlichen Organisation oder Personengruppe, die behauptet, durch einen der Vertragsstaaten in einem der in der Konvention oder in den Protokollen dazu anerkannten Rechte verletzt zu sein, mit einer Beschwerde angerufen werden (Individualbeschwerde) (Art. 34 der Konvention). Hierbei handelt es sich um das praktisch wichtigste und häufigste Verfahren vor dem EGMR.

---

34   Die Länder, die Vertragsstaaten der Konvention sind, sind in Fn. 2 auf Seite 1 des Textes der Konvention in Sartorius II aufgeführt.
35   BVerfG 74, 358 (370); 106 (114); 111, 307 (315 ff.).

- Jeder Vertragsstaat kann den Gerichtshof wegen einer Verletzung der Konvention und der Protokolle durch einen anderen Vertragsstaat anrufen (Staatenbeschwerde) (Art. 32 der Konvention).
- Art. 47 der Konvention sieht noch ein weiteres Verfahren vor, und zwar ein Gutachtenverfahren.

Als Zulässigkeitsvoraussetzung muss beachtet werden, dass die Anrufung des Gerichts- **109** hofs im Individualbeschwerdeverfahren erst nach Ausschöpfung aller innerstaatlichen Rechtsbehelfe einschließlich der Verfassungsgerichtsbarkeit erfolgen kann und vor Ablauf von sechs Monaten nach der innerstaatlichen Entscheidung erfolgen muss (Art. 35 der Konvention).

Die Prüfung der Rechtssachen, die beim Gericht anhängig gemacht werden, erfolgt **110** durch Ausschüsse mit drei Richtern, in Kammern mit sieben Richtern und in einer großen Kammer mit siebzehn Richtern (Art. 27 Abs. 1 der Konvention). Die Entscheidungsfindung erfolgt in einem differenzierten und abgestuften Verfahren (s. Art. 28 bis 31 der Konvention).

▶ **Einige Beispiele für Individualbeschwerden:**

- Als prominentes Beispiel zunächst das Verfahren von Prinzessin Caroline von Mo- **111** naco, die ihr in Art. 8 Abs. 1 der EMRK garantiertes Recht auf Achtung des Privat- und Familienlebens durch die deutsche Gesetzgebung und Rechtsprechung, die sie ihrer Auffassung nach als Person der Zeitgeschichte den Nachstellungen von Paparazzi aussetzte, verletzt sah. Durch Urt. v. 24.06.2004 (Kammerurteil) folgte der EGMR der Beschwerdeführerin und stellte einstimmig eine Verletzung von Art. 8 der Europäischen Menschenrechtskonvention fest.
- Im Fall Storck gegen Deutschland ging es bei der Beschwerdeführerin um eine Frau, die fast 20 Jahre ihres Lebens in psychiatrischen Einrichtungen und Krankenhäusern verbracht hatte. Auf Veranlassung ihres Vaters wurde sie von 1977 bis 1979 in einer geschlossenen Anstalt untergebracht. Zu diesem Zeitpunkt war sie volljährig, stand nicht unter Betreuung, hatte keine Einwilligungserklärung abgegeben und ein richterlicher Einweisungsbeschluss lag ebenso wenig vor. Mit ihrer Schadensersatzklage scheiterte die Beschwerdeführerin in letzter Instanz beim BGH – eine dagegen eingelegte Verfassungsbeschwerde nahm das BVerfG am 06.03.2002 nicht zur Entscheidung an. Durch Urt. v. 16.06.2005 (Kammerurteil) stellte das Gericht einstimmig eine Verletzung von Art. 5 Abs. 1 (Recht auf Freiheit und Sicherheit) und von Art. 8 (Recht auf Achtung des Privat- und Familienlebens) der Europäischen Menschenrechtskonvention durch die Unterbringung fest.
- Ein weiteres Beispiel betrifft den bekannten Fall von Magnus Gäfgen, der wegen Entführung und Ermordung des 11-jährigen Jakob von Metzler zu lebenslanger Haft verurteilt worden war. Die Beschwerde von Gäfgen beinhaltete, dass er von der Polizei durch Androhung von Misshandlungen gezwungen worden sei, den Aufenthaltsort des Kindes preiszugeben und dass das anschließend gegen ihn geführte Strafverfahren nicht fair geführt worden sei.

Durch Urt. v. 30.06.2008 (Kammerurteil) urteilte das Gericht mit sechs zu eins Stimmen, dass der Beschwerdeführer nicht mehr behaupten konnte, Opfer einer Verletzung von Art. 3 (Verbot der Folter und unmenschlicher oder erniedrigender Behandlung) der EMRK zu sein und dass keine Verletzung von Art. 6 (Recht auf ein faires Verfahren) der EMRK vorlag.[36] Gegen diese Entscheidung rief Gäfgen die mit 17 Richtern besetzte große Kammer des EGMR an. Die am 01.06.2010 gefällte Entscheidung hatte zum Ergebnis, dass die Drohungen gegen Gäfgen zwar keine Folter, aber eine durch Art. 3 EMRK gleichfalls verbotene unmenschliche Handlung war. Gäfgen erzielte damit insofern einen teilweisen Erfolg, denn im Gegensatz zur Vorinstanz war die große Kammer der Auffassung, dass Gäfgen weiterhin geltend machen kann, Opfer eines Verstoßes gegen Art. 3 EMRK zu sein, denn die beteiligten Polizeibeamten wären nur zu einer geringen Geldstrafe verurteilt worden.

Bindungswirkung und Entschädigung:

112   Die Besonderheit liegt darin, dass der EGMR nicht berechtigt ist, Hoheitsakte aufzuheben, sondern nur eine Verletzung der Konventionen feststellen kann. Bei einer solchen Feststellung ist der beteiligte Vertragsstaat aber an die Entscheidung gebunden, wobei dem Ministerkomitee des Europarats die Überwachung obliegt, dass der Mitgliedsstaat das Urteil befolgt. Geschieht dies nicht erfolgt eine öffentlichkeitswirksame Aufforderung, das Urteil umzusetzen. Im Fall der Prinzessin Caroline wurde das Urteil des EGMR durch Änderung (Verschärfung) des Strafgesetzbuchs umgesetzt.

113   Stellt der Gerichtshof einen Verstoß gegen die Menschenrechtskonvention fest, kann er der verletzten Partei nach Art. 41 EMRK eine, sowohl materielle als auch immaterielle Schäden, umfassende »gerechte Entschädigung« zusprechen, wenn eine vollständige Wiedergutmachung durch den Vertragsstaat nicht möglich ist.

Auswirkungen auf das nationale deutsche Recht:

114   Auch wenn die EMRK in Deutschland formell nur den Rang eines einfachen Gesetzes hat, »sind nach der Rechtsprechung des BVerfG die Grundrechte des GG als Prüfungsmaßstab für einfache Gesetze nicht nur in Einklang mit der EMRK, sondern auch mit der Rechtsprechung des EGMR auszulegen, wobei es zu einem – der Völkerrechtsfreundlichkeit des GG entspringenden – faktischen Vorrang der EMRK vor deutschem Recht kommt, der seine Grenzen jedoch in den tragenden Grenzen der Verfassung findet. Für die Anwendung und Auslegung deutschen Rechts führt dies infolge Art. 20 Abs. 3 GG zu einer weitgehenden Berücksichtigungspflicht auch von Entscheidungen des EGMR durch deutsche Behörden und Gerichte.«[37]

115   Auf diese Rechtsprechung hat auch der Gesetzgeber reagiert: Stellt der EGMR eine Verletzung der EMRK oder ihrer Protokolle durch Deutschland fest und beruht ein

---

36 Die Beispiele sind jeweils entsprechenden Pressemitteilungen des Kanzlers der EGMR entnommen.

37 *Streinz*, Rn. 75 m.w.N. und Verweisungen auf Entscheidungen des BVerfG.

Urteil auf dieser Verletzung, kann im Zivilprozess eine Wiederaufnahmeklage erhoben werden (§ 580 Nr. 8 ZPO). Durch Verweisung auf diese Vorschrift der ZPO im Arbeitsgerichtsgesetz, im Sozialgerichtsgesetz, in der Verwaltungsgerichtsordnung und in der Finanzgerichtsordnung gilt dies auch in den entsprechenden anderen Gerichtsbarkeiten. Für den Strafprozess war diese Möglichkeit schon eher eröffnet.

II. Der Gerichtshof der Europäischen Union

1. Allgemeines

Der Gerichtshof der Europäischen Unionist eines der sieben **Organe der Europäi-** **116** **schen Gemeinschaft** (s. Art. 13 Abs. 1 EUV) und hat seine weiteren Rechtsgrundlagen in Art. 19 EUV, den Art. 251 bis 281 AEVU und der auf Art. 281 Abs. 1 EAVU basierenden Satzung (Art. 281 AEVU) sowie dem zur Satzung gehörenden Anhang I (zu beiden letzteren s. Protokoll Nr. 3 zum AEVU). Der im Jahr 1952 durch den Vertrag zur Gründung der Europäischen Gemeinschaft für Kohle und Stahl (EGKS) gegründete Gerichtshof begann mit seiner Tätigkeit 1953. Zuletzt ist er durch den Lissabon Vertrag von 2007 teilweise neu strukturiert worden. Die Hauptaufgabe des Gerichtshofs ist nach Art. 19 Abs. 1 EUV die Sicherung der Wahrung des Rechts bei der Auslegung und Anwendung der Verträge.

Die Gerichtsbarkeit des Europäischen Gerichtshofs wird durch folgende Gerichte **117** ausgeübt:

- den Gerichtshof (auch EuGH oder Europäischer Gerichtshof genannt),
- das Gericht (früher Europäisches Gericht erster Instanz) und
- die Fachgerichte – das derzeit einzige Fachgericht ist das Gericht für den öffentlichen Dienst, das bereits im Jahre 2005 eingerichtet wurde.

2. Zusammensetzung und Verfahrensarten

Der **Gerichtshof** besteht aus einem Richter pro Mitgliedstaat (Art. 19 Abs. 2 EUV). **118** Diese werden von den Regierungen der Mitgliedstaaten im gegenseitigen Einvernehmen für die Dauer von sechs Jahren ernannt, wobei das Gericht alle drei Jahre teilweise neu besetzt wird. Die Wiederernennung ausscheidender Richter ist zulässig (Art. 19 Abs. 2 EUV, Art. 253 AEUV, Art. 9 ff. der Satzung). Der Gerichtshof wird gem. Art. 19 Abs. 2 EUV, Art. 252 AEUV von Generalanwälten unterstützt. Für diese gelten die entsprechenden Regeln wie für die Richter. Der Gerichtshof wählt aus seiner Mitte einen Präsidenten, ernennt seinen Kanzler und erlässt seine Verfahrensordnung (§ 253 AEUV).

Für das Gericht gelten im Wesentlichen ausdrücklich oder durch Verweis auf die Vor- **119** schriften für den Gerichtshof dieselben Maßgaben wie für diesen – Art. 254 AEUV, Art. 47 ff. der Satzung.

Die **Fachgerichte** sind durch Art. 257 AEUV eingeführt worden; ihre Zuständigkeit **120** erstreckt sich auf besondere Sachgebiete. Vorbehaltlich einer Verordnungsregelung findet auf die Fachgerichte die Satzung des Gerichtshofs Anwendung.

121 Die **Generalanwälte** – für den Gerichtshof und das Gericht vorgesehen – sind nicht Vertreter einer der beiden Parteien des Rechtsstreits. Sie haben die Aufgabe, nach Schluss der mündlichen Verhandlung einen Vorschlag für ein Urteil zu unterbreiten, den sog. Schlussantrag. Einem solchen Antrag kommt rechtlich keine Bindungswirkung zu, die gerichtliche Praxis folgt solchen Anträgen aber vielfach.

122 Die vom EuGH zu entscheidenden Verfahren können in **verfassungsrechtliche, verwaltungsrechtliche** und **sonstige Verfahren eingeteilt** werden. Die wichtigsten Verfahren sind:

Das **Vertragsverletzungsverfahren** – Art. 258, 259 AEUV:

123 Die Europäische Kommission kann einen Mitgliedstaat – nach einem Vorverfahren – vor dem EuGH verklagen. Das Gericht prüft, inwieweit der Mitgliedstaat seinen sich aus dem EGV ergebenden Verpflichtungen nicht nachgekommen ist. Entsprechendes gilt, wenn ein Mitgliedstaat gegen einen anderen Mitgliedstaat mit der Behauptung einer Vertragsverletzung vor dem EuGH vorgeht.

124 Zu dieser Verfahrensart dürfte auch das durch das Gesetz zur Änderung des Grundgesetzes[38] eingeführte Verfahren nach Art. 23 Abs. 1a GG gehören: »*Der Bundestag und der Bundesrat haben das Recht, wegen Verstoßes eines Gesetzgebungsaktes der Europäischen Union gegen das Subsidiaritätsprinzip vor dem Gerichtshof der Europäischen Union Klage zu erheben. Der Bundestag ist hierzu auf Antrag eines Viertels seiner Mitglieder verpflichtet.*«

Die **Nichtigkeitsklage** – Art. 263, 264 AEUV:

125 Bei dieser Klage überwacht der Gerichtshof die Rechtmäßigkeit der Gesetzgebungsakte sowie die Handlungen des Rates, der Kommission und der Europäischen Zentralbank – Art. 263 Abs. 1 AEUV. Eine solche Klage kann ein Mitgliedstaat, das Europäische Parlament, der Rat oder die Kommission wegen Unzuständigkeit, Verletzung wesentlicher Formvorschriften, Verletzung der Verträge oder einer bei seiner Durchführung anzuwendenden Rechtsnorm oder wegen Ermessensmissbrauchs erheben – Art. 263 Abs. 2 AEUV. Unter den vorstehenden Bedingungen kann auch jede natürliche und juristische Person gegen die an sie gerichteten oder sie unmittelbar und individuell betreffenden Handlungen Klage erheben – Art. 263 Abs. 4 AEUV.

Die **Untätigkeitsklage** – Art. 265, 266 AEUV:

126 Unterlässt es das Europäische Parlament, der Europäische Rat, die Kommission oder die Europäische Zentralbank unter Verletzung der Verträge, einen Beschluss zu fassen, so können die Mitgliedstaaten und die anderen Organe der Union beim Gerichtshof der Europäischen Union Klage auf Feststellung dieser Vertragsverletzung erheben – Art. 265 Abs. 1 AEUV.

---

38 Vom 08.10.2008 – BGBl. I S. 1926.

Das **Vorabentscheidungsverfahren** – Art. 267 AEUV:

Dieses Verfahren bedeutet, dass die nationalen Gerichte Fragen zur Entscheidung vor-   127
legen können, die die Auslegung von Gemeinschaftsrecht oder die Gültigkeit und
die Auslegung der Handlungen der Organe betreffen und bei denen diese Auslegung
für die Entscheidung in dem bei dem Gericht anhängigen Verfahren maßgeblich ist.
Wenn es sich dem nationalen Gericht um die letzte Instanz handelt, in der Bundesrepublik also um eins der obersten Bundesgerichte, besteht eine Vorlagepflicht dieser
Gerichte an den EuGH. Das vorlegende Gericht ist an die Entscheidung des EuGH
gebunden – dieselbe Verpflichtung trifft andere Gerichte, die in ähnlich gelagerten
Fällen zu entscheiden haben. Um ein solches Verfahren handelte es sich bei der Vorlage durch das LAG Schleswig-Holstein an den EuGH, die zu dessen Entscheidung
vom 09.09.2003 führte, nach der die Regelung im deutschen AZG, nach der Bereitschaftsdienst nicht unter den Begriff der Arbeitszeit fällt, mit Europäischem Gemeinschaftsrecht nicht zu vereinbaren ist.[39]

3. Zuständigkeiten und Durchsetzung

Der **Gerichtshof** der Europäischen Union ist in erster Instanz für alle Verfahrensarten   128
zuständig, die nicht in die erstinstanzliche Zuständigkeit des Gerichts oder eines Fach-
gerichtes fallen. Der Gerichtshof entscheidet durch Kammern, als große Kammer oder
als Plenum (vgl. Art. 16 der Satzung).

Das **Gericht** ist erstinstanzlich für Nichtigkeitsklagen, Untätigkeitsklagen, Schadens-   129
ersatzklagen, dienstrechtliche Streitigkeiten und Streitigkeiten nach Art. 271 AEUV
zuständig (Art. 256 Abs. 1 AEUV). Gegen Entscheidungen des Gerichts ist ein auf
Rechtsfragen beschränktes Rechtsmittel an den Gerichtshof zulässig (Art. 256 Abs. 1
AEUV). I.Ü. ist das Gericht als Rechtsmittelgericht bezüglich der Entscheidungen der
Fachgerichte zuständig (Art. 256 Abs. 2 AEUV).

Die **Fachgerichte** entscheiden erstinstanzlich über Streitigkeiten aus den ihnen zuge-   130
wiesenen Sachgebieten. Das Gericht für den öffentlichen Dienst ist für Streitigkeiten
zwischen der Union und deren Bediensteten nach Art. 270 AEUV zuständig (Art. 1
des Anhangs 1 zur Satzung). Gegen Entscheidungen der Fachgerichte ist ein auf
Rechtsfragen beschränktes oder ggf. auch Sachfragen betreffendes Rechtsmittel an das
Gericht zulässig.

Im **Vertragsverletzungsverfahren** ergehen gegen Mitgliedstaaten lediglich Feststel-   131
lungsurteile (Art. 260 AEVU). Wenn ein Urt. v. Mitgliedstaat nicht befolgt wird,
kann gegen ihn in einem zweiten Verfahren durch den Gerichtshof eine Sanktionie-
rung erfolgen und zwar durch Verurteilung zur Zahlung eines Pauschalbetrages oder
Zwangsgeldes (Art. 260 Abs. 2, 3 AEUV).

Im **Nichtigkeitsverfahren** erklärt der Gerichtshof bei Begründetheit der Klage die
Handlung für nichtig und bezeichnet ggf. fortgeltende Wirkungen (Art. 264 AEUV).

---

39 NJW 2003 S. 2971 ff.

132 In **Vorabentscheidungsverfahren** ist das vorlegende Gericht an die Entscheidung des Gerichtshofs gebunden – dieselbe Verpflichtung trifft diejenigen Gerichte, die in ähnlich gelagerten Fällen zu entscheiden haben.[40]

4. Zum Verhältnis zwischen EGMR und dem EuGH

133 Durch den Abschluss der Europäischen Gründungsverträge hat sich für die Mitgliedstaaten an ihrer Bindung an die Europäische Menschenrechtskonvention nichts geändert. »Damit ergibt sich aber ein mögliches Kollisionsproblem zwischen der Bindung an eine Entscheidung des EuGH und eine Entscheidung des Europäischen Gerichtshofs für Menschenrechte, das bei unterschiedlicher Auslegung selbst dann auftreten kann, wenn beide die EMRK ihren Entscheidungen zugrunde legen.«[41]

---

40 Zur Rechtsprechung des EuGH siehe *Pechstein*, Entscheidungen des EuGH.
41 *Streinz*, Rn. 253.

Kapitel 23 Mediation und Konfliktmanagement

Literatur

Allen/Mohr, Affordable Justice, Encinitas 1997; *Bals/Hilgartner/Bannenberg,* Täter-Opfer-Ausgleich im Erwachsenenbereich, Mönchengladbach 2005; *Beck/Schwarz,* Konfliktmanagement, 3. Aufl., Augsburg 2008; *Diez/Krabbe/Thomsen,* Familien-Mediation und Kinder, 3. Aufl., Köln 2009; *Dulabaum,* Mediation: Das ABC, Weinheim 2003; *Folberg/Taylor,* Mediation, A Comprehensive Guide to Resolving Conflicts Without Litigation, San Francisco 1984; *Haft/Schlieffen,* Handbuch Mediation, 3. Aufl., München 2015; *Haumersen/Liebe,* Multikulti: Konflikte konstruktiv – Trainingshandbuch, Mülheim 1999; *Hösl,* Mediation – die erfolgreiche Konfliktlösung, München 2002; *Kruk (Hrsg.),* Mediation and Conflict Resolution, Chicago 1998; *Lange/Didaktisches Zentrum (Hrsg.),* Schulmediation, Oldenburg 2002; *Lowry/Harding,* Mediation – The Art of Facilitating Settlement, An Interactive Training Program, Malibu 1997; *Marx,* Mediation und Konfliktmanagement in der Sozialen Arbeit, Stuttgart 2016; *Myers/Filner,* Mediation Across Cultures, San Diego 1993; *Trenczek/Berning/Lenz,* Mediation und Konfliktmanagement, München 2013.

A. Einführung und Praxisrelevanz

Mediation ist eine Alternative zu gesellschaftlich etablierten Konfliktlösungsmechanismen, wie Urteilen und Schlichten und betont im Gegensatz zu diesen die Selbstbestimmung der Streitparteien.   1

▶ Definition:

> Ziel einer Mediation ist es, mit Unterstützung eines neutralen Dritten (Mediator)   2
> auf freiwilliger Basis eine konsensfähige Lösung der streitigen Punkte zu erreichen.
> Dabei ist es Aufgabe des Mediators, die Verhandlungen der Parteien zu erleichtern
> und nicht etwa eine Entscheidung des Konflikts zu treffen.

Mediation ist ein außergerichtlicher Prozess, der die Emotionen und Interessen der   3
Parteien ernst nimmt und kreativ nach Lösungsoptionen sucht. Indem die Selbstverantwortung der Parteien in den Mittelpunkt gestellt wird, geht Mediation ressourcen-
und selbstwertorientiert vor.

Der **Begriff** »Mediation« ist ein eingedeutschter englischer Terminus *(»mediation«)*   4
mit seinem Ursprung in der lateinischen Sprache. Das englische Wort »mediation«
wird mit »Vermittlung« übersetzt, und der »mediator« ist demzufolge ein »Vermittler«
zwischen den Disputanten. Schon die Ableitung der Wortbedeutung legt nahe, dass
die Funktion des Vermittlers (Mediator) eine zentrale Rolle im Mediationsprozess einnimmt. Anders als ein Richter, der urteilt oder ein Schlichter, der den Konflikt durch
einen Schlichterspruch beendet, entscheidet der Mediator den Streit nicht. Ein Mediator ist kein Entscheider, sondern er strukturiert und erleichtert die Kommunikation
und Verhandlung der Parteien und führt sie zu einer selbstbestimmten Vereinbarung.[1]

---

1 *Lowry/Harding,* 1997, 2:2.

5 Gegenüber streitig ausgetragenen Gerichtsprozessen hat Konfliktlösung durch Mediation zahlreiche Vorteile. Das Mediationsverfahren wird nicht durch Prozessrecht, materielles Recht und Beweislastfragen starren Strukturen unterworfen, sondern es sind die Parteien selbst, die Gestaltung der Verhandlung und Ergebnis in der Hand behalten. Damit wird gleichzeitig die emotional belastende Unsicherheit über den Ausgang des Verfahrens, die den meisten Gerichtsprozessen anhaftet, reduziert.[2]

6 Anders als bei Gericht stehen nicht Fragen nach Recht und Unrecht im Vordergrund, sondern das Zentrum der Aufmerksamkeit dreht sich um die Suche nach einer gemeinsamen Lösung, die den Interessen der Streitparteien gerecht wird. Mediation erhebt den Anspruch, keine Gewinner und Verlierer zu produzieren, sondern Gewinner auf beiden Seiten zu ermöglichen. *»Mediation is a win-win process.«*[3] Es hat sich außerdem erwiesen, dass eine Einigung, die auf gemeinsamer Übereinkunft beruht, langfristig tragfähiger ist, als eine von außen verordnete Entscheidung.

Immer wieder zugunsten der Mediation vorgetragene Argumente sind außerdem Kosten- und Zeitspareffekte.[4]

7 Es soll jedoch nicht der falsche Eindruck erweckt werden, ein justizförmiges Gerichtsverfahren berge nur Nachteile. Mediation soll demgegenüber als komplementäres Verfahren betrachtet werden. Das folgende Schaubild verdeutlicht, dass die Austragung eines Streits vor Gericht zahlreiche positive sowie kritische Aspekte enthält.

Schaubild 1:

Konfliktlösung durch Gerichtsverfahren	
Kritische Aspekte	**Positive Aspekte**
– Das Ergebnis liegt in den Händen Dritter – (Rechtsanwälte, Richter) – Das Verfahren ist für Laien kaum durchschaubar – Das Ergebnis ist schwer vorhersehbar – Erhebliche Rechtsanwalts- und Gerichtskosten – Meist langwieriger und nervenaufreibender Prozess – Die emotionale Seite des Konflikts wird vernachlässigt – Keine Harmonie der Beziehungen, sondern die Durchsetzung einer Rechtsposition wird angestrebt – Die Kommunikation der Parteien wird nicht gefördert – Juristen sprechen und schreiben eine unverständliche Sprache	– Das Ergebnis lässt sich an objektiven Kriterien messen – Es handelt sich um ein rechtsstaatliches Verfahren – Gerichtsentscheidungen sind in der Rechtsmittelinstanz überprüfbar – An die Qualifikation der Richter werden höchste Maßstäbe gelegt – Urteile lassen sich durch Zwangsvollstreckung durchsetzen – Einkommensschwachen wird bei Erfolgsaussicht Prozesskostenhilfe gewährt – Es ist bequem, die Durchsetzung seiner Rechte an einen Rechtsanwalt zu delegieren – Ein Gerichtsverfahren wird nach genauen Regeln durchgeführt

2 *Lowry/Harding*, 1997, 6:4.
3 *Folberg/Taylor*, 1984, S. 10.
4 *Allen/Mohr*, 1997, S. 34 ff.

I. Relevanz für soziale Berufe

Im Sozialbereich wird Mediation vorwiegend im Zusammenhang mit Trennung und 8
Scheidung, Konfliktlotsen-Programmen an Schulen, Konflikten am Arbeitsplatz dem
Täter-Opfer-Ausgleich (TOA), in der Altenhilfe, im Gesundheitswesen sowie zunehmend bei der Bewältigung interkultureller Konflikte eingesetzt. Zahlreiche SozialarbeiterInnen und SozialpädagogInnen haben erkannt, dass sie ihren Methodenkoffer
um ein vielseitig einsetzbares Instrument bereichern, indem sie sich im Bereich Mediation und Konfliktmanagement weiterqualifizieren.

Mediation hat mit modernen Zielsetzungen sozialarbeiterischen Handelns einiges 9
gemein. Die Methode ist in doppelter Hinsicht ressourcenorientiert. Zum einen setzt
sie an den Ressourcen der Klienten an, fördert deren Kommunikations- und Kooperationsfähigkeit, stärkt ihre Eigenverantwortung und unterstützt Autonomie sowie
Selbstbestimmung der Konfliktpartner. Andererseits werden die finanziellen Ressourcen von Institutionen und Klienten geschont. Techniken, die in der Sozialarbeit
alte Bekannte sind, werden in der Mediation eingesetzt, z.b. die klientenzentrierte
Gesprächsführung nach Rogers oder das aktive Zuhören nach Gordon. Andererseits
unterscheidet sich Mediation von therapeutischen Interventionen, indem sehr ziel-
und zukunftsorientiert auf eine gemeinsame Vereinbarung der Streitparteien hinge-
arbeitet wird.

Mediation ist eine universelle Methode, die sich auf nahezu jede Konfliktkonstellation
übertragen lässt.

II. Das Mediationsgesetz 2012

Selbst der oberste Dienstherr der deutschen Richter greift nach den Sternen. Die Bun- 10
desjustizministerin spricht von einem »*Meilenstein zur Verbesserung der Streitkultur
in Deutschland.*« Sie lobt das Mediationsgesetz, das am 26.07.2012 in Kraft getreten ist, als kluges Recht »*für eine fortgeschrittene Zivilgesellschaft.*« Mit dem Gesetz
wurde die Umsetzung einer EU-Richtlinie zur Mediation in Zivil- und Handelssachen
(2008/527/EG) endlich realisiert.

Mit gerade neun Paragrafen ist das Mediationsgesetz eines der kürzesten Gesetze 11
überhaupt und folgt der Maxime »So viel Gesetz wie nötig, so wenig Gesetz wie
möglich.« Gleichzeitig wurden Mediationsklauseln in zahlreiche Verfahrensordnun-
gen eingeführt, wie die Zivilprozessordnung (ZPO), das Familienverfahrensgesetz
(FamFG), das Arbeitsgerichtsgesetz (AGG), das Sozialgerichtsgesetz (SGG) sowie das
Verwaltungsgerichtsgesetz (VerwGG). Damit wird Mediation als ernst zu nehmende
Alternative zum streitigen Gerichtsprozess sichtbar gestärkt. Parteien müssen etwa im
Familien- oder im Zivilverfahren angeben, ob sie bereits einen Mediationsversuch
unternommen haben und ob einem solchen Verfahren Gründe entgegenstehen (§ 23
Abs. 1 Satz 2 FamFG, § 253 Abs. 3 Nr. 1 ZPO). Eine möglichst frühe Weichen-
stellung zur Mediation soll erreicht werden. Schon das Bundesverfassungsgericht hat

2007 festgestellt, in einem Rechtsstaat sei grundsätzlich eine einverständliche Lösung einer richterlichen Streitentscheidung vorzuziehen.[5]

Die Methode der Mediation wird im Mediationsgesetz folgendermaßen erklärt:

12 »Mediation ist ein vertrauliches und strukturiertes Verfahren, bei dem die Parteien mithilfe eines oder mehrere Mediatoren freiwillig und eigenverantwortlich eine einvernehmliche Beilegung ihres Konflikts anstreben.« (§ 1 Abs. 1 MedG)

Die Rolle des Mediators wird wie folgt beschrieben:

13 »Ein Mediator ist eine unabhängige und neutrale Person ohne Entscheidungsbefugnis, die die Parteien durch die Mediation führt.« (§ 1 Abs. 2 MedG) Neutralität sowie Allparteilichkeit des Mediators werden unterstrichen (§ 2 Abs. 3 MedG) und gleichzeitig wird darauf hingewiesen, dass die Parteien sowie der Mediator die Mediation jederzeit abbrechen können (§ 2 Abs. 5 MedG).

14 Die fachliche Qualität des Mediationsverfahrens sollte durch Schaffung eines »Zertifizierten Mediators« gesichert werden (§§ 5u. 6 MedG). Das Bundesjustizministerium wurde ermächtigt, Ausbildungsrichtlinien (Verordnung) zum zertifizierten Mediator zu erlassen (§ 6 MedG). Nach jahrelangem Gerangel mit den Interessenverbänden wurde die »Verordnung über die Aus- und Fortbildung von zertifizierten Mediatoren« am 21.08.2016 erlassen (Inkrafttreten am 01.09.2017).[6] Zertifizierter Mediator darf sich nennen, wer eine 120-stündige Präsenzausbildung mit den Inhalten der VO mit einem supervidierten Mediationsfall abgeschlossen hat (§ 2 ZMediatAusbV).

15 Neben der Mediation, die primär von freien und zertifizierten Mediatoren durchgeführt wird, soll weiterhin gerichtsinterne Streitschlichtung durch Güterichter im sog. »Güterichtermodell« möglich sein.

16 Zu kurz gekommen ist allerdings die Kostenförderung der Mediation für einkommensschwache Bürger. Dazu sieht das Mediationsgesetz keine der Prozesskostenhilfe vergleichbare Unterstützung vor. Dies wird von den Mediationsverbänden einhellig kritisiert und sollte von dem Gesetzgeber nachgebessert werden. Letztlich sind erhebliche Einsparungen im Justizsektor möglich, die in eine »Mediationskostenhilfe« fließen könnten.

B. Konfliktsphären in sozialen Arbeitsfeldern

17 Klassische Arbeitsfelder der Sozialarbeit sind generell mit Konfliktbewältigung verknüpft. Die **Vermittlerrolle** nimmt in der Praxis eine zentrale Rolle ein. Ein Sozialarbeiter wird häufig als Mittler zwischen dem Klienten und seinem Umfeld charakterisiert.

18 Dennoch unterscheidet sich ein Mediator in einem Punkt grundlegend von der sonst üblichen **professionellen Identität** eines Sozialarbeiters. Der Mediator nimmt nicht primär diagnostische, therapeutische oder »anwaltliche« Funktionen wahr, sondern

---

5 BVerfG, Urt. v. 14.02.2007 – BvR 1351/01.
6 BGBl. I 2016, Nr. 42, S. 1994.

tritt als neutraler Vermittler zwischen die Parteien. Das Prinzip der **Neutralität** ist für das Selbstverständnis eines Sozialarbeiters, der gewohnt ist, für seinen Klienten Partei zu ergreifen, eher fremd. Aber gerade diese Überparteilichkeit ist essenziell für die Mediation. Neutralität setzt an der Autonomie der Parteien an und zielt auf eine Konfliktlösung, die von den Kontrahenten getragen und auch eingehalten wird.

Das folgende Schaubild[7] typisiert **Konfliktsphären**, mit denen Sozialarbeiter und   **19** Sozialpädagogen in ihrer fachlichen Arbeit konfrontiert werden. Entstanden sind dabei sieben Kategorien, wobei Mediation als Konfliktlösungsmodell auf die Kategorien zwei bis sieben anwendbar ist (s. nachfolgendes Schaubild 2).

Charakteristisch für die Soziale Arbeit ist es, nicht auf einen einzigen Arbeitsansatz   **20** festgelegt zu sein, sondern sich einer Pluralität von Methoden bedienen zu können. Mediation ist eine spezifisch auf Konfliktmanagement zugeschnittene Methode.

Schaubild 2:

Konfliktsphären in sozialen Arbeitsfeldern

1. Intra-individueller Konflikt
- z.B. ambivalente Einstellung zur Aufnahme eines Pflegekindes.

2. Inter-personaler Konflikt in der Familie
- z.B. Paar-, Ehe-, Scheidungskonflikte;
- Erziehungs-, Sorge-, Unterhaltskonflikte;
- Rollenkonflikte in der Stief- oder Adoptivfamilie;
- Konflikte bei der Betreuung pflegebedürftiger älterer oder kranker Angehöriger.

3. Inter-personaler Konflikt außerhalb der Familie
- z.B. Gewalt in der Schule;
- Konkurrenz-, Hierarchieprobleme oder Belästigungen am Arbeitsplatz.

4. Intra-Gruppen Konflikt
- z.B. ein Team kann sich nicht auf einen Jugendhilfeplan verständigen.

5. Personen-Gruppen Konflikt
- z.B. ein Teammitglied wird ausgegrenzt.

6. Individuum-Institutionen Konflikt
- z.B. Strafgefangener und Justizvollzugsanstalt;
- Sozialhilfeempfänger und Sozialamt;
- Asylbewerber und Ausländeramt.

7. Institutionen-Institutionen Konflikt
- z.B. Jugendhilfeeinrichtung und Finanzierungsträger;
- Altenwohnheim und Pflegeversicherung.

---

7 *Marx, A.*, Sozial-Mediation in den USA – ein Wegweiser für die soziale Arbeit in Deutschland?, in: Theorie und Praxis der Sozialen Arbeit, Heft 2/2003, S. 47.

C. Sozial-Mediation in Deutschland und den USA

21 Ansatzpunkt dieses Abschnitts ist es, den Bogen für Einsatzgebiete der Mediation in sozialen Arbeitsfeldern weiter zu spannen, um neue Perspektiven für Konfliktlösungsmodelle in der Sozialarbeit zu entwickeln. Dabei wird unter anderem auf dokumentierte Erfahrungen aus den USA zurückgegriffen.

22 In den USA, wo Mediation seit den 70er Jahren eingesetzt, fortentwickelt und den jeweils typischen Problemkonstellationen angepasst wird, hat sich inzwischen mehr fundiertes Erfahrungsmaterial angesammelt als in Deutschland, wo Mediation im Sozialbereich erst seit Beginn der 90er Jahre Einzug findet. Der erste Wissenschaftler, der sich umfassend und systematisch mit Sozial-Mediation befasst hat, ist der Autor *Edward Kruk* in seinem Sammelband »*Mediation and Conflict Resolution in Social Work and the Human Services*«, erschienen 1998 in Chicago.

23 Ausgewertet wurden Praxiserfahrungen mit Mediation in sozialen Berufsfeldern, angefangen bei Trennung und Scheidung über Stieffamilien, im Adoptions- und Pflegekinderwesen, bis hin zu Mediation im Gesundheitswesen oder in der Altenpflege. Deutlich wurde, dass die Mediationsmethode nicht als starres Modell übernommen, sondern erhebliche Anpassungsleistungen vorgenommen wurden. Insbesondere wurde die effektive, lösungs- und zukunftsorientiert ausgerichtete Mediationsmethode zuweilen mit therapeutischen Elementen angereichert, um emotionale Barrieren zwischen den Klienten zu überwinden.

Die folgenden Ausführungen verschaffen einen Überblick über Einsatzgebiete der Mediationsmethode in diversen sozialen Arbeitsfeldern in den USA und in Deutschland.

I. Scheidungs-, Sorgerechts- und Umgangs-Mediation

24 Am dynamischsten ist die Praxis der Mediation im Bereich des Familienrechts bei Ehescheidungen und Sorgerechtskonflikten expandiert, in den USA seit den 1970er, in Deutschland seit den 1990er Jahren.

25 Trennungs- und Scheidungs-Mediation wird mittlerweile in Deutschland nahezu flächendeckend in privaten Praxen von Rechtsanwälten, Sozialarbeitern oder Therapeuten mit einer Zusatzqualifikation angeboten. Mediation als Angebot im Leistungsspektrum öffentlicher Institutionen, z.B. durch Jugendämter im Rahmen einer Trennungs- und Scheidungsberatung (§ 17 Abs. 2 SGB VIII), scheint erst in Ansätzen vorhanden zu sein. Eine wichtige Etappe auf dem Weg zur professionellen Anerkennung der Familien-Mediation in Deutschland bildete 1992 die Gründung der »Bundesarbeitsgemeinschaft Familien-Mediation« (BAFM). Als Resultat der Debatte um Qualitäts- und Qualifikationsstandards hat die BAFM Richtlinien zur Berufsausübung und zur Ausbildung von Familien-Mediatoren vorgelegt.

Regelungsbereiche der Scheidungsmediation

26 Eine gütliche Einigung über die wesentlichen Scheidungsfolgen erspart nervenaufreibende Auseinandersetzungen, unter denen am meisten gemeinsame Kinder zu leiden

haben. Die getroffene Einigung kann danach entweder in das gerichtliche Scheidungsverfahren als Scheidungsfolgenvereinbarung eingeführt oder notariell beglaubigt bzw.
beurkundet werden, sofern ein Formzwang besteht. Das ist sinnvoll, um die Voll-
streckungsmöglichkeit aus der Urkunde zu gewährleisten. Vereinbarungen über den
nachehelichen Unterhalt, die vor Rechtskraft der Scheidung getroffen werden, bedürfen der notariellen Beurkundung (§ 1585c Satz 2 BGB).[8]

Nahezu sämtliche Scheidungsfolgen lassen sich im Rahmen einer Mediation außerge-
richtlich regeln, wie das folgende Schaubild 3 zeigt.

Schaubild 3:

Regelungsbereiche der Scheidungsmediation

Elterliche Sorge (parenting plan) (§ 1671 BGB)	Umgang (§ 1684 BGB)

Kindesunterhalt (§§ 1601 ff. BGB)	Ehegattenunterhalt (§§ 1361, 1569 ff. BGB)

Vermögensverteilung (Zugewinnausgleich) (§ 1373 ff. BGB)

Verteilung des Hausrats (§ 1361a BGB, § 1568b BGB)	Aufteilung der Ehewohnung (§ 1361b BGB, §1568a BGB)

Mittlerweile ist Mediation in Deutschland im Scheidungsbereich ansatzweise gesetz-   27
lich verankert (§§ 135, 156, 165 FamFG). Um scheidungswilligen Paaren das
effektive und konsensorientierte Modell der Mediation näherzubringen, darf das
Familiengericht seit dem 01.09.2009 anordnen, dass die Eheleute an einem kosten-
losen Informationsgespräch über Mediation teilnehmen (§ 135 FamFG). Auch in
Kindschaftssachen ist diese richterliche Anordnung inzwischen möglich (§ 156 Abs. 1
Satz 3 FamFG), eingeführt durch das Mediationsgesetz. Die Eltern müssen langfristig
in die Lage versetzt werden, wieder miteinander zu kommunizieren, um nicht ihren
Partnerkonflikt dauerhaft schädigend auf dem Rücken ihrer Kinder auszutragen. Wei-
terhin kann beim Streit um den Umgang mit einem Kind eine Vermittlung durch das
Familiengericht beantragt werden (§ 165 FamFG).

---

8 *Marx*, Mediation und Konfliktmanagement in der Sozialen Arbeit, 2016, S. 158 f.

II. Mediation bei Familienkonflikten

28 In der Postmoderne sind unter dem Stichwort »*Pluralität der Lebensformen*« neben die Zwei- oder Drei-Generationen-Familie nichteheliche Lebensgemeinschaften, alleinerziehende Eltern, Scheidungsfamilien, Stiefeltern- und sog. Patchworkfamilien,[9] Adoptivfamilien, Pflegefamilien oder eingetragene Lebenspartnerschaften getreten. Das traditionelle Verständnis familiären Zusammenlebens wird ergänzt durch ein weites Spektrum partnerschaftlicher Lebensformen. Wo früher feste Traditionen und gesellschaftliche Normen das Zusammenleben der Familien bestimmten, stehen Paare heute vor der Aufgabe, ihre unterschiedlichen Biografien in Einklang zu bringen. Der Wunsch nach Unabhängigkeit, Selbstverwirklichung und Individualität tritt in den Vordergrund. Gleichzeitig erfordert das Wegfallen fester Wertesysteme ein Aushandeln von Interessen, Umgangsformen und Regeln.[10] Neben die allgemeinen, typischen Partnerkonflikte treten besondere Konfliktlagen, die sich aus der spezifischen Konstellation des Zusammenlebens ergeben.[11]

29 Eine Studie von *Bastine* und *Nawrot* aus dem Jahr 2006 zur Familienmediation in der institutionellen Beratung[12] untersuchte diverse Angebote der Familienmediation in Beratungsstellen. Befragt wurden sowohl institutionelle Beratungsstellen als auch ausgebildete Mediatoren, die in Beratungsstellen Familienmediation anbieten. Als Anlässe für Familienmediationen stellten die Autoren fest, dass insbesondere Themen der Trennungs-und Scheidungs- sowie Nachscheidungs-Mediation eine zentrale Rolle spielen, gefolgt von Partnerschaftskonflikten und Kinder-(Jugendliche)-Eltern-Konflikten.[13]

30 Wesentliche Unterschiede der Familienmediation gegenüber allgemeinen Mediationsverfahren liegen in der Einbeziehung von Kindern und Jugendlichen sowie in der Dauer der Verfahren. Einerseits kann es sich um sehr lange oder andererseits um sehr kurze Mediationen handeln. Eltern-Kinder-Mediationen werden kurz gehalten, wohingegen eine Paar-Mediation einen längeren Zeitraum einnehmen kann. Familienmediationen werden von verschiedenen Anbietern durchgeführt. Dazu gehören öffentliche Träger der Kinder- und Jugendhilfe (eher selten), freie Träger, wie etwa Erziehungs- und Familienberatungsstellen sowie freiberufliche Mediatoren.[14]

---

9   Der Begriff »*Patchworkfamilie*« ist zwar geläufig, m.E. jedoch diskriminierend, da die Assoziation zu einem Flickenteppich aufgebaut wird. Ich vermeide ihn daher und beziehe mich auf Stieffamilien oder neu zusammengesetzte Familien.
10 Vgl. *Diez/Krabbe/Thomsen*, 2009, Familien-Mediation und Kinder, S. 17 ff.
11 Vgl. Ebd., S. 17.
12 Im Auftrag des BAFM, gefördert durch das BMFSFJ.
13 Vgl. *Bastine/Nawrot*, 2007, Familienmediation in unterschiedlichen Praxisfeldern, S. 18.
14 Vgl. *Diez/Krabbe/Thomsen*, 2009, Familien-Mediation und Kinder S. 199.

Im Folgenden differenzieren wir zwischen verschiedenen Konstellationen der Famili-　31
enmediation:
- Trennungs- und Scheidungs-Mediation (s. Rdn. 24 ff.)
- Stieffamilien-Mediation
- Eltern-Kind-Mediation
- Mediation bei Adoption oder Pflegekindschaft
- Paar-Mediation
- Geschwister- und Verwandten-Mediation[15]

III. Schul-Mediation

Zunehmende Gewaltbereitschaft an Schulen macht die Vermittlung alternativer und　32
gewaltfreier Konfliktlösungsstrategien zu einem vordringlichen pädagogischen Anliegen. Dieser Anspruch wird in den USA seit Anfang der 1980er Jahre in Form der
Peer-Mediation umgesetzt und mittlerweile an Tausenden Schulen ausgeübt.[16] Im
Rahmen der Peer-Mediations-Programme erlernen Schüler die wesentlichen Elemente
der Mediationsmethode, Kommunikations- und Verhandlungstechniken sowie Verhandlungen zu strukturieren. Ein wichtiger Bestandteil des pädagogischen Konzepts
ist die praktische Umsetzung der erlernten Mediationskenntnisse. Schüler werden im
schulischen Umfeld alsbald als Mediatoren eingesetzt, wobei es sich vorwiegend um
Auseinandersetzungen zwischen Schülern oder zwischen Schülern und Lehrern handelt. Schüler üben Mediation generell im Team aus.

In Deutschland wurde Schulmediation Anfang der 1990er Jahre zunächst in Pilot-　33
projekten nach US-amerikanischem Vorbild getestet.[17] Der Erfolg war überzeugend
und mittlerweile wird Schulmediation vorwiegend als Peer-Mediation flächendeckend
an weiterführenden Schulen in Deutschland eingesetzt. Die Implementierung von
Mediation an Schulen versteht sich als Erlernen von Schlüsselkompetenzen, Gewalt-
prävention sowie als konstruktive Konfliktbearbeitung.

Schulmediation eröffnet die Möglichkeit, dass sowohl Schüler als auch Erwachsene　34
(Lehrer, Externe) die Rolle als Mediator einnehmen können. Schüler werden meist
als »Konfliktlotsen«, »Streitschlichter« oder »Schülermediator« bezeichnet, Lehrer
als »Schulmediatoren«. An einigen Schulen werden auch ehrenamtliche Senioren als
Mediatoren eingesetzt.[18]

Sozialarbeiter haben meist eine entscheidende Funktion bei der Initiierung und
Gestaltung solcher Schulmediations-Programme.[19]

---

15 *Marx*, 2016, S. 166 ff.
16 *Kaplan*, 1998, Mediation in the School System, S. 247.
17 *Lange*, 2002, Schulmediation, S. 17 f.
18 *Marx*, 2016, S. 171 ff.
19 *Kaplan*, 1998, S. 254.

Zur Qualitätssicherung und Verankerung der Mediation in Schulen hat der im Jahr 1992 gegründete Bundesverband Mediation eigens »Standards für Schulmediation« entwickelt.[20]

35   Schulmediation verfolgt das Ziel, Fähigkeiten im Umgang mit Konflikten zu fördern sowie Gewalt und Konflikte im schulischen Kontext zu reduzieren. Gleichzeitig unterstützt eine Ausbildung zum Schülermediator die Persönlichkeitsbildung der Schüler zu konfliktfähigen, mündigen Erwachsenen und fördert ihr Toleranz- und Demokratieverständnis. Sie erlernen neue und andere Sichtweisen, der Konkurrenzdruck wird gemindert und ihre Zusammenarbeit gefördert. Gleichzeitig wird ihr Selbstvertrauen gesteigert, wenn Konflikte eigenständig und ohne Unterstützung Erwachsener gelöst werden.[21]

36   Vor einigen Jahren wurde ein Modell entwickelt, das **Palaverzelt** (www.palaverzelt.de), das auf Kinder im Grundschulalter und in Kitas zugeschnitten ist. Damit wird schon frühzeitig ein konstruktiver Umgang mit Konflikten gefördert.[22]

IV. Täter-Opfer-Ausgleich (TOA)

37   Die Täter-Opfer-Mediation, in Deutschland als Täter-Opfer-Ausgleich (TOA) bekannt, entwickelte sich gemeinsam mit Ansätzen eines Paradigmenwechsels in der Strafjustiz. Dabei wird weniger die staatliche Ordnung als primäres Opfer von kriminellen Handlungen betrachtet – während Täter und Opfer in passive Rollen gedrängt werden -, sondern es wird anerkannt, dass sich Vergehen und Verbrechen zuallererst gegen Menschen richten. Der kriminelle Akteur und das betroffene Opfer sollen aktiv an dem Prozess der Wiedergutmachung beteiligt werden. Durch die Kompensation des angerichteten Schadens übernehmen Täter direkte Verantwortung für ihre Handlungen. Gleichzeitig erhalten Verbrechensopfer Gelegenheit, ihren vorübergehenden Status als wehrlose und verletzbare Opfer zu überwinden und aktiv Ausgleich zu artikulieren.[23]

38   Programme, die Täter-Opfer-Ausgleich durchführen, sind in den USA wie in Deutschland Sonderformen der Mediation und eng mit der Strafjustiz verknüpft. Der TOA sieht sich als Teilbereich der »*Restorative Justice*«. Unter diesem Begriff werden Alternativen gegenüber der repressiven Strafjustiz zusammengefasst. Ein Ziel der Täter-Opfer-Mediation ist es, einen Dialog zwischen der Person herzustellen, die traumatisiert ist und der Person, die für dieses Trauma verantwortlich ist. Begriffe wie »*Kompensation*« und »*Versöhnung*« dominieren das Geschehen. Wobei Kompensation »*den Ausgleich des Schadens durch den Täter*« meint und Versöhnung die gemeinsame

---

20 Standards und Ausbildungsrichtlinien – Mediation in Bildung und Erziehung, s. www.bmev.de.
21 *Lange*, 2002, S. 18 f.
22 *Marx*, Konstruktive Konfliktlösung mit Kindern, Kindergarten heute, 4/2011, S. 8 ff.
23 *Umbreit*, 1998, S. 280.

Aushandlung einer für alle Parteien zufriedenstellen Lösung »*zur Wiederherstellung der Beziehungen und des sozialen Friedens*«.

Die Bereitschaft, sich miteinander zu konfrontieren, muss erst in einer intensiven Vor- 39 bereitungsphase erworben werden.[24] Es sind überwiegend Sozialarbeiter, die den Prozess des Täter-Opfer-Ausgleichs gestalten, wobei spezielle Erfahrung und Ausbildung grundlegend sind.

Gesetzliche Bestimmungen

Die Initiative für die Einführung des Täter-Opfer-Ausgleichs in Deutschland ging 40 vom 55. Deutschen Juristentag 1984 aus, dessen Schwerpunkt auf dem Thema die »*Verletzten im Strafverfahren*« lag. Basierend auf ersten positiven Projekterfahrungen im Jugendbereich wurde der TOA zunächst 1990 in das Jugendgerichtsgesetz[25] implementiert, später im Jahr 1994 in das Erwachsenenstrafrecht.[26]

Jugendstrafrecht

Unter der Prämisse »Bemühung um einen Ausgleich mit dem Verletzten« fügte der 41 Gesetzgeber an verschiedenen Stellen den freiwilligen TOA ein[27]. In § 45 Abs. 2 S. 2 JGG wird der TOA mit erzieherischen Maßnahmen gleichgestellt. Somit versetzt der TOA die Staatsanwaltschaft in die Lage von einer Verfolgung abzusehen, vorausgesetzt eine »*erzieherische Maßnahme*« wurde durchgeführt oder eingeleitet (§ 45 Abs. 2 S. 1 JGG). Sollte der Staatsanwalt die richterliche Anklage nicht für notwendig erachten, eine Auflage oder Weisung nach § 10 Abs. 1 Satz 3 Nr. 4, 7, 9 JGG durch den Jugendrichter aber für sinnvoll halten, kann er diese anregen und von der Verfolgung absehen, wenn der Jugendliche der Anregung nachkommt (§ 45 Abs. 3 Satz 1 JGG)[28]. Der TOA ist in den Weisungskatalog des § 10 Abs. 1 Satz 3 JGG aufgenommen und kann gem. § 45 Abs. 3 Satz 1 JGG alternativ zur Strafverfolgung verhängt werden. Auch nach Anklageerhebung kann der Richter (§ 47 Abs. 1 Nr. 2 JGG) das Verfahren einstellen, wenn eine erzieherische Maßnahme »bereits durchgeführt oder eingeleitet«[29] wurde.

Erwachsenenstrafrecht

Neben der Schadenswiedergutmachung fügte der Gesetzgeber den TOA in § 46a 42 StGB als Strafzumessungsregelung ein. Das Gericht erhält die Möglichkeit von Strafen – die unter einem Jahr Freiheitsstrafe bzw. unter einer Geldstrafe von 360 Tagessätzen liegen – abzusehen oder die Strafe zu mildern (§ 49 Abs. 1 StGB). Vom Täter gefordert werden zwei Komponenten (§ 46a Nr. 1 StGB), der Ausgleich mit dem Geschädigten

---

24 ebd., S. 286.
25 Vgl., *Puderbach*, 2003, Täter-Opfer-Ausgleich im Ermittlungs- und Hauptverfahren, S. 1.
26 Vgl. *Bals/Hilgartner/Bannenberg*, 2008, Täter-Opfer-Ausgleich im Erwachsenenbereich, S. 8.
27 *Rössner*, 2014, § 10 Satz 3 Nr. 7 JGG: Macht der TOA als Erziehungsmaßregel Sinn?, S. 11.
28 Siehe § 45 JGG.
29 § 47 Abs. 1 Nr. 2 JGG.

und das Bemühen um Wiedergutmachung. § 46a Nr. 2 StGB zielt auf Schadenswiedergutmachung (materielle Kompensation); der TOA fokussiert sich verstärkt auf die
immateriellen Straffolgen. Der TOA erfolgt in zwei Stufen: Vereinbarung eines Ausgleich zwischen Täter und Opfer und dessen Umsetzung.[30]

43 Prozessual ist der TOA in §§ 155a u. b StPO geregelt. Staatsanwaltschaft und Gericht
sind gehalten »*in jedem Stadium des Verfahrens die Möglichkeit [zu] prüfen, einen Ausgleich zwischen Beschuldigten und Verletzten zu erreichen [oder] in geeigneten Fällen [...]
darauf hin[zu]wirken*«.[31] Die Norm in der Strafprozessordnung ist als Soll-Vorschrift
formuliert. Genaue Vorgaben zur Durchführung des TOA wurden vermieden. Damit
soll eine bessere Anpassung an landesrechtliche Regelungen und landesspezifische
Konzeptionen erreicht werden. § 155a S. 3 StPO weist auf den »*ausdrücklichen Willen
des Verletzten*« hin. Ohne dessen Einverständnis darf kein TOA vorgenommen werden.

44 Datenschutzrechtliche Zweifel im Hinblick auf die Vermittlung an Ausgleichsstellen
nicht-öffentlicher Träger wurden durch § 155b StPO behoben. Die zuständige Stelle
ist nach abgeschlossener Vermittlung verpflichtet, der Staatsanwaltschaft ausführlich
Bericht zu erstatten (§ 155b Abs. 2 Satz 3 StPO).

45 Wurde der TOA erfolgreich durchgeführt, hat die Staatsanwaltschaft mit Einwilligung
des Gerichtes gem. § 153b StPO i.V.m. § 46a StGB die Möglichkeit von einer Strafe
abzusehen.[32]

V. Elder Mediation – Mediation im späten Lebensalter

46 Während die Versorgung älterer und pflegebedürftiger Menschen innerhalb der Familie
mittlerweile sozial-politisch gefördert wird, sind Familienangehörige bei Entscheidungen über Pflege- und Gesundheitsversorgung häufig überfordert. Daraus erwachsen
Konfliktpotentiale, die mit Schuld und Trauer verbunden sind, die mit divergierenden
finanziellen Interessen und Vorstellungen von der Pflegebedürftigkeit eines Angehörigen einher gehen, mit der besonderen Belastung der primären Betreuungsperson
zusammenhängen oder frühere Familienprobleme wieder aufleben lassen.[33]

47 Neben Interessenkollisionen im Familienkreis treten bei alten Menschen häufig Konflikte mit Institutionen wie Pflege- und Seniorenwohnheimen auf, meist Differenzen
zwischen Pflegepersonal und dem pflegebedürftigen Menschen bzw. seinen Familienangehörigen. Mediation kann hier eine wirksame Methode sein, um einen Ausweg
aus diesen Konflikten anzubahnen, wobei die verminderte Autonomie und die zunehmende Abhängigkeit des alten Menschen bedacht werden muss.[34]

---

30 Vgl. *Bals/Hilgartner/Bannenberg*, 2008, S. 8–10.
31 § 155a Satz 1.
32 Vgl. *Bals/Hilgartner/Bannenberg*, 2008, S. 16–18.
33 *Parsons/Cox*, 1998, Mediation in the Aging Field, S. 164.
34 ebd., S. 169.

Die sog. »*Elder Mediation*« wird in den USA seit den 1980er Jahren praktiziert, mitt-   48
lerweile auch in Deutschland. Hintergrund, so Krabbe, sei ein zunehmender Wunsch
nach professioneller Unterstützung besonders durch die Generation der »*Jüngeren
Älteren.*«[35] Professionelle Hilfe meint dabei Beratung, Psychotherapie sowie Mediation. Mediation ist vor Allem dann das geeignete Instrument, wenn es um Vereinbarungen über die Lebensumstände des alten bzw. pflegebedürftigen Menschen geht.[36]

Konflikte im Alter entstehen infolge neuer Entwicklungsaufgaben und Anforderun-   49
gen. Eine erfolgreiche oder misslingende Konfrontation mit Entwicklungsaufgaben
wirkt sich auf die Lebenszufriedenheit aus. Vergangenheit, Gegenwart und Zukunft
sind durch ein komplexes Wechselverhältnis miteinander verwoben. Das Leben im
Alter ist verglichen mit vergangenen Lebensphasen durch weniger Struktur, geringeren Status und uneindeutige Rollenzuschreibungen gekennzeichnet. Probleme bestehen aufgrund »*widersprüchlicher Ziele, für die es nur relative, nicht eindeutige Lösungen
gibt.*«[37] Leben im Alter fordert eine immer wieder kehrende Schaffung von innerem
Gleichgewicht heraus.[38]

An einer Elder Mediation sind oft mehrere Personen und Generationen beteiligt.   50
Dazu zählen etwa Familienmitglieder, Dienstleister sowie Pflegepersonal. Überwiegend entstehen Verbindungspunkte zu den Bereichen Familie, Gesundheit und Wirtschaft. Eine Elder Mediation ist geprägt durch große Gefühlstiefe, teilweise beeinflusst
durch glückliche oder unglückliche Beziehungserfahrungen bis zurück zur Kindheit.[39]

Vermittler der Elder Mediation sollten über zusätzliche Kompetenzen verfügen, die   51
über die Kenntnisse der Mediationsstufen, -methoden und -techniken hinausgehen.
Grundlegende Kenntnisse alterstypischer Entwicklungsaufgaben, staatlicher Unter-
stützungsangebote[40] sowie typischer medizinischer Prozesse sind von Vorteil.[41] Im
Falle von Unternehmenserbschaften sollten ein Steuerberater oder Wirtschaftsprüfer
konsultiert und ein Jurist beteiligt werden.[42]

VI. Mediation im Gesundheitswesen

Auch im Gesundheitswesen, repräsentiert durch Krankenhäuser, Rehabilitations-   52
kliniken, Arztpraxen und Krankenversicherungen, wird die Notwendigkeit des
Konfliktmanagements erkannt und Mediation eingesetzt.[43] Der Einfluss dieser Institutionen auf den einzelnen Patienten kann dessen Entscheidungsautonomie unter

---

35 *Krabbe*, 2012, Elder Mediation, S. 185.
36 ebd.
37 ebd., S. 186.
38 ebd.
39 Vgl. *Schäfer*, 2014, Elder Mediation.
40 Vgl. *Krabbe*, 2012, S. 185/186.
41 Vgl. *Schäfer*, 2014.
42 Vgl. *Beisel*, 2016, Mediation im Erbrecht, S. 732.
43 *Ewig, E.*, Mediation im Gesundheitswesen, in: Handbuch Mediation, München 2016,
    S. 996 ff.

Umständen erheblich beeinträchtigen. Funktion der Krankenhaussozialarbeit ist es, eine vermittelnde Rolle zwischen der Institution und dem Patienten einzunehmen. Der Sozialarbeiter widmet sich den psycho-sozialen Aspekten der Behandlung, den Auswirkungen der Krankheit auf den Patienten und seine Familie sowie den Implikationen nach dem Krankenhausaufenthalt.[44]

53 Typische Konfliktsphären liegen im Verhältnis zwischen Krankenhauspersonal und Patient bzw. seinen Familienangehörigen sowie zwischen dem Patienten und seiner Familie. Besondere Schwierigkeiten birgt die Entlassungsberatung, wenn ein Patient pflegebedürftig wird und seine Rehabilitation und Pflege zu planen sind. Mediation *(caregiving-mediation)* will die Beteiligten in diesem Entscheidungsprozess unterstützen, wobei vorwiegend Probleme zwischen dem Patienten und seinen betreuenden Familienangehörigen konstruktiv bewältigt werden.[45] Mediation schafft einen Entscheidungsprozess, der den Beteiligten medizinische, soziale, psychologische, rechtliche und ethische Fragen transparent machen will, damit eine Lösung gefunden werden kann, die die Interessen aller Beteiligten berücksichtigt. Dabei darf ein etwaiges Machtungleichgewicht im Verhältnis Patient-Familienangehörige oder Institution nicht übersehen werden.

VII. Mediation bei interkulturellen Konflikten

54 Mit Umsetzung des Zuwanderungsgesetzes im Jahr 2005 hat die Bundesrepublik Deutschland offiziell erstmals die Realität anerkannt, Einwanderungsland zu sein. Seit der Einreise von ca. 890.000 Flüchtlingen im Jahr 2015, von denen ca. 476.000 einen Asylantrag stellten, spricht man von der sog. Flüchtlingskrise, die Gesellschaft und Politik vor nie dagewesene Herausforderungen stellt. Die deutsche Flüchtlingspolitik und die der Europäischen Union stehen auf dem Prüfstand. Im Zuge zunehmender wirtschaftlicher Globalisierung wird das Phänomen der Migration umso bedeutsamer als Menschen unterschiedlicher Herkunft und aus diversen Kulturen in einer Nation zusammen geführt werden. Da die meisten Menschen ihr kulturelles Erbe nicht einfach ablegen können und wollen, werden Vorurteile und Missverständnisse virulent.

55 In interkulturellen Familien, die durch Heirat von Partnern verschiedener Herkunft begründet werden, können kulturelle Prägungen den Alltag bereichern aber auch komplizieren. Das Rollenverständnis der Ehepartner, Erziehungsvorstellungen oder die Einstellung zu Arbeit und Geld können erheblich voneinander abweichen. Interkulturelle Konflikte sind jedoch nicht auf Familien beschränkt, sondern entstehen in der Schule, am Arbeitsplatz, in der Nachbarschaft oder in politischen Auseinandersetzungen.[46]

56 In der Migrationssozialarbeit bzw. bei interkulturellen Konflikten wird Mediation in Deutschland allmählich als Konfliktlösungsinstrument entdeckt. Von einem

---

44 *Kruk/Martin/O'Callaghan*, 1998, S. 179.
45 *Kruk/Martin/O'Callaghan*, 1998, S. 192.
46 *Myers/Filner*, 1993.

interkulturellen Konflikt spricht man dann, wenn im Verlauf der Konfliktbearbeitung deutlich wird, dass Verhaltensunterschiede der Akteure sich mit deren Zugehörigkeit zu einem Kulturkreis erklären lassen und dieses Verhalten den Prozess der Konfliktbearbeitung maßgeblich beeinflusst.[47] Exemplarisch erwähnt werden soll ein Projekt des Amtes für Multikulturelle Angelegenheiten in Frankfurt am Main. Mediation wird dort in Nachbarschafts- oder Gruppenstreitigkeiten in Gebieten mit hohem Ausländeranteil eingesetzt.

VIII. Mediation bei innerbetrieblichen Konflikten

Ein wichtiges Handlungsfeld für Mediatoren sind Arbeits- und Teamkonflikte, die 57 in jedem Unternehmen, ob sozial oder wirtschaftlich orientiert, in der Verwaltung sowie in Organisationen auftreten. Diese Konflikte verbrauchen erhebliche personelle und finanzielle Ressourcen. Mittlerweile verstehen es zahlreiche Betriebe, statt diese Auseinandersetzungen zu ignorieren oder durch Druck mit arbeitsrechtlichen Maßnahmen zu reagieren, das Instrument der Mediation einzusetzen. Meistenteils werden externe Mediatoren engagiert, um die Konflikte zu lösen, wobei größere Betriebe zuweilen über interne Mediatoren verfügen. Zunehmend werden Betriebsvereinbarungen abgeschlossen, die Konfliktlotsen, Streitschlichter oder Mediatoren in Betrieben installieren.

In der Praxis innerbetrieblicher Konfliktbearbeitung besteht meist kein systematisches 58 Konzept. Sich ernsthaft mit dem Thema Konfliktmanagement auseinandergesetzt haben sich nur wenige Konzerne wie SAP oder Behörden wie die Stadt München und die Stadt Braunschweig. Dort wurde ein systematisches Konfliktmanagement-System eingeführt. In den meisten sozialen Organisationen und Behörden bestehen keine klar definierten Konfliktanlaufstellen. In der Regel wenden sich die betroffenen Mitarbeiter an ihren Vorgesetzten. Als Anlaufpunkte stehen darüber hinaus der Personalrat oder der Betriebsrat, die Personalabteilung, der Betriebsärztliche Dienst, die Gleichstellungsstelle oder die Betriebssozialarbeiter zur Verfügung. Auf diesem Feld besteht noch hoher Entwicklungsbedarf.[48]

D. Mediatorenausbildung

Das Mediationsmodell ist inzwischen zu einem unverzichtbaren Handwerkszeug 59 sozialer Berufe heran gereift. Bundesweite Qualifizierungsmaßnahmen unterstützen diese Entwicklung. Wie schon erwähnt, wurde mit dem Mediationsgesetz 2012 das fachliche Gütesiegel »Zertifizierter Mediator« eingeführt (§§ 5u. 6 MedG). In der Begründung zum Mediationsgesetz sowie in der Ausbildungsverordnung zum Zertifizierten Mediator von 2016[49] wird eine Ausbildung von mindestens 120 Zeitstunden

---

47 *Haumersen/Liebe*, 1999, S. 36.
48 Vgl. *Marx*, 2016, S. 146 ff.
49 ZMediatAusbV im BGBl. I 2016, Nr. 42, S. 1994 ff.

für notwendig erachtet.[50] Ein programmatischer Rahmen der Ausbildungsinhalte, die vom Aufbau der Mediation, über Verhandlungstechniken und Gesprächsführung, Konfliktkompetenz bis zu den Einsatzgebieten und dem Recht der Mediation reichen, um nur einige zu nennen, sind dort aufgeführt.[51] Speziell für Angehörige sozialer Berufe hat das *iko-Institut für Konfliktlösungen (www.iko-info.de)* eine 120-stündige Mediatorenausbildung mit Grund- und Aufbau-Modulen entwickelt, die sich am Ausbildungsrahmen des Mediationsgesetzes und der Ausbildungsverordnung orientiert.

60 Es fällt ins Auge, dass Mediation in das Leistungsspektrum sozialer Berufe in den USA weitflächiger eingezogen ist als bei uns in Deutschland. Hierzulande besteht noch Entwicklungsbedarf, um weitere Bereiche sozialer Arbeit für Mediation zu erschließen und auszubauen.

---

50 BT-Drucksache 17/8058. S. 18.
51 Siehe www.iko-info.de mit weiteren Hinweisen.

Teil 6: Anhang – Lebensalterstabelle

Das Lebensalter und die damit verbundenen wichtigsten Rechtspositionen.

Die nachstehende tabellarische Aufstellung soll einen Überblick über Rechtspositionen geben, die altersgebunden sind und in der sozialen Arbeit eine Rolle spielen können. Dabei werden auch Rechtspositionen berücksichtigt, die sich für Dritte in Abhängigkeit von zeitlichen Aspekten ergeben, z.B. der Unterhaltsanspruch der Mutter gegenüber dem nichtehelichen Vater in Abhängigkeit vom Alter des Kindes. Soweit es sinnvoll erschien, sind die jeweiligen Rechtspositionen durch Erläuterungen oder Beispiele konkretisiert. Ggf. zusätzlich erforderliche rechtliche Voraussetzungen für bestimmte Rechtspositionen sind nicht immer aufgeführt, bzw. wenn sie aufgeführt sind, nicht bzw. nicht immer näher erläutert worden, da es vorliegend nur um die Berücksichtigung des Faktors Zeit geht.

Alter	lfde. Nr.	Rechtsposition	Ergänzung, Erläuterung, Voraussetzungen
Erzeuger, aber noch nicht geborener Mensch (Leibesfrucht, auch nasciturus genannt) ...	1.1	... ist grundrechtsfähig (Art. 1 Abs. 1, Art. 2 Abs. 2 GG).	Das ungeborene Leben ist zu achten – Recht auf Menschenwürde – und zu schützen – Recht auf Leben – (BVerfG Urteil vom 28.05.1993 – NJW 1993, S. 1751 ff. zur Neuregelung des Schwangerschaftsabbruchs).
	1.2	... hat Anspruch auf Schadensersatz (§ 823 BGB) bei Gesundheitsschädigung ...	... gegenüber Personen, die seine Gesundheit vor der Geburt rechtswidrig und schuldhaft schädigen/verletzen; der Anspruch entsteht erst mit der Geburt und richtet sich auf Ersatz von Heilbehandlungskosten und auf Schmerzensgeld (BGHZ Bd. 58. S. 48 ff. – in einem Fall, in dem eine im 6. Monat schwangere Frau durch einen Verkehrsunfall schwer verletzt wurde und das später zur Welt gekommene Kind unfallbedingt an spastischen Lähmungen litt).
	1.3	... hat Anspruch auf Schadensersatz (§ 844 Abs. 2 S. 2 BGB, § 10 Abs. 2 S. 2 StVG § 35 Abs. 2 S. 2 LuftVG, § 5 Abs. 2 S. 2 HPflG, § 28 Abs. 2 S. 2 AtG) wegen des Todes Unterhaltspflichtiger ...	... gegenüber solchen Personen, die rechtswidrig und schuldhaft den Tod von nach der Geburt Unterhaltspflichtigen herbeiführen; der Anspruch entsteht erst mit der Geburt und richtet sich auf eine Geldrente für die mutmaßliche Dauer des Unterhaltsanspruchs.
	1.4	... steht unter dem Schutz der gesetzlichen Unfallversicherung (§ 12 SGB VII).	Erleidet die Mutter während der Schwangerschaft einen Arbeitsunfall mit der Folge einer Gesundheitsschädigung für das noch nicht geborene Kind, steht das Kind einem Versicherten gleich mit der Folge, dass es alle Ansprüche auf Leistungen, die das SGB VII vorsieht, haben kann, s. dazu §§ 27 ff., 56 ff. SGB VII – Entsprechendes gilt, wenn die Gesundheitsschädigung auf Einwirkungen beruht, die generell geeignet sind, eine Berufskrankheit der Mutter zu verursachen.
	1.5	... besitzt Erbfähigkeit (§ 1923 Abs. 2 BGB) ...	... was bedeutet, dass er als Erbe eingesetzt werden kann; allerdings fällt das Erbe nur bei Lebendgeburt an.

Alter	lfde. Nr.	Rechtsposition	Ergänzung, Erläuterung, Voraussetzungen
	1.6	... kann durch einen sog. Vertrag zugunsten Dritter bedacht werden (§ 331 Abs. 2 BGB).	Dabei wird für den werdenden Menschen ein Forderungsrecht begründet, an das der Schuldner gebunden ist und das das Kind mit seiner Geburt erwirbt, z.B. durch einen Sparvertrag der Großmutter/des Patenonkels mit einem Bankinstitut zugunsten der Leibesfrucht.
	1.7	... kann das Jugendamt als Beistand erhalten (§ 1714 BGB).	Für die Beistandschaft des Jugendamts ist ein schriftlicher Antrag eines Elternteils erforderlich; die Beistandschaft dient (§ 1712 BGB): – der Feststellung der Vaterschaft, – der Geltendmachung von Unterhaltsansprüchen sowie der Verfügung über diese Ansprüche; sie tritt ein, sobald ein entsprechender Antrag dem Jugendamt zugeht – das gilt auch, wenn der Antrag vor der Geburt des Kindes gestellt wird (§§ 1713 Abs. 2, 1714 BGB).
	1.8	... kann einen Pfleger erhalten (§ 1912 BGB).	Eine Leibesfrucht erhält zur Wahrung ihrer künftigen Rechte, soweit diese einer Fürsorge bedürfen, einen Pfleger, z.B. zur Wahrung der Rechte als Nacherbe gegenüber den Eltern als Vorerben, wenn dafür ein Bedürfnis besteht.
	1.9	... besitzt beschränkte Parteifähigkeit zur Geltendmachung von Unterhaltsansprüchen (§247 Abs. 1 FamFG).	Eine Leibesfrucht kann im Wege der einstweiligen Anordnung bereits vor der Geburt die Verpflichtung zur Zahlung des für die ersten drei Monate zu gewährenden Unterhalts durch den Beistand feststellen lassen.
Ab der 12. Schwangerschaftswoche ...	2.	... beginnt der Anspruch der werdenden Mutter auf den Mehrbedarf nach § 21 Abs. 2 SGB II und § 30 Abs. 2 SGB XII.	Der Mehrbedarf wegen Schwangerschaft ist ein pauschaler Geldbetrag in Höhe von 17% des für die Mutter maßgeblichen Regelsatzes.
Vier Monate vor der Geburt ...	3.	... beginnt frühestens der Anspruch der Mutter eines nichtehelichen Kindes gegenüber dem Vater auf Zahlung von Unterhalt (§ 1615 l Abs. 2 BGB).	Materiell-rechtliche Voraussetzung für den Anspruch ist, dass die Mutter einer Erwerbstätigkeit nicht nachgeht, weil sie infolge der Schwangerschaft oder einer durch die Schwangerschaft oder Entbindung verursachten Krankheit dazu außerstande ist – zum Ende dieses Anspruchs Nr. 10.1.

Alter	lfde. Nr.	Rechtsposition	Ergänzung, Erläuterung, Voraussetzungen
Sechs Wochen vor der Geburt …	4.1	… beginnt die Schutzfrist nach dem Mutterschutzgesetz (§ 3 Abs. 2 MuSchG).	Ab sechs Wochen vor dem vorausberechneten Entbindungstermin besteht ein generelles Beschäftigungsverbot für werdende Mütter, es sei denn, dass sie sich zur Arbeitsleistung ausdrücklich bereit erklären, wobei diese Erklärung jederzeit widerrufen werden kann – zum Ende der Schutzfrist siehe Nr. 7.1.
	4.2	… beginnt der Anspruch der Mutter auf Mutterschaftsgeld nach § 24 i SGB V sowie auf Zuschuss zum Mutterschaftsgeld (§ 14 MuSchG).	Frauen, die Mitglied einer Krankenkasse sind, erhalten von ihrer Krankenkasse ab Beginn der Schutzfrist des § 3 Abs. 2 MuSchG Mutterschaftsgeld i.H.v. max. 13 € pro Kalendertag sowie von ihrem Arbeitgeber einen Zuschuss dazu (zur Höhe s. § 14 Abs. 1 MuSchG); zum Ende des Anspruchs siehe bei Nr. 7.2.
	4.3	… beginnt der Anspruch der Mutter eines nichtehelichen Kindes gegenüber dem Vater auf Zahlung von Unterhalt (§ 1615 l Abs. 1 BGB).	Der Anspruch ist (anders als bei Nr. 3) unabhängig von weiteren Voraussetzungen.
Ab Vollendung der Geburt …	5.1	… besteht die allgemeine Rechtsfähigkeit (§ 1 BGB).	Rechtsfähigkeit bedeutet die Fähigkeit, Träger von Rechten und Pflichten sein zu können – diese werden, solange Minderjährigkeit vorliegt und solange und soweit der Minderjährige in der Geschäftsfähigkeit beschränkt ist, durch den oder die gesetzlichen Vertreter – also im Regelfall die Eltern, denen die elterliche Sorge obliegt – wahrgenommen (§ 1626 Abs. 2 BGB, §§ 164 ff. BGB). Die Geburt ist vollendet bei vollständigem Austritt aus dem Mutterleib und Beginn der Atmung; die Geburt wird im Geburtenbuch, das als sog. Personenstandsbuch vom Standesbeamten, in dessen Bezirk das Kind geboren wurde, nach Ort, Tag und Stunde der Geburt eingetragen. Die Geburt eines Kindes ist dem Standesbeamten innerhalb einer Woche nach der Geburt anzuzeigen.

Alter	lfde. Nr.	Rechtsposition	Ergänzung, Erläuterung, Voraussetzungen
	5.2	... besteht Grundrechtsfähigkeit (in Analogie zur Rechtsfähigkeit).	Grundrechtsfähigkeit bedeutet die Fähigkeit, Träger von Grundrechten zu sein – bis zum Erreichen der Grundrechtsmündigkeit (siehe Nr. 17.1) nehmen die Eltern als gesetzliche Vertreter diese Rechte für die Kinder wahr
	5.3	... besteht Parteifähigkeit (§ 50 ZPO).	Parteifähigkeit bezeichnet die Fähigkeit, in einem Zivilrechtsstreit als Partei (Kläger oder Beklagter) aufzutreten. Die Parteifähigkeit ist – bezogen auf Rechtsstreitigkeiten vor Gericht – die Entsprechung der Rechtsfähigkeit. Bis zum Erreichen der Prozessfähigkeit (s. Nr. 17.5) werden Prozesshandlungen durch den oder die gesetzlichen Vertreter – also im Regelfall die Eltern – vorgenommen (§ 51 Abs. 1 ZPO).
	5.4	... wird die deutsche Staatsangehörigkeit erworben ...	a) wenn ein Elternteil die deutsche Staatsangehörigkeit besitzt (§ 3 Nr. 1, § 4 Abs. 1 Satz 1 Staatsangehörigkeitsgesetz [StAG]); ist bei der Geburt des Kindes nur der Vater deutscher Staatsangehöriger, bedarf es zur Geltendmachung des Erwerbs der deutschen Staatsangehörigkeit einer nach deutschen Gesetzen wirksamen Feststellung der Vaterschaft (§ 4 Abs. 1 Satz 2 StAG); b) durch die Geburt im Inland erwirbt ein Kind ausländischer Eltern die deutsche Staatsangehörigkeit, wenn ein Elternteil 1. seit 8 Jahren rechtmäßig seinen gewöhnlichen Aufenthalt im Inland hat und 2. ein unbefristetes Aufenthaltsrecht besitzt (§ 4 Abs. 3 Satz 1 StAG)
	5.5	... kann ein Kind das Jugendamt als Beistand erhalten (§ 1712 BGB).	Zu den Aufgaben des Beistandes s. Nr. 1.7 und §§ 55, 56 SGB VIII.

Alter	lfde. Nr.	Rechtsposition	Ergänzung, Erläuterung, Voraussetzungen
	5.6	… beginnt die gesteigerte Unterhaltspflicht von Eltern.	§§ 1601, 1603 Abs. 2 BGB: Eltern müssen alle verfügbaren Mittel zum Unterhalt der Kinder verwenden, wobei die Grenze bei dem notwendigen Eigenbedarf (oder Selbstbehalt) liegt, einem pauschalen Geldbetrag, aus dem alle Lebenshaltungskosten zu bestreiten sind; der Mindestunterhalt bis zur Vollendung des 6. Lebensjahres beträgt ab 01.01.2017 (ohne Berücksichtigung des Kindergeldes) monatlich 342,— € und ab dem 01.01.2018 348 € (§ 1612a Abs. 1 Satz 3 Nr. 1 BGB i.V.m. § 32 Abs. 6 EstG). Dabei sind die sog. Selbstbehalte zu berücksichtigen, deren Höhe in unterhaltsrechtlichen Leitlinien der Oberlandesgerichte bestimmt wird. Nach den Leitlinien des Oberlandesgerichts Düsseldorf (sog. »Düsseldorfer Tabelle«) – beträgt der notwendige Selbstbehalt eines erwerbstätigen Elternteils seit 01.01.2015 monatlich 1.080 €, des nicht erwerbstätigen Elternteils 880 €.
	5.7	… beginnt der Anspruch auf Elterngeld …	… nach dem BEEG (§ 4 Abs. 1 Satz 1). Der Höhe nach beträgt der Anspruch 67% des im Jahreszeitraum vor der Geburt erzielten Nettoeinkommens, maximal 1.800 € monatlich und mindestens 300 € monatlich (§ 2 Abs. 1, Abs. 5 BEEG). Zum Ende des Anspruchs siehe Nr. 8.
	5.8	… beginnt der Anspruch des Kindes auf Unterhaltsvorschussleistungen …	… nach dem Unterhaltsvorschussgesetz (UVG). In der ersten Altersgruppe – bis zur Vollendung des 6. Lebensjahres – errechnet sich dieser Anspruch nach § 2 des UVG aus dem Mindestunterhalt nach § 1612a BGB (siehe vorstehende Nr.) abzüglich des für ein erstes Kind zu zahlenden Kindergelds, also abzüglich 192 € = 150 €.
	5.9	… beginnt der Anspruch des Kindes auf Leistungen zur Sicherung des Lebensunterhalts …	… nach dem SGB II bzw. nach dem SGB XII. Der Anspruch auf den Regelbedarf nach dem SGB II bzw. der Hilfe zum Lebensunterhalt nach dem SGB XII beträgt ab 01.01.2017 bis zur Vollendung des 6. Lebensjahres monatlich 237 € – § 23 Nr. 2 SGB II bzw. Anlage zu § 28 SGB XII.

Alter	lfde. Nr.	Rechtsposition	Ergänzung, Erläuterung, Voraussetzungen
	5.10	... die rechtliche Eigenschaft und Bezeichnung als Kind (bis zur Vollendung des 14. Lebensjahres) ...	a) in allen Rechtsbereichen, insbesondere wenn das Eltern-Kind-Verhältnis betroffen ist, wie im Unterhaltsrecht, und keine anderen Begriffe maßgeblich sind,
			b) i.S.d. SGB VIII (§ 7 Abs. 1 Nr. 1): mit den in diesem Gesetz geregelten Ansprüchen auf Hilfe und Förderung für Kinder, z.B. Förderung von Kindern in Tageseinrichtungen und in Tagespflege (§§ 22–26 SGB VIII), die Hilfen zur Erziehung (die auch für Jugendliche gelten) (§§ 28–34 SGB VIII), Eingliederungshilfe für seelisch behinderte Kinder (und Jugendliche) (§ 35a SGB VIII).
			c) i.S.d. Jugendschutzgesetzes (JuSchG) (§ 1 Abs. 1 Nr. 1 JuSchG): mit den in diesem Gesetz geregelten Verboten, z.B. dürfen sich Kinder und Jugendliche unter 16 Jahren in Gaststätten nur in Begleitung personensorgeberechtigter oder erziehungsberechtigter Personen aufhalten. Branntwein oder branntweinhaltige sowie andere alkoholische Getränke dürfen nicht an Kinder und Jugendliche unter 16 Jahren abgegeben werden, der Verzehr darf ihnen nicht gestattet werden (§ 9 Abs. 1 JuSchG); Trägermedien, die in die Liste jugendgefährdender Medien aufgenommen worden und bekannt gemacht sind, dürfen einem Kind oder einem Jugendlichen nicht angeboten, überlassen oder zugänglich gemacht werden (§ 15 Abs. 1 Nr. 1 JuSchG).
			d) besteht keine Strafmündigkeit im strafrechtlichen Sinne (§ 19 StGB): »Schuldunfähig ist, wer bei der Begehung der Tat noch nicht 14 alt Jahre ist.« Auf die Verwirklichung eines Strafatbestandes durch noch nicht 14 Jährige kann nicht mit den Mitteln des Strafrechts/Jugendstrafrechts reagiert werden.

Alter	lfde. Nr.	Rechtsposition	Ergänzung, Erläuterung, Voraussetzungen
	5.11	... bis zur Vollendung des 15. Lebensjahres ...	... i.S.d. Jugendarbeitsschutzgesetzes (§ 2 Abs. 1 JArbSchG): Mit den in diesem Gesetz geregelten Verboten für die Beschäftigung von Kindern und dabei bestehende Ausnahmen, z.B. gilt das Beschäftigungsverbot des § 5 Abs. 1: »Die Beschäftigung von Kindern ist verboten« nicht für die Beschäftigung von Kindern i.R.d. Betriebspraktikums während der Vollzeitschulpflicht, nicht für die Beschäftigung zum Zwecke der Arbeits- und Beschäftigungstherapie und nicht für die Beschäftigung in Erfüllung einer richterlichen Weisung (§ 5 Abs. 2 Nr. 1–3 JarbSchG); nach § 2 der Kinderarbeitsschutzverordnung vom 23.06.1998 (BGBl. I S. 1508) dürfen Kinder über 13 Jahren nur mit ganz bestimmten, abschließend aufgezählten Tätigkeiten beschäftigt werden, z.B. dem Austragen von Zeitungen.
Ab Beginn des Monats, in den die Geburt fällt ...	6.	... beginnt die Zahlung des Kindergeldes (§ 66 Abs. 2 EStG).	Setzt einen entsprechenden Antrag bei der Familienkasse (Arbeitsamt) voraus.
Acht Wochen nach der Geburt ...	7.1	... endet die sog. nachgehende Schutzfrist nach dem MuSchG (§ 6 Abs. 1).	Für Wöchnerinnen besteht bis zum Ablauf von 8 Wochen nach der Entbindung ein generelles Beschäftigungsverbot; für Mütter von Früh- und Mehrlingsgeburten verlängert sich diese Frist auf 12 Wochen, bei Frühgeburten zusätzlich um den Zeitraum, der nach § 3 Abs. 2 MuSchG (s. dazu Nr. 4.1) nicht in Anspruch genommen wurde.
	7.2	... endet der Anspruch auf Mutterschaftsgeld und der Anspruch auf Zuschuss dazu ...	... gem. § 24i SGB V und § 14 MuSchG (zum Beginn und zur Höhe s. Nr. 4.2). Verlängerung der Anspruchsdauer entsprechend der vorstehenden Nr.
	7.3	... endet der Anspruch der Mutter eines nichtehelichen Kindes, die keiner Erwerbstätigkeit nachgeht, auf Unterhalt ...	... gegenüber dem Vater gem. § 1615l Abs. 1 (zum Beginn des Anspruchs s. bei Nrn. 3 und 4.3 – zur längeren Dauer des Unterhaltsanspruchs s. Nr. 10.1).

Alter	lfde. Nr.	Rechtsposition	Ergänzung, Erläuterung, Voraussetzungen
	7.4	... ist das Mindestalter für eine Adoption (§ 1747 Abs. 2 S. 1 BGB).	Die für die Adoption erforderliche Einwilligung der Eltern kann von diesen erst erteilt werden, wenn das Kind acht Wochen alt ist. Sind die Eltern nicht miteinander verheiratet und haben sie keine Sorgeerklärung abgegeben, kann der Vater seine Einwilligung bereits vor der Geburt erteilen (§ 1747 Abs. 3 Nr. 1 BGB).
12 bzw. 14 Monate nach der Geburt ...	8.	... endet der Anspruch auf Elterngeld nach dem BEEG.	Mit der Vollendung des 12. bzw. 14 Lebensmonats endet der Anspruch auf Elterngeld. Der Anspruch beträgt u.a. 14 Monate, wenn jeder Elternteil die Versorgung und Betreuung des Kindes für mindestens zwei Monate übernimmt (§ 4 BEEG). Der Auszahlungszeitraum verdoppelt sich, wenn pro Monat nur die Hälfte des Elterngelds in Anspruch genommen wird (Elterngeld Plus nach § 4 Abs. 3 BEEG).
Mit Vollendung des 1. Lebensjahres ...	9.	... beginnt der Rechtsanspruch auf frühkindliche Förderung in einer Tageseinrichtung oder in Kindertagespflege.	Ab vollendetem erstem Lebensjahr hat ein Kind bis zum Schuleintritt Anspruch auf Förderung in einer Tageseinrichtung oder in Kindertagespflege (§ 24 Abs. 2 SGB VIII); es ist Aufgabe des Landesgesetzgebers, diesen Anspruch umzusetzen.
Mit Vollendung des 3. Lebensjahres ...	10.1	... endet der Anspruch der nicht erwerbstätigen Mutter eines nichtehelichen Kindes auf Unterhalt gegenüber dem Vater gem. § 1615 l Abs. 2 BGB, ...	... wenn die Mutter infolge einer durch die Schwangerschaft oder die Entbindung verursachten Krankheit zur Ausübung einer Erwerbstätigkeit außerstande ist oder weil von ihr wegen der Pflege oder Erziehung des Kindes eine Erwerbstätigkeit nicht erwartet werden kann (§ 1615 l Abs. 2 Satz 1 und 2 BGB); die Anspruchsdauer verlängert sich, solange und soweit dies der Billigkeit entspricht. Dabei sind insb. die Belange des Kindes und die bestehenden Möglichkeiten der Kinderbetreuung zu berücksichtigen (§ 1615 l Abs. 2 Satz 3 und 4 BGB); wenn der Vater das Kind nach der Geburt betreut, steht ihm der Anspruch gegenüber der Mutter zu (§ 1615 l Abs. 4 BGB – zum frühesten Beginn des Anspruchs s. Nr. 3).

Alter	lfde. Nr.	Rechtsposition	Ergänzung, Erläuterung, Voraussetzungen
	10.2	... endet der Anspruch auf Elternzeit.	Der Anspruch auf Elternzeit besteht nach § 15 Abs. 2 BEEG maximal bis zur Vollendung des dritten Lebensjahres des Kindes; bei einem angenommenen Kind oder einem Kind in Vollzeit- oder Adoptionspflege kann die Elternzeit von bis zu drei Jahren ab der Aufnahme bei der berechtigten Person, längstens bis zur Vollendung des achten Lebensjahres des Kindes genommen werden.
	10.3	... beginnt der Rechtsanspruch auf Förderung in einer Tageseinrichtung.	Ab vollendetem dritten Lebensjahr hat ein Kind bis zum Schuleintritt Anspruch auf den Besuch einer Tageseinrichtung (§ 24 Abs. 3 SGB VIII); es ist Aufgabe des Landesgesetzgebers, diesen Anspruch umzusetzen.
Mit Vollendung des 6. Lebensjahres ...	11.1	... beginnt im Regelfall die Schulpflicht.	Damit verbunden ist das Recht auf und die Pflicht zum Schulbesuch – in der Regel besteht eine 12-jährige Schulpflicht; die entsprechenden Regelungen finden sich in den Schulgesetzen der Länder.
	11.2	... erhöht sich der Anspruch von Kindern auf Zahlung von Barunterhalt gegenüber dem Elternteil, mit dem es nicht in einem Haushalt zusammenlebt.	Vgl. § 1612a BGB i.V.m. § 32 Abs. 6 EStG – für die Altersstufe ab Beginn des 7. Lebensjahr bis zur Vollendung des 12. Lebensjahres beträgt der Mindestunterhalt ab 01.01.2017 (ohne Berücksichtigung von Kindergeld) monatlich 393 € (2018: 399 €). Zu den Selbstbehalten s. unter Nr. 6.6 und die sog. *Düsseldorfer Tabelle* sowie die Leitlinien der übrigen Oberlandesgerichte.
	11.3	... erhöht sich der Anspruch auf Unterhaltsvorschuss (§ 2 Abs. 1 UVG).	In der Altersgruppe vom Beginn des 7. Lebensjahres bis zur Vollendung des 12. Lebensjahres erhöht sich der Unterhaltsvorschuss – er ergibt sich nach dem Mindestunterhaltsanspruch nach § 1612a BGB – s. vorstehende Nr. abzüglich des für ein erstes Kind zu zahlenden Kindergelds; für 2017 sind dies 201 €, für 2018 dann 205 €.

Alter	lfde. Nr.	Rechtsposition	Ergänzung, Erläuterung, Voraussetzungen
	11.4	... erhöht sich der Anspruch auf Leistungen zur Sicherung des Lebensunterhalts ...	... nach dem SGB II bzw. dem SGB XII. Ab Beginn des 7. Lebensjahres bis zur Vollendung des 14. Lebensjahres beträgt der Anspruch auf Sozialgeld nach dem SGB II bzw. auf Hilfe zum Lebensunterhalt nach dem SGB XII ab dem 01.01.2017 monatlich 291 € – § 23 Nr. 1 SGB II bzw. Anlage zu § 28 SGB XII.
Ab Vollendung des 7. Lebensjahres ...	12.1	tritt beschränkte Geschäftsfähigkeit ein (§§ 106–113 BGB).	Aufgrund der beschränkten Geschäftsfähigkeit kann das minderjährige Kind selbständig Willenserklärungen abgeben (z.B. Verträge abschließen). Zur Rechtsverbindlichkeit der Willenserklärung ist die Einwilligung der gesetzlichen Vertreter erforderlich – es sei denn, die Geschäfte des Kindes halten sich im Rahmen seines Taschengeldes (§ 110 BGB) oder die Willenserklärung führt nur zu einem rechtlichen Vorteil (§ 107 BGB), z.B. die Annahme einer Schenkung, aus der sich keine finanziellen (z.B. Schenkungssteuer) oder sonstigen rechtlichen Verpflichtungen ergeben.
	12.2	... besteht u.U. unbeschränkte Geschäftsfähigkeit in den nebenstehenden Fällen.	Ermächtigen der (oder die) gesetzlichen Vertreter einen Minderjährigen, in Dienst oder Arbeit zu treten, ist der Minderjährige für solche Rechtsgeschäfte unbeschränkt geschäftsfähig, die die Eingehung oder Aufhebung eines Dienst- oder Arbeitsverhältnisses oder die Erfüllung der sich aus einem solchen Verhältnis ergebenden Verpflichtungen betreffen (§ 113 BGB); dies umfasst auch den Beitritt zu Gewerkschaften. Von § 113 BGB werden Berufsausbildungsverträge nicht erfasst (solche Verträge müssen die gesetzlichen Vertreter neben dem Auszubildenden unterschreiben – § 11 Abs. 2 BBiG).
	12.3	... besteht partielle Prozessfähigkeit (§ 51 ZPO, § 62 Abs. 1 Nr. 2 VwGO, § 71 Abs. 2 S. 1 SGG), ...	... wenn es um Streitigkeiten aus Rechtsgeschäften geht, für die der Minderjährige partiell unbeschränkt geschäftsfähig ist (s. dazu die vorstehende Nr.) oder wenn es um öffentlich-rechtliche Rechte oder Ansprüche geht, in Bezug auf die der Minderjährige handlungsfähig ist; in solchen Verfahren ist der Minderjährige berechtigt, selbständig als Kläger oder Beklagter aufzutreten.

Alter	lfde. Nr.	Rechtsposition	Ergänzung, Erläuterung, Voraussetzungen
	12.4	... tritt beschränkte Deliktsfähigkeit ein (§ 828 BGB).	Mit Deliktsfähigkeit ist das finanzielle Einstehenmüssen (Haftung) für einen Schaden gemeint; beschränkte Deliktsfähigkeit bedeutet Haftung des Minderjährigen gegenüber dem Geschädigten, soweit der Minderjährige die für die Erkenntnis seiner Verantwortlichkeit erforderliche Einsicht besitzt.
Mit Vollendung des 12. Lebensjahres ...	13.1	... besteht beschränkte Religionsmündigkeit (§ 5 S. 2 RelKEG).	Dies bedeutet, dass ein Minderjähriger nicht gegen seinen Willen in einem anderen Bekenntnis als bisher erzogen werden darf.
	13.2	... erhöht sich der Barunterhaltsanspruch von Kindern ...	... gegenüber dem Elternteil, mit dem das Kind nicht in einem Haushalt zusammenlebt. Vom Beginn des 13. Lebensjahres an erhöht sich der Mindestunterhaltsanspruch nach § 1612a BGB i.V.m. § 32 Abs. 6 EStG auf monatlich 460 € (2017) bzw. 467 € (2018) – ohne Berücksichtigung des Kindegeldes.
	13.3	... endet im Regelfall der Anspruch auf Unterhaltsvorschussleistungen nach dem UVG.	Vgl. § 1 Abs. 1 Nr. 1 UVG; s. aber zum möglichen längeren Bezug § 1 Abs. 1a UVG.
Die Vollendung des 14. Lebensjahres ...	14.1	... hat – bis zur Vollendung des 18. Lebensjahres – die rechtliche Einordnung als Jugendlicher zur Folge ...	a) i.S.d. SGB VIII (§ 7 Abs. 1 Nr. 2): Mit den in diesem Gesetz für Jugendliche vorgesehenen Maßnahmen, etwa Hilfen zur Erziehung (die auch für Kinder vorgesehen sind) (§§ 28–34 SGB VIII) z.B. soziale Gruppenarbeit, Heimerziehung/ betreute Wohnform oder (nur für Jugendliche) intensive sozialpädagogische Einzelbetreuung nach § 35 SGB VIII b) i.S.d. Jugendschutzgesetzes (JuSchG) (s.a. Nr. 5.10 c)): Mit den in diesem Gesetz geregelten Verboten, z.B. kein Zutritt zu öffentlichen Spielhallen (§ 6 Abs. 1), Rauchverbot in der Öffentlichkeit unter 16 Jahren (§ 10 Abs. 1, zum Aufenthalt in Gaststätten s. unter 5.10 c)). Zum Jugendschutz im Bereich der Medien s. Abschnitt 3 des Gesetzes §§ 11 ff. c) c) Im strafrechtlichen Sinne nach § 1 Abs. 2 JGG, was zur »bedingten Strafmündigkeit« führt (s. nachfolgend).

Alter	lfde. Nr.	Rechtsposition	Ergänzung, Erläuterung, Voraussetzungen
	14.2	... bedeutet bedingte Strafmündigkeit (§ 3 i.V.m. § 1 JGG).	Bedingte Strafmündigkeit meint die strafrechtliche Verantwortlichkeit eines Jugendlichen für strafbare Handlungen, sofern er zum Tatzeitpunkt nach seinem individuellen Entwicklungsstand in der Lage (reif genug) ist, das Unrecht der Tat einzusehen und nach dieser Einsicht zu handeln.
	14.3	... führt zu einem eigenem Berufungsrecht des Jugendlichen im Strafverfahren (§ 55 Abs. 2 S. 2 JGG).	Im Jugendstrafverfahren hat der Jugendliche ein eigenes Recht, Berufung gegen Entscheidungen des Jugendgerichts einzulegen (bezieht sich nur auf berufungsfähige Entscheidungen (§ 55 Abs. 1 JGG).
	14.4	... begründer ein selbständiges Antragsrecht (§ 30 Abs. 1 BZRG) ...	... des Jugendlichen auf Erteilung eines Führungszeugnisses (entweder für eigene Zwecke oder zur Vorlage bei einer Behörde) beim Bundeszentralregister; daneben ist auch der gesetzliche Vertreter antragsberechtigt.
	14.5	... ist die Altersgrenze für den besonderen strafrechtlichen Schutz der sexuellen Selbstbestimmung von Kindern.	Nach § 176 Abs. 1 StGB macht sich wegen sexuellen Missbrauchs von Kindern strafbar, wer sexuelle Handlungen an einer Person unter 14 Jahren (Kind) vornimmt oder an sich von dem Kind vornehmen lässt; nach § 176a und § 176b StGB ist die Strafandrohung für den schweren sexuellen Missbrauch von Kindern und sexuellen Missbrauch von Kindern mit Todesfolge verschärft worden. Der mit diesen Vorschriften beabsichtigte Schutz von Kindern entfällt mit dem 14. Lebensjahr.
	14.6	... führt zur Religionsmündigkeit (§ 5 S. 1 RelKEG).	Dies bedeutet, dass Minderjährige ihre Religionszugehörigkeit selbst bestimmen können, wozu auch der selbständige Austritt aus einer Kirche/Religionsgemeinschaft gehört; einer der wenigen Fälle ausdrücklich geregelter Grundrechtsmündigkeit (hier bezogen auf Art. 4 Abs. 1 GG).
	14.7	... bedeutet, dass ein Kind die Einwilligung für seine Adoption nur selbst erteilen kann (§ 1746 Abs. 1 BGB).	Die Wirksamkeit der Einwilligung ist von der Zustimmung des gesetzlichen Vertreters abhängig; eine bereits erteilte Einwilligung kann vom Kind bis zum Wirksamwerden des Ausspruchs seiner Annahme als Kind widerrufen werden, und zwar gegenüber dem Vormundschaftsgericht und ohne Zustimmung des gesetzlichen Vertreters (§ 1746 Abs. 2 BGB).

Alter	lfde. Nr.	Rechtsposition	Ergänzung, Erläuterung, Voraussetzungen
	14.8	... begründet ein persönliches Anhörungsrecht (§ 159 Abs. 1 und 2 FamFG) in Kindschaftssachen (§ 151 FamFG).	Beim Familiengericht muss das Kind vom Gericht im Hinblick auf die zu treffende Entscheidung angehört werden, z.B. bei der Regelung des Sorgerechts und/oder des Umgangsrechts. Wenn das Kind das 14. Lebensjahr noch nicht vollendet hat, ist es persönlich anzuhören, wenn die Neigungen, Bindungen oder der Wille des Kindes für die Entscheidung von Bedeutung sind oder wenn eine persönliche Anhörung aus sonstigen Gründen angezeigt ist.
	14.9	... begründet ein Widerspruchsrecht des Kindes nach § 1671 Abs. 1 S. 2 Nr. 1 BGB gegen die alleinige Übertragung des Sorgerechts an einen Elternteil.	Leben Eltern, denen die elterliche Sorge gemeinsam zusteht, nicht nur vorübergehend getrennt, kann jeder Elternteil beantragen, dass ihm das Familiengericht die elterliche Sorge oder Teile der elterlichen Sorge allein überträgt (§ 1671 Abs. 1 BGB); dem Antrag ist nicht stattzugeben, wenn das Kind der Übertragung widerspricht.
	14.10	... begründet ein selbständiges Beschwerderecht (§ 60 FamFG) ...	... des Kindes in familiengerichtlichen Verfahren, die seine Person betreffen; das Kind kann gegen entsprechende Entscheidungen selbständig ohne Mitwirkung des gesetzlichen Vertreters das Beschwerderecht ausüben.
	14.11	... begründet ein selbstständiges Antragsrecht (§ 1887 Abs. 2 S. 1, § 1915 BGB) ...	... beim Familiengericht, durch das der Minderjährige die Möglichkeit hat, die Ablösung eines Amts- oder Vereinsvormunds (oder -pflegers) durch eine andere Person sowie die Bestellung eines anderen Pflegers oder Vormunds selbst zu beantragen.
	14.12	... führt zu einer Erhöhung der Leistungen zur Sicherung des Lebensunterhalts ...	... nach dem SGB II bzw. dem SGB XII. Ab Beginn des 14. Lebensjahres beträgt der Anspruch auf die Regelleistung im 15. Lebensjahr bzw. Alg II ab dem 15. Lebensjahr nach dem SGB II bzw. auf Hilfe zum Lebensunterhalt (oder Grundsicherung bei verminderter Erwerbsfähigkeit nach dem SGB XII – jeweils bis zum Erreichen des 18. Lebensjahres ab dem 01.01.2017 monatlich 311 € – §§ 23 Nr. 1, 20 Abs. 2 Nr. 1 SGB II, Anlage zu § 28 SGB XII.

Alter	lfde. Nr.	Rechtsposition	Ergänzung, Erläuterung, Voraussetzungen
Ab Vollendung des 15. Lebensjahres …	15.1	… Bezeichnung und Eigenschaft als Jugendlicher – bis zur Vollendung des 18. Lebensjahres …	i.S.d. Jugendarbeitsschutzgesetzes (§ 2 Abs. 2 JArbSchG): Beachtung der in diesem Gesetz vorgeschriebenen Gebote und Verbote für die Beschäftigung Jugendlicher, z.B. keine Beschäftigung von mehr als 40 Stunden in der Woche, keine Nachtarbeit, Anspruch auf Mindesturlaub.
	15.2	… besteht die sozialrechtliche Handlungsfähigkeit (§ 36 SGB I).	Minderjährige haben ein grds. selbständiges Recht, Anträge auf Sozialleistungen zu stellen und zu verfolgen und Sozialleistungen entgegenzunehmen. Sozialleistungen sind nach der Definition des § 11 SGB I alle Dienst-, Sach-, und Geldleistungen, die das SGB vorsieht; dazu gehören auch die persönliche Hilfe und die erzieherische Hilfe. Anträge stellen bedeutet, das Recht auf Gewährung von Sozialleistungen dem zuständigen Leistungsträger gegenüber geltend zu machen, was sich auch auf solche Sozialleistungen bezieht, die nicht von einem formalen Antrag abhängig sind, sondern vom Leistungsträger bei Vorliegen der Voraussetzungen von Amts wegen zu gewähren sind (z.B. Sozialhilfe). Anträge verfolgen schließt darüber hinaus die Vornahme aller notwendigen Verfahrenshandlungen sowie die Verfolgung des Anspruchs ggf. auf dem Rechtsweg einschließlich eines Vorverfahrens ein (§ 35 SGB I i.V.m. § 62 Abs. 1 Nr. 2 VwGO bzw. § 71 Abs. 2 Satz 1 SGG).
Ab Vollendung des 16. Lebensjahres …	16.1	… besteht beschränkte Testierfähigkeit (§ 2229 Abs. 1 BGB).	Dies bedeutet, dass ein Minderjähriger zwar selbständig ein Testament errichten kann, jedoch nur in öffentlicher Form, d.h. durch Erklärung gegenüber dem Notar oder durch Übergabe einer offenen Schrift an den Notar (§ 2233 Abs. 1 BGB).
	16.2	… besteht die Eidesfähigkeit im Zivilprozess (§§ 393, 455 ZPO).	Minderjährige sind eidesfähig, d.h. sie können in einem Gerichtsverfahren, in dem sie als Zeugen aussagen müssen, vereidigt werden.
	16.3	… besteht beschränkte Ehemündigkeit (§ 1303 Abs. 2 BGB).	Wenn der zukünftige Ehepartner volljährig ist, kann das Familiengericht den minderjährigen Ehepartner vom Erfordernis der Volljährigkeit befreien.

Alter	lfde. Nr.	Rechtsposition	Ergänzung, Erläuterung, Voraussetzungen
	16.4	… besteht die Möglichkeit der Ableistung eines freiwilligen sozialen oder ökologischen Jahres …	… für Personen, die die Vollzeitschulpflicht erfüllt, aber das 27. Lebensjahr noch nicht vollendet haben (§ 2 Nr. 4 des Gesetzes zur Förderung von Jugendfreiwilligendiensten); mit dem 16. Lebensjahr ist die Vollzeitschulpflicht (Ländersache) durchweg erfüllt.
	16.5	… endet der besondere Schutz durch das Strafrecht vor Straftaten gegen die sexuelle Selbstbestimmung.	a) Nach § 174 StGB ist der sexuelle Missbrauch von Schutzbefohlenen unter Strafe gestellt; Schutzbefohlene nach Abs. 1 Nr. 1 der Vorschrift sind zur Erziehung, Ausbildung oder zur Betreuung in der Lebensführung anvertraute Personen unter 16 Jahren; b) In § 182 StGB ist die Strafbarkeit des sexuellen Missbrauchs von Jugendlichen geregelt; zum Tatbestand des Abs. 1 und Abs. 2 gehört der sexuelle Missbrauch von Personen unter 16 Jahren (wobei unterschiedliche weitere Umstände maßgeblich sind). Der mit den genannten Vorschriften beabsichtigte Schutz entfällt mit Erreichen des 16. Lebensjahres.
Mit Vollendung des 18. Lebensjahres	17.1	… tritt unbeschränkte Grundrechtsmündigkeit ein.	Unbeschränkte Grundrechtsmündigkeit bedeutet, dass der Volljährige selbstständig – also nicht mehr durch die gesetzlichen Vertreter vermittelt – Grundrechte ausüben und sich auf sie berufen kann; die Grundrechtsmündigkeit vor Erreichen der Volljährigkeit ist – abgesehen von den Fällen des RelKEG und des AsylG – nicht gesetzlich geregelt; ob ein Minderjähriger bereits vor dem Erreichen des 18. Lebensjahres grundrechtsmündig sein kann, hängt bei den übrigen Grundrechten von seinem Alter und dem damit verbundenen Reifegrad und Entwicklungsstand ab

Alter	lfde. Nr.	Rechtsposition	Ergänzung, Erläuterung, Voraussetzungen
	17.2	... tritt Volljährigkeit ein (§ 2 BGB).	Dies bedeutet zivilrechtlich: a) volle = unbeschränkte Geschäftsfähigkeit (§ 2 BGB), b) Ehemündigkeit (§ 1303 Abs. 1 BGB), c) volle Schadensverantwortlichkeit (Deliktsfähigkeit) (§§ 823, 827 BGB), d) uneingeschränkte Testierfähigkeit und Erbvertragsfähigkeit, e) Ende der elterlichen Sorge, f) Ende von Pflegschaften und Vormundschaften wegen Minderjährigkeit.
	17.3	... gilt man – bis zur Vollendung des 21. Lebensjahres (§ 105 JGG) – Heranwachsender ...	... im strafrechtlichen Sinne. Zuständig ist weiterhin das Jugendgericht; es entscheidet bei strafbaren Handlungen nach Täterpersönlichkeit und Art der Tat, ob Jugendstrafrecht oder Erwachsenenstrafrecht angewendet wird.
	17.4	... ist man – bis zur Vollendung des 27. Lebensjahres – junger Volljähriger ...	... i.S.d. SGB VIII (§ 7 Abs. 1 Nr. 3) mit den in diesem Gesetz für diesen Personenkreis vorgesehenen Hilfemaßnahmen zur Persönlichkeitsentwicklung und zu einer eigenverantwortlichen Lebensführung (§ 41 SGB VIII); für die Ausgestaltung der Hilfe wird auf z.B. bestimmte Hilfen zur Erziehung/Eingliederungshilfe für seelisch behinderte Kinder und Jugendliche verwiesen. Die Hilfe wird in der Regel nur bis zur Vollendung des 21. Lebensjahres gewährt. Daneben z.B. Anspruch auf Beratung und Unterstützung bei der Geltendmachung von Unterhalt- und Unterhaltsersatzansprüchen nach § 18 Abs. 1 Satz 2 SGB VIII (nur bis zum 21. Lebensjahr).
	17.5	... besteht volle Prozessfähigkeit.	In allen zivilgerichtlichen (einschl. familien- und vormundschaftsgerichtlichen), arbeitsgerichtlichen, verwaltungsgerichtlichen, sozialgerichtlichen, finanzgerichtlichen und verfassungsgerichtlichen Verfahren besteht die unbeschränkte Möglichkeit, als Partei (Kläger oder Beklagter) oder sonstiger Beteiligter selbstständig Prozesshandlungen vorzunehmen, z.B. Klageerhebung, Klagerücknahme, Abschluss von Vergleichen.

Alter	lfde. Nr.	Rechtsposition	Ergänzung, Erläuterung, Voraussetzungen
	17.6	... besteht die Eidesfähigkeit im Strafprozess (§ 60 StPO).	Ein Volljähriger ist eidesfähig, d.h. er kann in einem Gerichtsverfahren, in dem er als Zeuge aussagen muss, vereidigt werden.
	17.7	...besteht die Möglichkeit, ...	... als Pfleger, Vormund oder Betreuer bestellt zu werden (§ 1781 Nr. 1, 1915 BGB).
	17.8	... beginnt für ausländische Staatsangehörige ...	a) die Handlungsfähigkeit nach dem Asylgesetz – sie sind gem. § 12 Abs. 1 AsylG fähig (= berechtigt) zur Vornahme aller Verfahrenshandlungen nach dem Asylverfahrensgesetz; dazu gehört zunächst die Stellung des Asylantrags, sodass es sich um einen Fall ausdrücklich geregelter Grundrechtsmündigkeit in Bezug auf Art. 16a GG handelt. Zu dieser Berechtigung gehört auch die Einlegung von Widersprüchen gegen ablehnende Entscheidungen; b) die Handlungsfähigkeit nach dem allg. Aufenthaltsrecht (§ 80 Abs. 1 AufenthG) – sie bedeutet die Fähigkeit zur Vornahme von Verfahrenshandlungen nach dem Aufenthaltsgesetz
	17.9	... endet die gesteigerte Unterhaltspflicht der Eltern (§ 1603 Abs. 2 BGB).	Die gesteigerte Unterhaltspflicht besteht bis zur Vollendung des 21. Lebensjahres weiter, solange das volljährige (und unverheiratete) Kind im Haushalt der Eltern oder eines Elternteils lebt und sich in der allgemeinen Schulausbildung (nicht Berufsausbildung) befindet (§ 1603 Abs. 2 BGB). I.Ü. besteht nach Beendigung der gesteigerten Unterhaltspflicht die nicht gesteigerte Unterhaltspflicht der Eltern für die Dauer einer den erkennbaren Neigungen und Begabungen entsprechenden Ausbildung des Kindes bis zu deren berufsqualifizierenden Abschluss (§ 1610 Abs. 2 BGB).
	17.10	... beträgt die Regelleistung nach dem SGB II bzw. der Regelbedarf nach dem SGB XII ...	... ab dem 01.01.2017 368 €, wenn zur Bedarfsgemeinschaft zwei Partner gehören, die das 18. Lebensjahr vollendet haben – bzw. für jeweils zwei erwachsene Leistungsberechtigte, die als Ehegatten, Lebenspartner oder in eheähnlicher oder lebenspartnerschaftsähnlicher Gemeinschaft einen gemeinsamen Haushalt führen – § 20 Abs. 4 SGB II bzw. Anlage zu § 28 SGB XII.

Alter	lfde. Nr.	Rechtsposition	Ergänzung, Erläuterung, Voraussetzungen
	17.11	... endet die Kindergeldberechtigung (§ 32 Abs. 4 EStG, § 2 Abs. 2 BKGG), ...	... es sei denn, das Kind erfüllt einen Sondertatbestand nach § 32 Abs. 4 EStG oder § 2 Abs. 2 BKGG (bspw. es befindet sich in einer Ausbildung für einen Beruf, leistet ein freiwilliges soziales oder ökologisches Jahr oder den Bundesfreiwilligendienst ab oder ist infolge einer körperlichen, geistigen oder seelischen Behinderung nicht in der Lage, sich selbst zu unterhalten). Die Zahlung endet jeweils mit Ende des Monats, in den der jeweils maßgebliche Geburtstag fällt (§ 66 Abs. 2 EStG, § 5 Abs. 1 BKGG).
	17.12	... entfällt der Anspruch auf Waisenrenten in der gesetzlichen Renten- und Unfallversicherung bzw. im sozialen Entschädigungsrecht, ...	... es sei denn, das Kind befindet sich in einer Schul- oder Berufsausbildung, leistet ein freiwilliges soziales oder ökologisches Jahr bzw. den Bundesfreiwilligendienst ab oder ist infolge körperlicher, geistiger oder seelischer Behinderung außerstande, sich selbst zu unterhalten (§ 48 Abs. 4 SGB VI, § 67 Abs. 3 SGB VII, § 45 Abs. 1 und 3 BVG).
	17.13	... endet die beitragsfreie Familienversicherung von Kindern in der gesetzlichen Krankenversicherung (§ 10 Abs. 2 SGB V), ...	... es sei denn, das Kind ist nicht erwerbstätig, befindet sich in Schul- oder Berufsausbildung, leistet ein freiwilliges soziales oder ökologisches Jahr bzw. den Bundesfreiwilligendienst oder ist wegen einer körperlichen, geistigen oder seelischen Behinderung nicht in der Lage, sich selbst zu unterhalten.
	17.14	... endet die Möglichkeit der Adoptionsvermittlung nach dem Adoptionsvermittlungsgesetz.	Adoptionsvermittlung ist das Zusammenführen von Kindern unter 18. Jahren und Personen, die ein Kind annehmen wollen (Adoptionsbewerber) mit dem Ziel der Annahme als Kind (§ 1 AdVermiG).
Die Vollendung des 21. Lebensjahres ...	18.1	... bedeutet uneingeschränkte Strafmündigkeit (§ 19 StGB), ...	... d.h. die obligatorische Anwendung des Erwachsenenstrafrechts durch die normalen Strafgerichte.
	18.2	... reicht als Voraussetzung für eine Adoption (§ 1743 S. 1 BGB) ...	... bei einem Ehepartner, wenn der andere Ehepartner das 21. Lebensjahr noch nicht vollendet hat – bei der gemeinschaftlichen Annahme durch ein Ehepaar.

Alter	lfde. Nr.	Rechtsposition	Ergänzung, Erläuterung, Voraussetzungen
	18.3	... reicht als Voraussetzung für die Adoption (§ 1743 S. 2 BGB), ...	... wenn ein Ehepartner das Kind des anderen Ehepartners annehmen will und einer der Ehegatten das 25 Lj. vollendet hat.
	18.4	... lässt die Erklärungspflicht für Doppelstaater entstehen (§ 29 StAG).	Personen, die durch die deutsche Staatsangehörigkeit aufgrund § 4 Abs. 3 StAG erworben haben, (s. dazu unter Nr. 5.4) müssen, nachdem sie vorher schriftlich auf diese Pflicht und mögliche Rechtsfolgen hingewiesen worden sind, erklären, ob sie die deutsche oder die ausländische Staatsangehörigkeit behalten wollen (§ 29 Abs. 1 StAG); bei Entscheidung für die ausländische Staatsangehörigkeit tritt Verlust der deutschen Staatsangehörigkeit ein; ebenso, wenn innerhalb von 2 Jahren nach Vollendung des 21. Lebensjahres die Aufgabe oder der Verlust der ausländischen Staatsangehörigkeit nicht nachgewiesen wurden (§ 29 Abs. 3 StAG).
	18.5	... führt zum Wegfall der Kindergeldberechtigung ...	... nach Vollendung des 18. Lebensjahrs, wenn sich das Kind nicht in einem Beschäftigungsverhältnis befindet und bei der Agentur für Arbeit als Arbeitssuchender gemeldet ist, es sei denn, das Kind befindet sich in einer Ausbildung für einen Beruf, leistet ein freiwilliges soziales oder ökologisches Jahr (oder ein gleichgestelltes Freiwilligendienstverhältnis) bzw. den Bundesfreiwilligendienst oder ist wegen einer körperlichen, geistigen oder seelischen Behinderung außerstande ist, sich selbst zu unterhalten (§ 32 Abs. 4 EStG, § 2 Abs. 2, 3 BKGG [weitere Ausnahmen in den genannten Vorschriften] – zu den weiteren Altersgrenzen s. Nrn. 21.4 und 23.2).
Vor Vollendung des 23. Lebensjahres ...	19.	... eines nichtehelichen Kindes, bei dessen Geburt nur der Vater deutscher Staatsangehöriger ist, ...	... muss das Vaterschaftsfeststellungsverfahren eingeleitet worden sein und die Vaterschaft erfolgreich festgestellt worden sein, damit die deutsche Staatsbürgerschaft erworben wird (§ 4 Abs. 1 Satz 2 StAG).

Kievel/Sauer

Alter	lfde. Nr.	Rechtsposition	Ergänzung, Erläuterung, Voraussetzungen
Die Vollendung des 23. Lebensjahres ...	20.	... führt zur Beendigung der beitragsfreien Familienversicherung für Kinder in der gesetzlichen Krankenversicherung, ...	... wenn sie nicht erwerbstätig sind (§ 10 Abs. 2 Nr. 2 SGB V – es sei denn, das Kind befindet sich in Schul- oder Berufsausbildung, leistet ein freiwilliges soziales oder ökologisches Jahr bzw. den Bundesfreiwilligendienst oder ist infolge einer körperlichen, geistigen oder seelischen Behinderung nicht in der Lage, sich selbst zu unterhalten (§ 10 Abs. 2 Nr. 3 und 4 SGB V – zur weiteren Altersgrenze s. bei Nr. 21.4 und 23.2).
Mit Vollendung des 24. Lebensjahres ...	21.1	... sind Eintragungen im Erziehungsregister zu entfernen (§ 63 Abs. 1 BZRG).	Das Erziehungsregister dient der Dokumentation von Verurteilungen Jugendlicher und Heranwachsender (Ausnahme: die Feststellung der Schuld eines Jugendlichen oder Heranwachsenden nach § 27 JGG wird im Zentralregister eingetragen).
	21.2	... entsteht uneingeschränktes Adoptionsrecht (§ 1743 Abs. 1 und 2 BGB) ...	... für einen Ehepartner, wenn der andere Ehepartner das 21. Lebensjahr vollendet hat.
	21.3	... ist die Voraussetzung für eine Adoption (§ 1743 S. 1 BGB) gegeben, ...	... wenn es um die alleinige Annahme als Kind geht (also nicht durch Ehepartner).
	21.4	... tritt die Beendigung der beitragsfreien Familienversicherung für Kinder in der gesetzlichen Krankenversicherung ein (§ 10 Abs. 2 Nr. 3 SGB V), ...	... es sei denn, eine Schul- oder Berufsausbildung hat sich durch die Ableistung eines freiwilligen sozialen oder ökologischen Jahres bzw. den Bundesfreiwilligendienst über das 25. Lebensjahr hinaus verzögert – dann entsprechend längere Familienversicherung – oder das Kind ist wegen einer körperlichen, geistigen oder seelischen Behinderung nicht in der Lage, sich selbst zu unterhalten – dann zeitlich unbegrenzte Familienversicherung.

Alter	lfde. Nr.	Rechtsposition	Ergänzung, Erläuterung, Voraussetzungen
	21.5	... kommt es zum Wegfall der Kindergeldberechtigung (§ 32 Abs. 4 Nr. 2 EStG, § 2 Abs. 3 BKGG).	Bis dahin besteht der Kindergeldanspruch im Falle einer Berufsausbildung, der Ableistung eines freiwilligen sozialen oder ökologischen Jahres (oder anderer gleichgestellter Dienste) bzw. der Ableistung des Bundesfreiwilligendienstes; in bestimmten, in § 32 Abs. 5 EStG, § 2 Abs. 3 BKGGG geregelten Fällen wird das Kind über das 25. Lebensjahr hinaus berücksichtigt. Für Kinder, die wegen körperlicher, geistiger oder seelischer Behinderung außerstande sind, sich selbst zu unterhalten, besteht der Anspruch zeitlich unbegrenzt weiter.
Die Vollendung des 27. Lebensjahres ...	22.	... beendet spätestens ...	... den Anspruch von Kindern auf Halb- oder Vollwaisenrente nach dem Recht der gesetzlichen Rentenversicherung (§ 48 Abs. 4 – SGB VI), dem der gesetzlichen Unfallversicherung (§ 67 Abs. 3 SGB VII) und nach dem sozialen Entschädigungsrecht (§ 45 Abs. 3 BVG). Der Anspruch besteht über das 18. Lebensjahr bis dahin nur, wenn das Kind sich in Schul- oder Berufsausbildung befindet, ein freiwilliges oder ökologisches Jahr oder den Bundesfreiwilligendienst ableistet oder wegen körperlicher, geistiger oder seelischer Behinderung außerstande ist, sich selbst zu unterhalten. Bei Verzögerung der Schul- oder Berufsausbildung durch einen der genannten Dienste verlängert sich der Anspruch entsprechend.
Die Vollendung des 30. Lebensjahres ...	23.1	... ist die Altersgrenze für mögliche Ansprüche auf Ausbildungsförderung (§ 10 Abs. 3 S. 1 BAföG).	Ausbildungsförderung wird nicht geleistet, wenn der Auszubildende bei Beginn der Ausbildung, für die die Förderung beantragt wird, das 30. Lebensjahr vollendet hat; Ausnahmen davon enthält (§ 10 Abs. 3 Satz 2 BAföG); ist das 30. Lebensjahr bei Beginn der Ausbildung noch nicht beendet, wird Förderung bis zur Beendigung der Ausbildung geleistet.
	23.2	... bedeutet das Ende der gesetzlichen Krankenversicherungspflicht für an Hochschulen eingeschriebene Studierende (§ 5 Abs. 1 Nr. 9 SGB V).	Sie endet bereits vor Erreichen des 30. Lebensjahres mit Abschluss des 14. Semesters – Ausnahmen für beide Fälle und ggf. vorliegende Ausnahmen in § 5 Abs. 1 Nr. 9 Satz 2 SGB V.

Alter	lfde. Nr.	Rechtsposition	Ergänzung, Erläuterung, Voraussetzungen
Die Vollendung des 47. Lebensjahres …	24.	… ist in der gesetzlichen Rentenversicherung …	… Voraussetzung für die Inanspruchnahme der sog. großen Witwenrente und zwar neben dem Vorliegen von Berufs- oder Erwerbsunfähigkeit und der Erziehung eines eigenen Kindes oder des Kindes des Ehegatten unter 18. Jahren (§ 46 Abs. 2 SGB VI).
Die Vollendung des 55. Lebensjahres …	25.	… ist Voraussetzung für die Leistungen an Arbeitgeber im Rahmen von Altersteilzeit, …	… die einem Arbeitnehmer in Altersteilzeit (halbe Arbeitszeit) mind. 70 % des Gehaltes einschließlich Rentenversicherungsbeiträge zahlen und zugleich einen zuvor arbeitslosen Arbeitnehmer bzw. einen Auszubildenden einstellen (§§ 2 bis 4 AltTZG).
Die Vollendung des 60. Lebensjahres …	26.1	… berechtigt zu Ablehnung …	… der Übernahme einer Vormundschaft (§ 1786 Abs. 1 Nr. 2 BGB).
	26.2	… ist in der gesetzlichen Rentenversicherung für vor dem 01.01.1952 geborene Versicherte …	… die Mindestaltersgrenze für die Inanspruchnahme der Altersrente wegen Arbeitslosigkeit oder nach Altersteilzeit (§ 237 SGB VI).
Die Vollendung des 63. Lebensjahres …	27.	… ist in der gesetzlichen Rentenversicherung für vor dem 01.01.1964 geborene Versicherte …	… die anerkannte Schwerbehinderte sind, die Mindestaltersgrenze für die Inanspruchnahme der Altersrente – Wartezeit von 35 Jahren erforderlich; für Versicherte, die nach dem 31.12.1951 geboren sind, wird die Altersgrenze stufenweise auf 64 Jahre und 10 Monate angehoben (§ 236a SGB VI).
Die Vollendung des 67. Lebensjahres …	28.	… ist in der gesetzlichen Rentenversicherung …	… die Altersgrenze für die Regelaltersrente und die Altersrente für langjährig Versicherte (§§ 35, 36 SGB VI).

Alter	lfde. Nr.	Rechtsposition	Ergänzung, Erläuterung, Voraussetzungen
Mit dem Tod des Menschen …	29.	… endet seine Rechtsfähigkeit.	Es gibt keine rechtliche Regelung zur Feststellung des Todeszeitpunkts; hier ist eine Orientierung am Transplantationsgesetz (TPT) naheliegend, nach dem eine Organentnahme unzulässig ist, wenn nicht vor der Entnahme bei dem Organspender der endgültige, nicht behebbare Ausfall der Gesamtfunktion des Großhirns, des Kleinhirns und des Hirnstamms nach Verfahrensregeln, die dem Stand der Erkenntnisse der medizinischen Wissenschaft entsprechen, festgestellt ist (§ 3 Abs. 2 Nr. 2 TPG). Die medizinischen Kriterien für die Feststellung des Hirntodes und das zu beachtende Verfahren sind in der Richtlinie gem. § 16 Abs. 1 Satz 1 Nr. 1 TPG für die Regeln zur Feststellung des Todes nach § 3 Abs. 1 Satz 1 Nr. 2 TPG (Vierte Fortschreibung vom 30.01.2015) festgelegt. Der genaue Todeszeitpunkt kann rechtlich von unterschiedlicher Bedeutung sein (z.B. für den Anfall der Erbschaft, die Erbfolge, die Zulässigkeit einer Organentnahme).

Stichwortverzeichnis

Die fetten Ziffern beziehen sich auf das Kapitel, die mageren Ziffern auf die dazugehörige Randnummer.

Stichwortverzeichnis

Stichwortverzeichnis

Stichwortverzeichnis

Stichwortverzeichnis